भाषा और समाज

भाषा और समाज

रामविलास शर्मा

राजकमल प्रकाशन

ISBN : 978-81-267-0532-0

मूल्य : ₹1495

पहला संस्करण : 1961
तेरहवाँ संस्करण : 2023

प्रकाशक : राजकमल प्रकाशन प्रा. लि.
1-बी, नेताजी सुभाष मार्ग, दरियागंज
नई दिल्ली-110 002

शाखाएँ : अशोक राजपथ, साइंस कॉलेज के सामने, पटना-800 006
पहली मंजिल, दरबारी बिल्डिंग, महात्मा गांधी मार्ग, प्रयागराज-211 001

वेबसाइट : www.rajkamalprakashan.com
ई-मेल : info@rajkamalprakashan.com

मुद्रक : बी.के. ऑफसेट
नवीन शाहदरा, दिल्ली-110 032

BHASHA AUR SAMAJ
A Critical Study by Ram Bilas Sharma

क्रम

भूमिका

प्रस्तुत पुस्तक में सामाजिक विकास के सन्दर्भ में भाषा के विकास का अध्ययन किया गया है।

भाषा-सम्बन्धी अन्य समस्याओं की तरह भाषा की उत्पत्ति का विवेचन भी मानव समाज के उद्‌भव और विकास के प्रसंग में ही सम्भव है। यदि आप मानते हैं कि मनुष्य का सृजन किसी आध्यात्मिक शक्ति ने किया है, तो सम्भवत: आपको यह भी विश्वास होगा कि भाषा की रचना ईश्वर ने की है। अधिकांश भाषाविज्ञान के पंडित भाषा को ईश्वर-कृत नहीं मानते। वे प्रकृति और समाज के अन्य तत्त्वों की तरह उसे भी विकासमान स्वीकार करते हैं। किन्तु उनका कहना है कि मनुष्य में बुद्धि-तत्त्व विशेष था; इसलिए पशुओं की तुलना में मनुष्य भाषा की रचना कर सका। इस सम्बन्ध में सोवियत वैज्ञानिक पावलोव की यह स्थापना स्मरणीय है कि स्थूल चिन्तन पशु में भी होता है और विचार-प्रक्रिया के निम्नतम धरातल पर पशु और मानव में अन्तर नहीं है। मनुष्य भाषा की रचना दो कारणों में कर सका। उसके जीवन की परिस्थितियाँ पशुओं से भिन्न थीं। पशु भी ध्वनि-संकेतों से काम लेते हैं। मानव अपनी भाषा-रचना का कार्य इसी पशु-स्तर से आरम्भ करता है। दूसरा कारण उसकी शारीरिक विशेषताएँ हैं जिनसे वह ध्वनि-संकेतों को रचने और उनका व्यवहार करने में पशुओं से अधिक सक्षम हुआ है। किसी ध्वनि-विशेष से किसी वस्तु अथवा कार्य का सम्बन्ध जोड़ना—यह व्यापार पशु और मानव, दोनों में देखा जाता है और वहीं से भाषा की उत्पत्ति आरम्भ होती है। यह सब पहले अध्याय की विवेच्य विषयवस्तु है।

ध्वनि-संकेतों से काम लेनेवाले मानव के लिए सभी ध्वनियों का एक-सा महत्त्व नहीं होता। ध्वनि के प्रयोग की विधियाँ भिन्न होती हैं। किसी भाषा में ध्वनियों का सामंजस्य कैसे हो, इसके अपने नियम होते हैं। जब हम दूसरी भाषा सीखते हैं, तब उसके उच्चारण में हमारी अपनी भाषा-पद्धति का प्रभाव भी झलकता है। इसी कारण किसी भी भाषा का अध्ययन करते समय यह जानना काफी नहीं है कि उसमें किन-किन ध्वनियों का व्यवहार होता है, वरन् महत्त्व की बात यह है कि उन ध्वनियों का व्यवहार किस प्रकार होता है। हिन्दी में 'ण्' ध्वनि है। देखना चाहिए कि यह शब्द के अन्त में या मध्य में ही आती है या उसके आरम्भ में भी प्रयुक्त होती है। भाषाओं की ध्वनि-प्रकृति का अध्ययन करने से तुलनात्मक और ऐतिहासिक भाषाविज्ञान की अनेक समस्याओं के हल होने की सम्भावना उत्पन्न होती है। लैटिन, ग्रीक, संस्कृत आदि भाषाओं में बहुत-से शब्द सामान्य हैं। ये शब्द मूलत: भारत या एशिया के हैं या यूरोप के—इस समस्या पर ध्वनि-प्रकृति की दृष्टि से विचार करने की गुंजाइश है। भाषा की ध्वनि-प्रकृति क्या है, भारत-यूरोपीय 'परिवार' की भाषाओं का परस्पर सम्बन्ध—उनकी ध्वनि-प्रकृति को देखते हुए—क्या है, इन समस्याओं का विवेचन दूसरे अध्याय में है।

मनुष्य ध्वनि-संकेतों से काम लेते हुए उन्हें बराबर किसी अनुशासन या व्यवस्था द्वारा संचालित करता है। हिन्दी में यदि किसी अंग्रेज़ी शब्द का व्यवहार करें, तो वह हमारी वाक्य-रचना के नियम के अन्तर्गत प्रयुक्त होगा। कर्ता, क्रिया, विशेषण आदि के स्थान निश्चित हैं। हिन्दी में सम्बन्धवाचक शब्द सदा प्रकृति के बाद आएगा, अंग्रेज़ी की तरह पहले नहीं। अंग्रेज़ गिनती मिलेगा तो दहाई पहले बोलेगा, इकाई बाद को; हिन्दी की पद्धति इससे उल्टी है। हम ट्वेंटीवन की जगह इक्कीस (एक-बीस) वाला क्रम ही पसन्द करते हैं। इन सब बातों का सम्बन्ध समाज विशेष की चिन्तन-प्रक्रिया से होता है। यह चिन्तन-क्रिया जब भाषा के क्षेत्र में प्रकट होती है, तो उसे हम भाषा की भाव-प्रकृति कहते हैं। भाषाओं के परस्पर सम्बन्धों का अध्ययन करते हुए उनकी ध्वनियों और शब्दों पर ही ध्यान देना काफी नहीं होता। यह भी देखना चाहिए कि उनकी भाव-प्रकृति में कितनी समानता और विषमता है। इस दृष्टि से सम्भव है कि जो भाषा-परिवार एक-दूसरे से बिलकुल भिन्न मालूम होते हैं, वे एक-दूसरे के अधिक निकट हों, और वे भाषा-समूह, जो एक ही परिवार के अन्तर्गत माने जाते हैं, वे वास्तव में परस्पर भिन्न हों। इन बातों की चर्चा तीसरे अध्याय में की गई है।

भाषा की मुख्य सम्पत्ति है उसका शब्द-भंडार। शब्द-भंडार में जिन शब्दों का सम्बन्ध मनुष्य के प्राकृतिक और सामाजिक परिवेश से है, जो उसकी नित्य-प्रति की आर्थिक और सांस्कृतिक कार्यवाही में काम आते हैं उन्हें मूल शब्द-भंडार मानना चाहिए। ग्रीक, लैटिन, संस्कृत आदि भाषाओं में बहुत-से शब्द सामान्य हैं। देखना चाहिए कि इन भाषाओं का अपना स्वतंत्र शब्द-भंडार भी है या सब कुछ सामान्य ही सामान्य है। यदि इनका अपना मूल शब्द-भंडार हो, तो इस परिचित स्थापना में संशोधन करना आवश्यक होगा कि वे सब एक ही परिवार की भाषाएँ हैं। इसके अलावा इस भारत-यूरोपीय 'परिवार' में कुछ भाषाएँ एक-दूसरे से ज्यादा मिलती हैं, कुछ कम। स्लाव भाषाएँ संस्कृत से ज्यादा मिलती हैं, ग्रीक-लैटिन कम; जर्मन कुल की भाषाएँ उनसे भी कम। इसका कारण क्या है? क्या यह स्थापना सही है कि लिथुआनियन भाषा यूरोप की अन्य सभी भाषाओं से संस्कृत के अधिक निकट है (अथवा आदि भारत-यूरोपीय भाषा के सर्वाधिक निकट है)? इन समस्याओं की छानबीन चौथे-पाँचवें अध्यायों में की गई है।

भाषाओं के परिवार का निर्माण कैसे होता है? भाषा-विज्ञानियों की धारणा है कि प्रत्येक भाषा-परिवार का जन्म किसी आदि भाषा से हुआ है। इस प्रकार आदि-आर्य, आदि-द्रविड़, आदि-सामी भाषाओं की कल्पना की गई है। किन्तु जिसे हम 'भाषा' कहते हैं, वह स्वयं सामाजिक विकास की एक निश्चित मंजिल में ही सुलभ होती है। आदिमानव समाज का साधारण नियम है बोलियों का बिखराव। भाषा का परिवार आज के मानव-परिवार की तुलना में आदिम मानव-परिवार के अधिक निकट था जिसमें अजनबी भी शामिल कर लिये जाते थे। जैसे किसी आदि-पुरुष से मानव-परिवार की उत्पत्ति नहीं हुई, वैसे ही किसी आदि भाषा से कोई भाषा-परिवार नहीं बना। किसी भी भाषा-परिवार की भाषाओं की परीक्षा कीजिए। आपको अनेक भाषाओं में ही नहीं, एक भाषा के अन्तर्गत ही ध्वनि-प्रकृति, भाव-प्रकृति और मूल शब्द-भंडार के महत्त्वपूर्ण भेद दिखाई देंगे। इसका यह अर्थ नहीं कि भाषाओं के परिवार होते नहीं हैं, किन्तु उनके निर्माण की प्रक्रिया यह नहीं है कि आदि भाषा के विकृत या परिवर्तित होने से नई-नई भाषाएँ पैदा हो गई हैं। यह सब छठे अध्याय की विषयवस्तु है।

आदि भाषा वाला सिद्धान्त संस्कृत-प्राकृत-अपभ्रंश-आधुनिक भारतीय भाषाओं के विकास पर लागू किया जाता है। संस्कृत क्यों विकृत हुई? अनार्य प्रभाव से। यूरोप में आदि आर्य भाषा कैसे विकृत हुई? भारत के पूर्व में ध्वनि-क्षय हुआ, उत्तर में नहीं हुआ। क्यों नहीं हुआ? जो विद्वान संस्कृत से प्राकृतों की उत्पत्ति मानते हैं, वे यह भी कहते जाते हैं कि प्राकृतें कृत्रिम हैं! फिर कृत्रिम भाषाओं से सहज आधुनिक भाषाओं की उत्पत्ति कैसे हुई? यदि मूल शब्द-भंडार और भाव-प्रकृति की दृष्टि से विचार किया जाए तो प्राकृतें संस्कृत से मूलत: भिन्न भाषाएँ सिद्ध नहीं होतीं। संस्कृत-प्राकृत-अपभ्रंश की नसेनी छोड़ देने पर आधुनिक भाषाओं के मूल तत्त्व काफी प्राचीन सिद्ध होते हैं। आधुनिक उत्तर-भारतीय भाषाएँ किस हद तक स्वतंत्र हैं? इनके मूल तत्त्वों को संस्कृत से उत्पन्न सिद्ध करने के प्रयास में किस तरह की भ्रान्तियाँ फैलती हैं? संस्कृत परिनिष्ठित भाषा क्यों बनी? प्राकृतों की अपेक्षा उसने हमारी वर्तमान भाषाओं को क्यों अधिक प्रभावित किया? अपभ्रंश की ध्वनि-प्रकृति हिन्दी से भिन्न है या उसके समान? अपभ्रंश से हिन्दी के मुख्य रूप निकले हैं या वे अपभ्रंश से पुराने हैं?—इन प्रश्नों का विवेचन सातवें, आठवें और नवें अध्यायों में किया गया है।

भाषा के बोलनेवाले किसी सामाजिक रूप में संगठित होते हैं। पहले जन या कबीले के रूप में मानव संगठित होते थे। इसके स्मृतिरूप हमारे इतिहास के जनपद हैं। कबीलों की व्यवस्था के बाद वर्ण धर्म वाला सामन्ती समाज आता है। सामन्ती व्यवस्था में जातियों का निर्माण होता है या नहीं? पुराने जनपदों और सामन्ती जनपदों में क्या अन्तर होता है? जातीय भाषाओं के निर्माण में सामन्तवाद और सामन्ती राज्यसत्ता की भी क्या कोई उल्लेखनीय भूमिका होती है? आधुनिक भाषाएँ—अंग्रेज़ी, रूसी, बंगला, हिन्दी आदि—आधुनिक जातियों (नेशन) की भाषाएँ हैं। इन जातियों का गठन उन तत्त्वों से होता है जो सामन्त काल में विद्यमान थे। इस जातीय गठन की प्रक्रिया का प्रभाव भाषा के गठन पर क्या पड़ता है? समाजशास्त्री कहते हैं कि आधुनिक जातियाँ पूँजीवादी युग की देन हैं। परन्तु पूँजीवाद है क्या? पूँजीवाद का सम्बन्ध केवल उत्पादन से है या वितरण से भी? भारत, ब्रिटेन, रूस आदि में जातीय निर्माण-प्रक्रिया में वितरण की भूमिका, जातीय निर्माण में भाषा-तत्त्व की अपनी विशेषता, व्यापार-केन्द्रों से जनपदों में भाषा के प्रसार आदि विषयों का उल्लेख दसवें-ग्यारहवें अध्यायों में है।

हिन्दी भी एक जाति की भाषा है। इसकी दो साहित्यिक भाषाएँ हैं : हिन्दी और उर्दू। क्या उर्दू हिन्दुओं और मुसलमानों के मेल-जोल से उत्पन्न हुई है? भारत की अन्य भाषाओं के विकास में मुसलमानों की महत्त्वपूर्ण देन को देखते हुए हिन्दी-उर्दू की समस्या पर पुन: विचार करना आवश्यक है। हिन्दी-उर्दू एक ही जाति की भाषाएँ हैं, इसलिए उनकी बुनियादी एकता को कभी न भुलाना चाहिए। साथ ही उनके अलगाव के जो ऐतिहासिक कारण हैं, उन्हें भी समझना चाहिए। हिन्दी-उर्दू समस्या पर बारहवें-तेरहवें अध्यायों में विचार किया गया है।

ब्रज, अवधी, भोजपुरी आदि स्वतंत्र भाषाएँ हैं या हिन्दी की बोलियाँ हैं? क्या बिहारी नाम की भी कोई भाषा है? भोजपुरी के सम्बन्ध में ग्रियर्सन और डॉ. उदयनारायण तिवारी की मान्यताएँ कहाँ तक सही हैं? ये प्रश्न केवल हिन्दी का अध्ययन करनेवालों के लिए महत्त्वपूण नहीं हैं। जाति का निर्माण कैसे होता है? बोलियों का परस्पर सम्बन्ध कैसे बदलता है? भाषा और बोली के सम्बन्ध का निर्णय विशुद्ध भाषागत कारणों से होता है या उसके सामाजिक कारण भी होते हैं?—इन समस्याओं पर विचार करनेवालों के लिए भी भोजपुरी-हिन्दी,

मैथिली-हिन्दी आदि के सम्बन्ध की चर्चा दिलचस्प होनी चाहिए। राजस्थानी और पंजाबी से हिन्दी का क्या सम्बन्ध है? हिन्दी पंजाबी के अधिक निकट है या भोजपुरी के? भोजपुरी बंगला के अधिक निकट है या हिन्दी के?—इन सब बातों की जाँच-पड़ताल और भाषा और बोलियों के सम्बन्धों का विश्लेषण चौदहवें अध्याय में है।

भारत में राज्यभाषा और राष्ट्रभाषा की समस्या—अहिन्दी-भाषी प्रदेशों में असन्तोष के कारण—क्या भारत की सभी भाषाएँ राज्यभाषाएँ बनेंगी? भारत की भाषाओं और विशेष कर हिन्दी के अविकसित होने का प्रश्न—क्या अंग्रेज़ी विश्व-भाषा है और उसके बिना हमारा काम नहीं चल सकता?—यह सब पन्द्रहवें अध्याय का विवेच्य है।

अन्त में भाषा के विकास का कुछ सामान्य विवेचन है। भाषा भी संस्कृति का अंग है। उसके विकास का अध्ययन उसे संस्कृति का अंग मानकर ही किया जा सकता है। कुछ लोग परिवर्तन को विकास का पर्याय मानते हैं, जो सही नहीं है। प्रयत्नलाघव, वर्ण-विपर्यय, समीकरण आदि के सिद्धान्तों से भाषा के विकास की व्याख्या नहीं की जा सकती। अर्थ-संकोच, अर्थ-विस्तार आदि के नियम भी विकास की व्याख्या करने में असमर्थ सिद्ध होते हैं। सामाजिक विकास बाह्य अन्तर्विरोधों से होता है या समाज के अपने अन्तर्विरोधों से? ये दोनों तरह के अन्तर्विरोध परस्पर मिलकर भी काम करते हैं। भाषा के रूप और उसकी विषयवस्तु पर इनका प्रभाव पड़ता है। अंग्रेज़ी में कितने फ्रांसीसी शब्द आए हैं और हिन्दी में कितने फ़ारसी शब्द हैं, यह मुख्यत: दोनों देशों के बाह्य अन्तर्विरोधों के अध्ययन से जाना जाता है। आदिम समाज से लेकर आज के समाज तक भाषा की अभिव्यक्ति-क्षमता किस तरह बढ़ी है या नहीं बढ़ी, यह समाज के अपने अन्तर्विरोधों से जाना जाता है। क्या भाषा की विषयवस्तु समाज-व्यवस्था के बदलने के साथ परिवर्तित होती है? भाषा के विकास में वर्गों की भूमिका क्या होती है, होती भी है या नहीं? क्या भाषा के विकास का काल-विभाजन किया जा सकता है?—इन प्रश्नों का विवेचन सोलहवें अध्याय में है।

इस पुस्तक का सामान्य सिद्धान्त-पक्ष यह है कि भाषा का अध्ययन उसकी ध्वनि-प्रकृति, भाव-प्रकृति और मूल शब्द-भंडार को दृष्टि में रखकर करना चाहिए। आदिम साम्यवादी व्यवस्था से लेकर आधुनिक जातियों के निर्माण तक समाज के गठन में, उसके ढाँचे में, वर्गों के परस्पर सम्बन्धों में, अन्य समाजों से संघर्ष या हेलमेल में जो परिवर्तन हुए हैं, वे सब भाषा में प्रतिबिम्बित होते हैं और उसका विकास निर्धारित करते हैं। प्राचीन जनों से लघुजातियाँ बनीं, लघुजातियों से महाजातियाँ बनीं। वितरण ने उत्पादन से कम महत्त्वपूर्ण भूमिका पूरी नहीं की। जनपदों में परस्पर विनिमय की आवश्यकताओं से भाषाओं ने परिनिष्ठित रूप धारण किया। आधुनिक जातियों के निर्माण-काल में नवीन सामाजिक आवश्यकताओं के साथ नये व्यापार-केन्द्रों से नई भाषाएँ फैलीं और वे क्रमश: परिनिष्ठित हुईं। इस पुस्तक का विशेष व्यवहार-पक्ष यह है कि तथाकथित भारत-यूरोपीय परिवार की संस्कृत, लैटिन ग्रीक, स्लाव आदि भाषाएँ स्वतंत्र कुलों की भाषाएँ हैं। इनमें जो सामान्य तत्त्व मिलते हैं, उनका आधार इन भाषाओं या इनसे मिलती-जुलती भाषाओं के बोलनेवालों का परस्पर सम्पर्क है, न कि एक आदि भाषा से उनका जन्म। इस प्रकार संस्कृत आदिभारत-यूरोपीय भाषा का उच्छिष्ट और विकृत रूप न होकर स्वतंत्र भारतीय भाषा सिद्ध होती है। यूरोप की भाषाओं पर संस्कृत और उसके समानान्तर बोली जानेवाली भाषाओं का असर पड़ा है, न कि किसी कल्पित आदि आर्य भाषा से अनार्य सम्पर्क के कारण संस्कृत की उत्पत्ति हुई है। आधुनिक उत्तर-भारतीय

भाषाएँ संस्कृत के समानान्तर बोली जानेवाली भाषाओं से उत्पन्न हुई हैं, न कि वे संस्कृत का विकृत रूप हैं। इन भाषाओं के बोलनेवालों का जातीय निर्माण भारत में ब्रिटिश राज कायम होने से पहले हुआ था। अपने प्रदेशों में इनका राजनीतिक और सांस्कृतिक क्षेत्रों में व्यवहार होने पर भारत की अन्तरजातीय भाषा के रूप में हिन्दी की प्रतिष्ठा होगी। हिन्दी-उर्दू, हिन्दी-भोजपुरी, हिन्दी-राजस्थानी आदि की समस्याएँ जातीय निर्माण की प्रक्रिया समझने पर ही ठीक से हल की जा सकती हैं।

आशा है, देश की अनेक व्यावहारिक भाषा-सम्बन्धी समस्याओं के विवेचन से पुस्तक उन पाठकों के लिए भी उपयोगी होगी जो भाषाविज्ञान का शास्त्रीय अध्ययन नहीं करना चाहते किन्तु जिन्हें इन समस्याओं से गहरी दिलचस्पी है। साथ ही सैद्धान्तिक विवेचन से उन भाषाशास्त्रियों को दिलचस्पी होनी चाहिए जो किसी भी भारतीय या अभारतीय भाषा का अध्ययन कर रहे हों।

पुस्तक के विवेचन में भाषाशास्त्र और समाजशास्त्र की अनेक मान्यताओं का खंडन-मंडन है। विशेष रूप से जन, लघुजाति और महाजाति के निर्माण के सम्बन्ध में पाठकों को यहाँ कुछ नई स्थापनाएँ मिलेंगी। यह स्पष्ट कर देना उचित है कि मैंने विभिन्न समस्याओं पर मार्क्सवादी दृष्टिकोण से विचार किया है किन्तु मार्क्सवाद की अपनी व्याख्या के लिए मैं ही उत्तरदायी हूँ, अन्य किसी व्यक्ति या दल की मान्यताओं से इस व्याख्या का सम्बन्ध नहीं है।

पुस्तक में अनेक भाषाओं, भाषा-परिवारों, सामाजिक विकास की अनेक समस्याओं की चर्चा है। पुस्तक की विषयवस्तु का क्षेत्र इतना व्यापक है कि भ्रान्तियाँ अनिवार्य हैं। पुस्तक की आलोचना हो, ये भ्रान्तियाँ दूर हों, इसके लिए विद्वानों से सहयोग की प्रार्थना है।

एक बात की चर्चा यहाँ और करनी है। क्या इस पुस्तक की विषयवस्तु भाषाविज्ञान के अन्तर्गत है?

अनेक विद्वानों का विचार है कि भाषाविज्ञान का वैज्ञानिक अर्थ है वर्णनात्मक भाषाविज्ञान। "किन्तु वर्णन किसका? भाषा में ध्वनियों और उनकी प्रयोग-पद्धति का।"[1] इसका कारण : "वर्णनात्मक भाषा-तत्त्व के विभागों में फोनेटिक्स, फोनेमिक्स, मॉर्फोलोजी तथा सिनटैक्स में फोनेटिक्स या ध्वनिविज्ञान का स्थान सबसे महत्त्वपूर्ण है।"

ध्वनिविज्ञान की चर्चा करनेवाले विद्वान पुराने भाषाविज्ञान से आधुनिक भाषा-तत्त्व को अलग रखते हैं। "वर्णनात्मक भाषा-तत्त्व किसी भाषा के ढाँचे (निर्माण-पद्धति) का अध्ययन करता है, उस भाषा के अर्थ-विचार से इसका कोई सम्बन्ध नहीं है।" यह स्वीकार किया जा सकता है कि ध्वनिविज्ञान भाषाविज्ञान का एक अंग है, उसका एक महत्त्वपूर्ण अंग है। किन्तु वर्णनात्मक भाषा-तत्त्व से अर्थ-विचार को अलग करके ध्वनिविज्ञान का भी सही अध्ययन नहीं हो सकता। भाषाविज्ञान के विभिन्न अंग एक-दूसरे से सम्बद्ध हैं। वे एक ही विज्ञान के विभिन्न अवयव हैं। भाषाओं की तरह उनकी सीमाएँ भी एक-दूसरे में घुल-मिल जाती हैं। यदि कोई कहे, नहीं मिलतीं, सीमाएँ बिलकुल स्पष्ट और अलग-अलग हैं, तो भी यह बात माननी होगी कि किसी भाषा का वर्णन उसकी ध्वनियों के अध्ययन से पूरा नहीं हो सकता। यदि भाषा-ध्वनियों का निरर्थक प्रयोग हो तो अवश्य अर्थ-विचार को वर्णनात्मक भाषा-तत्त्व के दायरे से बाहर ही रखना उचित होगा।

1. आगरा से प्रकाशित 'ध्वनिविज्ञान' नामक पुस्तक से यह तथा अन्य अंश उद्धृत हैं।

भाषाविज्ञान को वर्णनात्मक भाषा-तत्त्व और इस भाषा-तत्त्व को ध्वनि-तत्त्व तक सीमित करनेवाले विद्वान उदाहरण देते हैं : "मान लीजिए, आपने अपने जीवन में हिन्दी भाषा का किंचित् भी ज्ञान प्राप्त नहीं किया। और आपसे हिन्दी भाषा का वैज्ञानिक विवरण प्रस्तुत करने को कहा जाय...!" आजकल की सामाजिक व्यवस्था में यह असम्भव नहीं है। जब अन्य क्षेत्रों में जिम्मेदारी के काम ऐसे लोगों को सौंप दिये जाते हैं जिन्हें उन क्षेत्रों का ज्ञान रत्ती भर नहीं है, तब भाषाविज्ञान का क्षेत्र ही इसका अपवाद क्यों हो? किन्तु हिन्दी भाषा को जाने बिना उसका वैज्ञानिक विवरण प्रस्तुत नहीं किया जा सकता। समूची भाषा का विवरण तो दरकिनार, उस भाषा की ध्वनियों का विवरण भी प्रस्तुत नहीं किया जा सकता। अज्ञात भाषा को सुनने पर सचेत श्रोता "यह जानना चाहता है कि उस भाषा में प्रयुक्त सार्थक ध्वनियाँ कौन-सी हैं, भिन्न-भिन्न परिस्थितियों में उन ध्वनियों की नियोजन-प्रणाली कैसी रहती है, किस प्रकार ये ध्वनियाँ मिलकर बड़े रूप खड़े करती हैं, तथा उन रूपों को वाक्य में किस स्थिति में रखा जाता है।" अर्थ-विचार से जरा भी सम्बन्ध रखे बिना केवल ध्वनियों के विश्लेषण से अध्ययन-कर्ता यह जान ले कि 'सार्थक ध्वनियाँ' कौन-सी हैं, उनकी नियोजन-प्रणाली क्या है, उनसे 'बड़े रूप' कैसे बनते हैं और इन रूपों को वाक्य में कैसे रखा जाता है, यह चमत्कार ही होगा। ध्वनिविज्ञान भाषा की सार्थक ध्वनियों का अध्ययन करता है, निरर्थक ध्वनियों का नहीं। उदाहरण के लिए हिन्दी में किसी शब्द को षड्ज, गंधार या मध्यम स्वर में बोलने से चीनी भाषा की तरह उसका अर्थ नहीं बदल जाता। शब्द को स्वर-सप्तक में किस स्थान से बोलते हैं, यह प्रक्रिया हमारे लिए निरर्थक है, हमारे पड़ोसियों के लिए सार्थक। लेकिन यदि कोई चीनी विद्यार्थी अर्थ-विचार को अलग रखकर हिन्दी भाषा की ध्वनियों के 'वैज्ञानिक' अध्ययन में जुट जाए और पटना से लेकर दिल्ली तक हिन्दी की अनन्त ध्वनियों का चार्ट बनाना शुरू कर दे, तो अपने चीनी अध्यवसाय से भी पहले तो इस जीवन में वह इस कार्य को समाप्त न कर पाएगा, इसके अलावा अपनी भाषा की प्रकृति को ध्यान में रखते हुए वह एक-एक शब्द की जो स्वर-लिपियाँ तैयार करेगा, वे हिन्दी की प्रकृति के हिसाब से नितान्त निरर्थक श्रम की सूचक होंगी। ध्वनियों में कौन-सी सार्थक हैं, कौन-सी निरर्थक—यह जानने के लिए ध्वनि-संकेतों (अर्थात् शब्दों) का अर्थ जानना आवश्यक होगा।

प्रसिद्ध अमरीकी भाषाविद् ब्लूमफील्ड ने 'लैंग्वेज़' नामक अपने ग्रंथ में आदिवासी मेनेमोनी इंडियनों की भाषा से एक दिलचस्प ध्वनि-सम्बन्धी उदाहरण दिया है। इनकी भाषा में पानी के लिए एक शब्द है : 'निपीव'। श्रोता को लगता है कि इस शब्द में कभी तो 'प' की ध्वनि होती है और कभी 'ब' की। इस भाषा के लिए 'सार्थक' ध्वनि न 'प' है, न 'व', वरन् नाक से हवा को निकलने न देकर ओठों को बन्द करने मात्र से जो भी ध्वनि निकलती है, वही सार्थक है। इस सार्थकता का पता श्रोता को तभी चल सकता है जब उसे पेय वस्तु से 'निपीव' का सम्बन्ध ज्ञात हो, वर्ना वह निपीव और निबीव के निरर्थक ध्वनि-भेद से उलझा रहेगा।

ध्वनिविज्ञान को वर्णनात्मक भाषा-तत्त्व का पर्याय समझने से भारतीय भाषा- विज्ञान का क्षेत्र अंधकारमय दिखाई देता है। इस आधुनिक भाषा-तत्त्व के समर्थक अपनी प्रतिक्रिया इन शब्दों में व्यक्त करते हैं : "यदि 'दीपक तले अँधेरा' कहावत को सत्य माना जाए, तो भारतीय भाषा-तत्त्व के सम्बन्ध में इसको सत्यतम माना जाएगा।" इस पर भी यदि भाषाविज्ञान के प्रसंग में डॉ. सुनीति कुमार चाटुर्ज्या, डॉ. सिद्धेश्वर वर्मा, डॉ. धीरेन्द्र वर्मा, डॉ. बाबूराम

सक्सेना आदि विद्वानों का नाम कोई आधुनिक भाषा-तत्त्व का विशेषज्ञ ले तो इसे उसकी अनुपम उदारता ही समझना चाहिए।

ध्वनिविज्ञान भाषा के अध्ययन का एक साधन है, साध्य नहीं। किसी ध्वनि के उच्चारण में जिह्वा के अग्र, मध्य और पश्च भागों में कौन-सा भाग क्रियाशील होता है, जिह्वा की ऊँचाई कितनी होती है, ओठों की स्थिति विस्तृत, गोलाकार या उदासीन होती है, कोमल तालु की स्थिति विशेष में नासारंध्र उन्मुक्त रहता है या अवरुद्ध, स्वर-तंत्रियों के कम्पन से सघोष ध्वनि निकल रही है या अघोष, अल्पप्राण अघोष वर्त्स्य स्पर्श ध्वनि और अल्पप्राण अघोष मूर्धन्य स्पर्श ध्वनि का भेद क्या है, अल्पप्राण सघोष वर्त्स्य लुंठित और अल्पप्राण सघोष मूर्धन्य उत्क्षिप्त का अन्तर क्या है—इन सबकी जानकारी भाषा के अध्ययन में सहायक होती है, किन्तु प्रयत्न-स्थान और प्रयत्न-विधि के अनुरूप विभिन्न ध्वनियों का नामकरण ही भाषाविज्ञान (या भाषा-तत्त्व) नहीं है। कुछ ध्वनिविज्ञानियों की वर्गीकरण-नामकरण-दक्षता सामन्ती साहित्य-शास्त्रियों के नायिका-भेद और अलंकारशास्त्र की याद दिलाती है। अन्तर यह है कि नायिकाओं का वर्गीकरण ध्वनियों के वर्गीकरण से अधिक सरस था।

ध्वनिविज्ञानी यह मानकर चलते हैं कि "मनुष्यों के मध्य सामाजिक सम्पर्क स्थापित करने के लिए भाषा ही सर्वोत्कृष्ट साधन है।" यदि भाषा का सम्बन्ध समाज से है, उसका विकास सामाजिक सम्पर्क के एक साधन रूप में होता है, तो यह स्पष्ट है कि समाज का अध्ययन किये बिना सामाजिक सम्पर्क स्थापित करने के साधन का अध्ययन भी नहीं हो सकता। समाज एक गतिशील प्रक्रिया है। उसमें वर्ग हैं, वर्ग-संघर्ष है, व्यक्तिगत सम्पत्ति है; शोषण है और शोषण के विरुद्ध जनता का संघर्ष है; भाषा के प्रति विभिन्न वर्गों के अपने दृष्टिकोण हैं; कभी-कभी सम्पत्तिशाली वर्गों की नीति के फलस्वरूप समूची भाषाएँ नेस्तनाबूद हो जाती हैं और छोटे-छोटे द्वीपों की भाषाएँ विश्व-भाषा बन जाती हैं जिनके बिना भारत जैसे विशाल देशों की एकता कायम रखना कुछ राजनीतिज्ञों को असम्भव जान पड़ता है—ये सब प्रश्न भाषाविद् को परेशानी में डाल सकते हैं। उनकी चर्चा भी उसकी अपनी सामाजिक स्थिति को संकटमय बना सकती है।

वर्णनात्मक भाषाविज्ञान के विदेशी आचार्यों की तुलना में उनके भारतीय शिष्यों ने भाषा-तत्त्व को और भी समाज-निरपेक्ष बना दिया है। सामाजिक विकास के सन्दर्भ में भी भाषा का अध्ययन किया जा सकता है, यह बात सुनते ही वे ऐसे चौंक उठते हैं, जैसे विप्रवर के चौके में शूद्र घुस आया हो! ऐसे विप्रों की सेवा में यह निवेदन करना आवश्यक है कि जिन आचार्यों से आपने शिक्षा ग्रहण की है, उनका चौका पहले ही छूत हो चुका है। उदाहरण के लिए, आचार्य ब्लूमफील्ड कहते हैं : "मानवीय भाषा पशुओं के संकेतात्मक कार्यों से भिन्न है—उन पशुओं के कार्यों से भी, जो अपनी आवाज में काफी भेद करते हुए उससे काम लेते हैं।" प्रस्तुत पुस्तक के पहले अध्याय में इस समस्या पर विचार किया गया है कि पशु भी ध्वनि-संकेतों का उपयोग करता है और मनुष्य भी, किन्तु मनुष्य भाषा की रचना कर सका, पशु नहीं, इसका कारण क्या है? जो शरीरविज्ञान का अध्ययन करते हैं, उन्हें भी इस प्रश्न से दिलचस्पी है। जो समाजविज्ञान का अध्ययन करते हैं, उन्हें भी। इस प्रकार भाषाविज्ञान—समाज-निरपेक्ष शुद्ध विज्ञान न होकर—विभिन्न विज्ञानों को निकट लाता है और उनके अनुसंधानों से लाभ उठाता है। यदि ब्लूमफील्ड द्वारा पशुओं के ध्वनि-संकेतों और मानवीय भाषा के अन्तर का उल्लेख करने से भाषा-तत्त्व दूषित नहीं होता, तो इस विषय की किंचित् विस्तृत चर्चा इस पुस्तक में क्षम्य समझी जानी चाहिए।

ब्लूमफील्ड ने पुराने तुलनात्मक और ऐतिहासिक भाषाविज्ञान की काफी और सारगर्भित आलोचना की है। किन्तु उस पुराने भाषाविज्ञान के अनुसार वह भी अनेक भाषाओं को परस्पर सम्बन्धित देखते हैं। उन्होंने इस परस्पर सम्बन्ध की व्याख्या इस प्रकार की है : "भाषाएँ एक-दूसरे से सम्बन्धित हैं, इससे हमारा तात्पर्य यही है कि उनमें ऐसी समानताएँ हैं जिनकी व्याख्या इस मान्यता के आधार पर ही हो सकती है कि वे एक ही प्राचीन भाषा के विभिन्न रूप हैं।" भाषाओं की ध्वनि-प्रकृति, भाव-प्रकृति और मूल शब्द-भंडार की चर्चा करते हुए प्रस्तुत पुस्तक में इस बात पर विचार किया गया है कि भाषाओं की समानता और भेद का आधार क्या है? जो समानताएँ दिखाई देती हैं, उनके साथ विभिन्नताओं का कारण क्या है? समानता का आधार एक ही भाषा से विभिन्न रूपों की सृष्टि है या विभिन्न रूपों वाली भाषाओं के सम्पर्क और परस्पर मिश्रण या आदान-प्रदान से भी ये समानताएँ उत्पन्न हो सकती हैं?

ब्लूमफील्ड ने भारत-यूरोपीय भाषा-परिवार की स्थापना को पुराने भाषाविदों से ग्रहण किया है, और इस सिलसिले में लिखा है : "भारत-यूरोपीय भाषाओं में 'स्नो' शब्द संज्ञा और क्रिया रूप में इतना आम है कि हम आदिम भारत-यूरोपीय समुदाय के सम्भाव्य निवास-स्थानों से भारत को बाहर रख सकते हैं।" प्रस्तुत पुस्तक में भी इस समस्या का विवेचन है कि कोई आदिभारत-यूरोपीय समुदाय और उसकी भाषा थी या नहीं, 'भारत-यूरोपीय' नामक कोई भाषा-परिवार है भी या नहीं, 'भारत-यूरोपीय' कहलानेवाली भाषाओं में कौन-से तत्त्व पूर्व के हैं, कौन-से पश्चिम के, इत्यादि। पुराने भाषाविज्ञान की मान्यता के अनसार ही ब्लूमफील्ड ने आर्यों द्वारा भारत की विजय की चर्चा करते हुए लिखा है : "विजेताओं का अपेक्षाकृत एक छोटा समूह भारत में इंडो-आर्यन भाषा लाया होगा और शासक जाति द्वारा अपना आधिपत्य स्थापन करने के सुदीर्घ क्रम में विजितों को उसे ग्रहण करने पर बाध्य किया होगा। जिन भाषाओं ने अपना स्थान खो दिया, उनमें से कम-से-कम कुछ भाषाएँ भारत की वर्तमान अनार्य—मुख्यत: द्रविड़ भाषानिधि—की सम्बन्धिनी रही होंगी।" प्रस्तुत पुस्तक में भी इस विषय की चर्चा है कि आर्य जाति, आर्य भाषा से हमारा तात्पर्य क्या है, आर्यों के आने से यहाँ की भाषाएँ निर्मूल हुईं अथवा संस्कृत में आर्य-द्रविड़ तत्त्व घुल-मिल गए, इत्यादि। इस सिलसिले में इस समस्या का विवेचन भी आवश्यक हुआ कि आर्य और द्रविड़ भाषा-परिवारों का निर्माण कैसे हुआ? किसी भी भाषा-परिवार—या भाषा की बोलियों—के आन्तरिक भेदों और समानताओं का कारण क्या है?

आधुनिक भाषाएँ प्राचीन भाषाओं का नया रूप हैं, इस पुरानी और प्रचलित धारणा के प्रभाव से ही ब्लूमफील्ड ने फ्रांस के सिलसिले में एक जगह लिखा है कि वहाँ "लैटिन (जो अब फ्रेंच कहलाती है) दो हजार साल से बोली जा रही है।" इसी प्रकार लोग हिन्दी, बंगला आदि भाषाओं को संस्कृत की पुत्रियाँ कहते हैं। लैटिन और फ्रेंच, संस्कृत और हिन्दी, प्राचीन और आधुनिक भाषाओं का परस्पर सम्बन्ध क्या है—इसे भाषाविज्ञान का वैध और संगत प्रश्न मानना चाहिए। ब्लूमफील्ड ने 'स्पीच-कम्यूनिटी' (भाषा बोलनेवाले समुदाय) की काफी विस्तार से चर्चा की है। मानव-समुदाय पुराने कबीलों या सामन्ती जातियों (नेशनैलिटी) या पूँजीवादी (अथवा समाजवादी) व्यवस्था के अन्तर्गत महाजातियों (नेशन) के रूप में संगठित होता है। इस संगठन का आर्थिक, भौगोलिक, सांस्कृतिक, राजनीतिक आधार क्या है? ऐसा कोई आधार है भी या नहीं? सामाजिक विकास-क्रम में इस तरह के संगठनों के बनने-बिगड़ने से भाषा का सम्बन्ध क्या है?—यह सब भी भाषाविज्ञान में विवेच्य है। ब्लूमफील्ड ने लिखा

है कि "भाषा के कारण श्रम-विभाजन और उसके साथ समग्र समाज की कार्यशीलता सम्भव होती है।" श्रम-विभाजन, वर्ग-भेद, भाषा की रक्षा, परिवर्तन और विकास में श्रम-विभाजन और वर्गों की भूमिका का उल्लेख इस पुस्तक में भी है। भाषा का परिनिष्ठित रूप, भाषा और बोलियों का सम्बन्ध, भाषा और बोली के भेद का आधार—यह सब भाषाविज्ञान का विषय है। ब्लूमफील्ड कहते हैं कि यॉर्कशायर (इंग्लैंड) का आदमी अपनी बोली में बातचीत करे तो अमरीकी आदमी उसकी बात नहीं समझ सकता। स्वभावत: प्रश्न उठता है कि यॉर्कशायर वाले आदमी की ज़बान अंग्रेज़ी की बोली है या स्वतंत्र भाषा? ब्लूमफील्ड ने लिखा है : "इंग्लैंड से भी अधिक फ्रांस, इटली और जर्मनी में स्थानीय बोलियाँ हैं।" एक भारतीय विद्वान ने अंग्रेज़ी में हिन्दी भाषा का 'वैज्ञानिक' इतिहास लिखा है जिसमें यूरोपीय भाषाओं की स्थानीय बोलियों के अस्तित्व से ही इनकार किया है और हिन्दी की सभी बोलियों को स्वतंत्र भाषाएँ माना है। ब्लूमफील्ड के आधार पर हम कह सकते हैं कि भाषा और बोली के सम्बन्ध की चर्चा करना भाषा-तत्त्व की सीमाओं का उल्लंघन नहीं है।

पूना में गर्मी की छुट्टियाँ बितानेवाले जो मित्र इस पुस्तक के विषय को ही भाषाविज्ञान के अन्तर्गत मानने को तैयार नहीं हैं, उस विषय के प्रतिपादन में क्या गलत है, क्या सही, यह बताना तो दूर की बात है, उनसे निवेदन है कि आप एक बार ब्लूमफील्ड की 'लैंग्वेज़' पुस्तक फिर पढ़िए। यदि उसे भाषाविज्ञान की पुस्तक मानते हो तो स्वीकार कीजिए कि सामाजिक विकास के सन्दर्भ में भाषा का अध्ययन भाषा-तत्त्व से बाहर का विषय नहीं है। प्रस्तुत पुस्तक में ऐसी अनेक समस्याएँ हैं जिनका समाधान ब्लूमफील्ड में मौजूद है। यदि वह समाधान मुझे ग्राह्य होता तो यह पुस्तक लिखना अनावश्यक होता; ब्लूमफील्ड का अनुवाद करना ही अधिक उचित होता (या परिशिष्ट में एक लम्बी पुस्तक-सूची देकर ब्लूमफील्ड, जोन्स आदि दो-तीन विद्वानों की पुस्तकों के आधार पर एक नई पुस्तक लिखना अधिक समीचीन होता)।

प्रत्येक विज्ञान की तरह व्यावहारिक प्रश्नों को सामने रखकर ही इस देश में भाषाविज्ञान भी उन्नति कर सकता है। उसे हमेशा व्यावहारिकता तक सीमित कर देना हमारा उद्देश्य न होना चाहिए किन्तु व्यवहार-क्षेत्र से अलग रहकर भी किसी विज्ञान की रचना नहीं हो सकती, ध्वनिविज्ञान की भी नहीं। 'ध्वनिविज्ञान' नामक पुस्तक में एक ध्वनि की व्याख्या की गई है जिसका संकेत चिह्न है अंग्रेज़ी का उल्टा हुआ छोटा एफ (ɟ) व्याख्या है : "इस प्रकार की ध्वनियों की उच्चारण-विधि [c] के समान है, अन्तर केवल इतना है कि इसमें स्वर-यंत्र में कम्पन होता है और उच्चारण-प्रयत्न कुछ अशक्त है। इसे अल्पप्राण सघोष तालव्य स्पर्श कहा जाता है। यह ध्वनि फ्रांसीसी शब्द guepe के g के उच्चारण में सुनाई पड़ती है।" व्याख्या समाप्त। एक उदाहरण और। ध्वनि-संकेत है अंग्रेज़ी का बड़ा N। व्याख्या : "इस वर्ग की ध्वनियों के उच्चारण में जिह्वापश्च कौआ से मिलकर वायु-प्रवाह को बन्द कर देता है। कोमल तालु तथा स्वर-यंत्र की प्रक्रिया अन्य नासिक्य व्यंजनों के समान है। इसे सघोष अल्पप्राण अलिजिह्व या अलिजिह्वीय नासिक्य कहा जाता है। बहुत कम भाषाओं में इसका उपयोग मिलता है। ग्रीनलैंड की एस्किमो भाषा में यह ध्वनि पाई जाती है। उदाहरणार्थ [eNina] (गाना)।" यदि ध्वनिविज्ञान का यह ग्रंथ पाठ्य-पुस्तक के रूप में स्वीकृत हो जाए, तो अध्यापक प्रश्नपत्र में अवश्य पूछेंगे (क्योंकि ग्रिम-नियम के बारे में पूछते-पूछते थक गए हैं) : "सघोष अल्पप्राण अलिजिह्व या अलिजिह्वीय नासिक्य ध्वनि की सोदाहरण व्याख्या कीजिए", और कुशाग्रबुद्धि विद्यार्थी उत्तर लिखेगा : "यह ध्वनि जिह्वापश्च को कौआ से

मिलाकर वायु-प्रवाह को बन्द करने से उत्पन्न होती है। इसका केवल एक उदाहरण ग्रीनलैंड की एस्किमो भाषा से प्राप्त हो सका है, eNina जिसका अर्थ है गाना।" अध्यापक-परीक्षक सही उत्तर देखकर ध्वनिविज्ञान-लेखक का श्रम सार्थक कर देगा।

भाषाविज्ञान पर लिखी हुई पुस्तकें अक्सर दुरूह और नीरस होती हैं। यह पुस्तक सरस नहीं है तो दुरूह भी नहीं है। आपको सरल और बोधगम्य लगे तो इसे उसके अवैज्ञानिक होने का प्रमाण न मान बैठिएगा। आखिर मैं एक आलोचक हूँ, भाषाविज्ञान का अध्यापक नहीं। आलोचना में विषय-विवेचन और शैली के मेरे जो भी गुण-अवगुण हैं, वे सब इस पुस्तक में भी विद्यमान हैं। भाषाओं और भाषाविज्ञान के अध्ययन के लिए मुझे प्रेरणा भी मूलत: साहित्यकारों से मिली है। निराला जी इस विषय में मुझे सदा प्रोत्साहन देते थे। हिन्दी, बंगला और संस्कृत के भाषागत विवेचन में उनकी अन्तर्दृष्टि साधारण महत्त्व की न थी। हिन्दी कवियों के शणवल स्कूल की जो आलोचना उन्होंने 'माधुरी' में की थी, वह इस बात का प्रमाण है कि वे भाषा की ध्वनि-प्रकृति को कितनी अच्छी तरह पहचानते थे। श्री अमृतलाल नागर भाषाविज्ञान के क्षेत्र में मेरे शिष्यवत् श्रोता रहे हैं। भाषाओं का सर्वेक्षण करने में वह मुझसे बहुत अधिक पटु और योग्य हैं। आशा है, आगे चलकर उनकी पुस्तकों का अध्ययन कलात्मक मूल्य के लिए ही नहीं, उनके भाषाशास्त्रीय महत्त्व के लिए भी होगा। श्री वृन्दावनलाल वर्मा के साथ पुस्तक की अनेक स्थापनाओं की चर्चा हो चुकी है। उनके अनेक सुझावों से मैंने लाभ उठाया है।

उर्दू साहित्य के इतिहासकार डॉ. रामबाबू सक्सेना ने एक बार लखनऊ में भाषा-समस्या पर मेरा एक भाषण सुनकर मुझे इस विषय पर विस्तार से लिखने के लिए कहा था। कुछ समय बाद आगरे के डॉ. रमेशचन्द्र के साथ वे मेरे घर पधारे और देर तक भाषा-समस्या पर विचार करते रहे। उन्होंने अपनी बात दोहराई और इस विषय पर विस्तार से और जमकर लिखने को कहा। यह बात दस-ग्यारह साल पहले की है और मैंने भरसक उनकी सलाह मानने का प्रयत्न किया है। खेद है कि वे इस पुस्तक को पढ़कर उसकी आलोचना करने के लिए अब इस संसार में नहीं हैं।

डॉ. महादेव साहा किसी भी विषय पर लिखने में पुस्तकों आदि से मेरी सहायता करते रहे हैं। भाषाविज्ञान का अध्ययन करते हुए मुझे उनसे अमूल्य सहायता मिली है। आगरा मेडिकल कॉलेज के ॲनॉटमी के प्रोफेसर डॉ. प्यारेलाल शुक्ल ने नीगस और पेनफील्ड की कृतियों से मुझे परिचित कराया। प्रथम अध्याय की अनेक समस्याओं के बारे में उनसे चर्चा करने पर मुझे लाभ हुआ है। आगरे के हिन्दी विद्यालय के संचालक श्री रामकृष्ण नाबड़ा मेरे लिए द्रविड़ भाषाओं के आचार्य रहे हैं। पुस्तक में द्रविड़ भाषाओं के प्रसंग में जो गलतियाँ रह गई हों, उनके लिए आंशिक रूप से वह भी उत्तरदायी हो सकते हैं। पुस्तक का प्रूफ मेरे अलावा श्री सच्चिदानन्द शर्मा ने देखा है, कुछ अंशों का प्रूफ केवल उन्होंने देखा है। इसलिए प्रूफ की अशुद्धियों की सारी जिम्मेदारी मेरी नहीं है। इन सब मित्रों और विद्वानों के प्रति हार्दिक कृतज्ञता प्रकट करते हुए मैं यह वक्तव्य समाप्त करता हूँ।

आगरा
15-11-60

—रामविलास शर्मा

दूसरे संस्करण की भूमिका

[1]

पिछले 25 साल में भाषाविज्ञान में बहुत काम हुआ है। ये पिछले 25 साल दूसरे महायुद्ध के बाद के हैं। इस महायुद्ध से पहले आधुनिक भाषाविज्ञान के मुख्य केन्द्र यूरोप में थे, युद्ध के बाद संयुक्त राज्य अमरीका भाषाविज्ञान का मुख्य केन्द्र बना। नाजियों के अत्याचार से पीड़ित जैसे बहुत-से भौतिक विज्ञानी अमरीका पहुँच गए, वैसे ही बहुत-से भाषाविज्ञानी भी वहाँ पहुँचे। इनमें जर्मन-भाषी यहूदियों की संख्या काफी थी। अमरीका में बहुत दूसरे स्लाव भाषाएँ बोलनेवाले भी एकत्र हुए, जिन्हें साम्यवादी व्यवस्था नापसन्द थी या जिनके लिए उस व्यवस्था में रहकर काम करना सम्भव नहीं था। इसके सिवा दूसरे महायुद्ध के बाद संयुक्त राज्य अमरीका विश्व पूँजीवाद का भी केन्द्र बना। एक ओर पूँजी का केन्द्रीकरण, दूसरी ओर भाषा-विज्ञानियों का एकत्रीकरण, ये दोनों प्रक्रियाएँ नितान्त असम्बद्ध नहीं हैं।

दूसरे महायुद्ध के बाद जो नया काम हुआ है, वह दो हिस्सों में बाँटा जा सकता है। पहला हिस्सा विवरणात्मक भाषाविज्ञान का है जो महायुद्ध से पहले आरम्भ हो चुका था, जिसके प्रमुख आचार्य अमरीकी भाषाविद् ब्लूमफील्ड थे। दूसरा हिस्सा मुख्यत: विन्यास (वाक्य-विन्यास अथवा वाक्य-रचना) से सम्बन्धित है जो वर्णनात्मक भाषाविज्ञान की प्रतिक्रिया के रूप में विकसित हुआ और जिसके मुख्य अमरीकी आचार्य चोम्स्की हैं। भारत के भाषाविज्ञानी इस सारे विकास से प्रभावित हुए हैं। जो भाषाविज्ञानी दूसरे महायुद्ध से पहले ब्रिटेन से प्रशिक्षित होकर आए थे, वे सब पीछे छूट गए हैं। नये भाषाविज्ञानी संस्थाओं-सम्मेलनों आदि में उनका उपयोग कर लेते हैं किन्तु चलते हैं अपने रास्ते। यहाँ पहला प्रश्न यह उठता है कि इस सारे विकास से क्या पुराने—यानी 19वीं सदी के—ऐतिहासिक भाषाविज्ञान की मान्यताओं में कोई मौलिक परिवर्तन हुआ है?

उक्त प्रश्न से हमारी दिलचस्पी का कारण यह है कि भारत एक पुरानपंथी पिछड़ा हुआ देश है जहाँ लोगों को इस बात की बड़ी चिन्ता है कि आर्य लोग यहाँ के मूल निवासी थे या नहीं, और उन्होंने द्रविड़ों आदि को जीतकर उनकी भाषाओं का नाश किया या नहीं, और आधुनिक भारतीय भाषाओं का सम्बन्ध संस्कृत से किस तरह का है, इन भाषाओं का विकास कैसे हुआ है, इत्यादि। यह देखकर बड़ा आश्चर्य होता है कि पिछले 25 वर्षों में भाषाविज्ञान का इतना विकास होने पर भी 19वीं सदी के ऐतिहासिक भाषाविज्ञान की मान्यताएँ ज्यों-की-त्यों प्रतिष्ठित हैं। भाषाविज्ञानी चाहे ब्लूमफील्ड-सम्प्रदाय का हो, चाहे चोम्स्की-सम्प्रदाय का, ऐतिहासिक भाषाविज्ञान के नाम पर वह उन्हीं मान्यताओं को दोहराता है। आधुनिक भाषाविज्ञान में ध्वनि-तंत्र और वाक्य-तंत्र, इन्हीं दो तंत्रों पर सबसे ज्यादा ध्यान दिया गया है। जहाँ तक ऐतिहासिक भाषाविज्ञान का सम्बन्ध है, इन दोनों तंत्रों पर जो भी काम हुआ है,

उसका होना न होना बराबर है। पुरानी मान्यताएँ जिस पुराने ध्वनि-तंत्र और वाक्य-तंत्र के आधार पर निश्चित की गई थीं, वह पुराना तंत्र ऐसा बुरा नहीं था क्योंकि उसमें बहुत बड़ी खामियाँ होतीं, तो भाषाओं के तुलनात्मक अध्ययन से जो नतीजे निकाले गए थे, वे रद्द हो जाते। पर ऐसा नहीं हुआ। इस तरह ऐतिहासिक भाषा विज्ञान के सन्दर्भ में आधुनिक भाषाविज्ञान के इस समस्त विकास की व्यर्थता स्वयंसिद्ध है।

एक इंडो-यूरोपियन परिवार है। इस परिवार की प्राचीन और नवीन भाषाएँ एक आदि इंडो-यूरोपियन भाषा से उत्पन्न हुई हैं। इस आदि भाषा की अनेक शाखाएँ हुईं। उनमें से एक शाखा से सम्बद्ध लोग भारत आए। ये भारतीय आर्य थे। आदि इंडो-यूरोपियन भाषा कहाँ बोली जाती थी, इसका पता नहीं, पर वह भारत में न बोली जाती थी। भारत में आने पर आर्य विजेताओं ने यहाँ के मूल निवासियों को उनकी भूमि से या तो हटा दिया या उन्हें परास्त करके दासों की तरह जीवन बिताने पर बाध्य किया। भारतीय आर्य भाषा से क्रमश: प्राकृतों और अपभ्रंशों का विकास हुआ। इसी विकास अथवा ह्रास का परिणाम हैं आधुनिक भारतीय आर्य भाषाएँ। 19वीं सदी के ऐतिहासिक भाषाविज्ञान की ये मान्यताएँ अपनी जगह स्थिर हैं, अचल हैं।

दुनिया में सबसे ज्यादा काम इंडो-यूरोपियन भाषा-परिवार पर हुआ है। वह काम अन्य भाषा-परिवारों का अध्ययन करनेवालों के लिए एक आदर्श नमूना बन गया। उसी के अनुरूप द्रविड़ भाषा-परिवार पर कार्य हुआ। एक आदि द्रविड़ भाषा से आधुनिक द्रविड़ भाषाओं का जन्म हुआ। यहाँ प्राकृतों जैसी सामग्री उपलब्ध नहीं थी। एकआध भाषाविज्ञानी ने प्रयत्न किया कि आदि आर्य भाषा, मध्य आर्य भाषा और नव्य आर्य भाषा की तीन मंजिलों की तरह आदि द्रविड़, मध्य द्रविड़ और नव्य द्रविड़, इन तीन मंजिलों का निर्माण कर दिया जाए, पर उपयुक्त सामग्री के अभाव में मंजिलें निश्चित करने का यह प्रयत्न असफल हुआ। पर इस बारे में किसी को सन्देह नहीं है कि एक आदि द्रविड़ भाषा थी और उससे वर्तमान द्रविड़ भाषाओं का उद्भव हुआ है। इसी तरह कोल अथवा मुंडा परिवार की भाषाओं के विकास को समझने का प्रयत्न किया गया है।

जहाँ तक द्रविड़ भाषाओं का सम्बन्ध है, इनके विकास के बारे में काल्डवेल ने 19वीं शताब्दी में जो रूपरेखा बनाई थी, वह अपनी जगह कायम है। द्रविड़ लोग भी बाहर से आए थे, यह स्थापना उन्हीं की है। द्रविड़ भाषा-परिवार किसी और बड़े भाषा-परिवार की एक शाखा है, यह और बड़ा भाषा-परिवार एक जाति के लोगों का है, यह स्थापना भी काल्डवेल की थी। कुछ आधुनिक विशेषज्ञ एक परिवार को अतिव्यापक मानकर, उसे सीमित करके, फिनो उग्रियन परिवार की बात करते हैं। इससे काल्डवेल की मूल स्थापना में बहुत बड़ा फर्क नहीं पड़ जाता। तत्त्व की बात यह है कि द्रविड़ भाषा-भाषी जन-समुदाय उत्तर-पश्चिम से भारत में आए और बाद को आर्यों ने उन्हें पराजित किया तथा दक्षिण भारत में ठेल दिया। इस तत्त्व के बारे में किसी ऐतिहासिक भाषाविज्ञानी को सन्देह नहीं है। यदि सन्देह था तो काल्डवेल को ही था क्योंकि विजित द्रविड़ भाषाओं के क्रियापद आदि उन्हें विजेता (नवीन या प्राचीन) आर्य भाषाओं में दिखाई न देते थे।

रह गया कोल या मुंडा भाषा-परिवार। वह भी एक अन्य बड़े भाषा-परिवार की शाखा है। इस बड़े भाषा-परिवार का नाम है ऑस्ट्रो एशियाटिक। यह नामकरण इसलिए हुआ कि इस बड़े परिवार की भाषाएँ दक्षिण-पूर्वी एशिया से लेकर आस्ट्रेलिया तक अनेक द्वीपों और

द्वीप-समूहों और महाद्वीपों में बोली जाती हैं। कुछ भाषा- विज्ञानियों को इस बारे में सन्देह है कि ये सारी भाषाएँ ऑस्ट्रो एशियाटिक-परिवार के अन्तर्गत हैं किन्तु इस बारे में किसी को सन्देह नहीं है कि भारत की मुंडा भाषाएँ किसी आदि मुंडा भाषा से उत्पन्न हुई हैं। इस परिवार से सम्बन्धित मान्यताएँ भी काफी पुरानी हैं यद्यपि उतनी पुरानी नहीं हैं जितनी आर्य या द्रविड़ भाषा-परिवारों से सम्बन्धित मान्यताएँ हैं।

भारत में एक परिवार की भाषाएँ और बोली जाती हैं। इसे लोग चीनी-तिब्बती परिवार कहते हैं। नागालैंड की भाषाएँ इसी परिवार की हैं। इस परिवार पर सबसे कम काम हुआ है। फिर भी ऐतिहासिक विकास के अध्ययन के लिए एक आदि चीनी-तिब्बती भाषा यहाँ भी पूर्व कल्पित है। जैसाकि इस परिवार के नाम से विज्ञापित है, उससे सम्बद्ध भाषाओं का स्रोत भी भारत से कहीं बाहर था।

इस तरह मुख्यत: 19वीं सदी, और आंशिक रूप से 20वीं सदी, में विकसित होनेवाले ऐतिहासिक भाषाविज्ञान का एक महत्त्वपूर्ण निष्कर्ष यह है कि सभी भारतीय भाषा-परिवारों के स्रोत भारत से बाहर के हैं, और भारत की अपनी कोई भी प्राचीन भाषा-सम्पदा नहीं है।

दूसरा निष्कर्ष यह निकलता है कि ये सभी भाषा-परिवार अपनी मूल विशेषताएँ कहीं ऐसे एकान्त स्थान में विकसित कर लेते हैं जहाँ किसी भी दूसरे भाषा-परिवार से उनका सम्पर्क नहीं होता। जिस समय आदि इंडो-यूरोपियन भाषा का निर्माण हुआ, उस समय उसे बोलनेवाले किसी भी अन्य परिवार की भाषाएँ बोलनेवालों के सम्पर्क में नहीं आए। इसलिए वह आदि भाषा अपनी विशेषताएँ, किसी भी अन्य भाषा-परिवार से संपृक्त हुए बिना, निश्चित करती है। सम्पर्क तब होता है जब आदि भाषा विघटित हो जाती है और उसकी शाखाएँ विभिन्न प्रदेशों में फैल जाती है। यही स्थिति आदि द्रविड़ भाषा तथा अन्य परिवारों की आदि भाषाओं के निर्माण की है।

पिछले कुछ वर्षों से भारत के सन्दर्भ में ऐतिहासिक भाषाविज्ञान की मान्यताएँ थोड़ी-सी बदली हुई जान पड़ती हैं। यह तब्दीली इस दिशा में है। भारत के अनेक भाषा-परिवार शताब्दियों से एक साथ रहते आए हैं। इसलिए इन्होंने एक-दूसरे को प्रभावित करके ऐसी विशेषताएँ निर्मित की हैं जो भारत के अन्दर इन परिवारों में सामान्य हैं, किन्तु भारत के बाहर उन्हीं परिवारों की भाषाओं में वे विशेषताएँ नहीं मिलतीं। इसलिए भारत एक भाषाई क्षेत्र है और उसके भाषा-परिवारों का इतिहास, उनके क्षेत्रीय सम्पर्क को ध्यान में रखकर, करना चाहिए।

दरअसल यहाँ भी कोई बुनियादी तब्दीली नहीं की गई। भारत में आकर आर्य लोग द्रविड़, मुंडा आदि भाषाएँ बोलनेवालों के सम्पर्क में आए। इन आर्येतर परिवारों के अनेक भाषा-तत्त्व संस्कृत में दाखिल हो गए। यह मान्यता और अध्ययन की यह पद्धति बहुत पुरानी है। जो लोग भारत को भाषाई क्षेत्र घोषित करते हैं, वे आर्यों द्वारा द्रविड़ों और कोलों की पराजय की बात मानकर आगे चलते हैं, और व्यवहार में उनका क्षेत्रीय अध्ययन विजेता आर्यों की भाषा पर विजित द्रविड़ों और कोलों की भाषा के प्रभाव के अध्ययन से आगे नहीं बढ़ पाता। इस तरह भाषाई क्षेत्र वाला अध्ययन नवीन प्रगति का सूचक नहीं है; वह नई शब्दावली का प्रयोग करके पुरानी पद्धति का अनुसरण मात्र करता है।

19वीं सदी में ही ऐतिहासिक भाषाविज्ञान की मान्यताओं और उसकी विश्लेषण पद्धति को अनेक विद्वान चुनौती देने लगे थे। इनमें बोली-विज्ञान के विशेषज्ञ प्रमुख थे। जर्मनी और फ्रांस, इन दोनों देशों में बोली-विज्ञान को लेकर महत्त्वपूर्ण कार्य हुआ। इस कार्य की विशेषता यह

थी कि लिखित भाषाओं और परनिष्ठित भाषाओं की अपेक्षा व्यवहार में आनेवाली शहरों और गाँवों की बोलियों पर ध्यान केन्द्रित किया जाता था। बोलियों का अध्ययन करने से यह सत्य प्रत्यक्ष हो जाता था कि व्यवहार जगत् में बहुसंख्यक बोलियों की प्रधानता है, अल्पसंख्यक लिखित भाषाओं की नहीं। उधर ऐतिहासिक भाषाविज्ञान का सारा विवेचन अल्पसंख्यक लिखित भाषाओं पर ही निर्भर था। बोली-विज्ञान वाले उस पद्धति से किये हुए अध्ययन के निष्कर्षों को अमान्य ठहराते थे। पर उनके पास इस बात का कोई जवाब नहीं था कि ग्रीक, लैटिन, संस्कृत, जर्मन आदि भाषाओं में जो सामान्य तत्त्व दिखाई देते हैं, उनके अस्तित्व का कारण क्या है। ऐतिहासिक भाषाविज्ञान ने जो विकास की रूपरेखा बनाई थी, उसका विकल्प बोली-विज्ञान वालों के पास नहीं था। इनके उत्तराधिकारी कुछ नव्य भाषाविज्ञानी इटली में हैं और उनके सम्प्रदाय के समर्थक अमरीका में हैं। पर इन सब लोगों ने ऐतिहासिक भाषाविज्ञान की जो आलोचना की है, वह नकारात्मक अधिक है। किसी एक भाषा या भाषा-परिवार का इतिहास प्रस्तुत करने में ये लोग अक्षम सिद्ध हुए हैं। इसलिए ऐतिहासिक भाषाविज्ञान की पद्धति या मान्यताओं में ये लोग कोई उल्लेखनीय परिवर्तन नहीं कर सके।

ऐतिहासिक भाषाविज्ञान की विश्लेषण-पद्धति की आलोचना अमरीकी समाज-विज्ञान के प्रवर्तक बोआस ने भी की थी। विशेष रूप से एक ही आदि भाषा से किसी परिवार की अनेक भाषाओं के उत्पन्न होने के सिद्धान्त का उन्होंने खंडन किया था। पहले वह स्वयं ही इस आदि भाषा वाले सिद्धान्त को मानते थे। पर समाजशास्त्र सम्बन्धी अपने अनुसंधान-क्रम में उन्होंने देखा कि यह सिद्धान्त भ्रामक है। इसलिए उन्होंने उस प्रचलित मान्यता का खंडन किया। बोआस की यह आलोचना महत्त्वपूर्ण है। वह समाजशास्त्र के अलावा आधुनिक भाषाविज्ञान के भी प्रवर्तक थे। अमरीकी आदिवासियों की भाषाओं पर उन्होंने विशेष ध्यान दिया था। यह दुर्भाग्य की बात है कि अमरीकी भाषा-विज्ञानियों ने उनकी आलोचना-पद्धति को आगे विकसित नहीं किया और वे अधिकतर 19वीं सदी के जर्मन भाषाविज्ञान की स्थापनाएँ दोहराते रहे।

'भाषा और समाज' पुस्तक में मैंने ऐतिहासिक भाषाविज्ञान की मान्यताओं को अस्वीकार किया। इंडो-यूरोपियन भाषा के लिए एक आदि भाषा की जगह मैंने अनेक स्रोत-भाषाओं का सिद्धान्त प्रतिपादित किया। ध्वनि-प्रकृति, शब्द-भंडार और भाव-प्रकृति के अनेक तत्त्व उदाहरण रूप में प्रस्तुत करके मैंने यह सिद्ध करने का प्रयत्न किया कि भारतीय और यूरोपीय अनेक भाषा-स्रोतों के परस्पर सम्पर्क से इस परिवार का निर्माण हुआ है। इस सम्बन्ध में मैंने जो भी प्रमाण दिये थे, किसी ने उनका खंडन नहीं किया, कम-से-कम ऐसा खंडन मेरे देखने में नहीं आया। मैंने यह भी प्रमाणित किया कि द्रविड़ भाषाओं की कुछ विशेषताएँ यूरोप की भाषाओं में मिलती हैं। किसी भाषा-परिवार के मूल तत्त्व किसी अन्य भाषा-परिवार के मूल तत्त्वों से प्रभावित होते हैं, इस बात का यह पहला उल्लेख है। दरअसल किसी एक आदि भाषा का एकान्त शून्य में विकसित होना तभी सम्भव है जब हम यह मानें कि उस आदि भाषा के बोलनेवाले किसी एक खास नस्ल के एकान्तवासी लोग थे। इंडो-यूरोपियन भाषा-परिवार के विवेचन पर प्रत्यक्ष या अप्रत्यक्ष रूप से नस्ल के सिद्धान्त का प्रभाव है। 'भाषा और समाज' में मैंने इस सिद्धान्त का खंडन किया है। इसके साथ मैंने इस बात के यथेष्ट प्रमाण दिये हैं कि भारत की अपनी भाषा-सम्पदा भी है। यदि ऐतिहासिक भाषाविज्ञान की सभी स्थापनाएँ स्वीकार कर ली जाएँ तो भी यह प्रश्न रह जाता है कि संस्कृत के जो तत्त्व न तो यूरोप की भाषाओं में हैं और न द्रविड़-कोल-भाषाओं में हैं, वे उसके अपने तत्त्व हैं

या नहीं?—इस प्रश्न के उत्तर में मैंने जिन तत्त्वों को प्रमाण रूप में प्रस्तुत किया है, उनका खंडन किसी ने नहीं किया।

ऐतिहासिक भाषाविज्ञान की प्रचलित पद्धति के विपरीत इस पुस्तक में मैंने जिस मार्ग का अनुसरण किया है, उसकी विशेषताएँ इस प्रकार हैं :

1. कोई भी भाषा-परिवार अपनी मूल विशेषताएँ एकान्त शून्य में विकसित नहीं करता। इसलिए किसी भी भाषा-परिवार के उद्भव और विकास का अध्ययन अन्य भाषा-परिवारों के उद्भव और विकास से अलग न करना चाहिए।
2. किसी भी भाषा-परिवार की आदि भाषा की कल्पित विशेषताएँ खोजने के स्थान पर उसके निर्माण में अनेक भाषा-मूलों के तत्त्वों की प्राप्ति के लिए तैयार रहना चाहिए।
3. एक ही परिवार की भाषाओं के सामान्य तत्त्वों का अध्ययन करते हुए उनमें जो तत्त्व असामान्य हैं, उन पर भी पूरा ध्यान देना चाहिए।
4. प्राचीन लिखित भाषाओं की सामग्री का उपयोग करते समय जहाँ भी समकालीन उपभाषाओं, बोलियों आदि की सामग्री प्राप्त हो, वहाँ उस पर भी ध्यान देना चाहिए। इसी तरह आधुनिक परिनिष्ठित भाषाओं की सामग्री का उपयोग करते हुए उनकी बोलियों के भाषा-तत्त्वों पर निरन्तर ध्यान देना चाहिए।
5. प्राचीन भाषाओं के अध्ययन में आधुनिक भाषाओं और बोलियों का अध्ययन सहायक होता है। संस्कृत के अध्ययन से यदि हिन्दी की विशेषताएँ पहचानी जा सकती हैं, तो हिन्दी के अध्ययन से संस्कृत की भी अनेक विशेषताएँ पहचानी जा सकती हैं।
6. भारत भाषा-तत्त्वों का आयात-केन्द्र ही नहीं रहा, वह इन तत्त्वों का निर्यात-केन्द्र भी रहा है, इस सम्भावना को पहले से ही अमान्य ठहराकर विवेचन आरम्भ न करना चाहिए।
7. आधुनिक या प्राचीन भाषाओं का विश्लेषण करते समय ध्वनियों के यांत्रिक वर्गीकरण के बदले उनकी समग्रता का ध्यान रखकर भाषाओं की ध्वनि-प्रकृति का विवेचन करना उचित है। किसी भी भाषा में प्रयुक्त सभी ध्वनियों का—शब्द में उनकी स्थिति और प्रयोग में उनकी निरन्तरता के विचार से समान महत्त्व नहीं होता। इसलिए भाषाओं की प्रकृति पहचानने के लिए यह विवेक आवश्यक है कि किसी भाषा की व्यवस्था में कौन-सी ध्वनियाँ अधिक महत्त्वपूर्ण हैं और कौन-सी कम।
8. इसी तरह वाक्य-रचना, रूप-विकार, शब्द-निर्माण-प्रक्रिया और व्याकरण की अन्य विशेषताओं को अलग-अलग विभागों में न रखकर उनकी समग्रता में, भाषा की एक ही भाव-प्रकृति के अन्तर्गत, उन पर विचार करना चाहिए।
9. ध्वनियों की तरह शब्दों में भी विवेक करना उचित है कि शब्द-भंडार का कौन-सा भाग मूल है और कौन-सा भाग गौण है। किसी भी भाषा के मूल शब्द-भंडार का विश्लेषण किये बिना उसका विवेचन अधूरा रहेगा।
10. भाषा निरन्तर परिवर्तनशील है और विकासमान है। विरोध और भिन्नता के बिना भाषा न गतिशील हो सकती है न उसका विकास हो सकता है। इसलिए किसी भी भाषा की व्यवस्था में, भाषा के किसी भी स्तर पर—ध्वनि-प्रकृति, भाव-प्रकृति और शब्द-भंडार, किसी भी विभाग में—विरोधी प्रवृत्तियों और विरोधी तत्त्वों के सहअस्तित्व की सम्भावना के लिए भाषाविज्ञानी को प्रस्तुत रहना चाहिए।

इन बातों को ध्यान में रखते हुए ऐतिहासिक भाषाविज्ञान के क्षेत्र में अनुसंधान नहीं किया गया। उन्हें ध्यान में रखकर अनुसंधान किया जाए तो नये निष्कर्ष निकल सकते हैं। पुरानी मान्यताओं की सीमाएँ पहचानी जा सकती हैं। विशेष रूप से भारत की प्राचीन भाषा-सम्पदा पहचानने में बड़ी सहायता मिल सकती है, इसके यथेष्ट प्रमाण इस पुस्तक में दे दिये गए हैं।

[2]

ऐतिहासिक भाषाविज्ञान ने प्राचीन और आधुनिक भाषाओं के नये ज्ञान से मानव संस्कृति को समृद्ध किया। 19वीं सदी में समाज-सम्बन्धी विज्ञानों में जैसा महत्त्व भाषाविज्ञान को प्राप्त हुआ, वैसा अन्य किसी विज्ञान को नहीं। इस समग्र विकास में भारत के प्राचीन भाषाविज्ञान की भूमिका निर्णायक थी। यह कल्पना करना कठिन है कि पाणिनि के व्याकरण के बिना ऐतिहासिक भाषाविज्ञान और आधुनिक भाषाविज्ञान की क्या स्थिति होती। यही नहीं कि संस्कृत के ज्ञान से यूरोप के विद्वानों को एक नया संसार दिखाई दिया वरन् उस संसार की पूरी पहचान के लिए पाणिनि के रूप में उन्हें एक महान् मार्गदर्शक भी मिला। उन्हें खेद इसी बात का था कि पाणिनि ने जैसा भरा-पूरा और वैज्ञानिक विवरण संस्कृत का प्रस्तुत किया था, वैसा यूरोप की किसी भाषा का प्रस्तुत न किया गया था। वैसे तो पाश्चात्य विद्वान और उनके भारतीय अनुयायी हर क्षेत्र में भारत को यूनान, सुमेर या बाबुल की सभ्यताओं से अनेक प्रकार की विद्याएँ सीखता हुआ मानते हैं। इनमें भी यूनानियों की प्रतिभा का कहना ही क्या! पर व्याकरण के क्षेत्र में किसी को यह कहने का साहस नहीं हुआ कि पाणिनि ने व्याकरण-रचना-कौशल यूनानियों से सीखा था।

पाणिनि से प्रभावित 19वीं सदी के ऐतिहासिक भाषाविज्ञान ने भाषाओं का नई रीति से विश्लेषण आरम्भ किया। यह रीति यूरोप में पहले नहीं थी। भारत की इस प्राचीन रीति का पुनर्जन्म 19वीं सदी के यूरोप में हुआ। इस रीति पर चलनेवाले ऐतिहासिक भाषाविज्ञान ने 20वीं सदी के विवरणात्मक भाषाविज्ञान को प्रभावित किया। इस आधुनिक विज्ञान का सूत्रपात 19वीं सदी के अन्तिम चरण में फ्रांसीसी भाषा-भाषी विद्वान सोस्योर ने किया। वह संस्कृत के विद्वान थे और उनका मूल कार्य-क्षेत्र ऐतिहासिक भाषाविज्ञान ही था। उनके बाद 20वीं सदी में विवरणात्मक भाषाविज्ञान को व्यवस्थित रूप अमरीकी विद्वान ब्लूमफील्ड ने दिया। उनका प्रशिक्षण जर्मनी में हुआ था। उनके गुरु प्रोकोश अमरीका-निवासी जर्मन थे और ऐतिहासिक भाषाविज्ञान के विशेषज्ञ थे। खास बात यह कि ब्लूमफील्ड पाणिनि के प्रेमी और विशेषज्ञ थे। अमरीकी आदिवासियों की भाषाओं के विवेचन में उन्होंने पाणिनीय-पद्धति का उपयोग किया था। उनके बाद जब इस विवरणात्मक सम्प्रदाय के विरोध में चोम्स्की ने विद्रोह का झंडा उठाया, तब पाणिनि से अपना सम्बन्ध उन्होंने भी जोड़ा। उनकी व्याकरण-पद्धति को जैनेरेटिव या ट्रांसफॉर्मेशनल कहते हैं। हिन्दी में हम उसे परिणामी व्याकरण कह सकते हैं क्योंकि परिणाम का एक अर्थ वही है जो अंग्रेज़ी में ट्रांसफॉर्मेशन का है। इस प्रकार लगभग 200 वर्ष का पाश्चात्य भाषा-वैज्ञानिक विकास किसी-न-किसी रूप में भारत से और पाणिनि से सम्बद्ध है। पर स्वयं भारत में पाणिनि का जो पुनर्मूल्यांकन अपेक्षित था, वह नहीं हुआ। पाणिनि और संस्कृत के भाषा-वैज्ञानिक रिक्थ से प्रेरित होकर भारतीय भाषाविज्ञान को जो प्रगति करनी चाहिए थी, वह उसने नहीं की। इसका मुख्य सामाजिक कारण भारतीय

सामन्तवाद का ह्रास और उसके ह्रास काल में यहाँ अंग्रेज़ों का प्रभुत्व था। संस्कृत और पाणिनि के अध्ययन-अध्यापन की पद्धति वही पुराने ढंग की बनी रही। यूरोप के भाषाविज्ञानी न केवल समाज-सम्बन्धी विज्ञानों से परिचित थे वरन् वे भौतिक विज्ञान से भी परिचित थे और विशेष कर जीवविज्ञान से वे प्रभावित हुए थे। ज्ञान के इस आधुनिक विकास से भारत के रूढ़िवादी विद्वान अपरिचित थे। उनके विरोध में जो भी नई प्रवृत्तियाँ उभरती थीं, वे उनका दमन बड़ी कट्टरता से करते थे।

पर इसमें सन्देह है कि 19वीं सदी के विज्ञान से प्रभावित आधुनिक भाषाविज्ञान पाणिनि का सही मूल्यांकन कर सका है। 19वीं सदी के समाजविज्ञान और उसके भौतिकविज्ञान की युगान्तरकारी उपलब्धियों के साथ उसकी सीमाएँ हैं और वे सीमाएँ इस पुनर्मूल्यांकन में दिखाई देती हैं। ऊपर मैंने जिस पद्धति का उल्लेख किया है, उसके अनुरूप द्वन्द्वात्मक विश्लेषण-पद्धति अपनाकर ही हम अपने देश के भाषा-वैज्ञानिक रिक्थ का सही मूल्यांकन प्रस्तुत कर सकते हैं।

विवरणात्मक भाषाविज्ञान ने भाषाओं के विवरण प्रस्तुत करने के कौशल को खूब परिष्कृत किया। विशेष रूप से उसने ध्वनि-तंत्र पर बड़ा काम किया और यह काम इतना महत्त्वपूर्ण माना गया कि उसने भाषाविज्ञान के सभी विभागों को प्रभावित किया। किन्तु यह विवरणात्मक भाषाविज्ञान एक विशेष दर्शन से प्रभावित था। उसे हम यांत्रिक भौतिकवाद कह सकते हैं। यह एक प्रकार का भौतिकवाद है किन्तु वह द्वन्द्वात्मक न होकर यांत्रिक है। इससे प्रभावित भाषाविज्ञान की एक विशेषता यह थी कि वह भाषा को रूप मात्र मानकर उसका विवेचन करता था। अर्थ की चिन्ता किये बिना वह भाषा के पूरे तंत्र के विश्लेषण का दावा करता था। इस रीति पर चलने में उसे सबसे अधिक सुगमता ध्वनिविज्ञान में थी। ब्लूमफील्ड के यहाँ यह प्रवृत्ति अभी जन्म ले रही थी। उसे पुष्ट और परिवर्द्धित किया उनके शिष्यों ने। इस रूपवादी पद्धति की संक्षिप्त आलोचना इस पुस्तक के प्रथम संस्करण की भूमिका में है।

विवरणात्मक भाषाविज्ञान की सबसे बड़ी उपलब्धि उसका सैद्धान्तिक विवेचन नहीं है। यदि पाणिनि की पद्धति से संस्कृत का श्रेष्ठ व्याकरण रचा जा सकता था तो यह पूछा जा सकता है कि इस समस्त सैद्धान्तिक विवेचन के बाद, भाषाओं का विवरण प्रस्तुत करने के लिए, आपने किस नये कौशल की सृष्टि की है, जिसके उपयोग के फलस्वरूप आप किसी भी भाषा का ऐसा विवरण प्रस्तुत कर सके हैं जो पाणिनि के संस्कृत-सम्बन्धी विवरण से अधिक भरा-पूरा हो? विवरणात्मक भाषाविज्ञान की बहुत बड़ी सफलता यह है कि उसने अनेक महाद्वीपों की पचीसों भाषाओं के नये विवरण प्रस्तुत किये जिनके बारे में पहले कुछ भी सामग्री उपलब्ध न थी। इस सामग्री का उपयोग तुलनात्मक और ऐतिहासिक भाषाविज्ञान के लिए किया जा सकता था और आंशिक रूप में किया भी गया। 19वीं सदी के बाद ऐतिहासिक भाषाविज्ञान को जो नई सामग्री प्राप्त हुई है, वह इस विवरणात्मक भाषाविज्ञान से ही प्राप्त हुई है।

इस विवरणात्मक भाषाविज्ञान की प्रतिक्रिया के रूप में परिणामी भाषाविज्ञान का विकास हुआ। ब्लूमफील्ड यदि यांत्रिक भौतिकवाद से प्रभावित थे तो चोम्स्की भाववाद (आइडियलिज्म) से प्रभावित हैं। उनकी मूल धारणा यह है कि एक विश्वजनीन व्याकरण का ढाँचा प्रत्येक मनुष्य की चेतना में विद्यमान रहता है। इस विश्वजनीन आधार पर विभिन्न

भाषाओं के व्याकरण का प्रतिफलन होता है। चोम्स्की की मान्यताएँ 19वीं सदी और उससे पहले के भाववादी पाश्चात्य वैयाकरणों के चिन्तन पर आधारित हैं। चोम्स्की ने विवरणात्मक भाषाविज्ञान की जो आलोचना की है, वह अनेक रूपों में महत्त्वपूर्ण और सारगर्भित है। उन्होंने और उनके सहयोगियों ने भाषाओं के विश्लेषण में ऐसी अनेक बातें कही हैं जिनसे पुराने विवरणात्मक भाषाविज्ञान की कुछ खामियाँ दूर की जा सकती हैं। पर यह परिणामी व्याकरण-शास्त्र है—उसी विवरणात्मक भाषाविज्ञान का अंग। उसका लक्ष्य है किसी भी भाषा का सम्पूर्ण और वैज्ञानिक विवेचन प्रस्तुत करना।

द्वन्द्ववादी दृष्टि से—चाहे व्याकरण हो, चाहे अन्य कोई विज्ञान—किसी भी प्रपंच के विलेषण में व्याप्ति और पृथक्ता, इन दोनों पक्षों पर ध्यान देना उचित है। चोम्स्की की विचारधारा में व्याप्ति पर ही जोर है, पृथक्ता आभासमात्र है, एक मिथ्या प्रतीति है, जिसका विश्वजनीन मूल भाषा स्तर से वही सम्बन्ध है जो विश्व में व्याप्त ब्रह्म का क्षणभंगुर संसार से है। स्वभावत: यह दृष्टि विकासवाद की विरोधी है। भाषाओं की भिन्नता, उनकी अपनी विशेषताएँ व्यंजना की उनकी अपनी पद्धतियाँ यहाँ अनावश्यक प्रपंच मात्र है। भाषाविज्ञान में उनकी भूमिका महत्त्वपूर्ण नहीं है; महत्त्वपूर्ण भूमिका है केवल उन व्यापक तत्त्वों की, जो सनातन काल से मानव चेतना में विद्यमान थे और रहेंगे।

'भाषा और समाज' लिखने के समय परिणामी वैयाकरण सम्प्रदाय का जन्म हो रहा था। उसका विकास बाद को हुआ। किन्तु इस पुस्तक के पहले अध्याय में जहाँ इस मत का खंडन किया गया है कि मनुष्य भाषा की रचना अपनी विशेष बुद्धि के कारण करता है, वहाँ उस भाववाद का भी खंडन किया गया है जो परिणामी सम्प्रदाय की आधारभूमि है।

चोम्स्की के कुछ अनुयायी उनके विरोध में उठ खड़े हुए हैं और उन्होंने अर्थ-विचार पर बहुत बल दिया है। उनकी इस आलोचना का आधार भी एक तरह का रूपवाद है जो अर्थ-विचार को सामाजिक विकास-सन्दर्भ से दूर रखकर, उसमें विश्वजनीन, अपरिवर्तनशील तत्त्वों का अनुसंधान करता है। रूपवाद को प्रेरणा यांत्रिक भौतिकवाद से ही नहीं मिलती, भाववाद से भी मिलती है। इसलिए चोम्स्की और ब्लूमफील्ड के विवेचन में सतह पर बड़ी भिन्नता है, पर आधारभूत अनेक समानताएँ भी हैं। इसी तरह चोम्स्की के विरोध में उनके जो अनुयायी उठ खड़े हुए हैं, उनमें और चोम्स्की में आधारभूत समानताएँ हैं; जो विरोध दिखाई देता है, वह सतह पर है।

परिणामी व्याकरण-पद्धति भी भाषा का विवरण प्रस्तुत करती है। उसमें सिद्धान्त-चर्चा बहुत हुई है। जहाँ भाषाओं का विश्लेषण किया गया है, जैसे अंग्रेज़ी का, वहाँ यह विचारणीय है कि अंग्रेज़ी या अन्य किसी भाषा के विश्लेषण से हमें कौन-सी नई जानकारी प्राप्त हुई है जो पहले प्राप्त नहीं थी, विवरणात्मक भाषाविज्ञान ने अनेक नई भाषाओं के विवरण प्रस्तुत किये। परिणामी वैयाकरणों ने ऐसा उल्लेखनीय कुछ नहीं किया।

परिणामी वैयाकरणों का दावा है कि वे किसी भी भाषा के व्याकरण-सम्बन्धी नियम बहुत ही संक्षिप्त रूप में प्रस्तुत कर सकते हैं। नियमों के लिए गणित के-से फार्मूले बनाना उनके विश्लेषण-कौशल की अपनी विशेषता है। सम्भव है, इस कौशल पर भारत की पुरानी सूत्र-पद्धति का प्रभाव हो, दोनों में अन्तर यह है कि सूत्र आसानी से रट लिये जाते थे; इन फार्मूलों को रटना बीजगणित के फाइलों को रटने से बहुत ज्यादा मुश्किल है। गणित के-से फार्मूलों के अलावा आधुनिक भाषाविज्ञान में गणित ने, अपने विशुद्ध रूप में, बड़े पैमाने

पर प्रवेश किया है। आधुनिक भाषाविज्ञान में ही नहीं, अनेक सामाजिक विज्ञानों में गणित का ऐसा ही उपयोग किया जा रहा है। गणित में सारी बातें एकदम नपे-तुले ढंग से कही जाती हैं। इसलिए विज्ञान-प्रेमी विद्वानों का कहना है कि चिन्तन को अस्पष्टता से बचाने के लिए गणित की एक नई भाषा का व्यवहार करना जरूरी है। यदि चिन्तन को नपा-तुला और वैज्ञानिक बनाया जाए तो यह बात स्वागत करने के योग्य है। किन्तु गणित उतना नपा-तुला होता नहीं है जितना कुछ विशेषज्ञ उसे मानते हैं। जिस संसार का अध्ययन करना है, यदि उसकी नियमबद्धता सापेक्ष हो तो उसका विवरण निरपेक्षत: नियमबद्ध कैसे हो जाएगा? पुराने तर्कशास्त्र से गणित के इस तथाकथित नपे-तुलेपन का बहुत बड़ा सम्बन्ध है। वास्तव में गणित का सामाजिक-विज्ञानों में प्रसार पुराने तर्कशास्त्र का ही आविर्भाव है। और यह तर्कशास्त्र द्वन्द्ववादी तर्क-पद्धति का विरोधी है।

भारत में तर्कशास्त्र के एक सम्प्रदाय का नाम पुराने जमाने में अनेकान्तवाद था। अनेकान्तवाद का सारतत्त्व यह है कि एक ही प्रपंच विभिन्न दृष्टिकोणों से भिन्न-भिन्न रूपों में प्रतीत हो सकता है। यह संसार अनित्य है क्योंकि प्रतिक्षण परिवर्तनशील है। यह संसार नित्य है क्योंकि जो अनादि और अनन्त है, उसकी समग्रता में परिवर्तन हो नहीं सकता। इसलिए संसार नित्य है, अनित्य भी है। इस धारणा में हम द्वन्द्ववाद का यह लक्षण देखते हैं कि संसार में परस्पर विरोधी तत्त्वों का सामंजस्य है। तर्कशास्त्र की जो पद्धति इससे भिन्न है, उसे हम एकान्तवादी कह सकते हैं। इस एकान्तवादी तर्क-पद्धति के अनुसार संसार या तो नित्य है या अनित्य है, दोनों बातें एक साथ नहीं हो सकतीं। यह बात बहुत नपी-तुली जान पड़ती है, गणित के दो दूनी चार की तरह सत्य जान पड़ती है, पर है मिथ्या। यूरोप में अरस्तू से लेकर सोलहवीं सदी तक इस एकान्तवादी तर्कशास्त्र का बोलबाला रहा। बेकन ने इसकी जगह नई तर्क-पद्धति का चलन किया। बाद को हेगल ने द्वन्द्ववादी तर्क-पद्धति को भाववादी भूमि पर और अधिक विकसित किया। मार्क्स और एंगेल्स ने भौतिकवाद की जमीन पर द्वन्द्ववाद को नया रूप दिया। सामाजिक विज्ञानों में जिस गणित का प्रसार हो रहा है, वह इस एकान्तवादी तर्कशास्त्र का जोड़ीदार है। बात बहुत नपे-तुले ढंग से कही जा रही है, इसका आभास मात्र इन सामाजिक विज्ञानों में होता है। विरोधी और गतिशील तत्त्व इस विश्लेषण की पकड़ से बाहर रह जाते हैं। जैसे नई कविता के कुछ लेखक भाषा मात्र के व्यवहार को व्यर्थ समझते हैं, कुछ-कुछ वैसा ही यह गणित का आडम्बर है जो सामान्य भाषा को अशक्त और अनुपयोगी मानकर गणित की नई भाषा के व्यवहार पर जोर देता है। इसे आधुनिक पूँजीवादी संस्कृति के संकट का एक लक्षण ही समझना चाहिए। पर यह लक्षण सबसे ज्यादा अंग्रेज़ी-भाषी दुनिया में दिखाई देता है। जहाँ गणित की भाषा का व्यवहार नहीं होता, वहाँ भी अंग्रेज़ी-भाषी संसार में भाषाविज्ञान का विवेचन निरन्तर दुरूह बनता जाता है।

हर देश की पूँजीवादी संस्कृति एक-सी नहीं है। पूँजीवादी संसार के जिस हिस्से में फ्रांसीसी और इतालवी भाषाओं का चलन है, वहाँ विवेचन की पद्धति सामान्यत: दूसरे ढंग की है। इन भाषा-वैज्ञानिकों का विवेचन प्रसाद गुणयुक्त होता है; वे प्रयत्न करके विवेचन को दुरूह बनने से बचाते हैं; तर्क-शृंखला को स्पष्ट रखते हुए वे अभिव्यंजना को सुबोध बनाए रखते हैं। भारत के भाषाविज्ञानी उनसे बहुत कुछ सीख सकते हैं। यह दुर्भाग्य की बात है कि भारत के अधिकांश भाषाविज्ञानी आधुनिक भाषाविज्ञान से केवल अंग्रेज़ी द्वारा परिचित होते

हैं। अंग्रेज़ी के अलावा विश्व-संस्कृति से परिचित होने के लिए दो-एक खिड़कियाँ और खोल दी जाएँ तो इससे भारतीय संस्कृति को लाभ होगा।

अपनी एकान्तवादी दृष्टि के कारण परिणामी व्याकरण नियमों को स्थिर इकाइयों के रूप में प्रस्तुत करता है। एक नियम की जगह जब दूसरा नियम आ जाता है तब समझना चाहिए कि एक स्थिर इकाई की जगह दूसरी स्थिर इकाई आ गई। किन्तु यह इकाई स्वयं सापेक्ष रूप में स्थिर है। भाषा की व्यवस्था में परस्पर विरोधी अनेक व्यवस्थाएँ समाहित होती हैं। अन्तर्विरोधों से युक्त निरन्तर गतिशील भाषा नाम के प्रपंच के नियम सापेक्ष रूप में ही स्थिर होते हैं। जो भाषाविज्ञान नियमों की प्रवहमानता नहीं पहचानता, वह एकान्तवादी स्थिति को भाषा पर आरोपित करता है, जबकि भाषागत यथार्थ इससे नितान्त भिन्न है। जिस समय जातीय भाषा अपने निर्माण की आरम्भिक अवस्था में होती है, जिस समय अनेक जनपदीय उपभाषाएँ बोलनेवाले लोग नगरों में सिमट आते हैं और अपने भिन्न-भिन्न रूपों से जातीय भाषा को प्रभावित करते हैं, जिस समय बीसियों वैकल्पिक प्रयोगों में से कुछ चुने जाते हैं, कुछ छोड़े जाते हैं, और व्यवहार में बहुत दिनों तक वैकल्पिक प्रयोगों की बहुलता बनी रहती है, उस समय नियमों की प्रवहमानता—महावीर प्रसाद द्विवेदी के शब्दों में, भाषा की अनस्थिरता—स्पष्ट देखी जा सकती है। 18वीं सदी से लेकर 19वीं सदी के प्रथम चरण तक इस प्रयोग-बहुलता और भाषा की अनस्थिरता के बहुत-से उदाहरण मेरी पुस्तक 'भारतेन्दु-युग और हिन्दी भाषा की विकास-परम्परा' में दिये हुए हैं। उससे मिलती-जुलती स्थिति जातीय भाषा के प्रारम्भिक विकास के समय अन्यत्र भी देखी जा सकती है। परिणामी व्याकरण भाषा की इस गतिशील स्थिति को विश्लेषित करने में असफल रहा है।

[3]

भाषाविज्ञान का कोई भी सम्प्रदाय हो, एक प्रश्न का उत्तर उसे देना ही होगा और वह प्रश्न यह है कि भाषा में परिवर्तन क्यों होता है? सामाजिक सन्दर्भ से भाषा को अलग करके इस प्रश्न का उत्तर नहीं दिया जा सकता। भाषाविज्ञानी जो उत्तर देते रहे हैं, वह अधिकतर यह है कि प्रत्येक मनुष्य की भाषा उसकी आयु के अनुसार कुछ-न-कुछ बदलती रहती है। एक ही समाज के लोग अपने-अपने ढंग से भाषा का व्यवहार करते हैं। छोटे-छोटे परिवर्तन क्रमश: एकत्र होकर बड़े परिवर्तनों का रूप ले लेते हैं। इसलिए कुछ भाषाविज्ञानी किसी मनुष्य की व्यक्तिगत बोली (इडियोलेक्ट) को भाषा की एकमात्र यथार्थ इकाई मानते हैं।

मनुष्य भाषा का व्यवहार स्वयं से ही बातचीत करने के लिए नहीं करता, मूलत: भाषा एक से अधिक मनुष्यों के बीच बातें कहने-सुनने का साधन है। इसलिए एक ही व्यक्ति जीवन की विभिन्न अवस्थाओं में अपनी बोली में चाहे जितने परिवर्तन करे, जिस समाज में वह रहता है, उसमें उसकी बोली समझ ली जाती है। इसी तरह वह दूसरों की बोली समझ लेता है। इसलिए महत्त्व व्यक्ति द्वारा व्यवहृत बोली का नहीं है, समुदाय द्वारा व्यवहृत बोली का है। जैसे भाषा का व्यवहार करते हुए मनुष्य जब ध्वनियों से काम लेता है, तब अपनी बात कहने और दूसरे की बात समझने के लिए इन ध्वनियों के सभी भौतिक लक्षण उसके लिए उपयोगी नहीं होते, वह उनमें से कुछ लक्षणों पर ही ध्यान देता है जो सामाजिक स्तर पर आदान-प्रदान के लिए महत्त्वपूर्ण होते हैं। वैसे ही व्यक्तिगत स्तर पर वह भाषा में जो भी परिवर्तन करता है, वह महत्त्वपूर्ण नहीं होता; महत्त्वपूर्ण वह परिवर्तन होता है जो सामाजिक

स्तर पर भाषा के बोलनेवाले समुदाय के लिए आवश्यक होता है। भाषा में ध्वनियों का प्रयोग जहाँ सार्थक होता है, वहीं वह भाषाविज्ञान के लिए विवेच्य होता है; भाषा-सम्बन्धी परिवर्तन जहाँ समाज के लिए सार्थक होते हैं, भाषा बोलनेवाले समुदाय के लिए महत्त्वपूर्ण होते हैं, वहीं वे भाषाविज्ञान के लिए विवेच्य होते हैं।

पुराने भाषाशास्त्री कहीं-न-कहीं सतयुग वाली कल्पना से प्रभावित थे। हजरत आदम जब खुल्द में रहते थे, तब मेहनत न करनी पड़ती थी और जीवन बड़ा सुखी था। जब आर्य लोगों का रक्त शुद्ध था, तब उनकी ध्वनियों में पौरुष था; जब अनार्य रक्त का मिश्रण हुआ, तब यह पौरुष नष्ट हो गया। सतयुग की भाषा में अपूर्व व्यंजना-क्षमता थी। जैसे-जैसे कलियुग की ओर बढ़े, वैसे-वैसे भाषा के प्रत्येक स्तर पर ह्रास होता गया। इस स्थापना को अब इसी ढंग से कोई नहीं दोहराता, पर अप्रत्यक्ष रूप से वह अनेक भाषा-विज्ञानियों को अब भी प्रभावित करती है। इस धारणा का एक परिणाम यह है कि हिन्दी शुद्ध लिखना हो तो अधिक-से-अधिक संस्कृत का अनुकरण करना चाहिए।

सामाजिक विकास-सन्दर्भ से भाषा को अलग हटाकर उसका विवेचन करना एक तरह का रूपवाद है जहाँ रूप को विषयवस्तु से अलग कर दिया जाता है। इस रूपवाद को प्रश्रय देनेवाले चाहे भौतिकवादी हों, चाहे भाववादी, है वह रूपवाद। इसीलिए सबसे पहले यह देखना आवश्यक होता है कि मनुष्य अपने विकास-क्रम में पशुओं से अलग कैसे हुआ? मानव की अवस्था में विकसित होने के साथ-साथ किस बाध्यता के कारण पशुओं से भिन्न स्तर पर वह ध्वनि-संकेतों से काम लेने लगा? सामाजिक विकास की अनेक मंजिलें पार करता हुआ सामाजिक गठन के जिन रूपों से वह गुजरता है, उनमें भाषा की स्थिति क्या होती है?

इस पुस्तक में भाषागत परिवर्तनों के दो तरह के कारण बताए गए हैं : आन्तरिक और बाह्य। भाषा बोलनेवाला समुदाय अन्तर्विरोधों से मुक्त नहीं होता। इन आन्तरिक विरोधों के कारण, उसमें परिवर्तन होते हैं, वह गतिशील बनता है। इसके साथ बाह्य विरोध हैं। समाज-विशेष अपने से भिन्न समाजों के सम्पर्क में आता है और यह स्थिति उसकी भाषा को प्रभावित करती है।

मनुष्य निरन्तर प्रकृति के संसर्ग में अपना विकास करता रहा है और निरन्तर इस प्रकृति पर हावी होने का प्रयत्न करता रहा है। मनुष्य और प्रकृति का अन्तर्विरोध सनातन है। समस्त सभ्यता का विकास इस अन्तर्विरोध को हल करने का परिणाम है। जीवित रहने के लिए मनुष्य जिस प्रकृति के मुकाबले खड़ा होता है, उस पर वह सामुदायिक प्रयत्न से ही क्रमशः विजय पाता है। उसके जीवन की आवश्यकताएँ निरन्तर बढ़ती जाती हैं। प्रकृति का ज्ञान प्राप्त करने, उस पर विजय प्राप्त करने की आवश्यकताएँ निरन्तर बढ़ती जाती हैं। भाषा में परिवर्तन और विकास का यह मुख्य कारण है।

समाज में व्यक्तिगत सम्पत्ति के उद्भव, नये श्रम-विभाजन के चलन और वर्गों के निर्माण के साथ समाज के भीतर नये अन्तर्विरोध उत्पन्न होते हैं। सभ्यता और ज्ञान के प्रसार के साथ भाषा में परिवर्तन और विकास अपेक्षित होता है। यह दूसरी तरह का अन्तर्विरोध भाषागत परिवर्तन का दूसरा कारण है।

भाषा बोलनेवाला समुदाय विकास की विभिन्न अवस्थाओं में एकरूप नहीं रहता। मनुष्य पहले छोटे-छोटे गण-समाजों में संगठित होते हैं, फिर ये विभिन्न गण-समाज अपने

गण-संघ बनाते हैं। गण-संघ बनाने के समय किसी भी गण-विशेष की भाषा की वही स्थिति न रहेगी जो उसके अलगाव के समय में थी। परस्पर विनिमय के बढ़ने के साथ भाषा-तत्त्वों का विनिमय भी बढ़ता है। गण-व्यवस्था समाप्त होने पर सामन्ती व्यवस्था का चलन होता है। रक्त-सम्बन्ध पर आधारित गण-समाज टूट जाते हैं या बड़े समाजों में समेट लिये जाते हैं। वर्णाश्रम धर्मवाला यह छोटे पैमाने का उत्पादन करनेवाला समाज जनपदों में गठित होता है। पुन: व्यापार के प्रसार और पूँजीवादी सम्बन्धों के निर्माण के साथ ये जनपद अलगाव की स्थिति में नहीं रह जाते। सामन्ती व्यवस्था के जनपद टूट जाते हैं या और बड़े संगठनों में समेट लिये जाते हैं। इस नये संगठन का नाम है जाति (नेशन)। किसी भी भाषा बोलनेवाले समुदाय का विघटित होना और ऐसे अनेक समुदायों के मिलने से किसी और बड़े समुदाय का निर्मित होना भाषा की स्थिति को प्रभावित करेगा ही। भाषा-वैज्ञानिक-विवेचन में इस विकास-प्रक्रिया के सन्दर्भ में भाषा-सम्बन्धों परिवर्तनों पर विचार नहीं किया गया। मार्क्सवादी समाजशास्त्र में सामाजिक विकास की जो मंजिलें निश्चित की गई हैं, उनमें दास-प्रथा को लेकर बड़ी भ्रान्ति है। गण-समाजों के टूटने पर छोटे पैमाने के उत्पादन वाली सामन्ती व्यवस्था ही पुरानी गण-व्यवस्था का स्थान लेती है। दास-प्रथा का चलन व्यापक रूप में तब होता है जब बड़े पैमाने पर उत्पादन आवश्यक होता है, जब समाज में व्यापारी वर्ग ऐसी वस्तुओं की माँग करता है जो मुनाफे के लिए देश-देशान्तर में बेची जा सकें। इसके लिए आवश्यक होता है कि द्रव्य का चलन व्यापक रूप से हुआ हो और न केवल तैयार माल द्रव्य लेकर बेचा जाए वरन् उसे तैयार करनेवाले दास का भी क्रय-विक्रय द्रव्य के माध्यम से हो।

मार्क्सवादी समाजशास्त्र में गण-समाजों का उल्लेख होता है और आधुनिक जातियों का उल्लेख होता है। इन दोनों के बीच सामन्ती व्यवस्था में सामाजिक गठन का रूप क्या होता है, इस समस्या के विवेचन का प्राय: अभाव है। किन्तु इस विवेचन के अभाव में इस बात की व्याख्या नहीं की जा सकती कि आधुनिक जातियों का निर्माण किन तत्त्वों से होता है। आधुनिक जातियों का निर्माण समझने के लिए, इस निर्माण-क्रम में जो समस्याएँ उत्पन्न होती है, उनके समाधान के लिए सामन्ती व्यवस्था वाले सामाजिक गठन के रूप को समझ लेना आवश्यक है। इस पुस्तक में इस सामन्ती समाज के गठन के रूप की व्याख्या करने का प्रयत्न किया गया है। हिन्दी प्रदेश में कौन-सी समस्याएँ पुराने गठन के नष्ट होने पर, जातीय निर्माण-क्रम में उत्पन्न होती हैं, सामान्य सैद्धान्तिक स्तर पर उनका विवेचन यहाँ प्रस्तुत किया गया है।

जातीय भाषा के निर्माण की जो प्रक्रिया यहाँ बताई गई हैं, बंगला के सन्दर्भ में उससे भिन्न प्रक्रिया डॉ. सुनीति कुमार चाटुर्ज्या ने प्रतिपादित की है। सबसे पहले इस बात पर ध्यान देना चाहिए कि हिन्दी प्रदेश की तरह बंगाल भी जनपदों में विभाजित था। डॉ. चाटुर्ज्या ने इनके ये नाम लिखे हैं : राढ, पुंड्र अथवा वरेन्द्र, वंग और कामरूप। इन जनपदों का एकीकरण कैसे हुआ? डॉ. चाटुर्ज्या कहते हैं कि बोलियों की भिन्नता के बावजूद राजनीतिक और सामाजिक कारणों से वर्तमान भाषाई एकता कायम हुई। स्पष्ट है कि विशुद्ध भाषा-वैज्ञानिक कारणों से ऐसी एकता कायम नहीं होती यानी जातीय भाषा का प्रसार नहीं होता पर ये राजनीतिक और सामाजिक कारण कौन-से हैं? डॉ. चाटुर्ज्या का कहना है कि बंगाल में एक बौद्धिक अभिजात वर्ग था जिसमें ब्राह्मण वर्ण के लोग थे। जमींदारों में कायस्थ थे। ब्राह्मणों और कायस्थों ने मिलकर बंगाल के जनपदों को संयुक्त किया, "जहाँ के जनसाधारण को अपनी एकता और परस्पर सम्बन्धों का कोई ज्ञान न हो सकता है।" (ऑरिजिन एंड डिवेलपमेंट ऑफ़ द बेंगाली लैंग्वेज, पृ. 146)

जातीय क्षेत्र का गठन और जातीय भाषा का प्रसार कोई ऐसा प्रपंच नहीं है जो उन्हीं देशों में घटित होता हो जहाँ भारत की-सी वर्ण-व्यवस्था का चलन हो, जहाँ अभिजात वर्ग में ब्राह्मणों और कायस्थों की प्रधानता हो। यह प्रपंच उन सभी देशों में घटित होता है जो सामन्ती व्यवस्था की सीमाएँ लाँघकर पूँजीवादी व्यवस्था की ओर बढ़ते हैं। यह सामाजिक विकास की सामान्य प्रक्रिया है, इसलिए उसके नियम भी सामान्य होने चाहिए। डॉ. चाटुर्ज्या की सामन्ती अभिजातवर्गीय दृष्टि नये पूँजीवादी विकास को समझने में असमर्थ सिद्ध होती है। वास्तव में वर्ण-व्यवस्था भी सामन्तवाद की सामान्य विशेषता है यद्यपि विभिन्न देशों में उसका रूप अलग-अलग तरह का होता है। पूँजीवादी सम्बन्धों के प्रसार के साथ यह वर्ण-व्यवस्था टूटने लगती है; अत: सामन्ती अभिजात वर्ग जातीय गठन की नवीन प्रक्रिया में मुख्य भूमिका नहीं निबाह सकता। यह भूमिका व्यापारियों की होती है। इसका कारण यह है कि उत्पादन के क्षेत्र में पूँजीवादी पद्धति के चलन से पहले वितरण के क्षेत्र में घरेलू बाजार का निर्माण आवश्यक होता है। सामन्ती व्यवस्था में भी शहरों, कस्बों और बड़े-बड़े गाँवों में छोटे-बड़े बाजार होते हैं, विशेष अवसरों पर मेले होते हैं, जहाँ दूर-दूर से आकर लोग क्रय-विक्रय करते हैं। पर ये सब बाजार बिखरे हुए होते हैं। इन सब बाजारों को मिलाकर एक बड़ा बाजार कायम करना, सब जगह एक-से सिक्कों से काम लेना, तौलने के लिए एक-से बाँटों का व्यवहार होना आदि बातें पूँजीवादी व्यापार की विशेषताएँ हैं। जातीय प्रदेश का एकीकरण पूँजीवादी व्यापार के प्रसार से जुड़ा हुआ है। इसीलिए इस प्रक्रिया में भूस्वामियों और पुरोहित वर्ग की भूमिका प्रमुख नहीं होती, प्रमुख भूमिका होती है व्यापारियों की—वे चाहे हिन्दू हों, चाहे मुसलमान; बनिये हों, चाहे खत्री हों, चाहे किसी और बिरादरी के हों। वास्तव में जमींदार और पुरोहित व्यापार के इस प्रसार में तरह-तरह की बाधाएँ डालते हैं क्योंकि इससे उन्हें अपना प्रभुत्व खतरे में पड़ता दिखाई देता है।

इस प्रक्रिया में व्यापारियों के साथ कारीगरों का वर्ग भी होता है। जैसे-जैसे व्यापार का प्रसार होता है, वैसे-वैसे आवश्यक होता है कि कारीगर कुछ केन्द्रों में इकट्ठे होकर माल तैयार करें और उसे व्यापारियों को दें। इसलिए जातीय निर्माण में केवल व्यापारियों की भूमिका नहीं होती। जैसे-जैसे छोटे बाजार बड़े बाजारों के रूप में गठित होते हैं, वैसे-वैसे किसानों के रूप में ग्राहकों का एक बड़ा समुदाय विनिमय की व्यापक प्रक्रिया से सम्बद्ध हो जाता है। इस तरह जातीय निर्माण की प्रक्रिया से वह भी सम्बद्ध होता है। शहर और देहात के रईस भी इस प्रक्रिया में सिमट आते हैं। डॉ. चाटुर्ज्या ने जातीय निर्माण की प्रक्रिया से जनसाधारण को एकदम बाहर रखा है।

जातीय भाषा के गठन और प्रसार में जनसाधारण की भूमिका का एक प्रमाण हिन्दी क्षेत्र में लोकसाहित्य रचनेवालों द्वारा खड़ी बोली का व्यवहार है। पुराने समय से ब्रज जनपद खड़ी बोली के इस साहित्य का प्रसार-केन्द्र रहा है। इस विषय पर श्रीधर पाठक ने प्रथम हिन्दी साहित्य सम्मेलन में एक निबन्ध पढ़ा था जो नवम्बर, 1910 की 'मर्यादा' में छपा था। इसमें उन्होंने लिखा था :

"हरिद्वार, कनखल, ज्वालापुर, मेरठ, मुरादाबाद, बुलन्दशहर, हाथरस, आगरा आदि स्थानों में 'भगत' और 'स्वाँग' नामक परम रोचक और अवलोकनीय अभिनय इस बोली के गद्य-पद्य में स्मरणातीत समय से होते चले आए हैं। इस लेख को आरम्भ करने के पहले मैं समझे हुए था कि ये काव्य हाथ की लिखी पोथियों में अथवा पात्रों के कंठों ही में विद्यमान

हैं, ग्रंथाकार मुद्रित नहीं हुए, किन्तु विशेष अनुसन्धान से ज्ञात हुआ कि कई एक प्रकाशित हो गए हैं। परन्तु जो मेरे देखने में आए हैं, उसमें बहुत संशोधन अपेक्षित है; कुछ एक के नाम नीचे लिखे जाते हैं :

ग्रंथ	रचयिता
1. श्रवण चरित्र	चिरंजीलाल नाथराम हाथरस
2. सांगीत चित्रकूट चरित्र	" " "
3. सांगीत भैन भैया	ला. गोबिन्दराम
4. सांगीत पूरनमल	
5. सुदामा चरित्र दुखार	मातादीन चौबे (औरैया)
6. सांगीत हरिश्चन्द	

"इन सबमें ब्रजभाषा और खड़ी बोली, दोनों का मिश्रण है, जहाँ-तहाँ विशुद्ध खड़ी बोली के भी पद्य पाए जाते हैं। पहले तीन में दूसरे तीन की अपेक्षा ब्रजभाषा का सम्पर्क अधिक है। पहले तीन एक हाथरस निवासी के रचे हुए हैं, अत: उनका अभिनय अवश्य हाथरस वा उसके निकट के नगरों में अधिक होता होगा। यह नहीं कहा जा सकता कि हरिद्वार, मेरठ, मुरादाबाद आदि उत्तरीय स्थानों में जो अभिनय होते हैं, उनके पद्य में ब्रजभाषा का योग होता है, किन्तु यदि होता है तो मिस प्ररिमाण [परिमाण] में होता होगा [।] मेरा अनुमान है कि इन स्थानों के ब्रजभूमि से वह दूर होने के कारण वहाँ के पद्यों में ब्रजभाषा का मेल बहुत थोड़ा होता होगा।

"इस प्रकार के साधारण लोकप्रिय काव्यों की रचना प्राय: अर्द्ध-शिक्षित व्यक्तियों द्वारा होती है जो प्राय: पद-योजना में भाषा की विशुद्धता के विशेष पक्षपाती नहीं होते। यह खड़ी बोली की पद्य रचना सम्बन्धिनी प्राचीन लोकप्रथा है; अत: यदि इस बोली की कविता प्राचीन और नवीन नामक दो शैलियों में विभक्त की जाए तो इस ढंग की रचनाओं को प्राचीन शैली में रखना पड़ेगा, चाहे वे वर्तमान में भी क्यों न की गई हों।

"उक्त पुस्तकों में से मिश्रित और शुद्ध, दोनों प्रकार की बोली के पद्य नीचे उद्धृत किये जाते हैं :

[मिश्रित भाषा]
लावनी

उद्यान ऋषी खुश हो धन माल लुटाये।
गौदान दिये कोटिन द्विजराज जिमाये॥
महाराज दान नित ऐसो भारी होत।
निरमुख कोई न जात भिखारी लेते दो 2 पोत॥
एक साल भयौ अति उत्सव खुशी समायन।
घुटअन चल सरका डोलन लागे पायन॥
महाराज मात पितु करते प्यार महान।
लाड़ लड़ावैं गोद खिलावैं करैं निछावर प्रान॥

[श्रवण चरित्र]

दोहा

सुन इतनी जल लायकर, तनक न करी अबार।
विहसि 2 रघुवीर पद, केवट लिये पखार॥

दुबोला

पग धोय पटन कोनौ केवट,
त्रिय सहित सकल परिवारा है।
आगे के पुरखा स्वर्ग गए,
शिव उमा से वचन उचारा है॥

[सांगीत चित्रकूट]

दोहा

उदत भानु भयौ भामिनी, अब मैं जाऊँ जरूर।
सिर पर मंजिल चढ़ रही, मुझे पहुँचना दूर॥

कड़ा

मैं असगुन सगुन विचार रही,
लड़ मुक्त माँग खिड़ जाती है।
दक्षिण दृग फड़क गिरत नूपुर,
और धड़क रही मम छाती है॥

[सांगीत भैन भैया]

[शुद्ध बोली पद्य]

तवील

हरिश्चन्द्र के सत्य से ज्ञानी सुनो,
मंजुआसन सुरेन्द्र का हिलने लगा।
जाना मन में कि राज्य हमारा गया,
सोच बस होके हाथों को मलने लगा॥
हुआ सत्य के भानु का तेज जभी,
पाप रूपी अँधेरा खिसलने लगा।
सभी प्रजा आनन्द से रहने लगी,
नया सृष्टि का रंग ढंग बदलने लगा॥

[हरिश्चन्द्र सत्य मंजरी]

चौबोला

तन चाहे बिक जाए पिताजी,
सत्य न त्यागन कीजै।
हुम तुम माता बिकैं हाट में,
कंचन द्विज को दीजै॥
धीरज धर्म मित्र अरु नारी
दुख में अजमा लीजै।
पूरन काम हो गया हित से
राम नाम रस पीजै॥

[सैव]

चौबोला

करो नाथ निर्मूल अशुभ गण
कहता सीस नवाके।
रचूँ चरित पूरनमल जन का
तुमको आदि मनाके॥
वक्र तुंड एक रदन बदन लख
मदन जाए शरमा के।
करुना अयन शयन कीजै मम
हृदय कमल में आके॥

[सांगीत पूरनमल]

दोहा

सुनो दास दासी सकल, चित दे मेरी बात।
कहाँ हमारे तात हैं, कहाँ हमारी मात॥

चौबोला

कहाँ हमारी मात
माथ चरणों पर जाए नवाऊँ।
दीजै शीघ्र बताय
दरस करके कृतार्थ हो जाऊँ॥
है अधीर बस तन मन
व्याकुल बार 2 बलि जाऊँ।
रूप सुधारस निरख सुभग
नैनों की प्यास बुझाऊँ॥

[सैव]

"यहाँ पर यह कह देना आवश्यक है कि शुद्ध खड़ी बोली के पद्य जो ऊपर दिये गए हैं, वह रचयिता की शुद्ध बोली व्यवहार करने की ओर विशेष चेष्टा का फल नहीं हैं, किन्तु अनायास ही इस रूप में उस्से बन गए होंगे, ऐसा समझना असंगत प्रतीत नहीं होता।"

इसके बाद कबीर, रहीम, नागरीदास से प्राचीन शैली के पुराने पद्यों के उदाहरण देते हैं। इन्हीं के बीच कुछ लोक-काव्य के उदाहरण भी देते हैं जो दिलचस्प हैं :

बड़े बड़ाई कभी न करते
छोटे मुख से कहें वचन।
अपनै मन में सभी बड़े
यों मोती बिनोले लगे लड़न॥

[मोती बिनोले का झगड़ा]

बाग के फाटक खोल दे सुन माली की बेटी
सैर करने दै (रे) बाग के माहीं॥

[हीर-राँझा लोकगीत]

एक अचम्भा देखो चल
सूखी लकड़ी लागा फल।
जो कोई उस फल को खाय
पेड़ छोड़ू वह अनत न जाय॥

[पहेली]

सोने की तेरी कलम है, हीरे जड़ी दवात।
गोरे गोरे तेरे हाथ हैं, काले अक्षर डाल॥
अब उदय भान और रानी केतकी दोनों मिले।
आस के जो फूल कुम्हलाये हुए थे फिर खिले॥
घर बसा जिस रात उनका तब मदनवान् उस घड़ी।
कह गई दूलह दूल्हन् से ऐसी सौ बातें कड़ी॥

अन्तिम तीन उदाहरण किस तरह के लोक-काव्य से लिये गए हैं, इसका उल्लेख नहीं है। खड़ी बोली के प्रसार और उस पर स्थानीय बोलियों के प्रभाव के बारे में श्रीधर पाठक आगे कहते हैं : "उन स्थानों में जहाँ कि यह बोली विशुद्ध रूप में रमण करती है, लोकगीत (जैसे हीरा-राँझा) स्थानिक गीत और स्त्रियों के गीत प्राचीन शैली के पद्य में पाए जाते हैं। मैं आजकल ऐसे स्थान में हूँ कि उदाहरण नहीं दे सकता। इन गीतों में कभी-कभी मारवाड़ी, शूर सेनी, पंजाबी, पूर्वी, बुन्देलखंडी शब्दों का मेल देखने में आता है। यह पड़ोस का प्रभाव है। आगरे (नगर) के गीतों में ब्रजभाषा और मारवाड़ी और देहली या मेरठ के पद्य में पंजाबी शब्दों का आ जाना सहज। उदाहरण :

आगरे का गीत

ठाड़े रहियो परदेसी सामने (रे)
चोट सम्हारौ म्हारे नैनों की
तुझे मोरचा लगा ढाल का
मुझे ओट पट घूँघट की।

मेरठ का गीत

सुन सुन रे पीतम खुशहाल,
मैं भी चलूँगी तेरे नाल।
तेरा हाल सो मेरा हवाल,
मुझे दुनिया में बदनाम किया॥

जातीय भाषा का सहज प्रसार इस तरह होता है। लोक-साहित्य के माध्यम से जनसाधारण उसे चारों ओर फैलाते हैं। विभिन्न जनपदीय भाषाएँ इस जातीय माध्यम को प्रभावित करती हैं। संस्कृति पर अभिजात वर्ग का इजारा टूट जाता है। जातीय जीवन पुरानी सीमाएँ लाँघकर नई शक्ति से प्रवाहित होता है।

[4]

1976 में एक महत्त्वपूर्ण पुस्तक छपी है : 'हिन्दी के तीन प्रारम्भिक व्याकरण'[1] (संत पौलुस प्रकाशन, इलाहाबाद)। ये तीन व्याकरण हिन्दी भाषा के हैं और 17वीं तथा 18वीं शताब्दियों में विदेशियों द्वारा लिखे गए थे। इन व्याकरणों से खड़ी बोली हिन्दी के प्रसार और उसके रूपों के बारे में कुछ बहुत दिलचस्प तथ्य हमारे सामने आते हैं। इनमें पहला व्याकरण जौन जोशुआ केटलेर का है। केटलेर पादरी थे और उनका सम्बन्ध डच ईस्ट इंडिया कम्पनी से था। उन्होंने यह व्याकरण पहले डच में लिखा था। लैटिन में उसका अनुवाद 1698 ई. में हुआ। इसका अर्थ यह हुआ कि "इसकी रचना सन् 1698 के पहले हुई थी।" (पृ. 20) अनुमान से कह सकते हैं कि यह व्याकरण 17वीं सदी के मध्य में किसी समय लिखा गया होगा और उसमें भाषा की जिस अवस्था का वर्णन है, वह कम-से-कम 16वीं सदी के उत्तरार्द्ध की है। दूसरा व्याकरण बेंजामिन शुल्ज का है जो 1745 में प्रकाशित हुआ था। इनका विशेष सम्बन्ध हैदराबाद से था, इसलिए उनकी पुस्तक को 'दक्खिनी हिन्दी का व्याकरण' भी कह सकते हैं। तीसरा व्याकरण कासिआनो बेलीगात्ती का है और इनका सम्बन्ध बिहार से विशेष था।

ये तीनों व्यक्ति पादरी थे। यूरोप के विभिन्न देशों से यहाँ आए थे। ईसाई धर्म का प्रचार करना इनका मुख्य उद्देश्य था। इसके लिए इन्होंने हिन्दुस्तानी अथवा हिन्दी भाषा सीखी थी और अपने सहयोगियों के लिए उसका व्याकरण लिखा था। दो व्याकरण मूलत: लैटिन में लिखे गए थे और केटलेर का व्याकरण लैटिन में अनुवादित हुआ। उस समय लैटिन ही ईसाइयों की अन्तरराष्ट्रीय धर्म-भाषा थी।

पहली बात ध्यान देने की यह है कि ये तीनों पादरी नागरी लिपि का परिचय देते हैं और बेलीगात्ती नै तो अपनी पुस्तक केवल इस लिपि का परिचय देने के लिए लिखी है। इससे 17वीं और 18वीं सदियों में नागरी लिपि के व्यापक व्यवहार का ज्ञान होता है। पादरी चाहे हैदराबाद में काम करे, चाहे पटना में, और चाहे आगरे में, उसे नागरी लिपि का ज्ञान अवश्य होना चाहिए। केटलेर ने इस लिपि के बारे में लिखा है : "हिन्दुस्तान के लोग, जिनकी भाषा जनता की भाषा कही जाती है, अपनी लिपि को नागरी या नागरिक वर्णमाला कहते हैं।" (पृ. 44) शुल्ज का विचार था कि हिन्दुस्तानी भाषा 'बर्बरों की

1. यह पुस्तक तथा आगे लेबेदेव की जिस पुस्तक का उल्लेख है, वह मुझे डॉ. रामेश्वर प्रसाद अग्रवाल से पढ़ने को मिलीं, इसके लिए उन्हें धन्यवाद है।

भाषा' है; धर्म प्रचार के लिए इस भाषा को और उसकी लिपि को सीखना आवश्यक है। (पृ. 71) धर्म-प्रचारकों को चाहिए कि "अशिक्षितों की बोलचाल की भाषाएँ सीखें, उन भाषाओं के द्वारा अपने धर्म के नियम लोगों को समझाएँ और उनकी लिपि में उन्हें प्रस्तुत करें।" (पृ. 71) शुल्ज ने मुसलमानों द्वारा फ़ारसी लिपि के व्यवहार की बात लिखी है। 18वीं सदी में फ़ारसी भाषा और फ़ारसी लिपि का प्रसार पहले की अपेक्षा बढ़ गया था। पर इससे पहले स्थिति क्या थी? जैसे बंगाल के मुसलमान बंगला लिपि का व्यवहार करते थे, वैसे ही हिन्दी प्रदेश के मुसलमान कभी हिन्दी लिपि का व्यवहार करते थे या नहीं? शुल्ज कहते हैं : "समय की प्रगति से यह प्रथा इतनी प्रबल हो गई कि पुरानी देवनागरी लिपि को यहाँ के मुसलमान भूल गए हैं!" (पृ. 78) इसका अर्थ यह हुआ कि इससे पहले हिन्दी प्रदेश के मुसलमान नागरी लिपि का व्यवहार करते थे। जायसी ने 'अखरावट' में जो वर्ण-क्रम दिया है, उससे भी इस तथ्य की पुष्टि होती है। मुगल-साम्राज्य के विघटन काल में यह स्थिति बदल गई।

बेलीगात्ती हिन्दुस्तानी भाषा और नागरी लिपि के व्यवहार-क्षेत्र के बारे में कहते हैं : "हिन्दुस्तानी भाषा जो नागरी लिपियों में लिखी जाती है, पटना के आसपास ही नहीं बोली जाती अपितु विदेशी यात्रियों द्वारा भी जो या तो व्यापार या तीर्थाटन के लिए भारत आते हैं, प्रयुक्त होती है।" बेलीगात्ती का ध्यान केवल नागरी लिपि की ओर है। फ़ारसी लिपि की चर्चा उनके लिए अनावश्यक है। पटना फ़ारसी भाषा का केन्द्र नहीं है। आगरा भी फ़ारसी का केन्द्र नहीं रहा। फ़ारसी का केन्द्र बना दिल्ली शहर, औरंगज़ेब के शासनकाल में। इससे पहले फ़ारसी राजभाषा रह चुकी थी किन्तु उसका व्यवहार बहुत सीमित था। इससे सिद्ध हुआ कि दिल्ली जैसे कुछ केन्द्र छोड़कर हिन्दी प्रदेश में व्यापक रूप से नागरी लिपि का ही व्यवहार होता था। जो लोग समझते हैं कि मुसलमानों की भाषा फ़ारसी थी, उर्दू के रूप में फ़ारसी लिपि के सहारे खड़ी बोली का प्रसार उन्होंने किया, उनकी धारणा इस तथ्य से खंडित हो जाती है।

इन व्याकरणों से दूसरा निष्कर्ष यह निकलता है कि 17वीं-18वीं सदियों में जातीय भाषा के रूप में हिन्दी का व्यापक प्रसार हो चुका था। विभिन्न जनपदों में वहाँ की उपभाषाओं के बीच जो भाषा परस्पर आदान-प्रदान के काम में आ रही थी, वह हिन्दी थी। इन व्याकरणों पर मैथ्यू वेच्चुर ने उदय नारायण तिवारी के निर्देशन में कार्य किया है। तिवारी जी भोजपुरी भाषा को हिन्दी से स्वतंत्र भाषा मानते हैं। वह उसे जनपदीय उपभाषा अथवा हिन्दी की बोली का दर्जा नहीं देते। उन्हें और उन जैसे व्यक्तियों को इस तथ्य पर ध्यान देना चाहिए कि शुल्ज के अनुसार हिन्दुस्तानी भाषा "बिहार या पटना और आसपास के प्रदेशों में बोली जाती है।" (पृ. 122) जातीय भाषा के प्रसार को यह प्रक्रिया दो शताब्दियों से अब लक चली आ रही है। खेद की बात है कि जातीय भाषा के विकास और प्रसार की प्रक्रिया बिलकुल न समझकर ग्रियर्सन का अनुसरण करते हुए तिवारी जी भोजपुरी को हिन्दी से स्वतंत्र भाषा घोषित करते हैं, यद्यपि उनका अपना सारा लेखन और अध्यापन-कार्य हिन्दी के माध्यम से होता है।

तीसरा निष्कर्ष यह निकलता है कि जिस हिन्दी का प्रसार हो रहा है, वह विभिन्न जनपदों में जाकर, वहाँ की उपभाषाओं से प्रभावित होकर, स्थानीय रूप ग्रहण करती है। कोई भी भाषा जो सहज रूप से जातीय भाषा बनती है, इसी तरह स्थानीय रूप ग्रहण करती है। फ़ारसी की स्थिति इससे भिन्न है। वह यहाँ की जनता के लिए किताबी भाषा है। इसलिए पटना, आगरे और हैदराबाद की फ़ारसी में अन्तर न होगा, पर इन स्थानों की हिन्दी में होगा। यह हिन्दी के सहज प्रसार का प्रमाण है।

जिस समय पूरे जातीय क्षेत्र का गठन न हो पाया हो और जातीय भाषा अपने मानक रूप में सभी शिक्षित जनों के बीच व्यवहार में न आने लगी हो, उस समय साहित्य में उसके विभिन्न स्थानीय रूपों का प्रयुक्त होना स्वाभाविक है। दकनी इसी तरह साहित्य में और राजकाज में प्रयुक्त हुई थी। अभी जबाने देहली अपने परिमार्जित रूप से हैदराबाद न पहुँची थी। साहित्य में हिन्दी के स्थानीय रूप दकनी का व्यवहार कोई आश्चर्यजनक अपवाद नहीं है। प्रसिद्ध है कि आगरे के लल्लूजी लाल की खड़ी बोली पर ब्रजभाषा की छाप है। लल्लूजी लाल से पहले दिल्ली के अनेक मुसलमान लेखकों के गद्य-पद्य पर ब्रजभाषा की छाप है। हैदराबादी हिन्दी और आगरे की हिन्दी—ये दो स्थानीय रूप साहित्य में बहुत दिनों तक और बहुत बड़े क्षेत्र में प्रयुक्त होते रहे। इन स्थानीय रूपों के क्षेत्र में क्रमशः परिनिष्ठित उर्दू और हिन्दी ने प्रवेश किया—पहले उर्दू ने, फिर हिन्दी ने। इसी प्रक्रिया को कुछ लोग यों समझते हैं कि खड़ी बोली का प्रसार मुसलमानों ने किया यानी जातीय भाषा के निर्माण और प्रसार को वे धर्म विशेष से जोड़ देते हैं। इस उर्दू ने हैदराबाद में स्वयं को मानक भाषा के रूप में प्रतिष्ठित किया। दकनी ने उस मानक भाषा की बोली का दर्जा पाया। इसी तरह आगरे में ब्रज प्रभावित खड़ी बोली के साथ मानक हिन्दी प्रतिष्ठित हुई; आगरे की वह पुरानी हिन्दी स्थानीय बोली के समान व्यवहार में आती रही। किसी आरोपित भाषा—यथा फ़ारसी—से भिन्न इस विकास-प्रक्रिया की विशेषता यह है कि जातीय भाषा के अनेक स्थानीय भेद बने और वे तब भी व्यवहार में आते रहे जब मानक भाषा का व्यवहार व्यापक रूप से होने लगा। दरअसल नये-नये स्थानीय रूप बाद को भी कायम होते रहे। अब पटना की हिन्दी के अलावा कलकत्ते की हिन्दी और बम्बई की हिन्दी भी अलग पहचानी जाती है और जहाँ पहले जबाने-देहली का चलन था, वहाँ—उस दिल्ली में—अब पंजाबी प्रभावित हिन्दी का राज्य है। जातीय भाषा के रूप में हिन्दी भाषा की विकास-प्रक्रिया अभी समाप्त नहीं हुई। परिनिष्ठित भाषा के दो प्रमुख रूप अभी प्रचलित हैं—हिन्दी और उर्दू। इनमें हिन्दी क्रमशः प्रमुख मानक रूप बन गई है और उर्दू ने उसकी एक विशिष्ट बोली का रूप ले लिया है। इस बोली के लिए नहीं कहा जा सकता कि वह जातीय भाषा का कोई स्थानीय रूप है। वह फ़ारसी-अरबी प्रभावित जातीय भाषा का एक विशिष्ट रूप है जिसके विकास और व्यवहार के कारण सामाजिक और सांस्कृतिक हैं। हिन्दी के उक्त तीन प्रारम्भिक व्याकरणों के सन्दर्भ में हिन्दी-उर्दू की समस्या पर विचार करें तो यह समस्या एक दीर्घकालीन ऐतिहासिक प्रक्रिया के अन्तर्गत अपने गतिशील रूप में दिखाई देगी और यह ज्ञान हो जाएगा कि इसके समाधान की दिशा कौन-सी है।

जिस समय हिन्दी जातीय भाषा के रूप में विभिन्न जनपदों में फैल रही थी, उस समय विभिन्न भारतीय भाषाओं के बीच राष्ट्रभाषा के रूप में भी उसका व्यवहार बढ़ता जा रहा था। इस तथ्य को बेलीगात्ती ने देखा और स्वीकार किया था। उन्होंने लिखा था : "हम इसके लिए यह कह सकते हैं कि यह भारत की राष्ट्रभाषा (lingua media) है। इसके अध्ययन से देश की अन्य भाषाओं का अध्ययन भी सुगम हो जाता है।" जो भाषा इस प्रकार सम्पर्क-भाषा का काम देती थी, वह केवल लिखित भाषा न थी, वह बोलचाल की भाषा थी और अपने स्थानीय रूपों में ही व्यवहार में आती थी। इन रूपों में दकनी का विशेष महत्त्व था। दक्षिण भारत में वह सम्पर्क भाषा की तरह इस्तेमाल की जाती थी। इसीलिए जिन क्षेत्रों में तमिल, तेलगू आदि द्रविड़ भाषाएँ बोली जाती थीं, वहाँ अंग्रेज़ों ने अपने फौजी अफसरों के लिए इस भाषा का

ज्ञान अनिवार्य कर दिया था और इसके लिए उन्होंने दकनी की पाठ्य-पुस्तकें भी तैयार कराई थीं। जातीय भाषा की तरह राष्ट्रभाषा हिन्दी के भी स्थानीय रूप बनते रहे हैं। इन्हीं के अन्तर्गत बम्बइया हिन्दी और कलकतिया हिन्दी को मानना चाहिए। इनके साथ द्रविड़ क्षेत्रों में जिस हिन्दी का व्यवहार हो रहा है, उसका रूप भी क्रमश: स्पष्ट होता जा रहा है। जातीय भाषा के समान राष्ट्रभाषा के भी ये स्थानीय रूप सिद्ध करते हैं कि यह भाषा दूसरों पर लादी नहीं गई वरन् परस्पर सम्पर्क की आवश्यकता पूरी करने के लिए एक सहज विकास का परिणाम है।

जिस समय ये व्याकरण लिखे गए थे, उस समय आधुनिक विज्ञान की शिक्षा का प्रसार नहीं के बराबर था।

राष्ट्रभाषा के रूप में प्रयुक्त होने के अलावा इस सम्बन्ध में एक विशेष बात यह थी कि विदेशी भी यहाँ आकर इसे सीखते थे और व्यापार आदि के लिए उसका व्यवहार करते थे। उस समय अंग्रेज़ी राजभाषा न बनी थी और उसके प्रति किसी की यह धारणा न थी कि इसके बिना भारत में देशी या विदेशी जनों का काम ही नहीं चल सकता। इसीलिए बेलीगात्ती का यह कथन अत्यन्त महत्त्वपूर्ण है कि "हिन्दुस्तानी भाषा जो नागरी लिपियों में लिखी जाती है, पटना के आसपास ही नहीं बोली जाती अपितु विदेशी यात्रियों द्वारा भी जो या तो व्यापार या तीर्थाटन के लिए भारत आते हैं, प्रयुक्त होती है।" इस कथन की पुष्टि अन्य तथ्यों से भी होती है जिनका उल्लेख मैंने अपनी पुस्तक 'भारतेन्दु-युग और हिन्दी भाषा की विकास परम्परा' में किया है।

यह भी उल्लेखनीय है कि उस समय हिन्दी भाषा वैसी दरिद्र न समझी जाती थी, जैसी आज के अर्द्ध-शिक्षित राजनीतिज्ञों और विद्वानों के लिए वह है। न केवल अंग्रेज़ी के मुकाबले, वरन् उस लैटिन के मुकाबले भी, जो अंग्रेज़ी के ज्ञानमय शब्द-कोश का मुख्य स्रोत है, हिन्दी भाषा समृद्ध मानी जाती थी। लैटिन भाषा में प्रशिक्षित ये पादरी जब हिन्दी का व्यावहारिक शब्दकोश बनाने बैठते थे, तब वे यह देखकर चकित रह जाते थे कि लैटिन के एक ही शब्द के अनेक पर्याय यहाँ प्रचलित हैं॥ ऐसे ही एक शब्दकोश के बारे में बेलीगात्ती ने लिखा है : "एक लैटिन शब्द के लिए प्राय: दो या तीन हिन्दुस्तानी शब्द दिये गए हैं क्योंकि इस भाषा का शब्दकोश अति विस्तृत है।" (पृ. 127) उस समय अंग्रेज़ों समेत यूरोपवासियों का व्यापार और धर्म-प्रचार, दोनों तरह के कामों के लिए हिन्दुस्तानी भाषा की जरूरत पड़ती थी। चाहे व्यापार-सम्बन्धी शब्दावली हो, चाहे धर्म-सम्बन्धी शब्दावली, दोनों ही स्तरों पर लैटिन की अपेक्षा उन्हें हिन्दुस्तानी भाषा का शब्दकोश अति विस्तृत जान पड़ता था। जब भारत ब्रिटिश साम्राज्य का अंग बन गया और अमरीकी साम्राज्यवाद के प्रसार के साथ अंग्रेज़ी एक मात्र ज्ञान-विज्ञान की विश्व-भाषा मानी जाने लगी, तब यह स्थिति बदल गई। इस बदली हुई स्थिति में विदेशी विद्वान तो चाहे हिन्दी को भारत की सम्पर्क भाषा मान भी लें, उसे आधुनिक ज्ञान-विज्ञान के प्रसार के लिए उपयुक्त माध्यम मान भी लें, पर इस देश की अखिल भारतीय सेवाओं में, अखिल भारतीय संगठनों के केन्द्रों में, उच्च शिक्षा के संस्थानों में हिन्दी या किसी भी अन्य भारतीय भाषा की व्यापक स्वीकृति असम्भव हो गई है।

इन तीनों पुस्तकों में ईसाइयों की कुछ प्रार्थनाओं का अनुवाद दिया गया है। यह अनुवाद उस समय की हिन्दी का नमूना माना जा सकता है। किन्तु यह अनुवाद है, भाषा का सहज रूप नहीं। जैसे आज भी अंग्रेज़ी से हिन्दी में किसी पुस्तक का अनुवाद करनेवाला बहुधा हिन्दी के सहज प्रवाह की रक्षा नहीं कर पाता, वैसे ही लैटिन से किये हुए ये हिन्दी अनुवाद

भाषा का सहज रूप प्रकट नहीं करते। फिर इन अनुवादकों की मातृभाषा न तो लैटिन थी और न हिन्दी। हिन्दी की अपेक्षा वे लैटिन से ही अधिक परिचित थे। लैटिन से अनुवाद करते समय हिन्दी के सहज रूप की रक्षा करना उनके लिए सम्भव नहीं था। इसलिए केटलेर जब एक प्रार्थना इस तरह शुरू करते हैं, 'इमने रखतों खुदा बाबते सब सक्ते पैदा करनेवाला आसमान और जमीन का', तो यह न समझना चाहिए कि 17वीं सदी में लोग इसी तरह की हिन्दी बोलते थे। भाषा के सहज रूप के ज्यादा अच्छे नमूने व्याकरण लिखते समय दिये गए हैं। उदाहरण देते समय कहीं-कहीं लेखकों से कुछ गलतियाँ हो गई हैं। किन्तु कुल मिलाकर इन उदाहरणों से यह अच्छी तरह विदित हो जाता है कि हिन्दी के जिन रूपों का चलन था, वे खड़ी बोली के ही थे और अन्य बोलियों से स्पष्ट रूप में भिन्न थे।

इनमें से कुछ उदाहरण यहाँ उद्धृत किये जाते हैं। केटलेर के व्याकरण से : तू चाकर है। तू मेरा गुलाम है। मत गाली दे। मत शोर कर। (पृ. 50) आदमी घोड़ा से खूब है। हाथी बैल से बड़ा है। (पृ. 54) हम हो गये। तुम हो गये। इन्ने हो गये। (पृ. 55) हम कर चुके। हम किये थे। हम करोंगे। मे करता था। मे काम किया था। मे काम करेगा। तद हम खाय चुके। तद वह खाय चुके। (पृ. 61)

अन्तिम दो उदाहरणों में तद और खाय रूप लल्लूजी लाल की याद दिलाते हैं। केटलेर ने 'जी' के प्रयोग का उल्लेख करते हुए उसे स्नेह और श्रद्धा का द्योतक बताया है। इसके उदाहरणों में मा जी, बहुन जी, बीबी जी, भाई जी, साहब जी आदि पढ़कर ऐसा लगता है कि यह हमारी आज की ही सरस और परिचित हिन्दी है। शब्द-निर्माण-प्रक्रिया के अन्तर्गत जब केटलेर नंगा से 'नंगई' शब्द बनाते हैं, तब लगता है, यह हिन्दुस्तानी जनपदीय भाषाओं के बहुत नजदीक है।

अब कुछ उदाहरण शुल्ज के व्याकरण से : मेघ पड़ा तो भी अनाज सस्ता करने का नहीं। खूब आदमी भिखारी हो रहा तो भी बदबखत नहीं (पृ. 99) अल्लाह के हाथ में सब है। आसमान के नीचे जानवरां जीवते हैं। कोतवाल के आगे खामोश रहना। मौत के पीछे इनसाफ चुकाने का दिन होगा। बच्चे सारे मा के कने खड़े रहे। (पृ. 102) ये शराबखोर पीता है पन और कुछ भी करता नहीं। ये हरामखोर हरामकारी करता पन वफादारी करता नहीं। (पृ. 107) ये घोड़ियाँ बहुत पानी पीतियाँ हैं। मेरा बाप बहुत काम करता है। मेरी मा बहुत मेहनत करती है। (पृ. 108) अनाज मोल लेने कु बहुत सौदागरा [सौदागर] इस गाँव में आये। मेहनत करने के वास्ते अल्लाह आदमीआकु पैदा किया। दिन दिन के कामा सब आखिर होने के पीछे रात में नींद करना। (पृ. 110)

ये सब उदाहरण दकनी हिन्दी की झलक दिखाते हैं। इनसे उस समय की बोलचाल की हिन्दी के नमूने अच्छी तरह समझ में आ जाते हैं। बेलीगात्ती की पुस्तक में ऐसे नमूने नहीं हैं क्योंकि उन्होंने व्याकरण नहीं लिखा, केवल लिपि का परिचय दिया है। किन्तु उन्होंने भी उदाहरण के रूप में कुछ शब्द दिये हैं जिनसे इतना तो सिद्ध हो जाएगा कि हिन्दी गद्य फोर्ट विलियम कॉलेज की देन नहीं है। बेलीगात्ती ने जिन शब्दों को सामान्य व्यवहार में सुना था, उनमें इस तरह के शब्द भी थे : अवग्या, कस्ट, ग्यानगोष्टि, व्याकुल, विद्या-वंद, बीस्वास, मुग्धा, होना, इस्त्री, अधर्म्मीष्ट, शास्त्रवंत, इत्यादि। (पृ. 146) इससे ज्ञात होता है कि संस्कृत के काफी शब्द तद्भव रूपों में प्रयुक्त होते थे। ऐसा नहीं हुआ कि उर्दू से बोलचाल के सरल शब्द निकालकर उनकी जगह कठिन शब्द रख दिये गए और इस तरह उर्दू को बिगाड़कर

हिन्दी भाषा का विकास हुआ। बेलीगात्ती के शिक्षक पटना और बेतिया के निवासी थे। साधारण व्यवहार में जो शब्द आते थे, वही ईसाई पादरी को सिखाए गए थे।

इन तीनों व्याकरणों से सिद्ध हुआ कि अंग्रेज़ी राज कायम होने से पहले जातीय भाषा और राष्ट्रभाषा के रूप में दूर-दूर तक हिन्दी का प्रसार हो चुका था।

इन तीनों व्याकरणों से भिन्न रूसी कलाकार लेबेदेव की पुस्तक है : 'पूर्व भारतीय विशुद्ध और मिस्र बोलियों का व्याकरण' ('A Grammar of the Pure and Mixed East Indian Dialects' by Herasim Lebedeff; कलकत्ता 1963)। यह पुस्तक 1801 में लन्दन से प्रकाशित हुई थी। उद्देश्य यह था कि इसे पढ़कर भारत आनेवाले अंग्रेज तथा अन्य यूरोपवासी हिन्दुस्तानी भाषा सीख जाएँगे और यहाँ के ज्ञान और साहित्य के अलावा व्यापार आदि के लिए उसका उपयोग कर सकेंगे। उपर्युक्त तीन व्याकरणों के लेखक पादरी थे। उनका उद्‌देश्य ईसाई धर्म का प्रचार करना था। चाहे धर्म का प्रचार करना हो, चाहे व्यापार करना हो; चाहे भारतीय साहित्य की जानकारी प्राप्त करना हो, हॉलैंड, इटली, रूस आदि यूरोप के विभिन्न देशों के लोग जिस भाषा को सीखना सबसे अधिक आवश्यक समझते थे, वह हिन्दी या हिन्दुस्तानी थी। बेलीगात्ती के समान लेबेदेव के लिए भी नागरी लिपि और संस्कृत वर्णमाला का महत्त्व अन्य सभी लिपियों और वर्णमालाओं से बढ़कर था। अभी तक किसी यूरोपवासी को यह न सूझा था कि नागरी लिपि को अवैज्ञानिक करार देकर रोमन लिपि के व्यवहार की बात करे। यूरोप वालों को, खास कर अंग्रेज़ों को, हिन्दी भाषा से परिचित कराने के लिए रोमन लिपि का व्यवहार करना किसी सीमा तक आवश्यक था। इस लिपि का व्यवहार करते समय लेबेदेव के सामने अनेक कठिनाइयाँ थीं। कलाकार होने के नाते हिन्दी की ध्वनियों के लिए उन्होंने निश्चित रोमन वर्णों के बारे में कोई नियम नहीं बनाए। जहाँ जैसा सूझ गया, वहाँ वैसा लिख दिया। उन्होंने जो लिखा, उसका सही उच्चारण उस समय क्या था, यह जानना हमेशा आसान नहीं होता। पर जिन लोगों ने अपनी पुस्तकें लैटिन में लिखी थीं, या जिनकी पुस्तकें लैटिन में अनुवादित हुई थीं, उनकी लिखाई भी कुछ बहुत व्यवस्थित नहीं है। उनके लिखे हुए शब्द ठीक-ठीक कैसे बोले जाते थे, यह कठिनाई लेबेदेव की अपेक्षा वहाँ कुछ अधिक ही है। भारतीय ध्वनियों को रोमन लिपि द्वारा कैसे व्यक्त किया जाए, इस समस्या पर विचार होना अभी आरम्भ ही हुआ था।

लेबेदेव के व्याकरण के अनेक दोष पुस्तक की भूमिका में डॉ. सुनीति कुमार चाटुर्ज्या ने बताए हैं। इनमें से अधिकांश की ओर उनसे पहले ही ग्रियर्सन और ग्रियर्सन से पहले 'एशियाटिक ऐन एनुअल रजिस्टर' में उनकी पुस्तक के आलोचक ने ध्यान दिया था। यह सब आलोचना सही है। लेबेदेव में पर्याप्त धैर्य और आवश्यक अध्ययन की कमी थी। सामग्री उन्होंने कलकत्ते में इकट्ठा की थी और उसे पुस्तक का रूप दिया था लन्दन में। जो सुना, उसे जहाँ-तहाँ गलत लिखा। जो नहीं सुना और किताब लिखते समय उन्हें आवश्यक जान पड़ा, उसे उन्होंने अपने मन से गढ़कर जोड़ दिया। लड़का लोग, गोरा लोग के साथ इन्होंने कुत्ता लोग और घर लोग भी बहुवचन बनाने की प्रक्रिया में दिखा दिए यद्यपि आगे उन्होंने लिखा कि जहाज लोग लिखना-बोलना गलत है। यह आपत्ति सही नहीं है कि उन्होंने गोलकनाथदास की सूचनाओं पर बहुत भरोसा किया। उनकी पुस्तक में खुदा और बहिश्त का अनेक बार उल्लेख है। इसका कारण गोलकनाथदास न रहे होंगे। सम्भव है, कुछ हिन्दुस्तानी लेबेदेव ने अपने बावर्ची लस्कर मुहम्मद से सीखी हो। यदि उन्होंने केवल गोलकनाथदास या लस्कर मुहम्मद से हिन्दुस्तानी सीखी होती तो उनकी पुस्तक एक विशेष देशकाल में एक व्यक्ति

विशेष की बोली का विवरण देनेवाला अनुपम दस्तावेज होती। वैसा नहीं हुआ। उन्होंने अनेक सूत्रों से अनेक क्षेत्रों में व्यवहार में आनेवाली हिन्दुस्तानी के नमूने इकट्ठे किये। इससे उनकी पुस्तक का महत्त्व और भी बढ़ गया। विशुद्ध भाषाविज्ञानी उसमें बहुत-से दोष पाएँगे पर जो लोग सामाजिक सन्दर्भ में भाषा का अध्ययन करते हैं, उनके लिए उस समय के अन्य हिन्दी व्याकरणों की तुलना में यह पुस्तक अधिक मूल्यवान सिद्ध होगी।

पुस्तक में दिये हुए उदाहरण फ़ारसी के प्रचलित शब्दों का बहिष्कार नहीं करते। लेबेदेव मिली-जुली बोली का व्याकरण लिख रहे हैं। बोली मिश्रित है पर लिपि अमिश्रित है। कारण यह है कि फोर्ट विलियम कॉलेज की स्थापना अभी नहीं हुई। नागरी लिपि को अपदस्थ करके बड़े पैमाने पर फ़ारसी लिपि चलाने का प्रयत्न अभी सफल नहीं हुआ। फ़ारसी लिपि का व्यवहार होता है पर बहुत सीमित क्षेत्रों में व्यापक रूप से व्यवहार अभी नागरी लिपि का ही होता है। यही कारण है कि लेबेदेव संस्कृत वर्णमाला और नागरी लिपि सीखने पर इतना जोर देते हैं। इनके मुख्य शिक्षक बंगाली हैं। वह संस्कृत बंगाली ढंग से पढ़ते हैं, तत्सम शब्दों का बंगाली ढंग से उच्चारण करते हैं, पर कलकत्ते के बुद्धिजीवियों ने अभी हिन्दी और नागरी लिपि से घृणा करना नहीं सीखा। 18वीं सदी के अन्तिम चरण में एक रूसी कलाकार को एक बंगाली सज्जन हिन्दी सिखा रहे हैं, और पुस्तक लन्दन में छप रही है, यह घटना अपने-आपमें अन्तरराष्ट्रीय महत्त्व की है।

आज बंगाल उन प्रदेशों की पाँति में सबसे आगे है जिनमें पूँजीवादी अन्ध जातीयता का विष चारों तरफ बुरी तरह फैल गया है। लेबेदेव के समय कलकत्ते की जो भाषाई स्थिति थी, आज के भद्र लोक उसकी कल्पना नहीं कर सकते। लेबेदेव से पहले हैडले और फर्गुसन नाम के दो अंग्रेज़ों ने हिन्दुस्तानी का व्याकरण लिखा था। डॉ. चाटुर्ज्या के अनुसार ये व्याकरण बाजार हिन्दुस्तानी के थे। उसी बाजार हिन्दुस्तानी का व्याकरण लेबेदेव ने भी लिखा। डॉ. चाटुर्ज्या ने बहुत सही लिखा है कि कलकत्ते में बंगाली तथा अन्य जन जिस बाजार हिन्दुस्तानी का प्रयोग करते थे, खास तौर से यूरोप वालों के साथ जिसका व्यवहार करते थे, उसकी स्थिति के बारे में विवेकशील अनुसंधान कर्ता को लेबेदेव की पुस्तक से कुछ मूल्यवान बातें मालूम होंगी। यहाँ ध्यान देने की बात है कि कलकत्ता जैसे बहुजातीय, बहुभाषाभाषी नगर में जो भाषा देशी और विदेशी—सभी तरह के लोगों के आपसी व्यवहार की भाषा थी, वह बाजार हिन्दुस्तानी थी। डॉ. चाटुर्ज्या ने लिखा है कि कलकत्ते की जो भाषाई स्थिति उस समय लेबेदेव ने अपने मन में बनाई, वह यह थी कि वहाँ एक मिश्रित बोली का चलन है, जिसे हम अब कलकत्ते की बाजार हिन्दुस्तानी कहेंगे, और वह समझते थे कि इस मिश्रित बोली के अधिक शुद्ध रूप भी कहीं विद्यमान हैं : "किन्तु उनकी पुस्तक से पता चलता है कि उन्हें मानक या सही हिन्दुस्तानी का ज्ञान नहीं था। यह एक तरह से बंगाली और संस्कृत के साथ मिलाई हुई बोली है।" डॉ. चाटुर्ज्या के अनुसार, गोलकनाथदास को शुद्ध व्याकरण-सम्मत हिन्दुस्तानी का ज्ञान नहीं था। बातचीत के जो उदाहरण दिये गए हैं, उनसे पता चलता है कि व्याकरण लिखनेवाले की पकड़ भाषा पर ढीली है "और बंगाली शब्द और बंगालीपन की मिसालें बार-बार देखने को मिलती हैं।"

ये सारे दोष एक तरह से पुस्तक के गुण हैं। जहाँ भी हिन्दी अपने प्रदेश से बाहर व्यवहार में आई है, वहाँ उसने स्थानीय भाषाओं का प्रभाव ग्रहण किया है। शुद्धतावादी विद्वान इस प्रक्रिया का महत्त्व नहीं समझ पाते। बम्बइया हिन्दुस्तानी की तरह कलकतिया हिन्दुस्तानी,

राष्ट्रभाषा के रूप में, हिन्दी के सहज विकास का सबसे पुष्ट प्रमाण है। यह पुष्ट प्रमाण 18वीं सदी के उत्तरार्द्ध में, जब भारत पर पूरी तरह अंग्रेज़ी राज कायम न हुआ था, बहुत साफ दिखाई देता है। राष्ट्रभाषा के रूप में इस प्रक्रिया को उलट देने की भरपूर कोशिश अंग्रेज़ों ने की। उस साम्राज्यवादी परम्परा से प्रभावित भारत के आधुनिक बुद्धिजीवी समझने में असमर्थ हैं कि सिर- तोड़ कोशिश करने पर भी अंग्रेज़, बम्बइया हिन्दुस्तानी या कलकतिया हिन्दुस्तानी या दक्षिण भारत की दकनी के रूप में व्यवहृत, राष्ट्रभाषा हिन्दी का अस्तित्व मिटा नहीं पाए। इस राष्ट्रभाषा का एक मानक रूप है, जैसे ब्रिटिश अंग्रेजी का एक मानक रूप है। पर उसके साथ जनसाधारण के व्यवहार में, अन्य भाषाओं के तत्त्व लेती हुई, अनेक रूपों में राष्ट्रभाषा हिन्दी प्रचलित है। इस सारी सहज, ऐतिहासिक रूप से अनिवार्य, प्रक्रिया के विरोध में राजनीति और भाषाविज्ञान के पंडितों द्वारा अंग्रेज़ी भाषा खड़ी की गई है।

लेबेदेव के व्याकरण में शब्दों का उच्चारण भी अधिकतर बंगाली ढंग का है। बेदान्त, वर्ण, व्याकरण रूप बदलकर बेदान्तो, बोर्नों, बेइआकोरोन दिखाई देते हैं। विसर्ग और कारक बेशोर्गो, कारोक बन जाते हैं। महाप्राणता अधिकतर अल्पप्राणता में बदल जाती है। पहला शब्द का रूप बदलकर पोइला या पइला हो जाता है। इसी तरह खजान्ची-कजान्ची, जगन्नाथ—जगन्नात, बहुत—बोउत हो जाते हैं। यकार का रूप-परिवर्तन बेइआकोरोन के अलावा दोइआशेन्धो (दयासिन्धु) में देखा जाता है। बंगला का जातीय उच्चारण तत्सम, तद्भव, फ़ारसी शब्दों को समभाव से देखता है। बित्तो, चित्तो, पुत्रो, नोपून्शोक लीजो के साथ मोरोद, जोबान, खोदा, जोमीन जैसे रूप हैं। बंगला के कोछ (कुछ), जेग्गेशा (जिज्ञासा) तो हैं ही। हमारा जोबान हय, हम होने सक्ता, हम होने सकेगा—इस तरह के वाक्य कलकत्ते में सुनने को अब भी मिल सकते हैं, कलकत्ते के बाहर भी। इनके साथ तुम होने सक्तो, ऊअ (वह) होने सक् तय—इस तरह के वाक्य लेबेदेव के गढ़े हुए जान पड़ते हैं। व्याकरण में स्त्रीलिंग की चर्चा बहुत कम है। बंगाल में सामग्री संग्रह करने के कारण यह भी स्वाभाविक है। किन्तु कुछ वाक्यों में लेबेदेव ने कर्मकारक क्रिया के बाद रखा है : हम पिआर कोरके भोलोनात। यहाँ भोला का भोलो भी उन्होंने अपने मन से किया है और क्रिया के बाद भोलानाथ की स्थापना अंग्रेजी वाक्य-विन्यास की नकल करते हुए की है। इस वाक्य का अंग्रेज़ी रूपान्तर दिया है : I Love Bholo Nat!

यूरोपवाले भारत की जिस विशेषता से बहुत आकर्षित थे, वह लेबेदेव के इस वाक्य में प्रतिबिम्बित है : पूरुब का मुलोक में बोथ (बहुत) दौलत हय। पश्चिम के मुल्कों में भी दौलत है पर बहुत दौलत तो पूरब में ही है। इसलिए पश्चिम का व्यापारी भारत में आकर इस तरह के वाक्य सीखता है : यह एक हुंडी तुमारे पास आता है; अब तोक इसका वख्त गया नय साहब; तो कब तोक इसका मुद्दोत असगेन (Then when will it be due?); आठ रोज बाद। (ये वाक्य रोमन लिपि से ज्यों-के-त्यों नागरी में रूपान्तरित नहीं किये गए। उद्देश्य हुंडी सम्बन्धी बातचीत से परिचित कराना भर है।) हुंडी और व्यापार के अलावा कलकत्ता अंग्रेज़ी फौज का अड्डा था। बंगाल आर्मी में हिन्दी प्रदेश के सिपाही थे। फौज में हिन्दी शब्दों का चलन था। खबरदार कन्धा सामने, खबरदार घूमने को आदमी लोग; चलने का छोटा कदम; सरदार लोग हुकुम देओ; चले जा बराबर; खड़े हो सीधा; देखो दाहिने—इस तरह के वाक्यों से उस समय फौज के भीतर हिन्दी के व्यवहार का पता चलता है। व्यापार से लेकर फौज तक सारी सूचनाएँ लेबेदेव को गोलकनाथदास से न मिल सकती थीं। लेबेदेव ने

अपनी सूचनाएँ अनेक सूत्रों से प्राप्त की होंगी। किन्तु निम्न प्रकार के वाक्य उन्होंने बाजार में सुने होंगे : क्या सुथरा वक्त है आज; हम लोग घर में रहेंगे; महरबान, यह राह है कलकत्ता में जाने को; देखाओ राह हमको; तुमारा मेहनत का वास्ते हम कुछ देओगे तुमको। (यहाँ भी रोमन लिपि से वाक्यों का रूपान्तर ज्यों-का-त्यों नहीं किया गया।)

पुस्तक के अन्त में लेबेदेव ने कुछ उपयोगी शब्दों की सूची दे दी है। इनमें दियासलाई, जहाज, किश्ती, धरती, नगर, ग्राम, हाट, बाजार आदि शब्द हैं जो कलकत्ते के बाजार में रोज सुने जा सकते थे। लंगर छोड़ देना, लंगर उठाना जैसे कुछ पारिभाषिक मुहावरे हैं जिनके लिए 1950 के बाद भारत में कुछ लोगों ने नये पर्यायवाची शब्द अवश्य गढ़े होंगे। लेबेदेव जब खजाने को काजना लिखते हैं तब प्रथम वर्ण पर बलाघात उनके बंगाली सूचनादाता की ओर संकेत करता है। फौज से सम्बन्धित शब्दावली उन्हें गोलकनाथदास से न मिली होगी, भले ही फौज से सम्बन्धित किसी अन्य बंगाली ने उन्हें ये शब्द बताए हों। हिरावल, गिरदावर, कुर्ती का झब्बा, टोंटा, बुकनी जैसे शब्द इस जमाने में कुछ लोगों को अजनबी लग सकते हैं। बन्दूक का गोली के साथ तोपेर गुली भी है जो बंगाली स्रोत की ओर संकेत करती है।

लेबेदेव कलाकार थे। कलकत्ते में कुछ अंग्रेज़ों को संगीत की शिक्षा देते थे। कलकत्ते में नाटक-घर बनवाकर बंगला भाषा में दो अंग्रेज़ी नाटकों के अनुवाद उन्होंने मंच पर दिखाए थे। ये अनुवाद अवश्य ही उन्होंने किसी दूसरे से कराए होंगे। उनकी योजना थी कि नाटक-घर में अंग्रेज़ी नाटक भी दिखाएँ किन्तु ईस्ट इंडिया कम्पनी के अंग्रेज़ों का अपना नाटक-घर था। शायद व्यापार में होड़ से डरकर कुछ तरकीबों में काम लेकर अंग्रेज़ों ने इन्हें कलकत्ता छोड़ने पर विवश किया। लेबेदेव को अंग्रेज़ी राज पसन्द नहीं था और उन्होंने अन्यत्र उसकी कड़ी आलोचना की है। साथ ही भारतीय जनता के हृदय में उस समय भी अंग्रेज़ों के प्रति जो तीव्र घृणा का भाव था, उसका उल्लेख किया है। साथ ही वह कोई साम्राज्य-विरोधी लेखक न थे। उन्हें विश्वास था कि भारत पर रूसियों का आधिपत्य होगा। इस सन्दर्भ में उन्होंने कुस्तुन्तुनिया के बादशाह लियो की घोषणा का जिक्र किया है कि सुनहले बालों वाली जाति मुसलमानों को निकाल बाहर करेगी और किन्हीं डॉक्टर प्रिदोस की भविष्यवाणी का उल्लेख किया है कि मॉस्को वाले विजेता होंगे। (पृ. 18) पर भाषा-सम्बन्धी कुछ बातें उनकी कलाकार दृष्टि देख लेती थी जिन्हें पादरी लोग न देख पाते थे। जिस हिन्दुस्तानी भाषा का—उन्होंने अध्ययन किया था, उसके बारे में उन्होंने अन्यत्र यह भी लिखा था कि इस भाषा का व्यवहार सारे भारत में ही नहीं होता वरन् उन जिप्सियों के बीच भी होता है जो सारी दुनिया में फैले हुए हैं और जिनका उद्भव हिन्दुस्तानी कबीलों से हुआ है। (पृ. 11) मुझे नहीं मालूम, लेबेदेव से पहले किसी ने यूरोप की जिप्सी भाषाओं से हिन्दी का सम्बन्ध जोड़ा था या नहीं। जोड़ा हो, तो भी लेबेदेव का यह कथन ऐसे प्राथमिक उल्लेखों में होगा। जिप्सियों के भारतीय उद्भव के बारे में लोग जानते थे, विशेषता यहाँ हिन्दी से सम्बन्ध जोड़ने में है। खास तौर से जो जिप्सी रूस में बस गए थे, उनकी भाषा का मूलाधार हिन्दी थी, जिस पर प्रसिद्ध रूसी विद्वान वरान्निकोव ने शोध-कार्य किया था। शोध की उस दिशा की ओर पहले लेबेदेव ने संकेत किया था।

[5]

पिछले कुछ वर्षों में भाषाविज्ञान की एक नई शाखा का उद्भव और विकास हुआ है। इसे सोशियोलिंग्विस्टिक्स अथवा समाजी भाषाविज्ञान नाम दिया गया है। चोमस्की से आरभ होकर

जो भाववादी विश्लेषण-पद्धति आगे बढ़ी थी, इसे उसकी प्रतिक्रिया कहा जा सकता है। यदि भाषा का व्याकरण सार्वदेशिक और सार्वकालिक है, उसके मूल तत्त्व अपरिवर्तनशील हैं, तो व्याकरण के लिए बदलते हुए सामाजिक सन्दभों का कोई महत्त्व नहीं है। इसके सिवा चोम्स्की और उनके अनुवर्ती भाषा-विज्ञानी जब अंग्रेज़ी, रूसी या अन्य किसी भाषा का विश्लेषण करने बैठते हैं, तब वे भाषा का एक आदर्श मानक रूप सामने रखते हैं जो व्यवहार की दृष्टि से बहुत कुछ कल्पित होता है। विलियम ब्राइट ने 'सोशियोलिंग्विस्टिक्स' (मूटों, हेग, 1971) में इस बात की ओर ध्यान दिलाया है कि पुराना भाषाविज्ञान भाषा की संरचना को समरूपी मानकर चलता था। किसी भी भाषा के बोलनेवाले समाज में जो व्यवहारगत अनेक भेद दिखाई देते हैं, उन्हें अवांछनीय समझकर एक ओर हटा दिया जाता था। समाजी भाषाविज्ञान ने दावा किया कि ये भेद अकारण नहीं हैं, वरन् समाज-भेदों से उनका सम्बन्ध है और इस तरह के सम्बन्ध का विश्लेषण करके उसे नियमबद्ध किया जा सकता है। समाजी भाषाविज्ञान ने समरूपता के स्थान पर विषमरूपता पर जोर दिया। बोली-विज्ञान विशारद इसी बात पर 19वीं सदी से जोर देते आ रहे थे।

19वीं सदी में, विशेष कर उस शताब्दी के उत्तरार्द्ध में, जिस ऐतिहासिक भाषाविज्ञान का विकास हुआ, उसमें भाषा की आदर्श समरूपता पर ही जोर दिया गया। दरअसल वर्णनात्मक भाषाविज्ञान और परिणामी भाषाविज्ञान के आचार्यों—ब्लूमफील्ड और चोम्स्की—ने अपनी विलेषण-पद्धति में भाषा के प्रति प्राय: वही दृष्टिकोण अपनाया था जो 19वीं सदी के ऐतिहासिक भाषा-विज्ञानियों में प्रचलित है। यह भी एक कारण है कि आधुनिक भाषाविज्ञान में नई-नई विश्लेषण-पद्धतियों का विकास हो जाने पर भी ऐतिहासिक भाषाविज्ञान की मान्यताओं में—उसके मुख्य निष्कर्षों में—अभी तक कोई परिवर्तन नहीं हुआ। कुछ समाजी भाषाविज्ञानी यह अनुभव करने लगे हैं कि 19वीं सदी से भाषाविज्ञान का जो सिलसिला चला आ रहा है, वह भाषा की व्यवहारगत विविधता की उपेक्षा करने के कारण दोषपूर्ण है। यह अनुभव गुम्पर्ज के लेखन में साफ दिखाई देता है। गुम्पर्ज और हाइम्स ने एक पुस्तक सम्पादित की है : 'डिरेक्शंस इन सोशियोलिंग्विस्टिक्स' (होल्ट, 'राइन हार्ट एंड विंस्टन', 1942)। इसकी भूमिका में गुम्पर्ज ने लिखा है कि 19वीं सदी के नव्य व्याकरण-पंथियों ने ध्वनि-परिवर्तन सम्बन्धी जो सिद्धान्त स्थिर किये, उनसे भाषाओं का प्रत्यक्ष विवरण देने की प्रेरणा मिली अर्थात् भाषा-विज्ञानियों ने समकालीन भाषाओं का अध्ययन, व्यवहार क्षेत्र में उनका परिचय पाकर, किया। नव्य व्याकरणपंथी समझते थे कि ध्वनि-परिवर्तन-सम्बन्धी नियम प्राकृतिक विज्ञान के नियमों के समान अटल हैं और उनमें कोई अपवाद नहीं होता। तब बोली-विज्ञान-विशारदों ने कहा कि किसी भाषा के प्राचीन रूप नियमानुसार बदलते रहे है तो बोलियों की सीमाएँ साफ-साफ और अलग-अलग दिखाई देनी चाहिए, और ये सीमाएँ उन्हीं नियमित ध्वनि-परिवर्तनों के अनुरूप होनी चाहिए, परन्तु व्यवहार जगत् में स्थिति इससे भिन्न थी। कुछ विद्वान नव्य व्याकरण-पंथियों की पद्धति अस्वीकार करते थे और उन्होंने मानव-समुदायों के अभियानों, एक प्रदेश छोड़कर दूसरे प्रदेश में उनके आवास, एक समाज द्वारा दूसरे समाज का पराजित किया जाना, दो भाषाओं का मिश्रित होना आदि बातों पर जोर दिया। गुम्पर्ज कहते हैं कि 1875 से 1940 तक इन समस्याओं पर जो कुछ लिखा गया है, वह अक्सर अटकल-पंथी है और प्रमाण रूप में तथ्य-सामग्री बहुत कम है, फिर भी उससे यह विदित हो गया कि भाषा मूलत: एक सामाजिक प्रपंच है, इसलिए भाषा-सम्बन्धी परिवर्तन के लिए

सामाजिक उपादानों का विवरण प्रस्तुत करना आवश्यक है; इस तरह पहले प्राणिशास्त्रीय या भौगोलिक नियमितता की जो धारणाएँ प्रचलित थीं, वे ग़लत साबित हुईं। दूसरे शब्दों में समाजों के आपसी सम्बन्धों को और सामाजिक विकास की प्रक्रिया को समझे बिना भाषा का ऐतिहासिक विवेचन करना सम्भव नहीं है।

बोलीविज्ञान और समाजी भाषाविज्ञान में गहरा सम्बन्ध है, इसका प्रमाण उक्त भूमिका में गुम्पर्ज द्वारा इस बात का उल्लेख भी है कि भाषागत परिवर्तन जहाँ सामाजिक उपादानों के कारण हुए हैं, वहाँ आधुनिक समाजविज्ञानी के लिए सबसे दिलचस्प तथ्य-सामग्री, और सबसे विस्तृत विवरण वाली सामग्री, बोलियों के उस सर्वेक्षण से प्राप्त हुई है जो 20वीं सदी के प्रथम चरण में किया गया था। इसलिए यह कहना असंगत न होगा कि नव्य व्याकरण-पंथियों के अनुवर्ती हैं विवरणात्मक भाषाविज्ञान वाले तथा परिणामी व्याकरण वाले; बोलीविज्ञान और बोली-सर्वेक्षण वालों के अनुवर्ती है ये समाजी भाषाविज्ञान वाले। किन्तु इनमें कुछ लोग जहाँ भाषा की विविधता का विलेषण करते हुए बोलियों पर ध्यान देते हैं, वहाँ दूसरे लोग जिस तरह की विविधता का विवेचन करते हैं, उसे शैली तात्त्विक विवेचन कहा जा सकता है। बोली शब्द की स्पष्ट परिभाषा का यहाँ अभाव है क्योंकि जातीय गठन-सम्बन्धी विवेचन किया ही नहीं गया। जिसे मानक भाषा कहा जाता है, वह आधुनिक समाजों में जातीय भाषा होती है। इस जातीय भाषा के अनेक रूप हो सकते हैं, पुरानी लघुजातियों की भाषाएँ विद्यमान हो सकती हैं। दकनी जातीय भाषा हिन्दी की एक बोली है। कलकतिया हिन्दी, बम्बइया हिन्दी जातीय भाषा के दो रूप हैं, हिन्दी की दो बोलियाँ हैं। इनसे भिन्न कोटि में ब्रजभाषा, अवधी, भोजपुरी आदि पुरानी लघुजातियों की भाषाएँ हैं जो अब जातीय भाषा हिन्दी की उपभाषाएँ अथवा बोलियाँ बन गई हैं। किसी भी तरह की बोली हो, जातीय-भाषा से भिन्न उसका बोली होना इस बात पर निर्भर है कि उसके ध्वनितंत्र, शब्द-भंडार और वाक्य-तंत्र की अपनी विशेषताएँ हैं। किन्तु यदि कोई व्यक्ति एक सामाजिक सन्दर्भ में 'तू' सर्वनाम का व्यवहार करता है और अन्य सन्दर्भ में 'तुम' या 'आप' का व्यवहार करता है; तो यह व्यवहार-भेद एक ही भाषा अथवा एक ही बोली के अन्तर्गत माना जाएगा। उसे बोली-भेद न कहकर, शैली-भेद कहना अधिक उपयुक्त होगा। ब्राइट द्वारा सम्पादित 'सोशियोलिंग्विस्टिक्स' पुस्तक में रूसी सर्वनामों के व्यवहार पर जो लेख प्रकाशित हैं, उसमें इसी तरह का शैली तात्त्विक विवेचन है। गुम्पर्ज द्वारा सम्पादित पुस्तकें में बर्न्स्टाइन ने अपने निबन्ध में यह बताया है कि किसी भी समाज में मनुष्य जो कुछ कहता है, उसे कैसे कहता है और कब कहता है, यह सामाजिक सम्बन्धों पर निर्भर है; ये सम्बन्ध निश्चित करते हैं कि शब्द-चयन और वाक्य-रचना के स्तर पर वह किस तरह की भाषा-सामग्री का व्यवहार करता है। यहाँ स्पष्ट है कि विवेचक का ध्यान सामाजिक सन्दर्भ के अनुसार, एक ही भाषा या बोली के व्यवहार में, शैलीगत भेद की ओर है। शैली-भेद और बोली-भेद को माफ-साफ अलग न करने के कारण समाजी भाषाविज्ञान में उलझनें पैदा होना स्वाभाविक था।

कुछ समाजशास्त्र की पहले समाजी भाषाविज्ञान की ओर झुके, फिर उन्होंने इसे अपूर्ण समझकर भाषा के समाजशास्त्र का नाम देकर विवेचन को अधिक व्यापक और वैज्ञानिक बनाने का प्रयत्न किया। फिशमैन ने इस विषय की एक पुस्तक दो खंडों में सम्पादित की है जिसका नाम है : 'एडवांसेज़ इन द सोशियोलॉजी ऑफ़ लैंग्वेज़' (मूटों, हेग, 1971)। इसकी भूमिका में उन्होंने इस बात की कैफियत दी है कि 'सोशियोलिंग्विस्टिक्स' की जगह 'सोशियोलॉजी ऑफ़

लैंग्वेज़' का व्यवहार करना क्यों अधिक उपयुक्त है। उनका कहना है कि समाजी भाषाविज्ञानी यह मानने लगे हैं कि जब सामान्यत: भाषाविज्ञान यह स्वीकार कर लेगा कि सामाजिक सन्दर्भों के बिना भाषा का विश्लेपण सम्भव नहीं है, तब भाषाविज्ञान शब्द से ही काम चल जाएगा, लिंग्विस्टिक्स में अलग से 'सोशियो' जोड़ने की आवश्यकता न होगी। फिशमैन के मत से, जिन लोगों ने समाजी भाषाविज्ञान का नामकरण संस्कार किया था, वही अब उसे निरस्त कर रहे हैं, या आगे कर देंगे। पर समाजशास्त्र के निरस्त होने का प्रश्न नहीं है, अत: 'भाषा का समाजशास्त्र' नाम चलेगा। भाषा के समाजशास्त्र ने इस बात पर जोर दिया है कि भाषाविज्ञान और समाजशास्त्र, इन दोनों विज्ञानों को मिलकर काम करना चाहिए। यह धारणा स्वागत योग्य है। क्या प्रकृति में और क्या मानव समाज में, कोई भी प्रपंच किसी अन्य कोटि या वर्ग के प्रपंच से पूर्णत: भिन्न नहीं होता? अमरीकी भाषाविज्ञान का जन्म समाजशास्त्र की दुनिया में हुआ था। बोआस उस वैज्ञानिक विलेषण-पद्धति के जनक हैं जिसमें भाषा और समाज के परस्पर सम्बन्ध को—अत: भाषाविज्ञान और समाजशास्त्र की परस्पर सम्बद्धता को—विवेचन का आधार बनाया गया है। फिशमैन उसी जगह लौट आए हैं जहाँ 70 साल पहले बोआस मौजूद थे। कोई ऐसी निषेध-भावना काम कर रही है जो अमरीकी भाषाविज्ञान को पुरानी राहों में जहाँ में चक्कर खिलाकर यह भ्रम उत्पन्न करती है कि वह बड़ी तेजी से प्रगति कर रहा है। इस निषेध भावना का सामाजिक सन्दर्भ पूँजीवादी व्यवस्था है जिसकी सीमाएँ लाँघने में समाजशास्त्री और भाषाविज्ञानी स्वयं को असमर्थ पाते हैं।

बोआस में लेकर फिशमैन तक—ब्लूमफील्ड और चोम्स्की समेत—किसी भाषाविज्ञानी ने अभी सामाजिक सन्दर्भ में भाषा के प्रत्येक स्तर, भाषाविज्ञान के प्रत्येक विभाग का विवेचन प्रस्तुत नहीं किया। किसी भी भाषा में जिन ध्वनियों का व्यवहार होता है और जिस ढंग से होता है, वह सब एक विकारा प्रक्रिया का परिणाम है। प्रत्येक भाषा का जो मूल शब्द-भंडार है, उसकी जो व्याकरण-व्यवस्था है, वह भी विकास-प्रक्रिया का परिणाम है। यह प्रक्रिया आन्तरिक विरोधों से प्रेरित होती है और बाह्य विरोधों से भी। कोई भी भाषा या भाषा-परिवार एकान्त शून्य में निर्मित और विकसित नहीं होता। सामाजिक सन्दर्भ की यह विशेषता समझे बिना जब भाषाविज्ञानी भाषागत परिवर्तनों की व्याख्या करने चलते हैं तब ब्यौरे के रूप में छोटी-मोटी बातें वे अवश्य इकट्ठी कर लेते हैं पर किसी भी भाषा के विकास की व्याख्या नहीं कर पाते।

भारत में अनेक भाषा-समस्याएँ ऐसी हैं जिनका सम्बन्ध ऐतिहासिक भाषाविज्ञान से है। आर्य भाषा-परिवार और द्रविड़ भाषा-परिवार, दो भिन्न, निरपेक्षत: अलग जन-समुदायों के भाषा-परिवार हैं या अपने उद्भव काल से ही परस्पर सम्बद्ध रहे हैं? भारत के लिए यह समाजशास्त्र और भाषाविज्ञान, दोनों का महत्त्वपूर्ण प्रश्न है। अमरीकी और ब्रिटिश भाषा-विज्ञानियों के विवेचन में यह प्रवृत्ति और यह लक्ष्य अत्यन्त स्पष्ट है कि द्रविड़ भाषा-समुदाय को विजित समाजों की भाषा सिद्ध किया जाए और द्रविड़ भारत को आर्य भारत से अलग किया जाए। किसी भी सम्प्रदाय का भाषाविज्ञानी हो, वह वर्तमान भारतीय सन्दर्भ में पुरानी मान्यताएँ दोहराता चला जाता है।

हमारे देश में साम्राज्यवादी प्रभुत्व और सामन्ती अवशेषों के कारण जातीय निर्माण की प्रक्रिया अवरुद्ध रही है। इसलिए यहाँ इस तरह के प्रश्न महत्त्वपूर्ण हैं कि ब्रज या बुन्देलखंड की भाषा किसी स्वतंत्र जाति की भाषा है या हिन्दी भाषा की बोली है। सामन्ती व्यवस्था में

लघुजातियों के निर्माण और पूँजीवादी व्यवस्था में उनके विघटन की प्रक्रिया समझे बिना इस प्रश्न का उत्तर नहीं दिया जा सकता। किन्तु अमरीकी-ब्रिटिश समाजशास्त्र और भाषाविज्ञान में यह समस्या सही-सही प्रस्तुत नहीं की गई, न उसका विवेचन किया गया है। यह एक सामान्य प्रक्रिया है जो पश्चिमी देशों में भी घटित हुई है, इस ओर उनका ध्यान नहीं गया।

हमारे यहाँ एक समस्या हिन्दी-उर्दू की है। इस समस्या पर गुम्पर्ज़ और नईम ने कुछ लिखा। फिर उस मार्ग पर चलते हुए पूना के अशोक रामचन्द्र केलकर ने जो कुछ लिखा, उसमें इस बात की पहचान नहीं है कि हिन्दी और उर्दू किसी एक जाति की भाषा है। 'स्टडीज इन हिन्दी-उर्दू' (पूना, 1968) में सुनीति कुमार चाटुर्ज्या की तरह केलकर हिन्दी जाति का अस्तित्व अस्वीकार करते हैं। उनका कहना है कि पंजाबी, सिन्धी, गुजराती, मराठी आदि भाषाओं के सुनिश्चित प्रदेश हैं किन्तु हिन्दी-उर्दू का कोई अपना प्रदेश नहीं है। हिन्दी-क्षेत्र की जनपदीय भाषाओं का उल्लेख वह स्वतंत्र जातीय भाषाओं के रूप में करते हैं। इस सन्दर्भ में डॉ. सुनीति कुमार और डॉ. केलकर में अन्तर यह है कि डॉ. सुनीति कुमार पहले हिन्दी जाति और उसके क्षेत्र का अस्तित्व बहुत अच्छी तरह जानते-पहचानते थे और उसका स्पष्ट वर्णन करते थे। स्वाधीनता-प्राप्ति के बाद जैसे-जैसे प्रादेशिक पूँजीवादी राष्ट्रवाद ने सिर उठाया, वैसे-वैसे ये पुरानी मान्यताएँ बदलने लगीं। डॉ. केलकर ने इस संस्था पर तब लिखा जब यह प्रादेशिक पूँजीवादी राष्ट्रवाद हिन्दी-द्वेष की आग भड़का रहा था और अमरीकी साम्राज्यवाद को इस बात से विशेष दिलचस्पी हो गई थी कि भारत सुदृढ़ और शक्तिशाली राष्ट्र के रूप में संगठित होकर आगे न बढ़े।

समाजी भाषाविज्ञानी भाषा के सामाजिक सन्दर्भ पर बहुत जोर देते हैं पर भारतीय सन्दर्भ के विवेचन में वे एक बात का उल्लेख नहीं करते : भारत में अंग्रेज़ी भाषा सिखाने पर कितना अमरीकी और ब्रिटिश धन व्यय किया गया है, भारत के अर्थतंत्र, राज्यतंत्र को अमरीकी प्रभाव क्षेत्र में लाने के लिए कितना प्रयत्न किया गया है, और भारत के शिक्षा-केन्द्रों में अमरीकी प्रभाव का विस्तार करने के लिए निरन्तर कितना प्रयास किया जा रहा है—फलत: विश्वविद्यालयों में पढ़ाया जानेवाला भाषाविज्ञान और इन विद्यालयों से सम्बद्ध भाषा-वैज्ञानिक शोध-कार्य अधिकांशत: अमरीकी भाषाविज्ञान की शाखा मात्र बनकर रह गया है। जहाँ सामाजिक सन्दर्भों के विलेषण की बात आती है, वहाँ इन भारतीय भाषाशास्त्रियों के विज्ञान में और अमरीकी पंडितों के ज्ञान में ज्यादा अन्तर नहीं रह जाता। कुछ बातों में भारतीय शिष्य गुरु से भी आगे बढ़ जाता है। अमरीकी भाषाविज्ञानी भले ही 'इंडिया' को एक भाषागत इकाई मानें, अशोक रामचन्द्र केलकर को इस तरह 'इंडिया' शब्द का प्रयोग पसन्द नहीं है, उसकी जगह वह साउथ एशिया लिखना पसन्द करते हैं ['In the linguistic (as well as cultural) area of *South Asia* (don't loosely call it India, as some, do)..." पृ. 18]।

यह बात अब बहुत साफ है कि जो लोग हिन्दी जाति का अस्तित्व अस्वीकार करते हैं और हिन्दी भाषा की एकता खंडित करना चाहते हैं, वे कहीं न कहीं भारत की राष्ट्रीय एकता का भी विरोध करते हैं। कारण यह है कि इस राष्ट्रीय एकता को सुदृढ़ करने का माध्यम हिन्दी है। ब्राइट द्वारा सम्पादित 'सोशियोलिंग्विस्टिक्स' में एक निबन्ध केली का हिन्दी की लिंगुआ फ्रांका-स्थिति पर है। जनगणना के आँकड़े के आधार पर उन्होंने यह मत प्रकट किया है कि मद्रास तथा कलकत्ता जैसे नगरों में हिन्दी के लिंगुआ फ्रांका होने का कोई प्रमाण नहीं है। निबन्ध पर विचार-विनिमय के दौरान साइनबोर्डों की बात आई और केली ने कहा

कि ये प्रादेशिक भाषाओं में होते हैं और अंग्रेज़ी में होते हैं : "और शायद यह इस बात का बहुत अच्छा सूचक है कि लिंगुआ फ्रांका के रूप में अंग्रेज़ी भाषा कायम रखी जाएगी।" ऊपर से देखने में लगता है कि यह परिस्थिति का तटस्थ और यथार्थवादी विवरण है किन्तु इस परिस्थिति को उत्पन्न करने के लिए करोड़ों डॉलर पहले ही खर्च किये जा चुके थे, यह बात गुप्त रखी जाती है। जब तमिलनाडु में हिन्दी-विरोधी और अलगाववादी आन्दोलन चला, तब उसे प्रत्यक्ष और अप्रत्यक्ष रूप से बढ़ावा देने में अमरीकी साम्राज्यवादी सबसे आगे थे।

देखना चाहिए कि सोवियत संघ के बारे में, वहाँ की भाषा-समस्या के बारे में इन विद्वानों के क्या विचार हैं। फिशमैन द्वारा सम्पादित, ऊपर उल्लिखित पुस्तक के दूसरे खंड में लीविस का एक लेख है जिसमें आबादी के स्थानान्तरित होने के सन्दर्भ में भाषा समस्या पर विचार किया गया है। लेखक ने यह दिखाने का प्रयत्न किया है कि रूसी भाषा हर जगह जातीय भाषाओं के क्षेत्र में दखलअन्दाजी कर रही है। आबादी के स्थानान्तरण से यह स्थिति पैदा हो गई है कि लोगों का अपनी भाषा से प्रेम नष्ट नहीं हो गया तो कम अवश्य हो गया है। साथ ही लेखक ने यह भी माना है कि सोवियत संघ की जातियों में जो चीज प्रेक्षक का ध्यान सर्वाधिक आकर्षित करती है, वह विभिन्न जातियों की अपनी भाषा के व्यवहार के प्रति आसक्ति है। बड़े-बड़े शहरों में भी स्थानान्तरित आबादियाँ अपनी भाषाओं के अनुसार संघबद्ध हो जाती हैं और अपनी जातीय विशेषताओं की रक्षा करते हुए, शिक्षा के माध्यम के रूप में, अपनी जातीय भाषाओं का व्यवहार करती हैं।

अंग्रेज़ी में राष्ट्र के लिए कोई शब्द नहीं है। बहुजातीय राष्ट्रीयता की धारणा को अंग्रेजी भाषा द्वारा व्यक्त करना सम्भव नहीं है। पेट्रिऑटिक और पेट्रिऑटिज्म शब्द अंग्रेज़ी में हैं पर जिस लैटिन पात्रिअ शब्द से ये रूप बने हैं, उसका व्यवहार अंग्रेजी में नहीं होता। अमरीकी भाषाविज्ञान अपना आधा कौशल नये-नये पारिभाषिक शब्द गढ़ने में दिखाता है, किन्तु भारत और सोवियत संघ जैसे बहुजातीय राष्ट्रों के सन्दर्भ में उसने 'राष्ट्र' के लिए कोई पारिभाषिक शब्द गढ़ने का विचार नहीं किया। वैसे अमरीका भी बहुजातीय राष्ट्र है, इस अर्थ में ही नहीं कि वहाँ यूरोप की भाषाएँ बोलनेवाले अल्पसंख्यक लोग रहते हैं, वरन् इस अर्थ में भी कि वहाँ के मूल निवासी अपनी भाषाएँ बोलते हैं और उनके लिए निरन्तर संघर्ष करते रहे हैं। संयुक्त राज्य अमरीका की भूमि पर इनका हक पहले है और गोरे अमरीकियों का बाद को। उस देश में एक 'नेशन' नहीं रहती, भले ही गोरी जाति ने अपने दबाव से दूसरी जातियों को रंगमंच पर पीछे ठेल दिया हो। अमरीकी भाषा-विज्ञानियों को यह प्रक्रिया बहुत स्वाभाविक लगती है कि उनके देश में आकर बसनेवाले यूरोप और एशिया के लोग अंग्रेजी का व्यवहार करने लगते हैं और एक-दो पीढ़ी बाद उनके बच्चे अपनी भाषा भूल जाते हैं। और उन्हें सोवियत संघ में यह बात बड़ी अनुचित जान पड़ती है कि सोवियत राष्ट्र की एकता का माध्यम रूसी भाषा है; और यद्यपि अमरीकी आदिवासियों के समकक्ष सोवियत संघ के गण-समाज शिक्षा-संस्कृति-राजनीति आदि क्षेत्रों में अपनी भाषाओं का व्यवहार करते हैं—जो अमरीकी आदिवासियों के लिए अभी सम्भव नहीं हैं—फिर भी उन्हें लगता है कि रूसी भाषा गैर-रूसी भाषाओं का नाश कर रही है।

इस बारे में किसी को सन्देह न होना चाहिए कि सोवियत राष्ट्र की जनता की सम्पर्क-भाषा रूसी है। इस भाषा के बिना सोवियत संघ में राष्ट्रीय एकता की स्थापना और उसकी सुरक्षा असम्भव है। अमरीकी भाषा-विज्ञानियों की समझ में जैसे रूसी भाषा की भूमिका नहीं

आती, वैसे ही भारत में राष्ट्रभाषा हिन्दी की भूमिका भी उनकी समझ में नहीं आती। किन्तु इजराइल में हीब्रू की भूमिका उनकी समझ में आ जाती है। फिशमैन द्वारा सम्पादित उसी ग्रंथ में इजराइल पर हौफमैन और फिशरमैन का निबन्ध इस बात का प्रमाण है। इजराइलियों के लिए हीब्रू वैसे ही है, जैसे हिन्दी-भाषियों के लिए संस्कृत या उससे अधिक दुरूह। कहा जाता है कि हिन्दी संस्कृत की पुत्री है। इस तरह हीब्रू की कोई पुत्री वहाँ नहीं है। प्राचीन गण-समाज की वह भाषा धर्म-ग्रंथों में सुरक्षित रही और धार्मिक कार्यों में मंत्रपाठ की तरह उसका व्यवहार होता रहा। प्रचार यह किया जाता है कि इजराइलियों की भाषा हीब्रू है पर इस राष्ट्र में अंग्रेज़ी, जर्मन, रूसी, चेक आदि अनेक भाषाएँ बोलनेवाले लोग हैं। वास्तविक स्थिति यह है कि अंग्रेज़ी-भाषी यहूदियों का गुट राज्य-सत्ता पर हावी है और वह जो अंग्रेज़ी बोलता है, वह ब्रिटिश अंग्रेज़ी नहीं होती, अमरीकी अंग्रेज़ी होती है। अंग्रेज़ी पढ़ने-पढ़ाने और दैनिक जीवन में उसके व्यवहार के बारे में हौफमैन और फिशरमैन कहते हैं : "अधिकांश स्कूलों में पाँचवें दर्जे से लगाकर आगे तक अंग्रेज़ी अनिवार्य है। माँ-बाप अक्सर पाँचवें दर्जे तक पहुँचने से पहले ही बच्चों को अंग्रेज़ी की प्रारम्भिक शिक्षा देते हैं। इजराइली स्कूलों के पाठ्यक्रम में फ्रांसीसी और अरबी भी स्वीकृत हैं किन्तु अपेक्षाकृत थोड़े ही लोग इनसे लाभ उठाते हैं। अन्तरराष्ट्रीय सम्बन्ध, यात्रा-कार्य, अमरीकी और ब्रिटिश यहूदी-समुदाय से घनिष्ठता, और व्यापार तथा विज्ञान की आवश्यकताएँ वर्तमान काल में अंग्रेज़ी के व्यवहार को प्रोत्साहन देती हैं।" (पृ. 359) तात्पर्य यह कि संयुक्त राज्य अमरीका की तरह इजराइल भी बहुजातीय राज्य है। धर्म के आधार पर पाकिस्तान की तरह उसे एक राष्ट्र बनाया जा रहा है। संयुक्त राज्य अमरीका की तरह अंग्रेज़ी छोड़कर वहाँ अन्य सभी भाषाओं का दमन किया जा रहा है। ऊपर से दिखाने को उस प्राचीन हीब्रू का सीमित व्यवहार किया जाता है, जो किसी आधुनिक जाति की भाषा नहीं है। इजराइल की यह भाषाई स्थिति इस सामाजिक सन्दर्भ के बिना नहीं समझी जा सकती कि अरब राष्ट्रवाद के विरोध में अमरीकी धन और शस्त्र-बल के सहारे एक ऐसा राज्य स्थापित किया गया है जिसका आधार जातीयता नहीं, धर्म है।

भारत में अनेक मार्क्सवादी विचारक जातीय भाषा और बोली से सम्बन्धित स्थिति को लेकर कभी-कभी उलझन में पड़ जाते हैं। फिशमैन द्वारा सम्पादित ग्रंथ में एक लेख चीन की भाषा और लिपि समस्या पर है। इसमें चीनी कम्यूनिस्ट विचारकों के लेखों या भाषणों से जो उद्धरण दिये गए हैं, उन पर ध्यान देना लाभकारी होगा। चीनी विचारकों के अलावा अन्य देशों के भाषा-विज्ञानियों ने भी अक्टूबर, 1955 में होनेवाले भाषा-लिपि-सम्बन्धी सम्मेलन में भाग लिया था। इनमें रुमानिया के ग्रौर ने कहा था : "कुछ पाश्चात्य भाषाविज्ञानी समझते हैं कि कई चीनी भाषाएँ हैं क्योंकि चीनी बोलियों में आपसी भेद काफी बड़ा है और यहाँ तक है कि इन बोलियों का व्यवहार करनेवाले एक दूसरे की बात समझ नहीं पाते। यह भ्रान्त धारणा राजनीतिक दृष्टि से बहुत खतरनाक है। जो भी यह कहता है कि अनेक भाषाएँ हैं, वह सिद्धान्त रूप से मानता है कि अनेक जातियाँ हैं। यह प्रतिपादित करना कि अनेक चीनी भाषाएँ हैं, चीन को अनेक राज्यों में विभाजित करने के लिए दलील पेश करना है।" ग्रौर ने यहाँ गैर-चीनी जातियों की बात नहीं कही। चीन बहुजातीय राष्ट्र है और उसमें यदि एक से अधिक भाषाएँ बोली जाती हैं तो इससे यह निष्कर्ष नहीं निकलता कि चीन का विभाजन होना चाहिए। किन्तु मानक चीनी भाषा और अन्य चीनी बोलियों में क्या सम्बन्ध है, यह विचारणीय है। 'भाषा और समाज' में मैंने चीनी बोलियों के आपसी भेद की चर्चा की थी। उसकी पुष्टि

ग्रौर के इस कथन से होती है कि ये बोलियाँ एक-दूसरे से इतना भिन्न हैं कि परस्पर समझ में नहीं आतीं। हिन्दी प्रदेश की बोलियों की स्थिति इससे बिलकुल भिन्न है। इसका अर्थ है, भाषा के स्तर पर हिन्दी जाति, चीनी जाति की अपेक्षा, कहीं अधिक सुगठित है।

उक्त निबन्ध में आगे 'पीपुल्स डेली' अखबार से वाङ्ली के लेख से यह उद्धरण दिया गया है : "चीनी जनता की भाषा चीनी है। जैसाकि सभी लोग जानते हैं, सामान्य भाषा जाति का एक लक्षण है। अत: चीनी जाति की सामान्य भाषा चीनी जाति का एक मूल लक्षण है। पूँजीवादी भाषा-विज्ञानियों को एक ओर यह तो मानना ही पड़ता है कि जो लोग चीनी भाषा का व्यवहार करते हैं, उनकी संख्या संसार में सर्वप्रथम है; दूसरी ओर वे यह कहकर हमारी जाति पर कीचड़ उछालते हैं कि 'चीनी भाषा' का मतलब एक ऐसा भाषा-परिवार है जिसमें एक दूसरे की समझ में न आनेवाली विविध प्रकार की भाषाएँ शामिल हैं। उनका यह न मानना कि हमारी एक सामान्य भाषा है, इस बात को न मानना है कि हमारी एक सामान्य जाति है। स्पष्ट ही यह बेसिर-पैर की बात है। दरअसल हमारे पास एक लिखित भाषा है जो सामान्य भाषा के रूप में कई हजार साल से प्रयुक्त होती रही है और जो चीनी जनता की अटूट एकता का प्रमाण है। इसके अलावा 55 करोड़ जनसंख्या वाली चीनी जैसी जाति के लिए स्वाभाविक है कि उसके यहाँ ढेरों बोलियाँ हैं और इनमें परस्पर बड़ा भेद है, ये तथ्य हैं। किन्तु यदि चीनी बोलियों की परस्पर तुलना की जाए तो ज्ञात होगा कि इनका व्याकरण मूलत: एक है, शब्द-भंडार में बड़ा भेद नहीं है, ध्वनितंत्र में प्रतिरूपों की समानता के नियम हैं। चूँकि शब्द-भंडार में बड़ा भेद नहीं है और ध्वनि-प्रतिरूपता के नियम हैं, इसलिए अवश्य ही यह कहना मुमकिन नहीं है कि यहाँ बहुत प्रकार की परस्पर समझ में न आनेवाली भाषाएँ हैं। इस अटल तथ्य को स्वीकार करते हुए कि चीनी जनता की एक सामान्य भाषा है, हमें फिर भी यह कहना होगा कि चीनी जनता की सामान्य भाषा अभी परिपक्वता की आखिरी मंजिल तक—पूर्णत: एकीकृत मानक भाषा की मंजिल तक—नहीं पहुँची। हमें अब भी एकीकृत लिखित भाषा के आधार पर बोलचाल की एकीकृत भाषा 'प्रतिष्ठित' करनी होगी।

इसमें सन्देह नहीं कि चीनी जाति है और उसकी एक सामान्य भाषा है और इस सामान्य भाषा की उपभाषाएँ या बोलियाँ हैं। किन्तु अभी तक चीनी जाति की निर्माण-प्रक्रिया का मार्क्सवादी विवरण कहीं देखने को नहीं मिला। प्रश्न यह है कि सामन्ती व्यवस्था में लघुजातियों वाले वे जनपद कौन से हैं जिनके एकीकरण से चीनी जाति का गठन हुआ है? चीनी लिपि का व्यवहार कई हजार साल से होता आया है और इसका मतलब ही यह है कि इस लिपि का व्यवहार सामन्तकाल में हो रहा था, जब चीनी जाति का गठन सम्भव नहीं था। लिपि के आधार पर जातीय भाषा की एकता की बात कहना कुछ-कुछ वैसे ही है, जैसे कोई लैटिन लिपि के व्यवहार के आधार पर यूरोप की भाषाओं का भेद मिटाकर उन्हें एक ही भाषा माने। संसार में भाषाएँ बहुत हैं, उनकी तुलना में लिपियाँ बहुत कम हैं। कारण यह है कि भाषा सबसे पहले मौखिक स्तर पर बोली और सुनी जाती है। लिखित भाषा का व्यवहार सामाजिक विकास-क्रम में बहुत बाद को होता है। मौखिक भाषाओं के विकास और प्रसार के हजारों केन्द्र रहे हैं; लिपियों के विकास और प्रसार के केन्द्र बहुत ही कम रहे हैं। इसलिए लिपि को जातीयता का आधार नहीं माना जा सकता। यह बात अवश्य है कि चीनी लिपि भारत और यूरोप की लिपियों से भिन्न है; बहुत कुछ चित्र-लिपि होने के कारण। चीन में रहनेवाली विभिन्न जातियाँ उसे देखकर, अपनी-अपनी भाषा के अनुसार, अलग-अलग तरह से उसे

पढ़ सकती हैं। एक ही लिखित रूप के मौखिक रूपान्तर अनेक होते हैं। जिस समय चीनी सैनिक कोरिया में अमरीकियों से लड़ रहे थे, उस समय कोरिया और चीन के अनेक सैनिक लिखकर एक-दूसरे की बात समझ लेते थे किन्तु मौखिक रूप से एक दूसरे की बात समझना उनके लिए सम्भव नहीं था। यदि चीन और कोरिया की लिपि सामान्य हो तो उससे यह सिद्ध न होगा कि कोरियाई और चीनी भाषाएँ वास्तव में एक ही भाषा हैं।

चीनी जाति और चीनी भाषा के सन्दर्भ में हान जाति की चर्चा की जाती है। यह स्पष्ट नहीं है कि यह हान जाति सामन्त काल में गठित हुई थी या पूँजीवादी युग में। कहा जाता है कि चीन में एक तो हान जाति के बहुसंख्यक लोग रहते है, दूसरे गैर-हान लोग हैं जो अल्पसंख्यक हैं। इस 'हान' शब्द का प्रयोग कुछ इस तरह किया जाता है, जैसे स्लाव, द्रविड़ या आर्य शब्दों का प्रयोग किया जाता है। स्लाव भाषाएँ एक-दूसरे से मिलती-जुलती हैं, इंडो-यूरोपियन परिवार की एक ही शाखा में उत्पन्न बताई जाती हैं। ज़ारशाही रूस में, रूसी भाषा को केन्द्र बनाकर, अन्य सभी स्लाव भाषाएँ बोलनेवाली जातियों के विलयन का प्रयत्न किया गया था जो असफल हुआ। हिटलर ने गैर-जर्मनों को ही जर्मन जाति के अधीन नहीं किया; वरन् आस्ट्रिया के लोगों को भी अपने अधीन किया जिनकी भाषा जर्मन ही थी। नॉर्वे, स्वीडन, डेनमार्क, हॉलैंड आदि में जो भाषाएँ बोली जाती हैं, वे सब इंडो-यूरोपियन परिवार की एक ही जर्मन शाखा से उत्पन्न बताई जाती हैं। जर्मन एकीकरण का हिटलरी स्वप्न फलीभूत नहीं हुआ। ब्रिटिश साम्रज्यवाद के प्रोत्साहन से भारत में द्रविड़ों को भारत से अलग करने के लिए राजनीतिक प्रयत्न किये गए। एक आदि द्रविड़ भाषा से सभी द्रविड़ भाषाओं की उत्पत्ति हुई है, इसलिए द्रविड़ लोगों को अपना राष्ट्र अलग बनाना चाहिए। इसके लिए अब तक निरन्तर प्रयत्न होते जा रहे हैं। किन्तु द्रविड़ भाषाओं की परस्पर समानता से यह सिद्ध नहीं होता कि तेलगू, तमिल, कन्नड़ आदि भाषाओं और जातियों का भिन्न अस्तित्व नहीं है। इसी तरह बंगला, मराठी, हिन्दी आदि भाषाएँ इंडो-यूरोपियन परिवार की एक ही मूल आर्य भाषा से उत्पन्न बताई जाती हैं पर संस्कृत को राष्ट्रभाषा बनानेवाले भी यह नहीं कहते कि बंगला और मराठी एक ही भाषा हैं। इसलिए आर्य, द्रविड़, स्लाव, जर्मन आदि भाषा-समुदायों में से किसी को एक ही जाति की भाषा कहना संसार के अत्यन्त प्रतिक्रियावादियों का काम रहा है। अत: यह स्पष्ट करना आवश्यक होगा कि 'हान' शब्द का प्रयोग आर्य, द्रविड़, स्लाव, आदि की तरह किसी भाषा-समुदाय के लिए होता है या पूँजीवादी सम्बन्धों के विकास के साथ नवगठित किसी आधुनिक जाति के लिए।

जिस सम्मेलन में चीनी लिपि और मानक भाषा के बारे में विचार-विनिमय हुआ था, उसमें पोलैंड के विद्वान वितोल्द यावलोन्स्की ने अपने देश में स्थानीय टोलियों के बारे में जो कुछ कहा, वह भी ध्यान देने योग्य है। उपर्युक्त लेख में उनका यह कथन उद्धृत किया गया है : "इस सम्मेलन में सभी ने इस बात पर विचार प्रकट किये हैं कि इस समय बोलियों का दर्जा क्या है किन्तु उनके भविष्य के बारे में अपेक्षाकृत कम कहा गया है। कुछ देशों में, जैसेकि पोलैंड में स्थानीय बोलियों का दरजा जातीय संस्कृति में अपेक्षाकृत ऊँचा है। इससे जातीय एकता की कोई क्षति नहीं होती। सभी लोग लोकसंस्कृति का आदर करते हैं। यही नहीं, ऐसी बोलियाँ भी हैं जिनका अपना स्वतंत्र साहित्य है। जो लोग इस तरह की साहित्यिक गतिविधि में भाग लेते हैं, वे बोली के थोड़े-से स्थानीय लेखक मात्र नहीं हैं। इनके अलावा अनेक पेशेवर साहित्यकार भी हैं जो बड़े नगरों में रहते हैं। यह अवश्य है कि यह स्थिति एक अपेक्षाकृत

छोटे देश की है जिसकी आबादी केवल ढाई करोड़ है। किन्तु जिस बात पर जोर देना है, वह यह है कि जो बोलियाँ पोलैंड की साहित्यिक भाषा से बहुत फासले पर हैं, उन सबका अपना फलता-फूलता साहित्य है।" पोलैंड की स्थिति से हिन्दी प्रदेश की स्थिति मिलती-जुलती है। यहाँ लोग लोकसंस्कृति का आदर करते हैं। आकाशवाणी द्वारा विभिन्न जनपदीय उपभाषाओं में लोकगीत प्रसारित किये जाते हैं, कवि-सम्मेलनों में परिनिष्ठित हिन्दी की रचनाओं के साथ-साथ ये लोकगीत भी सुने जाते हैं। यदि विभिन्न विश्वविद्यालयों में लोक-संस्कृति के अध्ययन के लिए स्वतंत्र विभाग खोल दिये जायँ, प्रत्येक जनपद में स्थित विश्वविद्यालय लोक-संस्कृति सम्बन्धी सामग्री संकलित करे, तो इससे न केवल जनपदीय संस्कृति का समुचित उपयोग होगा वरन् हमारी अन्तरजनपदीय जातीय संस्कृति भी समृद्ध होगी, हिन्दी भाषा के विकास में सहायता मिलेगी। जो भाषाविज्ञानी ब्रज, अवधी आदि पुरानी जनपदीय भाषाओं के साहित्य को हिन्दी से अलग करते हैं, वे जातीय विकास की प्रक्रिया के प्रति अपना अज्ञान प्रकट करते हैं। वे इस तरह न अपनी भाषा के साहित्य का इतिहास लिख सकते हैं, न यूरोप की जातियों के साहित्य का ऐतिहासिक विवरण प्रस्तुत कर सकते हैं। जिन लघुजातियों के मिलने से जाति का निर्माण होता है, उनकी भाषाओं में रचा हुआ पुराना या नया साहित्य उस जाति का साहित्य तो माना ही जाएगा। फिर यदि ब्रजभाषा लिखनेवाले आधे से ज्यादा ब्रज के बाहर के हों, तो उनके रचे हुए साहित्य को केवल ब्रज जनपद का साहित्य कैसे कहा जा सकता है? हिन्दी प्रदेश में जो साहित्य रचा गया है, वह चाहे ब्रजभाषा में हो, चाहे अवधी में, चाहे खड़ी बोली हिन्दी में, यह ऐतिहासिक तथ्य है कि उसका प्रसार किसी एक जनपद तक सीमित नहीं रहा। हिन्दी-द्वेषी भाषाविज्ञानी इस प्रयत्न में हैं कि हिन्दी की सारी साहित्यिक विरासत से हिन्दी जनता को वंचित कर दिया जाए, फिर हिन्दी भाषा के क्षेत्र को स्वतंत्र जनपदों में बाँटकर उसके जातीय अस्तित्व को छिन्न-भिन्न कर दिया जाए। इस तरह जब हिन्दी एकता नष्ट हो जाएगी, तब इन विद्वानों की अपनी भाषाओं की बहुसंख्यक श्रेष्ठता सिद्ध हो जाएगी, और सबसे महत्त्वपूर्ण बात यह कि तब भारत में हिन्दी नहीं, अंग्रेज़ी राष्ट्रभाषा बनी रहेगी।

[6]

सामाजिक सन्दर्भ में भाषा-सम्बन्धी सभी तरह की समस्याओं का अध्ययन करना आवश्यक है। इस अध्ययन में मूल सूत्र है सामाजिक गठन का स्वरूप। जब हम किसी भाषा या भाषा-परिवार के इतिहास का अध्ययन करते हैं, तब सबसे पहले इस बात पर ध्यान देना चाहिए कि कोई भी विवेच्य भाषा किसी गण-समाज, लघुजाति अथवा महाजाति की भाषा होगी। जब हम इस बात पर विचार करें कि आदि इंडो-यूरोपियन भाषा से स्लाव, जर्मन आदि अनेक शाखाएँ फूटीं, तब प्रश्न यह करना चाहिए कि उस आदि भाषा के बोलनेवाले एक ही गण-समाज में संगठित थे या भिन्न गण-समाजों में संगठित होकर भिन्न भाषाएँ बोलते थे? गण-समाज के गठन, उसके सुदीर्घ जीवन, गण-समाजों में परस्पर विनिमय, गण संघों के निर्माण आदि पर ध्यान दिये बिना आदि इंडो-यूरोपियन भाषा और उससे फूटनेवाली शाखाओं का विवरण काल्पनिक विवेचन मात्र सिद्ध होगा। इसी तरह वर्तमान काल में आधुनिक जातियों की भाषाओं के उद्भव और विकास को समझने के लिए इस बात पर ध्यान देना होगा कि आधुनिक जाति का निर्माण किन तत्त्वों से हुआ है? जाति के गठन-काल में इन पुराने तत्त्वों की स्थिति में क्या परिवर्तन होता है? तभी हम भाषा और बोलियों आदि से सम्बन्धित समस्याओं

को सही सामाजिक परिप्रेक्ष्य में देख सकेंगे। बहुजातीय राष्ट्र का गठन उसी प्रक्रिया की एक कड़ी है जिसमें लघुमानव समाज, अपने विकास-क्रम में, निरन्तर वृहत्तर समुदायों में गठित होते रहते हैं। 'भाषा और समाज' में मैंने प्रयत्न किया है कि गण-समाजों के युग से लेकर वर्तमान काल तक निरन्तर चली आनेवाली इस प्रक्रिया का अध्ययन करूँ। भारत में इस तरह के अध्ययन के लिए जितनी सामग्री सुलभ है, उतनी अन्यत्र कम है। भारत में भी वैदिक काल के गण-समाज, बौद्धकालीन महाजन पद, सूरदास-तुलसीदास के समय के जनपद और प्रेमचन्द-निराला के समय की हिन्दी-भाषी जाति—ये सब मिलकर ऐतिहासिक विकास की ऐसी अविच्छिन्न शृंखला प्रस्तुत करते हैं, जैसी अन्यत्र सुलभ नहीं है। 'भाषा और समाज' इस अविच्छिन्न ऐतिहासिक प्रक्रिया के सन्दर्भ में भाषा-समस्या को समझने का प्रयास है।

इस पुस्तक को लिखने के बाद अपने विवेचन की दिशा और मूल निष्कर्षों के बारे में मैं निरन्तर सोचता रहा हूँ। पन्द्रह साल बाद दूसरे संस्करण के लिए पुस्तक दोहराते समय मुझे यह आवश्यक नहीं जान पड़ा कि विवेचन-पद्धति और मूल निष्कर्षों में कहीं व्यापक परिवर्तन करना आवश्यक है। कुछ अध्यायों को मैंने संक्षिप्त कर दिया है, जहाँ-तहाँ कुछ और साधारण परिवर्तन किये हैं। एक लेख परिशिष्ट रूप में जोड़ दिया है। पिछले पाँच-छह साल से मैं विशेष रूप से ऐतिहासिक भाषाविज्ञान के क्षेत्र में अनुसंधान करता रहा हूँ। उस सिलसिले में भारत को केन्द्र बनाकर मैंने काफी तथ्य-सामग्री एकत्र की है। इसके विश्लेषण से जो निष्कर्ष निकलते हैं, उनसे 'भाषा और समाज' की मान्यताएँ पुष्ट होती हैं। उस विवेचन-पद्धति पर चलते हुए जो नई बातें दिखाई देती हैं, वे इस प्रकार हैं :

अत्यन्त प्राचीन काल से भारत भाषा-तत्त्वों का केवल आयात-केन्द्र नहीं रहा, निर्यात-केन्द्र भी रहा है। यूरोप और एशिया के किसी भी भाषा-परिवार का इतिहास अखिल भारतीय भाषाई स्थिति की उपेक्षा करके नहीं प्रस्तुत किया जा सकता। भारत का यह भाषागत सम्बन्ध एक ओर मध्य एशिया, यूरोप तथा पश्चिमी एशिया के भाषा-समुदायों से है, दूसरी ओर यह सम्बन्ध दक्षिण-पूर्वी एशिया की भूमि पर, और प्रशान्त महासागर के द्वीप समूहों में बोली जानेवाली भाषाओं से है। यह सम्बन्ध किसी एक भारतीय भाषा-परिवार से नहीं है। भारत के विभिन्न भाषा-परिवार अपने उद्‌भव और निर्माणकाल से परस्पर सम्बद्ध रहे हैं और एक दूसरे के विकास को प्रभावित करते रहे हैं। यह सम्बद्धता इतनी गहरी और इतनी पुरानी है कि कभी-कभी यह कहना असम्भव है कि कोई भाषा-तत्त्व किस परिवार का है। यह सम्बद्धता ध्वनितंत्र, शब्द-भंडार, वाक्यतंत्र--भाषा के सभी स्तरों पर दिखाई देती है। जिन परिवारों के नाम ज्ञात हैं, उनके अलावा भी अनेक भाषा-परिवार अपने अवशेषों से पहचाने जा सकते हैं। इन परिवारों का निर्माण विविध गण-समाजों के भाषा-तत्त्वों से हुआ है, इनके विश्लेषण से भाषा-परिवारों की वे सीमा-रेखाएँ मिट जाती हैं जिन्हें ऐतिहासिक भाषा-विज्ञानियों ने निश्चित किया है। किसी भाषा-परिवार का निर्माण एकान्त शून्य में हुआ है या उसके निर्माण-काल में ही उसका सम्पर्क अन्य भाषा-परिवारों से हुआ था, इस समस्या के विवेचन के लिए भारत में जितनी सामग्री उपलब्ध है—प्राचीन भाषाओं के रूप में ही नहीं, वर्तमान काल की भाषाओं के रूप में भी—उतनी अन्यत्र एशिया और यूरोप के किसी भूमि-खंड में नहीं है। दुर्भाग्य से जो लोग आर्य भाषा-परिवार के विशेषज्ञ हैं और आर्येतर भाषा-परिवारों पर भी अनुसंधान करते रहे हैं, उन्होंने भारत को केन्द्र में रखकर, भाषा-परिवारों के उद्‌भव काल में उनकी परस्पर सम्बद्धता पर विचार नहीं किया।

वैसे तो भारत के सभी भाषा-परिवार न्यूनाधिक परिमाण में एक-दूसरे से सम्बद्ध हैं पर आर्य-द्रविड़ भाषा-परिवारों की सम्बद्धता इस सारे प्रपंच की धुरी है। 1973 में इलाहाबाद की हिन्दुस्तानी एकेडमी में आर्य-द्रविड़ भाषा-परिवारों के सम्बन्धों पर मैंने एक निबन्ध पढ़ा था। उसमें मैंने इस बात के प्रमाण दिये थे भारतीय आर्य- द्रविड़-परिवारों ने यूरोप की भाषाओं को प्रभावित किया था। उस निबन्ध में मैंने यह वादा किया था कि इस विषय पर विस्तार से कुछ समय बाद मैं और सामग्री प्रस्तुत करूँगा। मेरा वह कार्य पूरा हो गया है और मुझे आशा है कि निकट भविष्य में अपने अनुसंधान के निष्कर्ष और आवश्यक तथ्य-सामग्री 'भारत के प्राचीन भाषा-परिवार और इंडो-यूरोपियन' पुस्तक के रूप में पाठकों को दे सकूँगा। यहाँ उसका उल्लेख केवल इसलिए किया है, कि यह कार्य 'भाषा और समाज' में प्रतिपादित 'धारणाओं' और विषय-विवेचन की अगली कड़ी है। उन लोगों के लिए अपने कार्य की यह अग्रसूचना भी है जो 'भाषा और समाज' पढ़कर अपने परामर्श से अथवा विचार-विमर्श से मुझे कृतार्थ करते रहे हैं।

किसी भी विषय में दृढ़ता से जमी हुई पुरानी मान्यताओं को बदलना आसान नहीं होता। यह बात भाषाविज्ञान पर और भी अधिक लागू होती है। भाषा का विश्लेषण कैसे किया जाए, इस प्रश्न को लेकर अनेक सम्प्रदाय हैं और उनमें खूब वाद-विवाद होता है। पर ऐतिहासिक भाषाविज्ञान की मूल स्थापनाओं के लेकर कोई मतभेद नहीं है। यूरोप की भाषाओं का सम्बन्ध, अधिक-से-अधिक, संस्कृत से है। उनका किसी प्रकार का सम्बन्ध द्रविड़, कोल या किसी अन्य भारतीय भाषा-परिवार से है, किसी ने शायद इसकी कल्पना नहीं की। इसके सिवा इंडो-यूरोपियन परिवार की भाषाओं का तुलनात्मक अध्ययन करके मूल भाषा के तत्त्व निश्चित करने की जो पद्धति अपनाई गई है, वह नितान्त दोषपूर्ण और अवैज्ञानिक है, इस बात की ओर भी भाषा-विज्ञानियों का ध्यान नहीं गया। चाहे ध्वनितंत्र हो, चाहे शब्द-भंडार, चाहे वाक्य-तंत्र, विभिन्न भाषा-तत्त्व एक सुदीर्घ विकास का परिणाम हैं और इस विकास में प्राचीन गण-समाज परस्पर, निरन्तर, भाषा-तत्त्वों का आदान-प्रदान करते रहे हैं यह धारणा ऐतिहासिक भाषा-विज्ञानियों के चिन्तन से काफी दूर है। ऐसी स्थिति में 'भाषा और समाज' को लेकर विद्वानों में जो भी चर्चा हुई—और उससे अधिक जो अव्यक्त चिन्तन हुआ—उससे मुझे सन्तोष है। विश्वास है कि इस दिशा में और नई सामग्री के प्रकाशन के बाद उन लोगों को सोच-विचार के लिए नया आधार प्राप्त होगा जो भाषाविज्ञान की वर्तमान स्थिति से सन्तुष्ट न होकर स्वतंत्र मार्ग का अनुसरण करना चाहते हैं, और इससे भी महत्त्वपूर्ण बात यह कि भारतीय भाषा-परिवारों के इतिहास के सहारे इस भारत देश को समझना चाहते हैं और उसकी भाषा-सम्बन्धी तथा अन्य समस्याओं को सुलझाकर उसे शक्तिशाली समृद्ध राष्ट्र के रूप में विकसित करना चाहते हैं। भारत के वर्तमान सामाजिक सन्दर्भ में भाषा-वैज्ञानिक कार्य एक राजनीतिक कर्तव्य की पूर्ति भी है।

—रामविलास शर्मा

आगरा
4-7-76

पहला अध्याय

भाषा की उत्पत्ति

प्राणि-जगत् में मनुष्य ही ऐसा प्राणी है जो भाषा का व्यवहार करता है। इसका कारण क्या है?

अध्यात्मवादी विचारक मानते हैं कि भाषा ईश्वरकृत है। मनुष्य में यह क्षमता नहीं थी कि वह भाषा रचता। धर्म-विशेष के अनुयायी अपनी भाषा को देववाणी कहते रहे हैं। यह देववाणी ही क्रमश: मानव-भाषा बनी। कुछ यहूदी और ईसाई विचारकों का मत रहा है कि जिस भाषा में मानव जाति के आदि पिता-माता आदम और हौवा बातें करते थे, उसी से संसार की समस्त भाषाएँ उत्पन्न हुई हैं। भाषा-वैज्ञानिकों में ईश्वरकृत मूल भाषा की स्थापना का खंडन-मंडन अब अनावश्यक समझा जाता है। जैसे भौतिक विज्ञान में इस स्थापना का खंडन अनावश्यक हो गया है कि मेघों से इन्द्र पानी बरसाता है, वैसे ही भाषाविज्ञान के क्षेत्र में उपर्युक्त स्थापना का खंडन भी अनावश्यक है। साथ ही जैसे भौतिक विज्ञान भी जब-तब अध्यात्मवाद से प्रभावित दिखाई देता है, वैसे ही भाषाविज्ञान पर भी अध्यात्मवाद का प्रभाव देखा जा सकता है। अध्यात्मवाद अब आत्मा की ही बात करे, यह आवश्यक नहीं है; हेगल की तरह वह बुद्धि और विचार की बात करता है। यह संसार क्या है? विचार का ही मूर्त रूप है। पदार्थ क्या है? चिन्तन का ही घनीभूत रूप है। इसी तरह भाषा की रचना क्यों हुई? इसलिए हुई कि मनुष्य में बुद्धि है, मनुष्य चिन्तनशील प्राणी है।

इस तरह का मत भाषा-विज्ञानियों में ही नहीं, शरीर-विज्ञानियों में भी प्रचलित है। वी.ई. नीगस इंग्लैंड के एक प्रसिद्ध शरीर-वैज्ञानिक हैं। उन्होंने घोषयंत्र (लैरिंक्स) के विकास पर एक बहुत ही महत्त्वपूर्ण पुस्तक लिखी है।[1] पशुओं द्वारा ध्वनि-संकेतों के प्रयोग की चर्चा करते हुए उन्होंने लिखा है : "बहुत-से पशु ऐसी ध्वनियाँ करते हैं जिनसे भाषा का विशद शब्द-भंडार बन सके, लेकिन उनमें बुद्धि नहीं है कि वे इस क्षमता से लाभ उठाएँ, जैसेकि मनुष्य उठाता है।" (पृ. 127) इस धारणा के अनुसार मनुष्य की बुद्धि उसके विकास का परिणाम नहीं है, वरन् उसका विकास उसकी बुद्धि का परिणाम है। भाषा के प्रयोग द्वारा उसने बुद्धि अर्जित और परिष्कृत नहीं की, वरन् अपनी बौद्धिक योग्यता के कारण वह भाषा की रचना कर सका। इस तरह की स्थापना भौतिकवादी विचारधारा के अनुकूल न होकर अध्यात्मवादी या भाववादी विचारधारा के ही अधिक अनुकूल मानी जाएगी।

विकास-सिद्धान्त के अनुसार मनुष्य अपने आदिम बर्बर जीवन में पशु के समान ही था। भाषा की उत्पत्ति क्यों हुई, मनुष्य ही भाषा की रचना क्यों कर सका, यह जानने के लिए देखना चाहिए कि पशु-जगत् में ध्वनि-संकेतों का व्यवहार होता है या नहीं, और होता है तो किसलिए।

1. वी.ई. नीगस, 'द कम्पैरेटिव अनाटोमी एंड फिज़ियोलॉजी ऑफ़ द लैरिंक्स', लन्दन, 1949

घर के आँगन में बिल्ली आ जाए तो चिड़ियाँ जोर से चहचहाने लगती हैं। इससे और सब चिड़ियों को मालूम हो जाता है कि खतरा है और उन्हें आत्मरक्षा के लिए सावधान हो जाना चाहिए। सबेरे आनन्द से चिड़ियाँ चहचहाती हैं; उससे कोई यह नहीं समझता कि कहीं खतरा है, खतरे वाली चहचहाहट दूसरे ढंग की होती है। इससे दो नतीजे निकले कि पक्षी भिन्न परिस्थितियों में भिन्न प्रकार की ध्वनि करते हैं और इस भिन्न ध्वनि के संकेत को वे समझ लेते हैं। साथ ही इस ध्वनि-संकेत का एक कारण आत्मरक्षा है जो प्राणिमात्र का धर्म है। आहार-प्राप्ति के लिए अनेक पशु भयानक शब्द करके अपने शिकार को बेबस कर देते हैं। सिंह अपनी दहाड़ से जंगल को कँपा देता है। ध्वनि-संकेतों से काम लेने का दूसरा कारण आहार-प्राप्ति की आवश्यकता हुई। आहार-प्राप्ति के लिए पशु आक्रमण करते हैं; आत्मरक्षा या क्रीड़ा के लिए भी वे आक्रमण करते हैं। आक्रमण के समय अन्य साथी पशुओं को उत्साहित करने या विरोधी को त्रस्त करने के लिए वे शब्द करते हैं। मैथुन के लिए सहयोगी का आह्वान करने, उसे रिझाने, सन्तान उत्पन्न करने और उसकी रक्षा करने के लिए विभिन्न पशु-पक्षी ध्वनि-संकेतों से काम लेते हैं। टिड्डे अपने पंख रगड़कर ध्वनि-संकेत करते हैं। सरीसृप भी काम-व्यापार के समय तरह-तरह की ध्वनियाँ करते हैं। दादुर और पपीहे की ध्वनियों से सभी साहित्यिक परिचित हैं। पशुओं की कामचेतना ध्वनि-संकेतों से काम लेने के लिए उन्हें विवश करती है। सहयोगी प्राप्त होने पर उसे अपने साथ रखने, प्रतिद्वन्द्वी को ललकारने और भगाने, सन्तान को आहार तक ले जाने, संतान द्वारा आहार माँगने के लिए ध्वनि-संकेतों का प्रयोग होता है।

यह आपत्ति की जा जकती है कि पशु ध्वनि तो करते हैं, लेकिन ध्वनि-संकेतों से काम नहीं लेते। यह आपत्ति निराधार है। पशु-पक्षी भिन्न परिस्थितियों में भिन्न प्रकार की ध्वनि करते हैं; ध्वनि की इस भिन्नता को वे पहचानते हैं, इसीलिए ध्वनि-विशेष के अनुसार उनकी क्रिया भी भिन्न होती है। ध्वनि-संकेतों से काम लेने का एक प्रमुख कारण किसी जाति के पशु-समुदाय में जीवों द्वारा परस्पर सम्पर्क कायम रखने की आवश्यकता है। अनेक जातियों के पशु-समूह की रक्षा के लिए अपने में से किसी एक को संतरी का काम सौंप देते हैं। खतरा दिखने पर संतरी ध्वनि-संकेत करता है और समूह के सभी पशु आत्मरक्षा के लिए तैयार हो जाते हैं। प्रसिद्ध शिकारी जिम कॉर्बेट ने तो पशुओं के ध्वनि-संकेतों को भाषा का नाम दिया है। उनके अनुसार प्रत्येक जाति के पशुओं की अपनी भाषा होती है; इस भाषा को अन्य जातियों के पशु भी समझ लेते हैं और जंगल में रहकर मनुष्य भी पशुओं की ध्वनि के सहारे उनकी गतिविधि का पता लगा लेता है।[1]

पशुओं का समूह सदा अव्यवस्थित समूह नहीं होता। उस समूह को हम समाज नहीं कह सकते, किन्तु व्यवस्थित समूह को यूथ अवश्य कह सकते हैं। पशुओं में यूथपति होते हैं जो आत्मरक्षा, आक्रमण, आहार-प्राप्ति आदि के समय शेष पशुओं का नेतृत्व करते हैं। मौसम बदलने पर पक्षियों का दल एक स्थान से दूसरे स्थान जाता है, कभी-कभी मनुष्य को चकित कर देनेवाली सैकड़ों-हजारों मील की यात्रा करता है। साइबेरिया के हिमाच्छादित प्रदेशों से उड़ता हुआ बंगाल के मैदानों तक आ पहुँचता है। उस समय अपना यूथगत सम्पर्क बनाए रखने के लिए वह ध्वनि-संकेतों से काम लेता है। एक स्थान में रहनेवाले पक्षी जब रात्रि में एक-दूसरे को देख नहीं पाते, तो ध्वनि करके अपना सम्पर्क कायम रखते हैं। यहाँ

1. मैन ईटिंग लेपर्ड ऑफ़ रुद्रप्रयाग, पृ. 115

यह बात स्पष्ट कर देनी चाहिए कि सभी पशु-पक्षी ध्वनि-संकेतों से काम नहीं लेते। नीगस ने इस तथ्य की ओर ध्यान आकर्षित किया है कि वृक्षों में रहनेवाले पशु-पक्षी मैदान या पानी में रहनेवाले जीवों की अपेक्षा अधिक शब्द करते हैं। जिन जातियों के पशु सुस्त होते हैं या सीमित स्थान में रहते हैं, वे भी ध्वनि-संकेतों से काम नहीं लेते। वृक्षों पर रहनेवाले जीव पत्तों के कारण एक-दूसरे को देख नहीं पाते। पानी, मैदान या सीमित स्थान में रहनेवाले जीव एक-दूसरे के सहज सम्पर्क में रहते हैं, इसलिए उन्हें ध्वनि-संकेतों की उतनी आवश्यकता नहीं होती। खरगोश अपना सीमित स्थान छोड़कर दूर नहीं जाता, इसलिए चुप रहता है। मैदान में रहनेवाले हिरन से वृक्षवासी वानर अधिक मुखर होते हैं। घास, झाड़ियों आदि में रहनेवाले जीव भी अधिक शब्द करते हैं। इससे परिणाम यह निकला कि किन जातियों के पशु ध्वनि-संकेतों से काम लेते हैं और किन जातियों के नहीं, यह बहुत कुछ उनके परिवेश पर निर्भर है। आहार, आत्मरक्षा, मैथुन आदि की आवश्यकताएँ सभी जीवों के लिए समान हैं, फिर भी ध्वनि-संकेतों के प्रयोग में काफी भिन्नता है। इसका कारण परिवेश की भिन्नता है। नीगस ने लिखा है कि जीवों की गतिशीलता और उनके सक्रिय जीवन से ध्वनि-संकेतों का गहरा सम्बन्ध है। ओरांग और गोरिल्ला कम गतिशील होते हैं; उनकी तुलना में चंचल चिम्पांजी अधिक मुखर होता है। यह बात आंशिक रूप में सत्य है। गिद्ध और चील, कोयल और पपीहे से कम गतिशील नहीं होते, फिर भी उनकी तुलना में कम शब्द करते हैं। इसका कारण परिवेश और शारीरिक गठन की भिन्नता है। कोयल और पपीहे आकाशचारी से अधिक वृक्षवासी हैं। अनेक जीवों की क्रीड़ा-वृत्ति, अपने ही स्वर पर मुग्ध होने की प्रवृत्ति भी, उनकी मुखरता में सहायक होती है।

आत्मरक्षा, आहार-प्राप्ति, मैथुन, संतान-रक्षा, यूथ सम्पर्क आदि की आवश्यकताएँ मनुष्य के लिए वैसे ही रही हैं, जैसे पशुओं के लिए। ध्वनि-संकेतों से काम लेने के आदि कारण मनुष्य के लिए वही हैं जो पशु के लिए। समृद्ध भाषा की रचना हो जाने के बाद भी मनुष्य अनेक ध्वनि-संकेतों से काम लेता है जिन्हें सदा भाषा के अन्तर्गत स्वीकार नहीं किया जा सकता। सड़क पर किसी सुन्दरी को जाते देखकर मनचले युवक सीटी बजाते हैं। उनकी यह क्रिया किसी देश या युग तक सीमित नहीं है। सीटी बजाना एक सनातन और अन्तरराष्ट्रीय ध्वनि-संकेत है। बम्बई में किसी को बुलाने के लिए लोग 'सी' की आवाज करते हैं। यह एक तरह की अस्पष्ट ध्वनि है। संकेत सुननेवाले इधर-उधर देखकर जानने का प्रयत्न करते हैं : कोई उन्हें तो नहीं बुला रहा? गाँव के लोग किसी को बुलाते हुए ए, हो, ओ, आदि शब्द करते हैं। ये शब्द भाषा के सार्थक शब्द न होकर सार्थक ध्वनि-संकेत मात्र हैं। अंग्रेज़ों का 'हलो' शब्द इसी प्रकार की ध्वनि है जो भारत में अंग्रेज़ी पढ़े-लिखों का आम सम्बोधन संकेत है। टेलीफोन करनेवाले इस 'हलो' के बिना किसी से बातचीत ही नहीं कर पाते। रणक्षेत्र में सैनिक एक-दूसरे को उत्साहित करने के लिए अनेक सार्थक और निरर्थक शब्द करते हैं। इस ध्वनि-क्रिया का उद्देश्य वही होता है जो आक्रमण के समय पशु-यूथ का होता है। जुलूस में चलते हुए लोग कभी-कभी ऐसे नारे लगाते हैं जिनका अर्थ वे खुद नहीं समझते। 'मैला आंचल' के लेखक को साक्षी मानें तो लोग इन्कलाब को 'किलकिलाब' और जिन्दाबाद को 'जिन्दाबाघ' भी कह सकते हैं। लेकिन इससे उनके उत्साह में कमी नहीं होती। 'किलकिलाब—जिन्दाबाघ' निरर्थक शब्दावली होकर भी यूथ प्रेरणा के लिए समुचित ध्वनि-संकेत का काम करता है। ऊपर हमने पक्षियों के चहचहाने से खतरे या आनन्द के

बोध की बात की थी। चहचहाहट के स्वर-व्यंजन एक ही होंगे, लेकिन उदात्त-अनुदात्त भेद से उनकी व्यंजना भिन्न हो जाती है। भय से मनुष्य की घिग्घी बँध जाती है, तो उसके स्वर से उसकी परिस्थिति को समझने में कठिनाई नहीं होती। क्रोध, भय, घृणा, प्रीति आदि के भाव, शब्दों के अलावा केवल स्वर की विशेषता से पहचाने जा सकते हैं। मनुष्य और पशु में इस प्रकार की स्वर-भिन्नता द्वारा भाव-व्यंजना की यह प्रणाली सामान्य है।

पशुओं के ध्वनि-संकेतों में जो भेद दिखाई देता है, उसका कारण स्वर का उतार-चढ़ाव ही नहीं है। जैसे वे नृत्य में किन्हीं विशेष क्रियाओं से कुछ निश्चित संकेत करते हैं, वैसे ही वे कुछ निश्चित ध्वनि-संकेतों से भी काम लेते हैं। अमरीकी मनोविज्ञान शास्त्री रॉबर्ट एम. यर्क्स ने चिम्पांजी की ध्वनि-व्यंजनाओं का अध्ययन किया है।[1] उनकी सहयोगिनी ब्लांश डब्ल्यू. लर्नेड ने लिखा है कि उनका चिम्पांजी आहार के सन्दर्भ में 'गाक' जैसी ध्वनि करता था। उनके शब्दों में "चिम्पांजी भाषा में 'गाक' आहार के लिए मूल शब्द मालूम होता है।" 'भाषा' शब्द यहाँ आलंकारिक रूप में लेना चाहिए। मुख्य बात यह कि चिम्पांजी किसी विशेष परिस्थिति में एक ही शब्द करता था। उस परिस्थिति से वह ध्वनि-संकेत सम्बद्ध हो गया था। भाषा की उत्पत्ति का यही सूत्र है। निरर्थक ध्वनि किसी परिस्थिति से सम्बद्ध होकर सार्थक ध्वनि-संकेत बन जाती है, उसी को हम 'शब्द' कहते हैं।

'गाक' ध्वनि में कोई ऐसा तत्त्व नहीं है जो चिम्पांजी के आहार की विशेषताओं को प्रकट करता हो। 'गाक' में भोजन को चबाने, गटकने या जुगाली करने की किसी ध्वनि विशेष का अनुकरण भी नहीं किया जाता। 'गाक' ध्वनि ही भोजन के सन्दर्भ में क्यों प्रयुक्त हो, इसका कोई कारण नहीं। भोजन से उसकी सम्बद्धता आकस्मिक है। हो सकता है कि 'गाक' ध्वनि करने से चिम्पांजी को कुछ विशेष शारीरिक आनन्द प्राप्त होता हो, इसलिए उसने उसे आहार में सम्बद्ध कर दिया हो : फिर भी इस सम्बद्धता का कारण बौद्धिक नहीं है, यह स्पष्ट है।

भापाविज्ञानी ब्लूमफील्ड का यह मत सही है कि पशु किसी परिस्थिति की प्रतिक्रिया रूप में ध्वनि करते हैं और इसीसे भाषा की उत्पत्ति हुई है।[2] नृतत्त्वशास्त्री मेलविल जेकब्स और बी.जे. स्टर्न ने वनमानुषों के बारे में लिखा है कि वे अनेक भाववाचक ध्वनियों या साधारण ध्वनि-संकेतों से काम लेते हैं। आरम्भ में ये ध्वनियाँ स्वत-प्रेरित होती हैं। क्रमशः जीवन-यापन में इनकी उपयोगिता से लाभ उठाकर मनुष्य अधिक सुस्पष्ट और निश्चित संकेतवाली ध्वनियों से काम लेता है।[3] भाषा-रचना मानव-व्यवहार के साधारण नियमों का अपवाद नहीं है; वह उन साधारण नियमों को पुष्ट करती है। साधारण नियम यह है कि जैसा मनुष्य का जीवन होता है, वैसे ही उसके विचार होते हैं। उसका जीवन कैसा है, यह इस पर निर्भर है कि वह जीवन-यापन के लिए आवश्यक सामग्री कैसे संग्रह करता है। जैसे समाज के पुराने ढाँचे में उत्पादन और वितरण के नये तरीके स्वत:स्फूर्त ढंग से पैदा होते हैं और इन नये तरीकों के अनुरूप नये सामाजिक सम्बन्ध मनुष्य की योजना के अनुसार नहीं, वरन् उसकी इच्छा से स्वतंत्र, सामाजिक विकास के नियमों के अनुसार, कायम होते हैं, वैसे ही मनुष्य बुद्धि से, सोचकर, योजना के अनुसार भाषा नहीं रचता वरन् उसकी जीवन-यापन की आवश्यकताओं के अनुसार वह स्वत:स्फूर्त ढंग से निर्मित होती है। मनुष्य पशुओं से इस बात

---

1. रॉबर्ट एम. यर्क्स और ब्लांश डब्ल्यू लर्नेड, 'चिम्पांजी इंटेलिजेंस एंड इट्स वोकल एक्सप्रेशंस', बाल्टिमोर, 1925
2. लियोनार्ड ब्लूमफील्ड, 'लैंग्वेज़', 1955, पृ. 40
3. मेलविल जेकब्स और वी.जे. स्टर्न, 'जेनरल एंथ्रोपोलॉजी', न्यूयॉर्क 1952, पृ. 17

में भिन्न है कि वह श्रम के लिए औजार बनाता है। अपने इन औजारों के कारण वह श्रम के नये तरीके अपनाता है और इस प्रकार पशु-यूथ से भिन्न मानव-समाज में संगठित होता है। श्रम के नये तरीके, पशुओं से भिन्न, अधिक सुस्पष्ट और निश्चित ध्वनि-संकेतों से काम लेने के लिए उसे बाध्य करते हैं। सोवियत संघ में शरीर-विज्ञान की एक महत्त्वपूर्ण पाठ्य-पुस्तक प्रकाशित हुई है। इसमें कई लेखकों ने भाषा की उत्पत्ति की चर्चा की है। वी. देलोव ने लिखा है : "एक विशिष्ट मानवीय क्रिया के रूप में भाषा मनुष्य की सूक्ष्म चिन्तन-क्षमता के साथ ही उत्पन्न होती है।"[1] यदि हम यह मानें कि मनुष्य ने श्रम के लिए अस्त्र बनाना अपनी सूक्ष्म चिन्तन-क्षमता के कारण शुरू किया, तो यह भाषा-सम्बन्धी स्थापना सही होगी।

भाषा के बारे में एक भ्रान्ति यह है कि वह केवल विचार प्रकट करती है। यह धारणा उतनी ही भ्रान्त है जितनी यह कि कलात्मक साहित्य केवल विचारधारा को व्यंजित करने का साधन है। विचार का आधार क्या है? मनुष्य का इन्द्रिय-बोध, यह मूर्त भौतिक संसार जिसे मनुष्य अपनी इन्द्रियों से पहचानता है। जब तक मनुष्य संसार के मूर्त पदार्थों, क्रियाओं को नाम नहीं देता, तब तक उसे विचार क्रिया के लिए आधारभूत सामग्री ही प्राप्त नहीं होती। तुलसीदास के शब्दों में : 'देखिअहिं रूप नाम आधीना। रूप ग्यान नहिं नाम बिहीना॥' रूप नाम के अधीन होता है, नाम के बिना रूप का 'ज्ञान' नहीं होता। यह रूप का ज्ञान सूक्ष्म चिन्तन नहीं है, वरन् वह गोचर-आधार है जिससे सूक्ष्म चिन्तन सम्भव होता है।

शरीरविज्ञान की उपरोक्त पाठ्य-पुस्तक में एक अन्य वैज्ञानिक कोनरादी ने लिखा है कि भाषा का व्यवहार सूक्ष्म चिन्तन-क्रिया का परिचायक है। कोई भी शब्द जिस पदार्थ की व्यंजना करता है, उससे उसका—अर्थात् शब्द और पदार्थ का—अभिन्न सम्बन्ध नहीं है। कोनरादी के अनुसार शब्द-संकेतों की रचना पदार्थ के स्थूल गुणों से अलग होने की सूक्ष्म प्रक्रिया है।

पशु-पक्षी जिन ध्वनि-संकेतों से काम लेते हैं, वे भी व्यंजित परिस्थिति या पदार्थ के गुणों से जुड़े हुए नहीं होते। ध्वनि-क्रिया वस्तु से सम्बद्ध मात्र होती है, उसके गुणों का प्रतिरूप नहीं होती। यदि कोई पक्षी आहार-प्राप्ति के लिए दूसरे पक्षियों को ध्वनि-संकेत करता है तो इसका यह अर्थ नहीं है कि आहार (या भूख) के गुण उस ध्वनि से प्रकट होते हैं। वस्तु के गुणों से ध्वनि-संकेत की भिन्नता मनुष्य से पहले पशुओं में ही देखी जाती है।

एक प्रश्न और है : क्या पशुओं में भी चिन्तन-क्षमता होती है? मनुष्य में यदि सूक्ष्म चिन्तन की योग्यता है, तो क्या यह योग्यता स्थूल चिन्तन के आधार पर विकसित नहीं हुई? क्या यह स्थूल चिन्तन मनुष्य और पशु में कभी समान रूप से विद्यमान नहीं रहा? जो लोग विचार-प्रक्रिया के बारे में भाववादी या अध्यात्मवादी दृष्टिकोण से सोचते हैं, विचार के मूर्त आधार को अस्वीकार करते हैं, वे कहेंगे कि स्थूल चिन्तन जैसी कोई चीज़ नहीं है, चिन्तन सूक्ष्म (अमूर्त) ही होता है और वह मनुष्य की ही विशेषता है। इस सम्बन्ध में प्रसिद्ध वैज्ञानिक पावलोव का मत विचारणीय है।

पावलोव से पहले पदार्थ और चेतना का द्वन्द्व वर्तमान था; प्रश्न यह किया जाता था कि इनमें कौन प्रधान है, कौन गौण है, अथवा पहले चेतना थी कि पदार्थ था? दर्शन के इस मूलभूत प्रश्न से ही भाषा की उत्पत्ति का प्रश्न भी जुड़ा हुआ है। यदि हम चेतना और पदार्थ में मौलिक भिन्नता स्वीकार करें, तो भाषा को मनुष्य की विशेष चेतना की देन ही मानेंगे। भले ही हम पदार्थ को प्रधान मानें और चेतना को गौण मानें, पदार्थ और चेतना के द्वन्द्व से हम

1. 'टेक्स्ट बुक ऑफ़ फिजियोलॉजी', के.एम. बायकोव द्वारा सम्पादित, मॉस्को, 1958

बच नहीं सकते; और जहाँ इस द्वन्द्व को स्वीकार किया, वहीं भाषा की उत्पत्ति भी शुद्ध बुद्धि से स्वीकार करके रहेंगे। इस गुत्थी को पावलोव ने सुलझाया था। उनसे पहले भौतिकवादी विचारक यह तो मानते थे कि आदमी दिमाग से सोचता है और दिमाग एक भौतिक पदार्थ है—भारत के अनेक दार्शनिक भी मन को इन्द्रिय मानते थे, बुद्धि को कोई अगोचर सत्ता न कहते थे—किन्तु चिन्तन-क्रिया कैसे सम्पन्न होती है, इसकी व्याख्या उनके पास नहीं थी। पावलोव ने शुद्ध मानसिक क्रियाओं के अस्तित्व से ही इनकार किया; वे शरीर-विज्ञानी थे उन्होंने मनोविज्ञान को शरीर विज्ञान की कसौटी पर परखा और इस नतीजे पर पहुँचे कि जिन्हें हम शुद्ध मानसिक क्रियाएँ कहते हैं, वे मूलत: भौतिक क्रियाएँ हैं।

पशु और मनुष्य के पास स्नायुतंत्र है; ज्ञान और कर्म की प्रक्रिया इसी स्नायु- तंत्र से सम्भव होती है। बाह्य पदार्थ (और शरीर के भीतर के तत्त्व भी) ग्राहिकाओं (इन्द्रियों) पर आघात करते हैं। यह आघात स्नायुविक उत्तेजना बनकर स्नायु-तंतुओं द्वारा कर्मेन्द्रिय तक पहुँचता है और उस इन्द्रिय के कोशों (cells) की विशेष क्रिया में बदल जाता है। इस समस्त व्यापार का नाम है रिफ्लेक्स। पावलोव के अनुसार, यह स्नायुविक प्रतिक्रिया ही चेतना, ज्ञान और बुद्धि का मूलाधार है।

वैज्ञानिक कोएलर ने चिम्पांजी के व्यवहार का अध्ययन करके उसमें अभौतिक बुद्धि-तत्त्व की सत्ता मानी थी। पावलोव ने उसके 'बौद्धिक' कार्यों को भौतिक सिद्ध किया। मान लीजिए, आपने कमरे की छत से कुछ फल टाँग दिये। चिम्पांजी उन तक पहुँच नहीं पाता। वह कमरे में रखे हुए कुछ बक्स और छड़ी देखता है, लेकिन उन्हें इस्तेमाल करना नहीं जानता। वह प्रयत्न करता है और असफल रहता है। कोएलर के अनुसार, वह थककर बैठ जाता है और 'सोचता' है और कुछ समय बाद बक्सों को ठीक से एक के ऊपर एक रखकर फल उतार लेता है। पावलोव के अनुसार, चिम्पांजी का स्नायुतंत्र बक्सों, छड़ी आदि से अस्थायी सम्बन्ध कायम करता है। अपने वन्य जीवन में उसने बाह्य पदार्थों से कुछ स्थायी सम्बन्ध कायम किये थे; उनके आधार पर वह इन नये पदार्थों से काम लेने की कोशिश करता है। वह बक्सों को एक ढंग से रखता है और असफल होता है; तब फिर वह उस ढंग को छोड़ देता है और दूसरे के जरिये फल पाने की कोशिश करता है। पावलोव का कहना है कि बक्से उठाने-गिराने की जिस प्रक्रिया को मनोविज्ञान शास्त्री प्रयत्न और असफलता (ट्रायल एंड एरर) कहते हैं, वही उसकी बुद्धि का निदर्शन है, उसकी बुद्धि का कर्ममय रूप है। अपनी इन्द्रियों द्वारा उसने बाह्य पदार्थों से पहले जो सम्बन्ध कायम किये थे और फल पाने के इस प्रयत्न काल में जो सम्बन्ध कायम करता है, उन्हीं के आधार पर वह सही नतीजे पर पहुँचता है। जब हम पदार्थों से सही सम्बन्ध कायम करते हैं, तो उसे बुद्धि की संज्ञा देते हैं। जब ये सम्बन्ध गलत होते हैं, तो वही भ्रान्ति या बुद्धि का अभाव माना जाता है। पावलोव पूछते हैं, चिम्पांजी की यह 'बौद्धिक' क्रिया बच्चे के विकास से किस तरह भिन्न है? यह बुद्धि प्राथमिक स्तर की है। हमारी बुद्धि से वह इस बात में कम है कि चिम्पांजी को अपने जीवन में उतने पदार्थों से सम्बन्ध कायम करने का अवसर नहीं मिला, जितना हमें। चिम्पांजी अन्य पशुओं की अपेक्षा मनुष्य के निकट क्यों है, इस प्रश्न का उत्तर देते हुए पावलोव ने कहा है कि चिम्पांजी के हाथ हैं इसलिए वह अन्य पशुओं की अपेक्षा अपने परिवेश से अधिक पेचीदा सम्बन्ध कायम करता है। वह अन्य पशुओं की अपेक्षा पदार्थों से अधिक सम्बन्ध कायम करता है, इसलिए वह अन्य पशुओं से अधिक 'बुद्धिमान' भी होता है। मनुष्य अन्य सभी पशुओं की तुलना में

अपने हाथों से अधिक काम लेता है। वह बुद्धिमान था, इसलिए हाथों से काम नहीं लेने लगा, बल्कि हाथों से काम लेने के कारण अधिक बुद्धिमान हुआ है। "मनुष्य जो कुछ सीखता है, वह अस्थायी सम्बन्धों के निर्माण से सीखता है; चिन्तन, विचार या ज्ञान इसी का नाम है।"[1]

बाह्य पदार्थ पशुओं की इन्द्रियों पर जो आघात करते हैं, पशु उसका विश्लेषण और संश्लेषण (अथवा विघटन और संगठन) करते हैं। यह प्राथमिक मूर्त चिन्तन है।[2] यह मूर्त चिन्तन और मनुष्य में सामान्य है। इस मूर्त चिन्तन के बिना भाषा की रचना असम्भव है। पावलोव भाषा को द्वितीय संकेत-प्रक्रिया कहते थे। प्रथम संकेत-प्रक्रिया वह है जिसमें पदार्थ हमारी इन्द्रियों द्वारा स्नायुतंत्र से सम्बन्ध कायम करते हैं। दूसरे शब्दों में पहले हम अपनी इन्द्रियों द्वारा गोचर संसार के सम्पर्क में आते हैं, फिर इस गोचर संसार को—जिसमें हम स्वयं भी शामिल हैं—ध्वनि-संकेतों से अभिहित करते हैं। पावलोव-सिद्धान्त से यह निष्कर्ष निकला कि चिन्तन की आधारभूत मूर्त प्रक्रिया पशु और मनुष्य, दोनों में है। भाषा इस मूर्त परिचय को व्यक्त करने का साधन है। सूक्ष्म चिन्तन बाद की मंजिल है। भाषा की उत्पत्ति प्राथमिक मूर्त चिन्तन से होती है, न कि उच्चतर सूक्ष्म चिन्तन से।

पावलोव से भाषा की उत्पत्ति के बारे में हम एक बात और सीखते हैं। जैसे हमारा स्नायुतंत्र बाह्य पदार्थों से स्थायी-अस्थायी सम्बन्ध कायम करता है, वैसे ही हम इन पदार्थों से कुछ ध्वनियों का सम्बन्ध भी कायम करते हैं। कुत्ते को यदि मांस का टुकड़ा दिखाया जाए, तो उसके मुँह में पानी आ जाएगा। मांस उत्तेजक पदार्थ हुआ; मुँह में पानी आना कुत्ते की सहज प्रतिक्रिया हुई। यदि उसे मांस देते समय घंटी बजाई जाए तो उसका स्नायुतंत्र मांस और घंटी की आवाज में सम्बन्ध कायम कर लेगा। मांस के अभाव में घंटी की आवाज से ही उसे लगेगा कि मांस आनेवाला है और उसके मुँह में पानी आ जाएगा। घंटी की आवाज मांस के समान कुत्ते के लिए सहज उत्तेजक वस्तु नहीं है। उसे उत्तेजक बनाया गया है। उसे बाधित उत्तेजक कहा जाएगा। भाषा इसी प्रकार का एक बाधित उत्तेजक है।

मदारी बन्दर और भालू को नचाते हुए कुछ शब्द कहता है जिसका 'अर्थ' वे समझते हैं। यह अर्थ क्या है? अर्थ यह है कि उस ध्वनि के साथ बन्दर या भालू कोई क्रिया विशेष सम्पन्न करेगा तो उसे इनाम मिलेगा, वर्ना उसकी पिटाई होगी। इसी प्रकार लोग कुत्तों को बहुत-से शब्द सिखा देते हैं, जिसका अर्थ है कि कुछ ध्वनियों से कुत्तों के स्नायुतंत्र ने कुछ कार्यों का सम्बन्ध जोड़ लिया है। इधर आ, बैठ, खड़ा हो, आदि आज्ञाएँ मिलने पर शिक्षित कुत्ता उन्हीं के अनुरूप काम करता है। जैसे चिम्पांजी के लिए 'गाक' ध्वनि आहार से सम्बद्ध हो गई थी, वैसे ही मनुष्य ने अनेक पदार्थों और कार्यों से कुछ ध्वनियों को हठात् सम्बद्ध किया। यही ध्वनि-संकेत भाषा की मूल पूँजी बनते हैं और उनके आधार पर परिस्थितियों के अनुसार नई शब्दावली गढ़ी जाती है।

शब्द और अर्थ का मूर्त सम्बन्ध यह है कि शब्द द्वारा हमें किसी पदार्थ या कर्म का बोध होता है जिससे वह ध्वनि-संकेत सम्बद्ध हो गया है। शब्द स्वयं वह पदार्थ नहीं है; वह किसी की ओर संकेत भर करता है। इसलिए हम उसे बाधित उत्तेजक कहते हैं। जैसे 'माँ' शब्द कहने पर हमें अपनी जन्मदात्री का बोध होता है; अन्य लोगों को यही बोध 'ममी' कहने से होता है। माँ या ममी की ध्वनियों में कोई ऐसा गुण नहीं है जो जननी के गुणों का प्रतिबिम्ब

1. 'नेलेक्टेड वर्क्स ऑफ़ पावलोव', पृ. 581
2. उपरोक्त, पृ. 274

हो। शब्द और अर्थ का सम्बन्ध ध्वनि और उससे सम्बद्ध किये हुए पदार्थ का ही सम्बन्ध है। यह सम्बन्ध अटूट और अविच्छेद्य नहीं है। एक भाषा से दूसरी भाषा में किसी रचना का अनुवाद करते समय संक्रमण की दशा में विचार की स्थिति कहाँ होती है? यदि शब्द और अर्थ निरपेक्ष रूप में अभिन्न हों, तो एक विचार को एक से अधिक भाषा में प्रकट ही न किया जा सके। अनुवाद करते समय दोनों भाषाओं की समान शब्दावली जिन वस्तुओं की ओर संकेत करती है, वे वस्तुएँ और उनसे हमारे स्नायुतंत्र का सम्बन्ध ही वह मूर्त आधार है जिसके कारण एक भाषा का सहारा छोड़ते हुए दूसरी भाषा की शब्दावली तक पहुँचने की अवधि में 'अर्थ' लुप्त नहीं हो जाता।

शब्द को हम बाधित उत्तेजक मानते हैं किन्तु वह हमारे लिए संकेत मात्र नहीं रह जाता। हमारे लिए सापेक्ष रूप से उसकी एक स्वतंत्र सत्ता कायम हो जाती है। भाषा हमारी संस्कृति का अंग है। इसलिए भाषा के विभिन्न तत्त्व बाधित उत्तेजक मात्र न रहकर सहज उत्तेजक भी बन जाते हैं। हम अपनी भाषा के शब्दों को इसीलिए प्यार नहीं करते कि वे विभिन्न पदार्थों और व्यापारों की ओर संकेत करते हैं, वरन् इसलिए भी और मुख्यत: इसीलिए कि वे हमारे हैं, उनसे हमारा और हमारे पूर्वजों का सम्बन्ध रहा है; इसलिए हिन्दुस्तानी बच्चे जब माँ को ममी कहते हैं, तो हमें बुरा लगता है, यद्यपि संकेतित पदार्थ में कोई अन्तर नहीं आता।

भाषा की विशेषता यह है कि एक ओर वह महज और बाधित उत्तेजक है, दूसरी ओर वह सहज और बाधित प्रतिक्रिया भी है। विभिन्न परिस्थितियों में पशु-पक्षी कुछ स्वत:स्फूर्त ध्वनियाँ करते हैं। ये ध्वनियाँ स्वत:स्फूर्त होती हैं, इसलिए वे पशु-पक्षियों की सहज ध्वन्यात्मक प्रतिक्रिया हैं। मनुष्य जब दुख में 'हाय-हाय' करता है, तब यह शब्द उसकी ध्वन्यात्मक प्रतिक्रिया है, न कि दुख को प्रकट करने का ध्वनि-संकेत। भाषा के आदिकाल में इस तरह की प्रतिक्रिया वाली सहज ध्वनियाँ अधिक रही होंगी। किसी पशु को यह पता चल जाए कि विशेष परिस्थितियों में विशेष ध्वनि करने से उसका उद्देश्य सफल होगा, तो इस तरह की ध्वनि बाधित प्रतिक्रिया होगी, न कि सहज प्रतिक्रिया। उल्लू कभी-कभी बच्चों के रोने की नकल करता है और शिकारियों को—या घोंसले की ओर आनेवालों को—धोखा देता है। इस तरह की ध्वनि बाधित प्रतिक्रिया मानी जाएगी, क्योंकि उल्लू के लिए वह सहज और जन्मजात नहीं है। उसने उसे विशेष परिस्थितियों में सीखा है। मनुष्य ने भी विशेष परिस्थितियों में विशेष ध्वन्यात्मक प्रतिक्रियाएँ करना सीख लिया है। अंग्रेज़ अफसर की ध्वनियों से प्रभावित होकर हिन्दुस्तानी साहब बोलता था—हम खाना माँगटा है। अंग्रेज़ी राज की विशेष परिस्थितियों में हिन्दुस्तानी साहब की यह बाधित प्रतिक्रिया हुई।

विशेष कार्यों, कार्य-समूहों या वस्तुओं से कुछ निश्चित ध्वनियों के संसर्ग द्वारा भाषा का निर्माण होता है। यह क्रिया मूलत: वही है जिसमें स्नायुतंत्र बाह्य पदार्थों से स्थायी या अस्थायी सम्बन्ध बनाता है। बाह्य पदार्थों का यह प्रत्यक्ष इन्द्रिय-बोध प्रथम संकेत-पद्धति हुआ; इन्हीं पदार्थों से ध्वनियों का सम्बन्ध-स्थापन द्वितीय संकेत-पद्धति हुआ। दोनों ही पद्धतियों में मूलभूत एकता है। सम्बन्ध-स्थापना की प्रणाली दोनों में मूलत: एक है। ऐसा होना स्वाभाविक है, क्योंकि भाषा की उत्पत्ति इन्द्रियों की स्वत:स्फूर्त प्रतिक्रिया से होती है। जो इन्द्रियाँ किसी पदार्थ के रूपज्ञान का माध्यम हैं, वही उसके नामकरण का माध्यम भी हैं। जैसे रूपज्ञान में पदार्थ से स्थायी और अस्थायी सम्बन्ध कायम किये जाते हैं, वैसे ही नामकरण में भी कायम होते हैं, यद्यपि यह क्रिया अक्सर हमारी आँखों से ओझल रहती है

और हमें लगता है कि ध्वनि और पदार्थ का सम्बन्ध सदा से पूर्व निश्चित है। आजकल हिन्दी में पारिभाषिक शब्दों की रचना हो रही है। इन्द्रियों द्वारा गृहीत पदार्थ को हम अंग्रेज़ी के माध्यम से 'स्टिमुलस' संज्ञा द्वारा अभिहित करते हैं। इसके लिए एक हिन्दी शब्द है : उद्दीपक; अन्य शब्द है : उत्तेजक। यदि उत्तेजक शब्द का चलन हो जाए तो 'स्टिमुलस' द्वारा ज्ञापित पदार्थ से उसका सम्बन्ध अस्थायी से बदलकर स्थायी हो जाएगा और 'उद्दीपक' का सम्बन्ध अस्थायी ही रहकर खत्म हो जाएगा। हिन्दी में तीर्थ किसी धार्मिक स्थान को कहते हैं; दक्षिण का वाचक शब्द है; हिन्दी में वह नदी विशेष का सूचक भी है। मृग हरिण के लिए प्रयुक्त होता है; दक्षिण की कुछ भाषाओं में मृग का अर्थ है पशु। हिन्दी में शिक्षा का सम्बन्ध सीखने-सिखाने से है; मराठी में उसका सम्बन्ध ताड़ना से है। हिन्दी में अनर्गल शब्द निरर्थक शब्द-प्रवाह का सूचक है; तेलगू में उसकी व्यंजना है—धाराप्रवाह भाषण। इस तरह की सैकड़ों मिसालें एकत्र की जा सकती हैं जिनसे हम देखते हैं कि ध्वनि एक ही है किन्तु उसके द्वारा संकेतित पदार्थ भिन्न-भिन्न हैं। यह तभी सम्भव है जबकि एक स्थिति या काल में ध्वनि और पदार्थ का जो सम्बन्ध स्थायी लगता था, वही अन्य स्थिति और काल में अस्थायी हो जाए और उसका स्थान भिन्न पदार्थ वाला स्थायी सम्बन्ध ले ले। संसार के पदार्थ और क्रियाएँ ही जब परिवर्तनशील हैं, तब ध्वनियों से उनका सम्बन्ध ही कैसे अपरिवर्तनशील रह सकता है? मुख्य बात यह है कि भाषा-रचना का साधारण क्रम यह है कि मनुष्य अजाने, बिना सोचे-समझे, स्वत: प्रेरित ढंग से ध्वनि और पदार्थ का स्थायी-अस्थायी सम्बन्ध बनाता है।

मनुष्य ने भाषा की रचना अपनी विशेष बौद्धिक प्रतिभा के कारण नहीं की, इसका एक प्रमाण और है। बच्चे भाषा कैसे सीखते हैं? आरम्भ में वे निरर्थक ध्वनियाँ करते हैं, केवल ध्वनि करना सीखते हैं। अनेक अस्पष्ट ध्वनियों के बीच वे कुछ निश्चित और स्पष्ट ध्वनियाँ भी करते हैं। इन ध्वनियों से किन्हीं वस्तुओं, व्यक्तियों आदि का सम्बन्ध जोड़ना सीखते हैं। यह सम्बन्ध अस्थायी भी होता है। हमारे पड़ोस की एक लड़की को उसके माता-पिता 'बच्चा' कहकर पुकारते थे। लड़की 'बच्चा' को सम्बोधन मात्र के लिए उपयुक्त समझकर अपने माता-माता को भी बच्चा कहती थी। ठीक यही क्रिया 'तात' शब्द के साथ घटित हुई थी; पिता भी 'तात' है, पुत्र भी 'तात' है। 'तात' ध्वनि के पिता-पुत्र वाले दोनों सम्बन्ध स्थायी हो गए। पड़ोस की लड़की वाले उदाहरण में 'बच्चा' का सनातन सम्बन्ध ही कायम रहा; उस लड़की ने कुछ दिन बाद माता-पिता से उसके अस्थायी सम्बन्ध को भुला दिया। बच्चा स्वयं निरर्थक ध्वनियाँ करता है और इन निरर्थक ध्वनियों में कुछ को सार्थक भी बना लेता है; सुनी हुई और अपनी स्वत:स्फूर्त ध्वनियों से वह वस्तुओं का अस्थायी सम्बन्ध कायम करता है—भाषा के निर्माण की भी यही प्रक्रिया है। जैसे गर्भ में शिशु मानव-विकास की सारी मंजिलें पार करता है, वैसे ही गर्भ से बाहर आने पर वही शिशु भाषा सीखने में भाषा-निर्माण-प्रक्रिया की सारी मंजिलें पार करता है। जैसे गर्भ में वह मानव-पूर्व मंजिलें बहुत जल्दी पार करता है और उसके शेष जीवन की तुलना में यह अवधि बहुत छोटी होती है, वैसे ही जन्म के बाद वह भाषा-निर्माण की प्राथमिक मंजिलें बहुत जल्दी पार करता है और उसके पूर्वज जो भाषा-निधि अर्जित कर चुके हैं, उससे पूर्ण लाभ उठाता है। प्राथमिक मंज़िलें पार करने का महत्त्व यह है कि भाषा-निर्माण की बुद्धि-निरपेक्ष क्रिया स्पष्ट हो जाती है। आरम्भ में मानव शिशु भाषा के मामले में अन्य पशु-शावकों से बहुत भिन्न नहीं होता।

देलोव ने इस सम्बन्ध में लिखा है कि पहले वर्ष के अन्त तक अव्यक्त और अस्पष्ट ध्वनियाँ शिशु की व्यक्त और स्पष्ट ध्वनियाँ (शब्द) बनने लगती हैं। पहले वर्ष के अन्त में बच्चा चार-पाँच शब्द बोलने लगता है; उसकी मुखर प्रतिक्रियाएँ बाधित उत्तेजक (अर्थात् ध्वनि-संकेत) का रूप लेती हैं। दूसरे वर्ष में उसका शब्द-भंडार संवर्द्धित होता है और उसमें दो सौ से चार सौ शब्द तक हो जाते हैं। साथ ही भाषा की व्याकरण-व्यवस्था भी निर्मित होने लगती है। "जीवन के दूसरे वर्ष में बच्चे में सूक्ष्म चिन्तन के प्रथम चिह्न दिखाई देते हैं।" ध्यान देने की बात है कि सूक्ष्म चिन्तन के प्रथम चिह्नों के प्रकट होने से पहले ही बच्चा भाषा के कुछ मूल उपादान एकत्र कर चुका है। भाषा सीखने की पहली मंजिल से सूक्ष्म चिन्तन का सम्बन्ध नहीं है। भाषा की उत्पत्ति पहले है, सूक्ष्म चिन्तन बाद को है।

शरीरविज्ञान की पाठ्य-पुस्तक में देलोव ने लिखा है कि भाषा मनुष्य में अन्तर्निहित (inherent) है। वास्तव में भाषा मनुष्य की जन्मजात प्रतिक्रिया नहीं है। भेड़ियों के बीच कोई मानव शिशु रहे, तो वह भेड़ियों के समान ही शब्द करने लगता है। पशु भाषा का निर्माण क्यों नहीं कर सके और मनुष्य क्यों कर सका इसका यह उत्तर नहीं है कि मनुष्य ने अपने सूक्ष्म चिन्तन के कारण भाषा रची अथवा भाषा उसमें अन्तर्निहित होती है। भाषा-रचना का कारण मानव का परिवेश, उसके जीवन की आवश्यकताएँ तथा उसका विशेष शारीरिक गठन है।

निम्न और उच्च श्रेणी के जीवों में एक मौलिक भेद जीव-कोशों से सम्बन्धित है। निम्न कोटि के जीवों में ग्राहिका-कोश (receptor cells) शरीर की समूची सतह पर बिखरे होते हैं; उच्च श्रेणी के जीवों में वे बिखरे न होकर निश्चित क्षेत्रों में केन्द्रित होने लगते हैं। उनके कार्यों में भेद उत्पन्न होता है; एक तरह से विभिन्न कोश-समुदायों में काम का बँटवारा हो जाता है और इसलिए निश्चित कार्यों वाले जीवकोश अपना काम विशेष योग्यता से करते हैं। स्नायुतंत्र और उसके ग्राहिका-कार्य प्राणी की गतिशीलता के अनुपात में भी विकसित होते हैं। पैरों से चलनेवाले पशुओं में शरीर का अग्र भाग विशेष महत्त्वपूर्ण हो जाता है। इस भाग पर बाह्य परिवेश का अधिक प्रभाव पड़ता है और उसी को बाह्य जगत् के उत्तेजकों का सामना ज्यादा करना पड़ता है। प्राणी की सर्वाधिक महत्त्वपूर्ण ग्राहिकाएँ यहीं स्थित होती हैं। यहीं प्रकाश की लहरों, ध्वनि की लहरों, रासायनिक उत्तेजकों का प्रभाव ग्रहण करने में समर्थ विशिष्ट ग्राहिकाओं की रचना होती है। उच्च श्रेणी के पशु बाह्य परिवेश को विभिन्न खंडों में बारीकी से विघटित कर सकते हैं और इसलिए निम्न कोटि के पशुओं की तुलना में अपने परिवेश से ज्यादा अच्छी तरह परिचित हो सकते हैं।

स्तनपायी जीवों की श्रवणशक्ति सभी प्राणियों से अधिक विकसित होती है। निम्न पशुओं में आँख केवल प्रकाश और अन्धकार का भेद कर सकती है। उच्च पशुओं में वस्तुओं के आकार, दूरी, रंग, आदि का भेद पहचानने की क्षमता होती है। मनुष्य की त्वचा अन्य सभी जीवों की तुलना में अधिक सूक्ष्म प्रभाव ग्रहण कर सकती है। शीत और ऊष्मा की अनुभूति, स्पर्श-बोध, संवेदन—यह सब पशुओं को भी होता है लेकिन मनुष्य में इस तरह का बोध अधिक सूक्ष्म होता है। इन्द्रिय-बोध में—अर्थात् बाह्य परिवेश से परिचित होने में—मानव सभी पशुओं से बढ़कर है। प्राकृतिक परिवेश का मुकाबला करने में निरस्त्र मानव अन्य पशुओं से कमजोर पड़ता है किन्तु अपने उच्चतर इन्द्रिय-बोध के कारण वह इस परिवेश से पूर्ण परिचित ही नहीं होता, वरन् उसे अनुकूल बनाने के लिए नये-नये उपाय भी ढूँढ़ निकालता है।

नीगस का मत है कि आदिमानव वनवासी और शाकाहारी था। मांसाहारी पशु भोजन को चबाते नहीं हैं इसलिए उनके मुख और कपोलों का विकास नहीं होता। मानव अन्य पशुओं की तुलना में शाकाहार के कारण अपने मुख और कपोलों को अधिक विकसित कर सका। इसलिए ध्वनियों में भेद करने में, ध्वनि-संकेतों को बदलने में वह अन्य पशुओं से अधिक समर्थ हुआ। मुख-विवर के संकोचन और प्रसार से मनुष्य गाने और बोलने में सहायता लेता है। अन्य स्तनपायी जीव गंधगुण वाली पृथ्वी का सहारा नहीं छोड़ पाते। अच्छा-बुरा भोजन पहचानने, शत्रु के आक्रमण की जानकारी आदि के लिए वे घ्राण पर अधिक निर्भर रहते हैं। वृक्षों पर चढ़नेवाला आदिमानव अपनी दृष्टि को अधिक विकसित कर सका। दो पैरों के बल सीधे खड़े होने और चलने से अन्य स्तनपायी जीवों की अपेक्षा मनुष्य अपने सिर को भूमि से दूर रख सका। उसकी गंधनिर्भरता कम हुई। महाघ्राणी (macrosmatic) जीवों का वृहत् कंठपिधान (epiglottis) दीर्घ कोमल तालु से जुड़ा रहता है। यह कंठपिधान खूब विकसित होता है और उसका मूल कर्म होता है गंधबोध में सहायता देना। मनुष्य की गंध-निर्भरता कम होने पर उसके लिए यह आवश्यक नहीं रहता कि कंठपिधान कोमल तालु से संपृक्त रहे। दोनों के बीच अन्तर उत्पन्न हो जाता है। ध्वनि-संकेतों के विकास और उपयोग में कंठपिधान और कोमल तालु के इस अलगाव का निर्णायक महत्त्व है। यह विशेषता मनुष्य के निकटवर्ती उच्च श्रेणी के बनमानुसों में ही मिलती है। इस अलगाव के कारण मनुष्य स्वर, और व्यंजनों के रूप में सुस्पष्ट और सुनिश्चित ध्वनियाँ निकालने में समर्थ हुआ। वृक्षों में रहने के कारण मनुष्य को अन्य पशुओं के समान ही ध्वनि-संकेतों के व्यवहार की भी आवश्यकता पड़ी। इसमें वह अन्य पशुओं से अधिक सक्षम सिद्ध हुआ।

मनुष्य के निकटवर्ती बनमानुसों के जबड़े आगे को बढ़े हुए होते हैं, माथा पीछे को दबा हुआ होता है। इसके विपरीत मनुष्य का माथा आगे को बढ़ा हुआ और जबड़े पीछे को हटे हुए होते हैं। बदलते हुए परिवेश से प्राणी का सम्पर्क सिर से ही होता है। दिमाग के सबसे पेचीदा भाग सिर के सबसे अगले हिस्से में विकसित हुए। निम्न श्रेणी के जीवों से भिन्न उच्च श्रेणी के पशुओं में मस्तिष्क और इन्द्रियों के बीच दीर्घ सूचना-सूत्र होते हैं। परिवेश में कोई तब्दीली हुई, इन्द्रियों ने सन्देश भेजा, मस्तिष्क से उसका उत्तर कर्मेन्द्रिय को भेजा गया। यह सूचना-कार्य स्नायुतंत्र द्वारा होता है। पशु के स्नायुतंत्र में जितनी ही अधिक संख्या में स्नायुकोश (neurons) होते हैं, उतनी ही अधिक उसमें यह क्षमता होती है कि वह बाह्य उत्तेजक पदार्थों के प्रति अपने उत्तर में हेरफेर कर सके।[1] साधारण स्नायुतंत्र वाले पशु परिवेश में होनेवाली किसी भी हरकत का जवाब एक-सा और नपा-तुला देंगे; ऊँची श्रेणी के स्नायुतंत्र वाले पशुओं की प्रतिक्रिया में काफी तब्दीली होती है। मनुष्य का स्नायुतंत्र सबसे अधिक विकसित होता है, इसलिए इस तरह की प्रतिक्रिया में सबसे ज्यादा तब्दीली भी उसी के लिए सम्भव है। इसीलिए परिवेश की जानकारी और उसे अनुकूल बनाने में वह अधिक सक्षम होता है। उसके 'ज्ञान' का यह भौतिक स्नायुविक आधार है।

मानव-मस्तिष्क में देखने, सुनने, बोलने, हाथ-पैर चलाने के विशेष केन्द्र होते हैं। निम्न श्रेणी के जीवों में यह स्थान-सीमन (localization)—निश्चित स्थान में विशिष्ट कार्यवाही का संचालन केन्द्र—नहीं होता।[2] स्तनपायी जीवों के मस्तिष्क में स्थान-सीमन होता है। यहाँ भी शाकाहारी प्रकृति मस्तिष्क-विकास में सहायक होती है। सोवियत वैज्ञानिकों के अनुसार

1. रैनसन और क्लार्क, 'द ॲनाटॉमी ऑफ़ द नर्वस सिस्टम, सौंडर्स एंड कम्पनी, 1957
2. टेक्स्ट बुक ऑफ़ फिज़ियोलॉजी, पृ. 656

आक्रामक पशुओं की अपेक्षा बानरों में स्थान-सीमन अधिक होता है। शब्दों के उच्चारण के लिए हम अपने शरीर के अवयवों का इच्छानुसार संचालन करते हैं। इस संचालन-सामर्थ का सम्बन्ध मानव-मस्तिष्क के उच्चस्तरीय स्थान-सीमन से है। कभी-कभी सिर में चोट लगने से मनुष्य की बोलने और भाषा का व्यवहार करने की क्षमता नष्ट हो जाती है। कभी मनुष्य ज़बान और ओठ तो हिला सकता है, लेकिन अपने घोषयंत्र का संचालन नहीं कर पाता। कभी वह दूसरों के कहे हुए शब्द तो सुनता है, पर उनका अर्थ नहीं समझ पाता। कभी वह दूसरों की लिखी हुई बातें देख तो लेता है, लेकिन उन्हें समझ नहीं पाता। इसका कारण मस्तिष्क के उन केन्द्रस्थलों का विनाश है जहाँ से प्रत्येक स्थिति की कार्यवाही संचालित होती थी।

स्थान-सीमन की समस्या का विशेष अध्ययन पेनफील्ड और उनके सहयोगियों ने किया है।[1] वागवरोध (aphasia) के सिलसिले में उन्होंने लिखा है कि ओठ, जीभ और वाणी का नियमन स्नायुकोशों के जन्मजात साँचे के अनुसार होता है। बच्चा पैदा होने पर जैसे ही साँस लेता है, उसका पहला काम होता है रोना। ओठ, जीभ आदि की सहायता से वह दूध खींचता है। वयस्क मानव-मस्तिष्क के कुछ भागों पर विद्युत् के हल्के आघात से ओठ, जीभ और मुख-विवर की यह क्रिया उत्पन्न की जा सकती है। सिर के दोनों ओर जो इन्द्रिय संचालन स्थल (sensory motor zones) हैं, उन पर विद्युत्-आघात से मनुष्य का बोलना बन्द किया जा सकता है। 1934 में वैज्ञानिक फ्रीडमैन ने कुत्ते पर प्रयोग करके दिखलाया था कि मस्तिष्क के संचालन-वलय (motor gyrus) को प्रेरित करने से कुत्ते के मुँह से भूँकने की आवाज़ निकाली जा सकती है। 1935 में पेनफील्ड सचेत अवस्था के एक रोगी के पूर्व केन्द्रीय वलय (percentral gyrus) को प्रेरित करके उससे आवाज़ उत्पन्न करा सके। 1936 से 1947 तक पेनफील्ड और उनके सहयोगियों ने मस्तिष्क के 206 ऑपरेशन किये। इनमें 51 केसों में वे आवाज़ उत्पन्न कराने में सफल हुए। इन 51 केसों में तीन-चौथाई केस ऐसे थे जिनमें आवाज़ पूर्व केन्द्रीय वलय को प्रेरित करने से उत्पन्न हुई थी और चौथाई में पश्चकेन्द्रीय वलय (postcentral gyrus) को प्रेरित करने से उत्पन्न हुई थीं। इससे सिद्ध हुआ कि मस्तिष्क में भाषण के केन्द्र स्थल का निश्चित पता चल सकता है। उस पर दूसरा आदमी अपना नियंत्रण कायम कर सकता है; वह उससे कुछ ध्वनियाँ भी उत्पन्न करा सकता है। यह स्पष्ट है कि मानव-मस्तिष्क में भाषण-क्षमता का भौतिक आधार है, जिसे प्रेरित या नष्ट किया जा सकता है। पेनफिल्ड के उपर्युक्त 51 केसों में एक बात और दिलचस्प है आधे केस ऐसे थे जिनमें ध्वनि-क्रिया ओठों के स्वत: हिलने से सम्बद्ध थी। एक-चौथाई ऐसे थे जिनमें ध्वनि-क्रिया मुँह, जीभ, दाढ़, आदि के संचालन या उनमें किसी प्रकार के संवेदन से सम्बद्ध थी। शेष एक-चौथाई केसों में ध्वनि-क्रिया के साथ अवयवों की अन्य कोई ऐसी हरकत नहीं हुई जिसे देखा जा सकता। सबसे अधिक केस वही थे जिनमें ओठ हिले थे। शायद ओठ हिलाना आदि-मानव के लिए ज़बान हिलाने से आसान था। माताएँ मम्-मम्, बब्-बब्, पप्-पप् जैसी ध्वनियाँ करके बच्चों को सरल कृपि वर्णों का उच्चारण सिखाती हैं। सम्भवत: मस्तिष्क में भाषण-केन्द्रस्थल की न्यूनतम प्रेरणा से ओठ हिल सकते हैं; ज़बान लौटाने में अधिक प्रयास आवश्यक होता है। संसार की प्राय: सभी भाषाओं में प, ब, म वर्णों का सर्वाधिक प्रसार है।

शरीर के जिन अवयवों से हम ध्वनि करते हैं, उनकी हरकत इस बात पर निर्भर है कि मस्तिष्क में ऐसे केन्द्रस्थल हैं या नहीं जो उनका संचालन कर सकें। कुत्ता काफी समझदार

1. डब्ल्यू पेनफील्ड और थियोडोर रासमुसेन, 'द सेरेब्रल कॉटक्स ऑफ़ मैन', मैकमिलन, 1955

जानवर होता है। वह अपने स्वामी की बहुत-सी आज्ञाएँ समझ लेता है और उनके अनुसार कार्य भी करता है। लेकिन कितना भी प्रयत्न करे, वह मानव-कृत ध्वनियों का अनुकरण नहीं कर सकता। इसके विपरीत तोते को देखिए। तोता-रटन्त मशहूर है। बिना समझे बात को दोहराना उसकी विशेषता है। कुत्ते की 'बुद्धि' मानव-ध्वनियों का अनुकरण करने में उसकी सहायता नहीं करती; उस बुद्धि के अभाव में तोता उन्हीं ध्वनियों का अनुकरण कर लेता है। इससे भाषा-रचना में मस्तिष्क के उन संचालन-केन्द्रों का महत्त्व सिद्ध हुआ जिनसे शरीर के अवयव ध्वनि उत्पन्न करते हैं। इससे यह भी सिद्ध हुआ कि परिवेश और प्राणी की आवश्यकताओं पर ही सब कुछ निर्भर नहीं है। भाषा-रचना के लिए अपेक्षित शारीरिक विकास भी होना चाहिए। किसान अपने पशुओं के लिए कहते हैं, बेचारों के बोल-बाचा नहीं है। इसका अर्थ यह है कि पशु बोल तो नहीं पाते, लेकिन मनुष्य की बहुत-सी बातें समझ लेते हैं। प्रेमचन्द ने 'दो बैलों की कथा' में किसानों के इसी अनुभव को कलात्मक रूप दिया है। संचालन केन्द्रों के अविकसित होने से अधिकांश पशु मानव-ध्वनियों का अनुकरण नहीं कर पाते।

मनुष्य का घोषयंत्र अन्य सभी पशुओं से अधिक विकसित है। नीगस ने घोषयंत्र के विकास पर जो ग्रंथ लिखा है, उसमें उन्होंने भाषा-रचना के लिए मानवीय घोषयंत्र की निर्णायक भूमिका नहीं मानी। उनके अनुसार बिल्ली में भी यदि बुद्धि होती, तो वह अपनी सीमित ध्वनियों से भाषा गढ़ सकती थी। किन्तु नीगस के दिये हुए तथ्यों से यह स्पष्ट हो जाता है कि मनुष्य का मस्तिष्क जैसे अन्य सभी पशुओं से अधिक विकसित है, वैसे ही उसका घोषयंत्र भी अन्य सभी प्राणियों से अधिक विकसित है। उसके पास ध्वनियों की वह विभिन्नता और बहुलता है जिससे वह आवश्यकतानुसार संकेतों का काम ले सकता है। गर्भस्थ मानव-शिशु विकास मार्ग की जो विभिन्न मंज़िलें पार करता है, उनसे पता चलता है कि उसके विकास में घोषयंत्र की भूमिका कितनी महत्त्वपूर्ण रही है। आरम्भ में उसका घोषयंत्र साधारण कोटि का होता है—जैसे आस्ट्रेलिया के फुफ्फुस मत्स्य (लंगफिश) का। इस मछली के घोषयंत्र में पेशियों को सम्बद्ध करने के लिए कास्थि-तंत्र (cartilaginous framework) नहीं होता। कंठद्वार (glottis) के प्रान्तों (margins) में दृढ़ शलाकाएँ (rigid bars) नहीं होतीं। उसमें वे तंतु (fibers) नहीं होते जिनसे घोषयंत्र खुल सके। इस कारण ध्वनि के लिए उसका उपयोग नहीं हो सकता। इसके बाद तंतुओं, पेशियों को सम्बद्ध करने के लिए पार्श्व कास्थियों आदि का विकास होता है। साँप, छिपकली और बहुत-से पक्षी केवल सीत्कार कर सकते हैं। इनके क्लोमस्थल (pulmonary tract) पर एक कपाट (valve) होता है या घोषयंत्र में दीर्घ कास्थि-प्रान्त होते हैं। संकुचित छिद्र में वायु का प्रवेश या निष्कासन सीत्कार उत्पन्न करता है। सरीसृपों की अरीटेनायड कास्थियाँ (arytenoid cartilages) लम्बी होती हैं, विडाल जाति के पशुओं में वे छोटी होती हैं। इसलिए ध्वनि करने की उनकी क्षमता अधिक होती है। कपाटयुत निम्न-थायरो अरीटेनायड वलन के विकास से वायु-प्रवाह को पुनः-पुनः शीघ्रता से अवरुद्ध करने की सम्भावना उत्पन्न होती है। ध्वनि की ऊँचाई, गहराई आदि के गुण इस विकसित घोषयंत्र से ही सम्भव होते हैं। लेमूर, बानर, चिम्पांजी आदि के कपाट-वलन अधिक समर्थ होते हैं; इसलिए उनकी आवाज तीखी होती है। अपने शाखामृग-जीवन में साँस रोकने और छलाँग मारने में उन्हें इन वलनों से सहायता मिलती है। मनुष्य के लिए इस तरह डालियाँ पकड़कर कूदना और छलाँग मारना आवश्यक नहीं होता, इसलिए उसके कपाट-वलन कम नुकीले और कम सक्षम होते हैं। इससे लाभ

यह होता है कि आवाज तीखी न होकर स्वर में उतार-चढ़ाव वाली होती है, उसके प्रवाह में यथेष्ट परिवर्तन किया जा सकता है।

उभयचारियों (ambhibians) में वायु-निष्कासन पेशी-तंतुओं द्वारा फेफड़ों को संकुचित करके होता है। पक्षी उरोस्थि (sternum) और पसलियों की हरकत से यही क्रिया करते हैं। इन जातियों में स्तनपायी जीवों के समान डायफ्राम नहीं होता। उदरीय आन्तरंग (abdominal) और पेशीय पूर्व उदर-प्राचीर (muscular anterior abdominal wall) के प्रभाव से डायफ्राम ऊपर चढ़ता है और पसलियों द्वारा फेफड़े दबते हैं। इससे वायु स्वेच्छानुसार श्वासनली और घोषयंत्र से निकाली जा सकती है। अधिकांश स्तनपायी जीवों में ऊपर की पसलियाँ स्थिर होती हैं, किन्तु बनमानुसों और मनुष्य में वे किंचित् गतिशील होती हैं। इसलिए अन्य पशुओं की अपेक्षा मनुष्य वायु-निष्कासन पर अधिक नियंत्रण कर सकता है।

मनुष्य का गल-प्रतिस्वनक (pharyngeal resonator) उसकी अपनी विशेषता है। यह दूसरे स्तन्यों में नहीं होता। मनुष्य का घोषयंत्र गर्दन में धँसा हुआ होता है। उसका कंठपिधान कोमल तालु से जुदा होता है। इससे मनुष्य के पास विशद गलगुहा होती है। ध्वनि करने के समय गलगुहा के आकार में काफी परिवर्तन सम्भव होता है। घोषयंत्र की इन सब विशेषताओं के कारण मनुष्य अन्य पशुओं की अपेक्षा अधिक और भिन्न कोटि की ध्वनियाँ कर सका। अन्य पशुओं के समान उसने भी ध्वनि-संकेतों से काम लेना शुरू किया। ध्वनियों की बहुलता से वह नये-नये ध्वनि-संकेत निश्चित कर सका। अपने शारीरिक गठन के कारण जैसे-जैसे परिवेश के विभिन्न पदार्थों से उसका परिचय बढ़ा, वैसे ही उनके लिए वह ध्वनि-संकेत भी निश्चित करता गया।

निष्कर्ष यह कि मनुष्य ने अपने सूक्ष्म चिन्तन की विशेषता के कारण भाषा- रचना नहीं की। उसके जीवन-यापन की आवश्यकताओं ने उसे ध्वनि-संकेतों का उपयोग करने के लिए विवश किया। अपने शारीरिक गठन के कारण वह अन्य पशुओं की अपेक्षा अधिक ध्वनि-संकेतों से काम ले सका। अपने शारीरिक गठन के कारण ही आत्मरक्षा के लिए उसे अन्य पशुओं से भिन्न साधन ढूँढ़ने पड़े। वह अस्त्रों का निर्माण करके श्रम करनेवाला प्राणी बना। श्रम के साथ ही पशु-जगत् कई ध्वनि-संकेतों के दायरे से बाहर निकलकर उसने मानवीय भाषा क्षेत्र में प्रवेश किया।

दूसरा अध्याय

भाषा की ध्वनि-प्रकृति

सभी मनुष्य, जो बोलते हैं, ध्वनि-संकेतों से काम लेते हैं। लेकिन ध्वनि-संकेतों से काम लेने का ढंग उन सबका एक-सा नहीं होता। 'आ गये'—इन शब्दों को सन्दर्भ के अनुसार आश्चर्य, भय, क्रोध या जिज्ञासा प्रकट करने के लिए कई ढंग से कहा जा सकता है। इस स्वर-भेद में मूल क्रिया 'आना' का अर्थ नहीं बदलता, किन्तु चीनी भाषा में स्वर-भेद से शब्द का मूल अर्थ ही बदल जाता है, भिन्न स्वर में उच्चारण करने पर वह शब्द-रूप ही भिन्न हो जाता है। चीनी भाषा का 'मा' शब्द एक स्वर में बोलने से मेढक अर्थ वाला होगा, दूसरे स्वर में पटसन, तीसरे में घोड़ा, इत्यादि। हिन्दी में किसी शब्द को षड्ज, गन्धार, पञ्चम, किसी स्वर में बोलें, उसका मूल अर्थ पूर्ववत् रहेगा। चीनी में चार स्वरों में अलग-अलग बोलने से चार भिन्न शब्दों का बोध होगा, एक ही शब्द अपरिवर्तनशील न बना रहेगा। इसका कारण यह है कि भिन्न-भिन्न परिस्थितियों में मनुष्य ने ध्वनि-संकेतों के अनेक सम्भाव्य प्रयोगों में से कुछ को ही अपनाया है। मनुष्य की मूलभूत आवश्यकताएँ एक-सी रही हैं; उन्हें पूरा करने के साधनों में भी बहुत कुछ समानता रही है। किन्तु आवश्यकताओं और पूर्ति के साधनों को एक-दूसरे से मिलाने में मनुष्य ने ध्वनि-संकेतों का उपयोग अलग-अलग ढंग से किया। ये ध्वनि-संकेत उसी तरह निश्चित नहीं होते जिस तरह मनुष्य का प्यास बुझाना पानी पीने से निश्चित है। यदि प्यास और पानी की तरह शब्द और अर्थ—ध्वनि-संकेत और पदार्थ अथवा क्रिया-विशेष—का सम्बन्ध भी प्राकृतिक और अपरिवर्तनशील होता, तो संसार में हर जगह साँस लेने और पानी पीने के लिए समान शब्दों का प्रयोग होता। भाषा मनुष्य की संस्कृति के विकास का साधन है और स्वयं उस संस्कृति का महत्त्वपूर्ण अंग है। संस्कृति के अन्य अंगों की तरह उसमें भी यथेष्ट विचित्रता और विभिन्नता है।

अंग्रेज़ी, रूसी, जर्मन आदि भाषाओं में शब्द के किस अंश पर बोलनेवाला जोर देता है, यह बात इन भाषाओं के लिए बहुत महत्त्वपूर्ण है। अंग्रेज़ी सीखे हुए हिन्दुस्तानी भद्रजन अंग्रेज़ों और अमरीकियों की बातचीत समझने में कभी-कभी कठिनाई का अनुभव करते हैं। इसी तरह अंग्रेज़, अमरीकी या रूसी कभी हिन्दी बोलने की कोशिश करते हैं, तो उनकी बात समझना हमेशा आसान नहीं होता। इसका मुख्य कारण बलाघात की विभिन्नता है। भोजपुरी प्रदेश के लोग जब संगीतमय ढंग से हिन्दी बोलते हैं, तब यह पता लगने में देर नहीं होती कि ये पूरब के साकिन हैं।

यह विभिन्नता बलाघात तक सीमित नहीं है। स्वरों और व्यंजनों के उच्चारण के लिए कोई विश्वव्यापी नियम नहीं है। 'क्' जैसे व्यंजन का उच्चारण अंग्रेज़ी शब्दों के आरम्भ में

साधारणत:—'क्' और 'ख्' के बीच—महाप्राण जैसा होता है। चीनी में 'क्' और 'ग्' के बीच की ध्वनि या दोनों से मिलती हुई ध्वनि है जो ग्वो मो-जो (Kuo Mo-Jo) या ग्वोमिन्ताङ (Kuomintang) जैसे नामों में मिलती है। रूसी में अनेक व्यंजन तीव्र और कोमल—दो ढंग से बोले जाते हैं। ब्रात् में 'त्' तीव्र हो तो 'भाई' का बोध होगा, कोमल हुआ तो 'लेना' अर्थ होगा। इसी प्रकार रूसी में द्, म्, ल् आदि के तीव्र और कोमल रूप हैं। यह भिन्नता व्यंजनों के ही उच्चारण में नहीं है। रूसी में 'इ' का उच्चारण दो तरह से होता है, अथवा उस भाषा में दो स्वर ऐसे हैं जो, हमारी 'इ' से मिलते-जुलते हैं। कश्मीरियों द्वारा 'आ' का उच्चारण हिन्दी-भाषियों को 'आ' और 'ऐ' के बीच का लगता है। भोजपुरी प्रदेश, मिथिला और बंगाल में 'अ' का उच्चारण दुर्लभ है; स्वर और व्यंजन सरस गोलाकार रूप धारण करते चले जाते हैं।

ध्वनि-संकेतों के उपयोग, स्वर और व्यंजनों के उच्चारण, शब्दों और वाक्यों के बलाघात से सम्बन्धित ये विशेषताएँ भाषा का वह अंग हैं जो अपेक्षाकृत कम परिवर्तनशील है। दूसरी भाषाओं से हम शब्द उधार लेते हैं और अपनी स्वर-पद्धति के अनुकूल उनका उच्चारण करते हैं। बंगला में शरम और शंध्या (संध्या) समान रूप से शकारयुक्त उच्चरित होते हैं। हिन्दी-भाषियों ने 'श्' और 'ष्' का भेद मिटा दिया है। अधिकांश हिन्दी-भाषी प्रदेश में—अस्सी फीसदी जनता की बोलचाल में—'स्' और 'ब्' ने 'श्' और 'व' का स्थान ले लिया है। ब्रज, अवध, बुंदेलखंड, भोजपुरी प्रदेश, मिथिला आदि से 'न्' ने 'ण्' को निकाल बाहर किया है। किस तरह के वर्ण जनसाधारण की प्रकृति के अनुकूल हैं, इसकी अचूक कसौटी लोकगीत हैं। उपर्युक्त प्रदेशों के लोकगीतों में श्, ण्, व, की जगह स्, न्, ब ने ले ली है। निराला जी ने आधुनिक हिन्दी गीतों की चर्चा करते हुए तत्सम शब्दों से अलंकृत शैली को 'शणवल' शैली की संज्ञा दी थी। उन्होंने इस प्रकार हिन्दी और संस्कृत की उच्चारण विशेषताओं का भेद बताया था। पूर्वी प्रदेशों में 'ल' के स्थान पर 'र' अथवा पश्चिमी प्रदेशों में 'र' के स्थान पर 'ल' अक्सर सुनने को मिलता है। किन्तु कुछ इलाकों को छोड़कर 'र' या 'ल' का कहीं पूर्ण बहिष्कार नहीं है। जनपदीय बोलियों की प्रकृति 'ल' को उसी तरह अस्वीकार नहीं करती, जैसे श्, ण् और व को।

दूसरी भाषाओं से शब्द ग्रहण करने पर ही हम उनके उच्चारण में परिवर्तन नहीं करते; जब हम दूसरी भाषा सीखते हैं, तब उसके शब्दों और वाक्यों का उच्चारण प्राय: उन नियमों के अनुसार करते हैं जिनका सम्बन्ध हमारी भाषा या बोली से है। यहाँ हम विशेषज्ञों की बात नहीं करते, तात्पर्य साधारण रूप से भाषा सीखनेवालों से है। पंजाब, तमिलनाडु, बंगाल के लोग जब अंग्रेज़ी बोलते हैं, तब उनके उच्चारण पर उनकी मातृभाषा का प्रभाव लक्षित हुए बिना नहीं रहता। हिन्दी-भाषी प्रदेश के अंग्रेज़ीदाँ लोगों को यह गर्व है कि वे सबसे अच्छी अंग्रेज़ी बोलते हैं। वास्तव में उनके उच्चारण पर हिन्दीपन का ही असर नहीं होता, वरन् भोजपुरीपन, ब्रजभाषापन या बुंदेलखंडीपन का असर भी होता है। यदि हमें स्मरण रहे कि संयुक्त राज्य अमरीका या ग्रेट ब्रिटेन में भिन्न-भिन्न स्थानों और वर्गों के लोग इतने भिन्न-भिन्न ढंगों से अंग्रेज़ी बोलते हैं, जिनकी तुलना में भारतीय शिक्षितों द्वारा बोली हुई अंग्रेज़ी के भेद नगण्य हैं, तो अंग्रेज़ की तरह (या अब अमरीकी की तरह) अत्यन्त शुद्ध अंग्रेज़ी न बोल पाने की हमारी हीन भावना दूर हो जाए।

मनुष्य की उच्चारण-सम्बन्धी विशेषताएँ या भाषा की ध्वनि-प्रकृति सापेक्ष रूप में ही अपरिवर्तनशील हैं। इस परिवर्तनशील संसार में निरपेक्ष रूप से अपरिवर्तनशील भाषा का कोई भी तत्त्व नहीं है। हिन्दी क्षेत्र के गाँवों में अधिक शिक्षित और सुसंस्कृत दिखने के प्रयत्न में अनेक सज्जन 'जनाब' को 'ज़नाब', 'इच्छा' को 'इक्षा कहते हुए सुने जाते हैं, यद्यपि 'ज़' और

'क्ष' की ध्वनियाँ हमारी जनपदीय बोलियों की प्रकृति के अनुकूल नहीं हैं। मराठी में 'जगह' का 'जोगा' हो ही गया है। बम्बई के एक मित्र 'क़ाजी जलील अहमद' का मज़ाक सुनाते थे, जिन्हें एक मराठी-भाषी सज्जन 'काजी जलील अहमद' कहते थे। जी का नुक्ता हटाकर वे उसे दूसरे ज के नीचे लगा देते थे और अनजान में जलील साहब को ज़लील करते थे।

भाषाओं और बोलियों का सम्बन्ध निश्चित करने, उनका वर्गीकरण और परस्पर शब्दों के आदान-प्रदान का इतिहास जानने के लिए अनेक महत्त्वपूर्ण संकेत भाषाओं की ध्वनि-प्रकृति, उनके बोलनेवालों की उच्चारण-सम्बन्धी विशेषताओं से मिलते हैं। प्राचीन ही नहीं, आधुनिक भाषाओं और बोलियों की ध्वनि-प्रकृति का अध्ययन करने में अनेक कठिनाइयाँ हैं। प्राचीन भाषाओं के अध्ययन का आधार उनका लिखित रूप है। इस लिखित रूप से यह जानना कि बोलचाल में इनका वास्तविक रूप क्या था, प्राय: असम्भव है। आधुनिक भाषाओं के बारे में भी—विशेष कर भारतीय भाषाओं के बारे में—पर्याप्त सामग्री एकत्र नहीं की गई। फिर भी जो सामग्री सुलभ है, उसमें भाषाओं की ध्वनि-प्रकृति का अध्ययन करने के लिए बहुत-से महत्त्वपूर्ण तत्त्व मौजूद हैं। उन पर ध्यान देना आवश्यक है।

'हिन्दी' शब्द कैसे बना—इस बारे में प्रचलित मान्यता यह है कि ईरान के लोग सिन्धु (या सिन्ध) को हिन्द कहते थे और वहाँ के निवासियों को हिन्दू, हिन्दुई या हिन्दी कहने लगे। 'स्' का उच्चारण करने में उन्हें कुछ कठिनाई होती होगी, इसलिए उन्होंने 'स' की जगह 'ह्' कहना शुरू किया। लेकिन फ़ारसी में साल, सादगी, साज़, साग़र, सामान, साया, सब्ज़ा, सिपारिश, सिपाही, सितार, सितम, सख़्त, सख़ुन, सर, सर्दी, सिरिश्त (सृष्टि), सर्ग़ना, सरकार, सिरका, सुरमा, सुरूर आदि पचीसों शब्द हैं जिनमें ईरानियों को 'स्' का उच्चारण करने में दिक्कत नहीं होती। यही नहीं, उनके क्रिया-वाचक शब्द भी ऐसे बहुत-से हैं जो 'स्' से शुरू होते हैं, जैसे साज़ीदन (बनाना), साईदन (पीसना), सबारीदन (हल जोतना), सिपारीदन (सिफारिश करना), सिपुर्दन (सिपुर्द करना), सितादन (खड़े होना), सितूदन (स्तुति करना), सख़्तन (तौलना) इत्यादि। फ़ारसी में अरबी से बहुत-से शब्द आए हैं जो 'स्' से शुरू होते हैं—जैसे साहिल, साअत (सायत), साकिन, सान, सहर, सराय, सतर, सफर, सिफर, इत्यादि। इनमें ईरानियों ने 'स्' के स्थान पर 'ह्' का उच्चारण करना आवश्यक नहीं समझा। इसके सिवा 'श्' से आरम्भ होनेवाले या स-श युक्त सैकड़ों ऐसे शब्द फ़ारसी में हैं जिनके समानान्तर भारतीय भाषाओं के शब्दों ने स-श का स्थान 'ह' को दे दिया है। इससे सिन्ध का हिन्द ईरान में बना या भारत में—इस समस्या पर प्रकाश पड़ता है।

सर जॉर्ज ग्रियर्सन ने कश्मीरी भाषा में 'ह' ध्वनि की अधिकता पर ध्यान दिया था। वहाँ शरद्—हरुद् है, शाक—हाख, श्वसुर—हिहर, मूसल—मुहुल, कृष्ण—कृहनु, शुष्क—हूखु, सांकल (या श्रृंखला)—हांकल, शलभ—हालव, श्याम—होमु, शमन—हमुन, शृंग—ह्यांग, श्वापद—हापुथ, शिर—हीरू, शत—हथ्, इत्यादि।

राजस्थानी के सम्बन्ध में हमने एक कहानी सुनी थी : किसी स्थान में शाम को सात बजे स्वामी सत्यानन्द सरस्वती का भाषण होनेवाला था; ऐलान करनेवाला ज़ोर-ज़ोर से कहता था, आज हाम को हात बजे ह्वामी हत्यानन्द हरह्वती का भाहण होगा। यह कहानी अतिशयोक्तिपूर्ण लगे तो हम सुप्रसिद्ध भाषाविद् श्री सुनीति कुमार चाटर्ज्या का मत उद्धृत करते हैं। 'राजस्थानी भाषा'[1] नाम से संकलित अपने भाषणों में श्री चाटुर्ज्या ने कहा है कि राजस्थान की कुछ बोलियों में च्, छ ज्, झ—इन तालव्य ध्वनियों का दन्त्य उच्चारण सुनाई देता है।

"जिन बोलियों में ऐसा दन्त्य उच्चारण आता है, उनमें साथ ही साथ 'स' की ध्वनि 'ह्' हो जाती है।" राजस्थानी के समान अन्य भाषाओं में यही विशेषता देखकर आगे श्री चाटुर्ज्या ने कहा है कि "च-वर्गीय वर्णों का दन्त्य उच्चारण तथा 'स' का 'ह' में परिवर्तन राजस्थानी के लिए कुछ अनोखी या निराली बात नहीं है। ऐसा उच्चारण और 'स' का ह-भाव पूर्व बंग की बंगला भाषा में तथा आसामी में मिलते हैं। दन्त्य उच्चारण नेपाली (गोरखाली) तथा कुछ अन्य हिमाली बोलियों में भी पाया जाता है। राजस्थानी से सम्बन्धित गुजराती की कुछ उपभाषा या प्रान्तिक रूप (जैसे सुरती गुजराती) में भी दन्त्य उच्चारण तथा 'स' का 'ह' भाव आता है। पुरानी मराठी में, और गंजम जिले की ओड़िया में यह दन्त्य उच्चारण दिखाई देता है। 'स' का 'ह' उच्चारण मराठी में, बंगला, पछाहीं हिन्दी आदि कुछ भाषाओं में कहीं-कहीं मिलता है—केवल प्राचीन प्राकृत में उपलब्ध कुछ शब्दों में; पर इन भाषाओं में यह विशिष्टिता भाषा की अपनी तखसीस या विशिष्टताओं में नहीं है—यह किसी बाहरी भाषा के प्रभाव से कुछ विशेष शब्द या प्रत्ययों में आया है, ऐसा ही मालूम पड़ता है। पर पूर्वी-पंजाबी और हिन्दकी या लहन्दी में और सिन्धी में 'स' का 'ह' हो जाना निहायत लक्षणीय है।"

इससे सिद्ध हुआ कि सत्यानन्द का हत्यानन्द होना राजस्थान में तो सम्भव है ही, अन्यत्र भी असम्भव नहीं है।

असमिया भारत की एक ऐसी भाषा है जिसमें श—स का बहिष्कार है। 'च्' का उच्चारण 'स्' से मिलता-जुलता होता है, वह अलग बात है। पता नहीं, असम शब्द अहम का रूपान्तर है या—जिसकी सम्भावना अधिक है—असम का रूपान्तर अहम है। यह हकार-प्रेम 'द्रविड़' परिवार की कन्नड़ भाषा में भी पाया जाता है। तेलगू का पकलु कन्नड़ में हगलु (दिन) है, पालु हालु (दूध) है, पवड़ा हवड़ा (प्रवाल) है पुलि हुलि (बाघ) है, पलैया हुलैया (प्राचीन) है। ज़्यूल ब्लाख ने मराठी भाषा पर अपनी पुस्तक में दुही (दुख का स्थान) माहो (माघ), मेहुडा (मेघ), मेहुण (मैथुन), मोह (मधु) आदि के उदाहरण दिये हैं जिनसे इस भाषा के हकार-प्रेम का पता चलता है।

मराठी दहा की तरह हिन्दी में पहाड़ा पढ़ते समय 'दस दहम् सौ' में दस के दह रूप की आवृत्ति होती है। इसी से ताश के पत्तों में 'दहला' और उसके सम पर 'नहला' और साधारण व्यवहार में उससे पहले 'पहला' आदिरूप हैं। दस तक गिनती गिनते समय 'छह' में ही हकार प्रतिष्ठित होता है, किन्तु ग्यारह, बारह के बाद अठारह तक यह क्रम चलता ही रहता है। इक्कीस, इकतीस, इकतालीस आदि में अन्त का 'स्' सुरक्षित रहता है; उनहत्तर के बाद इखत्तर (इकहत्तर), बहत्तर, तिहत्तर आदि में आरम्भ का 'स्' 'ह्'-रूप धारण करता चला जाता है। ब्रजभाषा, अवधी आदि हिन्दी की बोलियों में नहान या हनान (स्नान), पाहन (पाषाण) पुहुप (पुष्प), निहचै (निश्चय), पुहकर (पोखर, पुष्कर), कान्ह (कृष्ण), केहरी (केशरी), आदि रूप इसी प्रवृत्ति के द्योतक हैं। श्, ष्, स् के अतिरिक्त अन्य व्यंजनों का भी ह्-रूप में परिवर्तन देखा जाता है—कोह (क्रोध), बहू (वधू), मुँह (मुख), नँह (नख), गहिर या गहरा (गंभीर) आदि। इस तरह के रूपों को यह कहकर टाला नहीं जा सकता कि वे प्राकृत या अपभ्रंश के कुछ अवशेष मात्र हैं जो आधुनिक भाषाओं में बने हुए हैं। पूर्वी बोलियों में मस्जिद का महजिद रूप प्रचलित है जो एक आन्तरिक ध्वनि-प्रवृत्ति का द्योतक है। इन बोलियों को 'ह्' से इतना प्रेम है कि विदेशी शब्दों को अनुकूल बनाने के लिए, किसी

1. प्रकाशक : मंत्री, महाराणा भूपाल, प्राचीन साहित्य शोध-संस्थान, राजस्थान विश्व विद्यापीठ, उदयपुर।

अन्य व्यंजन को ह्-रूप दिये बिना भी एक अतिरिक्त 'ह्' जोड़ देते हैं, जैसे लाश के लहास रूप में। रिसौहें (रिसयुक्त), बकरिहा (बकरी वाला), (भुतहा भूतों वाला) आदि शब्दों में 'ह' प्रत्यय इसी प्रवृत्ति का परिचायक है। 'ह्' की यह प्रधानता किसी बाहरी भाषा के प्रभाव के कारण नहीं हो सकती। वह साधु हिन्दी से अधिक हिन्दी की जनपदीय बोलियों की विशेषता है। और हिन्दी में च्, छ्, ज्, झ् का उच्चारण दन्त्य नहीं होता। इसलिए 'स' या अन्य वर्णों के स्थान में 'ह्' का प्रयोग न तो किसी विदेशी भाषा का प्रभाव सूचित करता है, न वह तालव्य ध्वनियों का दन्त्य उच्चारण करनेवाली भाषाओं की ही विशेषता है। इसका एक प्रमाण यह भी है कि यह प्रवृत्ति संस्कृत शब्दों में ही अपना असर दिखाने लगी थी; और वह भी लौकिक संस्कृत में ही नहीं वरन् वैदिक भाषा में भी!

हृद् या हृदय का मूल रूप श्रद् श्रद्धा में बना हुआ है। रूसी में सेर्द्त्से उस मूल रूप का साक्षी है। लैटिन में कोर (अंग्रेज़ी में लैटिन से बना शब्द कौर्डियल) उसी श्रद् का स्मारक है। विद्वानों ने लैटिन के कोर से कौर्डियल बनाया, लेकिन साधारण अंग्रेज़ जनता कोर से अपरिचित थी; वह भारतीय हृद् के रूपान्तर हार्ट से काम चलाती थी।

सर्वनाम 'अहम्' 'अस्मद्' का एक रूप है। जब तक 'स्' 'ह्' में परिवर्तित न हो, तब तक अस्मद् से अहम का सम्बन्ध स्थापित नहीं किया जा सकता। इस शब्द का प्राचीन स्लाव रूप अज़ु[1] है। इससे भी इस धारणा की पुष्टि होती है कि 'अहम्' मूल रूप नहीं है। संस्कृत के बहि: शब्द का समानान्तर प्राचीन स्लाव बेज़ु (वर्तमान रूसी बेज़) है। यहाँ भी 'ज़' (या स) 'ह' में परिवर्तित हुआ है। बर्हि का समकक्ष प्राचीन स्लाव रूप ब्लज़ीन है जो उपर्युक्त कोटि के ध्वनि-परिवर्तन की ओर संकेत करता है। हवते का समानान्तर रूप प्राचीन स्लाव रूप ज़वेतु है। वराह का अवेस्ता रूप 'वराज़'[2] है। संस्कृत के अनेक शब्द, जैसे असुर, अवेस्ता में अहुर के समान हकार वाले रूप में दिखाई देते हैं। किन्तु वराह अवेस्ता में वराज़ रहा, संस्कृत में ही हकारयुक्त हुआ, यह इस बात को सिद्ध करता है कि स-ह या ज़-ह का विनिमय-क्रम ईरान में ही नहीं, इस देश में भी चल रहा था। इसी प्रकार हिरण्य शब्द अवेस्ता में ज़रन्य रूप धारण किये हुए है। कुछ अन्य भाषाओं में हिरण्य के अनुरूप सुरेन, सरेन और सिर्ने शब्द हैं। इससे यह अनुमान होता है कि प्राचीन स्लाव, अवेस्ता आदि में जहाँ 'ज़' ध्वनि है और वैसे ही शब्दों में संस्कृत में 'ह' है। वहाँ 'ज़' और 'ह', दोनों की मूल ध्वनि 'स' होगी और संस्कृत का 'ह' 'ज़' का नहीं, 'स' का परिवर्तित रूप रहा होगा। नमस् से नमज़ (नमाज़) रूप का बनना इसी तथ्य की ओर संकेत करता है। प्राचीन यूनानी में जो शब्द सकारान्त हैं, वैसे ही शब्द, संस्कृत में विसर्ग ग्रहण करते हैं। नौस् (जहाज)—नौ:, ज़ोओस्—जीव:, गेनोस—जन: इत्यादि।

वैदिक भाषा में एक धातु है 'ग्रभ्'। ऋग्वेद के उन सूक्तों में, जिन्हें प्राचीन माना जाता है, 'ऋ' के बाद आनेवाले 'भ्' का 'ह' रूप होता है, जैसे हस्तगृह्य में। हस्त-ग्राभ में यह परिवर्तन नहीं होता। किन्तु दसवें मंडल में प्राचीन रूप जग्राभ का स्थान जग्राह ले लेता है। आज्ञा मध्यम पुरुष एकवचन का 'धि' चिह्न बाद के मंडलों में 'हि' रूप धारण करता दिखाई देता है।[1] 'वैदिक भाषा में दद्धि और देहि, नद्ध और नह्, भवामसि और भवामहे, हरित और घ्नन्ति, दुघान और दुहाम, मेहन्त और मेघमान जैसे रूप[2] इस सत्य को स्पष्ट करते हैं कि म्, ध्, घ् आदि व्यंजनों का स्थान ह् को देने के लिए इस देश की भाषाओं की कोई बहुत

1. टी. बरो, 'संस्कृत : लैंग्वेज़, फेवर एंड फेवर', लन्दन, पृ. 19
2. टी. बरो, 'संस्कृत लैंग्वेज़', पृ. 23

ही शक्तिशाली प्रवृत्ति काम कर रही थी। इससे सिद्ध होता है कि हिन्द और हिन्दी शब्दों का निर्माण भारत में ही हुआ था।

कुछ विद्वानों का अनुमान है कि इस तरह के ध्वनि-परिवर्तनों का कारण प्राचीन प्राकृतें हैं जो वैदिक भाषा के समय में यहाँ बोली जाती थीं। यह तो निश्चित है कि भिन्न प्रकृति वाली भाषाओं के मिश्रण या आदान-प्रदान के बिना उपर्युक्त कोटि के ध्वनि-परिवर्तन नहीं होते। इन परिवर्तनों से यह सिद्ध नहीं होता कि यूरोप के किसी भाग से शुद्ध उच्चारण वाले 'आर्य' यहाँ आकर भ्रष्ट अनार्यों के संसर्ग और उनकी प्राकृतों के प्रभाव से देहि, हन्ति, मेहन्त आदि बोलने लगे।

शायद प्राचीन यूनानी शुद्ध आर्य थे। हृदय के लिए उनके यहाँ 'कार्दिआ' शब्द था, जो लैटिन के कोर के समान श-ध्वनि के 'क' में परिवर्तित होने से बना है। श्रद् जैसा रूप—जिसे अधिक प्राचीन माना गया है—उनके यहाँ नहीं है। इसी प्रकार दश के लिए उनका शब्द है 'देका'। यूनानी भाषा में 'श' की ध्वनि नहीं है, 'स' की है। किन्तु स्वप्न के लिए निद्रा के अर्थ में 'हुप्नोस' शब्द है जहाँ स्पष्ट ही 'स्' 'ह्' में परिवर्तित हुआ है। संस्कृत-हिन्दी की तरह यूनानी में भी 'स्' और 'ह्', दोनों ध्वनियाँ विद्यमान हैं। फिर भी स्वप्न का हुप्नोस जैसा रूप बनना तभी सम्भव है जब किसी समय दो भिन्न प्रकृति वाली भाषाओं का सम्पर्क हुआ हो और हकार प्रधान भाषावालों के लिए सकारयुक्त शब्दों का उच्चारण सुगम न हुआ हो। या तो इस प्रकार को हकार प्रधान भाषा (या भाषाएँ) यूनान में बोली जाती थी और वहाँ की 'प्राकृतों' ने यूनानी आर्यों की 'संस्कृत' को प्रभावित किया, या भारतीय दरकार क्षेत्रों के लोगों या उनके भाईबन्दों की इस ध्वनि-प्रकृति ने यूनानी भाषा पर असर डाला था।

'आर्य' शब्द के प्रचार का श्रेय बहुत कुछ जर्मन विद्वानों को है। इनके यहाँ कुत्ते के लिए हुंट (hund) शब्द है जो हमारे श्वान की बिरादरी का है। 'श्' ने यहाँ भी 'ह्' का रूप धारण किया। शत और केण्टुम के बदले हुण्ट और हुण्डेर्ट शब्द हैं। श्वेत से इसी ध्वनि-परिवर्तन के अनुसार ह्वाइस (अंग्रेज़ी ह्वाइट), श्रद् से हेर्त्स (अं—हार्ट), शष से हाज़े (अं—हेअर), यूनानी (और संस्कृत) क्रतुस् से हार्ट (कठिन, अं—हार्ड) इत्यादि बने हैं। जर्मन में 'श' और 'स' का अभाव नहीं है, फिर भी अनेक सामान्य भारत-यूरोपीय शब्दों में 'श्-स्' के स्थान पर 'ह' को देखकर यही निष्कर्ष निकलता है कि यह दो भिन्न ध्वनि-प्रकृतिवाली भाषाओं के सम्पर्क का फल है। जहाँ तक हकार प्रधान भाषा का सम्बन्ध है, उसके बोलनेवाले या तो जर्मन आर्यों के पूर्वज और जर्मन प्रदेशों के आदिवासी थे, या ह-प्रेमी भारतवासियों का प्रभाव किसी-न-किसी रूप में उन पर भी पड़ा था।

लैटिन-व्याकरण लिखनेवाले कुछ विद्वानों के अनुसार यूरोप की इस दूसरी महत्त्वपूर्ण प्राचीन भाषा में 'ह्' का उच्चारण न होता था; जिन शब्दों में लैटिन ह् ध्वनि आए, उनके अनुसार उसका उच्चारण 'अ' के समान होना चाहिए। लैटिन के बहुत-से शब्द जिनके लिखित रूप में 'ह्' विद्यमान है, अपने इतालवी रूप में उस 'ह्' से वंचित हो गए हैं। सम्भव है कि इतालवी (और फ्रांसीसी) की इस ह्-विरोधी प्रवृत्ति के कारण लोगों ने कल्पना की हो कि लैटिन में इस ध्वनि का अभाव था। अस्मद् के मध्यम् रूप से मिलता-जुलता लैटिन में एगो का मिही (मुझे, मेरे लिए) रूप है। साधारणत: लैटिन में संज्ञा या क्रिया विसर्गान्त या हकारान्त न होकर

1. पांडुरंग वामन गुणे, 'ऍन इंट्रोडक्शन टु कम्पैरैटिव फिलोलॉजी', 1950, पृ. 143

2. ए.ए. मैकडनल, 'ए वैदिक ग्रामर फॉर स्टूडेंट्स'

स-ध्वनि को सुरक्षित रखती है। 'श' को यह भाषा 'क' में बदल देती है। किन्तु 'स' से उसे परहेज नहीं है। संस्कृत 'वः' और 'नः' के समकक्ष उसमें वोस् और नोस् रूप है; इसलिए मिही को अपवाद रूप मानकर उस पर और भी ध्यान देना आवश्यक है। यह रूप भाषा की अपनी प्रकृति का परिचायक नहीं है। या तो लैटिनवासियों का सम्पर्क इटली में ह-प्रधान भाषाओं से हुआ या उन्होंने उसे सीधे भारतीय मह्यम् से ग्रहण किया।

इन उदाहरणों से सिद्ध हुआ कि संस्कृत और अन्य भारतीय भाषाओं में श-स तथा अन्य व्यंजनों का ह् से विनिमय इन भाषाओं की ही विशेषता नहीं है। उस तरह का ध्वनि-परिवर्तन यूरोप की अनेक प्राचीन और नवीन भाषाओं में देखा जा सकता है। उसे हम तालव्य ध्वनियों का दन्त्य उच्चारण करनेवाली भाषाओं में सीमित नहीं देखते, न उसे हम भारत की किन्हीं प्राचीन प्राकृतों का प्रभाव मान सकते हैं। यदि भाषाविज्ञान की प्रचलित मान्यताओं के अनुसार 'आर्य' जन पश्चिमोत्तर से भारत में आए और यहाँ अनार्यों के सम्पर्क से उनकी मूल ध्वनियाँ बदल गईं, तो यूनानी, लैटिन, जर्मन आदि भाषाओं में ह् ने श्-स् तथा अन्य व्यंजनों का भी स्थान कैसे ले लिया? 'आर्य' परिवार से सम्बन्धित प्रचलित मान्यता को अक्षुण्ण बनाए रखने के लिए हमें भारत के समान यूरोप में भी प्राचीन प्राकृतों की कल्पना करनी होगी। एक बात स्पष्ट दिखाई देती है कि ह्-ध्वनि का जैसा व्यापक प्रभाव भारत में—वैदिक काल से लेकर अब तक बना हुआ है, वैसा यूरोप के किसी क्षेत्र में नहीं है। यह महाप्राणता भारतीय भाषाओं की अपनी विशेषता है।

भारतीय भाषाओं में 'ह्' के महत्त्व के बारे में श्री किशोरीदास वाजपेयी ने 'हिन्दी शब्दानुशासन' में लिखा है : " 'ऊष्म' वर्ण (श, ष, स, ह) तथा वर्गों के द्वितीय-चतुर्थ अक्षर 'महाप्राण' हैं। इनका उच्चारण महाप्राणता प्रकट करता है। ऊष्मा (गरमाहट) इनमें स्पष्ट है। महाप्राण ही ठहरे!...इन 'ऊष्म' वर्णों का उच्चारण 'क' तथा 'य' आदि की अपेक्षा ज़ोरदार है। इन सबका गुरु है 'ह'। 'स' तो प्रायः 'ह' हो जाया करता है। पंजाब जैसे अक्खड़ प्रान्त में 'स' के जोर से काम न चला, तब उसे 'ह' कर दिया गया। हमारे 'पैसा' तथा 'ऐसा' आदि शब्द वहाँ 'पैहा', 'ऐहा' हो जाते हैं। 'और' वहाँ 'होर' हो जाता है। हिन्दी में 'दस' से ज़ोरदार 'दहला' बन जाता है। ज़ोरदार काम करने पर कहते हैं—'उसने तो अच्छा नहले पर दहला जमाया।' विसर्गों का उच्चारण 'ह' से मिलता-जुलता है और इसीलिए हम संस्कृत में 'स' को प्रायः विसर्ग तथा विसर्गों को 'स्' हुआ देखते हैं। भाषा के विकास में 'ह' वर्ण का जो स्थान है, अन्य किसी वर्ण का नहीं।"

जैसे यूरोप की भाषाओं की तुलना में 'ह्' का महत्त्व संस्कृत में अधिक है, वैसे ही वैदिक की तुलना में लौकिक संस्कृत में, लौकिक संस्कृत की तुलना में हिन्दी में, साधु हिन्दी की तुलना में जनपदीय बोलियों में 'ह्' का प्राधान्य है। बच्चे रोते हैं तो उनकी इस क्रिया के लिए एक शब्द है—हुनहुनाना, जिसमें रोने की ध्वनि का अनुकरण किया गया है। माँ का दूध पीते समय बच्चे अक्सर प्रसन्नता प्रकट करने के लिए 'हूँ, हूँ' की आवाज करते हैं। जब दादी-नानी से कहानियाँ सुनते हैं, तो 'हूँ-हूँ' करते हैं जिसे हुंकारी भरना कहते हैं। जब मनुष्य क्रोध करता है, तो उसके ललकारने को हुंकार कहते हैं। अन्य भारत-यूरोपीय भाषाओं के विपरीत यहाँ 'हाँ' और 'नहीं' दोनों में 'ह्' विद्यमान है। दुःख में मनुष्य हाय-हाय करता है, पुराने जमाने में शायद 'हा हंत' कहता था। चारों ओर शोक और व्यथा के दृश्य देखकर वह उसे 'हाहाकार' के ध्वनि-संकेत से व्यंजित करता है। प्रसन्नता में वह 'हँसता' है, होली में उसकी हाहा, हीही होहो साहित्य का विषय बन गई है।

'हो हो हो हो लै लै बोलैं। गोरस केरे माते डोलैं।'

तथा

'हो हो हो हो हो हो होरी।'

सूरदास को होली के हो-हल्ले से विशेष प्रेम था। और भी लिखा है :

'हो हो हो हो होरी, करत फिरत ब्रज खोरी।'

तथा

'हो हो होरी खेलैं।'

गाँव के आदमी दूसरे को ज़ोर से पुकारेंगे तो नाम के बाद होऽऽ या होत की आवाज़ करेंगे। संस्कृत में इस के अनुरूप 'हे' सम्बोधन चिह्न है। जायसी और तुलसीदास में 'ह' अपने पूर्ण वैभव में दिखाई देता है। 'मैं' के लिए 'हौ' तो है ही, 'तुम' भी 'तुम्ह' रूप में दिखाई देता है। स्थानवाचक शब्दों या विभक्ति-चिह्नों में महुँ, कहुँ, न्ह (सजनन्ह, बसिठन्ह), इहाँ, वहाँ, जहिया आदि हैं, सर्वनामों में उन्ह, तिन्ह, ओहि, तेहि आदि, क्रिया के भूत, भविष्यत्, वर्तमान प्राय: सभी रूपों में 'ह्' के बिना काम नहीं चलता—लीन्हा, कीन्हा, है, रहे, हते, रहिहैं, अहहिं, होइहि, होहु, हहु (जानति हहु बस नाहु हमारे), इत्यादि रूप भरे पड़े हैं। पश्चिम ने हिन्द की जगह इण्ड और इंडिया ही स्वीकार किया, उसके विपरीत हमारे लिए महाप्राण 'ह्' के बिना हिन्दी निष्प्राण हो जाती है। निष्कर्ष यह निकला कि संस्कृत श्वान, शत, स्वप्न के यूरोपीय समरूप हुंट, हुंडेर्ट, हुप्नोस शब्द मिलें तो उनमें विद्यमान 'ह' ध्वनि भारतीय भाषाओं की ध्वनि-प्रकृति के प्रभाव का परिणाम मानी जा सकती है।

संस्कृत और उस परिवार की अन्य भाषाओं के लिए एक अन्य ध्वनि बहुत महत्त्वपूर्ण है : 'त्'। माता-पिता जैसे अन्तरराष्ट्रीय शब्दों में यह ध्वनि है। इन्हीं के समकक्ष 'तात' में वह आदि, अन्त—दोनों में विद्यमान है। पुत्र को जनपदीय बोलियों ने 'र'-हीन करके अपनी प्रकृति के अनुकूल 'पूत' बना लिया और उसका जोड़ीदार 'सुत' भी काव्य-भाषा में काम आता रहा। माता-पिता के समान 'भ्रात' को अन्तरराष्ट्रीय सम्मान प्राप्त है। दिल्ली से लन्दन तक, कॉमनवेल्थ में और सोवियत समाजवादी प्रजातंत्र संघ में यह शब्द किसी-न-किसी रूप में काम आता है।

संस्कृत के यत्, तत्, एतत्, तौ, ते, तावत्, तु, कच्चित्, उत, इत:, अत: और 'रामात्' जैसे शब्दों में विभक्ति-चिह्न के रूप में इसी ध्वनि का उपयोग होता है। क्रिया-रूपों में प्रथम पुरुष की यह प्रिय ध्वनि है। वर्तमान में पठति, पठन्ति, आज्ञा में पठतु, पठन्तु, विधि में पठेत् (मध्यम पुरुष में पठेत) भूतकाल में अपठत् (म. पु. अपठत), भविष्य में पठिष्यति, पठिष्यन्ति आदि रूप हैं। कुछ क्रियाओं में कभी प्रथम पुरुष के तीनों वचनों में 'त्' ध्वनि का ही उपयोग होता है—जैसे कुरुते, कुर्वाते, कुर्वते।

यदि कोई जन चला गया है तो 'गत' है, जा रहा है तो 'गच्छत्' है, मर गया है तो 'मृत' है, जीता है तो 'जीवित' है, क्रिया को सम्पन्न करनेवाले की ओर संकेत करना हो तो 'ता' लगा देने से दाता, कर्ता, भर्ता, हर्ता, आदि रूप बन जाते हैं। क्रिया द्वारा सम्पन्न कर्म की ओर संकेत करने के लिए स्तुति, कृति, गति, मति, नीति, जाति, प्रीति, प्रतीति, आदि शब्दों में 'त' ध्वनि ही काम आती है। शत, विंशति आदि संख्यावाचक शब्दों में; 'ऋतु' और हेमन्त, वसन्त आदि ऋतुओं में, धूर्त से लेकर सत्, चित् की शान्ति पानेवाले सन्त तक अनेक शब्दों के अन्त में भाषणकर्ता की जिह्वा तालू स्पर्श करके उच्चारण-क्रिया समाप्त करती है।

हिन्दी में व्याख्यान देनेवालों को जब शब्द नहीं मिलते, तब 'तो, तो' करके कुछ क्षण बिताते हैं। जनपदीय बोलियों में आयत, जात, कहत, सुनत, आदि रूप संस्कृत रूपों के समकक्ष व्यवहार में आते हैं। हिन्दी को 'त्' ध्वनि संस्कृत से भी ज्यादा प्रिय है। हिन्दी भाषा क्षेत्र को खेत, रात्रि को राति या रात, पुत्र को पूत बनाकर उन्हें तकारान्त करके और मधुर बना लेती है।

संस्कृत के समान लैटिन प्रथम पुरुष के एकवचन और बहुवचन में क्रिया रूप को तकारान्त रखती है। लउदो (प्रशंसा करना) के वर्तमान काल में लउदात, लउदान्त; भूतकाल में लउदाबात, लउदाबान्त; भविष्य में लउदाबीत, लउदाबुन्त रूप होते हैं। यूनानी भाषा में चुभो (खोना) के प्रथम पुरुष में एक, द्वि और बहुवचनों के रूपों में 'त्' का प्राय: लोप हो गया है। वर्तमान काल में लुएइ, लुएतोन, लुओउसिन; भूतकाल में एलुएन, एलुएतिन, एलुओन, और भविष्य में लुसेइ, लुसेतोन, लुसोउसिन रूप होते हैं। प्रथम पुरुष के एकवचन में तो तीन कालों में 'त्' का अभाव है। द्विवचन में तीनों कालों में 'त्' है यद्यपि वह अन्तिम ध्वनि नहीं है; एतोन, एतिन, एतोन में 'त्' 'न्' के पहले आया है। मध्यम पुरुष से बहुवचन में लुएते (वर्तमान), एलुएते (भूत), लुसेते (भविष्य) में संस्कृत की ध्वनि-प्रकृति के अनुकूल 'त्' का उपयोग हुआ है। संस्कृत 'अस्' की समकक्ष यूनानी धातु के प्रथम पुरुष, एकवचन (वर्तमान) में 'एस्तिन' रूप और (भविष्य में) 'एस्तइ' रूप होते हैं जिनसे मालूम होता है कि लैटिन 'एस्त' और संस्कृत 'अस्ति' की तरह यह धातु तो 'त्' ध्वनि ग्रहण करती है, किन्तु अन्य धातुओं में इस भाषा को तकारान्त रूपों से उतना प्रेम नहीं है जितना संस्कृत और लैटिन को।

यहाँ 'त्' के साथ 'इ' स्वर पर भी ध्यान देना चाहिए। संस्कृत में 'अस्ति' और 'सन्ति' रूप होते हैं। यूनानी में भी 'एस्तिन' और 'एइसिन' रूप हैं किन्तु लैटिन में 'एस्त' और 'सुन्त' रूप हैं (यद्यपि मध्यम पुरुप में 'इ' का बहिष्कार नहीं है : 'एस्तिस'; भविष्य में 'एरिस', 'एरितिस' और भूत बहुवचन में 'एरातिस' रूप हैं)। रूसी में भी 'ति' की जगह 'त' का प्रयोग होता है : चिताएत (पढ़ता है), चितायूत (वे पढ़ते हैं)। जर्मन में भी अकारान्त 'त' या 'ट' का प्रयोग होता है : लोबेत (प्रशंसा करना), लोबूट (या लोप्ट; प्रशंसा करता है); इसी प्रकार भूतकाल के रूपों में गेलोबूट।

क्रिया रूपों के अन्त में, विशेष कर प्रथम पुरुष में, त-कार का प्रयोग और अनेक स्थलों में 'ति' का प्रयोग संस्कृत और हिन्दी आदि अन्य भारतीय भाषाओं-बोलियों की विशेषता है। यूनानी, लैटिन, रूसी, जर्मन आदि भाषाओं ने इस प्रवृत्ति का प्रभाव ग्रहण किया है, वह उनकी मूल प्रवृत्ति नहीं है।

'त'-वर्ग का अन्तिम वर्ण 'न' भी शब्द-निर्माण और धातु रूपों में बड़े काम आता है। मन, तन, जन, घन, धन, वन आदि छोटे-छोटे शब्द हमारी भाषा के प्राण हैं। जीवन, गायन, वन्दन, नन्दन, स्पन्दन आदि न जाने कितने शब्दों में धातु के साथ जुड़कर 'न' अपना चमत्कार दिखाता है। रूसी में संस्कृत के समान 'दान' शब्द है, यूनानी में स्वप्न के समान 'हुप्नोस' है, किन्तु 'न' की जैसी भरमार संस्कृत और हिन्दी में है, वैसी उन भाषाओं में नहीं है। 'न्' की समानान्तर ध्वनि 'ण्' यूनानी, लैटिन, रूसी, जर्मन आदि भाषाओं में नहीं है। संस्कृत में 'न' के समान 'ण' भी तरण, हरण, भरण, मरण, करण, चरण, पोषण, शोषण, गण, रण, प्राण, कर्ण, वर्ण आदि शब्दों में भरा पड़ा है। 'न्' या 'ण्' की ध्वनि जिन धातुओं का अभिन्न अंग नहीं है, उनमें भी ये वर्ण दखल जमा लेते हैं। कृ से कृणु, श्रू से श्रुणु, शक् से शक्नोति आदि रूप इसी प्रवृत्ति के प्रमाण हैं। संस्कृत के विपरीत किन्तु हिन्दी के समान प्राचीन यूनानी

और जर्मन की बहुत-सी धातुएँ 'न'-कारान्त होती हैं। यूनानी में अकोउएइन (सुनना), अदेइन (गाना), एस्थिएइन (खाना) आदि; जर्मन में हावेन (रखना), जाइन (होना), रेनेन (दौड़ना), ज़ेंडेन (भेजना) आदि। इसी तरह फ़ारसी और अरबी में। यह प्रवृत्ति लैटिन और रूसी में नहीं है। या तो ग्रीक, जर्मन, हिन्दी आदि में धातुओं के नकारान्त रूपों की समानता आकस्मिक घटना है या इन भाषाओं का सम्बन्ध संस्कृत से ही नहीं, प्राचीन संस्कृत की समकालीन अन्य बोलियों से है जो अनेक बातों में संस्कृत के समान होते हुए भी किन्हीं बातों में उससे भिन्न थीं और वे भिन्न विशेषताएँ इन भाषाओं में मिलती हैं। हम भोजपुरी, मराठी आदि के लकारान्त धातु रूपों—गेला, गयल, रहल आदि—से रूसी के भूतकालिक लकारान्त रूपों—चिताल (पढ़ा), पिसाल (लिखा), दाल (दिया) आदि की तुलना कर सकते हैं। या तो यह लकार प्रेम आकस्मिक समानता है या इन भाषाओं का सम्बन्ध संस्कृत की समानान्तर प्राचीन बोलियों से है।

संस्कृत में 'र्' और 'ल्', दोनों का प्रयोग होता है। यूरोपीय भाषाओं तथा संस्कृत में बहुत-से मिलते-जुलते शब्द हैं जिनमें संस्कृत रूप 'र्' ग्रहण करता है और यूरोपीय रूप 'ल्'। रुच्, यूनानी एलाफ्रोस; सूरि या सूर्य, लैटिन सोल; श्रु, रूसी स्लूशात् (स्लीशात्) किन्तु जर्मन होयरेन, अंग्रेज़ी हिअर; पुर, यूनानी पोलिस; चुक, यूनानी लूकोस; परशु, यूनानी पेलेकुस; सर्पि:, यूनानी हेल्फोस; चक्रम्, यूनानी कुक्लोस इत्यादि। प्रश्न यह है कि जब 'आर्य' जन यूरोप से भारत की ओर चले, तब उनमें लकार-प्रेम अधिक था या रकार-प्रेम?

हिन्दी की पूर्वी बोलियों पर ध्यान दें तो पता चलेगा कि पछाहीं बोलियों की अपेक्षा उनमें रकारवाद का चलन अधिक है। बेला-बेरिया, काला-करिया, दिवाली- दिवारी (या द्येवारी), ससुराल-ससुरारि, साला-सार, उजाला-अँजोरिया (उज्यार), लड़का-लरिका इत्यादि में 'ल'-युक्त शब्द पछाँही हैं, 'र'-युक्त पूरबी। डॉक्टर पांडुरंग वामन गुणे के अनुसार ऋग्वेद के उन मंडलों में, जो बाद को रचे गए थे, प्राचीन 'र' का स्थान 'ल' ने अधिकाधिक ले लिया है : म्रुच-म्लुच, रभ्-लभ्, रोहित-लोहित इत्यादि। इससे सिद्ध हुआ कि रकार वाले रूप अधिक प्राचीन हैं।

डॉ. सुनीति कुमार चाटुर्ज्या ने फ्रांसीसी भाषाविद् मेय्ये के मत का उल्लेख करते हुए लिखा है : "प्रो. आंत्वान् मेय्ये ने ऋग्वेद की साहित्यिक भाषा-मूल इस आर्यभाषी प्रदेश की एक पश्चिमी बोली को ही बतलाया है। इस मूल वैदिक भाषा में केवल 'र' ध्वनि ही थी, जैसा कि ईरानी (प्राचीन पारसीक तथा अवेस्ता) में पाई जाती है, और भारतीय-यूरोपीय 'र' एवं 'ल', दोनों के लिए 'र' ध्वनि का ही उपयोग होता था।"

डॉ. गुणे और मेय्ये का मत ल-कारवाले रूपों को अधिक प्राचीन स्वीकार करता है।

डॉ. चाटुर्ज्या ने आगे लिखा है : " 'र' और 'ल' का प्रश्न ही प्राचीन भारतीय आर्य भाषा की बोलियों की विभिन्नता का एक महत्त्वपूर्ण कारण है। इस प्रकार पश्चिम की एक बोली में 'ल' न होकर केवल 'र' था। दूसरी में, जिसकी प्रतिनिधि संस्कृत और पालि हैं, 'र' और 'ल', दोनों थे; तीसरी में, 'र' न होकर केवल 'ल' ही था, जो सम्भवत: सुदूर पूर्व की बोली थी। इस पूर्वी बोली की पहुँच आर्यों के प्रसार तथा भाषा-विषयक विकास के द्वितीय युग के पहले-पहल ही, आधुनिक पूर्वी उत्तर प्रदेश और बिहार के प्रदेशों तक हो गई थी।" ('भारतीय आर्य भाषा और हिन्दी', पृ. 52) जो बोली पूर्वी-उत्तर प्रदेश और बिहार के प्रदेशों तक फैल गई थी, यह यदि अब भी अपनी कुछ विशेषताएँ बचाए हुए है, तो उनसे यही सिद्ध होता है कि वह प्राचीन बोली रकार-प्रधान थी। पूर्वी और पश्चिमी बोलियों में र-ल का भेद जो अभी तक सुरक्षित है, वह इन बोलियों के प्राचीन रूपों के भेद की ओर संकेत करता है।

डॉ. चाटुर्ज्या के अनुसार भारतीय-यूरोपीय क्रॅइ-लो आर्य भाषा में श्री-ल हो गया और भारतीय आर्य भाषा में उसके तीन भिन्न-भिन्न रूप श्री-र, श्री-ल और श्ली-ल बने। यहाँ हम क-श के रूपान्तर का प्रश्न छोड़ देते हैं। क्या श्री-ल रूप में पहले व्यंजन के साथ 'र्' का उच्चारण सुगम था जो दूसरे 'र्' को तो 'ल्' बनाया किन्तु श्री के 'र्' को वैसा ही रहने दिया? यदि संस्कृत का श्ली-ल रकार उच्चारण की असमर्थता का प्रतीक है, तो श्री की जगह श्ली, श्रद्धा की जगह श्लद्धा, पुर की जगह पुल, गुरु की जगह गुलु आदि रूप व्यवहार में आने चाहिए थे।

उधर लैटिन और यूनानी भाषाएँ बोलनेवाले भी रकार-उच्चारण में असमर्थ न थे। यूनानी में लूरा (लायर बाजा), मेरोस (भाग), पतेर (पिता), मेतेर (माता), आदि 'र' वर्णवाले शब्द भरे पड़े हैं। ऐसे ही लैटिन में। क्या कारण है कि जो लोग माता-पिता जैसे रोजमर्रा इस्तेमाल में आनेवाले शब्दों में 'र्' का उच्चारण कर लेते थे, उन्होंने पोलिस, लुकोस आदि में 'र्' का स्थान 'ल्' को दे दिया था? इसका कारण यही हो सकता है कि संस्कृत के समान प्राचीन यूनानी और लैटिन के निर्माण पर अनेक बोलियों, भाषाओं या भाषा-परिवारों का प्रभाव पड़ा है; कम-से-कम उनके शब्द ऐसी भाषाओं के प्रभाव की ओर संकेत करते हैं जिनकी ध्वनि-प्रकृति एक-सी नहीं है।

डॉ. चाटुर्ज्या ने पतंजलि द्वारा उद्धृत एक कथा की चर्चा करते हुए लिखा है : "असुर (सम्भवत: पूरब के) लोग संस्कृत शब्द 'अरय:' (= शत्रुगण) का 'अलयो' या 'अलवो' उच्चारण करते थे। इससे पता चलता है कि पश्चिम वालों को पूरबी लोगों के 'र' को 'ल' बोलने की आदत लक्षित हो चुकी थी।" इस कहानी से इतना ही संकेत मिलता है कि दो पड़ोसी बोलियों में 'अरय:' शब्द सामान्य होने पर भी उसका उच्चारण र-ल के भेद से होता था। लेकिन यह एक सम्भावना मात्र है कि पूरब के लोग 'र' की जगह 'ल' बोलते थे। आधुनिक पूरबी बोलियों के अध्ययन से यह सम्भावना निराधार सिद्ध होती है। इसके विपरीत पछाहीं बोलियों ने जिस तरह 'ल' को अपनाया है, उससे यह सम्भावना उत्पन्न होती है कि 'हेलयो' कहनेवाले असुर पछाँह के थे।

इतना तो निश्चित है कि लैटिन और यूनानी भाषाओं में 'ल' के लिए विशेष आग्रह (और 'र' के विरुद्ध सत्याग्रह) नहीं है, किन्तु भारत की पछाहीं बोलियों में स्थिति इससे उल्टी है। पुर को पोलिस और वृक को लुकोस बनाने का श्रेय इन्हीं 'असुरों' को तो नहीं है जो हेलयो-हेलयो करते हुए पूर्व से पश्चिम तक—भारत के सीमान्त से यूरोप के दक्षिण-पूर्वी भाग तक—पहुँच गए हों? सम्भव है कि इन्हीं ने स्लाव प्रदेशों में श्रु को स्लु और श्राव को स्लाव बनाया हो, यद्यपि 'ब्रात्' यूनानी 'फ्रातेर' की तरह रकार रूप में ज्यों-का-त्यों बना रहा।

भाषाओं की ध्वनि-प्रकृति का अध्ययन करने से यह परिणाम निकलता है कि जो भाषाएँ भारत-यूरोपीय परिवार के अन्तर्गत गिनी जाती हैं, उनमें कोई भी ऐसी नहीं है जिसमें भिन्न ध्वनि-प्रकृतिवाली भाषाओं या भाषा-परिवारों के तत्त्वों का सम्मिश्रण न हुआ हो। संस्कृत में एक धातु है इष्; इसके विभिन्न रूपों में—इच्छति आदि में—'ष' का स्थान 'छ' ले लेता है। यहाँ अनुमान करना पड़ता है कि किसी जाति या जन (नेशनैलिटी या ट्राइब) के लोग षकारान्त शब्दों का उच्चारण आसानी से कर लेते थे, किन्तु उनका सम्पर्क ऐसे लोगों से हुआ जिन्हें इस ध्वनि के उच्चारण में कठिनाई होती थी। उन्होंने 'ष' के बदले 'छ' ध्वनि निकाली और उसे 'ष' का स्थान दे दिया। इसी प्रकार प्रच्छति में प्रच्छ है। रूसी में स्प्राशिवात् क्रिया मूल रूप के 'श' को बनाए हुए है। वही 'श' 'प्रश्न' में सुरक्षित है। हमारे यहाँ छ-प्रेमी जनों की ध्वनि-प्रकृति इतनी सबल थी कि उन्होंने स्प्रश के 'श' का स्थान 'छ' को दे दिया। इसी तरह गच्छ का 'छ' भी सम्भवत: 'श' का रूपान्तर है। जर्मन में जाने के लिए गेहेन क्रिया

है, जिसका 'ह' शकार का परिवर्तित रूप है। हिन्दी और उत्तर भारत की अन्य भाषाओं में जो छे, आछे, आदि रूप मिलते हैं, वह इसी प्रवृत्ति के कारण। संस्कृत का 'षष्' इसी प्रकार हिन्दी का 'छह' बना। यह प्रवृत्ति प्राकृतों या नव्य भारतीय भाषाओं के वास्तविक या कल्पित अभ्युदय काल से शुरू नहीं होती; वह उतनी ही पुरानी है जितना ऋग्वेद। और ऋग्वेद के रचनाकाल में वह मंत्र-द्रष्टाओं की भाषा अथवा देववाणी को प्रभावित करने में समर्थ थी। इससे सिद्ध हुआ कि वह ऋग्वेद के रचनाकाल से भी प्राचीन है। इच्छति, प्रच्छति जैसे रूप यह भी सिद्ध करते हैं कि संस्कृत बोलचाल की भाषा थी; शिष्ट जनों की ही बोलचाल की नहीं, वरन् साधारण जनों की बोलचाल की भाषा थी। वर्ना जिस प्रवृत्ति ने 'षष्' को 'छह' किया, वह देववाणी या शिष्ट जनों की 'कृत्रिम' संस्कृत में 'इष' या 'प्रश्' (या स्प्रश्) के 'श' को 'छ' का रूप न देती। यहाँ यह प्रश्न भी उठता है कि वैदिक ऋचाएँ भारत के बाहर रची गई थीं, तो वह भाषा या क्षेत्र कौन-सा है जहाँ लोग श्-ष्-स् की ध्वनियों को 'छ्' में परिवर्तित करते थे? ऐसा क्षेत्र न मिले तो मानिए कि उनकी रचना इसी भारतभूमि में हुई थी।

अवधी के क्षेत्रों में गाँव के लोग छींक आने पर 'शतंजीव' को अब भी 'छतंजी' कहते हैं। लक्ष्मी को बंगाल के लोग लक्खी (या लोक्खी) कहेंगे; अवध में उसका लछमी (या लछिमी) रूप प्रचलित है। क्षमा का बंगला रूप खमा है तो यहाँ 'छमहु सकल अपराध हमारे।' लक्ष्मण का एक रूप लखन है—लक्खी के अनुरूप—तो दूसरा अवधी की सहज प्रकृति के अनुकूल है, लछिमन। इसी प्रकार क्षिति का छिति-छिति-जल पावक गगन समीरा। वत्स का बच्छ—बहुरि बच्छ कहि लाल कहि। मत्स्य का मच्छ, मछरी, मछली। श, ष को छ में परिवर्तित करनेवाली प्रवृत्ति हमारे प्रदेश की है।

भाषा की धनि-प्रकृति के अध्ययन—एक ही भाषा में विभिन्न ध्वनि-प्रकृतियों के सह-अस्तित्व और उनसे जनपदीय बोलियों की ध्वनि-प्रकृति के तुलनात्मक अध्ययन से पता चलता है कि संस्कृत जनसाधारण की भाषा थी और उसके वैदिक एवं लौकिक रूप-गठन के समय अवधी आदि भाषाओं की अनेक वर्तमान विशेषताएँ विद्यमान थीं।

संस्कृत में संधि के अनेक नियम वर्तमान जनपदीय बोलियों की ध्वनि-प्रकृति पर ही आधारित हैं। उच्छृंखल (उत् + शृंखल), उच्छासन (उत् + शासन), उच्छिख (उद् + शिख), उच्छ्वास (उत् + श्वास), उच्छिष्ट (उत् + शिष्ट) आदि रूप उसी प्रवृत्ति के आधार पर सिद्ध होते हैं जो उत्साह को उछाह और उत्संग को उछंग बना लेती है (या शतंजीव को छतंजी का रूप देती है)!

अंग्रेज़ी भाषा के विशेषज्ञों को हिन्दी-भाषी क्षेत्र के शिक्षितों से शिकायत रहती है कि वे स्कूल को इस्कूल और स्टूल को इस्टूल कहते हैं। गाँव के लोग या तो सकार के पहले एक स्वर (इ या अ) जोड़ देंगे (कभी-कभी पंडितजन पंजाबी मित्रों की तरह 'स्पष्ट' का 'सपष्ट' उच्चारण भी करते हैं) या उस सकार की जड़ ही काट देंगे। इस तरह उन्होंने स्टेशन का 'टेसन' बना लिया है और श्मशान को 'मसान' का रूप दिया है। यह प्रवृत्ति वैदिक काल में भी थी। 'स्पष्ट' का जन्म 'स्पश्' से हुआ है। अंग्रेज़ी के स्पाई (spy) का नाता उसी 'स्पश्' से है। 'स्पष्ट' में सकार रहा, पश्यति में उसका लोप हो गया। मैकडनल ने अपने वैदिक व्याकरण में पश्यति और स्पश् के समान अन्य शब्दों का उल्लेख किया है जिनके सकारयुक्त और सकारहीन, दोनों रूप प्रचलित थे। स्तनयित्नु और तनयित्नु (मेघ गर्जन), स्तायु और तायु (चोर), स्तृ और तृ (सितारे)। इसी प्रकार रकारयुक्त और शकारहीन रूप—श्चन्द्र और चन्द्र।

'स्था' धातु से तिष्ठति रूप बनता है जिसमें 'स' का लोप हो जाता है, यद्यपि स्थास्यति में वह पुन: प्रकट होता है। इसी 'स्था' से स्थान शब्द बनता है जो पाकिस्तान, अफगानिस्तान, कजाकिस्तान आदि में 'स्तान' के रूप में प्रतिष्ठित है। मूल शब्द 'स्था' है या 'सत' या दोनों? रूसी में क्रिया है स्तोईत्, अंग्रेज़ी में स्टैण्ड। उत्तर भारतीय भाषाओं का तकार प्रेम हम देख चुके हैं। ब्रज, अवध आदि जनपदों में वस्तु को बत्त (चीज-बत्त या चीज-बत्तु), लस्त को लत्त कहते सुना जाता है। क्रिस्तान का कित्तान, किट्टान (या किष्टान) रूप इसी प्रवृत्ति के कारण बनता है। स्तान मूल रूप होता तो वह 'त्तान' या 'ट्टान' बन जाता। जिन भाषाओं ने 'स्त' या 'स्ट' वाला रूप ग्रहण किया है, उनके यहाँ 'थ' का प्राय: अभाव है (रूसी और जर्मन में)। इसलिए धारणा यह बनती है कि स्था और स्थान मूल रूप हैं और 'थ' को 'त' उच्चरित करने की प्रवृत्ति के कारण अन्य भाषाओं ने स्त और स्तान वाले रूप ग्रहण किये हैं। रूसी स्तारिइ (वृद्ध), सं. स्थविर; स्तेन (दीवाल), स्थाणु; पूत (जिसे स्पूत्निक ने प्रसिद्ध कर दिया है), पथ—रूसी-संस्कृत के इस तरह के समानान्तर शब्दों से यही निष्कर्ष निकलता है कि 'पथ' पूरब से पच्छिम गया है, पच्छिम से पुरब नहीं। पूरब के लोग भात, रात, जात, लात आदि में 'त' का मजे में उच्चारण कर लेते थे; उच्चारण की कठिनाई तो दूर, उन्हें तकार से विशेष प्रेम था। इसलिए पुत या पूत को उन्होंने पथ नहीं बनाया, पथ ही पुत या पूत बना है।

डॉ. सुनीति कुमार चाटुर्ज्या ने 'भारतीय आर्य भाषा और हिन्दी' में लिखा है कि बीसवीं शताब्दी के आरम्भ में बोगाज़कोई में जो लेख प्राप्त हुए, उनका भाषा-स्तर "वैदिक भाषा से निश्चय ही प्राचीनतर काल का है। वह भारतीय आर्य की अपेक्षा भारतीय-ईरानी के सन्निकट है।" उदाहरणस्वरूप उन्होंने जो शब्द दिये हैं, उनमें एक है 'शिमालिया' ('प्रकाशमान अर्थात् तुषाराच्छादित पर्वतों की देवी')। हिन्दुस्तान में एक बहुत प्रसिद्ध स्थान है शिमला और उसका इसी नाम की देवी से सम्बन्ध भी है। यह शिमला वैदिक भाषा से प्राचीन हो सकता है, लेकिन है हिन्दुस्तानी ही।

आदि आर्य भाषा पर मेसोपोटामिया की भाषाओं के प्रभाव की चर्चा करते हुए डॉ. चाटुर्ज्या ने लिखा है : "मेसोपोटामिया के सुसभ्य जनों—सुमेरों तथा शेमीय अक्कदीयों—का भी परोक्ष या प्रत्यक्ष प्रभाव आदिम भा.यू. में उनसे आए हुए कुछ शब्दों में लक्षित होता है।" इनमें एक शब्द है अक्कदी भाषा का पिलक्कु, यूनानी पेलेकुस, संस्कृत परशु। इस मिसाल से लगता है कि भारत से बाहर बोली जानेवाली भाषा का एक शब्द जब इस देश में आया, तब उसने लकार का स्थान 'र' को दे दिया। इसके विपरीत, इसी प्रसंग 'में डॉ. चाटुर्ज्या ने लौह शब्द की व्युत्पत्ति इस प्रकार समझाई है : "'लौह' प्राचीन 'रोह, रोध, रउध' से व्युत्पादित है और 'रउध' में विदेशी काल्दीय उपादान तथा स्वदेशी भा.यू.—दोनों मिश्रित हो गए हैं।" इस चर्चा में यह स्पष्ट नहीं है कि भारत आनेवाले आर्यों ने पिलक्कु के 'ल्' को तो 'र्' बनाया लेकिन रोध या रोह के 'र' को 'ल्' बना दिया। कहीं 'र्' से घृणा और 'ल्' से प्रेम और कहीं 'ल्' से घृणा और 'र्' से प्रेम—भारतीय आर्यों की इस ध्वनि-सम्बन्धी चंचलता का कारण क्या था?

विद्वानों के अनुसार आर्यों की पश्चिमी शाखा ने मूल कंठ्य-ध्वनियों को सुरक्षित रखा; भारत और रूस की शाखा ने उन्हें ऊष्म बना दिया। लैटिन केन्तुम, संस्कृत शत—इनमें लैटिन ने मूल ध्वनि को सुरक्षित रखा, संस्कृत आदि पूरब की भाषाओं ने उसे 'श' या 'स' का रूप दे दिया। प्रश्न यह है कि किम्, क:, कृत:, कत, कुत्र आदि क-युक्त शब्दों का विशाल भंडार रखनेवाली संस्कृत ने केन्तुम् के 'क्' को ही क्यों अछूत समझा? उत्तर भारत में ऐसी

भाषाएँ तो हैं जो 'श' तथा अन्य वर्णों को हकार में बदल देती हैं। लेकिन 'क्' का स्थान 'श्' को देनेवाली भाषाएँ कौन-सी हैं? उधर लैटिन और ग्रीक, दोनों में 'श्' का अभाव है। इसलिए सम्भावना यही अधिक है कि उन्होंने 'श्' के बदले 'क्' वाले रूप अपनाए होंगे।

एक समस्या और है यदि आर्यों की पश्चिमी शाखा मूल कंठ्य-ध्वनियों को सुरक्षित रखे हुए 'शतं' के स्थान में 'केन्तुम्' का व्यवहार करती थी, तो जर्मन और अंग्रेज़ी में 'केण्टुम्' की जगह 'हुण्डेर्ट' और 'हण्ड्रेड' का व्यवहार कैसे होने लगा? जर्मन में कैसर, कापिटाल, काल्ट, कार्टे, केनेन, केर्ल, केर्न, क्नाबे, किंट आदि ढेरों शब्द है जो 'क्' से आरम्भ होते हैं; जिनके मध्य या अन्त में 'क्' हो, उनका जिक्र नहीं। फिर जर्मन 'आर्यों ने केण्टुम' के 'क्' से क्यों परहेज किया? इसका समाधान यही हो सकता है कि जर्मन हुण्डेर्ट का 'ह्' केण्टुम् के 'क्' के बदले नहीं आया; वह शतम् (या शेत्तुम्) के 'श्' का ही परिवर्तित रूप है जिसका कारण किसी हकारवादी जाति का प्रभाव है।

संस्कृत की मूर्धन्य ध्वनियों के बारे में डॉ. चाटुर्ज्या ने लिखा है : "भारत में, सम्भवत: ईरान में भी आर्य उपजातियों की भाषाओं में ध्वनि-तत्त्व, व्याकरण तथा शब्दावली की सभी दृष्टियों से नये परिवर्तन हुए। मूर्धन्य ध्वनियों का विकास हुआ—ध्वनि-तत्त्व में यह सबसे महत्त्वपूर्ण परिवर्तन हुआ। विकास के कारण अपने-आप ही आ गया हो, अथवा बहुत सम्भव है, इसके कारण बाहरी अनार्य प्रभावित [प्रभाव] रहे हों।"[1] इसके फलस्वरूप ज़, झ़, की 'आर्य ध्वनियाँ' विलुप्त हो गईं।

कश्मीरी में यज़्मन (यजमान) शब्द अभी तक प्रचलित है और 'ज़' की ध्वनि उस भाषा में वर्तमान है। मराठी में साझा, निजला आदि में झ-ज का उच्चारण झ़ ज़ का है। तेलगू, पूर्वी बंगला आदि अनेक भारतीय भाषाओं में 'ज़' की ध्वनि है। डॉ. चाटुर्ज्या के अनुसार भी : "राजस्थान की कुछ बोलियों में 'च, छ, ज, झ', इन तालव्य ध्वनियों का भी दन्त्य उच्चारण सुनाई देता है—c, ch, j, jh के स्थान पर ts, s, dz, z।" शुद्ध आर्य-ध्वनियाँ भारत में आकर बदल गईं, यह धारणा तर्कसंगत नहीं मालूम होती। किन्तु इस धारणा के अनुकूल डॉ. चाटुर्ज्या ने कुछ वैदिक मंत्रों की भारतीय ध्वनियाँ बदलकर उनकी शुद्ध आर्य-ध्वनियों को बहाल करते हुए उन्हें फिर से लिखा है। जैसे ऋग्वेद का यह पहला मंत्र :

अग्निम् ईले (ईडे) पुरोहितं
यज्ञस्य देवम् ऋत्विजम्।
होतारं रत्नधातमम्।

इसका ऋग्वेद में संकलित होने के 'कुछ शताब्दियों पूर्व' कुछ इस प्रकार का रूप रहा होगा :

अग्निम् इज़् दइ पुरज़्-धितम्
यज़ञस्य दइवम् ऋत्विज़म्।
झउतारम् रत्न-धा-तमम्॥

जहाँ तक इज़्दइ, यज़ञस्य, ऋत्विज़म् और पुरज़-धितम् का सम्बन्ध है, 'ज़' की ध्वनि कश्मीरी आदि में अपने आदि शुद्ध रूप में बनी हुई है। धितम् का 'धि' 'हि' में बदल गया लेकिन धातमम् का 'हातमम्' न हुआ। संस्कृत में धकारयुक्त और बहुत-से शब्द भी हैं।

1. 'भारतीय आर्य भाषा और हिन्दी', पृ. 31

झउतारम् के 'झ' से भी संस्कृत या हिन्दी को वैर नहीं। इसी तरह गायत्री मंत्र का पूर्व रूप डॉ. चाटुर्ज्या के अनुसार यह है :

तत् सवितृस् बरइनिअम्।
भर्गज़् दइवस्य धीमधि।
धियज़् यज़् नस् प्रक' उदयात्॥

इस रूप में कोई ऐसी ध्वनि नहीं है जो भारतीय भाषाओं में कहीं-न-कहीं आज भी प्रचलित न हो। इसमें अनेक 'ध' हैं जो बदले नहीं। प्रचोदयात् का पूर्व रूप प्रक' उदयात् होगा, यह कल्पना इस आधार पर की गई है कि "पश्चिमी उपगोष्टियों में कंठ्य-ध्वनियाँ ज्यों-की-त्यों बनी रहीं।" संस्कृत में वाक्य और वचन, वाक्-वाच्, दिश्-दिक्, श्-क्, क्-च्, दोनों ध्वनियाँ हैं। लैटिन-ग्रीक में न 'च्' है, न 'श्'। यदि यह सिद्धान्त सही माना जाए कि ग्रीक-लैटिन के जिन शब्दों में 'क्' है, वे मूल रूप हैं, और इन्हीं के समकक्ष संस्कृत-रूसी-हिन्दी आदि शब्दों में जहाँ 'क्' का स्थान किसी अन्य ध्वनि ने ले लिया है, वे विकृत रूप हैं, तो भाषा-विज्ञानियों के सामने ध्वनि-सम्बन्धी अनेक चमत्कार प्रकट होंगे। मूल शब्द हुआ केन्तुम या केत्; यहाँ 'क्' का स्थान 'श्' को देकर हमने भारतीय रूप बनाया शतम् या शत। मूल शब्द हुआ प्रक' उदयात्; यहाँ क्' का स्थान 'श्' को न देकर 'च्' को दिया और भारतीय रूप बनाया प्रचोदयात्। यह चमत्कार ही हुआ कि भारतीय आर्यों ने जहाँ तबियत आई, क् का 'श्' कर लिया, जहाँ मन न भरा, वहाँ उसे 'च्' रूप दे दिया।

मूल आर्य भाषा के नमूने के रूप में डॉ. चाटुर्ज्या ने एक वाक्य यह लिखा है : "घेरि-स्केन्द्रोस्यो पॅतेर्स, एक्वोस्यो उपेरि स्थॅतोस, ग्व् म् स्कोन्तस् पेङ् क्वे ब्लृकोन्स् घेघोने।" इसका संस्कृत रूप (अथवा विकृत भारतीय रूप) यह हुआ, "हरिश्चन्द्रस्य पिता अश्वस्य उपरिस्थित: गच्छन् पंच वृकान् जघान।" यदि यह मान लें कि घंटा, निघंटु, धन, घ्नन्ति, और उपर्युक्त वाक्य में ही जघान के घ-युक्त शब्दों वाली भाषा बोलनेवाले जन घेरिस्केन्द्र के 'घ' का उच्चारण न कर पाते थे और उन्होंने उसे ह-रूप दे दिया, तो भी केन्द्र का तो चन्द्र किया, पेङ् क्वे का पंच किन्तु एक्वोस्यो को 'अच्वस्य' क्यों न बनाया? मूल ध्वनि हुई 'क', परिवर्तित रूपों में बिना किसी नियम के कहीं 'श', कहीं च!

डॉ. चाटर्ज्या के अनुसार : जैसे व्यंजनों में परिवर्तन हुए, वैसे ही स्वरों में भी हुए। पेङ् क्वे में 'पे' का 'ए' गायब हो गया, रह गया पंच। एक्वोस्यो, उपेरि, घेघोने और केन्तुम्—सभी के एकार शश-शृंग के समान उड़ गए और रह गए अश्वस्य, उपरि, जघान और शतम्। इसी तरह संस्कृत अद्मि का मूल रूप माना गया है 'एद्मि', भर् धातु का मूल रूप माना गया है 'भेरो'।

संस्कृत धातु 'दा' का हिन्दी रूप है देना। यदि ए-कारवाला रूप प्राचीन माना जाए तो वह हिन्दी क्रिया 'देना' में सुलभ है। इसी प्रकार दृश् और देखना। अवध के गाँवों के लोग कभी-कभी किसी गला फाड़कर रोनेवाले से कहते हैं : "काहे अललात है?" यहाँ 'अललात' शब्द उन्होंने अस्वर का उच्चारण सुनकर गढ़ा। प्राचीन यूनान के आर्य भी अललाते थे—'अलालाजो' का अर्थ है चिल्लाना। लेकिन उनमें से कुछ को यह निश्चय न था कि हर्ष से या युद्धस्थल में वीरभाव से वे जो शब्द करते हैं, वह अ-स्वर की आवृति है या 'ए' की। इसलिए उनके यहाँ एक और शब्द है : 'एलेलीज़ो' जिसका वही अर्थ है जो पहले शब्द का। दा-देना की तरह प्राचीन यूनान की भी अनेक परस्पर सम्बन्धित भाषाओं में स्वरों का यह हेर-फेर खूब देखने को मिलता है। परिनिष्ठित ग्रीक (ऐटिक) में सोफिआ है तो आयोनियन

में सोफिइ। परिनिष्ठित ग्रीक में मेतेर है; तो डोरिक में मातेर। यही लैटिन में मातेर रूप में है। इनमें शुद्ध रूप कौन-सा है? यूनानी लोग पारस (ईरान) को पेर्सिस कहते थे और पारसीक को पेर्सिकोस। इससे यह सिद्ध नहीं होता कि मूल यूरोपीय आर्य रूप पेर्सिस या पेर्सिकोस था जो एशिया में आकर पारस या पारसीक बन गया। इसके विपरीत अनुमान यह होता है कि जहाँ संस्कृत 'अ' के समानान्तर यूनानी में 'ए' या अन्य कोई स्वर है, वहाँ संस्कृत स्वर ही अधिक प्राचीन होगा। लैटिन-भाषियों ने अलफरात नदी को एलफ्रातेस बना लिया था जिससे यह साबित नहीं होता कि अरबी अल् का मूल रूप 'एल्' था। अंग्रेज़ी के ऐलजेब्रा, ऐलकेमी, ऐलकोहल, ऐलकली आदि शब्द अरबी से लिये गए हैं और इनमें भी प्राचीन लैटिन-ग्रीक की तरह मूल अ-स्वर को परिवर्तित किया गया है।

इस प्रकार न तो पेंक्वे और एक्वेस्यो के एकार मूल-स्वर सिद्ध होते हैं, न क-कार। सम्भावना यह अधिक है कि मूल रूप—यदि कोई मूल रूप रहा हो तो—पंच और अश्वस्य ही थे।

यूरोप और भारत की अनेक भाषाओं में समानता है। इसलिए इनका एक स्रोत होना चाहिए। उस मूल भाषा के बोलनेवालों का एक निश्चित समुदाय होना चाहिए। उस समदाय का नाम हुआ आर्य। आर्य-जन बाहर से हिन्दुस्तान में आए। यहाँ अनार्यों में घुलने-मिलने से या उनसे लड़ने-भिड़ने के कारण उनकी शुद्ध आर्य भाषा में अनेक विकृतियाँ उत्पन्न हो गईं। पहले कहते थे विकृत तो अब कहने लगे विकट। 'ट' वर्ग की ध्वनियों ने मूल आर्य भाषा का रूप बदल दिया। कठिनाई यह है कि यदि अनार्यों के प्रभाव से भारतीय आर्यों ने 'ट' वर्ग अपनाया, तो जर्मन, अंग्रेज़ी आदि उत्तरी यूरोप की भाषाओं में 'ट्', 'ड्' की ध्वनियाँ किन अनार्यों के प्रभाव से उत्पन्न हुईं? विद्वानों के अनुसार लैटिन भाषा बोलनेवाले आर्य भी केण्टुम् (केन्तुम् नहीं) में 'ट' का उच्चारण करते थे। उन पर किसका प्रभाव पड़ा? यदि ये ध्वनियाँ अपने आप उत्पन्न हुई हों तो इसका क्या प्रमाण है कि वे आर्यों के भारत आने पर ही उत्पन्न हुईं? जब वे ईरान या अफगानिस्तान (या वोल्गा तट पर) भ्रमण कर रहे थे, तब भी वे ध्वनियाँ उत्पन्न हो सकती थीं!

इस तरह की अनेक कठिनाइयाँ हैं। यूरोप के आर्य देका, पेंक्वे बोलते थे और भारतीय आर्य दश और पंच। भारतीय आर्यों ने एक जगह 'क' को 'श' किया, दूसरी जगह 'च'। इसका नियम क्या है? फिर जर्मन आर्य केन्तुम की जगह हुण्डेर्ट क्यों बोलने लगे? इसी तरह लैटिन 'कोर' में यदि दृश्यवाचक शब्द का मूल रूप मिलता है, तो जर्मन में हेर्त्स और अंग्रेज़ी में हार्ट कहाँ से आए? और स्वयं लैटिन में एगो (अस्मद्) से मिही कैसे बना? ग्रीक आर्यों ने स्वप्न के 'स' को हकार में बदलकर विकृत रूप हुप्नोस कैसे अपनाया?

एक आदि भाषा—उसके बोलनेवाले आर्य—उनका पश्चिम से पूर्व की ओर अभियान—यह धारणा अनेक भाषा-विज्ञानियों के दिमाग में इतनी मजबूती से जड़ जमाए है कि उन्हें इस तरह की कठिनाइयों का आभास भी नहीं होता। वे आर्यों की आदि भाषा की मूल ध्वनियों की कल्पना करके प्राचीन मंत्रों का शुद्ध आर्य रूप भी प्रस्तुत करते हैं, उसमें वाक्य-रचना के नमूने देते हैं।

किसी भाषा का अध्ययन करते समय इतना कहना काफी नहीं है कि उसमें इन स्वरों या व्यंजनों का प्रयोग होता है। यह देखना और आवश्यक होता है कि किन ध्वनियों का व्यवहार भाषा में अधिक होता है, किस तरह की ध्वनियाँ उसकी प्रकृति के ज्यादा अनुकूल हैं। इस तरह भाषाओं का अध्ययन करने से पहला निष्कर्ष यह निकलता है कि संस्कृत, लैटिन, ग्रीक, जर्मन, हिन्दी आदि भाषाओं में किसी में भी 'शुद्ध' एक भाषा की ध्वनि-प्रकृति नहीं है। संस्कृत में प्रश्न भी है और प्रच्छति भी। एक ध्वनि-प्रकृति 'श' को सहज उच्चरित करने

और उसे भाषा में बनाए रखने की है, तो दूसरी उसे 'छ' में परिवर्तित करने की। इन प्राचीन भाषाओं का अध्ययन करते हुए जब हम आज की भाषाओं पर—शिष्ट जनों की भाषा ही नहीं, जनपदीय बोलियों पर भी—ध्यान देते हैं तो पता चलता है कि यहाँ की अनेक भाषाओं और बोलियों में वह प्रवृत्ति मौजूद है जो श-ष को 'छ' का रूप देती है। इससे यह अनुमान पुष्ट होता है कि संस्कृत में 'प्रश्' का प्रच्छति इसी प्रवृत्ति के कारण हुआ था। इसी तरह ग्रीक में सकारयुक्त शब्द भी हैं और स्वप्न का रूपान्तर हुप्नोस भी है। जर्मन में श-वाले बहुत-से शब्द हैं और श्वान का रूपान्तर हुण्ट और शत का हुण्डेर्ट भी हैं। रूसी में रकारयुक्त बहुत-से शब्द हैं और श्राव का रूपान्तर स्लाव, श्रू का रूपान्तर स्लू (-शात्) भी है। इसका कारण अत्यन्त प्राचीन काल से विभिन्न भाषा-परिवारों का परस्पर सम्पर्क, उनका परस्पर सांस्कृतिक आदान-प्रदान, विभिन्न कारणों से और विभिन्न रूपों में प्राचीन जनों (कबीलों) का एक दूसरे में घुलना-मिलना है। इसलिए शुद्ध आर्यों की विशुद्ध ध्वनियों की निराधार कल्पना छोड़कर हमें प्राप्त भाषाओं के आधार पर उनकी ध्वनि-प्रकृति का अध्ययन करना चाहिए। इस तरह के अध्ययन से पता चलेगा कि संस्कृत-ग्रीक-लैटिन आदि की ध्वनि-प्रकृति एक अखंड, अविच्छेद्य इकाई न होकर विरोधी ध्वनि-प्रकृतियों का समन्वय है।

दूसरा निष्कर्ष यह निकलता है कि यूरोप की कुछ भाषाओं की जिन ध्वनियों को मूल ध्वनि माना गया है, वे मूल ध्वनि नहीं हैं; उनके जिन शब्दों को मूल शब्द माना गया है, वे मूल शब्द नहीं हैं। प्राचीन कबीलों का अभियान पश्चिम से पूर्व की ओर भी हुआ होगा, किन्तु भाषाओं की ध्वनि-प्रकृति के अध्ययन से यह अनुमान होता है कि यूरोप की भाषाओं की अनेक विशेषताओं का कारण उन पर प्राच्य भाषाओं की ध्वनि-प्रकृति का प्रभाव है। इस तरह के अध्ययन का एक सूत्र 'ह्'-सम्बन्धी है। हिन्द और हिन्दी शब्द ईरानियों की देन नहीं हैं। फ़ारसी में 'श्' और 'स्' बहुतायत से हैं। केवल भारत में ऐसे क्षेत्र हैं जहाँ आज भी लोग सत्यानन्द को हत्यानंद या मस्जिद को महजिद बोलते हैं। हकारवृत्ति भारत की प्राचीनतम भाषाओं में विद्यमान थी। हुप्नोस, हुंट आदि रूप इन भारतीय जनों या उनके भाई-बंदों के सम्पर्क से बने हैं।

यूरोप की भाषाओं में आम तौर से महाप्राण ध्वनियों की कमी है। उनके यहाँ स्पर्श ध्वनियों में 'क्' और 'ग्', दोनों ध्वनियाँ मिलेंगी। 'क्' अघोष है, 'ग्' सघोष लेकिन दोनों ही हैं अल्पप्राण। इनके महाप्राण रूपों में 'ख्' तो मिल भी जाएगा किन्तु 'घ्' का अभाव दिखाई देगा। इसी प्रकार दन्त्य ध्वनियों में अल्पप्राण अघोष 'त्' और अल्पप्राण सघोष 'द्', ये दोनों ध्वनियाँ अनेक यूरोपीय भाषाओं में मिलेंगी, लेकिन इनके महाप्राण रूपों में 'थ्' तो मिल भी जाएगा, 'ध्' का अभाव दिखाई देगा। भारतीय वर्णमाला के हिसाब से प्रत्येक वर्ग का सघोष महाप्राण (अर्थात् चौथा) वर्ण—घ, झ, ड, ध, भ—यूरोपीय भाषाओं में नहीं हैं। 'ख्' और 'घ्', दोनों ही महाप्राण ध्वनियाँ हैं, लेकिन अघोष 'श्' की तुलना में सघोष 'घ्' के उच्चारण के लिए श्वास को कुछ अधिक मात्रा और विशेष श्रम से बाहर निकलना होता है। संस्कृत भाषा-परिवार इस महाप्राणता को सुगम मानता है; यूरोपीय भाषा-परिवार के लिए अल्पप्राणता ही सुगम है। यूरोपीय भाषाएँ महाप्राण रूप अपनाती हैं तो अधिकतर अघोष वर्णों के, सघोष वर्णों के महाप्राण रूप वे छोड़ देती हैं क्योंकि उनकी ध्वनि-प्रकृति को देखते हुए वे अति-श्रमसाध्य हैं। यूरोप और उत्तर भारत की भाषाओं में यह एक महत्त्वपूर्ण भेद हुआ। इससे यह परिणाम निकलता है कि भ्रात् और ब्रात् दो रूप दिखाई दें तो इनमें भ्रात् को ही मूल रूप मानना चाहिए। इसी प्रकार घ, ध आदि से आरम्भ होनेवाले शब्दों के बारे में भी समझना चाहिए।

जो ध्वनियाँ एक भाषा-परिवार के लिए सरल हैं, वही दूसरे के लिए कठिन हो सकती हैं। इसका कारण यह है कि हम जिन ध्वनियों का बराबर उच्चारण करते हैं, उनके लिए शरीर के अवयवों की आवश्यक क्रिया के हम अभ्यस्त हो जाते हैं।

हिन्दी में ऐसे शब्द कम होंगे जहाँ क या ग का स्थान 'ह' ने ले लिया हो, लेकिन ख और घ ने जहाँ 'ह' को अपना आसन दिया हो, ऐसे शब्द बहुत मिलेंगे (नख, नह, लघु, लहु)। इसी प्रकार त और द की तुलना में 'थ' और ध, प और ब की तुलना में 'फ' और 'भ' महाप्राण 'ह' के सामने आत्मसमर्पण करते हैं। यदि अल्पप्राण ध्वनियों के साथ 'स' का मिश्रण हुआ तो 'स' पहले 'ह' में परिवर्तित होगा और 'ह' के संसर्ग से शेष अल्पप्राण ध्वनि भी महाप्राण ध्वनि बन जाएगी—जैसे स्तन से थन। इसलिए संस्कृत में गरजने के लिए 'स्तन्' धातु मिले और उसी के अनुरूप अंग्रेज़ी में 'थंडर' मिले तो समझना चाहिए कि 'स्तन्' जैसे शब्दों का 'थन्' में परिवर्तन संस्कृत-हिन्दी परिवार की विशेषता है, यूरोपीय भाषाओं की नहीं। और भी, जैसे श, ष के वास्ते आवश्यक जिह्वा-प्रयत्न हमारे कुछ पूर्वजों के लिए सुगम न था, वैसे ही वह लैटिन भाषियों के लिए भी सुगम न था। हमारे पूर्वजों के विपरीत 'च' जैसी ध्वनि के लिए भी ज़बान की जितनी हरकत दरकार थी, उतनी लैटिन भाषियों को अखरती थी। उन्होंने श्, ष्, च्, आदि के लिए 'क्' ध्वनि से ही काम चलाया। इसलिए अश्व की जगह 'एकुउस', पंच की जगह 'पेंक्वे'। संस्कृत, हिन्दी आदि भाषाओं में 'ह् द' के समान 'त्' की प्रधानता है। तुलनात्मक अध्ययन से हम देखते हैं कि विभक्ति रूपों में, शब्द-निर्माण में 'त्' को वही महत्त्व पाश्चात्य भाषाओं में प्राप्त नहीं है, जो हमारे यहाँ प्राप्त है। इसलिए पूर्व और पश्चिम की भाषाओं में जब एक ही 'त्' वाला रूप मिलता है, तब हम उसे मूलत: पूर्व का रूप मानते हैं, पश्चिम का नहीं। इसी तरह र्-ल् का भेद-अभेद है। पश्चिम की भाषाओं में 'र्' और 'ल्', दोनों का सहज अबाध व्यवहार होता है। केवल भारत में हम देखते हैं कि पश्चिम की बोलियों में 'ल्' की प्रधानता है और पूर्व की बोलियों में 'र्' की। इससे हम हेरय:-हेलयो सम्बन्धी प्राचीन कथा को मिलाते हैं तो यह परिणाम निकलता है कि र् या ल् के लिए विशेष आग्रह यहाँ की पूर्वी-पश्चिमी बोलियों की प्राचीन विशेषता है। जब हम लैटिन में सोल् शब्द देखते हैं जो सूरि (या सूर्य) का रूपान्तर है किन्तु मातेर अपना 'र्' सुरक्षित रखता है, तब यह अनुमान तर्कसंगत लगता है कि सोल् आदि शब्दों में 'ल्' की प्रतिष्ठा भारत की पश्चिमी बोलियों या उनसे मिलती-जुलती भारत के बाहर की बोलियों के प्रभाव का परिणाम है।

तीसरा निष्कर्ष यह निकलता है कि जो लोग संस्कृत में श-ष आदि का स्थान ह-छ आदि को लेते देखकर यह कल्पना करते हैं कि यह प्राचीन प्राकृतों का प्रभाव है, वे इसी से मिलते-जुलते परिवर्तन यूरोप की भाषाओं में नहीं देखते और वहाँ भी प्राचीन प्राकृतों की कल्पना नहीं करते। केवल भारत के लिए यह प्राचीन प्राकृतों की स्थापना विज्ञानसम्मत नहीं है। इसके सिवा प्राकृत शब्द से यह आभास होता है कि कुछ भाषाएँ तो साधारण (प्राकृत) जनों की बोलचाल के काम में आती थीं, वैदिक या संस्कृत केवल शिष्ट जनों की भाषा थी। संस्कृत बहुत बाद में केवल शिष्ट जनों की भाषा रह गई किन्तु संस्कृत के वैदिक और लौकिक, दोनों रूप इस देश की धरती पर ही संगठित हुए और वे जनसाधारण की बोलचाल के रूप थे। इष् से इच्छति और प्रश् से प्रच्छति रूप वही लोग बनाते हैं (और बनाए रखते हैं) जो आए-दिन अपने जीवन में इन क्रियाओं का व्यवहार करते हैं।

भाषा के अन्य तत्त्वों के अध्ययन से ये निष्कर्ष और पुष्ट होते हैं।

तीसरा अध्याय

भाषा की भाव-प्रकृति

भाषा की ध्वनि-प्रकृति के समान उसकी एक भाव-प्रकृति होती है जो शब्द-निर्माण, वाक्य-रचना तथा व्याकरण के विभिन्न अंगों में प्रकट होती है। दस के बाद हम गिनते हैं, ग्यारह, बारह, तेरहय; बीस के बाद इक्कीस, बाईस, तेईस और इसी तरह इक्यानवे, बानबे, तिरानबे तक। इन संख्यावाचक शब्दों की विशेषता यह है कि दहाई का अंक बाद को आता है और उसमें जितनी वृद्धि होती है, वह अंक पहले रहता है। यही पद्धति संस्कृत में है—एकादश, द्वादश, त्रयोदश इत्यादि। ग्रीक में ग्यारह-बारह के लिए हेन्देका, दोदेका शब्द हैं। तेरह से 'तीन और दस' के लिए 'त्रेइस काइ देका', 'चार और दस' के लिए 'तेत्तारेस काइ देका' आदि हैं (काइ = और)। पच्चीस के लिए एइकोसी पेन्ते (बीस पाँच), छब्बीस के लिए एइकोसिन हेक्स (बीस छह) आदि रूप हैं।

अंग्रेज़ी में दस के बाद इलेवन, ट्वेल्व, थर्टीन, आदि शब्दों में संस्कृत-हिन्दी के समान दहाई की संख्या बाद में आती है, और जो संख्या जोड़ी जाती है, वह पहले होती है। किन्तु बीस के बाद ट्वेंटी-वन, ट्वेंटी-टू, आदि क्रम चलता है जिसमें दहाई पहले और जोड़ी जानेवाली संख्या बाद में आती है।

केवल भारतीय भाषाओं में जो क्रम ग्यारह-बारह में है, वही इकीस-बाईस आदि बाद की संख्याओं में हैं। भारतीय भाषाओं की यह भाव-प्रकृति हुई—उन भाषाओं का व्यवहार करनेवालों के चिन्तन और भाव-व्यंजना की विशेष पद्धति हुई—जिसके अनुसार दहाई का स्थान बाद में होता है और उसके साथ जुड़नेवाली संख्या का पहले। ग्रीक में बारह तक और अंग्रेजी में उन्नीस तक संस्कृत क्रम चलता है, उसके बाद यह क्रम टूट जाता है। अंग्रेज़ी की सहज भाव-प्रकृति दहाई को पहले रखने की है, जुड़नेवाली संख्या को बाद में रखने की। यही स्थिति ग्रीक में है। ग्रीक और अंग्रेज़ी में अन्तर यह है कि अंग्रेज़ी में छब्बीस के लिए 'छह और बीस' न कहेंगे, लेकिन ग्रीक में 'हेक्स काइ एइकोसी' स्वीकृत प्रयोग है। ग्रीक में जब 'काइ' (और) न जोड़ेंगे, तब अंग्रेज़ी के समान दहाई पहले होगी; 'काई' जोड़ने से दस से छोटी संख्या पहले होगी, दहाई बाद में।

लैटिन में दस के बाद सत्रह तक संख्यावाचक शब्द वैसे ही बनते हैं, जैसे संस्कृत-हिन्दी में। ग्यारह-बारह-तेरह के लिए ऊनदेकिम्, दुओदेकिम्, त्रेदेकिम् शब्द हैं, किन्तु बीस के बाद वीगिन्ती-ऊनुस्, बीगिन्नी-दुओ आदि रूप आरम्भ होते हैं। लैटिन की भी सहज भाव-वृत्ति दहाई के शब्द को पहले रखने की है। जब इस भाषा में दहाई का शब्द बाद में आता है, तो ग्रीक की तरह (उसमें भी 'एत' (और) आवश्यक हो जाता है : एक और बीस—ऊनुस एत वीगिन्ती, दो और बीस—दुओ एत वीगिन्ती।

रूसी में उन्नीस तक संस्कृत का-सा क्रम चलता है लेकिन इक्कीस के लिए द्वाद्सत-अदीन—यूरोप की अन्य भाषाओं वाला क्रम चलने लगता है। जर्मन में उन्नीस तक संस्कृत वाला क्रम है : बीस के बाद 'उन्ट' (और) जोड़ कर एक और बीस—आइन-उन्ट-त्स्वानत्सिग—आदि रूप चलते हैं। डैनिश और डच में जर्मन-क्रम है किन्तु स्वीडिश में अंग्रेज़ी की तरह त्यूगोएन (बीस-एक), त्यूगोत्वा (बीस-दो) रूप चलते हैं। फ्रांसीसी में सोलह तक संस्कृत-क्रम और उसके बाद दहाई की संख्या पहले। स्पेनी में पन्द्रह तक संस्कृत-क्रम चलता है, उसके बाद दहाई का स्थान पहले हो जाता है। पुर्तगाली और इतालवी में बीस के बाद अंग्रेज़ी-क्रम चलता है। चीन-पद्धति यूरोपीय-पद्धति से मिलती-जलती है और अधिक सुसंगत भी है। उसमें ग्यारह-बारह आदि के लिए भी 'शिह्' (दश) में 'ई' (एक), 'एर' (दो) आदि जोड़े जाते हैं। चीनी जैसा ही नियम द्रविड़ भाषाओं में है, यथा : तमिल में पत्तु—दस, पदिनाण्णु—ग्यारह। भाव-प्रकृति के इस भेद से भी संस्कृत-द्रविड़ भाषा-परिवारों की भिन्नता सूचित होती है।

साधारणत: यूरोप की भाषाओं में दहाई की संख्या को पहले और जोड़ी जानेवाली संख्या को बाद में रखने की प्रवृत्ति है। कुछ में ग्यारह-बारह, कुछ में पन्द्रह, कुछ में उन्नीस तक संस्कृत जैसा क्रम चलता है। बाद में उनकी मूल प्रवृत्ति प्रकट हो जाती है जो दहाई को पहले रखती है। कुछ भाषाएँ 'और' से काम लेकर दहाई को बाद में रखती हैं। यह सामान्य नियम केवल संस्कृत और उससे सम्बन्धित भारतीय भाषाओं में ही देखा जाता है कि जैसे ग्यारह-बारह रूप बनते हैं, वैसे ही इक्की-बाईस। इससे सिद्ध हुआ कि दहाई को बाद में रखना संस्कृत भाषा-परिवार की अपनी भाव-प्रकृति है। यूरोप की भाषाओं में उसकी झलक दिखाई देती है खास तौर पर ग्यारह से उन्नीस तक की संख्याओं में; वह उनकी सहज प्रक्रिया नहीं है। स्पष्ट है कि ग्रीक-लैटिन, फ्रांसीसी-अंग्रेज़ी आदि भाषाओं में दो तरह की भाव-प्रकृतियों से संख्यावाचक शब्द-रूपों का गठन हुआ है। एक भाव-प्रकृति बीस-एक, बीस-दो रूप स्वीकार करती है; इसे यूरोपीय भाषाओं की अपनी भाव-प्रकृति कहते हैं। दूसरी भाव-प्रकृति एक-बीस, दो-बीस का क्रम पसन्द करती है; इसे हम भारतीय कहते हैं। यूरोप की भाषाओं में यह क्रम अपवाद रूप में है। उत्तर भारत की भाषाओं में यूरोपवाले क्रम की छाया भी नहीं है। क्या यह आश्चर्य की बात नहीं है कि जिन आर्यों ने पेंक्वे में 'क' की मूल ध्वनि सुरक्षित रखी थी, उन्होंने 'पंच' कहनेवालों पर इस दिशा में कोई असर न डाला? हमारी संख्यावाचक शब्दावली एक नियम से परिचालित होती है और यूरोप के आर्यों की एक से अधिक—परस्पर विरोधी—नियमों से।

परिणाम यह निकलता है कि जिस तरह पंच और दश शब्द पूर्व से पश्चिम गए थे और उनके च्-श्-क् में बदल गए थे, वैसे ही पूर्व की संख्या-पद्धति ने भी ग्रीक-लैटिन-भाषियों को प्रभावित किया। यदि संख्यावाचक शब्दों को पूर्व ने पश्चिम से ग्रहण किया होता तो सम्भावना यह थी कि उनकी बीस-एक, बीस-दो वाली पद्धति का कुछ असर हमारे यहाँ भी दिखाई देता।

भाषा की भाव-प्रकृति का यह एक उदाहरण हुआ।

दूसरा उदाहरण संस्कृत के विभक्ति-चिह्नों से देते हैं। रामस्य में सम्बन्धवाचक. 'स्य' राम के बाद आया है; हिन्दी में भी 'राम का' रूप में सम्बन्धवाचक 'का' बाद में आता है। अगर 'राम के ऊपर' कोई विपत्ति पड़ी हो तो 'के' के बाद ही ऊपर जोड़ा जाएगा, उसके पहले नहीं। यूरोप की भाषाओं में यह विचित्रता है कि जब वे विभक्ति-चिह्न स्वीकार

करती हैं, तब वह मूल शब्द के बाद ही आता है, किन्तु जब उन्हें कोई अन्य सम्बन्धवाचक शब्द इस्तेमाल करना होता है, तब वह मूल शब्द के पहले आता है। सम्बन्धसूचक शब्द वही काम करता है जो विभक्ति-चिह्न। वास्तव में विभक्ति-चिह्न स्वतंत्र शब्द ही थे जो संसर्ग-दोष से स्वतंत्र अस्तित्व खोकर चिह्न मात्र रह गए। संस्कृत-परिवार की भाषाओं में स्वतंत्र सम्बन्धवाचक शब्दों और विभक्ति-चिह्नों के लिए एक-सा नियम है। ग्रीक, लैटिन, रूसी, जर्मन आदि भाषाओं में दो नियम हैं : विभक्ति चिह्न मूल शब्द के बाद आएँगे, सम्बन्धवाचक पहले।

ग्रीक में 'शाम को' के लिए कहेंगे : 'एइस हेस्पेरान्'। यहाँ 'हेस्पेरान्' स्वयं कर्म-कारक है, 'एइस' (को) अलग से जुड़ा हुआ है। 'एथेंस से'—'अप अथीनोन'; अथी-नोन सम्बन्ध-कारक है, अप (अपो) पहले आया है, अलग से। इसी तरह लैटिन में 'इन पोर्तू' (बन्दरगाह में), 'कुम एआ लेगिओने' (सेना सहित), 'एलेफान्तुस् अल्तिओर् एस्त् काम् एकुउस्' (हाथी घोड़े से ऊँचा है)—इन मिसालों में सम्बन्धवाचक शब्द इन्, कुम्, काम् विभक्ति-चिह्न-युक्त मूल शब्द के पहले आए हैं। ऐसे ही रूसी में 'व मस्क्वे' (मॉस्को में), 'ना स्तोले' (मेज़ पर), 'ऊ मेन्या' (मेरे यहाँ, मेरे पास)। जर्मन में 'बिनेन आइनेर स्टुण्डे' (एक घंटे में; बिनेन = में), 'व्हेगेन डेस क्रीगेस', (युद्ध के कारण; व्हेगेन = कारण)। यूरोप की भाषाओं में सम्बन्धवाचक शब्द मूल शब्द के बाद में आए तो उसे अपवाद समझना चाहिए। वैसे ही संस्कृत, हिन्दी आदि भाषाओं में वह मूल शब्द से पहले आए तो उसे अपवाद समझना चाहिए।

इससे दो तरह के भाषा-परिवारों के स्वभाव की भिन्नता प्रमाणित हुई। यूरोपीय भाषाओं को—विशेष कर ग्रीक और लैटिन को—विभक्ति-चिह्न से जब इतना प्रेम था तो अपने स्वभाव के अनुकूल उन्होंने उसे मूल शब्दों से पहले क्यों न बिठाया? इसका एक ही कारण हो सकता है। उन पर संस्कृत या उस परिवार की अन्य भाषाओं का गहरा असर पड़ा जिससे विभक्ति-चिह्न उन्होंने शब्दों के बाद ही रखा किन्तु अपनी सहज भाव-प्रकाशन विधि के कारण सम्बन्धवाचक शब्दों को उन्होंने वाक्य में मूल शब्द के पहले रखा। इस तरह का व्याकरण-भेद मूलत: दो तरह की चिन्तन-पद्धतियों का भेद है। यदि शब्द के अन्त में विभक्ति-चिह्नों का प्रयोग यूरोप की भाषाओं की अपनी विशेषता होती तो वे सम्बन्धवाचक शब्दों को भी उसी प्रवृत्ति के अनुसार मूल शब्द के बाद ही रखतीं।

संस्कृत में क्रिया, संज्ञा, विशेषण आदि में उपसर्ग जोड़कर मूल शब्द के अर्थ में कोई विशेषता उत्पन्न की जाती है : कंप्-प्रकंप्, मत्त-प्रमत्त, स्थान-प्रस्थान, वाद-प्रवाद, इत्यादि। ग्रीक, लैटिन, रूसी आदि भाषाओं में उपसर्ग का यही धर्म है। संस्कृत में विशेषण आएगा तो संज्ञा के पहले, क्रिया-विशेषण होगा तो क्रिया के पहले आएगा। यदि विशेषण की विशेषता ज्ञापित करनेवाला शब्द होगा तो वह भी विशेषण के पहले आएगा। यह संस्कृत का साधारण नियम है। ग्रीक में विशेषण मूल शब्द के पहले भी आते हैं, बाद को भी। 'निकिन एनीकिसान कल्लिस्तीन' (उन्होंने श्रेष्ठ विजय प्राप्त की, निकिन-विजय पहले हैं, बाद को क्रिया, अन्त में विशेषण कल्लिस्तीन श्रेष्ठ। 'एगो फिलो मालिस्त'—मैं बहुत अधिक प्यार करता हूँ। यहाँ मालिस्त (बहुत अधिक) क्रिया के बाद आया। सम्बन्धकारक का प्रयोग भी एक प्रकार से वस्तु का सम्बन्ध या उसकी विशेषता बताने के लिए होता है। संस्कृत में स्वाभाविक रूप से सम्बन्धकारक मूल शब्द से पहले आएगा—जैसे रामस्य पत्नी। अंग्रेज़ी में अँपौस्ट्रोफी एस्

से काम न लिया जाए तो 'वाइफ ऑफ़ राम'—इस तरह का क्रम होगा। ग्रीक में भी यह प्रवृत्ति दिखाई देती है : 'एन आर्खी तोउ लोगोउ' (भाषण के आरम्भ में)—यहाँ भाषण के (लोगोउ) अन्त में है और आर्खी (आरम्भ) पहले है। इसी प्रकार लैटिन में 'फोर्तिस्सिमुस् मीलितुम्'—सैनिकों में श्रेष्ठ। यहाँ 'सैनिकों में' के लिए षष्ठी विभक्ति (मीलितुम्) का प्रयोग हुआ है और वह मूल शब्द के बाद में है। 'तेम्प् ला देओरुम्'—देवताओं के मंदिर; यह वाक्यांश बिलकुल अंग्रेज़ी की तरह है 'टेम्पेल्स ऑफ़ गॉड्स'। इन उदाहरणों से सिद्ध हुआ कि संस्कृत का साधारण नियम विशेषण को मूल शब्द से पहले रखने का है; इसी के अनुरूप उपसर्ग भी शब्द से पहले आता है। ग्रीक-लैटिन आदि भाषाओं में विशेषण पहले भी आता हैं, बाद को भी; कोई साधारण नियम नहीं है। ऐसी स्थिति में इस सम्भावना से इनकार नहीं किया जा सकता कि यूरोप की इन प्राचीन भाषाओं में उपसर्ग के प्रयोग पर संस्कृत-पद्धति का प्रभाव पड़ा है।

संस्कृत का साधारण नियम है कि क्रिया वाक्य के अन्त में आती है। ग्रीक और लैटिन में क्रिया वाक्य के अन्त में आती है और बीच में भी आ सकती है। 'तो थउमाक्सेइन आर्खी एस्ति तिस सोफिआस'—आश्चर्य आरम्भ है ज्ञान का—इस ग्रीक वाक्य में एस्ति क्रिया वाक्य के अन्त में न होकर बीच में है। लैटिन में 'मोन्स एस्त अल्तिओर'—पहाड़ ऊँचा है; 'ओप्पिदुम एरात माग्नुम'—नगर विशाल था;—इन वाक्यों में एस्त और एरात क्रियाएँ वाक्य के बीच में आई हैं, जैसे वे अंग्रेज़ी में आती हैं।

यूरोप की आधुनिक भाषाओं में साधारणत: कर्म क्रिया के बाद आता है। वाक्य के अन्य अंश जिनका क्रिया से सम्बन्ध हो, वे भी प्राय: क्रिया के बाद आते हैं। अंग्रेज़ी में कहेंगे—'दि मैन इज़ हैप्पी।' फ्रांसीसी में 'ल लीव्र ए स्यूर ला ताब्ल'—पुस्तक मेज़ पर है। इतालवी में—'जिउसेप्पे आमा सुआ सोरेल्ला'—जिउसेप्पे अपनी बहन से स्नेह करता है। रूसी में 'उचीतेल राज़दायोत क्नीगी'—अध्यापक पुस्तकें दे रहा है। इन उदाहरणों में क्रिया वाक्य के अन्त में नहीं है, वरन् उसके बाद कम या क्रिया से सम्बन्धित अन्य शब्द आते हैं। इसे हम यूरोपीय भाषाओं का साधारण नियम मानते हैं। लैटिन और ग्रीक में भी यह प्रवृत्ति थी। इससे परिणाम यह निकलता है कि ग्रीक और लैटिन में जहाँ कर्म क्रिया से पहले आता है और क्रिया अपने से सम्बन्धित शब्दों के बाद आती है, वहाँ वाक्य-रचना पर संस्कृत या उस परिवार की अन्य भाषाओं का प्रभाव पड़ा है। यूरोपीय भाषाओं की सहज प्रवृत्ति उनकी वर्तमान वाक्य-रचना में देखी जा सकती है। यह प्रवृत्ति ग्रीक और लैटिन की वाक्य-रचना को भी प्रभावित करने लगी थी। भारत-यूरोपीय परिवार की यूरोपीय भाषाओं में जो आन्तरिक समानता है, वह उनकी वाक्य-रचना में प्रकट होती है। यह वाक्य-रचना विशेष प्रकार की चिन्तन-अभिव्यंजन-पद्धति का परिणाम है जो अत्यन्त प्राचीन होगी। इधर भारतीय भाषाओं में संस्कृत तथा उत्तर भारत की अन्य भाषाएँ वाक्य-रचना में एक-से नियमों का पालन करती हैं : कर्ता पहले, क्रिया अन्त में, विशेषण मुख्य शब्द से पहले, कर्म और क्रिया से सम्बन्धित शब्द क्रिया के बाद न आकर उससे पहले आएँगे। इससे सिद्ध हुआ कि संस्कृत और हिन्दी आदि प्राचीन-नवीन भाषाओं की वाक्य-रचना में मौलिक अन्तर नहीं है। यदि यूरोप से आए हुए 'आर्यों' ने भारतीय भाषाओं को जन्म दिया होता या उन्हें प्रभावित किया होता, तो यहाँ की भाषाओं में भी क्रिया के बाद कर्म को रखने की मिसालें मिलतीं और यूरोप में आधुनिक-प्राचीन भाषाओं की वाक्य-रचना में अधिक साम्य होता।

इसके विपरीत हम देखते हैं कि उनमें इस साम्य का अभाव है। यही नहीं, ग्रीक-लैटिन की वाक्य-रचना कहीं तो संस्कृत के नियमों के अनुकूल होती है, कहीं आधुनिक यूरोपीय भाषाओं के नियमों के अनुकूल होती है। इसका कारण दो भिन्न भाव-प्रकृतियों वाले भाषा-कुलों का प्रभाव ही हो सकता है।

भाव-प्रकृति की दृष्टि से यूरोप की 'आर्य' भाषाएँ जितना सामी परिवार के निकट हैं, उतना भारतीय भाषाओं के नहीं। जैसे अरबी में सम्बन्धवाचक 'लि' का अर्थ है : 'को'; 'लिमलिकिन' का अर्थ हुआ : 'राजा को'। अंग्रेज़ी के समान अरबी का सम्बन्धसूचक शब्द 'प्रिपोज़ीशन' होता है, 'पोस्टपोज़ीशन' नहीं। मलिकिन में 'इन' स्वयं सम्बन्धकारक का चिह्न है। इससे सिद्ध हुआ कि ग्रीक, लैटिन, रूसी आदि भाषाओं के समान अरबी में भी दो तरह की भाव-प्रकृति मिलती है। एक ओर शब्दों के अन्त में सम्बन्धवाचक शब्दांश जुड़े हुए हैं, दूसरी ओर मूल शब्द के पहले भी सम्बन्धवाचक शब्द का प्रयोग होता है। 'ज़ैदुनिब्नु मुहम्मदिन'—मुहम्मद का पुत्र ज़ैद, यहाँ 'मुहम्मद' के साथ जुड़े हुए विभक्ति-चिह्न से ही काम चल गया, 'का' के लिए अलग से सम्बन्धवाचक शब्द का प्रयोग आवश्यक न हुआ। सामी और संस्कृत-परिवारों की भाषाएँ बोलनेवालों का किसी समय घनिष्ठ सम्बन्ध रहा है। इसलिए ग्रीक और लैटिन के समान अरबी आदि सामी भाषाओं के लिए भी यह अनुमान किया जा सकता है कि विभक्ति-चिह्न के रूप में सम्बन्धवाचक शब्द को प्रकृति के बाद में रखना संस्कृत प्रभाव के कारण है। प्रकृति के पहले सम्बन्धवाचक शब्द का प्रयोग सामी भाषाओं की अपनी विशेषता है। 'फ़िलहाल' में 'फ़िल' सम्बन्धवाचक शब्द है जो हाल के पहले आया है; इसी प्रकार 'फिल जुमला' (कुल मिलाकर या संक्षेप में)। यूरोप की भाषाओं और सामी-परिवार की भाषाओं में यह जो समानता दिखाई देती है, वह भी आकस्मिक नहीं है। यूरोप की भाषाओं से तात्पर्य यहाँ 'भारत-यूरोपीय' परिवार की ही यूरोपीय भाषाओं से है। यूरोप की ये भाषाएँ एक ओर भारतीय संस्कृत-परिवार से प्रभावित हुई हैं, दूसरी ओर उन पर सामी-परिवार का भी असर पड़ा है। ये प्रभाव शब्द-भंडार और भाव-प्रकृति में भी स्पष्टत: देखे जा सकते हैं।

अरबी का एक वाक्यांश लीजिए—ख़ादिमुत्तबीबी। इसका अर्थ हुआ तबीब (वैद्य) के ख़ादिम (सेवक)। अंग्रेज़ी में इसका अनुवाद अरबी शब्द-क्रम के अनुरूप होगा—'दि सर्वेन्ट्स ऑव दि डॉक्टर'। संस्कृत-परिवार का साधारण नियम है कि विशेषण का स्थान विशेष्य से पहले है। कैसे सेवक? वैद्य के सेवक। इसलिए हिन्दी में 'वैद्य के' यह टुकड़ा सेवक से पहले आएगा। अंग्रेज़ी और अरबी दोनों में विशेषण का काम करनेवाला यह अंश मूल शब्द के बाद आता है। यह प्रवृत्ति सामी भाषाओं में ही अधिक संगत रूप में मिलती है। 'वलदहु'—उसका बेटा; यहाँ 'हु' (उसका) मूल शब्द 'वलद' (बेटा) के बाद आया है। अरबी में यह प्रवृत्ति अधिक संगत रूप में मिलती है, इसलिए यूरोपीय भाषाओं में उसे सामी-प्रभाव का परिणाम माना जा सकता है।

ख़ुदावन्द्-इ-हक़ीक़ी—अरबी के इस टुकड़े में विशेष्य ख़ुदावन्द पहले है, विशेषण हक़ीक़ी (वास्तविक) बाद में। 'अल्लाह ताला' में ताला विशेषण (महान्) बाद में है, अल्लाह पहले। शम्-इ-काफ़ूरी (कपूर की बत्ती)—शमा पहले, काफ़ूरी बाद में। इसी प्रकार मुर्ग़्-इ-सहर (प्रभात का पक्षी)—सम्बन्धवाचक 'इ', सहर से पहले आया, हिन्दी-संस्कृत आदि में वह बाद में आता। 'व लउ शरिब्तु बुहूरा' (चाहे मैं समुद्रों को पी जाऊँ)—यहाँ यूरोपीय

भाषाओं के साधारण नियम के अनुकूल शरिब्तु क्रिया पहले है, बुहूरा (समुद्रों को) कर्म बाद में है। 'ज़रब ज़ैदुन् अम्रन्' (ज़ैद ने अम्र को मारा)—यहाँ क्रिया वाक्य के आरम्भ में है, कर्म अन्त में। हिन्दी-संस्कृत में इस तरह का वाक्य अपवाद होगा। 'अल् फ़क्रु सवादुल वजहि फिद् दारैनी' (ग़रीबी दोनों जहां में मुँह की कालिख है)—इस वाक्य में 'फिद् दारैनी' (दोनों जहां में) अंग्रेज़ी आदि की प्रकृति के अनुकूल वाक्य के अन्त में आया। 'वल्लाहु युहिब्बुल मुहसिनीन' (ईश्वर परोपकारियों से प्रेम करता है)—क्रिया युहिब्बु पहले, कर्म मुहसिनीन बाद में।

फ़ारसी आर्य-परिवार की भाषा है किन्तु उस पर भी अरबी का गहरा असर पड़ा है। अज़ सर—आरम्भ से, अज़ मा—हम से, दर ख़्वाब—नींद में, शहीदम् मन् वले न दर कनान— मैं सुन्दर हूँ लेकिन कनान में नहीं; यहाँ सम्बन्धवाचक अज़ और दर मूल शब्द से पहले आए हैं। फ़ारसी ने यहाँ संस्कृत-परिवार की अपनी प्राचीनतर पद्धति छोड़कर सामी-परिवार की नई रीति अपनाई है। अरबी रीति से ही आब्-इ-दीदा—दीदा (आँखों) का आब (पानी) जैसे प्रयोगों का चलन हुआ है। फ़ारसी, लैटिन, रूसी, संस्कृत, हिन्दी आदि भाषाओं में निश्चयबोधक विशेषण (डेफिनिट आर्टिकल) का प्रयोग साधारण नियम नहीं है। ग्रीक, जर्मन, इतालवी, फ्रांसीसी, अंग्रेज़ी आदि भाषाओं में उसका प्रयोग साधारण नियम है। इसका कारण भी सामी भाषाओं का प्रभाव मालूम होता है। अरबी में मकान के लिए 'बैंतु' कहना काफी नहीं है, निश्चयबोधक् अल् जोड़कर अल्बैतु कहना आवश्यक होता है। ग्रीक में हो, ही, तो जर्मन में डेर, डी, डास; अंग्रेज़ी में दि, फ्रांसीसी में ल, ला; इतालवी में इल, लो, ला आदि निश्चयबोधक शब्द सामी भाषाओं का प्रभाव सूचित करते हैं।

संस्कृत और यूरोपीय भाषाओं की भिन्नता कुछ धातु रूपों में देखी जा सकती है। संस्कृत में जब भविष्य काल के रूप बनाते हैं, तब मूल धातु में 'इष' जोड़ देते हैं। इस तरह गम् से गमिष्यति, गमिष्यामि आदि रूप बनते हैं। ग्रीक-क्रियाएँ साधारणत: भविष्य काल में धातु के साथ सकार जोड़ती हैं। अकोउओ (सुनना)—अकोउसोमाइ; गेलो (हँसना)—गेलासोमाइ; एपिस्तामाइ (जानना)—एपिस्तिसोमाइ। लैटिन धातुएँ—अवधी-भोजपुरी के जाबऽ, खइबे आदि की तरह—कभी-कभी भविष्य काल के लिए 'भू' धातु से काम लेती हैं। लाउदो (प्रशंसा करना)—लाउदाबो; मोनेओ (सलाह देना)—मोनेबो। चाहे इष् का 'स' हो, चाहे भू का 'ब' हो, वह आता है धातु के बाद ही। किन्तु अंग्रेज़ी में कहेंगे—'आई विल गो'। भविष्यवाचक 'विल' गो के बाद न आकर पहले आया। रूसी में 'या बूदू चितात्' (मैं पढ़ूँगा)—यहाँ भी भू धातु का बूदू रूप चितात् (पढ़ना) से पहले आया। फ्रांसीसी और इतालवी भाषाएँ साधारणत: लैटिन-पद्धति का अनुकरण करती हैं और भविष्यवाचक चिह्न धातु के अन्त में लगाती हैं। इससे यह निष्कर्ष निकला कि मूल किया के अन्त में भविष्यवाचक चिह्न या अन्य धातु जोड़ना यूरोपीय भाषाओं का सामान्य धर्म नहीं है। इसके विपरीत, हमारे यहाँ गमिष्यति-गमिष्यामि से लेकर जैहों, जैबे, जाएँगे आदि सभी रूपों में एक ही नियम का पालन होता है। हमारे यहाँ की भाषाओं और बोलियों की भाव-प्रकृति में मौलिक अन्तर नहीं है। यूरोपीय भाषाओं की प्रवृत्ति ग्रीक-लैटिन से स्वतंत्र दिखाई देती है।

इसी प्रकार सहायक क्रियाओं को जोड़कर क्रिया के विभिन्न काल प्रकट करने की यूरोपीय पद्धति ग्रीक-लैटिन का अनुसरण नहीं करती। अंग्रेज़ी में हैज़, हैव, हैड, आदि 'विल' के समान मूल क्रियावाचक शब्द के पहले आएँगे। यही हाल जर्मन, फ्रांसीसी आदि का है।

फ्रांसीसी में भविष्यकाल लैटिन पद्धति का अनुसरण करता है, लेकिन सहायक क्रियाओं का व्यवहार उसमें अन्य यूरोपीय भाषाओं के समान ही होता है। 'इल आ व्यू ल र्‌वा—उसने बादशाह को देखा; यहाँ 'आ' अंग्रेज़ी के 'हैज़' का समकक्ष है और 'व्यू' 'सीन' का। इसके विपरीत हिन्दी में 'उठ बैठे थे', 'चले जा रहे होंगे' आदि वाक्यांशों में क्रियाओं की शृंखला बना दें, फिर भी मूल क्रियावाचक शब्द पहले ही आएगा जो संस्कृत का नियम भी है। ग्रीक-लैटिन की प्रकृति अनेक बातों में यूरोपीय भाषाओं से भिन्न है और संस्कृत के अधिक निकट है। इधर भारतीय भाषाओं और संस्कृत की भाव-प्रकृति में वैसा गहरा भेद नहीं दिखाई देता, जैसा यूरोप की आधुनिक और प्राचीन भाषाओं में इस भेद का कारण पूर्वोल्लिखित सामी-प्रभाव हो सकता है।

संस्कृत में क्रिया का वचन और पुरुष वही होता है जो कर्ता का। यही नियम ग्रीक और लैटिन में भी है। किन्तु अंग्रेज़ी में 'आई गो', 'वी गो', 'दे गो' लेकिन 'ही गोज'। भूतकाल और भविष्य में 'विल गो' आई, ही, दे—सभी के साथ चलता है। लेकिन 'गोइंग' के साथ 'इज, वाज, वेयर, ऐम' आदि विभिन्न क्रियाएँ लगेंगी। इसका अर्थ यह हुआ कि अंग्रेज़ी में दोनों प्रवृत्तियाँ काम करती हैं; कर्ता के अनुसार क्रिया का वचन और पुरुष बदलते भी हैं और नहीं भी बदलते। जर्मन में वर्तमान और भूतकाल में कर्ता के अनुसार क्रिया का पुरुष-वचन बदलता है किन्तु भविष्य, परोक्ष, भूत आदि कालों में जहाँ सहायक क्रिया से काम लिया जाता है, वहाँ सहायक क्रिया का वचन-पुरुष ही बदलता है, मूल क्रिया अपरिवर्तित रहती है। 'एर ह्विर्ड, लोबेन'—वह प्रशंसा करेगा; 'ज़ी ह्वेर्डेन लोबेन'—वे प्रशंसा करेंगे; इन वाक्यों में लोबेन रूप ज्यों-का-त्यों रहा। इसके विपरीत हिन्दी में वह गाएगा, वे गाएँगे, मैं गाऊँगा—इन वाक्यों में गाना क्रिया के रूप बदलते रहते हैं। जर्मन भाषा पुरुष-वचन के मामले में ग्रीक-लैटिन से किंचित् समानता रखती है, पूर्ण रूप से उनकी अनुगामिनी नहीं है। फ्रांसीसी में क्रिया पुरुष-वचन में कर्ता का अनुसरण करती है किन्तु सहायक-क्रिया के साथ कभी वह परिवर्तनशील होती है, कभी अपरिवर्तनशील। परिवर्तित होने पर लिंग-भेद भी होता है। साइकिल जो कारबारी ने बनाई—'ला बिसिक्लेत क ल फाब्रिकाँ आ फेत (faite)'; साइकिल जो कि मैंने खुद बनाई है—'ला बिसिल्केत क ज़ म सुइ फे (fait) फेयर।' पहले वाक्य में 'फेत' एक वचन और स्त्रीलिंग है; दूसरे में 'फे' अपरिवर्तनशील है, उसके बाद 'फेयर' क्रिया और आती है। रूसी में वर्तमान काल में कर्ता के अनुसार क्रिया बदलती है। भूतकाल में वचन के साथ क्रिया में लिंग-भेद भी होता है, उसने (पुरुष) लिखा—अन पिसाल; उसने (स्त्री) लिखा—अना पिसाला। भविष्यकाल में जर्मन की तरह सहायक-क्रिया ही बदलती है (सहायक-क्रिया को कुछ लोग मूल क्रिया मानें तो हमें आपत्ति नहीं), मूल क्रिया अपरिवर्तनशील रहती है। पुरुष-वचन के मामले में आधुनिक यूरोपीय भाषाएँ काफी स्वच्छन्दता से काम लेती हैं; एक सीमा तक ही वे ग्रीक-लैटिन का अनुसरण करती हैं। वर्तमान काल में प्राय: सभी संस्कृत-ग्रीक की पुरुष-वचन-सम्बन्धी संगति को स्वीकार करती हैं; अन्य कालों में भेद बढ़ते जाते हैं। इसका कारण यह हो सकता है कि भाषा के विकास-क्रम में वर्तमान काल की उद्भावना पहले हुई, अन्य कालों की बाद में। ग्रीक-लैटिन और संस्कृत के वर्तमान-काल में जितनी समानता है, उतनी भविष्यकाल में नहीं। संस्कृत में अस् धातु के भविष्य काल में वही रूप होते हैं जो भू धातु के, जिसका अर्थ है, अस् धातु के भविष्य काल में अपने रूप होते ही नहीं हैं। उत्तर-भारत की आधुनिक

भाषाएँ पुरुष-वचन के मामले में जितना संस्कृत के निकट हैं, उतना यूरोप की आधुनिक भाषाएँ ग्रीक-लैटिन के नहीं हैं।

लिंग-भेद में यूरोप की आधुनिक और प्राचीन भाषाओं में अधिक समानता है। रूसी में भूतकाल के क्रिया रूप लिंग के अनुसार बदलते हैं; वैसै ही कभी-कभी फ्रांसीसी में। जर्मन में यह परिवर्तन नहीं होता। किन्तु लिंग-भेद का सम्बन्ध उतना क्रिया से नहीं है जितना संज्ञा, सर्वनाम और विशेषणों से। अंग्रेज़ी लिंग-भेद से प्राय: मुक्त है यद्यपि 'ही' और 'शी' सर्वनामों में प्राचीन लिंग-भेद की शेष स्मृति बनी हुई है। प्राचीन व्याकरणों का अनुसरण करते हुए भले ही विद्यार्थियों को अंग्रेज़ी में भी शब्दों का लिंग-भेद बताने का प्रयत्न किया जाए, पर वास्तविकता यह है कि अंग्रेज़ी की भाव-प्रकृति लिंग-भेद स्वीकार नहीं करती। इस दृष्टि से वह बंगला के समान है। उतर-भारत की अधिकांश भाषाओं की तरह फ्रांसीसी, रूसी आदि आधुनिक यूरोपीय भाषाएँ स्त्रीलिंग और पुल्लिंग, इन्हीं दो लिंगों को पर्याप्त समझती हैं। जर्मन और मराठी में प्राचीन भाषाओं के समान तीनों लिंग हैं। शब्दों की लिंगहीनता भाषा के अधिक जनतांत्रिक होने का सबूत हो सकती है, किन्तु लिंग-भेद का सम्बन्ध केवल स्थूल उपादेयता से न होकर सौन्दर्यबोध से भी हैं। शब्द जिस पदार्थ की ओर संकेत करता है, वह वास्तविक जीवन में किस लिंग का है या लिंग-भेद से परे है, यह बात सदा महत्त्वपूर्ण नहीं होती। शब्द की अपनी सापेक्ष स्वतंत्रता है; उसकी ध्वनि और रूप के अनुसार जनता उसका लिंग निश्चित करती है। पुस्तक लैटिन और फ्रांसीसी में (लिबेर, लीव्र) पुल्लिंग है, ग्रीक (बिल्बोस) और हिन्दी में स्त्रीलिंग, संस्कृत और जर्मन (बुख़) में नपुंसक लिंग। संस्कृत में कलत्र के समान जर्मन में मैड्ख़ेन(कुमारी) नपुंसक लिंग है। हिन्दी में राह अच्छी है और रास्ता अच्छा है।

हिन्दी में सर्वनामों में लिंग-भेद नहीं होता, लेकिन अवधी में 'वह' के दो रूप होते हैं : 'वहु जात है', 'वह जाति है', वह पुल्लिंग, वह स्त्रीलिंग। क्रियाओं में 'है' और 'हैं' में लिंग-भेद नहीं होता किन्तु 'था, थी, थे, थीं' में लिंगानुसार परिवर्तन होता है। करता, करती, जाता, जाती, आदि क्रिया-रूपों में भी लिंग-भेद होता है लेकिन वे जाएँगे, वे जाएँगी में केवल भविष्य-सूचक शब्द में परिवर्तन होता है। इसके विपरीत अवधी में 'वी जइहैं' स्त्रियों और पुरुष दोनों के लिए प्रयुक्त होगा; इसी प्रकार 'हम जइबे' दोनों के लिए उपयुक्त है किन्तु खड़ी बोली में 'हम जाएँगे' और 'हम जाएँगी' होगा। रूसी में लकारान्त भूतकाल में लिंग-भेद होता है, जैसे 'अन पिसाल' (पुं.) 'अना पिसाला', किन्तु वर्तमान और भविष्यकाल में—भविष्यकाल में अनेक धातुएँ बूदू (भू) के बिना भी अपना रूप परिवर्तित करती हैं—लिंग-भेद नहीं होता। संस्कृत में क्रिया-भाव को प्रकट करने के दो तरीके हैं : एक तो साधारण क्रिया-रूप में प्रयोग, दूसरा विशेषण रूप में प्रयोग। रूसी, हिन्दी आदि में जहाँ लिंग-भेद होता है, वहाँ यह दूसरी प्रवृत्ति काम करती है अर्थात् 'जाता है, जाती हैं'—में जाता और जाती विशेषण की तरह प्रयुक्त होते हैं। यह असम्भव नहीं है कि क्रिया के उपयोग, की ये दो पद्धतियाँ दो भिन्न भाव-प्रकृति वाले भाषा-परिवारों के सम्पर्क का परिणाम हों।

रूप-गठन की दृष्टि से कुछ भाषाएँ विश्लेषणात्मक कहलाती हैं, जैसे अंग्रेज़ी। इनमें शब्दों के साथ विभक्ति-चिह्न नहीं जुड़ते या उनमें रूप-विकार नहीं होता। इनसे भिन्न संश्लिष्ट भाषाएँ हैं जिनमें रूप-विकार होता है, शब्दों में विभक्ति-चिह्न जुड़ते, हैं। कुछ विद्वान चीनी जैसी भाषाओं को वियोगात्मक कहते हैं क्योंकि उनमें समास का प्रयोग नहीं

होता; शब्द एक-दूसरे से अलग और अपरिवर्तित रहते हैं। तुर्की जैसी भाषाएँ संयोगात्मक कहलाती हैं; उनमें शब्दों का रूप नहीं बदलता लेकिन शब्द एक-दूसरे से जड़कर समास-रूप ग्रहण करते हैं। तुर्की जैसी भाषा में रूप-विकार-सूचक जो प्रत्यय जुड़ते हैं, वे संस्कृत जैसी संश्लिष्ट भाषा के प्रत्ययों से मूलत: भिन्न नहीं हैं। उदाहरण के लिए तुर्की का जान (आत्मा) शब्द ले सकते हैं :

	एकवचन	**बहुवचन**
कर्ता	जान्	जान्-लेर्
कर्म	जान्-इ	जान्-लेर्-इ
सम्प्रदान	जान्-एह्	जान्-लेर्-एह्
अपादान	जान्-दान्	जान्-लेर्-दान्
सम्बन्ध	जान्-एन्	जान्-लेर्-इन्

इसी तरह धातु-रूप का लीजिए :

गैलियोरुम्	—	मैं आ रहा हूँ;
गेलियोर्सुन्	—	तू आ रहा है;
गेलियोर्	—	वह आ रहा है;
गेलियोरुज़	—	हम आ रहे हैं;
गेलियोर्सुनुज़	—	तुम आ रहे हो;
गैलियोर्लार	—	वे आ रहे हैं;
गेलियोर्दुम्	—	मैं आ रहा था;
गैलियोर्दुन्	—	तू आ रहा था;
गोनियोर्दु	—	वह आ रहा था;
गेलिसोर्दुक	—	हम आ रहे थे;
गेलियोर्दुनुज़्	—	तुम आ रहे थे;
गेलियोर्लार्दि	—	वे आ रहे थे।

यद्यपि मूल धातु में परिवर्तन नहीं होता, किन्तु उससे जुड़नेवाले प्रत्यय काल, पुरुष, वचन के अनुसार बदलते रहते हैं।

रूसी भाषा संस्कृत-परिवार के सर्वाधिक निकट है किन्तु फ़ारसी के समान उसकी भाव-प्रकृति भी सामी-परिवार से प्रभावित जान पड़ती है। फ़ारसी के समान सम्बन्धवाचक शब्द रूसी में प्रकृति से पहले ही नहीं आते, वरन् उनमें ध्वनि-सम्बन्धी समानता भी है। फ़ारसी अज़ के समान रूसी इज़ 'से' के लिए प्रयुक्त होता है, इज़-परीझा—पैरिस से। साथ ही रूसी 'अत्' संस्कृत के पंचमी विभक्ति-चिह्न से मिलता है—राम+अत्, रामात्। इससे एक तो यह सिद्ध होता है कि स्लाव भाषाओं ने सामी और आर्य, दोनों परिवारों का प्रभाव ग्रहण किया है; दूसरे इस तथ्य का संकेत मिलता है कि संश्लिष्ट वर्ग की संस्कृत भाषा के रामात् जैसे रूपों में अत् जैसे विभक्ति-चिह्न कभी स्वतंत्र सम्बन्धसूचक शब्द थे।

रूसी-फ़ारसी की उपर्युक्त समानता से हम तुर्की-अरबी की एक प्रत्यय-समानता की तुलना कर सकते हैं। अरबी में मुहम्मदिन् का अर्थ होगा—मुहम्मद का। तुर्की में भी इसका ठीक यही अर्थ होगा। दोनों ही भाषाओं में 'इन्' प्रत्यय सम्बन्धवाचक है। अरबी में उसे शब्द

से अभिन्न मानकर हम उसे संश्लिष्ट भाषा की विशेषता मानते हैं; तुर्की में उसे शब्द से भिन्न मानकर हम उसे संयोगात्मक भाषा की विशेषता मानते हैं। प्रत्यय एक ही है, उसका अर्थ एक ही है, उसके प्रयोग का स्थान भी एक है; किन्तु भाषा के प्रति दृष्टिकोण की भिन्नता से उसकी व्याख्या अलग-अलग है। यह भी उल्लेखनीय है कि सम्बन्धवाचक शब्दों या शब्दांशों के प्रयोग में तुर्की संस्कृत की समानधर्मा है। अरबी में जहाँ सम्बन्धसूचक शब्द प्रकृति के पहले आते हैं, वहाँ तुर्की में वे सदा प्रकृति का अनुसरण करते हैं। अदम—मनुष्य, अदमा—मनुष्य के लिए; एव—घर, एव-दे—घर में, एव-देन—घर से। तुर्की की वाक्य-रचना भी अरबी तथा यूरोपीय भाषाओं से भिन्न संस्कृत-हिन्दी के अधिक निकट होती है। 'बु किताबि अकदश-इनिज़ अहमत्-तेन अल्दिम्—(मैं) यह पुस्तक तुम्हारे मित्र अहमद से लाया; इस वाक्य में क्रिया अन्त में है, कर्म उससे पहले, 'तुम्हारे मित्र अहमद से'—यह टुकड़ा भी, अंग्रेज़ी-अरबी से भिन्न, क्रिया से पहले आया है। अपनी भाव-प्रकृति के कारण तुर्की यूरोप की अनेक भाषाओं की तुलना में संस्कृत के अधिक निकट है। यूरोप की 'आर्य' भाषाएँ संस्कृत से अधिक अरबी की भाव-प्रकृति का अनुसरण करती हैं।

चीनी भाषा के लिए कहा जाता है कि वह एक-स्वरिक (मोनो सिलैबिक) है। वास्तव में चीनी भाषा एक-स्वरिक न होकर बहु-स्वरिक है। उसकी मूल धातुएँ एक-स्वरिक हैं और उनके आधार पर बहु-स्वरिक शब्दों की रचना हुई है। गोङ्-चानझयी (साम्यवाद) एक ही शब्द कहा जाएगा यद्यपि उसमें चार स्वरिक हैं। सम्भव है, कुछ अन्य भाषाएँ भी—जो बहु-स्वरिक मानी जाती हैं—पहले एक-स्वरिक रही हों! संस्कृत की धातुएँ साधारणत: एक-स्वरिक हैं। संस्कृत के बहुत-से शब्द एक या दो अक्षरों के हैं, खं (आकाश), कु: (पृथ्वी), नु: (प्रशंसा), श: (शिव) इत्यादि। संस्कृत के क्रियारूपों में जो चिह्न जोड़े जाते हैं, वे विद्वानों की धारणा के अनुसार यदि सर्वनाम ही हैं, तो संस्कृत की क्रियाएँ किसी समय अपरिवर्तनशील और एक-स्वरिक रही होंगी। जो सर्वनाम उनके साथ प्रयुक्त होते थे, वे उनका अंग बन गए। कुछ शब्दों में ध्वनि-सौन्दर्य के लिए या अर्थ-विकार के लिए नये वर्ण जोड़ दिये गए हैं जिससे मूल शब्द का एक-स्वरिक रूप छिप गया है—जैसे फ्रांसीसी भाषा का सैर (soeur) इतालवी में सोरेल्ला हो गया है। बहन के समान भाई के लिए भी इतालवी में फ्रातेर से आगे बढ़कर फ्रातेल्लो शब्द है। सम्भव है कि फ्रातेर या भ्राता की मूल धातु भ्रा रही हो और उसमें 'ता' या 'तर' अर्थ-विकार के लिए जोड़ा गया हो! संस्कृत के दश शब्द को लीजिए। इसमें दो वर्ण हैं : द और श। विंशति में विं है दो के लिए; दश के लिए बचा केवल 'श'। चीनी में दश के लिए 'शिह' शब्द है। रूसी में दश के लिए 'देस्यत्' है जिसमें दे (द) के अलावा त (शत के त की तरह) भी लगा हुआ है। इस प्रकार दशवाचक मूल शब्द एक-स्वरिक शि या श सिद्ध हुआ।

अरबी आदि सामी भाषाओं के लिए कहा जाता है कि इनकी धातुएँ तीन अक्षरों की हैं। फ्रांसीसी भाषाविद् अर्नेस्त रेनाँ इस भाषा-परिवार पर अपने ग्रंथ[1] में इससे भिन्न मत प्रकट करते हैं। उनका कहना है कि तीन अक्षरों की धातुओं की बात वैयाकरणों की गढ़न्त है। तीन अक्षरों में एक अक्षर निर्बल होता है; वास्तव में प्रत्येक धातु में दो मूल अक्षर होते हैं जिनसे एक ही स्वरिक (सिलेबल) बनता है। उनका विचार है कि यदि भारत-यूरोपीय भाषा-परिवार में कोई साम्य है, तो उसे यहाँ (यानी धातुओं के एक-स्वरिक रूप में) देखना चाहिए।

1. 'इस्त्वार जेनेराल ए सिस्तेम कोम्पारे दे लांग सेमीतीक', पेरिस, 1855

संस्कृत के समान अरबी भी संश्लिष्ट और रूपविकार वाली भाषा मानी जाती है किन्तु रेनाँ सामी-परिवार की धातुओं का विश्लेषण करते हुए इस महत्त्वपूर्ण परिणाम पर पहुँचते हैं : "इस प्रकार हम सरल और एक-स्वरिक भाषा तक पहुँचते हैं जिसमें रूप-विकार नहीं हैं (sans flexiones) जिसमें व्याकरण के निश्चित भेद नहीं (sans categories grammaticales), जो शब्दों के क्रम द्वारा या उनके संयोग द्वारा (रेनाँ ने l'agglutination शब्द का प्रयोग किया है जो तुर्की जैसी भाषाओं की विशेषता प्रकट करने के लिए इस्तेमाल किया जाता है) विचार की व्यंजना करती है; संक्षेप में हम ऐसी भाषा तक पहुँचते हैं जो चीनी भाषा के प्राचीनतम रूपों से काफी मिलती-जुलती है।" (प्रथम भाग, पृ. 87)

सामी और आर्य भाषा-परिवार परस्पर भिन्न और विरोधी समझे जाते हैं। धार्मिक भावनाएँ वास्तविक और कल्पित भेद को बढ़ा-चढ़ा कर पेश करती हैं; कुछ लोग इस भेद को नस्ल (रेस) के भेद से मिला देते हैं। उनके विचार से प्राचीन ग्रीक-लैटिन-संस्कृत भाषाएँ महान् थीं क्योंकि वे संश्लिष्ट थीं। उनकी अपूर्व भावाभिव्यंजन-क्षमता का कारण यह था कि गौर वर्ण के आर्यों का रक्त काले-पीले वर्णों वाली नस्लों के रक्त से श्रेष्ठ था। इसके विपरीत एक दूसरा सिद्धान्त है कि भाषाओं में जो व्याकरण-सम्बन्धी विशेषताएँ दिखाई देती हैं, वे विकास-क्रम में उनकी अर्जित विशेषताएँ हैं, उनका रक्त से कोई सम्बन्ध नहीं है। इस मत के अनुसार विभिन्न भाषा-परिवारों की धातुओं—मूल शब्दों—के विश्लेषण से हम इस परिणाम पर पहुँचते हैं कि जैसे सामाजिक विकास की आदि-दशा में वर्ण-व्यवस्था नहीं थी वरन् प्रत्येक मनुष्य कर्म करने में स्वतंत्र था, वैसे ही आरम्भ में व्याकरण-व्यवस्था भी नहीं थी; भाषा के मूल शब्द न क्रिया थे, न विशेषण, न संज्ञा, वरन् वे आवश्यकतानुसार क्रिया, विशेषण, संज्ञा—सभी कुछ हो सकते थे। यह मत रेनाँ ने (उप. पृ. 89) 1855 में प्रकट किया था जब डार्विन ने अपने विकास-सिद्धान्त का प्रचार न किया था। उस समय अनेक क्षेत्रों में काम करनेवाले विद्वान विकासवादी धारणाओं की ओर उन्मुख हो रहे थे। भाषा-तत्त्वविद् भी भाषाविज्ञान में विकासवादी दृष्टिकोण से अपनी समस्याएँ हल करने की कोशिश कर रहे थे। उन्होंने देखा कि भाषा अचल और अपरिवर्तनशील नहीं है; विभिन्न योनियों के पशुओं के समान भाषाएँ भी मानव-समाज की विकास-प्रक्रिया का फल हैं। भाषा के क्षेत्र में व्याकरण को कोई भी विशेषता अचल, अनादि और अपरिवर्तनशील नहीं है। उनका इस परिणाम पर पहुँचना स्वाभाविक था कि संज्ञा, क्रिया, विशेषण आदि के भेद सनातन नहीं हैं; भाषा की स्थिति ऐसी हो सकती है जब उसमें यह भेद न रहा हो। उन्नीसवीं सदीं के तुलनात्मक भाषाविज्ञान में जहाँ अनेक खामियाँ हैं, वहाँ ऐतिहासिक अनुसन्धान से पुष्ट उसका विकासवादी दृष्टिकोण विज्ञान की बहुत बड़ी देन है। इसी कारण सामी भाषाओं के प्रसंग में रेनाँ भाषा की भाव-प्रकृति को एक तरल प्रवाह के रूप में देखते हैं।

एक आधुनिक लेखक ने बोलचाल की चीनी भाषा पर अपनी पुस्तक[1] में व्याकरण के बारे में लगभग इसी दृष्टिकोण का परिचय दिया है। उनका कहना है कि जिसे दूसरी भाषाओं के सिलसिले में व्याकरण की संज्ञा दी जाती है, उसका चीनी में अभाव है (जिसका अर्थ यह नहीं है कि चीनी भाषा की अपनी भाव-प्रकृति नहीं है)। उसमें यूरोपीय भाषाओं की तरह 'आर्टिकल' (ए, दि, आदि) नहीं हैं (जो रूसी, हिन्दी, संस्कृत आदि में भी नहीं हैं), संज्ञाओं में प्राकृतिक भेद के अलावा लिंग-भेद नहीं होता (जैसे बंगला में नहीं है), संज्ञा और

1. ए. नेवील जे, व्हाईमेंट, 'कोलोकियल चाइनीज', 1943

क्रिया में रूप-विकार होता है। सर्वनामों और सम्बन्धसूचक शब्दों का प्रयोग यथासम्भव कम होता है। "एक ही शब्द संज्ञा, क्रिया, विशेषण या क्रिया-विशेषण की तरह स्वच्छन्दता से प्रयुक्त हो सकता है; जो परिवर्तन होता है, वह इतना ही कि उसे वाक्य के एक हिस्से से उठाकर दूसरे हिस्से में रख देते हैं।" चीनी व्याकरण की विशेषता वाक्य में शब्द की स्थिति पर निर्भर है; इस स्थिति के परिवर्तन से ही चीनी जनता उन आवश्यकताओं की पूर्ति कर लेती है जिनके लिए अन्य भाषाओं ने अपने क्रिया-संज्ञा-विशेषण-रूप-विकार आदि से समन्वित व्याकरण रचे हैं।

चीनी की वाक्य-रचना सामी और यूरोपीय भाषाओं की वाक्य-रचना से मिलती-जुलती है। एक चीनी वाक्य लें—'वो शी यिङ्-गुओ रेन' (मैं हूँ अंग्रेज़ जन); संस्कृत-हिन्दी के समान क्रिया वाक्य के अन्त में न होकर मध्य में है; कर्म का स्थान क्रिया के बाद है, न कि उसके पहले। चीनी में तुर्की भाषा की तरह शब्द जोड़कर लिंग, वचन, काल आदि के भेद सूचित किए जाते हैं। 'मैं' के लिए 'वो' है तो बहुवचन हम के लिए 'वोमेन'। 'हमारा' के लिए इसी में 'दे' और जोड़ दिया और शब्द बना : 'वोमेन् दे'। इसी प्रकार काल-भेद में; 'गान्' माने 'करना', 'गान्वान' का अर्थ हुआ : 'कर चुका'। चीनी में सम्बन्धसूचक शब्दों का प्रयोग संस्कृत-हिन्दी पद्धति से होता है। 'पर्वत' के लिए 'शान', 'पर्वतों में' के लिए कहेंगे 'शान-लि'। चीनी में व्याकरण का अभाव नहीं है, वरन् उसमें व्याकरण की अनेक विशेषताएँ ऐसी हैं, जैसी तुर्की या अंग्रेज़ी में हैं।

भाषा की भाव-प्रकृति के विवेचन से मुख्य निष्कर्ष यह निकलता है कि व्याकरण की कोई भी विशेषता अनादि नहीं है। भाषा के अन्य तत्त्वों की तरह ही व्याकरणगत विशेषताओं का विकास दुआ है। संज्ञा, क्रिया, आदि के भेद निरपेक्ष और अपरिवर्तनशील न होकर सापेक्ष और परिवर्तनशील हैं।

कुछ अंग्रेज़ विद्वान अपनी भाषा की विश्लेषणात्मक प्रकृति पर गर्व करते हैं और उसे पुराने जर्मन संश्लिष्ट रूप की तुलना में प्रगति का बहुत बड़ा चिह्न मानते हैं (जिससे जर्मन जाति से अंग्रेज़ जाति की श्रेष्ठता सिद्ध होती है)। उनके इस प्रगति-सिद्धान्त के मार्ग में चीनी भाषा एक बहुत बड़ी बाधा है। अंग्रेज़ी के लिए कहा जाता है कि वह प्राचीन संश्लिष्ट रूप से प्रगति करती हुई असंश्लिष्ट रूप तक पहुँची लेकिन चीनी के लिए यह सवाल ही नहीं उठा; वह आरम्भ में ही पूर्ण प्रगतिशील बनकर अवतरित हुई! उधर सामी भाषाओं के बारे में कुछ विद्वानों की धारणा है कि आरम्भ में वे असंश्लिष्ट थीं, बाद को संश्लिष्ट बनीं। इससे इतना तो पता चलता है कि भाषाओं की भाव-प्रकृति एक-सी नहीं रहती; इस भाव-प्रकृति के परिवर्तन की एक ही दिशा नहीं है। व्याकरण की किन्हीं विशेषताओं या उनके अभाव को हम भाषा की प्रगति या पिछड़ेपन का प्रमाण नहीं मान सकते।

द्रविड़ भाषाओं का अध्ययन करते हुए फ्रांसीसी भाषाविद् ज़्यूल ब्लॉख़ ने लिखा है कि क्रिया के रूपों में प्रत्ययों की व्यवस्था अपर्याप्त है और "क्रिया और संज्ञा का प्राचीन अभेद अभी तक दिखाई देता है।"[1] ब्लॉख़ ने इस धारणा का भी समर्थन किया है कि द्रविड़ भाषा-परिवार पश्चिम से भारत में आया है। इसका कारण यह बताया गया है कि इस परिवार की भाषाएँ बहु-स्वरिक हैं, उनमें उपसर्ग और अन्त:प्रत्यय (infixes) नहीं लगते, उनमें रूप-विकार (flexion) होते हैं।

1. 'द ग्रैमेटिकल स्ट्रक्चर ऑफ़ द्रविडियन लैंग्वेजेज़', पृ. 126

वास्तव में द्रविड़ भाषाओं की प्रकृति साधारणत: भारतीय भाषाओं से मिलती है, न कि यूरोपीय भाषाओं से। यूरोपीय भाषाओं के विपरीत द्रविड़ भाषाओं में क्रिया वाक्य के अन्त में आती है। 'नांगल् पाल् कुडित्तोम्'—हमने दूध पिया; तमिल के इस वाक्य में संस्कृत-हिन्दी के समान पहले कर्ता, अन्त में क्रिया का स्थान है। यूरोपीय भाषाओं की भाव-प्रकृति के विपरीत कर्म का स्थान यहाँ क्रिया से पहले है, न कि बाद को। जोज़फ एडकिन्स ने चीनी भाषा पर एक पुस्तक लिखी थी।[1] इसमें उन्होंने संसार की सभी भाषाओं को बाइबल-मत के आधार पर एक ही मूल भाषा से उत्पन्न माना था। (यह मत उन लोगों की धारणा से मिलता-जुलता है जो संसार की सभी भाषाओं को संस्कृत से उत्पन्न मानते हैं।) लेकिन एडकिन्स ने चीनी-हिब्रू-अंग्रेज़ी की वाक्य-रचना तथा तमिल-संस्कृत-मंगोल की वाक्य-रचना का भेद पहचान लिया था। इस भेद पर उन्होंने यह मत भी प्रकट किया था कि कर्म को क्रिया के पूर्व रखने से वाक्य बहुत ही अस्वाभाविक हो जाता है और भाषा की शक्ति अवरुद्ध हो जाती है। हम लोग पुस्तक पढ़ते हैं। हम पढ़ने की क्रिया से पहले पुस्तक को स्थान देते हैं; एडकिन्स का मत है कि पढ़ो पहले, पुस्तक पर ध्यान बाद में देना!

यूरोपीय भाषाओं को मुझे, तुम्हारा, हमारा जैसे सर्वनामों के रूप एशियाई भाषाओं के प्रभाव से मिले हैं। अंग्रेज़ी में 'मुझे' के लिए 'मी' है, लेकिन 'तुम्हें' के लिए 'यू' (तुम) से भिन्न शब्द नहीं है। तमिल में 'तुम' के लिए 'नी' है और 'तुम्हें' के लिए 'उन्नै'। 'तुमसे' के लिए तमिल में होगा 'उन्नाल'। ध्यान देने की बात यह है कि यूरोपीय भाषाओं की प्रकृति जहाँ सम्बन्धसूचक शब्द को मूल शब्द से पहले रखने की है, वहाँ संस्कृत-परिवार के समान तमिल भी उसे मूल शब्द के बाद ही रखती है। तमिल में क्रिया-विशेषण क्रिया के पहले आएगा, अंग्रेज़ी के समान बाद को नहीं। 'कालैइल् शीग्रम् येळुन्दिरु'—सबेरे जल्दी उठो। अंग्रेज़ी में सहायक क्रिया पहले आती है, जैसे 'आई हैव रेड' में 'हैव'; किन्तु तमिल में हिन्दी के समान, 'नान् पडित्तु इरुक्किरेन'—मैंने पढ़ा है; 'नान् पडित्तु इरुन्देन् —मैंने पढ़ा था। अंग्रेज़ी में कर्ता के लिंग के अनुसार 'वाज' (या अन्य किसी क्रिया) में परिवर्तन न होगा, लेकिन तमिल में वह था—अवन् इरुन्दान्; वह थी—अवळ् इरुन्दाळ्। यही नहीं, तमिल में नपुंसक लिंग के लिए एक अलग सर्वनाम अदु (वह) है और क्रिया का तीसरा रूप है इरुन्ददु (था)। हिन्दी के समान तमिल में भी क्रिया में यह लिंग-भेद कुछ रूपों में होता है, कुछ में नहीं।

संस्कृत धातुओं के समान द्रविड़ भाषा-परिवार की धातुएँ भी एक-स्वरिक हैं, पो (जा), केळ् (सुन), नड (चल), शय् (कर), कुडि (पी) इत्यादि। काल्डवेल ने इस सम्बन्ध में लिखा है कि द्रविड़ भाषाओं के शब्द देखने में लम्बे लगते हैं। व्यंजन एक-दूसरे से न टकराए, इस कारण ध्वनि-सौन्दर्य के लिए बीच में स्वर डाल दिये गए हैं। इसके अलावा विभक्ति-चिह्नों, पुराने सर्वनामों के अवशेषों आदि के जुड़ने से मूल शब्द का आकार विस्तृत हो गया है। सामी परिवार के समान कुछ लोग द्रविड़-परिवार की धातुओं को भी त्रि-स्वरिक मानते हैं। किन्तु काल्डवेल का कहना है कि इन धातुओं के प्रथम दो स्वरिक एक ही स्वरिक का विस्तृत रूप हैं। ध्वनि-सौन्दर्य के लिए एक स्वर जोड़ने से मूल स्वरिक ने विस्तृत होकर द्वि-स्वरिक धातु का रूप लिया। धातु का तीसरा स्वरिक भी बाद को जोड़ा हुआ है; काल्डवेल के मत से वह नाम-धातु का चिह्न था। निष्कर्ष यह कि "द्रविड़ शब्द चाहे जितने लम्बे और संश्लिष्ट हों, बाद को जुड़े हुए अंशों को सावधानी से हटाने पर उनका मूल कोई एक-स्वरिक धातु ही ठहरती है।"

1. जोज़फ एडकिन्स, 'चाइनीज़ प्लेस इन फिलोलॉजी', 1871

सारांश यह कि जिन भाषाओं की धातुओं को बहु-स्वरिक माना जाता है, उन्हें भी कुछ विद्वानों के मत से एक-स्वरिक सिद्ध कि या जा सकता है। भाषा-रचना में संयोगात्मक प्रक्रिया तुर्की भाषा की विशेषता ही नहीं है, वह अन्य भाषाओं में भी मिलती है। जिन्हें हम संश्लिष्ट भाषाएँ कहते हैं, उनका यह रूप संयोगात्मक प्रक्रिया का फल है। भाषा की भाव-प्रकृति के सभी तत्त्व विकासमान और परिवर्तनशील सिद्ध होते हैं। भाषाओं के वर्गीकरण और उनके परस्पर सम्बन्ध का विवेचन करने में भाव-प्रकृति का अध्ययन विशेष महत्त्व रखता है। इसी अध्ययन से हम ग्रीक-लैटिन और संस्कृत की भिन्नता और निकटता पहचानते हैं। हम देखते हैं कि यूरोप की भाषाओं पर संस्कृत-परिवार के अलावा सामी-परिवार का भी असर पड़ा है। संस्कृत और आधुनिक हिन्दी आदि भाषाओं में जैसी संगति है, वैसी यूरोप की प्राचीन और नवीन भाषाओं में नहीं है। द्रविड़ भाषाएँ संस्कृत-परिवार की तुलना में यूरोपीय भाषाओं के अधिक निकट हैं, यह धारणा भी खंडित होती है। भाषा की ध्वनि-प्रकृति और मूल शब्द-भंडार के अध्ययन से जो निष्कर्ष निकलते हैं, वे भाव-प्रकृति के अध्ययन से भी पुष्ट होते हैं।

चौथा अध्याय

मूल शब्द-भंडार

भाषा-परिवारों का सम्बन्ध और स्वतंत्र सत्ता

भाषाओं की ध्वनि और भाव-प्रकृति में जैसे बहुत-से भेद हैं और कुछ समानताएँ भी हैं, वैसे ही विभिन्न भाषा-परिवारों के मूल शब्द-भंडार में भी बहुत अन्तर है और कुछ समानताएँ भी हैं। यूरोप और एशिया के भाषा-परिवारों की ये समानताएँ—जिस हद तक वे वास्तव में समानताएँ हैं—यह सिद्ध करती हैं कि इन भाषा-परिवारों का विकास एकान्त या अलगाव की दशा में नहीं हुआ। जैसे वनस्पति-जगत् में एक प्रदेश दूसरे प्रदेश के सम्पर्क में रहा है, गेहूँ और जौ ने दूर-दूर देशों की यात्रा की है, जैसे पशु-जगत् में घोड़ा प्राचीन काल में उन स्थानों में पहुँच गया जहाँ अतिप्राचीन काल में उसका अभाव था। जैसे लोहे-ताँबे का प्रयोग प्राचीन काल में ही उन स्थान में फैल गया, जहाँ पहले प्रस्तर-आयुधों का बोलबाला था, वैसे ही सांस्कृतिक आदान-प्रदान में, मनुष्य के मन से कुछ ही कम चंचल, उसके शब्द विश्व के एक छोर से दूसरे छोर तक पहुँच गए हैं। अन्य प्रदेशों की भाषाएँ अपनी विशेष ध्वनि-प्रकृति और भाव-प्रकृति के अनुसार इन विदेशी आगन्तुकों का रूप बदलकर और उन्हें अपनी व्यवस्था के अनुरूप व्यवहार करने के लिए बाध्य करके उन्हें अपना नागरिक बना लेती हैं, फिर भी इन शब्दों का कोई-न-कोई अंश बच रहता है (या ध्वनि-परिवर्तन के नियमों आदि से हम उनके पूर्व रूपों या अन्य रूपों को पहचान लेते हैं) जिससे अन्य भाषाओं में उनके पूर्वजों या सगोतियों से हम उनका सम्बन्ध स्थापित करते हैं।

चीनी भाषा के शिह् (दश) का उल्लेख हम पहले कर चुके हैं। दश और विंशति का सामान्य तत्त्व यह 'श' होना चाहिए जो मूल रूप में दश का वाचक था। वह प्राय: अपने आदि रूप में चीनी शिह् में उपलब्ध है। पता नहीं, उसने हिमालय के उस पार की यात्रा बौद्ध धर्म से पहले की थी या बाद में। भारत में 'श' का दश रूप वैदिक काल में ही प्रचलित था; इसलिए शिह् और दश का यह मैत्री-सम्बन्ध प्राग्वैदिक कालीन होना चाहिए। यह मैत्री-सम्बन्ध कल्पित या आकस्मिक भी हो सकता है, लेकिन चीनी में 'एक' के लिए शब्द है 'ई'। ग्रीक में 'एक' के लिए जो अनेक शब्द हैं, उनमें एक है 'एइस'। ग्रीक भाषा दश के लिए 'देका' शब्द से काम लेती है, किन्तु एक में उसे 'क' आवश्यक नहीं लगा'। यदि 'क' 'एक' का अभिन्न अंग होता तो वह सम्भवत: ग्रीक में लुप्त न होता। लैटिन में न 'क' है, न 'स'; इनके स्थान में हैं 'न', एक के लिए 'ऊनुस्' और इसी से मिलता-जुलता न-कारयुक्त रूप है जर्मन 'आइन' (रूसी 'अदीन' इन सबसे भिन्न भी हो सकता है, इसलिए हम उसे छोड़ देते हैं)। ग्रीक, लैटिन, संस्कृत, जर्मन आदि भाषाओं में एक-वाचक शब्द प्राय: दो अक्षरों का होता

है; दूसरा अक्षर क, स या न ध्वनि-सौन्दर्य के लिए हैं, मूल अक्षर ए, एइ या आइ जैसा स्वर है जिसका एक रूप चीनी 'ई' हो सकता है।

चीनी में एक सहायक संख्यावाचक प्रत्यय और होता है 'को'। इसलिए 'एक' के लिए 'ई' के अलावा एक अन्य रूप होता है 'ई-को'। यह 'को' लिआङ्-को, सान्-को आदि अन्य संख्यावाचक शब्दों के साथ भी लगता है। बालक आदि शब्दों के 'क' के समान चीनी में ई, लिआङ्, सान् आदि के साथ यह 'क' ('को') जुड़ता है। 'क' ध्वनि का यह प्रयोग हिन्दी-चीनी परिवारों की सामान्य विशेषता हुई। चीनी में 'ई-को' रूप देखकर यह धारणा और भी दृढ़ होती है कि मूल 'ए' में सहायक ध्वनि 'क' जोड़कर ही हमारे 'एक' की रचना हुई है।

नहीं के लिए चीनी शब्द है 'मेइ'। नहीं या मत के लिए एक अन्य शब्द है 'मो'। ये दोनों शब्द संस्कृत के 'मा' से मिलते-जुलते हैं। 'मो' का प्रयोग वाक्य के आरम्भ में संस्कृत के समान होता है : 'मो ता वो' (मत मारो मुझे)।

चीनी में एक सर्वनाम है 'नी', जिसका अर्थ है 'तुम'। सम्भवत: यह एशिया का प्राचीनतम सर्वनाम है। संस्कृत में 'अस्माकम्' का अन्य रूप है 'नः' जो स्पष्ट ही अस्मद्-परिवार का न होकर उसमें मिल गया है। रूसी में 'नास्' 'नाशा' (हमको, हमारा) आदि रूपों में वही 'नः' है। लैटिन में 'अहम्' के लिए तो है 'एगो', लेकिन उसका बहुवचन है 'नोस'; उसी से नोस्त्रुम्, नोबीस् आदि अन्य रूप भी बनते हैं। ग्रीक में लैटिन के समान अहम् के लिए एगो है जिसके एकवचन-बहुवचन में एमे-एमोन, हिमेइस-हिमास आदि रूप बनते हैं किन्तु द्वि-वचन में 'नो' और 'नोन' रूप मिलते हैं जिनका 'एगो' से उतना ही कम सम्बन्ध है जितना 'अस्मद्' से 'नः' का। यही सर्वनाम सामी भाषाओं में है। अरबी में उत्तम पुरुष सर्वनाम का बहुवचन है 'ना'। सामी परिवार की भाषाओं में अन, अने, अनि, अनु, अनेक, अनकु, नहन, अन्त, एन्त, अन्ति, अन्तुम्, अन्तिन् आदि सर्वनाम मिलेंगे। (देखिए De Lacy O'leary : Grammar of The Semitic Languages.) आस्त्रिक परिवार की खसी भाषा में उत्तम पुरुष सर्वनाम ना है। फिन-उग्रियन परिवार में मैं के लिए 'एन' शब्द है। द्रविड़ भाषा-परिवार में 'न' का पूर्ण साम्राज्य है; तमिल में नान् (मैं), नांगळ (हम), नी (तुम), नींगळ (आप) आदि। इतनी भाषाओं में 'हम' या 'तुम' के लिए नः, नो, नी जैसे सर्वनाम रूपों का मिलना आकस्मिक नहीं हो सकता। उसे एशिया (और यूरोप) का प्राचीनतम सर्वनाम मानना उचित होगा। अनेक भाषाओं में वह अस्मद् या एगो के रूपों में घुल-मिल गया है जो विभिन्न भाषा-परिवारों के सम्पर्क या मिश्रण की ओर संकेत करता है।

अन्य सर्वनामों में चीनी 'वो' (मैं) संस्कृत वयम् से मिलता है और 'ता' (वह) तद्, ते आदि से। माता-पिता के लिए चीनी में 'मू' और 'फू' शब्द हैं। 'माँ' की तरह चीनी में 'माता' का तकारहीन रूप है और उसी के अनुरूप पिता का भी। संस्कृत की एक बहुप्रयुक्त धातु है 'दिव्' जिससे दिवस, देव, दिव्य आदि शब्द बनते हैं। चीनी में 'दिआन' का अर्थ है 'दिन'। रूसी में 'दिन' के लिए 'द्येन' शब्द है, लैटिन में 'दिईस्' अंग्रेज़ी में 'डे'। इस प्रकार भारतीय 'दिव्' का प्रकाश दूर-दूर तक फैला है। आकाश और स्वर्ग के लिए भी इसी से शब्द बनता है 'दिआन-कोङ्'। चीनी में देश के लिए 'गुओ' (या 'ग्वो') शब्द है, इसी से देशवाचक शब्द बनते है झोङ्-गुओ (चीन), यीङ्-गुओ (इंग-देश, इंग्लैंड); च्याङ् काई-शेक की पार्टी कुओमिन्ताङ् के आरम्भ में यही 'गुओ' है ('ग्वोमिन्ताङ्')। ग्रीक में धरती के लिए 'गेआ' शब्द है जिससे अंग्रेज़ी के 'जिओग्राफी', 'जिओलॉजी' आदि शब्द बनते हैं। संस्कृत में यही

'ज्यामिति' वाला 'ज्या' है। चीनी में गाय के लिए 'मूनिउ' शब्द है जिसका हमारे परिवार से कोई सम्बन्ध नहीं है। किन्तु दक्खिनी चीनी (कैन्तनी भाषा) में 'गाव' शब्द हुऐ जो 'गौ' से अपना स्पष्ट सम्बन्ध घोषित करता है।

चीनी में जन या जनता के लिए 'रेन' शब्द है। इसे अंग्रेज़ी में 'जे' अक्षर से 'जेन' लिखते हैं। यह 'रेन' 'जन' का ही रूपान्तर है। इसका प्रमाण यह है कि दक्खिनी चीनी में इसका 'युन' रूप प्रचलित है। अंग्रेज़ी में जैसे 'मैन' से ही स्त्रीवाचक 'वोमैन' शब्द बनाते हैं, वैसे ही चीनी में 'रेन' से नू-रेन (नारी) पू-रेन (पत्नी) आदि शब्द बनाते हैं। यह जन रूसी, ग्रीक, लैटिन आदि भाषाओं में नाना-रूप धारण किये हुए विद्यमान है। संस्कृत 'ज्ञा' (जानना) के समान चीनी में 'रेन-शी' क्रिया है; यहाँ भी 'ज'—'र' विनिमय के दर्शन होते हैं। संस्कृत में 'ते जाने' के लिए 'नी' धातु है; चीनी में 'ना' का अर्थ है 'लेना'। 'सोने' के लिए संस्कृत 'सस्' और 'स्वप्' के समान चीनी शब्द है 'शुइ'।

चीनी में शराब के लिए 'चिउ' शब्द है। देवताओं या मृत जनों को जो मद अर्पित किया जाता है, वह 'चेह', 'च्वो' या 'चुए' है। विश्वविख्यात पेय 'चाय' तो चीनी में 'चा' है ही। चाय पीने के लिए 'च्युत', साफ पानी के लिए 'चित', भीगे के लिए 'चोम', चाय या शराब ढालने के लिए 'चेम' आदि शब्द हैं। इनसे स्पष्ट है कि चीनी में 'च'-कारमूल एक ऐसा शब्द है जो जल या पेय-वाचक है। इससे तुलना कीजिए कश्मीरी भाषा के पेय-वाचक च्यन्, च्यनी, च्यन्-बाव्, च्यथ्, च्यन्-वोलु (पिये हुए), च्यन्-ग्राख् (पीनेवाला) आदि शब्दों की। कश्मीरी और चीनी के ये शब्द संस्कृत 'चम्' धातु से सम्बन्धित हैं (जिससे पवित्र आचमन शब्द बनता है)।

चीनी 'शुओ' का अर्थ है बोलना। संस्कृत में 'शब्द' (ध्वनि करना) क्रिया है। चीनी 'हुआ' (या 'बा') का अर्थ है, शब्द, भाषा। संस्कृत धातु 'ह्वे' का अर्थ है पुकारना। (श-ह का विनिमय भारत की तरह चीन में भी पाया जाता है। 'ह्वा' के लिए परिनिष्ठित चीनी में 'शिह-ती' है, दक्खिनी चीनी में 'हेइ' है।) 'शुओ' और 'हुआ' का मूल शब्द एक ही जान पड़ता है, उसी 'शुओ' से 'शब्द' और 'ह्वे' का सम्बन्ध है।

डॉ. सुनीति कुमार चाटुर्ज्या ने 'गंगा' शब्द का थाई भाषागत रूप 'खोंग' बताया है। उनके अनुसार यही 'याग-त्से-किआंग', 'सी-किआंग', 'वू-किआंग' में नदी वाचक 'किआंग' है। "गंगा शब्द का यह अर्थ आधुनिक बंगला के थोड़े परिवर्तित गाङ् या गाङ्ग शब्द में 'कोई भी नदी या नाला' के अर्थ रूप में सुरक्षित है। सिंहल में गंगा शब्द अब भी सभी नदियों के साथ प्रयुक्त होता है।"

कश्मीरी में 'गंग' शब्द इसी प्रकार नदी वाचक है। डॉ. चाटुर्ज्या के मत से गंग, गाङ् या 'खोंग' दक्षिण एशियाई आस्त्रिक परिवार का है। दक्षिण-एशिया का शब्द कश्मीर की घाटियों तक पहुँचा हो, यह आश्चर्य की बात ही होगी। सम्भावना इसकी अधिक है कि दक्षिण-एशिया में भारतीय-संस्कृति के प्रसार के साथ यह शब्द भी वहाँ पहुँचा होगा। हिन्दी-भाषी प्रदेश में भी पचीसों नदियों को गंगा नाम दिया गया है। कश्मीर, हिन्द-प्रदेश और बंगाल में सर्वत्र नदी-वाचक इस शब्द का जितना प्रयोग है, उससे यही मालूम होता है कि यह एक अत्यन्त प्राचीन भारतीय शब्द है।

ये समानताएँ आकस्मिक नहीं हैं। चीन और भारत का सम्बन्ध बौद्ध धर्म से बहुत पुराना है। पुरातत्त्वज्ञ मिट्टी के बर्तनों का तुलनात्मक अध्ययन करके ईसा से दो हजार वर्ष पूर्व की चीनी संस्कृति का सम्बन्ध भारत के उत्तरी सीमान्त, मध्यपूर्व और दक्षिणी रूस से जोड़ते हैं।

चेकोस्लोवाकिया के प्रसिद्ध भाषा-तत्त्वविद् और पुरातत्त्वज्ञ बेद्रिच ह्रौज़्नी ने अपनी पुस्तक 'पश्चिम एशिया, भारत और क्रीट का प्राचीन इतिहास' नामक ग्रंथ में इस विषय पर विस्तार से प्रकाश डाला है। उनका मत इसलिए और भी महत्त्वपूर्ण है कि वह भारत-यूरोपीय भाषाओं का मूल केन्द्र एशिया में नहीं मानते। उन्होंने लिखा है : "निकट पूर्व के नव्य प्रस्तर युग की विशेषता तथाकथित चित्रित मृत्तिकापात्र हैं। किन्तु इस मामले में निकट पूर्व अपवाद नहीं है; इसके विपरीत यह उस विशाल यूरोप-एशियाई प्रदेश का एक खंड मात्र है जो बोहीमिया और मोराविया, थेसली और सिशिली (अर्थात् मध्य और दक्षिणी यूरोप) से लेकर पूर्व में चीन के कान्सू और होनान प्रान्तों तथा दक्षिण-पूर्वी मंचूरिया तक फैला हुआ है। यद्यपि यह विशाल प्रदेश छोटे-छोटे खंडों में विभाजित है, फिर भी इस बात की सम्भावना सबसे ज्यादा मालूम होती है कि वह एक विराट् सम्बद्ध इकाई है जिसका केन्द्र कोई स्थल विशेष होना चाहिए। इसी केन्द्रीय क्षेत्र से चित्रित बर्तन विभिन्न जनों के स्थानान्तरित होने से और कबीलों के परस्पर आर्थिक विनिमय से सभी दिशाओं में फैले हुए हैं। इस दिशा में ईसापूर्व द्विसहस्राब्दी में चीनी याङ्शाओ संस्कृति के नव्य-प्रस्तर युगीन अनेक रंगों में चित्रित मृत्तिकापात्रों की तुलना किएव के दक्षिण त्रिपोल्ये के, तुर्किस्तान में अनान के, तथा बेबीलोनिया, असीरिया और एलाम के मृत्तिका पात्रों से करनी चाहिए जो बहुत शिक्षाप्रद होगी। सम्भावना यह है कि इस क्रम में मध्यस्थ का काम भारत-यूरोपीय तोख़ारी-जनों ने किया था या किसी केन्द्रीय क्षेत्र से—जो शायद तुर्किस्तान में रहा हो और तुर्किस्तान नहीं, तो कास्पियन समुद्र, पामीर और अलाई के बीच कहीं तो रहा ही होगा—बाहर जानेवाले किन्हीं अन्य जनों ने मध्यस्थ का काम किया होगा।"

ह्रौज़्नी की महत्त्वपूर्ण मान्यता यह है कि चीन से लेकर दक्षिणी रूस तक—संस्कृति के अन्यतम परिचायक उपादान मृत्तिका पात्रों के आधार पर—एक विराट् सम्बद्ध इकाई का सामना करना होता है। इस इकाई का केन्द्र चाहे पामीर (और उसके आसपास का) प्रदेश रहा हो, चाहे अन्य कोई; तोख़ारी जन (या संस्कृत-परिवार की किसी अन्य भाषा के बोलनेवाले जन) चाहे मध्यस्थ रहे हों, चाहे उस संस्कृति के मूल स्रोत रहे हों—यह बात निर्विवाद जान पड़ती है कि ईसा से दो हजार साल पहले दक्षिणी रूस, उत्तरी भारत (या उसके सीमान्त), मध्य एशिया और चीन में परस्पर सम्पर्क था। बाद को भारत-चीन, भारत-रूस का जो सम्पर्क बढ़ा, उसकी चर्चा यहाँ अनावश्यक है। सम्पर्क की इस प्राचीनता को हम ध्यान में रखें तो नी-न: सर्वनाम का एशिया-यूरोप-व्यापी प्रसार आकस्मिक न लगेगा; भारतीय-चीनी भाषाओं की अन्य समानताएँ भी सम्भव जान पड़ेंगी और इस ओर अधिक विस्तृत अध्ययन के लिए प्रेरणा मिलेगी।

'द्रविड़' और 'आर्य' भाषा-परिवारों के सम्पर्क के बारे में कुछ विद्वानों का अनुमान है कि "आर्यों के आगमन के पूर्व द्रविड़ों ने ही पंजाब और सिन्ध की महान् नागरिक सभ्यताओं का निर्माण किया था।" द्रविड़ों के अलावा यहाँ निषाद जाति रहती थी और निषाद भाषा-परिवार का भी प्रभाव संस्कृत पर पड़ा होगा, यह अनुमान किया जाता है। डॉ. चाटुर्ज्या के शब्दों में : "इस प्रकार यह सम्भावना खड़ी हो जाती है कि जब आर्य आए, तब उत्तरी भारत के मैदानों में द्रविड़ और निषाद-जन निवास करते थे। इनमें पहले दासदस्यू कहलाते थे और अधिकतर पश्चिमोत्तर तथा पश्चिम में पाए जाते थे, और दूसरे मध्य तथा पूर्व में। दक्षिण के विषय में ठीक-ठीक पता नहीं चलता।"

भाषाविदों की ही नहीं, इतिहासकारों और साहित्यकारों की भी यह प्रचलित धारणा है कि शुद्ध रक्तवाले आर्य जब यूरोप या मध्य एशिया से भारत में आए, तब चपटी नाक वाले दास या दस्यू द्रविड़ों से उनका सम्पर्क हुआ, उनकी लम्बी नाक चपटी हुई, गौर वर्ण कुछ साँवला हुआ, ध्वनियों के उच्चारण में उनकी जिह्वा लुंठित या कुंठित होने लगी, अनेक ध्वनियों का मूर्धन्यीकरण हुआ और मूल भारत-यूरोपीय भाषा से भिन्न संस्कृत में सैकड़ों नये शब्द आ गए जिनका मूल स्रोत द्रविड़ (या निषाद) भाषाएँ थीं। और जब संस्कृत ने विकृत होकर प्राकृत-अपभ्रंशों के मार्ग से आधुनिक भाषाओं का रूप लिया, तब इन्हीं द्रविड़ भाषाओं ने इस विकृति और पतन में सहायता की। इस सम्बन्ध में द्रविड़ भाषाओं के अन्यतम पंडित काल्डवेल ने एक बहुत महत्त्वपूर्ण बात कही है : "उत्तर भारत की आधुनिक भाषाओं में जो तत्त्व संस्कृत से भिन्न हैं, वे यदि द्रविड़-परिवार के हैं, तो हम आशा कर सकते हैं कि उनके शब्द-भंडार में कुछ मूल द्रविड़ शब्द भी होंगे—जैसेकि सिर, पैर, आँख, कान वगैरह के लिए शब्द। लेकिन इस तरह के शब्दों में मुझे कोई विश्वसनीय समानता नहीं दिखाई दी।"

यह युक्ति उत्तर भारत की आधुनिक भाषाओं के लिए ही संगत नहीं है, वरन् संस्कृत के लिए भी संगत है। द्रविड़ भाषाओं का मूल शब्द-भंडार संस्कृत से भिन्न है। इससे सिद्ध होता है कि न तो द्रविड़ भाषाएँ संस्कृत की पुत्रियाँ हैं, न संस्कृत के निर्माण में—मूल भारत-यूरोपीय भाषा से भिन्न उसके भारतीय विकास में—द्रविड़ भाषाओं की व्यापक भूमिका है। संस्कृत में द्रविड़ भाषाओं के जो शब्द मिलते हैं, उनसे उनका परस्पर सम्पर्क सिद्ध होता है, सम्मिश्रण नहीं। काल्डवेल ने इस तरह के शब्दों को द्रविड़ भाषाओं से संस्कृत में आया हुआ माना है : अगुरु, अनल, अर्क, कटु, कुटी, कुंड, कुंडल, चन्दन, तूल (कपास), नक्र, निबिड़, नीर, पंडित, पल्ली, बक, बिडाल, बिल, मयूर, मल्लिका, माला, मीन, मुकुट, वलय, वल्लरी, शठ, शव, हुडुक्क (छोटा ढोल या ढफ)। इसी प्रकार आस्त्रिक भाषा-परिवार से संस्कृत में आए हुए कुछ शब्द उनके मत से ये हैं : मातंग, कुलिंग, लवंग, उन्दुरु, कर्पास, जंबाल (कीचड़), ताम्बूल, लांगल इत्यादि। इस तरह के शब्दों में कौन आर्य है और कौन द्रविड़ या निषाद, यह कहना कठिन है। इतना स्पष्ट है कि इन शब्दों में क्रियावाचक शब्द प्राय: नहीं हैं और मूल शब्द-भंडार के वे अधिकांश शब्द भी नहीं हैं जिनका व्यवहार साधारण जन नित्य-प्रति अपने जीवन में करते हैं। भारत में अनेक भाषा-परिवार रहे हैं और वे एक-दूसरे को प्रभावित और शब्दों का आदान-प्रदान करते रहे हैं, यह सत्य असन्दिग्ध है।

सामी और आर्य भाषा-परिवार एक दूसरे से एकदम विच्छिन्न माने जाते हैं। डेनमार्क के भाषाविद् मोयलर (Möller) ने विस्तार से दोनों परिवारों की प्राचीन और आधुनिक भाषाओं का तुलनात्मक अध्ययन किया है। उनका विचार है कि सामी और आर्य भाषा-परिवारों का मूल स्रोत एक ही था। मोयलर की यह धारणा भ्रान्त हो सकती है, किन्तु दोनों परिवारों में बहुत-सा साम्य है, यह स्वीकार करना होगा। मोयलर की युक्तियों पर टिप्पणी करते हुए अमरीकी विद्वान ई. ब्लॉकेट ने लिखा है कि वाक्य-रचना, शब्द-रूपों आदि में कोई विशेष समानता नहीं है, फिर भी बहुत-से शब्दों में जो साम्य दिखाई देता है, उस पर अनुसन्धान होना चाहिए। यूनानी ताउ-रौस (बैल) सिरिएक तौरा, हिब्रू शौर से मिलता है। संस्कृत शृंग, लैटिन कोर्नू, असीरियन कार्नू; शराब के लिए असीरियन इनू, अरबी उऐनी, यूनानी ओइनोस (अंग्रेज़ी वाइन); संस्कृत गर्भ, हिब्रू केरेब (अन्दर); सं. रसना, हिब्रू, लसोन (इसी से लसानियात,

भाषाविज्ञान); लैटिन फ्लेक्तो, हि. बेरेक (घुटना); लै. फुल्गेओ, हि. बरक (बिजली, भ्रज्); लै. अल्बुस, हि. लबौ; लै. वेर्तो हि. इअरद्द (उतरना); लै.—अद (ad), हि: अद (तक) इत्यादि।

अरबी के सर्वनाम अन, नहनो, अन्त, आन्ते, अनातुन आदि की चर्चा करते हुए एडकिन्स ने लिखा है कि अरबी अना, हिब्रू अनोचि, मिस्री अनोक को देखकर लगता है कि संसार में शायद ही कोई ऐसी भाषाएँ हों जिनके सर्वनामों में इस धातु (ना) का अस्तित्व न हो। रूसी में वह के लिए अन (पुरुष), अना (स्त्री) और अनो (नपुंसक) रूप मिलते हैं।

जैसे विभिन्न भाषा-परिवारों में साम्य है और भेद भी है, वैसे ही एक ही परिवार की भाषाओं में भी साम्य और भेद देखा जाता है, साम्य अधिक और भेद कम। कौन-सी भाषाएँ एक परिवार के अन्तर्गत हैं, यह तै करने में मूल शब्द-भंडार का अध्ययन हमारी सहायता करता है। यह मूल शब्द-भंडार भी कोई स्थिर इकाई नहीं है। सामाजिक आवश्यकताओं में परिवर्तन होने से भाषा में नये शब्दों का आकलन होता है, कुछ शब्द पुराने और अनावश्यक होकर व्यवहार-क्षेत्र में नष्ट हो जाते हैं। इसके सिवा विभिन्न भाषाओं के बोलनेवाले युद्ध की विजय-पराजय या आर्थिक, राजनीतिक और सांस्कृतिक कारणों से जब एक-दूसरे के सम्पर्क में आते हैं, तब कुछ भाषाएँ अपने मूल शब्द छोड़कर दूसरी भाषाओं से उन्हीं के पर्यायवाची शब्द ग्रहण कर लेती हैं, जैसे कुछ लोग पिता को वालिद या अब्बा कहते हैं। परिवार सम्बन्धी इन शब्दों के बदलने से मूल भाषा का परिवार नहीं बदल जाता। कुछ लोग ईश्वर को रब, खुदा या अल्ला कहते हैं। धार्मिक शब्दों के बदलने से भी मूल भाषा का परिवार नहीं बदलता। अवधी, भोजपुरी, ब्रजभाषा के व्याकरण में, उनकी ध्वनियों में काफी भेद है। कुछ लोग उन्हें हिन्दी की बोलियाँ न कहकर स्वतंत्र भाषा मानते हैं। व्याकरण या ध्वनियों के भेद से ही वे स्वतंत्र भाषाएँ नहीं हो जातीं। देखना चाहिए उनके मूल शब्द-भंडार की समानता को। इस मूल शब्द-भंडार में सर्वनाम, सम्बन्धसूचक शब्द, क्रियाएँ सबसे कम बदलती हैं। उर्दू का एक शेर देखिए :

आह को चाहिए इक उम्र असर होने तक,
कौन जीता है तेरी जुल्फ़ के सर होने तक।

सर्वनाम कौन और तेरी, सम्बन्धसूचक को, के, क्रियाएँ चाहिए, जीता है, होना—ये नहीं बदलीं। मूल भाषा का ढाँचा इनके द्वारा सुरक्षित बना है; उम्र, असर, जुल्फ़ आदि शब्द बाहर से आकर उस ढाँचे का मूल रूप नहीं बदल पाए। अंग्रेज़ी पर फ्रांसीसी और लैटिन भाषाओं का बहुत गहरा असर पड़ा है। अंग्रेज़ी शब्दकोश के तीन-चौथाई शब्द गैर-अंग्रेज़ी हैं। लेकिन सर्वनामों में ही, शी, इट, दे, आई, वी, अस, हिम, देम, आदि जर्मन भाषा-परिवार के हैं। इसी प्रकार सम्बन्धसूचक ऑफ़, इन, टू, फ्राम, आदि अंग्रेज़ी के अपने परिवार के हैं। क्रियाओं में गो, गेट, ईट, स्लीप रन, बेक, आदि भी उसके अपने परिवार के हैं। इसलिए भाषाओं के परिवार निश्चित करते समय इन मूल तत्त्वों पर विशेष ध्यान देना चाहिए।

सबसे पहले हम भारत-यूरोपीय परिवार और ग्रीक के सम्बन्ध पर विचार करें। भाषाविज्ञान से थोड़ी-सी भी रुचि रखनेवाले विद्यार्थी जानते हैं कि पिता, माता, भ्राता आदि शब्द भारत-यूरोपीय परिवार की भाषाओं में सामान्य हैं। भ्राता का समकक्ष ग्रीक शब्द फ्रातेर (या फ्रातोर) है जिसका अर्थ है फ्रात्रा (बिरादरी) का सदस्य। फ्रातेर में वे सब लोग शामिल हैं जो एक कुल, वंश या गोत्र के हैं। हिन्दी-भाषी क्षेत्र के कुछ भागों में परस्पर सम्बन्धित

बन्धु-बांधव 'भैयाचार' कहलाते हैं। गाँवों में एक उम्र के लोग एक दूसरे को भाई कहकर सम्बोधित करते हैं। इस प्रयोग में 'भ्राता' शब्द का प्राचीन अर्थ निहित है। ग्रीक में भाई के लिए एक शब्द और हैं : अदेल्फोस। यह शब्द भाई के वर्तमान सीमित अर्थ में प्रयुक्त होता था। इसी प्रकार स्वसा (बहन) के लिए ग्रीक शब्द था : अदेल्फी। यूनानियों का यह अपना शब्द था जिससे पारिवारिक सम्बन्ध सूचित करनेवाले वे अन्य अनेक शब्द भी बनाते थे : अदेल्फिदेओस—भतीजा; अदेल्फिदी—भतीजी; अदेल्फिदिओन—छोटा भाई, इत्यादि। यह शब्द न संस्कृत में है, न लैटिन में, न स्लाव भाषाओं में। यह यूनानी भाषा का अपना शब्द माना जाएगा। इस तरह के कुछ शब्द और मिलें तो आप बाध्य होकर सोचेंगे—यह ग्रीक भारत-यूरोपीय परिवार की भाषा है या इसका स्वतंत्र अस्तित्व है? पिता से मिलते-जुलते शब्द परस्पर सम्पर्क से तो नहीं आ गए?

ग्रीक में पिता के लिए एक शब्द और है 'गोनेउस' जिसका सम्बन्ध जन से है। जन और जनक भारतीय भाषाओं में भी हैं। किन्तु ग्रीक 'तोकेउस' न भारतीय भाषाओं में है, न लैटिन में। यह शब्द 'तिक्तो' या 'तितेको' या 'तेको' धातु से बना है जिसका अर्थ है 'जन्म देना'। 'हो तेकोन'—पिता; 'ही तेकोउसा'—माता; 'ओइ तेकोन्तेस'—माता-पिता। भारत-यूरोपीय परिवार में यह शब्द अन्यत्र नहीं मिलता, इसलिए 'गोनेउस' या 'पतेर' की तुलना में उसे ग्रीक भाषा की अपनी सम्पत्ति मानना चाहिए।

अब स्पष्ट हो गया कि पिता-माता, भ्राता के आधार पर ही यूनानी भाषा को भारत-यूरोपीय-परिवार के अन्तर्गत नहीं माना जा सकता। इनके समानान्तर उसके अपने शब्द हैं : तोकेउस, तेकोउसा, अदेल्फोस आदि। भारतीय भाषाओं से ग्रीक का यही सम्बन्ध है कि अपने मूल शब्दों के साथ उसने हमारे शब्दों को भी स्थान दिया।

ग्रीक भाषा और संस्कृत में मातृसत्ताक समाज-व्यवस्था के अवशेषों का अनुसन्धान करते हुए प्रोफेसर जॉर्ज टामसन नें लिखा हुए कि ग्रीक भाषा में पितृ का नामान्तसूचक प्रत्यय ईदस (ईदेस) है जिसका आधार 'इद' शब्दांश है और यह है स्त्रीलिंग। "इससे यह निष्कर्ष निकलता है कि प्राचीन काल में पुरुष नहीं, स्त्रियाँ गोत्र (clan) की प्रतिनिधि मानी जाती थीं।"[1] यह देखना दिलचस्पं होगा कि इस प्राचीन मातृसत्ताक व्यवस्था के अवशेष ग्रीक भाषा के उन शब्दों में मिलते हैं जो ग्रीक भाषा (या ग्रीक परिवार) तक सीमित हैं या उनमें मिलते हैं जो ग्रीक के समान संस्कृत में भी हैं। उन्होंने अदेल्फोस और अदेल्फी की मिसाल देकर कहा है कि उनकी समता करनेवाले शब्द दूसरी भारत-यूरोपीय भाषाओं में नहीं हैं। भारत-यूरोपीय 'भ्रातेर' और 'सुएसोर' ग्रीक में 'फ्रातेर' और 'एओर' रूपों में बच रहे हैं, परन्तु वे परस्पर सम्बन्ध के द्योतक नहीं हैं। ग्रीक पारिवारिक-सम्बन्ध-शब्दावली की सबसे बड़ी विशेषता इन शब्दों का अपना स्थान छोड़ना है और उसकी व्याख्या आवश्यक है। 'सवाल स्थान छोड़ने' का नहीं है; पहले यह सिद्ध करना होगा कि फ्रातेर और एओर मातृसत्ताक समाज में, किस भिन्न अर्थ में, प्रयुक्त होते थे। 'फ्रातेर' के समान डोरियन (यूनानी भाषाओं में एक) में 'कासिस' शब्द था जिसका अर्थ था एक गोत्र के भाई-बन्धु। फ्रातेर और कासिओइ "मूलत: हर पीढ़ी में एक पिता के लड़के, पिता के भाई के लड़के, पितामह के भाई के नाती इत्यादि होते थे। ये गोत्र-विभाजन की दृष्टि से भाई थे। 'एओर' बाद के एक शब्दकोश में मिलता है; एक जगह इसका अर्थ लिखा है : 'पुत्री या चचेरी बहन' (cousin), दूसरी जगह लिखा

1. जॉर्ज टॉमसन, 'स्टडीज़ इन ऐन्शेंट ग्रीक सोसाइटी', पृ. 145

है : 'सम्बन्धी'।" अदेल्फोस का अर्थ है 'सहोदर'। फ्रातेर अदेल्फोस वह भाई हुआ, जो एक ही माता से उत्पन्न हुआ हो।

टॉमसन के इस तर्क से यही सिद्ध होता है कि अदेल्फोस प्राचीन शब्द है जो एक ही माता से उत्पन्न मातृसत्ताक कल के सभी भाइयों के लिए प्रयुक्त होता शा। यदि यह सिद्ध किया जा सके कि इसी अर्थ में फ्रातेर का प्रयोग पहले होता था, तब यह स्वीकार किया जा सकेगा कि 'भारत-यूरोपीय' 'फ्रातेर' ने अपना स्थान 'अदेल्फोस' को दे दिया। टॉमसन यह मानकर चले हैं कि 'ग्रीक' विजेता यूनान में आने से पहले पितृसत्ताक समाज-व्यवस्था में थे, यूनान में आकर उन्होंने मातृसत्ताक व्यवस्था के सम्बन्धसूचक शब्द अपना लिये। "पुरुषों ने पितृसत्ताक फ्रात्री सुरक्षित रखी, इसलिए इस सन्दर्भ में फ्रातेर बचा रहा।" यूनानियों में फ्रातेर शब्द अवश्य पितृसत्ताक सम्बन्धों का सूचक है, किन्तु इसे उन्होंने बाद को स्वीकार किया। जिस भाषा का मूल 'अदेल्फोस' उसके बोलनेवाले या तो मातृसत्ताक व्यवस्था में थे, या उससे अगली मंजिल की ओर संक्रमण की दशा में थे। इस भाषा से सम्पर्क हुआ एक अन्य भाषा का जिसमें पितृसत्ताक गोत्र के बन्धुओं के लिए फ्रातेर शब्द का प्रयोग होता था। अदेल्फोस द्वारा फ्रातेर का पदच्युत होना सम्भाव्य कल्पना नहीं है। पितृसत्ताक व्यवस्था के लोग वैसे भी सामाजिक विकास-क्रम में आगे बढ़े हुए होंगे; न भी हों तो ग्रीक विजेताओं ने भाई जैसे सम्बन्ध के लिए विजितों का शब्द अपना लिया होगा, यह बात असाधारण लगती है।

इस बात पर भी ध्यान देना चाहिए कि फ्रातेर कोई अपवाद रूप में एकमात्र भारत-यूरोपीय शब्द नहीं है, जिसके समानान्तर 'विजितों' का 'अ-भारत-यूरोपीय' अदेल्फोस शब्द मिलता हो। पिता-माता के लिए भी इसी प्रकार के शब्द हैं। प्राचीन ग्रीक काव्यों में एक शब्द आता है 'हेकुरोस', जिसका अर्थ है : सौतेला बाप; 'हेकुरा' हुई सौतेली माँ। सम्भव है, इस शब्द का सम्बन्ध 'भारत-यूरोपीय' श्वसुर से रहा हो, किन्तु ग्रीक का प्रचलित श्वसुर-वाचक शब्द है 'पेन्थेरोस', जो उसका अपना है। इसी प्रकार साली के लिए 'गालोस', सास के लिए 'पेन्थेरा', दादी के लिए 'तीथी', दादी की माँ के लिए 'एपीतीथी', नाती के लिए 'उइदोउस' आदि शब्द हैं। पति के लिए एक शब्द है 'पोसिस' जो पति का अपभ्रंश रूप जान पड़ता है, क्योंकि नारी के लिए सम्मानसूचक 'पोत्निआ' शब्द भी ग्रीक में है। पति के लिए साधारण ग्रीक शब्द है 'अनेर' जिसका अर्थ है : मर्द, आदमी। स्त्रियों के विवाह के लिए विशेष शब्द है 'नुम्फेउओ'; इसी से वधू के लिए 'नुम्फ' और वर के लिए 'नुम्फिओस' शब्द हैं। इस तरह के और बहुत-से शब्द एकत्र किये जा सकते हैं जिनसे पता चलता है कि प्राचीन यूनान के नर-नारी अपने पारिवारिक सम्बन्ध जताने के लिए जिन शब्दों का व्यवहार करते थे, उनमें भारत-यूरोपीय शब्द नाममात्र को थे; अधिकांश शब्द ऐसे थे जो संस्कृत में (या कभी-कभी निकटवर्ती लैटिन में भी) नहीं हैं।

ग्रीक भाषा के कुछ सर्वनाम संस्कृत से मिलते हैं, अस्मद्-एगो, माम्-एमे, मे; किन्तु त्वं या युष्मद् के लिए 'सू' है। प्रथम पुरुष सर्वनामों के लिए एक व्याकरण- लेखक डब्लू गुनियन रदरफोर्ड ने लिखा है कि ग्रीक में कोई वास्तविक प्रथम पुरुष सर्वनाम है ही नहीं। ग्रीक भाषा के सम्बन्धवाचक शब्द यूरोपीय पद्धति के अनुकूल मूल शब्द के पहले आते हैं; इसके सिवा संस्कृत के विभक्ति-चिह्नों या सम्बन्धसूचक शब्दों से उनका कोई स्पष्ट सम्बन्ध नहीं दिखाई देता। 'हुपेर' का अर्थ है ऊपर; सम्भव है, वह 'उपरि' का परिवर्तित रूप हो, किन्तु काता (नीचे), मेता (साथ), अम्फी (लगभग), एपी (दिशा में), परा (ओर से), पेरी

(बारे में), एइस (को), एक (से) इत्यादि शेष सम्बन्धवाचक शब्द संस्कृत से असम्बन्धित हैं। उर्दू में हिन्दी के सम्बन्धवाचक शब्द—में, पर, से, को—बदले नहीं जा सके; अंग्रेज़ी के इन, टू, ऑफ़, अप, आदि को लैटिन-फ्रांसीसी शब्दावली पदच्युत न कर सकी; उसी प्रकार ग्रीक के सम्बन्धवाचक शब्द प्राय: उसके अपने हैं और 'भारत-यूरोपीय' परिवार से स्वतंत्र ग्रीक भाषा की मूल सत्ता की घोषणा करते हैं।

अब ग्रीक क्रियाओं पर ध्यान देना चाहिए। जानने के लिए 'गिग्नोस्को' क्रिया संस्कृत 'ज्ञा' का रूपान्तर है। एक दूसरी क्रिया है 'ओइदा' जो सम्भवत: विद् का रूपान्तर है। इसी अर्थ की द्योतक तीसरी क्रिया है 'इसेमि' ('मैं जानता हूँ') जो संस्कृत-परिवार से बाहर की है। चौथी क्रिया 'सुने-इदो' का अर्थ है : देखना-समझना। 'काता-मन्थानो'—पाँचवीं क्रिया का अर्थ है : सीखना-जाना। जानने के लिए अत्यन्त प्रचलित ग्रीक क्रिया है 'एपिस्तामाइ'; इसीसे एपिस्तीमि—ज्ञान, एपिस्तीमोन—ज्ञानी, एपिस्तितोस—ज्ञेय; इसी से अंग्रेज़ी का एपिस्टेमोलोजी—ज्ञानशास्त्र। एक ही अर्थ या उससे मिलते-जुलते अर्थ के लिए विभिन्न क्रियाओं का प्रयोग इस बात की ओर संकेत करता है कि ग्रीक में विभिन्न भाषाओं के तत्त्वों का समावेश हुआ है। इनमें एक-दो संस्कृत परिवार के हैं, शेष ग्रीक के अपने या अन्य विस्मृत भाषाओं के।

ग्रीक ज़ोओस (जीवित), ज़ोओन (जीव, पशु) संस्कृत जीव की याद दिलाते हैं। 'ज़ाओ' क्रिया का अर्थ है : साँस लेना, जीना। इसके समानान्तर अन्य ग्रीक क्रियाएँ हैं बिआओ, प्नेओ, दिआप्लेको, दिआफेरो आदि। गेन्नाओ—जन्म देना, समानार्थक तिक्तो। जाने के लिए इओ, एइम, संस्कृत की 'इ' धातु से; साथ ही बाइनो। संस्कृत श्रु से क्लुओ; अकोउओ, साथ ही अइस्थानोमाइ, अक्रोआओमाइ। पीने के लिए 'पिनो', साथ ही हेल्को, लाप्तो। खाने के लिए एस्थिओ (भविष्यकाल का रूप एदोमाइ 'अद्' से सम्बन्ध ज्ञापित करता है), फागेइन का सम्बन्ध 'भुज्' से है; इनके साथ 'बिब्रोस्को', 'त्रोगो'। देखने के लिए 'एइदो', 'विद' से सम्बन्धित, साथ में 'होराओ'। देने के लिए दिदोमि, उसके साथ परेखो (पर्+एखो)। भागने के लिए थेओ (धाव), साथ में त्रेख़ो, द्रेमो।

इस तरह संस्कृत और ग्रीक की जो मिलती-जुलती सामान्य क्रियाएँ हैं, उनमें प्राय: प्रत्येक की समानार्थक ग्रीक क्रियाएँ भी हैं। इससे इतना ही सिद्ध होता है कि ग्रीक भाषा से किसी अन्य भाषा-परिवार का सम्पर्क हुआ है और यह सम्पर्क काफी गहरा था, तभी इतनी क्रियाएँ उसमें आईं। किन्तु ऐसी क्रियाओं की संख्या बहुत बड़ी है जो ग्रीक भाषा की अपनी हैं। वे उसमें चाहे अन्य किन्हीं भाषाओं से आई हों लेकिन वे संस्कृत से भिन्न हैं। इनमें भी नित्य-प्रति जनसाधारण के काम में आनेवाली क्रियाओं की एक विशाल संख्या है। कुछ उदाहरण यहाँ देते हैं : आना—एर्खोमाइ, द्राओ; बैठना—कथेज़ोमाइ, हेज़ोमाइ, हिमाइ; सोना—कथेउदो (कथ् + एउदो); लेना—आइरेओ; कहना—फीमि, लेगो (जिससे डायलेक्टिक्स बनता है); गाना—अदो; माँगना—अइतेओ; दुख पाना—अल्गेओ; उत्तर देना—अमेइबोमाइ; ले चलना—अगो; पूछना—एरोताओ; उठना, उदित होना—तेल्लो; चिल्लाना—बोआओ; हँसना—गेलाओ; योग्य होना, सकना—दुनामाई; फेंकना, मारना—बाल्लो; ढूँढ़ना—एरेउनाओ; पुकारना—कलेओ; छोड़ना—लेइपो; धोना—लोउओ; लड़ना, युद्ध करना—पोलेमेओ; वध करना—फोनेउओ; जीतना—निकाओ। यह सिलसिला बहुत दूर तक चल सकता है। संस्कृत से मिलती-जुलती क्रियाएँ बहुत कम हैं; ग्रीक की अपनी या संस्कृत से भिन्न क्रियाओं की संख्या बहुत बड़ी है।

क्रियाओं से भिन्न शेष मूल शब्द-भंडार का भी यही हाल है। कुछ शब्द संस्कृत से मिलते-जुलते हैं, जैसे 'अइक्स'—अजा (बकरी); बारोस—भार; गेनोस—जन; गुनी—जनी (नारी); पोदोस—पद; दोमा—धाम; थुमोस—आत्मा (धूम); थूरा—द्वार; कूनो—श्वान; मेथुओ—नशे में होना (मधु या मद); मूस—मूष; मिथोस—कहानी (मिथ्या); नुक्स, नुक्तोस—रात्रि (नक्तं); नौस—नाव, जहाज; ओनुक्स—नख; हुदोर—उद (जल); पोलिस—पुर; हेओस्—उषा; हिलिओस—सूर्य; थेओस—देवता; हिप्पोस—अश्व; केफाली—कपाल; नेफोस—बादल (नभ); ओस्तेओन—अस्थि, इत्यादि। इनके विपरीत बहुत-से अतिसाधारण शब्द संस्कृत से भिन्न हैं। बैल—ताउरोस; वृक्ष—देन्द्रोस; प्यास—दिप्सा; वीर—हेरोस; समुद्र—थालस्सा; नदी—पोतामोस; पर्वत—ओरोस; वन—हुले; हरी घास के मैदान—लेइमोन; मृत्यु—थानतोस; दृश्य—थेआ; पुरोहित—हिरेउस; मन्दिर—हिएरोन; समय—काइरोस; गधा—ओनोस; मांस—सितोस, क्रेआस; मनुष्य—अन्थ्रोपोस; फल—कर्पोस; ग्राम—कोमी; सिंह—लेओन; बछड़ा—मोस्खोस; पत्थर—लिथोस; भूख—लिमोस; शब्द—लोगोस; शिशु—नेपिओस; तलवार—क्सीफोस; पक्षी—ओइओनोस; शस्त्र—होप्लोन; प्रभात—ओथ्रोस; चन्द्रमा—सलेने; अंधकार—स्कोतोस; पहिया—त्रोखोस; देश, धरती—ख़ोरा; ग्रीष्म—थेरोसा; ठंढ—कुओस; खोपड़ी—क्रानिओन; बाल—कोमी, थ्रिक्स; नाक—हिस, मुक्तीर; आँख—ओम्मा; पेट—गस्तीर; ओठ—रखेइलोस, इत्यादि। इनमें बहुत-से शब्द ऐसे हैं जो संस्कृत के अलावा लैटिन से भी भिन्न हैं। इससे ग्रीक भाषा-परिवार—जिसमें इलियन, डोरियन, आयोनियन, तीन मुख्य भाषाएँ शामिल हैं—की मूल स्वतंत्र सत्ता सिद्ध होती है। ग्रीक भाषा या भाषाओं का जन्म किसी आदि भारत-यूरोपीय भाषा से हुआ है, यह धारणा ग्रीक भाषा के मूल शब्द-भंडार का अध्ययन करने से निर्मूल सिद्ध होती है।

लैटिन के एकुउस, पेंक्वे की मिसाल देकर भाषाविद् कहते हैं कि उसमें मूल भारत-यूरोपीय भाषा की ध्वनियाँ सबसे अधिक सुरक्षित हैं। इसी धारणा के अनुरूप टॉमसन ने लिखा है कि भारत-यूरोपीय भाषाओं में पारिवारिक सम्बन्धसूचक जो शब्द बचे हैं, उनमें सबसे प्राचीन लैटिन के हैं। पिता के भाई के लड़के लैटिन में पत्रुएलिस कहलाते हैं। लैटिन में पिता के भाई के लिए पत्रुउस शब्द है, जैसे संस्कृत में पितृव्य है। पत्रुउस के पुत्र पत्रुएलिस हुए। किन्तु पितृव्य और पत्रुउस बाद के शब्द हैं; पिता का प्राचीनतम अर्थ वह है जिसका संकेत पहले किया जा चुका है। भाई-बहन के लिए लैटिन में फ्रातेर और सोरोर शब्द हैं, किन्तु ग्रीक अदेल्फोस और अदेल्फी के समान उसके दो अपने शब्द हैं, फिलिउस और फिलिम। इनका अर्थ पुत्र-पुत्री भी है। टॉमसन ने 'फेलो' (दूध पीना) क्रिया से इन शब्दों का सम्बन्ध दिखाया है जिससे उनका सहोदर-अर्थ सिद्ध होता है। जिस तर्क से 'अदेल्फोस' ग्रीक परिवार का अपना शब्द सिद्ध होता है, उसी से फिलिउस भी लैटिन का अपना स्वीकृत होगा। फिलिउस, फिलिआ मातृसत्ताक परिवार के भाई-बहन हैं जिन्होंने एक ही माँ का दूध पिया है। इन्हें पितृसत्ताक परिवार के फ्रातेर और सोरोर ने अपदस्थ करने का प्रयत्न किया।

टॉमसन ने भारत-यूरोपीय और लैटिन परिवार सम्बन्धी शब्दों की एक सूची दी है। लगता है कि किसी शब्द के 'भारत-यूरोपीय' होने के लिए यह आवश्यक नहीं है कि वह भारतीय भाषाओं में हो ही; यूरोप की ही कुछ भाषाओं में एक शब्द मिल जाए और भारत में न भी मिले, तो भी वह 'भारत-यूरोपीय' मान लिया जाता है। इसलिए टामसन की सूची में कुछ ऐसे शब्द हैं जो भारतीय भाषाओं के न होकर भी भारत-यूरोपीय खाने में लिखे हुए हैं। इनमें एक

है पितामह के लिए 'आउआस', लैटिन में auos। इसी प्रकार लैटिन में साली के लिए 'ग्लोस' है जिसका 'भारत-यूरोपीय' रूप लिखा गया है : गेलोउ। इन शब्दों को लैटिन परिवार का ही मानना अधिक युक्तिसंगत होगा।

लैटिन के सर्वनामों में एगो, मिही, नोस का उल्लेख हो चुका है। ये संस्कृत से मिलते हैं। किन्तु 'उस' (तद्) के लिए 'इल्ले, इल्ला, इल्लुद' और 'इस्ते, इस्ता, इस्तुद' हैं। अपने (सेल्फ) के लिए 'इप्से, इसा, इप्सुम' भी लैटिन के अपने शब्द हैं। इसी प्रकार सम्बन्धसूचक शब्दों में प्राय: सभी लैटिन-परिवार के ही हैं, 'अब'— से, 'अद'—को, दे—बारे में, ए या एक्स—से, पश्चात्।

संस्कृत और लैटिन की अनेक क्रियाओं में समानता है। सुर—अस् (जो कुछ कालों में भू धातु के फुई आदि रूप धारण करती है); एओ—इ (जाना); सेदेओ, सीदो—सद् (बैठना); स्पेक्तो—स्पश् (देखना); कोग्नोस्को—ज्ञा (जानना); दो—दा (देना); वीदेओ—विद् (देखना) इत्यादि। इनसे भिन्न लैटिन की अपनी बहुत-सी धातुएँ हैं जिनकी कुछ मिसालें ये हैं : सुनना—अउदिओ; चिल्लाना—क्लामो; दौड़ना—कुर्रो; पुकारना—वोको; बहुना—फ्लुओ; रहना—हवीतो; रखना—हबेओ; जानना—इन्तेलेगो; चमकना—नितेओ; विवाह करना—नूबो; लड़ना—पुग्नो; हँसना—रीदेओ; पूछना—रोगो; साँस लेना—स्पीरो; उठना—सुर्गो; जलाना—उरो; खाना—वेस्कोर; रोना—फ्लेओ; ले जाना—दूको; मारना—इन्तेरफिकिओ; जीतना—विंको; करना—फकिओ; उत्तर देना—रेस्पोन्देओ, इत्यादि।

क्रियाओं से भिन्न शेष मूल शब्द-भंडार में कुछ शब्द संस्कृत से मिलते हैं, जैसे अगेर—अजिर (खेत); देउस—दैव; एकुउस—अश्व; ईग्निस—अग्नि; लुपुस—लोपाश : गेन्स—जन; ओस—अस्थि; नोक्स—नक्तं; नूबेस—नभ, बादल; पेस—पद; सिक्कुस—शुष्क; सोल—सूर्य; सोनुस—स्वप्न; तेरा—धरा; वीर—पुरुष, पति, वीर; दोमुस—धाम; फूमूस—धूम; मूस—मूष; नाविस—नौका; देन्स—दन्त, इत्यादि। संस्कृत से न मिलनेवाले लैटिन के कुछ साधारण शब्द ये हैं : नगर—उर्ब्स; हवा—अएर; आकाश—काएलुम्; युद्ध—बेल्लुम्; बकरी—कपेर; भूख—फामेस; स्त्री—फेमिना; नदी—फ्लूमेन; द्वार—इआनुआ; शिशु—इन्फान्स; पत्थर—लपिस; सिंह—लेओ; स्थान—लोकुस; चन्द्र—लूना; प्रभात—माने; समुद्र—मारे; पर्वत—मोन्स; जनता—पोपुलुस; बैल—ताउरुस; शस्त्र—तेलुम्; मंदिर—तेम्प्लुम्; संध्या—वेस्पेर; छाती—पेक्तुस; हाथ—मानुस; पशु—अनिमल।

ग्रीक और लैटिन में ग्रीक ही संस्कृत के अधिक निकट है। सम्भव है, संस्कृत-परिवार के कुछ शब्द ग्रीक के माध्यम से लैटिन तक पहुँचे हों। लेकिन लैटिन तक उनके पहुँचने का एक स्वतंत्र मार्ग भी रहा है, यह निश्चित है। ऐसा न होता तो ग्रीक से भिन्न लैटिन में अग्नि के लिए ईग्निस न होता। पारिवारिक सम्बन्ध सूचित करनेवाले ग्रीक और लैटिन के शब्दों में जो अन्तर है, उनकी क्रियाओं और मूल शब्द-भंडार में जो व्यापक भेद है, उससे सिद्ध होता है कि ये दोनों भाषाएँ संस्कृत से भिन्न परिवार की तो हैं ही, वे आपस में भी एक कुल में उत्पन्न सगी बहनें नहीं हैं। लैटिन का अपना परिवार है जिसके अन्तर्गत स्पेनी, फ्रांसीसी, इतालवी, आदि आधुनिक भाषाएँ हैं।

इसी प्रकार जर्मन भाषाओं का अपना परिवार है। इसमें स्वीडिश, डेनिश, डच आदि भाषाएँ हैं। जर्मन धरती को न तो लैटिन-भाषियों की तरह 'तेरा' कहते हैं, न यूनानियों की तरह गेआ; उनका शब्द है 'एर्दे' जिससे अंग्रेज़ी 'अर्थ' का सम्बन्ध है। आकाश को वे 'हिमेल'

कहते हैं, अंग्रेज़ी में इसी के लिए 'स्काई' है, जिसका डैनिश में अर्थ है 'बादल'। जर्मन में बादल के लिए 'नभ' नहीं है, उसका अपना शब्द है 'ह्वोल्के' (अंग्रेज़ी वेल्किन)। हवा के लिए अंग्रेज़ी ने 'एयर' लिया है, लेकिन जर्मन शब्द है 'लुफ्ट'। वन के लिए 'वाल्ट', पर्वत के लिए 'बेर्ग', नदी के लिए 'फ्लुस' (डैनिश में फ्लोद जिससे अंग्रेज़ी 'फ्लड'), पानी के लिए उद नहीं, 'ह्वासेर'; हड्डी के लिए अस्थि नहीं 'क्नोखेन'; कान के लिए लैटिन के समान 'ओर', बालों के लिए अंग्रेज़ी के समान 'हेअर'; हाथ लैटिन मानुस से भिन्न हाण्ट (अं. हैण्ड) है; पैर के लिए पद नहीं, 'वाइन' ओठ हैं लिपे, नाक अवश्य नाजे (नासा) है, दाँत भी 'त्सान' शायद कभी दन्त रहा हो (स्वीडिश तन्द)। पशु के लिए लैटिन 'अनिमल' से भिन्न 'तिएर' (स्वीडिश द्यूर), पक्षी—फोगेल, बैल—स्तिएर, गाय के लिए हमारे खान्दान का शब्द है कुह (अं. काऊ), बछड़ा—काल्फ (अं. काफ); घोड़ा न अश्व है, न एकुउस, हिन्दी-भाषियों के लिए विचित्र ध्वनिवाला शब्द है 'पफेर्ड'। मूस जर्मन में भी 'माउस' है, यद्यपि उसकी बिरादरी का चूहा स्वतंत्र 'राटे' भी है। सर्प है श्लांगे। वृक्ष के लिए है बाउम्; जौ के लिए गेर्स्टे (स्वीडिश कोर्न), गेहूँ के लिए हाइज़ेन। पिता के लिए फाटेर, माँ के लिए मुटेर, भाई के लिए ब्रूडेर, सूनु के लिए ज़ोन, दुहिता के लिए टोख़्टेर, स्वसा के लिए श्वेस्टर संस्कृत के समान हैं जिनसे—कुछ अन्य शब्दों को मिलाकर—भाषाविदों ने इंडोजर्मेनिक परिवार की कल्पना की है। किन्तु बच्चा—किण्ट, लड़की—मैडख़ेन, पत्नी—फ्राउ, यहाँ हम जर्मन-परिवार के अपने शब्द देखते हैं। घर के लिए धाम नहीं, हाउस (स्वीडिश, डैनिश में हुस)। शहद मधु नहीं, होनिग (अंग्रेज़ी हनी), मांस—पलाइश (अं. पलेश), भोजन—नारुंग, भूख—हुंगेर, आदि। क्रियाओं में मरना—स्टेर्बेन (स्वीडिश डोय), रहना—ह्वोनेन, देखना—ज़ेहेन, पूछना—फ्रागेन, रखना—हाबेन, सकना—कोयनेन, डरना—फ्यूर्ख्टेन, मारना—श्लागेन, लाना—ब्रिंगेन, पुकारना—रुफेन, गिरना—फालेन, लड़ना—काम्पफेन, उड़ना—फ्लीगेन, खड़े होना—स्टहेन (स्था), उठना—आउफस्टेहेन, हँसना—लाख़ेन, रोना—ह्वाइनेन, जलाना—ब्रेनेन, बनाना—माखेन, विवाह करना—हाइरोटेन, जोतना—पूफ्लूगेन, बरसना—रेग्नेन, दौड़ना—रेनेन, चमकना—शाइनेन, गाना—जिंगेन, सोना—श्लाफेन (स्वप), कहना—ज़ागेन, इत्यादि। जर्मन और संस्कृत की बहुत कम क्रियाएँ सामान्य हैं; जो हैं, वे दो भाषा-परिवारों के सम्पर्क की ओर संकेत करती हैं, उनके सामान्य उद्गम की ओर नहीं। भिन्न क्रियाएँ बहुत-सी हैं।

सर्वनामों में 'कौन' के लिए व्हेर, 'क्या' के लिए ह्वास, किम्-क: से बहुत दूर हैं। 'जो' के लिए व्हेर, व्हास, व्हेल्खेर, व्हेल्खे, कुछ—आइनिगे, प्रत्येक—येडेर। सम्बन्धसूचक शब्द प्राय: सभी जर्मन के अपने हैं : में—इन, का—फौन, को—त्सु, से—आउस, साथ—मिट।

जितना साम्य लैटिन और संस्कृत में था, उतना साम्य भी जर्मन और संस्कृत में नहीं है। हम जितना ही यूरोप के दक्षिण से उत्तर-पश्चिम की ओर चलते हैं, उतना ही इस तरह का साम्य कम होता जाता है। यह साम्य सबसे अधिक पूर्वी यूरोप की भाषाओं तथा संस्कृत में है। इस साम्य पर विचार करने से पहले दो शब्द ग्रीक, लैटिन, जर्मन तथा संस्कृत-परिवारों की समानता के बारे में कह देना चाहिए। इस सम्बन्ध में पहली बात जो उल्लेखनीय है, वह ऐसी है जिससे सभी लोग परिचित हैं। इन भाषाओं में पारिवारिक सम्बन्धों के सूचक बहुत-से शब्द मिलते हैं। पिता, माता, भाई, बहन के लिए सामान्य शब्द देखकर सबसे पहले यही धारणा बनती है कि इन भाषाओं के माता-पिता भी एक हैं और भाषाएँ भाई-बहन की तरह एक-दूसरे से सम्बन्धित हैं। माता-पिता, भाई-बहन हमारे निकटतम सम्बन्ध के सूचक हैं।

वैसे पुत्र (सूनु) और लड़की (दुहिता) भी बहुत निकट हैं और इनके लिए भी इन भाषाओं में कुछ शब्द मिलते-जुलते हैं। किसी कारणवश पत्नी को उतना महत्त्व नहीं मिला जिससे नारी या पत्नी वाचक शब्द भी सामान्य होता। मानो आदि भारत-यूरोपीय जनों को पुत्र-पुत्रियों के लिए माता की अधिक आवश्यकता हो, वह माता विधिवत् पत्नी बनाई गई है या नहीं, इसकी चिन्ता न हो। अस्तु, ये सम्बन्ध हृदय को छूते हैं और हम कल्पना करते हैं कि भाषाओं के प्राचीनतम शब्द यही होंगे। वास्तव में सांस्कृतिक प्रभावों के कारण अक्सर किसी भाषा के जो शब्द सबसे पहले बदलते हैं, वे यही पिता-माता जैसे शब्द हैं।

किसी समय हमारे यहाँ 'बाबू' शब्द बहुत सम्मानप्रद समझा जाता था। अंग्रेज़ ने जिसको बाबू कह दिया, वह कृतार्थ हो गया। हिन्दी भाषा के परम सेवक बाबू श्यामसुन्दरदास इसी सम्मानसूचक विशेषण के साथ याद किये जाते थे (या हैं)। बिहार के ज़मींदारों के नाम के साथ बाबू न लगे तो ज़मींदारी-उन्मूलन से अधिक उनका प्रतिष्ठा-उन्मूलन हो जाए। इस सुन्दर सांस्कृतिक शब्द को हिन्दी-भाषी प्रदेश के सम्मान्य नागरिकों ने अपने बच्चों को सिखाया। देहातियों के बप्पा, दादा जैसे ग्राम्य सम्बोधनों से अपने कर्ण-कुहरों को पीड़ित होने का अवसर न देकर वे उनमें बाबू शब्द की सुधा उड़ेलने लगे। माताओं में अम्मा अधिक टिका, परन्तु था तो यह भी ग्राम्य शब्द। बहुत-से घरों में माँ या अम्मा की जगह बच्चों को भाभी कहना सिखाया जाता है। लेकिन यह सब स्वाधीनता-पूर्व के भारत की बातें हैं। एक सम्मान्य मित्र भारतीय संस्कृति के बड़े प्रेमी हैं; वेदान्त के समर्थक हैं। उनकी पत्नी शिक्षित महिला हैं और रामचरितमानस तथा उपनिषदों से बहुत प्रेम करती हैं। इस दम्पती से सुना कि उनका लड़का अपनी डायरी में 'डैडी' और 'ममी' की शिकायतें लिखा करता है। जब ऐसे संस्कृति-निष्ठ सम्भ्रान्त परिवार में डैडी और ममी ने प्रवेश पा लिया, तो अन्य बापुरे माँ-बाप का कहना ही क्या! हिन्दी लेखकों के घर में अब 'डैडी' और 'ममी' का अधिकार है। जिन सौभाग्यशाली जनों के बच्चे कॉन्वेंट स्कूलों में बचपन से अंग्रेज़ी शिक्षा पाते हैं, उनकी तो बात ही क्या! यदि—ईश्वर न करे—अणु बम से दुनिया तबाह हो गई और बाद को मंगल ग्रह के निवासियों को यहाँ खँडहरों में कहीं वह डायरी मिली जिसे डैडी-प्रेमी युवक ने लिखा था, तो वे इस परिणाम पर पहुँचेंगे कि हिन्दी की उत्पत्ति अंग्रेज़ी से हुई थी, क्योंकि यहाँ माता-पिता के लिए डैडी-ममी का व्यवहार होता था। आश्चर्य नहीं कि कहीं दादा-माता के दर्शन होने पर वे इस नतीजे पर भी पहुँचें कि दादा डैडी का और माता ममी का अपभ्रंश रूप है! और जापान में भी डैडी-ममी के अवशेष देखकर वे कहेंगे, हिन्दी ही नहीं, जापानी भाषा भी अंग्रेज़ी से निकली है और एशिया की इन भाषाओं के मूल पूर्वज इंग्लैंड के निवासी थे जिन्होंने अपनी बुद्धिमत्ता से अणु बम के आविष्कार और प्रयोग द्वारा इस पृथ्वी को मंगल ग्रह निवासियों के लिए जनशून्य और निरापद बना दिया।

जिन परिवारों में डैडी-ममी का प्रवेश नहीं हुआ, उनके शिक्षित (या अर्द्ध-शिक्षित) सदस्य यह कहते सुने जाते हैं : आज 'फादर' की तबियत खराब है, दफ्तर न जा सकूँगा या 'मदर' को लेने जाना है, छुट्टी चाहिए। फादर-मदर ऐसी भाषा के शब्द हैं जिसे अन्तरराष्ट्रीय सम्मान प्राप्त है। इसलिए माता-पिता की तुलना में मदर-फादर अधिक सम्मानसूचक हैं। इसी प्रकार वालिद और वाल्दा, अब्बा, ख़ाला आदि का प्रयोग भी यहाँ के निवासियों में प्रचलित हुआ।

इसलिए जर्मन-लैटिन-ग्रीक में पिता-माता के रूप-आकृति वाले शब्दों से यह सिद्ध नहीं होता कि ये भाषाएँ एक परिवार की हैं। साथ ही यह समझना भी सही न होगा कि ये शब्द

उनमें केवल सांस्कृतिक प्रभाव के कारण आ गए हैं। इन शब्दों के अलावा और भी साधारण शब्द हैं, सर्वनाम और धातुएँ भी हैं जिनसे भाषाओं के सम्मिश्रण का बोध होता है। ग्रीक में यह प्रक्रिया बहुत अच्छी तरह देखी जा सकती है। ग्रीक भाषा-समुदाय ने भारतीय भाषाओं के परिवार-सम्बन्धी शब्दों को अपनाया और वह उसी कोटि के अपने शब्द भी बनाए रहा। यदि सम्मिश्रण न होता तो पिता, माता, भाई, आदि के लिए संस्कृत से मिलते-जुलते शब्दों के अलावा इन्हीं के समानान्तर ग्रीक के अपने शब्द न होते। सर्वनामों में भी यही सम्मिश्रण दिखाई देता है, कुछ संस्कृत से मिलते-जुलते शब्द हैं, कुछ ग्रीक के स्वतंत्र हैं। इसी प्रकार क्रियाओं में।

इस सम्मिश्रण में एशियाई आगन्तुकों का स्थान सांस्कृतिक दृष्टि से उच्चस्तरीय था। परिवार से सम्बन्धित संस्कृत-सामान शब्दों पर पितृसत्ताक समाज की छाप है। ये शब्द उस सामाजिक व्यवस्था की ओर संकेत करते हैं जिसमें उत्पादन और वितरण का मुख्य संचालक पुरुष है। पितृसत्ताक समाज से पहले 'पिता' का जो सम्भव अर्थ है, वह भारतीय भाषाओं में मिलता है, ग्रीक और लैटिन में नहीं। वहाँ पिता केवल पितृसत्ताक परिवार का पिता है। यह आश्चर्य की बात नहीं कि ग्रीक और लैटिन भाषाएँ बोलनेवालों ने जहाँ अपने प्राचीन देवी-देवताओं के नाम सुरक्षित रखे, वहाँ उन्होंने पिता रूप में एक विशेष देवता को अपना लिया जिसका सम्बन्ध संस्कृत परिवार से भी है। यह है यूनानियों का 'ज़ेउस' जिसका पष्ठी-रूप 'दिओस' उसके मूल रूप 'द्यौस' या 'द्यो' की ओर स्पष्ट संकेत करता है। 'द्यावापृथिव्यो' का साथी यह 'ज़ेउस' लैटिन 'युपितर' (द्युपितर) है और उसका पितृत्व इतना महत्त्वपूर्ण है कि पितर शब्द उसके साथ जुड़ गया है।

यूनान की पौराणिक गाथाओं में एक दिलचस्प कहानी यह थी कि नये देवताओं ने पुराने देवताओं को परास्त कर दिया। अंग्रेज़ कवि कीट्स ने इसी विषय पर विकास-सिद्धान्त का आभास देते हुए अपनी प्रसिद्ध कविता 'हाइपीरियन' लिखी थी। इन नये देवताओं का नेता था 'ज़ेउस' और पुरातन देवताओं का प्रतीक था उसका पिता 'क्रोनोस' जो संस्कृत-परिवार से बाहर का नाम है। एथेंस में बूढ़ों को 'खूसट' के अर्थ में क्रोनोस कहा जाता था। लैटिन देवमंडल में युपितर के पिता का नाम दूसरा है—सातुर्नुस (सैटर्न, शनि)। पुत्र का नाम एक ही होने से उसके पिता ग्रीक क्रोनोस और लैटिन सातुर्नुस को एक-दूसरे का पर्यायवाची मान लिया गया है। लैटिन-भाषियों में भारतीय होली की तरह एक उत्सव होता था—'सातुर्नालिया' जिसमें सामाजिक विधि-निषेध को भूला दिया जाता था। इससे सातुर्न की परम्परागत लोकप्रियता का पता चलता है। इस तरह का कोई त्योहार क्रोनोस नाम के साथ सम्बद्ध होकर यूनान में न मनाया जाता था। इससे क्रोनोस और सातुर्न की भिन्नता सिद्ध हुई। क्रोनोस के दो पुत्र और थे : एक प्लोउतोन (लैटिन प्लूतो) जो पाताल-लोक का देवता था और दूसरा, पोसेइदोन (लैटिन नेप्तूनुस, नेप्च्यून) जो समुद्र का स्वामी था। प्लोउतोन पोसेइदोन—दोनों ही नाम संस्कृत-परिवार से बाहर के हैं। ये दोनों यूनान के अपने देवताओं के नाम हैं जिनके गोत्र में बड़ा भाई बनकर ज़ेउस शामिल हुआ।

ज़ेउस के समान संस्कृत-परिवार के सूर्य ने भी 'हेलिओस' रूप में ग्रीक भाषा में अपना आधिपत्य जमाया। ग्रीक भाषा में सूर्य देवता के लिए अन्य अनेक शब्द हैं : हुपेरिओन, फोइबोस, अपोल्लोन। इनको सह-अस्तित्व का अधिकार देकर सूर्य के लिए प्रचलित शब्द हो गया 'हेलिओस'। चन्द्रमा के देवी 'सेलेने' का नाम ज्यों-का-त्यों बना रहा। जिस मातृसत्ताक व्यवस्था में ज़ेउस और हेलिओस उदित हुए, उसके चिह्न यूनान की पौराणिक गाथाओं में

देखने को मिलते हैं। ज़ेउस की माता हेर्आ उसके पिता क्रोनोस की बहन है। प्राचीन मिस्र में जैसे सम्पत्ति का सर्वाधिकार मातृकुल तक सीमित था, इसीलिए वहाँ का सम्राट् अपनी भगिनी का ही पति होता था, वैसे ही यूनान के प्राचीन देवताओं की पद्धति थी। ज़ेउस की मुख्य पत्नी है हेरा और वह भी ज़ेउस की बहन है।

यूनान की पौराणिक गाथाओं की एक विशेषता यह भी है कि देवता प्राय: अनैतिक और उच्छृंखल व्यवहार करते हैं किन्तु देवियाँ अपनी चरित्रगत दृढ़ता के लिए वन्दनीय होती हैं। प्राचीन यूनानी जन वास्तव में देवी-पूजक था। पिता ज़ेउस के कारण हेरा ईर्ष्यालु हो गई और ज़ेउस उसे झाँसा देने के लिए तरह-तरह की तरकीबें ढूँढ़ निकालता है। किन्तु उपास्य देवियाँ प्राय: अविवाहित रहती हैं। आर्तेमिस आखेट की देवी है और सदा अविवाहित रहती है। चन्द्रमा की देवी के रूप में वह एन्दिमिओन से प्रेम करती है, लेकिन उसका प्रेम विवाह का रूप नहीं लेता। शस्त्र धारण करनेवाली अथेना भी चिरकुमारी है। प्रेम और सौन्दर्य की देवी अफ्रोदिति (लैटिन वीनस) अदोनिस से प्रेम करती है, और वह आखेट में मारा जाता है। देमेतेर कृषि की देवी है; ज़ेउस से उसके एक पुत्री हुई पेर्सेफोनी जिसे उसका चाचा पाताल-लोक का स्वामी प्लोउतोन उठा ले गया। देमेतेर एक महान् देवी के रूप में पूजी जाती थी किन्तु उसका कोई विवाहित पति नहीं था। ऋग्वेद में अग्नि प्रमुख देवताओं में है, किन्तु यूनानियों में अग्नि की देवी थी वेस्ता और वह चिरकुमारी थी। उसी का समकक्ष अग्नि का देवता था हिफाइस्तोस लेकिन वह लंगड़ा था और उसका काम अस्त्रादि तैयार करना था। अग्नि की देवी और देवता में देवी ही अधिक उपास्य समझी गई। यूनान के नगरों में एक सार्वजनिक स्थान में अग्नि सदा प्रज्वलित रखी जाती थी और यूनानी जन जब किसी नये प्रदेश में उपनिवेश बनाने जाते थे, तब वे वेस्ता की स्मृति रूप वहाँ से अग्नि अपने साथ ले जाते थे। रोमन जनों के मन्दिरों में चिरकुमारियाँ आजीवन उसकी सेवा करतीं और उपास्य-देवी के समान पवित्र जीवन बिताने का प्रयत्न करतीं। यूनानियों ने भाग्य की कल्पना तीन देवियों के रूप में की थी और दंड देनेवाली भी तीन देवियाँ थीं। पुरुष देवों के साथ यूनानी मज़ाक कर सकते थे, उनकी पूजा करते यह भी उनकी पुरुष-सुलभ कमज़ोरियों पर हँस सकते थे, किन्तु वास्तविक भय था उन्हें देवियों से। यदि भारत आनेवाले 'आर्य' यूनान या रोम से आए होते—या रोम और यूनान के आर्यों से उनका घनिष्ठ सम्बन्ध होता—तो उनके देवी-देवताओं के ग्रीक या लैटिन नाम हमारे यहाँ भी मिलते। किन्तु एक-आध पुरुष देवों के सामान्य नाम ही मिलते हैं; वहाँ की देवियों से संस्कृत-परिवार की देवियों का कोई सम्बन्ध नहीं है। ज़ेउस पितृसत्ताक समाज का प्रतीक बनकर यूनान के मातृसत्ता के देवी मंडल में प्रतिष्ठित हुआ। ज़ेउस का षष्ठी-रूप दिओस, सम्प्रदान दिइ, और कर्म-रूप दिआ होता है। इन रूपों में मूल भारतीय ध्वनि सुरक्षित है।

ज़ेउस का एक पुत्र है दिओनूसोस। इसका सम्बन्ध भी दिव् धातु के देव या द्यौस से मालूम होता है। वह मद का देवता है और जिन अनेक देशों की उसने यात्रा की है, उनमें भारत भी है। पौराणिक गाथा-विशारद यह स्वीकार करते हैं कि वह पूर्व से आया हुआ देवता है। उसका एक नाम बाक्खोस है। वह मद का देवता है, साथ ही काव्य से—विशेष रूप से नाटकों से—उसका घनिष्ठ सम्बन्ध है। वह कवियों को आवेश और प्रेरणा देनेवाला देवता है। इस देवता के प्रसाद से जब कोई प्रलाप करने लगता था, तब उस क्रिया को बाक्खिओस कहते थे। इस बाक्खोस देवता का सम्बन्ध भारतीय वाक् से है। यूनानी वर्णमाला में 'व'

ध्वनि नहीं है। ब्रजवासियों के समान यूनानियों ने 'व' का 'ब' किया। लेकिन वाणी के लिए ग्रीक में बाक् जैसा भी कोई शब्द नहीं है। फिर भी भारतीय वाक् से बाक्खोस का स्पष्ट सम्बन्ध है। यह सम्बन्ध जोड़ने के लिए काव्य-साहित्य के अलावा भी प्रमाण हैं। एक ग्रीक शब्द है बाग्मा। यह शब्द वाङ्मय का यूनानी रूप हो, चाहे न हो, उसका बाग वाक् का ही दूसरा रूप है, इसमें सन्देह नहीं। बाग्मा (या बाङ्मा) का अर्थ है भाषा या भाषण। एक अन्य ग्रीक क्रिया है अबाकेओ जिसका अर्थ है अवाक् होना। इसी में बना अबाकिस—वाक्-हीन। इस प्रकार यूनानी देव-मंडल के दो पुरुष-देवता ज़ेउस और बाक्खोस, पिता आदि शब्दों के साथ, भारत की ओर संकेत करते हैं।

एथेंस के निवासियों में यह किंवदन्ती प्रचलित थी कि उनके पुरखे 'पेलास्गोइ' नामक जन थे जो बाद में हेलेनिक (या ग्रीक) संस्कृति में दीक्षित हुए। इस सम्बन्ध में टॉमसन ने लिखा है : "एथेंस के जनवादी नागरिकों को इस बात पर अभिमान था कि वे पेलास्गोइ की सन्तान हैं। वे अपने को 'धरती-पुत्र' कहते थे। हेरोदोतस ने उनका वर्णन करते हुए लिखा है कि वे हेलेनिक संस्कृति में दीक्षित हुए। उनका एक प्राचीन राजा था केक्रोप्स, जिसने मातृसत्ताक व्यवस्था की नींव डाली। उसके पहले स्त्रियाँ स्वच्छंदता से रमण करती थीं और अपने नाम पर अपनी सन्तान का नाम रखती थीं।"[1] इससे उपर्युक्त स्थापना की पुष्टि होती है कि यूनान के मूलभूत मातृसत्ताक समाज में बाहर से आए हुए जनों ने पितृसत्ताक परिवर्तन किये।

एथेंस के समान यूनान का अत्यन्त शक्तिशाली राज्य था स्पार्टा। इस राज्य के बारे में टॉमसन ने लिखा है : "वहाँ एक पति-पत्नी वाली विवाह-प्रथा का इतना कम बन्धन था कि छह भाई एक पत्नी रख सकते थे और नारी का पर-पुरुष से सम्पर्क न तो दंडनीय समझा जाता था, न अनुचित ही।" ('स्टडीज़ इन ऐन्शेंट ग्रीक सोसाइटी', पृ. 143) इस तरह का समाज पिता शब्द को पितृसत्ताक व्यवस्था का प्रतीक न बना सकता था। यह शब्द यूनान में बाहर से ही पहुँचा है।

टॉमसन ने कल्पना की है कि मातृसत्ताक व्यवस्था आर्यों से पहले की थी; उसका ध्वंस करके आर्यों ने पितृसत्ताक व्यवस्था कायम की और साथ ही विजितों में अपनी भाषा का प्रसार किया। यूनान की अख़ायन जाति के लिए उन्होंने लिखा है कि उसने अपनी भाषा को सुरक्षित ही न रखा, वरन् विजितों को भी उसे सीखने के लिए विवश किया। "इस दिशा में उनकी सफलता भारत पर आर्यों की विजय के समान है, जहाँ आर्य-पूर्व मातृसत्ताक संस्कृति का ध्वंस करके क्रमश: विजेताओं ने अपनी भाषा का प्रसार किया।" (उप., पृ. 431) आर्यों की भारत-विजय की चर्चा आगे होगी; यहाँ उल्लेखनीय यह है कि टॉमसन के अनुसार यूनान में बाहर से आनेवालों द्वारा मातृसत्ताक व्यवस्था का ध्वंस हुआ। यह बात ठीक है, किन्तु यदि ग्रीक भाषा और संस्कृति के मूल तत्त्व इन आर्य विजेताओं के दिये हुए हैं तो ज़ेउस ही वह अकेला देवता क्यों है जिसके लिए, टामसन के अनुसार : "हम निश्चित रूप से कह सकते हैं कि उसका नाम भारत-यूरोपीय है?" (पृ. 286) अख़ायन जाति के बारे में टॉमसन की कल्पना सही होती तो बहुत-से ग्रीक देवी-देवताओं के नाम 'भारत-यूरोपीय' होते। इसके विपरीत टॉमसन के ही अनुसार : "प्राय: सभी ग्रीक देवियों और बहुत-से देवताओं का कुछ-न-कुछ सम्बन्ध चन्द्रमा से रहा है और यह सम्बन्ध उस समय की यादगार है जब नारी-जीवन पर चन्द्रमा का आधिपत्य था।" (पृ. 229) यूनान की शक्तिशाली मातृसत्ताक व्यवस्था के प्रमाणस्वरूप टॉमसन ने देमेतेर का हवाला दिया है जिसका कोई पिता न था और उसी के समान उसकी

1. 'स्टडीज़ इन ऐन्शेंट ग्रीक सोसाइटी', पृ. 175-76

लड़की पेर्सेफोने को भी बिना पिता का माना गया था। इसी प्रकार अथेना आदि देवियाँ भी अपितृजा हैं। यूनान में मातृसत्ता का इतना जोर था कि लेस्बोस, लेम्नोस, कोस, आदि द्वीपों में अठारहवीं सदी के अन्त तक सम्पत्ति के उत्तराधिकार का नियम मातृसत्ताक था। (पृ. 202-3)

यूनानी देवमंडल के प्रतिकूल हित्ती जनों का देवमंडल वैदिक देवमंडल का ही एक अंश था। इन हित्ती (या मितन्नी) जनों के लेख तुर्की के बोगाज़ कोई गाँव में प्राप्त हुए। ये लोग इन्द्र, मित्र, वरुण और नासत्यों के उपासक थे। इन्द्र-पूजक संस्कृति पितृसत्ताक थी। टॉमसन ने ईजियन समुद्र-तट की संस्कृतियों का विहंगावलोकन करने के बाद लिखा है कि चारों ओर मातृसत्ताक व्यवस्था के अवशेष दिखाई देते हैं किन्तु "प्राचीन हित्ती राजा बहुपत्नीक और पितृसत्ताक व्यवस्था के थे। पिता की सम्पत्ति का उत्तराधिकारी पुत्र होता था। किन्तु वैभव के दिनों में हित्तियों की रानी या राजमाता को अधिकार-पद प्राप्त था और वह राजा के साथ अनेक राजकीय कार्यों में भाग लेती थी।" (पृ. 180) राजकीय कार्यों में राजमहिषी का भाग लेना भारतीय परम्परा के अनुकूल था और उससे पितृसत्ताक व्यवस्था का उल्लंघन नहीं होता। इससे सिद्ध हुआ कि यूनान के निकट एशियाई भूखंड में पितृसत्ताक जन मौजूद थे और इनका वैदिक संस्कृति से घनिष्ठ सम्बन्ध था।

यह आश्चर्य की बात है कि यूनान के आर्य-विजेता अपने ग्रीक देवताओं के नाम निकटवर्ती हित्तियों को भी न दे पाए। यदि उनके भाईबन्दों ने भारत विजय की होती तो पोसेउदोन, प्लोउतोन, अथेना, आर्तेमिस के नाम संस्कृत-परिवार की भाषाओं में भी मिलते। लैटिन जनों ने यूनानियों के देवी-देवताओं की ही उपासना की; उनके नाम उन्होंने बदल दिये, जब-तब मूल नाम ही रहने दिये। यूनान की पौराणिक गाथाओं से जो भाषा-सम्बन्धी निष्कर्ष निकलता है, वही निष्कर्ष रोम की पौराणिक गाथाओं से निकलता है। इन गाथाओं के देवी-देवताओं ने एशिया की यात्रा नहीं की, वरन् एक-आध एशियाई देवता ही उनमें जाकर घुल-मिल गया और अपनी विशेष प्रतिष्ठा भी बनाए रहा। इसी प्रकार यदि इंडो-जर्मेनिक भाषा-परिवार की कल्पना सही होती, तो जर्मन (या ट्यूटॉनिक) पौराणिक गाथाओं के भी कुछ देवी-देवता भारत आते। उनका आकाश और युद्ध से सम्बन्धित देवता ओडिन है जिसके एक ही आँख है, वज्र घोष करनेवाला देवता थोर है, ग्रीष्म के सूर्य का देवता है बाल्डेर, उसकी माता है धरती की देवी फ्रिग, दुष्ट देवता है लोके। इस तरह के और बहुत-से नामों का उल्लेख किया जा सकता है। जैसे ग्रीक की तुलना में जर्मन भाषा-परिवार हमसे दूर है, वैसे ही ग्रीक देवमंडल की तुलना में जर्मन देवमंडल और भी दूर है। यूनानी, लैटिन और जर्मन देवमंडल वैदिक देवमंडल से अपनी भिन्नता द्वारा संस्कृत-परिवार से इन भाषाओं के मूल तत्त्वों की स्वतंत्रता और भिन्न सत्ता सिद्ध करते हैं।

पाँचवाँ अध्याय

मूल शब्द-भंडार—संस्कृत और स्लाव

भारत-यूरोपिय परिवार में जिन भाषाओं को गिना जाता है, उनका संस्कृत से सम्बन्ध एक-सा नहीं है। जैसे जर्मन-परिवार की अपेक्षा ग्रीक-लैटिन संस्कृत के अधिक निकट हैं, वैसे ही ग्रीक और लैटिन की तुलना में स्लाव-परिवार की भाषाएँ संस्कृत के अधिक निकट हैं। भारत-यूरोपीय परिवार की चर्चा में इस न्यूनाधिक समानता का भेद भुला दिया जाता है। भाषाओं का इतिहास जानने के लिए उनकी सापेक्ष दूरी या निकटता की जानकारी आवश्यक है। संस्कृत-परिवार और स्लाव भाषाओं का सम्पर्क ज्यादा गहरा है; दो परिवारों के सम्मिश्रण की आधारभूमि अधिक विस्तृत है। यह बात भी ध्यान देने योग्य है कि ग्रीक या लैटिन से संस्कृत का जैसा साम्य है, वैसा ही साम्य स्लाव भाषाओं से हो, यह आवश्यक नहीं है। कहीं कोई शब्द ग्रीक और संस्कृत में है, लेकिन रूसी में नहीं है; कहीं रूसी और संस्कृत में कोई शब्द सामान्य है किन्तु ग्रीक या लैटिन में नहीं है। इससे एक निष्कर्ष यह निकलता है कि पूर्व से आनेवाले जिन जन-समुदायों का प्रभाव यूरोप की भाषाओं पर पड़ा है, वे किसी एक परिनिष्ठित भाषा के बोलनेवाले न थे वरन् उनकी बोलियों में अन्तर भी था यद्यपि वे एक-दूसरे में बहुत मिलती-जुलती थीं। इसके सिवा यह धारणा भी पुष्ट होती है कि स्लाव-संस्कृत समानता का कारण वोल्गा से गंगा की ओर स्लाव-जनों की यात्रा नहीं है, वरन् इस समानता का कारण उसी तरह का सम्पर्क है, जिस तरह के सम्पर्क के लक्षण हमने ग्रीक और लैटिन भाषाओं में देखे थे। ग्रीक और संस्कृत में यदि 'क्' तत्त्व समान है, तो वह स्लाव-कुल में नहीं है; स्लाव-संस्कृत में यदि 'ख्' तत्त्व समान है तो वह ग्रीक-कुल में नहीं है; 'क्' और 'ख्' तत्त्वों का सामान्य भंडार है संस्कृत। इससे या तो यह निष्कर्ष निकलेगा कि ग्रीस और स्लाव प्रदेशों के लोग समय-समय पर भारत आते रहे और यहाँ अनेक स्रोतों से शब्द इकट्ठे होते रहे, इसलिए 'क्' और 'ख्' तत्त्व, दोनों संस्कृत में हैं। इस परिणाम के विरोध में एक तो ध्वनिविज्ञान का साक्ष्य है; शब्दों की मूल ध्वनि ग्रीक-रूसी की अपेक्षा संस्कृत में अधिक सुरक्षित है। दूसरे, समाजशास्त्र यह संकेत करता है; अनेक सामान्य शब्दों का पूर्व पितृसत्ताक अर्थ भारतीय भाषाओं में बना हुआ है। यूरोपीय और भारतीय परिवारों के सामान्य शब्द इस तथ्य की ओर इंगित करते हैं कि सूर्य-पितृ आदि शब्दों को यूरोप में पितृसत्ताक समाज के अभ्युदय के साथ मान्यता मिली; इनके यूरोपीय पर्यायवाची दब गए और भारतीय शब्दों ने मातृसत्ताक क्षेत्र की विशिष्ट शब्दावली को प्राय: ज्यों-का-त्यों रहने दिया। तीसरे, इतिहास में भी पूर्व से पश्चिम की ओर अनेक जन-अभियानों का उल्लेख मिलता है। रूसी-संस्कृत के तुलनात्मक अध्ययन से कुछ उसी कोटि के तथ्य सामने आते हैं, जिस कोटि के तथ्य ग्रीक-संस्कृत मूल शब्द-

भंडार के तुलनात्मक अध्ययन से सामने आए थे। रूसी और अन्य स्लाव भाषाओं में अनेक शब्द ऐसे हैं जिनके पर्यायवाची संस्कृत में तो मिलते हैं, किन्तु उन्हीं के समकक्ष स्लाव-कुल के मूल शब्दों का लोप नहीं हुआ, वरन् ग्रीक-कुल के स्वतंत्र शब्दों की तरह वे भी सुरक्षित हैं। इसके सिवा स्लाव भाषाओं का अपना मूल शब्द-भंडार है, अपने विशिष्ट भाषा-तत्त्व हैं जिनसे ग्रीक या जर्मन-कुल के समान स्लाव-कुल की स्वतंत्र सत्ता सिद्ध होती है।

पहले परिवार-सम्बन्धी शब्दों को लेते हैं। रूसी में पिता शब्द नहीं है, यद्यपि वह ग्रीक, लैटिन और जर्मन में है। उसके बदले 'अतेत्स' (रूसी) है जिसका सम्बन्ध तात से है। चेकोस्लोवाकिया के शहीद जूलियस फूचिक ने फाँसी के तख्ते की छाया में लिखी हुई अपनी पुस्तक में माता-पिता को याद करते हुए 'मामो, तातो' शब्दों द्वारा भारतीय तात के समान पिता को सम्बोधित किया है। बुल्गार भाषा में पिता के लिए एक अन्य शब्द है 'बाश्चा'। उक्रैनी में अतेत्स के साथ-साथ बाश्चा से मिलता-जुलता पितृवाचक शब्द है 'बात् को'। इससे सिद्ध हुआ कि स्लाव-कुल में 'तातो' के अलावा उसका अपना शब्द है 'बात'। रूसी में भी इसका लघु रूप है 'वात्यूश्का'।

स्लाव-कुल की एक धातु है 'रोद्' जिसका अर्थ है जन्म देना। इससे रूसी में पिता के लिए एक अन्य शब्द बनता है 'रोदीतेल' (जनक, ग्रीक 'तोकेउस्' के समान)। उक्रैनी और बुल्गार में भी रोदीतेल। स्लाव भाषाओं ने ग्रीक के समान जन् धातु से 'गोनेउस' (जनक) शब्द नहीं बनाया। जन-सम्बन्धित शब्द संस्कृत-कुल के हुए; रोद-सम्बन्धित शब्द स्लाव-कुल के।

माता के लिए रूसी शब्द है 'मात्'। बुल्गार में यह शब्द नहीं है, इससे मिलता-जुलता 'मात्का' शब्द का अर्थ है गर्भ, योनि। उक्रैनी में 'माति' के अलावा एक शब्द है 'नेन्या' (रूसी 'न्यान्या'—धाय)। भाई के लिए सामान्य शब्दा है 'ब्रात', बहन के लिए 'सेस्त्रा'। पत्नी के लिए 'झेना' (जनी) शब्द है किन्तु एक अन्य रूसी शब्द है 'सुप्रूगा' (पति के लिए 'सुप्रूग') श्वसुर के लिए 'स्व् योकोर' लैटिन के 'सोकेर' से मिलता है; 'स' की ध्वनि 'क' में परिवर्तित हुई है यद्यपि रूसी भाषा श, स दोनों को सुरक्षित रखती है। श्वसुर के साथ सास के लिए रूसी शब्द है 'स्वेक्रोव्'। सास के लिए रूसी का अपना शब्द है 'त्योश्चा'। साले के लिए स्वतंत्र शब्द है 'शूरिन' और बहनोई के लिए 'ज़्यात'। 'देवेर' (देवर) रूसी में है, 'विदोवा' (विधवा, अं. विडो) भी। पुत्र के लिए रूसी 'सीन' (सूनु) और पुत्री के लिए 'दोच्' (दुहिता) है। नाती और नातिन के लिए रूसी के अपने शब्द हैं 'व्नूक' और 'व्नूच् का'। चाचा के लिए दादा से मिलता-जुलता शब्द है 'द्याद्या'। बच्चे के लिए रूसी का अपना शब्द है 'द्येति'। पितामह के लिए दादा से मिलता-जुलता शब्द है 'देद' किन्तु दादी के लिए बाब् का, बाबुश्का शब्द हैं। लड़के के लिए युवा शब्द का समकक्ष 'यूंगा' है (जवानी के लिए 'यूनोस्त')। परिवार-सम्बन्धी शब्दावली में अनेक शब्द संस्कृत से मिलते-जुलते हैं, साथ ही कुछ शब्द स्लाव भाषाओं के अपने हैं।

सर्वनामों में 'या' (अहम्), ती (तू, त्वं), वी (तुम, वयं से मिलता-जुलता किन्तु भिन्न अर्थवाला), एतोत् (यह, एतद्), प्रश्नवाचक क्तो, च्तो, कतोरी, ककोइ, चेइ आदि (किम्-क: समुदाय के), तोत् (तह, वह), सेइ (यह, स:), मोइ (मेरा), स्वोइ (अपना), मी (हम), मेन्या (मुझे), संस्कृत-परिवार के सर्वनामों से मिलते-जुलते हैं। नास (हमको), नाश (हमारा) उसी सर्वनाम से सम्बन्धित हैं जिसका 'न:' रूप संस्कृत में है। अन, अनो, अना (वह) सामी-कुल के सर्वनामों से मिलते हैं। रूसी 'एवो' (उसका, पुं.) 'एयो' (उसका, स्त्री.), 'इख़' (उनका),

अन-अनो-अना से भिन्न उसके अपने परिवार के हैं। इसी प्रकार तकोइ, एताकिइ (ऐसा), द्रूग, द्रूगा (दूसरे) काझ् दी (हरेक), आदि रूसी के अपने शब्द हैं।

सम्बन्धसूचक शब्दों में 'ऊपर' के लिए 'नाद' (संस्कृत से भिन्न) किन्तु 'नीचे' के लिए 'नीझ़े' (संस्कृत के समान), साथ ही 'नीचे' के लिए रूसी का अपना शब्द 'पोद', 'पर' के लिए 'ना', 'में' के लिए 'व', 'से' के लिए 'इज़' (फ़ारसी से मिलता हुआ), 'पीछे' के लिए 'ज़ा' संस्कृत से भिन्न हैं। पो (बारे में), चेरेज़ (पार), स्क्वोज़ (बीच से), पेरेद (सामने), व्ने (बाहर), व्नूची (भीतर), द्ल्या (लिए), पोस्ले (पीछे), उ (पर, निकट) आदि रूसी के अपने जान पड़ते हैं। 'प्रोस्तीव' (विरुद्ध) का सम्बन्ध अवश्य ही संस्कृत 'प्रति' से है। 'मध्य' के लिए दो शब्द हैं 'मेंझ्रु दु', जो 'मध्य' का ही रूसी रूप है और 'स्रेदी', जो रूसी का अपना है। मूल शब्द-भंडार के अन्य समुदायों के समान यहाँ भी स्लाव और संस्कृत-परिवारों के मिश्रण के चिह्न दिखाई देते हैं।

ग्रीक-लैटिन से भिन्न स्लाव-संस्कृत भाषाओं का आश्चर्यजनक सामीप्य उनकी धातुओं में है। ग्रीक-लैटिन में जीव् धातु से बननेवाले शब्द हैं किन्तु जीव धातु का प्रयोग नहीं होता। रूसी में 'पझ़ीवात' का अर्थ है रहना, जीना। इस जीव से रूसी में बहुत-से शब्द बनते हैं, झ़ीव—जीवित, झ़िवोत—पेट, झ़िवोत्नोए—जीव (पशु), झ़ीज़्न (जीवन), झ़ीतेल (निवासी) इत्यादि। उमीरात—मरना (लैटिन मोरिओर), बेगात् और बेझ़ात—दौड़ना (सं. वेग), इद्ति—चलना (इ), बीत और बीवात्—होना (भू), एस्त—इसे 'बीत्' के वर्तमान काल का रूप कहा जाता है किन्तु वह स्वतंत्र क्रिया 'अस्' का रूसी रूप है, वीदेत् देखना (विद), वेदात्—जानना (वेद्), ज़्नात्—जानना (ज्ञा), इसी से ज़्नानिये—ज्ञान, दवात्—देना (दा), ल्यूबीत—प्यार करना (लुभ), पादत्—गिरना (पत्), पीत्—पीना (पि), एस्त्—खाना (अद्), स्प्राशिवात् और प्रोसीत्—पूछना (स्प्रश्, प्रश्, प्रच्छ्), सदीत्स्या और सीदेत्—बैठना (सद्), स्लूशात् और स्लीशात्—सुनना (श्रु), स्पात्—सोना (स्वप), स्तोयात्—खड़े होना (स्था), गोरेत् और ग्रेत् (गर्मी देना) में वही धातु मालूम होती है जो 'ग्रीष्म' में है; कोपात्—खोदना (या तो इस धातु से 'कूप' बना है या कूप से इस क्रिया शब्द को गढ़ा गया है); ज़्वनीत्—बजना, शब्द करना (यह भी ज़्वोन—ध्वनि संज्ञा से बनाई हुई क्रिया है); संस्कृत श्वेत के समान रूसी शब्द है स्वेत जिसका अर्थ है प्रभात, प्रकाश; इसी से क्रिया बनती है, स्वेतात्—भोर होना, अस्वेश्चात्—प्रकाशित करना, प्लावात्—तैरना (प्लव्), स्मेयात्स्या—हँसना (स्मि), स्लुझ़ीत्—सेवा करना (शुश्रु), त्रुसीत्—त्रस्त होना, बोयात्स्या—भय पाना, नेस्ती और नोसीत्—ले जाना (नी), झ़ेच् और स्झ़ेच्—जलाना (द्युत् या ज्युत्), तेम्नेत—अँधेरा होना (तम से), इत्यादि।

स्लाव भाषाएँ आत्, आवात्, एत् आदि प्रत्यय लगाकर संज्ञा से क्रिया बना लेती हैं। उनकी यह प्रकृति हिन्दी की बोलियों से मिलती है, जैसे—हाथ से हथियाना, लात से लतियाना। फूचिक ने अपनी उपर्युक्त पुस्तक में अंग्रेज़ी के knock out से चेक क्रिया-रूप बनाया है 'नौक-आउटोवात्'। इसलिए तेम्नेत जैसे क्रिया शब्द संज्ञा से बने हुए मानने चाहिए। वे संस्कृत 'तम' का मूल रूप नहीं हैं। चेक में 'उषा' से भोर होने के अर्थ में क्रिया-रूप बनाए गए हैं। स्लाव-कुल की सभी भाषाओं में संस्कृत-परिवार के तत्त्व समान रूप से विद्यमान नहीं हैं। चेक में 'दोद्रज़ोबात्' धातु देखने के अर्थ में आती है; उसका मूल रूप दृश् है किन्तु वह रूसी में नहीं है। इसी प्रकार उषा वाला क्रिया-रूप रूसी में नहीं है। जिस प्रकार ग्रीक, लैटिन और जर्मन परिवारों से संस्कृत का सम्पर्क अलग-अलग ढंग का

है, उसी प्रकार स्लाव भाषाओं से भी यह सम्पर्क अलग-अलग तरह का है। इसी से ज्ञात होता है कि संस्कृत-परिवार की भाषाएँ बोलनेवाले जनों का प्रभाव विभिन्न क्षेत्रों में स्लाव भाषाओं पर विभिन्न ढंग से पड़ा है।

लैटिन-ग्रीक ने देवता के लिए दिव् धातु वाला ज़ेउस, द्यौस, द्युपितर या युपितर अपनाया; रूसी ने ऐश्वर्यवाचक 'भग' (जिससे भगवान बने) शब्द लिया; देवता के लिए ग्रीक-परम्परा से भिन्न शब्द हुआ 'बोग' और देवी के लिए 'बोगीन्या'। आकाश के लिए रूसी में 'नेबो' है किन्तु वह कुछ पश्चिमी भाषाओं के समान बादल के अर्थ में प्रयुक्त नहीं होता। सूर्य के लिए पश्चिमी भाषाओं की तरह रूसी में सोल से 'सोल्न्त्से' है (जिसमें 'ल्' उच्चरित नहीं होता) किन्तु पितृसत्ताक सूर्योपासकों ने ग्रीक सेलेने के समान रूसी में—लैटिन से मिलता-जुलता—चन्द्र-वाचक 'लूना' (स्त्रीलिंग) रहने दिया। रात्रि के लिए लैटिन-ग्रीक के समान नक्तं से 'नोच्' है। दिन के लिए सीधा 'देन' है। किरण के लिए 'रुच्' से 'लुच्' है। मूल शब्द-भंडार के कुछ अन्य उल्लेखनीय शब्द हैं वोदा (उद, जल) द्वेर (द्वार), देरेवो (दारु, वृक्ष), दोलीना (द्रोणी, घाटी), दोम (धाम), दीम (धूम), ज़्र (ज्वर), ज़ेम् ल्या (धरती, ज्या), म्योद (मधु), मेद्वेद् (मधु-अद्, भालू), नोस (नासा), ओब्लाको (अभ्र, बादल), अगोन (अग्नि), पूत् (पथ), चाष्का (चषक प्याला), क्रेस्त् यानिन (किसान), पोराझ़ेनिये (पराजय), ज़्नाति (ज्ञाति, अभिजातवर्ग) इत्यादि। जहाँ पशु बाँधे जाते हैं, उसके लिए रूसी शब्द है ज़गोन। जहाँ पशु चराए जाते हैं, उसके लिए शब्द है विगोन। इन दोनों में पशुवाचक मूल शब्द है गो। वैसे गाय के लिए रूसी शब्द है 'करोवा'। किसान के लिए क्रेस्त्यानिन जैसा शब्द यूरोप की पश्चिमी भाषाओं में नहीं है। वह स्लाव-संस्कृत-परिवारों के विशेष सामीप्य का साक्षी है।

स्लाव और संस्कृत परिवारों के सामीप्य का एक कारण उपसर्ग और प्रत्ययों का व्यवहार है। यही नहीं कि इस तरह के व्यवहार से दोनों भाषा-परिवारों की एक-सी प्रकृति का पता चलता है, वरन् दोनों के कुछ प्रत्यय और उपसर्ग हैं भी एक ही। इनमें एक है 'स', जिसका अर्थ है 'सहित'। यह अलग से भी सम्बन्धसूचक अव्यय के रूप में प्रयुक्त होता है और अन्य शब्दों के साथ उपसर्ग-रूप में भी जुड़ता है। 'सोवियत' शब्द में यही 'स' 'इ' धातु के साथ आया है। 'सयूज़ा' का अर्थ है 'संघ'; 'युज्' धातु में 'स' उपसर्ग जोड़कर 'सयूज़ा' बना। इसी प्रकार 'प्र'; 'प्रबुझ़ देनिये' (जागना), 'बुध्' में 'प्र' जोड़कर क्रिया बनी प्रबुदीत्, प्रबुझ़दात्। भाववाचक संज्ञाएँ बनाके लिए 'त्व' (या स्त्व) प्रत्यय का प्रयोग वैसे ही होता है, जैसे संस्कृत-परिवार को भाषाओं में। ब्रात—भाई, उससे ब्रात्स्त्वो—बिरादरी; मुझ़—पुरुष, उससे मुझ़ेस्त्वो—पुरुषत्व। स्लाव भाषाओं को 'क' प्रत्यय से वैसे ही प्रेम है, जैसे संस्कृत को। जैसे बाल से बालक बनाते हैं, वैसे ही उनके यहाँ दीम (धूम) से दीमोक या कर्तीना (चित्र) से कर्तीन्का। जैसे संस्कृत में धातु के साथ ता या तर जोड़कर कर्ता बनाते हैं, दा से दाता या दातर, उसी प्रकार रूसी में चितात्—पढ़ना, उससे बना चितातेल् ('र' ने 'ल' रूप धारण किया)—पाठक। कुछ विशेषणों से संज्ञा वैसे ही बनती है, जैसे संस्कृत में। सुन्दर में 'ता' जोड़कर जैसे सुन्दरता बनाया, वैसे ही रूसी में 'अता' (या ओता) जोड़कर 'विसोकिइ'—उच्च, विसोता—उच्चता। हमारे यहाँ कर्ताभाव में 'क' प्रत्यय व्यवहार में आता है—जैसे पाठक, ग्राहक, वैसे ही वस्तु से सम्बन्ध प्रकट करने के लिए मोरे—समुद्र, मोर्याक—नाविक, रीबा—मछली, रिबाक—मछुवा। क्रियाओं में 'स' उपसर्ग सहित के अर्थ में जुड़ता है, सोब्रात्—एकत्र होना।

रूसी क्रियाओं में 'आनिये', 'एनिये' जोड़कर संज्ञा बनाने का जो क्रम है, वह संस्कृत की ल्युट्-प्रक्रिया से मिलता-जुलता है, जैसे ज्ञा से ज्ञान, वैसे ही उचीत्—पढ़ना, उचनिये—पठन; सोब्रात्—मिलना, सोब्रानिये—मिलन, सभा।

चेक भाषा में एक धातु है 'रिक्', जिसका अर्थ है बोलना। फूचिक की पुस्तक में वाक्यांश है : 'रिका द्लोही एस्. एस्.'—लम्बा एस्. एस्. सैनिक बोला। इस रिक् का सम्बन्ध हमारे ऋक् और ऋचाओं से है। रूसी में रेच् शब्द भाषण के लिए प्रयुक्त होता है यद्यपि 'रिक्' क्रिया उसमें नहीं है। इसी प्रकार 'वेद' शब्द हमारे यहाँ ज्ञान के साधारण अर्थ में प्रयुक्त नहीं होता, किन्तु रूसी में 'वेदात्' का अर्थ है जानना और 'विदेनिये' का अर्थ है ज्ञान; वस्तोक—पूर्व, वस्तकोवेद—प्राच्यविद्या-विशारद।

यह सम्भव है कि स्लाव भाषाओं में कुछ शब्दों के प्राचीन अर्थ सुरक्षित हों। बुल्गार भाषा का 'मात्का' (गर्भ या योनि) ऐसा ही एक शब्द है। इसी प्रकार रूसी 'अगोन' (अग्नि) से सम्बन्धित एक शब्द है 'अग्नीवो', जिसका अर्थ है—चकमक पत्थर। अग्नि उत्पन्न करने में पहले इसी की आवश्यकता पड़ती थी, इसलिए आश्चर्य नहीं, अग्नि का प्राचीनतम अर्थ यही हो। चेकोस्लोवाकिया के एक सज्जन ने 'चाश्का' (चषक) के बारे में एक दिलचस्प बात बताई थी। वहाँ 'चाश्का' एक फूल का नाम भी है जिसकी आकृति अञ्जलि जैसी होती है। सम्भव है, पहले चुल्लू में पीने से उसका स्थान लेनेवाले पात्र का नाम भी चषक पड़ा हो!

स्लाव भाषाओं में कुछ शब्द ऐसे हैं जो संस्कृत में नहीं हैं, यद्यपि अन्य भारतीय भाषाओं में हैं। ऐसा ही एक शब्द है 'मीर'—संसार, दुनिया। 'कश्मीर' में यही मीर है, कश् लोगों का देश; यद्यपि कश्मीरी-भाषी जन बोलचाल (कशीर) में उसका लोप कर देते हैं। यही मीर पामीर में है जिसका अर्थ है चरागाहों का देश। कश्मीर के कश् जन जो भी रहे हों, उन्होंने अपना नाम भारतीय कश्यप और रूसी 'कस्पीस्कोए मोरे' (कास्पियन सागर) में स्मृति-रूप छोड़ दिया है।

इतनी घनिष्ठता होने पर भी यह कहना युक्तिसंगत न होगा कि संस्कृत और स्लाव भाषाएँ मूलत: एक ही परिवार की हैं। स्लाव भाषाओं में कुछ तत्त्व फ़ारसी के हैं जो संस्कृत से भिन्न हैं, कुछ तत्त्व ग्रीक के हैं। स्लाव भाषाएँ संस्कृत-परिवार के सम्पर्क में उसी प्रकार आई हैं, जैसे—ग्रीक और लैटिन। अन्तर इतना है कि स्लाव-संस्कृत का सम्पर्क बहुत गहरा है और उनका मिश्रण अधिक हुआ है। किन्तु केवल समानताओं को देखना और स्लाव भाषाओं का स्वतंत्र परिवार घोषित करनेवाली उनका असामान्य विशेषताओं को भूल जाना एकांगी दृष्टिकोण का परिचायक होगा। सर्वनामों, पारिवारिक क्षेत्र के शब्दों, सम्बन्धसूचक शब्दों में जहाँ कुछ संस्कृत-परिवार के हैं, वहाँ अनेक स्लाव भाषाओं के अपने हैं। इसी प्रकार क्रियाओं में रबोतात्—काम करना, खोतेत्—चाहना, क्लास्त् (क्लादू, क्लाद्योत)—रखना, मीत (मोयू, मोएत)—धोना, उबीवात् (उबीत्)—मारना, रास्ती (वीरोस्ति)—बढ़ना, मेन्यात्—बदलना, तेर्यात्—खोना, त्रोगात्—छूना, तनूत्—डूबना, बोलेत्—बीमार पड़ना, ज़ेलात्—इच्छा करना, स्त्रोईत्—बनाना, वेज़्ति—ले जाना, मूल धातु 'मेच्' (जिसका स्वतंत्र प्रयोग अब रूसी में नहीं होता) से मेच्तात्—स्वप्न देखना; ज़मेचात्—ध्यान से देखना, पमेचात्—चिह्नित करना—इन शब्दों से स्पष्ट है कि वे किसी प्राचीन मेच् धातु से बने हैं जिसका अर्थ है देखना। स्मत्रेत क्रिया भी देखने के अर्थ में प्रयुक्त होती है, मिलोवात्—प्यार करना (यद्यपि इसी अर्थ के लिए लुभ् से बनी हुई क्रिया ल्यूबीत् भी है), पखात्—जोतना, पलुचात्—पाना, तेच्—बहना, उमेत—जानना, योग्य होना, प्लाकात्—रोना, इग्रात्—खेलना, इत्यादि।

लैटिन और संस्कृत में 'अश्व' सामान्य है किन्तु स्लाव भाषाओं का अपना शब्द है 'कोन्'। सिंह के लिए लैटिन-ग्रीक से मिलता-जुलता रूसी शब्द है 'लेव'। पशु के लिए 'जीव' के अतिरिक्त 'ज्वेर' शब्द है। आकाश के लिए नभ सामान्य शब्द है किन्तु नक्षत्र के लिए 'ज़्वेज़्दा'। वायु के लिए 'वेतेर' (वात) के अलावा 'वोज़्दुख' है। सिर के लिए ग्रीक की तरह यहाँ कपाल नहीं है, अपना शब्द है 'गलोवा'। दाँत के लिए दंत नहीं, 'ज़ुब', भौंह के लिए 'ब्रोव' (भ्रू) किन्तु 'लोब' और 'चेल्ब' भी, मुँह के लिए 'रोत' (यद्यपि पर्यायवाची 'उस्ता' उत्स का विपर्यय हो सकता है), आँख के लिए 'ग्लाज' (यद्यपि अक्ष से 'ओको' भी), कान के लिए 'ऊखो', हाथ के लिए 'रुका', पैर के लिए 'नोगा', ओठों के लिए 'गुबा' इत्यादि। शरीर-सम्बन्धी अनेक अवयवों के नाम जहाँ ग्रीक-लैटिन और संस्कृत में मिलते हैं, वहाँ स्लाव भाषाओं ने अपने शब्द सुरक्षित रखे हैं। हरा है 'ज़लेनी' (इसका सम्बन्ध कुछ लोग हरित से जोड़ते हैं), पीला है 'झ़ योल्ती', काला है 'च्योर्नी', और लाल है 'क्रास्नी', नीला है 'गलुबोइ' या 'सीनी'। यद्यपि कुछ स्लाव भाषाओं में उषा शब्द बना हुआ है, किन्तु उसके लिए प्रचलित स्लाव शब्द है 'ज़र्या'। प्रभात और संध्या के लिए भी स्वतंत्र शब्द हैं 'उत्रो' और 'वेचेर'। वर्ष के लिए है 'गोद' (लैटिन 'अन्नुस' हमारे 'अयन' का सगोती है)। प्राचीन काल में जैसे वर्ष के लिए किसी ऋतु का नाम लेते थे, वैसे ही रूसी में भी प्रथा है किन्तु शरद का नाम न लेकर 'लेतो' का प्रयोग किया जाता है जिसका अर्थ है 'ग्रीष्म'। रूसी में दिनों और दिशाओं के नाम भी अपने हैं।

मूल शब्द-भंडार के कुछ अतिप्रचलित शब्द, जो संस्कृत-परिवार से आश्चर्यजनक रूप से भिन्न हैं, ये हैं वोत—यहाँ, ग्दे—कहाँ, ज़्देस—इधर, व्खोद और पदएज़्द—द्वार (द्वेर के अतिरिक्त), वीशे—ऊँचा, गोरोद—नगर (पुर या पोलिस नहीं), गाँव—सेलो (ग्राम नहीं), दारोगा—मार्ग (पथ के समानान्तर), दोझ़्द—वर्षा, द्रुग—मित्र, क्रूप्नी—बड़ा, मेन्शी—छोटा, लोद्का—नाव, कोराब्ल—जहाज़ (ग्रीक के समान नौ की खपत यहाँ नहीं हुई), ल्यूदी—लोग, जनता; मेस्तो—स्थान, पबेदा—विजय, पोले—क्षेत्र, राद—प्रसन्न, राज़—एक बार, सेम्या—परिवार, त्रूद—श्रम, स्त्रना—देश, तेलो—शरीर, तपेर—अब, तोल्को—केवल, ख़ोल्म—पहाड़ी, खरोशो—अच्छा, प्लोखोइ—बुरा, इत्यादि।

रूसी तथा अन्य स्लाव भाषाओं के अपने प्रत्यय और उपसर्ग हैं। धातु में 'व' उपसर्ग लगाकर 'अन्दर' का भाव उत्पन्न किया जाता है, व्लोझ़ीत्—अन्दर रखना। वज़ (या वोज़) जोड़कर क्रिया में 'ऊपर' की अर्थवृद्धि होती है, वज़्ग्ल् यानूत्—ऊपर देखना। 'द' (या दो) उपसर्ग से किसी स्थान 'तक' का भाव पैदा होता है, दचितात्—किसी स्थान तक पढ़ना। 'ना' 'ऊपर' के अर्थ में नपिसात्—किसी चीज पर लिखना। 'राज' से नकारात्मक अर्थ उत्पन्न होता है, राज़् देत्स्या—कपड़े उतारना। 'उ' से दूरी का अर्थ प्रकट होता है, उस्काकात्—(घोड़े पर चढ़कर) भाग जाना। इसी प्रकार प्रत्ययों में भिन्नता है। कुछ विशेषणों में 'ओस्त' जोड़कर संज्ञा बनाते हैं, ब्लीज़्की—समीप, ब्लीज़्नोस्त। 'चिक' और 'निक' जोड़कर कर्म या वस्तु से उसके कर्ता का अर्थ प्रकट किया जाता है, पेरेवोद—अनुवाद, पेरेवोद्चिक—अनुवादक; म्यासो—मांस, म्यास्निक—कसाई।

इन भेदों को ध्यान में रखते हुए यह मानना पड़ेगा कि रूसी और संस्कृत मूलतः एक परिवार की भाषाएँ नहीं हैं। ग्रीक-लैटिन की तुलना में स्लाव भाषाएँ हमारे अधिक निकट हैं, जर्मन परिवार उनकी तुलना में हमसे बहुत दूर है। फिर भी भाषाविदों ने इंडो-जर्मेनिक परिवार की कल्पना की और इंडो-स्लाविक परिवार की (वैसी ही अवैज्ञानिक) कल्पना न की। इसका

कारण आर्य नस्ल की भावना और पश्चिमी यूरोप के कुछ विद्वानों में स्लाव जातियों के प्रति घृणा का भाव हो सकता है।

जिन तर्कों से यह सिद्ध होता है कि ग्रीक, लैटिन, जर्मन और स्लाव मूलत: एक ही परिवार की भाषाएँ नहीं हैं, वरन् उनके स्वतंत्र परिवार हैं, उन्हीं से यह भी सिद्ध होता है कि संस्कृत भारत-यूरोपीय परिवार की भाषा नहीं है, वरन् उसका अपना स्वतंत्र परिवार है। संस्कृत भारत-यूरोपीय परिवार की भाषा है—इस स्थापना का आधार यह मान्यता है कि संस्कृत तथा यूरोप की कुछ प्राचीन और नवीन भाषाओं में अनेक समानताएँ हैं, आर्य यूरोप से या मध्य एशिया से भारत में आए, यहाँ उन्होंने द्रविड़ों और निषादों को जीत लिया और उन पर अपनी भाषा थोप दी, इस सिलसिले में उनकी मूल भाषा काफी परिवर्तित हो गई और उसका यह नया रूप हमें वैदिक और लौकिक संस्कृत में देखने को मिलता है। यदि थोड़ी देर के लिए मान लें कि ये मान्यताएँ तर्कसंगत हैं, तो भी उनसें यह सिद्ध न होगा कि संस्कृत भारत-यूरोपीय परिवार की भाषा है। उनसे इतना ही सिद्ध होगा कि संस्कृत और यूरोप की भाषाओं में कुछ समानताएँ हैं, इन समानताओं का कारण मूल संस्कृत भाषा (या परिवार) पर यूरोपीय (या बाह्य) भाषा (या भाषाओं) का प्रभाव है। संस्कृत की अधिकांश क्रियाएँ, उसके मूल शब्द-भंडार का सर्वाधिक भाग यूरोपीय क्षेत्र से बाहर का है। जहाँ तक द्रविड़ भाषाओं के प्रभाव की बात है, उस प्रभाव से संस्कृत 'यूरोपीय' नहीं हो जाती। इसके सिवा द्रविड़ भाषाओं और संस्कृत के मूल शब्द-भंडार अलग-अलग हैं। जो शब्द सामान्य हैं, वे सहज सांस्कृतिक विनिमय का परिणाम हैं। उनसे दो भाषा-परिवारों का सम्मिश्रण बिलकुल सिद्ध नहीं होता। इस निष्कर्ष से बच निकलना असम्भव है कि संस्कृत के मूल तत्त्व उत्तर भारत की उन भाषाओं से निर्मित हुए हैं जिनका सम्बन्ध न द्रविड़ परिवार से है, न यूरोप की भाषाओं से। यह स्थापना कि संस्कृत भारत-यूरोपीय भाषा है और उसका वैदिक-लौकिक रूप यूरोपीय आर्यों और भारतीय द्रविड़ों (या निषादों) के सम्मिश्रण का परिणाम है, उतनी ही निराधार है जितनी यह स्थापना कि संसार की तमाम भाषाएँ हिब्रू या संस्कृत से निकली हैं।

मान लीजिए, द्यो या दिव रूप ग्रीक ज़ेउस का अपभ्रंश है, युपितर में द्यु की मूल ध्वनि वर्तमान है, ज़ेउस और युपितर आकाश के देवता हैं, इसलिए द्यु, द्यो, दिव भारत-यूरोपीय शब्द हुए। किन्तु आकाश? भारतीय भाषाओं का प्रचलित शब्द आकाश किस परिवार का है? ख, गगन, अन्तरिक्ष आदि शब्दों को हम छोड़ देते हैं। द्यु, देव, देवता को यूरोपीय मान लें तो भी सुर बच रहते हैं और भगवान का भग स्लाव हो तो भी 'ईश्वर' को यूरोप में कहाँ जगह मिलेगी? लैटिन के नूबीस (बादल) को नभ का मूल यूरोपीय मान लेते हैं और उसका अर्थ भी बादल रहा होगा, यह मान लेते हैं; बादल के लिए रूसी अब्लाको हमारे अभ्र का पूर्वज है, यह भी मान लिया। लेकिन हमारा प्रचलित शब्द मेघ किस अभारतीय परिवार का है? यदि यह मान लें कि सोल या हेलिओस या सोल् न्त्से से सूर या सूर्य शब्द बना है, तो भी 'तत्सवितुर्वरेण्यम्' के सविता का क्या होगा? अर्क को किसी निषाद भाषा का मान लें तो भी आदित्य, रवि आदि सूर्योपासक भारतीयों के इतने शब्द हैं (विशेषण नहीं) कि उन्हें यूरोपीय से स्वतंत्र भारतीय परिवार के अपने शब्द मानना ही होगा। चन्द्र के लिए यूरोप की भाषाओं में भिन्न-भिन्न शब्द हैं, यह हम देख चुके हैं। 'लूना' से हमारे चन्द्र का कोई सम्बन्ध नहीं है। किरण और प्रकाश रुच् से सम्बन्धित लैटिन लुक्स, रूसी लूच् से स्वतंत्र हैं। नक्षत्र नक्त और स्तर से बना; मान लें कि नक्त यूरोपीय है और 'स्टार' के भाई तारे और सितारे भी

यूरोपीय हैं, किन्तु 'उडुगण केशवदास' के उडु तो यूरोप के नहीं हैं? और नक्त और निशा यूरोपीय लेकिन रात्रि? दिन और दिवस यूरोपीय लेकिन मध्याह्न और अपराह्न का अह्न्? उषा यूरोपीय लेकिन प्रात:, प्रभात, संध्या? अयन लैटिन अन्नुस से बना, लेकिन वर्ष, वत्सर, संवत्सर शब्द? धरा को लैटिन 'तेरा' ने ले लिया और ज्या को ग्रीक 'गे' ने; दो प्रचलित शब्द और रहे भूमि और पृथ्वी। उद का पूर्व-रूप लैटिन उन्दा (उद-रूप लैटिन ऊदुस में है जिसका अर्थ है भीगा) या रूसी वोद, किन्तु जल—वारि, पानी, नीर को छोड़ भी दें तो? अग्नि यूरोपीय हो तो वह्नि, पावक, अनल? वात स्लाव वेतेर का सखा हो तो वायु, पवन, मरुत्? तम् स्लाव त्मा से बना हो तो अन्धकार? जन लैटिन गेन्स से बना हो और नर को भी स्लाव नरोद से बना मान लें, फिर भी मनुष्य, मानव और पुरुष बच रहे। पुर यूरोपीय पोलिस से बना हो तो नगर भारतीय है। धाम बाहर से आया हो, तो भी गृह हमारा है। जनी स्लाव झ़ेना के कुनबे की हो तो भी स्त्री भारतीय परिवार की सदस्या हुई (महिला, रमणी, वामा, कान्ता आदि का जिक्र नहीं; नारी को भी नरोद—नर से सम्बन्धित जानकर छोड़ देते हैं)। पति की तलाश ग्रीक में हो सकती है, पत्नी भी वहाँ मिल सकती है, लेकिन वर-वधू तो यहीं के हैं। इसी प्रकार दुहिता के साथ कन्या, युवा के साथ तरुण, स्थविर (रूसी स्तारिइ) के साथ वृद्ध, माता के साथ जननी, स्वसा के साथ भगिनी, पिता के साथ तात और जनक, सूनु के साथ पुत्र, भ्राता के साथ बन्धु, कपाल (ग्रीक केफाली) के साथ सिर, अक्ष के साथ चक्षु और नेत्र, पाद के साथ चरण, जीव के साथ प्राणी, दन्त के साथ दशन, अश्व के साथ हय, सर्प के साथ अहि, गो के साथ धेनु, श्वान के साथ कुक्कर, वृक के साथ कोक (भेड़िया) —इस प्रकार प्राय: सभी 'भारत-यूरोपीय' शब्दों के भारतीय पर्याय दिये जा सकते हैं।

धातुओं में अद् के साथ खाद् और भुज्, घस्, भक्ष् और अश्; पी के साथ चम्; गम् (या गश्) और 'इ' (एति) के साथ 'या' (याति), पद्, ऋ (ऋच्छति), चर् और चल्; सद् के साथ आस् (बैठना); पश् (स्पश्) और दृश् के साथ ईक्ष्, चक्ष्; लुभ् के साथ कम् (काम और कामायनी वाला कम्); स्वन् और ध्वन् के साथ धुष् और नद्; प्रछ् (स्प्रश्) के साथ याच्; दा के साथ रा (वयं ते अद्य ररिमा हि कामम्, ऋग्वेद 3-14-5); रुच् के साथ भ्राज, काश्; स्तु के साथ ऋच्, शस्, स्तुभ्; पत् के साथ स्रस्; अस् और भू के साथ वृत्; ज्वल् के साथ दह्—इसी तरह अन्य 'भारत-यूरोपीय' धातुओं के 'भारतीय' पर्याय मिल सकते हैं। इनके अलावा संस्कृत की कृ, कृष्, क्रद्, गृ-गा (गाना), तप्, तृष, धृ, सृ, वा, ग्रह्, जि, तृ, ब्रू, धा, शक्, गुह्, यज्, हन्, वस्, शी, नश्, वह्, आदि अपनी धातुओं का अक्षय भंडार है। ये धातुएँ ऐसी हैं जिनका व्यवहार जनसाधारण करते थे, उनमें से बहुतों का हिन्दी में अब भी व्यवहार होता है। ये सब उत्तर भारत की अपनी भाषागत सम्पत्ति हैं।

सम्बन्धसूचक शब्दों में प्रति (ग्रीक प्रोति), परि (ग्रीक पेरि), अपि (ग्रीक एपि), अन्तर (लैटिन इन्तेर) आदि को 'भारत-यूरोपीय' मान लें, तो भी पुर:, अति, अनु, उप, अधि, अध:, पर:, परित:, साकम् आदि बहुत-से 'भारतीय' शब्द बच रहते हैं। इसी प्रकार सर्वनामों में स:, अस्मद्, युष्मद्, एतद्, किम् आदि को 'भारत-यूरोपीय' मानें, तो भी अदस् (असौ, अमू), यद्, एनद्, इदम् (अयम्, इमे), अन्य, सर्व आदि अनेक सर्वनाम बच रहते हैं।

भारत-यूरोपीय परिवार की कल्पना का समर्थन करनेवाले विद्वान यह आवश्यक नहीं समझते कि इस परिवार की सभी भाषाओं में कोई शब्द हो, तब वह भारत-यूरोपीय कहलाए। लैटिन और जर्मन परिवारों का सामान्य शब्द न हो, लैटिन-ग्रीक का ही हो, तब भी वह

भारत-यूरोपीय है। स्लाव-संस्कृत का सामान्य शब्द न हो, संस्कृत-जर्मन का सामान्य शब्द हो, तो भी वह भारत-यूरोपीय है। इस तरह की विच्छिन्न समानता के आधार पर उन्होंने एक अविच्छिन्न आदि-परिवार की कल्पना की है। इस तरह की विच्छिन्न (और विभिन्न भाषाओं के लिए विषम) समानता को आधार मान भी लिया जाए, तो भी इस भारत-यूरोपीय परिवार की प्राचीन और नवीन भाषाओं में परस्पर इतना भेद है कि उन्हें मूलत: एक परिवार की भाषा किसी भी नियम से नहीं माना जा सकता। उनकी ध्वनि-प्रकृति में भेद है। मान लिया कि एक भाषा की बोलियों में भी उतना भेद हो सकता है। उनके व्याकरण में—भाषाओं की भाव-प्रकृति में—भेद है। मान लिया कि ये भेद अन्य भाषाओं के सम्पर्क से या स्वत: विकास-प्रक्रिया से उत्पन्न हो गए हैं, आरम्भ में आदि भाषा या आदि भाषा-परिवार का व्याकरण बहुत कुछ एक-सा रहा होगा। फिर भी बच रहा शब्द-भंडार। वाक्य-रचना ठीक न हो, सम्बन्धसूचक शब्द उड़ा दिये जाएँ, वचन और लिंग का ध्यान न रखा जाए; कारक, विभक्ति-चिह्न आदि को भी भुलाकर कुछ शब्द कह दिये जाएँ—जैसे हम सबेरा खाना—तो सुननेवाला कुछ-न-कुछ आशय समझ लेगा (कहनेवाले को सबेरे खाना चाहिए)। किन्तु यदि व्याकरण दुरुस्त है और मूल शब्द-भंडार बदल गया है, तो एकाध क्रियार्थक या सम्बन्धसूचक शब्द को छोड़कर पल्ले कुछ न पड़ेगा। जैसे :

जबस कि मश्के तमाशा जुनूँ अलामत है।
कुशादो बस्ते मिशा सैलिए नदामत है॥

इस शेर में 'है' मूल भाषा का अकेला शब्द है, बाकी में साधारण हिन्दी-भाषी की समझ में तमाशा ही आएगा। भाषा का रूप स्थिर करने में मूल शब्द-भंडार की नियामक भूमिका है। इस मूल शब्द-भंडार में हम उन शब्दों को नहीं लेते जिनका विशेष सम्बन्ध पढ़े-लिखे शिष्ट जनों या उनकी दार्शनिक, साहित्यिक या वैज्ञानिक चर्चा से है। मूल शब्द-भंडार में हम उन शब्दों को लेते हैं जिनके बिना साधारण जनों का काम नहीं चलता। इनमें भी क्रियाओं का विशेष महत्त्व है क्योंकि भाषाओं का इतिहास बतलाता है कि बाह्य प्रभावों से जब देशी शब्दों का स्थान विदेशी शब्द ले लेते हैं, तब भी क्रियाओं में कम-से-कम परिवर्तन होता है। इसके सिवा वाक्य-रचना, व्याकरण की अन्य विशेषताओं की छानबीन करके हम भाषाओं का वर्गीकरण करते हुए उन्हें किसी परिवार का मान सकते हैं।

एशियाई भाषाओं का प्रभाव यूरोपीय भाषाओं पर पड़ा है, इस बात को अस्वीकार करने में आदि भारत-यूरोपीय भाषा-भाषी समुदाय के निवास-स्थान की कल्पना सहायता करती है। पहले यह माना कि भारत-यूरोपीय भाषाओं की जननी एक आदि भाषा थी; फिर माना कि इसके बोलनेवालों का निवास कहीं यूरोप में था। फिर इस स्थापना के लिए तुलनात्मक भाषाविज्ञान से प्रमाण दिये। उदाहरण के लिए, ब्लूमफील्ड ने 'स्नो' (बर्फ) शब्द लिया है। उनके अनुसार यह शब्द यूरोपीय भाषाओं में विभिन्न रूपों में मिलता है, किन्तु भारतीय भाषाओं में नहीं है; इसलिए आदि भारत-यूरोपीय समुदाय का निवास भारत में था—इसकी कोई सम्भावना नहीं रहती। ग्रीक निफास, निफा, लैटिन निक्स, निविस, जर्मन श्ने, रूसी स्नेग आदि एक ही शब्द के भिन्न रूप माने जाते हैं।

यदि ब्लूमफील्ड का यह तर्क मान लिया जाए कि भारतीय भाषाओं में 'स्नो' का समकक्ष शब्द नहीं है, इसलिए आदि भारत-यूरोपीय भाषा-भाषी समुदाय का निवास भारत

में न हो सकता था, तो उसी तर्क से यह भी स्वीकार करना चाहिए कि हिम शब्द भारतीय भाषाओं में भी है, दक्षिणी और पूर्वी यूरोप की भाषाओं में भी—इसके अलावा हिमाच्छादित, संसार का उच्चतम और विशालतम पर्वत, पृथ्वी का मानदंड नगाधिराज हिमालय भारत में ही है—इसलिए आदि भारत-यूरोपीय समाज का मूल निवास-स्थान भारत में ही होना चाहिए!

यूरोप में 'आर्यों' का आदि निवास-स्थान माननेवालों के सामने अनेक कठिनाइयाँ हैं जिनमें से कुछ का वे उल्लेख करते हैं और कुछ का उन्हें आभास नहीं है। एक कठिनाई ईरानी अवेस्ता के सम्बन्ध में है। अवेस्ता और वेदों की भाषा और संस्कृति की समानता देखकर कुछ यूरोपीय विद्वानों ने यह मत प्रकट किया था कि अवेस्ता के देवताओं का स्रोत भारत है। यह धारणा सही थी। पश्चिम की भाषाओं पर संस्कृत-परिवार का जो प्रभाव देखा गया है, उससे यह स्थापना पुष्ट होती है। किन्तु कुछ विद्वानों के मत से भारत लेनेवाला रहा, देनेवाला नहीं। उसमें बाहर से लोग आए, वहाँ से बाहर नहीं गए। इसलिए ईरान पर भारतीय भाषा या संस्कृति का प्रभाव पड़ ही न सकता था। पुरातत्त्वज्ञ गौर्डन चाइल्ड ने 1926 में प्रकाशित अपनी पुस्तक 'एर्येन्स' में लिखा था कि ईरान में यदि आर्य सभ्यता का प्रसार भारत से आनेवालों ने किया हो, तो उनका समूह काफी बड़ा रहा होगा। लेकिन गौर्डन चाइल्ड को इतने बड़े पैमाने पर भारत से बाहर जानेवाले समुदायों का कोई प्रमाण नहीं मिला। "ऐतिहासिक काल में साधारणत: बाहर के ही लोग भारत जाते रहे हैं।" (पृ. 33) यद्यपि बात प्रागैतिहासिक काल की है, फिर भी ऐतिहासिक काल के तथ्यों पर आधारित धारणाएँ लेखक को उस समय की घटनाओं को भी इन्हीं बाद के तथ्यों के अनुकूल देखने पर विवश करती हैं (यद्यपि यह भी सही नहीं है कि ऐतिहासिक काल में भारत से काफी बड़े समूह देश से बाहर नहीं गए)। दूसरा तर्क यह है कि "जिस समय की चर्चा हो रही है, उस समय आर्यों के लिए अपने उपनिवेश बनाने को सारा दक्षिण भारत पड़ा हुआ था। फिर वे अफगानिस्तान के दर्रों को लाँघने क्यों जाते और ईरान के बंजर पठारों पर क्यों घूमते?" इस तर्क में आर्यों को एक विजेता जाति माना गया है; ईरान की भौगोलिक दशा आज के समान ही प्राचीन काल की भी मानी गई है। दोनों बातें मान भी लें, तो इसी तर्क से प्रश्न किया जा सकता है कि दक्षिण भारत को जीते बिना ही अकबर कश्मीर और कन्दहार में युद्ध करने क्यों गया था?

ईरान जैसी कठिनाई बोगाज़कोई वाले मितन्नी देवताओं से सम्बन्ध में है। जैकोबी, पार्जिटर, कोनाउ आदि का मत था कि मितन्नी देवताओं के नाम वैदिक हैं और हित्ती-संस्कृत समानता का कारण यह है कि उत्तर भारत से लोग मेसोपोटामिया में आकर बसे थे। यही नहीं, तेल-एल-अमर्ना के अभिलेखों से—गौर्डन चाइल्ड के अनुसार—पता चलता है कि आर्य राजा सीरिया और फिलिस्तीन में भी थे। वहाँ बिरिदश्व (वृहदश्व), शुवरदत (ईश्वरदत्त), यशदत (यशदत्त) जैसे नाम मिलते हैं। इन्हें चाइल्ड ने किसी भी आर्य भाषा के प्राचीनतम उदाहरण माना है (इससे वृहद् का मूल रूप बिरिद हुआ! अश्व के मूल रूप एकुउस से तो बचे!)। केन्तुम् भाषाओं से इन रूपों का कोई सम्बन्ध नहीं है। चाइल्ड के अनुसार ये शब्द लगभग शुद्ध भारतीय जैसे हैं।

चेक विद्वान ह्रौज़्नी भारत-यूरोपीयों का आदि निवास-स्थान यूरोप में मानते हैं। किन्तु उन्होंने पूर्व से पश्चिम की ओर—भारतीय सीमान्त से ईरान, इराक, तुर्की, फिलिस्तीन होते हुए मिस्र तक—सांस्कृतिक प्रवाह के कुछ दिलचस्प तथ्य दिये हैं। उनके अनुसार संसार में प्राचीनतम लिपि बैबिलोनिया की है और सम्भवत: उसका प्रभाव मिस्र की लिपि पर भी पड़ा

है। सुमेरियन जनों ने कीलाक्षर लिपि का आविष्कार किया और उनसे बैबिलोनिया के सामी जनों और अक्कदियों ने लेखन-कला सीखी। सुमेरियन जनों का एक प्रवाह उत्तर-पश्चिम से आया और इस उत्तर-पश्चिम में सुबीर या सुबर प्रदेश भी था। यह नाम परिवर्तित होकर सुबुर या सुमेर बन सकता है।[1] एक प्राचीन सुमेर-अक्कदी राजा का नाम बलिह था।

सौवीर, सुमेर, बलि आदि नाम भारतीय भाषाओं के चिरपरिचित शब्द हैं।

इसके बाद ह्रौज़्नी ने लिखा है कि बैबिलोन के कला-कौशल का प्रभाव प्राचीन मिस्र पर पड़ा था। कुम्हार का चक्र भी मिस्र में बैबिलोन तथा पश्चिमी एशिया से आया था। कुदाल के लिए मिस्री शब्द 'मर' सुमेरियन भाषा का है और यही शब्द सामी तथा यूरोपीय भाषाओं में पहुँचा—ग्रीक मर्रोन, लैटिन मर्रा, फ्रेंच मार (marre)। (भारत के निकटवर्ती प्रदेशों के शब्द यूरोप में कैसे पहुँच सकते हैं, उसकी यह एक अच्छी मिसाल है।) हल के लिए सुमेरियन अपिन्, अक्कदी एपिनु, मिस्री में हेबी है। शराब के लिए अक्कदी चिकु, मिस्री में चेक्त है (जिसका सम्बन्ध भारतीय चष् से हो सकता है)। बढ़ई के लिए सुमेरियन नगर, अक्कदी नग्गरु, मिस्री नजर और इसी का एक रूप सीरिया होता हुआ पहले फ्रांस में भी प्रचलित था। इस प्रकार पूर्व के शब्द सुदूर पश्चिम की ओर धावा मारते रहे।

कश्मीर के कश् जनों का उल्लेख पहले हो चुका है। ह्रौज़्नी के अनुसार, ईसा-पूर्व द्विसहस्राब्दी में कश या कस जाति के लोगों ने पाँच सौ वर्षों तक राज्य किया था। हैमिटिक जातियों में भी कुश, कुसु या कशि नाम के लोग थे। ग्रीक भाषा में कोसाइओइ, किसिओइ इन्हीं कश जनों के द्योतक शब्द हैं। कास्पियन सागर के तट पर रहनेवाले कस्पिओइ भी यही थे। इनका एक भाग—ह्रौज़्नी के मत से—भारत के उत्तर में काफिरिस्तान आया और उसने हिन्दूकुश नाम के पहाड़ को यह नाम दिया जिसका अर्थ है कुश-हिन्दुओं का प्रदेश। गिलगित के आसपास कस्पियों की पूर्वी शाखा के कुछ लोग बचे हुए हैं। कौकासोस (कोकेशस पर्वत) को यूनानी लोग कस्पिओस ही कहते थे। हित्तियों की राजधानी का नाम था कुश्-शर, कुस्सर। तोख़ारी आक्रमक कुषाण और कच्छ प्रदेश भी इसी नाम से सम्बन्धित है। कज़ाक शब्द इसी कश का आत्मज है।

ह्रौज़्नी ने कश-सम्बन्धी अपनी उपर्युक्त स्थापना से यह मत पुष्ट किया है कि कौकेशस और कैस्पिअन सागर के निकटवर्ती प्रदेश से विभिन्न जन इधर-उधर बिखरे। ह्रौज़्नी ने कश्मीर, भारतीय पौराणिक गाथाओं के कश्यप और प्रसिद्ध नगर काशी का उल्लेख नहीं किया।

सुमेरियन अरलु, अक्कदी अरल्लू पर्वतमाला का नाम है। रूस के पूर्वी सीमान्त पर उराल पर्वत और अरल सागर भी इसी से सम्बद्ध हैं। (भारतीय अरावली पर्वत का नाम भी उल्लेखनीय है।) सुमेरियन अन आकाश का देवता है; अक्कदी में अनु है। (भारतीय हेतु+मान भी पवन पुत्र हैं।) सुमेरियन 'गु' गोवाचक शब्द हैं जो मिस्री शब्द 'का' बना। ह्रौज़्नी ने चीनी और तिब्बत-बर्मी परिवारों में भी इसका अस्तित्व स्वीकार किया है। अन्य विद्वानों के समान वे भी इसका मूल रूप भारतीय 'गो' नहीं मानते। सुमेरियन उरुदु, लैटिन रुदुस, स्लाव रुदा धातु (या ताँबे) के लिए प्रयुक्त शब्द हैं। (इन्हीं से सम्बन्धित है भारतीय लौह।) बैबिलोन के समुद्री देवता 'अप्सु' को जल-देवता 'एआ' ने परास्त किया। (यह 'अप्सु' भारतीय अप् का सम्बन्धी है।)

अश्व के सम्बन्ध में ह्रौज़्नी की स्थापना स्पष्ट और महत्त्वपूर्ण है। उनका कहना है कि 'बैबिलोनी सिसू, हिब्रू सूस, मिस्री शेस्मेत संस्कृत अश्व से बने हैं : "न कि केन्तुम् एकुओस, हित्ती अकुवाय (घोड़े पर) से।" (पृ. 112) (इसी तरह 'गो' शब्द को भी समझना चाहिए।) उनका

---

1. ह्रौज़्नी, पृ. 40

तर्क है कि अश्वविद्या का प्रचार आर्यों ने किया था। हित्ती राज्य की जनता न शुद्ध आर्य थी, न शुद्ध सामी, वरन् दोनों का मिश्रण थी। प्रजाजन 'हुर्री' थे और आर्यों से भिन्न थे। "आर्येतर: (नौन-इंडो-यूरोपियन) हुर्री जनों के अलावा एक शासक वर्ग था जो भारत-यूरोपीय वंश का था।" मित्र, वरुण, इन्द्र, नासत्य आदि देवताओं की उपासना इस शासक वर्ग के लोग करते थे। मितन्नी राज्य आयुधजीवी आर्य-अभिजात-वर्ग' का केन्द्र था। "उत्तरी मैसोपोटामिया से यह आयुधजीवी आर्य-अभिजात-वर्ग जब-तब सीरिया और फिलिस्तीन के विशाल प्रदेशों पर अधिकार जमा लेता था। यही कारण है कि तेल-एल-अमर्ना और बोगाज़कोई के अभिलेखों में, न जाने कितने सीरियाई और फिलिस्तीनी राजाओं के आर्य नाम मिलते हैं!" ये आर्य नाम भारतीय थे या भारत-यूरोपीय (अर्थात् यूरोपीय)?

ह्रौज़्नी ने आगे लिखा है : "ईसा-पूर्व द्विसहस्राब्दी में आर्य, विशेष कर भारतीय, मेसोपोटामिया में रहते थे, इसका और भी प्रमाण हित्ती अभिलेखों में प्राप्त आर्य, और भारतीय भी, संख्यासूचक शब्द हैं।" भारत से बाहर कुछ भारतीय जनों का निवास तो ह्रौज़्नी जैसे विश्वविख्यात विद्वान ने स्वीकार किया। यह निवास ईसा-पूर्व द्विसहस्राब्दी में था और उस प्रदेश में था जिससे होमर, ग्रीक भाषा तथा ग्रीक संस्कृति का घनिष्ठ सम्बन्ध था। हित्ती भाषा के रथ-चालन-सम्बन्धी शब्द भारतीय गोत्र के थे। जैसे ऐकवर्तन्न—एक: वर्तनम् (यह व्याख्या ह्रौज़्नी की है)। अश्वविद्या और रथचालन से सम्बन्धित भारतीय जनों की भूमिका के बारे में ह्रौज़्नी ने लिखा है : "मितन्नी राज्य में स्पष्ट ही भारतीय लोग बसे हुए थे। इन अभिलेखों के अनुसार इन्होंने (भारतीय जनों ने) हित्तियों और दूसरी जातियों को पुरातन प्राच्य अश्वविद्या और लघुरथों में चलनेवाले घोड़ों का शिक्षण-कौशल सिखाया था।"

इस प्रकार इतिहास से यह अकाट्य प्रमाण मिलता है कि जिन प्रदेशों में आज तुर्की या सामी परिवार की भाषाएँ बोली जाती हैं, उनमें कभी भारतीय जनों की बस्तियाँ थीं। कास्पियन सागर के तट पर रहनेवाले कश जनों में शूरिअश् (सूर्य), मरुत्तश् (मरुत) आदि नाम देखकर ह्रौज़्नी ने वहाँ भी भारतीय जनों के निवास की सम्भावना स्वीकर की है : "यह सम्भव है कि कास्पियन तटवासी कश-जनों पर किन्हीं आर्य अर्थात् भारतीय वंश के लोगों का आधिपत्य था।" (पृ. 118) इस प्रकार प्राचीन काल में मेसोपोटामिया और काकेशस-प्रदेश में—स्लाव और ग्रीक भाषाओं के पड़ोसी देशों में—भारतीय जनों की बस्तियों के प्रमाण मिलते हैं।

ह्रौज़्नी के अनुसार, मानव-जाति का अभ्युदय मध्य एशिया में हुआ और समय-समय पर यहाँ के जन मिस्र और अफ्रीका पहुँचते रहे। "मालूम होता है कि मध्य एशिया मानव जाति का अभ्युदय केन्द्र था जहाँ हिम-युग के पश्चात् धरती के सूखने पर और पुरानी निवासभूमि में आबादी बढ़ने पर कुछ जातियों को बाहर जाना पड़ा। ये जातियाँ एक के बाद एक विभिन्न दिशाओं में कम आबाद और जलवायु की दृष्टि से अधिक अनुकूल प्रदेशों में गईं। हिमालय की उपत्यकाओं से शायद सर्वप्रथम नीग्रो जन अफ्रीका गए। उनके पीछे शीघ्र ही नीग्रोयड जन और उनके बाद हैमिटिक जन बाहर गए। निस्सन्देह अफ्रीकी हैमिटक जनों—जिनमें प्रचलित मिस्री भी शामिल हैं—और एशियाई सामी जनों में नस्ल और भाषा का निकट सम्बन्ध था। हैमिटिक—सामी और भारत-यूरोपीय भाषाओं में परस्पर सम्बन्ध सम्भव है, यद्यपि यह दूर का सम्बन्ध है; इस सम्बन्ध के कारण हैमिटिक-सामी जनों की आदि निवास-भूमि भारत-यूरोपियों की निवास-भूमि—जो सम्भवत: काले सागर और काकेशस के उत्तर में थी—से बहुत दूर नहीं हो सकती, इसलिए यह अनुमान किया जा सकता है कि हैमिटिक जन भी उसी प्रदेश से मिस्र

में आए थे। मिस्र के हैमिटिक जनों के प्राचीनतम लाल और काले मृत्तिका पात्र लघु एशिया (वर्तमान तुर्की) और काकेशस प्रदेश के काले और लाल मृत्तिका पात्रों की याद दिलाते हैं और उनसे पता चलता है कि कहाँ से और किस दिशा में प्राचीन हैमिटिक जन एशिया से घूमते हुए मिस्र पहुँचे थे। कुल मिलाकर यह वही दिशा है जिसमें ईसा-पूर्व चतुर्थ सहस्राब्दी में सुमेर-अक्कदी सभ्यता से प्रभावित होनेवाले सामी जन सीरिया और फिलिस्तीन से मिस्र गए थे।" (पृ. 48) यह उद्धरण उन लोगों के लिए प्रस्तुत है जो समझते हैं कि संस्कृत का जन्म प्राचीन मिस्री भाषा से हुआ था। गौर्डन चाइल्ड का कहना था कि बाहर से ही लोग भारत आते रहे थे; ह्रौज़्नी के तथ्यों से पता चलेगा कि भारत से भी लोग बाहर गए थे और मध्य एशिया से अनेक जातियाँ मध्य-पूर्व और अफ्रीका की ओर गई थीं।

सिन्धु घाटी की सभ्यता से मध्य-पूर्व के सामी जनों का सम्बन्ध था। यूरोपीय विद्वानों के मत से ईसा से डेढ़-दो हजार साल पहले या जब भी भारत पर वैदिक आर्यों का आक्रमण हुआ हो, उसने कई हजार साल पहले से ही भारत और मध्य-पूर्व का सम्बन्ध बना हुआ था। इस धारणा को स्वीकार करने में ह्रौज़्नी को कठिनाई है कि सिन्धु घाटी की सभ्यता की जनक "भारत-यूरोपीय संस्कृत-भाषी जाति थी जिसके बारे में साधारणत: अनुमान किया जाता है कि उसने 1500-1200 ईसा-पूर्व भारत पर आक्रमण किया था।" (पृ. 167) यह तो स्पष्ट है कि अगर किसी भारत-यूरोपीय जाति ने उपर्युक्त समय में इस देश पर आक्रमण किया भी हो तो सिन्धु घाटी की सभ्यता उससे पुरानी होगी। सिन्धु घाटी की लिपि पर ह्रौज़्नी ने भी काम किया है। इस विषय पर उन्होंने सबसे पहले 1939 में अपना लेख प्रकाशित किया था। हंटर और लैंगडन ने इस लिपि से ब्राह्मी का सम्बन्ध स्थापित किया था। कुछ अन्य लोगों ने उसमें तमिल भाषा पढ़ी थी लेकिन उनकी स्थापनाएँ मान्य नहीं हुईं। ह्रौज़्नी के अनुसार इसका सम्बन्ध हित्तियों की चित्राक्षरी (कीलाक्षरी से भिन्न) लिपि से है। मुद्राओं पर उनके अनुसार देवताओं के नाम अंकित हैं। एक नाम है न त श, न त य, जिसे ह्रौज़्नी ने नटराज का रूप माना है। 'कु ए य' शिव है। मुद्रा आँकने के लिए मूल धातु है 'शि', इससे शिश, शियश, शुइश, शिनश आदि रूप बनते हैं और ह्रौज़्नी ने इनसे हित्ती क्रिया शइ, शिया (मुद्रित करना) का सम्बन्ध जोड़ा है। ह्रौज़्नी सिन्धु घाटी के देवताओं को आर्य पूर्व मानते हैं। हित्ती भाषा भारतीय परिवार की है; उसके अंश सिन्धु घाटी की भाषा में हैं इसलिए सिन्धु घाटी की भाषा और संस्कृति—ह्रौज़्नी के विवरण के अनुसार—हुई भारतीय। वह आर्य थी या आर्य-पूर्व—यह इन प्रश्नों के उत्तर पर निर्भर है कि आर्य थे कौन और उन्होंने भारत पर यदि आक्रमण किया था तो कब?

ह्रौज़्नी ने मुद्रांकन के लिए 'शि' धातु का उल्लेख किया और सिन्धु घाटी की 'शि' और हित्ती, शइ, शिय का परस्पर सम्बन्ध दिखाया। मालूम होता है कि मुद्रांकन के साथ यह हिन्दी-हित्ती धातु यूरोप पहुँची। लैटिन में मुद्रा के लिए 'सिग्नुम' (अंग्रेज़ी Sign) शब्द है। लैटिन सिगिल्ला का अर्थ है छोटी मूर्तियाँ और मुद्रा। अंग्रेज़ी में सिगिलेट (Sigillate) का अर्थ होता है मुद्रांकित मृत्तिकापात्र। ग्रीक में मुद्रा या मुद्रा के ऊपर अंकन के लिए शब्द है 'सिमा'। भारतीय शब्द 'चिह्न' उस प्रचीन 'शि' धातु से निर्मित रूप हो सकता है (विशेष रूप से यदि श्रेष्ठि को चेट्टी बोलनेवाले लोग उस समय उत्तर-भारत में रहे हों तो यह रूप सहज बोधगम्य हो जाता है)। जो भी हो, हित्ती शइ, शिय, यूनानी सिमा और लैटिन सिग्नुम् का सम्बन्ध तो असन्दिग्ध है।

ह्रौज़्नी का 'कु ए य' पाठ सही हो और वह शिव का दूसरा ही रूप हो तो उससे सिद्ध होगा कि केन्तुम्-शतम् (दिश्-दिक् की तरह) दोनों शाखाओं के लोग सिन्धु घाटी की सभ्यता में घुल-मिल रहे थे। शकार का पूर्ण बहिष्कार करनेवाली ग्रीक-लैटिन की तुलना में संस्कृत एक ही शब्द के क-श वाले दोनों रूप लेती है जिससे भारत में दो भिन्न ध्वनि-प्रकृतिवाली भाषाओं के मिश्रण का पता चलता है। भारत के उत्तरी सीमान्त की तोख़ारी भाषा को केन्तुम् भाषा के अन्तर्गत माना गया है। यूरोपीय आर्यों की एशिया-विजय में यह तोख़ारी भाषा दाल-भात में मूसरचन्द बनकर आ खड़ी हुई। गौर्डन चाइल्ड का मत है कि नौर्डिक संस्कृति का उद्गम जो भी हो, उसका प्रसार ढाई हजार से एक हजार साल ईसा-पूर्व तक यूरोप के आदिम इतिहास की मुख्य घटना है। ('दि एर्यन्स', पृ. 200) नौर्डिक जाति हुई केन्तुम्-भाषी। केन्तुम्-ध्वनियों को विकृत किया एशियाई—विशेष कर भारतीय—शतंवादियों ने। पश्चिम से पूर्व की ओर इस केन्तुम्-अभियान में बाधा उपस्थित की तोख़ारी भाषा ने। यह बाधा गौर्डन चाइल्ड के शब्दों में इस प्रकार है : "मध्य एशिया में यह केन्तुम् भाषा क्यों है, इसकी सबसे आसान व्याख्या यह होगी कि उसे मूल एशियाई आर्य-समुदाय का अन्तिम अवशेष माना जाए। आदिम इतिहास में काफी बाद के युग में आर्य यूरोप से आकर तुर्किस्तान में घूमते फिरे—यह धारणा स्पष्ट ही दुरूह है।" (पृ. 95-96) वास्तव में यह कठिनाई गढ़ी हुई है। उसका कारण लैटिन ध्वनियों की प्राचीनता में विश्वास है। यद्यपि भारतीय जनों द्वारा अश्वविद्या और रथचालन के प्रसार के अनेक प्रमाण मिलते हैं, फिर भी कुछ विद्वान एकुउस को ही अश्व का पूर्व रूप बताते हैं। वास्तव में केन्तुम् जैसी यूरोपीय भाषाओं की कोई शाखा नहीं है और यदि लैटिन के आधार पर वह मान भी ली जाए, तो तोख़ारी भाषा शुद्ध केन्तुम् शाखा की भाषा नहीं है। उसमें शत के लिए कन्ते है तो दश के लिए शक। ('चाइल्ड', पृ. 9) गुणे तो कहना है कि "वास्तव में तोख़ारी, शत परिवार की भाषा थी। हैमलैट की तरह तोख़ारी जन निश्चय न कर पाए कि पूरब जाएँ कि पश्चिम। उनकी भाषा में भारत-आर्य और भारत-यूरोपीय, दोनों ही वर्गों की विशेषताएँ मिलती हैं।"[1] हाँ, तोख़ारी में अश्व के लिए 'यक्वे' है जिसे लैटिन एकुउस का पितामह माना जा सकता है।

चाइल्ड के मत से "आदिम आर्य मूलत: नौर्डिक नस्ल के थे।" (पृ. 164) इस धारणा के समर्थन में भाषा-तत्त्व का हवाला देते हुए उन्होंने कहा कि "भारत-यूरोपीय भाषाओं में एक विशुद्धतम भाषा वह है जिसे नौर्डिक लिथुआनियन आज भी बोलते हैं।" (पृ. 167) पता नहीं, भाषाओं में अशुद्ध कौन हैं, विशुद्ध कौन-सी हैं। लिथुआनियन में वैसे ही भिन्न भाषाओं के तत्त्वों का समावेश है, जैसे ग्रीक, रूसी या संस्कृत में। लैटिन के समान इसमें पंच के लिए 'पेंकी', चत्वारि के लिए 'केतुरी' जैसे क-ध्वनियुक्त शब्द हैं, किन्तु दश के लिए 'दशिम्त' और शत के लिए 'शिम्तस' शब्द हैं। रूसी स्लूशात (श्रु) के स को क में बदलकर 'क्लौसिति' क्रिया है, इसी प्रकार संस्कृत अस्मन् लिथुआनी में अक्मुओ (और रूसी में भी कामेन) है। 'पेंकी' जैसे शब्दों में क-वर्ण को मूल ध्वनि मानने में जो कठिनाइयाँ हैं, उनका उल्लेख पहले हो चुका है। लिथुआनी में श-ध्वनि भी है और श के स्थान में क-ध्वनि भी (यथा ऊपर का उदाहरण क्लौसिति)। फिर इसे केन्तुम् शाखा की भाषा माना जाए या शतं की या दोनों का मिश्रण? संस्कृत 'जीव' लिथु. में गिवस् है; यहाँ भी मूल ध्वनि 'ज' है। लिथुआनी भाषा की वाक्य-रचना अंग्रेज़ी की अपेक्षा रूसी से—और फलत: संस्कृत-हिन्दी से—अधिक मिलती है। जैसे यिस (वह), मने (मुझे), गेरई (अच्छी तरह), वझ़ीस्त (जानता है); इसी का रूसी

1. 'ऐन इंट्रोडक्शन टु कम्पैरेटिव फिलोलॉजी', पूना, 1950, परिशिष्ट-2

रूपान्तर—'अन मेन्या खरशो ज़्नाएत्'—अंग्रेज़ी के 'ही नोज़ मी वेल' से भिन्न है। अंग्रेज़ी वाक्य में कर्म और क्रिया-विशेषण क्रिया के बाद आए हैं, रूसी-लिथुआनियन में पहले। अन्य यूरोपीय भाषाओं के समान लिथुआनियन में भी सम्बन्धसूचक शब्द मूल शब्द के पहले आते हैं—जैसे 'आगरे में' के लिए 'ई आगरा'। यह पद्धति संस्कृत-हिन्दी से भिन्न है। इसके सर्वनाम और सम्बन्धसूचक शब्द कहीं भारतीय शब्दों से मिलते-जुलते हैं, कहीं वे भिन्न हैं। संस्कृत स: के लिए रूसी अन है किन्तु लिथुआनी का अपना यिस है; संस्कृत सा, रूसी अना के लिए लिथुआनी 'यी', इनका बहुवचन 'यिए' है। किन्तु संस्कृत में 'स:' और 'सा' पुरुष वाचक होने के साथ निश्चयार्थक सर्वनाम भी हैं; लिथुआनी में इनके अनुरूप (संस्कृत तद् से) 'तस्', 'ता' रूप हैं। दिलचस्प बात है कि रूसी अन, अना से मिलते हुए 'तस्', 'ता' के पर्यायवाची लिथुआनी शब्द 'अनस्', 'अना' भी हैं। एक ही अर्थवाले दो वर्गों के सर्वनाम भाषाओं के मिश्रण के बिना सम्भव नहीं।

रूसी से लिथुआनी भाषा की तुलना करने पर यह निष्कर्ष निकलता है कि कहीं तो लिथुआनी भारतीय भाषाओं के अधिक निकट है और कहीं रूसी। दोनों का अपना शब्द-भंडार भी है जो संस्कृत—या भारत-यूरोपीय परिवार—के शब्द-भंडार से भिन्न है। संस्कृत 'पिता' रूसी के समान लिथुआनी में भी नहीं है। उसके बदले रूसी अतेत्स (सं. तात) से मिलता-जुलता शब्द है 'तेवस्'। माता के लिए उसी के अनुरूप 'मोतीना' है, भ्रात के लिए 'ब्रोलिस' है (यहाँ रूसी ब्रात् हमारे अधिक निकट है)। दुहिता के लिए रूसी में दोच् है, लिथु. में 'दुक्ते'। रूसी 'सेस्त्रा' से लिथुआनी 'सेसुओ' स्वसा के निकट है। इसी प्रकार रूसी 'सीन' से लिथुआनी 'सूनुस्' सं. सूनु के समीप है। रूसी में सप्त के लिए सेम किन्तु लिथुआनी में सेप्तिनी, रूसी में अष्ट के लिए ओमेम किन्तु लिथुआनी में अश्तुओनी, नव के लिए रूसी देव्यत् के अनुरूप—संस्कृत से भिन्न—देविनी। सूर्य के लिए लैटिन सोल के समान लिथुआनी शब्द है सोले; नभ के लिए रूसी नेबो से भिन्न लिथुआनी का अपना शब्द है दंगुस; दिन के लिए रूसी देन् के समान ही दिएना, नक्तं के लिए रूसी नोच से अधिक निकट लिथुआनी नक्तिस्, अभ्र के लिए रूसी अब्लको किन्तु लिथुआनी का अपना शब्द देबेसिस; अग्नि के लिए रूसी अगोनू, किन्तु लिथुआनी उग्निस, रूसी बोग (सं. भग) के बदले लैटिन के समान लिथुआनी दिएवस्; सं. उद, रूसी वोद, लिथुआनी वन्दुओ; सं. विश्व, रूसी वस्यो, लिथुआनी विस्कस्, किन्तु 'विस्' रूप भी; सं. द्वार, रूसी द्वेर, लिथुआनी दूरिस्—रूसी 'द्वोर' सहन के लिए प्रयुक्त होता है, उसके लिए लिथुआनी का अपना शब्द है किएमस्। सं. दारु, रूसी देरेवो, लेकिन लिथुआनी का अपना शब्द मेदिस्; सं. धाम, रूसी दाम किन्तु लिथुआनी नमइ, नामस्; सं. जनी, रूसी झे ना किन्तु लिथुआनी ज़्मोना इनसे भिन्न है। सं. पत्नी के लिए लिथुआनी में 'पति' शब्द का ही प्रयोग होता है। अवश्य ही मातृसत्ताक व्यवस्था में नारी ही वास्तविक गृहस्वामिनी थी, अत: वही 'पति' रही होगी। रति के लिए रूसी मुझसे भिन्न किन्तु लैटिन के समान लिथुआनी शब्द है वीरस्। सं. जीव, रूसी झिवोइ, लिथुआनी गिवस्; सं. जीवन, रूसी झ़ीज़्न, इनसे कुछ दूर लिथुआनी गिवेनिमस्; सं. ज्मा, रूसी जेम्ल्या, लिथुआनी झ़ेमी; सं. हिम, रूसी ज़िमा (शिशिर), लिथुआनी ज़िएमा; सं. दन्त के लिए लिथुआनी दन्तिस् है किन्तु रूसी का अपना शब्द है ज़ूब; लिथुआनी अक्मुओ सिद्ध करता है कि रूसी कामेन् उसी की भाँति अश्मन का भिन्न रूप है; ग्रीष्म के लिए रूसी में हमारे परिवार से भिन्न 'लेतो' है लेकिन लिथुआनी में 'वासर' है जो भिन्नार्थ में प्रयुक्त भारतीय शब्द ही लगता है; सं.

लोपाश (लोपाक रूप भी है), रूसी लिसा, लिथुआनी 'लापे' (लोमड़ी)—लिथुआनी ने 'प' ध्वनि सुरक्षित रखी है; किरण के लिए रुच् से रूसी रूप लुच् है लेकिन लिथुआनी का अपना शब्द है स्पिन्दुलिस; मधु रूसी म्योद के समान लिथुआनी में भी मेदुस् है, और रूसी मेद्वेद् के लिए लिथुआनी में मेस्का, अन्य शब्द लोकिस भी; सं. वृक के लिए रूसी वोल्क के समान लिथुआनी विल्कस्; संसार के लिए 'कश्मीर' वाला मीर रूसी के समान लिथुआनी में नहीं है, उसका अपना शब्द है 'पसौलिस्'; पक्षी के लिए रूसी पतीत्सा से अधिक निकट है लिथुआनी पौक्षतिस्; सं. पथ और रूसी पूत् से भिन्न है लिथुआनी केलिअस्; सं. तम, रूसी तेम्नाता, लिथुआनी तम्स; सं. चपक, रूसी चाष्का किन्तु लिथुआनी पुओदेलिस। क्रियाओं में अस्, रूसी एस्त्, लिथुआनी यिस, इरा; भू, रूसी बीवात्, लिथुआनी बुवोति, बूति; अद्, अस् के लिए रूसी के समान एस्ति, और लिथुआनी की अपनी क्रिया वाल्गिति; विद्, रूसी वीदेत्, किन्तु लिथुआनी मतुति; ज्ञा, रूसी ज़्नात् के निकट लिथुआनी झिनोति; सं. इ, रूसी इद् ति लिथुआनी एईति; सं. लुभ् रूसी ल्यूबीत्, लेकिन रूसी के अन्य प्रेमवाचक शब्द मिलोयात् के अनुरूप लिथुआनी में मिलेति; पुकारने के लिए रूसी नज़िवात् किन्तु लिथुआनी में (सं. वद् से) वदिन्ति; प्रकाश देने के लिए सं. श्वित् से रूसी स्वेतीत्, लिथुआनी श्विएस्ति; जीने के लिए रूमी झ़ीत्, लिथुआनी गिवेन्ति; मरने के लिए रूसी उमीरात्, लिथुआनी मिर्ति (मृतक के लिए मिरेस्, और अजीव के समान रूप नेगीवस्); सं. सद्, रूसी सदीत्स्या, सीदेत्, लिथुआनी सोदिन्ति, सेस्ति; स्था, रूसी स्तोयात्, लिथुआनी स्तोवेति; सं. वेग से सम्बन्धित रूसी वेगात्, लिथुआनी वेगिओति—मूल धातु है विज् जिससे वेग शब्द बनता है, रूसी-लिथुआनी आदि भाषाओं में इस संज्ञा से नई क्रिया बनी; रूसी द्विगानिये (गतिशील, चंचल) में यही विज् है, द्विगात् (चलना, चंचल होना) क्रिया संस्कृत विज् का ही दूसरा रूप है, गति और आन्दोलन के लिए रूसी शब्द द्विझ़ेनिए में विज् अपनी मूल ध्वनि के अधिक निकट वर्तमान है, लिथुआनी में द्विगात् के लिए यूदिन्ति, द्विझ़ेनिये के लिए युदेसिमस् शब्द हैं; प्रश्, प्रच्छ् के लिए रूसी प्रोसीत् के समान लिथुआनी प्रशीति; पत् के अनुरूप रूसी में तो व् पदात्, पादत् आदि रूप हैं किन्तु लिथुआनी में इतेक्ति, क्रिस्ति, ग्रिउति आदि उसके अपने मूल शब्द हैं; रूसी ग्रेत् (गर्मी देना) सं. ग्रीष्म की मूल धातु की ओर संकेत करती है किन्तु इसके लिए लिथुआनी क्रिया है सिल्दिति; रूसी कोपात् (खोदना) में कूप का सम्बन्ध है, लिथुआनी कस्ति में भी वही धातु हो सकती है; गाने के लिए रूसी पेत् के विपरीत लिथुआनी गिएदोति में 'गी' धातु विद्यमान है; सं. प्लव्, रूसी प्लवात्, इससे कुछ दूर लिथुआनी प्लौक्ति; जागने, प्रबुद्ध होने के लिए रूसी प्रबुदीत्, लिथुआनी पबुदिन्ति; जनने, जन्म देने के लिए रूसी रोदीत् किन्तु लिथुआनी गिन्दिति सम्भवत: जन् से सम्बन्धित है; सं. शुश्रु के लिए रूसी स्लुझ़ीत् (सेवा करना), किन्तु लिथुआनी का अपना शब्द है तनौति; बहने के लिए रूसी तेच से भिन्न सं. स्त्र के अनुरूप लिथुआनी स्त्रोवेन्ति, उसकी अपनी क्रिया भी है तेकेति; सं. त्वर् के अनुरूप रूसी त्वरीत् है किन्तु लिथुआनी शब्द है कुर्ति; त्रस् के लिए रूसी त्रसीत् किन्तु लियुआनी में 'भी' (भय) वाली क्रिया है, वियोतिस्, बइमिन्तिस्।

अश्व के लिए रूसी कोन् के समान लिथुआनी का स्वतंत्र शब्द है झ़िर्गस्, अक्लिस्। प्रभात और सायंकाल के लिए जैसे रूसी के स्वतंत्र शब्द हैं उत्रो, वेचेर, वैसे ही लिथुआनी के शब्द हैं रितस् और वाक्रस्। उष:काल के लिए रूसी ज़र्या से भिन्न लिथुआनी औश्र में उषा का मूल बीज वर्तमान है। चमकने के लिए रूसी ब्लेस्तेत्, लिथुआनी ब्लज़् गेति, दोनों सं. से

भिन्न हैं। श्वेत के लिए इसी प्रकार रूसी बेली, लिथुआनी बाल्तस् (जिससे बाल्टिक सागर); नाती के लिए रूसी व्नूक, लिथुआनी अनुकस्, यहाँ के लिए रूसी ज़्देस्, लिथुआनी चिआ; से के लिए रूसी इज़, लिथुआनी इश्; ऊपर के लिए रूसी नाद, लिथुआनी विर्शु; कहाँ के लिए रूसी ग्दे, लिथुआनी कुर, कमे; वर्ष के लिए रूसी गोद, लिथुआनी मेतइ; नगर (पुर) के लिए रूसी गोरोद, लिथुआनी मिएस्तस्; बच्चों के लिए रूसी द्येति, लिथुआनी वैकइ; वर्षा के लिए रूसी दोझ्द, लिथुआनी लिएतुस्; मार्ग के निए रूसी दरोगा, लिथुआनी केलिअस्; नक्षत्र के लिए रूसी ज़्वेज्दा, लिथुआनी ज़्वैग् इ्दे; वन के लिए रूसी लेस, लिथुआनी मिस्कस्, गिरिआ; नाव के लिए रूसी लोद्का, लिथुआनी लैवेलिस, वाल्तिस; पैर के लिए रू ी नोगा, लिथुआनी कोया; हाथ के लिए रूसी रुका, लिथुआनी रका; गाय के लिए रूसी करोवा, लिथुआनी कार्वे; काम करने के लिए रूसी रबोतात्, लिथुआनी दिर्ब् ति; प्रसन्न के लिए रूसी राद्, लिथुआनी लइमे; मुख के लिए रूसी रोत, लिथुआनी बुर्ना; ग्राम के लिए रूसी सेल्स् की, लिथुआनी कइमो—से शब्द संस्कृत से भिन्न हैं, कहीं आपस में मिलते हैं और कहीं रूसी-लिथुआनी में परस्पर भिन्न हैं।

संस्कृत अक्ष से लिथुआनी में अकिस रूप बनता है यद्यपि आँख के लिए रूसी शब्द ग्लाज है। सोने के लिए रूसी में संस्कृत परिवार की धातु स्पात् है किन्तु लिथुआनी में 'मिएगोति' क्रिया है। संस्कृत द्रोणी का रूसी रूपान्तर 'दोलीना' है किन्तु लिथुआनी शब्द 'स्लेनिस' है। संस्कृत जीव से रूसी शब्द झ़िबोत बना है किन्तु लिथुआनी में पेट के लिए 'पिल्वस' शब्द है। किसान के लिए रूसी क्रेस्त्यानिन हमारे परिवार का ही है किन्तु लिथुआनी शब्द है 'वल्सतिएतिस'। ऋक् से सम्बन्धित रूसी शब्द रेच है किन्तु भाषा के लिए लिथुआनी शब्द है 'कल्ब'। स्थिति के लिए रूसी स्मेयात्स्या से भिन्न है लिथुआनी युओक्तेस। विधवा के लिए रूसी वदोवा से भिन्न लिथुआनी 'नश्ले' है। इस तरह के शब्दों को देखकर यह नहीं कहा जा सकता कि रूसी की अपेक्षा लिथुआनी संस्कृत के अधिक निकट है। रूसी में संस्कृत की तरह जहाँ त्व प्रत्यय लगता है—जैसे पुरुषत्व के लिए मुझ़ेस्त्व, वहाँ लिथुआनी में मस् लगता है—जैसे वीर से विरिश्कुमस्। इसी प्रकार रूसी में ता जोड़कर विशेषण से भाववाचक संज्ञा बनाई जाती है, दोब्री दोब्रोता (दयालु, दयालुता) किन्तु लिथुआनी में गेरास, गेरूमंस्। संस्कृत ज्ञा की समरूप धातु ज़्नात, और झ़िनोति रूसी और लिथुआनी दोनों में है किन्तु संस्कृत में जैसे ज्ञा से ज्ञान संज्ञा बनती है, वैसे रूसी में तो ज़्नानिये संज्ञा बनेगी किन्तु, लिथुआनी में झ़िनौति से संज्ञा बनेगी झ़िनौयिमस्। इसी प्रकार रूसी में दा धातु से दान् शब्द बनता है किन्तु लिथुआनी में उसी की समकक्ष धातु से दान के लिए शब्द बनता है 'दुओक्ले'। रूसी 'में 'क' प्रत्यय का वैसे ही प्रयोग होता है, जैसे संस्कृत में; यथा अनुवाद से कर्ता भाव में अनुवादक, किन्तु लिथुआनी में वेर्तीमस् से वेर्तेयस्। संस्कृत में कृ से जैसे कर्तृ, कर्ता, कर्तारः आदि रूप बनते हैं, वैसे ही रूसी में उचीत् (शिक्षा देना) से उचीतेल् शब्द (र् का स्थान ल् ने लिया) शिक्षक के अर्थ में बना किन्तु लिथुआनी में वही यस् प्रत्यय लगता है, मोकुति से मोकितोयस्। मानना होगा कि कुल मिलाकर लिथुआनी की अपेक्षा रूसी संस्कृत-परिवार के अधिक निकट है।

चाइल्ड की यह स्थापना कि मूल आर्य भाषा का शुद्धतम रूप लिथुआनी में है, उतनी ही सही है जितनी यह धारणा कि उस मूल भाषा की ध्वनियाँ लैटिन में सबसे अधिक सुरक्षित हैं। कम-से-कम नौर्डिक जाति का विजय-अभियान लिथुआनी भाषा के तत्त्वों से सिद्ध नहीं होता।

चाइल्ड के मत को डॉ. बी.के. घोष ने 'वेदिक एज' नामक ग्रंथ में आर्य-समस्या पर विचार करते हुए दोहराया है। डॉ. घोष कलकत्ता विश्वविद्यालय में भाषाविज्ञान के अध्यापक हैं। उनके अनुसार तुलनात्मक भाषाविज्ञान ने आर्यों की जिस मूल भाषा के गठन का अनुसंधान किया है, उसके निकटतम लिथुआनी भाषा है, न कि संस्कृत या उसकी कोई बेटी। वे उसे हित्ती और तोख़ारी से बाद की भाषा भी मानते हैं, किन्तु उसके रूप-गठन को प्राचीन मानकर वे कल्पना करते हैं कि "सतम्-केन्तुम् विच्छेद के बाद एक समूचा भारत-यूरोपीय समुदाय लिथुआनिया में आ पहुँचा और वहाँ की एकान्त वनस्थली में उसने अपना सुदीर्घ किन्तु महत्त्वपूर्ण घटनाओं से हीन राष्ट्रीय जीवन प्राय: पूर्ण अलगाव में आरम्भ किया। इससे उनकी भाषा को परिवर्तन और प्रगति के लिए अवसर न मिला। अन्य भारत-यूरोपीय भाषा-भाषी देशों में स्वयं भारत-यूरोपीय जन इतना नहीं आए जितना उनकी भाषाएँ।" इस कल्पना की आवश्यकता बिलकुल न पड़े, यदि लिथुआनी भाषा में 'आर्य-कुल' से भिन्न उसके अपने तत्त्वों पर भी ध्यान दिया जाए। यदि उसकी ध्वनि सम्बन्धी मिश्रित विशेषताओं को देखा जाए, पूर्वी स्लाव भाषाओं से उसके मूल शब्द-भंडार, धातु-प्रत्यय आदि का तुलनात्मक अध्ययन किया जाए तो उसकी विशेष प्राचीनता की धारणा सहज ही खंडित हो जाए।

यूरोप से एशिया की ओर आर्य-अभियान की कल्पना करनेवालों की तुलना में उनका मत अधिक मान्य है जो मध्य एशिया से उनका यूरोप, ईरान, भारत आदि में प्रसार मानते हैं (ह्रौज़्नी आदि)। मध्य एशिया में भी जो विद्वान पामीर या उसके आसपास के प्रदेश को आर्यों की आदि निवास-भूमि मानते हैं (एडुअर्ड मेयर आदि), उनका मत सत्य के अधिक निकट है। भाषाविज्ञान और पुरातत्त्व, दोनों ही इस सत्य की ओर इंगित करते हैं कि पूर्व से पश्चिम की ओर ऐसे जनों का अभियान हुआ जो संस्कृत-परिवार से मिलती-जुलती भाषाएँ बोलते थे। इन भाषाओं के सम्पर्क में बैबिलोन से लेकर मिस्र तक के सामी जन आए, उधर कॉकेशस, पूर्वी, मध्य तथा दक्षिणी यूरोप पर भी इनका प्रभाव पड़ा। स्लाव, जर्मन, ग्रीक, लैटिन-परिवारों में जो समानता है, उसका कारण उनका संस्कृत-परिवार की भाषाओं से सम्पर्क है। इन परिवारों का अपना स्वतंत्र अस्तित्व है। इसी प्रकार संस्कृत का भी अपना स्वतंत्र अस्तित्व है। यदि यूरोपीय भाषाओं से संस्कृत के मिलते-जुलते तत्त्वों को यूरोपीय या मध्य एशियाई भाषाओं की देन माना जाए, तो भी संस्कृत की समग्रता को देखते हुए यह समानता इतनी आंशिक है कि संस्कृत को स्वतंत्र भारतीय भाषा स्वीकार करना ही होगा। वैसे संस्कृत भी कोई अमिश्रित 'शुद्ध' रक्त-वर्णवाली भाषा नहीं है। उसमें भी भिन्न वृत्तियोंवाली भाषाओं का सम्मिश्रण हुआ है। शुद्ध भाषाएँ भाषाविदों की नस्ल-सम्बन्धी कल्पना की देन हैं; वास्तविक स्थिति से उनका कोई सम्बन्ध नहीं है।

छठा अध्याय

भाषा-परिवार और आदि भाषा

भाषाओं के भारत-यूरोपीय परिवार की कल्पना, इस परिवार की आदि भाषा का अनुमान, उस भाषा के बोलनेवालों की आदि भूमि, उनके रहन-सहन, समाज-व्यवस्था आदि के सम्बन्ध में स्थापनाएँ नस्ल के बारे में विद्वानों की धारणाओं से जुड़ी हुई हैं। डॉ. बी.के. घोष नें 'वेदिक एज' में 'आर्य-समस्या' पर विचार करते हुए लिखा है कि "उस अति प्राचीनकाल में, जब मूल भारत-यूरोपीय भाषा गठित हो रही थी, इस तरह का विशेष समाज केवल नस्ल-सम्बन्धों पर आधारित हो सकता था, शुद्ध सांस्कृतिक सम्बन्धों का प्रश्न ही न उठता था।"

पहले तो यह निश्चित नहीं है कि नस्ल (रेस) के लक्षण क्या हैं। कम-से-कम त्वचा का रंग नस्ल का आधार नहीं हो सकता। काले-पीले या श्वेत वर्ण के लोगों में किसी की नाक लम्बी है तो किसी की चपटी, किसी की खोपड़ी लम्बी है तो किसी की चौड़ी और गोल, किसी की आँखें नीली हैं तो किसी की भूरी। कुछ लोग आँख, नाक, खोपड़ी के अलावा बालों को बहुत महत्त्व देते हैं। अन्य जन इनके साथ या इनके अतिरिक्त रक्त की जाँच करते हैं। नृतत्त्वविशारद जूलियन हक्सले और ए.सी. हैडन ने अपनी पुस्तक 'वी यूरोपियन्स' (लन्दन, 1935) में इस धारणा का खंडन किया है कि माता का रक्त किसी तरह संतान के रक्त में मिल जाता है। गर्भ-स्थिति में शिशु और माता के रक्त का मिश्रण नहीं होता। पिता के रक्त का प्रश्न ही नहीं है। जहाँ तक कद का सवाल है, वह बहुत कुछ परिवेश पर निर्भर रहता है। त्वचा का वर्ण नस्ल की परख के लिए सही कसौटी नहीं है; कम-से-कम ऊपर से देखने में वह भ्रामक होता है। इन विद्वानों का मत है कि मनुष्य के शारीरिक गठन की जो भिन्न कोटियाँ हैं, उनमें कोई भी अमिश्रित नहीं है। यूरोप से शिया के पूर्व की ओर चलें तो गौर वर्ण और पीत वर्ण के बीच में सैकड़ों मध्यस्थ रंग मिलते हैं जो न शुद्ध पीत हैं, न शुद्ध श्वेत। नस्ल क्या है, इसकी व्याख्या करना कठिन है; हैडन और हक्सले के मत से यह अति वांछनीय है कि मानव-समुदायों के सिलसिले में 'रेस' को शब्द-विज्ञान की शब्दावली से निकाल दिया जाए।" (पृ. 107) इंग्लैंड के गौरांग निवासियों की त्वचा के वैज्ञानिक परीक्षण से पता चलता है कि "यह ऐसा देश है, जिसके निवासी गौर से अधिक श्याम वर्ण के हैं।" (पृ. 28) अफ्रीकावासी नीग्रो भी किसी शुद्ध श्याम वर्ण नस्ल के नहीं हैं। उनमें कॉकेशिक और हैमिटिक समुदायों का मिश्रण हुआ है। (पृ. 100) ऐसी स्थिति में यह कल्पना करना कि आदि भारत-यूरोपीय भाषा के बोलनेवाले लम्बे, वृहत्काय, लम्बी नासिका वाले, गौरवर्ण, नीलाक्ष एवं हिरण्यकेश नार्डिक कुल के आर्य थे, साहस का काम है।

विभिन्न युगों में यूरोप की ओर एशिया से किस प्रकार अनेक जातियाँ गईं और वहाँ बस गईं, इस बारे में हक्सले और हैडन भाषाविज्ञान की इस स्थापना को पुष्ट करते हैं कि जातियों के ये अभियान एशिया से यूरोप की ओर हुए थे।

यूरोप के पुरातत्त्वज्ञों ने जिन प्राचीन प्रस्तर-आयुधों की खोज की है, उनके आधार पर हक्सले और हैडन ने लिखा है कि इनका प्रयोग करनेवाले जन यूरोप में अफ्रीका और एशिया से आए थे। (पृ. 53) मानव की उत्पत्ति के बारे में उनका कहना है कि "यह लगभग निश्चित है कि मनुष्य की उत्पत्ति किसी वानर जैसे पशु से हुई जो अर्ध-ऊष्म या साधारण ऊष्म प्रदेश में रहता था। यह उत्पत्ति अवश्य ही कई लाख वर्ष पहले हुई होगी लेकिन यह बिलकुल निश्चित है कि यूरोप उसकी मूल निवास-भूमि नहीं था।" (पृ. 57) मानव के पुरखों के अलावा स्वयं मानव के बारे में उनका कहना है कि यह निश्चित है कि यूरोप उसका आदि निवास-स्थान नहीं था। अमरीका में भी वे उसका जन्म नहीं मानते। उनके अनुसार सम्भावना मध्य एशिया और अफ्रीका के पक्ष में है। यह तो हुई सम्भावनाओं की बात। पुरातत्त्व के आधार पर प्राचीन जनों के अभियान "एशिया और अफ्रीका से उत्तर और पश्चिम की ओर हुए हैं", इन विद्वानों के मत से ऐसा मानना चाहिए। (पृ. 69) यूरोप के मेडीटरेनियन, यूरेशिएटिक और नौर्डिक—तीनों टाइपों को वे बाहर से आकर यूरोप में आकर बसा हुआ मानते हैं। हंगरी के मग्यार जनों को वह एशिया से आया हुआ मानते हैं। (पृ. 214) इसी प्रकार बुल्गार जनों को वह एशिया से आया हुआ बतलाते हैं। "अति प्राचीन काल में एशियाई और दक्खिनी रूस के, मैदानों में दीर्घ कपालवाली घुमन्तू जातियाँ पर्यटन करती रही थीं और वे मध्य यूरोप में भी पहुँचीं।" (पृ. 217)

अमरीकी नृतत्त्वज्ञ फ्रान्ज बोआस ने 'दि माइंड ऑव प्रिमिटिव मैन' नामक अपनी पुस्तक में अपना तथा अन्य विद्वानों का यह मत दिया है कि एशिया से अनेक धान्य और पशु यूरोप में आए। इन्हीं में भाषाविज्ञान का प्रमुख वाहन अश्व भी था। (पृ. 169) इसके अलावा तांबे का प्रयोग मध्य एशिया से यूरोप और चीन में फैला। (पृ. 170) इसी प्रकार लोहे के प्रयोग के बारे में बील्स और होइयर ने यह मत प्रकट किया है कि उसका प्रयोग भारत तथा निकट पूर्व से एक सहस्राब्दी ईसा-पूर्व या उससे भी पहले दक्षिण एशिया में फैला।[1] हर तरह के प्रमाण उत्तर भारत या भारत के उत्तर वाले प्रदेश को सांस्कृतिक वितरण-केन्द्र के रूप में प्रस्तुत करते हैं। आश्चर्य की बात होगी यदि तांबा, पशु, अनाज आदि का उपयोग इधर से यूरोप पहुँचा हो, लेकिन भाषाएँ सब उधर से इधर आ गई हों।

वर्गहीन आदिम समाज-व्यवस्था रक्त-सम्बन्ध पर आधारित समझी जाती है। किन्तु इन प्राचीन समाजों की रक्त-सम्बन्धी नीति दक्षिण अफ्रीका की गोरी सरकार की वर्णभेद वाली नीति से अधिक उदार और प्रगतिशील थी। हक्सले और हैडन ने स्कॉटलैंड के कबीलों का उल्लेख किया है, जो दूसरे कबीलों से आनेवालों को अपने में मिला लेते थे। इसी प्रकार आयरलैंड में बहुत-से अजनबियों और गुलामों को कबीलों या गोत्रों में शामिल कर लिया गया। बाइबल की एक उक्ति इस तथ्य की ओर संकेत करती है : "जो अजनबी तुम्हारे साथ आकर रहे, वह तुम्हारे लिए वैसा ही होगा, जैसे वह तुम्हीं में पैदा हुआ हो और तुम उससे वैसे ही स्नेह करोगे, जैसे खुद अपने से करते हो!" (लेवेटिकस से हक्सले और हैडन द्वारा उद्धृत)अमरीकी आदिवासियों की समाज-व्यवस्था का अध्ययन करते हुए मौर्गन ने इस बात का उल्लेख किया

1. राल्फ एल. बील्स और हैरी होइयर, ऐन इंट्रोडक्शन टु ऐंथ्रोपोलॉजी, न्यूयॉर्क, 1957, पृ. 246

था कि एक गोत्र के लोग अजनबियों को अपने में मिलाकर उन्हें अपना गोत्र-नाम दे देते थे। युद्ध में वे जिन्हें बन्दी बनाते थे, उन्हें या तो मार डालते थे, या इसी प्रकार उन्हें अपना भाई बना लेते थे। प्राचीन यूनानी समाज के विशेषज्ञ टॉमसन ने ग्रीक और रोमन जनों में इसी प्रथा का उल्लेख किया है। अजनबी को कुछ धार्मिक कृत्य पूरे करने होते हैं जिनसे यह समझा जाता है कि वह अजनबी-रूप में मर गया और नया जन्म लेकर (द्विज बनकर) नये गोत्र का सदस्य बन जाता है। प्राचीन कबीलों में वर्ण-सम्बन्धी आग्रह की कल्पना आधुनिक विद्वानों के दुराग्रह पर ही आधारित है। डॉ. घोष की भी मान्यता है कि बाद वाले भारत-यूरोपीयों में—बिखरने से पहले ही—नस्लों का मिश्रण हो चुका था। इस मिश्रण में नारी-अपहरण की उदार नीति का भी हाथ रहा होगा, इसमें सन्देह नहीं।

आदि भाषा बोलनेवालों के यहाँ एक शब्द था ग्वेर या ग्वेरौ। "संस्कृत में उसके रूप ग्रावन् का अर्थ कुछ संकीर्ण होकर (सोमरस को) निचोड़ने का पत्थर होता है।"[1] वैसे 'उत्तर-रामचरित' में राम का दुख देखकर जब 'अपिग्रावा रोदिति'—पत्थर भी रोने लगे थे—तब शायद सोमरस निचोड़नेवाले पत्थरों में विशेष रूप से करुण रस उत्पन्न हुआ होगा। मान लिया कि यह शब्द यूरोप की कुछ अन्य भाषाओं में भी है और उसका अर्थ चक्की का पत्थर या हाथ-चक्की है, तो भी पत्थर के लिए जर्मन स्टाइन (डच स्टीन, डैनिश और स्वीडिश स्टेन, अंग्रेज़ी स्टोन), लैटिन की भाषाओं में पिएत्रा, पेद्रा आदि (ग्रीक पेत्रोस), ग्रीक भाषा का अन्य शब्द लिथोस (जिससे अंग्रेज़ी में प्रस्तर-युग की व्यंजना के लिए शब्द बने हैं), रूसी कामेन्, संस्कृत अश्मन्, प्रस्तर आदि यही सिद्ध करते हैं कि भारत-यूरोपीय भाषाओं में पत्थर के लिए अनेक शब्द हैं। इनमें रूसी-लिथुआनी-संस्कृत के सामान्य शब्द अश्मन् को मूल शब्द क्यों न माना जाए, ग्रावा को ही यह अधिकार क्यों दिया जाए? या यह क्यों न माना जाए कि इस 'परिवार' के विभिन्न वर्गों ने स्वतंत्र रूप से अपनी प्रस्तरयुगीन सभ्यता विकसित की थी?

एक अन्य आद्य भारत-यूरोपीय शब्द 'मेल्ग' माना गया है जो संस्कृत में मृज् रूप में है। अन्य भारत-यूरोपीय बोलियों में इसका अर्थ दूध दुहना (to milk) हो गया। रूसी में दूध के लिए मिल्क का सगोती मोलोको है लेकिन दुहने के लिए भारतीय दुह की समरूप धातु है 'दोईत'। लिथुआनी में अंग्रेज़ी के समान दुहने के लिए मिल्क वाली धातु है—मेल्झ़् ति। लैटिन समुदाय में दूध के लिए लात, लेइते, लै आदि शब्द हैं, 'मिल्क' जर्मन परिवार के लिए छोड़ दिया गया है। फ्रांसीसी में दुहने के लिए 'त्रैर' शब्द है जिसका अर्थ खींचना भी है। लैटिन मुल्गेरे के अनुरूप ग्रीक में दोहन के लिए अमेल्गो क्रिया है (वास्तव में वह नाम धातु है, संज्ञा को क्रिया बनाकर प्रयुक्त किया गया है), किन्तु दूध के लिए लैटिन में अपना शब्द है 'लाक' और इसी से मिलता-जुलता यूनानी शब्द है गाल या गालक्तोस। इन सभी ग्रीक-लैटिन शब्दों को म्लेग का अपभ्रंश मान लिया जाए, तभी दुह् और दुग्ध से यह सिद्ध होगा कि आर्यों की म्लेग-क्रिया भारतीय अनार्यों को पसन्द नहीं आई और वे उसे दोहन के बदले रगड़ने के अर्थ में प्रयुक्त करते रहे। वर्ना यह मानना होगा कि दूध और दोहन के लिए भारत-यूरोप परिवार में भिन्न-भिन्न शब्द थे।

तुलनात्मक भाषाविज्ञान से आर्यों के जीवन के बारे में यह निष्कर्ष निकाला गया है कि वे बराह, भेड़िया, लोमड़ी, रीछ आदि जानवरों से परिचित थे। उनके पालतू जानवरों में भेड़, बकरी, घोड़ा और सूअर थे। "वे कुछ पक्षियों और मछली तथा कुछ जलचर जीवों को भी

1. डॉ. चाटुर्ज्या, 'भारतीय आर्य भाषा और हिन्दी', पृ. 42

जानते थे।" इस तरह के निष्कर्ष यूरोपीय भाषाओं के उन सामान्य शब्दों पर निर्भर हैं जिन्हें उन्होंने भारतीय या मध्य एशियाई आगन्तुकों से ग्रहण किया था। इसका यह अर्थ नहीं है कि जिन वस्तुओं के लिए सामान्य शब्द नहीं हैं, उनसे वे परिचित नहीं थे। यूरोप की अनेक भाषाओं में नाक के लिए नासा शब्द के विभिन्न रूप मिलते हैं, कान के लिए उनके अपने अनेक शब्द हैं। इसका यह अर्थ नहीं है कि पितृसत्ताक व्यवस्था तक प्रगति कर चुकनेवाले आर्य कान नामक वस्तु से परिचित नहीं थे, या उनके लिए उनकी भाषा में शब्द ही नहीं था। जिस तर्क-पद्धति से भौगोलिक वस्तुओं के सामान्य नामों के अध्ययन द्वारा यह कल्पना की गई है कि आदिम आर्य "किसी अपेक्षाकृत शुष्क गैरिक प्रदेश में निवास करते थे", उससे यह निष्कर्ष भी निकाला जा सकता है कि आर्यों के नाक तो थी लेकिन कान नहीं थे!

चाइल्ड ने लिखा है कि शिकार खेलने के लिए भारत-यूरोपीय भाषाओं में कोई सामान्य शब्दावली नहीं है। इसका भी यह अर्थ न होगा कि वन-पर्वतों को लाँघनेवाले आर्य शिकार ही न खेलते थे। वैसे आखेट का समरूप रूसी शब्द 'अख़ोता' है। मधु के लिए सामान्य शब्द है, मधुमक्खी के लिए नहीं; इसका अर्थ यह नहीं है कि आर्य मधुमक्खियों से अपरिचित थे या फूलों से शहद निकालने की उन्हें कोई दैवी विधि मालूम थी। ऐसे ही मछली के लिए सामान्य शब्द नहीं है, जिसका अर्थ यह न होगा कि आर्यों को मांस से प्रेम था लेकिन मछली से परहेज था या वे मछली खाना जानते ही न थे। नमक के लिए सामान्य शब्द नहीं है; इसलिए नमक खाना तो वे जानते ही न होंगे!

यह स्वीकार करना होगा कि सामान्य शब्दावली के आधार पर आदि आर्य- जनों के निवास या जीवन के बारे में पूर्ण तथ्यों का पता नहीं चल सकता। इसे भ्रान्त धारणा मानना चाहिए कि जिन वस्तुओं के लिए सामान्य शब्द है, उनसे तो आर्य परिचित थे और जिनके लिए नहीं हैं, उनसे वे अपरिचित थे। सही स्थापना यह है कि यूरोपीय भाषाओं ने एशियाई आगन्तुकों के अनेक शब्दों को स्वीकार किया, और जितनों को स्वीकार किया, उनसे कहीं ज्यादा को अस्वीकार किया।

आर्यों के बारे में प्रचलित धारणा यह है कि वे पशुपालन में दक्ष थे किन्तु खेती से उनका विशेष सम्बन्ध न था। खेती के लिए संस्कृत शब्द है कृषि। यह शब्द कृष् धातु से बना है जिसका अर्थ है खींचना (इसी से आ+कृष्ट)। रूसी में कृषक के लिए क्रेस्त्यानिन शब्द है ही। इससे कम-से-कम इतना तो मानना चाहिए कि हिन्दी-रूसी आर्य कृषि-विद्या से परिचित थे। (किसान के लिए रूसी का अपना शब्द है मुझ़ीक।) लैटिन में देहात के आदमी को अग्रेस्तिस्, किसान को अग्रिकोला, खेती को अग्रिकुल्तूरा कहेंगे। कृष् का गृष् रूप इटली में बना हो, यह आवश्यक नहीं; सम्भावना इसी की अधिक है कि यहीं से कुछ लोग ऐसे गए हों जो—वाक्, वाग्, दिक्, दिग् में ग् रूपों के समान-कृष् को गृष् कहते हों। कश्मीरी में किसान के लिए ग्रूस शब्द है। इसलिए कृषि और अग्रि का सम्बन्ध असम्भव नहीं है। ग्रीक में किसान के लिए अग्रोतिस् शब्द है।

स्वयं कृष् में दो मूल शब्दों का योग मालूम होता है, कु—पृथ्वी, ऋष् (भेदन, गमन अर्थ में)। ऋ धातु का अर्थ चलना भी है। कश्मीरी में रिख् का अर्थ होता है रेखा। संस्कृत शब्द रेखा की मूल धातु लिख् मानी जाती है। उसका सीधा सम्बन्ध ऋष् से भी हो सकता है। ऋष् का सम्बन्ध भेदन से, रेखा खींचने से होता है। यह धातु भी कृष् के अर्थ में प्रयुक्त हो सकती है। यदि यह अर्थ स्वीकार हो तो ऋषि का बहुत-सीधा अर्थ निकलता है किसान। मंत्रद्रष्टाओं

को ऋषि कहते हैं, वे ऋचाओं के गायक हैं। इन प्राचीन ऋषियों को कृषि से घृणा न थी। उनका इन्द्र श्रम करनेवालों का सखा था। इसलिए कृषि से ऋषि शब्द का सम्बन्ध जोड़ने से उसका गौरव कम नहीं होता। ऋषि से विशेषण बनता है आर्ष। ऋ धातु के अरिष्यति आदि रूप बनते हैं। ऋ का अर् होना संस्कृत व्याकरण के अनुकूल है। अब ग्रीक में हल चलाने या खेत जोतने के लिए यही क्रिया है, अरोओ रूप में। धरती के लिए गेआ शब्द से जुड़ने पर गेओर्गोस शब्द बनता है जिसका अर्थ है किसान। लैटिन में जोतने के लिए क्रिया है अरो, उसी से हल के लिए शब्द बनता है अरात्रुम। लैटिन की तरह ग्रीक में हल के लिए शब्द है अरोत्रोन। रूसी में जोतने के लिए पख़ात् शब्द है किन्तु उक्रैनी में अरवंशीय 'ओराति' है, उसी के समान लिथुआनी में 'अर्ति' क्रिया है। अरय: को हेलय: कहनेवाली किसी पच्छिमी (यानी भारत की पच्छिमी) जाति के पास यही 'अर' धातु पहुँचे तो बड़ी सुविधा से हल हो जाएगी। कश्मीरी में हल के लिए हकार हीन अलवञ् शब्द है। इस विवरण में और बातें विवादास्पद हो सकती हैं, निर्विवाद तथ्य यह है कि लैटिन और ग्रीक में जोतने के लिए एक ही धातु है और रूसी तथा संस्कृत में किसान के लिए समरूप शब्द हैं। इससे यह सिद्ध है कि ग्रीक-लैटिन और कुछ स्लाव जनों के पूर्वज और रूसी-संस्कृत भाषियों के पूर्वज एक साथ नहीं तो अलग-अलग कृषि-विद्या से परिचित थे। पूर्व से पश्चिम जानेवाले आर्यों का सम्पर्क जिस समय यूरोपीय जातियों से हुआ, उस समय वे खेती करना न जानते थे, केवल पशु-पालन से परिचित थे, यह धारणा भ्रान्त सिद्ध होती है।

भारत और यूरोप को भाषाओं में जो शब्द समान रूप से मिलते हैं, उनका ध्वनिभेद यूरोप में ही उत्पन्न हुआ हो, यह आवश्यक नहीं है। इस तरह का ध्वनिभेद यूरोप पहुँचने से पहले भी उनमें था, यह बात मानी जा सकती है। जहाँ से भी 'आर्य' गए हों, वे एक ही समय में तो गए नहीं। वे अनेक कबीलों में विभक्त रहे होंगे और उनकी बोलियों में समानता रहते हुए भी भेद रहे होंगे। केन्तुम्-शतम् विशेषताओं के मिश्रण वाले तोख़ारियों को भारत के उत्तर में देखकर यह धारणा पुष्ट होती है। केन्तुम्-शतम् का भेद क और श ध्वनियों का ही नहीं है। इतना ही भेद होता तो शतम् का कतम् या केतुम् रूप होता। केन्तुम् में एक अनुनासिक ध्वनि और जुड़ी हुई है। संस्कृत में पथ शब्द भी है और पंथ भी। आर्यों की एक शाखा जिसे अनुनासिकता से विशेष प्रेम नहीं था, स्लाव प्रदेशों की ओर गई। इसलिए रूसी में शत के लिए 'स्तो' शब्द है, 'सोत्न्या' भी है किन्तु संत जैसा रूप नहीं है। दूसरी शाखा यूनान गई जहाँ श् का क् रूप तो है (शत-हेकातोन्, एक के लिए हे, शत के लिए कतोन्), लेकिन श् और त् के बीच में न् का प्रवेश नहीं है। लैटिन में हमें क् और न्, दोनों ध्वनियों से निर्मित केन्तुम् रूप मिला। बीस के लिए लैटिन शब्द विगिन्ति है जिसमें न् की ध्वनि विग् (विश्) के बाद जुड़ी हुई है किन्तु इतालवी में सीधा वेन्ती रूप है, पुर्तगाली में विन्ते। लिथुआनी में शत का शिम्तस् रूप है और इसी ध्वनि-प्रकृति के अनुरूप जर्मन में सौ के लिए हुंडेर्ट, बीस के लिए त्स्वानत्सिग, डच में ट्विंटिग, अंग्रेज़ी में ट्वेंटी। संस्कृत में पथ और पंथ—दोनों प्रकार के रूप हैं। हिन्दी के बीस, तीस आदि शब्द विंश, त्रिंश के विपरीत निरनुनासिक हैं जिससे यह निष्कर्ष निकलेगा के ये शब्द उस शाखा की देन है जिसने दो वर्णों के बीच अनुनासिक अलंकरण स्वीकार न किया था।

यदि हम यूरोप जानेवाले आर्यों की तीन शाखाएँ मानें, तो यह बात और स्वीकार करनी होगी कि इनमें से प्रत्येक शाखा में अनेक बोलियों के—प्राय: विभिन्न भाषा-परिवारों के—तत्त्व मौजूद थे। यथा रूस जानेवालों में श्रु को स्लू बोलनेवाली प्रवृत्ति भी थी और 'र' को

अपरिवर्तित रखकर उमीरात् बोली जानेवाली प्रवृत्ति भी। यूनान की ओर जानेवालों में जीव को ज़ोओस (ज को ज़) और जन को गेनोस (ज को ग) कहनेवाली दोनों तरह की प्रवृत्तियाँ थीं। गेनोस् में स् स्वीकार करनेवाली प्रवृत्ति भी थी और स्वप्न के स् को ह् में परिवर्तित करके हुप्नोस कहनेवाली प्रवृत्ति भी। इसी प्रकार इटली जानेवाले शब्दों में भ्रातर को फ्रातेर (भ् को फ्) और नभ को नवेस् (भ् को ब्) कहनेवाली प्रवृत्तियाँ थीं। जर्मन भाषा में संस्कृत श्वान का हुंट रूप है, शत से हुंडेर्ट बनता है किन्तु स्वसा की जगह श्वेस्टर में श ध्वनि बनी रहती है।

इसी प्रकार शब्द-भंडार में। संस्कृत में अस्माकम् के साथ नः रूप भी है। यूरोप की अनेक भाषाओं में अस्मद् के विभिन्न रूपों के साथ जो नः वाले रूप भी मिलते हैं, वे अवश्य ही वहाँ अस्मद् के साथ ही पहुँचे हैं। इसी प्रकार अस् के साथ भू धातु यूरोप पहुँचने के पहले ही आर्यों की विभिन्न बोलियों की सामान्य सम्पत्ति बन गई थी। पिता और तात, सूनु और पुत्र, भग और देव, ज्मा और धरा, गम् (गश्) और 'इ' आदि शब्द यूरोप-गमन से पूर्व संस्कृत-परिवार की विभिन्न भाषाओं या बोलियों में समान या असमान रूप से विद्यमान थे। इससे परिणाम यह निकला कि आर्यों की आदि भाषा के रूप में लोग जो एक परिनिष्ठित, एक-सी ध्वनि-प्रकृति वाली, शुद्ध मूल भाषा की कल्पना करते हैं, उसका कोई वैज्ञानिक आधार नहीं है।

भाषा वृक्ष के समान नहीं है जिसकी शाखाएँ एक तने से फूटती हैं, जिसकी जड़ें एक निश्चित स्थान में खोदकर निकाली जा सकती हैं और उसके बीज का पता लगाकर उसके वंश का नामकरण किया जा सकता है। यद्यपि वृक्ष उतना जड़ नहीं होता जितना वह दिखाई देता है, फिर भी भाषा असन्दिग्ध रूप से अधिक चंचल और परिवर्तनशील होती है। वह वृक्ष से अधिक नदी के समान है जिसमें विभिन्न सहायक नदी-नाले भी अपना जल मिला देते हैं, जिसमें अरब समुद्र के बादलों का पानी कितना है और कितना हिन्द महासागर के बादलों का, यह पता लगाना प्रायः असम्भव है।

आर्य-परिवार की भाषाओं की समानता और भिन्नता के बारे में नृतत्त्वशास्त्र के पंडित फ्रान्ज़ बोआस ने लिखा है : "आर्य भाषाओं के अध्ययन के अनुभव से हमारी प्रवृत्ति इन्हें समान भाषागत स्रोतों का सदस्य मानने की होगी, लेकिन यह अनुमान बुनियादी भेदों की कैफियत नहीं देता। यह सम्भावना भी छोड़ दी जाती है कि रूप सम्बन्धी विशेषताएँ उन्होंने (औरों से) ग्रहण की होंगी, इसलिए अभी यह परिणाम विश्वसनीय नहीं मालूम होता।"[1] बोआस उन थोड़े-से लोगों में हैं जो भाषाओं की समानता के साथ उनके भेद पर भी ध्यान देते हैं। भाषाविदों का साधारण नियम यह है कि एक परिवार की भाषाओं में समानता देखकर वे आदि भाषा की कल्पना कर लेते हैं और परिवार के सभी सदस्यों को उस आदि पूर्वज की सन्तान मान लेते हैं। उदाहरण के लिए लैटिन-परिवार की भाषाओं को लैटिन का ही आधुनिक परिवर्तित रूप कहा जाता है। ऐसा कहनेवाले पुराने तुलनात्मक भाषाविज्ञान के आचार्य ही नहीं थे, ब्लूमफील्ड जैसे आधुनिक भाषाविज्ञानी भी कहते हैं : "फ्रांस में लैटिन (जिसे अब फ्रेंच कहते हैं) दो हजार वर्षों से बोली जाती रही है।" जिन भाषाओं को हम एक परिवार की मानते हैं, वे इतनी समान होती हैं कि ब्लूमफील्ड के अनुसार उन्हें 'एक ही प्राचीन भाषा के भिन्न रूप' होना चाहिए। भारत की बहुत-सी भाषाओं में अरबी-फ़ारसी के सैकड़ों शब्द प्रचलित हैं। इसका अर्थ यह नहीं है कि कश्मीरी, बंगला और मराठी में किसी आदि भाषा से ये शब्द चले आ रहे हैं।

---

1. फ्रान्ज़ बोआस, 'रेस लैंग्वेज़ एंड कल्चर', 1948, पृ. 204

इसी प्रकार यूरोपीय भाषाओं की अनेक समानताओं का आधार एशियाई भाषाओं का प्रभाव हो सकता है; इन समानताओं से यह सिद्ध नहीं होता कि वे किसी आदि भाषा में भी वर्तमान थीं। गो शब्द के बारे में प्रचलित मत यह है कि यह सुमेरियन शब्द है; इसी प्रकार परशु का आदि रूप पिलक्कु अक्कदी भाषा का शब्द माना जाता है। यदि भाषाविदों की गो और परशु सम्बन्धी धारणाओं को सत्य माना जाए तो यही सिद्ध होगा कि भारत-यूरोपीय भाषाओं में गो और परशु शब्द सामान्य हैं, पर उन्हें आदि आर्य भाषा का अंग नहीं माना जा सकता। जर्मन-समुदाय की भाषाओं में धरती के लिए एर्डे (या एर्दे) शब्द है; डैनिश और स्वीडिश में योर्ड। इससे अनुमान यह होगा कि यह आदि जर्मन भाषा का शब्द होगा। यह बिलकुल सम्भव है कि जर्मन जनों में धरती के लिए कोई अन्य शब्द प्रचलित रहा हो और सामी परिवार के इस एर्डे या योर्ड ने बाहर से आकर उसे स्थान-च्युत कर दिया हो। ह्रौज़्नी के मत से यह अरबी शब्द अर्दुन का समरूप है। इसी प्रकार स्लाव भाषाओं में मार्ग के लिए 'दरोगा' शब्द बैबिलोनी 'दरगु' है। अच्छे के लिए स्लाव 'द्रोबी' हिब्रू 'तोब' है। सींग के लिए लैटिन 'कोर्नू' अरबी 'कर्नुम्' है (और दोनों का सम्बन्ध संस्कृत शृंग से हो सकता है, श के क में परिवर्तित होने से कर्नुम् और कोर्नू रूप बने, 'श' के 'ह' में परिवर्तित होने से अंग्रेज़ी हौर्न बना)। यह तो हुआ ह्रौज़्नी का मत। लैटिन-परिवार की भाषाओं की एक विशेषता ग्रीक और जर्मन-परिवारों की तरह निश्चयार्थक शब्दों का प्रयोग है जिन्हें अंग्रेज़ी में डेफिनिट आर्टिकल कहते हैं। जैसे धरती के लिए फ्रांसीसी ला तेर, स्पेनी ला तिएरा, इतालवी ला तेरा। लैटिन में इस प्रकार डेफिनिट आर्टिकिल का प्रयोग नहीं होता; ऐसा लकारयुक्त निश्चयार्थक विशेषण भी उस भाषा में नहीं है। अल्जेब्रा के अल की तरह यह ला, ल सामी-परिवार की देन है। यदि फ्रांसीसी, इतालवी आदि भाषाएँ लैटिन का आधुनिक रूप मान ली जाएँ, तो भी यह स्वीकार करना होगा कि उनमें भाषा की एक ऐसी मूलभूत विशेषता, जैसी कि डेफिनिट आर्टिकल का प्रयोग है, उन्हें लैटिन से प्राप्त नहीं हुई: वह उनकी अर्जित सम्पत्ति है।

इसमें सन्देह नहीं कि लैटिन-परिवार की भाषाओं में बहुत बड़ी समानता है और उन्हें एक परिवार का सदस्य मानना चाहिए। लेकिन यह परिवार एक आदि भाषा लैटिन का आधुनिक परिवर्तित रूप नहीं है। लैटिन के बहुत-से शब्द इन भाषाओं में ध्वनि-भेद के साथ विद्यमान हैं, किन्तु मूल शब्द-भंडार में ही फ्रांसीसी, इतालवी, स्पेनी आदि में काफी अन्तर है। उदाहरण के लिए फ्रांसीसी में नदीवाचक शब्द है 'ला रीव', स्पेनी में है 'ला ओरिल्ला', पुर्तगाली में 'आ मार्गेम'। स्पष्ट है कि ये तीनों शब्द एक ही लैटिन मूल के परिवर्तित रूप नहीं हैं। इस तरह के और बहुत-से शब्द हैं जो यद्यपि साधारण जनों की परिचित या व्यवहार में आनेवाली वस्तुओं के लिए प्रयुक्त होते हैं, फिर भी लैटिन-परिवार की दो या अधिक भाषाओं में एक से नहीं हैं। वन के लिए फ्रां. ला फोरे, इता. इल बोस्को; बड़ी नदी के लिए फ्रां. ला फ्लेव, स्पेनी एल रिओ; बालू—इता. ला साब्बिआ, स्पेनी ला अरेना; नगर—इता. ला चित्ता, फ्रां. ला वीय (ville); ग्राम—इता. इल विलाज्जिओ, स्पेनी ला आल्देआ; पक्षी—इता. ल' उच्चेल्लो, स्पेनी एल पयारो; कुत्ता—इता. इल काने, स्पेनी एल पेरो; गधा—इता. इल चिउको, स्पेनी एल बुर्रो, फ्रां. ल्' आन; लोमड़ी—इता. ला वोल्पे, स्पेनी एल ज़ोरो, फ्रां. ल रेनार; मुर्गी—इतालवी ला गल्लीना फ्रांसीसी ला पूल; बन्दर—इतालवी ला शिम्पिआ, स्पेनी मोनी; चूहा—इतालवी इल सोर्चिओ, स्पेनी एल रातोन; भेड़—इता. ला पेकोरा, स्पेनी ला ओवेया, फ्रां. ल मूतों; जौ—इता. ल' और्ज़ो, स्पेनी ला चेबोदा; गेहूँ—इता. इल फ्रुमेन्तो, स्पेनी एल

नीग्रो; इमारत—इता. ल् एदीफिचिओ, फ्रां. ल बातीमां; घर—इता. ला कासा, फ्रां. ला मैज़ों; झोंपड़ी—इता. ला कपान्ना, फ्रां. ला यूत (hutte); पथ—इता. इल सेन्तिएरो, पुर्तगाली आ कमिन्हो; लड़का—इता. इल रगाज़्जो, फ्रां. ल गार्सों; शिशु—इता. इल फाँचिउल्लो, स्पेनी एल नीन्यो; पितामह—पुर्त. ओ अवो (लैटिन वाला रूप), इता. इल नोन्नो, फ्रां. ल ग्रां-पेअर; महिला—इता. ला सिन्योरा, फ्रां. ला दाम; चाचा—इता. लो ज़िओ, फ्रां. ल्' ओंक्ल; नारी—इता. ला दोना, फ्रां. ला फाम; सिर—इता. ला तेस्ता, स्पे. ला कबेज़ा; चेहरा—इता. ला फाच्चिआ, स्पे. ला कारा; भौंह—इता. इल सोप्राच्चिल्लिओ, स्पे. ला चेया; पैर—इता. ला गाम्बा, स्पे. ला पिएर्ना; कन्धा—इता. ला स्पाल्ला, स्पेनी एल होम्ब्रो; मांस—इता. ला कार्ने, फ्रां. ला विआंद; हल—इता. ल्' अरात्रो (अरो क्रिया से), फ्रां. ला शारू; नाव—इता. ला बार्का, फ्रां. ल बातो; सेना—इता. ल्' एशेरीतो, फ्रां. ल्' आर्मे; स्वप्न—इता. इल सोन्यो, फ्रां. ल रेव; भय—इता. ला पौरा, स्पेनी एल तेमोर; शब्द—इता. ला परोला, फ्रां ल मो; पूछना—इता. दोमान्दारे, स्पेनी प्रेगुन्तार; पीटना—इता बात्तेरे, स्पेनी गोल्पेआर; लाना—इता. पोतीरे, स्पेनी त्राएर; बनाना—इता. कोस्त्रुइर, फ्रां. बाती (र); पुकारना—इता. किआमारे, फ्रां. आप् ले (र); ले जाना—इता. पोर्ता रे स्पेनी लेवार; खाना—इता, मञ्जिआरे, स्पेनी कोमेर; गिरना—इता. कदेरे, फ्रां. तोम्बे (र); जाना—इता. अन्दारे, फ्रां. अत्ले (र); सुनना—इता. उदीरे (या सेन्तीरे), फ्रां. आंतान्द्र मारना (वध करना)—इता. उच्चिदेरे, स्पेनी मतार, फ्रां. तुए (र); चमकना—इता. ब्रिल्यारे, रिस्प्लेन्दारे, स्पेनी लुचीर; लेना—इता, प्रेन्देरे, स्पेनी तोमार; जागना—इता. स्वेल्लियारे, स्पेनी देम्पेर्ता रे; काम करना—इता. लवोरारे, फ्रां. त्रवाइये (र) इत्यादि।

मूल शब्द-भंडार की इस भिन्नता से पता चलता है कि लैटिन-परिवार की भाषाओं की, लैटिन से भिन्न, अपनी सम्पत्ति भी रही है, लैटिन से शब्द ग्रहण करने की भी उन सबकी प्रक्रिया एक नहीं है तथा उन्होंने लैटिन के अलावा अन्य भाषाओं से भी शब्द ग्रहण किये हैं। इसलिए उनमें परस्पर बहुत बड़ी समानता होते हुए भी यह कहना गलत होगा कि वे लैटिन का आधुनिक रूप हैं या यह कि फ्रांस (या इटली) में दो हजार साल से लैटिन बोली जाती रही है।

इसी प्रकार स्लाव भाषाओं की समानताएँ देखकर यह कल्पना की जाती है कि वे सब एक आदि स्लाव भाषा का वर्तमान रूप हैं। रूसी, उक्रैनी बेलो-रूसी भाषाओं के लिए ब्लूमफील्ड ने लिखा है कि वे (एक ही भाषा के) "परस्पर बोधगम्य भिन्न रूप हैं, लगभग उतने ही भिन्न रूप जितने अंग्रेज़ी के ब्रिटिश और अमरीकी रूप।" (पृ. 44) अंग्रेज़ी के ब्रिटिश और अमरीकी रूपों में जितना ध्वनि-भेद है, उतना शब्द-भेद नहीं है। अमरीकी अंग्रेज़ी में कुछ नये शब्द गढ़े गए हैं जिनमें से कुछ ब्रिटिश रूप में भी स्वीकृत हो गए हैं, कुछ शब्द अमरीका के आदिवासियों या नीग्रो लोगों की भाषा से लिये गए हैं, कुछ अंग्रेज़ी के प्राचीन रूप हैं जो परिनिष्ठित ब्रिटिश अंग्रेज़ी में प्रयुक्त नहीं होते। किन्तु ब्रिटिश और अमरीकी अंग्रेज़ी—दोनों में मूल शब्द-भंडार, क्रियाएँ आदि एक ही हैं जिससे उन्हें एक भाषा मानना ही उचित है। स्लाव भाषाओं में इससे अधिक भेद है।

उक्रैनी में पिता के लिए रूसी के समान अतेत्स शब्द है किन्तु अन्य शब्द बात्का भी है जो रूसी में नहीं है। माता के लिए रूसी मात का समरूप 'माति' है किन्तु अन्य शब्द 'नेन्या' भी है जो रूसी में नहीं है। आँख के लिए रूसी में ग्लाज़ है, उक्रैनी में अक्ष का समरूप ओको ही है। रूसी ज़्वेज्दा, (नक्षत्र) के लिए उक्रैनी में जोर्या है। उक्रैनी में क्रेस्त्यानिन नहीं है, किसान के लिए सेल्यानिन शब्द है। रूसी लोद्का (नाव) के लिए उक्रैनी चोवेन है। रूसी

लूना (चाँद) के लिए उक्रैनी मीस्यत्म, रूसी पूत (पथ) के लिए श्ल्याख़, क्रीशा (छत) के लिए पक्रीव् ल्या, रेच (भाषण) के लिए मोवा, स्त्रना (देश) के लिए क्रईना (रूसी में 'क्राइ' प्रदेश या सीमान्त के लिए ही प्रयुक्त होता है), ऊझिन (शाम का भोजन) के लिए वेचेर्या (रूसी बेचेर, संध्या), ऊत्रो (सबेरा) के लिए रानोक, ख़ोल्म (पहाड़ी) के लिए गोर्ब, खरोशो (सुन्दर) के लिए गार्नो, शाग (कदम) के लिए क्रोक, सोवेत (सोवियत) या पंचायत के लिए भी उक्रैनी का अलग शब्द है रादा, गोरोद (नगर) के लिए मिस्तो (लिथुआनी के समान), ज्देस (यहाँ) के लिए तूत, काक (कैसे) के लिए याक्, पेख़ात् (जोतने) के लिए ओराति (परिनिष्ठित रूसी में यह क्रिया नहीं है, यद्यपि बोलियों में ओरात् है), पलुचात् (पाना) के लिए ओदेर्झिवात्, पनिमात् (समझना) के लिए रोज़ुमीति, स्त्रोईन् (बनाना) के लिए बुदुवाति (भी), पोतेर्यात् (खोना) के लिए ज़गुबीति, प्रयातात् (छिपाना) के लिए ख़ोवाति, झ़ेच् (जलाना) के लिए पेक्ति, उमेरीत (मरना) के लिए ज़्मेन्शुवाति शब्द हैं। साधारणतः एक परिवार की भाषाओं में दिशाओं के लिए एक-से शब्द होते हैं। किन्तु रूसी-उक्रैनी में पूर्व के लिए वस्तोक और स्ख़िद, पच्छिम के लिए ज़ापद और ज़ाखिद, उत्तर के लिए सेवेर और पीव् निच्, और दक्षिण के लिए यूग और पीव् देन शब्द हैं। दिनों के नाम साधारणतः मिलते हैं किन्तु इतवार के लिए रूसी में वस्क्रेसेने, उक्रैनी में नेदील्या, मंगल के लिए रूसी में वतोर्निक, उक्रैनी में दीव् तरोक शब्द हैं। मूल शब्द-भंडार में जहाँ इतना भेद हो, वहाँ उक्रैनी और रूसी की तुलना अंग्रेज़ी के ब्रिटिश और अमरीकी रूपों से कैसे की जा सकती है? लैटिन-परिवार की भाषाओं की तरह स्लाव-परिवार की भाषाओं की सामूहिक सम्पत्ति के अलावा उनकी निजी शब्द-सम्पत्ति भी है। लैटिन-परिवार की तरह स्लाव भाषा-परिवार भी भिन्न दिशाओं से आए हुए भिन्न प्रकृति के तत्त्वों से बना है। आदि भाषा की कल्पना से इस भिन्नता और एक ही परिवार की भाषाओं के निजत्व की व्याख्या नहीं होती।

इसी प्रकार जर्मन-परिवार की भाषाओं के मूल शब्द-भंडार का अध्ययन करने से यह धारणा पुष्ट नहीं होती कि ये सब भाषाएँ किसी आदि जर्मन भाषा का परिवर्तित रूप हैं। मूल शब्द-भंडार में जहाँ बहुत बड़ी समानता है, वहाँ उल्लेखनीय असमानता भी है। अश्व जैसे आवश्यक पशु के लिए जर्मन शब्द लीजिए। लैटिन एकुउस का तो यहाँ प्रवेश ही नहीं है; स्वीडिश और डैनिश में हैस्ट और हेस्ट शब्द हैं तो जर्मन और डच् में प् फेर्ड और पार्ड शब्द—यहाँ हम भाषाओं के परिवार-निर्माण की प्रक्रिया स्पष्ट रूप में देखते हैं। एक ही परिवार की दो भाषाएँ ऐसी हैं जिनमें हैस्ट या उससे मिलता-जुलता शब्द प्रचलित है और अन्य दो भाषाएँ ऐसी हैं जिनमें प् फेर्ड या उसका परिवर्तित प्रतिरूप प्रचलित है। अश्व शब्द के लिए हेस्ट और प् फेर्ड शब्द दो स्रोतों से आए हैं; ये दो स्रोत पहले भिन्न थे, अब मिलकर एक हो गए हैं। ऐसे ही अनेक स्रोतों के मिलने से भाषा-परिवार का निर्माण होता है। जब इनमें एक स्रोत बलवान सिद्ध होता है या कई स्रोतों से आए हुए कुल शब्द सामान्य रूप से अनेक बोलियों या भाषाओं में स्वीकृत हो जाते हैं, तो हम इन सामान्य तत्त्वों के आधार पर उन सभी बोलियों को एक ही मूल स्रोत की उपज मान बैठते हैं।

लैटिन और स्लाव-परिवारों में आकाश या बादल के लिए नभ शब्द मिलता है लेकिन जर्मन में इसके लिए शब्द है व्होल्के। डैनिश में भिन्न शब्द स्काई है और स्वीडिश में मोल् न। आकाश जैसे साधारण प्रपंच के लिए एक परिवार की चार भाषाओं में तीन भिन्न-भिन्न शब्द हैं। अन्धकार के लिए जर्मन में डुंकेलहाइट है तो डैनिश में मोर्के। धूल के लिए जर्मन स्टौब,

स्वीडिश डम; जंगल के लिए जर्मन ह्वाल्ट, डच बौश, स्वीडिश स्कौग; पहाड़ी के लिए जर्मन ह्यूगेल, डैनिश बाक्के; समुद्र के लिए जर्मन ज़े (अंग्रेज़ी सी), डैनिश हाव्न; मेघगर्जन के लिए जर्मन डोनेर (अंग्रेज़ी थंडर), स्वीडिश अस्का; जौ के लिए जर्मन गेर्स्टे, डैनिश बिग, स्वीडिश कोर्न; गेहूँ के लिए जर्मन ह्वाइत्सेन, डरच तर्वे; गाँव के लिए जर्मन डोर्फ, स्वीडिश बी; लड़के के लिए जर्मन युंगे, डैनिश द्रेंग, स्वीडिश गोसे; बच्चे के लिए जर्मन किट, स्वीडिश बार्न; लड़की के लिए जर्मन मैड्खेन, डैनिश पिगे, स्वीडिश फ्लिका; नारी के लिए जर्मन फ्राउ, स्वीडिश क्विना; अग्नि के लिए जर्मन फोयर, स्वीडिश एल्ड; मक्खन के लिए जर्मन बुटेर, स्वीडिश स्मोयर; मांस के लिए जर्मन फ्लाइश, स्वीडिश कोयट; कुल्हाड़ी के लिए जर्मन आक्स्ट, डच बिय् ल; कुदाल् के लिए जर्मन हाक्के, डच शोफेल; हँसिया के लिए जर्मन ज़ेंसे, डैनिश ले; भोजन के लिए जर्मन नारुंग, डच् बोयड्सेल। क्रियाओं में खाने के लिए जर्मन एसेन, डैनिश स्पिज़े; काम करने के लिए डच् डोएन (अंग्रेज़ी डू, जर्मन टुन), स्वीडिश गोयरा; काम करने के लिए जर्मन आरबाइटेन डच् में इसका समरूप आरबाइडेन है, साथ ही भिन्न शब्द ह्वेर्क्रेन भी है जिससे अंग्रेज़ी 'वर्क' सम्बन्धित है; लाने के लिए जर्मन ब्रिंगेन, स्वीडिश हैम्टा; ले जाने के लिए डच् द्रागेन, डैनिश बाएरे; मरने के लिए जर्मन स्टेर्बेन, स्वीडिश डोय (अंग्रेज़ी डाइ); हँसने के लिए जर्मन लाखेन, स्वीडिश स्क्राट्टा; प्यार करने के लिए जर्मन लीबेन, स्वीडिश ऐल्स्के; बनाने के लिए जर्मन माखेन, स्वीडिश गोयरा; खेलने के लिए जर्मन स्पीलेन, स्वीडिश लेंका; दौड़ने के लिए जर्मन रेनेन, स्वीडिश लोयपा; धोने के लिए जर्मन ह्वाशेन, स्वीडिश त्वैत्ता; रोने के लिए जर्मन ह्वाइनेन, डैनिश ग्राएडे; उत्तर देने के लिए जर्मन आंट-ह्वोर्टेन, स्वीडिश स्वर। कुछ अन्य साधारण शब्दों का भेद इस प्रकार है : पीछे—जर्मन हिंटेन, डच् अख्टेर, स्वीडिश बकोम; दूर—जर्मन ह्वाइट, डैनिश लांग्ट; निकट—जर्मन नाख़, डच् डिख्टबिय्; पुनः—जर्मन व्हीडेर, डैनिश इगेन (अंग्रेज़ी अगेन); सदा—जर्मन इमेर, डेनिश आल्टिड; कभी नहीं—जर्मन नी (अंग्रेज़ी नेवर) डैनिश आल्ड्रिग; अक्सर—जर्मन ओफ़्ट, डच डिकविल्स; शीघ्र—जर्मन वाल्ट, डैनिश स्नार्ट; वसन्त—जर्मन फ्रूहलिंग, डच लेंटे (इससे तुलना करनी चाहिए 'वसन्त' की, जो संस्कृत-परिवार की सभी भाषाओं में प्रचलित है); समय—जर्मन त्साइट (सामी-परिवार से आया हुआ शब्द, हिन्दी सायत), डच् आदि में टिड; चमकीला—स्वीडिश और डैनिश में ल्युस और लिस संस्कृत रूच् से, किन्तु जर्मन का अपना शब्द है हेल, उसी से डच् में हेल्डर; गन्दा—जर्मन श्मूत्सिग, डच फुइल; तैयार—जर्मन बेराइट या फेर्टिग, डच क्लार; पका हुआ—जर्मन राइफ (अंग्रेज़ी राइप), स्वीडिश मोगेन।

जर्मन भाषा-परिवार के मूल शब्द-भंडार के अध्ययन से वही परिणाम निकलता है जो लैटिन और स्लाव भाषा-परिवारों के अध्ययन से निकला था। आदि जर्मन भाषा की कल्पना निराधार है। जर्मन-परिवार की प्रमुख भाषाओं के निर्माण में न जाने कितने कबीलों की बोलियों का योगदान है। उन बोलियों का समग्र रूप अब प्राप्त नहीं है किन्तु विशुद्ध आदि आर्य भाषा से जर्मन का सम्बन्ध जोड़नेवालों को तंग करने के लिए वे कबीले अपने सैकड़ों शब्द छोड़ गए हैं। कहीं जर्मन-परिवार में संस्कृत कुल के शब्द जमे हुए हैं, कहीं सामी-परिवार के मेहमान अपने अस्तित्व की घोषणा कर रहे हैं, कहीं एक ही वस्तु के लिए भिन्न-भिन्न डच्, जर्मन, स्वीडिश और डैनिश शब्द यह घोषित करते हैं कि वे परस्पर भिन्न बोलियों वाले कबीलों की देन हैं। भाषा-तत्त्वों का जितना मिश्रण अन्य परिवारों में हुआ है, उससे कम जर्मन-परिवार में नहीं हुआ। इस पर भी कोई आदि-जर्मन या आर्य भाषा का आग्रह करे और जर्मन-परिवार

की भाषाओं को उसी का वर्तमान 'परिवर्तित' रूप माने तो इसका कारण उसकी समाज और नस्ल-सम्बन्धी भ्रान्त धारणाएँ ही मानी जाएँगी। वह जैसे पितृसत्ताक परिवार से भिन्न किसी अन्य परिवार की कल्पना नहीं कर सकता और इस पितृसत्ताक परिवारवाले समाज का सम्बन्ध नस्ल से जोड़ता है, वैसे ही भाषा के क्षेत्र में माता और पुत्री का सम्बन्ध स्थापित किये बिना वह भाषाओं के विकास की कल्पना ही नहीं कर सकता।

आदि आर्य भाषा की देखादेखी आदि द्रविड़ भाषा की कल्पना की गई है। इस आदि द्रविड़ से दक्षिण भारत की प्रमुख भाषाओं की उत्पत्ति मानी गई है। ध्वनि और व्याकरण-सम्बन्धी भेदों के अलावा द्रविड़ भाषाओं में मूल शब्द-भंडार सम्बन्धी भेद भी महत्त्वपूर्ण है। संस्कृत-परिवार की भाषाओं में जहाँ संख्यावाचक एक शब्द का सर्वत्र व्यवहार होता है, वहाँ तमिल में ऑण्णु या ऑन् रु शब्द है और तेलगू में ओकटि। आठ के लिए तमिल शब्द ऍट्टु है, तेलगू एनिमिदि; नौ के लिए तमिल ऑम्वदु, तेलगू तोम्मिदि; पचास के लिए तमिल अम्बदु, तेलगू यामै। इसी तरह सर्वनामों में महत्त्वपूर्ण भेद है। मैं के लिए तमिल और तेलगू में क्रमशः नान् और नेनु शब्द हैं। इनमें नकारमूलक एक सामान्य सर्वनाम स्वीकार किया जा सकता है, किन्तु हम के लिए तमिल में नाम्, नांगल शब्द हैं और तेलगू में इनसे भिन्न मेमु शब्द है। इसी तरह तुम के लिए तमिल-तेलगू के नींगळ और मीरु शब्द हैं; वह (पुल्लिंग) के लिए अवन् और अतडु, वह (स्त्रीलिंग) के लिए अवळ और आमे; वे (स्त्री और पुल्लिंग, दोनों) के लिए अवर्हळ और वारु। शायद ही किसी भाषा-परिवार के सर्वनामों में इतना भेद मिले जितना द्रविड़ भाषाओं के सर्वनामों में मिलता है। शब्द-भंडार में सर्वनाम अपेक्षाकृत अधिक स्थिरता का परिचय देते हैं। अन्य भाषाओं और संस्कृतियों के प्रभाव से जब दूसरे शब्द पदच्युत होने लगते हैं, तब सर्वनाम धैर्य से अपनी प्राचीन सार्वभौम सत्ता की रक्षा करते हैं। द्रविड़ भाषाओं में सर्वनामों की भिन्नता इस बात का दृढ़ प्रमाण है कि ये भाषाएँ एक आदि भाषा से उत्पन्न नहीं हुईं वरन् उनके निर्माण में—उनके अत्यन्त मूलभूत तत्त्वों के निर्माण में भी—अनेक भाषा-परिवारों का योग रहा है।

इसी तरह का भेद क्रियाओं में देखा जाता है। खाना के लिए—तमिल शाप्पि, तेलगू तिनु, कन्नड़ उण्णु; पीना—त. कुडि, ते. त्रागु; देखना—त. पार, ते. चूचु; सुनना—त. केळ, ते. विनु; बैठना—त. उट्कार, ते. कूर्चु; बोलना—त. पेश, ते. माटलाडु; देना—त. कॉडु, ते. इय्यु; पढ़ना—त. पडि, ते. चदुवु। घोड़े के लिए तमिल शब्द है कुदिरै, तेलगू शब्द है गुर्रमु। मुँह के लिए तमिल है वाय, तेलगू है नीरु। अच्छे के लिए तमिल है नल्ल, तेलगू है मंचि। इसी प्रकार मूल शब्द-भंडार के हर क्षेत्र में यथेष्ट भेद देखा जा सकता है। ऊपर—मलयालम मुकळिल्, तेलगू पैन, नीचे—मल. ताल, ते. क्रिंद, कन्नड़ केळगे; बाहर—मल. पुरन्तु, ते. बॉयट, कन्नड होरगे; अंदर—मल. अकत्तु, ते. लोपल, कन्नड़ वड़गे; आगे—मल. मुम्पिल, ते एदुट; पीछे—मल. पिन्निल, ते. वेनुक, कन्नड हिन्दे इत्यादि।

कुछ लोग मलयालम को तमिल की पुत्री मानते हैं। दोनों भाषाओं में काफी समानता है किन्तु मलयालम तमिल से उत्पन्न नहीं हुई। भात को मल. में चोरु कहते, तमिल में शादम (कन्नड़ कूडु)। सुपारी मल. में अटक्क है, तमिल में पान; तमिल और मलयालम में दिशाओं के नाम सामान्य हैं किन्तु पच्छिम के लिए तमिल शब्द है मेर्क्कु और मलयालम में उससे भिन्न शब्द है पटिञ्ञरु। दिनों के नाम के साथ जैसे हिन्दी में वार शब्द लगता है, वैसे ही तमिल में किळमै का प्रयोग होता है किन्तु मलयालम में आळ् च आता है—यथा इतवार के लिए तमिल है ञाइरु किळमै, मल. में ञायराळ् च।

तमिल में ओठों के लिए उदडु, मलयालम में चण्टु (कन्नड़ तुटि); पानी के लिए तमिल में तण्णि है किन्तु मलयालम का शब्द है वँळ् ळम्। बड़ा—त. में पँरिय, मल. में वलिय, बुरा—त. में कँट्ट, मल. में चीत्त। तमिल और मलयालम में भिन्न विशेषण जोड़कर पितावाचक शब्द से चाचा आदि के लिए नये शब्द बनते हैं, तमिल—पँरियप्पा, बड़े चाचा; मल. कोच्चच्छन्, चाचा; दादा के लिए तमिल का संक्षिप्त शब्द है तात्ता किन्तु मल. में विशेषण जोड़कर बनता है अच्छन् टच्छन्; नाती के लिए तमिल शब्द है पेरन्, मल. में कहेंगे मकन्टॅ मकन्। तमिल में नाना के लिए वही शब्द है जो दादा के लिए—तात्ता, किन्तु मल. में नाना के लिए कहेंगे मुत्तच्छन। तमिल में दादी और नानी के लिए एक ही शब्द है पाट्टि, मल. में दादी के लिए है अच्छन्टम्म, नानी के लिए अम्मूम्म। इस तरह के भेद क्रियाओं में भी हैं। सोना—त. तूंगु, मल. उरङ्ङुक; रोना—त. अळु, म. करयुक; देखना—त. पार, मल. काणुक या नोक्कुक; पढ़ना—त. पडि, मल. वोयिक्कुक; कहना—त. शॉल, मल. परयुक; बोलना—त. पेशु, मल. संसारिक्कुक इत्यादि।

मलयालम और शेष द्रविड़ भाषाओं में बहुत बड़ा अन्तर यह है कि पुरुष-वचन आदि के अनुसार तमिल-तेलगू में जहाँ क्रिया-रूप बदलते हैं, वहाँ मलयालम में वे अपरिवर्तित रहते हैं—यथा 'वरुन्नु' मैं आता हूँ, तू आता है, वह आता है, हम आते हैं, तुम आते हो, आप आते हैं, वे आते हैं—वर्तमान काल के इन सभी रूपों के लिए प्रयुक्त होगा। यह आश्चर्य की बात होगी कि तमिल से उत्पन्न होकर मलयालम भाषा व्याकरण में इतनी स्वतंत्र हो गई हो! लिंग-वचन और पुरुष के कारण क्रिया का रूप बदलना—यह एक तरह की भाव-प्रकृति हुई; इनके कारण क्रिया-रूप का न बदलना—यह दूसरी तरह की भाव-प्रकृति हुई। दोनों का अन्तर इस बात की ओर संकेत करता है कि मलयालम तथा अन्य द्रविड़ भाषाओं की व्याकरण-व्यवस्था में मौलिक अन्तर है। इससे मलयालम के भिन्न मूल स्रोत का पता चलता है।

यहाँ हमने द्रविड़ भाषाओं की भिन्नता पर जोर दिया है। इसका अर्थ यह नहीं है कि उनमें बहुत बड़ी समानता नहीं है, विशेष कर तमिल और मलयालम में। किन्तु समानता इस धारणा का निश्चित प्रमाण नहीं है कि दोनों का मूल स्रोत एक है अथवा उनमें माता और पुत्री का सम्बन्ध है। दो भाषाओं में समानता के अनेक कारण हो सकते हैं। यदि कोई कबीला या जाति घुमन्तू जीवन बिताती है तो यह स्वाभाविक है कि वह अन्य स्थानों की बोलियों से शब्द ले। एक देश वाले जब दूसरे देश पर आक्रमण करते हैं, वहाँ के लोगों को जीत लेते हैं या उनके साथ बस जाते हैं तब भी भाषाओं के मिश्रण की यह प्रक्रिया देखी जाती है। अनेक कबीले परस्पर सम्पर्क की सुविधा के लिए किसी एक कबीले की भाषा को सामान्य व्यवहार के लिए अपना सकते हैं, ऐसी स्थिति में यह मुख्य भाषा अन्य कबीलों की भाषाओं को भी प्रभावित करेगी।

बस्तर का हलवी बोली हलवा जाति की भाषा है। डॉ. विनयमोहन शर्मा के अनुसार "वह जाति जहाँ-जहाँ गई, वहाँ-वहाँ की स्थानीय बोलियों का अपनी बोलियों में समावेश करती गई।"[1] एक हलवी कहानी में चूहा शेर से कहता है : "मोचो मारले से तुचो का बड़ाई मीलोते।" यहाँ मोचो और तुचो मराठी के षष्ठी विभक्ति-चिह्न 'चा' के अनुकरण पर बनाए गए हैं। "को नी दिन में आपलो येचे दीया का बदला दीहो।" इस वाक्य में आपलो मराठी के द्वितीया विभक्ति-चिह्न 'ला' के सम पर बना है; येचे मराठी के षष्ठी विभक्ति-चिह्न का अनुसरण करता है। हलवी का मूलाधार हिन्दी का है। लेकिन विभक्ति-चिह्न जैसे भाषा के आधारभूत तत्त्व भी अस्थिर सिद्ध हुए हैं और उन्होंने मराठी रूपों के सामने अपना स्थान

1. डॉ. विनयमोहन शर्मा, 'बस्तर की हलवी बोली'; 'सम्मेलन' पत्रिका, इलाहाबाद, पौष सं. 2011

छोड़ दिया है। इसी प्रकार मालवी में हिन्दी, राजस्थानी और गुजराती रूपों का मिश्रण हुआ है : "थोड़ाई देन छोटो छोरो सब अपनो मालमत्तो लईने कोई दूसरा देस चल्यो गयो।"[1] यहाँ 'लई ने' गुजराती प्रभाव की ओर संकेत करता है और 'चल्यो गयो' राजस्थानी आधार की ओर। 'दन में' का 'में' शुद्ध हिन्दी रूप है। हैदराबाद की दखिनी में 'भूलना नको', 'उठने का नामई च नहीं लेते' जैसे प्रयोगों में मराठी का प्रभाव ग्रहण किया गया है।[2] अंग्रेज़ी का प्राचीन सर्वनाम है 'ही' (he)। पहले इसी का बहुवचन हिए या ही प्रयुक्त होता था। कर्ता और कर्म के लिए यही रूप थे। 'उनका' के लिए हिओरा और 'उन्हें' के लिए 'हिओम' रूप प्रचलित थे। इंग्लैंड पर डैनिश जनों ने आक्रमण किया; उस देश के कई हिस्सों में वे बस गए। उनके सर्वनाम दे, देम, देअर (they, them, their) ने अंग्रेज़ी के ही, हिओरा, हिओम आदि रूपों को पदच्युत कर दिया और वे अंग्रेज़ी भाषा का अंग बन गए। हेनरी ब्रैडले ने इस सम्बन्ध में लिखा है : "ऐसा बहुत कम होता है कि एक भाषा अपनी व्याकरण-व्यवस्था को दूसरे भाषा-रूपों से समृद्ध करे, किन्तु अंग्रेज़ी की विशेष परिस्थिति के कारण उसके इतिहास में इस अनोखी बात के कुछ उदाहरण मिलते हैं।"[3] अंग्रेज़ी में दो भाषाओं के मूलभूत तत्त्वों के मिश्रण के अच्छे उदाहरण हैं, यद्यपि इस तरह का मिश्रण अंग्रेज़ी के लिए अनोखा नहीं है। जैसे 'ही' का बहुवचन 'हिए' तो हो सकता है किन्तु 'दे' नहीं; वह एक भिन्न ध्वनि-रूप है, एकवचन की ध्वनि का किंचित् परिवर्तित रूप नहीं; वैसे ही संस्कृत के सर्वनाम तद् के रूप तौ, ते, तानि आदि तो बन सकते हैं, 'स:' नहीं। स: और तद् दो भिन्न भाषाओं या भाषा-कुलों के शब्द हैं और वे संस्कृत में उसी तरह संपृक्त हो गए हैं, जैसे ही और दे। इसी प्रकार संस्कृत के अस्माकम् और न: भिन्न परिवारों के हैं। तमिल नान (मैं) का बहुवचन नांगळ सहज रीति से बनेगा और दोनों शब्द एक ही परिवार के माने जाएँगे किन्तु तेलगू में नेनु (मैं) का बहुवचन मेमु, नीचू (तू) का बहुवचन मीरु सहज रीति से नहीं बना, वरन् दूसरी भाषा का शब्द लेकर बनाया गया है (अथवा मेमु और मीरु—तेलगू के इन मूल शब्दों के साथ तमिल के सर्वनाम नेनु और नीवु जोड़े गए हैं)। सर्वनामों की तथा भाषा के अन्य तत्त्वों की समानता का कारण भाषाओं का मिश्रण हो सकता है एक भाषा से दूसरी भाषा की उत्पत्ति मानना आवश्यक नहीं है।

सामन्ती व्यवस्था से पहले मानव-समाज के गठन का रूप जन या गण, कबीला या ट्राइब रहता है। एंगेल्स ने 'परिवार, व्यक्तिगत सम्पत्ति और राज्यसत्ता की उत्पत्ति' शीर्षक अपने प्रसिद्ध ग्रंथ में लिखा है कि अमरीकी आदिवासी जन की विशेषता यह थी कि उसकी निवास-भूमि (अथवा उसकी अधिकृत धरती) निश्चित थी। निश्चित निवास-भूमि सभी कबीलों की विशेषता नहीं होती। अनेक कबीले घुमन्तू जीवन बिताते हैं; कुछ कबीले निश्चित निवास-भूमि में रहने पर भी बाह्य कारणों से घुमन्तू जीवन बिताने पर विवश किये जा सकते हैं। यह जन या कबीला नामक संगठन जड़ या स्थिर न होकर काफी तरल साबित होता है। इस तरलता के कारण सदा आन्तरिक न होकर बाह्य भी होते हैं। एंगेल्स ने अमरीकी सेनेका जन के बारे में लिखा है कि जो युद्धबन्दी मारे न जाते थे, वे जन के किसी गोत्र द्वारा अपने में मिला लिये जाते थे। कभी-कभी कुछ गोत्रों के सदस्यों की संख्या इतनी कम हो जाती थी कि उन्हें दूसरे गोत्रों से 'सामूहिक रूप में' नये सदस्य बनाने पड़ते थे। इस प्रकार प्राचीन जनों

1. श्री श्याम परमार, 'भाषाविज्ञान में मालवी का स्थान'; वीणा, मार्च-अप्रैल, 1954
2. श्रीराम शर्मा, 'दक्खिनी का गद्य और पद्य', हैदराबाद, पृ. 459
3. हेनरी ब्रैडले, 'द मेकिंग ऑफ इंग्लिश', 1925, पृ. 54

का रक्त-सिद्धान्त काफी लचीला था; आत्मरक्षा और जीवन-यापन की आवश्यकताओं के अनुरूप उसमें परिवर्तन हुआ करता था और इस परिवर्तन का असर भाषा पर भी पड़ता था।

एक कबीले की जनसंख्या बढ़ी तो वह कबीला टूटकर एक से दो हो गया या दो से अधिक कबीलों में बँट गया और इस तरह उन दो या अधिक कबीलों की जनसंख्या बढ़ने से और नये कबीले पैदा हो गए। कबीलों के विघटन की यह एक आदर्श पद्धति है, जो यथार्थ जीवन में बहुत कम चरितार्थ होती है। एंगेल्स ने अपने उपयुक्त ग्रंथ के नवें अध्याय में यही व्याख्या दी है; साथ ही एंगेल्स ने ऐसे अनेक तथ्य दिये हैं जिनसे मालूम होता है कि कबीलों का विघटन और नये कबीलों का निर्माण काफी पेचीदा प्रक्रिया होती है। जनसंख्या की वृद्धि जैसा उसका आन्तरिक कारण ही नहीं होता, उसके अनेक बाह्य कारण भी हो सकते हैं। यदि जनसंख्या के बढ़ने से एक कबीले का टूटना और दो कबीलों का बनना साधारण नियम हो, तो उस आदि कबीले की भाषा ही नये कबीले भी बोलें और भाषा-परिवारों के सम्बन्ध में प्रचलित मान्यता सही साबित हो। किन्तु यह प्रचलित मान्यता पग-पग पर खंडित होती है; ऐसे विशुद्ध भाषा-कुल कहीं नहीं हैं जिनमें एक आदि-जन की भाषा ही उसके सन्तति-जनों की भाषा बनी हो। इसके विपरीत, प्राचीनतम भाषाओं में भिन्न कुलों के मिश्रण और प्रभाव के चिह्न दिखाई देते हैं। यह कहा जा सकता है कि भाषागत मिश्रण या भाषाओं का परस्पर प्रभाव अनिवार्य रूप से कबीलों का मिश्रण नहीं है। हिन्दी में बहुत-से अरबी शब्दों का व्यवहार होता है; इसका यह अर्थ नहीं है कि उतने ही अरब हिन्द प्रदेश में बसे हुए हैं। भाषा-तत्त्वों का आदान-प्रदान अन्य सामाजिक कारणों से भी हो सकता है। यह बात उतनी ही सही है जितनी कि मानव-इतिहास में जनसमूहों का एक जगह से दूसरी जगह जाना, उनका टूटना और मिश्रित होना।

यदि जनसंख्या के बढ़ने से एक कबीले का टूटना और उसका एक से दो बनना साधारण नियम हो, तो हम कल्पना नहीं कर सकते कि एक ही कबीले में कभी दो भाषाएँ भी बोली जा सकती होंगी। किन्तु ऐसा भी होता है और इसके प्रमाण हैं। एंगेल्स ने लिखा है कि प्रत्येक अमरीकी आदिवासी जन की अपनी बोली है; जहाँ दो कबीले कमजोर पड़ने के कारण एक में मिल जाते हैं, वहाँ दो निकट रूप से सम्बन्धित बोलियाँ एक ही कबीले में बोली जाती हैं। एंगेल्स ने इसे अपवाद कहा है, किन्तु इस तरह के अपवाद और भी बहुत-से हैं। इंग्लैंड पर डैनिश जनों ने आक्रमण किया और वे 'दे, देम' आदि सर्वनामों का व्यवहार करते रहे; उधर अंग्रेज़ जन 'ही, हिए' वाले सर्वनाम काम में लाते रहे। बाद को न इंग्लैंडवासी डैनिश जनों का स्वतंत्र अस्तित्व रहा, न उनके सर्वनामों का; दोनों मिलकर एक हो गए। यह जनों के मिश्रण के साथ भाषा-तत्त्वों के मिश्रण का एक इतिहास-सम्मत प्रमाण है। वैदिक कुरु-जन कौन थे? इतिहासकारों का मत है कि भरत और पुरु-जनों के मिलने से इस नये जन की रचना हुई थी।[1] इसी प्रकार कुरु और पाञ्चालों ने अपना संयुक्त गण बनाया। प्राचीन ग्रंथों में कुरु-जन का अलग उल्लेख कम मिलता है; उनका नाम साधारणत: पाञ्चालों के साथ आता है और "बहुधा स्पष्ट रूप से संयुक्त जाति के रूप में कुरु-पाञ्चालों का उल्लेख किया जाता है।"[2] इसी प्रकार अंधक और वृष्णि जनों ने अपना संघ बनाया था जिसके नेता कृष्ण की कठिनाइयों का वर्णन महाभारत में मिलता है। बौद्ध काल में विदेह और लिच्छवि तथा अन्य जनों ने मिलकर वज्जि संघ बनाया था।

---

1. 'दि वेदिक एज', पृ. 246
2. बिमला चरन, 'लॉ. ट्राइब्स इन ऐन्शेंट इंडिया', पूना, 1943, पृ. 19-20

प्रत्येक समाज को बाह्य और आन्तरिक, दोनों तरह के विरोधों का सामना करना पड़ता है। वर्तमान समय में अमरीकी या ब्रिटिश पूँजीवाद को अपने मजदूर वर्ग से आन्तरिक विरोध का सामना इतना अधिक नहीं करना पड़ रहा है जितना उपनिवेशों की जनता के बाह्य विरोध का। मानव इतिहास में इस समय इस बाह्य विरोध की प्रमुख भूमिका है। सामाजिक विकास की ऐसी मंजिल में, जब उत्पादन और वितरण के साधन कुछ लोगों के हाथों में केन्द्रित न हुए हों, जब व्यक्तिगत सम्पत्ति, वर्ग और राज्यसत्ता का पूर्ण अभ्युदय न हुआ हो, अर्थात् समाज को अग्रसर करने के लिए आर्थिक हितों ने वर्ग-संघर्ष का रूप न लिया हो, उस मंजिल में यह स्वाभाविक है कि आन्तरिक विरोध से अधिक बाह्य कारणों से जनों का विघटन और नवनिर्माण हो। इन कारणों में युद्ध, आत्मरक्षा और आक्रमण मुख्य हैं। इसलिए दो कबीले मिलकर शक्तिशाली बनें, यह स्वाभाविक है। यही नहीं, आवश्यकतानुसार अनेक जन मिलकर अपने विशाल संघ भी बनाते हैं। एंगेल्स ने उन पाँच अमरीकी आदिवासी जनों की चर्चा की है जिन्होंने समानता के अधार पर अपना स्थायी संघ बनाया था। "ये एक ही भाषा की निकट सम्बन्धित बोलियाँ बोलते थे।" एंगेल्स मानते थे कि उनकी बोलियाँ एक ही भाषा की विभिन्न शाखाएँ थीं। संघबद्ध होने पर वे किस भाषा का व्यवहार करते थे? वे उस मूल भाषा का व्यवहार करते थे जिससे उनकी बोलियाँ उत्पन्न हुई थीं या उनकी बोलियों में ही उनके आदान-प्रदान का माध्यम कोई एक बोली बन गई थी? स्पष्ट है कि मूल भाषा कोई रही भी हो तो उसका प्रचलित बोलियों से अलग कोई अस्तित्व न था। एंगेल्स के अनुसार : "सामान्य भाषा, जिसमें केवल बोलियों का भेद था, उनका एकवंशीय होना प्रकट करती थी और उसका प्रमाण थी।" यदि यह सामान्य भाषा व्यवहार में आती थी, तो वह उन बोलियों में से ही कोई एक रही होगी।

अक्सर जिसे हम भाषा कहते हैं, वह बोलियों का एक समुदाय होती है। ब्रज क्षेत्र में अनेक मिलती-जुलती बोलियाँ बोली जाती हैं; इन्हें सामूहिक रूप से या इनमें से किसी एक को हम ब्रजभाषा कह सकते हैं। जायसी ने अवधी लिखी, रामचरित मानस में तुलसीदास ने अवधी लिखी, स्वर्गीय बलभद्र दीक्षित 'पढ़ीस' ने अवधी में कविताएँ लिखीं—इन सबकी भाषा का आधार अवध की अलग-अलग बोलियाँ हैं। अवधी भाषा कहने से केवल जायसी या तुलसी की भाषा का बोध नहीं होता। इन्हीं में से कोई परिनिष्ठित भाषा बन जाए, तो हम कहने लगेंगे कि अमुक स्थान या कवि की भाषा तो मूल भाषा हैं, शेष उसकी बोलियाँ हैं! आजकल राजस्थान की बोलियों के बारे में कहा जाता है कि इनमें कोई भी परिनिष्ठित भाषा नहीं है, फिर राजस्थानी किसे कहें? इस सम्बन्ध में श्री पुरुषोत्तमलाल मैनारिया का कहना है : " 'बारा कोसां बोली बदले' का सिद्धान्त सभी भाषाओं पर लागू होता है, उसी तरह राजस्थानी पर भी। राजस्थानी भाषा में मारवाड़ी, मेवाड़ी, मालवी, बागड़ी, ढूंढाड़ी और हाड़ौती आदि बोलियाँ हैं, किन्तु एक-दूसरे से इतनी भिन्न नहीं कि आपस में समझी न जा सकें।"[1] मैनारिया जी ने बहुत ठीक लिखा है कि राजस्थानी भाषा में 'हाड़ौती' आदि बोलियाँ हैं, अर्थात् राजस्थानी भाषा इन बारह कोस पर बदलती हुई बोलियों का समूह है। इन बोलियों से भिन्न उसका अस्तित्व नहीं है। इन्हीं में से कोई बोली परिनिष्ठित भाषा के रूप में स्वीकार की जा सकती है। मैनारिया जी का मत है : "पश्चिमी राजस्थानी जो मारवाड़, मेवाड़, अजमेर-मेरवाड़ा, सिरोही, बीकानेर और शेखावाटी आदि क्षेत्रों में प्रचलित है, खड़ी अर्थात् स्टैंडर्ड राजस्थानी के रूप में राजस्थान में वर्षों से स्वीकृत हो चुकी है।" यहाँ इस बात से बहस नहीं है कि यह पश्चिमी राजस्थानी

1. श्री पुरुषोत्तमलाल मैनारिया, 'राजस्थान की प्रान्तीय भाषा राजस्थानी ही क्यों?', वीणा, नवम्बर, 1955

'स्टैंडर्ड' भाषा के रूप में वर्षों से स्वीकृत हो चुकी है या नहीं; बहस इस बात से है कि यदि वह स्वीकृत है तो क्या अन्य बोलियाँ उससे उत्पन्न समझी जाएँगी? स्पष्ट है कि परिनिष्ठित भाषा कोई आदि सामान्य भाषा नहीं होती, अनेक बोलियों में से ही कोई बोली परिनिष्ठित भाषा बनती है। ऐसे ही अनेक बोलियों में से एक—भरत या कुरुजन की बोली—'संस्कृत' बनी थी।

एक और उदाहरण लें। ब्रज, अवधी, बुंदेलखंडी आदि को हम हिन्दी की बोली कहते हैं। ऐसा कहना इस अर्थ में सही है कि इन सब बोलियों के क्षेत्र की एक सामान्य परिनिष्ठित भाषा हिन्दी है। उन्हें हिन्दी की बोली इस अर्थ में न कहा जाएगा कि वे खड़ी बोली हिन्दी की पुत्रियाँ हैं। यह परिनिष्ठित हिन्दी स्वयं एक बोली थीं, बोली रूप में अब भी हैं। ब्रज, अवधी आदि की तरह खड़ी बोली भी अनेक बोलियों का समूह थी और है, वह बोली रूप में भी 'कुरु-जनपद' की परिनिष्ठित भाषा नहीं थी। एक बोली के आधार पर हिन्दी का विकास हुआ। इस हिन्दी ने साथ की दूसरी बोलियों को प्रभावित करना शुरू किया। अवधी में 'मैं' सर्वनाम न था, 'हम' से ही काम चलता था। अब 'मैं' का प्रयोग साधारण हो गया है। ब्रज में 'हौं' का बोलबाला था लेकिन 'मैं' ने इसे भी खदेड़ना शुरू कर दिया है; कहना चाहिए कि बहुत पहले शुरू कर दिया था (मैया मोरी मैं नहि माखन खायो), क्योंकि जातीय भाषा के रूप में खड़ी बोली का प्रसार अंग्रेज़ी राज से पहले की प्रक्रिया है। ब्रज, अवधी और खड़ी बोली में उत्तम पुरुष एकवचन सर्वनाम 'मैं' का सर्वत्र अस्तित्व देखकर यदि कोई यह परिणाम निकाले कि वे सब एक ही 'मैं' सर्वनाम सम्पन्न आदि भाषा से उत्पन्न हुई हैं, तो यह भ्रान्त धारणा होगी। इसी प्रकार मलयालम और तमिल में सामान्य सर्वनाम देखकर निश्चित रूप से यह परिणाम नहीं निकाला जा सकता कि उनका आदिस्रोत एक है अथवा उनमें से एक भाषा दूसरी से उत्पन्न हुई है। यहाँ समानता से अधिक भिन्नता महत्त्वपूर्ण है। यदि मलयालम में ऐसे तत्त्व हों जो न तमिल के हों, न संस्कृत के हों, तो सम्भावना यही है कि वे मलयालम के अपने होंगे। दो भाषाओं की समानता के कारण अनेक हो सकते हैं; इस समानता से आदि मूल स्रोत की स्थापना अनिवार्यत: सिद्ध न होगी। इन अनेक कारणों में प्राचीन जनों का संघबद्ध होना एक प्रधान कारण है।

एंगेल्स ने पाँच अमरीकी आदिवासी जनों का हवाला दिया है। इन्होंने अपना स्थायी संघ बनाया था। उनकी एक सामान्य भाषा थी जिसने विभिन्न बोलियों में आंशिक समानता स्थापित की होगी। ये जन उत्तरी अमरीका में रहते थे। दक्षिण अमरीका में वीर इच्छा जाति रहती थी जिसने स्पेन से आनेवाले, दस्युओं का मुकाबला किया था। ये उत्तर में कोलम्बिया से लेकर मध्य चिली तक तीन हज़ार मील के इलाके में फैले हुए थे; पश्चिम में प्रशान्त महासागर के तट से लेकर अमेज़न वनों तक इनका अधिकार था। इतने विशाल प्रदेश में एक भाषा के बिना वे अपना प्रभुत्व कायम न रख सकते थे। "उनकी एक सामान्य भाषा थी 'किचुआ' जिसे उनके अधीन कबीले अपनी भाषा के अतिरिक्त जानते थे।"[1] वैदिक काल में विश्वामित्र ने पुरु, यदु आदि दस जनों का संघ बनाकर भरतों से युद्ध किया था। युद्ध की आवश्यकताओं के कारण बनाया हुआ यह गणसंघ था। ऋग्वेद के जनों में भरत जन सबसे महत्त्वपूर्ण था जिसने सारे देश को अपना नाम दिया। सुदास और त्रित्सु के सम्बन्ध में भरत जन का नामोल्लेख ऋग्वेद में काफी प्रमुख रूप में होता है। भरत पुरुजन के शत्रु हैं। उनके राजा सरस्वती, दृषद्वती और आपया अर्थात् उस क्षेत्र में, जिसे आगे चलकर कुरुक्षेत्र कहा गया, यज्ञ करते थे।" यदि भरत-जन का ऐसा महत्त्व था, तो मानना होगा कि संस्कृत मूलत: कुरुक्षेत्र-वासी भरत-जन की

1. विलियम जेड फौस्टर, 'आउटलाइन पोलिटिकल हिस्ट्री ऑफ़ द अमेरिकाज', न्यूयॉर्क, 1951, पृ. 36

भाषा थी। उसे उत्तर भारत के अन्य जनों ने अपनी अन्तरजनपदीय भाषा के रूप में स्वीकार किया होगा। ईरानी साम्राज्य का मुकाबला करने के लिए यूनानी जनों ने अपना संघ बनाया था। इस संघ में एथेंस राज्य ने अपना आधिपत्य कायम किया; ईरानियों को खदेड़ने के बाद उसने अधीन-जनों से अर्जित धन और उनकी शक्ति को शेष यूनानियों के विरुद्ध इस्तेमाल करना शुरू किया।[1] स्पार्टा और एथेंस में जो अनेक युद्ध हुए, उससे यूनानी जन दो गणसंघों में संगठित हुए। गण-संघ में नेतृत्व के कारण, दूर-दूर उपनिवेश बनाने के कारण और व्यापार में अग्रसर होने के कारण एथेंस जन की भाषा का सभी यूनानी बोलियों पर गहरा असर पड़ा। यूनानी और अमरीकी आदिवासी बोलियों की तुलना करते हुए एंगेल्स ने लिखा था : "यूनानी जन अपेक्षाकृत छोटे प्रदेश में बसे हुए थे। विशाल अमरीकी वनों में बोलियों के जो परस्पर भेद उत्पन्न हुए, वैसे भेद यूनानियों में कम थे, तथापि यूनान में भी हम देखते हैं कि एक ही मुख्य बोली बोलनेवाले जन अपने से बड़ा गण बनाते हैं। छोटी-सी अत्तिका (एथेंस जनपद) की भी अपनी बोली थी जो आगे चलकर यूनानी गद्य की प्रचलित भाषा बनी।" यूनानी जनों में वैसे ही अनेक बोलियों का चलन था, जैसे अमरीकी जनों में। एथेंस की बोली परिनिष्ठित यूनानी भाषा बनी, इसका कारण आत्मरक्षा और युद्ध के लिए गण-संघों का निर्माण था। इन संघों में एथेंस का आधिपत्य, व्यापार और उपनिवेश-निर्माण में एथेंस की प्रगति—इन सामाजिक कारणों से एथेंस की भाषा अन्तरजनपदीय भाषा बनी। इस परिनिष्ठित भाषा ने अन्य यूनानी बोलियों से बहुत-से शब्द लिये होंगे और अवश्य ही उन्हें अपने बहुत-से भाषा-तत्त्व दिये भी होंगे।

यूनानी बोलियों के बारे में प्रचलित मान्यता यह है कि वे एक-दूसरे से बहुत मिलती-जुलती हैं किन्तु अमरीकी आदिवासी भाषाएँ एक-दूसरे से बहुत भिन्न हैं। आधुनिक भाषाशास्त्री उन्हें एक आदिस्रोत से उत्पन्न नहीं मानते। एंगेल्स की मान्यता यह थी कि उनका स्रोत एक था, किन्तु कबीलों के विघटन और प्रसार से उनमें बहुत बड़ा भेद उत्पन्न हो गया : "भाषाएँ इतना ही नहीं बदल गईं कि एक के बोलनेवाले दूसरी को समझ न सकें, वरन् यहाँ तक बदल गईं कि उनकी मूल एकता का प्रत्येक चिह्न मिट गया।" यूनान और भारत में यह मूल एकता बनी रही और उत्तरी अमरीका में मिट गई, यह आश्चर्य की बात होगी। अमरीकी भाषाएँ शब्द-भंडार में ही भिन्न नहीं हैं, उनका गठन, उनकी भाव-प्रकृति भी भिन्न-भिन्न है। इन भाषाओं की एक से अधिक भिन्न स्रोतों से रचना हुई है। यद्यपि अमरीकी आदिवासियों में शारीरिक गठन और वर्ण की बहुत बड़ी समानता है, किन्तु भाषाओं का गठन शारीरिक गठन की तुलना में हज़ार गुना विचित्र है। अमरीकी आदिवासियों की भाषाएँ अच्छी तरह सिद्ध करती हैं कि भाषा-गठन नस्ल के आधार पर नहीं होता।

यदि इन्का जन की भाषा और उससे प्रभावित अन्य बोलियाँ आज जीवित होतीं, तो शायद वहाँ भी हम कुछ-कुछ वैसी ही समानता देखते, जैसी उत्तर भारत या यूनान की भाषाओं में देखते हैं। उत्तरी अमरीका के आदिवासी जन जहाँ-तहाँ संघबद्ध हो रहे थे, किन्तु यह प्रक्रिया छिन-भिन्न हो गई और उनकी भाषाएँ परस्पर समानता उत्पन्न न कर सकीं। समानता जन्मजात ही नहीं होती, बाद में भी उत्पन्न हो जाती है। यूनान या उत्तर भारत की भाषाओं में समानता न भी रही होगी, तो एथेंस या भरत-जन के अधिनायकत्व के कारण वह समानता उत्पन्न हुई होगी। यूरोप की उन भाषाओं का उदाहरण लीजिए जो लैटिन-परिवार के अन्तर्गत हैं। इनमें इतनी बड़ी समानता है कि लोग इन्हें लैटिन का ही आधुनिक रूप मानते हैं। इटली, फ्रांस, स्पेन

1. जौर्ज ग्रोटे, 'ए हिस्ट्री ऑफ़ ग्रीस', खंड 4, पृ. 234; खंड 5, पृ. 390

और पुर्तगाल की मूल भाषाएँ बिलकुल मिट गईं, यह कहना गलत है। अगर वे भाषाएँ बिलकुल मिट जातीं तो जैसे अमरीका, आस्ट्रेलिया और न्यूजीलैंड में अंग्रेज़ी ही बोली जाती है, वैसे ही इटली, फ्रांस आदि में एक ही भाषा बोली जाती जो वास्तव में लैटिन होती, उसका आधुनिक रूप भी नहीं। उस लैटिन तथा प्राचीन लैटिन में उतना ही अन्तर होता जितना अठारहवीं सदी की अंग्रेज़ी और आधुनिक अंग्रेज़ी में है, अर्थात् मूलत: कोई अन्तर न होता। किन्तु लैटिन-परिवार की आधुनिक भाषाओं तथा चीन लैटिन में बहुत अन्तर है, विशेष रूप से गठन या भाव-प्रकृति की दृष्टि से। लैटिन-परिवार की भाषाओं में परस्पर यथेष्ट अन्तर है, विशेष कर मूल शब्द-भंडार की दृष्टि से। इससे सिद्ध हुआ कि स्पेनी, पुर्तगाली, इतालवी और फ्रांसीसी भाषाएँ तो लैटिन से और परस्पर भी भिन्न हैं; यह उनके मौलिक निजत्व का प्रमाण है; दूसरे, उनमें बहुत समानता है जिसका आधार लैटिन है। अत: भिन्न भाषाओं में जहाँ समानता नहीं थी, वहाँ समानता उत्पन्न हुई; वे पहले जिस परिवार की सदस्य नहीं थीं, उसकी सदस्य बन गईं।

एंगेल्स ने लैटिन के प्रसार के बारे में लिखा था : "जहाँ ग्रीक भाषा ने मुकाबला न किया, वहाँ सभी जातीय भाषाओं ने अपभ्रंश लैटिन के सामने घुटने टेक दिये। अब जातिगत भेद न रह गए; गॉल, इबेरियन, लिगूरिअन, नोरीकन आदि न रह गए। सभी रोमन बन गए।...विभिन्न प्रान्तों की लैटिन बोलियाँ एक-दूसरे से और भी जुदा होती गईं।" ग्रीक भाषा के अलावा जर्मन-परिवार की भाषाओं ने भी यथेष्ट जीवन-क्षमता का परिचय दिया। फ्रांस और स्पेन में भी सभी बोलियों ने घुटने नहीं टेके। बास्क भाषा अपनी स्वाधीनता का झंडा अभी तक ऊँचा किये है। अन्य प्राचीन मूल भाषाएँ फ्रांस, इटली आदि की आधुनिक भाषाओं और बोलियों में अपने अवशेष छोड़ गई हैं। एंगेल्स की टिप्पणी से जो तथ्य सिद्ध होता है, वह यह कि एक भाषा के प्रसार से विभिन्न भाषाओं में समानता उत्पन्न हो सकती है और जो भाषाएँ पहले एक परिवार की सदस्य नहीं थीं या भिन्न परिवार की थीं, वे अब एक नये परिवार की सदस्य बन गई हैं।

सारांश यह कि प्राचीन भाषाओं—अथवा प्राक् सामन्ती व्यवस्था में रहनेवाले ने लोगों की भाषाओं—का अध्ययन करते समय यह याद रखना चाहिए कि कबीला, जन या ट्राइब स्थिर इकाई नहीं है, जन रक्त-सम्बन्ध पर आधारित होते हुए भी इस सम्बन्ध का बराबर उल्लंघन करता है, युद्धबन्दियों को अपने में शामिल करता है, आवश्यकतानुसार अजनबियों को अपने में शामिल करता है, अन्य जनों के साथ स्थायी अथवा अस्थायी संघ बनाता है। अपने पर्यटनशील जीवन में एक देश के जन दूसरे देश में पहुँचते हैं, इसी प्रकार अनेक भारतीय या भारतीय सीमान्त के जन यूरोप गए थे। ये 'आर्य' एक प्रदेश में रहनेवाले और एक परिनिष्ठित भाषा बोलनेवाले न थे; वे विभिन्न प्रदेशों में बिखरे हुए थे और मिली-जुली भाषाएँ बोलते थे। आदि आर्य-जन की भाषा में संस्कृत, ग्रीक, लैटिन आदि भाषाएँ उत्पन्न हुई हैं, यह धारणा भ्रांत सिद्ध होती है। इसी प्रकार फ्रांसीसी, इतालवी भाषाएँ लैटिन का आधुनिक रूप नहीं हैं। आदि जर्मन, आदि द्रविड़ से सम्बन्धित धारणाएँ इसी प्रकार निराधार हैं। भाषाओं की समानता जन्मजात हो, यह आवश्यक नहीं; वह अनेक सामाजिक कारणों में भी उत्पन्न होती है। इस समानता के आधार पर किन्हीं भाषाओं को एक परिवार के अन्तर्गत मानना सही है किन्तु उन्हें एक ही आदिस्रोत से उत्पन्न मानना अनिवार्यत: सही नहीं है। एक ही परिवार में भाषाओं की भिन्नता उनकी मौलिक स्वतंत्रता प्रमाणित करती है।

सातवाँ अध्याय

संस्कृत-परिवार और प्राकृत-अपभ्रंश

लैटिन-परिवार की भाषाओं की उत्पत्ति किसी आदि लैटिन से नहीं हुई; न जर्मन, स्लाव, द्रविड़ आदि भाषा-परिवारों की उत्पत्ति अपनी-अपनी आदि भाषाओं से हुई है। इसी प्रकार संस्कृत-परिवार की भाषाओं का जन्म भी संस्कृत से नहीं हुआ। इस परिवार की भाषाओं को हम संस्कृत का आधुनिक परिवर्तित रूप नहीं कह सकते। परिनिष्ठित लैटिन या संस्कृत के व्यवहार की मंजिल बाद की है; उससे पहले की मंजिल वह है जब लैटिन या संस्कृत स्वयं एक बोली थी, उसके साथ उससे मिलती-जुलती अन्य बोलियाँ भी बोली जाती थीं।

डॉ. सुनीति कुमार चाटुर्ज्या ने वैदिक भाषा के लिए लिखा है : "लगभग 600 वर्ष ईसा-पूर्व तक अफगान सीमा प्रदेश से बंगाल तक आर्य भाषा का एकच्छत्र साम्राज्य स्थापित हो गया। सर्वप्रथम समस्त आर्य उपभाषाओं में से उपादान लेते हुए एक साहित्यिक अथवा कलात्मक भाषा का निर्माण हुआ।"[1] यहाँ आर्य भाषा के एकच्छत्र साम्राज्य पर बहस करने की जरूरत नहीं है; महत्त्व की बात है—आर्य उपभाषाओं का उल्लेख। साहित्यिक भाषा इन्हीं बोलियों में से एक या अधिक के उपादान लेकर विकसित हुई थी। एकच्छत्र साम्राज्य रहा भी होगा तो अपने-अपने क्षेत्र में इन अनेक बोलियों का, न कि एक आर्य भाषा का।

डॉ. चाटुर्ज्या की एक अन्य स्थापना है : "वैसे तो संस्कृत देश के किसी भी भाग में घर की भाषा नहीं थी; हाँ, हम यों मान सकते हैं कि केवल ईसा-पूर्व की कुछ शताब्दियों में पंजाब तथा मध्यदेश (आधुनिक पश्चिमी उत्तर प्रदेश) की बोलियों पर इसका प्रारम्भिक स्वरूप अधारित था।"[2] यहाँ भी बहस इस बात से नहीं है कि संस्कृत इस देश के किसी भाग में घर की भाषा थी या नहीं, महत्त्व की बात यह है कि वह एक निश्चित प्रदेश की बोलियों पर आधारित थी। ये बोलियाँ वर्तमान हिन्दी-भाषी क्षेत्र की थीं।

अन्यत्र उन्होंने आद्य भारतीय आर्य भाषा की 'विभिन्न प्रादेशिक बोलियों' की चर्चा की है जिसका अर्थ यह है कि कल्पित आद्य भारतीय आर्य भाषा पहले किसी बहु-जन-स्वीकृत परिनिष्ठित रूप में प्रचलित न थी; उसका अस्तित्व इन्हीं 'विभिन्न प्रादेशिक बोलियों' के रूप में ही था। इन प्रादेशिक बोलियों में समानता के साथ विषमता भी थी। डॉ. चाटुर्ज्या के मत से कारक विभक्तियों के कई ऐसे रूप 'जो कि वैदिक या लौकिक संस्कृत में नहीं मिलते' आद्य भारतीय आर्य भाषा की इन प्रादेशिक बोलियों में मिलते थे और वे मध्य भारतीय आर्य भाषा में सुरक्षित रहे। इसका अर्थ यह हुआ कि संस्कृत की समानान्तर बोलियों में परस्पर

1. 'भारतीय आर्य भाषा और हिन्दी', पृ. 184
2. उपरोक्त, पृ. 187

व्याकरण-सम्बन्धी विभिन्नता भी थी। मूल शब्द-भंडार और ध्वनि की भिन्नता भी रही होगी, यह सहज ही अनुमान किया जा सकता है।

यदि संस्कृत के समानान्तर उससे मिलती-जुलती—किन्तु व्याकरण-रूपों में कहीं-कहीं भिन्न—भाषाएँ इस देश में बोली जाती थीं, तो यह स्वीकार करना होगा कि उनका प्रभाव आधुनिक भारतीय भाषाओं पर भी पड़ा होगा। किन्तु व्यवहार में इस सम्भावना को भुला दिया जाता है। भाषाशास्त्री एक आदि भारतीय आर्य भाषा की बात करते हैं। इस आदि भाषा से मध्य भारतीय आर्य भाषा बनी और उससे आधुनिक भाषाओं का जन्म हुआ। यदि आद्य, मध्य और नव्य विशेषणों का आतंक दूर कर दिया जाए तो बात वही पुरानी है : पहले थी देववाणी संस्कृत; वह विकृत होकर प्राकृत बनी और प्राकृत ने अपभ्रंशों के मार्ग से आधुनिक भाषाओं का रूप लिया। इस बात को डॉ. चाटुर्ज्या ने बहुत स्पष्ट शब्दों में एक जगह—आद्य-नव्य के झमेले में पड़े बिना—यों लिखा है : "प्रादेशिक अपभ्रंशों की राह से होती हुई प्राकृतें, परिवर्तित होकर, आधुनिक भारतीय भाषाएँ बन गई थीं।" इस प्रकार संस्कृत के समानान्तर विभिन्न बोलियों के सिद्धान्त का लोप हो जाता है। यदि कोई कहे कि ये प्राकृतें ही तो प्रचलित बोलियाँ थीं, तो निवेदन है कि इन प्राकृतों को संस्कृत की 'समानान्तर' बोलियाँ नहीं माना गया, उपर्युक्त स्थापनाओं में वे संस्कृत के बाद की मंजिल वाली बोलियाँ बताई गई हैं।

डॉ. धीरेन्द्र वर्मा ने आधुनिक भाषाओं और वैदिक भाषा के सम्बन्ध पर प्रकाश डालते हुए लिखा है : "यदि तद्भव-रूपों की दृष्टि से देखा जाए, तब तो समस्त भारतीय आधुनिक भाषाओं का मूलाधार ऋग्वेद की ही भाषा है।"[1] इस कथन में आधुनिक भाषाओं की आश्चर्यजनक जानकारी परिलक्षित है, वैदिक भाषा के प्रति अपार श्रद्धा का प्रदर्शन भी है, वैदिक और लौकिक संस्कृत के शब्द-भंडार के तुलनात्मक अध्ययन का निष्कर्ष तो सन्निहित है ही। किन्तु अत्यन्त प्राचीन काल में ही वैदिक भाषा का क्षेत्र—मध्यदेश—अनेक जनपदों में बँटा हुआ था। डॉ. वर्मा के शब्दों में : "लगभग 2400 ईसा-पूर्व से 600 ईसा-पूर्व तक मध्यदेश के जनपद अनेक परिवर्तनों के होते हुए भी सम्पन्न तथा स्वतंत्र रूप में वर्तमान रहे। गत ढाई हजार वर्षों के साम्राज्यों, राजवंशों और विदेशी आक्रमणकारियों की उथल-पुथल में यद्यपि इन जनपदों का स्वतंत्र राजनीतिक अस्तित्व आज नहीं रह गया है, किन्तु इनका व्यक्तित्व प्रादेशिक बोली, संस्कृति तथा सामाजिक संगठन के रूप में आज भी वर्तमान है।"[2] इन जनपदों का अपना व्यक्तित्व 'आज भी' वर्तमान है; इसका अर्थ यह हुआ कि ढाई हजार साल पहले वह व्यक्तित्व बहुत ज्यादा वर्तमान रहा होगा। इस व्यक्तित्व के उपादानों में एक महत्त्वपूर्ण तत्त्व है प्रादेशिक बोली।

अन्यत्र उन्होंने लिखा है : "प्राचीन मध्यदेश अनेक जनपदों में बँटा था। इनका अस्तित्व आज भी है। इनका व्यक्तित्व हिन्दी की प्रधान बोलियों की सीमाओं के रूप में स्पष्टतया दिखलाई पड़ता है।"[3] यदि जनपदों की ऐसी भिन्नता संस्कृत के मूल क्षेत्र में थी, तो यह सहज अनुमेय है कि 'समस्त भारत' में जनपदों की विविधता और भी अधिक रही होगी। उन प्राचीन भाषाओं की सामग्री कुछ-न-कुछ आधुनिक भाषाओं में भी सुरक्षित होनी चाहिए।

---

1. डॉ. धीरेन्द्र वर्मा, 'मध्यदेश, बिहार राष्ट्रभाषा परिषद्', पटना, पृ. 24
2. डॉ. धीरेन्द्र वर्मा, 'मध्यदेश, बिहार राष्ट्रभाषा परिषद्', पटना, पृ. 10
3. उपरोक्त, पृ. 11

श्री किशोरीदास वाजपेयी ने बहुत स्पष्टता और दृढ़ता से इस धारणा का खंडन किया है कि हिन्दी की उत्पत्ति संस्कृत से हुई है। जहाँ ब्लूमफील्ड जैसे भाषाविज्ञानी फ्रांसीसी को लैटिन का आधुनिक रूप कहते हैं, जहाँ डॉक्टर सुनीति कुमार चाटुर्ज्या जैसे पारंगत भाषाविद् संस्कृत-प्राकृत-अपभ्रंश की सीढ़ियों के बिना आधुनिक भाषाओं तक पहुँच नहीं पाते, वहाँ संस्कृत के पंडित होते हुए वाजपेयी जी का यह कहना कि हिन्दी संस्कृत की पुत्री नहीं है, बौद्धिक ईमानदारी की एक अनुकरणीय मिसाल है। ईमानदारी के अलावा यह साहस का भी काम है, क्योंकि संस्कृत के प्रति श्रद्धा की होड़ में कोई भी हिन्दी की स्वतंत्र सत्ता मानने की ढिठाई नहीं कर सकता। इसलिए वाजपेयी जी की हिन्दी-संस्कृत सम्बन्धी स्थापना का अन्यतम महत्त्व है। 'हिन्दी शब्दानुशासन' के आरम्भ में ही उन्होंने लिखा है : "हिन्दी की उत्पत्ति उस संस्कृत भाषा से नहीं है, जो कि वेदों में, उपनिषदों में तथा वाल्मीकि या कालिदास आदि के काव्य-ग्रंथों में हमें उपलब्ध है। 'करोति' से 'करता है' एकदम कैसे निकल पड़ेगा? 'राम: करोति' की तरह 'सीता करोति' भी संस्कृत में चलता है, परन्तु हिन्दी में 'लड़का चलता है, करता है, खाता है' और 'लड़की चलती है, करती है, खाती है' होता है। कितना अन्तर! यह ठीक है कि 'चल, खा, कर' शब्द-रूप संस्कृत के 'चल, कृ, खाद्' से मिलते-जुलते हैं। परन्तु इस मेल-जोल का यह मतलब नहीं कि 'चलति' से चलता है' निकल पड़ा! दोनों की चाल एकदम अलग-अलग है।" वाजपेयी जी ने भाषा के दो तत्त्वों में महत्त्वपूर्ण भेद किया है। एक तत्त्व है शब्द-रूपों का; इस दृष्टि से 'चलति' और 'चलता है' में समानता है। हम इसे मूल शब्द-भंडार की समानता कहेंगे। दूसरा तत्त्व है, 'चाल' का। दोनों की चाल एकदम अलग-अलग है। दोनों भाषाओं में शब्दों के व्यवहार का ढंग अलग-अलग है। इसे हम भाव-प्रकृति का भेद कहेंगे। हिन्दी और संस्कृत, "दोनों का पृथक् और स्वतंत्र पद्धति पर विकास हुआ है।" यदि इस प्रकाश्य तथ्य को भारतीय भाषाशास्त्री और कोश-निर्माता अच्छी तरह समझ लें तो वे हिन्दी—या बंगला—को संस्कृत के साँचे में ढालने का प्रयास न करें।

हिन्दी और संस्कृत में बहुत बड़ी समानता भी है। इसलिए वाजपेयी जी दोनों को 'एक ही मूल भाषा की शाखाएँ' मानते हैं किन्तु शाखाएँ इतनी बड़ी हैं कि "तना कहीं दिखाई भी नहीं देता और इतना विस्तार कि कोई सहसा समझ नहीं पाता कि कहाँ से ये चली हैं!" जो तना दिखाई नहीं देता उसका अनुसंधान क्या किया जाए? वाजपेयी जी के सामने एक निष्कर्ष स्पष्ट है : हिन्दी की अनेक विशेषताओं का सम्बन्ध न वैदिक संस्कृत से है, न लौकिक संस्कृत से, न अपभ्रंश से। उनका सम्बन्ध खड़ी बोली क्षेत्र की किसी प्राचीन बोली से ही हो सकता है।

वाजपेयी जी बोलचाल की भाषा को प्राकृत कहते हैं। वैदिक ऋषियों ने जिस भाषा का संस्कार किया, वह अपने 'जन-गृहीत रूप' में प्रथम अवस्था की प्राकृत हुई। "दूसरी अवस्था की प्राकृतें बहुत कुछ कृत्रिम रूप में हमारे सामने उपस्थित हैं।" कहने को वे प्राकृत हैं; वास्तव में हैं अप्राकृत! इनसे हिन्दी की उत्पत्ति का सम्बन्ध क्या हो सकता है? हिन्दी का सम्बन्ध प्राकृत की तीसरी अवस्था से होना चाहिए। इस सिलसिले में वाजपेयी जी ने लिखा है : "कुरु जनपद में प्राकृत का तीसरा रूप जो प्रचलित था, उसका नाम-रूप कुछ भी हमारे सामने नहीं है! प्राकृत के (दूसरी तथा तीसरी अवस्था के) जो भी रूप साहित्य में उपलब्ध हैं, उनसे हिन्दी की पटरी बैठती नहीं है। इन सभी प्राकृतों में वर्तमान काल की क्रियाएँ तिङन्त हैं, जिनमें कर्ता के अनुसार पुल्लिंग-स्त्रीलिंग में कोई रूप-परिवर्तन नहीं होता। 'पिआ पुच्छइ' और 'माआ पुच्छइ'। उभयत्र 'पुच्छइ' है। यह संस्कृत के 'पिता पृच्छति', 'माता पृच्छति'

की छाया है। हिन्दी में रूप बदलता है—'पिता पूछता हैं'—'माता पूछती है'। हिन्दी की यह विशेषता किसी भी प्राकृत में दिखाई नहीं देती। जिस (कुरु जनपद की) प्राकृत में यह बात थी, उसका कोई रूप हमारे सामने है नहीं। कई कड़ियाँ टूटी हैं। कुछ भी हो, साहित्य में उपलब्ध प्राकृतों में से कोई भी ऐसी नहीं है, जिसे हिन्दी 'खड़ी बोली' का उद्गम माना जा सके। हाँ, अवधी आदि का सम्बन्ध उनसे जरूर है।"

वाजपेयी जी ने बड़ी स्पष्टता से अपनी कठिनाइयों का उल्लेख किया है। वैज्ञानिक प्रगति के लिए कठिनाइयों का उल्लेख कम महत्त्वपूर्ण नहीं होता। समस्या का समाधान पाने से पहले समस्या की स्पष्ट स्वीकृति आवश्यक होती है। आद्य, मध्य और नव्य आर्य भाषा अथवा संस्कृत, प्राकृत, अपभ्रंश की सुगम नसेनी छोड़कर लुप्त प्राचीन भाषाओं की कल्पना करना उन्हीं लोगों का काम है जिनमें सरल, प्रचलित और लोकप्रिय किन्तु अवैज्ञानिक मान्यताओं का विरोध करने का साहस है, जिनमें कठिनाइयों से टकराने और अनुसंधान के नये मार्ग खोजने के लिए पर्याप्त आत्मविश्वास है।

वाजपेयी जी की आदि प्राकृत वैदिक भाषा का दूसरा नाम है। दूसरी अवस्था की प्राकृत साहित्य में प्राप्त—प्रचलित अर्थ में गृहीत—प्राकृत है। तीसरी अवस्था वाली प्राकृत 'पिआ पुच्छइ' वाली अपभ्रंश है। वाजपेयी जी हिन्दी की अनेक मूल विशेषताओं को इन तीनों में किसी से भी उत्पन्न नहीं मानते। दूसरे शब्दों में उन्होंने संस्कृत-प्राकृत-अपभ्रंश की सुगम नसेनी को उठाकर एक किनारे रख दिया है। यह उनके ग्रंथ 'हिन्दी शब्दानुशासन' का युगान्तरकारी महत्त्व है। उनकी यह स्थापना बिलकुल सही है कि हिन्दी की ये विशेषताएँ कुरुजन पद की किसी प्राकृत में रही होंगी। यहाँ प्राकृत से तात्पर्य णकारबहुला साहित्यिक प्राकृत से नहीं है। तात्पर्य है खड़ी बोली क्षेत्र की प्राचीन साधारण जनों की भाषा से। यह भाषा कितनी प्राचीन थी? कम-से-कम वह उस समय बोलचाल की भाषा जरूर थी, जब साहित्य में संस्कृत का व्यवहार साधारण नियम था।

हिन्दी में 'ने' का प्रयोग कहाँ से आया? किसी प्राकृत में मिलता नहीं। आया होगा प्राकृत की ही किसी धारा से। "प्राकृत का वह ('ने' वाला) रूप निश्चय 'खड़ी बेली' के क्षेत्र में, कुरु जनपद में (उ.प्र. के मेरठ डिवीजन में) जन-गृहीत रहा होगा। अन्यथा वहाँ 'ने' कैसे कूद पड़ती? और कहीं क्यों न कूद पड़ी? संस्कृत के गढ़ काशी-क्षेत्र में वह क्यों न अवतरित हो गई?" ये सब प्रश्न उन पंडितों को परेशान करने के लिए हैं जो संस्कृत के एक रूप से भारतीय भाषाओं के पचीसों रूप उत्पन्न कर सकते हैं। वाजपेयी जी ने हठवादिता के इस मार्ग से भिन्न अनुसंधान की और राह निकाली है। संस्कृत के समानान्तर यहाँ अन्य भाषाएँ भी प्रचलित थीं। इनमें और संस्कृत में व्याकरणगत भेद भी था। इन लोक-प्रचलित भाषाओं ने संस्कृत को प्रभावित किया। इसका प्रमाण भी संस्कृत कवियों के यहाँ विद्यमान है। उपर्युक्त शंकाओं का समाधान करते हुए वाजपेयी जी लिखते हैं : " 'खड़ी बोली' के क्षेत्र में कदाचित् संस्कृत भी कृदन्त-प्रधान ही कभी चलती हो! महाकवि राजशेखर ने लिखा है—'कृत्प्रयोगरुचय उदीच्याः' यानी उत्तर भारत के (उत्तर प्रदेश के, उत्तर-पश्चिमी क्षेत्र के) लोग कृदन्त क्रियाएँ बहुत पसन्द करते हैं। राजशेखर ने संस्कृत-प्रयोग के सम्बन्ध में यह निर्देश किया है। इसका मतलब यह भी हो सकता है कि इस क्षेत्र के संस्कृत-विद्वानों पर अपनी जनभाषा का प्रभाव पड़ा और वे अपनी मातृभाषा की पद्धति पर (संस्कृत के) कृदन्त प्रयोग अधिक करने लगे। यह भी सम्भव है कि संस्कृत नहीं, उस समय की 'खड़ी बोली' के बारे में ही उनकी कलम

से ही वैसा निकला हो; यद्यपि संस्कृत-मंच में वैसा कह रहे हैं! उस समय 'खड़ी बोली' प्रकट होकर जन-व्यवहार में मदद दे रही थी।"

यदि हिन्दी-भाषियों की अंग्रेज़ी वाक्य-रचना पर हिन्दी का प्रभाव पड़ सकता है, तो संस्कृत पर उसी से मिलती-जुलती भाषा की भाव-प्रकृति का प्रभाव पड़ना बिलकुल स्वाभाविक बात होगी। निष्कर्ष यह निकला कि हिन्दी जैसी भाषाओं की हर विशेषता को संस्कृत में न ढूँढ़कर उन भाषाओं में मानना चाहिए जो संस्कृत के समानान्तर वहाँ बोली जाती थीं। भाषाओं के उद्गम और विकास के अनुशीलन की यह सही पद्धति है और उस पद्धति से भिन्न है जो हिन्दी की हर विशेषता को संस्कृत से उत्पन्न मानने का आग्रह करती है।

अब देखना चाहिए कि आद्य भारतीय आर्य भाषा और मध्य भारतीय आर्य भाषा अथवा संस्कृत और प्राकृत का अन्तर क्या है। दो भाषाओं का स्वतंत्र अस्तित्व मानने के लिए व्याकरण और मूल शब्द-भंडार में अन्तर होना चाहिए। यदि केवल ध्वनि का अन्तर है तो हम कहेंगे कि भाषा एक ही है, केवल उच्चारण की भिन्नता है। अंग्रेज़ आलोचक मैथ्यू आर्नोल्ड जब अमरीका गए थे, तब अमरीकी जनता उच्चारण-भेद के कारण उनकी भाषा समझ न पाती थी और अमरीकी उच्चारण का अभ्यास करने के लिए उन्हें वहाँ के एक विशेषज्ञ से सहायता लेनी पड़ी। इससे इंग्लैंड और अमरीका की भाषाएँ दो नहीं हो गईं। यदि प्राकृत और संस्कृत का भेद केवल या मूलत: ध्वन्यात्मक है, तो प्राकृत स्वतंत्र भाषा (या भाषाएँ) न होकर संस्कृत का ही किंचित् परिवर्तित रूप मानी जाएगी।

अनार्य प्रभाव को प्राकृतों के जन्म का कारण मानते हुए डॉ. चाटुर्ज्या ने लिखा है : "भारत में आगमन के पश्चात् सात-आठ शताब्दियों के भीतर ही जैसे-जैसे भारतीय आर्य भाषा अनार्य जनों द्वारा अपनाई जाने लगी, वैसे-वैसे उसमें नये परिवर्तन आने लगे।" यदि यह स्थापना सत्य होती तो द्रविड़ भाषाओं की क्रियाएँ, सर्वनाम आदि उत्तर भारत की आधुनिक भाषाओं में मिलते। यदि भारत आगमन के 'पश्चात्' अनार्यों द्वारा अपनाई हुई भाषा ही संस्कृत या प्राकृत होती तो उसके मूल शब्द-भंडार का अधिकांश—अल्पांश नहीं—यूरोप में भी मिलता। हम देख चुके हैं कि इन शब्द-भंडार की दृष्टि से संस्कृत यूरोपीय भाषाओं से स्वतंत्र परिवार की भाषा है।

मध्य भारतीय आर्य भाषा का अभ्युदय कब हुआ, किन प्रदेशों में पहले हुआ, किनमें बाद में हुआ, यह सब अद्भुत रीति से निश्चित किया जा चुका है। "बुद्ध के कुछ पहले, लगभग 600 वर्ष ईसा-पूर्व तक पूर्वी भारत में भारतीय आर्य भाषा का मभाआ काल पूर्णतया प्रतिष्ठित हो चुका था, जबकि पश्चिमोत्तर भारत—उदीच्य—तथा सम्भवत: मध्यदेश—में भी, जहाँ तक ध्वनिविज्ञान का प्रश्न था, वैदिक (या आभाआ) रूप ही चल रहा था; परन्तु रूप-तत्त्व में यहाँ की भाषा भी अन्य प्रादेशिक बोलियों के समान हो गई थी।" मध्य भारतीय आर्य भाषा का अभ्युदय बुद्ध से ही कुछ पहले क्यों माना गया, उनसे काफी पहले क्यों नहीं, इसका कोई कारण नहीं दिया गया। पूर्वी भारत में मभाआ काल पहले क्यों प्रतिष्ठित हुआ? क्या उधर अनार्य ज्यादा थे और उन्होंने आद्य भाषा को ज्यादा प्रभावित किया? पश्चिमोत्तर भारत में आद्य भाषा वाली ध्वनियाँ क्यों चालू थीं? क्या उधर शुद्ध आर्य ज्यादा थे? यदि आर्य ज्यादा थे, तो भाषा के रूप तत्त्व में वहाँ भी परिवर्तन कैसे हो गया? आर्य-अनार्य प्रभावों वाला सूत्र इन शंकाओं का कोई समाधान प्रस्तुत नहीं करता।

एक स्थापना यह है कि सीमान्त की दर्द बोलियों और पंजाब की बोलियों की विशेषता यह है कि वे अधिक रूढ़िबद्ध रही हैं। "उदीच्य की इस ध्वनिविज्ञान-सम्बन्धी रूढ़िबद्धता की

तुलना में पूर्व की भाषाओं का ध्वनि-वैज्ञानिक क्षय (अथवा विकास) बहुत अधिक शीघ्रतर हुआ।" पंजाब का 'पंज' मूल ध्वनि की रक्षा करता है या पंच? पंजाबी में 'प्रा' में मूल ध्वनि है या 'भ्रात' में? कश्मीर शब्द में मूल शब्द मीर सुरक्षित है या कश्मीरियों द्वारा उच्चारित 'कशीर' में? क्या श्-ष्-स् की ध्वनियाँ कश्मीरी-पंजाबी में पूर्वी बोलियों की अपेक्षा ह् में कम परिवर्तित होती हैं? केवल द्वित्वावस्थित व्यंजनों के संरक्षण के आधार पर इतना व्यापक सिद्धान्त स्थिर नहीं किया जा सकता कि उदीच्य भाषाओं में ध्वनि-सम्बन्धी रूढ़िबद्धता है और प्राच्य भाषाओं का ध्वनि-क्षय हुआ है। इस क्षय और रूढ़िबद्धता के कल्पित भेद से आद्य और मध्य आर्य भाषाओं का अन्तर समझने में कुछ भी सहायता नहीं मिलती।

एक अत्यन्त विचित्र सिद्धान्त यह है कि आद्य भाषा के बोलनेवाले इस बात को जानकर शब्दों का उच्चारण करते थे कि "किसी एक शब्द का धातु भाग कौन-सा है और प्रत्यय भाग कौन-सा?" उदाहरण के लिए 'जन्मजात आर्य-भाषी' धर्म शब्द कहता होगा तो उस समय "स्वभावत: उसके मन में इस शब्द का 'धर्‌म' इस प्रकार विश्लेषण हो जाता होगा।" शायद ही किसी भाषा के बोलनेवाले धातु-प्रत्यय का ध्यान रखकर शब्दों का उच्चारण करते हों। यदि सभी 'जन्मजात आर्य-भाषी' भाषाशास्त्री रहे हों, तो बात दूसरी है। क्या वे श्रद्धा का उच्चारण करते समय हृदय से उसके सम्बन्ध का ध्यान रखते थे? क्या वे प्रच्छ कहते हुए यह ध्यान रखते थे कि वे प्रश्न की प्रश् किया का क्षयग्रस्त रूप बोल रहे हैं? सौभाग्य से वे भाषाशास्त्री न थे; वर्ना संस्कृत में नियमों के इतने अपवाद न मिलते, उसमें रूपों, शब्दों, ध्वनियों की विविधता न होती, संस्कृत संसार की अत्यन्त समृद्ध भाषा न होकर डॉ. रघुवीर का कोशमात्र होती! किन्तु शब्दों को धातु-प्रत्यय के ज्ञान के बिना उच्चारित करने से क्या नई भाषा की सृष्टि हो सकती है? आभाआ और मभाआ के भेद की व्याख्या धातु-प्रत्यय के ज्ञान या अज्ञान से कैसे हो सकती है?

ध्वनि-क्षय के समान रूप-तत्त्व के क्षय का सिद्धान्त माना गया है। संज्ञा-रूपों में द्विवचन का धीरे-धीरे लोप हो गया। यह एक नकारात्मक प्रक्रिया हुई। भाषा ने अपने एक व्याकरण-रूप का प्रयोग करना बन्द कर दिया। इस तरह वैदिक भाषा के अनेक रूप लौकिक संस्कृत में छोड़ दिये गए हैं। किन्तु इससे दोनों में मौलिक भाषागत अन्तर उत्पन्न नहीं होता। क्षय की दूसरी मिसाल यह दी गई है कि "कारकों की संख्या कम कर दी गई और एक ही कारक-रूप एकाधिक कारकों का काम देने लगा।" यह भी वही नकारात्मक प्रक्रिया हुई। एक ही कारक-रूप अनेक कारकों का काम देने लगा—इसकी मिसालें हमें संस्कृत तथा प्राचीन-नवीन यूरोपीय भाषाओं में मिलती हैं।

कुछ रूप ऐसे भी हैं जो "वैदिक या लौकिक संस्कृत में नहीं मिलते परन्तु आभाआ की विभिन्न प्रादेशिक बोलियों में पाए जाते थे, मभाआ में सुरक्षित देखे जाते हैं।" जो रूप वैदिक या लौकिक संस्कृत में नहीं मिलते, वे आभाआ की प्रादेशिक बोलियों में—अर्थात् संस्कृत की समानान्तर भाषाओं में—प्रचलित रहे होंगे, यह कल्पना बिलकुल तर्कसंगत है। यदि प्राकृतों में ऐसे रूप मिलें जो संस्कृत में न हों, तो यह अनुमान करना उचित होगा कि ये रूप प्राचीन हैं, यद्यपि वे संस्कृत में नहीं आए। डॉ. चाटुर्ज्या के शब्दों में : "इससे यही सिद्ध होता है कि आभाआ के सभी कारक-रूप वैदिक तथा संस्कृत में सुरक्षित न रह सके।" इससे यह भी सिद्ध हुआ कि आभाआ-मभाआ-नभाआ की नसेनी यहाँ काम नहीं आई। इससे यह निष्कर्ष भी निकलता है कि आधुनिक भाषाओं के हर रूप को संस्कृत से सिद्ध करने का

प्रयास न करना चाहिए। आधुनिक भाषाओं के अनेक रूपों के बारे में यह स्थापना भी गलत न होगी कि वे उतने ही पुराने हैं जितने वैदिक रूप, यद्यपि न वे वैदिक भाषा में हैं, न उनकी उत्पत्ति वैदिक रूपों से हुई है।

यह मानने पर भी कि मभाआ के अनेक रूप वैदिक और लौकिक संस्कृत में सुरक्षित न रह सके होंगे, डॉ. चाटुर्ज्या ने इन रूपों के जो उदाहरण दिये हैं, उन्हें उन्होंने संस्कृत से ही उत्पन्न सिद्ध किया है। मभाआ रूप राम-केरक तथा रामस्य केरक कैसे बने? एक वैदिक प्रयोग है—सूरे दुहिता। इसका अर्थ है सूर्य की पुत्री। यह सूरे सूरस् रहा होगा। स् का लोप हो गया; कार्यकम् से केरक बना! इसी प्रकार मभाआ का 'कहि=कहाँ'; यह आभाआ का 'कधि' माना गया है। यह भी एक प्रकार का क्षय है जिसके लिए जिम्मेदार हैं अनार्य। "यहाँ हम परोक्ष द्रविड़ या दक्षिण-देशीय (ऑस्ट्रिक) प्रभाव की प्रतिक्रिया का अनुमान कर सकते हैं।" इस सन्दर्भ में लैटिन शब्दों के फ्रांसीसी रूप और उच्चारण पर ध्यान देना चाहिए। साधारण नियम है अन्तिम व्यंजन को उदरस्थ कर जाना। क्या इस क्षय के लिए भी हम यूरोप के अनार्यों को जिम्मेदार मानें? उधर स्पेनी में फ्रांसीसी के सम रूप शब्दों का भरा-पूरा उच्चारण होता है, इसे क्या हम वहाँ आर्यों की अधिकता का फल मानें?

क्रिया-रूपों में आभाआ के अधिकांश भेद लुप्त हो गए। भूतकाल के लिए कृदंत रूपों का चलन हुआ; यह रूप "अकर्मक होने पर कर्ता के, एवं सकर्मक होने पर कर्म के विशेषण का कार्य करता था।" जैसे मैं गया या मैं गई—यह अकर्मक रूप हुआ; मैंने खाना खाया, मैंने रोटी खाई—यह सकर्मक रूप हुआ। लेकिन अवधी में—वहु घर मां रहै (वह घर में था) और वह घर मां रहै (वह घर में थी)—इन दोनों रूपों में 'रहै' क्रिया अपवर्तित रहती है। वह विशेषण का काम करे तो उसे था, थी के लिंग-भेदानुसार अपना रूप बदलना चाहिए। इसी प्रकार सकर्मक क्रिया के भूतकाल में वह रोटी खायेसि; वहु भातु खायेसि। यहाँ रोटी-भात के लिंग-भेदानुसार 'खायेसि' क्रिया में भेद नहीं हुआ। इसलिए यह निष्कर्ष निकालना गलत होगा कि "क्रिया का भूतकालिक रूप स्वभावत: विशेषण का कार्य करने लगा।" सर्वत्र ऐसा नियम नहीं है। इसके बाद यह टिप्पणी और भी गलत है कि "इस विषय में आर्य भाषा ने द्रविड़ के मार्ग का अनुसरण किया, क्योंकि द्रविड़ भाषा में क्रिया से अपने-आप विशेषण का बोध होता था।" रूसी में अन चिताल, अना चिताला—उसने पढ़ा, लिंग-भेद से चिताल क्रिया के दो रूप बने। क्या हम कहें कि यह रूसी पर द्रविड़ भाषा के प्रभाव का परिणाम है? फिर वह 'द्रविड़ भाषा' कौन-सी है जिसमें क्रिया से अपने-आप विशेषण का बोध होता है? वास्तव में द्रविड़ 'भाषाएँ' तो हैं, द्रविड़ 'भाषा' नहीं है। इन भाषाओं के अपने-अपने नियम हैं; कुछ नियमों में समानता है, कुछ में भेद है। मलयालम के क्रिया-रूपों की विशेषता का उल्लेख पहले हो चुका है जिनमें लिंग-वचन-पुरुष के अनुसार भेद होता ही नहीं है। नस्ल का सिद्धान्त रामबाण का काम करता है। हर मर्ज की अचूक दवा है। आर्य भाषा में जो भी 'क्षय' हो, उसके लिए जिम्मेदार ठहराना चाहिए द्रविड़ों को। उदारतावश कभी-कभी हम इस क्षय को आर्य-द्रविड़ संस्कृतियों का समन्वय भी कह लेते हैं।

शब्द-निर्माण-प्रक्रिया के सम्बन्ध में एक सिद्धान्त यह माना गया है कि नभाआ की ओर संक्रमण वेला में 'अल्ल, इल्ल, ऍल्ल, ड़' आदि गुरुता-लघुता सूचक प्रत्ययों का प्रयोग बढ़ता है। पहले तो अल्ल, इल्ल सभी नव्य भारतीय भाषाओं में प्रयुक्त नहीं होते; दूसरे, इनका प्रयोग भारत के बाहर भी दर्शनीय है, यथा—संस्कृत स्वसा, फ्रांसीसी सॅर, इतालवी सोरेल्ला; संस्कृत

भ्रातृ, इतालवी फ्रातेल्लो। भाषा-शास्त्रियों को चाहिए कि उन्होंने जैसे भारतीय आर्य भाषा के आद्य-मध्य-नव्य तीन खंड किये हैं, वैसे ही वे यूरोपीय आर्य भाषाओं के भी कर डालें।

मभाआ की तीन अवस्थाएँ कल्पित की गई हैं—प्राथमिक, परिवर्तनकालीन, अपभ्रंश। इनके "ध्वनि-तत्त्व तथा रूप-तत्त्व की स्थिति-रेखा लगभग निश्चयात्मक रूप से स्थिर की जा चुकी है।" यह स्थिरीकरण इतना स्पष्ट है कि "इस विषय का और अधिक विवेचन अनावश्यक होगा।" लेकिन मुख्य समस्या यह है कि मभाआ यानी प्राकृतों को "आधुनिक भाषाओं की माता माना जाए या नहीं?" आधुनिक भाषाओं में कोई मागधी की पुत्री है तो कोई शौरसेनी की; सन्देह है इसी मातृत्व की व्यवस्था में। "कहने का तात्पर्य यह है कि प्राचीन भारतीय वैयाकरणों द्वारा प्रादेशिक नामों के साथ उल्लिखित प्राकृत बोलियाँ किस हद तक आधुनिक प्रादेशिक बोलियों की पूर्वज कही जा सकती हैं?" आद्य-मध्य-नव्य वाली नसेनी उतनी सुगम सिद्ध नहीं होती जितनी उसके यूरोपीय निर्माताओं ने उसे घोषित किया था। आधुनिक भाषाओं और प्राकृतों से सम्बन्ध को समझना क्या सरल काम है? नहीं, "यह प्रश्न बड़ा जटिल है।" जटिल प्रश्न भी हल किये जा सकते हैं लेकिन प्राकृतों के बारे में जो सामग्री मिलती है, वह "इतनी कम और मिश्रित प्रकार की है कि उसके आधार पर उपर्युक्त प्रश्न का सुलझना सम्भव-सा प्रतीत होता है।" एक प्रकार से यह असफलता की स्वीकृति है जिस पर विद्वान भाषाशास्त्री को बधाई देनी चाहिए। इस प्रकार की असफलता के बाद ही सफलता के आंशिक दर्शन हो सकते हैं। प्राकृतों के आधार पर आधुनिक भाषाओं की उत्पत्ति और विकास की व्याख्या क्यों 'असम्भव'-सी प्रतीत होती है? इसलिए कि संस्कृत-प्राकृत-अपभ्रंश की व्याख्या-पद्धति का आधार प्राचीन रूढ़िवाद है; उसमें भाषाओं के प्रति जो दृष्टिकोण अपनाया गया है, वह मूलत: गलत है। दुर्भाग्य से यूरोपीय भाषाविदों के अनेक योग्य अनुवर्ती अपनी पद्धति की असफलता को मान लेने पर भी उसे छोड़ नहीं पाते।

मुख्य कठिनाई यह है कि प्रादेशिक बोलियों के नाम पर जो प्राकृतें मिलती हैं, वे विश्वसनीय नहीं हैं। उनकी तुलना आधुनिक नाटकों में व्यवहृत किसी बोली की नकल से की जा सकती है। डॉ. चाटुर्ज्या ने बिलकुल ठीक लिखा है कि यह नाटकों वाली नकल भी असल के जितना निकट होती है, उतना प्राकृतें प्रादेशिक बोलियों के निकट नहीं थीं। श्रद्धेय डॉ. चाटुर्ज्या ने प्राकृतों की कृत्रिमता के बारे में लिखा है : "वास्तव में हमें उपलब्ध, उनका रूप, वैयाकरणों (तथा तत्पश्चात् के प्राकृत लेखकों) द्वारा, शौरसेनी, मागधी, महाराष्ट्री, पैशाची आदि किस प्रकार की प्रादेशिक बोलियाँ होनी चाहिए, इस दृष्टि से कल्पित किया हुआ रूप है।"[1]

भाषाविज्ञान के विद्यार्थियों को 'कल्पित किया हुआ रूप है', इस वाक्यांश को खूब अच्छी तरह ध्यान से देखकर, उसका अर्थ समझकर, हृदयंगम कर लेना चाहिए। इस कल्पित किये हुए रूप के आधार पर अब तक भाषाविद् आधुनिक भाषाओं की उत्पत्ति और विकास को समझते रहे हैं। इसी के आधार पर वे हिन्दी, बंगला आदि भाषाओं को संस्कृत की पुत्रियाँ सिद्ध करते रहे हैं। इसी के आधार पर उन्होंने आभाआ-मभाआ-नभाआ का ताना-बाना खड़ा किया है। उस ताने-बाने में स्वयं उलझकर वे पुकार उठे हैं, यह सब जाल है : "मभाआ की शब्द-रेखाएँ, जान पड़ता है, आधुनिक प्रान्तीय भाषाओं तथा बोलियों के सूक्ष्म अध्ययन से ही स्थिर की जा सकती है; साथ में जो भी प्रकाश स्वयं प्राकृतों से मिल सके, वह तो रहेगा ही।" मभाआ की रूपरेखा अभी निश्चित होने को है। संस्कृत और आधुनिक भाषाओं के

1. 'भारतीय आर्य भाषा और हिन्दी', पृ. 98

बीच की कड़ी कौन-सी थी, यह अभी स्थिर होना है। इस बीच की कड़ी को निश्चित करने का उपाय वर्तमान भाषाओं का अध्ययन ही हो सकता है—यह स्थापना सौ फीसदी सही है। आश्चर्य इस बात पर है कि जिस पैराग्राफ का अन्तिम वाक्य ऊपर वाला है—जिसमें मभाआ की रूपरेखा को स्थिर करने के भावी कार्यक्रम की ओर संकेत है—उसी पैराग्राफ के पहले वाक्य में यह दावा किया गया है कि मभाआ की विभिन्न अवस्थाओं के ध्वनि-तत्त्व तथा रूप-तत्त्व की स्थिति-रेखा लगभग निश्चयात्मक रूप से स्थिर की जा चुकी है। जो रूपरेखा पहले लगभग स्थिर दिखाई देती है, वही कुछ क्षणों बाद लगभग अस्तित्वहीन हो जाती है।

यह शंका किसी के मन में न रहनी चाहिए कि जिसे मभाआ कहा गया है, वह प्राकृतों से किसी प्रकार भिन्न है। 'मभाआ' का प्रयोग इस संज्ञा को 'प्राकृतों' की तुलना में अधिक वैज्ञानिक मानकर किया गया है। मूल स्थापना वही है जिसे यहाँ के पंडितों ने बहुत पहले प्रचारित किया था : "संस्कृत के पश्चात् वे भाषाएँ आईं, जिन्हें हम वैज्ञानिक दृष्टि से उसी के कनीयस् रूप कह सकते हैं। ये प्राचीन 'प्राकृतें' तथा आधुनिक 'भाषाएँ' हैं।"[1] संस्कृत, उसके बाद प्राकृत, फिर भाषा-विकास की इन मंजिलों का यहाँ स्पष्ट उल्लेख है। अन्यत्र इस प्रकार की व्याख्या भी है : "भारतीय आर्य भाषा के विकास की द्वितीय अवस्था—प्राकृत या मध्ययुगीय कार्यकाल", इत्यादि। अब कोई संशय न रहना चाहिए कि कल्पित प्राकृतों के युग को आर्य भाषा के विकास का मध्य युग माना गया है। किन्तु यदि प्राकृतें ही कल्पित हैं, तो आर्य भाषा का मध्ययुग कल्पित नहीं है, इसका क्या प्रमाण है? कल्पित प्राकृतों के आधार पर यह कैसे पता चला कि "बुद्ध के कुछ पहले, लगभग 600 वर्ष ईसा-पूर्व तक पूर्वी भारत में भारतीय आर्य भाषा का मभाआ काल पूर्णतया प्रतिष्ठित हो चुका था?" शायद इस स्थापना का आधार यह हो कि भगवान् बुद्ध ने पंडितों की भाषा संस्कृत छोड़कर अपने लोक-धर्म का प्रचार लोकभाषा में किया था। लेकिन "एक बात जो स्पष्ट होती जा रही है, वह यह है कि पालि भाषा का मगध प्रदेश से कोई सम्बन्ध नहीं है, यद्यपि उसका एक वैकल्पिक नाम 'मागधी भाषा' है। पालि वास्तव में शौरसेनी से सम्बन्धित एक मध्यदेशीय भाषा है।"[2]

भगवान बुद्ध ने पालि में उपदेश दिये—पहले तो इसी का कोई प्रमाण नहीं है। फिर पालि को मागधी प्राकृत नहीं कहा जा सकता। जिस हद तक वह प्रकृत भाषा है—कृत्रिम प्राकृत नहीं—उस हद तक उसका सम्बन्ध मध्यदेश से है। इस मध्यदेश की प्राकृत के आधार पर यह कैसे कहा जा सकता है कि 600 ईसा-पूर्व तक 'पूर्वी भारत में' मभाआ काल पूर्णतया प्रतिष्ठित हो चुका था? और यह कैसे कहा जा सकता है कि जिन प्रदेशों से पालि का विशेष सम्बन्ध था, वहाँ तब तक वैदिक ध्वनियाँ ही प्रचलित थीं? बुद्ध से कुछ पहले, पालि-क्षेत्र से दूर, पूर्वी भारत में मभाआ काल पूर्णतया प्रतिष्ठित हो गया, "जबकि पश्चिमोत्तर भारत—उदीच्य तथा सम्भवत: मध्यदेश—में भी, जहाँ तक ध्वनिविज्ञान का प्रश्न था, वैदिक (या आभाआ) रूप ही चल रहा था!"[3] न तो ऐतिहासिक दृष्टि से 600 ईसा-पूर्व के लगभग मभाआ को प्रतिष्ठित मानने का प्रमाण है, न भौगोलिक दृष्टि से पश्चिमोत्तर प्रदेश की तुलना में पूर्वी भारत को उसका प्रतिष्ठा-क्षेत्र मानने का कोई कारण है। यह सारा विश्लेषण और भी आश्चर्यजनक हो जाता है जब हम सुनते हैं कि पश्चिमोत्तर प्रदेश में 600 ईसा-पूर्व तक—यानी कम-से-कम

1. 'भारतीय आर्य भाषा और हिन्दी', पृ. 84
2. उप., पृ. 98
3. उप., पृ. 84

दो हजार साल तक—वैदिक ध्वनियाँ सुरक्षित रहीं लेकिन रूप-तत्त्व में वहाँ की भाषा अन्य बोलियों के समान ही परिवर्तित हो गई!

प्राकृतों का रूप प्रामाणिक नहीं; उनका क्षेत्र प्रामाणिक नहीं; उनका अभ्युदय-काल प्रामाणिक नहीं। इसलिए आद्य आर्य भाषा के क्षय के जो अनार्य उपकरण बताए गए हैं, वे भी प्रामाणिक नहीं हैं। संस्कृत-प्राकृत का मुख्य भेद ध्वनि-सम्बन्धी है, जबकि संस्कृत और आधुनिक भाषाओं का भेद-ध्वनि के अलावा रूप-गठन और मूल शब्द-भंडार से सम्बन्धित भी है। संस्कृत से भिन्न प्राकृतें जनसाधारण की स्वतंत्र भाषाएँ थीं या नहीं, इसकी कसौटी यह है कि उनकी अपनी व्याकरण व्यवस्था और अपना मूल शब्द-भंडार हैं या नहीं। गच्छति-गच्छदि, कथय-कथेहि, भूत्वा-भविअ, करिष्यामि-करिस्सं, पश्यति-पेक्खदि, प्राकृत-पाउअ, कृति-कइ, कवि-कइ, श्रेष्ठ:-शेठो—इस तरह के भेद संस्कृत-प्राकृत का मौलिक भेद प्रकट नहीं करते। मागधी प्राकृत में यदि शकार-प्रेम अधिक है—विलास-विलाश, सारस-शारश आदि—तो शौरसेनी से उसका यह मौलिक भेद न हुआ। पालि में यदि बुद्ध, बुद्धेन, बुद्धाय, बुद्धस्स, बुद्धेसु! आदि रूप मिलते हैं तो इससे पालि की स्वतंत्र व्याकरण-व्यवस्था सिद्ध नहीं होती।

इसके सिवा जहाँ कुछ ध्वनि-परिवर्तन वास्तविक स्थिति की ओर संकेत करते हैं, वहाँ बहुत-से शब्द कुछ 'नियमों' के अनुसार गढ़े गए हैं। श्री किशोरीदास वाजपेयी का यह तर्क बिलकुल सही है कि "यदि राजा का रूप राआ कभी जनगृहीत हुआ होता, तो आज भी वह उसी रूप में कहीं चलता दिखाई देता। उल्टी गंगा पहाड़ पर न चढ़ती कि 'राआ' को फिर जनता 'राजा' कर देती। 'राआ' बनाया हुआ रूप है, प्राकृत व्याकरणों में दी हुई विधि के अनुसार। कहीं जन-भाषा में किसी पद के उपान्त्य व्यंजन का लोप देखकर वैसा लिख दिया गया होगा कि 'अन्तिम सस्वर व्यंजन का स्वर शेष रहता है, व्यंजन का लोप हो जाता है', बस, वह नियम बन गया! सर्वत्र वैसा बनाया जाने लगा। ऐसा विकृत रूप भाषा का कर दिया गया है कि अचरज होता है!"[1] अपभ्रंशों पर भी इन प्राकृतों का बहुत असर पड़ा है, इतना असर पड़ा है कि इन्हें भी प्राकृतों में—या मभाआ की तृतीय अवस्था में—गिना जाता है। प्राकृतों से भिन्न अपभ्रंशों की विशेषता यह है कि इनमें आधुनिक भाषाओं के कुछ रूप मिलते हैं। लेकिन प्राकृत-प्रभाव के कारण अपभ्रंश भी निहायत अप्राकृतिक हो गई हैं। वाजपेयी जी के शब्दों में "कर्ण कटुता का तो कोई ठिकाना ही नहीं। संस्कृत में तथा हिन्दी आदि आधुनिक भाषाओं में ऐसा कोई शब्द न मिलेगा, जिसके प्रारम्भ में 'ण' हो। परन्तु प्राकृतों में णकारादि शब्दों की बेहद भरमार है। यहाँ तक कि 'न' भी 'ण' कर दिया गया है!" अपभ्रंश कवियों में पुष्पदंत तथा अनेक सिद्धों का नाम लिया जाता है। "भगवान भला करें हमारे राहुल सांकृत्यायन का, जिनके असाधारण पुरुषार्थ से पुष्पदंत की तथा अनेक सिद्धों की वाणी सामने आई। 'सिद्ध' कवियों के अतिरिक्त अन्य भी बहुत-से कवियों का पुनरुद्धार राहुल जी ने किया है। आश्चर्य आप करेंगे, इनमें से कितने ही समसामयिक कवियों की भाषा में आकाश-पाताल का अन्तर है।" यह अन्तर स्वाभाविक है, क्योंकि अपभ्रंश पर कृत्रिम प्राकृतों का प्रभाव है; उसमें बोलचाल की भाषा के कुछ रूप ही आए हैं, वह बोलचाल की भाषा नहीं है। जैसे गोरखवाणी और पुष्पदन्त की भाषा में अन्तर है, वैसे ही एक कवि, विद्यापति की मैथिली और उनकी अपभ्रंश में अन्तर है। अपभ्रंश में न केवल संस्कृत का भ्रष्ट रूप है, वरन् उसमें आधुनिक भाषाओं का भी भ्रष्ट रूप प्रस्तुत किया गया है। अपभ्रंश-साहित्य में

1. 'हिन्दी शब्दानुशासन', पृ. 11

हम हिन्दी रूपों को जहाँ-तहाँ पहचान सकते हैं, किन्तु संस्कृत-प्राकृत के बाद उसे विकास की कड़ी नहीं मान सकते।

जिस तरह मध्य भारतीय आर्य भाषा के अभ्युदय का देश-काल निश्चित कर लिया गया था, उसी तरह नव्य भारतीय आर्य भाषा के अभ्युदय का देश-काल भी निश्चित कर लिया गया है। मभाआ के अभ्युदय में अहिंसावतार भगवान बुद्ध ने सहायता की थी, तो नभाआ के अभ्युदय में हिंसावतार तुर्क-आक्रमणकारियों ने मदद की! "लगभग 1000 ई. के आसपास से आर्य भाषा के इतिहास का एक नया युग—'नव्य-भारतीय-आर्य' काल—आरम्भ होता है।" इस आरम्भ का कारण तुर्कों का आक्रमण और भारत में इस्लाम का आगमन है। "तुर्कों की विजय के साथ एक बिलकुल नूतन, अपूर्वागत वस्तु देश में आई। वह था उनका बिलकुल असहिष्णु तथा आक्रामक वृत्ति वाला इस्लाम धर्म।" इस धर्म के वाहक थे तुर्क। "वे 'दीन' के अनुयायियों के रूप में अपने को 'खुदा' के 'बन्दे' मानते थे, जिनका मुख्य कर्तव्य 'काफिर बुत-परस्तों' को सच्चे धर्म इस्लाम की छत्रच्छाया में लाना और 'खुदा' के हुक्म का विरोध करनेवालों को लूटना तथा मौत के घाट उतारना था।" इस आक्रमण की प्रतिक्रिया में हिन्दू जाति ने धर्मरक्षा का जो बीड़ा उठाया, उसी से नव्य आर्य भाषाओं का अभ्युदय सम्भव हुआ। धर्मरक्षा से प्रेरित भाषाओं के अभ्युदय की कहानी इस प्रकार है : "तुर्कों की विजय की प्रारम्भिक हलचलपूर्ण शताब्दियों में उन्होंने भारतीयों के मानस को भी बलपूर्वक अपने ही सदृश बनाने की चेष्टा की; उनकी यह प्रवृत्ति भारतीय संस्कृति के लिए बड़ी हानिप्रद सिद्ध हुई; अधिकांश भारतीय विचारधारा के नियामक तो विदेशी म्लेच्छों के इस नूतन प्रकार के बर्बर आक्रमण की आकस्मिकता तथा हिंसात्मकता के समक्ष किंकर्तव्यविमूढ़ हो गए, और जो सँभले रह सके, उन्होंने इस आक्रमण से अपनी सभ्यता के आध्यात्मिक तथा सांस्कृतिक उपादानों के संरक्षण करने के प्रयत्न आरम्भ कर दिये। जनता में अपने उच्च आध्यात्मिक और सांस्कृतिक विचारों के प्रसार के लिए उन्होंने लोकभाषा को अपना माध्यम बनाया; इस प्रकार जनता अपने जीवन और धर्म को अन्तरित कर तर्कों का-सा न बनाए, इसके लिए उन्होंने प्रयत्न किये। तुर्की आक्रमण की चोट से आई हुई प्रथम मूर्च्छा से ज्योंही उत्तर भारतीय हिन्दू सँभलकर उठे, त्योंही उनमें अटनशील धर्म-प्रचारक तथा उपदेशक निकल पड़े, जो ईश्वर को राम, कृष्ण और शिव आदि विभिन्न रूपों से देखते थे और हिन्दू धर्म के प्राचीन एकेश्वरवाद का प्रचार करते थे।" इस प्रकार नव्य आर्य भाषाओं का अभ्युदय हिन्दुओं के सँभलने और हिन्दू धर्म के प्रचार से सम्बद्ध था। इतिहास की इस व्याख्या को स्वीकार कर लिया जाए, तो भी यह सिद्ध नहीं होता कि हिन्दू धर्म की रक्षा के कारण मभाआ से नभाआ का जन्म हो गया। बहुत-से-बहुत धर्म-प्रचारकों ने लोकभाषाओं को 'अपना माध्यम बनाया'। उन्होंने उन्हें जन्म नहीं दिया। आश्चर्य की बात यह है कि तुर्क-आक्रमण को जहाँ धर्म और संस्कृति के लिए इतना हानिकर माना गया है, वहाँ भाषाओं के अभ्युदय के लिए उसे उतना ही आवश्यक स्वीकार किया गया है। स्थापना यह है कि भारतीय समाज में ऐसी शक्ति अपने-आप उत्पन्न न हुई थी जो अपभ्रंशों को हटाकर लोकभाषाओं को सामने लाती। "यदि भारतीय जीवन की धारा पूर्वनिर्मित दिशा में ही बहती रहती, और उस पर बाहर का कोई भीषण आक्रमण न हुआ होता, तो सम्भवतः, जैसा पहले सुझाव रखा जा चुका है, नव्य-भारतीय-आर्य-साहित्यों का श्रीगणेश तथा विकास एक-दो शताब्दी पश्चात् ही होता।" अंग्रेज़ी राज की प्रगतिशील भूमिका से मिलता-जुलता यह

तुर्क-आक्रमण की प्रगतिशील भूमिका का सिद्धान्त है। अंग्रेज़ भारत को गुलाम न बनाते तो पाश्चात्य सभ्यता से हमारा सम्पर्क न होता और तब आधुनिक साहित्य—विशेष कर बंगला साहित्य—का अभ्युदय भी न होता। उसी प्रकार न तुर्क हमला करते, न हिन्दू सँभलते, न उनके धर्म-प्रचारक लोकभाषाओं को अपनाते। यहाँ यह प्रश्न करना संगत है कि उन्होंने लोकभाषाओं को किसके विरुद्ध अपनाया—तुर्क-आक्रमणकारियों की भाषा तुर्की के विरुद्ध या अपभ्रंशों के विरुद्ध? ऊपर की व्याख्या में तुर्की के मुकाबले देशी भाषाओं की रक्षा की और संकेत नहीं है; संकेत है अपभ्रंशों के मुकाबले में लोकभाषाओं के आगे बढ़ने का। ऊपर 'यदि भारतीय जीवन की धारा' आदि जो वाक्य उद्धृत किया गया है, वह अपभ्रंशों के प्रसंग में ही; उससे पहले का वाक्य है : "नभाआ के पूर्ण रूप से उदय हो जाने पर भी अपभ्रंश (एवं कुछ अंशों में प्राकृत) की परम्परा बराबर चलती रही; ई. 15वीं शताब्दी के अन्त में संकलित 'प्राकृत-पैंगल' इस बात का ज्वलन्त उदाहरण है।" नभाआ का अभ्युदय हुआ 1000 ई. के आसपास। पाँच सौ वर्ष तक ये नव्य भाषाएँ अपने आसन पर प्रतिष्ठित न हो सकीं। वे अपना आसन किससे माँग रही थीं? अपनी ही अपभ्रंश माताओं से। माँ-बेटी के इस झगड़े को निपटाया तुर्क-आक्रमण ने। हिन्दू धर्म की रक्षा के लिए यह आवश्यक हो गया कि हिन्दू जाति अपभ्रंश माताओं को त्यागकर नव्य आधुनिक पुत्रियों का साथ दे! आधुनिक भाषाएँ प्राकृतों से उत्पन्न हुई हैं, इस स्थापना को उपर्युक्त सन्दर्भ में दोहराया गया है : "प्राकृतों का युग बीत चुका था। प्रादेशिक अपभ्रंशों की राह से होती हुई प्राकृतें, परिवर्तित होकर, आधुनिक भारतीय भाषाएँ बन गई थीं।" यदि यह मान लें कि आक्रमण के प्रभाव से अपभ्रंशों को हटना पड़ा और नव्य भाषाओं ने उनका स्थान लिया, तो भी—इस क्रिया से पहले ही "प्राकृतों का युग बीत चुका था।" यदि प्राकृतें कृत्रिम साहित्यिक भाषाएँ थीं, तो उनके युग के बीतने का सवाल ही क्यों उठे? वास्तविक व्यवहार में उनका अस्तित्व था ही नहीं। बोलचाल की भाषाएँ आद्य-नव्य भले रही हों, मध्य नहीं थीं। यदि प्राकृतें बोलचाल की भाषाएँ थीं, तो उनके युग बीतने का कोई कारण होना चाहिए; कम-से-कम तुर्क-आक्रमण से तो यह सम्भव नहीं कि बोलचाल की भाषाएँ सारे उत्तर भारत से तिरोहित हो जाएँ और अचानक उन्हीं की पुत्रियाँ—दूसरी भाषाएँ—उत्पन्न हो जाएँ। भारत पर तुर्क-आक्रमण की व्याख्या से यह बिलकुल स्पष्ट नहीं होती कि प्रादेशिक अपभ्रंशों की राह से होती हुई प्राकृतें, परिवर्तित होकर, आधुनिक भारतीय भाषाएँ कैसे बन गई थीं। यदि अपभ्रंशमार्गी प्राकृतों के आधुनिक भाषाएँ बनने की यह पद्धति सही हो, तो भी उसे तुर्क-आक्रमण से एकदम असम्बद्ध स्वतंत्र प्रक्रिया ही माना जाएगा।

अब देखना चाहिए कि मभाआ से—जिसका प्राप्त रूप सन्दिग्ध और कृत्रिम माना गया है—नभाआ की उत्पत्ति कैसे हुई? शुरुआत होती है ध्वनि-क्षय से। "मभाआ युग से भाषा में एक प्रकार के क्षय का आरम्भ हो गया था। यह क्षय अबाध गति से बराबर चलता रहा।" जब यह क्षय-प्रकिया सम्पूर्ण हो गई, तब 'विकास और शक्ति-संचय की एक नई क्रिया' का आरम्भ हुआ। इस नई क्रिया का पहला उदाहरण यह है : "भारतीय आर्य-भाषी प्रदेश के अधिकांश भाग में 'अक्क' तथा 'अकअ' के सदृश प्राकृत शब्दों का 'अ' स्वर तथा 'क' व्यंजन संकुचित हो गया, और वे क्रमशः 'आक' तथा 'अका' बन गए। दोनों ही उदाहरणों में व्यंजन की दीर्घता (या द्वित्व) तथा अन्तिम स्वर की स्थान-पूर्ति के लिए स्वर को दीर्घ बना दिया गया।" जितना समय अक्क के उच्चारण में लगता है, उतना ही आक के; अकअ और अका भी तीन-तीन

मात्राओं के शब्द हैं। स्वर-व्यंजनों में स्थान-परिवर्तन हुआ; उच्चारण काल ज्यों-का-त्यों रहा। न यह क्षय-प्रक्रिया हुई, न शक्ति-संचय की नई क्रिया। 'माता' से माँ, माय, माई, मैया, महतारी आदि अनेक रूप हमारी जनपदीय बोलियों में प्रचलित हैं; इनमें कहाँ क्षय-सिद्धान्त माना जाए, कहाँ शक्ति-संचय की क्रिया?

मभाआ से नभाआ की उत्पत्ति की दूसरी मिसाल यह है : "किसी व्यंजन के पहले आया हुआ पूर्ण सानुनासिक घटकर निकटस्थ स्वर का नासिक्यी-भवन मात्र रह गया। (उदाहरण 'चन्द्र, चन्द, चाँद')।" लेकिन हिन्दी में चन्द्र भी प्रचलित रहा, परिनिष्ठित हिन्दी में ही नहीं, बोलचाल की भाषा और बोलियों में भी। रामलीला या रामायण पाठ के समय जनसाधारण बार-बार 'बोल रजा रामचन्द्र की जै' ध्वनि करते रहे हैं। यदि कोई कहे, जनता रामचन्द्र नहीं, रामचन्द की जै बोलती है, तो दूसरा उदाहरण है इन्द्र का। गाँव की स्त्रियाँ रूपगर्विता के लिए तिरस्कार भाव में कहती हैं—बड़ी इन्द्र की परी बनी है! इन्दर रूप उर्दू-पंजाबी में स्वीकृत है, हिन्दी क्षेत्र की बोलियों में नहीं। भूषण ने 'इन्द्र जिमि जंभ पर' लिखकर लोकभाषा के ध्वनि-सिद्धान्त की अवहेलना न की थी।

चन्द को यदि मभाआ रूप मानें तो प्रेमचन्द जैसा प्रिय नाम आधा आद्य आर्य (प्रेम) और आधा मध्य आर्य (चन्द) रहेगा, उसे नव्य आर्य भाषा का नाम माना ही न जा सकेगा। एक प्रचलित कहावत है : 'दाल-भात में मुसरचन्द'; इससे चन्द रूप की लोकप्रियता का पता चलता है। चन्द की तुलना में चाँद को विशेष रूप से नव्य क्यों माना जाए? चन्द का एक लोकप्रिय रूप चन्दा भी है : 'आजु सुहाग की राति, चन्दा तुम उइहौ, उइहौ।' चाँद के अलावा उसका एक और लघु रूप चान् भी कहीं-कहीं बोला जाता है और चन्दरमा या चँदरमा में हलन्त 'द' का स्थान पूरा 'द' ले लेता है। पंजाबी बोलियों को नासिक्यी-भवन-नियम का अपवाद माना गया है : "पंजाब की बोलियों में इस प्रकार के व्यंजन-सम्बन्धी परिवर्तनों का गतिरोध हुआ और इस विषय में उनका अपना भिन्न पथ रहा।" भिन्न पथ अवश्य रहा, लेकिन गतिरोध क्यों माना जाए? जब तक कृश्न चन्दर का नाम लोगों की ज़बान पर है, तब तक इस ध्वन्यात्मक गतिरोध को कैसे मान्यता दी जाए?

तीसरा परिवर्तन इस प्रकार है : "आभाआ तथा मभाआ की 'च' तथा 'ज' ध्वनियों का मराठी में (कुछ विशेष संयोगों में), गंजाम की उड़िया में, सूरत की गुजराती में, कुछ राजस्थानी बोलियों में, परबतिया या गोरखाली तथा पूर्वी बंगाल में, 'त्स' तथा 'द्ज़्' (ts, dz) में परिवर्तन।" ज़, झ़ आदि आर्य-ध्वनियाँ मानी गई थीं। यज्ञस्य-यज़जस्य, पुरोहितं-पुरज़् धितमऋत्विजम्-ऋत्विज़म्, भर्गो-भर्गज़्, धियो- धियज़् आदि रूपों में दूसरा रूप शुद्ध मूल-आर्य माना गया था और पहला रूप अनार्य-प्रभावित—या स्वत: अपभ्रष्ट—भारतीय रूप। अब मभाआ के बाद उन शुद्ध आर्य-ध्वनियों का पुन: अभ्युदय हुआ। लेकिन इसका प्रमाण क्या है कि राजस्थान, महाराष्ट्र आदि के लोग पहले च, ज ही बोलते थे और च, ज़ की ध्वनियों से अपरिचित थे? मराठी भाषा के उद्गम और विकास पर अपने ग्रंथ में श्री कुलकर्णी ने इस सम्बन्ध में एक दिलचस्प नियम का उल्लेख किया है। तत्सम शब्दों में च, छ, ज, झ—इन ध्वानेयों का शुद्ध तालव्य उच्चारण होता है। तद्भव और देशी शब्दों में च-वर्ग का उच्चारण दन्त्य-तालव्य होता है लेकिन तद्भव शब्दों में भी जब च-वर्ग का कोई वर्ण ई, ए, ऐ, य—इनमें किसी से संयुक्त होता है, तब उसका उच्चारण शुद्ध तालव्य होता है। इसके उदाहरण दिये हैं : चिमट, चिवट,

1. कृष्णा जी पांडुरंग कुलकर्णी, 'मराठी भाषा : उद्गाम व विकास'; पुणे, 1950; पृ. 393-94

भेदक, चेतविणें, चिता, जिनगर, झिपरी।[1] इससे सिद्ध हुआ कि मराठी जैसी भाषा में च-च् आदि का परिवर्तन नियम तद्भव शब्दों में भी सर्वत्र लागू नहीं होता। फिर यह नभाआ समूह की सभी भाषाओं के लिए नियम नहीं हैं, यह तो स्पष्ट है।

ध्वनि-परिवर्तन से सम्बन्धित अन्य उदाहरण : " 'ह्' के लिए बहुत-सी नभाआ भाषाएँ भिन्न ध्वनियों का उपयोग करती हैं।" इससे पता चला कि नभाआ का ध्वनि-सम्बन्धी कोई एक ही व्यापक नियम नहीं है। उनकी ध्वनि-प्रकृति में काफी विभिन्नता है। यह विभिन्नता एक हद तक वैदिक भाषा में भी प्रकट हो चुकी थी— विशेष कर महाप्राण ध्वनियों के सम्बन्ध में।

ध्वनि-सम्बन्धी एक महत्त्वपूर्ण सिद्धान्त यह है कि उत्तर-भारत की बोलियाँ एक-दूसरे को प्रभावित करती रही हैं। हमारे विचार से बहुत प्राचीन काल में सामी, आर्य, द्रविड़ आदि भिन्न माने जानेवाले भाषा-परिवार भी एक-दूसरे को प्रभावित करते रहे थे। इसलिए कोई आश्चर्य नहीं कि "हिन्दी पर कई एक बातों में पंजाबी का प्रभाव स्पष्ट है; बंगला पर उत्तर-प्रदेशीय भाषाओं एवं बिहारी बोलियों का, जो स्वयं हिन्दी या हिन्दुस्ता(स्था)नी के प्रभावान्तर्गत हैं, प्रभाव पड़ा है।" इससे यह निष्कर्ष निकालना उचित होगा कि उत्तर भारत की कोई भी भाषा अपने ही तत्त्वों से नहीं बनी, उसके निर्माण में अन्य बोलियों का भी योग है। यदि लोग इस बात को समझें कि जिस भाषा पर उन्हें इतना अहंकार है, उसके निर्माण में अन्य भाषाओं का भी हाथ है, तो जातीय अहंकार की मात्रा कुछ कम हो जाए। लेकिन भाषाओं के परस्पर प्रभाव और सम्पर्क का उचित सिद्धान्त मानने के बाद यह आवश्यक नहीं है कि हम किसी प्रदेश की बोलियों को एकमात्र प्रभाव स्रोत मान लें और अन्य भाषाओं को सदा दूसरों से प्रभावित होनेवाला मानें। "भारत में भाषागत प्रभाव का स्रोत साधारणतया पश्चिम में पंजाब की ओर से पूर्व की ओर बहता रहा है, और पंजाब हमेशा से आर्यों के तथा आर्य-प्रभाव के प्रसार का मुख्य केन्द्रस्थल रहा है।" दूसरे अध्याय में हमने देखा था कि पूर्वी बोलियाँ रकार-बहुला हैं, पछाहीं बोलियाँ लकार-बहुला। लकारवाले रूप बाद के सिद्ध हुए थे, रकारवाले प्राचीन। भरत या कुरुजन का क्षेत्र—जहाँ की बोली संस्कृत का मुख्य आधार थी—पंजाब में न होकर हिन्दी-भाषी प्रदेश में आता है। यह आश्चर्य की बात होगी कि आर्य-प्रभाव के प्रसार का केन्द्र तो पंजाब रहा, और आर्य-संस्कृति के प्रधान केन्द्र गंगा-जमुना के किनारे पाए गए। "पंजाब का यह महत्त्वपूर्ण स्थान कुछ अंशों में तो परम्परा को लेकर है; कुछ अंशों में पंजाब के निवासियों की कार्यशीलता भी इसका कारण है।" कलकत्ते में पंजाबी टैक्सी ड्राइवर बहुत अधिक हैं, उनके बंगाली समान-धर्मा बहुत कम। कार्यशीलता के इस तरह के और बहुत-से प्रमाण दिये जा सकते हैं। देश के विभाजन के बाद उत्तर प्रदेश के व्यापारियों को इस कार्यशीलता का विशेष अनुभव हुआ है। किन्तु इस सबसे ध्वनि परिवर्तन या नव्य भाषाओं का अभ्युदय का क्या सम्बन्ध है, यह समझ पाना कठिन है।

कहा गया है कि "पंजाबी में अब भी मभाआ के युग्म व्यंजन सुरक्षित हैं।" उदाहरण : कर्म्म—कम्म-काम, कल्य—कल्ल-कल, सत्य—सच्च-सच, किञ्चित्—कुज्झ—कुछ, हस्त—हत्थ-हाथ, नस्ता—नत्थ-नथ। निष्कर्ष : "हिन्दी के 'कल', 'सच' आदि रूप पंजाबी के ही आए हुए रूप हैं, केवल पहले अक्षरों का 'अ' ह्रस्व कर दिया गया; और अन्तिम दीर्घ या द्वित्वव्यंजन, हिन्दी के मौलिक ध्वनिविज्ञान के नियमानुसार मान्य न होने के कारण, ह्रस्व हो गया या अकेला रह गया।" पहले तो प्रश्न यह है कि संस्कृत में युग्म व्यंजनों वाले शब्द ही हैं या हिन्दी के मौलिक ध्वनिविज्ञान का अनुसरण करनेवाले अयुग्म व्यंजन

वाले शब्द भी हैं? संस्कृत में कर्म शब्द है, काम भी। दोनों का अर्थ अलग-अलग है। दोनों भिन्न शब्द हैं, लेकिन इससे सिद्ध हुआ कि काम शब्द कहने में वैदिक जनों की जिह्वा कुंठित न होती थी। संस्कृत में अद्य है; अज और अजा भी हैं। भिन्न अर्थ वाले हैं। आर्यों को अज या अजा कहने में कठिनाई न होती थी। संस्कृत में कल्य है, काल (सायंकाल, प्रातःकाल और महाकाल) और कल (सकल, विकल, कल-कल) भी हैं। युग्म वर्ण वाली ध्वनियाँ कुछ विशेष आर्य नहीं हैं। दूसरा प्रश्न यह है कि क्या हिन्दी में युग्म व्यंजन वाले शब्दों का अभाव है? हम परिनिष्ठित या साहित्यिक हिन्दी की बात नहीं करते; ठेठ देहाती बोलियों में युग्म व्यंजन वाले शब्द हैं या नहीं? किसान तोते को पढ़ाते हैं : 'सत्त गुरुदत्त सिवदत्त राखा; राम के चरन में चित्त लागा।' सत्त, दत्त और चित्त; इनके बाद 'पढ़ो पट्टे' कहकर पट्टे द्वारा ग्रामीण जन अपना युग्म-व्यंजन-प्रेम पुनः प्रकट करते हैं। हिन्दी में काम है, निकम्मा में कम्मा भी। सच भी है, सच्चाई भी (अवधी में सच्ची का विशेष आग्रह है)। हाथ है, दुहत्था भी। नथ है और नत्थन सिंह जैसे प्रचलित नामों में नत्थ भी। 'कुछ' है और अवधी में अर्थ पर जोर देने के लिए कुच्छु, कुच्छौ रूप भी। उपर्युक्त उदाहरणों में रक्तिका-रत्ती की मिसाल भी दी गई है। रत्ती का हिन्दी रूप नहीं दिया गया; उसे 'आदि' में शामिल करके पाठक की कल्पना पर छोड़ दिया गया है। हिन्दी में रती की तुलना में रत्ती का प्रचार ही अधिक है। इसके अलावा लत्ता, पत्ता, कलकत्ता, अलबत्ता, सत्तर, बहत्तर, छियत्तर, भद्‌दा, मद्‌दा, दद्‌दा, गद्‌दी, रद्‌दी, पिद्‌दी, चौहद्‌दी, बर्ध (बैल), गर्द-गर्दा, पर्दा, हर्दी (हल्दी), मर्द, सर्द-सर्दी, कक्का-पक्का, बिचक्खनि (विचक्षण), मक्कर (मक्र), चक्कर, अक्कड़-बक्कड़ (गुली डंडा खेलते समय बच्चे कहते हैं : अक्कड़-बक्कड़-बम्दे-बो) लग्घी, (लम्बी लकड़ी) बग्घी, घिग्घी, लुच्चा, कच्चा, बच्चा, अच्छा, रच्छा (तीन देव रच्छा करैं—ब्रह्मा, बिस्नु, महेस), दच्छिना, लच्छन, धज्जी, छज्जा, झज्झर, टट्‌टर, खट्‌टा, लट्‌ठ, हट्‌टा-कट्‌टा, भड्‌डरी, बप्पा, अम्मा, दब्बू, भड़ब्ड़, हल्ला-गुल्ला, छल्ला, गल्ला, दुतल्ला, पल्ला (पल्ले पड़ना, पल्ला झाड़ना), खैरसल्ला (अल्ला-अल्ला खैरसल्ला), बर्र, हर्र (हड़), चर्रमर्र, अर्है (अरहर), सेल्ला (से पर बलाघात, ए स्वर ह्रस्व; सनके पौधों के डंठल), गुस्सा, रस्सा, अस्सी, इत्यादि। इस तरह के युग्म व्यंजन वाले सैकड़ों शब्द हैं जो अवधी, ब्रज, बुन्देलखंडी आदि बोलियों में प्रचलित हैं। युग्म व्यंजनों को मध्य भारतीय आर्य भाषा की विशेषता मानना, फिर इस मभाआ से पंजाबी का सम्बन्ध जोड़ना, हिन्दी के कल, सच आदि रूपों को पंजाबी से आया हुआ बताना—इस व्यूह-रचना में नव्य-आर्य भाषा ऐसे फँस जाती है, जैसे मकड़ी के जाले में मक्खी!

तीसरा प्रश्न यह है कि हिन्दी में क्या कल, सच आदि रूप ही प्रचलित हैं? कहावत है : 'साँच को आँच क्या' और 'काल्हि करै सो आज कर, आज करै सो अब; छिन में परलै होत है बहुरि करैगा कब।' कल, सच आदि के साथ काल्हि, साँच आदि रूप भी हिन्दी बोलियों में प्रचलित हैं। फिर यह नियम कैसे माना जाए कि नभाआ में पहले अक्षरों का अ ह्रस्व कर दिया गया और अन्तिम दीर्घ या द्वितीय व्यंजन ह्रस्व हो गया या अकेला रह गया?

डॉ. चाटुर्ज्या ने एक बहुत दिलचस्प मिसाल फ़ारसी शब्दों के पंजाबीकरण की दी है : "फ़ारसी 'चादर', 'उमेद' से क्रमशः 'चद्‌दर', 'उम्मेद' आदि। हिन्दी में इनकी जगह एक व्यंजन का सीधा रूप लिया गया है।" उम्मेद वाला रूप अवधी में प्रचलित है; हिन्दी में साधारणतः उम्मीद रूप का चलन है। चद्‌दर-चादर, दोनों रूप हिन्दी में स्वीकृत हैं। ध्यान

देने की बात यह है कि मूल शब्द में जहाँ युग्म-व्यंजन नहीं हैं, वहाँ पंजाबी (और अवधी) ने उन्हें उत्पन्न कर लिया है। इससे यह उचित निष्कर्ष निकालना चाहिए कि संस्कृत और प्राकृत (तथा पंजाबी) में जहाँ युग्म व्यंजन मिलें—और हिन्दी में एक ही व्यंजन मिले—वहाँ आँख मूँदकर संस्कृत-प्राकृत (या पंजाबी) वाले रूप को प्राचीन और हिन्दी रूप को उससे अपभ्रष्ट न मान लेना चाहिए। मूल शब्द चादर है, चद्दर नहीं; उमेद (या उमीद) है, उम्मेद नहीं। फ़ारसी-अंग्रेज़ी के शब्दों में जहाँ यह युग्म स्थापन-क्रिया सम्पन्न हो, वहाँ कौन मूल है, कौन अपभ्रंश—इस बारे में सन्देह नहीं रहता। इससे भाषा की मूल प्रकृति का पता चलता है। अंग्रेज़ी शब्द सेक्रेटरी का सिकट्टर (या सिकत्तर) रूप देखकर कोई न कहेगा कि मूल शब्द सिकट्टर है या उसमें मभाआ के युग्म व्यंजन सुरक्षित हैं। किन्तु हिन्दी कल की तुलना में कल्य और कल्ल को प्राचीन रूप मानने में कम लोगों को संकोच होता है!

'मृच्छकटिक' नाटक में मैत्रेय कहता है : एव्वं विअ। इसका संस्कृत रूप हुआ—एवमिव। यहाँ व्यंजनों के द्वित्वभाव को प्राकृत की विशेषता समझकर एव का एव्व किया गया है। इससे एव्व रूप प्राचीन और एव उससे उत्पन्न नहीं माना जा सकता। रदनिका उसी नाटक में 'एष खलु' का प्राकृत रूप 'एसो क्खु' बोलती है; खलु नवीन और क्खु प्राचीन रूप नहीं हैं। हा धिक् का हद्धी रूप नाटकों में बार-बार आता है। हद्धी का ह दीर्घ हा में परिवर्तित नहीं हुआ, जैसे अज्ज से आज रूप माना जाता है। वह तो पहले ही 'हा' था। वर्धमानक कहता है : एदेणश्शा लज्जु कडुवा बइल्ला। ये बइल्ला संस्कृत के एक लकारवाले वलीवर्द हैं। और णश्शा एक सकार वाली नासा या नासिका है। प्राकृत में इति के स्थान पर 'त्ति' रूप का चलन है। उत्तर रामचरित में सीता कहती हैं : ओसरिदुं इच्छम्मि। इसका संस्कृत रूप है अपसर्तु मिच्छामि। इच्छामि का एक मकार इच्छम्मि में द्वित्वभाव से स्थित है। डॉ. सरयूप्रसाद अग्रवाल ने 'प्राकृत-विमर्श' में 'पेम्प वज्जा' से एक उद्धरण दिया है। पेम्म प्रेम का प्राचीन रूप नहीं है, प्रेम ही मूल शब्द है। एक अन्य वज्जा—पियोल्लास-वज्जा—में एक पद आता है : 'एक्केण विणा पियमानुसेण'; यहाँ एकेन का प्राकृत रूप एक्केण माना गया है। मूल रूप 'एक' ही है। डॉ. अग्रवाल ने 'रावणवहो' से जो उद्धरण दिये हैं, उनमें संस्कृत ध्रियते की जगह धरिज्जइ, मूर्छते की जगह मुच्छिज्जइ, प्रियेति की जगह पिअत्ति, जीवेत् की जगह जीवेज्ज आदि द्वित्वभाव वाले रूप मिलते हैं। इन उदाहरणों से यह बिलकुल स्पष्ट हो जाना चाहिए कि किसी शब्द में युग्म व्यंजनों का अस्तित्व उसकी प्राचीनता का प्रमाण नहीं है। सच्च और सच, कम्म और काम में सच्च और कम्म को प्राचीन रूप सिद्ध करने के लिए युग्म व्यंजनों के अलावा किसी अन्य तर्क का सहारा लेना चाहिए।

चरित शब्द प्राचीन है या चरित्र? युग्म व्यंजनों के कारण चरित्र शब्द शायद अधिक श्रद्धास्पद माना जाता है। किन्तु भवभूति ने उत्तर रामचरित ही लिखा, उत्तर रामचरित्र नहीं। तुलसीदास ने रामचरित मानस लिखा। हिन्दी चरित चरित्र का विकृत रूप न हुआ; वह हमारे यहाँ अपने संस्कृत रूप में ही प्रतिष्ठित है। संस्कृत में यत्र-तत्र है, किंचित् भिन्न अर्थ में इतस्ततः भी। हिन्दी की बोलियों में त्र वाले रूप नहीं हैं, इतै-उतै आदि रूप हैं। इन इतै-उतै को क्या यत्र-तत्र का विकृत रूप मानें? अवधी में हन् (मारना) धातु का अभी भी प्रयोग होता है। संस्कृत में इससे एक रूप बनता है घ्नन्ति। मूल धातु हन् है या घ्न? हिन्दी में जानना क्रिया का चलन है; संस्कृत में जानाति आदि रूप चलते हैं। मूल धातु जान् मानी जाए या ज्ञा? गायत्री मंत्र में वरेण्यम् मूल रूप है या वरेणियम्? डॉ. चाटुर्ज्या ने उसका प्रचलित संस्कृत

रूप उद्धृत करते हुए 'वरेणियम्' लिखा है (कल्पित आदिम रूप तो बरइनिअम् माना गया है जिसकी चर्चा यहाँ नहीं की जा रही है)। मैकडनल ने वैदिक छंदों के प्रसंग में लिखा है कि ज्येष्ठ को ज्य-इष्ठ, ऐछस् को अ-इछस्, एन्द्र को आ-इन्द्र, स्याम को सिआम पढ़ना चाहिए। यदि इस तरह के नियमों को हम याद रखें तो आधुनिक भाषाओं के बारे में बहुत-सी उलझनें दूर हो जाएँ।

कुरुजनों में वर्ण-संकोच की प्रवृत्ति काम करती रही है। क्रिया रूप है जानाति; इसमें धातु जान् प्रतिष्ठित है। जा का स्वर लोप करके कुरु ध्वनि प्रकृति के अनुकूल नई धातु रची गई 'ज्ञा'। उसका उपयोग हुआ भविष्यकाल के लिए, ज्ञास्यति आदि में। उसी से संज्ञा बनी ज्ञान। संस्कृत के जानत् (जानता हुआ), जानान (जाननेवाला) आदि रूपों में मूल जान् धातु असंकुचित रूप में विद्यमान है। करोति, करोमि, कर्म आदि में धातु है कर्; उसका संकुचित रूप बना कृ। कृ से कर् नहीं हुआ, कर् से कृ रूप बना है जिससे करोमि के समानान्तर कृणोमि आदि रूप चले। कर्तन (काटना), कर्तनी (कैंची), कर्तरी (चाकू) आदि में काटने के लिए धातु है कर्त्। इसका संकुचित रूप हुआ कृत् जिससे कृन्तति आदि रूप बने। हिन्दी धातु काट कृत् का विकृत रूप न होकर कर्त् का ही सहज परिवर्तित रूप है। कर्षति, कर्षण आदि में धातु है कर्ष्; इसी का संकुचित रूप बना कृष्। कर्षक रूप उतना ही 'संस्कृत' है जितना कृषक। कर्ष् से कर्षित रूप बनता है और कृष् से कृष्ट। कष्ट से कर्षित सिद्ध करना आवश्यक नहीं है। गिरति में धातु हुई गिर (निगलना); संकुचित रूप गृ। जरते, जर् (गाना), जृ; तर्पण, तर्प, तृप (तृप्त); तरति, तर् (तैरना, पार करना), तृ; ददर्श, दर्शन, दर्श, दृश (दृश्य, दृश्यते); धरा, धर्म, धरण, धर, धृ (ध्रियते); नर्तक, नर्तन, नर्तित, नर्त्, नृत् (नृत्य); भरति, भरण, भर्ता, भर, भृ (भ्रियते, भृत्य) मरति, मरण, मर, मृ (मृत्यु, मृत) आदि। दर्शन-दृश्य, नर्तन-नृत्य, मरण-मृत्यु—संस्कृत में इस तरह के द्वन्द्व-रूपों का कारण दो ध्वनि-प्रकृतिवाली भाषाओं (या भाषा समूहों) का मिश्रण है। इनमें कौन-से रूप प्राचीन हैं, यह कहना कठिन है। क्रिया-रूपों को देखें तो भरति, मरति, तरति की लोकप्रियता निर्विवाद है। इन रूपों का लगभग वैसा ही चलन आज भी है। यूरोपीय भाषाओं में इनकी जो प्रतिरूप धातुएँ हैं, वे मर, भर् आदि असंकुचित रूपों के अनुकूल अधिक हैं। रूसी मेर्त्वेत्, मेर्त्वीत, म्योर्त्वी (मृत) आदि में मर्त्य से मिलते-जुलते रूप हैं, मृत से नहीं। इसी प्रकार लैटिन मोरिओर। इस नियम के अपवाद रूप में जान् की अपेक्षा ज्ञा रूप यूरोप में अधिक अपनाया गया है : रूसी ज़्नात, ज़्नानिये; यूनानी गिग्नोस्को, ग्नोसिस।

संस्कृत धातुओं की एक विशेषता यह है कि वे क्रिया-रूपों में एक अतिरिक्त व्यंजन जोड़ लेती हैं। इसका कारण उनकी बलाघात की आवश्यकता हो सकती है; यह भी सम्भव है, कुछ ध्वनियों की आवृत्ति उन्हें विशेष प्रिय हो और इसलिए रागतत्त्व के रूप में वे अतिरिक्त व्यंजनों का उपयोग करती हों। दा धातु को लीजिए। इसके ददाति आदि रूपों में एक अतिरिक्त द से काम लिया गया है। दत्त जैसे रूप में यह द्वित्वभाव वर्तमान है लेकिन दान, दाता आदि रूपों में मूल धातु दा ही है। दान और दाता दन्न और दत्ता रूपों से नहीं बने; वे हिन्दी काम (कर्म से भिन्न) के समान संस्कृत के सहज रूप हैं। रूसी में दात्, दावात् क्रिया के रूप, दद् से, भिन्न दा धातु को मान्यता देते हैं। हिन्दी क्रिया देना संस्कृत दा या दद् का भ्रष्ट रूप नहीं है। वह संस्कृत के समानान्तर किसी जनपदीय भाषा की क्रिया है जो दा से मिलती-जुलती है किन्तु उससे उत्पन्न न होकर उसके समकक्ष व्यवहार में आती रही है। देय रूप को दा

के बदले दे धातु से भी सिद्ध किया जा सकता है। संस्कृत में गाने के लिए गृ धातु है जिससे गृणाति आदि रूप बनते हैं। इसी अर्थ के लिए गा धातु भी है जिससे गायति आदि रूप बनते हैं। एक ही अर्थ के लिए गृ और गा दो धातुओं का चलन यह सिद्ध करता है कि वैदिक काल में विभिन्न जन एक ही धातु के भिन्न रूपों को काम में लाते थे। वैदिक भाषा में कभी-कभी ये एक से अधिक रूप मिल भी जाते हैं। हिन्दी, क्रिया गाना गृ के बदले गा से सम्बन्धित है। रूप-विकार में अन्तर है किन्तु मूल धातु हिन्दी तथा अन्य भाषाओं में ज्यों-की-त्यों बनी हुई है। इसका दूसरा रूप है 'गै' जिससे गाये, गाति, जिगाति आदि रूप बनते हैं। गेष्ण और गेष्णु का अर्थ होता है गायक; इन रूपों से लगता है कि गा का एक अन्य रूप गे भी रहा है। देय के समान उसी से गेय भी सिद्ध होना चाहिए। अश् से अश्नाति, आप् से आप्नोति, इध् से इन्धे, उद् से उनत्ति, ऋज् से ऋज्जति, ऋध् से ऋध्नोति, कृ से कृणोति, कृत् से कृन्तति, क्री से क्रीणाति, क्षि से क्षीणति, गृ से गृणामि, ग्रभ् से ग्रम्नाति, ग्रह् से गृहणाति, चि से चिनोति, छिद् से छिनत्ति, जू से जुनोति, ज्या से जिनाति, तुज् से तुज्जते, तृद् से तृणति, तृप् से तृप्नोति—ये रूप सिद्ध करते हैं कि संस्कृत में मूल धातु के साथ अतिरिक्त वर्ण का प्रयोग कितना साधारण है। इन रूपों से यह भी ज्ञात होता है कि केन्तुम्-शतम् का वर्गीकरण कितना निरर्थक है। यूरोप की किसी भाषा की धातुएँ इस अतिरिक्त 'न' का ऐसा व्यवहार नहीं करतीं, जैसा संस्कृति की धातुएँ करती हैं। अतिरिक्त 'ण' की तो वहाँ चर्चा ही निरर्थक है। हिन्दी में चिनोति के समान चुनता रूप है जो 'चि' से भिन्न किसी अन्य जनपदीय भाषा की 'चु' धातु का सनातन रूप है। किन्तु अतिरिक्त 'न' का प्रयोग हिन्दी का साधारण नियम नहीं है। यदि कृणोति, क्षीणति, छिनत्ति आदि से कोई इनके समकक्ष हिन्दी रूप निकाले और यह कहे कि नव्य-आर्य भाषा में ध्वनिक्षय के कारण न-ण का लोप हो गया, तो इसे ध्वनिक्षय के बदले व्याख्याता के बुद्धिक्षय का प्रमाण मानना चाहिए। जब वैदिक भाषा में ही एक धातु के अनेक रूप विद्यमान हैं, तब हिन्दी आदि भाषाओं की क्रियाओं को संस्कृत की कुछ परिनिष्ठित धातुओं में हो उत्पन्न क्यों माना जाए?

इष् (चाहना) से इच्छति रूप बनता है। इससे इषति या इछति रूप भी बन सकता था। छ के साथ च का आगम इ पर बलाघात के लिए है। इष् (भेजना) का रूप बनता है इष्यति। यहाँ ष के साथ य को सम्बद्ध किया गया है बलाघात के लिए। इसी प्रकार क्रुध् से क्रुध्यति, तुष् से तुष्यति, तृष् से तृष्यति, द्रुह से द्रुह्यति, नृत् से नृत्यति, पश् से पश्यति, पुष् से पुष्यति आदि रूपों में अतिरिक्त व्यंजन 'य्' का उपयोग बलाघात के लिए है।

संस्कृत में प्रच्छति है, हिन्दी में पूछत, पूछता। यह आवश्यक नहीं कि प्रच्छ से पुच्छ और पुच्छ से पूछ बना हो। मूल धातु 'प्रश्न' में निहित 'प्रश्' है। प्रश् में प्रछ् बनेगा, प्रच्छ नहीं। प्रच्छ में अतिरिक्त 'च्' बलाघात के लिए है। प्रश् या उससे मिलते-जुलते अन्य रूप से पूछति रूप बन सकता है। यह बिलकुल सम्भव है कि ईसा से डेढ़ हजार साल पहले जब भी यहाँ के कुछ जन प्रच्छति बोलते थे, तब उनके दूसरे भाईबन्द इस बलाघात की आवश्यकता न अनुभव करके पूछति ही बोलते थे। धातु प्रश् है, इसलिए प्रशति, प्रछति या पूछति जैसा रूप प्रच्छति की तुलना में प्राचीन माना जा सकता है।

हिन्दी क्रिया पेख (पेखहु, पेखना आदि), पश्य की समरूप पेश जैसी किसी धातु से बनी है। पेक्ख का क और पश्य का य बलाघात के लिए हैं। इस प्रकार के बलाघात के अभाव में मूल धातु से सीधे पेख रूप बन सकता है। इसी प्रकार देख धातु दृश का विकृत रूप नहीं है;

देना के समान वह किसी एकारमूलक धातु से बनी है। हिन्दी धातु खा संस्कृत खाद से उत्पन्न नहीं है; वास्तव में मूल धातु रही है खा, उसमें द जोड़ा गया है। इसका यह अर्थ नहीं है कि संस्कृत की धातुएँ हिन्दी से उत्पन्न हुई हैं। तात्पर्य केवल इतना है कि अनेक धातुओं के मूल रूप संस्कृत की तुलना में हिन्दी आदि भाषाओं में अधिक सुरक्षित हैं।

हिन्दी क्रिया सोना का सम्बन्ध संस्कृत स्वप् से नहीं है। स्वप् में प् अतिरिक्त व्यंजन के रूप में है। संस्कृत में सोने के लिए एक धातु है सस्। सस् और स्वप् एक ही धातु के दो भिन्न रूप हैं। इन्हीं के समकक्ष हम उस धातु के तीसरे रूप की कल्पना करते हैं, 'सो' की। हिन्दी सोना न सस् से बना है, न स्वप् से। वह इन्हीं के साथ अन्य जनपदों में प्रचलित 'सो' का वर्तमान अपरिवर्तित रूप है।

मूल धातु के दो या तीन रूपों की चर्चा से यह न समझना चाहिए कि हिन्दी प्रदेश की विभिन्न जनपदीय भाषाएँ एक ही आदि भाषा से उत्पन्न हुई हैं। पहले तो यहाँ उनकी समानताओं की ही चर्चा हो रही है, भिन्नताओं की नहीं। इनके अलावा यह स्मरण रखना चाहिए कि परिनिष्ठित भाषा के समान परिनिष्ठित उच्चारण भी सामाजिक विक्रम पर निर्भर होता है। किसी भी भाषा को बोलनेवाला सम्पूर्ण मानव-समुदाय अपने शब्द-भंडार का एक-सा उच्चारण कहीं करता। भाषा के अन्दर बोलियों के भेद हैं और हर बोली में उपबोलियों का अन्तर है—बारह कोस पर बोली बदलने की बात में उच्चारण-भेद भी शामिल है। यह क्रम आज का नहीं है। इस सिलसिले में ब्लूमफील्ड की उस बात को याद रखना चाहिए कि भाषा के बोलनेवाले जितनी ध्वनियाँ करते हैं, वे सभी सार्थक नहीं होतीं। उन्होंने अमरीकी आदिवासी मेनोमिनी जाति का उदाहरण दिया था। पानी के लिए निपीब् शब्द कहने पर भी लगता है—शब्द निरीह है, कभी निबीब्। यहाँ सार्थक ध्वनि-क्रिया केवल ओठों को बन्द करना और श्वास को नाक से निकलने न देना है। यह तो हुई एक आदिवासी जाति की बात। अब एक समुन्नत समाज का उदाहरण लीजिए। प्रसिद्ध जर्मन कवि गेटे अपने देशवासियों के उच्चारण से काफी परेशान थे। उन्होंने एकरमन से बातचीत करते हुए कहा था कि उत्तरी जर्मनी के लोगों का उच्चारण शुद्ध है और उसे बहुत कुछ आदर्श रूप में ग्रहण किया जा सकता है। लेकिन सुआबियन, ऑस्ट्रियन और सैक्सन लोगों का उच्चारण दूषित है। "हमारे प्रिय नगर व्हाइमर के निवासियों ने भी मुझे काफी उद्विग्न किया है। इनमें एकदम हास्यास्पद गलतियाँ देखने को मिलती हैं। कारण यह कि यहाँ के स्कूलों में स्पष्ट उच्चारण द्वारा उन्हें ब और प, ड और ट का भेद करना नहीं सिखाया जाता। मालूम होता है कि उनके लिए व, प, ड और ट चार भिन्न वर्ण हैं ही नहीं। वे केवल एक कठोर और कोमल ब का उच्चारण करते हैं और एक कठोर और कोमल ड का। इस तरह मानो वे सूचित करते हैं कि प और ट का अस्तित्व है ही नहीं। ऐसे लोग जब पाइन (पीड़ा, अंग्रेज़ी पेन) कहते हैं तो लगता है, बाइन (पैर) कह रहे हैं। जब पास (अंग्रेज़ी पास, निकलना) कहते हैं तो लगता है, बास (अंग्रेज़ी बेस, मंद स्वर) कह रहे हैं। टेकेल (एक कुत्ता) कहते हैं तो लगता है, डेकेल (आवरण) कह रहे हैं।" पर गेटे ने इन व्यंजनों के अलावा दो स्वरों के अस्पष्ट उच्चारण की मिसाल भी दी है। जर्मन ध्वनि ü (यू) का उच्चारण इ जैसा सुनने में आता था। लोग क्यूस्टेन-बेह्वोनेर (समुद्रतटवासी) को कस्टेनबे-ह्वोनेर (सन्दूक में रहनेवाला) कहते थे। यही नहीं, ग और क की ध्वनियाँ भी अस्पष्ट सुनाई देती थीं। नाट्य-गृहों में गार्टेनहाउस (उद्यान गृह) के बदले कार्टेनहाउस (ताश के पत्तों का घर), गासे (गली) के बदले कासे (सन्दूक)

सुनने को मिलता था। "ग के स्थान पर क का उच्चारण अभिनेताओं में ही नहीं, धर्माचार्यों में भी मिलता है।" अर्थात् उच्चारण की यह तरलता साधारण शिक्षा-प्राप्त अभिनेताओं की ही विशेषता नहीं थी; विशेष शिक्षा-प्राप्त धर्माचार्यों में भी उसके दर्शन होते थे। इससे मिलती-जुलती मिसाल संस्कृत से दी जा सकती है। संस्कृत गर्त का एक वैदिक रूप कर्त भी है। इन दो रूपों का कारण ग-क वाला भेद है। इन उदाहरणों से सिद्ध हुआ कि एक ही भाषा के बोलनेवाले शिक्षित जन भी अनेक शब्दों का भिन्न उच्चारण कर सकते हैं। ग्रिम ने ध्वनि-परिवर्तन सम्बन्धी नियम बनाते समय इस बात पर ध्यान दिया था कि उनके बहुत-से देशवासी उस समय भी—प्राचीन-काल की बात दरकिनार—क-ग, प-ब और ट-ड का स्पष्ट भेद न करते थे। प्राचीन काल में कहाँ क का ग हुआ, कहा प का ब, यह सब इस मान्यता के आधार पर कल्पित किया गया था कि एक समाज के लोग एक काल विशेष में शब्दों का एक-सा ही उच्चारण करते थे। उच्चारण में समानता शिक्षा और अभ्यास से उत्पन्न होती है। हमारे देश में संस्कृत का सही उच्चारण सिखाने के लिए भगीरथ प्रयत्न किये गए। 'पुरानी हिन्दी' में चन्द्रधर शर्मा 'गुलेरी' ने राजशेखर का हवाला देते हुए लिखा है कि द्रविड़ लोग संस्कृत गद्य को भी पद्य के समान गाकर पढ़ते थे। गुजरात और राजस्थान के लोग संस्कृत अपभ्रंश के अंश मिलाकर एक ही ढंग से पढ़ते थे। कश्मीरी पंडित संस्कृत में सुन्दर कविता रचते थे, लेकिन पढ़ते थे तो लगता था : "कानों में गिलोय की पिचकारी है।" उत्तरापथ के लोग नक्की सुर में पढ़ते थे।

अब आश्चर्य न होना चाहिए कि प्राचीन जनपदों में कोई स्वपिति कहता था, तो कोई सस्ति और अन्य जन सोवति से काम लेते थे। ऐसी स्थिति में स्वप् से सो धातु बनी है, यह कहना उचित न होगा। जब हम कहते हैं कि स्वप्, सस् और सो एक ही मूल धातु के तीन रूप हैं, तो उसका अर्थ इतना ही है कि धातु मूलत: एक है; उच्चारण-भेद के कारण वह तीन रूपों में मिलती है। खोदने के लिए संस्कृत में दो धातुएँ हैं—खन् और खा। हिन्दी धातु खोद् इनसे भिन्न तीसरे रूप 'खो' में अतिरिक्त व्यंजन 'द' जोड़कर बनी है। अवधी में खोह और खन्, दोनों रूपों का चलन रहा है। खान और खदान शब्द दो भिन्न धातु-रूपों से बने हैं। संस्कृत जागृ और हिन्दी जाग एक-दूसरे की समकक्ष और स्वतंत्र धातुएँ हैं। हिन्दी में अनेक क्रियाएँ र-युक्त है, विशेष कर अवधी या अन्य पूर्वी रूपों में—जरत, बरत, पुरवत, हरत, मरत, करत, लरत, गिरत इत्यादि। यदि जागृ का ऋ उस धातु का अतिरिक्त वर्ण न होकर उसका आवश्यक अंग होता, तो र रूप में वह हिन्दी जाग के साथ जुड़ा होता। जाग धातु से जो हिन्दी संज्ञाएँ बनती हैं, वे भी र-हीन होती हैं, जैसे रतिजगा। हिन्दी क्रिया जीतना संस्कृत के 'जि' से भिन्न दीर्घ स्वर वाली 'जी' में अतिरिक्त व्यंजन त् जोड़कर बनी है। संस्कृत ज्वल् हिन्दी जलना से भिन्न है। जल पूर्वी रूप जर के रकार-परिवर्तन से बना है। संस्कृत तर् (तृ) के अन्य रूप तैर से हिन्दी क्रिया तैरना बनी है। सुनना का सुन् श्रु में, संस्कृत के अनुरूप, 'न' व्यंजन की बढ़ती से बना है। यहाँ भी यह नहीं कहा जा सकता कि मूल धातु में श् ध्वनि थी या स थी। (रूसियों को श से काफी प्रेम है लेकिन उनके यहाँ सु से स्लू रूप बना है।) यह भी निश्चित रूप से नहीं कहा जा सकता कि हिन्दी सुन स्रुन का रूप है। सम्भव है, सुन् धातु पहले भी रकारहीन रही हो। धोने के लिए संस्कृत धाव् से भिन्न ओकारान्त रूप धो से हिन्दी क्रिया बनी है। पकड़ने के अर्थ में हिन्दी क्रिया धर (धर-पकड़) धृ से नहीं बनी; धर् से वर्ण-संकोच द्वारा धृ रूप बना है।

हिन्दी क्रिया 'होना' का कोई सम्बन्ध भू से रहा होगा तो उसके अन्य रूप 'भो' से न कि 'भू' से। कनौजी के हुइहै आदि रूप भी सीधे भू से न बनकर अवधी होइहै का लघु रूप जान पड़ते हैं। भू से भया, भे, भा आदि जनपदीय रूप बने हैं। हिन्दी है और हैं इसी हो (भो) से बने हैं। अस् धातु से आहै, आछै आदि रूप बनते हैं। रोने के लिए संस्कृत में रु (रुवति) और रुद् (रोदिति), दो धातुएँ हैं। हिन्दी रो का सम्बन्ध रोद् से है, लेकिन उसके दकार-हीन रूप से। रोना संज्ञा रोदन से नहीं बनी; वह सीधे प्राचीन रो धातु से बनी है। रुद् की तुलना में रु-वाली धातु प्राचीन माननी चाहिए और रो को रु के समकक्ष। उत्तर रामचरित में सीता राम के लिए कहती हैं : परुण्णो होदि। इसका संस्कृत रूप है : प्ररुदितो भवति। स्पष्ट ही रुदितो से रूण्णो नहीं बना; उसका सम्बन्ध वैदिक रु से है।

नाटकों की प्राकृत में पश्चिमोत्तर प्रदेश—राजस्थान, हरियाणा आदि—की उच्चारण-विशेषताओं की खासी नकल की गई है। दारुण की जगह दालुण पश्चिमी बोलियों के लकारप्रेम की नकल में बना। पुनः-पुनः की जगह पुणो-पुणो उनकी बोलियों में णकार-बाहुल्य की ओर संकेत करता है। स्फुटित की जगह फुडइ, एतेन की जगह एदिणा जैसे रूप इस बात की ओर संकेत करते हैं कि पश्चिमोत्तर वासियों को अघोष वर्णों की तुलना में सघोष वर्णों से अधिक प्रेम था। अघोष-सघोष भेद के कारण ही शरद-शरत्, तद्-तत् जैसे विकल्प-रूप देखने को मिलते हैं। इसी प्रवृत्ति से पंच का पंज, मातर का मादर, पितर का पिदर रूप होता है। ईरानी-पंजाबी में यह प्रवृत्ति आज भी पाई जाती है। यदि ईरानी 'आर्य'—या आर्य ईरान होकर—भारत आए होते तो यहाँ भी पंज, पिदर, मादर रूप प्रचलित होते। यूरोप में जहाँ यह पश्चिमोत्तरी प्रभाव पड़ा है, वहाँ मदर, फादर, ब्रदर जैसे रूप मिलते हैं। जहाँ इस प्रभाव से मुक्त प्राचीनतर भारतीय रूपों का प्रभाव पड़ा है, वहाँ पतेर, मतेर, ब्रात् आदि रूप मिलते हैं।

संस्कृत के विकास में पूर्वी प्रदेशों की कितनी महत्त्वपूर्ण भूमिका रही है, इसे न समझ पाने के अनेक कारण हैं। एक कारण ईरान-अफगानिस्तान होकर आर्यों के आगमन की कहानी है। दूसरा कारण कुरुक्षेत्र या उससे और भी उत्तर के प्रदेशों से वेदों का सम्बन्ध है। तीसरा कारण पूर्वी प्रदेशों की वर्तमान गरीबी है जिससे संस्कृत जैसी भाषा के विकास में उनके योग की कोई कल्पना नहीं करता। किन्तु वेद-मंत्रों की रचना और वैदिक भाषा का विकास दो भिन्न वस्तुएँ हैं। प्राचीनकाल में मगध और कोसल के साम्राज्य सामन्ती विकास के मुख्य क्षेत्र रहे हैं, इसे भी स्मरण रखना चाहिए।

हिन्दी तथा अन्य भारतीय भाषाओं की अपनी व्याकरण-व्यवस्था है, उनका अपना शब्द-भंडार है। उन्हें हम संस्कृत की पुत्रियाँ या देववाणी का आधुनिक परिवर्तित रूप नहीं कह सकते। प्राचीन काल में संस्कृत यहाँ की एकमात्र भाषा नहीं रही। उसके साथ यहाँ अन्य भाषाएँ बोली जाती थीं जो संस्कृत से मिलती-जुलती थीं, फिर भी उससे भिन्न थीं, जैसे हिन्दी की साथी बोलियाँ एक-दूसरे से भिन्न हैं। जो लोग हिन्दी आदि नव्य भारतीय भाषाओं को संस्कृत से उत्पन्न मानते हैं, वे भी संस्कृत के समानान्तर अन्य भाषाओं का अस्तित्व स्वीकार करते हैं। संस्कृत का विकृत रूप प्राकृतें थीं और उनसे अपभ्रंश के मार्गों से आधुनिक भाषाएँ उत्पन्न हुईं—अनुसंधान की इस पद्धति को अपनानेवाले स्वयं उससे असन्तोष प्रकट कर चुके हैं। सही पद्धति यह है कि हम आधुनिक भाषाओं में प्राचीन तत्त्वों की स्थिति स्वीकार करें, उनकी हर विशेषता को संस्कृत से उत्पन्न सिद्ध करने का आग्रह न करें, एक क्षेत्र—यथा

हिन्दी प्रदेश—की बोलियाँ एक-दूसरे को प्रभावित करती रही हैं, उनके रूप एक-दूसरे में मिलते रहे हैं, और कुछ तत्त्व ऐसे हैं जो संस्कृत में भी नहीं हैं किन्तु जिनका प्राचीनतम रूप हिन्दी आदि भाषाओं में सुरक्षित है, यह सिद्धान्त मानें। अनार्य प्रभाव से प्राकृतों का जन्म हुआ, गौतम बुद्ध से कुछ पहले पूर्वी क्षेत्रों में मभाआ प्रतिष्ठित हो चुकी थी और नभाआ का अभ्युदय तर्क-आक्रमण से हुआ—इस तरह की स्थापनाएँ अवैज्ञानिक हैं और इतिहास की वास्तविकता से उनका कोई सम्बन्ध नहीं है। मभाआ और नभाआ का अन्तर प्रकट करने के लिए जो ध्वनि-सम्बन्धी विशेषताएँ बताई गई हैं, वे एकांगी हैं और पूर्व-निश्चित मान्यताओं के समर्थन के लिए गढ़ी गई हैं। इनमें सबसे हास्यास्पद युग्मव्यंजन वाले संस्कृत-प्राकृत-पंजाबी शब्दों को प्राचीन मानने से सम्बन्धित स्थापना है। अनेक संस्कृत शब्दों में यह द्वित्वभाव स्थापित करके उन्हें प्राकृत बनाया गया है, इससे उनकी प्राचीनता सिद्ध नहीं होती। स्वयं संस्कृत में बहुत-से ऐसे रूप हैं जो व्यंजन-संकोच का परिणाम हैं; कृ, ज्ञा आदि की तुलना में कर्, जान् आदि अधिक ही प्राचीन हैं, कम नहीं। भाषा का परिनिष्ठित उच्चारण स्थिर होते-होते होता है। इस उच्चारण-सम्बन्धी अस्थिरता के कारण एक ही जनपदीय भाषा में किसी धातु-विशेष के अनेक रूप हो सकते हैं। अनेक जनपदीय भाषाओं में कुल मिलाकर ये रूप और भी अधिक होंगे। इन विभिन्न प्राचीन रूपों में आधुनिक भाषाओं के शब्द-भंडार और व्याकरण का घनिष्ठ सम्बन्ध है।

आठवाँ अध्याय

आधुनिक भारतीय भाषाएँ

उनके उद्‍भव की कुछ समस्याएँ

संस्कृत-परिवार की आधुनिक भाषाएँ बहुत-सी बातों में संस्कृत के समान हैं, और दूसरी बहुत-सी बातों में वे उनसे भिन्न भी हैं। इसका कारण यह है कि उनका मूलाधार वे भाषाएँ हैं जो संस्कृत के साथ-साथ उत्तर भारत के विभिन्न जनपदों में बोली जाती थीं। ये भाषाएँ संस्कृत से कुछ बातों में भिन्न होते हुए भी उसी परिवार की थीं। इसलिए जैसे उनमें और संस्कृत में बहुत बड़ी समानता थी, वैसे ही उनके आधार पर विकसित आधुनिक भाषाओं में भी परस्पर तथा संस्कृत से बहुत बड़ी समानता है। इस समानता का कारण यही नहीं है कि इन भाषाओं ने संस्कृत से बहुत-सी सामग्री उधार ली है या उसे विरासत के रूप में पाया है, वरन् यह भी है कि संस्कृत से मिलते-जुलते और उससे भिन्न रूप उन प्राचीन भाषाओं में प्रचलित थे और वे आधुनिक भाषाओं में अपनी समानता और विषमता के साथ विद्यमान हैं। प्राचीन और नवीन भाषाओं का यह सम्बन्ध सीधा न होकर पेचीदा है। उसमें न केवल समानताएँ हैं, वरन् परस्पर भिन्नताएँ भी हैं। उसमें न केवल संस्कृत से समानताएँ निहित हैं, वरन् संस्कृत की समानान्तर भाषाओं की समानताएँ और भिन्नताएँ भी निहित हैं। इस संश्लिष्ट सम्बन्ध के विरोध में एक ओर तो रूढ़िवादी स्थापना है कि विश्व की नहीं तो भारत की और भारत की सभी नहीं तो उत्तर भारत की भाषाएँ संस्कृत से उत्पन्न हुई हैं। उनमें जो तत्त्व संस्कृत से सिद्ध न हो सकें, उन्हें अनार्य प्रभाव की देन मानना चाहिए। इस रूढ़िवादी स्थापना से भिन्न एक और अति प्रगतिशील स्थापना यह है कि संस्कृत कभी बोलचाल की भाषा थी ही नहीं—लौकिक संस्कृत ही नहीं, वैदिक भाषा भी काफी कृत्रिम थी, स्वाभाविक बोलचाल की भाषाएँ प्राकृत थीं। ये भी साहित्यिक रूप में कृत्रिम थीं। इसलिए आधुनिक भाषाओं का विकास प्रकृत-प्राकृतों से हुआ है—ऐसी प्राकृतों से, जो साहित्य का माध्यम बनने से कृत्रिम नहीं बनीं और इसलिए जिनका रूप-गठन अनुमेय है, प्राप्य नहीं।

यह दूसरी तरह की अति प्रगतिशील स्थापना सर जार्ज ग्रियर्सन के प्रसिद्ध ग्रंथ 'लिंग्विस्टिक सर्वे ऑव इंडिया' की भूमिका में मिलती है। उन्होंने लिखा है : "भारत में बोलचाल की आर्य भाषा शताब्दियों से आर्य कहलाती रही है। प्राकृत का अर्थ है संस्कृत, संस्कृत, सँवारी हुई, नकली भाषा से भिन्न सहज, अकृत्रिम भाषा। 'प्राकृत' की इस व्याख्या से यह परिणाम निकलता है कि वेदमंत्रों के संकलनकर्ता ब्राह्मणों ने इन मंत्रों में अपेक्षाकृत कृत्रिम संस्कृत भाषा सुरक्षित रखी है। वेदमंत्रों के समय की बोलचाल की भाषाएँ वास्तव में प्राकृत थीं।"[1] ग्रियर्सन ने वैदिक

1. 'लिंग्विस्टिक सर्वे ऑव इंडिया', खंड 1, पृ. 121

भाषा की कृत्रिमता सिद्ध करने के लिए कहीं उसका विश्लेषण नहीं किया। उनकी स्थापना का आधार प्राकृत-संस्कृत शब्दों का अस्तित्व और उनका अर्थभेद है। भले ही वैदिक काल में 'संस्कृत' शब्द का चलन न रहा हो, ग्रियर्सन ने प्राकृत-संस्कृत का भेद उस समय के लिए भी सत्य माना है।

1886 में वियना में होनेवाली ओरिएंटल कांग्रेस ने एक प्रस्ताव द्वारा भारत सरकार से इस देश की भाषाओं का सर्वेक्षण करने का अनुरोध किया था। आठ साल बाद भारत सरकार ने इस ओर ध्यान दिया। सर्वेक्षण से मद्रास, हैदराबाद और मैसूर बाहर रखे गए। इस प्रकार यह सर्वे-ग्रंथ सर्वभारत का सर्वे न कर सका था। सरकार ने हर जिले के पोलिटिकल एजेंट और अन्य कर्मचारियों के पास खाली फार्म भेज दिये और उनसे कहा गया कि वे भाषा का नाम और उसके बोलनेवालों की संख्या लिख भेजें। भारत जैसे देश में कहाँ कौन-सी भाषा बोली जाती है और इसके बोलनेवाले कितने हैं, इन बातों का पता लगाना हमेशा आसान नहीं होता। स्वाधीनता-प्राप्ति के बाद भी स्वयं भारत के लोग इस बारे में सदा एकमत नहीं हो पाते। सारे भारत की तो बात दूर, पंजाब जैसे एक राज्य के लोगों में ही इस बात को लेकर मतभेद है कि उनकी भाषा हिन्दी है या पंजाबी। इसलिए भारत की भूतपूर्व अंग्रेज़ सरकार ने जिला कर्मचारियों को जो काम सौंपा था, वह उतना सरल न था, जितना वह ऊपर से देखने में लगता है। हिमालय की तराई से किसी जिले के ईमानदार अफसर ने बड़ी मेहनत से सरकारी प्रश्नों का उत्तर तलाश किया और उसे एक पन्ने में लिख भेजा। वह उत्तर सर जार्ज ग्रियर्सन ने पढ़ा, उनके सहकारियों ने पढ़ा, लेकिन किसी से उसका अर्थ न खुला। अन्त में जिलाधीश के पास और भी जाँच-पड़ताल के लिए वह काग़ज़ वापस भेज दिया गया। अब पता चला कि उस पन्ने में भाषा का नाम और उसके बोलनेवालों की संख्या न लिखी हुई थी। उसमें भाषाशास्त्र से अनभिज्ञ किन्तु चतुर किसी भारतवासी ने जिलाधीश के प्रश्न का उत्तर लिखाया था—हम नहीं समझता कि तुम क्या कहता है।

शिमला से थोड़ी दूर की समकालीन पहाड़ी बोली की जाँच-पड़ताल में जब आई.सी.एस. स्तर के विद्वान को इतनी कठिनाई हो सकती थी, तब वेदमंत्रों के समय की प्राकृतों का अनुशीलन करने में उन्हें कितनी दुर्लंध्य बाधाओं का सामना करना पड़ा होगा, पाठक इसकी कल्पना कर सकते हैं। ऐसा कोई तरीका न था कि परम प्रतापी ब्रिटिश साम्राज्य वैदिक मंत्र-द्रष्टाओं के पास खाली फार्म भेज देता और उनसे भाषा का नाम और उसके बोलनेवालों की संख्या मँगवा लेता। किन्तु यदि वैदिक ऋषियों को मंत्र-दर्शन होता था, तो भाषा-शास्त्रियों को भाषा-तत्त्व-दर्शन क्यों नहीं हो सकता? उन्होंने अपने सहज ज्ञान के बल पर घोषित कर दिया कि वैदिक मंत्रों की भाषा कृत्रिम थी। इस कृत्रिमता का विशेष कारण यह था कि वेदमंत्रों को ब्राह्मणों ने संकलित किया था और उन्हें सुरक्षित रखा था। लेकिन इसमें ब्राह्मणों से अधिक भारत की जलवायु का दोष है, क्योंकि "लिखित रूप लेने पर प्राकृत भी जड़ (fixed) हो गई ठीक वैसे ही, जैसे ब्राह्मण-परम्परा में संस्कृत जड़ हो गई थी। वह अनेक पीढ़ियों तक साहित्यिक भाषा बनकर अपरिवर्तित रही।"[1] इसलिए परिवर्तनशील भाषा के नमूने आपको इस देश में मिल ही नहीं सकते। उन्होंने लिखित रूप लिया नहीं कि जड़ हुए। टेपरिकॉर्डर का चलन उस समय था नहीं।

ग्रियर्सन के अनुसार तद्भव उन शब्दों को नहीं कहते जो संस्कृत रूपों से बने हैं। तद्भव शब्द वे हैं, जो आदि प्राकृतों से चले आ रहे हैं। इन प्राकृतों का संस्कृत से सम्बन्ध नहीं है।

---

1. 'लिंग्विस्टिक सर्वे ऑव इंडिया', पृ. 123

"अधिकांश शब्द ऐसे हैं जो आदि प्राकृत की बोलियों से निकले हैं और ये बोलियाँ वे नहीं हैं जिनसे क्लासिकल संस्कृत निकली है।"[1] आधुनिक भाषाओं के शब्द-भंडार से संस्कृत का इतना कम सम्बन्ध है, तब उनके व्याकरण से तो और भी कम होगा। "इन भाषाओं के जीवित व्याकरणों में संस्कृत व्याकरण का एक रूप भी जोड़ा नहीं गया।"[2] उन्होंने मिसाल दी है घोड़ा और राजा शब्दों की। राजा शब्द का बहुवचन घोड़े की तरह राजे नहीं होता। लेकिन इससे सिद्ध क्या हुआ? यदि घोड़े की तरह राजे रूप नहीं बनता तो इससे संस्कृत व्याकरण का असर साबित हुआ। यदि राजे-महाराजे में राजे की चाल घोड़े जैसी ही है, तो राजे-घोड़े में कोई अन्तर नहीं है। उदाहरण निरर्थक हुआ। ग्रियर्सन का यह कहना सही नहीं है कि संस्कृत से उधार लिये हुए शब्द "रूप-विकार में बहुत कम बदलते हैं।"

उन्होंने क्रियाओं के बारे में एक दूसरा सिद्धान्त स्थिर किया है। आधुनिक भाषाओं में मूल क्रिया अपने रूप बदलती है लेकिन यह जरूरी नहीं है कि संज्ञाएँ भी अपना रूप बदलें। इसलिए आम तौर से तत्सम शब्द क्रियाओं के लिए नहीं ग्रहण किये जाते। ऐसा करना आवश्यक हुआ तो एक दूसरी तद्भव क्रिया की मदद ली जाती है। अपनी इस स्थापना के समर्थन में ग्रियर्सन ने दर्शन शब्द का उदाहरण दिया है। "अगर हम कहना चाहें कि वह देखता है, तो हम दर्शन नहीं कह सकते बल्कि हमें कहना होगा कि दर्शन करे।"[3]

ग्रियर्सन ने यह मान लिया है कि संस्कृत में दर्शन क्रिया है। हिन्दी में वह क्रिया के बदले संज्ञारूप में करे के साथ प्रयुक्त होती है। यदि दर्शन संस्कृत में भी संज्ञा है, तो हिन्दी और संस्कृत के प्रयोग में अन्तर क्या हुआ? जहाँ तक दृश् धातु की बात है, हिन्दी की देखना आदि क्रियाएँ उससे या उसकी समकक्ष अन्य धातुओं से सम्बन्धित है। "यद्यपि जहाँ-तहाँ अपवाद मिलते हैं, फिर भी हम इसे व्यापक नियम (यूनिवर्सल लॉ) मान सकते हैं कि इंडो-आर्यन वर्नाक्यूलर की संज्ञाएँ तत्सम् (या अर्द्ध-तत्सम्) अथवा तद्भव होती हैं लेकिन इंडो-आर्यन वर्नाक्यूलर की क्रियाएँ तद्भव ही होती हैं।"[4] यदि पढ़ को पठ् से निकली हुई तद्भव क्रिया मानें—यद्यपि ग्रियर्सन का यह आशय नहीं है—तो भी हिन्दी-संस्कृत की बहुत-सी क्रियाएँ एकदम सामान्य हैं। कर, खून, गा (गाना), गाह (अवगाहे), जन, जान, जीव, तप, तर, दह, दुह, धाव, नह, पि (पा या पिब), भन (भूषन भनत सिवराज बीर तेरे त्रास), मर, सह, हन, चल, लिख आदि पचीसों क्रियाएँ हिन्दी-संस्कृत में सामान्य हैं। ग्रियर्सन की प्रवृत्ति संस्कृत और आधुनिक भाषाओं के सम्बन्ध को कम करके दिखाने की ओर है?

संस्कृत और हिन्दी के क्रिया-रूपों का भेद दिखाने के लिए ग्रियर्सन अनार्य उपकरणों का सहारा लेते हैं। उनके अनुसार हिन्दी क्रिया-रूपों पर हिन्दी-चीनी भाषाओं का असर पड़ा है। उदाहरण यह दिया है। संस्कृत में भूत काल के दो रूप होते हैं : मैंने उसे मारा और वह मुझसे मारा गया। आधुनिक भाषाओं में दूसरा रूप ही प्रचलित है। "No modern Indo Aryan language ever says, 'I struck him' or 'I went', but all say, 'he was struck by me' or 'I am gone'."[5] ग्रियर्सन ने हिन्द-चीनी भाषाओं के प्रभाव की बात चलाई थी। उससे उपर्युक्त उदाहरण का कोई सम्बन्ध नहीं है। वास्तव में उनके दिमाग में समस्या है हिन्दी कारक चिह्न

1. उप., पृ. 127
2. उप., पृ. 118
3. उप., पृ. 128-29
4. 'लिंग्विस्टिक सर्वे ऑव इंडिया', पृ. 129
5. उप., पृ. 132

'ने' की। संस्कृत में यह 'ने' है नहीं। इसको उन्होंने संस्कृत के किसी तीसरे भूतकालीन रूप से सम्बद्ध किया है। उनका कहना है कि संस्कृत में भूतकाल का एक तीसरा रूप था जो अकर्मक क्रियाओं के साथ आता था (सुप्तः, मृतः, गतः, आदि)। इसकी मिसाल अंग्रेज़ी शब्दावली में यह है : it is gone by me; हिन्दी में कह लीजिए, मेरे द्वारा जाना हुआ। संस्कृत में यह रूप अकर्मक क्रियाओं के साथ ही था, आधुनिक भाषाओं में वह सकर्मक क्रियाओं के साथ भी चालू हो गया। सकर्मक क्रियाओं में इस रूप की मिसाल है : मैंने उसको मारा। इसका अंग्रेज़ी अनुवाद यह दिया गया है : by me, with reference to him, striking was done; मेरे द्वारा, उसके सम्बन्ध में, मारने का काम किया गया!

इस उलझन की जड़ यह है कि संस्कृत क्रिया-रूपों में लिंग-भेद होता नहीं है। लिंग-भेद होता है कृदन्त रूपों में। गच्छति, अगच्छत् में लिंग-भेद नहीं है; लिंग-भेद है, गतः, गता में। इस कृदन्त को कुछ लोग शुद्ध क्रिया नहीं मानते; इसलिए उनके विचार से हिन्दी में क्रियावाचक विशेषण हैं या सहायक क्रियाएँ हैं, शुद्ध क्रियाएँ हैं ही नहीं। अन्य लोग जो कृदन्त रूपों को क्रिया मानते हैं, कहते हैं कि हिन्दी में तिङन्त क्रियाएँ कम हैं, कृदन्त रूपों का प्रयोग ही अधिक होता है। "हिन्दी में कृदन्त क्रियाएँ ही अधिक हैं। वर्तमान काल की सब-की-सब क्रियाएँ कृदन्त हैं; सहायक क्रिया केवल 'है' ही तिङन्त है—लड़का पढ़ता है, लड़की पढ़ती है। भूतकाल की भी सभी क्रियाएँ कृदन्त हैं—लड़का गया और लड़की गई।"[1]

शुद्ध क्रिया की दृष्टि से लिंग-भेद, पुरुष-भेद, वचन-भेद अनावश्यक हैं। क्रिया किसी काल में सम्पन्न होती है, इसलिए काल-भेद ही काफी होना चाहिए। साहबी हिन्दुस्तानी के 'हम खाना माँगता' में माँगता भूत, भविष्य, वर्तमान त्रिकाल सिद्ध रूप है। 'चाय होना' जैसी खानसामा-हिन्दी में होना रूप होगा (या होगी) का काम करता है। श्री किशोरीदास वाजपेयी ने बहुत ठीक लिखा है : "शुद्ध क्रिया में लिंग, वचन आदि कुछ है ही नहीं! उसे 'भाव' कहते हैं। आप लड़कों की गिनती कर सकते हैं, लिंग-भेद भी समझ सकते हैं; परन्तु 'लड़के पानी पीते हैं' कहने से 'पीने' की क्रिया को कैसे गिनेंगे? उस क्रिया में लिंग-भेद भी कैसे करेंगे?" इसलिए मलयालम में मैं आता हूँ—ञान् वरुन्नु; तू आता है—नी वरुन्नु; वह आता है—नी वरुन्नु; वह आता है—अवन् वरुन्नु, वे आते हैं—अपर् वरुन्नु। कर्ता बदलता रहता है, लेकिन क्रिया-रूप वरुन्नु स्थाणुवत् स्थिर रहता है! अन्य द्रविड़ भाषाओं में इसके विपरीत क्रिया-रूप बदलते हैं। संस्कृत में वचन और पुरुष के अनुसार पठति, पठन्ति, पठामि, पठावः आदि एक ही काल के भिन्न रूप होते हैं। वचन के हिसाब से हिन्दी-संस्कृत, दोनों में क्रिया-रूप का बदलना आवश्यक है, लेकिन पुरुष और लिंग का महत्त्व दोनों भाषाओं में एक-सा नहीं है। हिन्दी में 'पढ़ते हैं' कहने से यह बोध न होगा कि हम पढ़ते हैं या वे पढ़ते हैं। इसी तरह 'पढ़ता है' कहने से तू पढ़ता है और वह पढ़ता है, दोनों का बोध हो सकता है; पढ़ता हूँ, पढ़ते हो कहने से उत्तम और मध्यम पुरुष का बोध होगा। संस्कृत में क्रिया का हर रूप कर्ता के बिना भी अपना पुरुष घोषित करता है। लिंग-भेद में हिन्दी की प्रकृति संस्कृत से और भी भिन्न है। संस्कृत से भिन्न यहाँ दो ही लिंग हैं किन्तु मराठी ने त्रिलिंग-भेद द्वारा आधुनिक भाषाओं को सर्वत्र क्षय-ग्रस्त होने के कलंक से बचा लिया। वैसे दक्षिण की भाषाओं में जहाँ-तहाँ यह त्रिलिंग-भेद मिलता है। विद्वान उसे चाहें तो अनार्यों पर आर्य प्रभाव का प्रमाण कह सकते हैं। महाराष्ट्र से बंगाल की ओर चलिए—लिंग-भेद का महत्त्व क्रमशः कम होता जाता है।

1. हिन्दी शब्दानुशासन, पृ. 420

ग्रियर्सन का आर्यों की बाह्य और अभ्यन्तर शाखाओं वाला भेद यहाँ तिरोहित हो जाता है। संस्कृत से अधिक घनिष्ठ सम्बन्ध किसका है, बंगला का या मराठी का इसका निर्णय वहाँ के विद्वान करें; एक बात स्पष्ट है कि यहाँ एक भाषा-परिवार ऐसा रहा है जिसमें लिंग-भेद का अतिशय आग्रह रहा है, दूसरा परिवार ऐसा रहा है जिसमें इस तरह का आग्रह बिलकुल नहीं रहा, वरन् आज भी हिन्दी से लिंग-भेद मिटाने का सत्याग्रह वर्तमान है। इस दृष्टि से मराठी और बंगला—संस्कृत की दोनों पुत्रियाँ—देश के दो विरोधी छोरों पर हैं, भूगोल-विचार से ही नहीं, भाषा-तत्त्व-विचार से भी। हिन्दी की पूर्वी बोलियों की तुलना में पछाहीं बोलियाँ लिंग-भेद का आग्रह अधिक प्रकट करती हैं। कोई आश्चर्य नहीं कि यह आग्रह संज्ञा, सर्वनाम, विशेषण के अलावा क्रिया-रूपों में भी प्रकट हुआ।

यहाँ यह स्मरण रखना चाहिए कि क्रिया-रूपों में लिंग-भेद कुछ भारतीय भाषाओं की ही विशेषता नहीं है। यूरोप की अनेक भाषाएँ—जो किसी-न-किसी रूप में संस्कृत-परिवार के सम्पर्क में आई हैं—यही विशेषता प्रकट करती हैं।

नभाआ की कृदन्त-सम्बन्धी विशेषता के बारे में डॉ. चाटुर्ज्या ने लिखा है : "परन्तु सबसे अधिक महत्त्वपूर्ण बात यह हुई कि कुछ कृदन्त भी कालरूपों के आधारों के रूप में प्रतिष्ठित हुए। उदा. 'कृत>किअ,-कीन, कीध, कृत-अल्प, इल्ल>कयल्ल, कयिल्ल>कइल-, कैल, केल; कुर्वन्त>करन्त>करता, करदा, करित-, करत्; कर्तव्य>अर्द्ध-तत्सम मभाआ-करितब्ब>अर्ध-तत्सम—करिअब्ब-, करिअबव्-, करिब-, करब-, करिब, इत्यादि।"

इस स्थापना में यह मान लिया गया है कि संस्कृत में कृदन्त काल-निरपेक्ष है। वाल्मीकि ने व्याध के लिए कहा था—पापात्मना कृतं कष्टं। उस पापात्मा ने बुरा किया। यहाँ कृत स्पष्ट ही कालवाचक है। यदि किया जैसे रूप कृत से उत्पन्न माने जाएँ तो संस्कृत और हिन्दी में कोई भेद नहीं है। श्री किशोरीदास वाजपेयी संस्कृत में भी कृदन्त रूपों की काल-व्यंजना की ओर संकेत करते हुए कहते हैं : "संस्कृत में अकर्मक धातुओं से प्रकृत 'त' प्रत्यय 'कर्तरि' होता है; अर्थात् अकर्मक क्रियाओं में भूतकालिक त-प्रत्ययान्त रूप कर्तृवाच्य होते हैं—कर्ता के लिंग-वचन का अनुसरण करते हैं। ठीक यही स्थिति हिन्दी में है :

"बालक: सुप्त:, बालिका सुप्ता, बालका: सुप्ता:—लड़का सोया, लड़की सोई, लड़के सोए।" इसलिए यदि कृत और कुर्वन्त् से कालबोध हुआ, तो संस्कृत से भिन्न हिन्दी में यह कोई नया परिवर्तन न हुआ।

एक बात और अस्पष्ट है। कृत से किया बना तब त अन्तर्धान हो गया। जब कुर्वन्त् से करता बना, तब त अन्तर्धान होने के बदले हलन्त से पूर्ण वर्ण बना, और दीर्घ आ के साथ अपने अस्तित्व की बहुत जोरदार घोषणा करने लगा। कर्तव्य में वह बीच से ही उड़ गया और छोड़ गया संक्षिप्त रूप करब। त के इस उच्छृंखल व्यवहार का कोई कारण नहीं बताया गया। इसलिए कृत से किया और कुर्वन्त् से करता रूपों की सिद्धि पर थोड़ा सन्देह होना स्वाभाविक है। वर्तमान काल में महाराष्ट्र से लेकर बंगाल तक क्रिया-रूपों में यह त विद्यमान है। मराठी—मी करितों; हिन्दी—मैं करता हूँ; बंगला—अमि करितेछि। उधर भूतकाल में म्यां केला, मैंने किया, आमि कर् लाम्। रूसी में चिताल, पिसाल जैसे भूतकालवाचक लकारान्त रूप हैं। इनसे बंगला-मराठी आदि के लकारान्त रूपों की समानता आश्चर्यजनक है; उतनी ही आश्चर्यजनक त के अन्तर्धान होने की बात है। जहाँ तक करब के ब का सम्बन्ध है, वह बंगला, भोजपुरी आदि के अलावा लैटिन के भविष्यवाचक क्रिया-रूपों में भी मिलता है—लाउदाबो—प्रशंसा करूँगा।

'वह करता है' जैसे वाक्य में 'है' का अस्तित्व देखकर भाषाशास्त्री सोचता है, 'करोति' से 'करता भले बन जाए, 'करता है' कैसे बनेगा? यह अवश्य कुर्वन्त् अस्ति का हिन्दी रूप है, भले ही संस्कृत में कुर्वन्त् अस्ति जैसा प्रयोग प्राय: दुर्लभ हो। इसके अलावा करोति आदि रूप केवल पुरुष और वचन में कर्ता का अनुसरण करते हैं, किन्तु हिन्दी के करता है, करती है, आदि रूप लिंग में भी कर्ता का अनुसरण करते हैं। मराठी रूप तो करितो—वह करता है—में करितो का प्रयोग आहे (है) के बिना ही हुआ है। मराठी के करितों, करितोस, करितात आदि रूप वैसे ही हैं, जैसे संस्कृत के करोति, कुर्वन्ति आदि। मराठी में संस्कृत से भिन्न ये रूप लिंग-भेद भी सूचित करते हैं किन्तु बंगला में करितेछि स्त्री-पुरुष, दोनों के लिए प्रयुक्त होता है। अवधी में 'हम करित है'—स्त्री-पुरुष, दोनों के लिए प्रयुक्त हो सकता है, यद्यपि 'वहु करत है' और 'वह करति है' में पुलिंग और स्त्रीलिंग का भेद है। मराठी में तीन लिंग, खड़ी बोली में द्विलिंग-भेद अनिवार्य, अवधी में विकल्प से और बंगला में तिरोहित, यद्यपि करतो, करता, करित, करिते रूप एक-दूसरे से बहुत ही मिलते-जुलते हैं। इससे सिद्ध हुआ कि क्रिया रूप द्वारा लिंग-भेद सूचित होना उसके कृदन्त होने का निश्चित प्रमाण नहीं है। वही रूप जो एक भाषा में लिंग-भेद से सम्बद्ध है, दूसरी भाषा में उससे परे है। संस्कृत में जो अर्थ कुर्वन्त् का है, वह हिन्दी 'करता है' का नहीं है। करता है, और करता हुआ, इन दोनों रूपों में अन्तर है। श्री किशोरीदास वाजपेयी ने कृदन्त क्रिया और कृदन्त विशेषण का अन्तर स्पष्ट करते हुए लिखा है : "जिस संज्ञा या विशेषण आदि में किसी क्रिया ('धातु') का अर्थ झलक मारता हो, उसे कृदन्त शब्द कहते हैं।" कृदन्त की यह बहुत अच्छी व्याख्या है। कृदन्त विशेषण से भिन्न कृदन्त क्रिया में क्रिया की प्रधानता होगी, लेकिन वह पूर्ण क्रिया नहीं बन पाती। इसीलिए उसे अस्ति आदि का सहारा लेना पड़ता है।

हिन्दी में 'है' की जितनी भरमार है, संस्कृत में अस् का प्रयोग उतना ही अनावश्यक समझा जाता है। ऋग्वेद में "ये शुभ्रा: घोरऽवर्पस: सु: क्षत्रास: रिशादस। मरुभूमि: अग्ने आगहि।" ('ऋग्वेद', मं. 7, सू. 49) मरुत शुभ्र हैं अर्थात् शोभा वाले हैं। वे घोरवर्पस हैं, उग्र रूप धारण करते हैं। रिशादस हैं, हिंसकों के भक्षक हैं। इस वर्णन में अस् धातु से कहीं काम नहीं लिया गया। "यो अपां नेता स जनास: इन्द्र:"—यहाँ नेता के बाद पुन: अस् का प्रयोग नहीं किया गया। "येनेमो विश्वा च्यवन कृतानि" (ऋ., मं. 2, सू. 12)—यहाँ कृतानि काफी है, अस् के प्रयोग द्वारा क्रिया को भरापूरा नहीं बनाया गया। छान्दोग्योपनिषद् में : "मनो हिंकारो वाक्प्रस्ताव श्चक्षुरुद्गीथ: श्रोत्रं प्रतिहार: प्राणो निधनमेतद्गायत्रं प्राणेषु प्रोतम्" (एकादश खंड) मन हिंकार, वाक्-प्रस्ताव, चक्षु उद्गीथ, श्रोत्र प्रतिहार, प्राण निधन; यह गायत्र प्राणों में प्रोत (बसा हुआ)। 'है' का सर्वत्र लोप! वाल्मीकि ने अपनी श्लोक-रचना के बारे में लिखा था :

समाक्षरैश्चतुर्भिर्य: पादैर्गीतो महर्षिणा।
सोऽनुव्याहरणाद् भूय: शोक: श्लोकत्वमागत:।

यहाँ गीत:, आगत: रूप पूर्ण क्रिया का स्थान ग्रहण किये हुए हैं। गीता में कृष्ण कहते हैं : "या निशा सर्वभूतानां तस्यां जागर्ति संयमी।" सब जीवों के लिए जो रात्रि है, 'है' का पुन: अभाव। 'तस्य प्रज्ञा प्रतिष्ठिता', प्रतिष्ठिता अस्ति या भवति नहीं। इसी भाव-प्रकृति का अनुसरण करते हुए मराठी में भी करितों, तो जातो आदि प्रयोग होते हैं। 'मैं नहीं हूँ' के लिए केवल 'मी नाहीं' का प्रयोग हिन्दी में सम्भव नहीं है।

भूतकाल के लकारान्त रूपों को कृत जैसे रूपों से सिद्ध किया गया है। 'भोजपुरी भाषा और साहित्य' में डॉ. उदयनारायण तिवारी ने लिखा है : "ल—अतीत के सम्बन्ध में डॉ. चटर्जी ने पूर्ण रूप से विचार किया है। बंगला, असमिया तथा उड़िया—इल्-अतीत, बिहारी—अल्-अतीत तथा मराठी—इल्, अल-अतीत की उत्पत्ति सं.—त,-इत×सं. लघुवाची या विशेषणीय प्रत्यय—ल के विस्तृत रूप—इल-अल>-इल्ल (—एल्ल),-अल्ल से हुई है।"[1] त, इत का तकार कहाँ खो गया? भूतकाल में लघुवाची विशेषणीय प्रत्यय की आवश्यकता क्यों हुई? ल ने इल्ल, अल्ल आदि विस्तृत रूप क्यों धारण किये? इन प्रश्नों का कोई उत्तर नहीं है। लेकिन यह 'ल' अतीतवाचक ही नहीं है। 'ओकर घर देखल जाला'—उसका घर देखा जाता है। 'रोटी खाइल जाला'—रोटी खाई जाती है।[2] राजस्थान की कुछ बोलियों में यही 'ल' भविष्य काल के लिए प्रयुक्त होता है। एक लोककथा में 'मराय दूं ला'[3], एक आधुनिक राजस्थानी कविता में 'जड़ दूं ली', 'कर दूं ली'[4], कविवर मुकुल की प्रसिद्ध कविता 'सैनाणी' में 'गाऊं ला' भविष्य के लिए प्रयुक्त हुए हैं। महाराष्ट्र, राजस्थान, भोजपुरी प्रदेश और बंगाल—देश के बाहर रूस तक—इस ल का प्रयोग आकस्मिक नहीं है। ये सब भाषाएँ उन प्राचीन बोलियों के आधार पर विकसित हुई हैं जो आपस में मिलती-जुलती थीं। इनमें परस्पर मिलने-जुलनेवाली कुछ बातें ऐसी भी हैं जो संस्कृत में नहीं हैं। यह इन भाषाओं की संस्कृतेतर समानता हुई। उसे संस्कृत से कम प्राचीन मानने का कोई कारण नहीं। लकारान्त रूप—भूत, भविष्यत् और वर्तमान काल के लिए—वैसे ही शुद्ध क्रियावाचक हैं, जैसे 'करता है' का 'करता'। 'करता' के समान ही इन रूपों में कहीं लिंग-भेद होता है, कहीं नहीं होता। भोजपुरी में 'हम देखलीं', हमने देखा, दोनों लिंगों में प्रयुक्त होता है किन्तु तुमने देखा के लिए पुल्लिंग रूप है देखल सन्हि और स्त्रीलिंग रूप है देखलु सन्हि।[5] डॉ. तिवारी ने इस सम्बन्ध में लिखा है : "कभी-कभी संज्ञापदों का लिंगज्ञान क्रियाओं द्वारा भी निर्धारित होता है।" इसका उदाहरण दिया है : घर जरि गइल, घर जल गया; पोथी जरि गइलि, पोथी जल गई। इस प्रकार के लिंग-भेद को भोजपुरी की सहज प्रकृति न मानकर उन्होंने यह मत प्रकट किया है कि "भोजपुरी क्रियापदों में लिंग का पार्थक्य खड़ी बोली के ही प्रभाव से आया है।"[6] डॉ. तिवारी का यह मत सही जान पड़ता है। लिंग-भेद पश्चिम की भाषाओं में अधिक है, पूर्व की भाषाओं में कम। यदि भोजपुरी में आंशिक रूप से उत्पन्न यह लिंग-भेद खड़ी बोली के प्रभाव से हो, तो उससे यही सिद्ध होगा कि हिन्दी प्रदेश की बोलियाँ एक-दूसरे को बराबर प्रभावित करती रही हैं और व्याकरण में लिंगहीनता जैसी विशेषता भी अचल और अभेद्य नहीं है।

डॉ. तिवारी ने 'तुं चलऽ' की उत्पत्ति संस्कृत चलत, चलथ रूपों से सम्भव मानी है। 'उ चलो' की उत्पत्ति 'चलतु' से 'प्रतीत होती है।' "ऐसा प्रतीत होता है कि जब अनुज्ञा तथा निर्देशक के रूप उलट-पलट गए, तब यह-ओ निर्देशक प्रत्यय बन गया। पुन: वर्तमानकाल के रूप (चलति>चलइ>चले) तथा भविष्यत् के रूप (चलिष्यति>चलितिइ>चलिहइ) के अन्तर को स्पष्ट रखने के लिए भी औ>ओ का व्यवहार किया जाने लगा।"[7] अनुज्ञा और निर्देशक

1. डॉ. उदयनारायण तिवारी, 'भोजपुरी भाषा और साहित्य', पृ. 269
2. उप., पृ. 260
3. 'दो राजस्थानी लोक-कथाएँ', नया राजस्थान, 27 जनवरी, 1957
4. रामदेव आचार्य, 'सपना रो क्या विसवास?', प्रेरणा, अगस्त, 1955
5. 'भोजपुरी भाषा', पृ. 270
6. उप., पृ. 185
7. उप., पृ. 265

के रूपों में उलटफेर हुआ हो, चाहे न हुआ हो, और चले चलति से, चलिहइ चलिष्यति से बना हो चाहे न बना हो, उपर्युक्त विवेचन में महत्त्वपूर्ण बात यह है कि भोजपुरी में चलति, चलिष्यति जैसे तिङन्त रूपों के समकक्ष क्रिया रूप प्राप्त हैं। उन्हें कृदन्त रूप सिद्ध करने का प्रयास नहीं किया गया। भविष्य काल में हमारे परिवार की भाषाएँ कहीं क्रिया में संस्कृत इष् का स्मृतिचिह्न स और उसका परिवर्तित रूप ह जोड़ती हैं, कहीं भू का ब और कहीं अज्ञात-कुल-शील गा। कर्तव्य से ब की सिद्धि आवश्यक नहीं है। कर्तव्य जैसा रूप पुरुष-वचन भेद से परे है किन्तु लैटिन में बकारान्त भविष्य रूप संस्कृत के समान ही पुरुष-वचन भेद प्रकट करते हैं। ग्रीक में सकारयुक्त भविष्यवाचक रूप मिलते हैं। इसी प्रकार राजस्थान की कुछ बोलियों में भविष्य के लिए सकारान्त रूपों का चलन है। 'म्हारो बाप थानु द्रव्य देसी'—मेरा बाप तुम्हें धन देगा। 'मुहर एक देस्यां'—एक मुहर दूँगा।[1] जैसे लकार वाले रूप अतीत के अलावा भविष्य के लिए भी आते हैं, वैसे ही कुछ अन्य भाषाओं और बोलियों में सकार वाले रूप वर्तमान और अतीत के लिए आते हैं। तुलसीदास में—जो हसि सो हसि मुहँ मसि लाई; हसि, है के लिए। मारेसि मोहिं कुठांव—मारेसि, मारा के लिए। इसी प्रकार भविष्यवाचक हिन्दी 'गा' है। वाजपेयी जी के अनुसार "आज यह 'ग' एक कृदन्त प्रत्यय ही है—भविष्यत् प्रकट करने के लिए; वस्तुत: भविष्यत्-क्रिया की निष्पति में निश्चिति प्रकट करने के लिए।"[2] यह निश्चिति प्रकट करने का धर्म भविष्य में ही नहीं, वर्तमान में भी सम्पन्न होता है। लाला जी घर में है? हैंगे। आपके पास चार आने पैसे हैं? हैंगे। श्री अमृतलाल नागर के उपन्यास 'बूँद और समुद्र' के कर्नल को इस निश्चयवाचक 'गा' से विशेष प्रेम है : "वह तो मेरी आँखों-देखी बात हैगी सज्जन।" श्री राजेन्द्र यादव के उपन्यास 'उखड़े हुए लोग' के कुछ पात्र 'था' के साथ भी 'ग' का प्रयोग करते हैं। "नहीं, तब हुमारी शादी नहीं हुई थी गी, सो मरा पढ़ावै लिखा है तो कुछ धागा नहीं, जब देखो तब अखबार पढ़ता दिखाई देता था गा।"[3] पता नहीं, वास्तव में 'था' के साथ कहीं लोग 'गा' का प्रयोग करते हैं या नहीं। श्री यादव का कहना है कि उन्होंने ऐसे प्रयोग सुने हैं। द्रविड़ भाषाओं के विशेषज्ञ काल्डवेल का मत है कि इन भाषाओं के प्राचीन रूपों में भविष्य के लिए 'ग' प्रत्यय का ही उपयोग होता था। शेय्-गु—मैं करूँगा। 'The sign of the future is 'g'.' ('भविष्यवाचक चिह्न है 'ग'।)[4] काल्डवेल की यह बात सही हो तो 'गा' की प्राचीनता मान्य होगी; साथ ही उत्तर-दक्षिण की भाषाओं के सम्पर्क का एक अनुपम उदाहरण मिलेगा। इस सन्दर्भ में काल्डवेल ने भोजपुरी—बंगला आदि के 'ब' को भी स्मरण किया है और द्रविड़ भाषाओं के भविष्यवाचक प्रत्यय व से उसकी तुलना की है : "द्रविड़ भाषाओं में बहुप्रचलित और उनका विशेष भविष्यवाचक चिह्न स्पष्ट ही तमिल, कन्नड़ और तुलू का 'व' है। यह बात मार्के की है कि बंगला और उड़िया में, तथा भोजपुरी-हिन्दी में भी भविष्य-काल का चिह्न 'व' है जो ब बोला जाता है—यथा बंगला राखिब, उड़िया राखिबी, भोजपुरी राखब—और मैक्समूलर ने इसे लैटिन के 'ब' या 'बो' से सम्बद्ध किया जो उस भाषा का खास भविष्यवाचक चिह्न है जिसे किसी पुरानी पूर्ण क्रिया का अवशेष माना जाता है।" यह स्थापना असम्भव नहीं है, यद्यपि सम्भाव्य कम है—यह कहते

1. अगरचन्द नाहटा, 'एक-एक मोहर की चार बातां', प्रेरणा, नवम्बर, 1954
2. 'हिन्दी शब्दानुशासन', पृ. 429
3. राजेन्द्र यादव, 'उखड़े हुए लोग'; राजकमल प्रकाशन, पृ. 216
4. रॉबर्ट काल्डवेल, 'ए कम्पैरेटिव ग्रामर ऑव दि द्रैवीडियन ऑर साउथ इंडियन फैमिली ऑव लैंग्वेजेज़'; संशोधित संस्करण, 1913; पृ. 513

हुए काल्डवेल ने फिनलैंड और हंगरी की भाषाओं में भविष्यवाचक 'व' का उल्लेख किया है। इस चर्चा से इतना अवश्य सिद्ध हो जाता है कि करव जैसा रूप कर्तव्य से नहीं बना और ब, गा आदि प्रत्यय प्राचीनता और कुलीनता में किसी से घटकर नहीं हैं।

मैंने उसे मारा—इसका अर्थ यह नहीं है, मेरे द्वारा उसके सम्बन्ध में मार का काम किया गया। 'उसे' का अर्थ 'उसके सम्बन्ध में' नहीं है। 'मैंने' का अर्थ मेरे द्वारा नहीं है। संस्कृत में पुल्लिंग संज्ञाओं के तृतीया एकवचन में 'न' का चिह्न देखकर ग्रियर्सन आदि ने 'मैंने' का अर्थ मेरे द्वारा किया। संस्कृत तथा उसकी समकक्ष भोषाओं में न, ने, नु, आदि का विभिन्न कारक-चिह्नों के रूप में प्रयोग होता था। हिन्दी में वह करण-कारक का चिह्न नहीं है। वाजपेयी जी ने बिलकुल ठीक लिखा है : "लोगों ने 'ने' को करण-कारक की विभक्ति गलती से समझ लिया है। 'ने' का 'करण'-कारक से कोई सम्बन्ध नहीं।"[1] वास्तव में वह हिन्दी में कर्ता-कारक का चिह्न है। उसे संस्कृत के करण-कारक-चिह्न का अवशेष न मानकर स्वतंत्र रूप से प्रयुक्त, उससे मिलता-जुलता ध्वनि-चिह्न मानना चाहिए। राजस्थान की कुछ बोलियों में 'ने' या 'नै' का चिह्न कर्म-कारक के लिए आता है—भगा नाई ने बुलायो, भगा नाई को बुलाया; दरोगा नै हुक्म हुयो, दरोगा को हुक्म हुआ।[2] इसी तरह गुजराती में 'मगन ने मार्यो' में 'ने' कर्मकारक के लिए प्रयुक्त हुआ है। उसी से मिलता-जुलता 'ना' सम्बन्ध कारक के लिए—घोडाना पग।[3] पंजाब की बोलियों में कर्ता के लिए ने का प्रयोग—दिल ने सुनी लई दिले दी कहानी; कर्म के लिए नूं का प्रयोग—गोरी नूं भाये न दिनें दा जुवाला (उजाला)।[4] पंजाबी में जिन्हें के लिए जिनां के साथ ने जोड़कर 'जिनांने' जैसा प्रयोग होता है। वारिस शाह ने हीर-राँझा की कथा में लिखा है :

लईया, कढ हरनालियाँ हालियाँ ने
सीयाँ मुड्ढों तो जिनां ने लानियाँ नी।

"हल चलानेवालों ने हल निकाल लिये हैं; जिन्हें नये सिरे से धरती चीरनी है।"[5] पंजाबी में ही 'ने' का प्रयोग कर्ता के अलावा अन्य कारकों में होता है। करण-कारक से उसका अटूट सम्बन्ध नहीं है। हिन्दी में वह कर्ता के लिए भ्रमवश प्रयुक्त नहीं होता। 'मैंने उसे मारा' में मैं कर्ता-कारक ही है; यह वाक्य 'वह मेरे द्वारा मारा गया' से भिन्न है। मैंने उसे पीटा, वह मुझसे पिटा—हिन्दी में दोनों तरह की वाक्य-रचना होती है। मैंने मारा, मैं मारा गया—इन दोनों वाक्यों में मारा सामान्य है। दोनों वाक्यों के 'मारा' का एक ही अर्थ नहीं है। अंग्रेज़ी से एक मिसाल लें—दे किल्ड हिम—उन्होंने उसे मारा (या मार डाला); ही वाज किल्ड बाई देम—वह उनके द्वारा मारा गया। मारा की तरह 'किल्ड' भी दोनों वाक्यों में समान है लेकिन 'दे किल्ड हिम' के कर्तृवाच्य होने में किसी को संशय नहीं होता। मारा जैसे रूप का 'ने' से कोई विशेष सम्बन्ध नहीं है, यह अवधी से सिद्ध है : हम वहिका मारा (हमने उसे मारा)। 'ने' करण-कारक का आवश्यक चिह्न होता और उसी के कारण मैंने मारा जैसा रूप बनता, तो अवधी में 'हम मारा' जैसा रूप सम्भव न होता। हिन्दी की एक विशेषता

1. 'हिन्दी शब्दानुशासन', पृ. 145
2. 'नया राजस्थान', 27 जनवरी, 1957
3. एन.बी. दिवाटिया, 'गुजराती लैंग्वेज़ एंड लिटरेचर', बम्बई, 1932, खंड 2, पृ. 81
4. घनश्याम सेठी, 'चम्बे दिए धारे'; अजन्ता, सितम्बर, 1954
5. घनश्याम सेठी, 'पंजाबी भाषा का जनकवि : वारिस शाह'; 'सम्मेलन' पत्रिका, प्रयाग, चैत्र 2011

यह है कि वर्तमान काल में क्रिया कर्ता का लिंगानुसरण करती है, वह आता है, वह पढ़ता है। क्रिया चाहे अकर्मक हो चाहे सकर्मक, पढ़ने की पुस्तक वेद हो चाहे रामायण, पढ़ता है, पढ़ती है रूप कर्ता का अनुसरण करेंगे। इसी प्रकार भविष्य काल में—आएगा, वह वेद पढ़ेगा, वह रामायण पढ़ेगा। वर्तमान काल में कार्य सम्पन्न नहीं हुआ, भविष्य में भी कर्म अदृश्य है, मानो इसीलिए बोलनेवाले का ध्यान कर्म की अपेक्षा कर्ता पर केन्द्रित रहता है। भूत काल में कार्य सम्पन्न हो चुकता है, इसलिए 'उसने वेद पढ़ा', 'उसने रामायण पढ़ी' में कर्म वेद और रामायण के अनुसार क्रिया का लिंग परिवर्तन होता है। 'वह आया' जैसे अकर्मक क्रिया वाले प्रयोगों में कर्म का प्रश्न नहीं है, इसलिए क्रिया वर्तमान और भविष्य के समान कर्ता का ही लिंगानुसरण करती है।

हिन्दी कारक-चिह्न संस्कृत से ही उत्पन्न हुए होंगे, इस धारणा के कारण कल्पना की गई कि घोड़ा का बहुवचन घोड़े संस्कृत की तृतीया विभक्ति के एभिः के ए से बना है ('करण बहु आभाआ—घोटकेभिः=हिन्दी कर्ता बहु घोड़हि>घोड़े')।[1] संस्कृत के करण-कारक से हिन्दी को विशेष प्रेम मालूम होता है। वहीं से उसने 'ने' प्राप्त किया; वहीं से घोड़े का ए। और ने और ए, दोनों ही चिह्न कर्ता-कारक के लिए ही ग्रहण किये। गनीमत यह है कि किसी ने यह नहीं कहा कि हिन्दी में घोड़ा का कर्ता-रूप में बहुवचन होता ही नहीं है और 'घोड़े' का अर्थ 'घोड़ों द्वारा' है! वैसे संस्कृत में 'कः' का बहुवचन 'के', 'अयम्' का बहुवचन 'इमे', सः का बहुवचन 'ते' होता है; उसमें एकारान्त कर्ता बहुवचनों का अभाव नहीं है। ग्रीक में बहुत-से संज्ञा-शब्द बहुवचन में सकार-सहित एकारान्त रूप ग्रहण करते हैं : खेइर, ख़ेर (कर, हाथ) बहुवचन में ख़ेइरेस्; कुओन, कुन (श्वान), बहुवचन-कूनेस्; हीरो (वीर), बहुवचन—हीरोएस्। हीरो शब्द पुल्लिंग है, कुओन उभयलिंग, ख़ेर स्त्रीलिंग। जर्मन में पुल्लिंग स्टाइन (पत्थर) का बहुवचन स्टाइने, ज़ोन (सूनु, पुत्र) का बहुवचन जोय् ने होता है। ऐसी भाषाएँ, जिन पर संस्कृत भाषा-परिवार का असर पड़ा है, कर्ताकारक के बहुवचन में ए चिह्न ग्रहण करने की प्रवृत्ति दिखलाती हैं। इसलिए घोड़ा का बहुवचन घोड़े आश्चर्यजनक नहीं है; उसके लिए एभिः को स्रोत मानना आवश्यक नहीं है। हिन्दी ए ग्रीक-लैटिन-जर्मन आदि के कर्ता बहुवचन चिह्न 'ए' का सहधर्मी है।

इसी प्रकार बहुवचन घोड़े को घोटकानाम् से सिद्ध किया है, यद्यपि संस्कृत रूप सम्बन्ध कारक है और घोड़ों रूप 'ने, से, पर, के' आदि के साथ विभिन्न कारकों में प्रयुक्त होता है। बातें रूप कैसे बना? वार्तानि से। यदि वार्ता स्त्रीलिंग हो तो? तो कोई बात नहीं, 'स्त्रीलिंग में भी नपुंसक आनि प्रत्यय का ही प्रयोग करते हुए' यह रूप बना लिया! और बातों? वार्तानाम् से! संस्कृत 'कार्य' से बंगला को एर और र प्राप्त हुए सम्बन्ध चिह्न के रूप में; उसी के प्राकृत रूप कज्ज से सिन्धी को सम्बन्ध चिह्न के लिए ही जो, जी प्राप्त हुए। मराठी का सम्बन्ध-चिह्न च 'त्य' से निकला है। यह त्य पद-गठनकारी प्रत्यय बताया गया है जिसने कारकरूप धारण कर लिया। यह व्युत्पत्ति न जमे तो 'इस प्रकार भी सम्भव है—घोटक-कृत्य>घोड अ-अच्च>घोडाचा।' हिन्दी 'ने' 'कर्ण' से, 'को' 'कक्ष' से, 'का' 'कृत' से—कहीं से कुछ भी सिद्ध हो सकता है। उसने राजा को देखा—इसका मूल संस्कृत रूप यह दिया गया है : 'तेन राज्ञः कृते या कक्षे दृक्षितम्=दृष्टम्।' यहाँ कृत से 'को' भी सिद्ध कर दिया गया है।

1. 'भारतीय आर्य भाषा और हिन्दी', पृ. 326

बंगला के लोकेरा, मायेरा आदि का बहुवचन-सूचक 'रा' हमर, हमार आदि का 'र' माना गया है। जर्मन में फेल्ड (फील्ड, मैदान) का (कर्ता और सम्बन्ध-कारकों में) वह वचन फेल्डेर बनता है। हिन्दी 'को' (अवधी आदि का 'का' या 'क') से मिलता-जुलता रूसी 'क' है। 'कग्दा मी प्रिब्लिज़ीलीस् क लन्दन्'—जब हम लन्दन-को-पहुँचे। इसका यह अर्थ नहीं है कि हिन्दी बंगला के कारक—चिह्न रूसी और जर्मन भाषाओं की देन हैं। यहाँ केवल अनुसंधान की एक अन्य पद्धति की ओर ध्यान आकर्षित करना ही उद्देश्य है। जैसे हम माता-पिता से मिलते-जुलते शब्द ग्रीक-लैटिन, जर्मन, रूसी आदि भाषाओं में ढूँढ़ निकालते हैं, वैसे ही बहुत कारक-चिह्न भी हमारी और इन भाषाओं में मिलते हैं। ये सभी चिह्न संस्कृत से नहीं निकले, यद्यपि संस्कृत के साथ-साथ बोली जानेवाली अन्य भाषाओं—जिनका प्रभाव यूरोप पर भी पड़ा है—में उनके अस्तित्व का अनुमान किया जा सकता है। कृत, कार्य और कर्ण से कारक-चिह्नों की उत्पत्ति सिद्ध करने के प्रयास स्वर्गीय चन्द्रधर शर्मा गुलेरी के इस कथन की याद दिलाते हैं : "वे विद्वान जो मा धातु से डियां, डुलुक्, डौलाना प्रत्यय बनाकर मियाँ, मुलुक, मौलाना सिद्ध कर लेते हैं या हमारे आचार्य-देशीय सुगृहीतनामा सर्वतंत्र स्वतंत्र सतीर्थ्य जो 'जयौ जयशीलौ ऊरू यस्याः सा जयोरूः जोरू (स्त्री)' बनाते हैं" इत्यादि।[1]

डॉ. चाटुर्ज्या और ग्रियर्सन आदि से पहले हिन्दी के पूर्व रूपों की खोज का काम हार्नले ने किया था। यदि उनके कार्य में खामियाँ हैं, तो उन्नीसवीं सदी में भाषाविज्ञान की स्थिति को देखते हुए वे क्षम्य हैं। बीसवीं सदी के मध्य में वही बातें दोहराई जाएँ तो यह कार्य बहुत प्रशंसनीय न माना जाएगा। 1880 में एशियाटिक सोसायटी ऑव बेंगाल की पत्रिका (खंड 49, भाग 1) में हार्नले ने हिन्दी धातुओं पर एक लेख[2] प्रकाशित किया था। इसमें उन्होंने बोधव्य से बूझब और बूझिब रूप सिद्ध किये थे। उसी का अनुसरण करते हुए डॉ. चाटुर्ज्या ने कर्तव्य से करब बनाया; इसका अनुसरण करते हुए डॉ. उदयनारायण तिवारी ने लिखा : "आधुनिक भारतीय आर्य भाषाओं की धातुओं की उत्पत्ति के सम्बन्ध में डॉ. चटर्जी, ग्रियर्सन तथा अन्य विद्वानों ने अपने प्रामाणिक ग्रंथों में पूर्ण रूप से विचार किया है। और वे जिस निष्कर्ष पर पहुँचे हैं, उसमें कुछ भी घटाना-बढ़ाना अनावश्यक है।"[3] इस पद्धति से भाषाविज्ञान की प्रगति सम्भव नहीं है।

हार्नले ने बहुत-सी धातुओं का सही उद्गम बताया है; वे यदि संस्कृत की उन्हीं धातुओं से नहीं बनीं तो उन्हीं की समरूप धातुओं से बनी हैं, जैसे उन्होंने द्रक्ष्यति से देखने का सम्बन्ध जोड़ा है। लेकिन उनके और बहुत-से अनुमान सही नहीं मालूम होते। कुछ मिसालें यहाँ देते हैं—उद्+ज्वल=उबल; उद्+भृ=उभार; क्षिप्-खो, अट्ट+कृ—अटक; उच्च+कृ=उचक; क्षिप्त+कृ—छिटक, छूट; क्षिप् या क्षप्+कृ—झोंक; तक्ष+कृ=ठसक, प्रकृष्ट-पकड़, स्फूत्कार—पुकार।

उस समय भी अनेक विद्वानों को इस तरह की व्युत्पत्ति आपत्तिजनक मालूम होती थी। उदाहरण के लिए, कृतं से को या कृते से के सिद्ध करने के प्रयास को 1864 में एक विद्वान ने 'आल टुगेदर ए फोर्स्ड वन' कहा था।[4] विद्वानों ने अक्ष+वाट से अखाड़ा सिद्ध किया है।[5] इस तरह की सिद्धियों की लम्बी सूची बनाई जा सकती है। जिस समय अक्षवाट से अखाड़ा और कर्ण से 'ने' जैसे रूप आधुनिक भाषाओं में प्रतिष्ठित हो रहे थे, उसी समय—कहा

1. चन्द्रधर शर्मा गुलेरी, 'पुरानी हिन्दी', पृ. 26-27
2. 'ए कलेक्शन ऑव हिन्दी रूट्स विद रिमार्क्स ऑन देयर डेरीवेशेन एंड क्लासीफिकेशन'
3. 'भोजपुरी भाषा और साहित्य', पृ. 243
4. 'जर्नल ऑव एशियाटिक सोसायटी ऑव बेंगाल', 1864; खंड 33, पृ. 497
5. 'ऑरिजिन एंड डिवेलेपमेंट ऑव बेंगाली लैंग्वेज', खंड 2, पृ. 688

जाता है—इन नई भाषाओं में संस्कृत के ढेर के ढेर तत्सम रूप लिये जाने लगे। णअण-नयन, णअर—नगर, कइ—कपि, राया—राजा; णई—नदी, सभलउँ—सफल, विवइ—विपद्, आदि। प्राकृत-तत्सम रूपों में जब हिन्दी आदि भाषाएँ राजा, नगर, नयन आदि तत्सम रूपों को ही अपना रही थीं, तभी किसी कारणवश कारक-चिह्नों में उन्होंने एक भी तत्सम रूप न स्वीकार किया, उनके बदले उनके ऐसे रूप अपनाए जो प्राकृत में भी न मिलें! और एक भाषा ने नहीं, उत्तर भारत की सभी भाषाओं ने मानो षड्यंत्र करके यह नीति अपनाई। मथुरा, काशी, द्वारका जैसे प्राचीन नामों में एक बार ध्वनि-परिवर्तन हुआ होगा, उसके बाद सर्वत्र तत्सम रूपों का चलन हो गया होगा! सिद्धान्त यह स्थिर किया गया है कि "नव्य-भारतीय आर्य भाषाओं का जन्म संस्कृत के वातावरण में हुआ।"[1] इसलिए यह और भी आश्चर्य की बात है कि शब्द-भंडार में तो नभाआ भाषाओं ने संस्कृत से तत्सम रूप लिये, किन्तु कारक-चिह्नों, विभक्ति-रूपों आदि में उन्होंने प्राकृत-जन्य ही रूप अपनाए।

1953 में प्रकाशित अपने एक लेख में मैंने संस्कृत-प्राकृत-अपभ्रंश वाली मंजिलों का विरोध किया था। इस सिलसिले में श्री नामवर सिंह ने अपने गवेषणापूर्ण ग्रंथ 'हिन्दी के विकास में अपभ्रंश का योग' में लिखा है : "किन्तु कुछ विद्वानों को भारतीय आर्य भाषा के विकास में संस्कृत-प्राकृत अप्रभंश वगैरह इतनी मंजिलें गिनाना असंगत प्रतीत होता है।" डॉ. चाटुर्ज्या से जो उद्धरण पहले दिये गए हैं, उनसे स्पष्ट है कि इन मंजिलों की असंगति स्वीकृत पद्धति के भाषा-वैज्ञानिकों को भी मालूम हुई है। श्री किशोरीदास वाजपेयी ने अपने ग्रंथ 'हिन्दी शब्दानुशासन' में इस मंजिल को स्वीकार नहीं किया। इन दोनों विद्वानों के ग्रंथ पढ़ने के बाद मेरी यह धारणा और भी दृढ़ हो गई कि यह मंजिलों की कल्पना अवैज्ञानिक है। हिन्दी आदि आधुनिक भाषाओं के मूलतत्त्व—क्या शब्द-भंडार और क्या व्याकरण-रूपों की दृष्टि से—उतने ही प्राचीन हैं जितने संस्कृत के? इस प्राचीनता को न स्वीकार करने का एक कारण हिन्दी आदि भाषाओं के प्रति विद्वानों का उपेक्षा-भाव रहा है। नामवर सिंह ने इस सम्बन्ध में लिखा है : "प्राकृत और अपभ्रंश को लोकभाषा मानकर अध्ययन करनेवालों के मन में आम जनता के प्रति घृणा-भाव था या प्रेम-भाव, इसका निर्णय तो सामान्य जन ही करेंगे, लेकिन इन तमाम मंजिलों को तोड़कर सम्पूर्ण भारतीय आर्य भाषा को हिन्दी घोषित कर देने से आम जनता के प्रति प्रेम किस प्रकार प्रकट हो जाता है, यह समझ में नहीं आता।"[2] समझ में न आने की बात ही है। यदि कोई 'सम्पूर्ण भारतीय आर्य भाषा' को हिन्दी घोषित करे तो इसका यह अर्थ होगा कि बंगला, मराठी, पजाबी आदि सभी नव्य भारतीय आर्य भाषाएँ हिन्दी की पुत्रियाँ हैं। श्री नामवर सिंह ने मेरे जिस लेख का हवाला दिया है,[3] उसमें कहीं भी हिन्दी को 'सम्पूर्ण आर्य भाषा' घोषित नहीं किया गया। जहाँ हिन्दी की प्राचीनता की बात है, वहाँ अन्य भाषाओं की प्राचीनता की बात भी है। श्री नामवर सिंह ने जान-बूझकर मेरी बात को तोड़ा-मरोड़ा नहीं है। सारे उत्तर भारत में एक काल में एक ही भाषा बोली जाती थी, इस धारणा का बहुत समय से प्रचार होता रहा है। यह केवल नये युग की विशेषता मानी जाती रही है कि अनेक भाषाएँ एकबारगी प्रगट हो गईं, वर्ना पहले एक आद्य भाषा संस्कृत, दूसरी मंजिल में उसी का परिवर्तित रूप

1. 'भारतीय आर्य भाषा और हिन्दी', पृ. 136
2. नामवर सिंह, 'हिन्दी के विकास में अपभ्रंश का योग'; साहित्य भवन, इलाहाबाद, 1954; पृ. 14
3. 'हमारी जातीय भाषा के विकास की समस्या', लेख-संग्रह, संख्या 1, मार्च, 1953, जन प्रकाशन गृह, बम्बई

प्राकृत जिसके शौरसेनी, महाराष्ट्री आदि रूपों में बहुत थोड़ा भेद था, उसी का परिवर्तित रूप अपभ्रंश और अपभ्रंश से उत्पन्न अनेक आधुनिक भाषाएँ। इस तरह की स्थापना डॉ. चाटुर्ज्या में हम देख चुके हैं। उनसे पहले हार्नले ने लिखा था कि एक समय उत्तर भारत की एकमात्र 'आर्यन वर्नाक्यूलर' मागधी थी।[1] श्री नामवर सिंह ने इसी 'एक भाषा' के प्रसार की मान्यता के आधार पर लिखा है : "तुलसीदास की भाषा वाल्मीकि की भाषा से बहुत भिन्न है; शब्दकोश में थोड़ा-बहुत साम्य भले ही मिल जाए; लेकिन दोनों के वाक्य-गठन में महान अन्तर है, दोनों के व्याकरण दो हैं। एक हिन्दी है, दूसरी संस्कृत। इस अन्तर को न देखना अथवा देखने से इनकार करना भाषा-सम्बन्धी विवेक को पीठ देना है।"[2] इस तर्क में मान्यता यह है कि वाल्मीकि की भाषा का प्रसार सारे उत्तर भारत में था। इसलिए उस समय हिन्दी के अस्तित्व की कल्पना नहीं की जा सकती। मान्यता को प्रस्तुत करने का ढंग ऐसा है मानो कोई हिन्दी-संस्कृत का भेद अस्वीकार कर रहा हो, और तुलसीदास और वाल्मीकि की भाषा को एक कह रहा हो! इसी प्रकार विद्वान अनुसंधानकर्ता ने अपभ्रंश का प्रसार सारे उत्तर भारत में माना है। अपभ्रंश पहले 'पश्चिमोत्तर भारत की बोली' थी; फिर 'उन मूल प्रान्तों से सरककर दूसरे क्षेत्रों में' प्रतिष्ठित हुई। जब बहुत ज्यादा सरकी और बहुत बड़े इलाके में पसर गई तब स्थानीय भेद उत्पन्न हो गए। "जब अपभ्रंश सिंध में मुल्तान से लेकर बंगाल के समुद्र तट तक और कन्नौज से लेकर मान्यखेट तक फैल गई, तो उसमें स्थानीय विशेषताओं का उभार आवश्यक था।" मूल भाषा एक थी; स्थानीय भेद प्रसार के कारण उत्पन्न हुए। "यह देश-भेद धीरे-धीरे इतना बढ़ा कि तेरहवीं शताब्दी तक जाते-जाते अपभ्रंश के सहारे ही पूर्व और पश्चिम के देशों ने अपनी-अपनी बोलियों का रूप प्रकट कर दिया।" देश-भेद उत्पन्न होने से पहले यह अपभ्रंश किस तरह की भाषा थी? "उसकी पूर्ववर्ती प्राकृत ही देशी भाषाओं के योग से अपभ्रंश की अवस्था में विकसित हो गई।" अर्थात् देशी भाषाओं का योग होने से पहले अपभ्रंश प्राकृत से भिन्न नहीं थी। ये देशी भाषाएँ कौन थीं, कब से थीं, किन क्षेत्रों में थीं, ये कहाँ से उत्पन्न हुईं—ये सब प्रश्न अप्रासंगिक समझे गए। और प्राकृत किस तरह की भाषा है? "यदि नाटकों में प्रयुक्त प्राकृत को लें, तो साफ मालूम हो जाता है कि वह संस्कृत वाक्यों का ही यत्किंचित् ध्वनि-परिवर्तन किया हुआ रूप है।" संस्कृत-प्राकृत और अपभ्रंश का यह सम्बन्ध देखकर हमें इस स्थापना पर बिलकुल आश्चर्य नहीं होता : "वास्तविकता यह है कि अपभ्रंश काल में पंजाब, राजस्थान, गुजरात, शूरसेन तथा उत्तरी महाराष्ट्र की भाषा में कोई मौलिक व्याकरण-भेद न था। थोड़े-से उच्चारणगत ध्वनिपरक भेदों तथा कतिपय व्याकरणिक विशेषताओं को छोड़कर भाषा का ढाँचा सर्वत्र बहुत कुछ एक ही सा था।"[3] इसे कलियुग का प्रभाव कहना चाहिए कि अपभ्रंश द्वारा स्थापित इस राष्ट्रीय एकता को आधुनिक भाषाओं ने अपने मौलिक व्याकरण-भेदों द्वारा ध्वस्त कर दिया। उसी के फलस्वरूप कोई हिन्दी से 'ने' उड़ाने की व्यवस्था देता है, तो कोई उससे लिंग-भेद समाप्त करने की राय देता है। यदि कलकत्ते की बाजारू हिन्दुस्तानी राष्ट्रभाषा मान ली जाए, तो उसका सारा व्याकरण एक पोस्टकार्ड पर लिखा जा सके। लेकिन यह तो नौ मन तेल के जुटने पर राधा के नाचने की

1. ए.एफ. रुडोल्फ हार्नले, 'ए ग्रामर ऑव दि ईस्टर्न हिन्दी', 1880, भूमिका
2. 'हिन्दी के विकास में अपभ्रंश का योग', पृ. 15
3. उप., पृ. 31

बात हुई। आश्चर्य की बात है कि वैदिक भाषा में तो विभिन्न बोलियों के प्रभाव के कारण अनेक व्याकरण-भेद दिखाई देते हैं, किन्तु अपभ्रंश काल में पंजाब से लेकर महाराष्ट्र तक की भाषा में कोई मौलिक व्याकरण भेद ही न था! ये सब भेद आधुनिक भाषाओं के अभ्युदय-काल में अचानक प्रकट हो गए!

हमारी धारणा के अनुसार इस तरह के अधिकांश व्याकरण-भेद पहले भी थे। महाराष्ट्री, शौरसेनी, मागधी आदि प्राकृतों का नामकरण उन प्रदेशों में प्रयुक्त भाषाओं के आधार पर किया गया है। किन्तु ये प्राकृतें 'संस्कृत वाक्यों का ही यत्किंचित् ध्वनि-परिवर्तन किया हुआ रूप' नहीं हैं। व्याकरण के अनेक रूप—जैसे द्विवचन का प्रयोग—प्राकृतों में नहीं हैं। इस तरह की विशेषताएँ संस्कृत और प्राकृत में मौलिक व्याकरण-भेद प्रकट नहीं करतीं, किन्तु वे आधुनिक भाषाओं की प्रकृति का आभास देती हैं। इससे भी महत्त्वपूर्ण तथ्य डॉ. चाटुर्ज्या के शब्दों में यह है कि कारक-विभक्तियों के कई ऐसे रूप जो वैदिक या लौकिक संस्कृत में नहीं हैं : 'परन्तु आभाआ की विभिन्न प्रादेशिक बोलियों में पाए जाते थे', वे मभाआ अर्थात् प्राकृतों में सुरक्षित रहे। डॉ. चाटुर्ज्या की इस स्थापना का महत्त्व यह है कि वैदिक संस्कृत के समानान्तर उससे मिलती-जुलती बोलियों की स्थिति स्वीकार की गई है। उनमें ऐसे व्याकरणगत भेद स्वीकार किये गए हैं, जो संस्कृत में प्राप्त नहीं हैं। इसलिए अपभ्रंश काल में देश की वास्तविक भाषाओं में व्याकरणगत भेदों का अभाव महान् आश्चर्य की बात होगी। शब्द-भंडार की दृष्टि से भी प्राकृतों में—नाटकों की प्राकृत में ही—अनेक ऐसे शब्द मिलते हैं जो संस्कृत के नहीं हैं किन्तु आधुनिक भाषाओं में मिलते हैं। उदाहरण के लिए हिन्दी क्रिया 'माँगना' संस्कृत में नहीं है। 'मृच्छकटिक' में रदनिका कहती है, 'तदो उण तं मग्गन्तस्स', इत्यादि। इसका संस्कृत रूपान्तर दिया गया है : 'ततः पुनस्तां याचमानस्य।' याचमानस्य से मग्गन्तस्स के बनने की सम्भावना नहीं है। हिन्दी क्रिया को प्राकृत की ध्वनि और व्याकरण के नियमों के अनुकूल बनाकर 'मग्गन्तस्स' रूप में प्रस्तुत किया गया है। मुख्य बात यह है कि मग्ग धातु संस्कृत की नहीं है, प्राकृत में प्रयुक्त हुई है और हिन्दी की एक प्रचलित क्रिया है। इसी प्रकार हिन्दी (ब्रज आदि) का 'दीन' रूप। वही रदनिका इसका 'दिण्णा' रूप बोलती हैं। इसका संस्कृत रूप 'दत्ता' दिया गया है। द का दि कैसे हुआ? त्ता की जगह ण्णा ने कैसे ली? चारुदत्तः तो चारुदत्तो ही बना; अप्रमत्ताः अप्पमत्ता बना; तब दत्ता से दिण्णा कैसे हो जाएगा? स्पष्ट ही यह दीन की नकल है या उससे मिलता-जुलता कोई—संस्कृत दत्त से भिन्न—रूप है। इसी प्रकार युष्माकं से तुम्हाणं नहीं बन सकता। यहाँ तुम, तुम्हारा जैसे रूपों के आधार पर प्राकृत-व्याकरण के अनुकूल तुम्हाणं रूप गढ़ा गया है। यत्र से जत्र, जत भले बन जाए, 'जहिं' नहीं बन सकता; 'मृच्छकटिक' में 'जहिं' हिन्दी जहाँ, जहँ आदि का सगोती है। इसी प्रकार उत्तररामचरित में 'परुण्णो' का मूल 'प्ररुदितो' नहीं हो सकता। उसका सम्बन्ध रोना या इससे मिलती-जुलती किन्तु दकारहीन धातु से है। प्राचीन वैयाकरण प्राकृत में तद्भव रूपों के अलावा संस्कृतेतर 'देश्य' रूपों' का अस्तित्व मानते थे। "भारतीय वैयाकरणों तथा आचार्यों द्वारा प्राकृत शब्द-समूह को तीन भागों में विभाजित किया गया है—1. संस्कृत-तत्सम अथवा तत्सम; 2. संस्कृत-भाव अथवा तद्भव; 3. देश्य अथवा देशी।"[1] देशी शब्दों को व्याख्या इस प्रकार है : "देशी वे शब्द हैं, जो संस्कृत व्याकरण अथवा प्राकृत भाषा के नियमित रूपों के अनुसार

1. डॉ. सरयूप्रसाद अग्रवाल, 'प्राकृत विमर्श', लखनऊ, पृ. 64

सिद्ध नहीं किये जा सकते। उनमें प्रकृति और प्रत्यय का भेद नहीं किया जा सकता अथवा वे शब्द जो विकास के प्रारम्भिक काल से ही संस्कृत से असम्बद्ध रूप में प्रयुक्त होते आए हैं।"[1] यह ध्यान देने की बात है कि विकास के प्रारम्भिक काल से ही कुछ शब्द-संस्कृत से असम्बद्ध रूपों में प्रयुक्त होते आए हैं। इस प्रकार हिन्दी आदि भाषाओं के शब्द-भंडार की प्राचीनता और स्वतंत्र सत्ता आंशिक रूप में स्वीकृत हुई।

जो शब्द संस्कृत और प्राकृत से सिद्ध न हो, उन्हें 'देशी' नाम देने से ऐसा बोध होता है कि स्वयं संस्कृत के शब्द परदेशी हैं। प्राचीन वैयाकरणों का यह आशय न था। देशी शब्द शिष्ट-जनों से भिन्न साधारण-जनों की भाषा के लिए प्रयुक्त होता था। लेकिन वे तमाम शब्द जो संस्कृत में गृहीत हैं, 'देशी' भाषाओं में प्राचीन काल से ही न बोले जाते थे, इसका क्या प्रमाण है? उत्तर भारत की भाषाओं में जो संस्कृत के शब्द मिलते हैं, उन्हें हम संस्कृत से उधार ली हुई सम्पत्ति मानते हैं। यहाँ हम उन्नीसवीं सदी में या उससे पहले और बाद को भक्ति, दर्शन आदि की चर्चा के लिए संस्कृत से उधार लिये हुए शब्द का विवेचन नहीं करते। हमारा आशय मूल शब्द-भंडार से है। जैसे संस्कृत में दुह धातु है। हिन्दी-भाषी क्षेत्र की बात करें। यहाँ के लोग वैदिक, प्राकृत और अपभ्रंश काल में गायें दुहते थे। वे प्रत्येक काल में दुह् धातु का प्रयोग ही करते थे या उन्होंने दुहने जैसी क्रिया के लिए अपनी देशी धातु—वह जो भी रही हो—को छोड़कर तत्सम दुह को अपना लिया। इसी प्रकार चल् किया; गाने के लिए गा, उत्पन्न करने के लिए जन् आदि। धातुओं के अलावा जल, नीर, पाताल, पवन, नदी, सागर, समुद्र, पर्वत, वन, जंगल, जन, धन, अन्तर, परन्तु, अंग, तन, काया, कथा, अधिक, देव, अमर, नरक, मंत्र, पूजा, जीव, हल, हेतु, चर्चा, चतुर, चित्त, चीर, छटा, छाया, छवि, जय, तट, तार, ताल, तान, तिलक, तिल, दया, दान, दानव, धाम, धान, धीर, वीर, नगर, नाथ, नाम, नर, नारी, निकट, नील, नीच, नीति, राजा, प्रजा, सेना, पट, पति, पद, पार, पिंड, पुर, प्रभु, भगवान, फल, फेन, बल, बालक, बीज, बुद्धि, मन, मंदिर, महा, मुकुट, मूल, रंग, रथ, रस, राग, रुचि, रूप, रोग, लाभ, संकट, संगति, संग, सजन, संचय, समान, साहस, हानि, होली आदि सैकड़ों शब्द ऐसे हैं जो उत्तर प्रदेश की अनेक भाषाओं में—विशेष कर हिन्दी-भाषी क्षेत्र की भाषाओं या बोलियों में—बराबर बोले जाते रहे हैं। आधुनिक भाषाओं ने इन शब्दों को उधार नहीं लिया; वे उनके मूल शब्द-भंडार का अंश हैं। संस्कृत से उधार लेने का प्रश्न नहीं था; संस्कृत स्वयं विभिन्न जनपदीय भाषाओं के शब्दों से समृद्ध बनी थी। जैसाकि हम पहले भी कह चुके हैं, इस कारण उसमें दिन-अहन्, निशा-रात्रि, अद्-खार, धरा-भूमि, उदक-जल—एक ही अर्थ के वाचक अनेक शब्द मिलते हैं। यहाँ जलद, नीरद जैसे विशेषण रूप में गढ़े हुए शब्दों की चर्चा नहीं है। साथ ही वे सभी शब्द जिन्हें हम तद्भव कहते हैं, संस्कृत से हिन्दी आदि भाषाओं में नहीं आए। अनेक हिन्दी धातुएँ सो, खा, रो, पी, मर, कर, जी, दे, देख आदि हिन्दी की अपनी धातुएँ हैं या उनके पूर्व रूप संस्कृत के साथ बोली जानेवाली अन्य जनपदीय भाषाओं में प्राप्त थे। यह सब चर्चा पहले हो चुकी है। यहाँ उसकी ओर संकेत करना भर आवश्यक है।

हिन्दी तथा अन्य भारतीय भाषाओं की इस सम्पत्ति को अस्वीकार करके अनेक भाषाशास्त्री इन भाषाओं को दिवालिया घोषित करते हैं। उनका दावा है कि इन भाषाओं में जो कुछ महत्त्वपूर्ण है, वह संस्कृत की देन है और भविष्य में भी उन्हें महान् बनाने का एक

1. डॉ. सरयूप्रसाद अग्रवाल, 'प्राकृत विमर्श', लखनऊ, पृ. 66

ही ढंग है कि उन्हें अधिकाधिक संस्कृत-गर्भित किया जाए। नभाआ की प्रारम्भिक अवस्था कैसी थी? "(आभाआ से प्राप्त उपादानों पर ही आश्रित) वास्तविक नभाआ तो बिलकुल क्षीण भाषा थी, जो अपने-आप स्वतंत्र रूप से जीवित भी नहीं रह सकती।" महाबलवती संस्कृत माता ने ऐसी निर्बल पुत्रियाँ उत्पन्न कीं। अब वे माता के भरोसे ही जीवित रह सकती थीं। "परन्तु माता पुत्री को शक्ति प्रदान करने के लिए हर घड़ी कटिबद्ध थी, और नभाआ ने संस्कृत के सुसमृद्ध कोष से ही अपना शब्द-भंडार भरना आरम्भ कर दिया। इसके सिवा और कोई चारा ही न था।" जिस भाषा में जितने ही संस्कृत के शब्द हों, उसका सांस्कृतिक धरातल भी उतना ही ऊँचा माना जाएगा। "किसी भाषा के अन्तर्गत संस्कृत शब्दों का परिणाम उसकी संस्कृति के अनुरूप ही रहा।" यदि किसी भाषा में संस्कृत शब्दों की बेहद ठूँसठास की जाएगी तो उस भाषा का अस्तित्व ही खतरे में पड़ जाएगा। "परन्तु केवल अपने इतिहास के लिए ही एक भाषा का अस्तित्व नहीं होता; उपर्युक्त क्रमागत संस्कृतीकरण को लेकर ही विभिन्न नभाआ भाषाओं का सांस्कृतिक एकीकरण दृढ़तर होता रहा, एवं उनके आर्यत्व की रिक्थ की सुरक्षा हुई।" भारत की सांस्कृतिक एकता का अर्थ हुआ आर्यत्व की सुरक्षा! भारत की दो भाषाएँ जिनमें संस्कृत शब्दावली का बाहुल्य है, भारत के पूर्वी और दक्षिणी छोरों पर बोली जाती हैं—एक पूर्वी और पश्चिमी बंगाल में, दूसरी केरल में। ये भाषाएँ संस्कृत से इतनी दूर हैं कि इनमें लिंग-भेद नहीं है, मानो इस दूरी को उन्होंने संस्कृत शब्दों की बहुलता से पूरा कर लिया है! 'हिन्दुओं के लिए 'उच्च' या 'साधु' या 'नागरी' हिन्दी में सबसे बड़ा आकर्षण' क्या है? सबसे बड़ा आकर्षण है देवनागरी लिपि और संस्कृत शब्दावली। इन दोनों से हिन्दी "देवभाषा संस्कृत का ही आधुनिक प्रचलित रूप सिद्ध हो जाती है।" इस देवभाषा के आधुनिक संस्करण को क्यों स्वीकार करना चाहिए? "हिन्दू नेतागण इस बात को अच्छी तरह समझते हैं कि भारतीय देशज नागरी लिपि के स्वीकार हो जाने के बाद संस्कृत शब्दावली तथा हिन्दू या भारतीय वातावरण का आना सहज सिद्ध हो जाएगा।" कुछ लोगों को हिन्दी का इस प्रकार संस्कृतगर्भित होना पसन्द नहीं है। इनके प्रयत्नों को क्या कहा जाए? "हिन्दी के संस्कृत उपादान को क्रमश: कम करने की प्रवृत्ति भारतीय परम्परा एवं भारतीय संस्कृति पर प्रत्यक्ष आघात-सा है।" यदि हिन्दी से इन संस्कृत-उपादानों को कम करने का प्रयत्न किया गया तो "कम-से-कम हिन्दुओं के लिए तो ऑक्सफर्ड के डॉ. एफ.डब्ल्यू. टॉमस के सुझाव का अनुसरण करना ही श्रेयस्कर होगा। वह यह है : जब कि संस्कृत भाषा लगातार तीस शताब्दियों से भारतीय संस्कृति की सेवा करती आ रही है, और अब भारत की सर्वाधिक मूल्यवान रिक्थ बन चुकी है, तो क्यों न संस्कृत को ही भारत की 'सांस्कृतिक भाषा', 'आदान-प्रदान (मेल-मिलाप) की भाषा' एवं 'वास्तविक राष्ट्रभाषा बना लिया जाए?' यह ठीक है कि भारत की आधुनिक भाषाओं में थोड़ा-बहुत साहित्य रचा गया है लेकिन "संस्कृत भारतीय संस्कृति की एकमात्र प्रतीक है।" ज़रा भारत से बाहर इस आर्य संस्कृति की उपासना पर दृष्टिपात कीजिए : "नात्सी (Nazi) लोग अपने नार्डिक जात्यभिमान में भी अपनी विशिष्टता की प्रतीक को संस्कृत शब्द 'स्वस्तिक' से ही पुकारते हैं—एक शब्द जो आभाआ काल से पीढ़ियों से हमारा है और जिसका नभाआ रूप 'साथिया' या 'साथियो' क्रमश: राजस्थानी और गुजराती में अब भी प्रचलित है। इसके भी आगे, वे अपने को 'आर्य' कहलाने में अभिमान अनुभव करते हैं तथा यहूदियों को अनार्य कहकर घृणा की दृष्टि से देखते हैं। परन्तु स्वयं भारत में आधुनिक

भारतीय बुद्धिजीवियों में इस महान् रिक्थ के प्रति उपेक्षा का एक षड्यंत्र-सा खड़ा रहा है।"

भारत के सर्वश्रेष्ठ भाषाशास्त्री की इन स्थापनाओं की यहाँ आलोचना करना आवश्यक नहीं है। ये उद्धरण केवल इसलिए दिये गए हैं कि मेरे अनेक मित्र जो कुछ नामों से बहुत ज्यादा आतंकित हैं, इस बात को समझ लें कि विचारक का सामाजिक दृष्टिकोण हर विज्ञान की तरह भाषाविज्ञान के क्षेत्र में भी उसके विवेचन को प्रभावित करता है। संस्कृत किसी आर्य नाम की नस्ल की भाषा नहीं है। उसके निर्माण में अनेक भाषा-परिवारों का योग रहा है। उसमें अध्यात्मवाद से लेकर भौतिकवाद तक विभिन्न दृष्टिकोण रखनेवाले विचारकों ने साहित्य रचा है। भारत के सामन्त युग की मूल्यवान विरासत संस्कृत में सुरक्षित है। किन्तु संस्कृत भारत की एकमात्र भाषा कभी नहीं रही। नवीन जातियों के अभ्युत्थान के साथ उनकी बोलियाँ साहित्य की भाषाएँ बनीं। इन भाषाओं की अपनी समृद्ध पूँजी है। भारतीय संस्कृति संस्कृत, और संस्कृत से भिन्न शेष सभी भारतीय भाषाओं में प्राप्त उपकरणों से रची गई है। भाषा के सिलसिले में धर्म और नस्ल की दुहाई देना समाज की चरम प्रतिक्रियावादी शक्तियों का काम रहा है।

संस्कृत-परिवार की आधुनिक भाषाओं का निर्माण सबसे पहले उन तत्त्वों से हुआ है जो संस्कृत में समानान्तर बोली जानेवाली भाषाओं में प्राप्त थे। इन तत्त्वों में कुछ संस्कृत में सामान्य रूप से विद्यमान थे—यथा तकारान्त वर्तमान क्रिया रूप, शब्द-भंडार में जन, वन, मन जैसे शब्द; कुछ तत्त्व भिन्न होते हुए भी मिलते-जुलते थे—यथा दा-दे, स्वप्-सो, खाद्-खा; कुछ तत्त्व जनपदीय भाषाओं में संस्कृत से स्वतंत्र थे, यथा लकारान्त भूतकालीन क्रियारूप; इसके साथ ही संस्कृत के परिनिष्ठित भाषा बन जाने के बाद समय-समय पर साहित्यिक भाषाओं में तत्सम रूप ग्रहण किये जाते रहे हैं जिनका अर्थ हर भारतीय भाषा में सदा एक-सा नहीं रहा। जिन्हें हम तद्भव रूप कहते हैं, उनमें दो स्रोतों से आए हुए शब्द होने चाहिए—एक तो संस्कृत से, दूसरे संस्कृत के साथ की जनपदीय बोलियों से। जिस तरह बोलचाल में व्यवहृत धन, जन, वन जैसे तत्सम रूपों को हम सदा संस्कृत से आया हुआ नहीं मान सकते, उन्हें संस्कृत के साथ की अन्य जनपदीय भाषाओं की सामान्य सम्पत्ति मानना ज्यादा उचित होगा, उसी प्रकार तद्भव रूप भी इस सामान्य सम्पत्ति से बने होंगे, यह अनुमान तर्कसंगत है। इन तद्भव रूपों में विशेष रूप से ऐसे शब्द, जिनका किसान जीवन से सम्बन्ध है या जो अशिक्षित जनसाधारण के व्यवहार में बराबर आते रहे हैं, उसी सामान्य सम्पत्ति के अन्तर्गत माने जाएँगे। मराठी-बंगला-हिन्दी-पंजाबी-कश्मीरी आदि में मूल शब्द-भंडार के अन्तर्गत शब्दों की बहुत बड़ी समानता है। इस समानता का कारण यह नहीं है कि मुट्ठी भर संस्कृतज्ञ पंडितों द्वारा ये शब्द जनसाधारण में बंगाल से कश्मीर और कश्मीर से महाराष्ट्र तक फैला दिये गए। इसका कारण संस्कृत के परिनिष्ठित भाषा बनने से पहले ही उन प्रदेशों में उनका चलन होना चाहिए (या उन प्रदेशों में आकर बसनेवाली जातियों में उनका चलन होना चाहिए)। आधुनिक भाषाओं में अक्सर एक ही शब्द तद्भव और तत्सम, दो रूपों में मिलता है। ऐसे भिन्न रूप पहले भी प्रचलित रहे होंगे। इसका कारण समाज में वर्गभेद, शिक्षा में भिन्नता, पंडितों और जनसाधारण में उच्चारण-भेद है। यह भेद सामन्ती युग में बराबर रहा; इसलिए एक ही शब्द के दो-दो रूप भाषा में स्वीकृत हो गए। इससे यह भी सिद्ध हुआ कि प्राकृत या अपभ्रंश का तद्भवी उच्चारण कभी पूरे समाज में प्रचलित न रहा होगा; तद्भव रूपों के साथ शिक्षित जन तत्सम रूपों का भी प्रयोग करते रहे होंगे।

यहाँ परिनिष्ठित संस्कृत के बारे में एक बात याद रखनी चाहिए। संस्कृत को परिनिष्ठित भाषा बनाया गया था, उसकी समानान्तर जनपदीय भाषाओं के बीच में, न कि प्राकृतों से भिन्नता दिखाने के लिए उसके संस्कार किये गए थे। चन्द्रधर शर्मा गुलेरी के अनुसार "वेद या छांदस की भाषा का जितना साम्य पुरानी प्राकृत से है, उतना संस्कृत से नहीं। संस्कृत में छाना हुआ पानी ही लिया गया है।" गुलेरी जी संस्कृत-प्राकृत-अपभ्रंश की मंजिलों के बदले मूलभाषा छांदस् (वेद) की भाषा-प्राकृत-अपभ्रंश—ये मंजिलें मानते हैं। संस्कृत नाटकों की प्राकृत को वे शुद्ध प्राकृत का नमूना नहीं मानते। भास के नाटकों की प्राकृत को उन्होंने शुद्ध मागधी कहा है। पुरानी अपभ्रंश को संस्कृत और प्राकृत से मिलता-जुलता बताया है और पिछली अपभ्रंश को हिन्दी से। उनकी इन स्थापनाओं में महत्त्वपूर्ण है वैदिक और लौकिक संस्कृत से सम्बन्धित स्थापना। वे वैदिक भाषा को अकृत्रिम—बोलचाल की—भाषा मानते हैं; संस्कृत को उसका परिष्कृत रूप। जिन्हें हम प्राकृत कहते हैं, वे जितना संस्कृत से दूर हैं, उससे कहीं ज्यादा वैदिक भाषा से दूर हैं। कारण यह कि प्राकृतों का निर्माण लौकिक संस्कृत के आधार पर किया गया है, वैदिक भाषा के आधार पर स्वत: नहीं हुआ।

संस्कृत-परिवार की भाषाओं में शब्द-भंडार और व्याकरण की अनेक ऐसी समानताएँ हैं जो स्वयं संस्कृत में नहीं हैं। ये समानताएँ या तो संस्कृत की समकक्ष जनपदीय बोलियों में थीं या किसी अन्य भाषा-परिवार में थीं जिनसे उन जनपदीय बोलियों का मिश्रण हुआ। इस बात की आवश्यकता है कि भारतीय भाषाओं की इस संस्कृतेतर समानता का भी अध्ययन किया जाए। साथ ही इन भाषाओं की अपनी भाषागत विशेषताएँ हैं, उनकी एक-एक बोली की व्याकरण और मूल शब्द-भंडार सम्बन्धी कुछ विशेषताएँ हैं जो यहाँ एक-दो नहीं, सैकड़ों बोलियों, भाषाओं और भाषा-कुलों के मिश्रण की ओर संकेत करती हैं। उदाहरण के लिए, मराठी की चकार ध्वनि, हिन्दी में ढ, ड़ की ध्वनियाँ, भोजपुरी-बंगला में अ का न्यूनाधिक गोलाकार उच्चारण, एक ही काल के सूचक क्रिया-रूपों में बकारान्त, सकारान्त, हकारान्त, गकारान्त आदि भेद, शब्द-भंडार में (बंगला-हिन्दी) चाषी—किसान, दांड़ानो—खड़े होना, घुमानो—सोना, खोका—बच्चा, बोका—मूर्ख, (मराठी-हिन्दी) कोल्हा—सिआर, माकड—बन्दर, आई—माता, मुलगा—लड़का, निजणें—सोना, बघणें—देखना, इकडे—इधर, तिकडे—उधर, वर—पर, पुढें—आगे, इत्यादि भेद इन भाषाओं में भिन्न ध्वनि-प्रकृति, भिन्न भाव-प्रकृति और भिन्न शब्द-भंडार वाली भाषाओं के मिश्रण की सूचना देते हैं। अरबी, फ़ारसी, तुर्की, पुर्तगाली, अंग्रेज़ी आदि से जो बाद को शब्द लिये गए हैं या ध्वनि आदि पर इन भाषाओं का जो प्रभाव पड़ा है, उस सबकी यहाँ चर्चा नहीं है।

ग्रियर्सन आदि विद्वानों ने कश्मीरी को संस्कृत भाषा-परिवार के बाहर माना था। उन्हीं का अनुसरण करते हुए डॉ. चाटुर्ज्या ने लिखा है : "कश्मीरी ठीक-ठीक रूप से संस्कृत एवं भारतीय-आर्य समूह की भाषा नहीं, वरन् एक दरदी भाषा है।" जिस समय देश के अन्य भागों में आद्य भारतीय आर्य भाषा मध्य और नव्य मंजिलें पार कर रही थी, उस समय "इस अखिल-भारतवर्षीय विकासक्रम से केवल दरदी भाषाएँ अलग रहीं।" लगता है, अखिल भारतवर्षीय विकास-प्रतियोगिता में भिन्न परिवार की द्रविड़ भाषाएँ तो हिस्सा लेती रहीं, कश्मीरी ही उससे वंचित रही। फिर कश्मीरी को अन्य दरदी भाषाओं से अलग करके कहा गया है : "केवल कश्मीरी एक ऐसी भाषा है जिसका अपने हिन्दू एवं बौद्ध धर्म के कारण हिन्दू भारत तथा उसकी संस्कृत भाषा से सम्बन्ध रहा; इसके अतिरिक्त अन्य दरदी भाषाओं का भारत से

सम्पर्क रहा प्रतीत नहीं होता और न उन पर भारतीय आर्य या मध्य-देशीय भारतीय (अर्थात् मिश्रित आर्य-अनार्य) प्रभाव ही पड़ा जान पड़ता है।"

जिस समय कश्मीर में बौद्ध और हिन्दू धर्मों का प्रभाव फैला था, उन्हीं दिनों उसकी भाषा को पैशाची—पिशाचों की भाषा—नाम दिया गया था। कहा जाता है कि गुणाढ्य की बृहत्कथा पैशाची में लिखी गई थी। कश्मीर के क्षेमेन्द्र और सोमदेव ने उसके संस्कृत-अनुवाद किये। "कश्मीर का उत्तरी प्रान्त पिशाच (पिश्—कच्चा मांस, अश्—खाना) या पिशाश कहलाता था और कश्मीर ही में बृहत्कथा का अनुवाद मिलने से पैशाची वहाँ की भाषा मानी जाती थी।"[1] इस पिशाचवादी परम्परा को ग्रियर्सन आदि ने निबाहा। कश्मीरी से संस्कृत तथा अन्य भारतीय भाषाओं का सम्बन्ध दिलचस्प है। उसमें संस्कृत के वही उपकरण नहीं मिलते जो सांस्कृतिक कारणों से मलयालम जैसी भिन्न परिवार की भाषाओं में पहुँच गए हैं। कश्मीरी और संस्कृत में क्रियाएँ और मूल शब्द-भंडार के बहुत-से तत्त्व सामान्य हैं। यही नहीं, उसमें कुछ शब्दों के ऐसे अर्थ प्रचलित हैं जो संस्कृत में सुलभ नहीं हैं। वे उन शब्दों के मूल अर्थ मालूम होते हैं।

वैदिक भाषा में एक शब्द आता है—समन। इसके बारे में मैकडनल और कीथ ने 'वैदिक इंडेक्स' में लिखा है कि "ऋग्वेद में इसका अर्थ कुछ सन्दिग्ध है।" उन्होंने रौथ का मत उद्धृत किया है जिसके अनुसार समन का अर्थ युद्ध है, पिशेल के अनुसार उसका अर्थ उत्सव-समारोह है, जिसमें युवतियाँ भाग लेती थीं और पति-निर्वाचन करती थी। यह शब्द अभी तक संज्ञा-क्रिया, दोनों रूपों में कश्मीरी में प्रयुक्त होता है। कश्मीरी कवि रहमान राही की एक रचना में :

वल यार समौ [समउ] दिलदार समौ,
यमि यावन यिमि लकुचार समौ।

[आओ यार, आओ दिलदार, हम इकट्ठे हों! हम आज अपनी जवानी के उभार में इकट्ठे हों!]

कल सरसां करिना ज़रदारन
शहमार समन इलि घारन मज़?

[क्या जरदारों को सरसाम का आरिज़ा न होगा जब उनकी दौलत में शहमार जमा होंगे?][2]

समौ और समन—क्रिया और संज्ञा—दोनों रूपों में अर्थ है, इकट्ठे होना।

वितस्ता झेलम नदी का पुराना नाम है। वितस्ता का सम्बन्ध तस् और त-स् धातुओं से जोड़ा जाता है जिनका अर्थ है फेंकना। कश्मीरी में व्यत् का अर्थ है नदी। इसी नदीवाचक कश्मीरी शब्द से वितस्ता रूप सिद्ध करना चाहिए। व्यति से मिलता-जुलता शब्द है व्युप जिसका अर्थ है सैलाब। व्युपिस सूप थावुन—सैलाब के सामने सूप रखना। कश्मीरी में कुल वृक्ष को कहते हैं। जैसे वंश का प्रयोग वृक्ष विशेष के साथ खानदान के लिए भी होता है, वैसे ही सम्भव है, कुल शब्द का मूल अर्थ भी वृक्ष हो। गंधर्व नाचने-गाने के लिए प्रसिद्ध थे। कश्मीरी में गन्द् र् का अर्थ है युवती, गन्दुर् का अर्थ है युवा। ऐश्वर्यवाचक भग शब्द स्वामी के अर्थ में प्रयुक्त होता है : बुगिय्—स्वामी, बुगिञ्—स्वामिनी। कश्मीरी में युवती के लिए

1. चन्द्रधर शर्मा, 'पुरानी हिन्दी', काशी, सं. 2005, पृ. 6
2. अनुवाद की भाषा कवि रहमान राही की ही है।

कूरू या कोरि शब्द है (क्वोरि-वजु—कन्यादान करनेवाला पिता)। यह शब्द संस्कृत में नहीं है किन्तु ग्रीक में 'कोरि' शब्द इसी अर्थ में प्रयुक्त होता है। राम के पुत्रों का नाम लव-कुश था। कश्मीरी में कुश के समान लव भी सूखी घास को कहते हैं जो पशुओं को खिलाई जाती है।

ऐसे शब्दों की संख्या बहुत है जो कश्मीरी और संस्कृत में समानार्थी हैं। हिन्दी आदि भाषाओं में गम् धातु के गच्छ आदि रूपों का चलन नहीं है। कश्मीरी में गछ क्रिया का आम चलन आज भी है। उष्ण शब्द का प्रयोग हिन्दी आदि में साधारण नहीं है; साहित्य या विज्ञान में ही उसका प्रयोग होगा। कश्मीरी में 'वशुन' शब्द जनसाधारण में प्रचलित है। अर्चन्—अर्चना, अशु—अश्रु, आथवार—आदित्यवार, च्यन्—आचमन, खोषु—चषक, दारुवु—दारु सम्बन्धी, गान—गणिका, गुरुस—गोरस, ग्रूस्त—गृहस्थ, कृषक; गीथ—गीत (उद्गीथ), गुठ—गोष्ठ, हांकल—शृंखला, हमुन—शमनम्, ह्यंग—शृंग, हापुथ—श्वापद (भालू), हरुद—शरद्, खीति—क्षेत्र (खेत), अशुद्—औषधि, कति—कुतः, मुदा—मोद, मुहुलु—मुसल, म्यथ्र्—मित्र आदि संस्कृत-कश्मीरी शब्द-भंडार की निकटता सूचित करते हैं। कश्मीरी के 'प्राकृत' और 'अपभ्रंश' रूप नहीं मिलते; उसे अखिल भारतीय भाषा विकासक्रम के बाहर रखा गया है। इसीलिए आधुनिक कश्मीरी के अध्ययन से यह परिणाम निकालना आसान है कि वह संस्कृत-परिवार की किसी प्राचीन भाषा का आधुनिक रूप है। कश्मीरी के अध्ययन से संस्कृत और स्लाव भाषा-परिवारों की अनेक गुत्थियाँ सुलझ सकती हैं।

भारतीय भाषाओं की अनेक समानताएँ संस्कृत से भिन्न स्तर की भी हैं। कश्मीरी के अनेक शब्द हिन्दी और उसकी बोलियों में भी मिलते हैं। यहाँ हम उर्दू के प्रभाव से कश्मीर में बोले जानेवाले सामान्य शब्दों की बात नहीं कर रहे; यहाँ आशय है भाषा के ठेठ शब्दों से! दिवाली में अवध के किसान सन के सूखे पौधों (सेल्हों) के छोटे-छोटे पूलों का एक सिरा जलाकर गाँव के बाहर सिर के ऊपर घुमाते हैं और 'अलैया-बलैया अमुक स्थान के डांड़े' कहते हैं, अर्थात् अलाय-बलाय गाँव के बाहर हो। अलाय्-बलाय् कश्मीरी में भी है। ग्रियर्सन द्वारा सम्पादित कश्मीरी शब्दकोश में इसका अर्थ दिया है—स्त्रियों द्वारा थाली में जलते दीप घुमाकर अशुभ प्रभाव से बच्चों आदि को मुक्त करना। बलाय का सम्बन्ध बला से है; अलाय-बलाय का सम्बन्ध आलिगी-विलगी से जोड़ा गया है। हमें यहाँ अलाय पर ध्यान देना है। कश्मीरी-अवधी, दोनों में अलाय के साथ जलती आग का सम्बन्ध है। हिन्दी क्षेत्र की अनेक बोलियों में प्रचलित अलाव शब्द लीजिए। इसका भी अर्थ वही है और इसी अर्थ में यह कश्मीरी में भी प्रयुक्त होता है। अलाव का अल निश्चित रूप से अग्निवाचक शब्द है। वही अलाय में है। संस्कृत अल् धातु—रोकने, दूर करने के अर्थ में—कश्मीरी आलवुन् से मिलती है। आलवुन्, आलविथ् का अर्थ सिर के ऊपर हाथ हिलाकर प्रेत-बाधा दूर करना है। अल, आलवुन् आदि का यह अर्थ उनमें मूल अग्निवाचक अल् के संसर्ग से उत्पन्न हुआ है।

कश्मीरी 'अकहार' का अर्थ है अखाड़ा। यह 'हार' हर से सम्बन्धित जान पड़ता है जिसका अर्थ है लड़ना, झगड़ा करना। हरिबाज़—झगड़ालू, हरूवोलु—झगड़ा कराता हुआ; इनसे तुलना करनी चाहिए हिन्दी शब्द 'हड़बोंग' की। सम्भव है, अखाड़ा इस हर शब्द से बना हो! हिन्दी अधेला कश्मीरी में 'अदि-ह्यलु' है; ह्यलु का अर्थ है सौ कौड़ियाँ, सौ की आधी—पचास कौड़ियाँ—हुई अर्द्ध-ह्यलु अधेला! डूबने के लिए अवधी बूड़ब के समान कश्मीरी क्रिया है ब्वडुन। कम उम्र की या अपनी उम्र की लड़की से पुरुष कहेगा बिञ् या बिञू जो बुंदेलखंडी बिन्नू से बहुत मिलता है। हिन्दी शब्दों में जहाँ अन्तिम वर्ण में 'न्' होगा,

वहाँ कश्मीरी में अक्सर 'ञ्' होगा, यथा अरञिकाठ—अरणिकाष्ठम्। अवधी में कंडों के ढेर को बठिया कहते हैं; इसी अर्थ में कश्मीरी बठु का प्रयोग होता है। हिन्दी शब्द गड़ुवा का समरूप कश्मीरी गड़ूव है। अवधी में पशुओं को बाँधने की जगह को ग्वाँड़ा कहते हैं। कश्मीरी में ग्वण्ड गाँव को कहते हैं। कश्मीरी में घोड़े के लिए गुरु शब्द है। घोटक के बदले यह सीधे तेलगू घुर्रमु से सम्बन्धित है। हिन्दी हथौड़े का समरूप कश्मीरी हथोर है। खलिहान का पर्यायवाची कश्मीरी खल् हिन्दी शब्द की व्युत्पत्ति सूचित करता है। हिन्दी खड़ाऊँ कश्मीरी में ख़ाव है। गेहूँ के लिए एक शब्द है कन् ख; हिन्दी नाम कनखल इस प्रकार सार्थक होता है। पेड़ के तने या शाखा को लंग कहते हैं। बंगला 'लांगल' (हल) और संस्कृत 'लिंग' को आस्त्रिक परिवार के लंग शब्द से जोड़ा गया है।[1] लंग आस्त्रिक परिवार का हो चाहे न हो, वह कश्मीर और बंगाल जैसे सुदूर प्रदेशों में प्राप्त है। लंग और लिंग का सम्बन्ध दिलचस्प है। हल का काम वृक्ष की डाली से लिया गया और यह हल प्रजनन-क्रिया का प्रतीक बनकर लिंगवाचक हो गया। इसी पद्धति से कश्मीरी लंडू शब्द शाखा, बाँहें या पैर के लिए प्रयुक्त होता है। उसी से उसके समरूप लिंगवाचक हिन्दी शब्द की उत्पत्ति मानी जा सकती है।

हिन्दी और कश्मीरी के और बहुत-से साधारण शब्द सामान्य हैं। छान कश्मीरी में बढ़ई के लिए है; हमारे यहाँ उसका सम्बन्ध छाने से है। लकड़ी काटने के लिए बढ़ई आरा-आरी काम में लाते हैं। कश्मीरी में लट्ठे चीरनेवाला अरकश् कहलाता है। बखान करने के अर्थ में वखनुन्, लुनने (काटने) के लिए लोनवञ्, बछेड़ा-बछेड़ी के लिए बछेर-बछीरि, भात खाना कश्मीरी में बतख्यव् (अवधी भतखवा), छथ् (छत), छपर्, डेंकली (पानी भरने का यंत्र, अवधी ढेंकली), कुर्कटु (कर्कट, कूड़ा), ल्वह-लंगर (लोहा-लंगर)—इस तरह के बहुत-से शब्द कश्मीरी-हिन्दी में सामान्य हैं।

कश्मीरी की वाक्य-रचना संस्कृत-परिवार की भाषाओं से कुछ बातों में भिन्न है। कशीर छु स्वन्दर देश—कश्मीर सुन्दर प्रदेश है; हिन्दी में है (छु) क्रिया वाक्य के अन्त में आई; कश्मीरी में कर्ता के बाद ही, सुन्दर देश से पहले। म्य छ न ब्वछ—मैं हूँ नहीं भूखा; यह वाक्य-रचना अंग्रेज़ी से मिलती है, आई ऐम नॉट हंग्री। बु छुस् गछान्—मैं हूँ जा रहा। अंग्रेज़ी के गोइंग के समान गछान् में भी लिंग-पुरुष-वचन का भेद नहीं होता। केवल छुस् की जगह छुक, छू आदि रूप बदलते हैं। भविष्य काल में कश्मीरी अंग्रेज़ी के समान 'विल' का सहारा नहीं लेती। ब गच्छ—मैं जाऊँगा; ब आस—मैं हूंगा। इस प्रकार कश्मीरी कुछ बातों में संस्कृत से भिन्न है तो और बहुत-सी बातों में उससे मिलती है। संस्कृत के अलावा अवधी आदि के शब्द-भंडार से उसमें बहुत बड़ी समानता है। इन कारणों से उसे भारतीय भाषा-परिवार के अन्तर्गत ही मानना चाहिए। यह ध्यान देने की बात है कि कश्मीरी णकार-बहुला भाषा नहीं है। उसमें हत्थ, गड्डी, अज्ज जैसे द्वित्वभाव वाले शब्दों की कमी है। संस्कृत से अन्य अनेक भाषाओं के समान सम्बन्धित होते हुए भी प्राकृत-अपभ्रंशवाली मंजिलें यहाँ काम नहीं देतीं; इसलिए उसे अखिल भारतवर्षीय विकास-क्रम से बाहर रखा गया है।

यह दिलचस्प बात है कि जिन लोगों ने अपभ्रंश भाषा और साहित्य का विस्तार से अध्ययन किया है, वे आधुनिक हिन्दी (खड़ी बोली, अवधी नहीं) की व्याकरण- विशेषताओं को अपभ्रंश से उत्पन्न करने में असमर्थ रहे हैं। अपभ्रंश को मूलत: पश्चिमोत्तर भारत की बोली बताया गया है। इसके साहित्यिक रूप में 'शब्दकोश का अधिकांश साहित्यिक प्राकृतों

1. सिल्वैं लेवी, पूजिलुस्की और ज्युल ब्लॉख, 'प्रिआर्यन एंड प्रिय-द्रैवीडिअन', कलकत्ता, 1929

से' आया : "जैसे शब्द-कोश के क्षेत्र में अपभ्रंश ने प्राय: प्राकृत की ही निधि का प्रयोग किया है, शब्दों में ध्वनि-परिवर्तन करके उन्हें विशिष्ट रूप अपभ्रंश ने कम दिया है।"[1] यानी मूलत: शब्द-भंडार और ध्वनि-प्रकृति में अपभ्रंश ने प्राकृतों का अनुसरण किया है। अब रह गए व्याकरण-रूप। इसके बारे में याकोबी का यह मत उद्धृत किया गया है : उसने 'अपना व्याकरणिक गठन देश-भाषाओं से' लिया है। यदि अपभ्रंश ने 'देश-भाषाओं' से उनकी ध्वनि-प्रकृति न ली, उनका शब्द-भंडार न लिया, तो उसे बोलचाल की भाषा या ऐसी भाषा के आधार पर विकसित साहित्यिक भाषा कैसे माना जाए? यदि याकोबी का यह कथन 'विचारणीय' है कि 'अपभ्रंश एक मिश्रित भाषा थी' तो देखना चाहिए कि यह मिश्रण किस प्रकार का है? यदि बोलचाल की भाषाओं का सहज मिश्रण हो तो उसके चिह्न ध्वनि और शब्द-भंडार के क्षेत्रों में भी दिखाई देंगे। यदि शब्द-भंडार प्राकृत से ले लिया जाए और प्राकृत के ध्वनि-समूह में भी कोई विशेष परिवर्तन न हो, तो ऐसे मिश्रण को कृत्रिम ही कहेंगे। दूसरे शब्दों में बोलचाल की भाषा—या भाषाओं—के व्याकरण-रूपों को मिलाकर लिखी हुई प्राकृत ही अपभ्रंश है। लेकिन जिन व्याकरण-रूपों का सहारा लिया गया, वे अपभ्रंश से पहले के हैं या बाद के? श्री नामवर सिंह के शब्दों में : "अपभ्रंश का ध्वनि-विचार प्राकृत से प्रभावित था किन्तु उसका व्याकरण प्राकृत-प्रभाव से मुक्त होकर लोक-बोलियों के सहारे भारतीय आर्य भाषा के विकास की नूतन सम्भावनाएँ प्रकट कर रहा था।" लोक-बोलियों के 'सहारे' जिस भाषा का व्याकरण प्राकृत-प्रभाव से मुक्त हो रहा था, वह भाषा उन लोक-बोलियों की जननी कैसे हो गई? स्पष्ट ही लोक-बोलियाँ पहले थीं, अपभ्रंश ने उनका सहारा लेना बाद को शुरू किया। आगे भी लिखा है : "परिनिष्ठित अपभ्रंश में आधुनिक देसी बोलियों के मिश्रण का आभास हेमचन्द्र के प्राकृत-व्याकरण के रचना-काल से ही मिलने लगता है।" अपभ्रंश 'में' देशी बोलियों का मिश्रण हुआ; अपभ्रंश 'से' देशी बोलियों का जन्म नहीं हुआ।

अपभ्रंश से आधुनिक भाषाओं के जन्म के इस विवेचन में सबसे रोचक तथ्य यह है कि आधुनिक हिन्दी के व्याकरण-रूपों का पता अपभ्रंश में कहीं नहीं लगा। अपभ्रंश है तो उत्तर-पश्चिम की भाषा लेकिन उसमें व्याकरण रूप हैं पूर्व के। पहली स्थापना अपभ्रंश के मूलाधार के बारे में यह है : "इस परिनिष्ठित अपभ्रंश का मूल आधार पश्चिमी प्रदेशों की बोली थी।" अब देखिए, इस पश्चिमी बोली में वर्तमान पश्चिमी भाषाओं के रूप कैसे नहीं मिलते। दूसरी स्थापना है हिन्दी क्रिया 'है' के बारे में। अस् धातु से इसकी अस्ति, असति, अबद, अहइ, अहै, है—इन अवस्थाओं की कल्पना की गई है। "इनमें से अपभ्रंश में है, अहै और अहइ में से कोई भी रूप प्राप्त नहीं होता।" पश्चिमी प्रदेशों—खड़ी बोली क्षेत्र—की विशेष क्रिया 'है' का अपभ्रंश में पता नहीं है। तीसरी स्थापना 'था' के बारे में : "था वाले रूप अपभ्रंश से लेकर ब्रजभाषा तक कहीं नहीं मिलते।" था भी नदारद! चौथी स्थापना भविष्यवाचक—'गा' के सम्बन्ध में—"अपभ्रंश में भविष्यत् काल बनानेवाली सहायक क्रिया 'होगा' अथवा उसकी तरह का कोई रूप नहीं मिलता।" वर्तमान, भूत, भविष्य के है, था, गा में एक भी अपभ्रंश में प्राप्त नहीं हुआ! इस बात पर आश्चर्य प्रकट किया गया है कि "अवधी के ग्रंथों में भी इसका (गा का) प्रयोग नहीं हुआ है।" अवधी में 'गा' का प्रयोग आज तक नहीं होता। अवधी के ग्रंथों में वह नहीं मिलता, तो आश्चर्य का कोई कारण नहीं।

1. नामवर सिंह, 'हिन्दी के विकास में अपभ्रंश का योग'।

इस बात पर अवश्य आश्चर्य प्रकट करना चाहिए कि पश्चिमोत्तर प्रदेश की संस्कृत में जिस कर्तव्य वाले तव्यत् प्रत्यय का इतना चलन था, उसने पूरबी बोलियों को ही करब, देखब, पढ़व जैसे रूप दिये, खड़ी बोली में अपनी छाया भी न छोड़ी। पाँचवीं स्थापना हिन्दी के 'करता है, जाता है' जैसे रूपों से सम्बन्धित है : "अपभ्रंश में सामान्यत: सामान्य वर्तमान काल के रूप निम्नलिखित प्रकार के होते हैं :

	एकवचन	**बहुवचन**
अ. पु.	करइ	करहिं
म. पु.	करहि	करहु
उ. पु.	करउँ	करहुँ।"

हिन्दी के वर्तमान काल वाले—करता है, जाता है—रूप यहाँ भी नहीं हैं। छठी स्थापना पूर्व कालिक कृदन्त के बारे में : "इ प्रत्यय का ही विशेष चलन दिखाई पड़ता है, जैसे कर+इ=करि।" हिन्दी में होगा 'कर'। यह रूप भी अपभ्रंश में नहीं है।

अन्य स्थापनाएँ। अपभ्रंश में हिन्दी सर्वनाम 'मैं' का प्राय: अभाव है। "हउँ और हौं—उत्तम पुरुष, एकवचन, कर्ताकारक में अपभ्रंश में अधिकांशत: इसी का प्रयोग मिलता है। आगे चलकर अवधी और ब्रजभाषा में भी इसका प्रचलन रहा; परन्तु खड़ी बोली में इसका प्रयोग बन्द हो गया।" बन्द हो गया! मानो यह स्वत:सिद्ध सत्य हो कि खड़ी बोली में पहले मैं की जगह लोग हौं ही बोलते थे। अपभ्रंश में जहाँ मइँ का प्रयोग मिलता है, वहाँ 'ने' का अभाव है। "अपभ्रंश के मइँ के साथ कोई परसर्ग नहीं लगता था, लेकिन खड़ी बोली में भूतकालिक सकर्मक क्रिया के सभी कर्ताओं की भाँति 'मैं' में भी 'ने' परसर्ग लगने लगा।" मानो 'ने' लगाने का अचानक इलहाम हुआ हो! गुजराती, पंजाबी, राजस्थानी, खड़ी बोली के इस लोकप्रिय 'ने' को पश्चिमोत्तर प्रदेश की मूलभाषा में स्थान ही न मिला। इसी प्रकार 'में' का हाल है। "आगे चलकर ब्रजभाषा और खड़ी बोली में मँह का 'ह्' लुप्त हो गया।" और उससे बना में। लेकिन महँ और माँह के भी दर्शन अपभ्रंश में कम होते हैं : "माँह, महँ—अपभ्रंश और परवर्ती अपभ्रंश में इसके प्रयोग प्राय: नहीं मिलते।"

हिन्दी के मुख्य क्रियारूप, 'परसर्ग', सर्वनाम आदि अपभ्रंश—में नहीं—या प्राय: नहीं—मिलते। भले ही अपभ्रंश पछाँह की बोली रही हो, उसमें जो रूप मिलते हैं, वे अधिकतर पूरब के हैं। खड़ी बोली की व्याकरण-व्यवस्था अपभ्रंश से उत्पन्न हुई, यह किसी प्रकार सिद्ध नहीं होता। इस बात को अनेक पंडित पहले भी मान चुके थे। फिर भी उत्साही अनुसंधानकर्ता 'हिन्दी' के विकास में अपभ्रंश का योग सिद्ध ही कर देते हैं। जैसे 'हिन्दी' शब्द काफी लचीला है, वैसे ही कुछ व्याकरण रूप भी काफी लचीले जान पड़ते हैं। कर्म और सम्प्रदान कारकों के उदाहरणों में तुलसी की यह पंक्ति उद्धृत है—करौं भरोसो का को; का को यानी किसका। प्रसंग है 'केहि' से 'को' की उत्पत्ति दिखाने का। सम्बन्धकारक 'को' कर्म और सम्प्रदान कारकों का चिह्न मान लिया गया है! सामान्य वर्तमान काल के उदाहरणों में 'बसौं ब्रज गोकुल गाँव के ग्वारन', 'जो जग और बियो हौं पाऊँ' आदि पंक्तियाँ उद्धृत की गई हैं। मैं बसूँ, यदि मैं पाऊँ, आदि का अर्थ बसता हूँ, पाता हूँ नहीं है। ब्रजभाषा और खड़ी बोली के साहित्यिक विकास को भाषागत विकास समझ लिया गया है। ब्रजभाषा में साहित्य पहले रचा गया, इसलिए मान लिया गया कि वह भाषा भी खड़ी बोली से पहले रची गई!

अपभ्रंश साहित्य 14वीं शताब्दी तक रचा जाता रहा है। तेरहवीं सदी के कवि नामदेव की रचनाओं में 'फेरा आवेगा', 'जन्म लीयगा' आदि 'गा' वाले रूप देख लीजिए।[1] 14वीं सदी के अन्त में दक्खिनी हिन्दी के लेखक बन्दानवाज 'पछानेगा', 'बोलते हैं', 'समजत है', आदि रूपों का प्रयोग करते हैं। उत्तर से जाकर जो लोग दक्खिन में बसे थे, उन्होंने वहाँ अचानक नई भाषा को ईजाद न कर लिया होगा। चौदहवीं सदी में उन्होंने जिस भाषा को साहित्य के लिए इस्तेमाल किया, उसे उनके पुरखे—हिन्दू या मुसलमान—कुछ सदियों पहले तो बोलते ही रहे होंगे। जिसे अपभ्रंश काल कहा जाता है, उसमें 'दक्खिनी' हिन्दी खूब बोली जाती थी। वास्तव में तब वह उत्तरी हिन्दी थी, अर्थात् खड़ी बोली थी जिस पर राजस्थानी आदि अन्य बोलियों का असर भी था। चौदहवीं सदी के दक्खिनी लेखक बन्दानवाज के यहाँ खड़ी बोली के जो रूप मिलते हैं, वे उसी समय के उत्तरी अपभ्रंश लेखकों के यहाँ क्यों नहीं मिलते? उन्हें दो-चार सौ वर्ष पहले अपभ्रंश लेखकों में भी कहीं-न-कहीं मिलना चाहिए। उत्तर के मुसलमान 'बोलते हैं', 'पछानेगा', 'समजता है' कहते हुए उत्तर से दक्खिन तक चले गए, लेकिन अपभ्रंश-लेखकों को इसकी खबर ही न हुई, न उनके पुरखों ने उन रूपों को सुना! अपभ्रंश में 'होगा' रूप न मिला, तो ऐसा प्रतीत होना चाहिए कि "यह पश्चिमी हिन्दी में सोलहवीं सदी के आसपास विकसित और प्रचलित हुआ।" ये सब भ्रान्तियाँ इसलिए हैं कि लेखक ने अपने मन में पहले ही तै कर लिया है कि खड़ी बोली के व्याकरण-रूप अपभ्रंश से ही निकले हैं। यदि अपभ्रंश में न मिले तो यह मान लो कि वे बाद में किसी प्रकार प्रकट हुए। जिस समय अपभ्रंश में साहित्य रचा जा रहा था, उस समय की खड़ी बोली की रचनाएँ मिलती हैं, अपभ्रंश में अप्राप्त खड़ी बोली के व्याकरण रूप उनमें भी मिलते हैं, किन्तु यह सब सामग्री सामने रहते हुए भी लेखक अपभ्रंश के बारे में सही निष्कर्ष नहीं निकाल पाता। इसका कारण उसका पूर्वग्रह-दूषित दृष्टिकोण है।

खड़ी बोली पछाँह की बोली है। अपभ्रंश से उसी का उद्‌भव सिद्ध नहीं किया जा सका, अन्य भारतीय भाषाओं का उद्‌भव उससे सिद्ध करना और भी कठिन है। मराठी भाषा पर अपने ग्रंथ में ज़्युल ब्लॉख आद्य, मध्य और नव्य वाला क्रम मान कर चले हैं, किन्तु उन्होंने प्राकृतों के बारे में लिखा है : "लौकिक संस्कृत के युग में भारत के विभिन्न प्रदेशों में कौन-सी भाषाएँ बोली जाती थीं, इसके प्रत्यक्ष उदाहरण प्राकृतों में ढूँढ़ना व्यर्थ होगा। जब से साहित्यकारों ने प्राकृतों में लिखना शुरू किया, वे एक साहित्यिक और व्याकरणिक परम्परा में कैद हो गए। नौ या दस शताब्दियों की अवधि में प्राकृत ने कोई भी ऐसा परिवर्तन न दिखाया जिसे महत्त्वपूर्ण कहा जा सके।"[2] परम्परा के बन्दी बनने की बात अपभ्रंशों के लेखकों पर भी लागू होती है। भाषाविज्ञान का कोई भी पूर्वग्रह-मुक्त विद्यार्थी प्राकृतों और अपभ्रंशों से आधुनिक भाषाओं का उद्‌भव सिद्ध करने में कठिनाई का अनुभव करेगा। अपभ्रंश में अवधी आदि पूरबी बोलियों के भी सभी रूप नहीं मिलते, यह याद रखना चाहिए।

प्राकृत के विपरीत वैदिक भाषा को बोलचाल की भाषा मानना चाहिए। जिस भाषा में भी साहित्य रचा जाए, वह कृत्रिम होगी—यह तर्क असंगत है। वैदिक और लौकिक संस्कृत से हिन्दी आदि आधुनिक भाषाओं का गहरा सम्बन्ध है। संस्कृत या उसके साथ की अन्य जनपदीय भाषाओं की अनेक धातुएँ, मूल शब्द-भंडार के बहुत-से शब्द, अनेक व्याकरण-रूप

1. श्रीराम शर्मा, 'दक्खिनी का पद्य और गद्य', हैदराबाद
2. ज्युल ब्लॉख़, 'ला फॉर्मासिओं द ला लांग मराठ', पेरिस, 1920, पृ. 15

इन भाषाओं में मिलते हैं। साथ ही आधुनिक भाषाओं की अपनी विशेषताएँ हैं जो प्राचीन काल में यहाँ बहुत-सी भिन्न प्रकृति वाली भाषाओं और भाषा-परिवारों के अस्तित्व की सूचना देती हैं। हिन्दी के क्रिया-रूप संस्कृत से मिलते-जुलते हैं यद्यपि वे उनकी नकल नहीं हैं। कर्तव्य से करब, कृत से केल और क्रिया, कर्ण से ने, कक्ष से को आदि रूप सिद्ध करने का प्रयास अवैज्ञानिक है। तुलनात्मक भाषाविज्ञान से हिन्दी और उसके साथ की बोलियों के अनेक रूप काफी प्राचीन सिद्ध होते हैं। संस्कृत-प्राकृत-अपभ्रंश की मंजिलों को आधुनिक भारतीय भाषाओं के विकास की सही मंजिलें मानने के कारण भाषाविद् तथ्यों को तोड़-मरोड़कर पेश करते हैं और उनसे गलत निष्कर्ष निकालते हैं। यही कारण है कि अपभ्रंश को पश्चिमी बोली मानते हुए भी वे वर्तमान पश्चिमी बोलियों के रूप उसमें नहीं दिखा पाते। कश्मीरी जैसी भाषा संस्कृत-परिवार की है। उसका विकास उस परिवार की अन्य भाषाओं के समान ही हुआ है। संस्कृत के अलावा अन्य भारतीय भाषाओं से भी उसका घनिष्ठ सम्बन्ध है। संस्कृत और आधुनिक भाषाओं की समानताओं का काफी अध्ययन किया गया है, जो उचित है। इसके साथ उनकी संस्कृतेतर समानताओं का अध्ययन भी आवश्यक है। आधुनिक भाषाओं का अभ्युदय तब हुआ, जब उनमें साहित्य रचा जाने लगा, इस धारणा को त्याग देना चाहिए। प्राकृत-अपभ्रंश में आधुनिक भाषाओं के जो थोड़े-से शब्द, व्याकरण-रूप आदि आ गए हैं, उनसे लाभ उठाते हुए प्राकृत-अपभ्रंश की मंजिलों को अनिवार्य माने बिना ही आधुनिक भाषाओं का अध्ययन करना चाहिए।

नवाँ अध्याय

परिनिष्ठित संस्कृत और आधुनिक भाषाएँ

जब हम आधुनिक भाषाओं की प्राचीनता की बात करते हैं, तब उसका अर्थ यह न लेना चाहिए कि वे आज के ही रूप में किसी विशाल प्रदेश में बोली जाती थीं। हमारा तात्पर्य केवल इतना है कि उनके शब्द-भंडार, व्याकरण और ध्वनि के मूल-तत्त्व उस समय भी उपलब्ध थे। दस या बारह कोस पर बोली बदलने के सिद्धान्त को उतना ही पुराना समझना चाहिए जितना कि बोलियों को। प्राचीन काल में बोलियों की बहुलता अब से ज्यादा भले रही हो, कम नहीं थी। बीते युगों की परिनिष्ठित भाषाओं में इन बोलियों के चिह्न मिलते हैं। उनके निर्माण में एक से अधिक भाषा-परिवारों का योग रहा है। बोलियाँ लहरों की तरह हैं। प्रत्येक लहर का दायरा दस-बारह कोस का हुआ। इनमें जब कोई एक बोली भाषा बनकर बारह कोस की जगह बारह सौ कोस का दायरा घेर लेती है, तब वे बोलियाँ समाप्त नहीं हो जातीं। भाषा के साथ उनका शान्ति (या अशान्ति) पूर्ण सह-अस्तित्व बना रहता है। बोली के सीमित क्षेत्र से बाहर भाषा सामान्य सांस्कृतिक और सामाजिक व्यवहार में काम आती है; बोली अपने सीमित क्षेत्र में दैनिक जीवन के नित्य व्यवहार में प्रयुक्त होती है। हम जिन जनपदीय भाषाओं से आधुनिक भाषाओं का उद्‌भव और विकास मानते हैं, वे अधिकतर परिनिष्ठित भाषाएँ न होकर बोलियों का समूह थीं। इन बोलियों की स्थिर और निश्चित सीमाएँ न थीं; सीमाएँ—लहरों की तरह—बनती और बिगड़ती रहती थीं। खड़ी बोली का शिष्ट रूप अब स्थिर हो गया है (या प्राय: स्थिर हो गया है)। उससे पुरानी (या वर्तमान) दकनी की तुलना करने से लगता है, यह दकनी अजीब खिचड़ी बोली है। "उसमें अवधी, ब्रजभाषा और खड़ी बोली तथा राजस्थानी, पंजाबी आदि दूसरी अनेक बोलियों का मिश्रण है।"[1] और यह राजस्थानी, पंजाबी, अवधी आदि क्या हैं? ये भी अनेक बोलियों के समूह हैं। बोलियों की बहुलता न समझने के कारण किसी भाषा-परिवार की आदि भाषा की कल्पना की जाती है। द्वन्द्व के बिना गति असम्भव है। यदि आदि भाषा अद्वैत ब्रह्म के समान अखंड इकाई हो, तो वह ब्रह्म के समान ही सनातन, अपरिवर्तनशील बनी रहे। वह आदि भाषा माया द्वारा अनेक भाषाओं के रूप धारण नहीं करती—अपनी लीला दिखाने के लिए लैटिन, फ्रांसीसी, इतालवी और स्पेनी नहीं बनती, न इसी भाँति संस्कृत ने आधुनिक लोकभाषाओं का रूप लिया है। जैसे आदिमानव की उत्पत्ति के लिए भी दो व्यक्तियों की जरूरत थी—एक जनक, दूसरा जननी, उसी प्रकार भाषा के विकास के लिए आरम्भ में ही एक से अधिक मानव-समूहों की कल्पना करनी होगी जिनके परस्पर अन्तर्विरोध से भाषाओं में परिवर्तन सम्भव हुआ। एक भाषा में भी अन्तर्विरोध हो सकते हैं जिनसे उसकी प्रगति सम्भव हो। इनकी चर्चा हम आगे

1. 'हिन्दी के विकास में अपभ्रंश का योग', पृ. 96

करेंगे। एक अन्तर्विरोध जो काफी पहले दिखाई देता है, वह बोली और भाषा से सम्बन्धित है। अनेक बोलियों के रूप में ही किसी एक भाषा का अस्तित्व दिखाई देता है। इन्हीं में से कोई एक बोली परिनिष्ठित भाषा का रूप धारण करती है।

प्राचीन कबीलों के बारे में हम सोचते हैं कि किसी एक कबीले की भाषा-ध्वनि, व्याकरण; शब्द-भंडार आदि में बिलकुल एक-सी होगी। पूरा कबीला एक ही गाँव में बसा हो, तब तो उसके नित्यप्रति सम्पर्क के कारण ऐसी समानता हो सकती है। किन्तु कबीले एक से अधिक गाँवों में बसे होते हैं या एक से अधिक दुकड़ियों में घुमन्तू जीवन बिताते हैं। उनकी बोलियों में थोड़ा-बहुत भेद होना स्वाभाविक है। इन अनेक भेदों के ऊपर जब एक या अनेक कबीले भाषा-सम्बन्धी अभेद कायम करते हैं, जब वे किसी ऐसी बोली को अपनाते हैं जो अन्य सभी बोली बोलनेवालों के लिए मान्य हो, तब इसके महत्त्वपूर्ण सामाजिक कारण होते हैं। यदि कोई कबीला बहुत शक्तिशाली है, वह दूसरे कबीलों को दबाकर अपने अधीन रखता है, तो उसकी बोली को दूसरे कबीले सामान्य भाषा के रूप में अपनाएँगे। यदि अनेक कबीलों ने अपना कोई संघ बनाया है, तो वे आत्मरक्षा, आक्रमण आदि के लिए अपने में से किसी एक की भाषा को सामान्य व्यवहार के लिए चुनेंगे। व्यापार और विनिमय की आवश्यकताओं के लिए भी इसी प्रकार किसी एक कबीले की भाषा अपनाई जा सकती है। पहले हम देख चुके हैं कि एथेंस की भाषा यूनानी जनों के परस्पर आदान-प्रदान की भाषा बनी। इसी प्रकार भरत या कुरुजन की बोली के आधार पर संस्कृत का विकास हुआ और वह विभिन्न जनपदों के व्यवहार की भाषा बनी।

बोलियों के बीच में भाषा का उत्थान, छोटे-छोटे दायरों में बोली जानेवाली बोलियों के विपरीत एक बड़े दायरे में बहुत कुछ एक-से शब्द-भंडार और व्याकरण वाली एक ही भाषा का व्यवहार एक महत्त्वपूर्ण सामाजिक घटना है। सामाजिक आवश्यकताओं के बिना उसका उत्थान सम्भव ही नहीं है। ये आवश्यकताएँ तभी उत्पन्न होती हैं जब मनुष्य आदिम वन्य अवस्था से निकलकर बर्बर या अर्द्ध-सभ्य अवस्था तक पहुँच गया हो। मार्क्सवादी समाजशास्त्र में जिसे आदिम साम्यवाद की व्यवस्था कहा जाता है, या पुरातत्त्वज्ञ जिसे प्रस्तर युग कहते हैं, उसमें बोलियों के बीच भाषा के ऐसे अभ्युदय की कल्पना नहीं की जा सकती। आदिम साम्यवाद की काफी लचीली परिभाषा की गई है। उसमें वेदों से लेकर प्रारम्भिक बौद्ध धर्म तक शामिल हो जाता है। स्तालिन ने आदिम साम्यवाद की व्याख्या करते हुए लिखा था कि प्रस्तर आयुधों और बाद को धनुष-बाण के प्रयोग के कारण मनुष्य अलग-अलग रहकर प्रकृति और हिंस्र जन्तुओं का मुकाबला न कर सकते थे। जंगल से फल बटोरने, मछली पकड़ने या किसी तरह का निवास-स्थान बनाने के लिए मनुष्यों को मिलकर काम करना पड़ता था। एक साथ काम करने से उत्पादन के साधनों पर और उत्पादित वस्तुओं पर उनका सम्मिलित अधिकार होता था।

परिवार, व्यक्तिगत सम्पत्ति और राज्यसत्ता की उत्पत्ति पर अपने ग्रंथ में एंगेल्स ने सभ्यता से पहले मानव-समाज की दो अवस्थाओं का वर्णन किया है : पहली वन्य अवस्था (सैवेजरी), दूसरी बर्बर अवस्था (बार्बरिज़्म)। वन्य अवस्था की पहली मंजिल में मनुष्य वृक्ष-वासी है; वह कन्द-मूल, फल खाकर जीवित रहता है। एंगेल्स के अनुसार इस मंजिल में व्यक्त भाषा का निर्माण—पशुओं से भिन्न—'the formation of articulate speech'—मानवकी मुख्य उपलब्धि थी। दूसरी मंजिल में उसने आग का इस्तेमाल करना सीखा और गदा और भाले बनाकर शिकार खेलना सीखा। तीसरी मंजिल में उसने धनुष-वाण का उपयोग किया। बर्बर अवस्था की विशेषता पशु-पालन और बागबानी हैं। उसकी अन्तिम मंजिल में लोहे का काम,

हल की खेती और लिपि का आविष्कार होता है। इस बर्बर अवस्था के बीत जाने पर व्यक्तिगत सम्पत्ति, दास-प्रथा और राज्यसत्ता का अभ्युदय होता है।

एंगेल्स ने जिन्हें वन्य और बर्बर अवस्थाएँ कहा है, स्तालिन ने उन्हें आदिम साम्यवाद के अन्तर्गत ही माना है। बर्बर अवस्था में मनुष्य प्रकृति के सामने पहले जैसा असहाय नहीं रहता। खेती और पशुपालन के कारण समाज पहले से अधिक समृद्ध होता है। कुछ कबीले किन्हीं विशेष वस्तुओं के उत्पादन में दक्ष होकर उनका विनिमय आरम्भ करते हैं। कबीले में पहले जैसी समानता नहीं रहती; कुछ कुल अधिक शक्तिशाली होते हैं और उनके पास कबीले की सम्पत्ति का अधिक भाग आ जाता है। ऐसे ही कुलों से राजन्य वर्ग का निर्माण होता है। कुल से अलग व्यक्ति का अस्तित्व नहीं होता; इसलिए 'व्यक्तिगत सम्पत्ति' पहले 'कुलगत सम्पत्ति' ही होती है। एंगेल्स ने होमर की गाथाओं में वर्णित वीरों को बर्बर अवस्था की अन्तिम मंजिल का बताया है। उस वर्णन से स्पष्ट है कि उनके पास सम्पत्ति की कमी नहीं थी और जीवन-यापन के लिए ये सामूहिक श्रम करने के लिए विवश न थे। इस अवस्था को हम आदिम साम्यवाद कहें या न कहें, इस विवाद को यहाँ न बढ़ाकर हम इतना ही कहेंगे कि जब तक मनुष्य अपने श्रम द्वारा प्रकृति पर यत्किंचित् विजय नहीं पाता, खाद्य के लिए टोलियाँ बनाकर घूमनेवाले प्राणी का जीवन समाप्त नहीं करता, तब तक उसे अनेक बोलियों में किसी एक को भाषा बनाने की आवश्यकता का अनुभव नहीं होता। बिखरी हुई छोटी-छोटी बोलियों से भिन्न एक व्यापक सामान्य 'भाषा' का अभ्युदय कुलगत सम्पति, कबीलों के परस्पर विनिमय, विनिमय के लिए आवश्यक सम्पत्ति के उत्पादन आदि के साथ जुड़ा हुआ है। पशु-पालन या खेती या दोनों के द्वारा सम्पत्ति अर्जित करने पर ही चरागाहों, खेतों को हथियाने या उन्हें हड़पने की आवश्यकता अनुभव होती है। तभी कबीले आत्मरक्षा, आक्रमण या व्यापार के लिए किसी एक बोली को भाषा रूप में अपनाते हैं।

निष्कर्ष यह कि आदिम साम्यवाद की पहली मंजिल में 'भाषा' का व्यवहार नहीं होता; बोलियों से ही अपने-अपने सीमित क्षेत्र में काम चलता है। आदिम साम्यवाद की दूसरी मंजिल में, जब सामूहिक सम्पत्ति के साथ कुलगत सम्पत्ति का अभ्युदय हो चुकता है, तभी सामाजिक आवश्यकताओं की पूर्ति के लिए ऐसी भाषाओं का व्यवहार होता है जिनका क्षेत्र दस-बारह कोस के बदले एक या उससे अधिक कबीलों की भूमि होती है। लैटिन, ग्रीक, संस्कृत आदि प्राचीन भाषाएँ ऐसी ही परिनिष्ठित भाषा के अभ्युदय का प्रमाण हैं।

ग्रीक, लैटिन और संस्कृत—ये तीनों ही 'चर्च' की भाषाएँ भी रही हैं। संघबद्ध धर्म का अभ्युदय सामन्तवाद की विशेषता है। धर्म-विशेष के प्रसार के साथ किसी भाषा का क्षेत्र बहुत बढ़ जाता है। वह उन जनपदों की ही शिष्ट भाषा नहीं रहती, जिनकी बोलियाँ उससे मिलती-जुलती हैं; वह उन प्रदेशों में भी जा पहुँचती हैं जहाँ की भाषाएँ उससे भिन्न हैं और वह उन्हें प्रभावित करना शुरू करती है। कोई भाषा इस तरह फैलती है या नहीं, यह किसी देश में सामन्तवाद के विकास और वहाँ धर्म के सम्बन्ध होने पर निर्भर है। लेकिन सामन्तवाद से पहले समाज-व्यवस्था का दास-प्रथा पर आधारित एक रूप और माना जाता है। भाषा के प्रसार या गठन पर इसका क्या असर पड़ता है?

एंगेल्स की बताई हुई बर्बर अवस्था के बाद सामन्तवाद की ओर बढ़ने के लिए दास-प्रथा पर आधारित कोई व्यवस्था अनिवार्य नहीं है। एंगेल्स के अनुसार अमरीकी आदिवासी कबीलों में संगठित थे, लेकिन कई जगह उन्होंने अपने स्थायी संघ बना लिये थे, और इस तरह जातियों

(नेशंस) के निर्माण की ओर उन्होंने पहला कदम उठाया था। जाति-निर्माण की तरफ पहला कदम उठा लेने पर भी उनमें दास-प्रथा का चलन न था। एंगेल्स के अनुसार जर्मन कबीलों में भी दास-प्रथा का अभाव था और जब उन्होंने रोमन-साम्राज्य को ध्वस्त कर दिया, तब वहाँ दास-प्रथा को भी समाप्त कर दिया। उन्होंने अपने प्रदेशों की-सी सामन्ती प्रथा वहाँ भी चलाई। वास्तव में यूनान और इटली में प्रचलित दास-प्रथा के आधार पर सामाजिक विकास की एक ऐसी मंजिल की कल्पना की गई है जिसका आधार ही दास-प्रथा हो। इस कल्पना के प्रभाव से कुछ विद्वानों ने उन देशों में भी दास-प्रथा पर आधारित समाज-व्यवस्था का अनुसंधान कर डाला है जहाँ दास समाज के उत्पादक वर्ग का एक प्रतिशत भी न थे। यूनान और रोम के प्राचीन समाज में भी मुख्य वर्ग-विरोध दास और उनके स्वामियों में न था, वरन् धनी भू-स्वामियों और स्वाधीन किन्तु निर्धन किसानों या बेकार नागरिकों में था। एथेंस में क्या हुआ? एंगेल्स के शब्दों में : "उद्योग और व्यापार की प्रगति से कुछ लोगों के हाथों में सम्पत्ति सिमटकर केन्द्रित हो गई; आजाद नागरिक जन-समूह मुफलिस हो गया। उसे दो रास्तों में से एक चुनना था—या तो वह दस्तकार बने और दासों से होड़ करे जिसे नीच और घृणित काम समझा जाता था, इसके अलावा उसमें सफलता की गुंजाइश भी कम थी—या वह एकदम मुफलिस हो जाए। वहाँ की हालत में जो बात हुई, वह दूसरी थी। बहुसंख्यक (मैजॉरिटी) होने के कारण वे समूचे एथेंस राज्य को अपने साथ खड्ड में घसीट ले गए।" एथेंस के पतन का कारण दास-प्रथा थी—अप्रत्यक्ष रूप से। उसने धनी-निर्धन एथेंस-वासियों का संघर्ष तीव्र कर दिया और एथेंस की राज्यसत्ता इस संघर्ष में चकनाचूर हो गई। रोम के बारे में मार्क्स ने 8 मार्च, 1855 के अपने एक पत्र में लिखा था : "कुछ समय पहले मैंने रोम के (प्राचीन) इतिहास को आगस्टस-काल तक फिर पढ़ा। वहाँ के आन्तरिक इतिहास का सीधा अर्थ है बड़ी भू-सम्पत्ति से छोटी भू-सम्पत्ति वालों का संघर्ष जो अवश्य ही, एक विशेष दिशा में, दास-प्रथा से किंचित् परिवर्तित हुआ हो।"[1] दूसरे शब्दों में रोमन समाज-व्यवस्था मूलत: सामन्ती थी। यूनान में जिस उत्पादन-व्यवस्था को दास-प्रथा पर आधारित समझा जाता है, वह भी आदिम साम्यवाद (या बर्बर अवस्था) के तुरन्त बाद की मंजिल नहीं है। तुरन्त बाद की मंजिल सामन्तवाद ही है; उत्पादन के लिए बडे पैमाने पर दासों का उपयोग बाद में होता है और इस उपयोग से सामन्ती-प्रथा में मूलत: परिवर्तन नहीं होता। ईसा-पूर्व छठी शताब्दी में सामन्तों और किसानों का संघर्ष तीव्र हो गया था। गरीब किसानों को उपज का छठा हिस्सा ही रखने की अनुमति दी गई थी। कुछ भिखारी बन गए या दास बनकर बिके, कुछ मुफलिस बनकर इधर-उधर मारे-मारे फिरने लगे। इसी संघर्ष को दूर करने के लिए सोलन ने अपने नये कानून बनाए थे।

दास-प्रथा पर आधारित कोई विशेष उत्पादन-व्यवस्था नहीं होती, इसलिए भाषा के विकास पर उसके प्रभाव का सवाल नहीं उठता। सामन्ती ढाँचे में एक वर्ग और उत्पन्न होता है—सौदागरों का, जो पहले सामन्ती बंधनों को मानकर, उसी ढाँचे के अन्दर मुनाफा कमाता है। लेकिन क्रमश: वह शक्तिशाली होता जाता है और जब-तब राज्यसत्ता को अपने हाथ में लेने के लिए सामन्त-वर्ग से टक्कर भी लेता है। टॉमसन के अनुसार प्राचीन यूनान में जो जनवादी क्रान्ति हुई, उससे राज्यसत्ता भू-स्वामी वर्ग के हाथ से सौदागरों के हाथ में आई।[2] लेकिन इस क्रान्ति का प्रसार सारे यूनान में न हो सका। एथेंस ने व्यापार के आधार पर जो

1. मार्क्स और एंगेल्स, 'सेलेक्टेड करेस्पौंडेंस, लॉरेन्स एंड विशार्ट', 1943, पृ. 127
2. जार्ज टॉमसन, 'फर्स्ट फिलॉसफर्स, लॉरेन्स एंड विशार्ट', 1955, पृ. 208-9

पूँजीवादी सम्बन्ध कायम किये थे, वे चारों ओर के सामन्ती सागर में डूब गए। लेकिन इसमें सन्देह नहीं कि एथेंस के अधिनायकत्व का कारण व्यापार था और अपनी इस प्रमुख भूमिका के कारण एथेंस अपनी भाषा को भी यूनान की अन्य सभी बोलियों में सर्वोपरि स्थान दिला सका।

प्राचीन रोम में सौदागरों और भूस्वामियों के एकदम भिन्न वर्ग न थे। उनकी स्थिति इंग्लैंड में औद्योगिक क्रान्ति से पहले के सौदागरों और बड़े जमींदारों की-सी थी। इंग्लैंड में जिस सौदागर के पास अपनी भू-सम्पत्ति न होती थी, वह इज्जतदार न समझा जाता था। इसलिए व्यापार से पैसा कमाकर ही वह सन्तुष्ट न हो सकता था; उसे इज्जत के लिए जमींदार भी बनना होता था। साथ ही पुराने जमींदार आमदनी के पुराने तरीकों में सन्तुष्ट न होकर व्यापार से भी धन कमाने की सोचते थे। इतिहासकार टॉमसन के अनुसार प्राचीन रोम में "बड़े सौदागर और बड़े उद्योगपति बड़े जमींदारों से एकदम भिन्न वर्ग के रूप में दिखाई न पड़ते थे। एक ओर बड़े जमींदार पुराने जमाने से ही व्यापारी और पूँजीपति होते आए थे, और अपने हाथ में लेन-देन का कारबार, बड़े पैमाने का व्यापार और राज्य के काम समेटे रहते थे।" दूसरी ओर भूस्वामित्व का नैतिक महत्त्व था; इसके बिना व्यापारी को राजनीतिक अधिकार न मिल सकते थे। व्यापार में मुनाफा कमानेवाला आम तौर से अपनी पूँजी जमीन में लगाता था। रोमन राजनीतिज्ञ इस बारे में सतर्क रहते थे कि 'भूमिहीन धनवानों का खतरनाक वर्ग' बढ़ने न पाए।[1] रोमन समाज में व्यापारियों और सामन्तों का सहयोग भी था औरु आपसी संघर्ष भी। सामन्तों का पलड़ा भारी था। आपसी संघर्ष को दूर करने के लिए उनका तरीका यह था कि वे व्यापारियों को शुद्ध व्यापारी न रहने देते थे। तरह-तरह के दबाव डालकर वे उन्हें अपने वर्ग का ही एक अंग बना लेते थे। इसके सिवा वे स्वयं भी सौदागरी के जरिये अपनी आमदनी बढ़ाते थे। इन सौदागरों को इटली के एकीकरण में सामन्तों से अधिक दिलचस्पी थी। लैटिन भाषा के प्रसार से उन्हें व्यापार में सुविधा होती थी। इटली में लैटिन का प्रसार केवल सामन्तों का काम नहीं था; उसमें सौदागरों का हाथ भी था। इसी प्रकार यूरोप में साम्राज्य-विस्तार से उन्हें लाभ था। ईसा की प्रथम शताब्दी में रोमन व्यापारी सुदूर ब्रिटेन तक पहुँचते थे। वर्तमान यौर्कशायर के पूर्वी भाग में पैरीसी जन रहते थे। इन्होंने रोमन सौदागरों का स्वागत किया था। इन्हीं की भूमि से रोमन सेना ने ब्रिगान्तेस नामक दूसरे जन पर धावा बोला था। "इस अभियान का स्वागत नहीं किया गया, तो कम-से-कम उसे शान्तिपूर्ण ढंग से ग्रहण किया गया। इसका प्रमाण यह है कि इस कबीले की भूमि पर स्थायी रोमन छावनी बनाने से उसे मुक्त किया गया।"[2] रोमन व्यापारी अपने व्यापार से मतलब रखते थे; उन्हें ब्रिटेन के निवासियों को जबर्दस्ती रोमन सभ्यता में दीक्षित करने से दिलचस्पी नहीं थी। इस प्रकार ब्रिटेन जैसे सुदूर टापू को रोमन साम्राज्य में मिलाने से व्यापारियों का वर्ग-स्वार्थ जुड़ा हुआ था। ब्रिटिश कबीलों के सरदार अपनी परम्परा के अनुसार देहात में अपना जीवन बिताते थे। "बड़े-बड़े इतालवी जमींदार शहरों की उपज थे और वही उनके मुख्य केन्द्र थे। गाँवों की सम्पत्ति के अलावा उनका शहरी मकान अक्सर दुकान या कारखाने से बहुत निकट रूप में सम्बन्धित होता था। इस दुकान या कारखाने में दासों या आजाद किये हुए आदमियों की देखरेख में व्यापार फलता-फूलता था।"[3]

---

1. थेओडोर मॉमसेन, 'हिस्ट्री ऑव रोम', 1868, खंड 1, पृ. 489-90
2. आई.ए. रिचमौंड, 'रोमन ब्रिटेन', 1955, पृ. 79-80
3. आई.ए. रिचमौंड, 'रोमन ब्रिटेन', 1955, पृ. 85

जिन जर्मन जातियों ने रोमन-साम्राज्य को छिन्न-भिन्न किया, उनमें सामन्ती सम्बन्धों का चलन था। उनमें दास-प्रथा के बदले अर्द्ध-दास (सर्फ) प्रथा का चलन था, लेकिन वे जर्मन भाषा का प्रसार उसी तरह न कर पाए जिस तरह रोमनों ने लैटिन का किया था। स्वयं जर्मनी का एकीकरण बहुत बाद में हुआ। जर्मनी और इटली—जर्मन और लैटिन भाषाओं—के इतिहास की इस भिन्नता का कारण व्यापार है। आगे चलकर लैटिन ईसाई चर्च की भाषा ही न बनी, मिल्टन के समय तक वह अन्तरराष्ट्रीय राजकाज की भाषा थी। यूनानी व्यापारियों और यूनानी उपनिवेशों के प्रभाव से भूमध्य सागर के तटवर्ती प्रदेशों में रोमन-साम्राज्य और उसके बाद तक ग्रीक भाषा को अन्तर-जातीय महत्त्व प्राप्त रहा। व्यापार और सांस्कृतिक आदान-प्रदान की इन आवश्यकताओं के कारण जर्मन के विपरीत ग्रीक और लैटिन भाषाओं का परिनिष्ठित रूप स्थिर हुआ। बोलचाल की लैटिन के अनेक रूप थे अथवा लैटिन परिवार की अनेक बोलियाँ इटली, फ्रांस आदि में बोली जाती थीं। लैटिन जिस जाति की भाषा थी, वह जाति नये जातीय संगठनों में तिरोहित हो गई। वृहत्तर इटली ने एक नई जनपदीय भाषा को अपनाकर उसे अपनी जातीय भाषा बनाया। लैटिन-भाषी जाति का अस्तित्व न रहने पर भी लैटिन यूरोप के विभिन्न अन्तर-जातीय कार्यों में व्यवहृत होती रही। लैटिन का स्थान इतालवी (या अन्य भाषाओं) ने ले लिया, इसका कारण यह न था कि वैयाकरणों ने लैटिन को कठोर नियमों से जकड़ दिया था। बोलचाल की भाषा न रहने पर भी लैटिन तब तक शिक्षित जनों के काम में आती रही, जब तक यूरोप में नई जातियों के अभ्युदय के साथ उनकी भाषाएँ भी आर्थिक, राजनीतिक और सांस्कृतिक क्षेत्रों में प्रयुक्त न होने लगीं। इन जातियों और उनकी भाषाओं के अभ्युदय के बाद भी सैकड़ों वर्षों तक लैटिन अपने पद पर—धर्म से भिन्न क्षेत्र में भी—आसीन रही। ईसाई धर्मग्रंथों में ग्रीक भाषा का प्रयोग हुआ था। लैटिन के समान वह भी ईसाई धर्म से सम्बद्ध हुई। उस समय उसके बोलचाल के रूपों और परिनिष्ठित ग्रीक में बहुत अन्तर हो गया था। फिर भी व्यापार के कारण उसी पुरानी परिनिष्ठित ग्रीक का बहुत दिनों तक चलन रहा।

वैदिक संस्कृत अनेक जनपदीय बोलियों में से एक थी। वह मुख्यत: भरत या कुरुजन की बोली थी। उसी के आधार पर संस्कार की हुई भाषा—संस्कृत—का विकास और प्रसार हुआ। प्राकृतों का संस्कार करके यह भाषा न बनी थी। भारत की बोलचाल की भाषा का प्राचीनतम रूप ऋग्वेद में मिलता है। वह रूप जितना लौकिक संस्कृत के निकट है, उतना प्राकृतों के नहीं। कुछ अपवादों को छोड़कर उसके अधिकांश भाषा-तत्त्व प्राकृतों से बहुत दूर हैं। शक्तिशाली भरत-जन की भाषा अन्तर-जनपदीय व्यवहार के लिए स्वीकृत हुई। ये जन और जनपद स्थिर इकाइयाँ न थे। उनका संगठन-विघटन, मख्यत: बाह्य कारणों से, बराबर चलता रहा। प्राचीन भरत-जन का अस्तित्व नये जन-गठनों में घुल-मिल गया। संस्कृत बोलनेवाला मूल जन न रहा तो संस्कृत भी साधारण जनों की—किसानों, कारीगरों आदि की—भाषा न रह गई। लेकिन अन्य जनपदीय भाषाएँ जो पहले ही संस्कृत से मिलती-जुलती थीं, संस्कृत को सर्वोपरि आसन देती रहीं। पाणिनि के समय में संस्कृत तक्षशिला से लेकर पाटिलपुत्र तक के प्रदेश की भाषा न थी किन्तु विभिन्न जनपदों के शिक्षित जन अन्तर-जनपदीय व्यवहार के लिए उसे माध्यम बनाए हुए थे, यह निश्चित है। उत्तर-भारत में केवल एक भाषा का अस्तित्व माननेवालों के विपरीत डॉ. वासुदेवशरण अग्रवाल ने पाणिनि के लिए बिलकुल ठीक लिखा है : "बोलियों, जन-विश्वासों और स्थानीय प्रथाओं से भी शब्दों का चुनाव किया गया है।" इसका एक उदाहरण उन्होंने यह दिया है : "पीलु वृक्ष के पक्के फलों के 'पीलुकुण' शब्द

पाणिनी को ठेठ पंजाब की बोलियों से मिला होगा, जहाँ पीलु और शामी के घने जंगल थे और आज भी पक्के पीलु फलों को 'पिलकना' कहते हैं।"[1]

अष्टाध्यायी के भौगोलिक उल्लेखों के आधार पर डॉ. वासुदेवशरण अग्रवाल ने पामीर से काठियावाड़ तक और गोदावरी से असम तक संस्कृत भाषा का प्रसार माना है। यह भी लिखा है : "सम्भव है, इस विशाल प्रदेश में स्थानीय बोलियाँ भी रही हों, किन्तु एकच्छत्र साम्राज्य का पट्टबंध संस्कृत के ही माथे था।"[2] इसमें जरा भी सन्देह नहीं कि इस विशाल प्रदेश में बहुत-सी बोलियाँ थीं जिनमें अनेक संस्कृत से भिन्न परिवार की भी थीं। यद्यपि पंडित वर्ग ने संस्कृत को देववाणी कहा किन्तु उसमें विविध मानवीय तत्त्वों का सम्मिश्रण हुआ। वैदिक भाषा के शब्द-भंडार से लौकिक संस्कृत के शब्द-भंडार की तुलना करने से दोनों का अन्तर, लौकिक संस्कृत की संग्रह-शक्ति, उसमें द्रविड़ आदि अन्य परिवारों के शब्दों का आगमन स्पष्ट हो जाएगा। वैसे यह क्रिया वैदिक युग में ही आरम्भ हो गई थी और ऋग्वेद के पहले ही मंत्र में 'अग्निमीळे' के 'ईळे' को विद्वान द्रविड़-परिवार की क्रिया कहते हैं।

पाणिनि के समय में कुरुक्षेत्र का पुराना नाम भरत प्रचलित था।[3] संस्कृत के प्रसार के साथ यह नाम भी सारे देश में फैल गया और देश को भारतवर्ष की संज्ञा मिली। चीनी यात्री श्यूआन चुआङ् के अनुसार : "समय की मंदता और अवस्था को देखकर पाणिनि ने साहित्य और बोलचाल की भाषा के अनिश्चित और अशुद्ध प्रयोगों एवं नियमों में सुधार करना चाहा। उनकी इच्छा थी कि नियम निश्चित करें और अशुद्ध प्रयोगों को ठीक करें।"[4] प्रत्येक भाषा के परिनिष्ठित रूप ग्रहण करने के समय यह शुद्ध-अशुद्ध प्रयोगों की समस्या उसके सामने आती है। पाणिनि के व्याकरण की रचना एक सामाजिक आवश्यकता की पूर्ति के लिए हुई थी। यह आवश्यकता उत्तर भारत के जनपदों के बीच सांस्कृतिक और आर्थिक आदान-प्रदान की थी। डॉ. अग्रवाल के शब्दों में : "भारतवर्ष के दूरस्थित भाग व्यापार, राज्य और विद्या के सम्बन्ध के द्वारा महाजनपद युग में (दशमी शती विक्रम पूर्व से पाँचवीं शती विक्रम पूर्व तक) एक-दूसरे के साथ घनिष्ठ सम्बन्ध में बँध चुके थे।"[5] यह घनिष्ठ सम्बन्ध ही वह सामाजिक आवश्यकता थी जिससे व्यवस्थित व्याकरण द्वारा भाषा को 'संस्कृत' बनाना अनिवार्य हो गया।

डॉ. अग्रवाल ने पाणिनिकालीन व्यापार-व्यवस्था के बारे में महत्त्वपूर्ण शोध किया है। उससे मालूम होता है कि व्यापार का काम किसी जाति के हाथ में सीमित न था। "किसी भी जाति का व्यापारी हो, वह वाणिज कहलाता था।" थोक व्यापारी, पूँजी लगानेवाले महाजन, कामकाज देखनेवाले निर्देशक आदि के लिए अलग-अलग नामों से व्यापार का प्रसार और महत्त्व प्रकट होता है। वस्तु विशेष का व्यापार करने से व्यापारी का नाम उसी वस्तु के अनुसार गोवाणिज, अश्ववाणिज आदि पड़ जाता था। देवा-विदेश से व्यापार करनेवालों का नाम उसी देश पर हो जाता था—मद्र-वाणिज, गन्धार-वाणिज। डॉ. अग्रवाल ने इससे उचित निष्कर्ष निकाला है : "इन उदाहरणों से प्राचीन काल के अन्तर-प्रान्तीय व्यापार का संकेत मिलता है।" उन्होंने जातकों से भी इसी तरह के अन्तर-जनपदीय व्यापार के उदाहरण दिये हैं। डॉ. अग्रवाल के मत से पाणिनि के समय में मगध-साम्राज्य की स्थापना न हुई थी। मगध, कोसल, अवन्ति,

1. डॉ वासुदेवशरण अग्रवाल, 'पाणिनिकालीन भारतवर्ष', बनारस, पृ. 20
2. उप., पृ. 5
3. उप., पृ. पृ. 14
4. उप., पृ. 16-17
5. उप., पृ. 37

कुरु, पंचाल आदि जनपद 'स्वाधीन रूप में पनप रहे थे।' यदि यह मत सही हो तो विभिन्न जनपदों को एक-दूसरे के निकट लाने में व्यापार का महत्त्व और भी स्पष्ट हो जाएगा। व्यापार की बढ़ती का एक और प्रमाण यह है कि "वस्तुओं का मूल्य दुकानदार और ग्राहकों के बीच में सिक्कों में ही चुकाया जाता था।" एक हजार कार्षापण मूल्य की सामग्री साहस कहलाती थी जिससे ऊँचे पैमाने के व्यापार की सूचना मिलती है। लेकिन "बाजार में सोने के निष्क से लेकर ताँबे के मास तक बीसियों प्रकार के सिक्के चलते थे।" नाप-तोल आदि के लिए जिन अनेक शब्दों का उल्लेख हुआ है, उनसे पता चलता है कि पाणिनिकालीन नगर विनिमय के महत्त्वपूर्ण केन्द्र थे। इसी नागरिक सभ्यता का वाहन संस्कृत बनी। डॉ. मोतीचन्द ने 'सार्थवाह' में इन नगरों के व्यापारिक महत्त्व का उल्लेख किया है। बनारस 'एक प्रधान व्यापारिक नगर' था जिसका सम्बन्ध गन्धार और तक्षशिला से था। श्रावस्ती नगरी एक दूसरा व्यापार-केन्द्र थी और बुद्ध के शिष्य अनाथ पिंडिक यहीं के थे जिनके बारे में कहा जाता था कि उन्होंने जेतवन की भूमि को स्वर्ण-मुद्राओं से ढँककर उसे अपने गुरु के लिए खरीदा था। वैशाली, मथुरा, चम्पा आदि नगर इसी प्रकार व्यापार के लिए प्रसिद्ध थे। ताम्रलिप्ति, भरुकच्छ, कावेरी पट्‌टनम आदि प्रसिद्ध बन्दरगाहों से समुद्री मार्ग द्वारा विदेश से व्यापार होता था। व्यापार को सुव्यवस्थित रखने के लिए जो नियम बनाए गए थे, उनसे भी प्रकट होता है कि व्यापार राज्य के लिए आय का एक प्रमुख स्रोत था। "जैसे-जैसे ईसा की प्रारम्भिक सदियों में व्यापार बढ़ता गया, वैसे-वैसे व्यापार के ठीक से चलने के लिए नियमों की आवश्यकता हुई। इसी के आधार पर साझेदारी, वादा पूरा न करने तथा माल न देने और श्रेणि-सम्बन्धी नियमों की व्याख्या की गई। जिस तरह कौटिल्य ने अपने अर्थशास्त्र में तत्कालीन व्यापार-सम्बन्धी बहुत-से नियम दिये हैं, उसी तरह 'नारद-स्मृति' में भी बहुत-से व्यापार-सम्बन्धी नियमों का उल्लेख है।"[1] गुप्त-युग में व्यापार की और भी उन्नति हुई। भारत के पूर्वी और पश्चिमी तट के बन्दरगाह लंका से सम्बद्ध थे।

डॉ. मोतीचन्द का मत है कि बौद्ध धर्म में जातिवाद और खानपान की कड़ाई न होने से उसके अनुयायियों के लिए समुद्र-यात्रा सहज थी। उन्होंने ब्राह्मणों के संकुचित दृष्टिकोण से उदार बौद्ध दृष्टिकोण की तुलना करते हुए लिखा है : "बौद्ध व्यापारियों और नाविकों का यह अन्तरराष्ट्रीय भ्रातृभाव ब्राह्मणों के उस अन्तरदेशीय भाव से—जिसके अनुसार दुनिया की सीमा उत्तर में हिमालय, दक्षिण में समुद्र, पश्चिम में सिन्धु और पूर्व में ब्रह्मपुत्र है—बिलकुल भिन्न था। ब्राह्मणों के लिए तो आर्यावर्त ही सब कुछ था, उसके बाहर रहनेवाले घृणित अनार्य और म्लेच्छ थे। खाने-पीने तथा विवाह इत्यादि में जातिवाद की कठोरता ब्राह्मण-समाज का नियम था और इसीलिए छुआछूत के डर से समुद्र-यात्रा वर्जित थी, गोकि प्राचीन भारत में इस नियम का कितने लोग पालन करते थे, इसका तो केवल अटकल ही लगाया जा सकता है। बौद्धों को इस जातिवाद के प्रपंच से विशेष मतलब नहीं था और इसीलिए हम प्राचीन बौद्ध-साहित्य में समुद्र-यात्रा के अनेक विवरण पाते हैं जिनका ब्राह्मण-साहित्य में पता नहीं चलता।"[2]

इस ब्राह्मण-बौद्ध विवाद का उल्लेख करना यहाँ आवश्यक न होता यदि इससे व्यापार और संस्कृत का सम्बन्ध न होता। दक्षिण-पूर्वी एशिया के प्राचीन भारतीय उपनिवेशों में पचीसों संस्कृत अभिलेख मिले हैं। डॉ. चाटुर्ज्या के अनुसार : "भारतीय प्रभाव तथा संस्कृत भाषा दक्षिणी स्याम (द्वारावती), कम्बोडिया (कम्बुज) तथा अन्नाम (चम्पा) में ख्रिष्टाब्द-

1. डॉ. मोतीचन्द, 'सार्थवाह', बिहार राष्ट्रभाषा परिषद्, पटना, पृ. 153
2. उप., पृ. 59

पूर्व से ही प्रविष्ट होते रहे थे। धीरे-धीरे इंडो-चीन के इस क्षेत्र में संस्कृत उसी स्थान पर प्रतिष्ठित हो गई, जो उसे भारतीय जनता के जीवन में प्राप्त था। ईसा की दूसरी-तीसरी शताब्दी के बीसों संस्कृत शिलालेख संस्कृत के इस महत्त्व के प्रमाण हैं।" इतिहासकार श्री आर.सी. मजूमदार ने 'दि क्लासिकल एज' नामक ग्रंथ में दक्षिण-पूर्वी एशिया के भारतीय उपनिवेशों के बारे में कुछ रोचक तथ्य दिये हैं। चौथी शताब्दी ईसवी के अन्त में कौण्डिन्य नामक ब्राह्मण कम्बुज का राजा निर्वाचित हुआ था। उसके एक उत्तराधिकारी जयवर्मन ने चीनी बन्दरगाह कैन्तन को व्यापार के लिए कुछ सौदागर भेजे थे। इसी परिवार के गुणवर्मन और रुद्रवर्मन संस्कृत अभिलेख छोड़ गए हैं। चम्पा, ब्रह्मदेश, थाइवेश, सुमात्रा, जव आदि देशों और द्वीपों में भारतीय उपनिवेश बन गए थे। ये उपनिवेश हमें भूमध्यसागर के तट पर विभिन्न देशों में ग्रीक उपनिवेशों की याद दिलाते हैं। सुमात्रा में श्रीविजय नामक नगर बौद्ध धर्म का केन्द्र था और वहाँ से विभिन्न देशों से व्यापार भी होता था। पश्चिमी जावा में पूर्व वर्मन के चार संस्कृत अभिलेख मिले हैं। जिस स्थान पर ये लेख मिले हैं, वह श्री मजूमदार के अनुसार प्राचीन काल में बड़ा बन्दरगाह था। इन विभिन्न प्रदेशों में प्राप्त अभिलेखों की भाषा के बारे में श्री मजूमदार ने लिखा है : "ये अभिलेख सुन्दर और शुद्ध संस्कृत में हैं जिससे मालूम होता है कि यह भाषा खूब सीखी जाती थी और शिष्ट समाज तथा राजसभाओं में व्यवहृत होती थी।"[1] उपनिवेशों के द्वारावती, चम्पा, अमरावती आदि जो नाम भारतीय जनों ने रखे थे, वे पालि या अन्य प्राकृतों की ध्वनि-प्रकृति का अनुसरण न करके संस्कृत-पद्धति के अनुकूल थे। दक्षिण-पूर्वी एशिया के भारतीय उपनिवेशों, वहाँ के संस्कृत अभिलेखों और प्राचीन व्यापार-केन्द्रों से डॉ. मोतीचन्द की स्थापना का खंडन हो जाता है। किसी प्रबल सामाजिक आवश्यकता के बिना संस्कृत का ऐसा दृढ़ परिनिष्ठित रूप और विशाल देश में तथा सुदूर मलय और सुवर्ण द्वीप तक उसका प्रसार असम्भव था। व्यापार द्वारा अर्थोपार्जन—यह एकमात्र नहीं किन्तु प्रमुख सामाजिक आवश्यकता थी।

दूसरी सामाजिक आवश्यकता थी सामन्तवाद के प्रसार और साम्राज्यों की स्थापना की। गण-राज्यों को अपने में समेटकर या उनका नाश करके ये साम्राज्य स्थापित हुए थे। जहाँ तक व्यापार का सम्बन्ध है, वह विच्छिन्न गण-राज्यों की तुलना में सुदृढ़ साम्राज्यों में ही ज्यादा फलता-फूलता था। डॉ. मोतीचन्द ने एक जैनग्रंथ से यह नियम उद्धृत किया है : "साधु को अराजक देश, गणराज्य, यौवराज्यों और विराज्यों में होकर यात्रा करने की भी अनुमति नहीं थी।"[2] इसका कारण यह है कि गणराज्यों में यात्रा करना वैसा निरापद नहीं था; व्यापारियों के लिए तो और भी नहीं था। गुप्त-युग में व्यापार की जो उन्नति हुई और उसके साथ साहित्य और ललित कलाओं ने जो प्रगति की, उससे देश के एकीकरण, यातायात के साधनों की रक्षा, एक विशाल प्रदेश में एक ही मुद्रा का चलन, और इस सबके लिए—उस युग की दृष्टि से—आवश्यक साम्राज्य का महत्त्व प्रकट होता है। चक्रवर्ती सम्राटों को अपनी सत्ता जमाए रखने के लिए संघबद्ध धर्म और उस धर्म के लिए एक भाषा की आवश्यकता थी। संस्कृत के प्रसार का कारण सामन्ती व्यवस्था और धर्म विशेष का प्रसार भी था। भारतीय सामन्तवाद पूरे देश को राजनीतिक रूप से कभी भी एकच्छत्र शासन में नहीं बाँध सका। संस्कृत के माध्यम से धर्म, साहित्य और दर्शन का प्रभाव सामन्ती राज्य-सीमाएँ पार करके भिन्न प्रदेशों में पहुँचा। यूरोप में भी ईसाई धर्म फैला; वहाँ भी भारत की तरह साम्राज्य स्थापित हुए। भाषा

1. 'द क्लासिकल एज', भारतीय विद्याभवन, पृ. 643
2. 'सार्थवाह', पृ. 163

की दृष्टि से जर्मन, लैटिन, ग्रीक और स्लाव-परिवार एक-दूसरे से उतने दूर नहीं थे जितने यहाँ के संस्कृत और द्रविड़ परिवार। फिर भी यूरोप में यह भावना कभी उत्पन्न नहीं हुई कि वहाँ के निवासी एक देश के हैं। हमारे इतिहास की यह विशेषता है कि भिन्न भाषाओं और जातियों के स्वतंत्र अस्तित्व की चेतना रहते हुए भी यहाँ अखिल देशगत राष्ट्रीय चेतना का विकास हुआ। इसका कारण धर्म विशेष न होकर हमारी संस्कृति है जिसमें बौद्ध, जैन आदि भिन्न मतावलम्बियों की देन शामिल है। यदि इन धर्मों के मानने वाले हमें आज हिन्दू धर्म के बहुत निकट लगते हों तो प्राचीन काल में इनके तीव्र भेदभाव को न भूल जाना चाहिए। भारतीय राष्ट्रीयता की भावना एक अत्यन्त मूल्यवान उपलब्धि है और इस भावना को उत्पन्न करने में उत्तर-दक्षिण, पूर्व-पश्चिम—और मध्य देश—के व्यापारियों की बहुत बड़ी भूमिका रही है।

प्राचीन व्यापार की सीमाएँ भी समझ लेना चाहिए। यह व्यापार सामन्तवाद से बराबर दबता था। व्यापारियों से स्थान-स्थान पर शुल्क लिया जाता था; विभिन्न करों के अलावा अर्थ की आवश्यकता पड़ने पर राजा उन्हीं का गला दबाता था। नगर-सेठों की इज्जत जरूर होती थी, लेकिन उनके हाथ में राज्यसत्ता कभी नहीं रही। वे देश को राजनीतिक रूप से एक करने में असमर्थ रहे। उन्होंने सारे भारत में जो बाज़ार कायम किया था, उसके सूत्र कुछ बड़े-बड़े नगरों को जोड़ते थे; शेष ग्रामीण भारत इस अर्थ-व्यवस्था से प्राय: अछूता था। यदि यह ग्रामीण भारत इस व्यवस्था में सिमट आता, तो जनता संस्कृत से भिन्न जातीय भाषाओं को अपने कारबार का माध्यम बनाती, भले ही अन्तरप्रान्तीय व्यवहार के लिए संस्कृत या अन्य कोई भाषा चुनी जाती। इस प्राचीन व्यापार की पण्य वस्तुएँ मुख्यत: उच्च वर्गों के लिए थीं। कपड़े, मसाले, सुगंधित द्रव्य व्यापार की मुख्य वस्तुएँ थीं। डॉ. मोतीचन्द ने 'महावस्तू' में दी हुई तालिका के आधार पर काशी के दुकूल, बंगाल के रेशमी वस्त्र, केचुल की तरह मलमल और चमड़ा, बट कर बनाई हुई चटाइयों के व्यापार का उल्लेख किया है।[1] व्यापार की एक अन्य वस्तु थी—स्वयं मनुष्य। "भारतीय दास रोमन-साम्राज्य की स्थापना के पहले भी रोम पहुँचते थे।"[2] हीरे-जवाहरात, हाथी-दाँत, रेशम, चन्दन, कपूर, घोड़े आदि गुप्त-युग में व्यापार की मुख्य वस्तुएँ थे।[3]

व्यापार से किसी धर्म विशेष का सम्बन्ध जोड़ना गलत है। दक्षिण में व्यापारी वर्ग ने वैष्णव धर्म को वैसे ही अपनाया, जैसे भिन्न समय और भिन्न प्रदेशों में उसने बौद्ध और जैन धर्मों को अपनाया था। जैन और बौद्ध धर्म दक्षिण भी पहुँचे और वैष्णव धर्म उत्तर के व्यापारियों में भी फैला। लेकिन प्रत्येक धर्म के साथ यहाँ एक भाषा विशेष का सम्बन्ध जुड़ गया। बौद्ध धर्म का साहित्य मुख्यत: पालि में है, जैन धर्म का प्राकृत में और हिन्दू धर्म का संस्कृत में। पालि-साहित्य के एक इतिहास लेखक के अनुसार : "विषय की दृष्टि से पालि-साहित्य उतना विस्तृत और पूर्ण नहीं है, जितने संस्कृतादि अन्य साहित्य। अनेक प्रकार की ज्ञान-शाखाओं पर उसमें साहित्य नहीं मिलता। ठीक तो यह है कि बौद्ध धर्म—स्थविरवादी बौद्ध धर्म—के अलावा उसमें ज्ञातव्य ही अल्प है।"[4] यदि पालि बोलचाल की भाषा थी, तो यह आश्चर्य की बात है कि उसमें संस्कृत के समान काव्य, नाटक आदि न रचे गए। बौद्ध कवि अश्वघोष ने 'बुद्ध-चरित' और 'सौन्दरानन्द' महाकाव्य संस्कृत में ही लिखे। उन्हीं का लिखा हुआ 'सारिपुत्र-प्रकरण' संस्कृत का प्राचीनतम नाटक कहा गया है।[1] प्राकृतों से

1. 'सार्थवाह', पृ. 143
2. उप., पृ. 125
3. 'द क्लासिकल एज', पृ. 590
4. भरतसिंह उपाध्याय, 'पालि-साहित्य का इतिहास', हिन्दी साहित्य सम्मेलन, प्रयाग, पृ. 90-91

जैन लेखकों का इतना घनिष्ठ सम्बन्ध था कि धर्म के अनुसार भाषा का नामकरण भी हो गया—जैन महाराष्ट्री और जैन शौरसेनी।

कहा जाता है कि जैन और बौद्ध धर्मों के संस्थापकों ने अपने-अपने धर्म का प्रचार लोकभाषा में किया। धार्मिक कर्मकांड के लिए चाहे जिस लोकोत्तर वाणी का प्रयोग हो, जनसाधारण में धर्म का प्रचार तो उनकी भाषा के बिना असम्भव है। वैदिक धर्म का प्रचार भी जब हुआ होगा, तो लोकभाषाओं द्वारा ही हुआ होगा। जैन और बौद्ध धर्म के संस्थापकों की भाषा क्या थी? "यह सम्भव है, यद्यपि इसे स्पष्ट रूप से प्रमाणित नहीं किया जा सकता कि गौतम बुद्ध और महावीर, दोनों ने अपने मतों का प्रचार प्राचीन अर्द्ध-मागधी बोली में किया था लेकिन उनके मतों के जो धर्मग्रंथ मौजूद हैं, वे ऐसी भाषा में हैं जो उससे बहुत भिन्न है। प्राचीन जैन धर्म-ग्रंथ लुप्त हो गए हैं, लेकिन जो प्राचीनतम ग्रंथ, अर्थात् श्वेताम्बर सम्प्रदाय के ग्रंथ, सुरक्षित रहे और जो पाँचवीं शताब्दी के मध्य के हैं, वे महाराष्ट्री प्राकृत का प्रबल प्रभाव प्रदर्शित करते हैं। जहाँ तक बौद्ध धर्म-ग्रंथों का सम्बन्ध है, सर्वाधिक सुरक्षित धर्म-ग्रंथ हीनयान सम्प्रदाय के हैं और अब वे लंका, ब्रह्मा और थाइदेश में व्यवहृत होते हैं। लेकिन पालि का उद्‌गम क्या था, वह किस-किस विशेष प्राकृत बोली से निकली थी, इस पर विद्वानों में मतभेद है और वे अभी किसी सर्वमान्य निष्कर्ष पर नहीं पहुँचे हैं। कुछ लोग उसे मगध में प्रचलित बोली से उत्पन्न मानते हैं, अन्य लोग उससे तथा कौशाम्बी या अवन्ति अर्थात् मध्यदेश की बोली से घनिष्ठ सम्बन्ध मानते हैं।"[2] एक कठिनाई और है। बुद्ध की भाषा पालि हो सकती है लेकिन "पालि मागधी प्राकृत से बिलकुल नहीं मिलती। इसके बदले वह शौरसेनी या मध्यदेशीय बोली से अधिक मिलती है, विशेष कर उस प्राचीन शौरसेनी से जो अश्वघोष की रचनाओं में मिलती है।" इससे निष्कर्ष यह निकला कि बुद्ध और महावीर के उपदेश उनकी अपनी भाषा में नहीं मिलते। जिस भाषा में मिलते हैं, वह पूर्व की न होकर, पश्चिम की प्राकृत है। लेकिन प्राकृत चाहे पूर्व की हो चाहे पश्चिम की, उसका शब्द-भंडार और व्याकरण मूलत: संस्कृत के हैं। कुछ विद्वानों ने प्राकृत व्याकरणों को इस बात के लिए दोषी ठहराया है कि उनके प्रभाव से प्राकृत भी कृत्रिम हो गई। लेकिन प्राकृतों का व्याकरण तो संस्कृत का ही अनुसरण करता है! यदि वे वास्तव में प्राकृतें—बोलचाल की भाषाएँ—होतीं तो उनमें व्याकरणगत भेद बहुत ज्यादा होते। पुरानी प्रचलित धारणा यह रही है कि संस्कृत ही बिगड़कर प्राकृत बनी। यह धारणा सही है। प्राकृतों और संस्कृत का मूलभेद ध्वनिगत है; ध्वनि-भेद से ही उनके स्थानीय भेद किये गए हैं। यदि उनमें व्याकरणगत और शब्द-भंडार सम्बन्धी व्यापक भेद होते, तो आधुनिक भाषाओं के उद्‌भव और विकास की समस्या बहुत आसान हो जाती।

अशोक के समय में और उनके बाद कई शताब्दियों तक शिलालेखों का माध्यम प्राकृत रही। इससे यह बिलकुल सिद्ध नहीं होता कि ये प्राकृतें—जिनमें परस्पर बहुत कम भेद हैं—सर्वत्र बोली जाती थीं। पल्लव राजा सिंहवर्मन का एक प्राकृत अभिलेख गुंटूर जिले में मिला है।[3] इसका यह अर्थ नहीं कि आन्ध्र प्रदेश में प्राकृत बोली जाती थी। कुछ समग्र बाद दो पल्लव राजाओं ने अपने दो आज्ञापत्र संस्कृत में जारी किये।[4] इसी प्रदेश में काञ्ची के राजा सिंहवर्मन के समय में जैन विद्वान सर्वनन्दिन ने लोक-विभाग नामक ग्रंथ प्राकृत में

1. 'एज ऑफ़ इम्पीरियल यूनिटी', भारतीय विद्याभवन, पृ. 258
2. 'एज ऑफ इम्पीरियल यूनिटी', पृ. 283
3. 'द क्लासिकल एज', पृ. 276
4. उप., पृ. 277

रचा। इसका रचनाकाल 458 ई. है।[1] दक्षिण में दिगम्बर सम्प्रदाय के जैनियों ने महाराष्ट्री और शौरसेनी प्राकृतों में अपनी रचनाएँ कीं।[2] इसका कारण यह नहीं था कि दक्षिण में महाराष्ट्री या शौरसेनी प्राकृत को सब लोग समझ लेते थे, वरन् यह कि प्राकृत से जैन धर्म का एक रूढ़िगत सम्बन्ध हो गया था।

आधुनिक भाषाएँ जाननेवालों के लिए प्राकृतें समझ लेना आसान होना चाहिए, कारण यह कि प्रचलित धारणा के अनुसार अपभ्रंशों के मार्ग से विकसित होती हुई प्राकृतें ही आधुनिक भाषाएँ बनी हैं। लेकिन होता इसका उल्टा है। आधुनिक भाषा जाननेवाला संस्कृत छाया की तलाश करता है जिससे यह समझ में आ जाए कि संस्कृत के किन शब्दों का विकृत रूप उसके सामने है। भारतीय संस्कृति के इतिहासकार जैन ग्रंथों से पूरा लाभ नहीं उठा पाए, इसका मुख्य कारण डॉ. मोतीचन्द के मत से 'जैन ग्रंथों की द्रुष्प्राप्यता और दुर्बोधता' है। जो काम के ग्रंथ छपे हैं, उनके बारे में लिखा है : "भाषा-सम्बन्धी टिप्पणियों का इनमें सदा अभाव होता है जिससे पाठ समझने में बड़ी कठिनाई होती है।"[3] यदि एक परिनिष्ठित भाषा के रूप में संस्कृत का प्रचार न हुआ होता, तो सामन्त-युग की विशाल सांस्कृतिक सामग्री इसी प्रकार दुर्बोध और दुष्प्राप्य होती। दुर्बोधता का कारण यह नहीं है कि प्राकृतें लोकभाषाएँ थीं; कारण इससे बिलकुल उल्टा था, वे लोकभाषाओं से संस्कृत की तुलना में भी दूर थीं। कोई आश्चर्य नहीं कि अनेक जैन और बौद्ध विद्वानों ने संस्कृत में ही रचनाएँ कीं। गुप्त-युग और उसके बाद "हम जैन विद्वानों में एक सामान्य प्रवृत्ति पाते हैं कि वे अधिकाधिक प्राकृत की तुलना में संस्कृत अपनाते हैं। वे इस भाषा के प्रयोग को अधिक सम्मानप्रद और अन्य मतवादियों से विवाद के लिए अधिक उपयोगी मानते थे। बहुत जल्दी संस्कृत टीकाओं ने प्राकृत में लिखी टिप्पणियों का स्थान ले लिया। इस युग की लगभग समाप्ति के समय हम प्रसिद्ध जैन विद्वान हरिभद्र की अपनी रचनाएँ और टीकाएँ संस्कृति में करते देखते हैं।"[4] कल्पना कीजिए, प्राकृत मूल की टीकाएँ संस्कृत में लिखना आवश्यक हो गया! संस्कृत के इस नवीन उत्थान का कारण मुसलमानों का आक्रमण न था। इसका कारण देश के सामाजिक जीवन की आन्तरिक आवश्यकताएँ थीं। संस्कृत द्वारा देश का एकीकरण व्यापारियों और बड़े सामन्तों के लिए आवश्यक था। संस्कृत द्वारा देश का जो सांस्कृतिक एकीकरण हुआ, वह पालि और अन्य प्राकृतों द्वारा नहीं हुआ, न शायद हो सकता था। संस्कृत के माध्यम से इस देशव्यापी अभ्युत्थान में विभिन्न प्रदेशों और मतों के लोगों ने भाग लिया। एक नहीं, सब प्राकृतें मिलकर भी संस्कृति का ऐसा व्यापक माध्यम नहीं बन पाईं। उसके बाद के युग में जब आधुनिक भाषाएँ साहित्य का माध्यम बनीं, तब उनके लिए प्राकृतों की तुलना में संस्कृत से लाभ उठाना स्वाभाविक था। मुसलमानों के आक्रमण की प्रतिक्रिया के फलस्वरूप हिन्दू धर्म का जागरण हुआ और तत्सम शब्दों का प्रयोग बढ़ गया, यह धारणा भ्रान्त सिद्ध होती है।

संस्कृत में रचनाएँ करनेवालों को प्राकृतों से परहेज न था। संस्कृत नाटकों में उन्हें स्थान मिला ही था। प्राकृतों में रचना किन्हीं रूढ़ियों के अनुसार होती थी। एक रूढ़ि यह थी कि महाराष्ट्री प्राकृत में—जिसका महाराष्ट्र की वर्तमान भाषा से कोई विशेष सम्बन्ध न था—गीत

1. 'द क्लासिकल एज', पृ. 408
2. उप., पृ. 325
3. 'सार्थवाह', पृ. 162
4. 'द क्लासिकल एज', पृ. 412

ही लिखे जाएँगे। जैन विद्वानों ने उसमें गद्य भी लिखा। धार्मिक भेदभाव के कारण संस्कृत का सम्बन्ध ब्राह्मणों से, पालि का बौद्धों से, प्राकृत का जैनों से समझा जाने लगा। इसी परम्परा के कारण "अनुपालि या अनुपिटक साहित्य के विकास का इतिहास प्रथम शताब्दी ईसा-पूर्व से लेकर वर्तमान काल तक चला आ रहा है।"[1] इसी लम्बी अवधि में साधारणत: जैन विद्वानों ने पालि भाषा में अपने ग्रंथ लिखना आवश्यक न समझा। अपभ्रंश से भी उनका कुछ ऐसा ही लगाव था। 'अपभ्रंश के वाल्मीकि'[2] स्वयंभू जैन थे। दसवीं सदी के पुष्पदन्त "शुरू में शैव थे लेकिन अन्त में जैन हो गए।" अपभ्रंश में अन्य धर्मावलम्बियों ने भी रचनाएँ की हैं किन्तु जैन कवियों से उसका विशेष सम्बन्ध रहा है। इसलिए साहित्य में 'जैन-काव्य' की भी चर्चा होने लगी है। डॉ. हजारी प्रसाद द्विवेदी ने लिखा है : "जैन-काव्य के विषय में हिन्दी विद्वानों के मन में अभी उतना आकर्षण नहीं हुआ है जितना होना चाहिए।"[3] इस 'जैन-काव्य' से मुक्ति पाने पर ही भारतीय भाषाएँ अपने वास्तविक रूप में उभर सकीं।

इसका यह अर्थ नहीं है कि किसी धर्म विशेष के कवि जातीय भाषाओं के उत्थान का विरोध कर रहे थे। आशय केवल इतना है कि अनेक प्रदेशों में प्राकृत से जैन धर्म का विशेष सम्बन्ध मानने के कारण जैन साहित्यकार और धर्माचार्य प्राकृत या अपभ्रंश में रचनाएँ करते रहे। जो प्राचीन-पंथी हिन्दू पंडित वर्ग था, वह संस्कृत को अपनाए रहा। यहाँ सिद्धों की तथाकथित प्रगतिशील भूमिका के बारे में यह याद रखना चाहिए कि उनकी भाषा जैन कवियों की अपभ्रंश से भिन्न न थी। तमिलनाडु में एक समृद्ध साहित्यिक परम्परा होने के कारण संस्कृत-प्राकृत रचना-पद्धति का वहाँ वैसा प्रभाव न पड़ सका, जैसा अन्य प्रदेशों में। भारत की आधुनिक भाषाओं में तमिल की ही सर्वाधिक गौरवमय प्राचीनतम साहित्यिक परम्परा है। यह इतनी बलवती थी कि जैन और बौद्ध कवियों ने भी पालि-प्राकृत के बदले तमिल में ही अपने काव्य रचे। दूसरी सदी ईसवी में तमिल महाकाव्य 'सिलप्पदि कारम्' के रचनाकार इलंगो जैन मुनि थे। उनके जैन होने के बारे में कुछ लोगों को संशय है। किन्तु पाँच लघु काव्य—जिनमें 'नीलकेशि', 'उदयण् कदै' प्रकाशित हो चुके हैं—जैन कवियों की ही रचनाएँ हैं। 'सिलप्पदि कारम्' का समकक्ष और प्राय: समसामयिक काव्य 'मणि-मेकलै' बौद्ध व्यापारी सीत्तलै सात्तनार की रचना है। जो बात तमिल-भाषी प्रदेश में हुई, वह अन्यत्र भी सम्भव थी, अर्थात् प्राकृत अपभ्रंश की मंजिलें पार किये बिना ही 'आधुनिक' भाषाओं की सुदीर्घ साहित्यिक परम्परा वहाँ भी कायम हो सकती थी। ये मंजिलें किसी तरह भी अनिवार्य सिद्ध नहीं होतीं। अवश्य ही प्राचीन तमिल और आधुनिक तमिल में भेद है किन्तु यह भेद प्राकृत और आधुनिक उत्तर भारतीय भाषाओं के भेद जैसा नहीं है। 'मणिमेखला', 'जीवक-चिन्तामणि', 'यशोधर काव्यम्', 'नागकुमार काव्यम्', 'नीलकेशी'—प्राचीन तमिल काव्यों के इन नामों को देखिए। ये पालि-प्राकृत की ध्वनि-प्राकृति से प्रभावित नाम नहीं हैं। ये वैसे ही तत्सम रूप हैं, जैसे आधुनिक भाषाओं में आते हैं। उनमें जहाँ ध्वनि-परिवर्तन हुआ है, वहाँ तमिल की प्रकृति के अनुसार, न कि प्राकृत नियमों के अनुसार।

कुछ लोगों का विचार है कि हिन्दी जैसी भाषाओं में जो तद्भव शब्द मिलते हैं, वे तो अपभ्रंश का प्रभाव हैं और जो तत्सम-रूप मिलते हैं, वे हिन्दुत्व के पुनर्जागरण का परिणाम है। "हिन्दी बोलियों के उदयकाल में जो संस्कृत और फ़ारसी तत्सम शब्दों के आगमन के

1. 'पालि साहित्य का इतिहास', पृ. 91
2. 'हिन्दी के विकास में अपभ्रंश का योग', पृ. 185
3. डॉ. शिवप्रसाद सिंह, 'सूर-पूर्व ब्रजभाषा और उसका साहित्य', हिन्दी प्रचारक पुस्तकालय, वाराणसी; भूमिका।

बावजूद तद्भव शब्दों का जोर है, वह तेरहवीं सदी के सांस्कृतिक पुनर्जागरण की लोकोन्मुखी प्रकृति का प्रभाव है और उसमें जो संस्कृत और फ़ारसी के तत्सम शब्दों का आगमन है, वह हिन्दुत्व और इस्लाम के शास्त्रीय संस्कारों के पुनरुत्थान का परिणाम है।"[1] धर्म के आधार पर हिन्दी के तद्भव-तत्सम रूपों के अनुपात की जो व्याख्या की गई है, वह एकदम भ्रान्त है।

अपभ्रंश के तद्भव कहने को ही तद्भव हैं; उनका हिन्दी (अवधी, ब्रज, आदि) के तद्भवों से बहुत कम सम्बन्ध है। 'अपभ्रंश के वाल्मीकि' स्वयंभू ने नर-नारी के णर-णारी रूप बनाए। किस प्रदेश के लोगों को नर-नारी जैसे 'तत्सम' रूपों के उच्चारण में कठिनाई होती थी, या आज कहीं णर-णारी जैसे रूपों का प्रयोग होता है? नहीं के अर्थ में प्रयुक्त होनेवाला लघु 'न' भी 'ण' का रावण रूप धरकर 'तद्भव' होने का दावा करता है! इसी प्रकार बिनु के लिए बिणु! नगर शब्द देहात में भरा पड़ा है; गाँवों से लेकर शहरों तक के नाम के साथ नगर जुड़ा है लेकिन स्वयंभू के यहाँ नगरी के लिए णयरी है! यदि णयरी की जगह हिन्दी कवि नगरी लिखने लगें, तो इसमें हिन्दुत्व के उत्थान की कौन-सी बात हुई? इसी प्रकार पुर शब्द सारे भारत में प्रचलित है, स्वयंभू के यहाँ लंकापुरी लंकउरि है। अनुराग हिन्दी का सीधा-सा मीठा शब्द है—अनुराग तड़ाग में भानु उदै इत्यादि—स्वयंभू के यहाँ तद्भव रूप में आणुराए है! रघुकुल रीति सदा चलि आई—किसान भी कहते हैं; स्वयंभू ने राघव को राहव बनाया है! अवहेला के 'ल' को बदलकर तो अवहेरि किया और चरण के 'र' को बदलकर 'चलण'! पूत की तरह दूत का उच्चारण हर कोई (यानी हिन्दी-भाषी प्रदेश में) कर लेता है। लेकिन यमदूत हो गए जमदूय! लोग-लुगाई—सर्वत्र प्रचलित है; काण्हपा लोग के लिए 'लोअ' लिखते हैं! इसी प्रकार वेद 'वेअ' हो गए, पण्डित-पण्डिअ! द, त आदि वर्णों के लोप की कमी को 'ण' की भरमार से पूरा किया गया! लीन भी लीण है और निरंजन अपने तद्भव अवतार में णिरजन! पण्डित ज्ञानी—क्यों न पियो छान पानी; ज्ञान, ज्ञानी शब्द गाँवों में प्रचलित है ('ग्यान'—इस तद्भव उच्चारण रूप में)। अपभ्रंश का कवि ज्ञान को 'णाण' लिखता है।[2] जरि-जरि मरत पतंग—पतंग हो गए पयंग। 'रूप' हुआ 'रूवि'; 'शब्द' सबद न होकर सद्दि हो गया! मृग भी मय, और ज्ञानमय तो णाणमय है ही। (कहीं मृगमय लिखना पड़े तो मयमय की नौबत आ जाए) सुरत सैल अलसानी—सुरत हुआ सुरउ! अधर-अहर, लोचन-लोअण, विकाल विआल, बल-वलुल्लड़ा, कान-कन्नडइ, कुल-उल—इस तरह के तद्भवों से अपभ्रंश भरी पड़ी है। ये तद्भव हिन्दी के तद्भवों से बिलकुल भिन्न कोटि के हैं! ये तद्भव से अधिक (अपभ्रंश नाम सार्थक करनेवाले) भ्रष्ट रूप हैं।

यह बात नहीं है कि अपभ्रंश कवियों को संस्कृत शब्दों से—और वह भी कठिन शब्दों से—कोई परहेज हो। उनके यहाँ दुर्निद्रा, गगनांगन, वलयालंकृत, विषण्ण, रत्नाकर, आखंडल, ध्यानाग्नि, निर्लक्षण परिग्रह, निरपेक्ष, विप्रिय जैसे अनेक शब्द या पद मिल जाएँगे। अन्तर इतना है कि तत्सम रूपों में वे पहचान में आ जाते हैं, अपभ्रष्ट रूपों में एक पहेली बन जाते हैं—दुण्णिद्दए, गयणंगण, वलयालंकिय, विसण्णु, रयणायरु, आहंडल, झाणग्गिय, णिल्लक्खणु, परिग्गह, निरवक्खि, विप्पिय। संस्कृत का कोई भी शब्द मनचाहे ढंग से तोड़-मरोड़कर 'तद्भव' नहीं बनाया जा सकता, न भाषा में उसका प्रयोग अनिवार्य है।

जायसी आदि कवियों की रचनाओं में अवश्य 'तद्भव शब्दों का जोर' है लेकिन इसका कारण यह नहीं है कि उनके संस्कार अपभ्रंश के थे। स्वयंभू की छिप्पइ, लिप्पइ, थक्कइ,

1. 'हिन्दी के विकास में अपभ्रंश का योग', पृ. 156-57

2. उप., पृ. 327

धुज्जइ, विसत्थउ, समत्थउ वाली भाषा के बाद 'पृथ्वीराज रासो' में वीर रस का यह वर्णन पढ़िए तो पता चलेगा कि अपभ्रंश के संस्कारों का कहाँ किस रीति से प्रयोग किया गया है :

नरद्दद नाद रिझ्झयँ। चुसट्ठठ ताल दिज्जयं।
तरंग पन्ति चल्लयं। मनौ जलद्दद दल्लयं।

अथवा

परे चट्टट पट्टटी। मनौ मद्दद जट्टटी।
उनं तेग कड्ढी। जनौ बज्र टट्टटी।
जम दड्ढ दट्टटी। मनौं नोन अट्टटी।
उछट्टटे उछट्टटी। घनं घट्टट घट्टटी।

वीर रस के सन्दर्भ में ही श्रृंगार रस की एक कोमल सरस पंक्ति आती है :

सुकनास नैन फूले कमल, कंबु कंठ कोकिल कलक।

उसके बाद ही अपभ्रंश के संस्कार जागे :

दुल्लह सुचित्त फंदन मनहु, फंदु मंडि रख्खिय अलक।

रासो में णर-णारिय भी हैं—'श्रवननि सहज कटाच्छ, चित्त कर्षण णर णारिय'—नास और नैन इस णर-णारी परम्परा से बच गए हैं। जायसी 'एहि बिधि चीन्हहु करहु गियान'—गियान लिखते हैं, णाण नहीं। जायसी ने लिखा था :

राघव पूज जाखिनी, दुइज देखाएसि साँझ।
वेदपंथ जे नहिं चलहिं, ते भूलहिं बन माँझ॥

राघव को उन्होंने राहव नहीं लिखा; वेद वेअ नहीं हो गए। जायसी के यहाँ रसना, रस, भोग, कंठ, अनूप, कर-पल्लौ (पल्लव), भूमिपति, गगन, पुरुष, जग, कवि, समुद्र, मलयगिरि, अस्वपति, पंडित, माता, इन्द्र (जनु कैलाश इन्द्र कर वासा—यहाँ इन्दर पढ़ा जाए तो छंद भंग हो जाए), विद्या (ठग-विद्या), अधिक, कंचन, ब्याध, दिवस, तिथि, कुंद, प्रीति, संसार, चरित्र, धन, कनक, सुरा, पतंग, कुलवंती, स्रवन आदि सैकड़ों शब्द यह प्रकट करते हैं कि जिन बहुत-से शब्दों को हम संस्कृत का समझते हैं, वे पुरातन काल से जनसाधारण की बोलियों का अंग रहे हैं। अपभ्रंश में इनके भी भ्रष्ट रूप मिलते हैं; हिन्दी में वे ज्यों-के-त्यों या सहज ध्वनि-परिवर्तन के साथ (श्रवण-स्रवन) प्रचलित हैं।

संस्कृत शब्दों का प्रयोग उन कवियों की रचनाओं में और भी मिलता है जो संस्कृत काव्य-परम्परा से परिचित थे। जैन लेखकों ने संस्कृत के इस व्यापक प्रभाव के कारण किसी समय प्राकृत के बदले उसे अपनाया था। दूसरी सदी के आसपास के तमिल काव्यों के नाम देखिए। तमिल काव्य 'जीवक चिन्तामणि' के लेखक तिरुत्तक्कदेवर के बारे में कहा जाता है कि वे काव्य में संस्कृत की रचना-शैली को अपनानेवाले प्रथम तमिल कवि थे। तेरहवीं सदी के तेलगू कवि तिक्कन्ना इस प्रकार की भाषा लिखते थे :

सकल वर्ण धर्म संकर रक्षयु
संधि विग्रहादि षड्गुणमुलु
नलय करयुटयुनु नर्घ सम्यगुपार्ज
नमुनु नृपति येपुड्ड नड्डप वलयु।

[समस्त वर्णाश्रम धर्मों की रक्षा करना, संधि, विग्रह आदि षड्गुणों के पालन का ध्यान रखते हुए समुचित धन का उपार्जन करके राजा को राज्य चलाना चाहिए।][1] वर्ण, धर्म में, नृपति आदि शब्दों के रूप संस्कृत से ज्यों-के-त्यों लिये गए हैं; तेरहवीं सदी के इस महाकवि पर कहीं प्राकृत परम्परा का प्रभाव नहीं दिखाई देता। इनसे भी पहले ग्यारहवीं सदी में तेलगू के आदि महाकवि नन्नय्य भट्ट इस प्रकार की भाषा लिखते थे :

"शारद रात्रुलुज्ज्वल लसत्तर तारक हारपंक्तुलन् जारु तरंबुलय्ये विकसन्नव कैरव गन्ध बुन्धरोदार समीर सौरभमु दाल्चि सुधांशु विकीर्यमाण कर्पूरपराग पांडुरचि-पूरमुलम्बर पूरितम्मुलै।"[2] इस तरह की शैली पर बाणभट्ट का प्रभाव हो सकता है, लेकिन उसका हिन्दू पुनरुत्थानवाद से कोई सम्बन्ध नहीं है।

ये कवि तो पुराने थे। संस्कृत के पंडित थे। एक बंगला लोकगीत में मुसलमान कवि अल्ला से कहता है :

आल्ला तोमार नामटि कादेर गनि, एकमात्र उपास्य तुमि।
अन्तर्जामी मानुष तुमि, आबार तुमि आछो जगत् जुड़े।
आल्ला तुमि पाप तुमि पन्य, तुमि हे जगत् मान्य।
आबार धर्म्मरूपे आछो तुमि, ए मर जगते।[3]

इस तरह के लोकगीतों में संस्कृत का प्रभाव स्पष्ट है, अपभ्रंश का नहीं के बराबर है। हिन्दू पुनरुत्थान से इस अल्ला की वंदना का कोई प्रकट सम्बन्ध नहीं दिखाई देता। जो तद्भव-रूप आए हैं, उनकी प्रकृति अपभ्रंश से भिन्न है।

यह कहना ज्यादा सही है कि प्राकृत और अपभ्रंश में हिन्दी आदि आधुनिक भाषाओं के कुछ तत्त्व आ गए हैं; यह कहना गलत है कि प्राकृत से अपभ्रंश और अपभ्रंश से आधुनिक भाषाओं की उत्पत्ति हुई है। प्राकृत और अपभ्रंश को लोक- भाषा मानने की भ्रान्ति के कारण कुछ विद्वान संस्कृत और आधुनिक भाषाओं का सम्बन्ध ठीक-ठीक नहीं देख पाते। उन्हें जहाँ तत्सम रूप मिलते हैं, वे समझ बैठते हैं कि यह अपभ्रंश की प्रगतिशील परम्परा का अनादर है और इन तत्सम रूपों का कारण ब्राह्मणवाद का पुनरुत्थान है। वे इस बात को भूल जाते हैं कि अपभ्रंश साहित्य में बहुत जगह संस्कृत के कठिन शब्दों को ऐसा तोड़ा-मरोड़ा गया है कि वे न तत्सम रह गए हैं, न तद्भव। अपभ्रंश में ऐसे तद्भव रूप कम हैं जिनकी प्रकृति आधुनिक भाषाओं या बोलियों में व्यवहृत तद्भवों से मिलती हो। अपभ्रंश के अधिकाश तद्भव कृत्रिम हैं। यही कारण है कि हिन्दी ही नहीं बंगला, तेलगू आदि भाषाएँ भी अपभ्रंश की तुलना में संस्कृत रूपों को अपनाती हैं। उनमें जो तद्भव शब्द हैं, उनकी प्रकृति अपभ्रंश से भिन्न है। भरे-पूरे व्यंजनों का लोप (लोग-लोअ, वेद-वेअ), णकार की बहुलता (णर-णारी, णिरंजणलीण), द्वित्व भाव के व्यंजनों की भरमार (स्वयंभू में आयड्ढएण, गुट्ठएण, छिप्पइ, लिप्पइ) आदि विशेषताएँ अपभ्रंश की कृत्रिमता सूचित करती हैं। इस बात को न समझकर अपभ्रंश-विशारद आधुनिक भाषाओं के अभ्युदय-काल के साहित्यकारों को दोषी ठहराते हैं कि उन्होंने पुनरुत्थानवाद के कारण अपनी भाषा में तत्सम रूप भर लिये।

1. बालशौरि रेड्डी, 'पंचामृत', हिन्दी प्रचार सभा, हैदराबाद, पृ. 62-63
2. हनुमच्छास्त्री, 'तेलगू और उसका साहित्य', राजकमल, पृ. 20
3. मुहम्मद मनसूर उद्दीन द्वारा सम्पादित लोकगीत संग्रह 'हारामनि'; कलकत्ता विश्वविद्यालय

हिन्दी आदि भाषाओं और संस्कृत में जितने तत्त्व सामान्य हैं, उतने प्राकृत, अपभ्रंश और इन भाषाओं में नहीं हैं। एक ओर जहाँ इन सामान्य तत्त्वों पर ध्यान न देना भ्रामक है, वहाँ दूसरी ओर यह समझना कि आधुनिक भाषाएँ अपने अभ्युदय काल में दुर्बल थीं और वे संस्कृत का सहारा लिये बिना आगे बढ़ ही न सकती थीं, भी भ्रामक है। इन भाषाओं में व्याकरण-व्यवस्था और शब्द-भंडार की संस्कृतेतर विशेषताएँ भी थीं। संस्कृत ने उसमें योग दिया लेकिन वह इन भाषाओं का मूलाधार नहीं बनी। उदाहरण के लिए हिन्दी की प्रकृति को लें। हिन्दी को संयुक्ताक्षर कम पसन्द हैं; वह स्मरण को सुमिरन, विस्मरण को बिसरना (मराठी विसरणें) कहना ज्यादा पसन्द करेगी। उसकी यह प्रकृति बहुत पुरानी है। इसी के प्रभाव से संस्कृत में चरित और चरित्र जैसे दो रूप मिलते हैं। चरित्र की अपेक्षा चरित हिन्दी की प्रकृति के अनुकूल है। श, ष, स वर्णों का ह, छ, ख आदि ध्वनियों में परिवर्तन भी बहुत पुराना है। इसका उल्लेख पहले हो चुका है। श की तुलना में स, व की तुलना में ब, ण की तुलना में न हिन्दी को अधिक प्रिय हैं। इसी प्रकार अन्य भाषाओं की ध्वनि-सम्बन्धी विशेषताएँ हैं। हिन्दी में लिंग-भेद अधिकांश क्रिया-रूपों में मिलता है। हिन्दी में उठ बैठा, आ गया, चल पड़ा, जैसी संयुक्त क्रियाओं का खूब प्रयोग होता है। हिन्दी में मुहावरों की भरमार है (आँख चुराना, आँख फेरना, आँखें बिछाना, आँखों में समाना इत्यादि)। संस्कृत में लोकोक्तियाँ हैं; इस तरह के मुहावरे कम हैं। यदि यह मान लिया जाए कि हिन्दी का प्रसिद्ध शब्द 'बाप' संस्कृत 'वाप' से बना है—जिसका अर्थ 'शब्दसागर' में बीज बोनेवाला लिखा है—तो भी यह मानना होगा कि हिन्दी बाप के अर्थ में संस्कृत वाप का प्रयोग न होता था। 'का बापुरो पिनाक पुराना'—यह बापुरा किस बीज बोनेवाले का पर्याय है? इसका सम्बन्ध 'बर्बर' से जोड़ा गया है। और बाबा, बाबुल (ठुमरियों का परिचित—बाबुल मोरा नैहरवा छूटो जाय)? यह तुर्की भाषा से आया है। जो भी हो, बूढ़ी स्त्री को रूसी में भी बाब् का, बाबुश्का कहते हैं (बाब—ग्राम्य स्त्री)। सबेरे के लिए एक शब्द है विहान। इसे विभात का तद्भव सिद्ध किया गया है। पिता की बहन बुआ—यह शब्द 'देशज' है। अन्दर का पर्यायवाची भीतर—इसके आगे लगा है प्रश्नवाचक चिह्न (?)! इस प्रकार आधुनिक भाषाओं की संस्कृतेतर विशेषताओं को अस्वीकार करने की प्रवृत्त भी काम करती रही है।

सारांश यह कि भारत में संस्कृत-परिवार की भाषाएँ जहाँ अनेक रूपों में उससे सम्बद्ध हैं, वहाँ बहुत-सी बातों में उससे भिन्न भी हैं। इन भाषाओं में बहुत-से नये तत्त्वों का मिश्रण और विकास हुआ है किन्तु भिन्नता का मुख्य कारण यह है कि उनका मूलाधार प्राचीन जनपदीय भाषाएँ बहुत-सी बातों में संस्कृत से भिन्न थीं। जब हम इन प्राचीन जनपदीय भाषाओं की बात करते हैं,तब यह स्पष्ट होना चाहिए कि उनमें से प्रत्येक भाषा बोलियों का समूह थी; परिनिष्ठित भाषा के रूप में केवल संस्कृत विकसित हुई। मानव-समाज जब तक उत्पादन और वितरण में बहुत पिछड़ा रहता है, तब तक बोलियों के बीच व्यापक भाषा के अभ्युदय की आवश्यकता नहीं होती। यह आवश्यकता कबीलों में कुलगत सम्पत्ति के साथ उत्पन्न होती है। इस अवस्था के बाद दास-प्रथा पर आधारित कोई सामाजिक व्यवस्था नहीं आती। एंगेल्स ने जिसे बर्बर अवस्था की अन्तिम मंजिल कहा है, उसके बाद संक्रमण सामन्तवाद की ओर होता है। चक्रवर्ती सम्राटों के साम्राज्य और संघबद्ध धर्म स्थापित होने से बड़े पैमाने पर लैटिन, ग्रीक या संस्कृत जैसी

परिनिष्ठित भाषाओं का व्यवहार हुआ। लेकिन इन भाषाओं के प्रसार का प्रबलतम कारण व्यापार रहा है। यूरोप में जर्मन-विजेता उसी तरह अपनी भाषा का प्रसार न कर सके जिस तरह रोमन व्यापारी लैटिन का। कालान्तर में लैटिन की यही स्थिति न रही; यूरोप में नई जातियों के साथ उनकी नई भाषाएँ सामने आईं। लैटिन के इस प्रकार पदच्युत होने का कारण यह न था कि उसे व्याकरण की कठिन शृंखला में जकड़ दिया गया था। भारत में भी व्यापार-सम्बन्धी आवश्यकताओं के कारण भाषा का संस्कार करके उसे 'संस्कृत' रूप दिया गया। इसका यह अर्थ नहीं है कि भाषा गढ़ी गई; अर्थ यह है कि भाषा के कुछ रूप सही माने गए, कुछ अन्य रूपों को मान्यता न दी गई। पाणिनि ने अपना व्याकरण रचकर अखिल भारतीय सांस्कृतिक, राजनीतिक और आर्थिक आवश्यकताओं की पूर्ति में योग दिया। जिस समय उन्होंने अपना व्याकरण रचा, उस समय अशोक और समुद्रगुप्त के से साम्राज्य न थे। अन्तर-जनपदीय व्यापार की प्रगति से यह आवश्यकता उत्पन्न हुई कि व्याकरण द्वारा एक सामान्य व्यवहार की भाषा के रूप स्थिर किये जाएँ। पाणिनि के व्याकरण में व्यापार-सम्बन्धी शब्दों की काफी चर्चा है। इसके सिवा भारतीय व्यापार के निरन्तर प्रसार के अन्य प्रमाण भी हैं। इस व्यापार का माध्यम संस्कृत बनी और सुवर्णद्वीप जैसे सुदूर उपनिवेशों में भी पहुँची।

प्राचीन व्यापार का सम्बन्ध मुख्यत: उच्च वर्गों से था। कुल मिलाकर सामन्त वर्ग व्यापारियों पर हावी रहा और उनके हाथ में राज्यसत्ता कभी न आई। सामन्ती सम्बन्धों के प्रभाव से यहाँ संस्कृत ब्राह्मणों की, पालि बौद्धों और प्राकृत जैनों की धार्मिक भाषा समझी जाने लगी। जैन और बौद्ध धर्म के संस्थापकों ने अपने धर्मों का प्रचार लोकभाषाओं में अवश्य किया होगा, लेकिन ये लोकभाषाएँ प्राकृत और पालि से भिन्न थीं। यहाँ किसी समय शिलालेखों में प्राकृत के प्रयोग का चलन था। इससे यह न समझना चाहिए कि जहाँ-जहाँ ऐसे-ऐसे शिलालेख मिलते हैं, वहाँ की भाषा प्राकृत थी। प्राकृतें संस्कृत की तुलना में बोलचाल की भाषाओं से दूर थीं। यही कारण है कि अनेक जैन और बौद्ध विद्वानों ने संस्कृत में भी ग्रंथ लिखे। सामन्ती युग के ह्रासकाल में जब आधुनिक भाषाओं में साहित्य रचा जाने लगा, तब स्वभावत: साहित्यकारों ने प्राकृत या अपभ्रंश की तुलना में संस्कृत का ही अधिक सहारा लिया। इसका कारण इस्लाम की प्रतिक्रिया या हिन्दू नवजागरण न था; कारण था संस्कृत का साहित्यिक महत्त्व और बोलचाल की भाषाओं से उसका सम्बन्ध। इन भाषाओं ने जहाँ तद्भव रूपों को अपनाया है, वहाँ अधिकतर अपभ्रंश के तद्भव निर्माण का मार्ग छोड़कर। संस्कृत से आधुनिक भाषाओं के निकट सम्बन्ध पर पूरा बल देते हुए संस्कृत से उनकी भिन्नता को न भूलना चाहिए। अनेक तत्त्वों के सामान्य होते हुए भी उनकी अपनी जातीय विशेषताएँ हैं।

दसवाँ अध्याय

जातीय निर्माण के उपकरण

अन्तरजनपदीय व्यवहार के लिए संस्कृत अपने परिनिष्ठित रूप में विकसित हुई। इससे पहले भी वैदिक काल में यहाँ विभिन्न जन अपने-अपने जनपदों में निवास करते थे। आज भी हम ब्रज, बुंदेलखंड आदि को जनपद कहते हैं; इनकी भाषा और संस्कृति तथा राजनीतिक पुनर्गठन के लिए छोटे-मोटे जनपदीय आन्दोलन भी चले हैं। इन विभिन्न युगों में नाम एक ही रहा है जनपद; किन्तु उसका अर्थ एक-सा नहीं रहा। रूप (शब्द) के स्थिर रहने पर भी उसकी विषयवस्तु (अर्थ) बदलती रही है। वैदिक और उत्तर वैदिक काल के जनपद उन जनों के निवास थे जो रक्त-सम्बन्ध के आधार पर सम्बद्ध थे। प्रत्येक जन (कबीले, ट्राइब) के सदस्य वही लोग होते थे जो परस्पर एक-दूसरे के सम्बन्धी होते थे। जन के अन्दर एक गोत्र के लोग आपस में विवाह न करते थे, परन्तु उसी जन के विभिन्न गोत्र आपस में इस तरह का सम्बन्ध स्थापित करते थे। शस्त्र-धारण करने का अधिकार किसी वर्ण विशेष को न था; प्रत्येक नागरिक अपने जनपद का रक्षक भी होता था। इन जनों में व्यक्तिगत सम्पत्ति का उद्‌भव हुआ। सम्पत्ति कुछ कुलों में सिमटकर केन्द्रित होने लगी। वर्णों का उद्‌भव हुआ। चातुर्वर्ण्य व्यवस्था संसार में प्रत्येक सामन्ती समाज की विशेषता है। इसमें सम्पत्ति का स्वामी भूस्वामी वर्ग होता है। संस्कृति और शिक्षा का काम पुरोहित वर्ग के हाथ में रहता है। सामन्तों के साथ उनके अधीन रहकर या उनका सहयोगी बनकर व्यापारी वर्ग काम करता है। समाज के शेष सदस्य खेती, कारीगरी आदि के द्वारा इन 'द्विजों' की 'सेवा' करते हैं।

चातुर्वर्ण्य व्यवस्था का उद्‌भव पुराने रक्त-सम्बन्धों के विघटन की सूचना देता है। एक ही जन के सदस्य एक-दूसरे की बराबरी का दावा न करके ऊँच-नीच बन जाते हैं, पहले विवाह-सम्बन्ध केवल गोत्र-भेद का ध्यान रखकर किया जाता था; अब वर्ण-भेद का ध्यान रखना सबसे अधिक आवश्यक हो जाता है। एक जन का क्षत्रिय दूसरे जन के क्षत्रिय के यहाँ विवाह-सम्बन्ध करे तो उचित है; एक ही जन के ब्राह्मण-क्षत्रिय परिवार इस तरह का सम्बन्ध करें तो यह अनुचित है। सामूहिक प्रभुत्व का स्थान व्यक्तिगत या कुलगत प्रभुत्व ले लेता है। कौरव और पांडव एक ही जन के 'भाई' होते हुए आपस में युद्ध करते हैं। अर्जुन की समस्या प्राचीन रक्त-सम्बन्धों पर आधारित संस्कारों के छिन्न होने की समस्या है। अपने ही जन के सदस्य का वध उन संस्कारों के अनुसार सबसे बड़ा पाप है। इस पाप-भावना को लेकर यूनान में अनेक दुःखान्त नाटक लिखे गए थे। कृष्ण ने इन प्राचीन रूढ़िगत रक्त-सम्बन्धी संस्कारों को तोड़ने का मंत्र दिया।

समाज-शास्त्रीय दृष्टिकोण से महाभारत सामन्ती युग के अभ्युदय और प्राचीन जनों के छिन्न होने की गाथा है। सामाजिक विकास के लिए यह विघटन आवश्यक और अनिवार्य था।

भारत जैसे विशाल देश में समस्त प्राचीन जनों का एक साथ विघटन—सर्वत्र एक साथ सामन्तवाद का अभ्युदय—सम्भव न था। इस विघटन के अनेक केन्द्र थे। इनमें एक था धर्मक्षेत्र-कुरुक्षेत्र। दूसरा था मगध, जो कुछ पंडितों के विचार से ऐसा अधर्म-क्षेत्र था कि वहाँ मरने से मुक्ति ही न मिलती थी। (कहते हैं, इसीलिए कबीर ने मगध में मरने का निश्चय किया था—जो कासी तन तजै कबीरा, रामहिं कौन निहोरा।) यह विघटन आज भी पूरा नहीं हुआ। अनेक जन अर्द्धसभ्य अवस्था में भारत के अनेक प्रदेशों में बिखरे पड़े हैं। वे अभी तक सामन्ती व्यवस्था में समेटे नहीं जा सके। उत्तर भारत के प्रमुख जनों और उनके संघों का विघटन चन्द्रगुप्त मौर्य से लेकर समुद्रगुप्त तक के साम्राज्यों के स्थापना काल में लगभग पूरा हो गया था। डॉ. जायसवाल के अनुसार 'मौर्य साम्राज्यवाद' और हिन्दू-यूनानी क्षत्रपों ने अधिकांश प्राचीन गणराज्यों का विनाश किया।[1] इसके बाद गुप्त-युग में "पाँचवीं शताब्दी के अन्त तक हिन्दू भारत से गणराज्यों का लोप हो जाता है।"[2] ये गणराज्य मुख्यत: किन्हीं बाह्य कारणों से लुप्त नहीं हो गए; उन्हें विघटित करनेवाली शक्ति मुख्यत: उन्हीं के अन्दर थी। यह शक्ति थी उत्पादन और वितरण का विकास, कृषि के प्रसार से भूमि का सम्पत्ति-रूप में महत्त्व, श्रम का नया विभाजन और उसके अनुरूप वर्ण-व्यवस्था का अभ्युदय और प्रसार। प्राचीन गणराज्यों में—उनके ह्रास काल में—सामाजिक समानता न थी। सम्पत्ति कुछ कुलों में केन्द्रित थी। राज्यसत्ता भी इन्हीं के हाथों में थी। शासक चुनने का काम सारा जन न करता था; उसके कुछ विशेषाधिकार-भोगी परिवारों तक यह अधिकार सीमित था। दासों और परदेसियों को राज्यसत्ता में अधिकार न था। वर्ण-व्यवस्था ने इस दादापंथी रक्त-सम्बन्ध के बदले नये सम्बन्ध स्थापित किये जिनका मुख्य आधार था सम्पत्ति। रक्त-सम्बन्ध की परम्परा उन बिरादरियों में कायम हुई जो वर्णों के अन्तर्गत थीं। नई बिरादरियाँ बनीं जिनका आधार कोई पेशा था। पुराने जनों के नाम वर्ण-व्यवस्था के अधीन रहनेवाली जातियों (कास्ट) के साथ जुड़ गए। आभीर जन की स्मृति शेष रही अहीरों में। जोहिया राजपूत यौधय गण के चिह्न रूप में रहे। डॉ. जायसवाल के अनुसार प्राचीन भोजक जन कच्छ और काठियावाड़ की एक जाति विशेष बने; प्राचीन राठिक जन से मारवाड़ी वैश्यों में प्राप्त राठी जाति सम्बन्धित है; इसी प्रकार कम्बोह जाति का सम्बन्ध प्राचीन कम्बोज जन से है। हिन्दुस्तान में जितने पेशे हैं, उनसे बहुत ज्यादा संख्या में जातियाँ हैं। इसका कारण यह है कि जातियों के साथ उनके प्राचीन जन-नाम जुड़े हुए हैं। किसी जन का विघटन होने पर उसके सभी सदस्य एक ही जाति (कास्ट) में शामिल न हो सकते थे। साधारणत: वे अनेक वर्णों और जातियों में बँट जाते थे। यही कारण है कि अग्रजन से सम्बन्धित अग्रवाल, वैश्य वर्ण के अलावा, अन्य वर्णों या जातियों में भी पाए जाते हैं।

सामन्त-युग के जनपद प्राचीन जनपदों से बिलकुल भिन्न हैं। इनका आधार वर्ण-व्यवस्था है प्राचीन व्यवस्था का वर्णेतर रक्त-सम्बन्ध खत्म हो गया है। इन जनपदों में वर्ग-भेद है, राज्यसत्ता है, ऊँच-नीच का भेदभाव है, शासक-शसित हैं, न्यायालय, दंड-विधान, कोश, सेना, स्मृति-ग्रंथ हैं। मगध, कोसल, केरल, आन्ध्र आदि प्राचीन जनों के नाम पर अनेक प्रदेशों के नाम रखे गए जो आज तक चले आ रहे हैं। इन प्रदेशों की न तो प्राचीन सीमाएँ आज की-सी थीं, न प्राचीन काल की तरह उनमें आज रक्त-सम्बन्ध पर आधारित जन रहते

1. के.पी. जायसवाल, 'हिन्दू पौलिटी', बंगलौर, 1943, पृ. 148
2. उप., पृ. 164

हैं। इसलिए इतिहास में ईसा की नवीं शताब्दी में कुरु-जन का उल्लेख मिले तो उसे प्राचीन कुरु-जन का पर्यायवाची समझना जरूरी नहीं।

समाजशास्त्र का एक पेचीदा प्रश्न है—सामन्ती युग में जाति (नेशनैलिटी) का गठन होता है या नहीं और होता है तो उसका आधार क्या है। पूँजीवाद के अभ्युदय काल में नये सिरे से जातियों का गठन होता है। इस गठन का आधार नये पूँजीवादी बाजार का निर्माण माना जाता है। किन्तु इस पूँजीवादी विकास से पहले, और पुराने कबीलों के विघटन के बाद 'बीच' की मंजिल में सामाजिक गठन का कोई जातीय रूप होता है या नहीं? वैज्ञानिक समाजशास्त्र में सामन्ती विघटन की चर्चा अक्सर रहती है। यह विघटन पूँजीवादी एकीकरण की तुलना में ही विघटन है। पुराने कबीलों को देखते हुए सामन्ती समाज अपनी जातीय सीमा-रेखाओं में अधिक विस्तृत होता है। सोवियत अकादमिक कोस्मिन्स्की ने अंग्रेज़ी जाति के निर्माण पर अपने निबन्ध में इस समस्या की ओर संकेत किया है। उन्होंने लिखा है : "इतिहासकार के लिए, विशेष कर मध्यकाल-विशेषज्ञ के लिए सबसे महत्त्वपूर्ण समस्या यह है कि वह इस बात की व्याख्या करे कि पूँजीवाद से पहले के युग में जाति (नेशन) के विभिन्न तत्त्व कैसे धीरे-धीरे विकसित हुए। मध्यकाल के विशेषज्ञ को उस जन-समाज (कम्यूनिटी ऑव पीपुल) से खास दिलचस्पी है जो जाति (नेशन) के निर्माण से पहले था और जिसे लघुजाति (नेशनैलिटी, नरोद्नोस्त) कहना चाहिए। लेकिन यह पेचीदा सवाल है जिसकी विशेष छानबीन आवश्यक है; उस पर हम इस समय विचार न करेंगे।"[1] कोस्मिन्स्की ने लघुजाति की व्याख्या नहीं की किन्तु पूँजीवाद से पहले अर्थात् सामन्ती युग में उसका अस्तित्व माना है। स्तालिन की रचनाओं में लघुजाति (नेशनैलिटी) और महाजाति (नेशन) का भेद किया गया है। आस्ट्रिया, हंगरी और रूस के राज्यों के निर्माण की चर्चा करते हुए उन्होंने लिखा था कि इन देशों में राज्य-निर्माण की विशेष प्रक्रिया का कारण यह था कि सामन्तवाद का पूरी तरह खात्मा न हुआ था, पूँजीवादी विकास कमजोर था और "जो लघुजातियाँ पीछे ठेल दी गई थी, वे आर्थिक रूप से सम्बद्ध महाजातियों के रूप में अपने को सुगठित न कर सकी थीं।"[2] अन्यत्र उन्होंने पूर्वी यूरोप के बारे में लिखा था कि वहाँ सुकेन्द्रित राज्य पहले बने थे और उनमें से "प्रत्येक में अनेक लघुजातियाँ थीं जो अभी महाजातियों के रूप में निर्मित न हुई थीं लेकिन जो एक सामान्य राज्य में संघबद्ध हो गई थीं।"[3] मार्क्सवाद और भाषाविज्ञान के सम्बन्ध में प्रश्नों का उत्तर देते हुए स्तालिन ने लघुजातियों की भाषा से महाजातियों की भाषा के विकास की बात की थी। सिकन्दर और सीजर के साम्राज्यों को उन्होंने कबीलों और लघुजातियों का जमघट बताया था। स्पष्ट ही कबीलों के समाज के बाद और पूँजीवाद के अभ्युदय से पहले वह मानव-समाज को लघुजातियों के रूप में गढ़ा हुआ मानते थे किन्तु इन लघुजातियों की निर्माण-प्रक्रिया, उनके आर्थिक आधार आदि की व्याख्या उनकी रचनाओं में नहीं है। लेनिन और स्तालिन ने यह स्पष्ट कर दिया था कि सामन्ती समाज का आधार कबीलों वाला रक्त-सम्बन्ध नहीं है। रूस के लोकवादी (नरोद्निक) विचारक मिखायलोव्स्की का मत था कि उन रक्त-सम्बन्धों के आधार पर ही आधुनिक जातियों का निर्माण होता है। लेनिन ने इस मत का खंडन किया था। 'जनता के मित्र कौन हैं और वे सोशल डेमोक्रेटों से कैसे लड़ते

1. ई.ए. कोस्मिन्स्की, 'दि फॉर्मेशन ऑव दि इंग्लिश नेशन', ऐंग्लो-सोवियत जर्नल, ग्रीष्म, 1952
2. स्तालिन, 'मार्क्सिज़्म एंड दि नेशनल एंड कोलोनियल क्वेश्चन', लॉरेन्स एंड विशार्ट, पृ. 13
3. उप., पृ. 100

हैं'—इस पुस्तिका में उन्होंने लिखा था कि मध्यकाल में, मॉस्को के ज़ार-शासन में, ये रक्त-सम्बन्ध बिलकुल नहीं थे और "राज्य का आधार प्रादेशिक संघ थे, न कि रक्त-सम्बन्ध पर आधारित संघ। जमींदार और मठ विभिन्न स्थानों से अपने किसान चुन लेते थे और इस तरह जो ग्राम-समाज बने थे, वे विशुद्ध प्रादेशिक इकाइयाँ थे।" लेनिन ने जिन्हें प्रादेशिक इकाइयाँ कहा है, उन्हें संस्कृत-हिन्दी में हम जनपद कहते हैं। हिन्दी में बुंदेलखंड, ब्रज, अवध, आदि प्रदेशों को हम आज भी 'जनपद' कहते हैं; इन्हीं से मिलकर समूचा हिन्दी-भाषी प्रदेश बना है। लेनिन के अनुसार लगभग सत्रहवीं सदी के आरम्भ में रूसी सौदागरों ने छोटे स्थानीय बाजारों को मिलाकर एक विशाल अखिल-रूसी बाजार कायम किया और इससे रूसी जाति का निर्माण हुआ। लेनिन की इस स्थापना से यह निष्कर्ष निकाला जा सकता है कि सामन्ती युग के जनपदों का आधार छोटे स्थानीय बाजार हैं। लेकिन ये स्थानीय बाजार काफी छोटे होते हैं और जनपद अक्सर उनसे बड़े होते हैं। महाजातियों (नेशन) के निर्माण में भी इस बाजार-निर्माण का महत्त्व सीमित ही होता है। बंगाल और पंजाब विभाजित हैं, उनका सामान्य बाजार नहीं है। लेकिन इसका यह अर्थ नहीं है कि पूर्वी बंगाल के लोग पश्चिमी बंगाल वालों से भिन्न जाति के हैं। यूरोप में उक्रैनी जाति विभाजित रही है; दूसरे महायुद्ध के बाद उसका एकीकरण पूरा हुआ है; उक्रैनी-उक्रैनी एक हैं, इस बात को वे विभाजित दशा में भी जानते थे।

रोमन-साम्राज्य के बाद यूरोप के मध्ययुग के बारे में एंगेल्स ने 'परिवार, व्यक्तिगत सम्पत्ति और राज्यसत्ता की उत्पत्ति' नामक ग्रंथ में लिखा था कि यद्यपि ये चार सौ वर्ष अनुत्पादक थे, फिर भी भूस्वामियों के लिए यह नये युग का सूत्रपात था और आधुनिक इतिहास के लिए इन 400 वर्षों ने एक महान् वस्तु तैयार कर दी थी और वह थी आधुनिक जातियाँ (नेशनैलिटी)। इससे मालूम होता है कि एंगेल्स सामन्ती युग में लघुजातियों का उद्‌भव और अस्तित्व स्वीकार करते थे। इस सम्बन्ध में उन्होंने उपर्युक्त ग्रंथ में अन्यत्र जो कुछ कहा है, उससे लघुजातियों की निर्माण-प्रक्रिया पर प्रकाश पड़ता है। अमरीका की आदिवासी जातियों के बारे में उन्होंने लिखा था कि कुछ क्षेत्रों में उन्होंने स्थायी संघ बनाए थे और इस प्रकार "जातियों (नेशन) के निर्माण की ओर उन्होंने पहला कदम उठाया था।" एंगेल्स के मत से कबीलों का स्थायी संघ बनाना जाति-निर्माण के लिए आवश्यक है। जनसंख्या बढ़ने के साथ वह इस तरह का संघ बनना अनिवार्य समझते थे। उन्होंने आगे लिखा है : "जनसंख्या का घनत्व बढ़ने से यह आवश्यकता उत्पन्न हुई कि आन्तरिक रूप से और बाहरी दुनिया के विरुद्ध संघबद्ध हुआ जाए। हर जगह सम्बन्धित जातियों का संघ आवश्यक हुआ और शीघ्र ही उनका परस्पर घुल-मिलकर एक होना भी आवश्यक हो गया। तब कबीलों के विभिन्न प्रदेश (जनपद) जनता के एक ही विशाल प्रदेश (महा जनपद) में घुल-मिलकर एक हो गए।" सामन्ती-व्यवस्था में लघुजातियों के निर्माण की यह सुन्दर व्याख्या है। उत्पादन और वितरण में विकास, सम्पत्ति का अर्जन और केन्द्रीकरण यह आवश्यकता उत्पन्न करता है। प्राचीन जनों का बिखराव परस्पर विनिमय, व्यापार आदि के विकास में बाधक होता है। भूस्वामियों के हाथ में सम्पत्ति का मुख्य स्रोत केन्द्रित होने पर समाज नये श्रम-विभाजन के आधार पर चार वर्णों में विभाजित हो जाता है। सामन्ती समाज की विशेषता है छोटे पैमाने का उत्पादन। इस उत्पादन से लाभ उठाते हैं पुरोहित, भूस्वामी और व्यापारी; जनता का अधिकांश भाग जो शारीरिक श्रम करके खाने-पहनने से लेकर भोग-विलास तक की सामग्री जुटाता है, अधिकारच्युत होकर सेवक मात्र रह जाता है। सम्पत्तिशाली वर्गों के समर्थक शास्त्रकार इस व्यवस्था को सनातन और

ईश्वर-कृत बतलाते हैं। उनके लिए वर्ण-धर्म मुख्य हो जाता है, जन का रक्त-सम्बन्ध गौण हो जाता है। पूरे जन के गरीब-अमीर सदस्यों को एक से अधिकार देनेवाला रक्त-सम्बन्ध उनके किसी काम का नहीं रहता। सम्पत्ति और श्रम-विभाजन के आधार पर कुलीनता के नये मानदंड कायम होते हैं। प्राचीन जनों का जनतंत्र केवल सेवकों में अवशिष्ट रहता है।

प्राचीन जनों का एकीकरण समानता और भाईचारे के आधार पर सदा जन- तांत्रिक ढंग से नहीं होता। शक्तिशाली जन दूसरों पर विजय प्राप्त करके भी यह एकीकरण की प्रक्रिया सम्पन्न करते हैं। 'सेवकों' का काम करने के लिए निर्बल विजित जनों के सदस्य उपयोगी सिद्ध होते हैं। साथ ही एक ही जन या सम्बन्धित जनों के सदस्य सामन्ती व्यवस्था में नये सिरे से गठित लघुजातियों में मिल जाते हैं और बहुत दिनों तक अपनी प्राचीन विशिष्टता भी बनाए रहते हैं। उत्तरी भारत के जाट और गूजर इस प्रक्रिया के उदाहरण हैं। जाट और गूजर—सुनार, लुहार की तरह—किसी पेशे वाली जाति के नाम नहीं हैं। वे प्राचीन जनों के अवशेष हैं जो भारत के विभिन्न जनपदों (लघुजातियों के प्रदेशों) में बँट गए हैं। वे जिस जनपद में रहते हैं, वहीं की—ब्रज, पंजाबी, खड़ी बोली आदि—भाषा बोलते हैं। किसी भाषा को बोलनेवालों की इकाई पहले जन थी; उसका स्थान अब लघुजाति ले लेती है। जनसंख्या में लघुजाति जन से बड़ी होती है; उसका प्रदेश प्राचीन जनपद से बड़ा होता है। इस लघुजाति की भाषा का निर्माण किसी प्रमुख जन की भाषा के आधार पर ही होगा, किन्तु अनेक जनों के मिश्रण से उस प्रमुख जन की भाषा में अन्य तत्त्वों का समावेश भी होगा। इसी कारण सामन्ती युग में जिन भाषाओं से हम परिचित होते हैं, उनके मूल-तत्त्व प्राचीन जनों की भाषाओं में मिलने चाहिए, किन्तु उन भाषाओं का वही रूप लघुजातियों के निर्माण से पहले के जनों की भाषाओं में मिले, यह आवश्यक नहीं है।

आधुनिक भाषाएँ किन्हीं आधुनिक जातियों की भाषाएँ हैं—बंगला बंगाली जाति की, तमिल तमिल जाति की, कश्मीरी कश्मीरी जाति की। आधुनिक भाषाओं का विकास समझने के लिए उन्हें बोलनेवाली आधुनिक जातियों का विकास समझना आवश्यक है। इन आधुनिक जातियों का विकास सामन्ती व्यवस्था की लघुजातियों के विकास से सम्बद्ध है और इन लघुजातियों का विकास प्राचीन जनों के विघटन और एकीकरण से सम्बद्ध है। भारत में बहुत-सी ऐसी लघुजातियाँ हैं जिन्होंने अपने प्राचीन जनकाल की स्मृतियों को सुरक्षित रखा है। इस सिलसिले में हम ब्रज का उदाहरण ले सकते हैं। पुरातत्त्वज्ञ श्री कृष्णदत्त वाजपेयी ने अपने ग्रंथ 'ब्रज का इतिहास' में कुछ तथ्य दिये हैं जिनसे प्राचीन जनों और सामन्ती व्यवस्था के जनपदों का सम्बन्ध समझा जा सकता है। प्राचीन काल में मथुरा और उसके आसपास का प्रदेश शूरसेन जनपद कहलाता था। यहीं किसी समय अंधक-वष्णि संघ बना था। "श्रीकृष्ण के अन्त का इतिहास वास्तव में यादव गणतंत्र के अन्त का इतिहास है।"[1] इस अन्त को ब्रजवासी जाति के निर्माण का आरम्भ भी कहा जा सकता है। शूरसेन जनपद का अन्त नहीं हुआ। उसका महत्त्व इसी बात से सिद्ध है कि एक प्राकृत को उसी के आधार पर शौरसेनी नाम दिया गया। यादव गणतंत्र कैसे भंग हुआ? "पूर्व निश्चय के अनुसार उग्रसेन, कृष्ण, बलराम आदि के नेतृत्व में यादवों ने बहुत बड़ी संख्या में मथुरा से प्रयाण किया और सौराष्ट्र की नगरी द्वारावती में जाकर बस गए।"[2] (यदि यह घटना सत्य हो तो ब्रज और गुजराती भाषाओं के सामीप्य का ऐतिहासिक कारण मिल जाता है।) गणतंत्र भंग हो गया लेकिन सामन्ती व्यवस्था में नये आधार पर वह जनपद बना रहा।

1. कृष्णदत्त वाजपेयी, 'वन का इतिहास', प्रथम खंड, मथुरा, पृ. 55
2. उप, पृ. 45

बुद्ध के समय में भारत के सोलह महाजनपदों में सूरसेन जनपद भी था। लेकिन "ये सोलह महाजनपद बहुत काल तक यथापूर्व स्थिति में न रह सके। इनमें से कुछ में दूसरों को हड़पकर अपना विस्तार बढ़ाने की भावना बड़ी, विशेष कर पूर्वी जनपदों में। काशी, कोसल, मगध, अंग, वत्स आदि राज्यों में हम यह बात स्पष्ट रूप से पाते हैं। इसका फल यह हुआ कि विभिन्न जनपदों के बीच संधि-विग्रह की घटनाएँ द्रुतगति से बढ़ने लगीं। महात्मा बुद्ध के समय तक आते-आते मगध, कौसल, वत्स और अवन्ति—ये भारत के चार प्रधान राज्य बन गए और इनके सामने प्राय: सभी अन्य जनपदों की स्थिति गौण हो गई।"[1] बुद्ध का समय प्राचीन जनों के विघटन और सामन्ती व्यवस्था के अभ्युदय का युग है। प्राचीन जनपदों का एकीकरण संघ बनाकर ही नहीं होता, उनमें दूसरों को हड़पकर अपना विस्तार बढ़ाने की भावना भी उत्पन्न होती है, यह बात ऊपर के उद्धरण से स्पष्ट है।

शूरसेन जनपद पर मगधवासी मौर्य शासकों का अधिकार होता है। आधुनिक हिन्द प्रदेश के दो छोर—ओर-छोर के भिन्न भाषाएँ बोलनेवाले जन—एक-दूसरे के निकट आते हैं। निकट आने की यह प्रक्रिया युद्ध, हिंसा और राज्य-विस्तार की सामन्ती पद्धति से सम्पन्न होती है। लेकिन इस सामन्ती एकीकरण का एक सबल पक्ष था। मौर्य शासकों ने पेशावर से पाटलिपुत्र तक 1850 मील लम्बी सड़क बनाई। "यह सड़क राजगृह, काशी, प्रयाग, साकेत, कौशाम्बी, कन्नौज, मथुरा, हस्तिनापुर, शाकल, तक्षशिला और पुष्कलावती होती हुई पेशावर जाती थी।"[2] इस प्रकार सूरसेन जनपद का अलगाव दूर हुआ; मथुरा नगर व्यापार का प्रमुख केन्द्र बना और विभिन्न जनपदों को निकट लाने में उसकी भूमिका महत्त्वपूर्ण सिद्ध हुई। मगधवासी समुद्रगुप्त ने फिर इस जनपद को एक विशाल साम्राज्य का अंग बनाया। मथुरा पर नागों, शकों, यूनानियों, हूणों, तुर्कों आदि के आक्रमण हुए किन्तु इनसे जनपद का अस्तित्व खत्म न हुआ। वहाँ रक्त-सम्बन्ध पर आधारित कोई कबीला न रहता था; वह शूरसेन जाति का निवास था। उसकी अपनी भाषा और संस्कृति थी। अनेक बाह्य तत्त्व उसमें आकर मिलते रहे और वे ब्रज में बसकर ब्रज के हो गए। यही कारण है कि जब आक्रमणों के बादल निकल जाते हैं, जनपद की धरती फिर हरी हो जाती है। ब्रज को यह स्थायित्व देनेवाली शक्ति वह लघुजातीय संगठन था जिसमें वहाँ के निवासी बँधे हुए थे। सामन्ती व्यवस्था में प्राचीन जनपद की सीमाएँ बहुत विस्तृत हो गईं। अब मथुरा नगरी और उसके आसपास का प्रदेश ही ब्रज-मंडल न था; इस मंडल में दूर-दूर के प्रदेश शामिल हुए। "ई. सातवीं शती में जब चीनी यात्री ह्वेन सांग यहाँ आया तब उसने लिखा कि मथुरा राज्य का विस्तार 5000 ली (लगभग 833 मील) था। इस वर्णन से पता चलता है कि सातवीं शती में मथुरा राज्य के अन्तर्गत वर्तमान मथुरा-आगरा जिलों के अतिरिक्त आधुनिक भरतपुर तथा धौलपुर जिले और उपरले मध्यभारत का उत्तरी लगभग आधा भाग रहा होगा।"[3] यह कल्पना भ्रान्त हो सकती है, किन्तु इतना निश्चित है कि सातवीं सदी में सूरसेन जनपद की सीमाएँ बुद्धपूर्व के जनपद से बहुत बड़ी थीं। इस प्रकार प्राचीन जनपद सामन्ती व्यवस्था में निर्मित होनेवाली लघुजाति का विस्तृत प्रदेश बना।

इसी प्रकार प्राचीन मगध जन के नाम पर उस जनपद का नाम पड़ा और वह नाम आज तक सुरक्षित है। श्री बिमलाचरन लॉ के अनुसार बुद्ध के समय में मगध प्रदेश के अन्तर्गत

---

1. कृष्णदत्त वाजपेयी, 'व्रन का इतिहास', प्रथम खंड, मथुरा, पृ. 64
2. उप., पृ. 70
3. उप., पृ. 2

वर्तमान पटना जिला और गया जिले के उत्तरी अर्द्धांश की भूमि आती थी। कभी प्राचीन जनपदों के नाम सुरक्षित रहते हैं, कभी उनके बदले दूसरा नाम प्रचलित हो जाता है। मगध का नाम अब तक चला आया लेकिन सूरसेन जनपद का नाम ब्रज पड़ गया। इसी प्रकार वर्तमान अवध प्रदेश का निर्माण प्राचीन कोसल जन की भूमि को केन्द्र बनाकर हुआ; नाम बदल गया। महत्त्व नाम का नहीं है; महत्त्व इस बात का है कि जहाँ प्राचीन जनपद थे, वहीं सामन्ती युग में लघुजातियों के प्रदेश बने जो अब प्रमुख बोलियों के क्षेत्र हैं। डॉ. वासुदेवशरण अग्रवाल के अनुसार : "गंगा-यमुना के बीच में लगभग मेरठ कमिश्नरी का इलाका असली कुरु राष्ट्र था।"[1] इसे खड़ी बोली का मूल क्षेत्र समझना चाहिए। "यमुना और चम्बल के कांठे में प्राचीन कुंति राष्ट्र (वर्तमान ग्वालियर राज्य) था जो अब भी कोंतवार कहलाता है।...अभी तक चम्बल से टोंस तक का प्रदेश बुंदेलखंड की भौगोलिक इकाई के रूप में प्रसिद्ध रहा है।"[2] इस प्रकार बुंदेलखंड जनपद का निर्माण प्राचीन कुंती जनपद को केन्द्र बनाकर हुआ। काशी जनपद की राजधानी वाराणसी थी। यह पश्चिमी भोजपुरी का केन्द्र बना।

डॉ. धीरेन्द्र वर्मा ने प्राचीन जनपदों से हिन्दी की आधुनिक बोलियों का सम्बन्ध ठीक जोड़ा है। "कुरु-जनपद आजकल अम्बाला, दिल्ली, मेरठ तथा बिजनौर के आस-पास का खड़ी बोली का प्रदेश है।"[3] पञ्चाल जनपद "आजकल के रोहिलखंड का अधिकांश भाग तथा कन्नौज के निकट का प्रदेश कहा जा सकता है। बोली की दृष्टि से इसे आजकल की कनौजी या पूर्वी ब्रज के रूप में हम पाते हैं।"..."शूरसेन आजकल का आगरा कमिश्नरी या ब्रज प्रदेश कहा जा सकता है।" डॉ. वर्मा के अनुसार, जयपुरी मेवाती बोली का वर्तमान क्षेत्र प्राचीन मत्स्य जनपद था। कोसल वर्तमान अवध है; प्राचीन विदेह जनपद वर्तमान मिथिला है। काशी जनपद वर्तमान भोजपुरी प्रदेश है। वर्तमान मरही बोली का क्षेत्र प्राचीन मगध था। बघेलखंड पहले वत्स जनपद था। "चेदि जनपद वर्तमान बुंदेलखंड के प्रदेश से मिलता-जुलता था।" अवन्ति जनपद पश्चिमी मालवा है।

डॉ. वर्मा ने हिन्दी की आधुनिक बोलियों का सम्बन्ध प्राचीन जनपदों से ठीक जोड़ा है किन्तु उन्होंने आधुनिक बोलियों के क्षेत्रों को प्राचीन जनपदों के बराबर मान लिया है। प्राचीन सूरसेन जनपद और आधुनिक ब्रज की सीमाओं में बहुत अन्तर है। प्राचीन जनपद रक्त-सम्बन्ध पर आधारित जनों की निवास-भूमि थी। आधुनिक ब्रज का निर्माण सामन्ती युग में हुआ; वह जन के बदले एक लघुजाति की निवास-भूमि बना। वह लघुजाति घुल-मिलकर अब एक महाजाति का अंग बन गई है। लघुजातियों के निर्माण और विघटन की इस प्रक्रिया को न देखने के कारण राहुल जी ने 1943 में हिन्दी-भाषी प्रान्तों को प्राचीन जनपदों के अनुसार बाँटने का सुझाव रखा था। इस प्रकार खड़ी बोली के क्षेत्र की दो राजधानियाँ होतीं—एक मेरठ, दूसरी दिल्ली; अवधी बोली के क्षेत्र की भी दो राजधानियाँ होतीं—लखनऊ और प्रयाग। भोजपुरी क्षेत्र की दो राजधानियाँ होतीं—बनारस और छपरा। भोजपुरी-भाषियों में वह एक ही जातीय चेतना स्वीकार नहीं करते। "प्रान्तों के बँटवारे में जहाँ स्टैंडर्ड भाषा का सवाल उठा कि सीधे छपरा और बनारस की बोलियों का दावा आपके सामने आएगा और मल्ल तथा काशी जनपदों के निवासी अपनी-अपनी भाषाओं की अलग-अलग सत्ता स्वीकार कराके रहेंगे। प्रान्तों

1. 'पाणिनिकालीन भारतवर्ष', पृ. 70
2. उप., पृ. 75
3. 'मध्यदेश', पृ. 16

के पुनर्विभाजन के सम्बन्ध में यह मालूम होना चाहिए कि सवा करोड़ मल्लवासी (छपरा, बलिया, आरा, मोतिहारी, देवरिया, दिलदारनगर वाले) इसके लिए सबसे अधिक उतावले हैं।"[1] सामाजिक विकास-क्रम में जो जनपद एक-दूसरे में घुलमिल चुके हैं, उन्हें विघटित करने का प्रयत्न इतिहास-विरोधी क्रिया है। एंगेल्स ने विभिन्न जनों द्वारा स्थायी संघ बनाने को ऐतिहासिक आवश्यकता बतलाया था; ये स्थायी संघ ही प्राचीन रक्त-सम्बन्ध तोड़कर सामन्त काल में लघुजाति के रूप में विकसित होते हैं। यह प्रक्रिया वज्जिगण के निर्माण में देखी जा सकती है। "इसके अन्तर्गत आठ जन थे जिनमें विदेह और लिच्छवि प्रधान थे।"[2] लघुजाति की तुलना में प्राचीन जन एक सीमित और सम्बद्ध इकाई था। लघुजाति के क्षेत्र में बोलियों की विविधता दिखाई देती है। काशी और छपरा की भोजपुरी में अन्तर है; इसी प्रकार लखनऊ और प्रयाग की अवधी में अन्तर है। इससे यह निष्कर्ष न निकालना चाहिए कि हर बारह कोस के क्षेत्र का एक प्रान्त बना देना चाहिए।

श्री कृष्णदत्त वाजपेयी ने 'ब्रज का इतिहास' में मथुरा जिले की जातियों की भाषागत विशेषताओं का अध्ययन किया है। अहीरों की भाषा उकार बहुला है। नाज, रास को नानु, कामु, रासु कहेंगे। वाजपेयी जी ने इस उकार बहुलता को भरत द्वारा निर्दिष्ट आभीरोक्ति (अपभ्रंश) से सम्बद्ध किया है। यह उकार बहुलता अवधी की भी विशेषता है जिससे मालूम होता है कि उसका आभीरादि किसी जाति विशेष से ही सम्बद्ध नहीं है। लेकिन यदि मथुरा में कुछ लोग नाज, काम, रास कहते हों, अन्य लोग बाबू, कामु, रासु कहते हों तो यह एक रोचक तथ्य होगा। यह एक ही जनपद में विभिन्न बोलियों के प्रभाव का सूचक है। वाजपेयी जी के अनुसार गूजर लोग राम-राम साब को 'रौम रौम साब' कहते हैं, आदि के आ का गोलाकार उच्चारण करते हैं। चमार 'ल' की जगह 'न'—चल्तु-चन्तु, मिल्तु-मिन्तु, 'ब' की जगह 'म'—महाबन-मामन—का प्रयोग करने की प्रवृत्ति दिखलाते हैं। जाट 'इ' का लोप करके जाइगौ, खाइगौ को जागौ, खागौ कहते हैं; जइयो, अइयो के ओकार को और भी विस्तार देकर वे जइयो, अइयो कहते हैं। चौबे लोग में के लिए हौं का प्रयोग करते हैं; "ब्रज की ग्रामीण बोली में 'हूँ' का प्रयोग तो मिलता है, पर 'हौं' का प्रयोग मथुरा जिले में नहीं मिलता।"[3] इसी प्रकार "ब्रज की ग्रामीण बोली में 'सूँ' मिलता है।" चौबे लोग सौं बोलते हैं। जांतूँ, आम्तूँ की जगह वे जाऔं, आऔं का प्रयोग करेंगे।

वाजपेयी जी पुरातत्त्वज्ञ हैं। मथुरा में क्यूरेटर के रूप में रहते हुए उन्होंने इन बोलियों की विशेषताओं पर ध्यान दिया होगा। जो तथ्य भाषाशास्त्रियों की दृष्टि से ओझल हो जाते हैं, उन्हें उनकी पूर्वग्रह-दोष-रहित निर्मल दृष्टि ने बाँध लिया है। उनके दिये हुए तथ्यों से दो निष्कर्ष निकलते हैं। भारत की अनेक जातियाँ (कास्ट) प्राचीन जनों के आधार पर बनी हैं। इनमें जाटों और गूजरों का उदाहरण हम पहले दे चुके हैं। ब्रज जनपद की लघुजाति अनेक जनों के विघटन और मिश्रण से बनी है। इसलिए ब्रजभाषा सर्वत्र एक ही रूप में नहीं बोली जाती; प्रत्येक जनपदीय बोली के समान वह भी अनेक बोलियों का समूह है। वाजपेयी जी ने ब्रजभाषा के स्थानीय भेदों के अध्ययन की आवश्यकता की ओर संकेत करते हुए लिखा है : "ब्रज की बोलियों का यदि स्थानपरक अध्ययन किया जाए तो अनेक भिन्नताओं का

1. राहुल सांकृत्यायन, 'मातृभाषाओं का प्रश्न', 'हंस', सितम्बर, 1943
2. 'मध्यदेश', पृ. 18
3. 'ब्रज का इतिहास', द्वितीय खंड, पृ. 196

पता चलेगा। मथुरा से दिल्ली की ओर जानेवाली सड़क पर के गाँवों में यदि एक प्रकार का भाषाक्रम दिखाई पड़ता है, तो आगरा की ओर जानेवाली सड़क पर दूसरे प्रकार का। यमुना के इस पार और उस पार की बोली में भी अन्तर है।" अब यदि ब्रज का अलग प्रान्त: बने और परिनिष्ठित ब्रजभाषा का प्रश्न उठे, तो उसे हल करने का यह तरीका होगा कि यमुना के इस पार जातीय ब्रज और उस पार दूसरा ब्रज बना दिया जाए या दिल्ली वाली सड़क एक ब्रज का मेरुदंड बने और आगरे वाली सड़क दूसरे ब्रज का।

आधुनिक जातियों के निर्माण के लिए सामान्य भाषा, सामान्य प्रदेश, सामान्य आर्थिक जीवन और सामान्य संस्कृति आवश्यक तत्त्व माने गए हैं। ये तत्त्व न्यूनाधिक मात्रा में सामन्तकालीन लघुजातियों में भी मिलते हैं। ब्रज की सीमाएँ भले निर्धारित न हों, किन्तु यहाँ के निवासी अपने को ब्रजवासी समझते हैं। सीमाएँ तो मराठी-भाषी जाति के प्रदेश की भी निर्धारित नहीं हैं; भाषावार राज्यों के निर्माण के सिलसिले में हर जगह सीमा-सम्बन्धी विवाद दिखाई देते हैं। इसका यह अर्थ नहीं है कि मराठी या बंगला-भाषी जाति का अस्तित्व भी सन्दिग्ध है। आधुनिक जातियों का निर्माण सामान्य प्रदेश के बिना सम्भव नहीं है, भले ही वह प्रदेश हिन्द-एशिया की तरह द्वीप समूह ही हो। आधुनिक जातियों के ये प्रदेश अकस्मात् प्रकट नहीं हो जाते; सामन्तयुगीन लघुजातियों के प्रदेशों के विलयन से ही ये महाप्रदेश बनते हैं। सामन्तयुगीन लघुजातियों के प्रदेश प्राचीन जनपदों के विलयन से बनते हैं। प्राचीन जनों को हम रजत-सम्बन्ध पर आधारित मानते हैं; इसका यह अर्थ नहीं है कि उनका स्थायी प्रदेश न हो सकता था, या नहीं था। मिखाइलोव्स्की को उत्तर देते हुए लेनिन ने लिखा था : "प्राचीन रूस में हम रक्त-सम्बन्धों पर आधारित जीवन की बात कर सकते हैं, लेकिन इसमें जरा भी सन्देह नहीं कि मध्यकाल तक, मस्कोवी के ज़ारों के सुरा तक, ये रक्त-सम्बन्ध बिलकुल न रह गए थे; दूसरे शब्दों में राज्य का आधार प्रदेशगत संघ थे, न कि रक्त-सम्बन्धों पर आधारित संघ।"

रक्त-सम्बन्धों पर आधारित संघ और प्रदेशों के संघ में कोई मौलिक प्रदेशगत अन्तर नहीं है। यदि विदेह और लिच्छवि जन मिलकर रक्त-सम्बन्ध पर आधारित संघ बनाते हैं, तो उनके प्रदेश अलग नहीं रहते; वे भी वज्जि गण का संयुक्त प्रदेश बन जाते हैं। एंगेल्स ने अमरीकी आदिवासी जनों की पहली विशेषता यह बतलाई है कि उनमें प्रत्येक का एक सामान्य प्रदेश होता था और यद्यपि इसकी सीमाएँ स्पष्ट रूप से निर्धारित न होती थीं, फिर भी पड़ोसी जन उस सामान्य प्रदेश का मान्यता देते थे और उसके निवासी आक्रमकों से उसकी रक्षा करते थे। एंगेल्स ने अमरीकी आदिवासी जनों की अन्य विशेषताओं के बारे में कहा है कि प्रत्येक जन की अपनी बोली होती थी; प्रत्येक जन के सामान्य धार्मिक विचार, धार्मिक गाथाएँ और कर्मकांड की पद्धति होती थी। सामूहिक सम्पत्ति का चलन होने से जन आर्थिक इकाई भी होता था। इस प्रकार, यदि आधुनिक जातियों के लिए सामान्य प्रदेश, भाषा, आर्थिक जीवन और संस्कृति आवश्यक तत्त्व हैं, तो वे प्राचीन जनों में भी उपलब्ध थे। जहाँ तक स्थायित्व का प्रश्न है, प्राचीन काल में मानव-इतिहास की गति ज्यादा धीमी थी। यदि संयुक्त राष्ट्र अमरीका के नीग्रो और गौरांग ब्रिटिश, जर्मन, इतालवी आदि अपने को अमरीकी जाति (नेशन) में गिन सकते हैं, तो अभी कल की बनी इस जाति के मुकाबले में मगध, कोसल, शूरसेन आदि जन बहुत ज्यादा स्थायी थे। जिन तत्त्वों से जन का निर्माण होता है, उन्हीं से सामन्तयुगीन लघुजाति का और पूँजीवादी महाजाति का निर्माण होता है। किन्तु इन तत्त्वों के गुण और परिमाण में अन्तर होता है। इसीलिए जन, लघुजाति और महाजाति में भी गुणात्मक अन्तर है। जन के आर्थिक

जीवन का आधार सामूहिक या कुलगत उत्पादन और सम्पत्ति है। लघुजाति का आर्थिक जीवन नये श्रम-विभाजन के आधार पर बनता है जिसका स्पष्ट चिह्न है वर्ण-व्यवस्था। महाजाति का आर्थिक जीवन वितरण और उत्पादन के नये पूँजीवादी सम्बन्धों पर निर्भर होता है और उसमें वर्ण-व्यवस्था विशृंखल होकर नये वर्गों को स्थान देती है। जन से महाजाति तक के परिवर्तन की धुरी आर्थिक जीवन है। इसीसे जन संगठित होकर संघ बनाते हैं; विभिन्न जनपद सिमटकर लघुजाति का विस्तृत प्रदेश बनते हैं; भिन्न बोलियाँ बोलनेवाले एक-दूसरे के निकट आते हैं; बोलियों के बीच व्यापक व्यवहार के लिए 'भाषाओं' का अभ्युदय होता है। सभी परिस्थितियों में आर्थिक जीवन की नियामक भूमिका रहे, यह आवश्यक नहीं है। पूर्वी और पश्चिमी बंगाल का आर्थिक जीवन एक नहीं है। फिर भी भाषा और संस्कृति विभाजित प्रदेश के दोनों भागों की जनता को एक ही जातीय चेतना में बाँधे हुए हैं। भोजपुरी बोलनेवाले लोग बिहार और उत्तर प्रदेश के दो राज्यों में विभाजित हैं। देश के अन्य भागों में भाषावार राज्य बन गए हैं; यहाँ हिन्दी-भाषियों का एक राज्य बनाने की कौन कहे, एक बोली के बोलनेवाले भी दो राज्यों में विभाजित हैं! भोजपुरियों का प्रदेश भोजपुर नहीं कहलाता; प्रदेश से अधिक बोली का नाम प्रसिद्ध हैं। ब्रज, अवध और मिथिला की तुलना में भोजपुरी प्रदेश की साहित्यिक विरासत बहुत कम है लेकिन अपनी बोली के द्वारा भोजपुरी-भाषी जन अपने को एक-दूसरे के निकट पाते हैं, भले ही उन्हें दिल्ली में रहते बारह बरस हो जाएँ! ब्रज, अवध, मिथिला आदि के लोगों को अपनी साहित्यिक परम्परा के अलावा अपने प्रदेश के इतिहास पर गर्व है। ब्रज प्रदेश के अनेक नगरों में लोग घर में खड़ी बोली का व्यवहार करते हैं किन्तु ब्रज प्रदेश की निन्दा नहीं सुन सकते। बुंदेलखंडवासी श्री वृन्दावनलाल वर्मा आगरा निवासी (ब्रजवासी) श्री हरिशंकर शर्मा से कहेंगे, "आपका ब्रज भी खूब है, आगरे में ज़रा-सा टीला मिल गया, उसका नाम रख दिया—हरी परबत!" शर्मा जी उत्तर देंगे, "अजी बुंदेलखंड में झाड़-झंखाड़ के सिवा है क्या!"..."आपको अपने नाम तक के लिए ब्रज का सहारा लेना पड़ा,"—वृन्दावन लाल; ऐसा है हमारा ब्रज! 'बड़े भाई' वर्मा जी और छोटे भाई शर्मा जी का यह विवाद होता है खड़ी बोली में। जातीय भाषा ने लघुजातीय बोलियों (बुंदेलखंडी और ब्रज को अपदस्थ कर दिया है, लेकिन लघुजातीय प्रदेश के प्रति वफादारी अपनी-अपनी जगह बरकरार है। (वैसे वर्मा जी ने अपने उपन्यासों में बुंदेलखंड के अलावा ब्रज के जीवन का भी चित्रण किया है, यथा—'टूटे काँटे' में।)

प्राचीन जन जैसी आर्थिक और राजनीतिक इकाई होते हैं, वैसी इकाइयाँ लघुजातियाँ नहीं होतीं। प्रत्येक सामन्त अपना राज्य विस्तार करते हुए दूसरी लघुजातियों का प्रदेश हड़प लेता है। सामन्ती राज्यों का प्रसार अक्सर किसी लघुजातीय प्रदेश की सीमाओं का अतिक्रमण ही करता है। किन्तु जो सामन्त राज्य-विस्तार करता है, वह भी किसी लघुजाति का सदस्य होता है। उसके समर्थक मुख्यत: या तो उसके प्रदेश के लोग होंगे या उसकी बिरादरी के होंगे। सामन्तकाल की बात छोड़िए। पूँजीवादी युग में उत्तर प्रदेश के किसी विश्वविद्यालय में यदि 'क' बिरादरी का प्रवेश हो गया तो उसका प्रयत्न यह होता है कि 'ख' को घुसने न दिया जाए। यदि 'ख' को एक पैर जमाने का अवसर मिल गया तो वह फिर 'क' को धकियाने और अपने दोनों पैर जमाने से बाज न आएगा। यह तो हुई बिरादरी की बात। कुछ मंत्री यदि किसी पवित्र प्राचीन जनपद से सम्बन्धित हुए तो वे चाहते हैं कि अन्य अधिकारी भी वहीं के हों—सेक्रेटरी से लेकर सूचना विभाग के अधिकारी तक! यह पूँजीवादी व्यवस्था में सामन्त

परम्परा का पोषण है। इसलिए उन सामन्तों को क्यों दोष दिया जाए जो बिरादरी और प्रदेश के नाम पर अपने अनुयायियों को उत्साहित करके दूसरों का प्रदेश हड़प लेते थे? हाँ, यह अनिवार्य नहीं है कि प्रत्येक लघुजाति विशृंखल रहे, वे कभी एक ही सामन्त के शासन में आए ही नहीं। सामन्त के राज्य की सीमाएँ और लघुजाति के प्रदेश की सीमाएँ बहुत कुछ एक भी हो सकती हैं। उदाहरण के लिए बुंदेलखंड में हम छत्रसाल का राज्य ले सकते हैं। छत्रसाल पर अपने शोधग्रंथ में डॉ. भगवानदास गुप्त ने लिखा है : "छत्रसाल की मृत्यु के पश्चात् उनके पुत्रों और पेशवा बाजीराव प्रथम को जो प्रदेश मिले, अगर उनसे छत्रसाल के राज्य की सीमाओं को निर्धारित किया जाए, तो उनके राज्य का विस्तार उत्तर में यमुना तट पर कालपी से दक्षिण में सिरोंज और सागर तक और पश्चिम में ओरछा, दतिया तथा ग्वालियर की सीमाओं से लेकर पूर्व में बघेलखंड के जसो, मैहर और बीरसिंहपुर के इलाकों तक था। इस विस्तृत भूखंड में उत्तर प्रदेश के झाँसी जिले का कुछ भाग; जालौन, बाँदा और हमीरपुर के जिले, आधुनिक मध्यप्रदेश में विलीन हुई अजयगढ़, चरखारी, पन्ना, बिजावर, शाहगढ़, छतरपुर, सरीला, अलीपुर आदि रियासतें और सागर तथा सिरोंज भी शामिल थे। छत्रसाल के राज्य का विस्तार पूर्वी और उत्तरी बुंदेलखंड में ही अधिक था। यह प्रदेश घने जंगलों, गहरी घाटियों और पर्वतश्रेणियों से आवृत्त होने के कारण 'डँगैया' राज्य कहा जाता था। छत्रसाल की लूट का क्षेत्र और भी अधिक विस्तृत था।"[1] अन्तिम वाक्य से यह निष्कर्ष निकाला जा सकता है कि छत्रसाल भी अन्य शासकों की तरह सामन्त धर्म का पालन करते थे, किन्तु उनके राज्य में बुंदेलखंड जनपद का अधिकांश भाग था, यह निर्विवाद है। राज्य और जनपद की सीमाओं के मिलने से लघुजातीय चेतना दृढ़ होती है, भाषा के परिनिष्ठित रूप धारण करने और विभिन्न सांस्कृतिक कार्यों का माध्यम बनने में सहायता मिलती है। छत्रसाल अपने राजकीय पत्र बुंदेलखंडी में लिखते थे। लाल कवि को दी हुई उनकी सनद बुंदेलखंडी में है ('अबै बरोबरी की बैठक बकसी जात है')। ओरछा, चन्देरी और दतिया के राजाओं से उनकी संधि इसी भाषा में है ('कोऊ काहू को लटी न चाहै न लटी करै एक ठाकुर पर कामु परै तहाँ सब पहुँचै कोऊ काहू कौ दोष न देवे')।

महान् प्रगतिशील अंग्रेज़ी राज ने भारतीय भाषाओं को राजभाषा न बनाया। स्वाधीनता-प्राप्ति के तेरह साल बाद भी अनेक प्रदेशों में वहाँ की भाषाएँ राजभाषा नहीं बनीं। पूँजीवाद की भाषा-सम्बन्धी नीति के मुकाबले में सामन्त छत्रसाल की नीति अत्यन्त उदार और प्रगतिशील थी। इसी प्रकार ब्रज प्रदेश को जाट सामन्तों ने एक ही राज्यसत्ता के अन्तर्गत सम्बद्ध किया। श्री कृष्णदत्त वाजपेयी ने जवाहर सिंह को ठीक ही 'ब्रज का राजा' कहा है। जवाहर सिंह के पिता सूरजमल ने आगरा, मथुरा, भरतपुर आदि को एक ही राज्य में मिलाकर ब्रज जनपद को राजनीतिक रूप से एक किया। मुगलों के शासनकाल में भी "आगरा के सूबे में ब्रज का प्रधान भाग आगरा, कोइल और सहार की सरकारों में पड़ता था।"[2] आजकल ब्रज प्रदेश का एक भाग राजस्थान में है, तो दूसरा उत्तर प्रदेश में और तीसरा दिल्ली में। छत्रसाल की तरह जाट सामन्त भी राजकाज के लिए जनपदीय भाषा काम में लाते थे। उदाहरण के लिए अठारहवीं सदी में लिखा हुआ रानी किशोरी का एक परवाना है। जाट शासन में ब्रजभाषा का उपयोग राजभाषा के रूप में होता था, इसके प्रमाणस्वरूप यहाँ वह परवाना उद्धृत किया जाता है :

1. डॉ. भगवानदास गुप्त, 'महाराजा छत्रसाल बुंदेला', शिवलाल अग्रवाल एंड कं., आगरा, 1958, पृ. 129
2. 'ब्रज का इतिहास', पृ. 171 (यह अंश डॉ. रघुवीर सिंह का लिखा हुआ है।)

॥श्री राम जी॥

श्री हरदेव जी

सही सहाय में माजी

श्री कीसोरी जी

श्री माजी साहव जो श्री श्री श्री श्री श्री कीसोरी जी वचनात दीघ के सकल पंच चौधरी व्योपारी पौरानै सहर वा जवाहरगंज के दसै अत्र ठाकुर मोहन जी कामरवारे की मंदर की चुगी हर जीनस की ढरती वहती सुदा मदतै पावते आओ है सौ पुन अरथ दीओ जाऔ हीलहुजत मत कीज्यो हु: माजी साहब फ: रोवरू मी। जेठ सुदी ३ संवत १८४४, मुकाम दीघ।"[1]

प्राचीन जनपदों में लघुजातियों का विकास—यह एक ऐतिहासिक नियम है। इस नियम का उल्लंघन तभी होता है जब बाह्य कारणों से जन का अस्तित्व ही न रहे। उत्तर भारत की तरह ग्रेट ब्रिटेन में भी लघुजातियों का निर्माण हुआ था। ब्रिटिश महाजाति के अन्तर्गत इन लघुजातियों का अस्तित्व और चेतना अभी भी समाप्त नहीं हुई। स्कॉटलैंड क्या है? यह किसी लघुजाति नेशनैलिटी का प्रदेश है या इंग्लैंड से स्वतंत्र महाजाति (नेशन) का देश है? स्कॉटलैंड में वे केल्टिक जन बसे थे जिन्हें यूरोप से आनेवाले जर्मन-भाषी जन जीत न सके थे। इन जनों से मिलकर स्कॉट नामक लघुजाति का निर्माण हुआ। उनकी भाषा अंग्रेज़ी से भिन्न गेलिक है (या गेलिक बोलियों का समूह है)। चौदहवीं सदी के आरम्भ में विलियम वैलेस और रॉबर्ट ब्रूस के नेतृत्व में स्कॉट जाति ने अंग्रेज़ी दासता का जुआ उतार फेंका। वे स्कॉट जाति के निर्माता कहे जाते हैं। अपने राजाओं के शासन में स्कॉट जाति ने अंग्रेज़ी से भिन्न अपनी भाषा का विकास किया, उसे सांस्कृतिक और राजकीय कार्यों का माध्यम बनाया। अंग्रेज़ी भाषा के एक इतिहास लेखक के अनुसार स्कॉट भाषा अंग्रेज़ी से इतनी भिन्न है कि उसे दूसरी ही भाषा मानना चाहिए। जिन बोलियों से साहित्यिक और शिष्ट अंग्रेज़ी विकसित हुई, उन्हें छोड़कर और किन्हीं भी बोलियों को वह प्रतिष्ठा प्राप्त नहीं हुई जो स्कॉट को प्राप्त है : शताब्दियों तक वह राजाओं और विद्वानों, कवियों और इतिहासकारों की भाषा रही; वह राज-दरबार और शासन, चर्च और साहित्य की भाषा एक साथ ही रही।"[2] स्कॉट भाषा में ही अठारहवीं सदी के कवि बर्न्स ने अपनी अधिकांश भावपूर्ण कविताएँ रचीं; स्कॉट लघुजाति की ऐतिहासिक परम्परा को लेकर ही वाल्टर स्कॉट ने अपने अधिकांश उपन्यास लिखे। इन उपन्यासों की भाषा अंग्रेज़ी है लेकिन वाल्टर स्कॉट ने किसानों आदि साधारण वर्ग के पात्रों से स्कॉट ही बोलवाई है। चार्ल्स लैम्ब ने स्कॉट और अंग्रेज़ी के परस्पर भेदभाव की चर्चा करते हुए उन्नीसवीं सदी के पूर्वार्द्ध में लिखा था : "जिन्दगी भर यह कोशिश करता रहा हूँ कि स्कॉट मुझे अच्छे लगें, लेकिन निराश होकर अब मैंने यह प्रयोग बन्द कर दिया है। मैं उन्हें अच्छा नहीं लगता और सच तो यह है कि मुझे उस जाति (नेशन) का कोई भी सदस्य अब तक नहीं मिला जिसने यह कोशिश की हो कि मैं उसे अच्छा लगूँ।"[3] उन्नीसवीं सदी के पूर्वार्द्ध में अंग्रेज और स्कॉट के बीच इतना फासला था कि लैम्ब ने स्कॉट जाति के लिए 'नेशन' शब्द का प्रयोग किया था। 'ब्रिटिश नेशन' की चेतना अब तक भी एकदम सुदृढ़ न हुई थी। अठारह सौ सत्तावन में भारतीय स्वाधीनता-संग्राम का दमन करने के लिए जो पल्टनें

1. यह परवाना भरतपुर के अध्यापक श्री गुरुदत्त सोलंकी के प्रयत्न से पं. मदनलाल के कागज-पत्रों में देखने को मिला।
2. हेनरी सिसिल वाइल्ड, 'दि हिस्टॉरिकल स्टडी ऑव दि मदरटंग', लन्दन, 1906, पृ. 208
3. 'इम्पर्फेक्ट सिम्पथीज' नामक निबन्ध

ब्रिटेन से यहाँ आई थीं, उनमें बहुत-सी स्कॉट थीं। (वास्तव में स्कॉट और आयरिश सैनिकों के कन्धों पर बन्दूकें रखकर 'अंग्रेज़ों' ने उत्तर भारत पर फिर से अपना प्रभुत्व कायम किया था।) ब्रिटिश सेनापति कॉलिन कैम्पबेल स्कॉट था और वह अपने प्रदेशवासियों के प्रति पक्षपात करता था। पत्रकार रसेल ने लिखा था कि "हाईलैंडर्स को सर कॉलिन पर बहुत गर्व है और उसे उन पर गर्व है। वे समझते हैं कि वह उनकी वैसी ही निजी सम्पत्ति हो, जैसीकि उनके बैगपाइप।"[1] फौजी अफसर रॉबर्ट्स ने लिखा था कि "सारी फौज के मन में यह भावना थी कि सर कॉलिन का रवैया हाईलैंडरों के साथ अनुचित पक्षपात करने का है।"[2] भारतीय सैनिक भी इस भेद से परिचित थे। कानपुर में हैवलॉक के स्कॉट सैनिकों को चिढ़ाने के लिए उन्होंने बैंड पर एक प्रसिद्ध स्कॉट गीत—आउल्ड लैंग ज़ाइन—की धुन बजाई थी। स्कॉटलैंड का अलग जातीय निर्माण हो, उसकी राज्यसत्ता अलग हो, इस तरह के छुटपुट आन्दोलन बीसवीं सदी में भी चलते रहे हैं।

स्कॉटलैंड की तरह वेल्स में भी केल्टिक जन रहते थे। वेल्स में वेल्श भाषा अभी तक दैनिक जीवन में काम आती है। राजकाज के लिए अंग्रेज़ी का व्यवहार होता है। वेल्श भाषा उससे बिलकुल भिन्न है और अभी भी जीवित है। इतिहासकार डेविस के अनुसार, वेल्श सामन्त लेवेलिन ने छोटे-छोटे राज्यों को मिलाकर 'वेल्श को एक नेशन' बनाने का प्रयत्न किया।[3] "उनमें एक प्रकार की देशभक्ति (अर्थात् वेल्स-प्रदेश के प्रति भक्ति) हमेशा से थी।" वेल्श सामन्तों ने अपनी एक समिति बनाई और इस प्रकार सामन्ती व्यवस्था में अपनी लघुजाति का गठन किया। वेल्श जन अपने काव्यों और भावुक प्रकृति के लिए प्रसिद्ध रहे हैं। 1256 में उन्होंने इंग्लैंड के विरुद्ध 'मुक्ति-संग्राम' छेड़ा था। जिन ट्यूडर राजाओं के शासनकाल में इंग्लैंड का नया जातीय गठन हुआ, वे वेल्श जाति के थे। ब्रिटेन का कॉर्नवाल प्रदेश केल्टिक जनों का निवास था और बहुत दिनों तक वहाँ कॉर्निश भाषा का चलन रहा। केंट प्रदेश में जूट नाम के जर्मन जन आकर बसे थे। इनकी बोली ऐंगल और सैक्सन जनों से भिन्न थी। स्कीट ने ब्रिटेन की बोलियों पर अपनी पुस्तक में लिखा है कि केंट की वर्तमान बोली की विशेषताएँ प्राचीन काल से चली आ रही हैं। केंट प्रदेश के इतिहास से पता चलता है कि किस प्रकार एक जनपद जन के बदले लघुजाति का निवास बनता है और फिर वह महाजाति के प्रदेश का अंग बनकर अपनी स्वतंत्र सत्ता खो देता है। उसकी भाषा बोली मात्र रह जाती है।

भारत के प्राचीन जनपदों की तरह नवीं सदी में वर्तमान रूस, उक्रैन आदि में स्लाव जनपद थे। नवगरोद नगर को केन्द्र बनाकर इल्मेन स्लावों का जनपद बसा था। किएव नगर को केन्द्र बनाकर पोल्याने जन बसा हुआ था। दसवीं सदी में नवगरोद के सरदार ओलेग ने क्रिविची, द्रेवल्याने, सेवेर्यानि, रदीम्ची आदि जनों को जीतकर एक गणसंघ बनाया जिसका नाम हुआ रूस। जिस तरह मगध सम्राटों ने उत्तर भारत को एक किया था, उसी तरह 'किएव रूस' की राज्यसत्ता के अन्तर्गत विभिन्न स्लाव जनों का एकीकरण हुआ। यह सामन्ती राज्यसत्ता थी, लेकिन रूसी जाति के गठन, उसकी भाषा और संस्कृति के विकास में उसका अन्यतम महत्त्व स्वीकार किया जाता है।

---

1. डब्ल्यू.एच्. रसेल, 'माई इंडियन म्यूटिनी डायरी', एडवर्ड्स द्वारा सम्पादित, 1957, पृ. 131
2. अर्ल रॉबर्ट्स, 'फॉर्टीवन ईयर्स इन इंडिया', 1921, पृ. 213
3. एच्.डब्ल्यू.सी. डैविस, 'इंग्लैंड अंडर दि नॉर्मन्स एंड एंजविन्स', 1924, पृ. 446

यह कहा जा सकता है कि ये सामन्ती राज्य जातीय राज्य (नेशनल स्टेट) न थे। उनकी सीमाएँ जातीय प्रदेश की सीमाओं का अतिक्रमण करती थीं; इन राज्यों में अन्य भाषाएँ बोलनेवाली जातियों के प्रदेश भी शामिल थे। यह आपत्ति सही है। सामन्ती व्यवस्था में लघुजातियों का निर्माण होता है, महाजाति का नहीं। जब महाजाति का निर्माण ही नहीं हुआ, तब उसके जातीय प्रदेश और जातीय राज्यसत्ता का सवाल नहीं उठता। किन्तु महाजातियों का महाप्रदेश (जैसे महागुजरात, विशाल आन्ध्र) किन्हीं लघुजातियों के लघु-प्रदेशों से मिलकर ही तो बनेगा; यदि कोई चक्रवर्ती सम्राट् इन छोटे प्रदेशों को मिलाकर उन्हें एकच्छत्र शासन में ले आए, तो क्या वह महाजाति के निर्माण में—अप्रत्यक्ष रूप से—सहायता नहीं करता? सोवियत संघ के इतिहासकारों ने लिखा है कि चौदहवीं सदी में इवान तृतीय के राज्य में उत्तर-पूर्वी रूस के स्वतंत्र राज्यों के स्थान में एक ही 'जातीय रूसी राज्य' कायम हुआ और इस जातीय राज्य ने रूसी जनता को मिलाकर एक किया।[1] संकुचित अर्थ में इस स्थापना को लें तो वह शब्दश: सही नहीं है। उस समय रूसी जाति का अस्तित्व नहीं था; तब जातीय राज्य कैसे कायम हो सकता था? लेकिन व्यापक दृष्टिकोण से देखें तो बात सही है। इस राज्य में वे सब जनपद विद्यमान थे जिनसे रूस देश और वहाँ के निवासियों को मिलाकर रूसी जाति का निर्माण हुआ। इसलिए वह रूसी जाति का राज्य न हुआ तो उस जाति को बनानेवाले उपकरणों का राज्य तो हुआ ही। जहाँ तक पूँजीवाद के अभ्युदय का सवाल है, यह स्मरण रखना चाहिए कि प्रत्येक पूँजीवादी राज्य जातीय राज्य नहीं होता। अक्सर वह बहुजातीय राज्य होता है अर्थात् एक जाति के शासक दूसरी जातियों के प्रदेशों को अपने राज्य का अंग बना लेते हैं। यह स्थिति बड़े-बड़े इजारेदार पूँजीपतियों के प्रभुत्वकाल में—अर्थात् साम्राज्यवाद के समय—ही नहीं होती। पूँजीवाद के अभ्युदय काल में भी यह दशा देखी जा सकती है। जैसे जर्मन जमींदारों ने प्रशिया के स्लाव प्रदेश का जर्मनीकरण सम्पन्न किया था, वैसे ही अंग्रेज़ जमींदारों ने आयरलैंड की भाषा और संस्कृति का दमन करके उसे अंग्रेज़ बनाने में कुछ उठा न रखा था। इतिहासकार फिशर ने लिखा है कि यूरोप में प्रथम महायुद्ध के बाद जो अशान्ति फैली थी, उससे भी ज्यादा अशान्ति यूरोप में नेपोलियन की पराजय के बाद फैली थी। "आस्ट्रिया के जुए के नीचे इतालवी और चेक, डच जुए के नीचे बेल्जियन, रूसी और जर्मन जुए के नीचे पोल तथा तुर्क जुए के नीचे सर्ब और ग्रीक पीड़ित थे।"[2] इसका अर्थ यह है कि नेपोलियन के बाद यूरोप में सर्वत्र जातीय उत्पीड़न का बोलबाला था। ऐसा लगता है कि यूरोप में जब तक सामन्त-युगीन लघुजातियाँ थीं, तब तक जातीय उत्पीड़न भी लघु था। पूँजीवाद के अभ्युदय-काल में जब महाजातियों का गठन हुआ, तब यह जातीय उत्पीड़न भी लघु से महा बन गया। एशिया और अफ्रीका में यूरोपीय उपनिवेशवादी अपनी गौरांग सभ्यता के प्रसार का डंका पीटते थे। लेकिन यूरोप में ही अपने गौरांग भाइयों को मौका लगते ही गुलाम बनाने से वे कभी बाज नहीं आए। वास्तव में उन्होंने गोरी जातियों को गुलाम पहले बनाया था, काली-पीली जातियों को बाद में। युद्ध, हिंसा और जातीय उत्पीड़न—पूँजीवाद की ये विशेषताएँ उसके जन्मकाल से ही उसके साथ हैं। यदि किसी देश के पूँजीपतियों ने किसी समय इनका सहारा नहीं लिया, तो इसका कारण हौसले की कमी न थी; कारण यह था कि उस समय बेचारों के पास साधन न थे। पूँजीवाद ने हर स्थिति में—17वीं-18वीं सदी में जब

1. पंक्रातोवा द्वारा सम्पादित, 'ए हिस्ट्री ऑव दि यू.एस.एस. आर', मॉस्को, 1947, खंड 1, पृ. 140
1. एच.ए.एल. फिशर, 'ए हिस्ट्री ऑव यूरोप', लन्दन, 1945, पृ. 876

सौदागरों का जोर था, 19वीं में जब उद्योगपतियों का जोर रहा और बीसवीं में जब इजारेदार पूँजीपतियों का जोर है—दूसरी जातियों को गुलाम बनाने की कोशिश की। उसे हर स्थिति में इस गुलामी से मुनाफा कमाने में मदद मिलती थी। इस कारण पूँजीवादी राज्यसत्ता आरम्भ से ही बहुजातीय राज्यसत्ता रही है। यह उसका साधारण नियम है। एकजातीय राज्यसत्ता अपवाद रूप में रही है। न केवल ज़ारशाही रूस वरन् प्रत्येक पूँजीवादी राज्य न्यूनाधिक मात्रा में जातियों का कारागार रहा है।

इसलिए सामन्ती राज्यों की सीमाएँ यदि किन्हीं जातीय प्रदेशों की सीमाओं से नहीं मिलती रहीं, तो इससे सामन्ती राज्यसत्ता के सीमित महत्त्व को न भूल जाना चाहिए। भाषा के गठन और विकास में सामन्ती राज्यसत्ता की वही भूमिका नहीं है जो पूँजीवादी राज्यसत्ता की होती है। किन्तु किसी महाजाति के गठन और उसकी भाषा के विकास में सामन्ती राज्यसत्ता का भी योग हो सकता है, यह मानना चाहिए। विभिन्न प्रदेशों को एक राजनीतिक प्रभुत्व में लाने से व्यापार के विकास में सुविधा होती है। जाति के गठन में व्यापारियों द्वारा पूँजीवादी सम्बन्धों के प्रसार की नियामक भूमिका है; इस भूमिका को पूरी करने में एक सुव्यवस्थित सामन्ती राज्य व्यापारी वर्ग की सहायता कर सकता है। हम इस स्थापना के प्रमाण-रूप रूस की सामन्ती राज्यसत्ता को ले सकते हैं। चौदहवीं सदी में मॉस्को राज्य के सामन्त इवान कलीता (कलीता का वास्तविक रूप है खलीता; खलीते में धन भरने की प्रसिद्धि से खलीता नाम पड़ा) ने तातारों की सहायता से त्वेर राज्य जीत लिया। तातार-सम्राट् ने उसे समस्त रूस से कर इकट्ठा करने का अधिकार दे दिया। इस सुविधा से लाभ उठाकर उसने अपना प्रभुत्व बढ़ाया। पन्द्रहवीं सदी में रियाज़ान भी मॉस्को सम्राटों के राज्य में मिला लिया गया। सामन्ती सत्ता के सुकेन्द्रित होने से तातार आक्रान्ताओं से लड़ने में सुविधा हुई। इस समय मॉस्को के सौदागरों ने तुर्की, ईरान आदि देशों से व्यापार करना शुरू किया। भारत की यात्रा करनेवाला अफानासी निकितिन त्वेर का एक सौदागर ही था। चर्च भी इस राज्यसत्ता का समर्थन करता था; उसका प्रचार यह था कि सम्राट् को प्रभुत्व-शक्ति ईश्वर से प्राप्त हुई है। यह राज्यसत्ता मुख्यत: सामन्त वर्ग का हितसाधन करती थी लेकिन "उससे सौदागरों का हित भी होता था, क्योंकि सामन्ती अलगाव से देश के विभिन्न प्रदेशों में व्यापार के विकास में बाधा पड़ती थी। इसलिए सौदागर ज़ार के प्रयत्नों का जोरों से समर्थन करते थे जिनसे देश की एकता दृढ़ हो। इसके सिवा शक्तिशाली राज्य कायम होने से पूरब और पश्चिम के बाजारों को हथियाने में सुविधा होती थी।"[1] इस तरह रूस में सामन्ती राज्यसत्ता ने व्यापार की उन्नति में, व्यापारू द्वारा पूँजीवादी सम्बन्धों के प्रसार में, पूँजीवादी सम्बन्धों के प्रसार द्वारा एक अखिल-रूसी बाजार कायम करने में, अखिल-रूसी बाजार द्वारा रूसी जाति के गठन में और रूसी जाति के गठन द्वारा रूसी भाषा के विकास और प्रसार में अप्रत्यक्ष रूप से सहायता की।

लीविस मम्फोर्ड नामक लेखक ने 'नगरों की सभ्यता' नामक ग्रंथ में इस बात की ओर ध्यान दिलाया है कि प्रदेशों की एकता और आन्तरिक शान्ति पूँजीवादी विकास के लिए आवश्यक थी। इंग्लैंड और फ्रांस में जो केन्द्रबद्ध राज्यशक्ति विकसित हुई, उससे व्यापारियों को लाभ था। सम्राट् के संरक्षण में लूटमार से बनकर राजमार्गों पर पद-यात्रा करना सम्भव हुआ। बारहवीं सदी के बाद यूरोप में सौदागरों के लिए यात्रा की परिस्थितियाँ

1. 'ए हिस्ट्री ऑव दि यू.एस.एस.आर.', खंड 1, पृ. 164

बिगड़ रही थीं। वेई नदी के किनारे पहले उन्नीस जगह चुंगी लगती थी; तेरहवीं-चौदहवीं सदियों में क्रमश: पच्चीस और बीस चुंगी के अतिरिक्त अड्डे कायम हो गए। छह-छह मील पर चुंगी देकर चलने से व्यापारियों को बड़ी असुविधा होती थीं। सुकेन्द्रित राज्यसत्ता न होने से सामान्य मुद्रा का चलन भी न था। इससे वस्तुओं के क्रय-विक्रय में बड़ी कठिनाई होती भी। छोटे-छोटे नगर, जहाँ व्यापारियों का प्राधान्य था, एक-दूसरे से जलते थे और संघबद्ध न हो पाते थे। "जहाँ सहकारिता का सिद्धान्त लागू न किया गया था या रो-झींककर लागू किया गया था और असफल रहा था, वहाँ राज्यसत्ता ने सैन्य-शक्ति द्वारा सबको एक सूत्र में बाँधा।"[1] इस प्रकार जहाँ व्यापारी स्वयं अपने वर्गहित में एक न हो पाते थे, वहाँ सामन्ती राज्यसत्ता ने उन्हें एक होने के लिए बाध्य किया। इसमें सबसे पहले सामन्त वर्ग को लाभ था, लेकिन अन्त में व्यापारी वर्ग अपनी शक्ति और संगठन को सुदृढ़ करके सामन्ती सत्ता को चुनौती देने में समर्थ हुआ।

यूरोप की तरह भारत में भी सामन्ती राज्यसत्ता ने व्यापार की उन्नति में सहायता की। मुगल शासन में उत्तर भारत का अधिकांश भाग एक राज्यसत्ता के अन्तर्गत आया। इसमें इलाहाबाद, आगरा, अवध, बिहार, दिल्ली आदि के सूबे शामिल थे। इस साम्राज्य का मेरुदंड हिन्दी-भाषी प्रदेश था। तुर्कों के समय में ही राज्य काफी केन्द्रबद्ध हो गया था। तुगलक शासकों ने भूमिकर उगाहने के लिए अमले नियुक्त किए थे।[2] 1375 में पच्चीस चुंगी-कर हटा दिये गए; "इनसे सौदागर और व्यापारी बहुत परेशान रहते थे।"[3] इस समय जमुना से डेढ़ सौ मील लम्बी नहर निकाली गई जिसके किनारे हिसार नगर बसाया गया। जौनपुर, हिसार, फतहाबाद, फिरूजाबाद (दिल्ली के पास) आदि नये शहरों का आबाद होना व्यापारिक उन्नति का सूचक है। शेरशाह ने गाँव के मुखियों से यह अधिकार ले लिया कि वे किसानों के लिए भूमि-कर निश्चित करें। उसने काश्तकारों से सीधा सम्बन्ध स्थापित किया। शेरशाह के समय में टोडरमल ने जो भूमि-व्यवस्था कायम की थी, उसे अकबर बनाए रहा। अकबर ने न केवल राजनीतिक रूप से उत्तर भारत को एक किया, बल्कि जागीरदारों को भी अपनी निरंकुश राज्यसत्ता के अधीन रखा। राजपूत सामन्तों की बुनियादी कमजोरी यह थी कि वे न तो राजस्थान को एक सुकेन्द्रित शासन-व्यवस्था में ला सके, न समूचे उत्तर भारत (या हिन्दी-भाषी प्रदेश) का एक राज्य कायम कर सके। राजस्थान या हिन्दी-भाषी प्रदेश में वे एक संयुक्त जातीय राज्य कायम न कर सके। फलत: वे इतिहास की आवश्यकता की पूर्ति न कर सके। अकबर को निरंकुश सत्ता वैसी ही थी, जैसी इंग्लैंड या यूरोप के शासकों की। जागीरदारों और सामन्तों के स्वतंत्र राज्यों का अलगाव खत्म किये बिना व्यापार की उन्नति और उसका प्रसार सम्भव नहीं था। डॉ. पी. सरन ने मुगल जागीरों के बारे में लिखा है : "ये जागीरें मध्यकालीन यूरोप के सामन्तों की रियासतों की तरह नहीं थीं। उन रियासतों में सामन्तों की अखंड प्रभुसत्ता होती थी। यहाँ किसी को जागीर देने का यह अर्थ न होता था कि उस भूमि पर कोई राजनीतिक परिवर्तन हुआ। कभी-कभी उच्च अधिकारियों को सूबे के सूबे जागीर के रूप में दे दिये जाते थे। इससे उन्हें यह अधिकार न मिल जाता था कि वे दीवान, काज़ी, सदर काज़ी या फौजदार की नियुक्ति करें। जागीरदार मालगुजारी की दर या उसे इकट्ठा

---

1. लीविस मम्फोर्ड, 'दि कल्चर ऑव दि सिटीज', लन्दन, 1958, पृ. 70
2. 'दि कैम्ब्रिज हिस्ट्री ऑव इंडिया', खंड 3, 1928, पृ. 128
3. उप., पृ. 175

करने की पद्धति भी न बदल सकता था।"[1] जागीरदारों की नियुक्ति अक्सर उनकी जागीरों से दूर की जाती थी। अकबर के साम्राज्य में एक-सी मुद्रा-व्यवस्था का चलन हुआ। डॉ. पी. सरन के अनुसार तेरहवीं सदी के बाद से अठारहवीं सदी तक राजपूतों के सिक्के नहीं मिलते।

इतिहासकार विन्सेंट स्मिथ ने लिखा है कि "अकबर स्वयं एक व्यापारी था और व्यापार से मुनाफा कमाने को घटिया काम न समझता था।"[2] उसने गुजरात, आगरा और कश्मीर के कुछ उद्योगों पर अपना इजारा कायम कर लिया था; उसकी या उसके कर्मचारियों की जानकारी के बिना राज्य में कोई घोड़ा न बेचा जा सकता था।[3] डॉ. डी. पन्त ने लिखा है कि व्यापार में मुगल-शासकों की इस दिलचस्पी के कारण उन दिनों सबसे बड़ा सौदागर राज्यसत्ता ही थी।[4] शाहजहाँ के पास नील के व्यापार का इजारा था। सरकारी खजाने से रुपया उधार लेकर मनोहर दास नाम का सौदागर नील का व्यापार करता था और शाहजहाँ मुनाफे में हिस्सा बँटाता था।[5] शोरे के कारबार पर भी उसका इजारा था। उससे पहले नूरजहाँ ने भी नील और जरी के कपड़ों के व्यापार में भाग लिया था। सुकेन्द्रित राज्य-व्यवस्था होने के कारण मुगल शासन में "सारे देश में सुनिश्चित बाजार-भाव थे।"[6] इस राज्यसत्ता के कारण कारीगरों का मेहनताना भी निश्चित कर दिया गया था। यूरोपीय यात्रियों ने देखा था कि आगरे में कारीगरों का मेहनताना बँधा हुआ है और जो बात आगरे में होती थी, उसका अनुसरण अन्य प्रदेश करते थे।[7]

व्यापार के प्रसार में सहायता करने के अलावा मुगल-शासकों ने अनेक स्थानों में उत्पादन केन्द्र कायम किये थे। फ्रांसीसी यात्री बर्नियर ने जिस तरह के कारखानों का वर्णन किया है, वे लाहौर, आगरा, फतहपुर, बुरहानपुर और कश्मीर में स्थित थे। बर्नियर का वर्णन इस प्रकार है : "बहुत जगह बड़े-बड़े हॉल देखे जाते हैं जहाँ कारीगर काम करते हैं। इन्हें कारखाना कहा जाता है। एक हॉल में जरी का काम करनेवाले अपने निर्देशक की देखरेख में कार्य-व्यस्त रहते हैं। दूसरे हॉल में सुनार दिखाई देते हैं, तीसरे में चित्रकार, चौथे में लकड़ी पर वार्निश करनेवाले रंगसाज, पाँचवें में बढ़ई, दर्जी, चमार वगैरह, छठे में रेशम, जरी के कपड़ों और बढ़िया मस्लिन के कारीगर बैठते हैं जिनसे पगड़ियाँ, सुनहरे फूलों वाले कमरबन्द, स्त्रियों के खूबसूरत काम करनेवाले लहँगे बनते हैं।" डॉ. राधाकमल मुकर्जी के अनुसार, एक ही वस्तु के उत्पादन में विभिन्न धन्धों के कारीगर काम करने लगे थे।[8] प्रारम्भिक पूँजीवादी उत्पादन की यह विशेषता है। एक ही कारीगर आदि से अन्त तक किसी वस्तु को बनाता है तो उसमें समय ज्यादा लगता है। उत्पादन की विभिन्न मंजिलों में यदि विभिन्न धन्धों के अनेक कारीगर उस एक वस्तु के निर्माण में भाग लें तो काम जल्दी होता है। यह निश्चित रूप से नहीं कहा जा सकता कि इन कारखानों में उत्पादन का यह समाजीकरण हुआ था या नहीं, किन्तु बहुत-से कारीगरों का एक जगह इकट्ठा होना ही एक महत्त्वपूर्ण बात थी। यह भी स्पष्ट नहीं है कि

1. पी. सरन, 'दि प्रोविंशल गवर्नमेंट ऑव दि मुगल्स', किताबिस्तान, इलाहाबाद, 1941, पृ. 81
2. बी.ए. स्मिथ, 'अकबर दि ग्रेट मोगल', 1919, पृ. 411
3. राधाकमल मुकर्जी, 'दि इकोनॉमिक हिस्ट्री ऑव इंडिया', लोंगमैंस, पृ. 109
4. डी. पन्त, 'दि कमर्शल पॉलिसी ऑव दि मोगल्स', तारापोरवाला, बम्बई, 1930, पृ. 64
5. उप., पृ. 195
6. डब्ल्यू.एच. मोरलैंड, 'फ्रॉम अकबर टु औरंगज़ेब', लन्दन, 1923, पृ. 128
7. उप., पृ. 194
8. राधाकमल मुकर्जी, 'द इकोनॉमिक हिस्ट्री ऑव इंडिया', पृ. 81

इन कारखानों में व्यापार के लिए उत्पादन होता था या केवल शाही घराने के लोगों की जरूरत की चीजें तैयार की जाती थीं। बर्नियर ने अपने यात्रा-वृत्तान्त में इस बात का उल्लेख किया है कि इस तरह के कारखाने दिल्ली में नहीं थे।[1] दिल्ली राजधानी थी। यदि ये कारखाने शाही खानदान की जरूरतें पूरी करने के लिए ही थे तो उन्हें सबसे पहले दिल्ली में होना चाहिए था। लाहौर और कश्मीर में कारखाने कायम करने में क्या तुक थी?

एक बात स्पष्ट है, मुगल-शासन केन्द्रबद्ध शासन था। इस शासन के मुख्य केन्द्र दिल्ली और आगरा थे। ये केन्द्र हिन्दी-भाषी प्रदेश के व्यापारिक और सांस्कृतिक केन्द्र थे। केन्द्रित राज्य-व्यवस्था होने के कारण सारे हिन्दी-भाषी प्रदेश में और उसके बाहर एक ही मुद्रा-व्यवस्था का चलन हुआ। राज्यसत्ता की देख-रेख में बाजार में नाप-तौल, क्रय-विक्रय भाव आदि के नियमन से, यातायात की सुविधा से, जागीरदारों और अन्य सामन्तों की निरंकुशता का दमन होने से व्यापार ने अभूतपूर्व उन्नति की। भारत का माल खरीदकर अपने देशों में बेचने के लिए दूर-दूर से—विशेष कर इंग्लैंड से—यहाँ व्यापारी आने लगे। व्यापार की इस प्रगति में सामन्ती राज्य-सत्ता ने भी सहायता की। इस प्रकार हिन्दी-भाषी जाति के निर्माण में मुगल राज्य-सत्ता की एक महत्त्वपूर्ण भूमिका है।

उपर्युक्त विवेचन का सारांश यह है कि प्राक्-सामन्तीय जनों और सामन्तयुगीन लघुजातियों के विघटन और एकीकरण से ही महाजातियों का निर्माण होता है। व्यक्तिगत सम्पत्ति के उद्‌भव और केन्द्रीकरण से प्राचीन जनों का विघटन होता है। वर्ण-व्यवस्था और नये श्रम-विभाजन के आधार पर नई लघुजातियों का गठन होता है। किसी एक या दो शक्तिशाली जनों को केन्द्र बनाकर जो गण-संघ बनते हैं, अक्सर वही लघुजाति का रूप धारण करते हैं या उसके मूलाधार होते हैं। वे अपने प्राचीन जन या उसके प्रदेश की स्मृति सुरक्षित रखते हैं। किन्तु प्राचीन जनपद से लघुजाति के प्रदेश में काफी अन्तर होता है। उत्तर भारत में प्राचीन जनपदों और वर्तमान हिन्दी की बोलियों के क्षेत्रों को मिलाने से पता चलता है कि जनकाल की भाषागत परम्परा अभी तक किसी-न-किसी रूप में चली आई है। ब्रज जैसे जनपद की वर्तमान बोलियों की भिन्नता का कारण अनेक जनों या उनके अंशों द्वारा लघुजाति का निर्माण है। महाजाति का निर्माण होने पर लघुजातीय संस्कार खत्म नहीं हो जाते। कहीं बोली, कहीं प्रदेश, कहीं इतिहास, कहीं उस बोली के साहित्य के प्रति उत्कट अनुराग पूँजीवादी युग में भी कायम रहता है। महाजाति का निर्माण एक सुदीर्घ प्रक्रिया है। पश्चिम के उन देशों में भी—जहाँ पूँजीवाद का विकास सबसे अधिक हुआ है—यह प्रक्रिया पूरी तरह अभी भी सम्पन्न नहीं हुई। महाजातियों के निर्माण में लघुजातियों का विघटन और एकीकरण होता है। इस प्रक्रिया में सामन्ती राज्यसत्ता भी सहायता करती है। सामन्तवाद को हर स्थिति में विघटन का पर्यायवाची न मान लेना चाहिए। विशेष रूप से व्यापार के प्रसार में एक सुकेन्द्रित और निरंकुश सामन्ती राज्यसत्ता सहायक होती है। व्यापार के प्रसार से महाजाति के गठन और फलतः जातीय भाषा के गठन और प्रसार में सहायता मिलती है।

1. 'बर्नियर का यात्रा-वृत्तान्त', पृ. 254

ग्यारहवाँ अध्याय

जातीय भाषा का गठन और प्रसार

पूँजीवादी आर्थिक व्यवस्था की विशेषता यह है कि उसके अभ्युदय के साथ आधुनिक जातियों (नेशन) का निर्माण जुड़ा हुआ है। इन महाजातियों के निर्माण के पहले हम उनकी जातीय भाषाओं की कल्पना भी नहीं कर सकते। जातीय भाषाएँ किसी आर्थिक व्यवस्था का सांस्कृतिक प्रतिबिंब नहीं है। उनके भाषा-तत्त्वों का निर्माण आर्थिक आधार पर नहीं होता। बोलियों या किन्हीं लघुजातियों की भाषाओं के रूप में उनका अस्तित्व पहले भी रहता है किन्तु महाजातियों की भाषा के रूप में उनका अस्तित्व पहले नहीं होता। उदाहरण के लिए दिल्ली या आगरे की जो बोली हिन्दी-उर्दू के रूप में विकसित हुई, वह पहले एक छोटे-से क्षेत्र में सीमित थी। जब वह अवध, बुंदेलखंड, भोजपुरी प्रदेशों की सम्मिलित भाषा बनी, तब उसका क्षेत्र व्यापक हो गया, वह हमारी जातीय भाषा बनी। इस प्रकार की जातीय भाषा का विकास पूँजीवादी सम्बन्धों के कायम हुए बिना सम्भव नहीं होता। जहाँ पूँजीवाद से पहले की किसी आर्थिक व्यवस्था से लोग सीधे समाजवादी व्यवस्था में पहुँच गए हैं, वहाँ की चर्चा यहाँ पर नहीं की जा रही। पूँजीवादी व्यवस्था में जातीय भाषाओं के गठन और प्रसार से दो भाषा-सम्बन्धी निष्कर्ष निकलते हैं : पहला यह कि जो भाषाएँ या बोलियाँ जातीय भाषाओं के रूप में विकसित होकर सामने आती हैं, वे पूँजीवाद के अभ्युदय से पहले की होती हैं, आर्थिक व्यवस्था बदलने से एकदम नई भाषाओं का जन्म नहीं होता, इसलिए स्तालिन की यह स्थापना सही है कि भाषाएँ आर्थिक व्यवस्था का सांस्कृतिक प्रतिबिम्ब नहीं हैं। दूसरा यह कि आर्थिक व्यवस्था बदलने से भाषा में कोई परिवर्तन नहीं होता, यह समझना भी गलत है; पूँजीवाद से पहले जातीय भाषा के रूप में किसी भाषा का अस्तित्व न होना और पूँजीवादी विकास के साथ जातीय भाषाओं का सुगठित होना—यह एक साधारण परिवर्तन नहीं है। हम आगे देखेंगे कि जातीय भाषा की आवश्यकताएँ पूरी करने के लिए जब कोई बोली परिनिष्ठित भाषा के रूप में विकसित होती है, तब उसके रूप में काफी परिवर्तन होता है।

जातीय भाषाओं के प्रसार और गठन की समस्या का अध्ययन करने से पहले हमें पूँजीवाद के अभ्युदय से जातियों के निर्माण का सम्बन्ध समझ लेना चाहिए। इस सिलसिले में सबसे पहले प्रश्न यह उठता है कि पूँजीवाद है क्या? प्रचलित धारणा के अनुसार पूँजीवाद उत्पादन की एक नई व्यवस्था का नाम है जिसमें उत्पादन के साधन पूँजीपतियों के हाथ में होते हैं और मजदूर अपनी श्रमशक्ति इन पूँजीपतियों के हाथ बेचते हैं और मजदूरों द्वारा निर्मित अतिरिक्त मूल्य को हड़पकर पूँजीपति उनका शोषण करते हैं। पूँजीवादी व्यवस्था के अभ्युदय के लिए एक ओर तो उद्योग-धन्धों में पूँजी लगाने के लिए तत्पर पूँजीपति चाहिए,

दूसरी ओर उसके हाथ अपनी श्रमशक्ति बेचने के लिए मजबूर एक सर्वहारा समुदाय चाहिए जिसके पास जीविकोपार्जन के और कोई साधन न रहे हों।

पूँजीवाद की यह व्याख्या एकांगी है और उसके आधार पर जातियों के निर्माण की व्याख्या हो ही नहीं सकती। इस व्याख्या का आधार सामाजिक विकास के प्रति एक गलत धारणा है कि उत्पादन में परिवर्तन होने से ही समाज एक मंजिल से दूसरी मंजिल की ओर बढ़ता है। उत्पादन के अलावा सामाजिक व्यवस्था का नियमन करनेवाली एक शक्ति और है, वह है वितरण। एंगेल्स ने अपने प्रसिद्ध ग्रंथ 'ऐंटी-ड्यूरिंग' के दूसरे भाग के आरम्भ में ही अर्थशास्त्र की चर्चा शुरू करते हुए इस बात को स्पष्ट कर दिया था। अर्थशास्त्र की परिभाषा यह है कि वह मानव समाज में जीवन-यापन के भौतिक साधनों के उत्पादन और विनिमय का विज्ञान है। एंगेल्स के अनुसार, उत्पादन और विनिमय दो भिन्न कोटि के कार्य हैं, दोनों के अपने-अपने नियम हैं लेकिन "वे बराबर एक-दूसरे को प्रभावित करते हैं और एक-दूसरे का नियमन करते हैं।" विनिमय की इस महत्त्वपूर्ण भूमिका को याद रखने से ही हम रूसी जाति के निर्माण के सम्बन्ध में लेनिन की स्थापना का अर्थ समझ सकते हैं। उनके अनुसार, छोटे-छोटे बाजारों को मिलाकर एक अखिल-रूसी बाजार कायम किया गया था; इस बाजार को कायम करनेवाले पूँजीपति सौदागर थे रूस की प्राचीन आर्थिक व्यवस्था पन्द्रहवीं सदी में टूटने लगी थी। मुद्रा के चलन से वस्तुओं का क्रय-विक्रय बढ़ने लगा था। विभिन्न प्रदेशों और नगरों के बीच व्यापार सम्बन्ध कायम होने लगे थे। इस समय मॉस्को व्यापार का एक महान् केन्द्र बना। सोलहवीं सदी में रूस के विभिन्न बाजारों में परस्पर सम्बन्ध कायम होने लगे थे और इस तरह एक अखिल-रूसी बाजार के निर्माण की प्रक्रिया प्रारम्भ हो गई थी। इस समय रूसी सौदागरों ने ईरान, अज़रबैजान और बोखारा से अपना व्यापार बढ़ाया। ब्रिटेन और हॉलैंड से इसी समय व्यापारिक सम्बन्ध कायम हुए और रूस अन्तरराष्ट्रीय बाजार में खिंच आया। पूर्व और पश्चिम के देशों से व्यापार की उन्नति का प्रभाव स्वयं रूस के घरेलू बाजार पर पड़ा। इस समय उत्पादन की पद्धति में कोई अन्तर न पड़ा। माल बनानेवाले शहरों और गाँवों के दस्तकार होते थे। इस तैयार माल को सौदागर खरीद लेते थे और उसे बाजार में बेचते थे। सत्रहवीं सदी में कुछ फैक्टरियों की स्थापना हुई। इनमें एक से अधिक कारीगर मिलकर काम करते थे। किन्तु इस तरह के कारखाने बहुत थोड़े थे और सौदागरों को पुराने ढंग के बिखरे हुए स्वतंत्र का कारीगरों से ही माल खरीदकर व्यापार करना होता था। कारखानों का उत्पादन देश के समग्र उत्पादन का बहुत छोटा भाग था। 'पूँजी' के तृतीय खंड में मार्क्स ने अंग्रेजी व्यापार से भी व्यापार की तुलना करते हुए लिखा था कि रूसी व्यापार ने एशियाई उत्पादन-पद्धति की आर्थिक नींव को ज्यों-का-त्यों बना रहने दिया था।"[1] इंग्लैंड में व्यापार की उन्नति का यह परिणाम हुआ कि बाजार में क्रय-वस्तुओं की माँग पूरी करने के लिए उत्पादन में परिवर्तन करना जरूरी हुआ; रूस में पुरानी पद्धति का उत्पादन बहुत दिनों तक चलता रहा। मार्क्स की स्थापना पर एंगेल्स ने टिप्पणी की है कि अब यह स्थिति बदलने लगी है। रूस में पूँजीवादी उत्पादन-पद्धति उन्नीसवीं सदी में चालू हुई; इसका यह अर्थ नहीं कि उन्नीसवीं सदी तक रूसी जाति का निर्माण न हुआ था। यदि पूँजीवाद के अभ्युदय का यह अर्थ लगाया जाए कि पूँजीवादी उत्पादन-पद्धति का चलन हुआ, तो रूसी जाति का अस्तित्व उन्नीसवीं सदी से पहले अस्वीकार करना पड़ेगा।

---

1. मार्क्स, 'कैपिटल', तृतीय खंड, मॉस्को, 1959, पृ. 239

मार्क्स की स्थापना में यह तथ्य भी ध्यान देने लायक है कि इंग्लैंड के व्यापार ने उत्पादन-पद्धति पर प्रभाव डाला। 'पूँजी' के तृतीय खंड में मार्क्स ने सौदागरी पूँजी के विवेचन में जो कुछ कहा है, उससे निष्कर्ष यही निकलता है कि पूँजीवादी उत्पादन के चलन के लिए शर्त यह है कि व्यापार द्वारा एक बाजार कायम हो चुका हो जहाँ नई उत्पादन-पद्धति से तैयार किये हुए माल की खपत हो सके। जिस बाजार के आधार पर जाति का निर्माण सम्भव होता है, वह बाजार सौदागरी पूँजी द्वारा पहले कायम होता है। उसमें वस्तुओं की बढ़ती हुई खपत को पूरा करने के लिए उत्पादन की पद्धति में तब्दीली बाद को होती है। इसलिए हर देश के आर्थिक इतिहास में हम देखते हैं कि सौदागरी पूँजी का अभ्युदय पहले होता है और पूँजीवादी उत्पादन-पद्धति का बाद में। इस सौदागरी पूँजी का अभ्युदय किसी भी उत्पादन-पद्धति में हो सकता है। प्राचीन जनों में जहाँ सामूहिक सम्पत्ति का चलन हो, वहाँ मुद्रा के आधार पर व्यापार के विकास के बदले वस्तुओं का सीधा विनिमय (बार्टर) ही अधिक होता है। इन जनों में कुछ कुलों के हाथों सम्पत्ति का केन्द्रीकरण होने से व्यापार के प्रसार की सम्भावना उत्पन्न होती है। इन प्राक्-सामन्ती जनों में व्यापार के प्रसार का फल यह होगा कि पुराना, रक्त-सम्बन्ध पर आधारित, समाज टूटेगा। व्यापारियों का एक वर्ग विशेष ही बन जाएगा; चार वर्णों के बीच में यह तीसरा वैश्य वर्ण हर सामन्ती व्यवस्था में दिखाई देता है। व्यापार के लिए माल तैयार करना हर किसान का काम नहीं होता; सुनार, लुहार, बढ़ई आदि के नये-नये पेशे बन जाते हैं जो समाज में खपत के लिए तथा बाहर बेचने के लिए भी माल तैयार करते हैं। यह कारीगरों का वर्ग सामूहिक सम्पत्ति वाले जनों में नहीं होता; समाज की आवश्यकताएँ पूरी करने के अलावा यह वर्ग व्यापार की आवश्यकताएँ पूरी करने के लिए भी उत्पन्न होता है। 'पूँजी' के प्रथम खंड में मार्क्स ने प्राचीन यूनान के लेखक क्सेनोफोन से एक उद्धरण दिया है जिससे पता चलता है कि सामन्ती उत्पादन-पद्धति पर, सामन्ती समाज में पेशेवर जातियों के निर्माण पर, बाजार और व्यापार का क्या असर पड़ता है। क्सेनोफोन के अनुसार, छोटे नगरों में एक ही आदमी चारपाई, दरवाजे, हल और मेज बनाता था लेकिन बड़े शहरों में "जहाँ हर आदमी को बहुत-से खरीदार मिल सकते हैं, कारीगर एक ही धन्धा करे तो उसका गुजर हो जाता है।"[1] मिस्र में इसी प्रक्रिया से पेशेवर जातियाँ बन चुकी थीं और प्लेटो ने अपने आदर्श गणतंत्र (रिपब्लिक) में—मार्क्स के अनुसार—इसी मिस्री जाति-प्रथा (कास्ट सिस्टम) को अपनी राज्यसत्ता का आधार बनाया था। इस प्रकार प्राचीन जनों में व्यापार की उन्नति उनमें सामन्ती श्रम-विभाजन, पेशेवर जातियाँ आदि उत्पन्न करती है। हम यह पहले ही कह चुके हैं कि गुलामी के आधार पर चलनेवाली कोई विशेष आर्थिक व्यवस्था नहीं होती। यूनान में गुलामी की प्रथा का चलन सामन्ती-व्यवस्था के अन्तर्गत था; इसीलिए प्लेटो मिस्र की सामन्ती जाति प्रथा को अपने गणतंत्र के लिए आदर्श मानता है!

सामन्तवाद में जब व्यापार का प्रसार होता है, तब वह पूँजीवादी उत्पादन-पद्धति के लिए मार्ग प्रशस्त करता है। पूँजीवादी उत्पादन-पद्धति की विशेषता यह है कि उसमें वस्तुओं का उत्पादन खाने-खरचने के लिए नहीं होता, उत्पादन होता है क्रय-विक्रय के योग्य माल तैयार करने के लिए। सामन्ती व्यवस्था में खाने-खरचने से जो माल बचता है, वह बेच लिया जाता है। किन्तु व्यापार के प्रसार के साथ यह आवश्यकता उत्पन्न होती है कि खरीद-फरोख्त के लिए माल विशेष रूप से तैयार किया जाए। बचे हुए फालतू माल से काम नहीं चलता।

1. मार्क्स, 'कैपिटल', न्यूयॉर्क, पृ. 402

कारीगर जो माल तैयार करता है, उसका उपयोग-मूल्य कम हो जाता है, विनिमय-मूल्य बढ़ जाता है। कुछ विशेष प्रदेशों और नगरों में खास चीजों का उत्पादन बढ़ जाता है; अन्य प्रदेश और नगर अपने यहाँ वे चीजें तैयार न करके उन प्रसिद्ध केन्द्रों से वे चीजें मँगाते हैं। मुख्यत: उपयोगी मूल्य की वस्तुएँ ही तैयार करनेवाली सामन्ती उत्पादन-पद्धति के ह्रास का यह लक्षण होता है। मार्क्स के अनुसार : "सौदागरी पूँजी के समस्त विकास का असर यह होता है कि उत्पादन अब अधिकाधिक विनिमय-मूल्य के लिए होता है और उत्पादित वस्तु अधिकाधिक क्रय-वस्तु का रूप ले लेती हे।"[1] इस प्रकार व्यापार के कारण वस्तुएँ क्रय-वस्तुएँ बनती हैं; पहले से क्रय-वस्तु उत्पादित होकर व्यापार को जन्म नहीं देती। मार्क्स ने पूँजीवादी उत्पादन-पद्धति में और उससे पहले की अवस्था में व्यापार की दो तरह की भूमिका बताई है। पूँजीवादी उत्पादन-पद्धति से पहले व्यापार उद्योग-धन्धों पर शासन करता है; पूँजीवादी उत्पादन-पद्धति में वह उद्योग-धन्धों द्वारा शासित होता है। इस प्रकार उत्पादन की प्रत्येक व्यवस्था में व्यापार उसे प्रभावित करता है; उसे पुरानी पद्धति बदलकर नई पद्धति की ओर बढ़ने की प्रेरणा देता है। सामन्ती व्यवस्था में व्यापार का विकास स्वभावत: पूँजीवादी उत्पादन-पद्धति के लिए जमीन तैयार करता है। सामाजिक विकास में यह वितरण और विनिमय की भूमिका हुई।

इंग्लैंड पूँजीवादी उत्पादत-पद्धति का आदर्श देश माना जाता है। वहाँ अठारहवीं सदी से पहले पूँजीवादी उत्पादन का क्या हाल था? इंग्लैंड का आर्थिक इतिहास लिखनेवाले कहते हैं कि "बहुत-से मजदूरों का एक कारखाने में इकट्ठा होना विरल घटना थी जिसका समुचित कारण यह था कि उस समय उत्पादन-कौशल की जैसी दशा थी, उसे देखते हुए कारखानों में मजदूरों के इकट्ठा होकर काम करने से कोई लाभ न था।...भाप से चलनेवाली मशीनों का युग शुरू होने पर ही आर्थिक दृष्टि से यह उचित हुआ कि नये कौशल के लिए आवश्यक बड़ी-बड़ी इमारतों पर पैसा खर्च किया जाए जहाँ बहुत-से मजदूर मिलकर काम कर सकें।"[2] 1555 में एक कानून पास किया गया था जिससे एक घर में दो करघों से ज्यादा रखना जुर्म करार दिया गया था। अठारहवीं सदी की औद्योगिक क्रान्ति से पहले इंग्लैंड की उत्पादन-पद्धति को उचित ही 'घरेलू व्यवस्था' (डोमेस्टिक सिस्टम) कहा जाता है। एंगेल्स ने 'इंग्लैंड के मजदूर वर्ग की अवस्था' नामक ग्रंथ के आरम्भ में ठीक लिखा था कि इंग्लैंड में सर्वहारा वर्ग का इतिहास अठारहवीं सदी के उत्तरार्द्ध में नई मशीनों के चलन से आरम्भ होता है। इससे पहले बेटा-बेटी सूत कातते थे और बाप बुनाई करता था। खाली समय में वह खेती करता था; इसलिए उसे सर्वहारा नहीं कहा जा सकता था। वेस्ट राइडिंग में कपड़ा बनानेवाले छोटे-छोटे बुनकरों का प्राधान्य था। "उनका कारबार अक्सर उनके घर में सीमित होता था; कभी-कभी वे एक-दो आदमियों को मदद के लिए लगा लेते थे। ये लोग स्वयं धन्धे में मेहनत करते थे; वे ऊन के व्यापारियों पर ऊन पाने के लिए निर्भर होते थे और उन सौदागरों पर निर्भर होते थे जो उनका माल स्थानीय बाजारों में खरीदते थे।"[3] ये लोग खेती भी करते थे; इसलिए इन्हें 'क्लोदियर' (बुनकर) के साथ 'योमैन' (किसान) भी कहा जाता था। इस स्थिति के बाद की मंजिल यह है कि सौदागर स्वयं ही कारीगर को कच्चा माल देता है, और उससे तैयार माल ले जाता है। पूँजीवादी उत्पादन-पद्धति का यह श्रीगणेश है। सौदागर से

1. मार्क्स, 'कैपिटल', न्यूयॉर्क, पृ. 322
2. एम.डब्ल्यू. टामस द्वारा सम्पादित, 'ए सर्वे ऑव इंग्लिश इकोनॉमिक हिस्ट्री', लन्दन, 1957, पृ. 129
3. उप., पृ. 127

कच्चा माल या रुपया उधार लेने के कारण कारीगर जो माल तैयार करता है, उसका मालिक वह स्वयं नहीं होता; सौदागर के प्रभुत्व के कारण उसका माल तैयार होने से पहले ही बिक चुका होता है। यह स्थिति अंग्रेज़ों के आने से पहले हिन्दुस्तान में भी थी। मुगल काल के बारे में मोरलैंड ने लिखा है : "इस समय के व्यापारिक पत्र-व्यवहार में बुनकरों की स्थिति साफ दिखाई देती है। एक तरह से तो हरेक बुनकर केवल अपने लिए काम करता था; दूसरे अर्थ में वह उस पूँजीपति के हाथ में था जो उसे कच्चा माल खरीदने और काम करने की अवधि में परिवार का पेट पालने के लिए रुपया उधार देता था। सौदागरों द्वारा इस तरह पेशगी रुपया देने की क्रिया से सभी लोग परिचित हैं; इसलिए उस पर विस्तार से लिखने की आवश्यकता नहीं है। डच और अंग्रेज़ खरीदारों ने इस व्यवस्था को यहाँ दृढ़ रूप से कायम पाया और इसलिए आवश्यक माल पाने के लिए उन्हें भी उसी का अनुकरण करना पड़ा।"[1] इंग्लैंड की औद्योगिक क्रान्ति से पहले भारत और वहाँ की उत्पादन-पद्धति में बुनियादी भेद न था। जहाँ तक व्यापार का सम्बन्ध है, भारत और एशिया के अन्य देश इंग्लैंड से आगे बढ़े हुए थे।

इंग्लैंड, हॉलैंड, पुर्तगाल आदि में औद्योगिक क्रान्ति से पहले व्यापार की जो उन्नति हुई, उसका उत्पादन-पद्धति के परिवर्तन से कोई सम्बन्ध नहीं था। इस सत्य का एक प्रमाण यह है कि इन देशों के महावणिज एशियाई देशों का सौदा खरीदकर अपने यहाँ बेचते थे; अभी उनके माल की खपत के लिए एशियाई बाजारों में गुंजाइश न थी। यह गुंजाइश तब पैदा हुई जब उन्होंने यहाँ के सामन्तों को एक-दूसरे से लड़ाकर अपना राजनीतिक प्रभुत्व स्थापित कर लिया और इस प्रभुत्व के बल पर यहाँ के उद्योग-धन्धों का नाश कर दिया। विलायती माल से खुली होड़ में भारतीय धन्धे नष्ट नहीं हुए; खुली होड़ से खतरा पैदा हुआ था विलायती धन्धों को ही। मार्क्स की एक स्थापना यह थी कि विलायती माल की आमद से भारत की प्राचीन उत्पादन-व्यवस्था खत्म हुई। इस व्यवस्था की विशेषता यह मानी गई है कि उसमें खेती और उद्योग-धन्धों का मिश्रण था। जो आदमी खेती करता था, वही फुर्सत में कपड़े बुनता था। किन्तु हम देख चुके हैं कि औद्योगिक क्रान्ति से पहले इंग्लैंड में ही अधिकांश बुनकर खेती भी करते थे। इसलिए 'पूँजी' के प्रथम खंड में मार्क्स ने लिखा था कि मशीनों का चलन होने से ही खेती और घरेलू उद्योग-धन्धों का अलगाव पूरा होता है। इससे पहले गाँववालों का एक ऐसा वर्ग बराबर उत्पन्न हुआ करता है "जो सहायक धन्धे के रूप में खेती करता है और मुख्य धन्धे के रूप में औद्योगिक श्रम करता है। इस औद्योगिक श्रम से वह जो माल तैयार करता है, उसे या तो उद्योगपतियों (मैनूफैक्चरर) के हाथ सीधे बेच देता है या सौदागरों के माध्यम से बेचता है।"[1] इससे सिद्ध है कि खेती और उद्योग-धन्धों का पूरी तरह अलगाव—और इस तरह किसी देश में पूँजीवादी सम्बन्धों का पूरी तरह प्रसार—मशीनों के चलन के बाद ही सम्भव है। 'पूँजी' के तृतीय खंड में मार्क्स ने वेनिस, जिनोआ, हॉलैंड आदि के सौदागरों की चर्चा की है जिन्हें अपने देश का माल बेचने से मुनाफा न होता था, मुनाफा कमाते थे वे दूसरे देशों का माल बेचकर। उस समय सभ्य जातियाँ कहाँ की थीं? क्या यूरोपवासी उन देशों को सभ्यता सिखाने आते थे जिनके यहाँ का माल बेचकर वे मुनाफा कमाते थे? मार्क्स ने प्रसिद्ध अर्थशास्त्री ॲडम स्मिथ के कुछ वाक्य उद्धृत किये हैं जिनसे यूरोप और एशिया की जातियों की सभ्यता के प्रति उस समय के लोगों की धारणाएँ मालूम होती है। ॲडम

1. मोरलैंड, 'फ्रॉम अकबर टु औरंगज़ेब', पृ. 192
2. मार्क्स, 'कैपिटल', पृ. 820

स्मिथ ने लिखा था : "यूरोप के अधिकांश भाग का व्यापार उस समय यों होता था कि अपने मोटे-झोटे सामान से अधिक सभ्य जातियों के तैयार माल का विनिमय किया जाता था।" जो पूरब के जितना निकट था, वह व्यापार में उतनी ही प्रगति कर सकता था। किसी समय इटली ने व्यापार में—और उसके साथ ललित कलाओं में भी—बड़ी उन्नति की थी। इसका कारण यह था : "पूरब की उच्चतर सभ्यताओं के अधिक निकट और अनुकूल रूप में अवस्थित होने के कारण इटली भौतिक और आध्यात्मिक, दोनों तरह के पुनर्जागरण का नेता था।"[1]

इंग्लैंड में जब औद्योगिक क्रान्ति हुई, तब मशीनें चलाने के लिए जिस चीज से सबसे पहले काम लिया गया, वह पानी था। इंग्लैंड के उत्तरी प्रदेशों—लंकाशायर, चेशायर और यौर्कशायर—में पानी की इफरात थी। इसलिए लन्दन के आसपास नहीं, वरन् उससे दूर उत्तर में सूती उद्योग-धन्धों का विकास हुआ। पानी की जगह भाप से मशीनें चलने पर लोहे और कोयले की खपत बढ़ी। लंकाशायर और यौर्कशायर में लोहे और कोयले की खानें भी थीं। इसलिए इन प्रदेशों में नये औद्योगिक केन्द्र बने। एंगेल्स ने 'इंग्लैंड के मजदूर वर्ग की अवस्था' नामक पुस्तक की भूमिका में लिखा था कि 1801 में बर्मिंघम की आबादी 73,000 था तो 1844 में उसकी आबादी बढ़कर दो लाख हो गई। इसी तरह और शहरों की आबादी भी बढ़ी। लेकिन इस औद्योगिक क्रान्ति के कारण लंकाशायर की बोली सारे देश की जातीय भाषा न बनी; जातीय भाषा बनी लन्दन की बोली। इससे सिद्ध हुआ कि जातीय भाषा के प्रसार का श्रेय सबसे पहले व्यापार को है। औद्योगिक क्रान्ति से देश के विभिन्न भागों का अलगाव और भी कम होता है। जातीय बाजार का गठन और भी सुदृढ़ होता है। जातीय भाषा का और भी प्रसार तथा उसका रूप परिनिष्ठित होता है। किन्तु यह जातीय भाषा बन चुकी होती है किसी बोली के आधार पर पहले ही—व्यापार के कारण।

अकादमिक कोस्मिन्स्की ने 'इंग्लिश नेशन' की निर्माण-प्रक्रिया की चर्चा में लन्दन के महत्त्व का उल्लेख किया है। उनके अनुसार इंग्लैंड का जातीय बाजार सोलहवीं सदी में बन चुका था। लन्दन की बोली के आधार पर बोलचाल और साहित्य की अंग्रेज़ी भाषा का विकास हुआ। लन्दन इंग्लैंड का प्रमुख व्यापारिक और औद्योगिक केन्द्र था। "वह इंग्लैंड का सबसे बड़ा अथवा एकमात्र बड़ा शहर था।" सत्रहवीं सदी में अन्य नगरों पर लन्दन का प्रभुत्व और भी बढ़ गया। लन्दन जातीय बाजार का केन्द्र बना। "यह बिलकुल स्पष्ट है कि लन्दन के सारे देश से और सारे देश के लन्दन से आर्थिक सम्बन्धों के कारण लन्दन की बोली जातीय भाषा बन सकी। लन्दन राजनीतिक, राज-दरबार और सांस्कृतिक जीवन तथा धार्मिक आन्दोलनों का तथा पार्लामेंट का केन्द्र बना, इससे भी उस काम में सहायता मिली।"

कोस्मिन्स्की ने अपने विवेचन में यह स्पष्ट नहीं किया कि जातीय बाजार को बनानेवाले कौन लोग थे। वे व्यापारी थे या उद्योगपति, या दोनों? लन्दन को औद्योगिक और व्यापारिक केन्द्र कहने से यह भ्रम उत्पन्न होता है कि जातीय बाजार के निर्माण और जातीय भाषा के गठन और प्रसार में उद्योग-धन्धों का उतना ही हाथ था जितना व्यापार का। लन्दन बारहवीं-तेरहवीं सदी में आन्तरिक व्यापार का केन्द्र बनने लगा था। वहाँ मछलियों का बहुत बड़ा व्यापार होता था। लन्दन से दूर-दूर तक देहात में मछलियाँ भेजी जाती थीं। वह अनाज की भी बहुत बड़ी मंडी था। यहीं न्यूकैसल से कोयला आता था। एक बन्दरगाह होने के कारण उसका महत्त्व और भी बढ़ गया था। सोलहवीं-सत्रहवीं सदी में बड़े-बड़े महाजन यहीं रहते थे जो फिजूलखर्च

1. लीविस मम्फोर्ड, 'दि कल्चर ऑव दि सिटीज़', पृ. 23

रईसों को रुपये उधार देते थे। आगे चलकर यहीं बैंकिंग का कारोबार बढ़ा। सोलहवीं सदी में इंग्लैंड से ऐंटवर्प को जो कपड़ा जाता था, वह लन्दन से। एशिया और अमरीका से जो माल आता था, उसे यूरोप में फिर बेचने के लिए सबसे बड़ा निर्यात-केन्द्र लन्दन था। एंगेल्स ने अपनी उपर्युक्त पुस्तक में लन्दन को 'विश्व की व्यापारिक राजधानी कहा था', जिसमें हजारों जहाज आकर टिका करते थे। लन्दन व्यापार का केन्द्र आरम्भ से ही था; बाद को भी रहा। उसकी बोली का प्रसार व्यापार के कारण हुआ, न कि उद्योग-धन्धों के कारण।

लन्दन की बोली जातीय भाषा बनी, इसका यह अर्थ न समझना चाहिए कि लन्दन में सभी लोग एक-सी टकसाली भाषा बोलते थे और वह ज्यों-की-त्यों सारे देश में फैल गई। वाइल्ड ने अंग्रेज़ी भाषा पर अपनी पुस्तक में ठीक लिखा है कि चौसर ने (चौदहवीं सदी में) लन्दन की बोली के एक रूप में अपनी रचनाएँ कीं। यह रूप आगे न चला। वाइल्ड का अनुमान है कि चौसर ने उच्च वर्गों की राज-दरबारी भाषा में अपनी रचनाएँ की थीं। कुछ विद्वानों का मत है कि कैक्सटन ने जो अंग्रेज़ी लिखी थी, वह आज की अंग्रेज़ी से ज्यादा मिलती है। कैक्सटन जब बीस साल का था तब वह यूरोप चला गया था। वह वहाँ अंग्रेज़ व्यापारियों का प्रतिनिधि बनकर रहा। वह चौसर का बड़ा प्रशंसक था लेकिन उसकी बोली राज-दरबार के 'उच्च वर्गों' की बोली न थी। वह व्यापारियों का प्रतिनिधि था; उसकी बोली वह थी जो लन्दन के बाजार में व्यापारियों द्वारा प्रयुक्त होती थी। अंग्रेज़ों की जातीय भाषा के विकास में कैक्सटन का अन्यतम महत्त्व है। पचास का हो चुकने पर वह इंग्लैंड लौटा और लन्दन में उसने इंग्लैंड का पहला छापाखाना स्थापित किया। यहाँ से उसने गद्य में पुस्तकें छापनी शुरू कीं। फ्रांसीसी से उसने किस्से-कहानियों (रोमांस) के अनुवाद किये। ये किस्से आधुनिक लघुकथाओं जैसे नहीं थे वरन् 'फ़सान-ए-आजाद' या 'तिलस्मे होशरुबा' के ढंग के थे—आकार में विराट्। हर हिन्दी पाठक जानता है कि हिन्दी के प्रसार में 'चन्द्रकान्ता' का कितना महत्त्वपूर्ण स्थान है। देवकीनंदन खत्री की रचनाएँ हर खास और आम में लोकप्रिय थीं। यही हाल कैक्सटन के अनुवादित रोमांसों का था। रोमांस खूब पढ़े जाते थे। उनमें मध्यकालीन जीवन का अलंकृत और रस-रंजित वर्णन होता था। कैक्सटन चतुर व्यापारी की तरह इस मध्यकालीन धरोहर से मुनाफा कमा रहा था; स्वयं रोमांस की दुनिया से कोसों दूर था। दूसरी तरह की पुस्तकें धार्मिक थीं। मध्यकाल के अन्त में जनता धर्मप्राण तो थी ही। ये किताबें भी खूब पढ़ी जाती थीं। इस प्रकार लन्दन के व्यापारियों की बोली को साहित्यिक गद्य का माध्यम बनाकर कैक्सटन ने उसे इंग्लैंड के हर शिक्षित जन तक पहुँचा दिया। कन्धे पर झोला डालकर जो फेरी लगानेवाले व्यापारी देहात पहुँचते थे, वे अन्य सामान के साथ कैक्सटन की पुस्तकें भी बेचा करते थे।

जर्मन भाषाविद् डिबेलियस (इसके मत का उल्लेख वाइल्ड ने किया है) ने इस बात की ओर संकेत किया था कि लन्दन की बोली तुरन्त जातीय भाषा के रूप में सर्वत्र स्वीकृत नहीं हो गई। लन्दन के अलावा ऑक्सफर्ड की अंग्रेज़ी को भी बहुत जगह लोग आदर्श भाषा मानते थे। ऑक्सफोर्ड धर्माधीशों का गढ़ था। किन्तु यह अन्तर चला नहीं। व्यापारिक केन्द्र लन्दन की अंग्रेज़ी की ही विजय हुई। यहाँ यह स्मरण रखना चाहिए कि जातीय भाषा जितनी लिखित रूप में परिनिष्ठित दिखाई देती है, उतनी उच्चारण में नहीं होती। यहाँ हम बोलियों की बात नहीं करते; व्याकरण की दृष्टि से शुद्ध अंग्रेज़ी बोलनेवाले भी उच्चारण में घोर विषमता प्रकट करते हैं। शिक्षा के प्रसार, पुस्तकों के मुद्रण और वितरण से जातीय भाषा के गठन

और प्रसार का घनिष्ठ सम्बन्ध है। इसी कारण यह गठन और प्रसार की प्रक्रिया लम्बी होती है। अंग्रेज़ी के माध्यम से जो जाति गठित हुई, वह सिर्फ इंग्लैंड की अंग्रेज़ी जाति न थी वरन् वेल्श और स्कॉटलैंड के निवासियों को मिलाकर बनी हुई ब्रिटिश जाति थी। इंग्लैंड का एकीकरण आसान था, लेकिन वेल्श और स्कॉटलैंड में दूसरे कुल की भाषाएँ बोली जाती थीं। इन प्रदेशों के लोग इंग्लैंड की सत्ता के विरुद्ध अनेक बार लड़ भी चुके थे। इसलिए स्कॉट और वेल्श जनता के स्वतंत्र जातीय विकास की पूर्ण सम्भावना थी। ऐतिहासिक रूप से यह बिलकुल अनिवार्य न था कि स्कॉट और वेल्श भाषाएँ अंग्रेज़ी के सामने अपदस्थ हो जाएँ, अपने प्रदेशों की जातीय भाषाएँ स्वयं न बनकर अंग्रेज़ी को इस रूप में स्वीकार करें। अंग्रेज़ों ने वेल्श और स्कॉट खून के राजाओं को लन्दन में गद्दी पर बिठाकर वेल्श और स्कॉटलैंड के लोगों के जातीय गर्व का संवर्द्धन किया किन्तु इतने से स्कॉट और वेल्श जन अपनी भाषा न छोड़ देते। स्कॉटलैंड और इंग्लैंड का राजनीतिक 'यूनियन' भी ब्रिटिश जाति के निर्माण का नियामक कारण नहीं था। उन्नीसवीं सदी में भी स्कॉटलैंड की जनता अपनी भाषा की रक्षा के लिए प्रयत्नशील थी। 'इंग्लैंड के मजदूर वर्ग की अवस्था' में एंगेल्स ने लिखा था कि 1803 में स्कॉटलैंड में 900 मील की कुल लम्बाई वाली सड़कें बनीं और इस तरह वहाँ का पार्वतीय प्रदेश सभ्यता की परिधि में आ गया। "और अब यद्यपि गेलिक भाषा की रक्षा के लिए गेलिक स्कूल कायम किये गए थे, फिर भी अंग्रेज़ी सभ्यता के अभियान के सामने गेलिक-केल्टिक रीति-रिवाज और भाषा तेजी से लुप्त हो रहे हैं।" एंगेल्स के मत से यह प्रक्रिया आयरलैंड में भी सम्पन्न हो रही थी। "यह बात आयरलैंड में देखी जाती है। कॉर्क, लिमेरिक और केरी के बीच का प्रदेश बिलकुल जंगली था और उसमें सड़कें न थीं और इस प्रकार दुर्गम होने के कारण वह सभी तरह के अपराधियों का शरणस्थल और दक्खिनी आयरलैंड में केल्टिक-आयरिश जातीयता का मुख्य संरक्षण-स्थल था। अब उसमें सड़कें बन गई हैं और इस जंगली प्रदेश में भी सभ्यता की पहुँच हो गई है।" पाठक यहाँ उत्तर भारत में मौर्यकाल से अकबर के समय तक पूरब से उत्तर को बाँधनेवाली सड़कों का स्मरण करें। अंग्रेज़ जमींदार आयरलैंड का शोषण करते थे लेकिन उसके विकास की उन्हें जरा भी चिन्ता न थी। औद्योगिक क्रान्ति से जब उन्हें कच्चा माल देनेवाले उपनिवेशों और तैयार माल की खपत के लिए बाजारों की आवश्यकता हुई, तब उन्होंने आयरलैंड में सड़कें बनाना शुरू किया। यातायात का एक और साधन होता है नहरें। एंगेल्स के अनुसार, 1755 तक इंग्लैंड में नहरें प्राय: थीं ही नहीं। इससे भारत में नहर-निर्माण की तुलना की जा सकती है। ब्रिटेन के शासकों की अपेक्षा उत्तर भारत के तुर्क, पठान और मुगल शासक इस दिशा में कहीं अधिक प्रगतिशील थे। उसका एक परिणाम यह हुआ कि उत्तर भारत में लघुजातीय जनपदों का अलगाव जल्दी दूर हुआ।

दक्खिनी आयरलैंड में अंग्रेज़ी सभ्यता की पहुँच तो हो गई, लेकिन आयरिश जातीयता ने हथियार नहीं डाले। यातायात के साधनों से हर प्रदेश की जातीयता को खत्म करके वहाँ के लोगों को ब्रिटिश जाति का अंग बना लेना सम्भव न था। आयरिश जातीयता और भाषा की रक्षा का श्रेय सबसे महले आयरिश जनता को है। यद्यपि गोल्डस्मिथ और बर्नार्ड शॉ जैसे अनेक आयरिश इंग्लैंड में आकर बसे और अंग्रेज़ी साहित्य को समृद्ध करते रहे, किन्तु इससे आयरिश भाषा और संस्कृति समाप्त न हो गई। इसी प्रकार वेल्श और स्कॉटलैंड भी अपनी भाषा और संस्कृति की रक्षा कर सकते थे। किन्तु ये प्रदेश इंग्लैंड के बहुत पास थे, बीच में

समुद्र न था, आकार में भी आयरलैंड से छोटे थे। यद्यपि अंग्रेजों न आयरलैंड में अपने पैर अच्छी तरह जमा लिये थे, फिर भी इन भौगोलिक कारणों से और समर्थ आयरिश प्रतिरोध के कारण अंग्रेज़ आक्रामक आयरिश जातीयता का नाश न कर सके।

राजनीतिक और आर्थिक एकीकरण के अन्तर्गत जिस प्रदेश के भी लोग आ जाएँ, वे किसी महाजाति का अंग बन जाएँगे, यह आवश्यक नहीं है। चाहे व्यापार द्वारा पूँजीवादी सम्बन्ध फैलें, चाहे औद्योगिक क्रान्ति बाजार का सुदृढ़ एकीकरण करे, चाहे राज्यसत्ता निरंकुश शासन द्वारा किसी जाति की भाषा को शिक्षा और संस्कृति के क्षेत्र से निकाल दे, उस जाति के लोग यदि अपनी भाषा और संस्कृति की रक्षा करने पर तुल जाएँ और इसके लिए निरन्तर संघर्ष करें तो वे अवश्य अपनी जातीयता की रक्षा कर सकते हैं। जातीय निर्माण के कोई अखंड, अविच्छेद्य भौतिक शास्त्र के-से नियम नहीं हैं। इस बात को किसी अखंड नियम से सिद्ध नहीं किया जा सकता कि अंग्रेज़ी से भिन्न कुल वाली वेल्श और स्कॉट भाषाएँ बोलनेवाले जनों का ब्रिटिश जाति में विलयन तो अनिवार्य था, लेकिन एक ही कुल की उक्रैनी भाषा बोलनेवाले जनों का रूसी जाति में विलयन अनिवार्य नहीं था। सत्रहवीं सदी में उक्रैन पर पोल सामन्तों का राज्य था। उक्रैनी जनता उनसे लड़कर अकेले विजय न पा सकी थी। 1652 में उक्रैन रूसी राज्य के अन्तर्गत हो गया और पोलैंड का आधिपत्य समाप्त हुआ। किन्तु अठारहवीं सदी में रूसी राज्यसत्ता ने उक्रैनी भाषा और संस्कृति का दमन करना आरम्भ किया। उक्रैनियों को अपनी भाषा में पुस्तकें छापने का अधिकार न था। उन्नीसवीं सदी में उक्रैन अखिल-रूसी बाजार का अंग बन गया। रूस के लिए यहाँ से अनाज जाता था। किएव में नाज की बिक्री, दस्तकारी के सामान के सौदे तै होते थे। रूस का तैयार माल उक्रैन में बिकता था। उन्नीसवीं सदी के आरम्भ में रूसी वस्त्र-उद्योग की एक-तिहाई उपज उक्रैन में खप जाती थी। काले सागर के तट पर ओदेसा, निकोलायेव और खेरसोन के उक्रैनी बन्दरगाह पूरब-पच्छिम के देशों में रूसी व्यापार के केन्द्र बने थे।[1] इन तथ्यों से इस बारे में कोई सन्देह न होना चाहिए कि उक्रैन अखिल रूसी बाजार का अंग था। राज्यसत्ता ने उक्रैनियों की जातीयता खत्म करने के लिए कुछ उठा न रखा। 1863 में ज़ार सरकार ने एक आज्ञापत्र निकाला था कि उक्रैनी में पाठ्य-पुस्तकें न छापी जाएँ। इस आज्ञापत्र में घोषित किया गया था कि "मालोरूसी (उक्रैनी) भाषा न पहले थी, न अब है, न आगे कभी होगी।"[2] किन्तु यह सब व्यर्थ हुआ। वेल्श और स्कॉट जितना अंग्रेज़ी से, व्याकरण और शब्द-भंडार में, दूर थीं, उक्रैनी रूसी के उतना ही निकट थी। दोनों एक ही कुल की भाषाएँ थीं। रूसी और उक्रैनी जातियाँ, दोनों ही अपने को स्लाव समझती थीं। इसलिए वेल्श और स्कॉट की तुलना में उक्रैनी के स्वतंत्र अस्तित्व के लिए भाषागत कारण कम थे। इससे सिद्ध हुआ कि पूँजीवादी सम्बन्धों का प्रसार और देशव्यापी बाजार का कायम होना हर स्थिति में नियामक कारण नहीं होते। भाषा, संस्कृति और इतिहास किन्हीं परिस्थितियों में आर्थिक उपकरणों से प्रबलतर सिद्ध होते हैं। स्वाभाविक प्रक्रिया यह है कि पूँजीवादी सम्बन्धों के प्रसार से वही जन और लघुजातियाँ एक महाजाति का अंग बने जो भाषा, संस्कृति और इतिहास में भी एक-दूसरे के बहुत निकट रही हो। रूसी जाति में जिन लघुजातियों का विलयन हुआ, वे सामन्ती व्यवस्था में ही भाषा, संस्कृति और इतिहास की दृष्टि से एक-दूसरे के बहुत निकट थीं। इसलिए आर्थिक और

1. 'ए हिस्ट्री ऑव दि यू.एस.आर.', खंड 2, पृ. 32-33
2. उप., पृ. 262

राजनीतिक एकता से रूसी जाति के निर्माण में वे सहायक हुईं। किन्तु भाषा, संस्कृति और इतिहास में यथेष्ट भिन्नता होने के कारण आर्थिक और राजनीतिक एकता के बावजूद उक्रैनी जाति रूसी महाजाति का अंग न बनाई जा सकी।

उक्रैन का एक भाग गैलीशिया नाम से आस्ट्रिया के अधिकार में था। वहाँ पर उक्रैनी भाषा और संस्कृति को दबाकर जर्मन भाषा का प्रभुत्व स्थापित करने का प्रयत्न किया गया। लेकिन इसमें जर्मन-भाषी ऑस्ट्रिया के शासकों को सफलता न मिली। हंगरी के प्रमुख नगरों में कभी जर्मन भाषा का प्रभुत्व था लेकिन वहाँ भी मग्यार भाषा और जातीयता ने जर्मन प्रभुता को परास्त किया। 1848 में यूरोप की क्रान्तिकारी उथल-पुथल से लाभ उठाकर स्लाव और मग्यार जातियों ने जर्मन प्रभुता का जुआ उतार फेंकने की कोशिश की थी। मार्क्स और एंगेल्स का विचार था कि जिस तरह वेल्श जन ब्रिटिश जाति का अंग बन गए हैं, उसी तरह स्लाव और मग्यार जातियों का अलगाव भी खत्म हो जाएगा और वे जर्मन भाषा और संस्कृति को अपना लेंगे। इस सम्बन्ध में एंगेल्स ने 'न्यूयॉर्क हेराल्ड ट्रिब्यून' (24 अप्रैल, 1852) में लिखा था : "पचीसों जातियों के बिखरे हुए अवशेष, जिनकी जातीयता और राजनीतिक सजीवता बहुत समय पहले खत्म हो चुकी थी और जिन्हें इसके फलस्वरूप लगभग हजार साल से अपने से अधिक शक्तिशाली विजेता जाति के पगचिह्नों का अनुसरण करना पड़ा था, जैसे वेल्श को इंग्लैंड में, बास्क को स्पेन में, निम्न ब्रिटनों को फ्रांस में और अभी हाल के जमाने में स्पेनी और फ्रांसीसी क्रिओल को उत्तरी अमरीका के उन भागों में जिन पर ऐंग्लो-अमरीकी जाति ने कब्जा कर लिया है—ये मरती हुई जातियाँ, बोहीमियन, करिंथियन, दलमाशियन—आदि इस ताक में रहीं कि 1844 की व्यापक अराजकता से लाभ उठाकर 800 ईसवी वाली अपनी राजनीतिक स्थिति फिर प्राप्त कर लें। एक हजार साल के इतिहास से उन्हें यह मालूम हो जाना चाहिए था कि इस तरह का प्रतिगमन सम्भव नहीं है। यदि एल्बे और ज़ाले के पूरब का सारा प्रदेश किसी समय परस्पर सम्बन्धित स्लावों के अधिकार में था, तो इससे जर्मन जाति की ऐतिहासिक प्रवृत्ति और साथ ही उसकी भौतिक और बौद्धिक शक्ति का पता चलता है जिससे वह अपने प्राचीन, पूर्वी पड़ोसियों को परास्त करती और अपने में मिला लेती थी। इस तरह अपने में मिलाने की यह जर्मन प्रवृत्ति पश्चिमी यूरोप की सभ्यता को महाद्वीप के पूरब में फैलाने का प्रबलतम साधन रही है और अब भी है। यह प्रवृत्ति तभी रुक सकती थी जब जर्मनीकरण की यह धारा उन जातियों की सीमाओं तक पहुँच जाए जहाँ बड़ी और सम्बद्ध जातियाँ हों, जो भीतर से टूटी हुई न हों, जो स्वतंत्र जातीय जीवन बिताने में समर्थ हों, जैसेकि हंगेरियन और एक हद तक पोल। इसलिए इन मरती हुई जातियों का सहज और अनिवार्य अन्त यही है कि वे बिखरें और अपने सबलतर पड़ोसियों में घुल-मिल जाएँ। स्लाव महाजातीयता का स्वप्न देखनेवालों ने बोहीमियन और दक्खिनी स्लाव जनों के एक हिस्से को आन्दोलित कर लिया था; उनके लिए विलयन की यह सम्भावना प्रसन्नता का कारण न होगी। लेकिन क्या वे आशा करते हैं कि इतिहास उन थोड़े-से आदमियों को खुश करने के लिए एक हजार साल पीछे लौट जाएगा जो शरीर से अस्वस्थ हैं, जो हर प्रदेश में जर्मनों के बीच में हैं या उनसे घिरे हुए हैं, जिनके पास अति-प्राचीन काल से सभ्यता के सभी कार्यों के लिए जर्मन के अलावा और कोई भाषा नहीं रही और जिनके पास जातीय जीवन की प्राथमिक आवश्यकताएँ—संख्या और सम्बद्ध प्रदेश—नहीं हैं? इस प्रकार जर्मन और हंगेरियन स्लाव प्रदेशों में हर जगह स्लाव महाजातीयता के पक्ष में ये विद्रोह इस बात

के लिए प्रच्छन्न प्रयत्न थे कि इन बेशुमार छुटपुट जातियों का स्वतंत्र अस्तित्व कायम हो जाए। उन्होंने यूरोप के क्रान्तिकारी आन्दोलन से हर जगह टक्कर ली। यद्यपि स्लाव लोग हर कहीं आजादी के लिए लड़ने का बहाना करते थे, किन्तु (पोलों के एक जनवादी अंश को छोड़कर) वे हमेशा निरंकुशता और प्रतिक्रिया के खेमे में पाए गए। यही हाल था जर्मनी में, यही हाल था हंगरी में और यही हाल था जहाँ-तहाँ तुर्की में भी। वे लोकप्रिय उद्देश्य के प्रति गद्दार थे, ऑस्ट्रिया सरकार के प्रमुख समर्थक थे, सभी क्रान्तिकारी जातियों की निगाह में उन्होंने अपने को दस्यु बना लिया था। स्लाव महाजातीयता के नेताओं ने जो जातीयता सम्बन्धी झगड़ा-फसाद किया, उसमें आम जनता ने कहीं भाग न लिया, क्योंकि वह बिलकुल जाहिल थी, फिर भी इस बात को कभी न भुलाया जाएगा कि प्राग (आधुनिक चेकोस्लोवाकिया की राजधानी) के अर्द्ध-जर्मन नगर में स्लाव जातीयता की अन्ध समर्थक भीड़ों ने तालियाँ बजाकर ये नारे लगाए थे : 'जर्मन आजादी से रूसी डंडा ही अच्छा!' 1848 में उनका पहला प्रयत्न असफल हुआ और ऑस्ट्रिया की सरकार ने उन्हें अच्छा सबक सिखा दिया; इसके बाद भी सम्भव है कि मौका मिलने पर फिर वे बाज न आएँ। लेकिन फिर ऐसे ही बहाने करके यदि वे क्रान्ति-विरोधी शक्तियों का साथ देने की कोशिश करेंगे तो जर्मनी के कर्तव्य में दुविधा न होगी। क्रान्ति के दौर से गुजरता हुआ और बाह्य युद्ध में फँसा हुआ कोई भी देश अपने बीचोबीच वाँदे का अस्तित्व बर्दाश्त नहीं कर सकता (वाँदे—फ्रांस में पूँजीवादी क्रान्ति के दौरान क्रान्ति-विरोधियों का अड्डा)।"[1]

इस उद्धरण से पता चलेगा कि जर्मनीकरण की धारा कितनी प्रबल थी। इस धारा के वाहक जर्मन सामन्त और पूँजीपति थे। उन्होंने पूर्वी यूरोप में पाश्चात्य सभ्यता का प्रसार किया था। किन्तु सैकड़ों साल के प्रयत्नों से भी उन्हें सफलता न मिली। आर्थिक और राजनीतिक कारणों से सांस्कृतिक, ऐतिहासिक और भाषागत कारण अधिक शक्तिशाली सिद्ध हुए। स्लाव जातीयता के समर्थकों में अवश्य बहुत-से क्रान्ति-विरोधी लोग रहे होंगे। एंगेल्स के रोष का मुख्य कारण इनका क्रान्ति-विरोध था। हर जातीय आन्दोलन में उससे पूँजीवादी हित सिद्ध करनेवाले कुछ स्वार्थी लोग शामिल हो जाते हैं। इसलिए यह आवश्यक होता है कि जातीय आन्दोलनों को नजरअन्दाज न करके प्रगतिशील नेता उन्हें अपने नियंत्रण में रखें। इसका ताजा प्रमाण इस देश में ही असम के उपद्रव हैं, पंजाब का अकाली आन्दोलन है। लेकिन जो जर्मन सामन्त स्लाव जनों की जातीयता नष्ट कर रहे थे, वे कोई प्रगतिशील भूमिका अदा न कर रहे थे। उनके मुकाबले में रूस की सामन्ती राज्यसत्ता तातार, तुर्क, जर्मन आदि साम्राज्यों से उक्रैनियों, बेलोरूसियों आदि की रक्षा करके स्लाव जनों का मनोनुकूल कार्य कर रही थी। प्राग की चेक जनता का यह कहना स्वाभाविक था कि जर्मन आजादी से रूसी डंडा बेहतर है। उसकी जातीयता का नाश तो हर हालत में हो रहा था; इससे चेक से मिलती-जुलती भाषा बोलनेवाली रूसी जाति का अंग क्यों न बना जाए? जन-क्रान्ति की सफलता के लिए वर्ग-दासता से मुक्ति के अलावा जातीय उत्पीड़न से मुक्ति का कार्यक्रम भी होना चाहिए। लेनिन और स्तालिन ने जातीय मुक्ति को सर्वहारा कार्यक्रम का अंग बनाकर मार्क्सवाद को समृद्ध किया।

सोवियत क्रान्ति के बाद भी कुछ लोगों को बेलोरूसी और उक्रैनी जातियों के भिन्न अस्तित्व में सन्देह था। 1921 में इन्हें उत्तर देते हुए स्तालिन ने रूसी कम्यूनिस्ट पार्टी की दसवीं कांग्रेस में कहा था : "मेरे पास एक पुर्जा आया है जिसमें कहा गया है कि हम कम्यूनिस्ट

1. कार्ल मार्क्स, 'हिस्टॉरिकल राइटिंग्स', खंड 1, बम्बई, पृ. 110-12

बेलोरूसी जाति का कृत्रिम पोषण कर रहे हैं। यह सही नहीं है, क्योंकि बेलो-रूसी जाति है, जिसकी भाषा रूसी से स्पष्टत: भिन्न है। इसलिए बेलोरूसी जनता का सांस्कृतिक धरातल उसकी मातृभाषा द्वारा ही ऊँचा किया जा सकता है। इस तरह की बातें करीब पाँच साल पहले उक्रैन और उक्रैनी जाति के बारे में सुनी जाती थीं। अभी कुछ दिन पहले कहा गया था कि उक्रैनी प्रजातंत्र और उक्रैनी जाति जर्मनों का आविष्कार हैं। लेकिन यह स्पष्ट है कि उक्रैनी जाति का अस्तित्व है और उसकी संस्कृति को विकसित करना कम्यूनिस्टों का फर्ज है। हमें इतिहास के प्रतिकूल न चलना चाहिए। यद्यपि उक्रैन के शहरों में रूसी जनों की अब भी बहुलता है, लेकिन यह स्पष्ट है कि समय बीतने पर ये नगर लाजमी तौर से उक्रैनी हो जाएँगे। करीब चालीस साल पहले रीगा जर्मन नगर था, लेकिन चूँकि देहात से आदमियों के भरने से शहर बढ़ते हैं और देहात जातीयता के संरक्षक हैं इसलिए रीगा अब बिलकुल लेत जाति का नगर हो गया है। करीब पचास साल पहले हंगरी के सभी शहर जर्मन थे, अब उनका मग्यारीकरण हो गया है। यही हाल बेलोरूस का होगा जिसके शहरों में अभी भी ग़ैर-बेलोरूसी लोगों की बहुलता है।"

उक्रैन के शहरों में रूसियों की बहुलता इस बात का प्रमाण है कि रूसी बाजार बड़े समर्थ हाथों से इस प्रदेश को अपनी ओर खींच रहा था। लैतविया, हंगरी आदि के शहरों में इसी तरह जर्मन प्रभुत्व था लेकिन उक्रैन की तरह इन्होंने भी अपनी रक्षा की। इससे सिद्ध हुआ कि जातीय निर्माण में आर्थिक सम्बन्धों की सीमित भूमिका है। पूँजीवादी (या समाजवादी) आर्थिक सम्बन्धों के बिना किसी जाति का गठन नहीं हो सकता, लेकिन इस गठन में—बाजार की सीमाओं में—हर किसी को घसीटकर अपनी जाति का अंग बना लेना सम्भव नहीं है। भाषा, संस्कृति और इतिहास उन बिखरे हुए तत्त्वों को किसी महाजाति में मिलने से बचाते हैं जो अनुकूल परिस्थिति में स्वयं एक जाति बन सकते हैं। जातीयता के रक्षण में भाषा की भिन्नता एक प्रमुख कारण होती है। लेकिन भाषा जातीय विशिष्टता का एक कारण है, एकमात्र कारण नहीं। आस्ट्रिया और जर्मनी की भाषा एक है; दोनों देशों की सीमाएँ भी मिलती हैं। किन्तु ऑस्ट्रिया के इतिहास, राजनीतिक जीवन और सांस्कृतिक विकास ने—भाषा की एकता के बावजूद—उसे जर्मनी से अलग रखा है। हिटलर ने बलपूर्वक उसे जर्मनी में मिला लिया था; हिटलर मर गया, आस्ट्रियन जाति फिर स्वाधीन हुई। नॉर्वे, स्वीडन, डेनमार्क और हॉलैंड की भाषाएँ जर्मन से वैसे ही मिलती हैं, जैसे रूसी से उक्रैनी और बेलोरूसी। अपने राजनीतिक जीवन, भाषा, संस्कृति और इतिहास के कारण ये देश भी जर्मनी का अंग न बने। राजनीतिक जीवन, संस्कृति और इतिहास भाषा की तुलना में जातीय विशिष्टता का प्रबलतर कारण हो सकते हैं। उत्तरी अमरीका में कभी अंग्रेज़ ही रहते थे; उन्होंने अमरीका में इंग्लैंड के उपनिवेश कायम किये थे। इसी तरह दक्षिणी अमरीका में अंग्रेज़ी और स्पेनी लोगों ने अपने उपनिवेश कायम किये थे। आर्थिक जीवन की भिन्नता, राजनीतिक स्वाधीनता की प्राप्ति, मातृभूमि से उपनिवेशों का प्रदेशगत अलगाव—इन कारणों से भाषा में एक होते हुए और संस्कृति में बहुत बड़ी समानता होते हुए भी अमरीका में अंग्रेज़ी और स्पेनी बोलनेवाली स्वतंत्र जातियाँ बनीं। स्विट्जरलैंड में जर्मन, फ्रांसीसी और इतालवी बोलनेवाली तीन मुख्य जातियाँ हैं। इन तीनों जातियों का आर्थिक जीवन स्विट्जरलैंड के सम्बद्ध प्रदेश में अलग-अलग नहीं है; फिर भी वे तीनों भाषाएँ मिटी नहीं हैं, तीनों में किसी एक का प्रभुत्व नहीं है, तीनों ही राजभाषाएँ हैं, तीनों के परस्पर संसर्ग से किसी चौथी भाषा की उत्पत्ति नहीं हुई। यहाँ भाषा जातीयता के भाव

को बनाए हुए है। यह ठीक है कि स्विट्जरलैंड के निवासी—वे चाहे जर्मन बोलते हों, चाहे फ्रांसीसी—अपने को स्विस नागरिक समझते हैं। यह भावना जातीयता की नहीं, राष्ट्रीयता की है। एक ही देश में अनेक जातियाँ जब सांस्कृतिक, राजनीतिक और आर्थिक सूत्रों में बँधकर जीवन बिताती हैं, तब यह देशगत राष्ट्रीयता की भावना उत्पन्न होती है। सामन्ती व्यवस्था के समय में ही यह भाव हमारे देश में उत्पन्न हुआ था। जातीय प्रदेशों के पुनर्गठन के युग में पूँजीवादी प्रभावों के कारण द्वेषवृत्ति भी जगाई गई है, फिर भी देशगत राष्ट्रीयता का भाव साधारणत: हर प्रदेश में सुरक्षित है। इसी तरह सोवियत संघ एक बहुजातीय राष्ट्र है। वहाँ के लोग रूसी, उक्रैनी, बेलोरूसी भी हैं और साथ ही सोवियत नागरिक भी। जातीय उत्पीड़न जितना ही अधिक होता है, उतना ही अलगाव की भावना बढ़ती है और राष्ट्रीय एकता की भावना कम होती है। भारत, स्विट्जरलैंड और सोवियत संघ का अनुभव यह बताता है कि सामन्तवाद, पूँजीवाद और समाजवाद—सामाजिक विकास की हर मंजिल में यह राष्ट्रीय भावना उत्पन्न हो सकती है।

यद्यपि यह सही है कि अखिल रूसी बाजार में उक्रैन शामिल था, फिर भी उक्रैनी लोग रूसी जाति का अंग न बने, किन्तु यह न भूलना चाहिए कि स्वयं रूसी जाति के निर्माण में और जातीय भाषा के रूप में रूसी के गठन और प्रसार में व्यापार की नियामक भूमिका थी। व्यापार-केन्द्र मॉस्को की बोली ही रूसी भाषा बनी। इसी प्रकार अंग्रेज़ी भाषा के प्रसार में व्यापार-केन्द्र लन्दन की नियामक भूमिका थी। फ्रांस में किसी समय प्रोवांस साहित्य और संस्कृति का केन्द्र था। ल्वार नदी के दक्षिण की भाषा लांगदौक कहलाती थी; औक 'हाँ' के लिए प्रयुक्त होनेवाला प्रोवांसाल शब्द था। उत्तर की भाषा लांगदइल कहलाती थी; अइल 'हाँ' के लिए उत्तरी शब्द था। पेरिस को धुरी बनाकर उत्तर में व्यापार का जो प्रसार हुआ, उससे यह उत्तरी लांगदइल ही फ्रांस की जातीय भाषा बनी। प्रोवांस की समृद्ध सांस्कृतिक परम्परा वाली भाषा को व्यापार के साथ फैलनेवाली इस नई उत्तरी भाषा के मार्ग से हटना पड़ा। पेरिस राज्यसत्ता का भी केन्द्र बना, इससे उत्तरी भाषा के प्रसार में सहायता मिली। चीन में पेकिंग राज्यसत्ता का केन्द्र रहा है; वह चीन का प्रमुख सांस्कृतिक केन्द्र भी रहा है। जातीय भाषा के रूप में पेकिंग की चीनी का ही प्रसार हुआ और वह प्रसार-कार्य अभी समाप्त नहीं हुआ। जैसे मॉस्को की भाषा के माध्यम से विभिन्न जनपद एक-दूसरे के निकट आए, वैसे ही पेकिंग की बोली "विभिन्न बोलियों के क्षेत्रों में क्रमश: सामाजिक आदान-प्रदान का साधन बनी।"[1] पहले उत्तर चीन के विभिन्न जनपद एक-दूसरे के निकट आए होंगे, बाद को दूसरे प्रदेशों में वह भाषा फैलती गई। मॉडर्न चाइनीज रीडर के लेखकों के अनुसार जो लोग चीनी भाषा बोलते हैं, उनमें सत्तर फीसदी उत्तरी बोली का ही प्रयोग करते हैं। "अनेक ऐतिहासिक कारणों से चीनी भाषा का पूर्ण एकीकरण अभी तक नहीं हुआ। लेकिन चीनी भाषा के एकीकरण का आधार कायम हो गया है। पेकिंग की ध्वनियाँ परिनिष्ठित ध्वनियाँ मानी गई हैं, उत्तरी बोली को आधारभूत बोली माना गया है, और बोलचाल की भाषा में जो आधुनिक क्लासिक रचनाएँ हुई हैं, उन्हें व्याकरण का नमूना माना गया है। इस आधार पर एक लोक-प्रचलित भाषा का निर्माण होगा।"[2] इस कार्य में कितनी कठिनाइयाँ हैं, इसका अनुमान एक घटना से होगा। लम्बे अभियान में जब माओत्से-तुंग और उनके साथी गैर-चीनी जातियों के इलाके में

1. 'मॉडर्न चाइनीज रीडर', पेकिंग, 1958, भाग 1, पृ. 20
2. उप.

पहुँचे, तो चङ श्येन-ची ने माओ से ई जाति के बारे में कहा : "अध्यक्ष, हालाँकि वे हमारे अच्छे भाई हैं, फिर भी वे जो कुछ कहते हैं, हम समझ नहीं सकते। ऐसा लगता है, मानो हम लोग विदेश में हों!" इस पर माओ ने उत्तर दिया : "यह आश्चर्य की बात नहीं है। तुम्हें मालूम है, हमारा देश कितना बड़ा है। तुम च्यांङशी के लोग हो और मैं हुनान का हूँ। जब तुम मेरी बोली नहीं समझ सकते, तो फिर ई लोग जो बोलते हैं, वह भला कैसे समझ सकोगे?"[1]

हिन्दी-भाषी क्षेत्र में बोलियों की जैसी भिन्नता है, वैसी ही और उससे अधिक भिन्नता चीनी-भाषी प्रदेश में है। पेकिंग की बोली के आधार पर हान जाति की भाषा का प्रसार अभी भी हो रहा है। पेकिंग व्यापार का प्रसिद्ध केन्द्र रहा है, साथ ही यह नगर चीन की राजधानी भी रहा है। तेरहवीं सदी में ही पेकिंग और हाङ-चाक को मिलानेवाली लम्बी नहर बनी थी जिससे चार प्रान्त—होपेइ, शान्तुङ्, क्याङसू और चेक्याङ—एक-दूसरे से सम्बद्ध हुए थे। याङ्त्सी, हाई आदि नदियों का यातायात एक ही व्यवस्था के अन्तर्गत आ गया था। यह नहर संसार की सबसे लम्बी नहर मानी जाती है। चीन की इस 'मध्यकालीन' स्थिति से इंग्लैंड के विकास की तुलना की जा सकती है जहाँ 1755 तक नहरें प्राय: थी ही नहीं। चौदहवीं-पन्द्रहवीं सदियों में मिङ राजाओं के शासन में चीनी व्यापार ने अभूतपूर्व उन्नति की। पेकिंग में चावल, कोयले, घोड़ों, मिट्टी के बर्तनों आदि की मंडियाँ कायम हुईं। मिङ-राजाओं की दूसरी राजधानी नानकिंग नगर थी। वहाँ लोहे, ताँबे, जरी के वस्त्रों के अनेक कारखाने थे। भारत और इंग्लैंड की तरह इन कारखानों में दस्तकारी द्वारा उत्पादन होता था। विभिन्न प्रदेशों में खास-खास उद्योगों का विकास हुआ—सूचाउ में रेशमी वस्त्रों का उद्योग, चिङ्तेहचेन में मिट्टी के बर्तनों का उद्योग, सुङ्च्याङ् में सूती वस्त्रों का उद्योग केन्द्रित हुआ। इस समय चीन ने जहाज बनाने में काफी उन्नति की और चीनी यात्रियों और व्यापारियों ने चम्पा, अरब, भारत आदि देशों की यात्रा की। कैन्तन विदेश से व्यापार का बहुत बड़ा केन्द्र बना। इस प्रकार चीन के सामन्ती ढाँचे में पूँजीवादी सम्बन्धों का विकास हो रहा था। अठारहवीं सदी में माञ्चू शासन के अन्तर्गत व्यापार और उद्योग-धन्धों ने और भी उन्नति की। इस उन्नति का प्रमुख केन्द्र पेकिंग था। इसलिए पेकिंग की बोली के आधार पर हान लोगों की जातीय भाषा का विकास हुआ।

हिन्दी-भाषी प्रदेश में दिल्ली व्यापार और राजनीतिक जीवन का केन्द्र रहा। वह खड़ी बोली बोलनेवाले प्रदेश का केन्द्रीय नगर था। दिल्ली की बोली के आधार पर हिन्दी-उर्दू का विकास हुआ। हिन्द प्रदेश के पूर्वी भागों में खड़ी बोली का प्रसार कैसे हुआ, इस सम्बन्ध में भारतेन्दु ने 'हिन्दी भाषा' नामक निबन्ध में लिखा था : "जो यहाँ के शिष्ट लोग बोलते हैं, वह परदेसी भाषा है और यहाँ पश्चिम से आई है।" पश्चिम से उसे कौन लोग लाए थे, इस प्रश्न के उत्तर में उन्होंने लिखा था : "अब पश्चिमोत्तर देश में घर में बोलने की भाषा कौन है, यह निश्चय नहीं होता, क्योंकि दिल्ली प्रान्त के व अन्य नगरों में भी खत्रियों व पछाहीं अगरवालों व अन्य पछाहीं जातियों के अतिरिक्त घर में हिन्दी कोई नहीं बोलते, वरंच यहाँ तो कोस-कोस पर भाषा बदलती है।"[2] अवधी और भोजपुरी के क्षेत्रों में भी अनेक व्यापार-केन्द्र कायम हुए थे, किन्तु वे दिल्ली और आगरे के समान शक्तिशाली न थे बल्कि उनके अधीन थे। इसके सिवा तुर्कों और मुगलों के शासनकाल में दिल्ली उत्तर भारत में राज्यसत्ता

1. छन छाङ फङ, 'लम्बे अभियान में अध्यक्ष माओ के साथ', पोकिंग, 1960, पृ. 63
2. 'कवि-वचन सुधा', 2 अक्टूबर, 1872

का बहुत बड़ा केन्द्र थी। इस कारण भोजपुरी या अवधी जातीय भाषा के रूप में विकसित न हुई; जातीय भाषा बनी दिल्ली केन्द्र वाली खड़ी बोली। आचार्य रामचन्द्र शुक्ल ने भारतेन्दु का अनुसरण करते हुए लिखा था कि मुगल साम्राज्य के ह्रास-काल में "दिल्ली के आसपास के प्रदेशों की हिन्दू व्यापारी जातियाँ (अगरवाले, खत्री आदि) जीविका के लिए लखनऊ, फैजाबाद, प्रयाग, काशी, पटना आदि पूरबी शहरों में फैलने लगीं।" इन व्यापारियों में हिन्दू-मुसलमान, दोनों थे; पूर्व की ओर उनका यह अभियान मुगल शासन के ह्रास-काल से बहुत पहले आरम्भ हो चुका था।

भारत पर तुर्कों के आक्रमण से पहले ही यहाँ अनेक विनिमय-केन्द्रों का विकास हो चुका था। आक्रमणकारी शहरों को लूटने पर ज्यादा ध्यान देते थे क्योंकि व्यापार द्वारा यहाँ सम्पत्ति सिमटकर इकट्ठा हो रही थी। थानेसर, कन्नौज, दिल्ली, मेरठ, बयाना, आगरा, अयोध्या आदि ऐसे ही विनिमय-केन्द्र थे जिन्हें लूटा गया था। तुर्क-शासन में शहरों की संख्या और भी बढ़ी। अलाउद्दीन खिलजी ने गाँवों के मुखियों के अधिकार सीमित कर दिये थे। तुगलकों के शासन में राज-कर्मचारी स्वयं जाकर भूमि-कर निश्चित करते थे। मुबारकशाह ने जागीरदारों को उनकी जागीरों से दूर नियुक्त करने की प्रथा चलाई थी। घुड़सवारों या प्यादों के जरिये डाक-व्यवस्था शेरशाह से पहले ही की गई थी। चुंगी-कर की जो भरमार थी, उसे भी तुर्क शासकों ने कम किया था। तुगलकों के समय में नहरें बनवाने की ओर विशेष ध्यान दिया गया था। शेरशाह के लिए कहा जाता है कि डाक-व्यवस्था के लिए तीन हजार घोड़े रखे गए थे। सौदागरों के लिए उसने सत्रह सौ सरायें बनवाई थीं। इतिहासकार अब्बास खाँ शेरवानी के अनुसार, हर सराय में हिन्दुओं और मुसलमानों के ठहरने और खाने-पीने का अलग-अलग प्रबन्ध किया गया था।

सोलहवीं-सत्रहवीं सदियों में उत्तर भारत के बिखरे हुए बाजार एक-दूसरे से सम्बद्ध हुए। यूरोप के व्यापारी अवध का बना हुआ कपड़ा आगरे में खरीदते थे। यूरोपीय यात्रियों के अनुसार सत्रहवीं सदी में आगरे की आबादी 6 लाख थी। पेलसार्ट ने लिखा था कि गुजरात, सिन्ध, लाहौर, दकन—हर तरफ का माल आगरे से गुजरता है; सड़कों पर बेशुमार माल—खास कर सूती माल—ढोया जाता है। पटना, बनारस, लखनऊ—ये सभी शहर सूती कपड़े के व्यापार-केन्द्र थे। मुगल शासन के अन्तर्गत, आर्थिक और राजनीतिक दोनों रूपों में, वे परस्पर सम्बद्ध थे। इन बड़े नगरों में आसपास के देहात से जुलाहों की बड़ी तादाद सिमट आती थी। रोटी-रोजी की तलाश में अलग-अलग बोलियाँ बोलनेवाले लोग इन शहरों में इकट्ठा होते थे। इनमें आपस के व्यवहार के लिए किसी सामान्य भाषा की आवश्यकता थी। इस आवश्यकता को पूरा किया व्यापारी वर्ग से सम्बद्ध खड़ी बोली ने।

यहाँ यह भी ध्यान देने योग्य है कि मौर्य और गुप्त काल के व्यापार से इस नये व्यापार में बहुत अन्तर था। अब केवल कुछ रईसों के लिए क्रय-वस्तुएँ तैयार न होती थीं; व्यापार के लिए मुख्य क्रय-वस्तु था कपड़ा। अकेले इंग्लैंड के लिए आगरे से 1640-41 के 'सीज़न' में 23,550 थान कपड़ा भेजा गया था। आगरे का निर्यात व्यापार गुजरात से भी बढ़ गया था। इस 'सीज़न' में गुजरात ने 18,918 थान इंग्लैंड भेजे थे। (1638-39 में गुजरात ने 38,442 थान भेजे थे और आगरे ने केवल 2,823 थान!)[1] अवध का कपड़ा यदि आगरे में बिकने आए तो हम यही कहेंगे कि इस तरह अवध और ब्रज के प्रदेश एक बाजार द्वारा परस्पर

1. मोरलैंड, 'फ्रॉम अकबर टु औरंगज़ेब', पृ. 128

सम्बद्ध हुए। इसी प्रकार पटना, बनारस का सम्बन्ध आगरे से कायम हुआ तो मगध और भोजपुरी, प्रदेश भी इस विशाल बाजार से सम्बद्ध हुए। अवध में दरियाबाद और खैराबाद अपने सूती कपड़ों के लिए प्रसिद्ध थे। यहाँ का बना हुआ माल बिकने के लिए लखनऊ की मंडी में आता था। उद्योग-धन्धों के छोटे केन्द्र विनिमय के बड़े केन्द्रों से सम्बद्ध होकर एक घरेलू बाजार का निर्माण कर रहे थे।

इस समग्र विकास-क्रम में आगरे का अन्यतम महत्त्व रहा है। आगरा व्यापार का बहुत बड़ा केन्द्र था। यातायात के अनेक मार्ग यहाँ आकर मिलते थे। आगरा जरी के वस्त्रों, दरियों और काँच के सामान के लिए प्रसिद्ध था। डॉ. डी. पन्त के अनुसार, अकबर स्वयं दरियों के निर्माण पर ध्यान देता था और इस उद्योग का संरक्षक था। आगरे में शोरे का बहुत बड़ा धन्धा होता था। पेलसार्ट के अनुसार, पाँच-छह हजार मन शोरा अकेले आगरे में पैदा होता था। शोरे से बारूद बनती थी। इसके सिवा आगरा नील के व्यापार का बहुत बड़ा केन्द्र था। आगरे के आसपास के प्रदेश में लोहे, ताँबे और चाँदी की खानें थीं। बियाना नील और गन्ने की खेती के लिए प्रसिद्ध था। फतेहपुर सीकरी में लाल पत्थर की खानें थीं। श्री कृष्णदत्त बाजपेयी ने 'भारतीय व्यापार का इतिहास' में लिखा है : "बयाना, इतमादपुर, कन्नौज कोयला और खुर्जा नील उत्पन्न करनेवाले प्रधान केन्द्र थे। उत्तर भारत का बहुत-सा कपड़ा इन स्थानों में रँगा जाने के बाद आगरा होकर बाहर जाता था।" आगरा एक ओर आसपास के प्रदेश को व्यापार-सूत्रों में बाँधता था तो दूसरी ओर वह उत्तर भारत के विशाल बाजार का केन्द्र था।

व्यापारियों की सामान्य भाषा खड़ी बोली थी। ग्रियर्सन के अनुसार : "उन दिनों (अर्थात् सत्रहवीं सदी) के कुछ अंग्रेज़ सौदागर अवश्य ही धारा-प्रवाह हिन्दुस्तानी बोल लेते थे।"[1] टॉमस कॉरिओट नामक अंग्रेज़ राजदूत इतनी अच्छी तरह हिन्दुस्तानी बोल लेता था कि 1616 में जब उसकी धोबिन ने उसे गालियाँ देना शुरू किया, तो उसने भी धाराप्रवाह गाली-वर्षा से उसे शान्त कर दिया। व्यापार की उन्नति के लिए आवश्यक था कि एक भाषा और लिपि का चलन हो। एडवर्ड टेरी ने 1655 में प्रकाशित अपने यात्रा-वृत्तान्त में लिखा था : "इन्दोस्तान देश की बोलचाल की भाषा अरबी-फ़ारसी जबानों से बहुत साम्य रखती है लेकिन बोलने में ज्यादा सुखद और सरल है। इसमें काफी रवानी है और थोड़े शब्दों में बहुत कुछ कहा जा सकता है। लोग हमारी ही तरह यानी बायें से दायें को लिखते और पढ़ते हैं।"[2] इससे पता चलता है कि अरबी-फ़ारसी शब्दों के प्रयोग का यह अनिवार्य परिणाम न था कि भाषा के लिए एक भिन्न लिपि का प्रयोग भी किया जाए। उर्दू लेखक श्री अली सरदार जाफरी ने इस स्थापना का खंडन किया है। उनके अनुसार, चौदहवीं-पन्द्रहवीं सदी में ही मुसलमान उर्दू लिपि का प्रयोग करने लगे थे। "यह स्वाभाविक है कि हिन्दी के एक महान् कवि मलिक मुहम्मद जायसी के 'पद्मावत' की सभी प्राचीन पांडुलिपियाँ उर्दू लिपि में हों और उन्हीं से देवनागरी के रूपान्तर हुए हैं। हिन्दी-उर्दू के अनेक विद्वानों का मत है कि उन्होंने अपनी पुस्तक उर्दू लिपि में ही लिखी थी।"[3] यदि श्री जाफरी की यह बात सही हो तो उससे एक निष्कर्ष तो यह निकलता है कि लिपि बदलने से भाषा नहीं बदल जाती। जायसी की लिपि उर्दू रही हो तो भी उनकी भाषा हिन्दी (अवधी) थी, उर्दू नहीं। इसी न्याय

1. ग्रियर्सन, 'लिंग्विस्टिक सर्वे ऑव इंडिया', खंड 1, पृ. 2
2. उप.
3. 'इंडियन लिटरेचर', संख्या 1, 1953, बम्बई

से उर्दू लेखक यदि अपनी रचनाएँ देवनागरी लिपि में प्रकाशित कराएँ तो इससे उनकी भाषा खत्म न हो जाएगी। किन्तु इसमें सन्देह है कि जायसी ने उर्दू लिपि का व्यवहार किया था।

अखरावट में उन्होंने ज्ञान ककहरा लिखा है :

कहौं सो ज्ञान ककहरा सब आखर महँ लेखि।
पंडित पढ़ अखरावटी टूटा जोरेहु देखि॥

जिनके लिए जायसी ने अखरावट लिखा था, उन्हें वे ककहरा से परिचित समझते। थे। इसीलिए :

का—करतार चहिय अस कीन्हा।
खा—खेलार जस है दुइ करा।
गा—गौरहु अब सुनहु गियानी॥

टेरी की बात ठीक मालूम होती है कि बायें से दायें लिखी-पढ़ी जानेवाली सामान्य लिपि का चलन था। बनारस के मित्रों ने मुझे बताया है कि वहाँ के अनेक मुसलमान व्यापारियों के यहाँ हिसाब-किताब अभी तक देवनागरी लिपि में होता है। आगरे में गोकलपुरा मोहल्ले के पंसारी श्री करीमा टेरी के समय की परम्परा का पालन करते हुए अभी तक अपना बही-खाता नागरी लिपि में लिखते हैं।

केन्द्रीय प्रदेश में व्यापार की भाषा होने के करण अन्तर-प्रान्तीय व्यवहार के लिए भी उसका उपयोग होता था। यह आश्चर्य की बात होती कि अंग्रेज़ व्यापारी खड़ी बोली सीखते और भारत के ही—विशेष कर उत्तरी, पूर्वी और पश्चिम भारत के—लोग अन्तर-प्रान्तीय व्यवहार के लिए खड़ी बोली को न अपनाते। इटली के यात्री "मनुच्ची और शिवा जी ने अनेक विषयों पर देर तक बातें कीं। मनुच्ची धाराप्रवाह उर्दू बोलता था और दुभाषिये की सहायता के बिना उन्होंने सीधे ही आपस में बातचीत की।"[1]

जिस प्रदेश में व्यापार के कारण खड़ी बोली का प्रसार हुआ, उसका पुराना नाम हिन्दुस्तान था; मुसलमान शासक इस प्रदेश की भाषा को हिन्दी, हिन्दवी या हिन्दुई कहते थे। यह सही है कि हिन्दुस्तान नामक प्रदेश की सीमाएँ निश्चित नहीं थीं और हिन्दी या हिन्दवी से हमेशा खड़ी बोली का बोध न होता था, इसमें आश्चर्य नहीं, क्योंकि हिन्दी-भाषी प्रदेश की सीमाएँ आज भी निश्चित नहीं हैं; कुछ लोग उर्दू को इलाकाई ज़बान मानते हैं और उर्दू का इलाका हिन्दी के इलाके से भिन्न मानते हैं। हिन्दी साहित्य के इतिहास में ब्रज, अवधी और मैथिली साहित्य का विवेचन होता है, अर्थात् साहित्य के इतिहासकार हिन्दी शब्द का प्रयोग खड़ी बोली के सीमित अर्थ में नहीं करते। खुसरो और नज़ीर जैसे दो-एक कवियों को छोड़कर (आधुनिक काल में गद्य लेखक प्रेमचन्द को छोड़कर जिनकी हिन्दी-उर्दू रचनाएँ शब्द-भंडार की दृष्टि से काफी भिन्न हैं) हिन्दी-उर्दू साहित्य के इतिहासों में खड़ी बोली की दोनों साहित्यिक शैलियों के साहित्य की चर्चा नहीं होती। इसलिए बाबर या अकबर के समय में हिन्दुस्तान और हिन्दी शब्दों का प्रयोग कुछ अनिश्चित रहा हो, तो आश्चर्य नहीं।

बाबर ने शिवालिक पर्वत की व्याख्या करते हुए लिखा था कि 'हिन्दी' ज़बान में 'सवाई लाख' का अर्थ होता है—एक लाख और उसका पौन हिस्सा यानी 1,25,000 और परबत

1. जी.एस. सरदेसाई, 'न्यू हिस्ट्री ऑव दि मराठाज', खंड 1, पृ. 161

का अर्थ है—पहाड़। इस तरह शिवालिक पर्वत का मतलब हुआ—'सवा लाख पहाड़ियों वाला पर्वत'[1]। बाबर की यह व्युत्पत्ति सही हो चाहे गलत, यह स्पष्ट है कि उसने हिन्दी शब्द उस भाषा या बोलियों के लिए ठीक इस्तेमाल किया है जिसमें सवा लाख और पर्वत जैसे शब्दों का चलन था। अन्यत्र उसने लिखा है कि 'हिन्द' के लोग रती, माशा, तोला, सेर जैसी बँधी तौल के बाट काम में लाते हैं।[2] तौल के ये शब्द भी हिन्दी के हैं। 'तुज़ुकए-जहाँगीरी' में 'हिन्दी' के बहुत-से शब्दों का उल्लेख है और वे हिन्दी के ही हैं। जो माल कच्चा न हो, उसे 'पक्का' कहते हैं;[3] 'हिन्दी' में 'काला पानी' किसे कहते हैं, यह समझाया गया है;[4] एक तरह का जाल हिन्दी में 'भँवर जाल' कहलाता है;[5] हुमायूँ के सामने कूदनेवाले चूहे जैसा एक जीव लाया गया जिसे 'हिन्दी जबान' में 'गलहरी' कहते हैं;[6] बिना दुम के काले बन्दर को 'बनमानुस' कहते हैं;[7] अनूप राय को 'अनीराय सिंह दलन' की उपाधि दी गई थी क्योंकि हिन्दी ज़बान में अनीराय का अर्थ फौज का नायक और सिंह-दलन का अर्थ है शेर मारनेवाला;[8] यहाँ के लोग तलवार को 'खांडा' और कृपाण को 'कटार' कहते हैं;[9] हिन्दुस्तान में एक पक्षी होता है 'पपीहा', जो बरसात में हृदयबेधी शब्द करता है,[10] बहुत-से पक्षियों के नाम फ़ारसी में नहीं हैं या यों कहें कि विलायत में ये पक्षी होते नहीं हैं, "इसलिए मैंने हिन्दी नाम दिये हैं;"[11] पानी में खिलनेवाले एक फूल का नाम 'कुमुदिनी' है। इन फूलों पर भँवरा बैठता है;[12] हिन्दी में खम्भे को 'इस्तम्भ', 'खम्भ' कहते हैं।[13] जहाँगीर ने किष्टबार के राजा के बारे में लिखा था कि वह 'हिन्दी और कश्मीरी ज़बानें' जानता है; कश्मीरी में 'कदल' का अर्थ 'पुल' होता है और भात को 'बथ' कहा जाता है।[14] इससे जाहिर है कि जहाँगीर भाषाओं के भेद से परिचित था; इस देश की हर भाषा को वह हिन्दी न कहता था। उसने जिन शब्दों को हिन्दी भाषा के शब्द कहकर लिखा है, वे हिन्दी भाषा के शब्द ही हैं। कश्मीर के ब्राह्मण कश्मीरी जवान बोलते हैं; वे संस्कृत में लिखी किताबें पढ़ते हैं।[15] उसे हिन्दी शब्द से संस्कृत का भ्रम नहीं होता। वास्तव में जहाँगीर और उससे पहले अनेक मुसलमान लेखकों ने यहाँ पर अनेक भाषाओं के चलन का उल्लेख किया है। खुसरो ने हिन्दी के लिए लिखा था कि वह अरबी और फ़ारसी से घटकर नहीं है। ग्रियर्सन के अनुसार, खुसरो के लिए सम्भवतः हिन्दी का अर्थ था संस्कृत। खुसरो ने यहाँ की भाषाओं में सिन्धी, कश्मीरी, अवधी, बंगाल

1. 'बाबरनामा', अनेत सुसाना बेवरिज द्वारा तुर्की से अनुवादित, लन्दन, 1922, खंड 2, पृ. 485
2. उप., पृ. 517
3. 'तुज़ुक-ए-जहाँगीर', अनु. अलेग्जेंडर रोजर्स, लन्दन, 1909, खंड 1, पृ. 98
4. उप.
5. उप., पृ. 99
6. उप., पृ. 104
7. उप., पृ. 143
8. उप., पृ. 187-88
9. उप., पृ. 218
10. उप., पृ. 164
11. उप., पृ. 169
12. उप., पृ. 412
13. उप., पृ. 416
14. उप., पृ. 140-46
15. उप., पृ. 149

(बंगला), लाहौरी (पंजाबी), गुजरात (गुजराती) आदि भाषाओं के साथ दिल्ली और उसके आसपास की ज़बान का उल्लेख किया है। उसने संस्कृत के लिए 'हिन्दी' शब्द का प्रयोग किया होगा, यह सम्भव नहीं। दिल्ली के असपास की ज़बान का उल्लेख यह सिद्ध करता है कि भाषा-रूप में इसकी काफी प्रसिद्धि हो चुकी थी। अबुलफ़ज़ल ने भी खुसरो की तरह दिल्ली, बंगाल, मुल्तान, मारवाड़, गुजरात, सिन्ध आदि की भाषाओं का उल्लेख किया है।

मुसलमान लेखकों की परम्परा का पालन करते हुए यूरोपीय लेखकों ने 'हिन्दुस्तान' शब्द का प्रयोग सीमित अर्थ में किया था। टेरी ने जिस 'इन्दोस्तान' की भाषा का साम्य अरबी-फ़ारसी से देखा था, वह दिल्ली-आगरे की ज़बान थी। टॉमस कौरिओट ने 'इन्दोस्तान' में महारत हासिल की थी। कौरिओट और धोबिन की घटना का वर्णन टेरी ने किया था और 'इन्दोस्तान' शब्द भाषा के लिए प्रयुक्त किया था। 1673 में फोयर ने लिखा था कि राजदरबार की भाषा फ़ारसी है लेकिन बोलचाल की आम ज़बान 'इन्दोस्तान' है। 1782 में इवारस एबेल नामक सज्जन ने तमिल, तेलगू, 'हिन्दुस्तानी' आदि भाषाओं का कोश तैयार किया था।[1] प्येत्रो देल्ला वाल्ले (1623) के अनुसार ब्राह्मण नागरी लिपि का प्रयोग करते थे। हाइनरिश रौथ (1653-1668) और जे.एफ. फ़्रित्ज़ (1748) ने नागरी लिपि के व्यवहार का उल्लेख किया है। 1771 में कासिआनो बेलीगात्ती ने नागरी वर्णमाला पर एक पुस्तक लिखी। नागरी लिपि के ये उल्लेख इस तथ्य की ओर संकेत करते हैं कि जिन दिनों यहाँ फ़ारसी राजभाषा थी, लोगों ने नागरी लिपि को भुला न दिया था वरन् उसका व्यवहार बना हुआ था जिससे उसकी ओर विदेशियों का ध्यान आकर्षित हुआ 19वीं सदी के उत्तरार्द्ध में कुछ साम्प्रदायिक लोगों ने उर्दू लिपि का बहिष्कार करके नागरी लिपि का चलन न कर दिया था।

1786 में सर विलियम जोन्स ने हिन्दुस्तानी और ब्रजभाषा का भेद करते हुए लिखा था : "हम जानते हैं कि हिन्दुस्तान खास में मुसलमानों ने लोगों को एक विचित्र गठन की सजीव भाषा बोलते सुना जिसका शुद्ध रूप आगरे के आसपास और खास कर मथुरा की काव्यमय भूमि में प्रचलित था। इसे साधारणत: ब्रजभाषा कहा जाता है। सम्भवत: छह में पाँच शब्द इस भाषा में संस्कृत से आए थे।...लेकिन हिन्दुस्तानी का आधार, खास कर क्रिया के रूप और विकार उन दोनों से उतना ही भिन्न थे जितना अरबी फ़ारसी से या जर्मन ग्रीक से भिन्न है।" जोन्स ने यहाँ 'हिन्दुस्तान' को हिन्दी-भाषी प्रदेश के सीमित में प्रयुक्त किया है; 'हिन्दुस्तानी' उनके लिए, ब्रज से भिन्न (और संस्कृत से भी भिन्न) खड़ी बोली है, यह उन्होंने स्पष्ट कर दिया है। 1816 में विलियम केरी ने हिन्दी का व्यापक प्रसार देखकर लिखा था कि "हिन्दी का कोई अपना प्रदेश नहीं है जिसके लिए कहा जा सके कि हिन्दी वहीं की भाषा है।" केरी के अनुसार 'हिन्दी' उन सभी शहरों में बोली जाती थी जो उसके समय में मुस्लिम शासकों के केन्द्र थे या पहले रह चुके थे।

1857 के स्वाधीनता-संग्राम में हर अंग्रेज़ को हिन्दुस्तानी जाति के अस्तित्व का पता चल गया था। 11 सितम्बर, 1857 को पंजाब सरकार की ओर से ब्रैंडरेथ ने कलकत्ता सरकार को लिखा था : "अब 18,920 हिन्दुस्तानी सिपाहियों में से एक का भी विश्वास नहीं किया जा सकता। ये सब कमजोरी और खतरे की जड़ हैं। हर छावनी में गोरी और पंजाबी पल्टनें दिन-रात ड्यूटी पर रहती हैं और जरा भी गड़बड़ होते ही हिन्दुस्तानियों पर टूट पड़ने को तैयार हैं।" यहाँ हिन्दुस्तानियों को पंजाबियों से भिन्न जाति में गिना गया है। 20 अगस्त, 1857 के

1. 'ग्रियर्सन के लिंग्विस्टिक सर्वे' (प्रथम खंड) में यह सब विवरण दिया हुआ है।

'फ्रेंड ऑव इंडिया' ने यह समाचार प्रकाशित किया था कि पंजाब के जुडीशल मजिस्ट्रेट ने यह घोषणा करा दी है कि आम तौर से 'हिन्दुस्तानियों' को किसी सरकारी नौकरी में न लिया जाएगा। स्यालकोट के हिन्दुस्तानी अमलों के बारे में अंग्रेज़ अधिकारियों का विचार था कि वे वैसे तो बड़े अच्छे आदमी हैं, काम भी जी लगाकर करते हैं, फिर भी उनकी जगह धीरे-धीरे पंजाबियों को नियुक्त करना चाहिए।[1] इतिहासकार होल्म् स के अनुसार पंजाब सरकार के सामने समस्या यह थी कि "पंजाबी पल्टनों में करीब एक-चौथाई हिन्दुस्तानी थीं; वहीं लघुसंख्यक बहुसंख्यकों को गुमराह न कर दें।"[2] उस समय के साहित्य में हिन्दुस्तानी शब्द एक जाति विशेष के लिए प्रयुक्त होता था। इस जाति के प्रदेश के लिए सीमित अर्थ में 'हिन्दुस्तान' शब्द का प्रयोग बराबर होता रहा। ग्रियर्सन ने कैथी लिपि के बारे में लिखा था, "यह लिपि अधिक पूर्ण और सुन्दर नागरी के साथ सारे हिन्दुस्तान में प्रयुक्त होती है।"[3] अवधी में 'हिन्दुस्तान का कम-से-कम आधा साहित्य' लिखा गया है।[4] कोई आश्चर्य नहीं कि 1930 में हिन्दी-भाषी जाति के एकीकरण का प्रश्न उठाते हुए डॉ. धीरेन्द्र वर्मा ने 'हिन्दी राष्ट्र या सूबा हिन्दुस्तान' नामक पुस्तक प्रकाशित कराई। (इस पुस्तक के चार लेख 1922 में प्रकाशित हो चुके थे।) 1946 में भारतीय कम्यूनिस्ट पार्टी ने संविधान-सभा के लिए जो मसौदा तैयार किया था, उसमें भाषा-धार पर बननेवाले राज्यों में एक राज्य का नाम दिया था 'हिन्दुस्तान।' अन्त में भाषाविद् डॉ. सुनीति कुमार चाटुर्ज्या का मत उद्धृत करना यथेष्ट होगा। उन्होंने 'हिन्दुस्तानी' शब्द के चलन का इतिहास बताते हुए लिखा है : " 'हिन्दुस्तानी' शब्द का अर्थ होता है 'हिन्दुस्तान की (भाषा)' और 'हिन्दुस्तान', यह शब्द, मुस्लिम काल में अपने सीमित अर्थ में पंजाब तथा बंगाल के बीच के उत्तर-भारतीय मैदान के लिए प्रयुक्त होता था। पूर्वी हिन्दी तथा बिहारी बोलनेवाला पूर्वी उत्तर प्रदेश तथा बिहार का भाग, जो पूरब कहलाता है, भी इसी 'हिन्दुस्तान या हिन्दुस्थान' का ही एक हिस्सा है। बंगाल में बंगला न बोलनेवाले तथा बिहार या उत्तर प्रदेश के लोगों को 'हिन्दुस्थानी' अथवा 'पश्चिमी' कहा जाता है। परन्तु 'पंजाबी' या राजस्थान के निवासी 'मारवाड़ी' इन हिन्दुस्तानियों (या हिन्दुस्थानियों) से भिन्न गिने जाते हैं।"[5] हिन्दस्तान और हिन्दुस्तानी शब्दों को एक जाति विशेष के प्रदेश और उसकी भाषा के लिए प्रयुक्त करके स्वयं डॉ. चाटुर्ज्या ने यह मत प्रकट किया है : "हिन्दुस्थानी के सर्वाग्र न आ सकने का एक कारण यह था कि बंगाल, महाराष्ट्र, पंजाब आदि प्रान्तों की भाँति हिन्दुस्थानी क्षेत्र (बिहार, उत्तर प्रदेश, मध्य भारत तथा अन्य प्रदेशों) की जनता राजनीतिक दृष्टि से उतनी जाग्रत न हुई थी।"[6] इस प्रकार 'हिन्दुस्तान' एक जाति विशेष का इतिहास-सम्मत प्रदेश है। इस जाति का गठन अंग्रेज़ों के आने से पहले हुआ। इसी कारण मुसलमान और अंग्रेज़, दोनों ही उसे आसानी से पहचान सके। यह धारणा भ्रान्त है कि भारत के अर्थतंत्र में अंग्रेज़ों की भारत-विजय से पहले कोई परिवर्तन न हुआ था। जिस पद्धति से यूरोप में रूसी, फ्रांसीसी, ब्रिटिश आदि जातियों का निर्माण हुआ था, मूलत: उसी पद्धति से, अर्थात् व्यापार द्वारा पूँजीवादी सम्बन्धों के प्रसार से यहाँ हिन्दुस्तानी जाति का गठन

1. रामविलास शर्मा, 'सन् सत्तावन की राज्यक्रान्ति', आगरा, पृ. 346-47
2. टी. राइस होल्म्स, 'ए हिस्ट्री ऑव दि इंडियन म्यूटिनी', 1898, पृ. 333
3. 'लिंग्विस्टिक सर्वे ऑव इडिया', खंड 1, पृ. 151
4. उप., पृ. 158
5. 'भारतीय आर्य भाषा और हिन्दी', पृ. 159
6. उप., पृ. 158

हुआ। भारत में अकेले हिन्दुस्तानी जाति का गठन नहीं हुआ; यहाँ बंगला, मराठी, गुजराती आदि भाषाएँ बोलनेवाली जातियों का भी गठन हुआ। 1953 में हिन्दुस्तानी जाति के निर्माण पर 'इंडियन लिटरेचर' में मेरा निबन्ध छपा तो कुछ अहिन्दी-भाषी मित्रों ने लिखा कि हिन्दी लेखकों ने जातीयता के उत्साह में एक जाति गढ़ डाली है और ब्रिटिश-पूर्व इतिहास में उसका प्रमाण भी खोज निकाला है। उनकी इस धारणा का खंडन करने के लिए ऊपर 'हिन्दुस्तान' आदि से सम्बन्धित उद्धरण दिये गए हैं। उपर्युक्त कोटि के मित्रों से आप पूछें कि अंग्रेज़ों के आने से पहले उनकी अपनी जाति का निर्माण हुआ था या नहीं तो वे कहेंगे, 'हाँ'! लेकिन पूछिए कि हमारी जाति का निर्माण हुआ था या नहीं, तो कहेंगे, 'नहीं'! अंग्रेज़ों ने यहाँ की जातियों के विकास को हर तरह से रोका, साम्प्रदायिकता के आधार पर उन्हें विभाजित करने की नीति अपनाई; इसका यह अर्थ नहीं कि स्वाधीन भारत के विचारक भी जातियों का विकास रोकें और उनके अस्तित्व से ही इनकार कर दें।

हिन्दुस्तानी जाति की एकता की ओर सबसे पहले ध्यान देनेवाले एक बंगाली सज्जन थे श्यामाचरन गांगुली। वह उदारपंथी विचारों के थे और अंग्रेज़ों से व्यर्थ झगड़ा मोल न लेना चाहते थे। किन्तु बंगाल के विभाजन ने उनके हृदय को काफी चोट पहुँचाई थी। इस विभाजन को दूर करने के लिए उन्होंने सभी जातियों की अपनी-अपनी एकता स्थापित करने का एक अखिल भारतीय कार्यक्रम बनाया था। उनका विचार था कि बंगाली अपनी एकता के लिए अकेले आन्दोलन करें, इससे अच्छा है कि अन्य सभी जातियाँ मिलकर अपनी एकता के लिए संयुक्त आन्दोलन करें। यह बहुत सूझबूझ की बात थी। एक प्रान्त विशेष के आन्दोलन को सारे देश से बल मिलता और देशव्यापी आन्दोलन चलने के कारण जातीय द्वेषभाव के उभरने की गुंजाइश भी कम रहती। जातीयता का एक दूषित भाव उस समय भी उत्पन्न होता है जब किसी जाति के लोग अपनी माँगों के लिए अकेले लड़ते हैं और देश के बाकी लोग तटस्थ और उदासीन रहते हैं। ऐसी जाति में उत्पीड़न और अहंकार की भावना उत्पन्न होती है; हमीं अकेले लड़े, बाकी सब तमाशा देखते रहे; हमने अकेले ही लड़कर अपनी माँगें मनवा लीं अथवा इस देश में हमारा कोई नहीं है, हमारे भाग्य में सताया जाना ही लिखा है। इस तरह की खतरनाक भावग्रंथियाँ अनेक जातियों की संयुक्त कार्यवाही से ही दूर की जा सकती हैं। इसलिए दूरदर्शी अध्यापक श्यामाचरन गांगुली की रणनीति का महत्त्व स्वाधीन भारत के लिए भी कम नहीं है। उन्होंने नवम्बर 1911 के 'मॉडर्न रिव्यू' में लिखा था : "किसी भी प्रदर्शन से अधिक महत्त्वपूर्ण यह होगा कि बंगभंग के प्रश्न को हम और ऊँचे धरातल पर ले जाएँ और एक बंगाली प्रश्न को भारतीय प्रश्न बना दें। यदि हम समग्र बंगाली जनता के प्रशासकीय एकीकरण की समस्या को इस वृहत्तर समस्या में मिला दें कि भाषा के आधार पर भारत के प्रशासकीय विभाग (अर्थात् प्रान्त) बनने चाहिए तो उपर्युक्त उद्देश्य सिद्ध हो सकता है। बंगाल के वर्तमान विभाजन में तब्दीली इस तरह की नीति का आवश्यक अंग होगी। यदि विच्छिन्न होकर विभिन्न प्रशासकीय विभागों के अन्तर्गत रहना बंगालियों के लिए बुरा है, तो इसी तरह हिन्दुस्तानियों, मराठों और उड़िया लोगों के लिए भी विच्छिन्न होकर विभिन्न प्रशासकीय विभागों के अन्तर्गत रहना बुरा होगा। संयुक्त प्रदेश के हिन्दुस्तानी पंजाब के दिल्ली विभाग के हिन्दुस्तानियों से, बिहार, छोटा-नागपुर के एक हिस्से और मध्य प्रदेश के हिन्दुस्तानियों से अलग रखे गए हैं; बम्बई प्रेसीडेंसी के मराठे मध्य प्रदेश के मराठों से अलग रखे गए हैं; बंगाल प्रान्त के उड़िया मद्रास के गंजम जिले के उड़िया लोगों से दूर रखे

गए हैं। लेकिन बहुत दिनों से अलगाव की हालत में रहते चले आना एक बात है और बहुत दिनों तक संयुक्त रहने के बाद फिर अलगाव की हालत में आना दूसरी बात है। हिन्दुस्तानी, मराठे और उड़िया लोग बहुत दिनों से अलगाव की हालत में रहते चले आ रहे हैं; उनके अलगाव और बंगाल के विभाजन में यही अन्तर है।"[1] जातीयता के प्रश्न को लेकर जैसी समझ श्यामाचरन गांगुली में दिखाई देती है, वैसी समझ आज के विद्वानों, विशेषज्ञों और राजनीतिज्ञों में भी कम दिखाई देती है। उन्हें अपनी स्थापनाओं के लिए और भी श्रेय इसलिए मिलना चाहिए कि तब तक स्तालिन की प्रसिद्ध पुस्तक 'मार्क्सवाद और जातियों का सवाल' लिखी न गई थी। लेनिन की रचनाएँ भारत आई न थीं, आई भी हों तो स्पष्ट ही अध्यापक गांगुली ने उन्हें पढ़ा न था। बंगाली जातीयता पर आक्रमण होने से उनका मानस प्रबुद्ध हुआ था और उन्होंने भारत की जातीय समस्या को दर्पण के प्रतिबिम्ब की तरह बहुत साफ देख लिया था। उनकी स्थापनाओं के बारे में यहाँ इतना ही कहना आवश्यक है कि भातीय समस्या के बारे में स्तालिन की बुनियादी सीख यह है कि इस समस्या को हमेशा मूल सामाजिक समस्या के अन्तर्गत देखना चाहिए। पराधीन भारत में मूल समस्या थी स्वाधीनता-प्राप्ति। अंग्रेज़ी प्रभुत्व से मुक्ति पाए बिना एक प्रान्त में संयुक्त होकर भी कोई जाति उन्नति न कर सकती थी। मध्य और उच्च वर्गों के थोड़े-से लोग नौकरियाँ पा जाते, नौकरियों का क्षेत्र विस्तृत हो जाता, लेकिन अधिकांश गरीब जनता का भाग्य न पलटता। स्वाधीन भारत के अनेक जातीय आन्दोलनों में यह रुझान साफ दिखाई दिया है कि देश के समाजवादी नवनिर्माण की मूल समस्या गौण हो गई है और भाषा के आधार पर राज्य बनाने की समस्या मुख्य हो गई है। किसान-मजदूर एकता की धुरी पर समग्र जनता की दृढ़ एकता ही देश में समाजवादी निर्माण को सफल बना सकती है। इस एकता का अभी अभाव है। इसलिए जातीय आन्दोलन हिंसा-द्वेष और अलगाव की भावना से बहुत जल्दी पीड़ित हो जाते हैं जिससे न देश का हित होता है, न किसी जाति विशेष का। जातीय समस्या को गौण समझकर उसे छोड़ देना भी हानिकर है। यदि जनसाधारण का संगठन करनेवाले प्रगतिशील विचारक इस समस्या की उपेक्षा करेंगे, तो साम्प्रदायिक और प्रतिक्रियावादी शक्तियाँ उसे अपने हित में इस्तेमाल करेंगी और श्रमिक जनता के संगठन और आन्दोलन पर ही वार करेंगी। इसीलिए जातीय समस्या और श्रमिक जनों की शोषणमुक्ति-समस्या में कौन गौण है, कौन प्रधान, इस बात का ध्यान रखते हुए प्रगतिशील विचारकों को जातीय समस्या के समाधान की ओर बढ़ना चाहिए।

जातीयता का प्रमुख चिह्न है भाषा। जाति के निर्माण से भाषा के गठन और विकास का घनिष्ठ सम्बन्ध है। दिल्ली के आसपास के प्रदेश की भाषा क्यों हमारी जातीय भाषा बन गई, कुछ लोग इसके लिए विशुद्ध भाषागत कारण ढूँढ़ने का प्रयत्न करते हैं। खड़ी बोली में कुछ ऐसे 'गुण' थे जो ब्रज, अवधी आदि में नहीं थे, इसलिए उसने ब्रजभाषा को अपदस्थ कर दिया! इसके विरुद्ध ब्रजभाषा-प्रेमी यह तर्क देते हैं कि ब्रजभाषा के-से कवि खड़ी बोली में पैदा ही नहीं हुए; खड़ी बोली ने ब्रजभाषा का हक छीन लिया है, यह घोर अनाचार है! जातीय विकास के सन्दर्भ में इस समस्या को देखने से पता चलेगा कि सामाजिक विकास-क्रम में जातीय भाषा के रूप में किसी एक बोली का प्रसार या गठन ऐतिहासिक रूप से अनिवार्य घटना है। इसी तरह ब्रिटेन, रूस, फ्रांस आदि देशों में वहाँ की जातीय भाषाओं का गठन और प्रसार हुआ। इस प्रक्रिया का आर्थिक आधार व्यापार है। पूँजीवाद का अर्थ उत्पादन की

1. श्यामाचरन गांगुली, 'एसेज़ एंड क्रिटिसिज़्म', लुजाक एंड को., लन्दन, 1927, पृ. 81-82

पद्धति-विशेष तक सीमित न करना चाहिए। पुरानी दस्तकारी के आधार पर सामन्ती व्यवस्था में बेचने और मुनाफा कमाने के लिए क्रय-वस्तुओं का उत्पादन होता है। व्यापार बाजार का निर्माण करता है और इस तरह नई उत्पादन-पद्धति के लिए सामाजिक आवश्यकता उत्पन्न करता है। व्यापार के आधार पर बाजार के अन्तर्गत जितना इलाका भी आ जाए, वह सभी जातीय प्रदेश बने, यह आवश्यक नहीं। स्वाभाविक क्रिया यह है कि जो लघुजातियाँ भाषा, संस्कृति, इतिहास आदि की दृष्टि से एक-दूसरे के बहुत निकट हैं, वे मिलकर एक महाजाति का निर्माण करें। किन्तु इस तरह की लघुजातियाँ कभी-कभी काफी भिन्न होने पर भी किसी प्रबलतर जाति का अंग बना ली जाती हैं। वेल्स और स्कॉटलैंड के केल्ट निवासी इसी तरह अंग्रेज़ों के साथ ब्रिटिश जाति का अंग बनाए गए। किन्तु रूस में उक्रैनी जाति ने अखिल-रूसी बाजार के अन्तर्गत रहते हुए भी अपनी जातीयता की रक्षा की। अनेक स्लाव जातियों को जर्मन आक्रमणकारियों ने जर्मन जाति का अंग बना लेने की कोशिश की लेकिन असफल रहे। जातीयता की रक्षा जाति विशेष के प्रतिरोध पर भी निर्भर है। भारत के हिन्दी-भाषी प्रदेश में अन्य देशों की तरह व्यापार का विकास हुआ। इस प्रदेश का इतिहास-सम्मत नाम हिन्दुस्तान है; उसकी भाषा हिन्दी या हिन्दुस्तानी है। हिन्दी का आधार दिल्ली और उसके निकटवर्ती प्रदेशों की बोली—खड़ी बोली—बनी, क्योंकि दिल्ली राजनीतिक और आर्थिक जीवन का एक प्रमुख केन्द्र थी।

हिन्दी-भाषी जाति के गठन और उसकी भाषा के विकास के सिलसिले में दो मुख्य समस्याएँ हमारे सामने आती हैं : एक है जातीयता और धर्म की समस्या। क्या मुसलमानों की अलग ज़बान है? क्या खड़ी बोली का प्रसार मुसलमानों के आने के कारण हुआ? हिन्दी-उर्दू दो भाषाएँ हैं या एक? दूसरी समस्या यह है : जातीय भाषा के विकास के बाद उन लघुजातियों की भाषा की स्थिति क्या होती है जो महाजाति का अंग बन जाती हैं? ब्रज, अवधी, भोजपुरी स्वतंत्र भाषाएँ हैं या हिन्दी की बोलियाँ हैं? हिन्दी इन्हें साम्राज्यवादी ढंग से कुचल तो नहीं रही? क्या राजस्थानी, पंजाबी आदि भी हिन्दी की बोलियाँ हैं? ये दो तरह की समस्याएँ हमारे सामने आती हैं। इन पर हम अगले अध्यायों में विचार करेंगे।

बारहवाँ अध्याय

जातीय भाषाओं का विकास और उर्दू

उर्दू के बारे में एक प्रचलित धारणा यह रही है कि यह भाषा हिन्दुओं-मुसलमानों के मेल-जोल से बनी है। इस बहस का सम्बन्ध केवल उर्दू से नहीं है; उसमें एक बड़ा सैद्धान्तिक प्रश्न शामिल है : क्या दो या अनेक जातियों के लोगों के आपस में मिलने से नई भाषा उत्पन्न हो सकती है?

पद्मसिंह शर्मा ने 'हिन्दी, उर्दू और हिन्दुस्तानी' में उन लेखकों की चर्चा की है जिन्होंने इस धारणा का प्रचार किया था कि हिन्दुओं और मुसलमानों के मेल-जोल से उर्दू भाषा बनी थी। उन्नीसवीं सदी के आरम्भ में मीर अम्मन ने इसका जन्म अकबर के समय माना था। "जब अकबर बादशाह तख्त पर बैठे तब चारों तरफ के मुल्कों से सब क़ौम क़दरदानी और फैज़रसानी इस खानदाने-लासानी की सुनकर हुज़ूर में आकर जमा हुए, लेकिन हर एक की गोयाई और बोली जुदी-जुदी थी। इकट्ठे होने से आपस में लेन-देन, सौदा-सुलफ़, सवाल-जवाब करते एक ज़बान उर्दू की मुक़र्रर हुई।" उन्नीसवीं सदी के मध्य में सर सैयद अहमद खाँ ने अकबर के कुछ बाद शाहजहाँ के समय उर्दू का जन्मकाल निश्चित किया। "जबकि शाहजहाँ बादशाह ने सन् 1648 ई. में शहर शाहजहानाबाद आबाद किया और हर मुल्क के लोगों का मजमा हुआ। इस ज़माने में फ़ारसी ज़बान और हिन्दी भाषा बहुत मिल गई, और बाज़े फ़ारसी लफ़्जों और अक्सर भाषा के लफ़्ज़ों में बसबब कसरत इस्तेमाल के तग़य्युर व तब्दील हो गई। गरज कि लश्कर बादशाही और उर्दू-ए-मुअल्ला में इन दोनों ज़बान की तरकीब से नई ज़बान पैदा हो गई और इसी सबब से ज़बान का उर्दू नाम हुआ।"[1]

श्री सैयद एहतिशाम हुसैन ने 'उर्दू साहित्य का इतिहास' में इस मेलजोल की बात को दूसरे ढंग से लिखा है : "जब लड़ाइयों, चढ़ाइयों, आक्रमणों और संग्रामों से उत्पन्न होनेवाली घृणा की लहर उठी तो हिन्दुओं और मुसलमानों के हृदय में मेल-मुहब्बत के सोत फूट पड़े, जिन्होंने कला और धर्म, सबको लपेट में ले लिया और उनके भावों, विचारों और कल्पनाओं को एक-दूसरे के समीप कर दिया। भक्ति को एक लोकप्रिय और उस समय की समस्याओं को देखते हुए प्रगतिशील आन्दोलन बनाने में, हिन्दू और मुसलमान, दोनों भक्तों का हाथ है। जब आचार-विचार की सीमाएँ इस प्रकार निकट आ गई हों, तब एक ऐसी भाषा के जन्म लेने की सम्भावना दूर नहीं रह जाती जो मिले-जुले सामाजिक जीवन का चिह्न हो।"[2] श्री सैयद एहतिशाम हुसैन ने उर्दू की उत्पत्ति का सम्बन्ध सूफ़ियों के धर्म-प्रचार से भी जोड़ा है। "हम

1. पद्मसिंह शर्मा, 'हिन्दी-उर्दू और हिन्दुस्तानी', इलाहाबाद, 1933, पृ. 26
2. सैयद एहतिशाम हुसैन, 'उर्दू साहित्य का इतिहास', अलीगढ़, 1959, पृ. 23

यह भी समझते हैं कि उस समय कोई ऐसी बनी-बनाई भाषा प्रचलित नहीं रही होगी जिसमें वह धर्म और भक्ति के गहरे विचार सरलता से प्रकट कर सकें। इसलिए उनको मजबूरन बहुत-से फ़ारसी-अरबी के शब्द बोलचाल की भाषा में मिलाने पड़ते होंगे।"[1]

हिन्दी-उर्दू के भेद पर हम आगे विचार करेंगे किन्तु यहाँ इतना कह दें कि हिन्दी-उर्दू का एक सामान्य आधार है : बोलचाल की खड़ी बोली। इस खड़ी बोली में अरबी-फ़ारसी के कुछ—या बहुत ज्यादा—शब्द आ मिले तो इससे एक नई भाषा नहीं उत्पन्न हो गई। यह खड़ी बोली मुसलमानों के आने से पहले भी थी, उनके शासनकाल में रही और आज भी है। एक दूसरी बात ध्यान देने की यह है कि जितना ही हम पुराने ज़माने के उर्दू लेखकों की रचनाएँ पढ़ते हैं, उतना ही साधारणत: अरबी-फ़ारसी के शब्दों की खपत कम मिलती है और जितना ही बीसवीं सदी की ओर बढ़ते हैं, उतना ही यह खपत बढ़ती जाती है। अगर बारहवीं-तेरहवीं सदी में मेलजोल के लिए पाँच फीसदी अरबी-फ़ारसी शब्दों की जरूरत थी, तो 1947 के आसपास यह जरूरत बढ़कर पचासी फीसदी तक पहुँच गई है यानी ज्यों-ज्यों मेल-जोल बढ़ा, त्यों-त्यों हिन्दी-उर्दू का अलगाव बढ़ता गया। मर्ज़ बढ़ता गया ज्यों-ज्यों दवा की। यदि कोई कहे, हिन्दी गढ़ी हुई भाषा है, इसीलिए अलगाव है, तो हम कहेंगे कि उर्दू और भारत की शेष सभी भाषाओं का अन्तर बढ़ता गया।

उर्दू के विकास के सम्बन्ध में दो बुनियादी बातें याद रखनी चाहिए : एक तो यह कि बाहर से जो मुसलमान यहाँ आए, वे बहुत जल्दी यहाँ की जातियों (नेशनैलिटी का हिस्सा बन गए। वे अपने को तुर्क, पठान और मुगल कहते थे, लेकिन यह पुरानी जातीयता की यादगार भर थी। जातीयता का मुख्य चिह्न भाषा उनसे बहुत जल्दी छूट जाती थी। कश्मीर, बंगाल, पंजाब, सिन्ध, गुजरात, 'हिन्दुस्तान'—सभी प्रदेशों में उन्होंने वहीं की भाषा अपनाई। दूसरी बुनियादी बात यह है कि यहाँ लगभग छह सौ वर्ष तक फ़ारसी राजभाषा रही। दिल्ली सल्तनत की सीमाएँ घटती-बढ़ती रहीं, भारत के उन प्रदेशों को अपनी भाषाएँ पल्लवित करने का ज्यादा अवसर मिला जो दिल्ली से दूर थे; जहाँ तक हिन्दी क्षेत्र का सम्बन्ध है, यहाँ राजभाषा फ़ारसी का शासन बना रहा। इसे मेल-जोत का चिह्न नहीं कहा जा सकता। इसे स्पष्ट रूप से सामन्ती व्यवस्था के अन्तर्गत सांस्कृतिक उत्पीड़न का चिह्न मानना चाहिए।

जिन मुसलमानों ने आठवीं सदी में सिन्ध पर आक्रमण किया था, वे अरब थे। उनकी भाषा अरबी थी। सिन्ध में विद्रोह हुआ और अरब राज्यसत्ता का अन्त कर दिया गया। आठवीं सदी में अभी मेल-जोल से नई भाषा बनने का सवाल न था। ग्यारहवीं सदी में महमूद गज़नवी ने भारत पर आक्रमण किया, वह तुर्क था। मुहम्मद गोरी ईरानी था, पठान नहीं था। खल्ज एक तुर्की कबीले का नाम था जिससे खिल्जी वंश चला। "इस समय (तेरहवीं सदी में) तुर्क एशिया के सबसे तेज़-तर्रार और लड़ाकू लोग थे। गज़नवी वंश की उत्पत्ति एक तुर्क गुलाम से हुई थी। गज़नवी और गोरी खानदानों के शासक तुर्क गुलामों के काफिले से घिरे रहते थे और अक्सर मुक्ति पाने से पहले भी ये गुलाम राज्य के ऊँचे-ऊँचे पदों पर नियुक्त किये जाते थे।"[2] बाबर की मातृभाषा तुर्की थी। उसने अपनी आत्मकथा फ़ारसी नहीं, तुर्की में लिखी थी। शेरशाह पठान था। भारत में आक्रामक बनकर जो मुसलमान आए, वे मुख्यत:

1. सैयद एहतिशाम हुसैन, 'उर्दू साहित्य का इतिहास', अलीगढ़, 1959, पृ. 25
2. 'द कैम्ब्रिज हिस्ट्री ऑव इंडिया', खंड 3, पृ. 61

तुर्क थे। इसीलिए यहाँ की बोलियों में तुर्क शब्द मुसलमान का पर्याय बन गया। यदि भिन्न जातियों के मिलने से भाषा बनती, तो उर्दू में सबसे ज्यादा शब्द तुर्की के होते। लेकिन उर्दू या अन्य भारतीय भाषाओं पर तुर्की का असर बहुत ही कम है। पठानों की ज़बान पश्तो थी। पश्तो का असर भी उर्दू आदि भाषाओं पर नहीं के बराबर है। बाहर से जो मुसलमान आए, वे किसी एक जाति के न थे; उन सबकी भाषा एक न थी। उनका सांस्कृतिक स्तर भी एक-सा न था। उनमें शरीफ, बदमाश, लुटेरे, व्यापारी, विद्वान, जाहिल—हर किस्म के लोग थे। इसलिए यह धारणा कि मुसलमान एक जाति के थे, उनकी एक भाषा और संस्कृति थी, गलत है। इस गलत धारणा का प्रचार मुसलमानों में ही नहीं है, हिन्दुओं में भी है। एक हिन्दी लेखक ने उर्दू को अरब जेहादियों का कीर्ति-स्तम्भ कहा था। अरब जेहादियों को भारत-विजय का श्रेय व्यर्थ ही दिया गया। उर्दू में अरबी शब्दों की आमद के लिए स्वयं अरब कतई जिम्मेदार नहीं है।

भारत में आनेवाले मुसलमान स्वयं जातीय और सांस्कृतिक उत्पीड़न के शिकार थे। कहने को शासन तुर्कों का था, लेकिन उनकी राजभाषा थी फ़ारसी। पठानों ने दिल्ली पर राज किया लेकिन दिल्ली और अफगानिस्तान दोनों जगह राजभाषा थी फ़ारसी। फ़ारसी के आधिपत्य के कारण तुर्की, पश्तो आदि भाषाओं को अपना स्वत्व प्राप्त न हुआ था; उन्हें अपने प्रदेशों में राजभाषा का गौरव पद न मिला था। उज़बेक जाति के सैनिक सम्भवत: पिछड़े हुए समझे जाते थे; इसलिए उज़बक शब्द का अर्थ हो गया गँवार! सैयद एहतिशाम हुसैन ने लिखा है : "जो मुसलमान यहाँ आए, वे तुर्की, अरबी, फ़ारसी और दूसरी मध्य एशियाई भाषाएँ बोलते थे किन्तु उनके साहित्यिक और सांस्कृतिक व्यवहार का माध्यम फ़ारसी थी।"[1] फ़ारसी का व्यवहार करनेवाले थोड़े-से लोग थे; बाकी लोग अपनी-अपनी मातृभाषा बोलते थे। ये मुसलमान आक्रामक एक जाति और एक भाषा के न थे, इसलिए वे भारत की अग्रसर जातियों के मुकाबले में अपनी जातीयता की रक्षा न कर सके वरन् उन्हीं में घुलमिल गए। इसके विपरीत स्लाव देशों में बसनेवाले जर्मनों को देखिए। वे अपनी जर्मन जातीयता बनाए ही न रहे, वरन् उन्होंने बराबर प्रयत्न किया कि स्लावों का भी जर्मनीकरण हो जाए जिसकी पहली शर्त थी—स्लाव भाषाओं की जगह जर्मन भाषा का व्यवहार। बल्गारिया में तुर्कों का शासन देखिए। भाषा और मार्क्सवाद के प्रसंग में स्तालिन ने लिखा था कि तुर्कों ने शताब्दियों तक प्रयत्न किया कि बल्कान लोगों को तुर्क बना लें और उनकी भाषाओं को खंडित करें, उनका ध्वंस कर दें और नाम-निशान मिटा दें। भारत में इस प्रकार जातीयता के विनाश का प्रयत्न नहीं किया गया। आक्रमणकारियों में धर्मांधता थी और वे अपने धर्म का—या जिसे वे इस्लाम समझते थे, उसका—प्रसार करना चाहते थे। लेकिन जातियों के रूप में वे स्वयं गठित न थे। इसका यह अर्थ नहीं कि वे भारत में उत्पीड़न के लिए उत्तरदायी न थे। उनके उच्च वर्गों, शिक्षित जनों और सामन्तों ने फ़ारसी भाषा अपनाकर खुद को आधा ईरानी बना लिया था। इसके सिवा मुगल-काल में यहाँ काफी ईरानी आए और राजदरबार में ईरानी सरदारों का काफी प्रभाव रहा। इसी कारण फ़ारसी को राजभाषा बनाना एक तरह का सांस्कृतिक उत्पीड़न कहा जाएगा। स्वयं ईरान पर अरबों का अधिकार हो चुका था; फ़ारसी में अरबी शब्दावली का जोरों से प्रवेश हो चुका था। उर्दू के प्रारम्भिक काल में उसमें जो अरबी शब्द आए, वे फ़ारसी के माध्यम से। फ़ारसी के राजभाषा बनने से अप्रत्यक्ष रूप से अरबी ने भी हिन्दी तथा

1. 'उर्दू साहित्य का इतिहास', पृ. 20

अन्य भारतीय भाषाओं को प्रभावित किया। लेकिन यह याद रखना चाहिए कि हिन्दी से उर्दू का अलगाव बहुत-से-बहुत दो सौ साल का है; फ़ारसी यहाँ राजभाषा रही है लगभग छह सौ साल। इन छह सौ सालों में जो आखीर के दो सौ वर्ष हैं, वही अलगाव के साल भी हैं। इसका अर्थ यह है कि जो युग सामन्तवाद के पतन और अंग्रेज़ी राज की स्थापना का युग है, उसी में यह अलगाव बढ़ा और मजबूत हुआ।

बाहर से आनेवाले भिन्न जातियों के मुसलमान यहाँ की जातियों में कैसे घुलमिल गए और उन्होंने कैसे यहाँ की भाषाओं को अपनाया, इसके प्रमाण देखिए। अमीर ख़ुसरो की हिन्दी रचनाओं को विवादास्पद माना जाता है; पता नहीं, वह उन्हीं की हैं या और लोगों की! खुसरो तुर्क थे लेकिन हिन्दुस्तान में पैदा हुए थे। उन्हें हिन्दुस्तानी होने का गर्व था और हिन्दी से प्रेम था। उनकी सांस्कृतिक भाषा फ़ारसी थी। उसमें—अविवादास्पद रूप से—उन्होंने लिखा था :

तुर्क हिन्दोस्तान बम मन हिन्दवी गोयम जवाब।
शकर मिस्त्री नदारम कुज़ अरब गोयम सुख़न।

[मैं हिन्दुस्तानी तुर्क हूँ और हिन्दी में जवाब दे सकता हूँ। मेरे पास मिस्त्री की शकर नहीं है कि अरब की बात करूँ।]

चु मन तूतिए हिन्दम अर रास्त पुरसी।
ज़े मन हिन्दवी पुर्स ता नग़्ज गोयम।

[मैं हिन्दुस्तान की तूती हूँ। हिन्दी में सवाल करो जिससे मैं मीठी बात कर सकूँ।]

अपने एक दीवान की भूमिका में उन्होंने लिखा था कि उन्होंने हिन्दवी में भी कविता की है और उसे दोस्तों को दे दिया है। श्री मुहम्मद वहीद मिर्ज़ा के अनुसार[1] खुसरो ने अपनी फ़ारसी रचनाओं में भी बड़े अच्छे ढंग से जहाँ-तहाँ हिन्दी शब्दों का प्रयोग किया है, जैसे—ख़ज़ाइन्-उल-फ़ुतूह में बसीठ, परधान, मार-मार वगैरह। ख़ुसरो का हिन्दुओं से विशेष प्रेम न था। उसने उनके अनेक रीति-रिवाजों का मज़ाक उड़ाया था और बादशाह को आगाह किया था कि उनके हाथ में ज्यादा सत्ता न आने दें। मंदिरों के ध्वंस पर उसने प्रसन्नता प्रकट की थी। ख़ुसरो में धार्मिक असहिष्णुता की कमी न थी लेकिन वह धर्म और भाषा को मिलाकर एक न कर देता था। उसे हिन्दू धर्म से भले घृणा रही हो, हिन्दी भाषा से उसे प्रेम था। श्री मिर्ज़ा ने लिखा है कि ख़ुसरो से पहले अनेक मुसलमान लेखकों ने हिन्दी में रचनाएँ की थीं; इस बात का उल्लेख स्वयं ख़ुसरो ने किया है और अन्य प्रमाणों से भी यह तथ्य सिद्ध होता है। मसूद-इ-सद सलमान ने हिन्दी में एक पूरा दीवान लिखा था। फरिश्ता के अनुसार, महमूद गज़नवी के समय में भी हिन्दी कविता रची जाती थी।

खुसरो के अलावा उस समय जिन और लेखकों ने फ़ारसी में ग्रंथ रचे हैं, उन्होंने भी हिन्दी शब्दों का प्रयोग किया है। यह स्वाभाविक था क्योंकि जो ग़ैर-ईरानी मुसलमान फ़ारसी सीखते थे, वे उसे भारतीय भाषाओं के माध्यम से सीखते थे। यदि आम मुसलमानों में आपस के व्यवहार के लिए फ़ारसी भाषा का प्रयोग होता तो उसे सीखने के लिए भारतीय

1. मुहम्मद वहीद मिर्ज़ा, 'द लाइफ एंड वर्क्स ऑव अमीर ख़ुसरो', कलकत्ता, 1935, पृ. 234; ख़ुसरो सम्बन्धी अन्य तथ्य भी इसी पुस्तक से लिये गए हैं।

भाषाओं के सहारे की जरूरत न होती। "अमीर ख़ुसरो का युग खिलजियों और तुग़लकों का युग था। फ़ीरोज तुग़लक के समय में जो ऐतिहासिक ग्रंथ फ़ारसी में लिखे गए, उनमें न जाने कितने शब्द भारतीय भाषाओं से लिये गए हैं, जैसे—ठग, लौंडी, मंडल, ढोलक, मंडी, चौधरी, राज, घड़ियाल, चूना, इत्यादि। इन बातों के अतिरिक्त समकालीन इतिहासों से यह भी मालूम होता है कि पाठशालाओं में जो फ़ारसी पुस्तकें पढ़ाई जाती थीं, उनका अर्थ भारतीय भाषाओं में समझाया जाता था। इससे भी पता चलता है कि हिन्दुओं-मुसलमानों के मेल-जोल से भारतवर्ष की नवीन आर्य भाषाएँ प्रभावित हो रही थीं और जिस प्रकार राजस्थानी, बुन्देली, ब्रज, अवधी इत्यादि का विकास हो रहा था, उसी प्रकार उर्दू भी अपनी जड़ें भारतवर्ष की भूमि और समाज में फैला रही थी।"[1] जो मुसलमान घर में खड़ी बोली बोलते थे, वे लौंडी, ढोलक, चौधरी, घड़ियाल वगैरह का अर्थ खूब समझते थे। जिनके लिए वे फ़ारसी ग्रंथ लिखते थे, वे भी इन शब्दों का अर्थ खूब समझते थे। उनकी आपस की बोली न फ़ारसी थी, न तुर्की—उनकी सामान्य भाषा थी खड़ी बोली हिन्दी। फ़ारसी के राजभाषा होने के कारण, ईरान के सांस्कृतिक प्रभुत्व के कारण ये हिन्दी-भाषी मुसलमान फ़ारसी सीखते थे और सीखते थे उसे हिन्दी के सहारे। इससे यह परिणाम कैसे निकलेगा कि हिन्दुओं-मुसलमानों के मेल-जोल से आर्य भाषाएँ प्रभावित हो रही थीं? यदि उस समय की हिन्दी या अन्य किसी भारतीय भाषा में तुर्की, पश्तो, फ़ारसी आदि भाषाओं के बहुत-से शब्द मिलते, तो यह कहा जा सकता था कि भिन्न जातियों के मेल से एक नई भाषा बन रही है। किन्तु यहाँ हम देखते हैं कि हिन्दी के शब्दों का प्रयोग हो रहा है फ़ारसी में! तब हिन्दी फ़ारसी को प्रभावित कर रही थी या उससे स्वयं प्रभावित होकर मेल-जोल की एक नई भाषा उर्दू को जन्म दे रही थी? वास्तव में हिन्दुओं और मुसलमानों को मिलकर एक नई कौम बनाने का सवाल न था। तुर्क और पठान यहाँ की भाषा बोलते थे, यहाँ रहते हुए यहीं के हो गए थे। वे जातीयता का मुख्य प्रतीक—अपनी भाषा—खो चुके थे। धर्म का भेद होने से जातीयता में भेद पैदा नहीं होता, जैसे अरब, तुर्क, पठान, इरानी सब एक धर्म इस्लाम को मानने पर भी एक जाति के नहीं हो जाते।

महमूद गज़नवी के लिए प्रसिद्ध है कि उसने अपनी मुद्रा पर संस्कृत शब्द भी अंकित किये थे। इससे अधिक महत्त्वपूर्ण बात यह है कि बल्बन के भतीजे अब्दुल्ला को लोग छज्जू कहते थे। चौदहवीं सदी में जब दिल्ली में अकाल पड़ा, तब बादशाह ने दिल्ली में 165 मील दूर तम्बुओं-कनातों का एक नया शहर बसाया था और उसका नाम रखा था—बादशाह सलामत ने खुद उसका नाम रखा था—सरगद्वारी।[2] यद्यपि फ़ारसी राजभाषा थी, फिर भी राज्य का बहुत-सा काम हिन्दी में होता था। इब्न बतूता को जब दिल्ली का काज़ी बनाया जा रहा था, तो उसने यही पशोपेश जाहिर किया था कि उसे वहाँ की ज़बान नहीं आती। शेरशाह ने दफ्तरों में फ़ारसीदां मुंशियों के साथ हिन्दी लेखक भी नियुक्त किये थे जिससे साधारण जनता को तकलीफ न हो। फ़ारसी एकमात्र राजभाषा हुई अकबर के शासन में, लेकिन हम देखेंगे कि अकबर के समय में भी राजभाषा के रूप में हिन्दी का चलन पूरी तरह बन्द न हुआ था। यह दुर्भाग्य की बात है कि यह घटना अकबर के समय में हुई क्योंकि मुगल शासकों में वह सबसे अधिक प्रगतिशील था। बाबर की भाषा अवश्य तुर्की थी लेकिन अकबर के

1. 'उर्दू साहित्य का इतिहास', पृ. 29
2. 'कैम्ब्रिज हिस्ट्री ऑव इंडिया', भाग 3, पृ. 154

समय तक मुगल घराने की नित्य प्रति के व्यवहार की भाषा हिन्दी हो चुकी थी। अकबर को हम विदेशी शासक नहीं कह सकते; वह पूरा हिन्दुस्तानी था। उसके समय में भारतीय संगीत और स्थापत्य ने खूब उन्नति की। उसके बारे में प्रसिद्ध है कि वह अपढ़ था। सम्भवत: इस प्रवाद का कारण यह था कि वह फ़ारसी न जानता था। लेकिन हिन्दी तो उसने बाकायदा पढ़ी थी। जहाँगीर ने लिखा था कि लाल कलावन्त बचपन से ही अकबर की सेवा में रहा था और उसने बादशाह को हिन्दी भाषा का राई-रत्ती ज्ञान करा दिया था। जहाँगीर का नाम था सलीम, लेकिन अकबर उसे न मुहम्मद सलीम कहकर बुलाता था, न सुल्तान सलीम कहकर। वह उसे हमेशा 'शेखू बाबा' कहकर बुलाता था। शेख का शेखू हिन्दुस्तान की बोलियों के नियमों से ही बन सकता है; फ़ारसी के नियमों से नहीं। इसी तरह फतहपुर सीकर के पहाड़ी इलाके में पैदा होने के कारण शाह मुराद का नाम पहाड़ी रखा गया था। दानियाल हिन्दी में कविताएँ रचता था। अकबर के घर और दरबार में जो हिन्दी कविता और भाषा का वातावरण था, उसकी झलक हमें जहाँगीर के तानसेन सम्बन्धी वर्णन में मिलती है। "काला भौंरा हमेशा इन (कँवल के) फूलों के साथ रहता है, इसलिए हिन्दुस्तान के शायर बुलबुल की तरह उसे फूल का प्रेमी समझते हैं और कविता में उन्होंने उसका बहुत उच्चकोटि का वर्णन किया है। इन कवियों में मुख्य था तानसेन कलावन्त; मेरे पिता के दरबार में उसका जोड़ न था। दरअसल उस जैसा गायक आज तक कहीं हुआ ही नहीं है। उसने अपने एक गीत में एक नौजवान के मुँह की उपमा सूरज से दी है, उसकी आँखों की उपमा खुलते हुए कँवल और उससे निकलते हुए भौंरे से दी है। दूसरे गीत में उसने नायिका के कटाक्ष की तुलना कँवल की थिरकन से की है जब भौंरा आकर उस पर बैठता है।"[1] अकबर ने संस्कृत और फ़ारसी के अन्य ग्रंथों का 'हिन्दवी' में अनुवाद कराया। नल-दमयन्ती की कथा का अनुवाद फ़ारसी में कराया। अकबर और जहाँगीर के समय हाथियों और तोपों के जो नाम रखे जाते थे, वे काफी दिलचस्प थे। अकबर के समय में हाथियों से खींची जानेवाली तोप को गजनल कहते थे; जिस तोप को मनुष्य खींचते थे, उसे नरनल कहते थे। जहाँगीर को एक हाथी भेंट किया गया था जिसका नाम था रन-रावत। उसके एक हाथी का नाम था पंच-गज या पंच-कुञ्जर।[2] एक का नाम था फतह-गज; एक था फौज-संगर। किन्हीं पत्रदास को अकबर ने राय रायान का खिताब दिया था। जहाँगीर ने उन्हीं को राजा विक्रमाजीत की उपाधि दी थी। बादशाह जिस खिड़की पर बैठकर जनता को दर्शन देता था, उसका कवित्वपूर्ण नाम रखा गया था—दर्शन-झरोखा। जहाँगीर को हिन्दी कविता से प्रेम था। उसने लिखा है, राजा दर्शन सिंह एक हिन्दी कवि को लाए; मैंने उसकी-सी सजीव हिन्दी कविता कम सुनी है।[3] जहाँगीर ने अपने बारे में लिखा है, हालाँकि मैं हिन्दुस्तान में पला और बढ़ा हूँ, फिर भी मैं तुर्की से नावाकिफ नहीं हूँ।[4] हिन्दुस्तान में रहते हुए तुर्क हिन्दुस्तानी हो गए थे; अब उनमें अगर कोई तुर्की जानता था, तो यह उल्लेखनीय बात होती थी। अकबर की तरह जहाँगीर भी हिन्दू त्योहारों में भाग लेता था। उसने लिखा है, मेरे पिता के समय में हिन्दू अमीर और उनका अनुकरण करनेवाले अन्य अमीर कीमती हीरे-जवाहरात की राखी उनके हाथ में

1. 'तुजुके जहाँगीरी', पृ. 413
2. उप., पृ. 288
3. उप., पृ. 141
4. उप., पृ. 109

बाँधते थे। उन्होंने इस काम में अति कर दी थी, इसलिए उन्होंने यह सब बन्द कर दिया था। इस साल मैंने यह सुन्दर धार्मिक कृत्य किया और हिन्दू अमीरों और बिरादरियों के मुखियों को हुक्म दिया कि मेरे हाथ में राखी बाँधे।[1] आगे लिखा है—इस महीने की आठ तारीख को दिवाली आई, मैंने महल के चाकरों को हुक्म दिया कि दो-तीन रात तक मेरे सामने जुआ खेलें। अन्यत्र उसने दशहरे के बारे में लिखा है कि उसके सामने घोड़े और हाथी सजा कर लाए गए। कहीं कूच करते समय रास्ते में शिवरात्रि पड़ी। कुछ जोगी इकट्ठे हुए। जहाँगीर उनसे भी मिला और उसने हिन्दू त्योहार की रस्में पूरी कीं। मुगल बादशाहों को हिन्दुओं के साथ इस तरह घुलते-मिलते देखकर हमें इस बात पर आश्चर्य न होना चाहिए कि दानियाल और अकबर कविता करते थे और जहाँगीर हिन्दी कविता पर राय जाहिर कर सकता था, न ही हमें इस बात पर आश्चर्य होना चाहिए कि जब शाह आज़म ने औरंगज़ेब को आम भेजे तो उसने उनका नाम सुधारस और रसना-विलास रखा।

सम्भव है, अब भी किसी के मन में भ्रम रह जाए कि मुगल बादशाहों की भाषा हिन्दी नहीं, फ़ारसी थी, किन्तु इस बात में सन्देह की जरा भी गुंजाइश नहीं है कि दिल्ली के आम मुसलमानों की भाषा हिन्दी थी। चौदहवीं सदी में मुहम्मद तुग़लक ने तै किया कि देश की राजधानी दिल्ली के बदले देवगिरि हो। दिल्ली-निवासियों को शहर छोड़कर दक्षिण चलने का हुक्म हुआ। राजधानी दिल्ली वापस आ गई, लेकिन जो बहुत-से लोग यहाँ से दक्षिण गए थे, वे वहीं बस गए। चौदहवीं सदी में ही इन दिल्ली-निवासियों को केन्द्र बनाकर बहमनी राज्य की स्थापना हुई। "यह राज्य उत्तरी भारत के राज्यों को देखते हुए बहुत कुछ भारतीय रंग रखता था। उत्तरी भारत ईरानी और अरबी संस्कृति से प्रभावित था, पर दक्षिण इससे बहुत कुछ मुक्त था, इसीलिए यहाँ एक आर्य भाषा को विकास का अच्छा अवसर मिला। अगर प्रसिद्ध इतिहास 'तारीखे फिरिश्ता' की बात ठीक मानी जाए तो यह मानना पड़ेगा कि बहमनी बादशाह के राज-कार्यालयों में हिसाब-किताब हिन्दी भाषा में रखा जाता था। इसका अर्थ यह हुआ कि 14वीं शताब्दी का अन्त होते-होते वहाँ उर्दू भाषा प्रचलित हो गई थी।"[2] जो काम दक्खिन में हुआ, वह उत्तर में भी हो सकता था। यदि चौदहवीं सदी में बहमनी राज्य की तरह दिल्ली राज्य की राजभाषा हिन्दी हो जाती तो देश का सांस्कृतिक और राजनीतिक इतिहास कुछ दूसरा ही होता। सामाजिक विकास का कोई ऐसा अनिवार्य नियम नहीं था जिससे उत्तर में राजभाषा फ़ारसी होती और दक्खिन में हिन्दी। आखिर रूस में सामन्ती राज्यसत्ता रूसी भाषा में काम-काज करती ही थी। एक बात समझ में आती है। तुर्क और मुगल राज्यसत्ता का सामाजिक आधार बहुत सीमित था। इस राज्यसत्ता से किसान-कारीगर आदि अधिकांश जनता तो पीड़ित थी ही, सामन्तों का काफी बड़ा हिस्सा उससे बराबर असन्तुष्ट रहता आया था। ऐसी स्थिति में फ़ारसी को राजभाषा बनाने से वह राज्यसत्ता अपने संकुचित सामाजिक आधार में सुरक्षित रहती थी। फ़ारसी न मुसलमानों की बोलचाल की भाषा थी, न हिन्दुओं की। उसे हिन्दू भी सीखते थे और मुसलमान भी—उन मुसलमानों को छोड़कर, जो सीधे ईरान से आए थे। राज्य-सत्ता के संकुचित सामाजिक आधार के अनुरूप ही मुट्ठी-भर पढ़े-लिखे लोगों की समझ में आनेवाली फ़ारसी राजभाषा बनाई गई। दक्खिन में समस्या दूसरी थी। राज्य की अधिकांश प्रजा हिन्दी-भाषी न थी। उसकी भाषा तेलगू या मराठी थी। इन तेलगू

1. 'तुजुके जहाँगीरी', पृ. 246
2. 'उर्दू भाषा का इतिहास', पृ. 35

और मराठी बोलनेवालों पर राजभाषा हिन्दी लादी गई। (यह बीसवीं सदी नहीं, चौदहवीं सदी की बात है, यह स्मरण रखना चाहिए)। दक्खिन में हिन्दुस्तानी जाति ने उत्पीड़क जाति की भूमिका पूरी की। राज्यसत्ता के संकुचित आधार के अनुरूप यहाँ हिन्दी को राजभाषा बनाया गया। राज्य की साधारण प्रजा इस राजभाषा से लाभ न उठा सकती थी। किन्तु इसमें सन्देह नहीं कि फ़ारसी को राजभाषा बनानेवाले तुर्क और मुगल बादशाहों की तुलना में हिन्दी को राजभाषा बनानेवाले बहमनी बादशाह ज्यादा प्रगतिशील थे। फ़ारसी की अपेक्षा हिन्दी समझने और बोलनेवालों[1] की संख्या अधिक थी। इसके सिवा तेलगू और मराठी बोलनेवाले लोग उसे फ़ारसी की अपेक्षा जल्दी सीख सकते थे।

बहमनी बादशाहों ने हिन्दी को राजभाषा बनाया हो चाहे न बनाया हो, इसमें ज़रा भी सन्देह नहीं कि उत्तर से आए हुए इस राज्य के मुसलमानों की भाषा हिन्दी थी। ख़्वाजा बन्दानवाज़ गैसूदराज़ "दिल्ली के प्रसिद्ध सूफ़ी फ़कीर निज़ामुद्दीन औलिया के ख़लीफ़ा ख़्वाजा नसरुद्दीन चिराग़ देहली के सबसे बड़े शिष्य और ख़लीफ़ थे। उनके माननेवालों की संख्या उत्तरी भारत में बहुत थी, पर वह अपना उद्देश्य फैलाने के लिए सन् 1412 ई. के लगभग गुलबर्गा (गोलकुंडा) चले आए और वहीं रह पड़े। गेसूदराज बहुत बड़े विद्वान थे, फ़ारसी-अरबी में उनकी कई पुस्तकें प्रसिद्ध थीं। दक्षिण में भी उनका बड़ा मान हुआ और उनके माननेवालों की संख्या बढ़ने लगी। अपने समुदाय और साधारण जनता के लिए वह अपने विचार हिन्दी में प्रकट किया करते थे।"[2] सूफी मत के एक अन्य प्रचारक शाह मीरान जी थे। "उन्होंने अपनी भाषा को स्वयं हिन्दी कहा है और इस सम्बन्ध में यह भी लिखा है कि मेरी ये रचनाएँ उन लोगों के लिए हैं जो अरबी-फ़ारसी नहीं जानते।"[3] यदि मुसलमानों की सामान्य भाषा फ़ारसी होती तो गेसूदराज और मीरान जी के लिए यह जरूरी न होता कि वे अपने अनुयायियों को हिन्दी में उपदेश दें। न यह हिन्दी 'मेल-जोल' के फलस्वरूप बनी हुई भाषा थी जिसमें फ़ारसी-अरबी शब्दावली की बहुतायत हो। उर्दू लेखक प्रारम्भिक दकनी को उर्दू कहते हैं, किन्तु यह उर्दू बाद की दिल्ली-लखनऊ वाली उर्दू से बहुत भिन्न है। "दक्षिण में जिस साहित्य का विकास हो रहा था और उसमें जिस संस्कृति का रंग झलकता था, उस पर भारतीयता की गहरी छाप थी। वहाँ के कवियों की रचनाएँ स्थानीय रंग से मालामाल हैं।" इसका मुख्य कारण यह या कि "वहाँ के लेखक और कलाकार थोड़ा-बहुत ईरानी प्रभाव से बच जाते थे और अपने ही साधनों से काम लेकर अपनी ही भाषा का प्रयोग करते और उसी में रचनाएँ किया करते थे।" प्रारम्भिक दकनी और बाद की दिल्ली वाली उर्दू का मूख्य भेद है—ईरानी प्रभाव। दकनी में फ़ारसीयत कम-से-कम है। गेसूदराज के तीन सौ साल बाद की उर्दू में यह फ़ारसीयत कसरत से है। शाह मीरानजी (या मीराँजी) की भाषा के नमूने इस प्रकार हैं :

ना उस रूप ना उस देह ना उस थान मकान।
निरगुन गुनवन्ता किस मुख करूँ बखान।
ना मुझ लोभे पाट-पितम्बर यह ज़र जमी सिंगार।
फाटी फूटी कँबली नीकी फटा लिहाफ़ हमार।

1. 'उर्दू साहित्य का इतिहास', पृ. 35
2. उप., पृ. 37
3. उप., पृ. 39

भाषा के बारे में उन्होंने लिखा है :

हमी बोल अरबी करे
और फ़ारसी बहुतेरे।
यों हिन्दवी बोली तब
इस अर्थ भावे सब।
यह भाखा भले सो बोले
पुन इसका भाव खोले।
वे अरबी बोल न जाने
न फ़ारसी पछाने।

ईश्वर की वन्दना करते हुए कहते हैं :

बिस्मिल्ला उल रहमान
उल रहीम तू सुजान।
यह सब आलम तेरा
तूँ रज्जाक सभों केरा।
तुझ बिन और न कोई
खालिक दूजा कोई।
जै तेरा होवे करम
तो टूटे सभी भरम।
इस कारन तुझ कू ध्याउँ
हौर तेरा लेऊँ नाऊँ।
है तेरा अन्त न पार
किस मुख सूँ करूँ उचार।[1]

शब्द-भंडार की दृष्टि से यह भाषा जायसी-परम्परा की है। इसे उत्तर भारत के उन प्रदेशों के लोग भी समझ लेते जहाँ खड़ी बोली न बोली जाती थी वरन् जहाँ अवधी या ब्रजभाषा जैसी किसी बोली का चलन था। इसमें फ़ारसी का अंश उतना ही है जितना जायसी में मिल जाएगा, जिससे जायसी की अवधी अवधी ही रहेगी, मेल-जोल के फलस्वरूप बनी हुई कोई नई भाषा न हो जाएगी। बाद की दकनी में फ़ारसी शब्द ज्यादा आए हैं लेकिन वे ऐसे हैं जो उत्तर भारत की बोलियों में भी घुलमिल गए थे। खास बात यह है कि दकनी में उन शब्दों का बहिष्कार नहीं किया गया जो बाद की उर्दू में मतरूक समझे गए। सत्रहवीं सदी के प्रसिद्ध लेखक मुल्ला वजही का गद्य इस तरह का था :

"अव्वल जो सब जागा खुदा ई च था। होर कईं कुच न था। तो यू सब कां ते आया? जाननहारा जानता है। जानते आया। पानी ते मोती घड्या। मोती बी पानी च है। वले सूरत में फर्क पड्या। यू मोती पानी कहवाया। इस पानी होर इस मोती कूँ जिने समजा सो ग्यानी कहवाया।"[2]

---

1. श्रीराम शर्मा, 'दक्खिनी का गद्य और पद्य', हैदराबाद, 1954, पृ. 51-53
2. उप., पृ. 415

'कुतुब मुश्तरी' में मुल्ला वजही नायिका का शृंगार वर्णन करते हैं :

दिसें धन मुख बीच नैनाँ के मोती थाल में ढलते,
लटाँ छुट तन उपर यूँ है भुवँग ज्यूँ नीर पर झुलते।
नैन दो मस्त चंचल के अछे बीच मुख निर्मल के,
कँवल पर बूँद ज्यूँ जल के सो रह-रह बाव ते हिलते।
दुवुल धन पैने कानाँ में के सुर पन फूल पानाँ में,
सूरज चाँद आसमानाँ में बिचारे लाज ते गलते।[1]

इस भाषा को दकनी लेखक हिन्दी कहते थे। यह नाम सही था। इससे यह जाहिर होता था कि यह दकनी दक्खिन की कोई नई भाषा नहीं है वरन् वही है—जिसका व्यवहार उत्तर में होता था। इसके सिवा शब्द-भंडार की दृष्टि से यह भाषा ब्रज और अवधी के बहुत निकट थी, इसलिए हिन्दी परम्परा के अन्तर्गत थी। कुली कुतुबशाह की भाषा के बारे में सैयद एहतिशाम हुसैन ने लिखा है : "जिस तरह उसके विषय और विचारधारा में भारतीयता मिलती है, उसी प्रकार उसकी भाषा उस हिन्दुस्तानी से निकट है जो हिन्दी भी है और उर्दू भी।"[2] मुसलमानों को भारत में रहते और यहाँ की भाषाएँ बोलते लगभग पाँच सौ साल हो गए थे। पाँच शताब्दियाँ मेलजोल से नई भाषा उत्पन्न करने के लिए काफी थीं। लेकिन अब तक हिन्दी से स्वतंत्र उर्दू का विकास न हुआ था। यहाँ हम आधुनिक हिन्दी की बात नहीं कहते। उस समय जायसी, रहीम, रसखान जैसे मुसलमानों ने ब्रज या अवधी में जो शब्द-भंडार अपनाया है, लगभग वैसा ही शब्द-भंडार दकनी के लेखकों के यहाँ मिलता है। यह आकस्मिक बात नहीं है कि "18वीं सदी के अन्त तक 'उर्दू' शब्द का प्रयोग भाषा के अर्थ में नहीं मिलता।"[3] अभी तक ब्रज, अवधी लिखनेवाले मुसलमानों के शब्द-भंडार और खड़ी बोली लिखनेवाले मुसलमानों के शब्द-भंडार में मौलिक अन्तर न हुआ था। मीर के समय तक उर्दू कवि अपनी भाषा को हिन्दी कहने में न हिचकते थे। 'हिन्दी, उर्दू और हिन्दुस्तानी' में पद्मसिंह शर्मा ने मीर की यह उक्ति उद्धृत की है :

क्या जानूँ लोग कहते हैं किसको सरूरे-क़ल्ब
आया नहीं है लफ़्ज़ ये हिन्दी ज़बाँ के बीच।

इस विवेचन से यह निष्कर्ष निकला कि हिन्दुओं और मुसलमानों के मिलने से जो एक नई भाषा के जन्म लेने का सिद्धान्त गढ़ा गया है, वह एकदम लचर है। 'हिन्दुस्तान' के मुसलमान उसी भाषा का प्रयोग करते थे जिसका हिन्दू। हिन्दी भाषा राजभाषा हुई दक्खिन में। वहाँ बन्दानवाज़, वजही आदि उसके समर्थक लेखक उत्पन्न हुए। इससे अन्दाज़ लगाया जा सकता है कि दिल्ली में फ़ारसी के राजभाषा होने से हिन्दी के विकास को कितना धक्का लगा। हिन्दी के जिस रूप को हम उर्दू कहते हैं, उसका विकास भी दिल्ली में 18वीं सदी के पहले न हो पाया, यानी फ़ारसी के राजभाषा रहने से उर्दू साहित्य का विकास भी रुका रहा। वर्ना कोई कारण नहीं कि बन्दानवाज़ और वजही के समसामयिक लेखक दिल्ली में उर्दू साहित्य

1. 'कुतुब मुश्तरी', सम्पादक विमला वाघ्रे और नसीरुद्दीन हाशमी, हैदराबाद, 1954, पृ. 71
2. 'उर्दू साहित्य का इतिहास', पृ. 46
3. उप., पृ. 24

न रचते। जिस समय दिल्ली में उर्दू का विकास हुआ, उस समय तक हिन्दुओं-मुसलमानों को साथ रहते लगभग छह सौ साल हो चुके थे। कहना न होगा कि आपसी व्यवहार के लिए इन शताब्दियों में मुसलमान उर्दू के जन्म लेने का इन्तजार न कर रहे थे। अठारहवीं सदी की उर्दू-रूप वाली खड़ी बोली और इससे पहले की दकनी-रूप वाली खड़ी बोली के शब्द-भंडार में यह अन्तर है कि हिन्दी के वे प्रचलित शब्द जो दकनी में मिलते हैं, उर्दू से बहुत कुछ हटाए गए हैं और उनकी जगह फ़ारसी के शब्द रखे गए हैं। इस बात को मुसलमान उर्दू लेखकों ने स्वीकार किया है। मौलाना अब्दुल हक़ ने लिखा था : "बाद के उर्दू शोअरा पर फ़ारसी का रंग ऐसा ग़ालिब आया कि यह ख़सूसियत उर्दू शाइरी से बिलकुल उठ गई और रफ़्ता-रफ़्ता बहुत-से हिन्दी अलफाज़ भी ज़बान से ख़ारिज हो गए और उस्तादी अलफाज़ के मतरूक करने में रह गई।...इस ज़माने में मौलवी हाली एक ऐसे शाइर हुए हैं, जिन्होंने उर्दू में हिन्दी की चाशनी देकर कलाम में शीरीनी पैदा कर दी है, मगर हमअसर शोअरा में इसकी कुछ क़दर न हुई।"[1] मानना होगा कि अठारहवीं सदी में जिस उर्दू का विकास हुआ, वह पहले की उस उर्दू से भिन्न थी जिसमें हिन्दी शब्दों का आम चलन था। यह पहले की उर्दू ब्रज, अवधी आदि से उस तरह दूर न थी जिस तरह 18वीं सदी और आज की उर्दू दूर है। इसलिए स्पष्टता के लिए इस पहले की उर्दू को उर्दू न कहकर हिन्दी ही कहना चाहिए, जैसेकि उसके लेखक भी उसे कहते थे। हिन्दी से भिन्न—खड़ी बोली, अवधी और ब्रज के सामान्य शब्द-भंडार को छोड़नेवाली—उर्दू की विशेषता है, मतरूकात। हिन्दी शब्द निकाले गए और फ़ारसी शब्दों की आमद बेहिसाब बढ़ी। जिन कवियों ने हिन्दी शब्दों का खुलकर प्रयोग किया, उनकी भाषा को भ्रष्ट माना गया। नज़ीर अकबराबादी ने हिन्दी शब्दों का खूब प्रयोग किया था लेकिन इस कारण उर्दू को संकुचित करनेवाले लेखकों की निगाह में वह ऊँचे दर्जे के शायर न थे। पद्मसिंह शर्मा के शब्दों में : "जितने हिन्दुस्तानी शब्दों और मुहावरों का अधिकता से प्रयोग उन्होंने किया है, उसकी मिसाल किसी भी उर्दू या हिन्दी लेखक के यहाँ नहीं मिलती। उन्होंने हिन्दुस्तानी कविता की सिर्फ नींव ही नहीं डाली, बल्कि उसकी एक शानदार इमारत भी खड़ी कर दी है। उनके इस आदर्श उपकार को ध्यान में रखकर हिन्दुस्तानीपन के हामियों और क़ौमियत के पुजारियों का फ़र्ज़ था कि वह उनकी पूजा करते, मगर अफ़सोस है कि इस जुर्म में उर्दू के धनी लोगों की खुदपरस्ती ने उन्हें 'मुस्तनद' और 'अहले ज़बान' शोअरा की बिरादरी से ही ख़ारिज कर दिया।"[2]

दिल्ली में उर्दू शायरी के विकास के बारे में सैयद एहतिशाम हुसैन ने लिखा है : "दिल्ली के काव्य-संसार में जो परिवर्तन हुआ, उसे हम इस प्रकार प्रस्तुत कर सकते हैं कि पहले फ़ारसी के कवियों ने एक-आध शेर उर्दू में लिखे, फिर धीरे-धीरे ऐसे कवि पैदा हुए जिन्होंने फ़ारसी में कहना आरम्भ किया पर थोड़े ही दिनों बाद फ़ारसी छोड़ उर्दू में कविताएँ लिखने लगे। इस बात से इनकार नहीं किया जा सकता कि उनकी शिक्षा फ़ारसी में हुई थी, फ़ारसी कविता उनकी आत्मा में बसी हुई थी, फ़ारसी के ही उदाहरण उनके सामने थे और फ़ारसी के ही आलोचकों के बताए हुए मार्ग पर वह चल सकते थे।"[3] इन शायरों पर फ़ारसी कविता के भावों का असर ही न था, वे भाषा को भी ज्यादा से ज्यादा मीठा बनाने के लिए फ़ारसी

1. पद्मसिंह शर्मा द्वारा उद्धृत, 'हिन्दी-उर्दू और हिन्दुस्तानी', पृ. 94
2. उप., पृ. 93
3. 'उर्दू साहित्य का इतिहास', पृ. 61

शब्दावली का प्रयोग करते थे। मुगल राज्य के पतनकाल में उर्दू को राजाश्रय प्राप्त हुआ। उर्दू को माध्यम बनाकर जो साहित्य पनप रहा था, उसका सामाजिक आधार बहुत ही संकुचित था। "यह सामन्तकाल के पतन का युग था। और कुछ न होने पर भी साहित्य और कला बादशाह और उसके अमीरों के हाथ में थे।"[1] श्री सैयद एहतिशाम हुसैन का विचार है कि इस पतनकाल में जनता की भाषा उर्दू को आगे बढ़ने का मौका मिला। "जीवन और सामाजिक चेतना के प्रभाव से उर्दू उन्नति की ओर बढ़ रही थी," लेकिन यह सामाजिक चेतना उस समय की उर्दू कविता में प्रतिबिम्बित नहीं हुई।

"उसके साहित्य में वह बल नहीं देख पड़ता जो एक आगे बढ़ते हुए राष्ट्र और प्रगति करती हुई जनता के साहित्य में मिलता है। सामन्तशाही युग में साहित्य राज्य-दरबार के संरक्षण और सहानुभूति पर निर्भर होता है और मुगल राज्य ऐसा दुर्बल हो रहा था कि वह उर्दू साहित्य की प्रगति में किसी प्रकार सहायक नहीं हो सकता था।"[2] साहित्य का भी एक हद तक वर्ग-आधार होता है। यह वर्ग-आधार सीमित और पतनशील होता है तो साहित्य अधिकांश जनता के लिए अग्राह्य हो जाता है। यदि वह प्रगतिशील और व्यापक होता है तो उसका महत्त्व अनेक वर्गों के लिए और अनेक युगों तक रहता है। उर्दू कवियों के जीवन पर एक दृष्टि डालने से राजदरबारों से उनके सम्बन्ध का पता चलेगा और यह सत्य स्पष्ट होगा कि साहित्य का वर्ग-आधार किस तरह उसकी भाव-सामग्री ही नहीं, उसके रूप (शब्द-चयन आदि) को भी प्रभावित करता है। आरम्भ में "अगर्चे ईरानी संस्कृति और फ़ारसी भाषा का गहरा प्रभाव पड़ रहा था, परन्तु ब्रजभाषा और दक्षिणी उर्दू के प्रभाव भी देखे जा सकते हैं।"[3] क्रमशः ब्रज और दकनी का यह प्रभाव मंद होता गया; उसका स्थान फ़ारसीपन ने लिया।

श्री सैयद एहतिशाम हुसैन ने प्रमुख उर्दू कवियों के जीवन के बारे में जो तथ्य दिये हैं, वे इस प्रकार हैं : दिल्ली छोड़कर जानेवालों में सबसे पहले शायर फ़ुगाँ थे। इन्होंने अवध और पटना के दरबारों में शरण ली। ताबाँ दिल्ली के रहनेवाले थे। इतने सुन्दर थे कि बादशाह इन्हें देखने के लिए स्वयं उनकी बैठक के रास्ते से गुज़रा करते थे। "शराब बहुत पीते थे और उसी के कारण युवावस्था में उनका देहान्त हो गया।" दर्द राजदरबार न जाते थे, "फिर भी राजदरबार से उनकी खानक़ाह की सहायता होती थी।" सौदा अवध की राजधानी फैज़ाबाद में रहे। जब राजधानी लखनऊ हुई तो वहाँ चले आए। अवध सरकार से उन्हें छह हजार रुपये साल मिलते थे। मीर के जीवनकाल में "मुगल राज्य इस प्रकार से गिर रहा था कि अब उसके सँभलने की आशा नहीं की जा सकती थी। मीर की कविता में उसके हृदयविदारक और रोचक चित्र मिलते हैं।" उन्होंने आगरा छोड़ा। दिल्ली में "बहुत-से अमीरों के यहाँ नौकरी की।" लखनऊ गए। वहाँ नवाब के यहाँ से हर महीने उन्हें तीन सौ रुपये मिलते रहे। जब उन्होंने राजदरबार जाना छोड़ दिया, तब भी यह वृत्ति उन्हें मिलती रही। जुरअत, इन्शा और मुसहफी लखनऊ दरबार में थे। दरबार में ऊँचा स्थान पाने के लिए इनके झगड़े इतने बढ़ गए कि "कभी-कभी वह बड़ा गंदा और अश्लील रूप धारण कर लेते थे।" आतिश इस परम्परा से दूर थे लेकिन समकालीन कविता से अवश्य प्रभावित थे। कुछ सादी और प्रभावपूर्ण रचनाओं

1. 'उर्दू साहित्य का इतिहास', पृ. 61
2. 'उर्दू साहित्य का इतिहास', पृ. 68
3. उप., पृ. 72

को छोड़कर "उनकी कविता अलंकारों से भरी हुई है और कभी-कभी तो ऐसा जान पड़ता है कि यह भी भावशून्य होकर केवल शब्दों और अलंकारों के लिए शेर लिखते थे।" उनके शिष्यों में नवाब सैयद मुहम्मद खाँ रिन्द थे और दयाशंकर कौल 'नसीम', जो शाही सेना में बख्शी के पद पर नियुक्त थे। नासिख़ भी राजदरबारों से दूर थे लेकिन "चूँकि बहुत-से अमीर लोग उनके शिष्य थे, इसीलिए उन्हें जीवन में कभी खाने-पीने की कठिनाई नहीं हुई। नवाब आगामीर जिनकी ड्योढ़ी लखनऊ में अब भी प्रसिद्ध है, उनका बहुत आदर करते थे।" अनीस और दबीर मर्सिया-लेखक थे। अनीस राजदरबार से दूर थे। दबीर उसके निकट थे; "अवध राजदरबार में भी उनका सम्मान होता था।" मोमिन राजदरबार से दूर रहे? "एक खाते-पीते परिवार से सम्बन्ध रखने के कारण उनके जीवन में भोगविलास की कमी न थी।" ज़ौक बादशाह के गुरु थे। मासिक वृत्ति के अलावा उन्हें जागीरें भी मिली थीं। ग़ालिब भी बादशाह के गुरु नियुक्त हुए थे। ग़दर के बाद रामपुर दरबार से उन्हें सौ रुपया महीना मिलता रहा। दारा भी रामपुर में रहे। "रामपुर में उनका ऐसा आदर-सत्कार हुआ और भोग-विलास के ऐसे अवसर मिले कि वह उसको आरामपुर कहा करते थे।" जीवन के अन्तिम चौदह वर्षों में वह हैदराबाद रहे और वहाँ एक हजार रुपया महीना पाते थे।

ये सब उर्दू के प्रसिद्ध कवि थे। राज-दरबार से सम्बन्ध न रखनेवाले कवि अपवाद रूप में थे। अधिकांश कवि राजदरबारों से सम्बन्धित और उनके आश्रित थे। भारतीय सामन्तवाद अपने जीवन की आखिरी साँसें ले रहा था। उसने अपने चारों ओर एक कृत्रिम संसार बसा लिया था जिसका जन-जीवन से कोई सम्बन्ध न था। नज़ीर जैसे कवि उर्दू साहित्य की मूलधारा से दूर थे और अपनी रचनाओं से उसे नया मोड़ देने में असमर्थ रहे थे। हिन्दी उर्दू के अलगाव का प्रमुख कारण उर्दू काव्य का यह संकुचित सामन्ती आधार था। इसका यह अर्थ नहीं है कि कवियों ने सरल उर्दू में रचनाएँ नहीं कीं, ऐसी सरल उर्दू में जो हिन्दी से भिन्न नहीं है, जो इतनी अच्छी हिन्दी है कि हिन्दी कवि उससे भाषा लिखना सीख सकते हैं। लेकिन इस सरल उर्दू के कारण हिन्दी-उर्दू का अलगाव नहीं हुआ। अलगाव हुआ फ़ारसी-मिश्रित कठिन उर्दू के कारण। हम यहाँ अलगाव के कारणों की चर्चा कर रहे हैं। यह अलगाव आज की हिन्दी से हो तो चिन्ता की बात नहीं। उसके लिए हिन्दू साम्प्रदायिकता को जिम्मेदार ठहराया जा सकता है। किन्तु यह अलगाव था जायसी और कबीर के शब्द-भंडार से, बन्दानवाज़ और वजही के शब्द-भंडार की परम्परा से। इसका कारण था मतरूकात का सिद्धान्त, भाषा में हिन्दीपन के बदले फ़ारसीपन का बोलबाला। उर्दू का जन्म न ब्रजभाषा से हुआ, न पंजाबी से, उसका जन्म हुआ हिन्दी से। जिस हिन्दुस्तानी जाति के गठन की बात हमने पहले की है, उसका गठन अठारहवीं सदी तक रुका न था। उस गठन का आधार दिल्ली और लखनऊ के पतनशील सामन्ती दरबार न थे। जब अंग्रेज़ यहाँ व्यापार की सुविधा के लिए खड़ी बोली सीखते और बोलते थे, मनुच्ची ने दुभाषिये की सहायता के बिना शिवाजी से खड़ी बोली में बातचीत की थी, तब तक नवाबी जमाना शुरू न हुआ था, तब तक राजदरबारों में भी मतरूकात का सिलसिला शुरू न हुआ था। इसलिए यह कहना सही है कि हिन्दुस्तानी जाति का गठन सबसे पहले हिन्दी भाषा के द्वारा हुआ। भले ही इसे साहित्यिक रूप देनेवाले मुसलमान रहे हों, भले ही उन्होंने उर्दू (या फ़ारसी) लिपि का प्रयोग किया हो, उनकी भाषा हिन्दी है। जैसे रसखान और जायसी की भाषा ब्रज और अवधी है, वैसे ही दकनी के प्रारम्भिक लेखकों की भाषा हिन्दी है। उन्नीसवीं सदी में जब हिन्दी गद्य का विकास हुआ, तब उसके

बारे में एक भ्रान्त धारणा का प्रचार किया गया कि उर्दू से सरल शब्द निकालकर उनकी जगह संस्कृत के कठिन शब्द रखे गए और इस तरह हिन्दी को मेल-जोल की भाषा उर्दू से अलग विकसित किया गया। बात इसके ठीक उल्टी है। यदि भारतेन्दु हरिश्चन्द्र, बालकृष्ण भट्ट या प्रतापनारायण मिश्र का हिन्दी गद्य लिया जाए, तो उसकी शब्दावली जायसी और बन्दानवाज़ की शब्दावली के बहुत निकट मिलेगी। उनके समकालीन उर्दू लेखकों का शब्द-भंडार उस परम्परा से दूर है। उन्नीसवीं सदी के हिन्दी लेखकों ने शहरों में प्रचलित हिन्दी को अपना आधार बनाया और जनपदीय बोलियों से बेझिझक शब्द लिये। भारतेन्दु, बालकृष्ण भट्ट, प्रतापनारायण मिश्र, बालमुकुन्द गुप्त उर्दू जानते थे, उनमें से कुछ उर्दू में लिखते भी थे लेकिन उनके हिन्दी गद्य की विशेषता संस्कृत शब्दों का प्रयोग नहीं है। उनके गद्य में 'देहाती' शब्द और मुहावरे मिलते हैं जिससे कुछ मित्र अभी तक हिन्दी को गँवारू भाषा कहते हैं। हिन्दुस्तानी जाति नगरों में ही सीमित नहीं थी। दिल्ली और लखनऊ में कुछ लाख लोग रहते थे जिनमें कुछ हजार उर्दू शायरी से परिचित थे। गाँवों के लोग रामायण पढ़ते थे; सूर, मीरा और कबीर के भजन गाते थे। सूर, मीरा, कबीर और तुलसी ने किस तरह के शब्द-भंडार का प्रयोग किया था? यद्यपि इन कवियों की भाषा खड़ी बोली न थी, लेकिन उनका शब्द-भंडार बहुत कुछ सामान्य था और बाद की हिन्दी के शब्द-भंडार से मिलता था। उदाहरण के लिए अयोध्या कांड के आरम्भ की आठ चौपाइयों में इस तरह के शब्द आते हैं : भुवन, भूधर, सुकृत, मेघ, रिधि-सिधि, नर-नारी, शुचि, विभूति, विधि, मुदित, शील, स्वभाव आदि। इनमें कोई शब्द ऐसा नहीं है जो आधुनिक हिन्दी में प्रयुक्त न होता हो। उर्दू में इनका प्रयोग कहीं मिले तो वह अपवाद रूप में होगा। किन्तु उस तरह की शब्दावली सूरदास में मिल जाएगी। यथा—कृष्ण के बंसी बजाने का वर्णन करते हुए सूर ने 'मेरे साँवरे जब मुरली अधर धरी' आदि जो पद लिखा है, उसमें इस तरह के शब्द हैं : अधर, समाधि, सिध (सिद्ध), देव, विमान, सुर, वधू, चित्र, समान, ग्रह, नखत, रास (राशि), आनंद, चर-अचर, विपरीत, कल्पित, पखान (पाषाण), गंधर्व, खग, मृग, तृन, धेनु, द्रुम, चपल, पल्लव, विटप, पुलकित, अनुराग, पौन (पवन) समीर, नीर, अभिराम, लावन्य, अनंग, गरब (गर्व) इत्यादि। ये तमाम शब्द सूर की हिन्दी में स्वीकृत थे, आज की हिन्दी में भी स्वीकृत हैं। इसके विपरीत ज़ौक की दस पंक्तियों की एक ग़ज़ल में इस तरह की शब्दावली है : शौक़े-नज़्ज़ारा, रुख़े-पुरनूर, मुर्गे-नज़र, शमएतूर, रंजूर, बे-मक़दूर, मस्ते नाज़, क़स्ते-मुहब्बत, बिना (नींव), कोहकन, राहे-इश्क़, दुरे-ताजे-सुलेमा बैज़ा-बैज़ा, मूर (चींटी) इत्यादि। इस तरह के शब्द न पहले की ब्रज और अवधी में प्रयुक्त होते थे, न आज की हिन्दी में प्रयुक्त होते हैं। ग़ालिब के 'दीवान' की पहली ग़ज़ल में, जिसमें दस पंक्तियाँ हैं, इस तरह की शब्दावली का प्रयोग हुआ है : शोख़िए-तहरीर, पैरहन, पैकरे तसवीर, कावे-कावे-सख़्त, जानीहाए तनहाई, जू-एशीर, जज़्बए-बेइख़्तियारे शौक़, सीन-ए-शमशीर, आगही, दामे शनीदन, मुद्दआ (उद्देश्य), अंक़ा, आलम्-ए-तक़रीर, असीरी, आतश ज़ेर पा, मू-ए-आतश-दीदा, हलक: (कड़ी) इत्यादि। इस तरह की शब्दावली का प्रयोग हिन्दी में नहीं होता और आगे कभी होगा, इसमें सन्देह है। ज़ौक, ग़ालिब और उर्दू के दूसरे कवियों ने बहुत सरल उर्दू में भी पंक्तियाँ लिखी हैं लेकिन अलगाव हुआ है उस कठिन फ़ारसीपन की वजह से, जिसकी मिसालें ऊपर दी हुई हैं। यह ध्यान देने की बात है कि दकनी गद्य और पद्य में फ़ारसी व्याकरण के अनुसार बनाए हुए लम्बे समासों का प्रयोग प्राय: नहीं है। लम्बे

समासों का प्रयोग दिल्ली के शायरों ने आरम्भ किया। शाह मियाँ तुराब दखनी उन्नीसवीं सदी के कवि थे। उनकी रचनाएँ नज़ीर अकबराबादी की याद दिलाती हैं :

जिये लग तो जोरू बचे प्यार करते
मुये पर तो मुर्दा ककर (कहकर) जी में डरते
तेरे सात हर्गिज़ नहीं कोई मरते
तुझे गाड़ माटी में सारे बिसरते
ये ऐसा है परपंच झूटा जमाना
अरे मन नको रे नको हो दिवाना।

यह तन मन सकल धन बदल जाने हारे
अपस कूँ तूँ माया में ना घालना रे
सुख आनन्द सूँ उसको ना पालना रे
हरेक भाँत जीने के दिन टालना रे
जो हुशियार गुनवन्त चातुर है राना
अरे मन नको रे नको हो दिवाना।[1]

इस तरह की भाषा में जो फ़ारसी के प्रचलित शब्द आए हैं, वे हिन्दी में भी स्वीकृत हैं। कुछ लोगों ने यह कोशिश जरूर की है कि ऐसे प्रचलित शब्दों को हिन्दी से निकाल दें, लेकिन उन्हें न उन्नीसवीं सदी में सफलता मिली, न बीसवीं सदी में और आगे कभी सफलता मिलेगी, इसमें काफी सन्देह है।

आधुनिक हिन्दी में वे सभी शब्द प्रयुक्त होते हैं जो बोलचाल की उर्दू में रायज़ हैं। यह कोई नहीं देखता कि ये शब्द अरबी, फ़ारसी के हैं या अन्य किसी भाषा के। हम उनका प्रयोग हिन्दी शब्दों की तरह करते हैं। यहाँ प्रेमचन्द जैसे लेखक के गद्य से उदाहरण देना आवश्यक नहीं क्योंकि वह अपनी उदार भाषा-नीति के लिए प्रसिद्ध हैं। उदाहरण लेना चाहिए हिन्दी गद्य के संस्थापकों से जिनके बारे में यह प्रवाद है कि उन्होंने उर्दू के सरल शब्द निकालकर उनकी जगह संस्कृत के कठिन शब्द बिठाए और इस तरह एक बनावटी ज़बान हिन्दी को जन्म दिया। भारतेन्दु हरिश्चन्द्र हिन्दी गद्य के संस्थापकों में हैं। 'दिल्ली दरबार' नाम के अपने लघुनिबन्ध में वे इस तरह के प्रचलित उर्दू शब्दों का प्रयोग करते हैं : मुलाक़ात, हाल, मामूली, तमगा, ख़ास, ख़ैरख़्वाह, फ़र्क़, चेहरा, मिज़ाज, इशारा, सलामी, ख़िताब, जान और माल, जवाब, जगह, क़ायदे, मुहावरे, ख़ूब, उम्र, नक़ाब, दोस्ती, ख़वास, तरफ़, बिलकुल, नुमा (सीढ़ीनुमा), तमाशा, ज़ियादा, लैस, दामन, इत्यादि। भारतेन्दु के समकालीन लेखक बालकृष्ण भट्ट हिन्दी गद्य के एक अन्य संस्थापक थे। 'आत्म-निर्भर' नामक निबन्ध में वे इस तरह के 'उर्दू' शब्दों का प्रयोग करते हैं : क़िस्मत, तरक़्क़ी, क़ौमी, ताक़त, ज़ोर, हिम्मत, फ़िज़ूलख़र्च, किफ़ाइतशार, जमात, तनज्जुली, कमीनापन, नेस्तनाबूद, शकल, सिर्फ़, ज़ियादह, तरोताज़गी, सरसब्ज़ी, ख़याल, अगर, ग़लत, औवल, क़ानून, अदल-बदल, जोश, सरगरमी, ज़ालिम, हुकूमत, मज़बूत, नेक, ग़ुलाम, तालीम, बिलकुल, बेफ़ाइदा, बेहतरी, नतीजा, हमदर्दी, सिरताज, पुश्त, फिरके, साबितक़दम, दरजा, शुरू, ज़िन्दगी, शामिल, हिस्से, ग़रीब, ख़ासियत, ख़ाशी इत्यादि। ये उर्दू शब्द ऐसे नहीं हैं जिनके हिन्दी पर्यायवाची ढूँढ़े न

1. 'दक्खिनी का गद्य और पद्य', पृ. 253-54

मिलें। लेकिन भारतेन्दु हरिश्चन्द्र या बालकृष्ण भट्ट की नीति यह न थी कि उर्दू के प्रचलित शब्दों का बहिष्कार किया जाए। वह उस बोलचाल की हिन्दी के आधार पर अपने गद्य का विकास कर रहे थे जो अमीर ख़ुसरो के समय से गंगा-यमुना के किनारे बसे हुए शहरों में पनपती और फलती-फूलती आई थी। इस बोलचाल की भाषा में जो अरबी-फ़ारसी के शब्द घुलमिल गए थे, उनका वे बेझिझक प्रयोग करते थे। यह परम्परा आगे भी क़ायम रही। निराला जैसा कठिन हिन्दी का लेखक 1933 में अपनी कहानियों में उर्दू के सरल शब्दों का प्रयोग करता है। 'चतुरी चमार' के पहले दो पृष्ठों में इस तरह के शब्द मिलते हैं : मौज़ा, ज़िला, कदीमी, बाशिन्दा, बल्कि, मकान, फ़ासला, पुश्तैनी, रिश्ता, देहात, मज़बूत, हफ़्ता, चुस्त, वज़न, हल्का, ज़्यादा, वग़ैरह, नज़दीक, साया, अक्स इत्यादि। 'देवी' के पहले दो पृष्ठों में : ख़याल, क़द्र, फाकेमस्ती, ख़्वाब, कोशिश, दुनिया, मौत, लाश, निगाह, अमीर, दोमंज़िला, रिश्ता, मश्क, रूह, नाराज़, ज़रूर, क़िस्मत, नज़र, तअज्जुब, निगाह, तमाम, चेहरा, उम्र, मुमकिन, परवरिश इत्यादि। यह 1933 की बात है। अभी पिछले साल (1959 में) श्री भगवतीचरण वर्मा के उपन्यास 'भूले-बिसरे चित्र' में सिर्फ एक पृष्ठ (9) पर इस तरह के उर्दू शब्द आए हैं : ख़बर, नामज़द, ख़ुशख़बरी, ख़ानदान, तवारीख़, पुश्त, चालाकी, बेईमानी, जाल-फ़रेब, बदनाम, नक़द, ख़रीदना, लिहाज़ा, नक़द-जेवर, क़त्ल, सिर्फ़, आवारा, जिन्दगी, शान इत्यादि। ऐसे सरल उर्दू शब्दों का प्रयोग साधारण हिन्दी गद्य की विशेषता है। इसलिए यह स्थापना सही नहीं है कि हिन्दी का विकास उर्दू के सरल शब्दों के बदले संस्कृत के कठिन शब्दों के प्रयोग द्वारा हुआ है। हिन्दी का विकास उस भाषा-परम्परा के आधार पर हुआ है जिसे उर्दू ने अठारहवीं सदी में बहुत कुछ छोड़ दिया था।

कुछ विद्वानों का विचार है कि उर्दू में फ़ारसी-अरबी शब्दों का प्रयोग अनिवार्य था। "उस समय कोई ऐसी बनी-बनाई भाषा प्रचलित नहीं रही होगी जिसमें वह धर्म और भक्ति के गहरे विचार सरलता से प्रकट कर सकें। इसलिए उनको मजबूरन बहुत-से फ़ारसी-अरबी के शब्द बोलचाल की भाषा में मिलाने पड़ते होंगे।"[1] यदि सवाल धर्म और भक्ति-सम्बन्धी कुछ पारिभाषिक शब्दों का होता तो कोई अड़चन न होती। वे हिन्दी के शब्द-भंडार को समृद्ध करते। किन्तु बात ऐसे शब्दों की न थी। उर्दू कवियों ने बोलचाल के हिन्दी शब्दों के बदले फ़ारसी के शब्दों का चलन किया। आग—आतश, आँख—चश्म, धुआँ—दूद, अभी तक—हनोज़, कली—गुंचा, नंगा—उरियाँ, दाँत—द्वन्दाँ, ओठ—लब, रोना—गिरिया, लड़ाई—नबर्द, साँस—नफ़स, सूरज—ख़ुर्शीद, रचना—तामीर, खलिहान—खिरमन, मुस्कान—तबस्सुम, रात—शब, छुरी—दश्ना, पानी—आब—इस तरह के शब्द ग़ालिब के 'दीवान' में दो-तीन सफ़े उलटने पर मिल जाएँगे। ग़ालिब कविता के लिए एक विशेष शब्दावली को उचित समझते थे। फ़ारसी के शब्दों को हिन्दी के पर्यायवाची शब्दों से ज्यादा सरस माना गया था। यही नहीं, ग़ालिब में उर्दू के सरल शब्दों के बदले भी अरबी-फ़ारसी के कठिन शब्द मिलते हैं जिनका व्यवहार बोलचाल की उर्दू में नहीं होता। लिबास—पैरहन, नहर—जू (जू-ए-शीर, दूध की नहर), क़ैद—असीरी, ज़ख़्म-जराहत, हीरा—अलमास, तोहफ़ा—अर्मुग़ाँ (और हथिया), अलावा—जुज़, वीराना—सहरा, नुक़सान—ज़ियाँ, जिन्दगी—ज़ीस्त, ग़म—अन्दोह, दोस्त—अहबाब, क़ैदख़ाना—ज़िन्दाँ, दुनिया—दहर, कमज़ोरी—नातवानी, ज़ुल्म—बेदाद, क़ब्र—गोर, तरफ़—सू, महफ़िल—बज़्म, जन्नत—ख़ुल्द, ख़त—नामा, आसमान—गर्दू,

1. 'उर्दू साहित्य का इतिहास', पृ. 25

लाश—नाश, आरज़ू—हवा, रेगिस्तान—दश्त, ज़ख़्म—रीश, शराब—वादा, रास्ता—जादा, हवा—बाद—ये शब्द भी ग़ालिब के दीवान में शुरू के सफ़ों में मिल जाएँगे। इनमें जो शब्द पहले दिये गए हैं, वे ऐसे हैं जो हिन्दी में भी प्रयुक्त होते हैं। उनके साथ जो दूसरे शब्द दिये गए हैं, वे बोलचाल की उर्दू में भी कम इस्तेमाल होते हैं। फ़ारसी के प्रभाव के कारण शब्दों के बहुवचन फ़ारसी-अरबी तरीके से बनाए गए। खिरामी—खिरामीहा, गुल—गुलहा, तबस्सुम—तबस्सुमहा, वर्क—औराक़, हादसा—हवादिस, हसद—हुसूद, ऐब—अयूब, क़ायदा—समूद। ये सब भी 'दीवाने-ग़ालिब' के आरम्भ में मिलेंगे। फ़ारसी की क्रियाएँ जिनका व्यवहार बोलचाल की उर्दू में नहीं होता, ज्यों-की-त्यों अपने तत्सम रूप में अपना ली गई हैं। सुनना के लिए शुनीदन (आगही दामे शुनीदन जिस क़दर चाहे बिछाये), खिलने के लिए शिगुफ़्तन (यह वक़्त है शिगुफ़्तने-गुलहा-ए-नाज़ का), जलने के लिए सोख्तन (यां जमीं से आस्मां तक सोख्तन का बाब था), लिथड़ने के लिए ग़ल्तीदन (कि अन्दाज़े बखूं ग़ल्लीदन-ए-बिस्मिल पसन्द आया), बन्द करने के लिए बुर्दन (तमाशाए बयक कफ़ बुर्दन-ए-सद दिल पसन्द आया), इत्यादि। फ़ारसी के ढंग पर क्रिया के अन्य रूप जो विशेषण की तरह प्रयुक्त होते हैं—आतशदीदह (आग में झुलसा हुआ), सरगश्तह (सर फिरा), हसरतज़दह (हसरतों का मारा हुआ), खूंगश्तह (जिसका खून हो गया हो), अफसुर्दह (बुझा हुआ), सरश्कआलूदह (आँसुओं से भीगा हुआ)। फ़ारसी के ढंग पर लम्बे-लम्बे समास बोलचाल की उर्दू से बहुत दूर तो हैं ही, बोलचाल की फ़ारसी में भी उन्हें जगह मिलती होगी, इसमें शक है : इशरतेक़त्लगहे अहलेतमन्ना (वधस्थल में मरने की अभिलाषा का आनन्द), जांदाद-ए-हवा-ए-सर-ए-रह-गुज़ार (गली-गली घूमने की तमन्ना का मारा हुआ), नाज़िश-ए-अय्याम्-ए ख़ाकिस्तरनशीनी (विनय के दिनों का गर्व), ताराज-ए-काविश-ए-ग़म-ए-हिजरां (विरह के दुखों का लूटा हुआ), काव-ए-काव-ए-सख़्तजानीहा-ए-तनहाई (विरह के दुख) इत्यादि।

ग़लिब उस युग के कवि हैं जब मुगल साम्राज्य ध्वस्त हो चुका था और अंग्रेज़ी राज हिन्दुस्तान में अपनी जड़ें जमा रहा था। इस विदेशी राज के विरुद्ध अठारह सौ सत्तावन में हिन्दुस्तान की हिन्दू-मुसलमान जनता ने जान की बाज़ी लगाकर संघर्ष किया। नेपाल, पंजाब, हैदराबाद तथा अन्य प्रदेशों के सामन्तों की सहायता से प्रतिक्रियावादी ब्रिटिश सत्ता ने इस संघर्ष का दमन किया। इस देश पर राज करने के लिए उसने जनता में फूट डालने, एक सम्प्रदाय को दूसरे से लड़ाने और इसके लिए भाषा-सम्बन्धी भेद से भी लाभ उठाने की नीति अपनाई। अंग्रेज़ों ने हिन्दी-उर्दू के भेद से लाभ उठाया, उसे बढ़ावा दिया, अलगाव की खाई को और गहरा किया लेकिन इसमें सन्देह नहीं कि यह भेद पहले से मौजूद था। उन्होंने किसी चमत्कार से उसे पैदा नहीं कर दिया। इस भेद का मुख्य कारण दिल्ली की राज्यसत्ता की भाषा-सम्बन्धी नीति थी। फ़ारसी राजभाषा थी। इसके दो परिणाम हुए। एक ओर तो व्यवस्थित राज्य संचालन से व्यापार की उन्नति हुई, ब्रज अवध, आदि जनपद एक-दूसरे के निकट आए, अप्रत्यक्ष रूप से खड़ी बोली दिल्ली व आगरे के अलावा दूसरे शहरों में फैली और हिन्दुस्तानी जाति का गठन हुआ। दूसरी ओर फ़ारसी के राजभाषा होने से खड़ी बोली को जातीय भाषा के रूप में उभरने का अवसर न मिला, दिल्ली से दूर बीजापुर और गोलका में वह साहित्य का माध्यम बनी, दक्खिन के राजाओं ने उसे राजभाषा बनाया लेकिन अपने इस अधिकार से वह अपने जन्मस्थान दिल्ली ही में वंचित रही। दिल्ली का अभिजात वर्ग ईरानी संस्कृति से बहुत प्रभावित था। अपने संकुचित सामाजिक आधार के कारण यह

पतनशील सामन्त वर्ग न तो जायसी-रसखान, मीरा-कबीर, सूर और तुलसी के शब्द-भंडार को अपना सका, न उसने प्रारम्भिक दकनी की उदार परम्परा से ही अपना नाता जोड़ा। फ़ारसी के राजभाषा होने के कारण और राज्यसत्ता के कर्णधारों में ईरानी संस्कृति का प्रभाव होने से हिन्दू भी फ़ारसी सीखते थे, उर्दू के विकास में उन्होंने भी योग दिया। किन्तु इससे दिल्ली के अभिजात वर्ग का सामाजिक आधार बहुत व्यापक न हो गया था। मूल समस्या यह थी कि जिस शब्द-भंडार को सूर, तुलसी, जायसी आदि कवियों ने अपनाया है, जिस शब्द-भंडार की मूल-सामग्री जनपदों की बोलियों में सुरक्षित है, उसे उर्दू अपनाती है या नहीं। यदि अपनाती है तो वह हिन्दुस्तानी जाति के बहुसंख्यक भाग—किसानों—को अपनी ओर खींचती है और पुरानी साहित्यिक परम्परा से नाता जोड़कर समूची हिन्दुस्तानी जाति की एकता और सांस्कृतिक विकास का माध्यम बनती है। यदि वह इससे भिन्न नीति अपनाती है, जनपदीय बोलियों के शब्द-भंडार को छोड़ती है; अवधी, ब्रज, मैथिली के सामान्य शब्द-भंडार से दूर रहती है, फ़ारसी शब्दावली का सहारा ज्यादा से ज्यादा लेती है, तो वह जातीय भाषा के बदले एक बोली मात्र रह जाती है। यह बोली चाहे जितनी मीठी हो, वह करोड़ों किसानों की सांस्कृतिक एकता और विकास का माध्यम नहीं हो सकती।

हिन्दी-उर्दू का अलगाव इतना ज्यादा न होता यदि दोनों की लिपि एक ही रहती। शिक्षा और अध्यापन का काम अधिकतर मुल्लाओं और पुरोहितों के हाथ में था। सामन्ती परिस्थितियों में शिक्षा का अर्थ होता था सबसे पहले धार्मिक शिक्षा। हिन्दुओं और मुसलमानों के धर्म अलग-अलग थे, इसलिए उनकी धार्मिक शिक्षा भी अलग-अलग होती थी। दो लिपियों के चलन का यह एक कारण था। यदि दोनों सम्प्रदायों के लिए सामान्य शिक्षा का प्रबन्ध होता तो बोलचाल की एक भाषा के लिए दो लिपियों का व्यवहार न होता। फिर भी दो लिपियों के चलन का कारण धार्मिक से अधिक सांस्कृतिक था। मुसलमान बंगाल में भी थे; 'हिन्दुस्तान' की अपेक्षा वहाँ उनका अनुपात ज्यादा था किन्तु वहाँ बंगला लिपि का चलन हुआ और उसे मुसलमान भी काम में लाते रहे हैं। इसी प्रकार गुजराती, मराठी, तेलगू, तमिल आदि भाषाओं की अपनी-अपनी लिपि रही है। लिपि भी संस्कृति का एक अंग है। अपने इस आविष्कार द्वारा मनुष्य अपनी बोलचाल की भाषा को लिखित रूप देता है। किसी जाति के लिए यह उदासीनता की बात नहीं है कि उसकी लिपि रहती है या खत्म हो जाती है। जिस तरह हम मानव-समाज की अर्जित सम्पत्ति भाषा पर गर्व करते हैं, उसी तरह संस्कृति के एक महत्त्वपूर्ण अंग लिपि पर भी गर्व करते हैं। दिसम्बर, 1933 में बुल्गारिया के विख्यात नेता दिमित्रोव पर जर्मन फासिस्टों ने मुकदमा चलाया था। उस समय अपने देश की संस्कृति का उल्लेख करते हुए दिमित्रोव ने कहा था : "इतिहास के उस युग में जब जर्मन सम्राट् कहता था कि वह जर्मन में सिर्फ अपने घोड़े से बातचीत करेगा, जब जर्मनी के सरदार और शिक्षित जन केवल लैटिन में लिखते थे और अपनी मातृभाषा के लिए लज्जित थे, उस समय सेंट सिरिल और सेंट मेथोडियस ने प्राचीन बुल्गार लिपि का आविष्कार और प्रसार किया था।"

हिन्दुस्तान के लोगों ने फ़ारसीयत के दबाव के विरुद्ध अपनी भाषा के साथ अपनी लिपि की भी रक्षा की, यह कोई बुरा काम नहीं हुआ। देवनागरी लिपि बंगला, गुजराती, पंजाबी (गुरुमुखी), कश्मीरी (शारदा) आदि उत्तर भारत की सभी लिपियों से मिलती है। भारत की एक महत्त्वपूर्ण भाषा मराठी की लिपि वही है जो हिन्दी की है। तेलगू, तमिल आदि भाषाओं की वर्णमाला मूलत: वही है जो हिन्दी की है। इनकी लिपियों के मूल सिद्धान्त—मात्रा आदि

लगाने, संयुक्ताक्षर बनाने के नियम—वैसे ही हैं, जैसे हिन्दी के। जैसे हिन्दी का शब्द-भंडार भारत की अन्य भाषाओं के शब्द-भंडार से मिलता है, वैसे ही उसकी लिपि भी भारतीय भाषाओं की लिपियों से मिलती है। हिन्दी-भाषी प्रदेश में हिन्दी-उर्दू की दो लिपियों का चलन हुआ; इसका कारण भाषा के क्षेत्र की तरह यहाँ भी ईरानी संस्कृति का प्रभाव था। इस संस्कृति के प्रभाव से कश्मीर में शारदा लिपि का चलन बन्द हो गया। लोग उर्दू लिपि में कुछ हेरफेर करके उसी को कश्मीरी भाषा के लिए काम में लाने लगे। गियर्सन ने 'लिंग्विस्टिक सर्वे' में इस बात का जिक्र किया है कि उन्नीसवीं सदी में सेरामपुर के ईसाई प्रचारकों ने बाइबल का अनुवाद शारदा लिपि में प्रकाशित किया था। इससे वहाँ उस लिपि की लोकप्रियता का पता चलता है। सिन्ध में अरबी लिपि का चलन हुआ। पंजाब की गुरुमुखी के साथ उर्दू लिपि का प्रयोग जारी रहा। पंजाब में उर्दू लिपि का प्रयोग उर्दू भाषा के अलावा पंजाबी के लिए भी होता था। अब वहाँ—देश के विभाजन के बाद—हिन्दी और गुरुमुखी लिपियों की समस्या है। कश्मीर, सिंध, पंजाब, हिन्दुस्तान—उत्तर पश्चिम के इन प्रदेशों में अरबी या फ़ारसी लिपि ने यहाँ की लिपियों को अपदस्थ करके उनका स्थान लेने का प्रयत्न किया। 'हिन्दुस्तान' में कश्मीरी लिपि शारदा की तरह देवनागरी का लोप नहीं हुआ। इसका कारण जनता का सांस्कृतिक प्रतिरोध था। आखिर यहाँ के लोग अपनी लिपि छोड़कर दूसरों की लिपि क्यों अपनाते? छह सौ साल तक फ़ारसी के राजभाषा बने रहने पर भी देवनागरी मिटी नहीं; इस बात पर हम गर्व करते हैं। इसका एक कारण यह भी था कि मुगल बादशाह ब्रजभाषा के प्रेमी थे; उन्होंने कुछ जानबूझकर फ़ारसी के द्वारा हिन्दी का दमन न किया था। उनके दरबारों में ब्रजभाषा के कवियों का आदर होता था, ब्रजभाषा में संगीत की रचनाएँ हर कहीं लोकप्रिय थीं और ब्रज को लिखने के लिए वही लिपि काम में आती थी जो अवधी या हिन्दी लिखने के लिए आती थी। कुछ प्रदेशों में कैथी का चलन पूरा। यह कैथी देवनागरी से मिलती थी; पर देवनागरी की तरह उसका व्यापक प्रसार न था। मुगल सामन्तों ने एक ओर फ़ारसी भाषा और फ़ारसी लिपि को प्रश्रय दिया; दूसरी ओर उन्होंने ब्रजभाषा और देवनागरी को प्रत्यक्ष और अप्रत्यक्ष रूप से प्रोत्साहन दिया। यह दोहरी नीति उनकी जातीय और सांस्कृतिक विशेषता से उत्पन्न होती थी। वे एक ओर तो हिन्दुस्तान में रहते हुए हिन्दुस्तानी बन गए थे और यहाँ के संगीत, कला-कौशल, से प्रेम करते थे, उनके विकास को बढ़ावा देते थे; दूसरी ओर ईरानी संस्कृति के प्रभाव में कैद थे। फ़ारसी भाषा, साहित्य और रहन-सहन को आदर्श मानते थे। अत: उनसे हिन्दी भाषा और देवनागरी लिपि का हित और अहित, दोनों हुए।

लिपि संस्कृति का अंग है लेकिन उसे किसी धर्म का अभिन्न अंग न मान लेना चाहिए। यूरोप में ईसाई धर्म फैला लेकिन यूरोप में अनेक लिपियों का चलन रहा। जिस प्रदेश में ईसाई धर्म का जन्म हुआ, वहाँ जिस हिब्रू लिपि का व्यवहार होता था, उसके दर्शन भी यूरोप में दुर्लभ हैं। चीन में बौद्ध धर्म फैला, इसका यह अर्थ नहीं कि वहाँ ब्राह्मी लिपि भी फैल गई। कमाल अतातुर्क ने तुर्की भाषा के लिए रोमन लिपि का चलन किया। इसका अर्थ यह नहीं कि वहाँ इस्लाम धर्म का खात्मा हो गया। लिपि का सम्बन्ध किसी नस्ल से भी नहीं है। दक्षिण भारत की भाषाओं को द्रविड़-परिवार के अन्तर्गत माना जाता है। इससे कुछ लोग समझते हैं कि दक्षिण की चार प्रमुख जातियाँ द्रविड़ नस्ल की हैं। इस बात को माननेवाले भी आन्ध्र या तमिलनाडु में अपनी-अपनी लिपियों का ही प्रयोग करते हैं। इसी प्रकार देवनागरी न किसी नस्ल की लिपि है, न किसी धर्म-विशेष की। भारत के सभी राज्यों में हिन्दू बसे हुए

हैं, लेकिन उनकी लिपि एक नहीं है। इसलिए यदि मुसलमान उर्दू लिपि की जगह देवनागरी का व्यवहार करें तो इससे उनके धर्म पर आँच न आएगी। आँच आएगी ईरान के सांस्कृतिक प्रभाव पर, जिसे कुछ लोगों ने धर्म से जोड़ रखा है।

श्री अली सरदार जाफ़री ने यह मत प्रकट किया है कि उत्तर भारत में दो लिपियों का चलन अनिवार्य था। उन्होंने इसका कारण यह बताया है कि यहाँ दो क्रान्तिकारी सांस्कृतिक आन्दोलन चले—मुसलमानों में सूफ़ी मत और हिन्दुओं में भक्ति आन्दोलन। "यही युग हमारी जातीय भाषा के विकास का युग भी था और यह विकास अपने समय की क्रान्तिकारी विचारधारा के असर से बचा न रह सकता था। इस कारण जातीय भाषा के लिए यह अनिवार्य था कि उसके दो साहित्यिक रूपों का विकास हो। यह स्वाभाविक ही था कि भक्त कवि देवनागरी लिपि अपनाएँ और सूफ़ी कवि फ़ारसी लिपि अपनाएँ।"[1] आखिर सूफ़ी और भक्त कवि हिन्द प्रदेश के अलावा अन्य प्रदेशों में भी तो हुए थे? यदि क्रान्तिकारी विचारधारा के प्रभाव से लिपियों के चलन और एक ही भाषा के दो साहित्यिक रूपों के विकास की बात सही हो, तो बंगाल में दो तरह की बंगला और दो तरह की लिपियाँ, महाराष्ट्र में दो प्रकार की लिपियाँ और दो तरह की साहित्यिक भाषाएँ प्रचलित होनी चाहिए थीं। क्रान्तिकारी विचारधारा जनता में एकता उत्पन्न करती है; एक ही बोलचाल की भाषा के दो साहित्यिक रूप उत्पन्न नहीं करती। इसीलिए जायसी 'अखरावट' में ककहरा लिखते हैं। यदि यह मान लिया जाए कि जायसी ने 'पद्‌मावत' उर्दू लिपि में लिखा था और अन्य सूफ़ी भी उसी का उपयोग करते थे, तो इससे यह सिद्ध नहीं होता कि लिपि के साथ भाषा के भी दो साहित्यिक रूप होने चाहिए। वास्तव में सूफ़ी मत और भक्ति-आन्दोलन एक-दूसरे से उतनी दूर नहीं थे, जितनी दूर श्री जाफ़री के कथन से वे मालूम होते हैं।

'अखरावट' के आरम्भ में जायसी ने पैगम्बर की वन्दना की :

गगन हुता नहिं महि हुती हुते चन्द नहिं सूर।
ऐसइ अंध कूप महँ रचा मुहम्मद नूर।

और अन्त में वेदान्त मंत्र को दोहराते हुए लिखा :

सोऽहं सोऽहं बसि जो करई। जो बूझै सो धीरज धरई॥

वेदान्त के सोऽहं और मुहम्मद के नूर में जायसी के लिए कोई अनिवार्य भेद नहीं था। एक ओर वे नमाज की महिमा बतलाते हैं :

ना नमाज है दीन क थूनी। पढ़ै नमाज सोइ बड़ गुनी॥

दूसरी ओर वे भारतीय योगियों के सात चक्रों के दर्शन कराते हैं और कहते हैं कि सातवें खंड पर पहुँचकर ही योगी को सिद्धि मिलती है :

सातवँ सोम कपार महँ, कहा सो दसवँ दुआर।
जो वह पवँरि उघारै, सो बड़ सिद्ध अपार॥

1. 'इंडियन लिटरेचर', संख्या 1, 1953, बम्बई

'पद्मावत' में ब्रह्म-साक्षात्कार का वर्णन करते हुए लिखा है :

गा अँधियार रैन मसि छूटी।
भाभिनसार किरन-रवि फूटी॥
अस्ति-अस्ति सब साथी बोले।
अंध जो अहे नैन बिधि खोले॥

हठ-योगियों के अनुरूप उन्होंने शरीर का वर्णन किया है :

नौ पौरी तेहि गढ़ मझियारा। औ तहँ फिरहिं पाँच कोटवारा॥

शाहमियाँ तुराब दखनी की रचना में शिष्य पूछता है :

गुरुजी ओ सूकछम का कुछ भेद पाऊँ।
तुमारे चरन के तो बलिहार जाऊँ।
मैं अस्तुत तुमारा तो काँ लग सराऊँ॥
दयावंत दाता तुम्हारा है नाँव।
मेरे पिंड का सब बता देव ठाँव॥

गुरु उत्तर देता है :

जो लिखने सूँ नुकता भार आया,
ओ ही सूकछम अर्द मात्र कलाया।
तू में पिण्ड में यूँ के माता में जाया,
वहाँ सूँ यहाँ सूकछम नाम पाया।
हुआ जमा पंचभुई का सारा माया,
अहंकार का हाँक चौफेर माया।[1]

हिन्दी आलोचक रामचन्द्र शुक्ल के अनुसार कबीर, मीरा आदि पर सूफी मत का प्रभाव पड़ा था। जहाँ तक भक्त कवियों का सम्बन्ध है, उनमें भी अनेक मुसलमान थे। भक्ति-आन्दोलन हिन्दुओं तक सीमित नहीं था। श्री सैयद एहतिशाम हुसैन के शब्दों में : "भक्ति को एक लोकप्रिय और उस समय की समस्याओं को देखते हुए प्रगतिशील आन्दोलन बनाने में हिन्दू और मुसलमान, दोनों भक्तों का हाथ है।"[2] रसखान की कृष्ण-भक्ति प्रसिद्ध है। रहीम में भक्ति, श्रृंगार और नीति—तीनों के तत्त्व हैं। वास्तव में जो मुसलमान हिन्दी में रचनाएँ करते थे, वे सभी भक्त न थे। बहुतों ने श्रृंगार रस के गीत रचे हैं। कुछ ने नीति-सम्बन्धी कविताएँ की हैं। जमाल ने नीति और श्रृंगार के दोहे लिखे थे।[3] अकबर के समकालीन कवि आलम ने श्रृंगार रस में कविता की थी।[4] शेख और उसके प्रेमी आलम श्रृंगार रस में रचनाएँ करते थे। हिन्दुओं और मुसलमानों को यह आदान-प्रदान ज्ञान, भक्ति, श्रृंगार, नीति, आदि के कई

1. 'दक्खिनी का गद्य और पद्य', पृ. 260-61
2. 'उर्दू साहित्य का इतिहास', पृ. 21
3. रामचन्द्र शुक्ल, 'हिन्दी साहित्य का इतिहास', सं. 1997, पृ. 250
4. उप., पृ. 242

क्षेत्रों में था। इन कवियों ने गाँवों के सांस्कृतिक जीवन को जितना प्रभावित किया था, उतना दिल्ली और लखनऊ के शायरों ने नहीं किया। रहीम के दोहे सूर और मीरा के पदों की तरह गाँवों में प्रचलित थे और आज भी हैं।

जिस तरह सूफ़ी और भक्त हिन्दुस्तान में एक-दूसरे के निकट थे, सूफ़ियों में भक्त थे और भक्तों में सूफ़ी थे, उसी तरह अन्य प्रदेशों में भी वे एक-दूसरे के निकट थे और उन्होंने अपने यहाँ की भाषा और साहित्य की सेवा की। हिन्दू सम्प्रदायवाद की यह विशेषता है कि वह भारतीय संस्कृति में मुसलमानों के योग को स्वीकार नहीं करता। यदि वह रसखान और रहीम का नाम लेता भी है तो इसलिए कि वह उन्हें आधा हिन्दू मानता है। लेकिन जायसी की चर्चा में हमने देखा कि वह इस्लाम का खुलकर प्रचार करते हैं और फिर भी 'सोऽहं' के मंत्र से परहेज नहीं करते। हिन्दुओं और मुसलमानों के अलगाव के हम इतने आदी हो गए हैं कि जहाँ एका था और आज भी बना हुआ है, उसे हम देख नहीं पाते। हिन्दू जाति अलग है, मुस्लिम जाति अलग है, यह सिद्धान्त अनेक प्रगतिशील विचारकों तक में घर कर गया है और अगर निकल भी गया तो अपने कुछ निशान छोड़ गया है। एक आदरणीय लेखक के अनुसार : "आधुनिक हिन्दी ने खड़ी बोली का ढाँचा उर्दू से लिया और उसमें उसने उन शब्द-योजनाओं और समासों को खपाया और उन विचार-पद्धतियों और परम्पराओं से उसे अनुप्राणित किया, जो हिन्दू संस्कृति के अभिन्न अंग थे और शताब्दियों से अवधी, ब्रज और उत्तर भारत की अन्य जन-बोलियों में (जैसे बुन्देली राजस्थानी, मैथिली) सुरक्षित थे और जिनका निरन्तर विकास हो रहा था।"[1] इस स्थापना में यह बात सही है कि हिन्दी ने जनपदीय बोलियों में सुरक्षित शब्द-योजनाओं आदि को अपनाया। हिन्दी ने खड़ी बोली का ढाँचा उर्दू से लिया, यह बात सही नहीं है। इन बोलियों से जो तत्त्व हिन्दी में आए, वे सब 'हिन्दू संस्कृति' का अभिन्न अंग थे। यह बात ऐसी है जिसे हिन्दू सम्प्रदायवाद बड़े उत्साह से स्वीकार करेगा। इस तरह सारे देश में या तो हिन्दू संस्कृति है या मुस्लिम संस्कृति। कश्मीरियों, बंगालियों, पंजाबियों आदि की अपनी-अपनी जातीय संस्कृति कहीं नहीं बचती। उन्नीसवीं सदी में हिन्दी 'हिन्दू राष्ट्रीय जागरण' का 'एक शक्तिशाली माध्यम बन गई।' उधर "उर्दू साहित्य के अधिकांश भाग पर मुसलमानों की सभ्यता और संस्कृति की छाप है। बिलकुल ऐसे ही हिन्दी के अधिकांश भाग पर हिन्दु सभ्यता के प्रभाव स्पष्ट हैं।" इस तरह की स्थापनाओं का आधार दो राष्ट्रों का सिद्धान्त है : मुसलमानों का पाकिस्तान और हिन्दुओं का हिन्दुस्तान। यदि पूर्वी बंगाल और पश्चिमी पंजाब के मुसलमानों की संस्कृति एक ही है, तो पूर्वी बंगाल के मुसलमान उर्दू के राजभाषा बनाए जाने का विरोध क्यों करते हैं? यदि पश्चिमी बंगाल और असम के हिन्दुओं की संस्कृति एक है, तो बंगाली जन असमिया के राजभाषा बनाए जाने का विरोध क्यों कर रहे हैं? यदि तमिलनाडु और उत्तर प्रदेश के हिन्दुओं की संस्कृति एक है तो वहाँ हिन्दी के केन्द्रीय राजभाषा बनाए जाने का विरोध क्यों हो रहा है? भाषा को लेकर जब तक हिन्दू-मुसलमान विवाद करते हैं, तब तक मालूम होता है कि भाषा का आधार धर्म है। स्वाधीनता-प्राप्ति और देश के विभाजन के बाद यह बिलकुल स्पष्ट हो गया है कि भाषा को लेकर हिन्दू-हिन्दू और मुसलमान-मुसलमान भी आपस में लड़ सकते हैं और लड़ने के बहुत ही भयानक तरीके अपना सकते हैं।

1. 'नया साहित्य', संख्या 3, बम्बई

हिन्दू राष्ट्र और मुस्लिम राष्ट्र, हिन्दू संस्कृति और मुस्लिम संस्कृति—इसके अनुरूप हिन्दुओं की हिन्दी भाषा और मुसलमानों की उर्दू—आज की परिस्थितियों में इस विभाजन को स्वीकार करके कुछ मित्र उसे पुराने इतिहास में भी ढूँढ़ते हैं। अलगाव के बीज सामन्ती दरबारों में न ढूँढ़कर वे उन्हें सूफियों और भक्तों में खोजते हैं। पाकिस्तान बनने से पहले इस सिद्धान्त का काफी प्रचार था कि मुसलमानों की अपनी एक कौम है। दो राष्ट्र बनने के बाद दो राष्ट्रों या कौमों का सिद्धान्त पुराना पड़ गया। भारत में उसका उल्लेख करते हैं तो हिन्दू साम्प्रदायवादी करते हैं जिन्हें धर्म-निरपेक्ष राज्यसत्ता सह्य नहीं है। पाकिस्तान में मुस्लिम सम्प्रदायवादी बड़ी कृतज्ञता से उसे याद करते हैं क्योंकि उसी की बदौलत एक नये राष्ट्र का जन्म हुआ। धर्म के आधार पर जातीयता की कल्पना की गई और उसका इतना प्रचार किया गया कि उसका सारा प्रभाव तुरन्त नष्ट नहीं हो सकता।

हिन्दू प्रदेश के हिन्दुओं और मुसलमानों में सांस्कृतिक और भाषागत अलगाव के लिए जिम्मेदार थे यहाँ के सामन्त और उनसे मित्रता करके उन्हें गद्दी से उतारने या अपनी कठपुतली बनानेवाले अंग्रेज़। इसका श्रेय सूफियों और सन्तों को नहीं दिया जा सकता। मुसलमानों ने यहाँ जिस भाषा और संस्कृति को सँवारा, उसका एक व्यापक जातीय आधार था। बंगाल, पंजाब, सिन्ध, कश्मीर, हिन्द प्रदेश—सब जगह वहाँ की भाषा के विकास और जातीय साहित्य की समृद्धि में मुसलमानों का बहुत बड़ा हाथ रहा है। अन्य प्रदेशों की अपेक्षा सिन्ध का सम्पर्क मुसलमानों से पहले हुआ था। वहाँ पन्द्रहवीं सदी के अन्त में जिस प्रथम सिन्धी कवि के दर्शन होते हैं, वह एक मुसलमान है—क़ाजी क़ाज़न। सिन्धी भाषा के विद्वान श्री ला.ह. अजवाणी ने काज़ी क़ाज़न का सम्बन्ध देश के एक व्यापक सांस्कृतिक आन्दोलन से ठीक जोड़ा है। "क़ाजी क़ाज़न की कविता में अभिव्यक्त यह प्रेरणा उस महान् आध्यात्मिक जागृति या आन्दोलन का परिणाम है, जिसके कारण कबीर और चैतन्य, नानक और तुकाराम-जैसी ईश्वर-प्रेमोन्मत्त आत्माएँ पैदा हुईं।"[1] इस आन्दोलन को आगे बढ़ानेवाले और सिन्धी के सर्वमान्य कवि सत्रहवीं-अठारहवीं सदियों के रचनाकार शाह अब्दुल लतीफ़ भी मुसलमान थे। उन जैसे कवियों ने हिन्दुओं और मुसलमानों को मिलाया, अलग नहीं किया। "सिन्ध में कभी-कभी धर्मों के मिश्रण से ऐसा भी हुआ है कि मुसलमान कवि अपने-आपको गोपी और ईश्वर को कृष्ण कहकर कविता लिखते हैं।"[2] यह परम्परा सिन्ध ही में न थी, हिन्द प्रदेश में भी थी; अंग्रेज़ों के आने के बाद वह हिन्द प्रदेश में ही न टूटी, सिन्ध में भी टूटी। "यह मानना होगा कि सिन्ध की अधिकांश सूफी कविता ब्रिटिश-पूर्व दिनों की है और उसकी विषयवस्तु तथा कला-पक्ष (दोहरा रूप) हिन्दी, पंजाबी और अन्य उत्तर भारतीय भाषाओं से मिलता-जुलता था। यह सामान्यत: 1843 में अंग्रेज़ों के आने के बाद कुछ बिगड़ गई।"[3]

सिन्ध के मुसलमान सिन्धी जाति से अलग नहीं थे। चाहे वे बाहर से आए हों और चाहे यहीं धर्म-परिवर्तन करके मुसलमान बने हों, सिन्ध में रहकर वे हो गए सिन्धी। सिन्धी भाषा और साहित्य के विकास में उनकी महत्त्वपूर्ण भूमिका से इनकार नहीं किया जा सकता।

---

1. 'आज का भारतीय साहित्य', दिल्ली, 1958, पृ. 355
2. उप., पृ. 358
3. 'आज का भारतीय साहित्य', पृ. 359

जैसे सूफ़ी और भक्त सिन्ध में एक-दूसरे के बहुत नजदीक थे, वैसे ही पंजाब में हम उन्हें एक ही सांस्कृतिक धारा में घुलते-मिलते देखते हैं। "सिख गुरु, विशेषतया सिख धर्म के संस्थापक गुरु नानक ने उतनी ही भक्ति से सूफ़ियों को पढ़ा, जितनी भक्ति से भक्ति-आन्दोलन के भक्तों और सन्तों को।"[1] सूफ़ी कवि परमात्मा के विरह में तड़पते हैं। "बुल्लेशाह के लोकप्रिय गीतों में व्यक्त यही भावना प्राय: इन सन्त कवियों में है।" वारिस शाह भारत के एक महाकवि हैं। हीर-राँझा में उन्होंने प्रेम की सार्वजनीन भावना को ही नहीं व्यक्त किया, उन्होंने पंजाब के जनसाधारण के जीवन की जैसी झाँकी दी है, वैसी अन्य प्रदेशों के कवि कम दे पाए हैं। पंजाब का कोई कवि या लेखक अपने को वारिस शाह से ज्यादा पंजाबी नहीं कह सकता। और वारिस शाह मुसलमान थे। उनकी अलग कौम और ज़बान नहीं थी। वह पंजाबी जाति के रत्न थे, पंजाबी भाषा के सौन्दर्य के सबसे बड़े पारखी।

कश्मीरी भाषा को सँवारने में कवयित्रियों का विशेष हाथ रहा है। चौदहवीं सदी में ललद्यद ने अपने पद्यों में शैव दर्शन और सूफ़ी मत के 'अनिवार्य सम्पर्क'[2] का प्रमाण दिया। ललद्यद तथा उनके समकालीन कवि शेख नूरुद्दीन वली में "कबीर के पूर्व दर्शन मिलते हैं।"..."उनके पद्यों में हिन्दुत्व और इस्लाम एक ही भाषा में बोलते हैं।" सोलहवीं सदी में मुस्लिम कवयित्री हब्बा खातून ने कश्मीरी भाषा को सँवारा। अन्य प्रदेशों की तरह यहाँ भी हम मुसलमानों को प्रदेश विशेष की भाषा को सँवारते देखते हैं। इसी प्रकार बंगाल में, सत्रहवीं सदी में, दौलत काज़ी और सैयद आलाओल नाम के "दो मुसलमान कवि बड़े प्रतिभाशाली हुए" और "दोनों ने बंगला साहित्य की बड़ी सेवा की।"[3]

जैसे हिन्दी में मुसलमान कवियों का सहयोग सूफ़ी-भक्त-साहित्य में ही नहीं है, वैसे ही अन्य भाषाओं में उन्होंने अनेक स्तरों पर अपनी भाषा और साहित्य की सेवा की। श्री दिनेशचन्द्र सेन के अनुसार बंगाल के पठान सामन्तों ने संस्कृत से बंगला में अनुवाद कराने के लिए विद्वान नियुक्त किए। "वे अब बंगला बोलते और समझते थे।"[4] चौदहवीं सदी में नसीर शाह की आज्ञा से 'महाभारत' का प्रथम बंगला अनुवाद हुआ। हुसैन शाह की आज्ञा से मालाधर वसु ने 'भागवत' का अनुवाद किया और इसके लिए उसे गुणराजखान की उपाधि मिली।[5] डॉ. सुकुमार सेन के अनुसार, सबसे पहले परमेश्वरदास ने बंगला 'महाभारत' लिखा। परमेश्वरदास परागल खाँ के दरबारी कर्मचारी थे और परागल खाँ हुसैन शाह का एक फौजी अफसर और चटगाँव का शासक था। परागल खाँ को 'महाभारत' सुनने का बड़ा शौक था और उसके आदेश से कवीन्द्र परमेश्वरदास ने बंगला अनुवाद किया। परागल के पुत्र नसरत खाँ ने कवि श्रीकर नन्दी को संस्कृत से बंगला अनुवाद करने के लिए प्रोत्साहन दिया। इसी प्रकार पन्द्रहवीं सदी में सुलतान जैनुल आबदीन के "दरबारी कवियों ने न केवल फिरदौसी का 'शाहनामा' कश्मीरी भाषा में अनूदित किया, प्रत्युत कश्मीरी भाषा में 'बाणासुर-वध' नामक एक महाकाव्य, 'जैन-चरित' नामक एक पद्य-जीवनी और 'जैन-विलास' नामक एक नाटक भी लिखा है।"[6]

1. खुशवंत सिंह, पंजाबी (आज का भारतीय साहित्य), पृ. 187
2. पृथ्वीनाथ पुष्प, कश्मीरी (आज का भारतीय साहित्य), पृ. 106
3. काज़ी अब्दुल वदूद, बंगला (आज का भारतीय साहित्य), पृ. 208
4. दिनेशचन्द्र सेन, 'हिस्ट्री ऑव बेंगाली लैंग्वेज़ एंड लिटरेचर', कलकत्ता, 1911, पृ. 11
5. डॉ. सुकुमार सेन ने 'बंगला साहित्य के इतिहास' (अंग्रेज़ी) में लिखा है कि सुल्तान रुकनुद्दीन बारक शाह ने यह उपाधि दी।
6. 'आज का भारतीय साहित्य', पृ. 107-8

सत्रहवीं सदी में दौलत काज़ी ने अपनी बंगला कविता में किस तरह की शब्दावली का प्रयोग किया था, उसका एक उदाहरण देना यहाँ अप्रासंगिक न होगा। वर्षा ऋतु का वर्णन करते हुए कवि कहता है :

खरतर सिन्धु रव पवन दारुन
चौगुन बाढ़िया जाय बिरह-आगुन।
जनम दुखिनी तुइ राजार दुहिता
विफल से नाम धर लोरेर वनिता।
सुजन-पिरीति जान नित्य-नव माला।
लस्कर नायक-मनि जग उजियाला।[1]

सिन्धु, पवन, दारुन, दुहिता, वनिता आदि शब्द उस समय की हिन्दी कविता में भी प्रयुक्त होते थे। उसी परम्परा में दौलत काज़ी ने अपना शब्द-चयन किया था।

आलाओल ने फ़ारसी गाथा 'सईफुल मुल्क बदिउज्जमाल' का बंगला रूप प्रस्तुत किया था। उसकी भाषा का नमूना यह है :

की जानि लिखि छे विधि ए पाप करमे
पाइया पारस-मनि हाराइलुम भ्रमे।
से सब मनेर दुःख काहाके कहिबा
व्यथित बान्धवकुल स्मरिते मरिबा।
जुगेर अधिक जाय दुःखे निशि दिन
केमने सहिब प्राने जल बिन मीन।
की लागि दारुन जिउ आछे मोर घटे
कठिन पाषान हिया ए दुखे ना फाटे।[2]

दौलत काज़ी और आलाओल को ऐसी भाषा लिखते देखकर कौन कहेगा कि अंग्रेज़ों के आने के पहले बंगाल में हिन्दुओं और मुसलमानों ने मिलकर अपनी सामान्य भाषा और संस्कृति का विकास न किया था? यदि इन कवियों की रचनाएँ उस समय के हिन्दी कवि पढ़ते तो उन्हें आसानी से समझ लेते, जैसेकि आज हम उन्हें समझ लेते हैं। बंगाल में भी फ़ारसी को राजभाषा बनाया गया था। फ़ारसी के बहुत-से शब्द बंगला में आए। लेकिन इससे बंगला की दो साहित्यिक शैलियों का विकास न हुआ। बंगाल के बँटवारे के बाद जब कुछ मुस्लिग लीगी नेताओं ने ढाका में यह विचार प्रकट किया कि उर्दू की तरह बंगला का भी एक मुसलमानी रूप होना चाहिए, तब ढाका के विद्यार्थियों ने उनका तीव्र विरोध करके अपने भाषा-प्रेम का परिचय दिया।

सिन्धी, पंजाबी, कश्मीरी और बंगला साहित्य में मुसलमानों के इस योग से यह बात बिलकुल स्पष्ट हो जाती है कि भारत के हर जातीय प्रदेश में मुसलमानों ने वहाँ की भाषा को अपनाया। उन्होंने यहाँ की भाषाओं और उनके साहित्य के उत्थान में असाधारण योग दिया। भारतीय भाषाओं और उनके साहित्य के विकास की यह शक्तिशाली धारा थी जिसमें दिल्ली

1. सुकुमार सेन द्वारा 'हिस्ट्री ऑव बेंगाली लिटरेचर', दिल्ली, 1960, में उद्धृत, पृ. 397
2. डॉ. सुकुमार सेन द्वारा 'हिस्ट्री ऑव बेंगाली लिटरेचर', दिल्ली, 1960, में उद्धृत, पृ. 397-98

और लखनऊ के दरबारों की काव्य-शैली द्वीपों के समान थी। प्रगतिशील अंग्रेज़ों ने आकर यहाँ जो देशभक्ति का पाठ हमें पढ़ाया, उससे ऐसी प्रबल राष्ट्रीय चेतना उत्पन्न हुई कि एक राष्ट्र के बदले दो राष्ट्र पैदा हो गए। शाह अब्दुल लतीफ का सिन्ध एक नये राष्ट्र का अंग बन गया। वारिस शाह के पंजाब के दो पंजाब बन गए और इनमें से एक पंजाब में राजभाषा उर्दू है और दूसरे में पंजाबी को अपनी मातृभाषा न मानने का आग्रह है और एक धर्म-विशेष के हित में नया राज्य बनाने का आन्दोलन छिड़ा हुआ है। हब्बा खातून और शेख नूरुद्दीन का कश्मीर राजनीतिक कशमकश का अखाड़ा बन चुका है। काज़ी दाऊद और आलाओल का बंगाल धर्म के आधार पर विभाजित हो चुका है। मानना होगा कि ब्रिटिश राज ने यहाँ जैसी राष्ट्रीय चेतना फैलाई, वैसी राष्ट्रीय चेतना किसी भी देश का पूँजीवाद नहीं फैला सका।

सत्य यह है कि भारत में पूँजीवादी सम्बन्धों का प्रसार हो रहा था। अंग्रेज़ों ने यहाँ के व्यापार के सहारे अपनी आर्थिक और राजनीतिक शक्ति बढ़ाई। यदि अंग्रेज़ यहाँ न आते तो यूरोप की अन्य जातियों की तरह यहाँ की जातियाँ भी अपनी विकास-प्रक्रिया पूरी करतीं। सामन्तवाद न यूरोप में अमर रहा, न यहाँ रहता। उसके ध्वंसकाल में उसे नया जीवन दिया ब्रिटिश साम्राज्य ने। अठारह सौ सत्तावन में भारतीय सेना ने बहादुरशाह को वैधानिक सम्राट् बनाया और उनके झंडे के नीचे देश को एक करने का भगीरथ प्रयत्न किया। यहाँ की जातियों में यथेष्ट एकता न होने और भारतीय तथा भारत के सीमान्त देशों के सामन्तों की अंग्रेज़-भक्ति के कारण वह प्रयत्न सफल न हुआ। किन्तु भारतीय समाज में ऐसी शक्ति थी जो सामन्ती व्यवस्था के बाद पूँजीवाद की पूर्ण प्रतिष्ठा करती, यह सत्य यहाँ के आर्थिक इतिहास से प्रमाणित है। उस समय राज्यसत्ता, शिक्षा आदि के लिए, जातीय गठन के लिए एक लिपि और एक भाषा का सवाल आता। वह जैसे भी हल होता, निश्चित बात यह है कि वह हल अवश्य होता। एक भाषा और एक लिपि का चलन जातीय विकास के लिए अनिवार्य सामाजिक आवश्यकता है। सामन्तवाद के ह्रासकाल में फ़ारसी के राजभाषा रहने और ईरानी संस्कृति के प्रभाव से दरबारों के आसपास जो काव्य-साहित्य रचा गया, वह अलगाव का ऐसा बीहड़ कारण न था कि एक उभरती हुई जाति उसे दूर न कर पाती। अंग्रेज़ कूटनीतिज्ञों ने यहाँ एकता के तत्त्वों को बराबर दबाने की कोशिश की और अलगाव के तत्त्वों को भरसक बढ़ावा दिया। जिन हिन्दुओं और मुसलमानों ने मध्यकालीन धर्म की खाई को पाट लिया था और हर प्रदेश में एक संयुक्त जातीयता का विकास किया था, वे शब्दावली और लिपि के भेद को भी अवश्य दूर कर लेते और एक शक्तिशाली राष्ट्र का निर्माण करते। लेकिन अंग्रेज़ों ने इन सम्भावनाओं को खत्म कर दिया। उन्होंने हिन्दी-उर्दू की दो शैलियों को दो जातियों की भाषा का रूप दे दिया और भाषा को जातीय उत्पीड़न का साधन बनाया। इसीलिए यह बात मुश्किल से कुछ लोगों की समझ में आती है कि अंग्रेजी राज से पहले 'हिन्दुस्तान' के हिन्दू और मुसलमान एक जाति के थे और आज भी एक ही जाति के हैं। धर्म के आधार पर न कहीं भाषाओं में भेद उत्पन्न हुआ है, न कहीं जातियाँ बनी हैं। इस विषय पर आगे हम थोड़ा और विचार करेंगे।

तेरहवाँ अध्याय

साम्राज्यवादी भेद-नीति और हिन्दी-उर्दू की एकता

भारत में अंग्रेज़ी राज कायम होने से पहले यहाँ की अनेक भाषाओं और उनके साहित्य के विकास में मुसलमानों ने योग दिया है। इनका यह योग इतना महत्त्वपूर्ण है कि अनेक मुसलमान लेखक कुछ भाषाओं के साहित्य के आदि संस्थापक माने जाएँगे। यहाँ पर जिन मुसलमान सामन्तों ने धार्मिक उत्पीड़न किया और मूर्तियाँ आदि तोड़ीं, उनसे इन सूफ़ियों और साहित्यकारों की नीति भिन्न थी। इन्होंने हर प्रदेश की भाषा और संस्कृति को अपनाया और हिन्दुओं और मुसलमानों का भेदभाव बहुत कुछ दूर करके जातीय संस्कृतियों और राष्ट्रीय भावना का आधार मजबूत किया। दिल्ली और लखनऊ के सामन्ती दरबारों में, उनके पतनकाल में, ईरानी संस्कृति से प्रभावित अनेक कवियों को आश्रय मिला। इन्होंने फ़ारसीयत को ज्यादा अपनाया। हिन्दी के बहुत-से शब्दों को काव्य के लिए अनुचित ठहराकर छोड़ दिया। कई सदियों से फ़ारसी के राजभाषा रहने से अभिजात वर्ग में—जिसमें हिन्दू-मुसलमान, दोनों थे किन्तु मुसलमानों की अधिकता थी—फ़ारसीयत का असर काफी था। धार्मिक कारणों से शिक्षण-कार्य प्रायः दो लिपियों में होता था; राजभाषा के लिए फ़ारसी लिपि का ज्ञान तो आवश्यक था ही। इस परिस्थिति में यह स्पष्ट है कि उत्तर भारत के अहिन्दी प्रदेशों में कहीं भी फ़ारसी-प्रेम के कारण अभिजात वर्ग की—या मुस्लिम-प्रधान अभिजात वर्ग की—बाकी लोगों से भिन्न साहित्यिक भाषा नहीं बनी। कश्मीरी, पंजाबी, सिन्धी, बंगला, ब्रज, अवधी आदि भाषाओं में मुसलमानों ने काफी साहित्य रचा। उनकी भाषा वैसी ही है, जैसी दूसरे हिन्दू कवियों की। इन भाषाओं में अरबी, फ़ारसी, तुर्की आदि भाषाओं के शब्द आए हैं और खप गए हैं। लेकिन अठारहवीं सदी की उर्दू में अरबी-फ़ारसी शब्दों की जैसी बहुलता है, वैसी न उस समय की, न आज की किसी भारतीय भाषा में है। यह अलगाव उत्तर भारत के शेष सांस्कृतिक विकास की व्यापक और शक्तिशाली धारा की तुलना में बहुत क्षुद्र था। यह इसलिए क्षुद्र था कि उसका सामाजिक आधार संकुचित, सीमित और विनाशोन्मुख था। उसके समानान्तर लोक-संस्कृति और लोकभाषा का प्रवाह अवरुद्ध न हुआ था।

अंग्रेज़ी राज कायम होने से पहले दरबारों से सम्बन्धित कवियों में भी कौमी अलगाव का विचार न पैदा हुआ था। यह विचार पैदा ही नहीं हो सकता था क्योंकि फ़ारसी पढ़नेवालों में हिन्दू-मुसलमान, दोनों थे। फ़ारसी मुसलमानों की मातृभाषा है—यह ग़लतफहमी उस समय मुमकिन न थी। उर्दू लिखनेवालों में हिन्दू-मुसलमान, दोनों थे। मुसलमान कवि-गुरुओं के दयाशंकर नसीम जैसे हिन्दू कवि-शिष्य प्रसिद्ध हुए। उर्दू को न किसी अलग क़ौम की, न किसी धर्म-विशेष के अनुयायियों की भाषा कहा जा सकता था। खड़ी बोली पर फ़ारसी का

असर पड़ने से जो विशेष शैली बनी, उसके कारण सांस्कृतिक और राजनीतिक थे। फ़ारसी के राजभाषा होने और दरबारी कवियों के ईरानी शायरी से प्रभावित होने को हम धार्मिक प्रक्रिया नहीं कह सकते; उसे सांस्कृतिक और राजनीतिक प्रक्रिया ही मानना चाहिए। यह न भूलना चाहिए कि हिन्दुओं का बहुत-सा धार्मिक साहित्य उर्दू में लिखा गया है।

अलगाव का अहसास न होने से ही उर्दू लिखनेवाले मुसलमान कवि अपनी भाषा को हिन्दी या रेख्ता कहते। थे। अठारहवीं सदी के अन्त तक उर्दू नाम का चलन न हुआ था। सबसे महत्त्व की बात यह है कि मीर, ग़ालिब, सौदा जैसे उर्दू भाषा के संस्थापक कवियों ने कभी हिन्दी का आधार पूरी तरह नहीं छोड़ा। छोड़ना दरकिनार, हिन्दी भाषा के सरस शब्दों का बहुत ही कलात्मक प्रयोग अक्सर उन्हीं के यहाँ मिलता है। उर्दू के सम्बन्ध में इतनी सलत बातें बार-बार दोहराई गई हैं कि भाषा के नमूनों के साथ यहाँ कुछ कवियों की सांस्कृतिक विशेषताओं का उल्लेख करना भी आवश्यक है। उर्दू में केवल ईरानी संस्कृति का असर है, उसमें गुलबुलबुल शायरी के अलावा कुछ नहीं है। उसमें केवल शराब और इश्क की बातें हैं—इस तरह की धारणाओं का खूब प्रचार किया गया है।

उर्दू के सबसे बड़े कवि ग़ालिब हैं। उन पर सामन्ती संस्कृति का असर है; साथ ही उसका बहुत तीव्र विरोध भी है। वह बादशाह से अपनी तनखाह माँगते हैं, साथ ही शायरी को इज्जत का जरिया नहीं मानते। वह मुफलिसी और फाकेमस्ती के गीत भी गाते हैं (जिन्हें स्वभावत: निराला जैसा हिन्दी कवि अपनी परिस्थितियाँ देखकर गुनगुनाता रहा है)। उनमें रोमांटिक कवियों की आत्मविभोर गेयता है, अपनी व्यक्तिगत भावनाओं की जबर्दस्त रूढ़ि-विरोधी व्यंजना भी है। उनकी सबसे बड़ी विशेषता यह है कि भवभूति, दांते और शेक्सपियर की तरह वह करुणा और दुख के अन्यतम कवि हैं। हैमलेट और मैकबेथ की तरह वह रात को सो न सकने की व्यथा पहचानते हैं। दरबारों में मनोरंजन, कामोद्दीपन की शायरी का बोलबाला रहता है। ट्रैजिक कविता दरबारों की विशेषता कभी नहीं रही। ग़ालिब ने मनुष्य की वेदना को बहुत गहराई से अनुभव किया है और उसे बहुत ही मुहावरेदार लाक्षणिक शैली में चित्रित किया है। उनमें सूफ़ी परम्परा के अवशेष मौजूद हैं। इसलिए उनके काव्य में वेदान्त से मिलते-जुलते विचार भी हैं।

ग़ालिब ने जहाँ सरल भाषा का प्रयोग किया है, वहाँ वह इतने लोकप्रिय हुए हैं कि उनकी पंक्तियाँ कहावतें बन गई हैं :

इश्क़ ने ग़ालिब निकम्मा कर दिया
वर्ना हम भी आदमी थे काम के।

या

मुश्किलें मुझ पर पड़ीं इतनी कि आसाँ हो गईं।

या

हमको मालूम है जन्नत की हक़ीक़त लेकिन
दिल के ख़ुश रखने को ग़ालिब ये ख़याल अच्छा है।

इस तरह की बीसियों पंक्तियों ने लोकोक्तियों का रूप ले लिया है।

ग़ालिब अपने अलावा मीर को रेख़्ते का उस्ताद मानते थे। श्री सैयद एहतिशाम हुसैन का मत है : "सीधी-सादी बोलचाल की भाषा में इतना रस और मिठास, इतना विष और

इतना कड़वापन, हार्दिक भावों का इतना कोमल चित्रण और भावनाओं का इतना तूफानी जोश काव्य-रचना का एक चमत्कार जान पड़ता है।" पद्मसिंह शर्मा ने हिन्दी, उर्दू और हिन्दुस्तानी वाले निबन्ध में मीर के बहुत-से शेर उद्धृत किये हैं जिनमें बिथा, सालता, पवन, विकस रही, छल, भसम, आरसी, मौन, अच्छर, सुख, विस्तार, चलनेहार, वचन, सजन, जीव, अचम्भा जैसे हिन्दी शब्दों का सुन्दर प्रयोग हुआ है। सौदा ने क़सीदे, ग़ज़ल, हजो आदि कई तरह का काव्य रचा। उनकी भाषा में फ़ारसीपन काफी है। साथ ही बहुत जगह उन्होंने ठेठ हिन्दी का प्रयोग किया है। बालमुकुन्द गुप्त ने 'ब्रजभाषा और उर्दू' नाम के निबन्ध में सौदा की भाषा के काफी नमूने दिये हैं। कहीं-कहीं सौदा की कविता साफ हिन्दी भी हो जाती थी। जब सौदा अरबी-फ़ारसी को छोड़कर मामूली बोलचाल की तरफ झुकते थे तो उनकी भाषा इतनी सरल हो जाती थी :

अजब तरह की है वह नार। उसका क्या मैं करूँ विचार॥
दिन वह डोले पी के संग। लाग रहे निश वाके संग॥

"सौदा की पहेलियाँ अमीर ख़ुसरो की याद दिलाती है।" लगता है, दिल्ली के लोकसाहित्य में इस तरह की रचनाएँ बराबर इजाफा करती रहीं। गुप्त जी ने उर्दू कवियों द्वारा हिन्दी शब्दों के प्रयोग के बारे में लिखा है : "पहले उर्दू में बहुत हिन्दी शब्द थे, पर पीछे निकाले गए। सौदा तनिक, टुक आदि शब्द बोलता था।" गुप्त जी ने सौदा द्वारा हिन्दी छन्दों के प्रयोग की मिसालें दी हैं। सौदा ने मरसियों में लावनी, दोहा और रोला छन्दों का प्रयोग किया है। "खड़ी बोली में जो लोग ब्रजभाषा के बरते हुए छन्दों को बरतना चाहते हैं, उनके लिए यह सवा सौ साल पहले का नमूना है :

सुनो मुहिब्बो बात कहूँ मैं तुमसे रोओ।
ग़म है शह का आज ख़ुशी को ग़म से धोओ॥
जिसको जग में लोग कहे थे दीन का सुलतां।
सीस कटा अब उसका तन है ख़ून में गलतां॥
कहता हूँ मैं अब तुम्हें मुँह पर खाक लगाय।
दीन दुखी के ताज का सिर नेजे पर जाय॥"

छन्द ही नहीं, सौदा की शब्दावली ऐसी है जिस पर किसी हिन्दी प्रेमी को आपत्ति न होगी। हिन्दी-उर्दू अब भी एक-दूसरे के कितना पास थीं, इसका प्रमाण यह है कि सौदा ने एकाध मरसिया ऐसा लिखा है जिसमें चौपाई छन्द उर्दू भाषा में और दोहे ब्रजभाषा में हैं :

आबिद कहते हैं यह सबसे। रोता हूँ मैं जग में तबसे॥
जब से आया छोड़ मदीना। फेर न चाहा अपना जीना।
मैं दुखियारा हो अब रोया। बाप चचा करबला में रोया॥
अकबर और असगर सा भाई। तिनकी टुक भी खबर न पाई॥
कैसा साथ हमारा छूटा। बैरी ने घर तिस पर लूटा॥
लिखी हती जो कर्म में मेटे मिटे न मूल।
होनी थी सो हो चुकी कासों कहौं रसूल॥[1]

1. बालमुकुन्द गुप्त, 'निबन्धावली', कलकत्ता, सं. 2007

सौदा के बहुत-से शेर ऐसे हैं जिनकी भाषा ही हिन्दी नहीं है, उनमें रूमानी सौन्दर्य का उत्कृष्ट चित्रण भी है; जैसे :

सावन के बादलों की तरह से भरे हुए।
ये वह नयन हैं जिनसे कि जंगल हरे हुए॥[1]

और सौदा सूफ़ियों के प्रेमोन्माद को बहुत ही सादी और सरस हिन्दी में प्रकट कर सकते हैं :

जिन्हों की छाती से पार बरछी हुई है रन में वो सूरमा हैं,
बड़ा वो सावन्त मन में जिसके विरह का काँटा खटक रहा है।

सामन्ती प्रभाव से हिन्दी-उर्दू का अलगाव शुरू हुआ। बहादुर शाह जफ़र बादशाह ही थे। उनकी सरल उर्दू जब-तब हिन्दी से बिलकुल मिल जाती है :

कहाँ तक चुप रहूँ चुपके रहे से कुछ नहीं होता,
कहूँ तो क्या कहूँ उनसे कहे से कुछ नहीं होता।

बहादुर शाह ने अपने समय की दिल्ली के बारे में लिखा :

गई यक-ब-यक जो हवा पलट, नहीं दिल को मेरे क़रार है।
करूँ इस सितम का मैं क्या बयाँ, मेरा ग़म से सीना फिगार है।
ये रिआया हिन्द हुई तबाह, कहूँ क्या-क्या इन पै जफ़ा हुई।
जिसे देखा हाकिमे वक़्त ने, कहा ये भी क़ाबिले दार है।
ये किसी ने ज़ुल्म भी है सुना कि दी फाँसी लोगों को बेगुनाह।
वले कल्मा-गोयों की सिम्त से अभी दिल में उनके बुख़ार है।
न था शहर देहली, ये था एक चमन, कहूँ किस तरह का था याँ अमन।
जो ख़िताब था वो मिटा दिया, फ़क़त अब तो उजड़ा दयार है।
यही तंग हाल जो सबका है यह करिश्मा कुदरते रब का है।
जो बहार थी सो खिज़ाँ हुई, जो ख़िजाँ थी अब वो बहार है।

इस रचना के उपर्युक्त अंश सिर्फ इसलिए उद्धृत किये गए हैं जिससे यह स्पष्ट हो जाए कि उर्दू में प्रेम और निराशा के अलावा भी बहुत कुछ है। इसे हिन्दुस्तानी जाति की प्राथमिक साम्राज्य-विरोधी राष्ट्रीय कविताओं में गिनना चाहिए।

सौदा की तरह बहादुर शाह ने भी हिन्दी और ब्रजभाषा में रचनाएँ की हैं :

जिन गलियन में पहले देखीं लोगन की रंगरलियाँ थीं।
फिर देखा तो उन लोगन बिन सूनी पड़ी वो गलियाँ थीं।
ऐसी अखियाँ मीचे पड़े हैं करवट भी नहीं ले सकते।
जिनकी चालें अलबेली और चलने में छलबलियाँ थीं।

एक अन्य रचना की पंक्तियाँ हैं :

दुनिया है यह रैन-बसेरा, बीत गई रही थोड़ी सी।
उनसे कह दो सो ना जावें नींद में जो कि निंदासे हैं।

---

1. अली सरदार जाफ़री द्वारा 'इंडियन लिटरेचर' वाले निबन्ध में उद्धृत

ब्रजभाषा इस तरह की लिखी है :

या ही बिरहा दुरजन होवे या ही बिरहा सिरजन होवे।
ना छूटे या बिरहा मों सों ना छूटूँ मैं बिरहा से।
नहीं खुले कुछ औरै देखूँ मूँदूँ तो कुछ और ही और।
कोई वाको साँच न जाने देखी बात कहूँ जा से।

इस तरह के और भी उदाहरण दिये जा सकते हैं। इनसे एक नतीजा यह निकलता है कि बादशाह या दरबारी कवि फ़ारसी-मिश्रित भाषा में रचना करते थे, तो इससे यह न समझना चाहिए कि वे हिन्दी समझते न थे या उसमें लिख न सकते थे। वे खड़ी बोली के अलावा ब्रजभाषा में भी रचना करते थे। उर्दू कविता में एक विशिष्ट शब्दावली का प्रयोग होनें पर भी उसका आधार बोलचाल की भाषा थी। इस भाषा के बहुत सुन्दर उदाहरण उर्दू कविता में मिलते हैं। इसके सिवा उर्दू कवियों का भाव-जगत् उतना संकुचित न था, जितना उसे बताया जाता है। सूफ़ी मत का प्रभाव दरबारों से लगाव रखनेवाले शायरों में भी देखा जा सकता है। दरबारी कवियों के अलावा मुसलमानों में नज़ीर जैसे कवि थे जिन्होंने मीर या ग़ालिब की-सी उर्दू अपवाद रूप में लिखी है। साधारण रूप में उन्होंने दकनी के सूफ़ी कवियों की तरह बोलचाल की भाषा को अपनाया है। नज़ीर ने आगरे के जनजीवन का जैसा चित्रण किया है, वैसा आज तक हिन्दी-उर्दू के किसी कवि ने किसी शहर का नहीं किया, न दिल्ली और लखनऊ का कोई भी कवि अपने शहर की जनता में आज तक इतना लोकप्रिय बना हुआ है। अमीर ख़ुसरो की तरह नज़ीर की चर्चा हिन्दी-उर्दू, दोनों के साहित्य-इतिहासों में होती है।

नज़ीर में सूफ़ियों का वैराग्य है और जायसी की तरह का घोर शृंगार भी है। उन्होंने बचपन, जवानी, बुढ़ापे और मौत पर कविताएँ लिखी हैं। होली, दिवाली, महादेव जी के ब्याह और कन्हैया जी के जन्म पर भी रचनाएँ की हैं। एक कविता में उन्होंने गुरु नानक की वन्दना की है। जो लोग ग़ालिब, ज़ौक, मोमिन के साथ नज़ीर की कविताएँ पढ़ते हैं, उन्हें यह कुछ अनोखे शायर लगते हैं। भाषा और साहित्य के विकास को गलत ढंग से देखने-समझनेवाले आलोचक अठारहवीं सदी में नज़ीर की भाषा और विषयवस्तु का अनुज्ञापन देखकर चकरा उठते हैं। किन्तु सिन्धी, पंजाबी, बंगला और दकनी में सूफ़ी कवियों ने जो परम्परा चलाई थी, उसी की एक महत्त्वपूर्ण कड़ी नज़ीर हैं। उनकी विशेषता है उनका यथार्थवाद। उन्हें जीवन, समाज और चारों तरफ की दुनिया में हर कहीं कविता के लिए सामग्री मिल जाती है। उनका यह युगान्तरकारी महत्त्व है कि पाब्लो नेरुदा से बहुत पहले उन्होंने छोटी-मोटी चीजों पर कविताएँ लिखकर मानव-संवेदना को व्यापक बनाया था। वह बरसात पर लिखते हैं और उमस पर भी। वह आगरे की तैराकी देखते हैं, यहाँ की ककड़ियों का रस लेते हैं, यहाँ की मुफलिसी पर रोते हैं। कोरे बर्तन में पानी की बूँद का खनकना नज़ीर ही सुन सकते हैं :

कोरे बरतन हैं क्यारी गुलशन की,
जिससे खिलती है हर कली तनकी।
बूँद पानी की इनमें जब खनकी,
क्या वह प्यारी सदा है सन सन की?
ताज़गी जी की और तरी तन की,
वाह क्या बात कोरे बरतन की!

अपने आगरावासी होने पर गर्व प्रकट करते हुए कहा है :

आशिक़ कहो असीर कहो आगरे का है।
मुल्ला कहो दबीर कहो आगरे का है।
मुफ़लिस कहो फ़क़ीर कहो आगरे का है।
शायर कहो नज़ीर कहो आगरे का है।
इस वास्ते ये उसने लिखे पाँच-चार बन्द।

नज़ीर की कविता इस बात की ओर संकेत करती है कि उर्दू में दरबारी कविता के अलावा एक और परम्परा थी। इस दूसरी तरह की कविता में जनजीवन का चित्रण था और उसकी भाषा सरल उर्दू या सरल हिन्दी थी जिसे शहर के बाजारों में हिन्दू-मुसलमान आपस में काम में लाते थे। दरबारों के ख़ात्मे के साथ यह लोक-कविता की धारा और तेजी से आगे बढ़ती और हिन्दू-मुसलमान, दोनों को अपने साथ बहा ले जाती। इस तरह अंग्रेज़ी राज कायम होने के समय उत्तर भारत में हिन्दुओं-मुसलमानों की एक सामान्य साहित्यिक भाषा भी थी जो कठिन उर्दू से भिन्न थी और जो शहर के साधारण लोगों की सांस्कृतिक एकता का प्रतीक थी। धर्म के आधार पर दो कौमों और दो भाषाओं का अभी सवाल न था।

1798 में जॉन गिलक्राइस्ट ने 'दि ओरियंटल लिंग्विस्ट' में 'हिन्दुस्तान' की प्रचारक भाषा का परिचय देते हुए एक लेख लिखा। इसमें उन्होंने बताया कि यहाँ की भाषा को 'नेटिव और दूसरे लोग' हिन्दी कहते हैं। यह शब्द इंडिया के पुराने नाम हिन्द से बना है। लेकिन इस शब्द (हिन्दी) तथा हिन्दू से बने हिन्दुई जैसे शब्दों से भ्रम होने की गुंजाइश है, इसलिए हिन्दी तथा अन्य नामों को त्यागकर इस नाग को हिन्दुस्तानी कहना चाहिए। इसके बाद धर्म के आधार पर भाषा का विभाजन करते हुए उन्होंने लिखा : "हिन्दवी को मैंने शुद्ध हिन्दुओं की चीज माना है। इसलिए मैंने लगातार उसका प्रयोग भारत की प्राचीन भाषा के लिए किया है जो मुसलमान आक्रमण के पहले यहाँ प्रचलित थी। वह हिन्दुस्तानी का मूलाधार है। यह हिन्दुस्तानी अरबी-फ़ारसी से कुछ ही दिन पहले बनी हुई ऊपर की इमारत है। अंग्रेज़ी के लिए जैसे फ्रांसीसी और लैटिन हैं (अर्थात् अंग्रेज़ी ने उनसे शब्द लिये हैं), वैसे ही हिन्दुस्तानी के लिए फ़ारसी और अरबी हैं। अंग्रेज़ी का मूलाधार जैसे सैक्सन है, वैसे ही हिन्दुस्तानी का आधार हिन्दवी है।" गिलक्राइस्ट ने हिन्दुस्तानी शब्द का प्रयोग उर्दू के लिए किया। प्राचीन हिन्दी को इन्होंने उर्दू का मूलाधार माना, यह ठीक किया। लेकिन इसके बाद उन्होंने यह मत प्रकट किया : "हिन्दू स्वभावतः हिन्दवी की तरफ झुकेंगे और मुसलमान अरबी-फ़ारसी के प्रति आसक्ति दिखाएँगे। इससे दो शैलियाँ पैदा होती हैं : एक तो उच्च शैली (कोर्ट ऑर हाई स्टाइल) और दूसरी, ग्रामीण या प्राचीन शैली। इनके बीच में एक प्रचलित लोकप्रिय शैली रहेगी जिसे मैंने सर्वोत्तम माना है और जिसका वर्णन अन्य शैलियों के साथ विस्तार के साथ कर चुका हूँ।"[1]

गिलक्राइस्ट की यह स्थापना सही नहीं थी। अरबी-फ़ारसी शब्दावली को प्रधानता देनेवाली जो साहित्यिक शैली विकसित हुई थी, उसका एक संकुचित वर्ग-आधार था। यह वर्ग-आधार संकुचित अवश्य था, किन्तु इसमें मुसलमानों के अलावा हिन्दू भी थे। इसके

1. जॉन गिलक्राइस्ट, 'दि ओरियंटल लिंग्विस्ट, एन ईज़ी एंड फैमीलिअर इंट्रोडक्शन टु द पॉपुलर लैंग्वेज़ ऑव हिन्दुस्तान', कलकत्ता, 1798

सिवा जिसे गिलक्राइस्ट ने मध्य शैली कहा है, उसके नमूने उन्हीं ग़ालिब, मीर और सौदा के यहाँ मिलते हैं जिन्होंने उच्च शैली को सँवारा था। यही नहीं, जिसे गिलक्राइस्ट ने ग्रामीण या प्राचीन शैली कहा है—यानी हिन्दी—उसके नमूने भी इन कवियों के यहाँ भरे पड़े हैं। सौदा जैसे कवियों ने ब्रजभाषा में भी कविता की थी। बहादुरशाह ज़फ़र ने हिन्दी और ब्रजभाषा, दोनों में कविता की थी। उधर दयाशंकर नसीम ने उर्दू को अपनाया था। जो एक सांस्कृतिक भेदभाव की बात थी, उसे गिलक्राइस्ट ने बढ़ा-चढ़ाकर धार्मिक भेदभाव की बात बना दिया। अवध, ब्रज, बुंदेलखंड, भोजपुरी जनपदों आदि के गाँवों में हिन्दू और मुसलमान अपने-अपने यहाँ की भाषाएँ बोलते हैं। धर्म के कारण उनमें कहीं भी अलगाव नहीं है, इस बात को उन्होंने बिलकुल भुला दिया।

गिलक्राइस्ट के विपरीत प्रेमचन्द ने देखा था कि जैसे भारत के अन्य प्रान्तों में हिन्दुओं और मुसलमानों की भाषाएँ सामान्य हैं, धर्म के आधार पर उनमें भेद नहीं है, वैसे ही हिन्द प्रदेश में बोलचाल की हिन्दी-उर्दू एक ही है। जहाँ तक बोलचाल की भाषा का सम्बन्ध है, दोनों धर्मों के माननेवाले एक ही जाति के अंग थे और आपस में एक ही भाषा का व्यवहार करते थे। यह एकता जाति के सबसे बड़े हिस्से किसानों में पूरी तरह बनी हुई थी। गिलक्राइस्ट के विपरीत भाषा के सम्बन्ध में प्रेमचन्द ने यह सही स्थापना की थी : "हिन्दुस्तान के हर एक सूबे में मुसलमानों की थोड़ी-बहुत संख्या मौजूद है। संयुक्त प्रान्त के सिवा और-और सूबों में मुसलमानों ने अपने-अपने सूबे की भाषा अपना ली है। बंगाल का मुसलमान बंगला बोलता और लिखता है, गुजरात का गुजराती, मैसूर का कन्नड़ी, मद्रास का तमिल और पंजाब का पंजाबी आदि। यहाँ तक कि उसने अपने-अपने सूबे की लिपि भी ग्रहण कर ली है। उर्दू लिपि और भाषा से यद्यपि उसका धार्मिक और सांस्कृतिक अनुराग हो सकता है; लेकिन नित्य-प्रति के जीवन में उसे उर्दू की बिलकुल आवश्यकता नहीं पड़ती। यदि दूसरे-दूसरे सूबों के मुसलमान अपने-अपने सूबे की भाषा निस्संकोच भाव से सीख सकते हैं और उसे यहाँ तक अपना भी बना सकते हैं कि हिन्दुओं और मुसलमानों की भाषा में नाम को भी कोई भेद नहीं रह जाता, तो फिर संयुक्त प्रान्त और पंजाब के मुसलमान क्यों हिन्दी से इतनी घृणा करते हैं? हमारे सूबे के देहातों में रहनेवाले मुसलमान प्राय: देहातियों की भाषा ही बोलते हैं। जो बहुत-से मुसलमान देहातों से आकर शहरों में आबाद हो गए हैं, वे भी अपने घरों में देहाती जबान ही बोलते हैं। बोलचाल की हिन्दी समझने में न तो साधारण मुसलमानों को ही कोई कठिनता होती है और न बोलचाल की उर्दू समझने में हिन्दुओं को ही, बोलचाल की हिन्दी और उर्दू प्राय: एक-सी ही हैं।"[1]

प्रेमचन्द भाषा की समस्या के बारे में राष्ट्रीय और जनवादी ढंग से सोचते थे। उनके सामने सारे देश का मानचित्र था जहाँ हर प्रदेश में वे हिन्दुओं और मुसलमानों को प्रादेशिक भाषाओं का व्यवहार करते देखते थे। इस आधार पर उन्हें यह दृढ़ विश्वास हुआ था कि जो बात सारे प्रदेशों में हुई है, वह हिन्द प्रदेश में भी होगी। वे गाँवों में हिन्दुओं और मुसलमानों की व्यापक भाषागत और सांस्कृतिक एकता देखते थे। इसलिए धर्म के आधार पर भाषा के विभाजन की बात वह सोच ही न सकते थे।

ग्रियर्सन के अनुसार, लल्लूजी लाल के 'प्रेमसागर' से हिन्दुओं को अपनी भाषा प्राप्त हुई। लल्लूजी लाल ने यह पुस्तक दो मुसलमान सहायकों के सहयोग से लिखी थी जिनके

1. प्रेमचन्द, 'कुछ विचार', बनारस, 1939, पृ. 168-69

नाम थे मज़हर अली और कासिम अली। मज़हर अली ने 'बैताल पचीसी' की रचना में लल्लूजी लाल की मदद की थी। यदि धर्म के आधार पर भाषा का बँटवारा हो रहा था, तो हिन्दी पुस्तक-रचना में दो मुसलमानों ने एक हिन्दू की मदद कैसे की?

अठारह सौ सत्तावन में हिन्दुओं और मुसलमानों ने अंग्रेज़ों को अपनी सामान्य जातीयता का परिचय अच्छी तरह दिया था। इस महान् संघर्ष में हिन्दुओं और मुसलमानों ने कन्धे से कन्धा मिलाकर युद्ध किया था और इस तरह अपनी जातीय एकता को दृढ़ किया था। यही नहीं, बुंदेलखंड, अवध, भोजपुरी प्रदेश के सैकड़ों योद्धा एक-दूसरे के निकट आए। सन् सत्तावन की समरभूमि मुख्यत: विशाल हिन्दी-भाषी क्षेत्र की धरती थी। जनपदों का अलगाव और भी कम हुआ; पूरब और पछाँह के लोग घुले-मिले। अंग्रेज़ इस जातीय निर्माण के प्रति चौकन्ने थे। जनपदों की बोलियों और हिन्दी के सम्बन्ध पर हम आगे विचार करेंगे। यहाँ हिन्दी-उर्दू की समस्या की चर्चा करेंगे।

शिक्षित भारतवासियों को राष्ट्रीयता का पाठ पढ़ानेवाले अंग्रेज़ यहाँ की हिन्दू- मुस्लिम समस्या के बारे में क्या सोचते थे? अठारह सौ सत्तावन में आई.टी. प्रिचार्ड नामक एक अंग्रेज़ राजस्थान में फौजी काम करता था। उस प्रदेश में तत्कालीन क्रान्ति सम्बन्धी कार्यवाही पर उसने एक पुस्तक लिखी है। उसमें उसने इस बात पर सबसे अधिक आश्चर्य प्रकट किया है कि यहाँ हिन्दू और मुसलमान मिलकर अंग्रेज़ों के विरुद्ध लड़ने लगे। उसने लिखा है : "हम सोचा करते थे कि हिन्दू और मुसलमान किसी भी तरह आपस में एका नहीं कर सकते और मिलकर किसी तीसरे सम्प्रदाय के विरुद्ध कभी कार्य नहीं कर सकते। लोगों के लिए यह कहना और हिन्दुस्तान में प्राय: हर एक के लिए ऐसा सोचना सबसे आम बात थी कि चाहे जो हो, हमारे पक्ष में दोनों में से एक जाति पूरी की पूरी अवश्य रहेगी।"[1] अंग्रेज़ों ने इस भेद-नीति को अपनी शासन-नीति का मुख्य अंग बना लिया था। बंगाल सेना में उन्होंने मुसलमानों को ज्यादातर घुड़सवार पल्टनों में रखा था और हिन्दुओं को पैदल पल्टनों में। पैदल सैनिकों की अपेक्षा घुड़सवारों की तनखाह ज्यादा होती थी। हिन्दू-मुस्लिम एकता से अंग्रेज़ शासकों को जो निराशा हुई, उसे इतिहासकार जॉन विलियम ने इन शब्दों में प्रकट किया है : "अप्रैल का महीना खत्म होने के पहले ही लॉर्ड कैनिंग को मालूम पड़ गया होगा कि एशियाई जातियों के परस्पर विरोध से अब कोई आशा नहीं है, जिस विरोध को हमने अपनी शक्ति और सुरक्षा का मुख्य आधार समझा था। स्पष्ट ही हिन्दू और मुसलमान हमारे विरुद्ध एक हो गए थे।"[2] अंग्रेज़ों ने जिस समय दिल्ली का घेरा डाल रखा था, उस समय उनके गुप्तचर अहसानुल्ला ने कोशिश की कि ईद के दिन मुसलमान गोकशी करें और हिन्दुओं और मुसलमानों में दंगा हो। गोकशी के विरुद्ध बहादुरशाह की आज्ञा से इन गुप्तचरों को बहुत निराशा हुई। बरेली में अंग्रेज़ों ने कोशिश की कि दंगे हो जाएँ और इसके लिए उन्होंने पचास हजार रुपये खर्च करना तय किया था; लेकिन सारी रकम ज्यों-की-त्यों अधिकारियों ने सरकार को वापस कर दी क्योंकि पैसा लेकर दंगा करनेवाले मिल ही न रहे थे!

इन सब तथ्यों से यह अनुमान किया जा सकता है कि सन सत्तावन के बाद अंग्रेंजों ने हिन्दी-उर्दू समस्या को जिस तरह उभारा, वह उनकी 'फूट डालो और राज करो' की नीति का अभिन्न अंग थी। बीम्स का मत था कि बोलचाल की भाषा को अरबी-फ़ारसी के कोश

1. आई.टी. प्रिचार्ड, 'दि म्यूटिनीज इन राजपूताना', लन्दन, 1860, पृ. 298
2. नॉन विलियम के., 'ए हिस्ट्री ऑव दी सिपोय वार इन इंडिया'

से समृद्ध करना चाहिए; ग्राउज़ का मत था कि संस्कृत से शब्द लेने चाहिए। सन् सत्तावन के बाद भारतीय समाज का विकास रुका नहीं। यदि भारत में अंग्रेज़ी राज कायम न होता, तो यह विकास बिलकुल दूसरे ढंग का होता। अब वह रुक-रुककर, अंग्रेज़ी शासन द्वारा उत्पन्न किए हुए अवरोधों से टकराकर, औपनिवेशिक परिस्थितियों में विषम गति से हुआ। सामन्तवाद का खात्मा न हुआ। बड़े-बड़े देशी राज्यों के अलावा हजारों ताल्लुकेदार और जमींदार ब्रिटिश राज्यसत्ता के स्तम्भ-स्वरूप यहाँ बने रहे। यहाँ जो पूँजीवाद विकसित हुआ, वह भारतीय सामन्तवाद और विदेशी साम्राज्यवाद, दोनों से दबा हुआ था। उन्नीसवीं सदी में उसने आज़ादी का ख्वाब देखना भी न सीखा था। बीसवीं सदी में उसने जब ब्रिटिश राज का सीमित विरोध करना सीखा, तब उसे सबसे बड़ी दहशत यह लगी रहती थी कि भारत की जनता कहीं क्रान्ति न कर दे! इसलिए वह जनता को रोकने और ब्रिटिश राज से समझौता करने के लिए बराबर तत्पर रहता था।

हिन्दी-उर्दू की एकता और परस्पर भेद के बारे में 8 सितम्बर, 1873 की 'कवि-वचन-सुधा' में भारतेन्दु ने जो कुछ लिखा था, उससे बढ़कर अभी तक कोई कुछ नहीं लिख सका है। शीर्षक अंग्रेज़ी में था : 'Hindi versus Urdu, Philologically हिन्दी और उर्दू'। इसमें यह महत्त्वपूर्ण स्थापना है : "हिन्दी और उर्दू में अन्तर क्या है? हम बिना संकोच के उत्तर देते हैं कि भाषाओं में कुछ अन्तर नहीं है क्योंकि व्याकरण की विभक्तियाँ और नियम, दोनों के एक हैं पर इतना ही अन्तर है कि हिन्दी में जिसके लिए हिन्दी शब्द नहीं मिलता, वहाँ संस्कृत शब्द काम में आते हैं और उर्दू में सहज हिन्दी शब्द होने पर भी और जहाँ शब्द नहीं मिलते हैं, वहाँ तो अवश्य ही अरबी और फ़ारसी के शब्द लिखे जाते हैं, यही दोनों में अन्तर है।" अपनी इस स्थापना के अनुरूप भारतेन्दु ने उर्दू के प्रचलित शब्दों का बहिष्कार नहीं किया। नज़ीर अकबराबादी और अन्य सूफ़ियों की काव्य-परम्परा का अनुसरण करते हुए उन्होंने खड़ी बोली में इस तरह की रचनाएँ भी की हैं :

श्री राधा माधव जुगल चरन रस का अपने को मस्त बना।
पी प्रेम पियाला भर-भर कर कुछ इस मै का भी देख मज़ा।
यह वह मै है जिसके पीने से और ध्यान छुट जाता है।
अपने में औ दिलवर में फिर कुछ भेद नहीं दिखलाता है।
इसके सुरूर से मस्त हरेक अपने को नज़र बस आता है।
फिर और हवस रहती न ज़रा कुछ ऐसा मज़ा दिखाता है।
टुक मान मेरा कहना दिल को इस मैख़ाने की तर्फ़ झुका।
पी प्रेम पियाला भर-भर कर कुछ इस मै का भी देख मज़ा।

भारतेन्दु की हिन्दी नीति का अनुसरण करते हुए बालकृष्ण भट्ट भी उर्दू के सरल शब्दों का प्रयोग करते थे। वह हिन्दी-उर्दू को एक ही भाषा मानते थे। उन्होंने फरवरी, 1885 के 'हिन्दी प्रदीप' में लिखा था : "यह कौन कहता है कि उर्दू दूसरी वस्तु है? सच पूछो तो उर्दू भी इसी हिन्दी का एक रूपान्तर है।"[1]

बालमुकुन्द गुप्त हिन्दी-उर्दू को एक ही भाषा के दो रूप मानते थे। दोनों में लिपि और शब्दावली का भेद था। उन्होंने लिखा था : "इस समय हिन्दी के दो रूप हैं : एक उर्दू, दूसरा

1. राजेन्द्र शर्मा द्वारा 'हिन्दी गद्य के निर्माता बालकृष्ण भट्ट' (आगरा) में उद्धृत, पृ. 349

हिन्दी। दोनों में केवल शब्दों का ही नहीं, लिपि-भेद बड़ा भारी पड़ा हुआ है। यदि यह भेद न होता तो दोनों रूप मिलकर एक हो जाते। यदि आदि से फ़ारसी लिपि के स्थान में देवनागरी लिपि रहती तो यह भेद ही न होता। अब भी लिपि एक होने से भेद मिट सकता है। पर जल्द ऐसा होने की आशा कम है। अभी दोनों रूप कुछ काल तक अलग-अलग अपनी-अपनी चमक-दमक दिखाने की चेष्टा करेंगे। आगे समय जो करावैगा, वही होगा।" गुप्त जी को विश्वास था कि दोनों रूप मिलकर एक होंगे, इसलिए हिन्दी-उर्दू के साहित्यकारों को एक-दूसरे के साहित्य में परिचित होना चाहिए। उन्होंने हिन्दी-भाषियों को उर्दू साहित्य से परिचित कराने के लिए अनेक निबन्ध लिखे थे। उपर्युक्त वाक्य उन्होंने 'हिन्दी भाषा की भूमिका' नाम के निबन्ध में लिखे थे। उसी में आगे लिखा था : "बड़ी कठिनाई तो यह है कि दोनों एक-दूसरे को न पहचानते हैं, न पहचानने की चेष्टा करते हैं। इससे बड़ा भारी अन्तर हो जाता है! जो लोग उर्दू के अच्छे कवि और ज्ञाता हैं, वह हिन्दी की ओर ध्यान देना कुछ आवश्यक नहीं समझते। इसी से देवनागरी अक्षर भी नहीं सीखते और भारतवर्ष के साहित्य से निरे अनभिज्ञ हैं। अरब और फारिस के साहित्य की ओर खिंचते हैं। साथ-साथ भारतवर्ष के साहित्य से घृणा करते और जी चुराते हैं। उधर हिन्दी के प्रेमी भी उर्दू की ओर कम दृष्टि रखते हैं और उर्दू वालों को अपनी ओर की बातें ठीक-ठीक समझाने की चेष्टा नहीं करते। यदि दोनों ओर से चेष्टा हो तो इस भाषा की बहुत-कुछ उन्नति हो सकती है।" दोनों ओर के लोग चेष्टा करें तो किस भाषा की उन्नति होगी—हिन्दी की या उर्दू की? गुप्त जी का आशय उस सामान्य भाषा से है जिसके आधार पर हिन्दी-उर्दू की दो शैलियों का विकास हुआ था। उनका अपना प्रयत्न यह था कि सबसे पहले हिन्दी-उर्दू वाले एक-दूसरे के साहित्य से परिचित हों। "मैं इस पुस्तक द्वारा दोनों ओर के लोगों को एक-दूसरे की बातें ठीक-ठीक समझा देने की चेष्टा करूँगा। इसमें मेरा अधिक श्रम हिन्दी वालों के लिए होगा।"[1]

हिन्दुस्तानी जाति के गठन और उसके सांस्कृतिक विकास के लिए 19वीं सदी का हिन्दी आन्दोलन एक ऐतिहासिक आवश्यकता थी। हिन्द प्रदेश की जनपदीय बोलियों का शब्द-भंडार, ब्रजभाषा, अवधी, मैथिली आदि के साहित्य में प्रयुक्त शब्द-भडार, बंगला, मराठी, गुजराती, तेलगू, कन्नड़, मलयालम आदि भाषाओं के शब्द-भंडार का बहुत बड़ा सामान्य भाग हिन्दी में आया। उर्दू बहुत कुछ इस विकास-परम्परा से दूर जा पड़ी थी। ईरानी संस्कृति के प्रभाव से यहाँ की लिपियों, भाषाओं आदि को जो उभरने का मौका न मिला था, उस कमी का हिन्दी ने पूरा किया। तुर्कों और मुगलों ने यहाँ फ़ारसी को राजभाषा न बनाया होता, तो यह अधिकार अमीर ख़ुसरो के समय में, और उससे भी पहले, हिन्दी को मिलता। फ़ारसी के बाद अंग्रेज़ी की कृपा से कचहरियों, दफ्तरों, आदि में उर्दू का चलन हुआ। यह उर्दू बोलचाल की उर्दू न थी जिसके नमूने नज़ीर, सौदा, ज़फ़र आदि से हमने ऊपर दिये हैं। यह उर्दू ऐसी थी जिसमें सभी पारिभाषिक शब्द अरबी-फ़ारसी के थे और यहाँ की जनता के लिए पहेली थे। इसलिए देहात में पढ़े-लिखे आदमी का अर्थ होता था—उर्दू जाननेवाला। जो 'पढ़ा-लिखा' आदमी उर्दू न जानता था, वह गाँव वालों के किसी काम न आ सकता था, अर्थात् कचहरी या दफ्तरों के 'कागजात' समझ न सकता था और न कोई सलाह दे सकता था। रोटी-रोज़ी के लिए उर्दू जानना आवश्यक था। कबीर, सूर और जायसी की शब्दावली का व्यवहार करनेवाला गँवार समझा जाता था; शराफत और शाइस्तगी फ़ारसी-बहुल भाषा के

1. बालमुकुन्द गुप्त, 'निबन्धावली', पृ. 110-11

व्यवहार करने में समझी जाती थी। इसी कारण कचहरियों और सरकारी दफ्तरों में हिन्दी-प्रवेश के लिए आन्दोलन चला। इस आन्दोलन के विरुद्ध मुसलमानों को उभारना अंग्रेज़ों के लिए कठिन नहीं था। पुलिस-कचहरी में अल्पसंख्यकों को अनुपात से ज्यादा जगहें देकर अंग्रेज़ बहुसंख्यकों को दबाने की नीति बरत रहे थे। उन्होंने भाषा और धर्म को जातीय विघटन और उत्पीड़न का साधन बनाया था। इस पर भी बालमुकुन्द गुप्त जैसे लेखक हिन्दी-उर्दू, दोनों में रचनाएँ करते रहे और दोनों को एक-दूसरे के निकट लाने का प्रयत्न करते रहे, इसके लिए उनकी जितनी प्रशंसा की जाए, उतनी कम है। आश्चर्य इस बात पर न होना चाहिए कि उन्होंने उर्दू पर कुछ फब्तियाँ कसीं, वरन् इस पर होना चाहिए कि उकसावे का इतना सामान होने पर भी वे एकता के लिए बराबर प्रयत्न करते रहे और हिन्दी में उन्होंने मतरूकात का सिलसिला शुरू न किया।

ग्रियर्सन के अनुसार अंग्रेज़ों की प्रेरणा से आधुनिक हिन्दी का जन्म हुआ। लल्लूजी लाल-रचित 'प्रेमसागर' द्वारा हिन्दुओं को परस्पर व्यवहार के लिए गद्य की भाषा मिली। इस भाषा का निर्माण उर्दू शब्दों को निकालकर उनकी जगह इंडो-आर्य अर्थात् संस्कृत शब्दों के प्रयोग से हुआ। ग्रियर्सन को यह मालूम था कि बहुत-से हिन्दू उर्दू का व्यवहार करते हैं। इसलिए हिन्दुओं की ही भाषा हिन्दी है, यह कहना कठिन होता। उन्होंने हिन्दी को धार्मिक हिन्दुओं (पायस हिन्दूज) की भाषा कहा। लिंग्विस्टिक सर्वे की भूमिका में उन्होंने हिन्दी के जन्म के बारे में लिखा : "यह हिन्दी, जिसे उच्च हिन्दी (हाई हिन्दी) भी कहा जाता है, उन हिन्दुओं के गद्य की साहित्यिक भाषा है जो उर्दू का व्यवहार नहीं करते। इसकी उत्पत्ति हाल की है और पिछली शताब्दी (अर्थात् उन्नीसवीं शताब्दी) के आरम्भ-काल में अंग्रेज़ी प्रभाव से उसका चलन हुआ। तब तक हिन्दू गद्य लिखते थे, और उर्दू का प्रयोग न करते थे, तो अपनी स्थानीय बोली अवधी, बुन्देली, ब्रजभाषा, वर्नाक्युलर हिन्दोस्तानी आदि-आदि को व्यवहार करते थे। डॉक्टर गिलक्राइस्ट की प्रेरणा से लल्लूजी लाल ने प्रसिद्ध ग्रंथ 'प्रेमसागर' लिखकर यह स्थिति बदल दी। इस ग्रंथ के गद्य भाग प्राय: उर्दू में लिखे गए थे, अन्तर यह था कि जहाँ उर्दू लेखक फ़ारसी शब्द इस्तेमाल करता, वहाँ लल्लूजी लाल ने इंडो-आर्य शब्द रख दिये थे। उत्तरी दोआब की जो वास्तविक वर्नाक्युलर थी, उसकी ओर फिर लौटने का काम अपने-आप हुआ। आरम्भ से ही यह नया प्रयोग सफल हुआ। उसमें लिखी हुई प्रथम पुस्तक ने सभी धार्मिक हिन्दुओं का ध्यान आकर्षित किया और अरबी साज के समान लेखक की संगीतमय और लयपूर्ण शैली ने उनको मुग्ध कर दिया। इस प्रकार इस भाषा ने एक कमी पूरी की। इसने हिन्दुओं को एक लिंगुआ-फ्रांका (सामान्य भाषा) दी। मुसलमानों के शब्दों का, जो उनके लिए अस्पष्ट थे, सहारा लिये बिना दूर-दूर के प्रान्तों के लोग इसके द्वारा एक-दूसरे से बातचीत कर सकते थे। हर जगह वह आसानी से समझ में आ जाती थी क्योंकि उसका व्याकरण उस भाषा का था जिसे हर हिन्दू सरकारी अफसरों के साथ अपने काम-काज में व्यवहृत करता था और उसका शब्द-भंडार उत्तर भारत की सभी इंडो-आर्य भाषाओं की सामान्य सम्पत्ति था। इसके सिवा टीका-टिप्पणियों जैसी चीजों को छोड़कर भारत की किसी भी वर्नाक्युलर में इससे पहले बहुत कम गद्य लिखा गया था। प्राय: सारा साहित्य पद्य तक सीमित था। इसलिए बिहार से लेकर पंजाब तक हिन्दुस्तान में सर्वत्र स्वभावत: 'प्रेमसागर' की भाषा हिन्दू गद्य का आदर्श बन गई। अब तक वह अपना यह स्थान बनाए हुए है।

'प्रेमसागर' ने धार्मिक हिन्दुओं का ध्यान आकर्षित किया। उससे हिन्दुओं को लिंगुआ-फ्रांका प्राप्त हुई। उसने हिन्दू गद्य का आदर्श प्रस्तुत किया। इसके द्वारा दूर-दूर के हिन्दू आपस में बातचीत कर सकते थे। कहना चाहिए कि गिलक्राइस्ट की प्रेरणा से लल्लूजी लाल ने हिन्दू राष्ट्र का निर्माण किया। लेकिन बंगाल, गुजरात, महाराष्ट्र आदि अहिन्दी प्रदेशों के हिन्दू वहाँ के मुसलमानों के समान बंगला, गुजराती, मराठी आदि भाषाएँ बोलते थे। अंग्रेज़ों की कृपा से इन अहिन्दी भाषाओं में हिन्दू गद्य और मुस्लिम गद्य का विकास न हो सका; मुस्लिम मिल्लत और हिन्दू राष्ट्र के विकास में कसर रह गई। इन अहिन्दी भाषाओं का नाश भी नहीं हुआ जिससे सारे देश में धर्म के आधार पर दो ही भाषाओं का चलन होता!

ग्रियर्सन के अनुसार, टीका-टिप्पणियों के अलावा भारत की किसी भी भाषा में 'प्रेमसागर' के रचना-काल तक गद्य का विकास हुआ ही न था। बहमनी राजाओं ने हिन्दी को राजभाषा बनाया था। शेरशाह ने फ़ारसी के साथ हिन्दी को राजकाज का माध्यम माना था। जाट सामन्तों ने राजकाज के लिए ब्रजभाषा का व्यवहार किया था। छत्रसाल सरकारी काम बुंदेलखंडी में करते थे। मराठा राज्य की भाषा मराठी थी। फिर भी यहाँ की किसी भाषा में टीका-टिप्पणियों को छोड़कर गद्य का विकास न हुआ था! 1635 ई. में, जब अंग्रेज़ी गद्य का कोई उल्लेखनीय विकास न हुआ था, मुल्ला वजही ने 'सबरस' में लिखा था : "आज लगन कोई इस जहान में हिन्दुस्तान में हिन्दी ज़बान में इस लताफत इस छन्दां सों नज़्म हौर नस्र मिला कर गुला कर नहीं बोल्या।" ग्रियर्सन यह सिद्ध करना चाहते थे कि यहाँ के सांस्कृतिक जागरण के अग्रदूत हैं अंग्रेज़ जिन्होंने एशियाई अज्ञान के अंधकूप से यहाँ के लोगों को बाहर निकाला और यूरोपीय सभ्यता का प्रकाश दिखाकर उन्हें सभ्य बनाया। इसीलिए उनकी समझ में गिलक्राइस्ट के प्रेरणादान से पहले यहाँ के हिन्दू परस्पर विचार-विनिमय भी न कर सकते थे।

ग्रियर्सन की एक स्थापना यह थी कि हिन्दी और उर्दू की वाक्य-रचना अलग- अलग ढंग से होती है। उन्होंने लिखा था : "लल्लूजी लाल के समय से हिन्दी ने अपने लिए शैली के कुछ नियम बना लिये हैं जिनके कारण वह उर्दू से भिन्न हो जाती है। इसमें मुख्य नियम का सम्बन्ध शब्द-क्रम से है जो हिन्दुस्तानी के उस रूप की तुलना में कम स्वच्छन्द होता है।" सम्भव है, ग्रियर्सन का आशय यह हो कि उर्दू में जैसे वाक्यांश आगे-पीछे कर दिये जाते हैं—यथा मीर अम्मन के ऊपर वाले उद्धरण में—वैसे हिन्दी में नहीं किये जाते। लेकिन उन्होंने हिन्दुओं की उर्दू और मुसलमानों की उर्दू में भी भेद किया है। उन्होंने स्पष्ट लिखा है : "केवल मुसलमानों की उर्दू में हमें वाक्य-रचना का फ़ारसी शब्द-क्रम मिलता है।" (ओनली इन दि उर्दू ऑव दि मुसलमान्स डु वी फाइंड दि पर्शियन ऑर्डर ऑव वर्ड्स इन ए सेंटेंस।) ग्रियर्सन जैसे भाषाविज्ञानी को इस तरह का मत प्रकट करते हुए देखकर आश्चर्य होता है। लगता है, यह बात वह जल्दी में नहीं कह गए। काफी सोच-विचार के बाद उन्होंने मुस्लिम उर्दू और हिन्दू उर्दू के भेद पर अपनी राय कायम की थी। उन्होंने इस प्रसंग में लिखा था कि "नेटिव सहज-बोध (इंस्टिक्ट) विदेशी रचनाक्रम के विरुद्ध इतना दृढ़ है कि हिन्दू किसी बोली को शब्द-भंडार के आधार पर नहीं वरन् उसके शब्द-क्रम के आधार पर उर्दू अर्थात् हिन्दुस्तानी का फ़ारसीयत वाला रूप मानते हैं।" इस नियम के अनुसार नज़ीर, इंशा आदि को हिन्दी साहित्य के इतिहास में जगह न मिलनी चाहिए और दयाशंकर नसीम, रतननाथ सरशार जैसों को उर्दू साहित्य के इतिहास में स्थान न मिलना चाहिए।

मुहम्मद हुसेन आज़ाद जैसे लेखक मुसलमान बच्चों को जिस फ़ारसी शब्दक्रम वाली उर्दू का अभ्यास कराते थे, उसकी मिसाल यह है। एक लड़के और जुलाहे में बातचीत हो रही है : "मियाँ! यह थान कितने को बेचोगे?"..."हुजूर! दो-ढाई रुपये को बिकेगा।"..."इस काम में क्या रहा?"..."जब से कल का कपड़ा चला है, इसे टके गज़ कोई नहीं लेता। अब तो नैनूं लट्ठे की कदर है। एक दिन वह था कि हमारे हाथ के कपड़े बड़े-बड़े अमीर पहनते थे। एक दिन यह है कि ग़रीब भी नहीं पूछते। क्या करें? अपने दिन पूरे करते हैं, कमती-बढ़ती बेच ही डालते हैं।"..."सुनो—हिम्मत न हारो, मेहनत किये जाओ—बहुत न सही, थोड़ा ही सही। तुम्हारा काम बहुत अच्छा है। गरीब के तन ढँकते हैं। अमीरों के भी काम निकलते हैं। वह आप नहीं पहनते, पर उनके सायबान, परदे, कनातें और तम्बू बनते हैं।" इस 'मुस्लिम उर्दू' पर बालमुकुन्द ने 'हिन्दी उर्दू' में टिप्पणी की है : "जहाँ जिसका बयान किया है, उसकी तसवीर खींच दी है। देखिए तो ग़रीब जुलाहे की हालत, कितनी खूबसूरती से दिखाई है! आज अगर हज़रत आज़ाद को खबर होती कि स्वदेशी तहरीक की बदौलत उनके ग़रीब जुलाहे के दिन फिरे हैं, और आपने जो उसे हिम्मत दिलाई थी कि मेहनत किये जाओ, उसका उसे फल मिला है, वह कितने खुश होते हैं?"[1]

यह मामूली आदमी का काम नहीं है कि आजाद और बालमुकुन्द गुप्त की वाक्य-रचना में फ़ारसी-हिन्दी का भेद पहचान लें। ग्रियर्सन का कहना है कि उन्नीसवीं सदी में शुद्ध हिन्दी में कहानियाँ लिखी गईं जिनमें एक भी फ़ारसी शब्द न था, फिर भी "हिन्दू लेखक उसे उर्दू नाम देते थे क्योंकि वाक्य-रचना फ़ारसी ढंग की थी। लेखक मुसलमान था। इसलिए बचपन में मौलवी ने उसे जो मुहावरे सिखा, थे, उन्हें इस्तेमाल करने की आदत वह छोड़ न पाता था।" बचपन में किस तरह की उर्दू सिखाई जाती थी, उसका एक नमूना ऊपर है। इस उर्दू को सीखकर कोई शुद्ध हिन्दी की वाक्य-रचना फ़ारसी ढंग से कैसे करने लगेगा, यह समझ से परे है।

ग्रियर्सन ने मानो यह तै कर लिया था कि हिन्दी-उर्दू का सम्बन्ध हिन्दू धर्म और इस्लाम से जोड़ेंगे ही। उर्दू का प्रसार क्यों हुआ? इस्लाम के कारण। "इस्लाम ने उर्दू को दूर-दूर तक पहुँचाया है। बंगाल और उड़ीसा में भी हमें मुसलमान नेटिव मिलते हैं जिनकी वर्नाक्युलर उनके प्रदेशवासियों की नहीं होती वरन् दिल्ली और लखनऊ की ज़बान बोलने की कोशिश—अक्सर भद्दी कोशिश—होती है।" मुमकिन है कि ग्रियर्सन को कुछ खानसामा वगैरह मिले हों जो यह समझकर कि साहब हिन्दुस्तानी समझता है, दिल्ली और लखनऊ की ज़बान बोले हों। यह भी सम्भव है कि कुछ अल्पसंख्यक यहाँ से जाकर उधर बस गए हों और अपनी मातृभाषा अपनाये रहे हों। दक्खिन में, बम्बई और कलकत्ते में बहुत-से मुसलमान उर्दू बोलते हैं। इनमें अधिकांश उत्तर से गए हुए अल्पसंख्यक हैं या उन्होंने उत्तरवासियों के सम्पर्क से यह भाषा सीख ली है। साधारण नियम यही है कि हर प्रदेश में मुस्लिम जनसाधारण वहीं की भाषा बोलते हैं। यदि इस्लाम से उर्दू का कोई आध्यात्मिक सम्बन्ध होता तो वह सबसे पहले इस्लाम की जन्मभूमि अरब में बोली जाती। उसके बाद तुर्की, ईरान, इराक जैसे देशों में भी वह मुसलमानों की मातृभाषा होती। लेकिन इस देश के बाहर की बात दूर, यहीं के मुसलमान कश्मीरी, सिन्धी, बंगला आदि भाषाएँ बोलते रहे हैं और उनमें बहुत शानदार साहित्य भी रच चुके हैं।

1. बालमुकुन्द गुप्त, 'निबन्धावली', पृ. 101

ग्रियर्सन की अन्य भ्रान्तियों की तरह यह इस्लाम के कारण उर्दू के प्रसार की भ्रान्ति भी है। किन्तु इसमें सन्देह नहीं कि कुछ मुसलमान उर्दू भाषा और लिपि से अपना धार्मिक सम्बन्ध मानते हैं। कुछ लोग फ़ारसी-अरबी का भेद न समझकर दोनों भाषाओं के शब्दों को अपनी धार्मिक भाषा का शब्द मान बैठते हैं। मुसलमानों का धर्म ग्रंथ अरबी भाषा में है। अरबी सामी-परिवार की भाषा है। जैसे अरब देश इस्लाम से पुराना है, वैसे ही अरबी भाषा इस्लाम से पुरानी है। जिस परिवार की सदस्य अरबी है, उसी की सदस्य हिब्रू है। कुछ धर्म-प्रेमी विद्वान पहले कहा करते थे कि हज़रत आदम हिब्रू बोलते थे, इसलिए संसार की सभी भाषाएँ हिब्रू से उत्पन्न हुई हैं। अब अगर भाषा का आधार धर्म होता तो यूरोप में सामी-परिवार की भाषाओं का चलन होता क्योंकि ईसा मसीह इसी परिवार की भाषा बोलते थे। लेकिन यूरोप में ईसाई चर्च की भाषा लैटिन रही, कुछ देशों में ग्रीक का प्राधान्य है। ग्रीक और लैटिन को हिन्दी यूरोपीय या आर्य भाषा माना जाता है। इस बारे में तो ज़रा भी सन्देह नहीं कि अपने उच्चतम विकासकाल में ये भाषाएँ गैर-ईसाइयों में प्रचलित थीं। विधर्मियों की भाषाएँ लेकर ईसाई चर्च ने अपना प्रभुत्व स्थापित किया। यूरोप में ग्रीक, लैटिन, स्लाव, फिनोउग्रियन और जर्मन कुलों की भाषाएँ बोली जाती हैं यद्यपि इनके बोलनेवालों में अधिकांश ईसाई हैं। भाषा-परिवारों के निर्माण और भाषाओं के विकास की प्रक्रिया में कहीं भी हम धर्म को नियामक शक्ति के रूप में नहीं देखते। ईसाई धर्म इन भाषाओं और भाषा-परिवारों के भेद और समानता को मिटाने या कायम करने की स्थिति में नहीं रहा। उदाहरण के लिए, अंग्रेज़ ईश्वर को गॉड कहते हैं। जर्मन उसे 'गॉट' कहते हैं। दोनों शब्द एक ही परिवार के हैं। लेकिन फ्रांसीसी भाषा में ईश्वरवाचक शब्द दूसरा है—द्यु (या दियू)। यह शब्द भारतीय दिव् और देव से सम्बन्धित है। रूसी शब्द है बोग, जो ऐश्वर्यवाचक संस्कृत भग शब्द का एक रूप है। हंगेरियन भाषा में उसी के लिए शब्द है इस्तेन। धर्म एक है किन्तु ईश्वर के लिए भी इन भाषाकुलों के अलग-अलग शब्द हैं।

मुसलमान ईश्वर को खुदा कहते हैं, अल्लाह भी कहते हैं। खुदा फ़ारसी का शब्द है, अल्लाह अरबी का। भारत में हर जगह वे अपनी धार्मिक प्रार्थना को नमाज़ कहते हैं। यह शब्द भी अरबी का न होकर फ़ारसी का है। अरबी शब्द है सलात (सल्त का बहुवचन)। तुर्की में खुदा के लिए उस भाषा का अपना प्रचलित शब्द है तन् रि। फ़ारसी में अरबी शब्दों की भरमार है। इसका कारण इस्लाम धर्म का प्रसार उतना नहीं है जितना ईरान पर अरब का राजनीतिक और सांस्कृतिक प्रभुत्व है। फ़ारसी ने उच्च सांस्कृतिक स्तर की शब्दावली को ही अरबी से नहीं अपनाया, उसके मूल शब्द-भंडार में भी सैकड़ों अरबी शब्द भर गए और वे फ़ारसी के माध्यम से भारतीय भाषाओं में—न्यूनाधिक मात्रा में—आए। यदि कोई इन शब्दों का विशेष सम्बन्ध इस्लाम धर्म से माने तो उसकी इच्छा, लेकिन उसे यह न भूलना चाहिए कि फ़ारसी हिन्द-यूरोपीय परिवार की भाषा मानी जाती है। वह संस्कृत के बहुत निकट है, इसमें कोई सन्देह नहीं। फ़ारसी अस्त (है) संस्कृत अस्ति के समान अस् धातु का एक रूप है। होने के लिए बूदन् भू की समकक्ष धातु है। खड़े होने के लिए इस्तादन् क्रिया संस्कृत स्था (स्लाव स्तो) का फ़ारसी प्रतिरूप है। देने के लिए दादन् स्पष्ट ही संस्कृत की दा धातु है। इसी तरह खींचने के लिए कशीदन्, संस्कृत कृष्, उसी की समरूप फ़ारसी धातु है किश्तन् जिसका अर्थ है जोतना, करने के लिए कर्दन्, संस्कृत कृ, पकाने के लिए पुख़्तन, संस्कृत पुष्, पूछने के लिए पूर्सीदन, संस्कृत प्रच्छ् (पृश्), डरने के लिए तर्सीदन्, संस्कृत त्रस्, आस्वादन के लिए चषीदन्, संस्कृत चष्, जीने के लिए ज़ीस्तन, संस्कृत जीव् (जी), स्तवन

के लिए सितूदन, संस्कृत स्तु, सुनने के लिए शिनूदन् और शनीदन्, संस्कृत श्रु, खोदने के लिए कन्दन्, संस्कृत खन्, खाने के लिए खुर्दन, संस्कृत खाद्, बाँधने के लिए बन्दीदन्, संस्कृत बंध्—इस तरह की फ़ारसी-संस्कृत की सामान्य क्रियाएँ दोनों भाषाओं का प्राचीन और घनिष्ठ सम्पर्क सिद्ध करती हैं। फ़ारसी-संस्कृत में कुछ शब्द-रूप और अर्थ एक से हैं। नाम, तन, दूर, न आदि शब्द दोनों भाषाओं में एक ही रूप-अर्थ वाले हैं। संस्कृत के ऐसे शब्द फ़ारसी में बहुत हैं जो थोड़े ध्वनि-परिवर्तन के साथ उस भाषा में स्वीकृत हैं। सिरिश्त—सृष्टि, शिता—शीत, किर्म—कृमि, अस्प—अश्व, अंगुश्त—अंगुष्ठ, बार—भार, बूम—भूमि, दर—द्वार, पा—पाद, पुश्त—पृष्ठ, तिश्ना—तृष्णा, जव—यव, जुवान—युवन्, ख़र—खर, ख़ुश्क—शुष्क, दंदा—दन्त, ज़ानू-जानु, ज़न (ज़नी)—जनी, साया—छाया, नौ—नव, आब—आप:, अब्र—अभ्र, अब्रू—भ्रू, सर—शिर, सफेद—श्वेत, शीर—क्षीर, सन्दल—चन्दन, काफ़ूर—कर्पूर, कान—खनि, कुजा—कुत:, गाव—गो, मुश्त (मुश्ती)—मुष्टि, बन्द—बंध, तप—ताप, दोश—दोषा (रात्रि), सतर (पंक्ति)—सत्र, सोग—शोक—इस तरह भिन्न ध्वनि किन्तु समान अर्थ वाले बहुत-से शब्द दोनों भाषाओं में सामान्य हैं। फ़ारसी में माता-पिता के लिए मादर-पिदर, दुहिता के लिए दुख़्तर, स्वसा के लिए ख़्वाहर, भ्राता के लिए बिरादर आदि परिवार-सम्बन्धी शब्द प्रयुक्त होते हैं जो संस्कृत-परिवार के ही हैं। संख्यावाचक शब्द सद—शत, दुह—दशा, बीस्त—बिंशति, हश्त—अष्ट, पंज—पंच, शश्—षष्, हफ्त—सप्त, आदि हमारे परिवार के हैं। फ़ारसी में ज़ाद शब्द का बहुत प्रयोग होता है जो संस्कृत का जात: शब्द है : आदमी-ज़ाद, अर्थात् आदमी से उत्पन्न। फ़ारसी में ज़ाद से क्रिया बनाई गई है, ज़ादन। जिन्दा शब्द में नकार उसी प्रवृत्ति के कारण है जिससे पथ का भिन्न रूप पंथ भी होता है। ख़्वाब का अर्थ है निद्रा और यह स्वप्न का फ़ारसी रूप है। बुत शब्द डॉ. चाटुर्ज्या के अनुसार, बुद्ध से बना है; बुद्ध की मूर्तियों की अधिकता से लोग मूर्तिमान को बुद्ध-बुत कहने लगे। वर्ष के लिए साल शब्द सूरि से बना है। चन्द्रमा के बदले सूर्य की गति के आधार पर जिस वर्ष की गणना होती है, उसी को साल कहते हैं। सूर्य के लिए जैसे लैटिन में सोल शब्द है, वैसे ही फ़ारसी में साल शब्द चला है। बोगाज़ कुई के इन्द्र-वरुण-पूजक मर्तन्नी जन मर्त्य होने के कारण अपने को इस नाम से पुकारत थे। फ़ारसी के मर्द और मुर्दा शब्दों का स्रोत वही है जो मर्त्य और मर्तन्नी का था। अर्थ में भेद है। फ़ारसी में चन्द्रमा और महीने के लिए माह शब्द है; यह संस्कृत का मास शब्द है।

जों लोग फ़ारसी के शब्दों को इस्लामी संस्कृति का अभिन्न अंग समझकर अपनी भाषा में सजाते हैं, वे अक्सर अनजान में काफ़िर शब्दों को ही यह सम्मान देते हैं। जब वे हफ़्ते को उच्च शब्द और सप्त या सात को नीच शब्द समझते हैं, तब वे यही सिद्ध करते हैं कि वे इस्लाम नहीं, ईरानी संस्कृति के गुलाम हैं। इस्लाम अनेक भाषाएँ बोलनेवाले देशों में फैला; बौद्ध, हिन्दू, ईसाई धर्म भी अनेक भाषाएँ बोलनेवाली जातियों में फैले। इन सब जातियों की अपनी-अपनी संस्कृतियाँ हैं। ईसाई धर्म अफ्रीका में फैला, भारत में फैला, उसके बाद यूरोप में फैला। इससे यूरोप के साम्राज्यवादी अफ्रीका और भारत को गुलाम बनाने से बाज न आए। यूरोप के लोग यदि अपनी यूरोपीय संस्कृति पर गर्व करते हैं तो इसका कारण ईसाई धर्म नहीं है; ईसाई धर्म माननेवाले हब्शियों को वे यूरोपीय सभ्यता का प्रतिनिधि नहीं मान लेते। यूरोपीय सभ्यता वहाँ के अनेक देशों के परस्पर सहयोग और उनके सांस्कृतिक आदान-प्रदान से बनी है। इस संस्कृति को बनानेवालों में मार्क्स, फ्रायड और आइंस्टाइन जैसे यहूदी भी

रहे हैं जो ईसाई धर्म को न मानते थे। इसी तरह भारतीय संस्कृति के निर्माण में यहाँ के बौद्ध, जैन, सिख, ईसाई, मुसलमान—सभी धर्म के अनुयायियों ने योग दिया है; वह केवल हिन्दुओं की संस्कृति नहीं है। जो लोग हिन्दुत्व के जोश में संस्कृत को भारत की राष्ट्रभाषा बनाना चाहते हैं या हिन्दी तथा भारत की अन्य भाषाओं को संस्कृत शब्दावली से गले तक भर देना चाहते हैं, वे न संस्कृत के विकास को समझते हैं, न हिन्दी और अन्य भारतीय भाषाओं का विकास पहचानते हैं। जब लोग इस्लामी संस्कृति की बात करते हैं, तब उनका मतलब तुर्की, ताजिकिस्तान, उजबेकिस्तान, अफगानिस्तान की संस्कृति नहीं होता; हिन्दुस्तान के सिन्धी, कश्मीरी, पंजाबी या बंगाली मुसलमानों की संस्कृति नहीं होता; उनका मतलब होता है अरब और ईरान की संस्कृति, वहाँ की भाषा और साहित्य। वे यह भूल जाते हैं कि ये दो भिन्न देश हैं, उनकी भाषाएँ दो अलग परिवारों की हैं, उनकी संस्कृति में महत्त्वपूर्ण भेद हैं। यह सही है कि किन्हीं भी दो देशों के दो मुसलमान या ईसाई मिलें, तो सामान्य धर्म के आधार पर वे कुछ बातों में अपने को एक-दूसरे के निकट पाएँगे। किन्तु यह भी सही है कि बहुत-सी अन्य महत्त्वपूर्ण बातों में वे अपने प्रदेश के विधर्मी को अन्य जातीय सहधर्मी की तुलना में अपने निकट पाएँगे। इन 'कुछ बातों' में दो मुख्य हैं : भाषा और साहित्य। दो कश्मीरी—एक हिन्दू और एक मुसलमान—महजूर की कविता का साथ-साथ रस लेंगे; ईरान का मुसलमान उनके इस सांस्कृतिक कार्य को दूर से देखेगा। दो सिन्धी—एक हिन्दू और एक मुसलमान—शाह अब्दुल लतीफा की रचनाओं को गद्गद होकर पढ़ेंगे और सुनेंगे, तुर्की या अफगानिस्तान का मुसलमान इस आनन्द में शरीक नहीं हो सकता। इसी तरह वारिस शाह, नज़रुल इस्लाम आदि लेखकों की रचनाओं को पंजाब के हिन्दू-मुसलमान-सिख, बंगाल के हिन्दू-मुसलमान-बौद्ध समझ सकते हैं; अन्य प्रदेशों के गैर-बंगाली, गैर-पंजाबी मुसलमान—धर्म में भाई होते हुए भी—वारिस शाह और नजरुल इस्लाम के साहित्य-रस से वंचित रहेंगे। कहना न होगा कि भाषा और साहित्य ऐसे तत्त्व हैं जिनका स्थान संस्कृति के और सभी तत्त्वों में ऊँचा है। इन्हें संस्कृति से निकाल दीजिए तो कहने-सुनने लायक उसमें बहुत ज्यादा सामग्री न बचेगी।

यदि लोग इस बात को समझ लें कि उर्दू में जिन फ़ारसी-अरबी शब्दों के लिए उनका इतना आग्रह है, वे इस्लाम धर्म की विशेष सम्पत्ति नहीं हैं, तो शायद वे भारत की अन्य भाषाओं की तरह उर्दू का विकास भी करें और हिन्दी तथा संस्कृत शब्दों से इतना परहेज न करें। जो लोग बोलचाल में घुलमिल जानेवाले फ़ारसी शब्दों को हिन्दी से निकालने का प्रयत्न करते हैं, यह समझकर कि ये शब्द मुसलमान हैं, वे भी यह प्रयत्न छोड़ दें। लेकिन इस्लामी संस्कृति, इस्लामी भाषा और इस्लामी साहित्य का भूत बहुत लोगों पर सवार है; अरबी-फ़ारसी से इस्लाम का विशेष सम्बन्ध है, इस बात को मुसलमान ही नहीं, हिन्दू-संस्कृतिवादी भी मानते हैं।

भाषा ही नहीं, लिपि से भी वे इस्लाम धर्म का विशेष सम्बन्ध मानते हैं। अरबी लिपि और वर्णमाला में पे नहीं है, चे नहीं है, डाल नहीं है, ड़े नहीं है, लेकिन अब ये सब अक्षर 'इस्लामी' लिपि में शामिल हैं। अरबी में 'से,' 'स्वाद' आदि वर्णों का उच्चारण उर्दू से बिलकुल भिन्न है; फिर भी से, स्वाद, सीन—तीनों अक्षर लिपि में सुरक्षित रहने चाहिए, भले ही बोलचाल में उनका उच्चारण-भेद बिलकुल ज़ाहिर न होता हो। उत्तर प्रदेश के शिक्षित और प्रगतिशील मुसलमान भी यह समझ बैठते हैं कि हिन्दुस्तान की ज़बानों में मुसलमानों ने साहित्य रचा भी होगा तो फ़ारसी या उर्दू लिपि में ही। यहाँ की लिपियों को वे कैसे अपनाते? उन्हें इस बात पर आश्चर्य अवश्य होता है कि बंगाल के मुसलमान बंगला लिपि का व्यवहार कैसे कर लेते हैं!

यह मान लिया जाता है कि हिन्दी-भाषी प्रदेश के सभी शिक्षित मुसलमान उर्दू लिपि जानते हैं। अब तो हिन्दी राजभाषा हो गई है और कुछ मुसलमान हिन्दी सीखते हैं। बात अभी की नहीं, तब की है जब यहाँ अल्पसंख्यकों के रक्षक अंग्रेज़ों का राज था और कचहरियों और दफ्तरों में उर्दू का व्यवहार होता था। 1928 ई. में ख़्वाजा हसन निजामी ने 'कुर्आन मजीद' का हिन्दी अनुवाद प्रकाशित किया था। इस पवित्र ग्रंथ को हिन्दी भाषा में अनुवादित करने और देवनागरी लिपि में प्रकाशित करने के उन्होंने जो कारण बताए हैं, वे बहुत दिलचस्प हैं। उन दिनों शुद्धि-आन्दोलन का ज़ोर था। बहुत-से मुसलमान अपना धर्म-परिवर्तन कर रहे थे। ख़्वाजा हसन निज़ामी ने इसके विरुद्ध इस्लाम की रक्षा का आन्दोलन चलाया। उन्होंने यह अनुभव किया कि उर्दू लिपि में प्रचार करने से बहुत थोड़े मुसलमान उससे लाभ उठा सकते हैं। अपने प्रचार-कार्य से आम मुसलमानों को प्रभावित करना है, तो हिन्दी लिपि से ही यह सम्भव होगा। इसलिए उन्होंने अपने पवित्र धर्म-ग्रंथ का अनुवाद देवनागरी लिपि में प्रकाशित किया—हिन्दुओं को इस्लाम में दीक्षित करने के लिए नहीं वरन् मुसलमानों को अपने धर्म से परिचित कराने के लिए।

जो लोग समझते हैं कि उर्दू लिपि के बिना न उर्दू भाषा रह सकती है, न इस्लाम सुरक्षित रह सकता है, उन्हें ख़्वाजा हसन निज़ामी के इन शब्दों पर खूब ग़ौर फर्माना चाहिए। अनुवाद की भूमिका में उन्होंने लिखा है : "इसी तहकीकात के सिलसिले में मुझको यह भी मालूम हुआ था कि हिन्दुस्तान में एक करोड़ मुसलमान ऐसे हैं, जो अरबी और फ़ारसी हुरूफ नहीं पढ़ सकते। अगर्चे उनकी बोलचाल तो उर्दू है, मगर लिखना-पढ़ना उनका हिन्दी हुरूफ में है। और चूँकि इस्लामी अन्जुमनें और मुसलमान मुबल्लिग सिर्फ उर्दू हुरूफ के जरिये तबलीग करते हैं, इसलिए उनको कामयाबी नहीं होती या पूरी तरह कामयाब नतीजा नहीं निकलता।" इस्लाम धर्म के प्रचार के लिए—सबसे पहले आम मुसलमानों में उसे सुरक्षित रखने के लिए—देवनागरी लिपि अपनाना आवश्यक है, इस सत्य को धर्म-प्रचारक ख़्वाजा हसन निज़ामी ने अच्छी तरह पहचान लिया था। इससे पता चलता है कि बीसवीं सदी में भी एक सामान्य लिपि अपनाकर हिन्दुस्तानियों की एक ही सामान्य साहित्यिक भाषा विकसित करने के लिए कितना बड़ा सामाजिक आधार मौजूद था। एक करोड़ मुसलमान ऐसे थे जो हिन्दी लिपि में ही लिखते-पढ़ते थे।

ख़्वाजा हसन निज़ामी ने इस परिस्थिति के लिए देशी रियासतों के हिन्दू राजाओं और ब्रिटिश सरकार को दोषी ठहराया है। "देशी रियासतें जिस कदर हिन्दुओं के कब्ज़े में हैं, उन सबमें सिवाय कश्मीर वगैरा दो-तीन रियासतों के, बाकी सबने हिन्दी ज़बान को सरकारी ज़बान बना दिया है। और उन रियासतों के मुसलमान बाशिन्दे मजबूरन महज हिन्दी हुरूफ सीखते हैं।" विद्वान हसन निज़ामी ने यह नहीं लिखा कि कश्मीर के राजा हिन्दू थे और उन्हीं की कृपा से कश्मीरी भाषा का अधिकार छीनकर उर्दू को दिया गया था। उधर हैदराबाद के निज़ाम साहब ने मराठी और तेलगू बोलनेवाली जनता के लिए उर्दू को अनिवार्य राजभाषा बनाया था। अंग्रेज़ी हुकूमत के लिए उन्होंने लिखा था : "यू.पी. यानी मुमालिकमुत्तहिदा आगरा व अवध में अंग्रेज़ी गवर्नमेंट ने भी हिन्दी को सरकारी दफ्तरों में शरीक करके मुसलमान अवाम को हिन्दी हासिल करने के लिए मजबूर कर दिया है। और वहाँ के देहात में आधे मुसलमान सिवाय हिन्दी हुरूफ़ के और कोई हर्फ़ नहीं पढ़ सकते।" यदि अंग्रेज़ों ने सरकारी दफ्तरों में हिन्दी का चलन किया होता और मुसलमानों को हिन्दी सीखने के लिए मजबूर किया होता,

तो 1947 के बाद उर्दू-भाषियों में, विशेष कर मुसलमानों में, इस बात को लेकर आन्दोलन न उठ खड़ा होता कि उन पर हिन्दी लादी जा रही है और उर्दू दबाई जा रही है। हिन्दी उत्तर प्रदेश में राजकाज की भाषा बनी स्वाधीनता-प्राप्ति के बाद। यह सभी जानते हैं कि राजकाज के बहुत कम विभागों में अभी हिन्दी से काम लिया जाता है। यह बात सही है कि वहाँ के देहात के आधे मुसलमान सिवाय हिन्दी हुरूफ़ के और कोई हर्फ़ नहीं पढ़ सकते थे। शहर में रहनेवाले मुसलमान उर्दू ज्यादा पढ़ते थे क्योंकि उन्हें कचहरियों-दफ्तरों में काम करना होता था। उनके साथ हिन्दू भी उर्दू सीखते थे और हिन्दुओं में खास कर कायस्थ उर्दूदां होते थे, क्योंकि पटवारी से लेकर डिप्टी कलक्टरी तक सभी सरकारी पदों पर वे अपनी बिरादरी का हक समझते थे। ख़्वाजा हसन निज़ामी ने लिपि-सम्बन्धी स्थिति का सही वर्णन किया है; उसके कारण गलत दिये हैं। देहात में मुसलमान अपने जीवन की परिस्थितियों के कारण, सामान्य सामाजिक जीवन बिताने के लिए हिन्दी लिपि सीखते थे। हिन्दुस्तानी जाति के निर्माण में देहात के इन मुसलमानों का महत्त्व शहरों के उर्दूदां मुसलमानों से कम न था। इसीलिए प्रेमचन्द ने जोर देकर कहा था कि देहात में हिन्दुओं-मुसलमानों के बीच किसी तरह का भाषा-भेद नहीं है।

अन्य प्रान्तों के लिए हसन निज़ामी ने लिखा था : "सी.पी. में तो पहिले ही से सब मुसलमानों में हिन्दी हुरूफ़ का रिवाज था। बिहार व उड़ीसा में भी हिन्दी मुरव्वज थी और इस तरह एक करोड़ मुसलमानों की तादाद हिन्दी हुरूफ़ के सिवा अरबी, फ़ारसी हुरूफ़ से बेख़बर थी यानी देशी रियासतों और यू.पी., सी.पी. बिहार वगैरा में उन मुसलमानों की तादाद एक करोड़ थी, जो सिर्फ हिन्दी हुरूफ़ पढ़ सकते थे।" ख़्वाजा हसन निज़ामी ने जिन मुसलमानों पर ध्यान केन्द्रित किया था, वे बंगाल या केरल के मुसलमान न थे। वे मुख्यत: उन्हीं मुसलमानों की चर्चा कर रहे थे जो हिन्दुस्तानी क़ौम के थे। इस क़ौम के एक करोड़ मुसलमान हिन्दी लिपि का व्यवहार करते थे। यह मान लें कि ख़्वाजा ने यह संख्या कुछ बढ़ा-चढ़ाकर बताई है, तो भी उससे इतना स्पष्ट हो जाता है कि हिन्द प्रदेश के अधिकांश मुसलमान उर्दू लिपि का व्यवहार न करते थे और दिल्ली, आगरा, लखनऊ, हैदराबाद के जो मुसलमान जितना ही दूर थे, उतना ही वे हिन्दी लिपि ज्यादा आसानी से अपनाते थे। कारण जो भी हों, यह बिलकुल सम्भव था—और आज भी है—कि मुसलमान हिन्दी लिपि के माध्यम से हिन्दुस्तानी जाति की सामान्य संस्कृति और साहित्यिक भाषा के विकास में योग दें।

लिपि किसी जाति की संस्कृति का महत्त्वपूर्ण अंग है, लेकिन भाषा का यह अभिन्न अंग नहीं है। तुर्की रोमन लिपि में लिखी जाती है, इससे भाषा खत्म नहीं हो गई। राजपाल एंड सन्ज़ ने उर्दू काव्य के लोकप्रिय संस्करण देवनागरी लिपि में प्रकाशित किये हैं, इससे उर्दू भाषा की लोकप्रियता बढ़ी ही है, कम नहीं हुई।

ब्रिटिश कूटनीति के विरुद्ध हिन्दी-उर्दू के सजग साहित्यकार इस बात का बराबर प्रयत्न करते रहे कि हिन्दी-उर्दू घुल-मिलकर एक हों। ऐसे लोगों में सबसे बड़ा नाम प्रेमचन्द का है। वह हिन्दी-उर्दू, दोनों के साहित्यकार थे। गाँवों की जनता को जितनी अच्छी तरह वह जानते थे, उतनी अच्छी तरह हिन्दी-उर्दू का और कोई साहित्यकार न जानता था। उन्हें यहाँ की जनता की सांस्कृतिक एकता पर दृढ़ विश्वास था। इसीलिए उन्हें यह विश्वास भी था कि हिन्दी-उर्दू मिलकर एक होंगी। राजनीतिक स्तर पर इस एकता के लिए गांधी जी ने प्रयत्न किया। इस सिलसिले में हिन्दुस्तानी का आन्दोलन भी चला। हिन्दी-उर्दू, दोनों में इसका विरोध हुआ। हिन्दी में 'बेगम सीता' के प्रयोग की सही या झूठी कहानी का खूब प्रचार हुआ। किन्तु

यह बिलकुल सही है कि सन् '36 के आसपास हिन्दी और उर्दू लेखकों की एक बहुत बड़ी संख्या जितना एक-दूसरे के निकट आई, उतना पहले कभी न आई थी। इस आन्दोलन में कुछ खामियाँ भी थीं जिनके कारण वह सफल न हो सका।

किसी जाति की भाषा-समस्या पर विचार करते हुए हमें सबसे पहले उसके बोलचाल के रूप पर ध्यान देना चाहिए। क्या बोलचाल के रूप में भी हिन्दी-उर्दू दो भाषाएँ हैं? इसमें सन्देह नहीं कि बहुत कठिन हिन्दी और बहुत कठिन उर्दू 'बोली' जा सकती है लेकिन आम लोग उसे बोलते नहीं हैं। इसलिए प्रेमचन्द का यह कहना ठीक था कि "बोलचाल की हिन्दी और उर्दू प्राय: एक-सी हैं।" उर्दू-हिन्दी के सर्वनाम एक हैं—वह, मैं, तू, हम इत्यादि। हिन्दी-उर्दू की क्रियाएँ एक ही हैं—जाना, सोना, खाना, पीना, करना, मरना, जीना, लिखना, पढ़ना इत्यादि। आज़माना, गुज़रना, लरजना जैसी क्रियाएँ बहुत थोड़ी हैं, कुल मिलाकर एक दर्जन से ज्यादा नहीं, जो फ़ारसी-अरबी शब्दों के आधार पर बनी हैं। वे हिन्दी के लिए मतरूक नहीं हैं। बोलचाल में उनका प्रयोग बराबर होता है। हिन्दी-उर्दू के सम्बन्धवाचक शब्द—में, पर, से, का आदि—वही हैं, जो हिन्दी के। दोनों का मूल शब्द-भंडार भी एक है लेकिन यहाँ बहुत दिनों तक फ़ारसी के राजभाषा रहने से हिन्दी शब्दों के फ़ारसी या अरबी पर्यायवाची शब्द भी प्रचलित हो गए हैं, जैसे—देश—मुल्क, आकाश—आसमान, धरती—ज़मीन, भाषा—ज़बान, किसान—काश्तकार, नदी—दरिया, रोगी—बीमार इत्यादि। इन शब्दों का व्यवहार बोलचाल की हिन्दी-उर्दू में किसी भेदभाव के बिना होता है। देश, आकाश, धरती जैसे शब्द उर्दू साहित्यकारों की रचना में मिलेंगे और मुल्क, आसमान, ज़मीन जैसे शब्द हिन्दी साहित्यकारों की रचनाओं में। इसके सिवा हल, बैल, खेत, खलिहान, बीज, जुताई, बुवाई, कारखाना, मज़दूर, काम, छुट्टी आदि हज़ारों ऐसे शब्द हैं जिनके पर्यायवाची शब्द बोलचाल की भाषा में व्यवहृत नहीं होते, साहित्यिक भाषा में भले होते हों। लखनऊ और हैदराबाद के हिन्दू-मुसलमान बोलचाल की भाषा में फ़ारसी शब्दों का व्यवहार ज्यादा करेंगे, उन्हीं फ़ारसी शब्दों की जगह बिहार और मध्य प्रदेश के मुसलमान हिन्दी या संस्कृत शब्दों का प्रयोग करेंगे। यह स्थानीय भेद हुआ, इससे दो भाषाओं का निर्माण नहीं होता। हिन्दी-उर्दू का व्याकरण एक, वाक्य-रचना एक-सी, शब्द-भंडार और क्रियाएँ एक-सी, इसीलिए हिन्दी-उर्दू भाषियों की दो क़ौमें नहीं हैं। उनकी जाति एक है और बोलचाल की भाषा एक है।

हिन्दी-उर्दू में सबसे पहला भेद लिपि का है। लिपि लिखने के काम आती है, न कि बोलने के। इसीलिए लिपि-भेद को हम बुनियादी भेद नहीं मानते। हिन्दी-उर्दू में दूसरा भेद है शब्द-भंडार का। यह भेद साधारण लोगों की बोलचाल में बिलकुल नहीं हुए, पढ़े-लिखे लोगों में बहुत थोड़ा है और भाषा के लिखित रूपों में बहुत ज्यादा है। बोलचाल में जो शब्द सामान्य सम्पत्ति हैं, लिखते समय उनमें भी अलगाव करने की प्रवृत्ति देखी जाती है। धरती, आकाश, किसान, नदी, भाषा, रोगी, देश जैसे शब्द उर्दू में कम मिलेंगे; काश्तकार, दरिया, आसमान, ज़बान जैसे शब्द साहित्यिक हिन्दी में कम मिलेंगे। लेकिन मूल भेद दूसरा है। दर्शन, राजनीति, साहित्य आदि में जब हमें ऐसे शब्दों की ज़रूरत होती है जो किसानों-मज़दूरों की बोलचाल में नहीं हैं, तो उर्दू लेखक अरबी-फ़ारसी से उधार लेते हैं, हिन्दी लेखक संस्कृत से। राजनीति—सियासत, साहित्य—अदब, लिपि—रस्मुलख़त, भाषाविज्ञान—लसानियात, आलोचना—तनक़ीद, अन्तरराष्ट्रीय—बैनुलअकवामी, इतिहास—तारीख़, जनतंत्र—जम्हूरियत, कोश—लुग़त, मुख्यत: इस तरह की शब्दावली हिन्दी-उर्दू में अलगाव उत्पन्न करती है।

पहले यह समझना आवश्यक है कि हिन्दी-उर्दू का अलगाव हमारे जातीय विकास के लिए घातक है। पढ़े-लिखे लोगों की शक्ति एक जगह सिमटकर पूरी जाति को आगे बढ़ाने के बदले बिखर जाती है और लिपि के आधार पर पाठक वर्ग दो हिस्सों में बँट जाता है। यदि भाषा और साहित्य उच्च वर्गों के थोड़े-से पढ़े-लिखे आदमियों के लिए ही हों तो वे चाहे उर्दू में मनोरंजन करें, चाहे हिन्दी में, बाकी जनता इस मनोरंजन से दूर रहेगी। लेकिन सवाल है देश के साधारण लोगों का, मेहनत से अन्न पैदा करनेवालों और पंचवर्षीय योजनाएँ पूरी करनेवालों का। भाषा और साहित्य इनके लिए हैं, समाजवादी व्यवस्था में सबसे पहले इन्हीं के लिए होंगे। तब यह भाषा और लिपि का बँटवारा कब तक चलेगा? समाजवादी व्यवस्था के निर्माण के लिए जनता का संगठन, उसकी शिक्षा और आन्दोलन जरूरी हैं। यदि एक ही कारखाने के मजदूर दो लिपियों से काम लेते हैं, तो इससे उनकी शक्ति कम होगी, उनकी संस्कृति में दरारें पड़ेंगी। इसके सिवा हिन्दुस्तानी जाति दुनिया की सबसे बड़ी जातियों में है। अंग्रेजी बोलनेवाले बहुत हैं, लेकिन वे अनेक जातियों के हैं। एक ही भाषा बोलनेवाली कोई जाति हमसे संख्या में बड़ी हो सकती है तो चीनी है। भारत की सभी जातियों में हमारी जाति सबसे बड़ी है, यह निर्विवाद है। ऐसी स्थिति में हमारी भाषा का राष्ट्रीय और अन्तरराष्ट्रीय महत्त्व है। स्पष्ट है कि हमारी भाषा अपनी पूरी ताकत से तभी प्रगति कर सकती है जब उसमें जाति के सभी तत्त्वों का सहयोग हो।

हिन्दी-उर्दू को एक होना चाहिए—यह हमारे ऐतिहासिक विकास की माँग है। इसके लिए आवश्यक सांस्कृतिक आधार यह है कि साधारण जनता की बोलचाल की भाषा एक है। हमें इस एकता की ओर बढ़ने के लिए मजबूर करनेवाला सामाजिक कारण देश का पिछड़ापन, जनता की गरीबी, समाजवादी निर्माण की आवश्यकता है। इसके सिवा यह भी याद रखना चाहिए कि भारत के हर प्रदेश का सामाजिक और सांस्कृतिक जीवन अलग-थलग रहकर विकसित नहीं होता, वह अखिल भारतीय जीवन-प्रवाह की एक धारा है और उस प्रवाह के साथ ही आगे बढ़ता है। यहाँ की भाषाएँ भी एक-दूसरे को प्रभावित करती हैं, करती रही हैं और करेंगी। भारत के हर जातीय प्रदेश की भाषा और लिपि एक हो, लेकिन हिन्दी प्रदेश की दो लिपियाँ और दो भाषाएँ हों, यह सम्भव नहीं है।

इस स्थिति को बदलने के दो तरीके हैं : उर्दू का दमन किया जाए और हर उर्दू-प्रेमी को हिन्दी सीखने और उसका व्यवहार करने पर मजबूर किया जाए। दूसरा तरीका मेल-मिलाप और समझाने-बुझाने का है। पहले तरीके के हामी बहुत लोग हैं जिनमें कुछ अपने को मार्क्सवादी भी कहते हैं। यह तरीका गलत हैं। सबसे पहले इसलिए गलत है कि उर्दू लिखने-बोलनेवाले केवल मुसलमान नहीं है; उर्दू के संरक्षण की माँग विशुद्ध साम्प्रदायिक माँग नहीं है। उसे हम सांस्कृतिक अल्पसंख्यकों की माँग कहते हैं, भले ही उर्दू-प्रेमियों में मुसलमान अधिक हों, हिन्दू कम हों। साहित्यिक हिन्दी-उर्दू का भेद वास्तविक है, कल्पित नहीं। साहित्यिक उर्दू में राष्ट्रीय और जनवादी विचारों का समर्थन करनेवाली सैकड़ों रचनाएँ हैं। जनता का एक छोटा हिस्सा ही सही, वह अभी राष्ट्रीयता और जनतंत्र का पाठ उर्दू के माध्यम से पढ़ता है। हठात् उससे वह माध्यम छीनना ग़लत होगा। सबसे महत्त्वपूर्ण कारण यह है कि जिसे हम उर्दू कहते हैं, उसमें हमारी हिन्दी का बहुत बड़ा साहित्य रचा गया है। हैदराबाद राज्य हिन्दी प्रचार-सभा के आर्यसमाजी मंत्री श्री श्रीराम शर्मा ने इस सत्य को पहचानकर देवनागरी अक्षरों में दक्खिनी हिन्दी के गद्य-पद्य के नमूने एक पुस्तक में प्रकाशित किये हैं। इन्हीं को उर्दू आलोचक और

इतिहासकार उर्दू कहते हैं—जिससे सिद्ध यह होता है कि हमारी मिली-जुली विरासत देवनागरी लिपि के अलावा उर्दू लिपि में भी सुरक्षित है। हिन्दी के हज़ारों मुहावरे, हज़ारों तद्भव शब्द उर्दू साहित्य में खूबसूरती से इस्तेमाल किये गए हैं। अभी तो राजपाल एंड संज ने उर्दू के लोकप्रिय शायरों की रचनाएँ प्रकाशित की हैं। इसी तरह सरल उर्दू गद्य की पुस्तकें प्रकाशित की जाएँ तो हिन्दी पाठकों को अन्दाज़ हो कि उनकी बोलचाल की भाषा का कितना सुथरा रूप इस गद्य में सुरक्षित है।

उर्दू अलग किसी क़ौम की भाषा नहीं है। इसलिए उसे इलाकाई ज़बान मनवाने के आन्दोलन का विरोध करना उचित है। किन्तु वह सांस्कृतिक अल्पसंख्यकों की साहित्यिक भाषा है, इसलिए उसे पढ़ने-पढ़ाने और उसका व्यवहार करने की सुविधा मिलनी चाहिए। राजभाषा के रूप में हिन्दी होनी चाहिए; राजकाज के लिए दो लिपियाँ और उनमें लिखी हुई दो भाषाएँ नहीं हो सकतीं। हिन्दी-उर्दू के शब्द-भंडार में काफी आदान-प्रदान की गुंजाइश है। हिन्दी में बोलचाल के बहुत-से शब्द साहित्यिक कृतियों में छोड़ दिये जाते हैं। बहुत-से मुहावरे, कहावतें, बोलचाल के शब्द ऐसे हैं जो उर्दू में हैं लेकिन जिनका प्रयोग हिन्दी में नहीं होता, कम होता है या ग़लत भी होता है। यह सब उर्दू से हिन्दी में आएगा, हमारी साहित्यिक भाषा ज्यादा सरल और मुहावरेदार होगी। उर्दू में संस्कृत शब्दों से जो परहेज है, उसे कम होना है। भारत की भाषाओं के लिए अरबी-फ़ारसी का वही महत्त्व नहीं है जो संस्कृत का है। व्याकरण और मूल शब्द-भंडार की दृष्टि से उर्दू संस्कृत-परिवार की भाषा है, न कि अरबी परिवार की। इसलिए अरबी से पारिभाषिक शब्द लेने की नीति ग़लत है; केवल अरबी से शब्द लेने और संस्कृत शब्दों को मतरूक समझने की नीति और भी ग़लत है। भारत की सभी भाषाएँ प्रायः संस्कृत के आधार पर पारिभाषिक शब्दावली बनाती हैं। उर्दू इन सब भाषाओं से न्यारी रहकर अपनी उन्नति नहीं कर सकती। जहाँ तक पाकिस्तान का सम्बन्ध है, यह याद रखना चाहिए कि वहाँ की भाषाएँ सिन्धी, पंजाबी, पश्तो, बंगाली आदि हैं। उर्दू इनसे अधिकार छीननेवाली राजभाषा है। पाकिस्तान में उर्दू का सामाजिक आधार बहुत ही संकुचित है। इसमें जरा भी सन्देह न होना चाहिए कि सिन्ध, पंजाब, पूर्वी बंगाल आदि प्रदेशों की जनता अपनी भाषाओं की रक्षा करेगी और उन्हीं के माध्यम से अपनी सामाजिक और सांस्कृतिक उन्नति करेगी। इसलिए यदि कोई यह सोचे कि पाकिस्तान उर्दू की रक्षा करेगा, तो यह उसका भ्रम है। पाकिस्तान बनने से उत्तर प्रदेश के मुसलमानों की न सामाजिक समस्याएँ हल हुईं, न उनकी भाषा-समस्या हल हो सकती है। इसीलिए उर्दू की समस्या का हल कहीं है तो इसी हिन्दी प्रदेश में है, जहाँ की जनता में उसकी बोलचाल का रूप कायम है।

शब्द-भंडार में आदान-प्रदान सम्भव है लेकिन लिपि में इसकी सम्भावना बिलकुल नहीं है। उर्दू से अलिफ़ और हिन्दी से 'इ' लेकर कोई नई लिपि नहीं बनाई जा सकती। रोमन लिपि का सवाल नहीं है। हम अपनी लिपि छोड़कर रोमन लिपि न अपनाएँगे। यदि रोमन लिपि कोई बहुत पूर्ण और वैज्ञानिक लिपि होती तो उस पर विचार भी किया जाता। हिन्दी-उर्दू के लिपि-भेद को दूर करने के लिए रोमन लिपि को अपनाना वैसे ही है, जैसे हिन्दी-तमिल, मराठी-गुजराती या बंगला-असमिया के झगड़ों को दूर करने के लिए अंग्रेज़ी को यहाँ राजभाषा बनाए रखना। उर्दू-लिपि के व्यवहार के लिए पूर्ण स्वाधीनता देते हुए प्रगतिशील विचारकों को चाहिए कि उर्दू-भाषियों को देवनागरी लिपि सिखाएँ। देवनागरी लिपि में उर्दू की जितनी किताबें छप रही हैं, उन्हें देखते हुए यह अनुमान होता है कि आगे चलकर देवनागरी लिपि में

ही 'उर्दू' के लेखकों की रचनाएँ छपेंगी। साक्षरता-प्रसार के साथ और दक्षिण में हिन्दी-प्रचार के साथ हिन्दी पुस्तकों के लिए एक बहुत बड़ा बाजार तैयार हो गया है। यह नामुमकिन है कि उर्दू के होशियार पंजाबी लेखक इस स्थिति से फायदा न उठाएँ। सीधी मुनाफे की बात है। उर्दू में किताब छपेगी, कम बिकेगी; हिन्दी में छपेगी, ज्यादा बिकेगी। यह एक तरह का आर्थिक दबाव है जिससे देवनागरी लिपि को उर्दू लेखक अपनाएँगे। प्रेमचन्द साम्प्रदायिकता से बहुत दूर थे। हिन्दी-उर्दू, दोनों में लिखते थे। उनके बारे में कहा जाता है कि वे उर्दू से हिन्दी में 'आए'। इसका कारण उन्होंने 1915 के एक पत्र में लिखा था : "अब हिन्दी लिखने की मश्क भी कर रहा हूँ। उर्दू में अब गुज़र नहीं। मालूम होता है, बालमुकुन्द गुप्त मरहूम की तरह मैं भी हिन्दी लिखने में जिन्दगी सर्फ कर दूँगा।" 1926 में उन्होंने लिखा था : "उर्दू में कोई पुर्सानि हाल (पूछनेवाला) तो है ही नहीं। दो नाविलों के तर्जुमे दारुल अशाअत पंजाब को दिये। अभी कुछ तय नहीं हुआ।" इन पत्रों को उद्धृत करने के बाद श्री हंसराज रहबर ने 'प्रेमचन्द : जीवन और कृतित्व' में लिखा है : "गोया उन्हें अपनी जेब में पैसे खर्च करके पुस्तकें छपवानी पड़ती थीं। 'सेवासदन' प्रकाशित होने के छह-सात साल बाद इसका उर्दू संस्करण 'बाजारे-हुस्न' इसी दारुल-अशाअत पंजाब, लाहौर से प्रकाशित हुआ था।" इस तरह का आर्थिक दबाव प्रेमचन्द के समय कम था; आज बहुत ज्यादा हो गया है। इसलिए भी उर्दू लेखक हिन्दी लिपि अपनाएँगे।

सामाजिक जीवन की परिस्थितियाँ हिन्दी-उर्दू को बराबर एक-दूसरे के नज़दीक लाती रही हैं। सिनेमा और रंगमंच के लिए लिखनेवाले शुद्ध हिन्दी-उर्दू का ख़याल रखें तो उनकी रचनाएँ असफल हों। किसानों और मज़दूरों में राजनीतिक काम करनेवालों को मजबूरन ऐसी सरल भाषा का प्रयोग करना पड़ता है जिसे हिन्दू-मुसलमान, दोनों समझें। जन-आन्दोलन की एकता हिन्दी-उर्दू के रूपों पर बराबर असर डाल रही है; और इसीलिए हमें यह दृढ़ विश्वास है कि ये दोनों रूप अपने अच्छे से अच्छे तत्त्वों से एक ही साहित्यिक भाषा के विकास में सहायता करेंगे। आज जो अलगाव की भावनाएँ हैं, उनका सामाजिक आधार तेजी से नष्ट हो रहा है; एकता का विशाल सामाजिक आधार दिन-पर-दिन शक्तिशाली बन रहा है। देवनागरी लिपि में उर्दू का जो साहित्य छपा है और उर्दू में हिन्दी कवियों और हिन्दी साहित्य के बारे में जो पुस्तकें और लेख निकले हैं, उनसे आपस के भ्रम काफी दूर हुए हैं। इस वातावरण में बोलचाल की भाषा के एक ही साहित्यिक रूप के विकसित होने के लिए बहुत बड़ी सम्भावना है। अभी जो शक्ति दो रूपों में बिखरी हुई है, वह जब केन्द्रित होकर एक सामान्य रूप को सँवारेगी, तब हिन्दुस्तानी जाति का साहित्य सारे देश को चमत्कृत करेगा।

चौदहवाँ अध्याय

बोली और भाषा

हिन्दी-उर्दू दो भाषाएँ नहीं हैं क्योंकि उनका व्याकरण एक है, उनका मूल शब्द-भंडार एक है। भोजपुरी और हिन्दी का व्याकरण एक नहीं है; अवधी, बुंदेलखंडी, मैथिली के व्याकरण में भी काफी भिन्नता है। इन्हें हिन्दी की बोलियाँ कहा जाए या हिन्दी से स्वतंत्र भाषाएँ माना जाए?

भाषा-सम्बन्धी समस्याओं को समझने के लिए भाषा और बोली में अन्तर करना आवश्यक है। जो लोग आर्य या द्रविड़-परिवार की भाषाओं को किसी आदि आर्य या द्राविड़ भाषा से उत्पन्न मानते हैं, वे इन पुत्रियों को बोलियाँ और उनकी जननी को भाषा कहते हैं। यह व्याख्या गलत है क्योंकि इसका कोई प्रमाण नहीं है कि किसी परिवार की भाषाएँ किसी आदि भाषा से उत्पन्न हुई हैं। कुछ लोग समझते हैं कि कोई मूल भाषा अपने क्षेत्र से बाहर जब विशाल प्रदेश में फैलती है, तब उसमें स्थानीय भेद उत्पन्न हो जाते हैं, जैसे अपभ्रंश सारे उत्तर भारत में फैल गई और उसके स्थानीय भेदों से आधुनिक भाषाओं का जन्म हुआ। अपभ्रंश का उदाहरण गलत है, क्योंकि भारत की आधुनिक भाषाओं के व्याकरण-रूप उसमें मिलते नहीं हैं। लेकिन जर्मन-भाषी ऐंगल और सैक्सन जन इंग्लैंड पहुँचे और वहाँ अंग्रेज़ी का विकास हुआ। क्या हम अंग्रेज़ी को जर्मन भाषा की बोली कहें? ऐसा कहना गलत होगा क्योंकि ऐंगल और सैक्सन जनों की कोई परिनिष्ठित जर्मन भाषा न थी। वास्तव में परिनिष्ठित भाषा के रूप में अंग्रेज़ी जर्मन के पीछे विकसित नहीं हुई। कुछ लोग बोली की यह व्याख्या करते हैं कि जो कुछ टकसाली भाषा के स्तर से गिरा हुआ हो, वह बोली है। जैसे अंग्रेज़ी में टकसाली प्रयोग है : 'आई हैव नन' (I have none)। इसे कोई कहे : 'आ हाए नैन' (a hae nane)—इसे बोली कहा जाएगा।[1] इस उदाहरण में व्याकरण और शब्द-भंडार एक ही हैं; भेद केवल शब्दों के उच्चारण में है। लेकिन बोलियों में हम ऐसे उदाहरण भी पाते हैं जिनमें ध्वनि के अलावा व्याकरण और शब्द-भंडार के रूपों में भी भेद होते हैं।

भाषा और बोली का अन्तर सामाजिक विकास-क्रम में उत्पन्न होता है। जिस अवस्था में उत्पादन के साधन बहुत पिछड़े होते हैं, वितरण के लिए विशेष भौतिक मूल्य प्राप्त नहीं होते, उसमें मानव-समाज छोटे-छोटे समूहों में बँटा होता है। उस अवस्था में हर बारह कोस पर बदलनेवाली बोलियाँ ही दिखाई देती हैं; बहत्तर कोस के दायरे में बोली और समझी जानेवाली भाषा की आवश्यकता ही नहीं होती। जनों में परस्पर विनिमय की आवश्यकता उत्पन्न होने पर उनकी किसी एक बोली के आधार पर परिनिष्ठित भाषा उत्पन्न होती है। भाषाओं के बारे में जितनी भी सामग्री प्राप्त है, उससे यही सिद्ध होता है कि बोली के आधार पर परिनिष्ठित

1. ब्लूमफ़ील्ड

भाषा का विकास होता है, परिनिष्ठित भाषा से बोलियाँ उत्पन्न नहीं होतीं। दो भाषाओं या बोलियों के मिश्रण से उत्पन्न होनेवाले रूपों की बात अलग है। खड़ी बोली के आधार पर हिन्दी विकसित हुई; लन्दन (या मिडलैंड) की बोली के आधार पर अंग्रेज़ी और मॉस्को की बोली के आधार पर रूसी विकसित हुईं। इंग्लैंड, रूस और हिन्द प्रदेश की बोलियाँ अंग्रेज़ी, रूसी या हिन्दी से उत्पन्न नहीं हुई। भाषा और बोली का यह अन्तर सामन्ती व्यवस्था में बराबर बना रहता है। पूँजीवादी व्यवस्था में महाजातियों का गठन होता है; किसी एक बोली के आधार पर जातीय भाषा का विकास होता है। अन्य लघुजातियों की भाषाएँ बोली मात्र रह जाती हैं। जैसे सामाजिक गठन के रूपों में हम लघुजाति से महाजाति की ओर बढ़ते हैं, वैसे ही भाषा का क्षेत्र भी लघु से वृहत्तर होता जाता है। किसी भी भाषा या बोली की सीमाएँ अचल और सनातन नहीं होतीं। जिसे आज हम भाषा कहते हैं, वह किन्हीं परिस्थितियों में बोली मात्र रह सकती है, जिसे हम बोली कहते हैं, वह कल भाषा बन सकती है। पहले फ्रांस की साहित्यिक भाषा प्रोवांसाल थी, पूँजीवादी विकास के केन्द्र उत्तरी फ्रांस में थे, उत्तर की बोली भाषा बनी और प्रोवांसाल भाषा से बोली रह गई। उत्तर भारत का बहुत-सा साहित्य ब्रजभाषा में रचा गया था लेकिन हमारे जातीय विकास की विशेष परिस्थितियों में खड़ी बोली तो भाषा बन गई और ब्रजभाषा रह गया एक बोली के रूप में!

राजस्थान में यह समस्या क्यों पैदा होती है कि किस बोली को राजस्थानी कहें? इसका कारण यह है कि राजस्थान में सामन्ती और प्राक् सामन्ती सम्बन्ध बहुत दिनों तक कायम रहे। वहाँ पूँजीवाद का विकास बहुत बाद में हुआ। इसलिए जातीय भाषा के रूप में राजस्थानी का जैसा विकास होना चाहिए था, वह नहीं हुआ। सोवियत दाग़िस्तान में बोलियों की भरमार थी। उनमें से कुछ बोलियों के आधार पर भाषाओं के विकास का आयोजन किया गया अर्थात् सोवियत व्यवस्था में जातीय गठन की आवश्यकता उत्पन्न होने पर अनेक बोलियों के क्षेत्र में एक ही बोली के आधार पर किसी एक भाषा के प्रसार की आवश्यकता भी उत्पन्न हुई। अमरीका में रेड इंडियन जनों की बहुत-सी बोलियाँ हैं; जब कभी इन जनों में जातियों का निर्माण होगा, तब इन बोलियों में भी भाषाएँ उभरकर सामने आएँगी।

बोलियों में ध्वनि-भेद, व्याकरण-भेद और शब्द-भंडार के भेद—तीनों तरह के भेद होते हैं। कहीं बोलियों में केवल ध्वनि-भेद होता है, कहीं व्याकरण-भेद मुख्य होता है, कहीं दोनों भेद होते हैं। इन तीनों में मुख्य भेद है शब्द-भंडार का। यदि दो बोलियों का शब्द-भंडार मूलत: भिन्न है तो अन्य समानताओं के रहते हुए भी उनके बोलनेवाले एक-दूसरे की बात न समझेंगे। कठिन उर्दू और कठिन हिन्दी का भेद ऐसा ही है। 'दरिया-ए-लताफत' में सैयद इंशा ने मिर्ज़ा जानजाना से अपनी मुलाक़ात का हाल लिखा है जिसका एक वाक्य पद्मसिंह शर्मा ने उद्धृत किया है : "इब्तदा-ए-सिन सबासे ता अवायले-रीआन और अवायले रीआव से अलल-आन इश्तियाके-मिलई ताक़ तक़बील उतबए-आलिये न बहद्द था कि सिलके-तहरीरों-तक़रीर में मुन्तज़िम हो सके, लिहाज़ा बेवास्ता ओ तसीला हाजिर हुआ हूँ।" यह न अरबी है, न फ़ारसी क्योंकि व्याकरण रूप, और विभक्ति-चिह्न हिन्दी के हैं। न यह हिन्दी है क्योंकि शब्द-भंडार सब अहिन्दी है। पद्मसिंह शर्मा तक ने लिखा है कि इसमें "क्रिया और कारक के दो-एक शब्दों ('से', 'मैं' और 'हुआ हूँ') को छोड़कर हमारी तो समझ में कुछ आया नहीं।" इसे हिन्दी की बोली कहेंगे क्योंकि बुनियादी ढाँचा हिन्दी का है। दो बोलियों में ध्वनि-भेद हो सकता है लेकिन ध्वनि-भेद होने से ही दो बोलियों की पृथक् सत्ता स्वीकार करना आवश्यक

नहीं है। बनारस और पटना की तरफ लोग पहले को 'पहिले' कहते हैं : 'कहना' जैसे शब्द में 'क' का उच्चारण वह शुद्ध 'अ' के समान करते हैं; पछाँह के लोग पहिले को पहले, कुछ क्षेत्रों में 'ह' का प्राय: लोप हो जाता है, पहले का नया रूप बनता है पैले; कहना बोला जाता है—कॅहेना के समान। आगरे में 'क्या कही' सुनने में लगता है—'क्या कई'। लेकिन 'पहले' और 'कहना' शब्दों का द्विविध उच्चारण करनेवालों को हम दो बोलियाँ बोलनेवाला न कहेंगे।

कुछ लोगों का विचार है कि खड़ी बोली का सम्बन्ध जितना पंजाबी से है, ब्रज का जितना सम्बन्ध राजस्थानी और गुजराती से है, मैथिली का जितना सम्बन्ध बंगला से है, उतना आपस में एक-दूसरे से नहीं है। यह बात सही हो तो भी खड़ी बोली को पंजाबी की बोली, ब्रज को गुजराती की बोली और मैथिली को बंगला की बोली न कहा जाएगा। किसी समय असमिया और उड़िया को बंगला की बोली कहा जाता था किन्तु अब वे स्वतंत्र भाषाएँ मानी जाती हैं। जातीय विकास के प्रवाह में अक्सर वही लोग शामिल होते हैं जो भाषा और संस्कृति में एक दूसरे के निकट होते हैं। लेकिन यह नियम अटल नहीं है। जातीय भाषा का क्षेत्र सदा बोलियों के व्याकरण-रूपों का ध्यान रखकर नहीं बनता। उसके अन्य ऐतिहासिक कारण भी होते हैं।

यह सम्भव था कि मैथिली और भोजपुरी स्वतंत्र भाषाएँ होतीं या बंगला की बोलियाँ कहलातीं लेकिन ग्रियर्सन के शब्दों में : "बिहार का सूबा राजनीतिक रूप से शताब्दियों तक बंगाल की अपेक्षा उस प्रान्त से अधिक सम्बद्ध रहा है जिसे आगरा और अवध का संयुक्त प्रान्त कहते हैं। रामायण के संस्कृत महाकाव्य की रचना के समय में ही अयोध्या (वर्तमान अवध) के राजा रामचन्द्र के बारे में कहा जाता था कि वह अपनी वधू सीता को मिथिला अर्थात् वर्तमान उत्तरी बिहार से लाए थे। बिहारी का मुँह उत्तर-पच्छिम की तरफ ही रहता है। बंगाल से उसे विरोधी आक्रमणों का ही अनुभव हुआ है। इन कारणों से अक्सर बिहार की भाषा को हिन्दी का ही एक रूप समझा गया है।"[1] यद्यपि बिहार-निवासियों का घनिष्ठ सम्पर्क उत्तर प्रदेश से रहा है, फिर भी ग्रियर्सन की निगाह में यह सम्पर्क काफी न था और बिहार की बोलियाँ हिन्दी की अपेक्षा बंगला के अधिक निकट हैं।

डॉ. उदयनारायण तिवारी ने बिहार-निवासियों और अन्य हिन्दी-भाषियों के आपसी सम्बन्ध पर यह मत प्रकट किया है : "वस्तुत: ऐतिहासिक दृष्टि से बिहारी भाषा बोलनेवालों का सम्बन्ध उत्तर प्रदेश से ही अधिक है। समय-समय पर उत्तर प्रदेश की विभिन्न जातियाँ ही बिहार में जाकर बस गईं और बिहारी भाषा-भाषी बन गईं। विवाहादि सम्बन्ध से भी बिहार का सम्बन्ध बंगाल की अपेक्षा उत्तर प्रदेश से ही अधिक रहा। उत्तर प्रदेश की ब्रजभाषा का, मध्य युग में, बिहार में पर्याप्त आदर था और आज की नागरी हिन्दी अथवा खड़ी बोली समस्त बिहार की शिक्षा का माध्यम है।"[2] यदि भोजपुरी और हिन्दी में और कोई भाषागत सम्बन्ध न होता, केवल ये ऐतिहासिक सम्बन्ध ही होते, तो भी सम्भावना यही होती कि शताब्दियों के दृढ़ सम्पर्क के कारण हिन्दी और भोजपुरी-भाषी घुल-मिलकर एक ही जाति के अंग बन जाएँ। लेकिन डॉ. तिवारी ग्रियर्सन के अनुयायी हैं। उनके विचार से बिहार की बोलियों का जितना सम्बन्ध बंगला से है, उतना हिन्दी से नहीं है। इस सम्बन्ध को सर्वमान्य कराने में केवल एक कठिनाई है; न तो भोजपुरिये बंगालियों को अपना भाई समझते हैं, न बंगाली इन्हें हिन्दुस्तानियों से अलग करके देखते हैं। बंगालियों और भोजपुरियों का प्रेम-सम्बन्ध इस प्रकार है : "सबसे

1. 'लिंग्विस्टिक सर्वे' खंड 1, पृ. 148
2. 'भोजपुरी भाषा और साहित्य', पृ. 169

अधिक भोजपुरी बंगाल में जाते हैं। वहाँ इन्हें बंगाली लोग 'हिन्दुस्थानी' अथवा 'पश्चिमी' तथा कभी-कभी 'देशवाली' अथवा 'खोट्टा' भी कहते हैं। 'खोट्टा' शब्द में तो स्पष्ट रूप से घृणा का भाव भी आ जाता है। अधिकांश भोजपुरी बंगाल तथा उसके मुख्य नगर कलकत्ते में दरबानी अथवा छोटा-मोटा काम करके ही जीविकोपार्जन करते हैं। इसी कारण इनके लिए 'खोट्टा' शब्द का प्रयोग किया होगा। वस्तुतः बंगाली तथा भोजपुरी, दोनों इससे अनभिज्ञ हैं कि उनकी भाषाएँ एक ही मागधी भाषा से प्रस्तुत हुई हैं। शिक्षित बंगाली भी इस तथ्य से अपरिचित ही हैं और वे भोजपुरी को हिन्दी अथवा हिन्दुस्तानी के अन्तर्गत ही मानते हैं।"[1]

ग्रियर्सन ने बिहारी भाषा का बार-बार उल्लेख किया था। बिहारी नाम की कोई भाषा नहीं है। यदि साधारण बिहारी जन भोजपुरी या मैथिली को किसी बिहारी भाषा की बोली न मानें तो आश्चर्य नहीं। डॉ. तिवारी इस बात से दुखी जान पड़ते हैं कि "इन तीनों बोलियों के बोलनेवालों को इस बात की प्रतीति भी नहीं होती कि उनकी बोलियाँ बिहारी भाषा की उपभाषाएँ हैं। इस सम्बन्ध में यह भी कठिनाई है कि बिहारी भाषा का कोई साहित्यिक रूप भी उपलब्ध नहीं है। ऐसी दशा में इन बोलियों के बोलनेवाले यदि अपनी-अपनी बोली को एक-दूसरे से पृथक् मानें तो इसमें आश्चर्य ही क्या है?"[2]

बिहारी भाषा का साहित्यिक रूप कहाँ से उपलब्ध हो? पहले बिहारी भाषा का कोई बोलचाल का रूप तो हो! भोजपुरी, मगही, मैथिली या हिन्दी के अलावा बिहारी कौन-सी भाषा है? ग्रियर्सन जैसे विद्वान बिहारी भाषा की चर्चा करें तो करें लेकिन उत्तर भारत का निवासी भी बिहारी भाषा के अस्तित्व की कल्पना करे, यह महान् आश्चर्य की बात है।

ग्रियर्सन ने यह मत प्रतिपादित किया था कि बिहारी भाषा बंगला की सगी-बहन है। "यद्यपि बिहारी लोग बंगाल की हर चीज को शत्रु भाव से देखते हैं, फिर भी उनकी भाषा बंगाली की बहन है; पछाँह की भाषा से उसका सम्बन्ध दूर का है।" ग्रियर्सन ने उसे बंगला और उड़िया के साथ मागधी अपभ्रंश की पुत्री माना था। ग्रियर्सन ने लिखा है कि बिहारी भाषा मागधी के मूल क्षेत्र में अब भी बनी हुई है और मागधी की सब विशेषताएँ भी उसमें सुरक्षित हैं, मानो उन्होंने मगध की वास्तविक बोलचाल की प्राचीन भाषा के दर्शन किये हों! कठिनाई केवल एक है कि मागधी अपने शकार-प्रेम के लिए प्रसिद्ध थी लेकिन बिहारी बन्धु उत्तर-प्रदेशवासियों की तरह सकार-प्रेमी हैं। ग्रियर्सन ने इसका ऐतिहासिक कारण ढूँढ़ निकाला है। शकार की भरमार है बंगाल में। बिहारी लोग बंगाल की हर चीज को शत्रु भाव से देखते हैं। इसी लपेट में शकार भी आ गया। उन्होंने कहा—यह बंगालीपन की निशानी है; इसलिए शकार का नाश हो, सकार चिरंजीवी हो! लिखा है : "कई शताब्दियों से बिहारियों की जो आकांक्षा रही है कि पूरब से सब सम्बन्ध तोड़ लें, इसी से उन्होंने पछाँह के सकार को अपना लिया लेकिन यह अपेक्षाकृत आधुनिक आविष्कार है। यह बात इससे स्पष्ट सिद्ध होती है कि यद्यपि वे बोलते हैं 'स', किन्तु अपनी जातीय कैथी लिपि में उसे लिखते हैं 'श'। वे उसी अक्षर का प्रयोग करते हैं जिसका प्रयोग हिन्दू वैयाकरणों ने मगध के शकार-प्रेम के ज्ञापन के लिए किया था।" किसी पड़ोसी जाति से शत्रु-भाव के कारण बिहार जैसे बहुसंख्यक प्रान्त की सारी जनता अपना उच्चारण ही बदल दे, यह भाषाविज्ञानी क्रान्ति वास्तविक हो, तो इस पर बिहारी भाइयों को उचित गर्व होना चाहिए और उन्हें ग्रियर्सन का चिरकृतज्ञ होना चाहिए

1. 'भोजपुरी भाषा और साहित्य', पृ. 7
2. उप., पृ. 3

कि उन्होंने इस क्रान्ति का पता लगाया। किन्तु इसी न्याय से बंगाल को यह श्रेय दिया जा सकता है कि 'खोट्टा' लोगों को 'स' बोलते देखकर उन्होंने सभी सकार वर्ण वाले शब्दों को शकारमय कर दिया। और यह क्रान्ति भी अपेक्षाकृत आधुनिक ही कही जाएगी क्योंकि बंगाल की जातीय लिपि में संध्या, सुख, सब आदि शब्दों को दन्त्य 'स' से ही लिखा जाता है! बंगालियों और बिहारियों ने क, ख, ग, घ आदि अन्य अक्षरों को शत्रुपक्ष द्वारा उच्चरित होते देखकर उन्हें त्याग नहीं दिया, और केवल श-श-श या स-स-स का सीत्कार-फूत्कार बन्द कर दिया, इसे उनकी परम उदारता मानना चाहिए।

भोजपुरी बोली केवल बिहार में नहीं बोली जाती। वह उत्तर प्रदेश (ग्रियर्सन के समय के संयुक्त प्रान्त) के पूर्वी जिलों में भी बोली जाती है। फिर भी ग्रियर्सन ने उसे बिहारी भाषा के अन्तर्गत माना। ग्रियर्सन ने उर्दू को इस्लाम की भाषा बताया। हिन्दुओं-मुसलमानों के प्रेम-सम्बन्ध के लिए यह एक शिलान्यास हुआ। उनका विचार था कि आर्य भाषाएँ अधिक शक्तिशाली होती हैं; वे अनार्य-भाषाओं का स्थान बराबर छीन रही हैं। "भारत में आर्य भाषाएँ सभ्यता और जाति-प्रथा (कास्ट सिस्टम) की भाषाएँ हैं। जाति-प्रथा के अन्तर्गत रहनेवालों को जो शक्ति और गौरव प्राप्त होता है, वह इन भाषाओं को प्राप्त है। वे उन भाषाओं का स्थान निरन्तर छीन रही हैं जिन्हें हम संक्षेप में आदिवासी भाषाएँ कह सकते हैं, जैसे द्रविड़, मुंडा और तिब्बती-बर्मी भाषा-परिवार।"[1] भारत की एकता के लिए, विशेष कर दक्षिण को उत्तर से मिलाने के लिए ग्रियर्सन ने यह दूसरी शिला रखी। उन्होंने बिहारी नामक नवीन भाषा की कल्पना करके हिन्दी-भाषी जाति की एकता के लिए तीसरी शिला रखी। इसी से संतोष न करके उन्होंने भोजपुरियों तथा मैथिली-मगही-भाषियों के प्रेम-सम्बन्ध को दृढ़ करने के लिए दो-तीन छोटी-मोटी शिलाएँ और रख दीं। भाषाविज्ञान का यह भव्य भवन बड़ी पुख्ता नींव पर बनाया गया। उन्होंने भोजपुरी, मैथिली और मगही—तीनों के बोलनेवालों के लिए अलग-अलग नेशनैलिटी शब्द का प्रयोग किया है। बहस किसी शब्द विशेष के प्रयोग को लेकर नहीं है। बहस का विषय है—इन जातियों की चरित्रगत विशेषताएँ, जिनकी व्याख्या ग्रियर्सन ने काफी विस्तार से की है। उनके मत से भोजपुरिये भारत की लड़ाकू जातियों में से हैं। वे सारे आर्य भारत में फैले हुए हैं; मौके से लाभ उठाकर वे अपना भाग्य स्वयं निर्मित करते हैं। अंग्रेज़ी फौज में वे भर्ती होते रहे हैं और 1857 के ग़दर में उन्होंने प्रमुख भाग लिया था। उनमें पालकी ढोनेवाले, डाकू और बंगाल में दरबानगीरी करनेवाले मिलते हैं। उनकी भाषा रोजमर्रा के व्यवहार के लिए बनी है और उसमें व्याकरण की जटिलताएँ नहीं हैं। इसके विपरीत मैथिली में व्याकरण की बहुत-सी जटिलताएँ हैं। "मैथिली और मगही उन जातियों (नेशनैलिटीज़) की बोलियाँ हैं जिनमें रूढ़िवाद का बीभत्स रूप देखने को मिलता है जबकि भोजपुरी एक शक्तिशाली नस्ल (race) की व्यावहारिक भाषा है। वह अपने को परिस्थितियों के अनुकूल ढाल लेती है और उसका प्रभाव सारे भारत में महसूस किया गया है।" उधर मिथिला सदा ब्राह्मणों के आधिपत्य में रहा है। "कहा जाता है कि मिथिला के ब्राह्मणों में जो असभ्य घमंड बीसवीं सदी में है, वही राम के विवाह के समय भी उन्होंने प्रदर्शित किया था।" प्राचीन काल से ही मिथिला के निवासी अगेय और रूढ़िवादी रहे हैं। उनका सबसे बड़ा दोष यह है कि वे "सन्तानोत्पत्ति द्वारा संख्यावृद्धि करते रहते हैं और धरती पर निर्धनता का भार बढ़ाते हैं। उन्हें केवल एक हुनर आता है, खेती। अन्य प्रदेशों में जाकर कोई धन्धा करने की बात वे सोचते नहीं हैं।"

1. 'लिंग्विस्टिक सर्वे', खंड 1, पृ. 29

इस प्रकार बिहार में एक प्रगतिशील जाति है भोजपुरियों की और दो पतनशील और रूढ़िवादी जातियाँ हैं मैथिलों और मगहियों की!

किसी समय—1925 ई. में—जब श्री उदयनारायण तिवारी बी.ए. के छात्र थे, उनसे डॉ. धीरेन्द्र वर्मा ने कहा था : "डॉ. ग्रियर्सन के अनुसार, भोजपुरी भाषा-क्षेत्र हिन्दी के बाहर पड़ता है; किन्तु मैं ऐसा नहीं मानता।" उस समय डॉ. वर्मा के विचार उन्हें रुचिकर लगे थे और "हिन्दी के क्षेत्र से भोजपुरी को अलग करना मुझे देशद्रोह-सा प्रतीत हुआ था।" परन्तु अब? "परन्तु आज भोजपुरी के अध्ययन में चौबीस वर्षों तक निरन्तर लगे रहने तथा भाषाशास्त्र के अधिकारी विद्वानों के सम्पर्क से भाषाविज्ञान के सिद्धान्तों को यत्किंचित् सम्यक् रूप में समझ लेने के पश्चात् मुझे अपने उस पूर्वग्रह पर खेद होता है, जो बी.ए. प्रथम वर्ष में, भाषाविज्ञान के गम्भीर परिशीलन के बिना ही मेरे हृदय में स्थान पा गया था। आज मुझे डॉ. ग्रियर्सन के परिश्रम, ज्ञान एवं पक्षपात-रहित विवेचना के गौरव का अनुभव होता है और इस विद्वान के प्रति हृदय श्रद्धा से परिपूर्ण हो जाता है।" अस्तु, देखना चाहिए कि तिवारी जी ने चौबीस वर्षों के अध्ययन के बाद भोजपुरी को हिन्दी क्षेत्र से बाहर रखने के लिए कौन-से तथ्यों का उद्घाटन किया है।

उन्होंने सबसे पहले ग्रियर्सन के पूर्वी और पश्चिमी हिन्दी के भेद को स्वीकार किया है, फिर पूर्वी हिन्दी से भी बिहारी को अलग किया है।

पूर्वी और पश्चिमी हिन्दी का अन्तर बतलाते हुए तिवारी जी ने लिखा है कि बंगला, उड़िया तथा असमिया में 'अ' का उच्चारण 'ओ' की तरह होता है। "किन्तु ज्यों-ज्यों हम पश्चिम (बिहारी बोलियों) की ओर बढ़ते जाते हैं, त्यों-त्यों 'अ' का विलम्बित उच्चारण कम होता जाता है और पश्चिमी भोजपुरी में तो यह विवृत हो जाता है। पूर्वी हिन्दी में भी 'अ' का उच्चारण पश्चिमी भोजपुरी की ही भाँति होता है।" यदि पूर्वी हिन्दी में 'अ' का वैसा ही उच्चारण होता है, जैसा पश्चिमी भोजपुरी में, तो इससे क्या सिद्ध हुआ? समग्र भोजपुरी को पूर्वी हिन्दी से अलग नहीं किया जा सकता। जिस क्षेत्र में पूर्वी हिन्दी होगी, उसी में पश्चिमी भोजपुरी गिनी जाएगी। और ज्यों-ज्यों हम बिहार की बोलियों की ओर बढ़ते जाते हैं, त्यों-त्यों 'अ' का विलम्बित उच्चारण कम होता जाता है; इससे क्या सिद्ध हुआ? यही कि बिहार की बोलियाँ असमिया, बंगला, उड़िया के क्षेत्र से बाहर हट रही हैं और हिन्दी क्षेत्र की उच्चारण-पद्धति के निकट आ रही हैं! किन्तु यदि अवध, मिथिला, मगध, भोजपुर के निवासी 'अ' का उच्चारण बिलकुल बंगालियों की भाँति करते, तब भी शब्द-भंडार की समानता के आधार पर यहाँ की भाषाएँ हिन्दी की बोलियाँ ही कहलातीं, उन्हें बंगला की बोलियाँ न कहा जाता। रूसी भाषा के उत्तरी और दक्खिनी क्षेत्रों में 'अ' के उच्चारण का ऐसा ही भेद मिलता है, किन्तु इस कारण दक्खिनी रूसी को कोई उत्तरी रूसी से स्वतंत्र भाषा नहीं मानता।

तिवारी जी ने ध्वनि-भेद का दूसरा उदाहरण दिया है—ड़ और ढ़ ध्वनियों का। 'पूर्वी हिन्दी तथा भोजपुरी, दोनों में' पश्चिमी हिन्दी की ये ध्वनियाँ 'र' और 'र् ह' में परिणत हो जाती हैं, जैसे 'तोड़े', पूर्वी हिन्दी और भोजपुरी में 'तोरे'। इस उदाहरण से भी सिद्ध हुआ कि पूर्वी हिन्दी भोजपुरी से भिन्न नहीं है। जहाँ तक पूर्वी और पश्चिमी हिन्दी के भेद का सम्बन्ध है, तिवारी जी ने स्वयं लिखा है : "किन्तु इसके अपवाद भी उपलब्ध हैं। यथा—पश्चिमी हिन्दी तथा पूर्वी हिन्दी बाढ़, भोजपुरी बाढ़ि।" यह भी पक्का भेद नहीं है। 'ढ़' की ध्वनि पूर्वी हिन्दी, पश्चिमी हिन्दी और भोजपुरी, तीनों में है। वास्तव में जिसे वह अपवाद कहते हैं, वह अपवाद नहीं है।

'ढ़' की ध्वनि अवधी के शब्दों में खूब मिलती है : लाढ़ी (गाड़ी), बाढ़ब, काढ़ब, चढ़ब, यढ़िब, (बातें बनाना), ब्याढ़ै (ब्याढ़ै जाय, नाश हो, स्त्रियों का विशेष प्रयोग), गढ़ब, पढ़ब, मढ़ब, दाढ़ी, पैढ़ी, कोढी, गाढ़, असाढ़, ठाढ़, इत्यादि। इसी प्रकार 'ड़' की ध्वनि वाले शब्द हैं : बड़ा, बड़ाई, जड़ाऊ, माड़ौ (मंडप), लोंहड़ी (कड़ाही), खोड़हा (जिसके दाँत टूटे हों), मड़नी (अनाज के पूलों को पशुओं से कुचलवाना जिससे भूसा और नाज अलग हो जाएँ), राँड़, चाँड़, साँड़, भाँड़, म्याड़ (मेड़), भ्यड़हा (भेड़िया), ग्वाँड़ा (पशु बाँधने का स्थान), कूँड़ा, डाँड़ु (दंड), कोंहड़ा (कुम्हड़ा), खाँड़ा (टुकड़ा), छाँड़ब, जड़ब, ताड़ब, पहुड़ब, लड़ब इत्यादि। इन शब्दों का और इन जैसे अन्य सैकड़ों शब्दों का प्रयोग अवध के किसान बराबर करते हैं। किन्तु ड़ और ढ़ की ध्वनियाँ पूर्वी हिन्दी में ही नहीं भरी पड़ी हैं। हिन्दी क्षेत्र से बाहर, पूर्वी हिन्दी से भिन्न, भोजपुरी में भी उनकी यथेष्ट प्रचुरता है। इसके प्रमाण ढूँढ़ने के लिए दूर जाने की आवश्यकता नहीं है। 'भोजपुरी भाषा और साहित्य' के ही पृष्ठ 135 पर दृष्टिपात कीजिए। यहाँ भोजपुरी शब्दों में मध्य तथा अन्त्य 'ड़' की उत्पत्ति या व्युत्पत्ति समझाई गई है। संस्कृत का 'ट' भी ड़ हो गया है, अखड़ा प्राकृत ड, ड्ड् ने इसी ध्वनि का रूप धारण किया है : हाड़, गोड़, पड़ल। संस्कृत ड्र से ड़—बड़, ओडिआ। संस्कृत ण्ड से ड़—कुँड़ि, हाँड़ी, पाँड़े, भाड़, माँड़, गँड़ेरी। संस्कृत न्द से भी ड़—सँड़सी (सन्दंशिका)। संस्कृत ल से ड़—ताड़ी। संस्कृत ट से ड़—कड़ाह। जब संस्कृत के इतने विभिन्न व्यंजन बार-बार ड़कार रूप धारण करते हैं तब मानना होगा कि यह ध्वनि भोजपुरी-भाषियों को विशेष प्रिय है। भोजपुरी की एक प्रचलित क्रिया है—बाड़ै। कबीर ने कहा था : "सुर नर मुनि अरु पीर औलिया, सब भूलल बाड़ै नखरे में।" भोजपुरी के आधुनिक कवि दूधनाथ उपाध्याय ने लिखा : "बिना परिवार, बिना घर जे मरत बाड़ै।" श्री रामविचार पांडेय ने लिखा : "ओकरे में हमरा के राधिका खोजत बाड़ी।" ये सब उदाहरण 'भोजपुरी भाषा और साहित्य' के पृष्ठ 26, 42 और 46 पर मिल जाएँगे। यह ड़कारमय क्रिया भोजपुरी में इतनी प्रचलित है कि इसी ग्रंथ के क्रिया-प्रकरण में पृष्ठ 282 पर उसके विभिन्न रूप दिये हुए हैं। स्पष्ट ही ड़ के आधार पर भोजपुरी और हिन्दी में भेद न किया जा सकता; ड़ को पश्चिमी क्षेत्र की विशेष ध्वनि नहीं कहा जा सकता। तिवारी जी ने अपनी पूर्व स्थापना के विपरीत पृष्ठ 112 पर ड़ और ढ़ को पूरब की विशेष ध्वनियाँ कहा है। सुनिए : "साहित्यिक हिन्दी तथा पूरब में 'ड' तथा 'ढ' का उच्चारण 'ड़' तथा 'ढ़' हो जाता है। इस प्रकार हिन्दी में 'बड़ा' उच्चारण करते हैं, 'बडा' नहीं। ऊपरी दोआब में 'ड' का उच्चारण प्राय: सुरक्षित है। यहाँ गाड़ी को गाडी या गाड्डी एवं चढ़ना को चढना रूप में उच्चरित करते हैं।" बात सही है। खड़ी बोली के मूल क्षेत्र में डकार-ढकार की भरमार है। साहित्यिक हिन्दी में ड़ और ढ़ ध्वनियों का चलन पूर्वी प्रभाव के कारण हुआ है। लेकिन पृष्ठ 175 पर उन्हें याद आता है कि एक भाषा बिहारी भी है और वह हिन्दी से भिन्न है। इसलिए फिर दोनों का भेद करते हुए लिखते हैं : "हिन्दी मूर्धन्य 'ड़' तथा 'ढ़' का उच्चारण, बिहारी में 'र्' तथा 'र् ह' हो जाता है।" तिवारी जी के पास ऐसा जादू है कि जब चाहते हैं, तब ड़ और ढ़ की ध्वनियाँ पूरबी हो जाती हैं, जब चाहते हैं, तब वे पश्चिमी हो जाती हैं। भोजपुरी में ड़ की लोकप्रियता हम देख चुके हैं। अपने ग्रंथ के पृष्ठ 136 पर ग्ध, ड्ड, र्ध, ढ, ण्ड, आदि ध्वनियों के ढ़ में परिवर्तित होने की ये मिसालें तिवारी जी ने दी हैं : डाढ़ा, उढ़री, अगबढ़ि, अढ़इया, डेढ़, बढ़नी, बढ़ई, गढ़, काढ़ा, पढ़ल, सुँढ़, बूढ़, काढ़ल। इनके अलावा इसी पृष्ठ पर अन्य शब्द दिये हुए हैं जिनकी व्युत्पत्ति का

पता नहीं चला—कोढ़ी, खोढ़िला, ढुढ़िया, ड्योढ़ी, ढोंढ़ी, पीढ़ा, साँढ़। ढ़ की ध्वनि भोजपुरी में उतनी ही प्रचलित है जितनी ड़ की। सही बात वह है जो तिवारी जी ने पृष्ठ 112 पर लिखी है, यानी यह कि हिन्दी और उसकी पूर्वी बोलियों दोनों में ड़ और ढ़ की ध्वनियों का प्रयोग होता है। यह कहना अवश्य गलत है कि ड तथा ढ का उच्चारण ड़ तथा ढ़ हो जाता है मानो हिन्दी और अवधी, भोजपुरी आदि में ड, ढ, की ध्वनियाँ रही न गई हों! ड़ और ढ़ की ध्वनियाँ शब्द के आरम्भ में कभी नहीं आती। ड और ढ की ध्वनियाँ शब्द के आरम्भ और मध्य में कहीं भी आ सकती हैं—डमरू, बेडौल, डंडा, ठंढा, ढोना, बुड्ढा। ढ जितना शब्द के आरम्भ में मिलता है, उतना उसके मध्य में नहीं। यह नियम हिन्दी तथा उसकी पूर्वी बोलियों, दोनों पर लागू होता है।

इसके बाद तिवारी जी ने 'र-ल' की ध्वनियों का भेद किया है। यह हम पहले ही कह चुके हैं कि रकार बहुलता पूर्वी बोलियों की विशेषता है। ऋग्वेद की भाषा में ही र-ल के विकल्प से एक ही शब्द के दो-दो रूप मिलते हैं। प्राचीनकाल से इन बोलियों के सम्पर्क और मिश्रण के कारण अब ऐसी स्थिति नहीं है कि पूरब में केवल रकारयुक्त शब्द मिलें और लकार का बहिष्कार हो या पश्चिम में लकारवाले शब्द ही हों, रकार का बहिष्कार हो। तिवारी जी ने र-ल की ध्वनियों को पूर्वी-पश्चिमी हिन्दी का विभाजन-चिह्न मान लिया है। लिखा है : "इसी प्रकार (ड़ और ढ़ के समान) पश्चिमी हिन्दी तथा पूर्वी हिन्दी एवं भोजपुरी में 'र', 'ल' के परिवर्तन में पर्याप्त भेद है। यथा—पश्चिमी हिन्दी 'फल' किन्तु पूर्वी हिन्दी तथा भोजपुरी 'फर'।" यदि यह बात सही हो तो भोजपुरी और पूर्वी हिन्दी की एक ही ध्वनि-प्रकृति हुई। इस आधार पर आप भोजपुरी को पूर्वी हिन्दी से अलग नहीं कर सकते। लेकिन प्राचीन मागधी में लकार बाहुल्य है। 'राजा' 'लाजा' बन जाता है। यदि 'बिहारी' मागधी की पुत्री है तो उसमें 'फर' की जगह 'फल' ही होना चाहिए था। तब 'ल' की जगह 'र' क्यों हुआ? पश्चिमी हिन्दी के प्रभाव से। एक ही पैरा में रकार पूर्व की विशेष ध्वनि होने के बाद पश्चिम की विशेष ध्वनि भी हो जाती है। ऊपर उद्धृत किये हुए दोनों वाक्यों के बाद तिवारी जी ने लिखा है : "वास्तव में पूर्वी हिन्दी तथा भोजपुरी में मागधी के प्रभाव के कारण 'र' के स्थान पर सर्वत्र 'ल' ही होना चाहिए था; किन्तु पश्चिम की आदर्श भाषा तथा शिष्ट उच्चारण के कारण ऐसा नहीं हो पाया है और कहीं-कहीं तो पश्चिम का इतना अधिक प्रभाव पड़ा है कि जहाँ 'ल' सुरक्षित रहना चाहिए, वहाँ भी 'र' हो गया है।" होना चाहिए था ल, सो हो गया र। इसका कारण है पश्चिम का प्रभाव; पश्चिम की आदर्श भाषा और शिष्ट उच्चारण। मानो पश्चिम की बोलियों में ल का एकदम अभाव हो! उनमें र की इतनी भरमार हो कि पूरब में भी ल की जगह र हो गया! ऊपर की स्थापना के बाद तिवारी जी ने उदाहरण ये दिये हैं : "यथा—पश्चिमी हिन्दी 'हल', किन्तु पूर्वी हिन्दी तथा भोजपुरी 'हर'; पश्चिमी हिन्दी 'जले', किन्तु पूर्वी हिन्दी तथा भोजपुरी 'जरे'; संस्कृत रज्जु, पूर्वी हिन्दी लजुरी (लेजुरी), भोजपुरी रसरी।"

यदि पश्चिमी हिन्दी में हल रूप का चलन है, तो इस शिष्ट उच्चारण के प्रभाव से भोजपुरी में हर कैसे हो गया? यदि आदर्श भाषा में जले रूप का प्रयोग होता है, तो उसके प्रभाव से पूरब में जरे का चलन कैसे हो गया? संस्कृत रज्जु से लजुरी किसके प्रभाव से बना? उस लजुरी ने ही रसरी रूप कैसे धारण कर लिया (ल के साथ ज को भी स में कैसे बदल दिया)?

छोड़िए इन प्रश्नों को। पश्चिमी हिन्दी का प्रभाव न होगा तो उत्तर या दक्खिनी हिन्दी का होगा। मुख्य बात यह है कि भोजपुरी की विशेषता है ल के स्थान पर र का प्रयोग। यह बात सही हो तो हम मान लेंगे कि भोजपुरी हिन्दी क्षेत्र के बाहर की बोली है। भोजपुरी में भूतकाल के रूप बनाने की आसान तरकीब है, धातु में ल जोड़ना, रहल, देखल, करल, धरल इत्यादि। भोजपुरी को ल ध्वनि इतनी प्रिय है कि वर्तमान काल के लिए भी उसमें करेला, जाला, आवेला आदि रूप प्रचलित हैं।[1] तिवारी जी ने आदर्श भोजपुरी के रूप में पृष्ठ 342-43 पर 'शंकर आ पार्बती जि के कहनी' दी है। इसकी चौदह पंक्तियों में चवालिस बार ल ध्वनि की आवृत्ति हुई है। इससे निष्कर्ष यह निकलता है कि कोई भोजपुरिया बन्धु एक पंक्ति बोलेगा तो कम-से-कम तीन बार ल-ल करेगा। सिद्ध हुआ कि भोजपुरी में लकार का बहिष्कार नहीं है। यही नहीं, ल-ध्वनि उसे विशेष प्रिय है। कल्पित रकार प्रेम के आधार पर उसे हिन्दी से अलग नहीं किया जा सकता। हाँ, आपने मिसाल दी है 'फल' और 'फर' की।

फूलहिं फरहिं न बेत, जदपि सुधा बरसहिं जलद।
मूरख हृदय न चेत, जो गुरु मिलहिं विरंचि सम।

फरने के साथ फलना भी है, बरसने को कहीं भी बलसना नहीं कहते, न मूरख और गुरु मूलख और गुलु बने हैं। इससे पहचानिए कि हिन्दी की बोलियों में कितनी समानता है; हिन्दी और अहिन्दी भाषाओं में कितनी समानता है। अवधी में फरब क्रिया में ही र का प्रयोग होता है, संज्ञा फल में नहीं। इसीलिए तुलसीदास ने 'फूलहिं-फरहिं' लिखा और 'जो दायक फल चारि' भी लिखा; एक जगह फरहिं, दूसरी जगह फल। अवधी के समान भोजपुरी में भी 'फल' शब्द का चलन है। अपने ग्रंथ के पृष्ठ 353 पर तिवारी जी ने एक लोकगीत उद्धृत किया है जिसकी एक पंक्ति है :

मधुरी-मधुरी फल तोरी खाब सखी, फल तोरी खाब।

फल-फर वाली बात बेपर की रही!

तीसरा भेद 'ह' सम्बन्धी है। कहते हैं कि पश्चिमी हिन्दी में 'मध्यग' 'ह' का प्राय: लोप होता है किन्तु पूर्वी हिन्दी और भोजपुरी में यह संध्यक्षर रूप में आता है। उदाहरण दिये हैं—पश्चिमी हिन्दी दिया, पूर्वी हिन्दी देहेसि, भोजपुरी दिहलसि। पृष्ठ 292 पर तिवारी जी ने दे धातु के रूप दिये हैं। दीही—देई, दीहीं—देई, दीही—दी; भोजपुरी में हकारयुक्त और हकारहीन, दोनों तरह के रूप प्रचलित हैं।

चौथा भेद 'य-व' सम्बन्धी है। पश्चिमी हिन्दी (ब्रजभाषा) में होगा 'यामें', 'वामें'; पूर्वी हिन्दी और भोजपुरी में होगा 'एमें', 'ओमें', 'ओहमें'। यह मिसाल भी गलत है। अवधी में होगा—'यहि मां', 'वहि मां'। पूरबी हिन्दी में हर जगह एमें, ओमें नहीं होता। खड़ी बोली में यह-वह भी है, इस-उस भी। भोजपुरी में एह के साथ इह, एहन के साथ इहन जैसे रूप भी हैं, ओ के साथ उन्हन् जैसे रूप हैं। तिवारी जी के ग्रंथ में पृष्ठ 221 और 223 पर ये रूप दिये हुए हैं। य-ए और व-ओ वाला भेद भी गलत साबित हुआ। तिवारी जी को सम्भवत: यह भ्रम है कि भोजपुरी में य-व की ध्वनियाँ होती ही नहीं हैं। आगे लिखा है : "शब्द के मध्य तथा अन्त में 'य' भोजपुरी 'ए' में परिवर्तित हो जाता है, यद्यपि लिखावट में 'य' ही

1. 'भोजपुरी भाषा और साहित्य', पृ. 288

रहता है।" परिशिष्ट में उन्होंने जो लोककथाएँ दी हैं, उनमें भयल, आयल, गयल जैसे रूप भरे पड़े हैं। सम्भव है कि इन सबमें य का उच्चारण ए-वत् हो! लेकिन 'रुपया गड़ल बाय' (पृ. 339), इस टुकड़े में रुपया का उच्चारण रुपेआ और बाय का उच्चारण बाए होना चाहिए क्या? 'बलिया' का उच्चारण क्या है? बलिएआ? तिवारी जी ने अपने ग्रंथ के पृष्ठ 6-7-8 पर मगहिया, भोजपुरिया, बक्सरिया, पुरबिया, छपरहिया आदि शब्दों का आ-वाला रूप दिया है। इसे बदलकर क्या आ-वाला रूप कर देना चाहिए? मजा यह कि भोजपुरी ने ऐ स्वर वाले उधार लिये हुए शब्दों में ऐ की जगह अय् ध्वनि का चलन किया है, यथा 'गैरहाजिर' के दो रूप हैं—गर् हा-जिर और गयरहाजिर। इसी तरह गैर-जगह को बोलेंगे गयर-जगह। (पृ. 174) भोजपुरी में एक 'इया' प्रत्यय है। इसी से भोजपुरिया, नगपुरिया आदि रूप बनते हैं। पृष्ठ 162 पर इन रूपों के साथ बढ़िया, घटिया, पुड़िया, डिबिया, घड़िया, धुनिया, लोहिया आदि शब्द भी दिये हुए हैं।

'व' के बारे में लिखा है कि पचास-साठ बरस पहले की भोजपुरी में स्वस्ति को श्वशि‍त, श्वाशि‍त और सोस्ति लिखा जाता था। इससे निष्कर्ष यह निकला कि बंगला के मध्ययुग के संस्कृत उच्चारण की भाँति "भोजपुरी में भी 'व' का उच्चारण 'ओ' होता है।" होता था नहीं, होता है। एक लोककथा में यह वाक्य आता है : "ढेलवा कहे हम बड़ा, पतवा कहे हम बड़ा।" (पृ. 333) व का ओ करके पढ़िए इस वाक्य को! अत्यन्त मधुर हो जाएगा। इँहवाँ, जँहवाँ, चरवाह, सवति, चोरवा, ली आवा, आदि को इसी ओकर वाले नियम से लिखना-बोलना चाहिए। भोजपुरी में एक प्रत्यय है आव; इससे चढ़ाव, बचाव, लगाव जैसे रूप बनते हैं; चलावा, भुलावा जैसे रूप भी। एक प्रत्यय है आवन्, जिससे डेरावन्, चुमावन् जैसे रूप बनते हैं। एक प्रत्यय है वार—रखवार, किनवार। भोजपुरी से 'व' के लोप होने की बात भ्रान्त सिद्ध होती है।

पाँचवाँ भेद यह बताया है कि पश्चिमी हिन्दी में दो स्वर प्राय: एक साथ नहीं आते। इसलिए पश्चिमी हिन्दी में जहाँ ऐ और औ होंगे, वहाँ पूर्वी हिन्दी और भोजपुरी में अइ और अउ आ बिराजेंगे। पश्चिमी हिन्दी में कहै, पूर्वी में कहइ; इसी तरह और, मौर के लिए पूरबी में अउर, मउर। 'आइए'—इसमें दो स्वर एक साथ आए या नहीं? भैया और कौआ को पश्चिम में कैसे बोलते हैं? कनकौवा पूरब ही में नहीं उड़ाते। लड़के पश्चिम में भी खेल में ढइया छूने जाते हैं। ब्रजभाषा में गैया, समैया, गवैया, मैया, रुपइया, गधैया आदि रूपों की भरमार है। एक लोककथा में यह पद आता है :

अगन लिपैयौ अम्मा, चगन लिपैयौ अम्मा!
कुम्हार के ते मौंगरी मँगैयौ अम्मा![1]

यहाँ लिपैयौ, मँगैयौ का उच्चारण आगरे के प्रसिद्ध शब्द भैयो (भइयो) के समान ही होता है। पृष्ठ 75 पर तिवारी जी ने लिखा है कि पश्चिमी हिन्दी के जै, कैलास, ऐब जैसे शब्द भोजपुरी में जएँ, कएँलास अएँब हो जाते हैं; अर्थात् पश्चिमी हिन्दी के ऐ का उच्चारण भोजपुरी में हर जगह अइ के समान नहीं होता। कवि ने लिखा है :

बनवा देईला अबकी देवारी में राम धै
जरदोजी जूता टोपी दुपट्टा तोरे बदे।

1. 'ब्रज की लोक-कहानियाँ', सम्पादक सत्येन्द्र, ब्रज साहित्य मंडल, मथुरा, पृ. 116

यहाँ क्या राम धै को राम धइ पढ़ेंगे? आगे की पंक्ति है :

चढ़ जालैं कौनो दाँव पै सारे तो लेईला।

यहाँ क्या 'जालइँ' और 'दाँव पइ' पढ़ेंगे?

छठा भेद यह बताया है कि पश्चिमी हिन्दी के आकारान्त रूप भोजपुरी में अकारान्त या व्यंजनांत हो जाते हैं, जैसे बड़ा भोजपुरी में बड़ या बड्; भला, भोजपुरी में भल या भल्। वही ढेला-पत्ता वाली कहानी देखिए : "ढेलवा कहे हम बड़ा, पतवा कहे हम बड़ा।" भोजपुरी का यह उदाहरण तिवारी जी का ही दिया हआ है जिसमें बड़ की जगह बड़ा रूप का प्रयोग हुआ है। शब्दों के अन्त्य दीर्घ स्वर को ह्रस्व करने के बदले भोजपुरी की सहज प्रवृत्ति है शब्द के अन्तिम वर्ण पर बलाघात करने की। इसलिए हिन्दी में जहाँ अन्तिम वर्ण ह्रस्व होगा, वहाँ भोजपुरी-भाषी उसे दीर्घ वर्ण में परिणत कर लेंगे। जैसे :

दिनवाँ न बीते रामा तोरी इन्तजरिया में,
रतवा नयनवा ना नींद रे बिदेसिया।

सातवाँ भेद यह बताया है कि पश्चिमी हिन्दी में आकारान्त शब्द का रूप कर्ता में सुरक्षित रहता है किन्तु तिर्यक् में 'आ' 'ए' में परिणत हो जाता है। उधर पूर्वी हिन्दी और भोजपुरी में 'कर्ता तथा तिर्यक्, दोनों में' आकारान्त रूप सुरक्षित रहता है। यथा :

प.	हिन्दी कर्ता— ए. ब. घोड़ा	पू. हिन्दी तथा	}	कर्ता—ए. ब. घोड़ा
	तिर्यक्— " " घोड़े	भोजपुरी	}	तिर्यक्—ए. ब. घोड़ा।

इस सम्बन्ध में निवेदन है कि घोड़े ने लात मारी—इस वाक्य में घोड़े शब्द कर्ता है और उसका सकारान्त रूप सुरक्षित नहीं रहा। यदि तिर्यक् रूप यही हो तो ब्रजभाषा से उदाहरण लीजिए : "जब कनास घोड़ा के पास आ गए तब घोड़ा में राजा के कुमर नैं एक चाबुक मार्यो... सो घोड़ा के प्रान बच गए।"[1] घोड़े के पास, घोड़े में, घोड़े के की जगह—इस पश्चिमी बोली ने घोड़ा रूप ही रखा है। घोड़ा रूप की सुरक्षा में पूर्वी-पश्चिमी का भेद होता हो तो ब्रज के समान भोजपुरी को पश्चिमी बोली मान लीजिए या भोजपुरी के समान ब्रज को भी पूरबी कहिए।

आगे भेद किया है कि पश्चिम के जो, सो, कौन रूप पूर्वी हिन्दी और भोजपुरी में जे, जवन, से, तवन तथा के, कवन हो जाते हैं। इस सम्बन्ध में यह कहना है कि पूर्वी हिन्दी में जे, के, जवन, कवन आदि के प्रयोग सर्वत्र नहीं होते। जायसी ने 'अखरावट' में लिखा है :

ना-निसता जो आपु न भयऊ। सो एहि रसहिं मारि बिष किएऊ।

इसी तरह तुलसीदास ने लिखा है :

जो नहाय चह एहि सर भाई। सो सत्संग करउ मन लाई।

पूर्वी हिन्दी में जो और सो का प्रयोग कैसे होता है, इसे स्पष्ट देख लीजिए। कौन के लिए 'को' रूप अवधी और ब्रज, दोनों में प्रचलित है। जहाँ तक कौन का सम्बन्ध है, वह खड़ी बोली में ही नहीं, भोजपुरी में भी प्रयुक्त होता है। 'भोजपुरी भाषा और साहित्य' के पृष्ठ 230-31 पर 'के' के साथ कौन वाले रूप भी दिये हुए हैं।

---

1. 'ब्रज की लोक-कहानियाँ', पृ. 71

अन्त में मेरा और मोर के भेद का उल्लेख किया है। पूर्वी-पश्चिमी बोलियाँ न जाने कब से एक-दूसरे को प्रभावित करती आई हैं। पूर्वी बोलियों का मोर पश्चिमी बोलियों के सर्वनाम मो से ही बना है। इस सम्बन्ध में तिवारी जी ने अपने ग्रंथ के पृष्ठ 215 पर सूरदास की यह पंक्ति बहुत ठीक उद्धृत की है : 'मो सम कौन कुटिल खल कामी।' सर्वनामों के सम्बन्ध में तिवारी जी ने यह भी लिखा है कि खड़ी बोली में 'मैं' और 'हम' रूप होते हैं : "किन्तु पूर्वी हिन्दी तथा भोजपुरी में 'हम' वस्तुत: एकवचन में ही प्रयुक्त होता है और इसके बहुवचन का रूप 'लोग' संयुक्त करने से सिद्ध होता है।" पृष्ठ 212 और 214 पर तिवारी जी ने मैं और मयँ रूप भी दिये हैं और पृष्ठ 215 पर लिखा है : "उत्तरी आदर्श तथा पश्चिमी भोजपुरी के रूप 'मयँ' का भी मूल वस्तुत: 'मैं' ही है।" इससे पूर्वी-पश्चिमी बोलियों का घनिष्ठ सम्बन्ध सिद्ध हुआ। यह बात असिद्ध हुई कि भोजपुरी में 'हम' का प्रयोग एक-वचन में ही होता है। 'लोग' जोड़े बिना या हमनिका जैसे रूप बनाए बिना भी 'हम' का प्रयोग बहुवचन में हो सकता है। जैसे 'नाऊ के कहनी' में जब नाई आधा खेत खोद चुका, तब "सात ठे चोर ऐलन और नउआ से कहे लगलन् कि ए खेते में सात हंडा रुपया गड़ल बाय, ली आव हम खनी।" यहाँ सातों चोर कह रहे हैं, हम खनी; उनमें से किसी एक ने हम का प्रयोग नहीं किया।

"संज्ञा तथा सर्वनामों के रूपों में पूर्वी हिन्दी तथा भोजपुरी में पूर्ण समता है।" इससे सिद्ध हुआ कि भोजपुरी पूर्वी हिन्दी से बहुत मिलती है। उसे हिन्दी से अलग न मानकर उसकी एक पूर्वी बोली मानना चाहिए। भोजपुरी और पूर्वी हिन्दी में कुछ विभक्ति चिह्नों या सम्बन्धवाचक शब्दों का भेद बताया गया है। पूर्वी हिन्दी में कर्म-कारक के साथ 'का' होगा तो भोजपुरी में 'के' होगा। अधिकरण के लिए पूर्वी हिन्दी में 'मा', 'या', 'मां' होगा तो भोजपुरी में 'में' होगा। इस सम्बन्ध में निवेदन है कि हिन्दी की पश्चिमी और पूर्वी बोलियों में विभक्ति चिह्न मिलते-जुलते हैं, यद्यपि उनका प्रयोग समान कारकों के लिए नहीं होता। पूर्वी हिन्दी में 'का' कर्म के लिए है तो खड़ी बोली में वह सम्बन्ध के लिए है। किन्तु क्या यह सही है कि भोजपुरी में कर्म और सम्प्रदान के लिए 'के' या 'कें' का ही प्रयोग होता है और 'का' एकदम वर्जित है? परिशिष्ट में डॉ. तिवारी के दिये हुए उदाहरणों से ऐसा प्रतीत नहीं होता। पृष्ठ 320 पर : "एही पीआदा का जलद भेजल जाए।" पीआदा का अर्थात् प्यादे को। में और मां के सम्बन्ध में यह द्रष्टव्य है कि खड़ी बोली में भी अधिकरण के साथ—भोजपुरी के समान ही—'में' का प्रयोग होता है। इससे भोजपुरी और खड़ी बोली की समानता सिद्ध होती है; इसलिए उस पर जोर देना तिवारी जी ने उचित नहीं समझा।

अब 'ने' का प्रयोग लीजिए। "पश्चिमी हिन्दी की सबसे बड़ी विशेषता है 'ने' परसर्ग का प्रयोग। इसका पूर्वी हिन्दी तथा बिहारी (भोजपुरी तथा बिहारी की अन्य बोलियाँ—मैथिली, मगही) में सर्वथा अभाव है।" यदि 'ने' का प्रयोग 'न' करने पर भी अवधी पूर्वी हिन्दी ही रहती है, तो उसी 'ने' का प्रयोग न करने पर भोजपुरी भी हिदी की पूर्वी बोली क्यों नहीं कहला सकती? यदि खड़ी बोली में 'ने' का प्रयोग न हो तो उसे भोजपुरी की सह-बोली माना जाएगा? दर्द ने लिखा था :

लोग कहते हैं आशिक़ी जिसको
मैं जो देखा बड़ी मुसीबत है।

दीदे वादीद हुई दूर से मेरी उसकी
पर जो मैं चाहा था सो बात न होने पाई।

तिश्नगी और भी भड़कती गई
ज्यूँ-ज्यूँ मैं अपने आँसुओं को पिया।

मैं देखा, मैं चाहा, मैं पिया—इस तरह के प्रयोगों को पूर्वी हिन्दी का नमूना मानें या पश्चिमी हिन्दी का? इसी तरह सौदा ने बहुत-से शेर कहे हैं जिनमें 'ने' गायब है :

पूछा पयामबर से जो मैं यार का जवाब
कहने लगा, ख़ामोश कि है बात बेतरह।
मैं हज़रते सौदा को सुना बोलते यारो
अल्लाह रे अल्लाह है क्या नज़्मे-बयाँ है।

मैं जो पूछा सबब कहा मत पूछ
बात कहनी ये नामुनासिब है।

मैं पूछा, मैं सुना—इस तरह के प्रयोग ठेठ दिल्ली के शायरों के यहाँ मिलते हैं, 'ने' के न रहने से उनकी भाषा पूरबी नहीं हो जाती। इसी तरह 'ने' के न रहने से भोजपुरी हिन्दी-क्षेत्र के बाहर नहीं चली जाती।

आगे लिखा है : "क्रिया-रूपों के सम्बन्ध में तो पूर्वी हिन्दी, पश्चिमी हिन्दी से और भी दूर है। 'मैं हूँ' के लिए पूर्वी हिन्दी में अहेउँ तथा आहेउँ होता है। अवध के पूर्वी भाग में यह बाटेउँ हो जाता है, जिसका सम्बन्ध स्पष्ट रूप से भोजपुरी के बाटों, बाटी से है।" भोजपुरी में बाटी के अलावा होना क्रिया का प्रयोग भी होता है, 'हम होईं' इत्यादि।[1] अवधी में 'हूँ' के लिए अहेउँ के अतिरिक्त हौं, हऊँ आदि का प्रयोग भी होता है। तुलसीदास ने लिखा था :

कबि न होउँ नहिं बचन प्रबीनू।
सकल कला सब बिद्या हीनू॥

यह होऊँ 'हूँ' का सगोती है।

क्रियाओं के अतीतकाल-सम्बन्धी पूर्वी और पश्चिमी रूप बहुत भिन्न बताए गए हैं। मारा रूप मारित से बना है; अर्थ है वही ग्रियर्सन वाला—वह मेरे द्वारा मारा गया। एक ही शब्द-ब्रह्म से दो प्रकार की सृष्टि कैसे होती है, इसका उदाहरण यह है : "शौरसेनी में मारित: तथा चलित: का 'त' पहले 'द' में परिणत हो जाता है और तत्पश्चात् इसका लोप हो जाता है। मागधी भाषाओं तथा बोलियों में उसके स्थान पर 'ल' हो जाता है।" मराठी और रूसी में भी अतीतकाल के रूपों में 'ल' का प्रयोग होता है; इसलिए उन्हें मागधी की पुत्रियाँ और भोजपुरी की सगी बहनें मानना चाहिए! एक कमाल यह और हुआ कि मागधी-प्रसूत भाषाओं के बोलनेवाले यह भूल चुके हैं कि मारल का अर्थ है—मारा गया, किन्तु "पूर्वी हिन्दी में इनके कर्मवाच्य के रूप को विस्मरण करने की प्रक्रिया अभी भी चल रही है।" मिसाल यह दी है कि पूर्वी अवध में कहेंगे ऊ मारिस, जहाँ 'ऊ' कर्ता है, किन्तु "पश्चिमी अवध में

1. 'भोजपुरी भाषा और साहित्य', पृ. 277

स्थित उन्नाव जिले में इसे 'उइ मारिस' कहते हैं। यहाँ पर उइ वास्तव में तिर्यक् रूप है और इसका अर्थ है—उसके द्वारा। उइ के कर्ताकारक एकवचन का रूप है 'वो'।" उन्नाव जिले की बोली से थोड़ा परिचय इन पंक्तियों के लेखकों का भी है। कर्ताकारक एकवचन का रूप 'वो' न होगा। पुल्लिंग एकवचन में होता है 'वहु' और स्त्रीलिंग एकवचन में होता है 'वह', यथा—वहु (मनई) जात है, वह (मेहरिया) जाति है। इसी का बहुवचन होता है उइ या वी; वी (मनई) जाति है; वी (मेहरिया) जाति है। मारिस रूप गलत है; होना चाहिए मारेसि (जैसाकि तुलसीदास ने लिखा था : 'मारेसि मोहिं कुठाँय')। वहु मारेसि, वह मारेसि किन्तु बहुवचन में 'वी' के साथ होगा मारेनि। मारेसि कर्मवाच्य रूप है, यह एक भ्रम है; उइ का अर्थ है उसके द्वारा—यह दूसरा भ्रम है।

भविष्यत् काल का भेद देखिए। चलिष्यति से चलिहइ बना। ब्रजभाषा में इसी के सम पर मारिहौं, मारिहैं आदि रूप चलते हैं। "इस प्रकार यह कहा जा सकता है कि शौरसेनी में ह-भविष्यत् के रूप में प्रयुक्त होते हैं तथा—ये—इह-प्रत्यय लगाकर सम्पन्न होते हैं।" किन्तु मागधी-प्रसूत बोलियों को चलिष्यति-चलिहइ की प्रक्रिया पसन्द नहीं आई। उन्होंने चलितव्यम् वाला रूप पसन्द किया। किन्तु अपने ग्रंथ के पृष्ठ 266 पर चलिहे, चलिहऽ आदि भविष्य काल के रूप देकर डॉ. तिवारी ने लिखा है : "जहाँ तक भोजपुरी का सम्बन्ध है, यहाँ भी स > ह भविष्यत् मध्यम पुरुष में मैथिली तथा बंगला की भाँति ही बनता है।" भोजपुरी तथा पश्चिमी बोलियों का सम्बन्ध उन्हीं के शब्दों में इस प्रकार है : "स्स् या स् का 'ह्' में परिवर्तन वस्तुत: पश्चिमी भाषाओं एवं बोलियों की विशेषता है, किन्तु इसकी छाप पूरब की भाषाओं एवं बोलियों पर स्पष्ट रूप से दीख पड़ती है।" जहाँ तक ब्रजभाषा में बकारान्त क्रिया-रूपों के व्यवहार की बात है : "एक बादशा के लरिका और बजीर के लरिका ते दोस्ती ई। बे दोऊ हरि बखत संग रहेंते और एकई सोइबौ, बैठिबौ, खाइबौ, खेलिबौ सबु संगई ओ।"[1] यही नहीं, बिहारी जैसा ब्रजभाषा का कवि भविष्य काल के ही लिए बकारान्त रूप का प्रयोग करता है :

मोरचन्द्रिका स्याम सिर, चढ़ि कत करति गुमान।
लखिबी पायन पै लुठत, सुनियत राधा मान॥

इसे ब्रजभाषा पर भोजपुरी का प्रभाव मानिए।

चलब रूप के लिए लिखा है : "भविष्य का यह रूप पुरुष तथा वचन के अनुसार परिवर्तित नहीं होता।" लेकिन पृष्ठ 272 पर आप 'हम देखबि, तें देखबे, तुँ देखब' आदि रूप मजे में देख सकते हैं। इन रूपों के बाद आप यह टिप्पणी भी पढ़ सकते हैं : "मूल शब्द देखब है और उसी में विभिन्न प्रत्यय जोड़कर रूप बनाए गए हैं।"

तिवारी जी को एक ओर जहाँ यह चिन्ता है कि भोजपुरी को हिन्दी क्षेत्र से बाहर की भाषा सिद्ध करें, वहाँ खड़ी बोली को पंजाबी से सम्बद्ध करने की भी उतनी ही तीव्र कामना है। उनके अनुसार : "खड़ी बोली को छोड़कर पश्चिमी हिन्दी की अन्य ग्रामीण बोलियों में क्रिया के तद्भव कृदन्तीय रूप, विशेषण तथा संज्ञापद ओकारान्त अथवा औकारान्त होते हैं।" उदाहरण दिया है कि भला, मारा, घोड़ा के बदले भलो-भलौ, मारो-मार् यौ, घोडो-घोड्यौ रूप इन बोलियों में मिलते हैं। खड़ी बोली में घोड़ा, भला, मारा आदि रूप पंजाबी की कृपा से होंगे। "इस विवेचना से यह सिद्ध हो जाता है कि खड़ी बोली में—'आ'-प्रत्यय वस्तुत:

1. 'ब्रज की लोक-कहानियाँ', पृ. 77

पंजाबी से ही आया है।" ब्रज का परिचित शब्द है कन्हैया। इसे होना चाहिए कन्हैयो। 'नंद बाबा की बात सुनौ हरि।'—बबा नहीं, बबो! 'तुम पै कौन दुहावै गैया।'...'नहिं आधीन तेरे बाबा के नहिं तुम हमरे नाथ गुसैयाँ।'

कहन लगे मोहन मैया-मैया।
नंद महर सौं बाबा-बाबा अरु हलधर सौं भैया।
ऊँचे चढ़ि चढ़ि कहति यशोदा लै लै नाम कन्हैया।
दूरि खेलन जनि जाहु ललारे मारैगी काहु की गैया।

ब्रजभाषा में आकारान्त शब्दों की भरमार है। जहाँ तक घोड़ा शब्द का सम्बन्ध है, 'ब्रज की लोक-कहानियाँ' नामक पुस्तक में आप इसके अनेक प्रयोग देख सकते हैं : "एक घोड़ा सबारी के काजे लायौ।" (पृ. 68) "साहूकार जादौ घोड़ा की पीठि पै असबार भयौ।" (पृ. 160) घोड़ो रूप का प्रयोग नहीं हुआ। यह तो हुई ब्रजभाषा की बात। भोजपुरी की एक लोककथा में हम पढ़ते हैं : "एक रहे ढेला एक रहे पत्ता। दूनो में भयल झगरा। ढेलवा कहे हम बड़ा, पतवा कहे हम बड़ा।" यहाँ ढेला, पत्ता, झगड़ा, बड़ा आदि आकारान्त रूप क्या पंजाबी के प्रभाव का प्रमाण हैं? इस तरह कलकत्ता, लंका, मलाया, एशिया, अफ्रीका, अमरीका पर भी पंजाबी का असर दिखाया जा सकता है।

हिन्दी में सम्बन्धकारक हैं 'का'। यह भी पंजाबी 'दा' से प्रभावित है। "सम्बन्धकारक में, खड़ी बोली में (ने) पंजाबी के 'दा' अनुसर्ग को न अपनाकर उसके स्थान पर 'का' को ही ग्रहण किया है। यह 'का' भी वस्तुतः 'को' या 'कौ' का आकारान्त रूप ही है।" ब्रज का 'को' या 'कौ' पंजाबी के प्रभाव से 'का' हो गया। लेकिन यह प्रभाव किस तरह पड़ा, यह तिवारी जी ने शायद संकोचवश नहीं लिखा। संकोचवश इसलिए कि ग्रियर्सन यह रहस्योद्घाटन कर चुके थे। मूल व्याख्या इस प्रकार है : "बोलचाल की भाषा के रूप में हिन्दुस्तानी पश्चिमी हिन्दी की बोली है जो उसे पंजाबी में क्रमशः बदलते हुए दिखलाती है। उसका व्याकरण पश्चिमी हिन्दी का है लेकिन विभक्ति-चिह्न वे हैं, जो पंजाबी में मिलते हैं। उदाहरण के लिए, पश्चिमी हिन्दी का असली सम्बन्धकारक चिह्न है 'कौ'। पंजाबी में इसका समकक्ष रूप है 'दा'। पश्चिमी हिन्दी की हिन्दुस्तानी बोली 'कौ' से 'क' लेती है लेकिन अन्त्य स्वर 'आ' पंजाबी 'दा' से लेती है और इस तरह 'का' रूप बनता है।"[1] 'कहीं की ईंट कहीं का रोड़ा, भानमती ने कुनबा जोड़ा'। कितने विवेक से खड़ी बोली के निर्माताओं ने दा से आ ध्वनि अलग कर ली और उसे 'कौ' के 'क' से जोड़कर का रूप बना लिया। राजस्थानी रा, मराठी चा आदि के आविष्कर्ताओं ने भी यही पद्धति अपनाई न होगी? लेकिन 'ओ' या 'औ' से परहेज सम्बन्धकारक में ही क्यों था? हिन्दी निर्माताओं ने 'को' में कोई परिवर्तन करना आवश्यक न समझा।

हिन्दुस्तानी पर पंजाबी का असर पड़ा। पश्चिमी हिन्दी की विशेषताएँ सुरक्षित रही हैं ब्रजभाषा में। ग्रियर्सन के मत का अनुमोदन करते हुए तिवारी जी ने लिखा है : "व्याकरण-सम्बन्धी विशेषता की दृष्टि से भी इसका हिन्दुस्तानी से अधिक महत्त्व है। वस्तुतः हिन्दोस्तानी, पश्चिमी हिन्दी के उत्तरी-पश्चिमी कोने की बोली है और इस पर पंजाबी का पर्याप्त प्रभाव है। पंजाबी की भाँति ही हिन्दोस्तानी में भी तद्भव संज्ञापद ओकारान्त तथा औकारान्त न

1. 'लिंग्विस्टिक सर्वे ऑव इंडिया', खंड 1, पृ. 164

होकर अकारान्त होते हैं। यथा—घोड़ा (घोड़ो या घोड़ौ नहीं)। इसी प्रकार हिन्दोस्तानी का भविष्यकाल गा-प्रत्यय से सम्पन्न होता है।" अर्थात् ब्रजभाषा में गा का प्रयोग होता नहीं है, इसलिए वह शुद्ध पश्चिमी हिन्दी है; उसमें घोड़ो रूप चलता है जबकि हिन्दी ने गा और घोड़ा, दोनों पंजाबी के असर से पाए हैं। घोड़ो के बारे में तो हम देख चुके हैं कि यह रूप तिवारी जी के कल्पना-लोक में ही विचरता है। यहाँ यह भी कह दें कि राजस्थानी में भी आकारान्त शब्दों की भरमार है। महाराणा को कोई महोराणो नहीं कहता। राजस्थानी लोकगीतों में ढोला जी के सर्वत्र दर्शन होते हैं :

कीर रा बेटा म्हारा भायला,
वीरा म्हारा, ढोला जी ने पार उतार।[1]

(कीर—केवट के समान एक जाति—के बेटे, तू मेरा भाई है। ढोला जी को पार उतार दे।) यहाँ आकारान्त शब्दों का सौन्दर्य देखा जा सकता है। जहाँ तक भविष्यकाल के गा का सम्बन्ध है, उसका प्रयोग ब्रजभाषा में जोरों से होता है। "करती करार तौन पहिलै करौंगी सब, अपने पिया को फिरि पाछै अंक भरिहौं।"..."इन दुखियन को न चैन सपनेहू मिल्यौ तासों सदा व्याकुल विकल अकुलायँगी।"..."बोल्यौ—भाई, जब तुम मरौगे तौ मैं ऊमरि जाउँगो और तुम बचौगे तौ मैंउ बचि जाउँगो। परि अब तौ तिहारेई संग रहुँग्गो।"[2]

हिन्दी और ब्रज के सर्वनामों में "पर्याप्त भिन्नता परिलक्षित होती है।" हिन्दी 'मैं' के लिए ब्रजभाषा में "प्राय: 'हौं' सर्वनाम ही प्रयुक्त होता है।" 'हौं' का भी प्रयोग होता है लेकिन 'मैं' ने काफी समय से ब्रज में दखल जमा रखा है। "मैया मैं नहिं माखन खायौ।"..."मैया मैं तौ चन्द-खिलौना लैहों।"..."मैं तुम्हरे गुन जाने श्याम।"..."मैं मन बहुत भाँति समुझायौ।"

इधर तो हिन्दी (खड़ी बोली) शुद्ध पश्चिमी भाषा भी नहीं, पंजाब से अत्यधिक प्रभावित है; उधर 'बिहारी' भाषा पूर्वी हिन्दी से भी पृथक् है और बंगला, उड़िया, असमिया के अधिक निकट है। यद्यपि "बंगला भाषा-भाषियों ने बिहारियों को 'पश्चिम' तथा उनकी भाषा को सदैव पश्चिमी हिन्दी की ही एक विभाषा माना", तथापि "यह निर्विवाद सत्य है कि बिहारी पूर्वी हिन्दी से पृथक् भाषा है तथा इसका सम्बन्ध बंगला, उड़िया तथा असमिया से ही है।"

ध्वनि-भेद बताते हुए लिखा है कि हिन्दी मूर्धन्य ड़ तथा ढ़ का उच्चारण बिहारी में र तथा र् ह हो जाता है; यथा हिन्दी—पड़ना, बिहारी परल या परब। यहाँ यह बताना चाहिए था कि बंगला में ड़ का प्रयोग बखूबी होता है, पड़ेछे, पड़िल, गड़िते, गड़ाइ, गुड़गुड़ि, इत्यादि। आगे लिखा है कि "इसी प्रकार हिन्दी 'ल' बिहारी में 'र्' तथा 'न्' में परिणत हो जाता है। यथा—हिन्दी फल > बिहारी फर; हिन्दी गाली > भोजपुरी गारी; हिन्दी लंगोट > भोजपुरी लंगोट तथा नंगोट; हिन्दी लंगोटी > भोजपुरी लंगोटी, नंगोटी तथा निगोटी। बंगला में भी प्राय: यही प्रवृत्ति दृष्टिगोचर होती है। यथा—हिन्दी तथा संस्कृत लक्ष्मी > आदर्श बंगला लक्खी किन्तु ग्रामीण बंगला नक्खी एवं हिन्दी लंगोटी > बंगला नेंगटी।" 'ल' के 'र' में परिवर्तित होने का नियम नहीं है। भोजपुरी और बंगला में लकारवाले शब्दों की प्रचुरता है। इसी तरह 'ल' के 'न' में बदलने का कोई व्यापक नियम नहीं है। लक्ख, लक्खी, लाज, लम्बा, लागि, लाँगल, लाठि, लुकोचुरि आदि ढेरों लकारयुक्त शब्द बंगला में प्रचलित हैं।

---

1. केसरी सिंह बारठ, 'राजस्थानी मुक्तक', 'प्रेरणा', सितम्बर, 1954
2. 'ब्रज की लोक-कहानियाँ', पृ. 35

अन्य भेद 'य' और 'व' के सम्बन्ध में बताया है। "बिहारी तथा बंगला में, विस्मयबोधक को छोड़कर शब्द के आदि में 'य' तथा 'व' नहीं आते किन्तु पश्चिमी हिन्दी की ब्रजभाषा में ये 'य' तथा 'व' आते हैं।" ब्रजभाषा वाले यमुना को जमुना कहते हैं और वैष्णव कवियों की कृपा में जमुना का यथेष्ट महत्त्व बंगला कविता में भी है। 'य' का 'ज' और 'वे' का 'ब' उच्चारण हो, यह तो ठीक लेकिन 'बिहारी' तथा बंगला में शब्दों के आदि में य-व का बहिष्कार हो, यह निराधार कल्पना है। उदाहरण देते हुए लिखा है : "खड़ी बोली में तो ये 'इ' तथा 'उ' में परिणत हो जाते हैं। (मानो यह और वह का अस्तित्व ही न हो!) यथा—बिहारी (भोजपुरी) एमे, ओमे > ब्रजभाषा यामें, वामें, किन्तु हिन्दी इसमें, उसमें।" जा, जाहा, जे आदि बंगला के परिचित सर्वनाम हैं। ये एआ, एआहा, ए नहीं हो गए।

"बिहारी तथा बंगला में ह्रस्व ए, ऐ, ओ एवं औ का प्रयोग होता है; किन्तु हिन्दी में इनका अभाव है।" एकदम अभाव तो नहीं है। देहात शब्द में ए का उच्चारण 'नेक' के ए के समान दीर्घ नहीं होता। इसी तरह मेहतर, बेहतर। चौहत्तर और चौंसठ के उच्चारण में ह्रस्व-दीर्घ औ का भेद देखिए।

"यह बात उल्लेखनीय है कि बिहारी तथा बंगला के सम्बन्धकारक के अनुसर्गों में पूर्ण साम्य है। यथा—उहार घोड़ा, उहार घोड़ाय, उहार घोड़ी, उहार घोड़ीते।" इस तरह तो हमारा, तुम्हारा, मेरा रूप हिन्दी में भी हैं, किन्तु क्या संज्ञा के साथ भी भोजपुरी, मैथिली आदि में 'र' चिह्न लगता है? तिवारी जी की पुस्तक के पृष्ठ 192 पर सम्बन्धकारक 'के' का विस्तृत वर्णन है और उदाहरण दिये गए हैं राम के, कुकुरन के। बंगला का सम्बन्ध चिह्न है 'र', हिन्दी और उसकी बोलियों का सम्बन्ध चिह्न है 'क'।

"बंगाली की भाँति ही बिहारी में भी भविष्यत् के रूप अब संयुक्त करके सम्पन्न होते हैं।" पश्चिम में बकारान्त रूपों के प्रयोग का उल्लेख हम पहले ही कर चुके हैं।

"क्रिया रूपों के सम्बन्ध में, केवल सम्भाव्य वर्तमान के एक-दो रूपों को छोड़कर, बिहारी तथा हिन्दी के क्रियापदों में किसी प्रकार की समानता नहीं है। इसके विपरीत बंगला तथा बिहारी के क्रियापदों के प्राय: सभी रूपों में निकट का सम्बन्ध स्पष्ट रूपों से दृष्टिगोचर होता है।" वर्तमान को तो छोड़ ही दीजिए। अतीत और भविष्य के बारे में भ्रान्ति यह है कि भोजपुरी-बंगला में 'ल' और 'ब' चिह्नों का ही प्रयोग होता है, और पश्चिम में इनका अभाव है। मराठी और राजस्थानी में लकारान्त क्रियारूपों का उल्लेख पहले हो चुका है। इसी प्रकार ब्रजभाषा में बकारान्त रूपों की चर्चा हम कर चुके हैं। यह धारणा बिलकुल गलत है कि भोजपुरी आदि बोलियों में 'ल' और 'ब' के बिना भूत और भविष्यत् के रूप बनते ही नहीं हैं। पृष्ठ 267 पर अतीत-काल के बारे में तिवारी जी ने ठीक लिखा है कि "भोजपुरी में इसके दो रूप मिलते हैं : (अ) ल्-रहित अतीत तथा (आ) ल्-सहित अतीत।" देखुईं, देखुए, देखुअ आदि उस लकारहीन अतीत के रूप हैं। इसी तरह मैथिली में रही, रहै, रहिए, आदि रूप हैं। (पृ. 211) इसी प्रकार भविष्य के लिए बकारान्त रूप अनिवार्य नहीं हैं। भोजपुरी-मगही-मैथिली में होई, होतइ, होयत आदि रूपों का चलन भी है। (पृ. 201)

बिहारी तथा हिन्दी में 'एक तात्त्विक अन्तर' यह बताया गया है कि "हिन्दी की सकर्मक क्रियाओं में जहाँ कर्मणि प्रयोग चलता है", वहाँ बिहारी में कर्तरि प्रयोग का चलन है। हिन्दी की सकर्मक क्रियाओं के कर्मणि प्रयोग का उल्लेख यों किया गया है मानो प्रत्येक काल में कर्मणि प्रयोग सम्भव हो! लड़का पुस्तक पढ़ता है—पढ़ेगा, लड़की पुस्तक पढ़ती है—पढ़ेगी।

यहाँ क्रिया का सम्बन्ध कर्ता से है, न कि कर्म से। केवल अतीतकाल में—जब क्रिया सम्पन्न हो चुकी है—उसमें कर्म का सम्बन्ध होता है : लड़की ने आम खाया; लड़के ने पुस्तक पढ़ी। हिन्दी के प्रभाव से भोजपुरी क्रियाओं के अतीत-रूपों में भी यह लिंग-भेद प्रकट होने लगा है। पृष्ठ 185 पर लिखा है : "कभी-कभी संज्ञा पदों का लिंग ज्ञान क्रियाओं द्वारा भी निर्धारित होता है। यथा—घर जरि गइल, घर जल गया; पोथी जरि गइलि; यहाँ 'घर' पुल्लिंग तथा पोथी स्त्रीलिंग है, यह गइल तथा गइलि क्रिया के द्वारा ही प्रतीत होता है।" हिन्दी वालों से भोजपुरियों की भिन्न प्रकृति होनी चाहिए, इसलिए "यहाँ इस बात को सदैव स्मरण रखना चाहिए कि खड़ी बोली बोलनेवालों की भाँति भोजपुरी भाषा-भाषियों के मन में यह स्पष्ट धारणा नहीं होती कि घर पुल्लिंग तथा पोथी स्त्रीलिंग हैं।" स्पष्ट धारणा न होने पर भी वे घर के साथ गइल और पोथी के साथ गइलि रूपों का प्रयोग कर लेते हैं, इससे सिद्ध होता है कि लिंग-भेद के संस्कार भोजपुरियों के अवचेतन में बद्धमूल हो चुके हैं। क्रियाओं के अतीत रूपों में हिन्दी के समान भोजपुरी में भी लिंग-भेद मिलता है : 'संकरजि कहलैं; गउरा पार्बती कहलीं।' (पृ. 343) सिद्धान्त यह स्थिर किया गया है कि "मागधी-प्रसूत, बंगला, उड़िया आदि भाषाओं में भी कर्तरि प्रयोग ही प्रचलित हैं।" लेकिन डॉ. चाटुर्ज्या के अनुसार बंगला, असमिया और उड़िया के प्राचीन रूपों में लिंग-भेद विद्यमान था। 'निअ धरिणी चण्डाली लेली—' इस तरह के प्रयोगों का हवाला देने के बाद उन्होंने लिखा है : "इनसे पता चलता है कि लिंगभेद-सम्बन्धी ज्ञान भाषा में काफी तीव्र था।"[1] इससे क्या समझा जाए? जब भाषाएँ सद्य:प्रसूत थीं, तब लिंग-भेद था; जब विकसित और पल्लवित हुई, तब लिंग-भेद मिट गया? बंगला से लिंग-भेद मिटा; डॉ. चाटुर्ज्या के अनुसार : "व्याकरण की रूढ़ियों को विवेक के सामने झुकना पड़ा।" दुर्भाग्य से विवेक का पूर्ण प्रकाश भोजपुरी पर न पड़ा; अविवेक की छाया में लिंग-भेद बना ही रहा।

नकारात्मक रूपों के लिए लिखा है कि बिहारी में जिन, जनि और मति शब्दों का व्यवहार होता है; "हिन्दी में केवल मत का प्रयोग होता है।" एक शब्द और भी है 'न' या 'नहीं'। इस 'न' का प्रयोग भोजपुरी में भी होता है : "मैं भिंजब ना ओइसन केहुके न बीते।" (पृ. 335) जिन, जनि का प्रयोग ब्रज, बुंदेलखंडी आदि हिन्दी की अन्य पश्चिमी बोलियों में होता है। क्या जिन, जनि, मत का प्रयोग बंगला में होता है? तिवारी जी ने निष्कर्ष यह निकाला है : "सबसे महत्त्वपूर्ण बात तो यह है कि बिहारी—मैथिली, मगही तथा भोजपुरी—का जिन बातों में पश्चिमी हिन्दी से पार्थक्य है, उन्हीं बातों से इसका बंगला से साम्य है। बिहारी बोलियों की पारस्परिक एकता इस बात को स्पष्ट रूप से प्रमाणित करती है कि इनकी उत्पत्ति मागधी अपभ्रंश से हुई है।"

पहले तो इसी में सन्देह है कि मागधी अपभ्रंश नाम की कोई बोलचाल की भाषा थी। यदि हो भी तो सबसे पहले मगही, भोजपुरी और मैथिली के भेद की व्याख्या करनी होगी कि एक ही माता की इन पुत्रियों में 'तात्त्विक' भेद कैसे पैदा हो गए? ग्रियर्सन का मत था कि हिन्दी या बंगला की तुलना में मैथिली और मगही के क्रिया-रूप आश्चर्यजनक ढंग से पेचीदा हैं। क्रिया-रूपों के इसी भेद का उल्लेख डॉ. चाटुर्ज्या ने किया है।[2] डॉ. तिवारी ने भी उसी बात को दोहराया है : "भोजपुरी क्रियाओं के रूप में मैथिली तथा मगही क्रियाओं के रूप की जटिलता का सापेक्षिक दृष्टि से अभाव है।" (पृ. 3)

1. 'ऑरिजिन एंड डिवेलपमेंट ऑव बेंगाली लैंग्वेज़', खंड 2, पृ. 720-21
2. उप., खंड 1, पृ. 91

'हूँ' के लिए छी है, थिकहु भी है। बाटी, बाड़ी, बानी, हईं, हवीं भी सब 'हूँ' के लिए हैं। 'था' के लिए प्रथम पुरुष में हल, रहल, छल, रहै आदि अनेक रूप हैं, और ये सभी अपभ्रंश प्रसूत हैं। मैथिली और मगही की बात दरकिनार, भोजपुरी के ही सब रूपों को मागधी अपभ्रंश से सिद्ध करना कठिन होगा। वर्तमान काल में लकारान्त रूप हैं, लकारहीन रूप भी, भविष्य के लिए बकारान्त रूप हैं, बकारहीन भी। इसी प्रकार अतीत के लिए लकारान्त रूप हैं, लकारहीन भी। ये सब एक ही अपभ्रंश से कैसे उत्पन्न हुए, इसकी कोई कैफियत 'भोजपुरी भाषा और साहित्य' में नहीं दी गई। डॉ. चाटुर्ज्या ने बंगला भाषा के मूल उद्गम के बारे में ठीक लिखा है : "बंगला बोलियाँ एक ही आदि बंगला भाषा से उत्पन्न नहीं मानी जा सकतीं। उन्हें उत्तरकालीन मागधी अपभ्रंश के विभिन्न स्थानीय रूपों से उत्पन्न मानना चाहिए।[1] इसी तरह भोजपुरी, मैथिली आदि को विभिन्न प्राचीन बोलियों से उत्पन्न मानना युक्तिसंगत है।

तिवारी जी ने भोजपुरी को हिन्दी क्षेत्र से बाहर की भाषा सिद्ध करने के लिए जो तर्क दिये हैं, वे या तो भ्रान्त हैं या काफी कमजोर हैं। उसे बंगला से सम्बद्ध करने के लिए उन्होंने जो आग्रह दिखाया है, वह अन्तर-जातीय भाईचारे की दृष्टि से श्लाघ्य हो सकता है, लेकिन भाषाविज्ञान की दृष्टि से सत्य सिद्ध नहीं होता। भोजपुरी और बंगला में अनेक महत्त्वपूर्ण समानताएँ हैं लेकिन वे मराठी, राजस्थानी, ब्रज, अवधी आदि में भी मिलती हैं। हिन्दी और हिन्दी की बोलियों से उसकी समानताएँ ऐसी भी हैं जो उसे बंगला से विलग करती हैं। भोजपुरी के क्रिया-रूपों में लिंग-भेद मिलता है; बंगला में इसका अभाव है। यह साधारण भेद नहीं है। भोजपुरी में है या हे क्रिया का व्यवहार होता है; बंगला में इसका अभाव है। भोजपुरी में मैं या मयँ, हम आदि सर्वनाम मिलते हैं। ये बंगला में नहीं हैं। भोजपुरी में सम्बन्धकारक के लिए 'क' या उसके किसी रूप का व्यवहार होता है। बंगला में इसका व्यवहार नहीं होता। भोजपुरी सकार प्रधान है, बंगला शकार प्रधान।

तिवारी जी ने कहीं यह सिद्ध नहीं किया कि भोजपुरी के धातु-प्रत्यय हिन्दी से भिन्न हैं। बात, बोल, चाल, मन, समुझ, जाँच आदि शब्द (पृ. 155) हिन्दी में भी प्रचलित हैं। समुझ का समझ रूप परिनिष्ठित हिन्दी में चलेगा, इतना ही अन्तर है। क्या यह समझ शब्द बंगला में प्रचलित हैं? बनइला, धरइला जैसे रूप अवधी में भी प्रचलित हैं; बनइला को बनैला कर दीजिए, हिन्दी का परिष्कृत रूप हो गया। बंगला में भी बनैला है? बुझक्कड़, पिअक्कड़, घुमक्कड़, भुलक्कड़—किसी से पूछिए, ये हिन्दी क्षेत्र के बाहर के शब्द हैं? चलता-फिरता, लौटती, बहता आदि शुद्ध हिन्दी के रूप हैं। इसी प्रकार उठती, घटती, चलन, झाड़न, ढकना, छानना, ओढ़ना; ढकनी, सोहनी, चटनी आदि-आदि रूप भोजपुरी की ही सम्पत्ति नहीं हैं। उन पर हिन्दी की अन्य बोलियों का हक भी है। इनसे कैसे सिद्ध हुआ कि भोजपुरी हिन्दी से दूर है और बंगला के अधिक निकट है? इसी प्रकार भोजपुरी की कस, कर, काढ़, काँप, काट, गूँज, घट, चुन, चढ़, चुल, छेद, टुट (टूट), ठग, डूब, डर, दे, नहा, पढ़, बोल, हट, हार आदि धातुएँ हिन्दी की भी हैं। इसी प्रकार 'उपसर्ग-संयुक्त धातुओं के उदाहरण' हैं : उपज (ना), उखार (उखाड़ना), उतर, निबाह, पोंछ, बइठ (बैठना), सउंप (सौंपना) इत्यादि। प्रेरणार्थक क्रियाएँ : उखाड़ (पृ. 247 पर इसे प्रेरणार्थक कहा गया है), तार (तारना), नहा (नहाना), पसार, फाड़, मार, इत्यादि। 'अर्द्ध-तत्सम धातुएँ' : गरज (ना), तज (ना), बरज (ना), इत्यादि। ऐसी धातुएँ जो 'साधित रूप में नहीं प्रतीत होती हैं, और जिनकी

1. 'ऑरिजिन एंड डिवेलपमेंट ऑव बेंगाली लैंग्वेज़', खंड 1, पृ. 139

उत्पत्ति संस्कृत से भी नहीं जान पड़ती'—अंट (अटना), चिहुक, जुट (ना), झाँक, टाँग (ना), टोक (ना), पटक, इत्यादि। नाम धातुएँ : अंकुर (अंकुरित होना), उग (उगना), खाब (खोना), गाड़ (ना), थाम (थामना), दुखा (ना), पिरा, बखान, भूख आदि। 'अर्द्ध तत्सम नामधातु' : अकुला (ना), अलाप (ना), असीस (ना)। 'फ़ारसी-अरबी शब्दों से बनी हुई नाम धातुएँ' गर्मा (ना), बकस (बख्शना), बदल (बदलना)। इसी तरह अन्य धातुएँ : अटक (ना), फूँक (ना), झगड़, पछड़ (पिछड़ना), पुकार, टहल, फुँक (फूँकना), छिंक (छींकना), खटखटा (ना), चुलबुला (ना)। ये सब क्रियाएँ इन्हीं या इनसे कुछ भिन्न रूपों में हिन्दी और उसकी अन्य बोलियों में मिलती हैं। ऐसी धातुएँ बहुत थोड़ी हैं जो भोजपुरी में व्यवहृत तो होती हों किन्तु हिन्दी के लिए अव्यवहार्य हों। ऐसी धातुएँ जो भोजपुरी और बंगला में सामान्य हों किन्तु हिन्दी तथा उसकी 'पूर्वी' बोलियों के लिए असामान्य हों, ढूँढ़ने से दो-चार ही मिलेंगी। इसके विपरीत बंगला में बहुत-सी धातुएँ, मूल शब्द-भंडार का बहुत बड़ा भाग ऐसा है जो न हिन्दी में है, न भोजपुरी आदि 'हिन्दी क्षेत्र से बाहर' समझ जानेवाली बोलियों में।

बंगला की वे क्रियाएँ जो भोजपुरी से मिलती हैं, अक्सर हिन्दी की अन्य बोलियों की क्रियाओं से भी मिलती-जुलती हैं। यह स्वाभाविक है क्योंकि अवध और बिहार के बहुत-से लोग प्राचीन काल से ही बंगाल जाकर बसते रहे हैं। डॉ. चाटुर्ज्या ने यह मत प्रकट किया है कि "भौगोलिक परिस्थिति, भाषा-सम्बन्धी प्रमाण, परम्परा, इतिहास—सभी से यह सिद्ध होता है कि बिहार से आर्य भाषा एक बाढ़ के रूप में बंगाल पहुँची।"[1] आगे लिखा है कि मगध और उसके आगे से (अर्थात् पश्चिम की ओर से) राज्य-कर्मचारी, सैनिक, ब्राह्मण, बौद्ध, जैन प्रचारक और पुरोहित, व्यापारी और कारीगर अपने साथ आर्य भाषा लाये।[2] बाद को संस्कृत की जो शब्दावली बंगला में गई, उसे छोड़ देने पर भी बंगला और हिन्दी में, विशेष कर हिन्दी की पूर्वी बोलियों में, बहुत बड़ी समानता है। फिर भी अवधी, भोजपुरी आदि तो हिन्दी की बोलियाँ बनीं—वे बंगला की बोलियाँ न बनीं—और उधर बंगला एक स्वतंत्र भाषा के रूप में विकसित हुई। इसका कारण यह है कि बंगला की अपनी क्रियाएँ हैं जो हिन्दी और उसकी सभी बोलियों से भिन्न हैं; उसकी अपनी मूल शब्द-भंडार की सामग्री है जो हिन्दी की बोलियों से उसका अलगाव स्पष्ट करती है। नित्य व्यवहार में आनेवाली हिन्दी और उसकी बोलियों से भिन्न बंगला की कुछ क्रियाएँ ये हैं : घुमानो—सोना (जब कबीरदास कहते हैं, सूतल रहलूँ मैं नींद भरी हो, गुरु दिहलैं जगाइ, तब हिन्दी-भाषी सोना क्रिया से परिचित होने के कारण सूतल का अर्थ समझ लेता है; किन्तु बिहार के हिन्दी-भाषी बन्धु भी बंगला की धातु विशेष से परिचित हुए बिना रवीन्द्रनाथ की पंक्ति 'घूम भाँगा आँखि फूटे थरे थरे' का अर्थ न समझेंगे। बंगला के 'आँखि फूटे' और हिन्दी की 'आँख फूटे' एक-दूसरे से बिलकुल उल्टे हैं।), दाँड़ानो—खड़े होना, बेड़ानो—घूमना, पुरानो—खत्म होना, भालोबासा—प्यार करना, पोडानो—जलाना, शुधानो—पूछना, आसा—आना, डाका—पुकारना, पोयानो—समाप्त होना, नड़ा—हिलाना, टाना—खींचना, इत्यादि।

क्रियाओं के अलावा बंगला के मूल शब्द-भंडार की काफी बड़ी सामग्री हिन्दी से भिन्न है : चाषी—किसान, लांगल—हल, बाड़ी—घर, खोका—लड़का, खुड़ो—काका, पल्ली—गाँव, टोला, दीघी—ताल, माँठ—चरागाह, टिकि—चोटी, छेले—बेटा, गा—शरीर, चोख—आँख,

1. 'ओरिजिन एंड डिवेलपमेंट ऑव बेंगाली लैंग्वेज़', खंड 2, पृ. 62

2. उप., पृ. 72-73

डान—दाहिना, आबार—फिर, आलो—प्रकाश, बोइ—पुस्तक, शुधू—केवल, बयान—चेहरा, काछे—पास, पाने—ओर, जानला—खिड़की, नाबोय—नीचे, चुल—बाल, इत्यादि। बंगला के अपने मुहावरे हैं जो हिन्दी और उसकी बोलियों से काफी भिन्न हैं। जाबार जो नेइ—जाने की गौं नहीं है; चोख बुजोले—आँखें बन्द होने पर; घाड़े पड़लो—सिर पड़ गया, इत्यादि। यही कारण है कि भोजपुरी, मगही और मैथिली क्षेत्रों के लेखक स्वभावत: हिन्दी में साहित्य-रचना की ओर प्रवृत्त होते हैं। उनमें किसी ने बंगला में साहित्य रचकर यश अर्जित किया हो, ऐसा सुनने में नहीं आया। बंगला तथा इन बोलियों में महत्त्वपूर्ण ध्वनि-भेद हैं। हिन्दी क्षेत्र की सभी पूर्वी बोलियाँ महाप्राण वर्णों का उच्चारण पूरी तरह करती हैं और उनमें इस तरह के वर्ण वाले शब्दों की भरमार है। उदाहरण के लिए, हाथ शब्द सभी पूर्वी बोलियों में बोला जाता है और उसका महाप्राण वर्ण पूरी तरह उच्चरित होता है। किन्तु शिष्ट बंगला में यह शब्द हो जाता है हात। इसी प्रकार हिन्दी क्रिया घुलना बंगला में हो जाती है गुलानो। जाइते छे—यह लिखित रूप बोलने में हो जाता है—जाच्चे। इसी प्रकार 'गाँठ' का प्रचलित बंगला रूप है 'गाँट', गाभिन का प्रचलित रूप है 'गाबिन'। ढ़ की ध्वनि अक्सर ड़ में परिवर्तित हो जाती है, बढ़ती—बाड़ति, अढ़ाइ—अड़ाइ, पढ़ाना—पड़ानो। मध्य और अन्त्य ह के लोप की प्रवृत्ति बंगला को हिन्दी की पूर्वी बोलियों से अलग करती है, यथा—पहला—पयला, दही—दइ, बारह—बारो। मध्य आ को बोलचाल में ए करके बोलते हैं—हिसाब—हिसेब (हिशेब), कन्यादाय—कन्येदाय। यह ए ध्वनि बंगला-भाषियों को इतनी प्रिय है कि वे अक्ल-अकिल-अक्किल को झोल बना देते हैं। विद्या बिद्ये (बिद्दे) और बिलायत बिलेत हो जाता है। हिन्दी की पूर्वी बोलियों के विपरीत बंगला में शब्द के प्रथम वर्ण पर बलाघात करने की बहुत स्पष्ट प्रवृत्ति है। यही कारण है कि हिन्दी-उर्दू के जो शब्द बंगला में पहुँचे हैं, उनका उच्चारण इस नियम के अनुकूल बदल गया है। हिन्दी में यदि पहला वर्ण ह्रस्व है और आघातहीन है तो बंगला में उसे दीर्घ करके आघातयुक्त कर दिया गया है, यथा—हिन्दी पहरा बंगला में पाहरा, अच्छा—आच्छा, हजार—हाजार, बगीचा—बागिचा, हवालात—हाओलात, अमानत—आमानत, हवेली—हाबेली, बराण्डा—बाराण्डा, हंगामा—हांगामा। इसी बलाघात-भेद के कारण हिन्दी की सभी बोलियों के छन्द मुख्यत: मात्रिक हैं जब कि बंगला के छन्द वर्णिक हैं। इस सम्बन्ध में डॉ. चाटुर्ज्या ने एक मार्मिक बात कही है : "उत्तर भारत के मात्रिक छन्द स्पष्ट ही बंगला और पूर्व की दूसरी मागधी बोलियों में, उनके प्रारम्भिक निर्माण काल में, बाहर से लाये गए थे। वे इन बोलियों के साहित्य पर थोपे गए थे (लिटरेरी इम्पोजीशन), लेकिन पूर्व की बोलियों—बंगला, असमिया और उड़िया—के वे सहज अंग नहीं बन पाए।"[1] जो लोग हिन्दी की पूर्वी बोलियों—भोजपुरी, मगही और मैथिली—को हिन्दी की अपेक्षा बंगला के अधिक निकट समझते हैं, उन्हें डॉ. चाटुर्ज्या के उपर्युक्त मत पर गम्भीरता से विचार करना चाहिए। बंगला में जब मात्रिक छंदों का व्यवहार हुआ, तब इन छंदों में 'ब्रजबुलि' अपनाई गई। यह ब्रजबुलि न ब्रजभाषा थी, न बंगला, वरन मूलत: मैथिली थी जिसमें कुछ शब्द बंगला के भी थे।

सीख हे की पुछसि अनुभव मोय
सोइ पिरीति अनुराग बखानिय
अनुखन नूतन होय।

---

1. 'ऑरिजिन एंड डिवेलपमेंट ऑव बेंगाली लैंग्वेज़', खंड 1, पृ. 284

यहाँ न भाषा बंगला है, न छंद बंगला का है। भाषा और छंद, दोनों हिन्दी (मैथिली) के हैं। इसके विपरीत बंगला महाभारत का छंद इस प्रकार है :

जय नरनारायण नृपति प्रधान।
जाहार समान राजा नाहिक जे आन॥
धर्म नीति पुराण भारत शास्त्र जत।
अहोरात्रि बिचारन्त बसिया सभात॥

छन्दों का यह मौलिक भेद इस स्थापना को पुष्ट करता है कि बंगला हिन्दी क्षेत्र से बाहर की भाषा है जबकि भोजपुरी आदि बोलियाँ उस क्षेत्र के अन्तर्गत हैं। बंगला ने हिन्दी की पूर्वी बोलियों से बहुत-सी शब्द-सामग्री ली, व्याकरण-विशेषताएँ भी ली हैं किन्तु भयानक रूप से संस्कृत-गर्भित होने पर भी उसका बंगलापन खत्म नहीं हुआ। उसकी जातीयता सबसे अधिक सुरक्षित है—उसकी ध्वनि-प्रकृति में। इस आधारभूत ध्वनि-प्रकृति के कारण उसकी छन्द-व्यवस्था हिन्दी और उसकी सभी बोलियों की छंद व्यवस्था से भिन्न है। यही कारण है कि तुलसीदास का रामचरितमानस हिन्दी की सभी बोलियों के क्षेत्रों में—शहर के पढ़े-लिखे लोगों से भी ज्यादा गाँवों के पढ़े-अधपढ़े और बेपढ़े लोगों में—इतना लोकप्रिय है। उसके छन्दों में हिन्दी की सभी बोलियों की मूल ध्वनि-प्रकृति अपनी आन्तरिक रागात्मक एकता लिये हुए प्रतिबिंबित हुई है।

डॉ. उदयनारायण तिवारी ने भोजपुरी को हिन्दी क्षेत्र से बाहर किया; मैथिली साहित्य के इतिहास-लेखक डॉ. जयकान्त मिश्र ने भोजपुरी को हिन्दी क्षेत्र के भीतर और मैथिली को उसके बाहर रखा। एक चमत्कार उन्होंने यह किया कि भोजपुरी को मैथिली की बोली घोषित किया। उनके अनुसार, चम्पारन में कभी मैथिली बोली जाती थी लेकिन अब उसका स्थान भोजपुरी ने ले लिया है। इस प्रकार हिन्दी क्षेत्र के अन्दर रहनेवाली भोजपुरी उस क्षेत्र से बाहर की भाषा मैथिली की बोली हुई। भोजपुरी के अलावा मगही को भी वह मैथिली की बोली मानते हैं। यह जरूर है कि चम्पारन से बाहर पच्छिमी भोजपुरी प्रदेशों को वह यू.पी. में मिला देने के पक्ष में हैं। डॉ. चाटुर्ज्या ने डॉ. मिश्र के ग्रंथ की भूमिका में यह सुझाव दिया है कि मैथिली नाम छोड़कर उसे बिहारी कहना चाहिए। मगही इस बिहारी भाषा की बोली होगी और दोनों का सांस्कृतिक केन्द्र होगा पटना।

मैथिली का व्याकरण जितना भोजपुरी से भिन्न है, उससे ज्यादा बंगला से भिन्न है। मैथिली में कर्ता के अलावा कर्म के अनुसार भी क्रिया-रूप में परिवर्तन होती है। "मगही में भी यही प्रक्रिया चलती है, किन्तु भोजपुरी में थोड़ी भिन्न व्यवस्था है। मैथिली क्रियापदों की इस जटिलता का बंगला में भी अभाव है।"[1] इसी कारण वह हिन्दी की अपेक्षा बंगला के अधिक निकट है। क्रियाओं और शब्द-भंडार में वह भोजपुरी के समान ही हिन्दी के समीप नहीं है। कुछ मैथिली-प्रेमियों का एक विशेष तर्क यह है कि उनकी साहित्यिक परम्परा बहुत पुरानी है। इसलिए वे मैथिली को हिन्दी से स्वतंत्र भाषा मानेंगे, उसे हिन्दी की एक बोली का दर्जा कभी न देंगे। मैथिली की साहित्यिक परम्परा के महत्त्व को स्वीकार करने के बाद यह बिलकुल आवश्यक नहीं है कि उसे हिन्दी से स्वतंत्र भाषा माना जाए। ब्रजभाषा का साहित्य भी अत्यन्त समृद्ध रहा है, किन्तु आज ब्रज को हिन्दी से स्वतंत्र भाषा मानना गलत

1. 'भोजपुरी भाषा और साहित्य', पृ. 183

होगा। सामन्ती व्यवस्था में ब्रज, अवध, बुंदेलखंड, मिथिला आदि जनपद लघुजातियों के प्रदेश थे। सामन्ती व्यवस्था के विघटन और पूँजीवादी सम्बन्धों के प्रसार के साथ-साथ इन जनपदों का अलगाव कम हुआ, लघुजातियाँ टूटीं और वे हिन्दी-भाषी महाजाति में घुलने-मिलने लगीं। इस प्रक्रिया को न देखकर कुछ लोग मिथिला का अलग प्रान्त बनाने की माँग करते हैं। मिथिला ही नहीं, ब्रज और बुन्देलखंड के अलग प्रान्त बनाने की माँग भी उठ चुकी है। हिन्दी-भाषी प्रदेश को एक करने के बदले लोग वर्तमान उत्तर प्रदेश के भी विभाजन की चर्चा चला चुके हैं।

यदि ब्रज, अवध, बुन्देलखंड, मिथिला आदि स्वतंत्र जातियों के प्रदेश हैं, तो उनके जिन साहित्यकारों ने अपना सर्वाधिक साहित्य हिन्दी में रचा है, उन्होंने अपनी मातृभाषा का अहित किया है। आधुनिक हिन्दी के जन्मदाता भारतेन्दु हरिश्चन्द्र भोजपुरी क्षेत्र के थे। हिन्दी के और भारत के श्रेष्ठ उपन्यासकार प्रेमचन्द भोजपुरी क्षेत्र के थे। इन्हें भोजपुरी को सँवारना चाहिए था, न कि हिन्दी को। बिहार और भोजपुरी क्षेत्र के अन्य लेखकों में सर्वश्री शिवपूजन सहाय, दिनकर, हजारी प्रसाद द्विवेदी, जानकीवल्लभ शास्त्री, राहुल सांकृत्यायन, नागार्जुन, आदि के प्रसिद्ध नाम हिन्दी पाठकों को सहज ही याद आ जाएँगे। नागार्जुन ने मैथिली में भी रचनाएँ की हैं; 'बलचनमा' आदि उपन्यास हिन्दी में लिखे हैं। राहुल जी की भोजपुरी रचनाएँ संख्या में उनकी हिन्दी कृतियों का शतांश भी नहीं हैं। कवि रूप में दिनकर, आलोचक रूप में हजारी प्रसाद द्विवेदी हिन्दी के कारण विख्यात हैं। इसी प्रकार अवधी क्षेत्र में प्रतापनारायण मिश्र से लेकर निराला तक, ब्रज क्षेत्र में राधाचरण गोस्वामी से लेकर पद्मसिंह शर्मा तक, बुन्देलखंड में मैथिलीशरण गुप्त और वृन्दावनलाल वर्मा जैसे दिग्गज हिन्दी साहित्य को समृद्ध करते रहे हैं। हिन्दी में दिल्ली, मेरठ और मुरादाबाद के लेखक कितने हैं? उसे समृद्ध साहित्य की भाषा बनाया है, खड़ी 'बोली' क्षेत्र के बाहर, विशाल हिन्द प्रदेश की अन्य बोलियों के क्षेत्रों में रहने वाले साहित्यकारों ने। क्या बंगला और मैथिली के अलगाव पर जोर देनेवाले मित्र भारतेन्दु हरिश्चन्द्र, प्रतापनारायण मिश्र, प्रेमचन्द, वृन्दावनलाल वर्मा, प्रसाद, निराला, पंत, मैथिलीशरण गुप्त, रामचन्द्र शुक्ल, हजारी प्रसाद द्विवेदी, दिनकर आदि साहित्यकारों को अपनी 'भाषा' का साहित्यकार मानने से इनकार करेंगे? क्या वे इनके हिन्दी कृतित्व को उसी दृष्टि से देखेंगे जिस दृष्टि से मराठी या तेलगू-भाषी पाठक प्रेमचन्द या मैथिलीशरण गुप्त को देखते हैं या जिस दृष्टि से हम हिन्दी-भाषी पाठक रवीन्द्रनाथ ठाकुर को देखते हैं?

कलकत्ते में एक बार भोजपुरी-सम्मेलन हुआ। इसके सभापति प्रिंसिपल मनोरंजन प्रसाद सिन्हा ने भोजपुरी को मातृभाषा और हिन्दी को राष्ट्रभाषा बताया। उन्होंने पूछा : "का हिन्दी अउरी भोजपुरी में कवनो विरोध बा? मातृभासा के जे सेवा करेला ऊ का राष्ट्रभासा के सेवा ना करे?" तुलसीदास का हवाला देते हुए उन्होंने कहा : "रामचरितमानस अवधी में अउरी 'विनय-पत्रिका' वगैरह ब्रजभाषा में। हम पूछतानी कि का ऊ हिन्दी के सेवा ना कइलन? चन्दबरदाई, सूरदास, कबीर, दादू, रसखान, रहीम, मीरा इत्यादि का हिन्दी के कवि लोग ना रहे? का कबीर के भासा भोजपुरी ना हऽ? का तुलसीदास के भाषा में भोजपुरी के भरमार नइखे? मैथिली कोकिल विद्यापति के का हमनी हिन्दी के कवि ना मानी ले?" इन वाक्यों में भोजपुरी, अवधी, ब्रज—सभी भाषाओं में लिखनेवालों को हिन्दी का कवि माना गया है। यह बिलकुल सही है, क्योंकि ये सब हिन्दी की बोलियाँ हैं; किसी एक बोली की सेवा करना उस भाषा की सेवा करना ही है। भोजपुरी-प्रेमी कबीर को भोजपुरी का कवि कहते हैं;

हिन्दी-प्रेमी उन्हें हिन्दी का कवि मानते हैं। खड़ी बोली, ब्रज, अवधी, भोजपुरी—इनमें किसी भी एक बोली में या उनके मिश्रित रूप में कबीर लिखते हैं, वह हिन्दी के ही कवि कहलाते हैं क्योंकि इन सबका आपसी सम्बन्ध सामान्य शब्द-भंडार रखनेवाली बोलियों का है, स्वतंत्र भाषाओं का नहीं। इसीलिए कबीर, सूर, तुलसी, मीरा, आदि की रचनाएँ किसी एक जनपद में ही लोकप्रिय नहीं हैं, वे हिन्द प्रदेश के सभी जनपदों में लोकप्रिय हैं। प्रिंसिपल मनोरंजन ने विद्यापति आदि को हिन्दी का कवि कहकर इस बात का समर्थन किया है कि मैथिली आदि हिन्दी की बोलियाँ हैं। मैथिली स्वतंत्र भाषा होती तो उसके कवि को हिन्दी कवि कैसे कहते? किसी ने रवीद्रनाथ ठाकुर को हिन्दी कवि क्यों नहीं कह दिया?

हिन्दी की ये बोलियाँ कई शताब्दियों से एक-दूसरे को प्रभावित करती आ रही हैं। डॉ. उदयनारायण तिवारी कहते हैं कि भोजपुरी पर "कहीं-कहीं तो पश्चिम का इतना अधिक प्रभाव पड़ा है कि जहाँ 'ल' सुरक्षित रहना चाहिए, वहाँ भी 'र' हो गया है।" मिसाल गलत है, लेकिन स्थापना सही है कि भोजपुरी पर पश्चिमी हिन्दी बोलियों का प्रभाव पड़ा है। भोजपुरी में भविष्यकाल के अन्य पुरुष सम्बन्धी रूपों में इह प्रत्यय लगता है। "इस प्रकार भोजपुरी अन्य पुरुष के रूपों पर शौरसेनी की स्पष्ट छाप है।" ब्रजभाषा में करणकारक के लिए अन् प्रत्यय का प्रयोग होता है। "अवधी तथा भोजपुरी में भी ठीक इसी कारक में अन् तथा अनि प्रत्यय प्रयुक्त होते हैं।"..."भोजपुरी क्रियापदों में लिंग का पार्थक्य खड़ी बोली के ही प्रभाव से आया है।" आप् प्रत्यय के लिए लिखा है : "यह प्रत्यय भोजपुरी में हिन्दी से आया है और यह मिलाप (दक्षिण हिन्दी मेल-मिलाप) में वर्तमान है।" इस प्रकार डॉ. तिवारी के ही अनेक वाक्य इस सन्दर्भ में उद्धृत किये जा सकते हैं और उनसे सिद्ध होता है कि भोजपुरी तथा अन्य हिन्दी बोलियाँ एक-दूसरे को प्रभावित करती रही हैं। इन बोलियों का शब्द-भंडार इतना मिलता-जुलता है कि यह कहना सरल नहीं है कि कौन-सा शब्द किसी एक ही बोली में व्यवहृत होता है, दूसरी में नहीं। अपने ग्रंथ में तिवारी जी ने एक जगह बुंदेलखंडी के शब्द-भंडार की चर्चा की है। इस सिलसिले में उन्होंने यह घोषित करते हुए एक शब्द-सूची दी है कि "बुंदेली में अनेक ऐसे शब्द प्रचलित हैं जिनका हिन्दी में व्यवहार नहीं होता।" उस सूची के कुछ शब्द ये हैं : बाबा, दादा, बापू, दीदी, माई, भैया, भौजी, दुलहिन, लुगाई, मेहरिया, बिटिया, लाला, छीना, बुवा, जीजा, गेंडुवा, थरिया, टाठी, बटुवा, खोरवा, कलसा, करहिया (कड़ाही), पानडब्बा। अवश्य बुंदेलखंडी में ऐसे शब्द हैं जिनका प्रयोग उस बोली के क्षेत्र ही में होता है लेकिन यदि दादा-दीदी, भैया-भौजी को कोई विद्वान एक ही जनपद के शब्द समझता है, तो उससे त्राहिमाम् कहने के अलावा और कोई बहस नहीं की जा सकती।

डॉ. जयकान्त मिश्र ने मैथिली साहित्य के इतिहास में लिखा है कि शुद्ध मैथिली में वैष्णव भजन नहीं हैं। भक्तजन अवधी और ब्रज में रचे हुए भजन गाते हैं। मिथिला से ब्रज और अवध काफी दूर हैं; बंगाल बहुत पास है। यदि मैथिली हिन्दी की अपेक्षा बंगला के अधिक निकट होती तो उसके क्षेत्र में बंगला के वैष्णव-गीतों का प्रचार होता, न कि अवधी और ब्रज के गीतों का। हिन्दी के अन्य जनपदों की तरह मिथिला में भी लोग ब्रजभाषा में कविता रचते थे। डॉ. मिश्र के अनुसार, लोचन लक्ष्मीनारायण मैथिल, हलधर दास, बलबीर, सीताराम, मैथिल रमापति, शंकरदत्त, गुमान, सोन, हेम, ईशा, गोपाल, कृष्ण, लच्छिराम, चिरंजीव, लालदास, रघुनंदनदास, हर्षनाथ झा, सोने, गोपीश्वर सिंह, बुद्धिलाल, फतुरालाल, साहेबराम, लक्ष्मीनाथ

आदि बीसों कवियों के नाम दिये जा सकते हैं जो ब्रजभाषा में रचनाएँ करते रहे हैं। अनेक मैथिल कवियों की भाषा पर अर्थात् मैथिली पर ब्रजभाषा का प्रभाव पड़ा। बहुतों ने सूर और तुलसी के अनुकरण पर गीत लिखे।

तुलसीदास ने ब्रज और अवधी में रचनाएँ कीं। उनकी साहित्यिक भाषा पर हिन्दी को अन्य बोलियों का भी प्रभाव है। उनकी रचनाएँ ब्रज और अवध के बाहर भी लोकप्रिय हुईं। इन बातों से सिद्ध होता है कि विभिन्न जनपद एक-दूसरे के निकट आ रहे थे और वहाँ के निवासी अपना अलगाव दूर करके एक महाजाति के अंग बन रहे थे। महाजाति का निर्माण एक लम्बी प्रक्रिया है; सामन्ती अवशेषों और अवरुद्ध उद्योगीकरण के सबब से वह प्रक्रिया आज भी पूरी नहीं हुई। जो क्षेत्र हिन्दी केन्द्रों से यातायात के साधनों द्वारा जुड़े हुए थे, वहाँ अलगाव की भावना कम हुई। जहाँ यातायात के साधनों का अभाव रहा, सामन्ती सम्बन्ध ज्यादा दिनों तक कायम रहे, वहाँ अलगाव की भावना भी ज्यादा रही। डॉ. उदयनारायण तिवारी ने लिखा है कि "मैथिली अपने विशुद्ध रूप में उत्तरी दरभंगा के ब्राह्मणों की बोली है।" दरभंगा की सामन्ती शक्तियाँ ही मिथिला को अलग राज्य बनाने पर जोर देती रही हैं। इसी तरह बुन्देलखंड के आन्दोलन के पीछे सामन्ती शक्तियाँ रही हैं। ब्रज का अलग सूबा बनाने के लिए वे लोग उतावले हुए हैं जिन्हें उत्तर प्रदेश के मंत्रिमंडल में जगह नहीं मिली या जो उससे बाहर कर दिये गए थे। इन लोगों के साथ कभी-कभी कुछ ऐसे प्रगतिशील लोग भी मिल जाते हैं जो जातीय विकास की समस्या को समझते नहीं है, जो एक तरह के किसानवाद से पीड़ित हैं, जो समझते हैं कि प्रत्येक बोली को जातीय भाषा का दर्जा दिये बिना वास्तविक जनतंत्र कायम नहीं हो सकता। लेकिन ये बोलियाँ एक-दूसरे से इतनी ज्यादा मिलती-जुलती हैं कि भाषा-विज्ञानियों के लिए भी यह बताना कठिन होगा कि उनमें रचित कविताएँ किस बोली की हैं।

बेला से पूछों चमेली से पूछों, पूछों मैं बन भटकोइयाँ।
ताल से पूछों, तलैया से पूछों, पूछों मैं पोखरा कुइँया।

सम्बत सत्रह सो चलि गयऊ। तेरह अधिक ताहि पर भयऊ॥
साहजहाँ छोड़ी दुनियाई। पसरी औरंगज़ेब दुहाई॥

बिजुरिया चमके रे आँगन में चितवन मार के।

ये पंक्तियाँ डॉ. तिवारी द्वारा उद्धृत भोजपुरी के कवियों की हैं। प्रथम दो पंक्तियों में ब्रज और खड़ी बोली की तरह 'मैं' का बहुत साफ प्रयोग हुआ है। दूसरे उद्धरण में गयऊ, भयऊ आदि रामायणी अवधी की याद दिलाते हैं। 'आँगन में चितवन मार के' जैसे टुकड़े खड़ी बोली में फब सकते हैं। हिन्दी की बोलियाँ एक-दूसरे के इतना नजदीक हैं कि एक में रचा हुआ साहित्य दूसरी के क्षेत्र में आसानी से समझ में आ जाता है। झाँसी में एक बार जनपदीय कवियों का सम्मेलन हुआ। उस बुन्देलखंडी क्षेत्र में भोजपुरी के जनकवि रामकेर ने अपनी रचनाएँ सुनाईं और वे खूब जमीं। नागार्जुन के उपन्यास 'रतिनाथ की चाची' का नायक रतिनाथ अपनी चाची को अक्षर-ज्ञान कराने के बाद उसे रामायण पढ़ने योग्य बना देता है। इस उपन्यास से पता चलता है कि मैथिल गृहस्थों के यहाँ तुलसीकृत 'रामायण' का पाठ आम बात है। लोग ब्रजभाषा के गीत भी गाते हैं—जागहु हो बृजराज, लाज मोर राखहु हो बृजराज। 'नयी पौध' में दिगम्बर के नाना अवधी और ब्रज में कविता करते थे; जहाँ तक

दिगम्बर का सम्बन्ध है : "मीरा के वे अनमोल पद बहुधा दिगम्बर को अपनी लय में बहा ले जाते थे।" इन तथ्यों से यह निष्कर्ष निकलता है कि हमारे जातीय गठन में खड़ी बोली के अतिरिक्त ब्रज, अवधी आदि अन्य बोलियों का भी योग रहा है। जो भी बोली अपने क्षेत्र से बाहर के लोगों तक पहुँची है, वह दो या अधिक जनपदों को एक-दूसरे के पास लाई है और इस प्रकार हमारे जातीय निर्माण में सहायक हुई है। इस प्रक्रिया में अन्यतम महत्त्व गोस्वामी तुलसीदास का है। आज तक किसी भी साहित्यकार की रचनाएँ हिन्दी के सभी जनपदों में इतने व्यापक स्तर पर—गाँवों के जनसाधारण और नगरवासियों द्वारा—नहीं पढ़ी गईं, जैसे रामायण पढ़ी गई है। रामायण को लोग इस तरह बंगाल और महाराष्ट्र में नहीं पढ़ते यद्यपि मुक्ति पाने और स्वर्ग जाने की अकांक्षा वहाँ के लोगों में हिन्दी-भाषियों से कम नहीं है।

कुछ लोग इस बात पर आपत्ति करते हैं कि ब्रज, अवधी, मैथिली के साहित्य को हम हिन्दी का ही साहित्य मानते हैं। साहित्य और संस्कृति किसी मानव-समूह की होगी, हवा में तो विकसित न होगी। आधुनिक युग में ये मानव-समूह जातियों (नेशन) के रूप में गठित हैं। हम हिन्दी-भाषी एक महाजाति हैं। इस महाजाति के अन्तर्गत जितनी भी बोलियों के लोग आते हैं, उन सबका साहित्य एक ही जाति का साहित्य कहलाएगा। हमारी जाति हिन्दी है, हमारी भाषा हिन्दी है, इसलिए हिन्दी क्षेत्र की सभी बोलियों के साहित्य को हम हिन्दी साहित्य के अन्तर्गत लेते हैं। इसका अर्थ यह नहीं होता कि तुलसी, सूर, कबीर ने आज की हिन्दी में रचनाएँ की हैं। इसका अर्थ इतना ही है कि इन सब बोलियों में रचा हुआ साहित्य एक ही जाति की सम्पदा है। संसार में शायद ही कोई ऐसी भाषा हो जिसकी बोलियों का साहित्य इतना समृद्ध हो, साथ ही पुराना भी हो। खड़ी बोली हिन्दी का साहित्य अपेक्षाकृत नवीन है। इसके अनेक ऐतिहासिक कारण हैं जिनमें मुख्य है खड़ी बोली के मूल क्षेत्र में फ़ारसी का राजभाषा के रूप में आधिपत्य और अंग्रेज़ी राज में हिन्दी-भाषी प्रदेश का पिछड़ापन। किन्तु यह स्मरण रखना चाहिए कि 'बोलियों' में साहित्य-रचना हिन्दी क्षेत्र की अद्भुत घटना नहीं है। बोली के हिसाब से बंगाल के तीन भाग किये जा सकते थे। डॉ. चाटुर्ज्या ने लिखा है कि "भाषा और संस्कृति के विचार से तीन बंगाल निर्मित हो सकते थे—राढ़, वरेन्द्र और बंग; उत्तरी बंगाल कामरूप (आसाम) में मिल जाता और डेल्टा राढ़ और बंग में बाँट लिया जाता। इनमें से प्रत्येक बंगाल अपने में लगभग उतना ही पूर्ण होता जितना कि उड़ीसा या असम हैं।"[1] तीन बंगाल न बने; बना एक ही बंगाल। यदि हमें इन तीनों क्षेत्रों की बोलियों में साहित्य मिले, तो क्या हम उसे बंगला साहित्य के अलावा किसी और नाम से पुकारेंगे? यदि पंजाब की पोठवारी बोली में किसी ने साहित्य रचा हो, तो क्या उसे पंजाबी साहित्य में न गिना जाएगा? दक्खिनी फ्रांस की बोली प्रोवांसाल में बहुत-सा साहित्य रचा गया था, उसे फ्रांसीसी साहित्य में ही तो गिना जाता है।

तीन बंगालों के प्रसंग में डॉ. चाटुर्ज्या ने एक बात बहुत मार्के की कही है : "बोलियों की विभिन्नता होते हुए भी राजनीतिक और सामाजिक कारणों से बंगाल में भाषा-सम्बन्धी एकता कायम हुई है।"[2] जिस प्रदेश में तीन बंगाल बन सकते थे, वहाँ जातीय एकता केवल भाषागत कारणों से उत्पन्न नहीं हुई। किसी भी प्रदेश में जातीय निर्माण केवल भाषागत कारणों से नहीं होता। सामाजिक कारणों की बहुत बड़ी भूमिका होती है। यदि यह मान भी लिया जाए

1. 'ऑरिजिन एंड डिवेलपमेंट ऑव बेंगाली लैंग्वेज़', खंड 1, पृ. 147
2. उप., पृ. 146

कि भोजपुरी और बंगला एक ही मागधी से उत्पन्न हुई हैं, तो भी इस भाषागत तथ्य से एक महत्तर तथ्य है, वह यह कि "मगध का प्राचीन गौरव और संस्कृति समाप्त हुई और क्रमश: वह हिन्दुस्तान का एक भाग बन गया।"[1] भोजपुरी प्रदेश, मिथिला और मगध में ब्रज और अवधी ने ही प्रवेश न किया, वहाँ खड़ी बोली भी पहुँची और उसी तरह जातीय भाषा के रूप में विकसित होने लगी, जैसे ब्रज या अवध में। बिहार में हिन्दी और उसकी बोलियों के परस्पर सम्बन्ध के बारे में डॉ. उदयनारायण तिवारी ने लिखा है : "यद्यपि साहित्यिक भाषा के रूप में, बिहारी भाषा-भाषी क्षेत्र में आज हिन्दी की ही प्रतिष्ठा है तथापि बिहारी—मैथिली, मगही तथा भोजपुरी—बोलनेवालों की अपनी-अपनी बोलियों के प्रति अत्यधिक ममता है। बिहारी की इन बोलियों (अर्थात् हिन्दी की बोलियों) की जड़ें यहाँ की जनता के हृदय में बहुत दूर तक चली गई हैं और यह आशा करना कि निकट भविष्य में, बोलचाल में भी, हिन्दी इनका स्थान ले लेगी, दुराशा मात्र है।"[2] बिहार या उसके बाहर के लोगों को अपनी-अपनी 'बोलियों' पर खूब ममता हो, इस पर किसी को क्या आपत्ति हो सकती है? यह बिलकुल सही है कि इन बोलियों की जड़ें जनता में बहुत दूर तक चली गई हैं। इसलिए इन बोलियों में नाटक, गीत, व्यंग्य कविताएँ आदि लिखी जाएँ, यह ठीक है। किसान-आन्दोलन की प्रगति के लिए इस तरह के लोक-साहित्य की रचना आवश्यक है। किन्तु गद्य के लिए खड़ी बोली का सहारा लेना होगा। आप भोजपुरी में गद्य लिखेंगे तो उसकी 95 फीसदी शब्दावली हिन्दी की होगी। बोलियों की जड़ें जनता में बहुत गहरी होती हैं। हमारे देश में ही नहीं, फ्रांस और इंग्लैंड जैसे पूँजीवादी देशों में भी बोलियों का अस्तित्व है और लोग अपनी जातीय भाषा के अलावा उन्हें भी बोलते हैं। लेकिन अपनी बोली के साथ बिहार के लोग जातीय भाषा के रूप में हिन्दी बोलेंगे, या मैथिली को बिहारी भाषा बनाएँगे, या मगध, मिथिला, भोजपुरी प्रदेश में वहाँ की बोलियाँ अलग-अलग जातीय भाषाएँ बनेंगी, इसका फैसला अब होने को नहीं रह गया है।

भोजपुरी भाषा और साहित्य के परिशिष्ट में डॉ. तिवारी ने भोजपुरी के कुछ पुराने कागज-पत्र दिये हैं। इनमें रघुनंदन शर्मा को लिखा हुआ काशी-नरेश का एक पत्र दिलचस्प है। यह पत्र सम्वत् 1953 में लिखा गया था। उन्नीसवीं सदी की तुलना में आज भोजपुरी क्षेत्र में खड़ी बोली का प्रचार बहुत अधिक है। किन्तु आज से अर्द्ध शताब्दी पहले भी खड़ी बोली वहाँ काफी पैठ चुकी थी। इस कारण उक्त पत्र की भोजपुरी में खड़ी बोली के व्याकरण रूप मिल गए हैं। इसमें एक ओर विवाह का निमंत्रण-पत्र पाकर 'हर्ष भयल', दूसरी ओर रसम नेवता शिवकुमार उपाध्याय उपरोहित 'ले जाते हैं।'[1] इस तरह का मिश्रण अपवाद नहीं है। सम्वत् 1927 का लिखा हुआ एक अन्य पत्र देखिए। इसमें 'स्वस्ति श्री सर्वोपमा योग्य' के बाद लिखा है : "आगे बहुत दिनों से आपका कुशलानन्दजनित कोई कृपापत्र हमारे पास नहीं आया इसलिए चित्तवृत्ति निरन्तर लगा है इस वास्ते खत लिखा है कृपापूर्वक कुशलमंगल घटित पत्र से शीघ्रता में सानन्द करब जेते प्रमुदित होयँ और श्री बाबू रामगुलाम सिंह जीव सेंवतर के हैं उनको एक लड़का के तलास है सो आपके पास भी जिकर हुई थी सो टीपन देने में कुछ आपको तामुल है और आपने कहा भी था कि राजा साहब जी का पत्र आवै तो टीपन हम देयँ सो इस विषै में तो हमारे नजदीक टीपन देने में कुछ सन्देह की बात नहीं है

1. उप., पृ. 14
2. 'भोजपुरी भाषा और साहित्य', पृ. 175
3. 'भोजपुरी भाषा और साहित्य', पृ. 321

मोनासिब हो तो टीपन दे दीजिए अगर गणना वगैरह शुद्ध बनि जायगी तो आइन्दे देखा जायगा अधिक समाचार इहा का सब यथास्थित है कोई नवीन बात नहीं जो लिखै आप कृपापूर्वक कुशल-मंगल घटित पत्र से हमेशा सानंद करत रहब जेते खुसी वो खातिर जमा रहै।"[1] इस पत्र के वाक्यों में 'करत रहब' और 'सानंद करब' के साथ 'नहीं आया', 'लगा है', 'खत लिखा है', 'हुई थी', 'कहा भी था' आदि खड़ी बोली के व्याकरण रूप जमे हुए हैं। वास्तव में ज्यादा तादाद खड़ी बोली के इन रूपों की है। डॉ. तिवारी ने इस पत्र को भोजपुरी के नमूने के तौर पर उद्धृत किया है; पर है वह खड़ी बोली का नमूना। पत्र की भाषा भोजपुरी से प्रभावित खड़ी बोली है। कानपुर, बनारस, या पटना में जब दूर-दूर के जिलों के मजदूर आपस में बातें करते हैं, तब वे भी खड़ी बोली में इसी तरह अपनी बोलियों के रूप मिला देते हैं। आधुनिक हिन्दी के कवियों ने जब ब्रजभाषा छोड़कर खड़ी बोली में कविता करना शुरू किया था, तब उनकी खड़ी बोली में भी इसी तरह ब्रजभाषा के रूप मिल जाया करते थे। यह एक स्वाभाविक प्रक्रिया है। उपर्युक्त पत्र यह सिद्ध करता है कि जिस समय भारतेन्दु हरिश्चन्द्र आधुनिक हिन्दी गद्य का सृजन करने की तैयारी में थे, उस समय अनेक भोजपुरी-भाषी अपनी निजी ख़त-किताबत में खड़ी बोली का प्रयोग करने लगे थे। तिवारी जी ने भोजपुरी गद्य की ऐसी मिसालें नहीं दीं जिनमें इसी प्रकार बंगला के व्याकरण रूप मिल गए हों। हिन्दी-क्षेत्र के हर सांस्कृतिक और औद्योगिक केन्द्र में भोजपुरी-भाषी बंधु मिलते हैं। उन्हें गैर-भोजपुरी हिन्दी-भाषियों से सम्पर्क कायम करना ही होता है। मैंने कलकत्ते में देखा है कि भोजपुरी और अवधी बोलने वाले मजदूर ही इमारत में रहते हैं। एक जिले के मजदूर तो आपस में अपनी बोली ही बरतेंगे, लेकिन भोजपुरी मजदूर अवध के साथी से बात करेगा तो भरसक खड़ी बोली का व्यवहार करेगा। इस प्रकार हिन्दी-क्षेत्र के विभिन्न जनपदों के बीच जातीय भाषा के रूप में हिन्दी का व्यवहार निरन्तर बढ़ता रहा है।

लेकिन डॉ. तिवारी का कहना है कि "बिहार की बोलियों का वस्तुत: बंगला से तथा हिन्दी का राजस्थानी एवं पंजाबी से ही अति निकट का सम्बन्ध है। इसमें अतिशयोक्ति भी नहीं है। एक अशिक्षित तथा निरक्षर बिहारी बंगाल में जाकर अल्प प्रयास से ही शुद्ध बंगला बोलने लगता है; किन्तु साधारण रूप में शिक्षित एवं साक्षर बिहारी के लिए भी शुद्ध हिन्दी बोलना सरल कार्य नहीं है। हाँ, यह बात दूसरी है कि अनेक कारणों से, बिहार में शिक्षा का माध्यम हिन्दी ही रहेगी।"[2] यदि यह बात सही होती कि बिहारी-बंधु हिन्दी की अपेक्षा बंगला आसानी से सीख लेते हैं, तो कलकत्ते जैसे शहर में वे परस्पर हिन्दी के बदले बंगला का व्यवहार ही करते। लेकिन बंगाली मित्र उन्हें पश्चिमा और हिन्दुस्तानी इसीलिए कहते हैं कि वे बंगला के बदले हिन्दी अपनाते हैं। इस बात पर यकीन न हो तो डॉ. सुनीति कुमार चाटुर्ज्या के अनुभव की बात सुनिए। उन्होंने अपने बचपन के अनुभव याद करते हुए लिखा है : "कलकत्ता में अपने बचपन में ही लेखक ने हाट-बजारों में तथा घर के बिहारी नौकरों से बंगाल में प्रयुक्त बाजारू हिन्दी कहलाने योग्य भाषा का ज्ञान प्राप्त कर लिया था।"[3] यदि इन बाजारू नौकरों के लिए हिन्दी की अपेक्षा बंगला सीखना सरल होता तो वे मालिक के बेटे से बंगला ही में बात करते और भावी भाषाविद् को उनसे बाजारू हिन्दी सीखने का अवसर ही न मिलता।

---

1. उप., पृ. 319
2. 'भोजपुरी भाषा और साहित्य', पृ. 175
3. 'भारतीय आर्य भाषा', पृ. 245

इसलिए डॉ. चाटुर्ज्या ने अन्यत्र ठीक लिखा है कि पूरबी और बिहारी बोलियों के बोलनेवालों ने हिन्दी या हिन्दुस्तानी को "अपनी साहित्यिक एवं सार्वजनिक जीवन की भाषा मान रखा है।"[1] केवल साहित्यिक भाषा नहीं, हिन्दी सार्वजनिक जीवन की भाषा भी बनी। इसीलिए हिन्दुस्तानी क्षेत्र में उन्होंने बिहार को भी गिना है। "पूरबी हिन्दी तथा बिहारी बोलनेवाला पूर्वी उत्तर प्रदेश तथा बिहार का भाग जो 'पूरब' कहलाता है, वह भी इसी 'हिन्दुस्तान या हिन्दुस्थान' का एक हिस्सा है। बंगाल में बंगला न बोलनेवाले तथा बिहार या उत्तर प्रदेश के लोगों को 'हिन्दुस्थानी' अथवा 'पश्चिम' कहा जाता है।"[2]

बिहार बंगाल प्रान्त से संयुक्त रह चुका है। असम की तरह बिहार में भी अधिकांश उच्च पदों पर बंगाली नियुक्त होते रहे हैं। फिर भी बिहार में बंगला के बदले हिन्दी का ही प्रसार होता रहा। जिन "अनेक कारणों से बिहार में शिक्षा का माध्यम हिन्दी ही रहेगी", वे कौन से हैं? "बिहार में, व्यावहारिक दृष्टि से, आज उच्च शिक्षा का माध्यम हिन्दी के अतिरिक्त कोई अन्य भाषा नहीं हो सकती।"[3] इस व्यावहारिक दृष्टि की विशेषता क्या है? यदि बिहार के निरक्षर लोग भी हिन्दी की तुलना में बंगला आसानी से सीख लेते हैं, तो 'व्यावहारिक' बात यही होगी कि उनकी शिक्षा का माध्यम बंगला हो! "पश्चिम की बलिष्ठ भाषा हिन्दी के माध्यम से अपने हृदय के भावों का प्रकाशन" करने के लिए उन्हें बाध्य क्यों किया जाए?

लेकिन बिहार और हिन्दी (खड़ी बोली) का सम्बन्ध बहुत पुराना है। श्री दुर्गाशंकर प्रसाद सिंह ने कुँअर सिंह पर अपनी पुस्तक में कुछ पँवारे उद्धृत किये हैं। ये पँवारे काफी पुराने हैं और उन्हें गानेवालों की पँवरिया जाति ही बन गई है। इन पँवारों की भाषा खड़ी बोली है जिनमें कहीं-कहीं भोजपुरी के रूप भी मिलते हैं :

सुन अमर मेरी बात—सोने कलम हाथों ले
लिख परवाना भेजे का—जा टेकारी दाखिल हुआ
जा डुमराँव दाखिल हुआ—जादलीपपुर दाखिल हुआ
जा रामगढ़ दाखिल हुआ—सुन तू बाबू मेरी बात
गोतिया भाई आप कहाते—मेरी मदत पर आओ काम
मैं अँगरेज से बिगड़ा हूँ—मेरी मदत पर आओ काम
ई बाबू ने जोड़ किया—सुन तो बाबू मेरी बात
मेरे पास जोश ना—मेरे पास पल्टन ना
कहो बाबू क्या करें—अतना बात बाबू ने सुना
सुन अमर मेरी बात—जब जवानी मेरी थी
तब अँगरेज बिगड़ल ना—अब जयेफी बीती जाय
जीरा ऐसा दाँत हो जाय—आ सन ऐसा बार हो जाय
जुलजुल मास लटकत जाय—बाँह में कुबत मिले जाय
कैसै तेगा पकड़ूँ मैं—कैसे मनी[4] को मारूँ मैं।

1. श्री दुर्गाशंकर प्रसाद सिंह, 'बाबू कुँअर सिंह', पटना, पृ. 77; मनी—गया का कलक्टर
2. 'भारतीय आर्य भाषा', पृ. 183
3. उप., पृ. 159
4. 'भोजपुरी भाषा और साहित्य', पृ. 175

एक अन्य पँवारे की भाषा का नमूना देखिए :

सुन जनरैल मेरी बात
तुम्हारा तोप माता है—मेरा जंगल पिता है
मैं जंगल छोड़ूँगा नहीं—रात दिन का धावा किया
जा नोनीडीह दाखिल हुआ—तब ले जरनैल जोड़ किया
दूरबीन लगाके देखे जाय—बाबू के पल्टन छिपा है।

तीसरे पँवारे की भाषा :

भोजपुरी माने बाबू है—हन हन तेगा मारता है
सोन नदी में धोता है—विक्टोरिया को मेरा सलाम
आन कलकत्ता दाखिल हुआ—सुना लाट मेरी बात
भोजपुर माने बाबू है—जरी रोब माने ना।

"बिहार भर में ये पँवरिये कुँअर सिंह के पँवारे को खूब गाते थे" और आज भी तलवार चलाने की मुद्रा में गाते हैं तो "वीर रस सजीव हो उठता है।" इससे प्रमाणित हुआ कि बिहार में खड़ी बोली का इतना प्रसार हो चुका है कि उसमें न केवल उच्च साहित्य वरन् लोकगीत भी रचे जाते हैं और वे सारे प्रदेश में लोकप्रिय होते हैं। यही कारण है कि 1920 के असहयोग-आन्दोलन में भोजपुरी जनता को उत्साहित करने के लिए उसकी जनपदीय बोली में ही रचनाएँ न की गईं वरन् हिन्दी में भी लोकप्रिय कविताएँ रची गईं। ऐसी लोकप्रिय हिन्दी रचनाएँ करनेवालों में प्रिंसिपल मनोरंजन भी थे।

"डुमराँव के प्रिंसिपल मनोरंजन ने 'अस्सी बरस का वीर बाँकुरा कुँअर सिंह मरदाना था' की रचना की जो हिन्दी में थी और खूब जनप्रिय हुई। गांधी जी तक ने उसको पसन्द किया।"[1]

शेरशाह बिहार ही का था जिसने अपने राज्य के दफ्तरों में हिन्दी को स्थान दिया था। उसके समय की राजभाषा हिन्दी का कोई नमूना नहीं मिला लेकिन उसके कुछ ही समय बाद अकबर के समय की राजभाषा हिन्दी का नमूना मिला है। उस समय तक चाहे फ़ारसी राजभाषा बना दी गई हो, चाहे उसके साथ हिन्दी भी राजभाषा बनी रही हो, इसका प्रमाण है कि सोलहवीं सदी में राजकाज के लिए बिहार में खड़ी बोली हिन्दी का प्रयोग होता था। पटना के प्रोफेसर सैयद हसन अस्करी ने अपने एक लेख में मानसिंह की एक सनद उद्धृत की है। मानसिंह 1587 से 1594 तक बिहार के राज्यपाल थे। उन्होंने बिहार में मामू-भांजे के मजार की देखरेख करनेवाले शेखबख़्श को चौदह बीघा जमीन जीविका के लिए दी थी। वह सनद प्रो. अस्करी को प्राप्त हुई। सनद फ़ारसी में है लेकिन उसके साथ ही मूल सनद में उसका हिन्दी रूपान्तर भी दिया गया है। इसकी भाषा इस प्रकार की है : "हर साल परवाने तलब मत करो साल तमाम मे फी बीघे मजरू पिच्छे सुक्का एक खालिस लीजो अरु और कच्छु दखल मत करो।"[1] हिन्दी रूपान्तर की लिपि प्रो. अस्करी के अनुसार, कैथी और देवनागरी का मिश्रित रूप है। कई जगह अक्षर मिट गए हैं या कागज फट गया है। प्रो. अस्करी ने हिन्दी

1. श्री दुर्गाशंकर प्रसाद सिंह, 'बाबू कुँअर सिंह', पटना, पृ. 69; मनी—गया का कलक्टर
1. सैयद हसन अस्करी, 'सम डॉक्यूमेंट्स रिलेटिंग टु दि मॉसोलियम ऑव मामू-भांजा एट जढुआ', बेंगाल पास्ट रोड प्रेजेंट, खंड 66,1946-47, कलकत्ता। प्रो. अस्करी के लेख का पता मुझे उन्हीं से लगा था जिसके लिए मैं उनका कृतज्ञ हूँ।

पाठ श्री धर्मेन्द्र ब्रह्मचारी की सहायता से पढ़कर रोमन में लिखा। उसी से ऊपर का उद्धरण देवनागरी में दिया गया है। हिन्दी रूपान्तर में 'मत करौ'—यह टुकड़ा तीन बार आया है। इससे स्पष्ट है कि सनद की भाषा मूलत: खड़ी बोली है। लीजो, कीजो जैसे क्रिया-रूप उस समय की—और बहुत दिन बाद की भी—खड़ी बोली में प्रयुक्त होते थे।

बिहार में खड़ी बोली के प्रसार की इस सुदीर्घ परम्परा को देखकर इस बात पर आश्चर्य न होना चाहिए कि आज साहित्य के अलावा वहाँ सार्वजनिक जीवन में उसका व्यवहार होता है। इसके प्रमाण मैथिली के परमभक्त नागार्जुन के हिन्दी उपन्यास 'बलचनमा' में मिलेंगे। दरभंगा मिथिला का सांस्कृतिक केन्द्र है। वहाँ स्टेशन पर पहुँचकर बलचनमा लोगों की बोली-बानी सुनकर कहता है : "रूप-रंग के साथ यहाँ लोगों की बोली भी बदली थी। यह काहे-कुहे सुनने का पहिला मौका था मेरे लिए।" काहे-कुहे बिहार की कोई बोली नहीं है। उपन्यास लेखक ने उसका अर्थ स्पष्ट कर दिया है : "का-को वाली बोली, हिन्दी-उर्दू।" मैथिली-भाषी बलचनमा अपने परिवार में खड़ी बोली के व्यवहार के बारे में कहता है : "अब तो मुझे भी इसी बोली की लत पड़ गई है। अपनी बोली भूलता जा रहा हूँ। बबुनी की तो बात छोड़ो, चार बरस का मेरा ननकिरबा परदिपवा फरफर बोलता है।" जब बलचनमा का बेटा परदिपवा भी फरफर हिन्दी बोलने लगा, तब यह कैसे कहा जा सकता है कि बिहार के लोग हिन्दी बोलेंगे, यह दुराशामात्र है?

मिथिला की तरह मगध में भी खड़ी बोली का प्रचार है। गया के लोगों की बोली के बारे में बलचनमा कहता है : "कुली भी पक्की बोली बोलते हैं। सिगरेट बेचनेवाले भी काहे-कुहे करते हैं।" अनेक भाषाविदों की तुलना में नागार्जुन का बलचनमा बिहार की भाषा-स्थिति को ज्यादा बारीकी से देखता है। पटना की बोली के बारे में कहता है : "पटना की तरफ शहरूपन ज्यादा है। उधर जिसको रखना कहेंगे, इधर हम उसको धरना कहेंगे। उधर के लोग साफ ज़बान बोलते हैं। यहाँ गाड़ी में बाबू लोगों के मुँह से 'किहिस-दिहिस' निकलता है, तो उधर तुम लोगों के मुँह से 'किया-दिया' सुनोगे।" पटना बिहार का प्रमुख सांस्कृतिक केन्द्र है। बलचनमा वहाँ की हिन्दी को ठीक ही 'साफ जबान' कहता है। नागार्जुन के अन्य उपन्यास 'नयी पौध' से हमें यह सूचना मिलती है कि 'चुपके-चुपके बोल मैना', 'काली कमली वाले' तुमको लाखों पर्नाम' आदि गीत उधर भी प्रचलित हैं। मिथिला की अदालतों में बुकसेलर 'किस्सा तोता-मैना, किस्सा सवाचार यार' जैसी किताबें बेचते हैं। इस फुटपाथ साहित्य से भी हिन्दी बिहार में फैली है। डॉ. जयकान्त मिश्र ने इस बात पर खेद प्रकट किया है कि मैथिली भाषा के लिए देवनागरी लिपि का चलन हुआ। इसका कारण यह बताया है कि मिथिला में सरकारी और गैर-सरकारी तौर पर उपन्यास, पत्रिकाओं और मनोरंजक साहित्य का चलन हिन्दी में हुआ, मैथिली लिपि में उसका अभाव था। अब यह सिद्ध करने की जरूरत नहीं है कि मैथिली बंगला की अपेक्षा हिन्दी के अधिक निकट है। मिथिला में दरिद्र हिन्दी के उपन्यासों के बदले समृद्ध बंगला के मनोरंजक साहित्य का प्रचार क्यों न हुआ?

डॉ. जयकान्त मिश्र ने इस बात पर खेद प्रकट किया है कि आधुनिक मैथिली कवि रघुनंदन दास के काव्य 'सुभद्रा-हरण' पर हिन्दी का प्रभाव पड़ा है। मिथिला में हिन्दी नाटक खेले गए जो मैथिली-खड़ी बोली के निकट सम्बन्ध के बिना सम्भव न था। मिथिला के मित्रों ने मुझे बताया कि वहाँ के विद्यार्थी हाईस्कूल परीक्षा में हिन्दी या मैथिली में

किसी एक को ले सकते हैं; अधिकांश विद्यार्थी मैथिली की तुलना में हिन्दी लेते हैं। हमारा जातीय गठन नित्य-प्रति दृढ़तर होता जाता है; भाषाविद् इस प्रगति पर अफसोस करें तो करते रहें।

बोली और भाषा का भेद सापेक्ष और व्यावहारिक है। सामाजिक विकास- क्रम की किन्हीं मंजिलों में किसी एक बोली के आधार पर, अनेक बोलियों के क्षेत्र में, परिनिष्ठित भाषा का निकास और प्रसार होता है। एक भाषा की बोलियाँ वही नहीं होतीं जो उस भाषा के परिवार की हों। भिन्न भाषा-परिवारों की बोलियों को सामाजिक कारणों से कभी-कभी समर्थ पड़ोसी जाति की भाषा की अधीनता स्वीकार करनी पड़ती है। बोलियों का भेद ध्वनि, व्याकरण और शब्द-भंडार—तीनों के कारण होता है; इनमें अन्तिम भेद मुख्य है। हिन्दी की पूर्वी बोलियाँ बोलनेवाले लोग सामाजिक कारणों से पश्चिमी हिन्दी वालों के साथ रहे हैं। इसलिए ये पूर्वी बोलियाँ न तो स्वतंत्र भाषाएँ बनकर विकसित हो रही हैं, न बंगला की बोलियाँ बन गई हैं। इनके प्रदेशों को स्वाधीन राज्य बनाने की माँग जातीयता का विघटन करनेवाली है। बिहारी नाम की कोई भाषा नहीं है। बिहार में तीन बोलियाँ मुख्य हैं, इनमें भोजपुरी बिहार के बाहर उत्तर प्रदेश के काफी बड़े भाग में भी बोली जाती है। भाषाओं और बोलियों को प्रगतिशील और मरणशील बताना साम्राज्यवादी प्रचारकों का काम है। उन्होंने नस्ल और जाति-प्रथा के आधार पर यह भेद किया था। हिन्दी की पूर्वी और पश्चिमी बोलियों में भेद है, लेकिन इनके व्याकरण और ध्वनिगत भेद इतने स्पष्ट और निर्णायक नहीं हैं कि भोजपुरी या मैथिली को हिन्दी क्षेत्र से बाहर निकालकर बंगला के साथ अन्य वर्ग में रखा जाए। मूल समस्या है शब्द-भंडार की और इस विषय में हिन्दी की सभी बोलियों में बहुत बड़ी समानता है। यही कारण है कि मिथिला या भोजपुरी प्रदेश के लोग बंगला के बदले हिन्दी को अपनी सांस्कृतिक भाषा के रूप में अपनाते हैं। बिहार में खड़ी बोली का प्रवेश और प्रसार काफी पुराना है। वर्तमान काल में भोजपुरी, मैथिली आदि हिन्दी की बोलियाँ मात्र रह गई हैं। राजस्थानी और पंजाबी, मैथिली आदि की तुलना में, हिन्दी के अधिक निकट हैं—यह धारणा भी गलत है। मैथिली या भोजपुरी की तुलना में इन भाषाओं का शब्द-भंडार हिन्दी से काफी भिन्न है। इनकी भावी स्थिति क्या होगी, यह बहुत कुछ हमारी राज्यभाषा-सम्बन्धी नीति पर निर्भर है।

पन्द्रहवाँ अध्याय

राज्यभाषा—राष्ट्रभाषा

अंग्रेज़ी विकसित भाषा है, भारतीय भाषाएँ अविकसित हैं। भारतीय भाषाओं में हिन्दी खास तौर से अविकसित है। अंग्रेज़ी का सहारा छूटा तो भारतवर्ष की एकता तो छिन्न-भिन्न हो ही जाएगी, विश्व संस्कृति से उसका सम्बन्ध भी एकबारगी टूट जाएगा। अंग्रेज़ी भारत की राष्ट्रभाषा रहे तो सबसे अच्छा। दूसरे देशों के सामने शर्म के मारे उसे राष्ट्रभाषा न कह सके और झख मारकर हिन्दी का व्यवहार करना पड़े, तो अंग्रेज़ी और हिन्दी, दोनों को राष्ट्रभाषा का दर्जा देना चाहिए। यदि हिन्दी को ही राष्ट्रभाषा रखने की प्रतिज्ञा करनी पड़े, तो भी जहाँ तक हो सके, सांस्कृतिक और राजकीय कार्यों के लिए अंग्रेज़ी का व्यवहार होना ही चाहिए। उदाहरण के लिए जब हम बाहर जाएँगे, किसी अन्तरराष्ट्रीय सम्मेलन में भाग लेंगे, तब (कभी-कभी, हमेशा नहीं) हम हिन्दी का व्यवहार करेंगे। लेकिन अपने घर में हमारे मुखपत्र अंग्रेज़ी में प्रकाशित होंगे, हमारी कार्यकारिणी का अधिवेशन होगा तो उसमें विचार- विनिमय अंग्रेज़ी में होगा, नेताओं का अन्य नेताओं और उपनेताओं से पत्र-व्यवहार अंग्रेज़ी में होगा। भारत को आजाद करने के लिए मुख्य प्रेरणा अंग्रेज़ी से ही मिली लेकिन आजादी पाने के लिए भी अंग्रेज़ी की उतनी आवश्यकता न थी जितनी अब समाजवादी भारत के निर्माण के लिए है।

स्वाधीनता-आन्दोलन के दिनों में महात्मा गांधी जीवित थे। अंग्रेज़ी में उन्होंने भी बहुत कुछ लिखा था किन्तु वे भारतीय भाषाओं के समर्थक थे। वे न इन भाषाओं पर हिन्दी लादना चाहते थे, न हिन्दी लादने का हौआ खड़ा करके अंग्रेज़ी बनाए रखने के पक्ष में थे। वह भारत के उन नेताओं में थे जो अहिन्दी-भाषी होते हुए भी देश में सर्वत्र, और उत्तर भारत में विशेष रूप से, अपने हिन्दी भाषणों द्वारा जनता को मोह लेते थे। स्तालिन की मातृभाषा रूसी नहीं थी, लेकिन ज़ारशाही रूस में रूसी के बिना बड़े पैमाने पर राजनीतिक कार्यवाही हो न सकती थी। भारत में हिन्दी का व्यवहार किये बिना कोई अखिल भारतीय नेता नहीं बन सकता। महात्मा गांधी, सुभाषचन्द्र बोस उस युग के नेता हैं जब अहिन्दी-भाषी राष्ट्रनायक हिन्दी में भाषण देने से यह न समझते थे कि उनकी अपनी भाषा की तौहीन हो रही है। स्वामी दयानन्द सरस्वती ने हिन्दी को ही अपने आन्दोलन का माध्यम बनाया था : किसी भी अहिन्दी-भाषा में भाषण करके आप अपने प्रदेश में अवश्य नाम कमा सकते हैं, लेकिन सारे देश के नेता नहीं बन सकते। लोग कहते हैं, नेहरू के बाद कोई ऐसा नेता नहीं दिखाई देता जिसकी बात सारा देश ध्यान से सुने। इसका कारण जहाँ हिन्दी-भाषी प्रदेश का राजनीतिक पिछड़ापन है, वहाँ अहिन्दी-भाषी नेताओं द्वारा हिन्दी के प्रति उदासीनता भी है। वे हिन्दी के माध्यम से जनसाधारण में राजनीतिक कार्यवाही का महत्त्व नहीं समझ पाए।

कुछ लोग—विशेष कर कुछ हिन्दी-भाषी और साहित्य सम्मेलन के कर्णधार— हिन्दुस्तानी की समस्या को लेकर गांधी जी से रुष्ट थे। लेकिन दक्षिण भारत में गांधी जी और उनके अनुयायियों-सहयोगियों ने जितना हिन्दी प्रचार किया है, उतना और किसी नेता, राजनीतिक पार्टी या सांस्कृतिक संस्था ने नहीं किया। इसलिए आज के विभिन्न दलीय नेताओं के अंग्रेज़ी-प्रेम को देखकर कहना पड़ता है कि इन सबकी तुलना में गांधी जी देश की जनता के बहुत ज्यादा नजदीक थे।

भारत सरकार द्वारा नियुक्त ऑफिशियल लैंग्वेज़ कमीशन ने 1951 की जनगणना के आँकड़े देकर दिखाया है कि देश में पढ़े-लिखे लोगों की संख्या 16.6 प्रतिशत है। इनमें अंग्रेज़ी पढ़े-लिखे केवल एक फीसदी हैं। इन अंग्रेज़ी पढ़े-लिखों की गिनती हाईस्कूल परीक्षा को मानदंड मानकर की गई है। इसका मतलब है कि राजनीतिक और सांस्कृतिक कार्यों के लिए अंग्रेज़ी का व्यवहार करने की क्षमता वाले सज्जन और देवियाँ 0.25 प्रतिशत से अधिक नहीं हैं। इन एक बटा चार फीसदी के बल पर भारत में संसार के सबसे बड़े जनतंत्र का प्रयोग हो रहा! इन्हीं एक बटा चार की रीढ़ पर भारत की एकता स्थिर है! एक छोटा-सा वर्ग जो अंग्रेज़ी अखबार पढ़ता है, अंग्रेज़ी के माध्यम से नौकरी पाता है, अंग्रेज़ी के माध्यम से नेतागीरी करता है, अंग्रेज़ी के माध्यम से पार्लमेंटरी डिमोक्रेसी और सोशलिस्ट पैटर्न के प्रयोग करता है, वही नेहरू के बाद क्या होगा—यह समस्या उठाकर परेशान भी हो लेता है। यह छोटा-सा वर्ग भारत-भाग्य-विधाता है। अंग्रेज़ी में उसका निहित स्वार्थ है। विदेशी भाषा के बल पर वह साहब बना हुआ अपने देशवासियों पर राज करता है। उसकी पोशाक बदलती है—कभी बुश्शर्ट, कभी सूट और टाई और कभी शेरवानी या बन्द कॉलर का कोट लेकिन भाषा सर्वत्र अंग्रेज़ी। जनतंत्र का यह संकुचित वर्ग-आधार खुद तो नष्ट होगा ही, खतरा यह है कि अपने विनाश के साथ वह देश की बागडोर किसी अयूब खाँ को न सौंप दे!

अंग्रेज़ी के पक्ष में सबसे बड़ी दलील यह दी जाती है कि वह अन्तरराष्ट्रीय और विश्व-संस्कृति की भाषा है। इसके साथ एक छोटी दलील यह है कि हिन्दी राजभाषा के रूप में अहिन्दी-भाषियों पर लादी जा रही है। इसलिए जब लादी ही ढोना है, तो अंग्रेज़ी की लादी क्यों न ढोई जाए? मुख्य बात यह है कि नौकरियों में अहिन्दी-भाषियों के मुकाबले में हिन्दी-भाषी बाजी मार ले जाएँगे। अंग्रेज़ी सीखने में दोनों के लिए कठिनाइयाँ बराबर हैं। हिन्दुस्तानी की गुलामी से अंग्रेज़ की गुलामी फिर अच्छी!

अंग्रेज़ी भाषा यहाँ साम्राज्यवादी व्यवस्था में जातीय उत्पीड़न का एक साधन थी। उसके द्वारा यहाँ की भाषाओं के अधिकारों को कुचला गया था। इसलिए अंग्रेज़ी का स्थान हिन्दी ले—यह नारा गलत था। हमारे नेताओं को स्पष्ट करना चाहिए था कि अंग्रेज़ी के स्थान पर सभी भारतीय भाषाएँ अपने उचित पद पर प्रतिष्ठित होंगी, अंग्रेज़ी का स्थान एक भाषा नहीं वरन् अपने-अपने क्षेत्र में सभी भाषाएँ लेंगी। इनमें परस्पर व्यवहार के लिए और सीमित क्षेत्र में केन्द्रीय राजकाज के लिए हिन्दी का व्यवहार होगा।

भय केवल हिन्दी से अहिन्दी-भाषियों को नहीं रहा; भय है बंगालियों को असमिया से, मराठी-भाषियों को गुजराती से, तेलगू-भाषियों को तमिल से, इत्यादि। और अंग्रेज़ी को गले लगाए रखने को सब तैयार हैं! इस परिस्थिति की जिम्मेदारी सबसे ज्यादा कांग्रेसी नेताओं पर है जो गांधी जी का नाम लेते नहीं थकते लेकिन काम बिलकुल उनसे उल्टे करते हैं। गांधी जी का कहना था कि सबसे पहला और जरूरी काम यह करना चाहिए कि भारत को जिन

समृद्ध प्रान्तीय भाषाओं का वरदान मिला है, उन्हें फिर रायज किया जाए। यह दिमागी सुस्ती के अलावा और कुछ नहीं है कि हम यह दलील दें कि कचहरियों, स्कूलों और सेक्रेटेरियट में भी यह तब्दीली करने में कुछ समय, शायद कुछ वर्ष लग जाएँगे! बेशक बम्बई, मद्रास जैसे बहुभाषा-भाषी प्रान्तों में कुछ कठिनाई महसूस होगी जब तक भाषा के आधार पर प्रान्तों का पुनर्वितरण नहीं हो जाता। प्रान्तीय सरकारें ऐसा रास्ता निकाल सकती हैं जिससे कि इन सूबों की जनता यह अनुभव करने लगे कि अब जमाना उसका है।[1]

गांधी जी के लिए भाषावार प्रान्त बनाना आवश्यक था क्योंकि इसी तरह जनता राजकाज में भाग ले सकती थी। वह भाषावार प्रान्त-निर्माण को देश का विभाजन न समझते थे; वह उसे उचित ही 'री-डिस्ट्रीब्यूशन ऑव प्रॉविंसेज' कहते थे। इस प्रान्त-निर्माण का भरसक विरोध किया कांग्रेसी नेताओं ने। फिर लोगों को क्यों न भय होता कि उनकी भाषाएँ कभी अपने प्रदेश में राजभाषा न बनेगी और यदि अंग्रेज़ी गई तो उसका स्थान हिन्दी ले लेगी? इसके अलावा मारवाड़ी पूँजीपति सारे देश में फैले हुए हैं। ये हिन्दी-प्रचार के लिए तो पैसा देते हैं लेकिन जिस प्रदेश में धन्धा करते हैं, उसकी उपेक्षा करते हैं। कलकत्ते का बाजार मारवाड़ियों के कब्जे में होगा तो बंगाली पूँजीपति उससे टक्कर लेने के लिए बंगाली जातीयता की जरूर दुहाई देंगे और अपने इस 'बंगला भाषा-प्रेम' की लहर में वे अन्य वर्गों को भी बहा ले जाएँगे। बम्बई का बाजार गुजराती पूँजीपतियों के हाथ में होगा तो महागुजरात के आन्दोलन से गुजराती पूँजीपति को दिलचस्पी कम होगी लेकिन मराठी-भाषी पूँजीपति गुजराती प्रतिद्वन्द्वी से टक्कर लेने के लिए महाराष्ट्र-जातीयता का झंडा जरूर ऊँचा करेगा। ऐसी स्थिति में केवल मजदूर वर्ग उसके हाथ से यह झंडा छीनकर अंध-राष्ट्रवाद के जहर से जनता को बचा सकता है, अपने सही जातीय अधिकारों के लिए न्यायोचित लड़ाई लड़ सकता है और मजदूर मात्र की एकता के आधार पर देश में अन्तर-जातीय एकता स्थापित कर सकता है।

भारत की जातीय और भाषा-समस्या प्रत्येक जाति को उसके प्रदेश में संविधान के अन्तर्गत, प्रशासन के पूर्ण अधिकार देकर ही हल की जा सकती है। हमारे देश की परिस्थिति में एक दृढ़ केन्द्रीय शासन के साथ-साथ प्रदेशों में यथासम्भव विकेन्द्रीकरण भी आवश्यक है। इसके लिए यह जरूरी है कि किसी भाषा पर दूसरी भाषा न लादी जाए और हर भाषा को अपने क्षेत्र में राजकाज तथा सांस्कृतिक कामों में इस्तेमाल किये जाने की सुविधा हो। इसके लिए यह आवश्यक नहीं है कि प्रत्येक भाषा का एक प्रान्त या राज्य बनाया ही जाए। सोवियत संघ में सौ से ऊपर भाषाएँ बोली जाती हैं लेकिन वहाँ सोलह प्रजातंत्र ही हैं। इन प्रजातंत्रों का संगठन वहाँ की प्रमुख जातियों को केन्द्र मानकर किया गया है। इन प्रमुख जातियों की भाषाओं को ही प्रजातंत्रों की राजभाषा बनाया गया है। शेष छोटी जातियाँ विभिन्न स्तरों के स्वायत्त शासन ताले इलाकों में अपनी भाषाओं के माध्यम से राजकाज करती हैं। योजनाओं के अनुकूल आर्थिक निर्माण करने के लिए बड़ी इकाइयाँ आवश्यक होती हैं। इसलिए बहुत छोटे राज्यों की स्थापना वांछनीय नहीं है। साथ ही जनता राजकाज में भाग ले, इसके लिए यह आवश्यक है कि उसे अपनी राजनीतिक-सांस्कृतिक कार्यवाही सम्पन्न करने के लिए अपनी भाषा का व्यवहार करने की सुविधा हो। ये दोनों उद्देश्य वृहत् राज्यों में स्वायत्त शासन वाले प्रदेश कायम करने से सिद्ध होते हैं। सोवियत संघ में स्वायत्त शासन वाले प्रदेशों के लोग अपनी भाषा के अलावा अपने प्रजातंत्र की भाषा भी सीखते हैं। भारत के हर जातीय प्रदेश में

1. 'हरिजन', 21 सितम्बर, 1947, 'रिपोर्ट ऑव दि ऑफ़िशियल लैंग्वेज़ कमीशन' में उद्धृत

दूसरी जातियों के अल्पसंख्यक लोग रहते हैं। उन्हें अपनी भाषा में शिक्षा पाने की सुविधाएँ मिलनी चाहिए किन्तु उन्हें अपने प्रदेश की राजभाषा भी सीखनी होगी। असम में बंगाली जन अल्पसंख्यक हैं, आदिवासी भी वहाँ रहते हैं। इन्हें अपने निश्चित क्षेत्रों में राजकाज, शिक्षा आदि के लिए अपनी भाषाओं के व्यवहार की सुविधा मिलनी चाहिए। साथ ही उन्हें असमिया को राजभाषा के रूप में स्वीकार करना चाहिए और उसे राजभाषा बनाने के आन्दोलन का विरोध न करके आवश्यक संशोधनों के साथ उस आन्दोलन का समर्थन करना चाहिए। इसी प्रकार कलकत्ता, बम्बई जैसे केन्द्रों में अल्पसंख्यकों के अधिकार सुरक्षित रहने चाहिए। लेकिन वे इन केन्द्रों में तथा अन्यत्र वहाँ की प्रमुख जाति की भाषा को राजभाषा न मानेंगे तो कलह सदा बनी रहेगी और बड़ी इकाइयों का निर्माण असम्भव हो जाएगा।

पूँजीवादी जनतंत्र की विशेषता यह है कि जनता वोट ही देती है, राजकाज में हिस्सा नहीं लेती। समाजवादी जनतंत्र की विशेषता यह है कि जनता अपने प्रतिनिधि ही नहीं चुनती वरन् शासन-कार्य में स्वयं भाग भी लेती है। इसीलिए सोवियत संघ में जनता की भाषाओं के व्यवहार पर इतना जोर है। मजदूर सभाओं, सोवियतों और अन्य जन-संस्थाओं द्वारा जनता—सबसे पहले किसान और मजदूर—साक्षर और शिक्षित होने के कारण देश के राजकाज, आर्थिक और सांस्कृतिक जीवन में सक्रिय भाग लेते हैं। हमारे देश में जनता की व्यापक निरक्षरता जनतंत्र को वास्तविक रूप में कारगर नहीं होने देती। यह निरक्षरता विभिन्न प्रदेशों की भाषाओं में शिक्षण व्यवस्था से ही दूर हो सकती है। जनतंत्र की दूसरी आवश्यकता है, उत्पादन और वितरण के साधनों पर जनता का अधिकार। बड़े-बड़े पूँजीवादी देशों में चुनाव लड़ते हैं बड़े-बड़े कार्पोरेशन, पूँजीपति-संघ। राजनीतिक पार्टियाँ साइनबोर्ड का काम करती हैं।

यदि जनतंत्र पूँजीपति-संघों के दंगल का नाम नहीं है तो उसके संचालन के लिए इन संघों को नियंत्रित करना होगा। यदि जनता अपनी मजदूर-सभाओं, पंचायतों, कर्मचारी-संघों आदि में संगठित हो, तो उसका काम पूँजीपतियों की पार्टियों के लिए वोट डालना न रहे। वह अपनी संस्थाओं से प्रतिनिधि खड़े करे और ग्राम-पंचायतों से लेकर लोकसभा तक के लिए अपने प्रतिनिधि भेजे। तब उसे अपनी आर्थिक और सांस्कृतिक प्रगति के लिए अपनी भाषा का व्यवहार करने के लिए भी पूर्ण अवसर और सुविधा मिलेगी। इस बहाने कि भारतीय भाषाएँ अविकसित हैं, विभिन्न राज्यों में उन्हें राजकाज की भाषा नहीं बनाया जा रहा है। कहीं बनाया गया है तो नाम-चारे के लिए; राज्य का ज्यादा काम अंग्रेज़ी में होता है। इसका कारण यह है कि देश के नेता लोग जनतंत्र को जनता के लिए जरूरी नहीं समझते। उनकी समझ में जनता जरूरी है जनतंत्र के लिए अर्थात् उन्हें वोट देने और शासन करने का अवसर देने के लिए! इसके विपरीत गांधी जी का मत था कि स्कूलों, अदालतों और सेक्रेटेरियटों में तुरन्त जातीय भाषा का चलन हो। वे कुछ साल रुकने के लिए भी तैयार न थे क्योंकि वे जानते थे कि जनता की आवश्यकताओं के विचार से उसकी भाषाएँ खूब विकसित हैं। सोवियत संघ में किसी भाषा के लिए नहीं कहा गया कि वह पिछड़ी हुई है, इसलिए उसे राजकाज के लिए इस्तेमाल न करना चाहिए। जब तक वह विकसित न हो जाए, तब तक उसकी जगह रूसी भाषा का व्यवहार करते जाना चाहिए। वहाँ लोग उच्च विज्ञान की शब्दावली गढ़ने न बैठ गए और इस बहाने जातीय भाषाओं के विकास पर उन्होंने रोक न लगा दी। जिसे उच्च विज्ञान की शिक्षा पाना हो, वह रूसी पढ़े, रूसी विद्यालयों में जाए, लेकिन वैज्ञानिक शब्दावली के अभाव में जातीय भाषाओं को राजभाषा बनने से रोका न जाएगा। भारत में हाईकोर्ट के फैसले

कुछ दिन तक अंग्रेज़ी में ही लिखे जाएँ, कोई हर्ज नहीं। मेडिकल और इंजीनियरिंग कॉलेजों में कुछ दिन तक अंग्रेज़ी में पढ़ाई होती रहे, कोई नुकसान नहीं। जिन संस्थाओं से जनता को आये-दिन साबिका पड़ता है, उनमें उसकी भाषा का व्यवहार होता है या नहीं, मुख्य समस्या यह है। व्यापक पैमाने पर आज देश की जातीय भाषाएँ तुरन्त राजभाषा बनाई जा सकती हैं, उन्हें विद्यालयों आदि में शिक्षा का माध्यम बनाया जा सकता है, उनके विकसित-अविकसित होने का सवाल नहीं उठता।

इस दृष्टिकोण से पंजाबी और राजस्थानी की समस्या पर विचार कीजिए। राजस्थान में राजनीतिक और सांस्कृतिक जीवन के उन स्तरों पर राजस्थानी का व्यवहार होना चाहिए जिनका घनिष्ठ सम्बन्ध साधारण जनता से है। यह बिलकुल सम्भव है कि राजस्थान के विश्वविद्यालयों का माध्यम हिन्दी हो क्योंकि दोनों के शब्द-भंडार में बहुत बड़ी समानता है। दर्शन, अर्थशास्त्र, विज्ञान आदि की पुस्तकें राजस्थानी में लिखी जाएँ तो निन्यानबे फीसदी शब्दावली वही होगी, जो हिन्दी की होगी। इसलिए राजस्थानी व्याकरण-रूपों को मिलाकर उस हिन्दी शब्दावली को दुबारा छापने में अर्थ और समय का अपव्यय ही होगा। राजस्थान के लोग हिन्दी आसानी से समझ लेते हैं, इसलिए सम्भावना यह है कि सामाजिक जीवन के निम्न स्तरों पर राजस्थानी का प्रयोग होगा और उच्च स्तरों पर हिन्दी का। पंजाबी हिन्दी से लगभग वैसे ही मिलती है, जैसे राजस्थानी। वहाँ भी सम्भवत: आगे चलकर यही स्थिति होगी कि निम्न स्तरीय राजनीतिक कार्य पंजाबी में हों; विश्वविद्यालयों, उच्च न्यायालयों आदि में हिन्दी का चलन हो।

कश्मीर में उर्दू को राजभाषा बनाया गया है। उर्दू (या हिन्दी) का कश्मीरी से वही सम्बन्ध नहीं है जो हिन्दी का मराठी या बंगला से है। हिन्दी-उर्दू जाननेवालों के लिए वह उतनी ही दूर है जितनी दूर तेलगू या तमिल हैं। ऐसी हालत में उर्दू को राजभाषा बनाए रखना कश्मीरी के प्रति घोर अन्याय करना है। कश्मीरी इतनी स्वतंत्र और समर्थ भाषा है कि उसमें निम्न स्तर से लेकर उच्चतम स्तर तक गद्य-पद्य का सारा काम हो सकता है। राजस्थान या पंजाब की तरह वहाँ यह आवश्यक न होगा कि उच्चस्तरीय कामकाज हिन्दी में हो। यदि बंगला उच्चतम शिक्षा का माध्यम बन सकती है, तो कश्मीरी भी बन सकती है। जम्मू की भाषा डोगरी है जो पंजाबी और हिन्दी से मिलती है। इस क्षेत्र में राजभाषा न उर्दू होनी चाहिए, न कश्मीरी वरन् यह स्थान मिलना चाहिए डोगरी को जिसकी हिन्दी के सम्बन्ध में वही स्थिति है जो राजस्थानी की है, अर्थात् निम्न स्तरीय कार्य डोगरी में होंगे, उच्च स्तरीय कार्य अधिकतर हिन्दी में होंगे।

भाषाओं की निरपेक्ष और पूर्ण स्वाधीनता किसी भी देश में सम्भव नहीं है। ज़ारशाही रूस में बोल्शेविक पार्टी ने उचित ही रूसी के अनिवार्य राजभाषा बनाए जाने का विरोध किया था। किन्तु सोवियत संघ की सभी भाषाओं में उच्चकोटि की वैज्ञानिक पुस्तकें नहीं हैं, न उन सभी का विश्वविद्यालयों में उपयोग होता है। सोवियत संघ की कम्यूनिस्ट पार्टी का मुखपत्र 'प्रावदा' रूसी में प्रकाशित होता है। ज़ारशाही रूस और अब की स्थिति में अन्तर यह है कि पहले ग़ैर-रूसी भाषाएँ दबाई जाती थीं और लोगों को रूसी सीखने के लिए मजबूर किया जाता था। अब उनकी भाषाओं के व्यवहार में कोई रुकावट नहीं है और रूसी वे स्वेच्छा से सीखते हैं। सोवियत संघ की लगभग बीस करोड़ आबादी में आधे रूसी हैं। इसलिए यह स्वाभाविक था कि आपस में व्यवहार के लिए रूसी भाषा ही चुनी जाए। सोवियत संघ में यह सम्भव नहीं था कि सभी नागरिक देश की सौ से अधिक भाषाएँ सीखें! यह लक्ष्य रखना एक

अराजकवादी मनोविकार मात्र होता। वर्तमान काल में राज्यसत्ता का गठन इस प्रकार होता है कि केन्द्रीय भाषा के बिना काम चलता नहीं।

भारत की स्थिति यह है कि यहाँ हिन्दी के अलावा अनेक पुरातन और समृद्ध भाषाएँ हैं। वे पुरातन और समृद्ध न भी होतीं तो भी देश के नव-निर्माण में उनका महत्त्वपूर्ण स्थान होता। इनके अलावा बहुत-सी आदिवासी जातियों की भाषाएँ हैं जिनमें कहीं-कहीं थोड़ा-बहुत शिक्षण-कार्य होता है लेकिन जिनमें आगे चलकर जनता की राजकीय और सांस्कृतिक कार्यवाही काफी बड़े पैमाने पर सम्पन्न होगी। यह सम्भव है कि उच्च शिक्षण और उच्च स्तरीय राजकाज वगैरह हिन्दी में या इन भाषाओं की पड़ोसी किसी बड़ी जाति की भाषा में हो! उदाहरण के लिए डाँग प्रदेश के निवासी अपनी भाषा के अलावा मराठी या गुजराती का व्यवहार करेंगे। असम के पहाड़ी इलाकों के लोग अपनी भाषाओं के अलावा उच्च शिक्षण आदि के लिए असमिया, बंगला या हिन्दी का उपयोग करेंगे।

यद्यपि स्वाधीन भारत ज़ारशाही रूस की तरह जातियों का कारागार नहीं है, फिर भी जातीय विद्वेष यहाँ तेजी से बढ़ रहा है और असम की घटनाओं से इस देश के अन्धराष्ट्रवाद ने अपना एक रिकॉर्ड कायम किया है। इसलिए नीति का तकाजा है कि छोटी-बड़ी जातियों को अपने-अपने प्रदेश में अपनी भाषाओं के व्यवहार करने की अधिकतम सुविधा दी जाए और उन जातियों के परस्पर व्यवहार तथा केन्द्रीय राजकाज के लिए हिन्दी का उपयोग किया जाए। वर्तमान अन्धराष्ट्रवाद की विशेषता यह है कि वह दूसरी भारतीय भाषाओं के प्रति घृणा फैलाता है और अंग्रेज़ी को गले लगाता। उसका एक तर्क यह है कि हिन्दी तथा भारत की अन्य सभी भाषाएँ दरिद्र हैं और अंग्रेज़ी विश्व-भाषा है। इसलिए 'सब तज, हरि भज'; अंग्रेज़ी को अपनाओ और हिन्दी से पीछा छुड़ाओ। अंग्रेज़ी के बिना हमारा काम नहीं है। इन स्थापनाओं की सिद्धि के लिए कुछ विद्वान एक वैज्ञानिक तर्क का सहारा लेते हैं। भारत पराधीन था; देश का उत्पादन पिछड़ा हुआ था। इसलिए उत्पादन-व्यवस्था के अनुपात से भाषाएँ भी पिछड़ी रह गईं।

यह तर्क ऊपर से देखने में वैज्ञानिक लगता है। भाषा उत्पादन और वितरण के विकास के साथ समाज की नई-नई आवश्यकताएँ पूरी करने का साधन बनती हैं। यह किसी देश में आधुनिक उद्योग-धन्धों का विकास नहीं हुआ, तो वहाँ की भाषा में औद्योगिक शब्दावली भी न होगी, क्योंकि उसकी आवश्यकता ही न पड़ी थी। इस तरह की शब्दावली भाषा का एक अंग है। वह समग्र भाषा नहीं है। भाषा की अभिव्यंजना-शान्ति इस पारिभाषिक शब्दावली पर निर्भर नहीं होती जिसका उपयोग सीमित क्षेत्रों में विशेषज्ञ करते हैं; समस्त जनता को उससे साबिका पड़े, यह आवश्यक नहीं है। यह शब्दावली गढ़ी जाती है। भाषा गढ़ी नहीं जा सकती, लेकिन पारिभाषिक शब्दावली गढ़ी जा सकती है। चीन ने इस तरह की शब्दावली गढ़ ली है। औद्योगिक दृष्टि में चीन हमसे पिछड़ा हुआ था लेकिन अंग्रेज़ी के बिना उसका राजकीय और सांस्कृतिक काम चलता है। रूस विज्ञान और उद्योग-धन्धों में पिछड़ा हुआ था लेकिन उसने रूसी की जगह अंग्रेज़ी या जर्मन को राजभाषा नहीं बनाया। यूगोस्लाविया, बुल्गारिया, पोलैंड, रूमानिया आदि विज्ञान और उद्योग-धन्धों में भारत की तरह पिछड़े हुए थे लेकिन इन देशों की भाषाओं में राजकाज होता है। जापान ने जिस समय उद्योगीकरण आरम्भ किया था, उस समय उसने अंग्रेज़ी को राजभाषा न बना लिया था। ऐसी स्थिति में भारतीय भाषाओं में देश का राजकाज न हो, तो इसे नेताओं का प्रमाद ही मानना चाहिए।

किन्तु भाषा पारिभाषिक शब्दावली के अलावा भी बहुत कुछ है। वह मनुष्य के चिन्तन, भावनाओं और संवेदनाओं की अभिव्यंजना का माध्यम है। जब हम महान् बनना चाहते हैं तब वेद, उपनिषद्, गौतम बुद्ध, शंकर, रामानुज का नाम लेते हैं, रवीन्द्रनाथ और सुब्रह्मण्यम् भारती का नाम भी ले लेते हैं, तुलसीदास और प्रेमचन्द का नाम भी ले सकते हैं। लेकिन जब भारतीय भाषाओं की बात आती है तो उन्हें दरिद्र कह देते हैं। यह पारिभाषिक शब्दावली के बिना भाषा दरिद्र रहती है तो संस्कृत भी दरिद्र थी, ग्रीक और लैटिन भी दरिद्र थीं, आज की भारतीय भाषाएँ भी दरिद्र हैं। किन्तु यदि आधुनिक विज्ञान और उद्योग-धन्धों की शब्दावली के बिना भी संस्कृत, ग्रीक, लैटिन अमूढ़ भाषाएँ थीं तो मानना होगा कि आधुनिक भाषाएँ भी समृद्ध हैं। यदि भाषा की समृद्धि उत्पादन पर निर्भर होती, तो शेक्सपियर की भाषा को नितान्त दरिद्र होना चाहिए और मैकमिलन और आइज़नहावर की भाषा को बहुत समृद्ध होना चाहिए। दांते मध्ययुग का अन्तिम और यूरोपीय नवजागरण का प्रथम कवि था। इतालवी को उससे अधिक किसने समृद्ध किया है? आज रवीन्द्रनाथ, प्रेमचन्द और भारती की भाषाओं को समृद्ध करने की बात की जाती है।

अंग्रेज़ पहले तर्क करते थे, आज भी पचीसों उपनिवेशों में साम्राज्यवादी यही तर्क करते हैं कि वहाँ की जनता स्वाधीनता के लिए तैयार नहीं है। उसी तर्क को भारत के अनेक नेता भाषा के बारे में दोहराते हैं। उन अंग्रेज़ राजनीतिज्ञों के सामने श्रद्धा से सिर झुकाना चाहिए जिन्होंने अंग्रेज़ी के बदले यहाँ भारतीय भाषाओं में शिक्षण कार्यादि चलाने पर जोर दिया था। 1854 में सर चार्ल्स वुड ने अपने शिक्षा-सम्बन्धी विवरण में लिखा था : "यह न हमारी इच्छा है, न उद्देश्य है कि अंग्रेज़ी देशी भाषाओं का स्थान ले ले। विशाल आम जनता द्वारा समझी जानेवाली भाषाओं के व्यवहार और महत्त्व की ओर हम सदा सजग रहे हैं। न्याय-व्यवस्था में और सरकारी हाकिमों तथा जनता के सम्पर्क में फ़ारसी के बदले हमने इन भाषाओं को प्रतिष्ठित किया है, न कि अंग्रेज़ी को। इसलिए यह अनिवार्य है कि शिक्षा की किसी भी सार्वजनिक व्यवस्था में इनके अध्ययन पर खूब ध्यान दिया जाए। यूरोप के समुन्नत ज्ञान का जो भी परिचय आम जनता को कराया जाए, वह इन्हीं देशी भाषाओं में किसी एक के माध्यम से सम्भव होगा। आम जनता अपने जीवन की परिस्थितियों के कारण उच्च शिक्षा नहीं पा सकती और उससे यह आशा नहीं की जा सकती कि विदेशी भाषा सीखने की कठिनाइयों पर वह विजय पाएगी।"[1] सौ वर्ष पहले ऐसे अंग्रेज़ थे जो न्याय-व्यवस्था और सरकारी कामों में भारतीय भाषाओं का व्यवहार उचित और आवश्यक समझते थे। स्वाधीन भारत के नेता उनके तर्क से सहमत नहीं हैं!

अंग्रेज़ी अवश्य एक समृद्ध भाषा है। शेक्सपियर, मिल्टन और डार्विन जैसे मनीषियों ने उसमें अपनी रचनाएँ की हैं। यही भाषा इंग्लैंड में बोली जाती है, संयुक्त राष्ट्र अमरीका, कनाडा और दक्षिण अफ्रीका में, न्यूजीलैंड और आस्ट्रेलिया में और भारत जैसे ब्रिटेन के भूतपूर्व उपनिवेशों में—कुछ शिक्षित जनों द्वारा—बोली जाती है। इन सब देशों की औद्योगिक और वैज्ञानिक प्रगति एक-सी नहीं है। मुख्य बात है सामाजिक संगठन, सामाजिक विकास की मंज़िल। नीचे से नींव पोली हो तो दीवाल पर अंग्रेज़ी पलस्तर लगाने से इमारत मजबूत थोड़े ही हो जाएगी।

अंग्रेज़ी समृद्ध भाषा है, लेकिन उसका प्रसार उसकी समृद्धि के कारण नहीं हुआ। उत्तरी अमरीका, अफ्रीका, आस्ट्रेलिया आदि में लाखों आदमियों को अपनी जान से हाथ धोना पड़ा

1. 'ऑफ़िशियल लैंग्वेज कमीशन रिपोर्ट' में उद्धृत, पृ. 25

है, उनकी जमीन छीन ली गई है, वहाँ की जनता को गुलाम बनाकर बेचा गया है और आज भी एक विशाल जनसंख्या गुलामी की जंजीरों में जकड़ी हुई है। इस तरह अंग्रेज़ी 'विश्व-भाषा' बनी है। यूरोप में फ्रांसीसी, जर्मन और रूसी भाषाओं का महत्त्व कम नहीं रहा। लैटिन अमरीका के अनेक देश स्पेनी बोलते हैं। लगभग साठ करोड़ चीनी अपनी भाषा का व्यवहार करते हैं। मारिओ पेइ नामक लेखक ने संसार की प्रमुख भाषाएँ बोलनेवालों की यह संख्या दी है :

चीनी	:	50 करोड़	इंडोनेशियाई	:	8 करोड़
अंग्रेज़ी	:	25 करोड़	पुर्तगाली	:	6 करोड़
हिन्दुस्तानी	:	16 करोड़	बंगला	:	6 करोड़
रूसी	:	15 करोड़	इतालवी	:	6 करोड़
स्पेनी	:	12 करोड़	अरबी	:	5 करोड़
जर्मन	:	10 करोड़	जापानी	:	10 करोड़
फ्रांसीसी	:	8 करोड़[1]			

पाठक देखेंगे कि चीनी बोलनेवालों की संख्या अंग्रेज़ी बोलनेवालों की संख्या से दुगनी है। अंग्रेज़ी के बाद तीसरे नम्बर पर है हिन्दी। मारिओ पेइ ने अपनी पुस्तक के पृष्ठ 155 पर भारत का जो मानचित्र दिया है, उसमें 'बिहारी' को हिन्दी से अलग दिखाया है। यदि भारत के उन सब लोगों को गिना जाए जो हिन्दी समझ लेते हैं, तो उनकी संख्या लगभग अंग्रेज़ी-भाषियों के बराबर निकलेगी, पाकिस्तान को मिलाकर ज्यादा भी हो तो ताज्जुब नहीं। अंग्रेज़ी विश्व-भाषा है, यह दलील उन देशों के नेता देते हैं जहाँ ब्रिटेन का राज था। जहाँ फ्रांस या हॉलैंड का राज्य था, वहाँ इस 'विश्व-भाषा' की पूछ नहीं है। भारत में अंग्रेजी की तरह वहाँ फ्रांसीसी और डच का आधिपत्य है। बात समृद्ध और विश्व-भाषा की नहीं है; बात है गुलामी की। आप जिसके गुलाम थे, उसी की भाषा को अपने गले का तौक़ बनाए हुए हैं, वह चाहे विश्व-भाषा हो, चाहे एक टापू की भाषा हो। फिलिपिन, इंडोनीशिया, वियतनाम आदि ने अपनी भाषाओं को राजभाषा बनाया है। मारिओ पेइ के शब्दों में : "जब मोरक्को, ट्यूनीशिया और अल्जीरिया फ्रांस से पूर्ण स्वाधीनता प्राप्त करेंगे, तब वहाँ लोकप्रिय अरबी राजभाषा बनेगी।"[2] जिस तरह इस युग की सामाजिक प्रगति का यह नियम है कि उपनिवेशों की जनता साम्राज्यवादी दासता से मुक्त होगी, उसी तरह यह भी इस युग का नियम है कि उपनिवेशों की जनता पर जो विदेशी भाषाएँ लादी गई थीं, उनके स्थान पर स्वाधीन होनेवाली जनता की अपनी भाषाएँ प्रतिष्ठित होंगी। जरा पचास साल आगे की तरफ देखिए। कहाँ होगा ब्रिटिश साम्राज्य या कॉमनवेल्थ? कहाँ होगा पूँजीवादी दुनिया का अमरीकी अधिनायकत्व? एशिया, अफ्रीका और दक्खिनी अमरीका की जातियाँ नई शक्ति से आगे बढ़ेंगी। यूरोप की भाषाओं से इनका नया सम्बन्ध कायम होगा। उस समय अंग्रेज़ी की वर्तमान स्थिति न रह जाएगी। लोग आश्चर्य करेंगे कि पाँच-छह हजार वर्ष की संस्कृति के देश भारत में कुछ ऐसे भी अन्धे-बहरे थे जो समझते थे कि अंग्रेज़ी के बिना देश का काम ही न चलेगा!

यूरोपीय भाषाओं के बारे में एक भ्रान्त धारणा यह है कि उन सभी में कोई अन्तरराष्ट्रीय शब्दावली प्रचलित है। पारिभाषिक शब्दावली गढ़ने के लिए इन भाषाओं के पास कोई एक

1. मारिओ पेइ, 'लैंग्वेज़ फॉर एवरी बॉडी'; न्यूयॉर्क 1958, पृ. 34
2. उप., पृ. 156

निश्चित स्रोत नहीं है। वे लैटिन से शब्द गढ़ सकती हैं। फ्रांसीसी, इतालवी आदि के लिए यह स्वाभाविक है क्योंकि वे लैटिन-परिवार की हैं। यूरोप की भाषाएँ ग्रीक के आधार पर शब्द बनाती हैं क्योंकि यूरोप का प्राचीनतम साहित्य ग्रीक में है और वह बहुत सम्पन्न भाषा रही है। जर्मन, रूसी आदि भाषाएँ बहुत-से पारिभाषिक शब्द अपनी धातुओं या मूल शब्द-भंडार के आधार पर बनाती हैं। उदाहरण के लिए रूसी क्रिया रोदीत्स्या का अर्थ है—जन्म लेना। इससे 'रोद' शब्द सगे सम्बन्धियों, कबीले आदि के लिए प्रयुक्त होता है—ठीक हमारे 'जन' शब्द की तरह। रूसी में जल के लिए शब्द है—'वोदा', जो हमारे उदक का सगोती है। अपने मूल शब्द-भंडार के इस 'वोदा' को उन्होंने धातु 'रोद' से जोड़ा और पारिभाषिक शब्द बनाया 'वोदोरोद'। यह हुआ अंग्रेज़ी के हाइड्रोजन का पर्यायवाची। हाइड्रोजन में न 'हाइड्रो' अंग्रेज़ी का है, न 'जन' उसका है। लेकिन जिसके पास अपनी धातुएँ हैं और उपयुक्त मूल शब्द होंगे, वह ग्रीक या लैटिन से क्यों उधार लेने जाएगा? रूसियों ने अपना शब्द बनाया 'वोदोरोद'; उसी तरह जर्मनों ने अपना शब्द बनाया 'ह्वासेरस्टौफ'। 'भाषाविज्ञान' के लिए लैटिन के आधार पर अंग्रेज़ी में शब्द चला 'लिंग्विस्टिक्स'। रूसी में संस्कृत 'ज्ञान' के समकक्ष 'ज़्नानिये' शब्द को जोड़कर बना 'याज़िको-ज़्नानिये।' जर्मन ने अपना शब्द बनाया 'स्प्राखह्विसेन-शाफ्ट' (या स्प्राखेनकुंडे)। अंग्रेज़ी में अपने घर की पूँजी तो कुछ यों ही है; ग्रीक और लैटिन से उधार माल को उपनिवेशों में अंग्रेज़ी कहकर खपाया जाता है। यूरोप के लोग अंग्रेज़ी की इस पारिभाषिक शब्दावली को क्यों स्वीकार करने लगे?

धार्मिक कारणों से इंग्लैंड में ग्रीक की अपेक्षा लैटिन अधिक पढ़ी जाती रही है। इसलिए ग्रीक शब्दों के आधार पर बनी शब्दावली अधिक गौरवमय समझी जाती है। ग्रीक में 'ऑन्थ्रोपोस' (मनुष्य) से बनाया हुआ 'ऐन्थ्रोपोलॉजी', ग्रीक में जीव के समकक्ष शब्द जोओस से बनाया हुआ 'ज़ुओलॉजी'। हमारे यहाँ मानव, जीव आदि शब्द विद्यमान हैं; हम उनसे शब्द क्यों न बनाएँ? ये क्या ग्रीक शब्दों से कम गरिमामय हैं? फिर जोओस ग्रीक होने से अधिक गौरवमय हो और जीव अधिक प्राचीन होने पर भी भारतीय होने से हीन हो—यह बात तो कुछ युक्तिसंगत नहीं है। पारिभाषिक शब्दावली निर्माण में अनेक खामियाँ हैं। ये खामियाँ भाषा की नहीं हैं; इनका सम्बन्ध है शब्दावली-निर्माण के संगठन से। इस तरह के निर्माण-कार्य में लगे हुए कुछ लोग समझते हैं कि जो शब्द लोकप्रिय हैं, वे पारिभाषिक नहीं हो सकते। प्रत्येक भाषा में ऐसे शब्द मिलते हैं जो जनसाधारण में प्रचलित है, साथ ही पारिभाषिक भी हैं। केन्द्रीय शिक्षा-मंत्रालय द्वारा चिकित्सा-शब्दावली में अंग्रेज़ी के ऐसे लोकप्रिय शब्द हैं : फिट, फ्री, डार्क, रूम, चाइल्डहुड, ब्रश, रिज़ल्ट, रिपोर्ट, जैम, लेडीज़, ओनली, इंस्पेक्टर, ईडियट, फार्म आदि। ये शब्द आमफहम हैं; इसलिए इन्हें कोई पारिभाषिक शब्दावली से निकाल नहीं देता। दूसरी खामी यह है कि हिन्दी की प्रवृत्ति, विशेष कर उसकी उच्चारण-पद्धति का ध्यान न रखकर णकार और संयुक्ताक्षर वाले लम्बे शब्द गढ़े जाते हैं जिनकी तुलना में अंग्रेज़ी शब्द भी बोलने में आसान होते हैं। यदि पारिभाषिक शब्द बोलने में सुगम हों—विशेष रूप से अंग्रेज़ी का प्रतिशब्द उनके मुकाबले में ज़्यादा आसान न हो—तो वे जल्दी स्वीकृत हो जाएँगे। पारिभाषिक शब्दावली के निर्माण में यही बात महत्त्व की नहीं है कि संस्कृत में किसी धातु और उपसर्ग का क्या अर्थ था। यह भी देखना चाहिए कि हिन्दी में उनका क्या अर्थ लगाया जाएगा, वर्ना हिन्दी का पारिभाषिक शब्द अंग्रेज़ी से भी कठिन हो जाएगा। यह स्पष्ट है कि किसी भी विषय के पारिभाषिक

शब्द बनाना केवल वैयाकरणों और भाषाविदों का काम नहीं है। इस काम में उस विषय के पंडितों का सहयोग भी होना चाहिए। इन बातों पर ध्यान न देने के कारण हिन्दी के कुछ पारिभाषिक शब्द हँसी-मजाक की चीज बन गए हैं। लेकिन पारिभाषिक शब्दावली में ऐसे भी बहुत-से शब्द हैं जो बोलने में हिन्दी की प्रकृति का उल्लंघन नहीं करते और जिनके लिए विश्वास से कहा जा सकता है कि वे अवश्य लोकप्रिय होंगे। केन्द्रीय शिक्षा-मंत्रालय द्वारा प्रकाशित कृषि-सम्बन्धी शब्दावली से हम कुछ शब्द ले सकते हैं। अंग्रेज़ी के 'हनीड्यू' के लिए 'मधुरस' शब्द सार्थक और सरस, दोनों है। अंग्रेज़ी 'एपिएरी' उच्चारण में हिन्दी-भाषियों के लिए सुगम नहीं है; उसकी तुलना में 'मधुवाटिका' कहने-सुनने में अच्छा लगता है। 'ग्रेन्यूलेटेड' कठिन शब्द है; उसके लिए हिन्दी शब्द 'दानेदार' बोलचाल की हिन्दी के अनुकूल है। उसे लोकप्रिय होने के कारण पारिभाषिक शब्दों की पाँति से बाहर नहीं किया गया। अंग्रेज़ी के 'विनो' शब्द के लिए हिन्दी 'ओसाना' चुना गया है जिसे अधिकांश किसान समझते हैं। सूत, जुआ, जोत, हजारा, मोरपंखी, घोल, खलिहान, कोल्हू आदि प्रचलित शब्दों को पारिभाषिक शब्दावली में उचित स्थान दिया गया है। इसी तरह फिजिक्स (भौतिकी) में नल, ग्रह, डाट, धन, स्वर आदि प्रचलित शब्द रखे गए हैं। दोलक, परिमाप, आपात, तुषार, चालक, संपात, घटक आदि शब्द ऐसे हैं जो बोलने में सुगम हैं और जिन्हें विद्यार्थी अंग्रेज़ी प्रतिशब्दों की अपेक्षा आसानी से व्यवहार करेंगे। किन्तु 'कोस्पर्शज्या' अंग्रेज़ी के 'कोटैंजेंट' से उच्चारण में ज्यादा मुश्किल है। 'संख्यात्र' की तुलना में अंग्रेज़ी 'काउंटर' हिन्दी की ध्वनि-प्रकृति के अधिक अनुकूल है। आशा की जा सकती है कि इस तरह के शब्द छट जाएँगे और उनका स्थान कुछ अधिक सरल उच्चारण वाले शब्द लेंगे। यदि शब्द-निर्माण करते समय किसी विषय में पहले से प्रचलित शब्दों का ध्यान रखा जाए, तो कोश-निर्माताओं का काम इतना कठिन न रहे। साथ ही हिन्दी के अलावा अन्य भारतीय भाषाओं का ध्यान रखना चाहिए, उनके विद्वानों का सहयोग प्राप्त करना चाहिए, उनके पहले से प्रचलित पारिभाषिक शब्द हो तो उन पर विचार करना चाहिए और हिन्दी में खप सकें तो उन्हें वहाँ से ले लेना चाहिए। हिन्दी में काफी पारिभाषिक शब्दों का निर्माण हो चुका है। इनमें बहुत-से अपने-अपने विषय की हिन्दी पुस्तकों में व्यवहृत भी होते हैं। जहाँ तक राजकाज का सम्बन्ध है, इस विषय के शब्दों का निर्माण विज्ञान की शब्दावली बनाने से आसान है। इसलिए विज्ञान में चाहे हिन्दी का प्रयोग कुछ दिन रुका भी रहे, राजभाषा के रूप में हिन्दी का व्यवहार रुके, इसका कोई कारण नहीं है।

हिन्दी भाषा के अखिल भारतीय महत्त्व का पहला कारण यह है कि वह भारत की सबसे बड़ी जाति की भाषा है। दूसरा कारण यह है कि उत्तर भारत, बंगाल, गुजरात और महाराष्ट्र तक की भाषाओं और हिन्दी के शब्द-भंडार में इतनी ज्यादा समानता है कि लोग उसे आसानी से समझ लेते हैं। तीसरा कारण यह है कि राजस्थान के व्यापारी और पूँजीपति भारत के विभिन्न प्रान्तों में फैले हुए हैं और साधारणत: वे हर जगह हिन्दी शिक्षा, प्रचार आदि में सहायता करते हैं। चौथा और सबसे महत्त्वपूर्ण कारण यह है कि हिन्दी-भाषी इलाके के मजदूर बम्बई, कलकत्ता जैसे बड़े-बड़े नगरों में भारी संख्या में मिलते हैं। अंग्रेज़ों ने जब 'बंगाल आर्मी' का संगठन किया था, तब बंगाल में उन्होंने रूहेलखंड और अवध के बहुत-से लोगों को उसमें भर्ती किया था जो जीविका की तलाश में वहाँ पहले से ही मौजूद थे। यहाँ के खत्री, अगरवाले और हिन्दी-भाषी गुजराती ढाका, मुर्शिदाबाद तक धावा मारते थे। इसी

कारण लल्लूजी लाल फोर्ट विलियम कॉलेज से जा टकराए थे। मजदूर, व्यापारी, नौकरीपेशा मध्य वर्ग के लोग कई शताब्दियों से अपने प्रदेश के बाहर निकलकर देश के कोने-कोने में फैल रहे हैं। उनके कारण थोड़ी-बहुत हिन्दी से सभी बड़े शहरों के लोग परिचित हो गए हैं। अन्य प्रान्तों के लोग भी दूसरे प्रदेशों में गए हैं लेकिन उनमें श्रमिकों की उतनी बड़ी संख्या नहीं रही जितनी हमारे 'हिन्दुस्तानी' भाइयों की रही है। परसाल बालीगंज (कलकत्ता) में मैंने एक बंगाली सज्जन को मकान बनवाते देखा। मजदूर बिहारी थे। बंगाली सज्जन को उनसे वार्तालाप के लिए हिन्दी का व्यवहार करना पड़ता था। श्रमिकों की अपेक्षा उच्चवर्ग के लोग दूसरों की भाषा ज्यादा आसानी से अपनाते हैं। अंग्रेज़ अपने बाबू से भले अंग्रेज़ी में बात करता रहा हो, हिन्दुस्तानी जनता से बात करने के लिए उसे हिन्दुस्तानी सीखनी होगी, इसे वह खूब अच्छी तरह जानता था।

हिन्दी या हिन्दी क्षेत्र की बोलियाँ अन्य भाषाएँ बोलनेवालों को कैसे प्रभावित कर रही थीं, इसके प्रमाण ब्रिटिश राज्य कायम होने से पहले ही मिलते हैं। 'ब्रजबुलि' अर्थात् मैथिली का प्रभाव बंगला पर पड़ा और वह इतना सरस था कि उस परम्परा का अनुसरण करते हुए आधुनिक काल में रवीन्द्रनाथ ने 'भानुसिंह पदावली' की रचना की। श्री दिनेशचन्द्र सेन ने बंगला साहित्य के इतिहास में लिखा है कि अंग्रेज़ी राज से पहले बंगाल के कवि हिन्दुस्तानी सीखते थे; भारतचन्द्र राय गुणाकर संस्कृत के साथ फ़ारसी और हिन्दुस्तानी भी जानते थे। "दिल्ली के मुसलमान शहंशाह के एकच्छत्र शासन के नीचे हिन्दी सारे भारत की सामान्य भाषा (लिंगुआ फ्रांका) हो गई थी।"[1] इसी तरह महाराष्ट्र में हिन्दी का प्रवेश हुआ था। हिन्दी क्षेत्र में व्यापार के सबसे बड़े केन्द्र कायम होने के कारण विभिन्न प्रान्तों—और विदेश—के लोग हिन्दी सीखते थे। उर्दू में शिवाजी और मनुच्ची की परस्पर बातचीत का उल्लेख हम पहले कर चुके हैं। किंवदन्ती के अनुसार, भूषण ने शिवाजी को अपनी हिन्दी कविता सुनाई थी। कुछ लोगों ने शिवाजी की हिन्दी रचनाओं के उद्धरण भी दिये हैं। शिवाजी ने भूषण की रचनाएँ चाहे न सुनी हों और स्वयं भी चाहे हिन्दी की कविताएँ न रची हों, एक बात असन्दिग्ध है कि वह हिन्दी जानते थे और उनके समय में कम-से-कम उत्तर भारत में लोग अन्तरप्रान्तीय व्यवहार के लिए हिन्दी को अपना माध्यम बनाते थे। श्री विनयमोहन शर्मा ने एक लेख में महाराष्ट्र के लोक-नाट्यों की चर्चा की है और मराठी की 'ललित-संग्रह' नामक पुस्तक का हवाला देकर बताया है कि सत्रहवीं सदी में वहाँ मराठी नाटकों के बीच हिन्दी के ललित लोकप्रिय हो गए थे। "नवरात्र के समय जब कीर्तन आदि होते थे, तब श्रोताओं को आकर्षित करने के लिए वहीं ललित भी खेले जाते थे। भक्तों का स्वाँग धरकर अपने साम्प्रदायिक देवता से प्रसाद माँगा जाता था जिसे सभी श्रोता और दर्शक बाँट खाते थे।"[1] एक ललित की भाषा का नमूना—उसी लेख में उद्धृत अंश के आधार पर—इस प्रकार है : "छड़ीदार, जहाँ भगवान का द्वार, खड़ा रहूँ मैं छड़ीदार, पुकारूँ हरिनाम की ललकार, दीनों का दातार, वो ही है दीनों का दातार, लिया पंढरपुर में अवतार, करता अनाथ का उद्धार, वो ही मेहरबान सच्चा है, उस मेहरबान का गुलाम अज्ञान रामजी करते हैं सलाम, सब संत सज्जन कूं निगा रखो मेहरबान, किसे क्या लेना? हम महाराज के चरण पास नौकरी करते हैं।" पंजाब के सिख गुरुओं की हिन्दी रचनाएँ प्रसिद्ध ही हैं।

---

1. दिनेशचन्द्र सेन, 'हिस्ट्री ऑव बेंगाली लैंग्वेज एंड लिटरेचर', पृ. 600
2. 'अजन्ता', अक्टूबर, 1955

1816 में विलियम केरी ने लिखा था कि हिन्दी का कोई अपना प्रदेश नहीं है। उसकी यह धारणा इसलिए बनी थी कि अंग्रेज़ों को भारत में जहाँ भी मुसलमान नौकर मिलते थे, वे हिन्दी बोलनेवाले होते थे। इसलिए बहुत-से अंग्रेज़ों को—केरी के ही अनुसार—यह भ्रम हो जाता था कि अधिकांश देश में यही एक भाषा बोली जाती है।[1] ऑनरेवल कम्पनी के फर्मान हिन्दुस्तानी में छपते थे जिस पर अन्य भाषाएँ बोलनेवाले स्वभावत: आपत्ति करते थे कि वे उनकी समझ में नहीं आते। 12 अगस्त, 1807 को लेफ्टिनेंट टॉमस रोबक ने मद्रास से ईस्ट इंडिया कम्पनी के डायरेक्टरों की कॉलेज कमिटी को एक पत्र भेजा था जिसमें अस्वस्थ होने के कारण घर लौटने की चर्चा के बाद उसने लिखा था कि उसे हिन्दुस्तानी के ज्ञान से बहुत लाभ हुआ है, विशेष रूप से इसलिए कि आरकट के नवाब (जिसे अब पेंशन दी जा रही थी) के सभी भूतपूर्व अफसर उसके मातहत थे, जो "दरअसल और कोई भाषा बोलते ही न थे।" उसने यहाँ आने पर हिन्दुस्तानी पढ़ना शुरू किया था, जो "बोलचाल की बोली या भारत की महान् लोकप्रिय भाषा थी (दि कोलोकिअल डायलेक्ट और ग्रैंड पॉप्यूलर स्पीच ऑव इंडिया)।" रोबक ने कम्पनी डायरेक्टरों को हिन्दुस्तानी का महत्त्व समझाते हुए प्रार्थना की थी कि उसे हर्टफर्ड स्थित कॉलेज के हिन्दी विभाग में काम दिया जाए जिससे कि भारत आने से पहले ही अंग्रेज़ कुछ हिन्दुस्तानी सीख लें।

उसकी प्रार्थना स्वीकृत न हुई लेकिन उसने यह बिलकुल ठीक लिखा था कि जैसे इंग्लैंड जानेवाले को लैटिन-सैक्सन या फ्रांसीसी के बदले अंग्रेज़ी सीखनी चाहिए, वैसे ही भारत आनेवाले को अरबी-फ़ारसी या संस्कृत के बदले हिन्दुस्तानी सीखनी चाहिए। उसने हिन्दुस्तानी और फ़ारसी के बारे में कुछ मार्के की बातें कही हैं :

1. देशी अदालतों की सामान्य भाषा हिन्दुस्तानी है यद्यपि कभी-कभी फ़ारसी का प्रयोग भी होता है।
2. हिन्दुस्तानी के सभी राजनीतिक मसलों पर विचार किया जाता है और अन्त में इससे उनका फ़ारसी में अनुवाद किया जाता है।
3. मालगुजारी का सारा काम (कुछ अपवाद छोड़कार) हिन्दुस्तानी में होता है।
4. देशी फौज की आम ज़बान हिन्दुस्तानी है।

जिस पुस्तक से[2] रोबक का पत्र उद्धृत किया गया है, उसी में एक पत्र मेटकाफ का दिया हुआ है। दिल्ली के असिस्टेंट रेजिडेंट सी.टी. मेटकाफ ने यह पत्र 29 अगस्त, 1806 को गिलक्राइस्ट के नाम लिखा था। उन्होंने हिन्दुस्तानी की शिक्षा गिलक्राइस्ट से ही पाई थी। इस भाषा के महत्त्व के बारे में अपने अनुभवों का वर्णन करते हुए उन्होंने लिखा था : "भारत के जिस भाग में भी मुझे काम करना पड़ा है—कलकत्ते से लेकर लाहौर तक, कुमाऊँ के पहाड़ों से लेकर नर्बदा तक—अफगानों, मराठों, राजपूतों, जाटों, सिखों और उन प्रदेशों के सभी कबीलों में जहाँ मैंने यात्रा की है, मैंने उस भाषा का आम व्यवहार देखा है जिसकी शिक्षा आपने मुझे दी। भाषा के बहुत-से रूप और बोलियाँ प्रचलित हैं। अपनी बात समझाने या दूसरे की समझने के लिए अक्सर बड़े धीरज की आवश्यकता होती है। जिस तरह की ध्वनियाँ हमें सुननी पड़ती हैं, हमारे कान उनके आदी नहीं होते। शुरू में यहाँ के लोग बात को बार-बार दोहराए बिना हमारे बोलने का तर्ज और ढंग समझ नहीं पाते। इस तरह की

1. 'लिंग्विस्टिक सर्वे', खंड 1, पृ. 12
2. जे.बी. गिलक्राइस्ट, 'ए वोकैबुलरी : हिन्दुस्तानी एंड इंग्लिश एंड हिन्दुस्तानी', एडिनबरा

कठिनाइयों का सामना शायद ज़्यादातर जगहों में करना पड़ेगा। लेकिन अपने अनुभव से और दूसरों से सुनी हुई बातों के बल पर मैं कन्याकुमारी से कश्मीर तक या आवा से सिन्धु के मुहाने तक इस विश्वास से यात्रा करने की हिम्मत कर सकता हूँ कि मुझे हर जगह ऐसे लोग मिल जाएँगे जो हिन्दुस्तानी बोल लेते होंगे। मेरे कहने का मतलब यह नहीं है कि मुझे ऐसे लोग न मिलेंगे जो हिन्दुस्तानी न बोल पाते हों। हर कोई जानता है कि जिस विशाल प्रदेश का मैंने जिक्र किया है, उसमें बहुत-सी भिन्न-भिन्न भाषाएँ बोली जाती हैं। इन भाषाओं का न बोला जाना एक ताज्जुब की बात होती लेकिन हिन्दुस्तानी एक ऐसी ज़बान है जो आम तौर से उपयोगी साबित होती है और मेरी समझ में संसार की किसी भी भाषा से उसका व्यवहार बहुत बड़े पैमाने पर होता है।"

यह बात 1806 की है। तब तक अंग्रेज़ सारे भारत के शासक न हुए थे। इसलिए अंग्रेज़ी भी तब तक विश्व-भाषा न बनी थी। इसके विपरीत हिन्दी या हिन्दुस्तानी संसार की ऐसी भाषा थी जिसका व्यवहार किसी भी और ज़बान के मुकाबले ज़्यादा होता था; कम-से-कम ऐसा समझने और कहनेवाले अंग्रेज़ उस समय थे। गिलक्राइस्ट के उपर्युक्त कोश में यह भी दर्शनीय है कि हिन्दी-उर्दू के अलगाव का ध्यान नहीं रखा गया। 'डिक्शनरी' का अर्थ लुगत और कोश, दोनों दिया हुआ है। इसी तरह 'ग्राउंड' का अर्थ है : 'जमीन, भूमि, धरती, पिरथमी।'

1822 में राजा राममोहन राय ने कलकत्ते से 'जामेजहाँ' नाम का साप्ताहिक पत्र हिन्दुस्तानी में निकाला जो बाद को फ़ारसी में भी प्रकाशित होने लगा था। राजा राममोहन राय, द्वारकानाथ ठाकुर आदि के प्रयत्नों से मौंटगोमरी मार्टिन के सम्पादन में 'बंगदूत' नाम का साप्ताहिक पत्र प्रकाशित हुआ जो अंग्रेज़ी, बंगला, फ़ारसी और हिन्दी—चार भाषाओं में छपता था।[1] 1845 में जॉन शेक्सपियर नामक विद्वान ने हिन्दुस्तानी भाषा का व्याकरण और कोश प्रकाशित किया जो ऑनरेबल ईस्ट इंडिया कम्पनी के डायरेक्टरों को समर्पित है। इसके परिचय में कहा गया है कि हिन्दुस्तानी भारत की सबसे आमफहम और व्यवहार में उपयोगी बोली है। यह दो लिपियों में लिखी जाती है; इसलिए पाठक को दोनों लिपियों का परिचय दिया गया है। कोश में उर्दू-फ़ारसी के शब्द ज़्यादा हैं लेकिन पौत्री, नापित, रक्त, बाराह, पूँजी, गुफा, उदाहरन, सराप (शाप), अपमान, ईशान-कोन, लाभ, मिर्तक (मृतक) अहंकार, उच्चार, निर्मलता जैसे शब्द भी हैं। अँगूछा (अँगोछा) ठिठराहट अप् छरा, बंस, आसरा, चाप, करतूत, सूल, जोत जैसे अतत्सम लोक प्रचलित रूप खूब दिये हुए हैं। पुस्तक के अन्त में कुछ कहानियाँ दी हुई हैं जिनमें अठारहवीं कहानी में इस तरह के शब्द भी आए हैं : मनुष, सूर्बीर (शूरवीर), कायर, लज्जावान, निर्लज्ज उपस्थित, निवेदन, आज्ञा, बखान, भाँति, स्वामी, प्रसन्न, पारितोषिक इत्यादि। अगली दो कहानियों में द्रव्य, निदान, संसर्ग, सिद्ध, कविता, दंडवत्, वस्तु, दया आदि शब्दों का प्रयोग हुआ है। अभी लिपि-भेद के बावजूद बोलचाल की भाषा का दो शैलियों में बँटवारा न हुआ था।

शेक्सपियर के इस कोश की एक विशेषता और उल्लेखनीय है। इसमें बहुत-से ऐसे शब्द दिये हुए हैं जिन्हें आज पारिभाषिक शब्द कहा जाएगा और यह मान लिया जाएगा कि उनके पर्यायवाची हिन्दी में नहीं हैं। यह कोश वैज्ञानिकों के लिए नहीं बना; उसका उद्देश्य भारत आनेवाले अंग्रेज़ सिविलियनों को बोलचाल की भाषा से परिचित कराना

1. एल.एस.एस. ओ मैली, 'मॉडर्न इंडिया एंड दि वेस्ट', ऑक्सफर्ड यूनिवर्सिटी प्रेस, पृ. 202

भर है। लेकिन पृथ्वी-सम्बन्धी शब्दों में ग्रैवेल, लोम, चाक, क्ले, क्लॉड, प्यूटर, जिंक, लैपिस, लजूली, मर्करी, साल्टपीटर, ऐलम, मैग्नेट, रूबी, एमेरैल्ड, सैफायर, टोपाज़, और्पीमेंट, ब्लू, विट्रिऑल, नैट्रॉन को हम साधारणत: पारिभाषिक शब्द कहेंगे। इनके लिए आपको पथरी, मिट्टी, खड़ी (खड़िया), चिकनी मिट्टी, ढेला, जस्त, दस्ता, लाजवर्द, पारा, शोरा, फिटकरी, चुम्बक, मानिक, पन्ना, नीलम, पुखराज, हरताल, तूतिया, सज्जी शब्द मिलेंगे। अब आप ठेठ लैटिन शब्द लीजिए जिनके लिए कोशकार को बोलचाल के अंग्रेज़ी शब्द नहीं मिले। बसिआ लतिफोलिया, मेसुआ फेरेआ, नौक्लिआ ओरिएंटालिस, बुटिआ फ्रोंडोसा, टैमेरिंडस इंडिका (तमर-ए-हिन्द के साथ फिर इंडिका लगा!), शोरेआ रोबुस्ता, फिकुसे गुलेरिआ—इन्हें आप अवश्य विशुद्ध पारिभाषिक शब्द मानेंगे। इनके लिए महुआ, नागकेसर, कदम्ब, पलास या ढाक, इमली, साल, गूलर आदि प्रचलित हिन्दी शब्दों को आप भले पारिभाषिक न मानें लेकिन यह तो मानना होगा कि यहाँ की धरती में जैसे वृक्षों की विविधता है, वैसे ही बोलचाल की भाषा में अंग्रेज़ी से ज्यादा उनके नाम भी हैं। इसी तरह फूलों और फलों के नाम हैं। धान्य, बीज आदि के नाम, पशु-पक्षियों व कीड़े-मकोड़ों के नाम, जो अब 'पारिभाषिक' हो गए हैं, इस कोश में मिलते हैं। शरीर-सम्बन्धी शब्द सेरम, बाइल, मैरो, टेंडन, नर्व, फाइबर, मेम्ब्रेन, आर्टरी, ग्लैंड, टिम्पैनम, लैरिंक्स, नेप ऑव दि नेक, स्प्लीन, किडनी, गाल-ब्लैडर, फिस्टुला, क्विन्सी, ड्रॉप्सी, आदि के लिए यहाँ ये शब्द मिलेंगे : पानी, पित, गूदा, पट्ठा, नस, रेशा, झिल्ली, रग, गिल्टी, कान का पर्दा, टेंटुआ, गुद्दी, तिल्ली, गुर्दा, पित्ता, नासूर, खुनक, जलंधर। पेशों के नाम, भोजनों के नाम (दही, सत्तू, घी, गुलगुला वगैरह के लिए अंग्रेज़ी में शब्द न होने से सम्पादक ने उनकी व्याख्या के लिए वाक्यांशों का सहारा लिया है), पोशाकों के नाम, इमारतों के नाम, सजावट के सामान, देहात, हुकूमत और फौज से सम्बन्धित शब्दों की लम्बी तालिका देखकर उस समय कोई न कहता कि हिन्दुस्तानी दरिद्र भाषा है। इसमें जल-सेना से सम्बन्धित जो शब्द दिये हुए हैं, उन्हें अधिकांश शिक्षित हिन्दी-भाषी भूल चुके हैं। समुद्र हमसे दूर है और हम कभी जहाज बनाते थे और हमारे मल्लाह दूर-दूर तक प्रसिद्ध थे, यह अब याद करने की बातें हैं। अंग्रेज़ी भाषा में इस विषय के शब्द बहुत हैं। शेक्सपियर ने दस पृष्ठों में इस विषय की शब्द-सूची दी है और अक्सर अंग्रेज़ी के एक शब्द के लिए यहाँ के दो या तीन-चार शब्द दिये हैं, जैसे मैस्ट के लिए मस्तूल और दोल, बोट के लिए किस्ती, नाव, तरनी, मछवा। कोई आश्चर्य नहीं कि संस्कृत की सहायता लिये बिना ही बोलचाल की भाषा विदेशियों को अंग्रेज़ी से कम समृद्ध न मालूम होती थी। ग्रियर्सन ने 'दैट ग्रेट लिंगुआ फ्रांका—हिन्दी और हिन्दुस्तानी' के व्यापक प्रसार की चर्चा की थी। उनके विचार से बोलचाल की हिन्दी में तत्सम शब्दों की भर्ती बिलकुल अनावश्यक थी क्योंकि "देशज शब्दों का एक विशाल शब्द-भंडार उसके पास है और सूक्ष्म विचार (ॲब्स्ट्रैक्ट टर्म्स) व्यक्त करने के लिए पूर्ण शब्दतंत्र है।" दर्शन और अलंकार-शास्त्र की हिन्दी पुस्तकों में उन्हें संस्कृत जैसा सूक्ष्म विवेचन मिला था। "यद्यपि हिन्दी में ऐसा शब्द-भंडार है और ऐसी अभिव्यंजना शक्ति है जो अंग्रेज़ी से घटकर नहीं है", फिर भी लोग तत्सम शब्दों से भरी हुई भाषा लिखते हैं जो साधारण जनता की समझ में नहीं आती। 'लिंग्विस्टिक सर्वे' का प्रकाशन 1927 में हुआ था। बीसवीं सदी के आरम्भ तक ग्रियर्सन जैसे अंग्रेज़ हिन्दी को अंग्रेज़ी से घटकर न मानते थे। डॉ. चाटुर्ज्या, श्री फ्रैंक एंटनी जैसे महानुभावों से ग्रियर्सन की तुलना कीजिए। हिन्दी के

पास 'एनार्मस नेटिव वोकैबुलरी' थी; उसके पास 'ए कम्प्लीट अपैरॅटस फॉर द एक्स्प्रेशन ऑव एब्स्ट्रैक्ट टर्म्स' था। यह 'वोकैबुलरी' और 'पावर ऑव एक्सप्रेशन' अंग्रेज़ी से घटकर नहीं थी, 'नॉट इन्फीरियर टु इंग्लिश!'[1]

हिन्दी की अन्तरजातीय लोकप्रियता का एक प्रमाण फिल्म जगत् से मिलता है। ऑफ़िशियल लैंग्वेज़ कमीशन ने इसके कुछ आँकड़े इकट्ठे किये थे। 1951 से 1955 तक पाँच वर्षों में 35 मिलीमीटर वाली कुल 2,835 फिल्में बनीं। इनमें 1,597 फिल्में अकेले हिन्दी में बनी थीं, शेष भारत की अन्य सभी भाषाओं में। इसी अवधि में 16 मिलीमीटर वाली 236 फिल्में बनीं जिनमें 129 अकेले हिन्दी की। आधी से ज्यादा फिल्में हिन्दी में बनती हैं। और फिल्म उद्योग के केन्द्र अहिन्दी राज्यों में हैं।

ये थोड़े-से तथ्य सिद्ध करते हैं कि हिन्दी का अन्तरप्रान्तीय व्यवहार एक लम्बे विकास का परिणाम है। राष्ट्रीय आन्दोलन के संगठन और प्रसार ने इस विकास-प्रक्रिया को और आगे बढ़ाया। किन्तु इस समय यह आन्दोलन भी चला कि हिन्दी एक नितान्त दरिद्र भाषा है। "इस समय कोई भी नागरी-हिन्दी अथवा उर्दू को अंग्रेज़ी का समकक्ष स्थान देने का स्वप्न भी नहीं देख सकता।" कहाँ ग्रियर्सन और कहाँ उनके अनुयायी ये भारतीय भाषाविद्! हिन्दी को अंग्रेज़ी के समकक्ष स्थान देने का स्वप्न देखना भी पाप है! फसाद को बढ़ाने के लिए हिन्दी-अंग्रेज़ी में कौन घट-बढ़कर है, यही प्रश्न उठाना काफी नहीं था; इसके साथ हिन्दी-अहिन्दी भाषाओं में श्रेष्ठता-अश्रेष्ठता का सवाल उठाया गया। "कोई भी महाराष्ट्रीय या बंगाली व्यक्ति इस बात का अनुभव नहीं करता कि अपनी मातृभाषा की अपेक्षा नागरी हिन्दी या उर्दू के माध्यम द्वारा उच्चतर संस्कृति की प्राप्ति हो सकती है।" जो लोग हिन्दी-उर्दू का व्यवहार करते हैं, वे "बंगला या गुजराती, पंजाबी या उड़िया, तमिल या तेलगू, कन्नड़ या मराठी का व्यवहार करनेवालों से अपनी किंचित् भी सांस्कृतिक या बौद्धिक श्रेष्ठता सिद्ध नहीं कर सकते।" इसकी एक प्रतिक्रिया होगी। हिन्दी भाषी अपनी श्रेष्ठता सिद्ध करेंगे और अन्य अहिन्दी-भाषी अपनी भाषा के गुन गाएँगे। इस कोलाहल में दो बातें हम भूल जाएँगे। पहली यह कि केन्द्रीय भाषा के इस विवाद से देश की वास्तविक भाषा-सम्बन्धी स्थिति पर पर्दा पड़ जाता है। केन्द्रीय भाषा के रूप में तो अंग्रेज़ी रहती ही है, विभिन्न प्रदेशों में भी वहाँ की भाषाओं के हक छीनकर राज्य-भाषाओं के रूप में अंग्रेज़ी जमी रहती है। सबसे पहली आवश्यकता यह है कि भारतीय भाषाएँ अंग्रेज़ी की दासता से मुक्त हों। अभी कुछ महीने पहले (अगस्त, 1960 में) जब राष्ट्रपति डॉ. राजेन्द्र प्रसाद तमिलनाडु जानेवाले थे, तो वहाँ के कुछ लोगों ने काले झंडों से उनका स्वागत करने की धमकी दी थी। तमिलनाडु की कम्यूनिस्ट पार्टी ने इस तरह के प्रदर्शन का तीव्र विरोध करते हुए इस बात पर बहुत जोर दिया था कि तमिल भाषा को हिन्दी नहीं दबा रही वरन् इस समय उसका स्वत्व छीन रखा है अंग्रेज़ी ने। उसका यह विश्लेषण बिलकुल सही है कि तमिलनाडु में यदि तमिल को राजभाषा बना दिया गया होता, तो इस कटु विवाद की नौबत न आती। लेकिन मद्रास में "राज्य सरकार की इस घोषणा के बावजूद तमिल राजभाषा है, व्यवहार में विधान सभा के भाषणों को छोड़कर, अंग्रेज़ी ही राज्यभाषा बनी हुई है।" विद्यालयों के महन्त तमिल का प्रवेश निषिद्ध किये हुए हैं और अनेक कमीशनों की सिफारिशों पर ध्यान न देकर वे अंग्रेज़ी को ही शिक्षा का माध्यम बनाए हुए हैं। ऐसी स्थिति में हिन्दी-तमिल विवाद अंग्रेज़ी को कायम रखने का साधन हो जाता है।

1. 'लिंग्विस्टिक सर्वे', खंड 1, पृ. 130

कौन भाषा घटकर है और कौन बढ़कर है, इस बहस में हम दूसरी बात यह भूल जाते हैं कि इस देश की कोई भी भाषा—तमिल भी—नितान्त अलगाव की दशा में फली-फूली नहीं है। यूरोप की भाषाओं की तुलना में ये भाषाएँ एक-दूसरे के ज्यादा निकट रही हैं। शब्दावली से भी ज्यादा इनके साहित्य में जो भावराशि मिलती है, वह किसी एक जाति के ही प्रयत्नों का फल नहीं है। वैदिक काल और उससे पहले से लेकर आज तक किसी भी प्रदेश की संस्कृति दूसरों के प्रभाव से बिलकुल मुक्त होकर नहीं पनपी। बीसवीं सदी में स्वाधीनता-संग्राम के दौरान नये राष्ट्रीय और जनवादी विचारों से इन सभी भाषाओं का साहित्य समृद्ध हुआ है। इन सभी भाषाओं के साहित्य का एक प्रमुख भाग दिन-पर-दिन वैज्ञानिक समाजवाद की विचारधारा से प्रभावित होता जा रहा है। पुरानी विरासत और नई विचारधारा का असर सभी भाषाओं में विद्यमान है। इन सबके फलने-फूलने में ही भारत राष्ट्र का गौरव है। लेकिन यदि आपस का यह सम्बन्ध न देखकर एक-दूसरे की सहायता करने के बदले हम दूसरे सभी पौधे नोंच डालें और सबकी जगह सिर्फ अंग्रेज़ी का पौधा लगा दें तो हमारे बगीचे की शोभा क्या रह जाएगी? इसलिए इस श्रेष्ठता-अश्रेष्ठता के विवाद से ज़रा सावधान रहना चाहिए।

हिन्दी तथा अन्य भारतीय भाषाओं के बारे में एक प्रवाद यह फैलाया गया है कि वे केवल उधार लेना जानती हैं, उनमें अपनी रचना-क्षमता बिलकुल नहीं है। जिस तरह कुछ अंग्रेज़ी-भाषी भारतीय अपने दम्भ के आगे हिन्दी को कुछ नहीं समझते—यद्यपि अंग्रेज़ी न उनकी मातृभाषा है, न पितृभाषा—उसी तरह कुछ संस्कृत-प्रेमी जन हिन्दी को देववाणी की चेरी समझते हैं, बड़े गर्व से इस बात की घोषणा भी करते हैं और यह भूल जाते हैं कि उनके देव-तुल्य पितृगण भले कभी देववाणी का व्यवहार करते रहे हों, आज मातृभाषा हिन्दी को चेरी कहकर वे अपने को ही चेरी-पुत्र घोषित करते हैं! यदि हिन्दी की बदौलत उनकी जीविका भी चलती हो तो उनके लिए यह और भी लज्जा की बात होगी। यदि हिन्दी तथा अन्य भारतीय भाषाएँ केवल उधार लेनेवाली भाषाएँ होतीं तो उनमें परस्पर कोई भेद न होता या नहीं के बराबर होता और उनमें तथा संस्कृत में भी बहुत कम भेद होता। किन्तु जहाँ भारतीय भाषाओं और संस्कृत में निकट का सम्बन्ध है, वहाँ उनमें यथेष्ट भेद भी है। इस भेद को ध्यान में रखना चाहिए। संस्कृत और हिन्दी की ध्वनि-प्रकृति, भाव-प्रकृति और शब्द-भंडार में जो अन्तर है, उसे भूल न जाना चाहिए। इसके अलावा हिन्दी में जो संस्कृत से मिलती-जुलती बहुत-सी सामग्री दिखाई देती है, वह सब संस्कृत से उधार नहीं ली गई वरन् हिन्दी और उस जैसी भाषाओं की स्वतंत्र सामग्री है। इस पर हम पहले विचार कर चुके हैं। संस्कृत ने सबको बाँटा ही नहीं है, दूसरों से लिया भी है। उत्तर-भारत की इस उर्वरा भूमि में न जाने कितने भाषा-कुलों का मिश्रण हुआ है; जीवन में जिन वस्तुओं का नाम हम बराबर लेते हैं, उनके लिए भी, अन्य भाषाओं के विपरीत, हमारे यहाँ पर्यायवाची मूल शब्दों की खान है। फिर संस्कृत में किसी एक प्रदेश के लोगों ने ही रचना नहीं की। केरल से कश्मीर तक के शिक्षित भारतीय जनों ने उसे समृद्ध किया है। वे उससे शब्द उधार लेते हैं तो क्या बुरा करते हैं? अंग्रेज़ी का वही सम्बन्ध ग्रीक और लैटिन से नहीं है जो हिन्दी का संस्कृत से रहा है। जिस प्रदेश में संस्कृत के मूल केन्द्र थे, वहीं हिन्दी के केन्द्र भी स्थापित हुए। लेकिन ये संस्कृत-प्रेमी विद्वान अंग्रेज़ी के लिए नहीं कहते कि वह ग्रीक और लैटिन की चेरी है और उनकी सरकारी फाइलों में उसका प्रयोग वर्जित होना चाहिए। प्राचीन गौरव का मूल्य यही होना चाहिए कि वह वर्तमान प्रगति में सहायता दे। इसलिए प्रत्येक संस्कृत-प्रेमी को—बालकृष्ण भट्ट, महावीर प्रसाद द्विवेदी, पद्मसिंह शर्मा, जयशंकर प्रसाद और किशोरीदास वाजपेयी के

समान—हिन्दी-सेवी होना चाहिए। हिन्दी-सेवा का वर्तमान पवित्र कर्तव्य भुलाकर यदि कोई हिन्दी की निन्दा करने के लिए संस्कृत के गुण गाता है, तो वह श्मशानवासी अघोरी के समान केवल शव-पूजा करता है, उसे संस्कृत के प्राणों का स्पर्श हुआ ही नहीं है।

हमारे देश में जैसे अभी साम्राज्यवादी शासन और सामन्ती व्यवस्था के अवशेष मौजूद हैं, वैसे ही सांस्कृतिक क्षेत्र में भी हमें इन दोनों के प्रभाव दिखाई देते हैं। देश के विभिन्न वर्गों का जैसा सांस्कृतिक दृष्टिकोण है, उसी के अनुकूल वे भाषा-समस्या का समाधान भी प्रस्तुत करते हैं। इनमें सबसे पहले वह वर्ग है जो साम्राज्यवादी व्यवस्था में अंग्रेज़ी शिक्षा के कारण ऊँची नौकरियाँ पा सका था और अब स्वाधीन भारत में वह उसी शिक्षा के आधार पर अपने लिए उन नौकरियों को बरकरार रखना चाहता है। इसमें विभिन्न प्रदेशों के उच्च मध्यवर्गीय शिक्षित लोग हैं जो समझते हैं कि अंग्रेज़ी के न रहने पर हिन्दी वाले बाज़ी मार ले जाएँगे। इनकी तो मातृभाषा हिन्दी है; दूसरों को उसे सीखना पड़ेगा। इस तरह के तर्क साम्राज्यवादी संस्कृति के अवशेषों को ज़ाहिर करते हैं। अंग्रेज़ चले गए लेकिन अपनी संस्कृति के प्रभाव कुछ लोगों के मन पर छोड़ गए हैं। सामन्ती व्यवस्था के अवशेषों के अनुरूप भाषा के प्रति उन पंडितों का जड़ दृष्टिकोण है जो संस्कृत में 'अमरकोश' और 'काव्य प्रकाश' के अलावा बहुत कम बातें जानते हैं, जो नायिका-भेद और अलंकारशास्त्र को भारतीय संस्कृति की चरम सिद्धि माने बैठे हैं, जो वर्तमान युग की आवश्यकताएँ न समझ सकने के कारण यह नहीं जान पाते कि प्राचीन रिक्थ से क्या लेना चाहिए और क्या छोड़ना चाहिए, अर्थात् अपनी विरासत का वैज्ञानिक मूल्यांकन करने में वे एकदम असमर्थ हैं। इन्हीं के साथ वे पंडित भी हैं जो हिन्दी के विकास से बिलकुल अपरिचित हैं और इसलिए हिन्दी की प्रकृति को पहचाने बिना संस्कृत के धातु-प्रत्ययों के आधार पर अनर्गल शब्द-सूची बनाने में जुटे हुए हैं। इनके लिए हिन्दी-सेवा अर्थ-लाभ का विषय है; वैसे न वे हिन्दी जानते हैं, न हिन्दी से उन्हें प्रेम है।

इन दोनों तरह के लोगों से (दोनों प्रवृत्तियाँ एक ही विद्वान में भी मिल सकती हैं) अंग्रेज़ी-भक्त अधिक मुखर हैं। अंग्रेज़ी-भक्तों की चिन्ता न करके डॉ. सुनीति कुमार चाटुर्ज्या ने 1948 के अन्तरराष्ट्रीय भाषाविद्-सम्मेलन (पेरिस) में यह प्रस्ताव रखा था कि संसार में किसी भाषा के समझने-बोलनेवालों के विचार से हिन्दी का नम्बर तीसरा है, इसलिए अंग्रेज़ी, फ्रांसीसी, स्पेनी, रूसी और चीनी के साथ हिन्दी को भी राष्ट्रसंघ की 'ऑफ़िशियल' भाषा मंजूर करना चाहिए। यह प्रस्ताव बहुत महत्त्वपूर्ण था। भारत जैसे देश की एक भाषा राष्ट्रसंघ में अवश्य होनी चाहिए। जब तक वह वहाँ ऑफ़िशियल लैंग्वेज़ घोषित न की जाए, तब तक हमारे प्रतिनिधि वहाँ उसका व्यवहार अवश्य कर सकते हैं। मिस्त्र देश के राष्ट्रपति नासर ने अभी उस दिन (27 सितम्बर, 1960 को) राष्ट्रसंघ में अपना भाषण अरबी में दिया। यदि मिस्त्र के प्रतिनिधि अरबी में बोल सकते हैं, तो भारत के प्रतिनिधि हिन्दी में क्यों नहीं बोल सकते? और जब तक भारत के प्रतिनिधि वहाँ हिन्दी में न बोलें, तब तक राष्ट्रसंघ को क्या पड़ी है कि वह हिन्दी को वहाँ की ऑफ़िशियल लैंग्वेज़ बनाए? यह तो वही बात हुई कि हिन्दी-भाषी प्रदेश में अभी हर स्तर पर राजभाषा के रूप में हिन्दी का चलन हुआ नहीं, लेकिन सारे भारत में उसे राष्ट्रभाषा के रूप में चलाने को हम बेताब हैं। इस प्रसंग में यह बात भी ध्यान देने योग्य है कि राष्ट्रसंघ में अंग्रेज़ी को विश्व-भाषा माना जाता तो अन्य भाषाओं को उसके समकक्ष स्थान देने का सवाल न उठता। इन अन्य भाषाओं में यूरोप की भाषाएँ ही नहीं हैं—जो उत्तरी दक्खिनी अमरीका में भी बोली जाती हैं—वरन् एशिया की एक भाषा चीनी भी है। चीनी भाषा को अपने विकास के

लिए भारतीय भाषाओं की तुलना में कोई बहुत अनुकूल परिस्थितियाँ सुलभ नहीं हुईं। लेकिन लिपि और टाइपराटर की कठिनाइयाँ सामने न आईं, विश्व-भाषा अंग्रेज़ी की श्रेष्ठता का प्रश्न सामने न आया; यह समस्या पेश न हुई कि वर्तमान परिस्थितियों में चीनी के विकसित हो जाने तक अंग्रेज़ी को ही चीन—और राष्ट्रसंघ में चीन के प्रतिनिधियों—की भाषा बने रहने दिया जाए।

डॉ. चाटुर्ज्या का प्रस्ताव उत्तम था और एक दिन वह अवश्य अमल में लाया जाएगा। भारतीय कम्यूनिस्ट पार्टी के प्रतिनिधि मॉस्को और पेकिंग के कम्यूनिस्ट-सम्मेलनों में हिन्दी भाषा का व्यवहार कर चुके हैं। राष्ट्रीयता और देशभक्ति के इजारेदार अन्तरराष्ट्रीय सम्मेलनों में अक्सर अंग्रेज़ी का ही व्यवहार करते हैं। रूसियों के हिन्दी-प्रेम के कारण ही वहाँ हिन्दी बोलनी पड़े तो बात दूसरी है; असली कसौटी है कॉमनवेल्थ और राष्ट्रसंघ—वहाँ हम किस भाषा को प्रयोग करते हैं? एक बात समझ में नहीं आती। डॉ. चाटुर्ज्या ने राष्ट्रसंघ में हिन्दी को ऑफ़िशियल लैंग्वेज़ बनाने का समर्थन किया[1] किन्तु भारत में उसे ऑफ़िशियल लैंग्वेज़ बनाने का विरोध किया। उनके तर्क ध्यान देने योग्य हैं और वे इस प्रकार हैं : अहिन्दी-भाषी क्षेत्रों के लोगों का विचार है कि हिन्दी अभी इतनी विकसित नहीं हुई कि अंग्रेज़ी की जगह ले ले। हिन्दी के कट्टर समर्थक भी उसकी खामियाँ महसूस करते हैं। उच्चस्तरीय शब्दावली के मामले में उसकी कोई निश्चित नीति नहीं है। अपने विकास में हिन्दी भारत की दूसरी भाषाओं से बढ़कर नहीं है। हिन्दी सीखनेवालों को लगता है कि उनकी भाषाएँ उससे श्रेष्ठ हैं। खड़ी बोली हिन्दी की उम्र बहुत कम है। 1850 से पहले खड़ी बोली हिन्दी नाम की चीज का प्राय: अस्तित्व ही न था। पिछली शताब्दी के उत्तरार्द्ध में उर्दू के आधार पर, ज्यादातर बंगला से उधार लिये हुए संस्कृत शब्दों को मिलाकर एक अनगढ़-सी भाषा रची जा रही थी। आर्यसमाज के आन्दोलन और राजनीतिक कारणों से हिन्दी-उर्दू का संघर्ष हुआ। महात्मा गांधी ने हिन्दी को बहुत महत्त्व दिया लेकिन 1920 के ज़माने तक भारत की साहित्यिक भाषाओं के अभियान में खड़ी बोली हिन्दी पीछे घिसटनेवाले खेमाबरदार की तरह थी। इस बीच खड़ी बोली हिन्दी ने चार-पाँच ज़बानों की साहित्य-सम्पदा भी हथिया ली। भाषाविज्ञान की दृष्टि से "वास्तव में ये भाषाएँ हैं, न कि बोलियाँ, जैसे—राजस्थानी, कोसली या अवधी और भोजपुरी, और मैथिली भी, जिसे पिछली दो पीढ़ियों में हिन्दी क्षेत्र के अन्तर्गत ले लिया गया है।" ब्रजभाषा और पछाहीं हिन्दी की दूसरी बोलियों की बात अलग है; साहित्य के लिए उन्होंने खड़ी बोली को अपनाया, यह स्वाभाविक था। पहले गद्य उर्दू में लिखा जाता था। 'हिन्दू या भारतीय राष्ट्रवाद' के प्रभाव से हिन्दी गद्य का विकास हुआ। "परिस्थिति यह थी : ब्रजभाषा, अवधी, भोजपुरी, राजस्थानी, गढ़वाली आदि भिन्न भाषाएँ बोलनेवाले उत्तर भारत के लोगों ने पहले उर्दू को (जहाँ भी अंग्रेज़ी मदरसे पहले खुले) और आगे चलकर खड़ी बोली हिन्दी को मंजूर किया क्योंकि उनकी अपनी भाषाओं में विकसित गद्य न था। शहरों के आधुनिक स्कूलों ने उन्हें जो भाषा दी, उसे उन्होंने अंगीकार किया। अब उन्होंने अपने मन में यह विश्वास पैदा कर लिया है कि वे स्कूल में खड़ी बोली लिखते और बोलते हैं, इसलिए वे 'हिन्दी-भाषी लोग' हैं और उनकी घरेलू बोलियाँ 'हिन्दी की बोलियाँ' मात्र हैं। दरअसल वे हिन्दी के हित के लिए अपनी उन घरेलू भाषाओं का दमन कर रहे हैं जो उनकी सच्ची मातृभाषाएँ हैं। हिन्दी तो ठीक-ठीक पश्चिमी उत्तर प्रदेश और पूर्वी पंजाब और मध्य

1. इसकी चर्चा 'ऑफ़िशियल लैंग्वेज़ कमीशन' की रिपोर्ट में प्रकाशित अपनी असहमति-टिप्पणी में उन्होंने स्वयं की है, पृ. 278

भारत, मध्य प्रदेश और राजस्थान के कुछ हिस्सों की भाषा है।" जो लोग घर में एक भाषा बोलते हैं और बाहर स्कूली भाषा का व्यवहार करते हैं, वे बंगला, मराठी आदि भाषाओं के प्रति उनके बोलनेवालों के प्रेम का अन्दाज नहीं कर सकते। इसलिए राहुल सांकृत्यायन और बनारसीदास चतुर्वेदी ने विकेन्द्रीकरण और तथाकथित बोलियों की भाषा का जो आन्दोलन चलाया, उसे विशेष समर्थन न मिला। जो लोग घर में खड़ी बोली का व्यवहार करते हैं, वे फ़ारसी-अरबी शब्दावली का प्रयोग ज्यादा करते हैं और उस संस्कृत-गर्भित हिन्दी से प्रसन्न नहीं हैं जिसे अब राज्यभाषा बनाया जा रहा है। अवधी, बघेली, भोजपुरी और मैथिली के भी बोलनेवाले अब हिन्दी को सँवारने में लगे हैं। न वे हिन्दी की वास्तविक परम्परा से परिचित हैं, न संस्कृत-परम्परा को पहचानते हैं। इससे हिन्दी का सहज विकास कुंठित हो जाता है। भाषा में अराजकता छा गई है और इसे विवादी स्वरों का समन्वय कहकर सारे भारत पर लादा जा रहा है। इसके जरिये अंग्रेज़ी को हटाया ही जा रहा है, शायद दूसरी भाषाओं के स्वच्छंद व्यवहार पर भी रोक लगाई जाएगी। जिन लोगों की भाषाओं में हजार साल की साहित्य-सम्पदा है, वे इस थोपी हुई हिन्दी को क्यों स्वीकार करने लगे? माना कि आधुनिक हिन्दी में कुछ कहानियाँ और उपन्यास अच्छे निकल गए हैं, इतिहास और दर्शन की भी कुछ मौलिक पुस्तकें निकली हैं, लेकिन वैज्ञानिक साहित्य उसमें बहुत कम हैं। लेकिन तमिल, बंगला, उड़िया, कन्नड़ आदि भाषाएँ बोलनेवालों के लिए हिन्दी का—या उर्दू का ही—कोई सांस्कृतिक या बौद्धिक महत्त्व नहीं है। पुरानी अवधी, ब्रज और राजस्थानी में तुलसी, सूर और मीरा के भक्तिकाव्य की बात दूसरी है। "अंग्रेज़ी में ज्ञानवर्द्धन और शक्ति का विराट् साहित्य है। उसके सामने हिन्दी को तरजीह नहीं दी जा सकती।" हिन्दी की अपेक्षा अंग्रेज़ी के ज्ञान से भारतवासी अपना बौद्धिक विकास ज्यादा अच्छी तरह कर सकते हैं!

यह तो हुआ हिन्दी-कीर्तन। जब अंग्रेज़ी-माहात्म्य सुनिए। अंग्रेज़ी वह खिड़की है जिससे बाहर की हवा और रोशनी भीतर पहुँचती है। विश्वविद्यालयों में अंग्रेज़ी कुछ वर्षों तक नहीं वरन् एक लम्बी अवधि तक रहेगी। विश्व-संस्कृति एक है; यदि अंग्रेज़ी को विश्वविद्यालयों से निकाल दिया जाए तो हम इस विश्व-संस्कृति तक पहुँच नहीं सकते। "अंग्रेज़ी के माध्यम से समस्त मानवता के लिए हम बौद्धिक ही नहीं, आध्यात्मिक भोजन भी प्राप्त कर सकते हैं।" स्कूल जानेवाले सभी विद्यार्थी अंग्रेज़ी न पढ़ें लेकिन जो लोग भारत के विकास का नेतृत्व करेंगे, उनके पास अंग्रेज़ी का यह अस्त्र अवश्य रहना चाहिए जिससे वे बाकी दुनिया के स्तर तक पहुँच सकें। इस तरह के शिक्षित जन आबादी में आधे फीसदी भी न हों, तो भी प्रगति के मूल वाहक वही हैं। "आम जनता और मामूली आदमियों के लिए मातृभाषाएँ हैं जो अंग्रेज़ी के सम्पर्क से लाभान्वित होंगी।" अंग्रेज़ी सीखने से मेधा अनुशासित और तीक्ष्ण होती है; इस शिक्षा में ढिलाई होने से चारों ओर बौद्धिक ह्रास हो रहा है। समस्त जनता का बौद्धिक उन्नयन अंग्रेज़ी पढ़े लोगों ने किया है; उन्होंने स्वाधीनता-संग्राम का संचालन किया है। इसलिए यह समझना कि अंग्रेज़ी पढ़े लोग आम जनता से दूर जा पड़ते हैं, भ्रम है। "उच्च संस्कृति से जनता में हमेशा तीव्र विभाजन होता है। संस्कृत के विद्वान आम जनता से अपने को अलग और उनसे श्रेष्ठ समझते हैं। यदि कभी हिन्दी सारे भारत के श्रेष्ठ जनों की भाषा हो गई, तो अभी से लक्षण दिखाई दे रहे हैं कि हिन्दीदाँ लोगों में यही भावना उत्पन्न होगी और वे हिन्दी न जाननेवालों के सामने अपने को श्रेष्ठ साबित करने की कोशिश करेंगे। हिन्दी क्षेत्रों में अभी भी यह श्रेष्ठ बनने की भावना देखी जा सकती है।" रेल, तार और टेलीविजन की

तरह अंग्रेज़ी आधुनिक सभ्यता की एक न्यामत है और उसके द्वारा देश की राजनीतिक और सांस्कृतिक एकता कायम हुई है और विज्ञान में प्रगति सम्भव हुई है। हमारी भारतीय भाषाओं में अन्तर्निहित शक्ति का विकास भी अंग्रेजी के माध्यम से हुआ है। "अब तक अंग्रेज़ी विश्व सभ्यता की सामान्य भाषा लगभग बन चुकी है।" अब वह अंग्रेज़ों या अमरीकियों की ही भाषा नहीं है। इंडोनेशिया, जापान, चीन, रूस आदि में अंग्रेज़ी सीखने को प्रमुखता दी जाती है। अफ्रीका का अधिकांश भाग अंग्रेज़ी के प्रभाव क्षेत्र में है। उत्तरी अमरीका के प्रभाव से लैटिन अमरीका अंग्रेज़ी की ओर झुक रहा है। "हम—खास कर अहिन्दी क्षेत्रों के लोग—चाहते हैं कि अंग्रेज़ी रहे क्योंकि हम अपनी भाषाओं को प्यार करते हैं।" हम ज्ञान के मूल स्रोतों तक अंग्रेज़ी के माध्यम से पहुँचना चाहते हैं। अंग्रेज़ी को भारतीयता-विरोधी समझना संकुचित राष्ट्रीयता का द्योतक है। अंग्रेज़ी से देशभक्ति बढ़ेगी, घटेगी नहीं। भारत में अंग्रेज़ी की परम्परा खुद भारतवासियों की कायम की हुई है। "अंग्रेज़ी भाषा भारत की जनता पर कभी जबर्दस्ती लादी या थोपी नहीं गई। (दि इंग्लिश लैंग्वेज़ वाज़ नेवर इम्पोज्ड ऑर फोर्स्ड अपॉन दि पीपुल ऑव इंडिया)।" भारतवासियों ने स्वयं उसका महत्त्व समझकर उसे सीखने पर जोर दिया। नौकरियाँ पाने का लालच भी था लेकिन अंग्रेज़ी शिक्षा के भारतीय प्रचारकों के सामने उस तरह की शिक्षा अपने में ही महत्त्वपूर्ण थी। "ज़बान उसकी है जो उसे सीख ले और अपने तथा दूसरों के फायदे के लिए इस्तेमाल कर सके।" बुद्धिजीवियों ने उसे सीखा है; इसलिए उसे ठुकरा न देना चाहिए। जो लोग चाहते हैं, अंग्रेज़ी रहे, वे हठधर्मी नहीं करते, वरन् 'मानवतावादी आदर्श (ह्यू मैनिस्टिक आइडियलिज्म)' से प्रभावित है; विश्व-सभ्यता के उच्चतम भावों से अपने अन्तर (इनर बीइंग) को परिष्कृत करते हैं। यह आध्यात्मिक उन्नति का प्रश्न है। अंग्रेज़ी ने जो भूख जगाई है, उससे हमारी राष्ट्रीय संस्कृति की योग और क्षेम—इन दो धाराओं का संवर्द्धन हुआ है। हिन्दी या और किसी भी भाषा से यह भूख शान्त नहीं हो सकती। जैसाकि 'गीता' में कहा गया है : 'यत्र योगेश्वरो कृष्णो यत्र पार्थो धनुर्धरः; तत्र श्रीर्विजयो भूतिर्ध्रुव नीतिर्मतिर्मम।'

इसके अलावा एक बात और है—नौकरियों की। हिन्दी वाले मजे में रहेंगे; जिन्हें हिन्दी सीखनी पड़ेगी, वे उनके मुकाबले में नुकसान उठाएँगे। "अंग्रेज़ी एक तटस्थ (न्यूट्रल) भाषा है जो सबके लिए बराबर है।" वह विश्व-भाषा और भारत की अन्तरप्रान्तीय भाषा है, इसलिए किसी एक भारतीय भाषा के मुकाबले में किसी दूसरी भारतीय भाषा को तरजीह देने का सवाल ही नहीं उठता।

यहाँ तक डॉ. चाटुर्ज्या की बात।

हिन्दी के विरुद्ध जो तर्क दिये जाते हैं, उन्हें हमने विस्तार से—यद्यपि साररूप में ही—दे दिया है। हिन्दी के विरुद्ध और अंग्रेज़ी के पक्ष में कौन-कौन सी दलीलें दी जा सकती हैं, अक्सर हम उनकी कल्पना भी नहीं कर सकते। न केवल हिन्दी-भाषियों को वरन् उन सभी लोगों को जो अंग्रेज़ी के स्थान पर अपनी भाषाओं की उन्नति चाहते हैं, ऊपर की बातों पर गम्भीरता से विचार करना चाहिए। यह अंग्रेज़ी-प्रेम हिन्दी ही नहीं, सभी भारतीय भाषाओं के आड़े आता है; इसलिए उस पर सभी भारतीय भाषा-भाषियों को विचार करना चाहिए। ऊपर जिन बातों का सारांश दिया गया है, उनमें सबसे आश्चर्यजनक स्थापना यह है कि अंग्रेज़ी भाषा कभी जनता पर जबर्दस्ती लादी नहीं गई। भारत का कोई ऐसा प्रदेश नहीं है जहाँ इस बात के लिए आन्दोलन न हुआ हो कि स्कूलों-विद्यालयों में शिक्षा का माध्यम वहाँ की प्रादेशिक भाषा होनी चाहिए। यह आन्दोलन बंगाल में भी चला और बंगाल के सामाजिक और सांस्कृतिक जीवन में अंग्रेज़ी

की जगह बंगला को प्रतिष्ठित करने के लिए रवीन्द्रनाथ ठाकुर जैसे मनीषियों ने भगीरथ प्रयत्न किया। अखिल भारतीय स्तर पर महात्मा गांधी ने इस बात का जोरदार आन्दोलन किया कि शिक्षा का माध्यम भारतीय भाषाएँ होनी चाहिए। उन्होंने जापान की मिसाल देकर बताया कि वहाँ के लोगों ने यूरोप की विद्या ग्रहण की है, अपनी भाषा के माध्यम से। उनका शिक्षण जापानी में होता है, न कि अंग्रेज़ी में। राष्ट्रीय आन्दोलन की यह माँग रही है कि शिक्षा संस्थाओं से लेकर न्यायालयों तक में जो सारा काम अंग्रेज़ी के माध्यम से होता है, वह बन्द होना चाहिए और अंग्रेज़ी ने भारतीय भाषाओं के जो हक छीने हैं, वे उन्हें वापस मिलने चाहिए। तब हम कैसे मान लें कि अंग्रेज़ी यहाँ लादी न गई थी और उसे गौरव-स्थान देने के लिए यही के देशभक्तों ने प्रयास किया था? भारतीय भाषाओं के अविकसित रहने का एक कारण यह बताया जाता है कि यहाँ राजनीतिक और सांस्कृतिक कार्यों के लिए अंग्रेज़ी पत्र-व्यवहार होता था। दूसरी ओर यह भी दावा किया जाता है कि अंग्रेज़ी के इस सम्पर्क से भारतीय भाषाएँ समृद्ध हो गईं। अगर अंग्रेज़ी का यह स्वेच्छित सम्पर्क इतना लाभदायी था तो भारतीय भाषाओं की समृद्धि को स्वीकार कीजिए और निकालिए अंग्रेज़ी को विश्वविद्यालयों से। हिन्दी नहीं, बंगला को उच्च शिक्षा का माध्यम बनाइए। लेकिन आप इसके पक्ष में नहीं हैं; अंग्रेज़ी का दामन छूटा नहीं कि आध्यात्मिक प्रगति भी रुक जाएगी, वैज्ञानिक प्रगति का तो कहना ही क्या! अगर एक शताब्दी के निकट सम्पर्क से भारतीय भाषाएँ अब तक दरिद्र बनी हुई हैं, तो क्यों न इस सम्पर्क को जरा कम करें और, उनकी समृद्धि के लिए कोई और उपाय निकालें?

अंग्रेज़ी से कुछ सीखना एक बात है; अंग्रेज़ी को अपने सामाजिक और सांस्कृतिक कार्यों का माध्यम बना लेना दूसरी बात है। जापानियों, चीनियों आदि ने अंग्रेज़ी से सीखा है लेकिन अपनी भाषाओं को अविकसित मानकर उन्होंने अंग्रेज़ी को राजभाषा नहीं बनाया। यहाँ के समाज-सुधारक अंग्रेज़ी पढ़ने के विरुद्ध नहीं थे, अंग्रेज़ी को अपनी सांस्कृतिक भाषा बनाने के विरुद्ध थे। आज दलील क्या है? अंग्रेज़ी विश्व-संस्कृति की भाषा है; हमारी अन्तरप्रान्तीय भाषा है; हमारी सांस्कृतिक एकता अंग्रेज़ी के ही द्वारा सुरक्षित है और रह सकती है। यदि रवीन्द्रनाथ, भारती, प्रेमचन्द आदि का यही दृष्टिकोण होता, तो वे देश की इस 'सांस्कृतिक भाषा' को समृद्ध करने में अपना समय लगाते; उन्होंने भारतीय भाषाओं की जो सेवा की, वे न कर पाते। भारत में अंग्रेज़ विजयी हुए, इसलिए यूरोप का ज्ञान अंग्रेज़ी के माध्यम से आया। यदि यहाँ फ्रांसीसी या पुर्तगाली विजयी होते तो हम उनकी भाषा को बाहर की हवा और रोशनी के लिए खिड़की बनाते। क्लाइव के ज़माने में कम्पनी के गोरे नौकरों को पुर्तगाली भाषा सीखनी होती थी, क्योंकि वह अन्तरजातीय व्यापार में काम आती थी। फ्रांसीसी भाषा यूरोप में अन्तरजातीय व्यवहार के काम आती थी और यदि यहाँ फ्रांस की विजय होती, तो हम उसी भाषा के गीत गाते। यदि हम स्वाधीन रहते तो शायद यूरोप की संस्कृति और विज्ञान के बारे में ज्यादा अच्छी जानकारी हासिल करते। अंग्रेज़ी के अनिवार्य रहने के कारण हमने यूरोप को अंग्रेज़ी चश्मे से देखा है; इसलिए यूरोप की कला, साहित्य, दर्शन और विज्ञान की जानकारी एकांगी और अधूरी है। अपने देश की भाषाओं और उनके साहित्य के बारे में तो हम उतना भी नहीं जानते जितना यूरोप की भाषाओं के बारे में जानते हैं। एशिया के पड़ोसी देशों के साहित्य और संस्कृति में जानने लायक कुछ है, यह हमारे दिमाग़ में ही नहीं आया। अंग्रेज़ी के माध्यम से विश्व-संस्कृति तक पहुँचना तो दूर, हम यूरोप की संस्कृति को भी ठीक-ठीक नहीं पहचान पाए, अपने घर और पड़ोसियों के बारे में गहरे अज्ञान-अंधकार

में रहते हैं। यहाँ के लोगों ने अंग्रेज़ी से जो फायदा उठाया, वह अंग्रेज़ी लादने की नीति का प्रबल विरोध करके उठाया। उन्होंने अंग्रेज़ी साहित्य में अभिव्यक्त स्वाधीनता और जनतंत्र के विचारों से प्रेरणा पाई और अपनी भाषा की सेवा करने में लग गए। उन्होंने अंग्रेज़ी की उच्चता के सामने माथा टेककर उसे अपनी सांस्कृतिक भाषा स्वीकार नहीं कर लिया। अंग्रेज़ी के माध्यम से हम तक दो तरह की संस्कृतियाँ पहुँचीं। एक संस्कृति शेक्सपियर, मिल्टन, शेली, बायरन, डार्विन और शॉ की थी जो ब्रिटिश दासता के विरुद्ध और मानवीय मूल्यों के लिए हमें लड़ना सिखाती थी। इस संस्कृति से हमने यह भी सीखा कि जैसे अंग्रेज़ साहित्यकारों और मनीषियों ने लैटिन और फ्रांसीसी को अंग्रेज़ी से समृद्ध भाषा मानते हुए भी उन्हें अपने ऊपर हावी नहीं होने दिया वरन् अंग्रेज़ी के उत्कर्ष के लिए बराबर प्रयत्न करते रहे, वैसे ही हमें भी अंग्रेज़ी भाषा की गुलामी न करके अपनी भाषाओं की उन्नति के लिए लगातार प्रयत्न करना चाहिए। इसके विपरीत, अंग्रेज़ी के माध्यम से हम तक साम्राज्यवादी संस्कृति भी आई है। यह संस्कृति गौरांग जातियों की श्रेष्ठता और काली जातियों की हीनता घोषित करती है। इस नस्ल-सिद्धान्त के अनुरूप वह नेटिवों के रहन-सहन, रीति-रिवाज, भाषा, साहित्य सबसे घृणा करना सिखाती है। वह समाज-सुधार का मतलब भारतीय संस्कृति के आन्तरिक मूल तत्त्वों का विकास नहीं मानती; समाज-सुधार का मतलब है—अंग्रेज़ों की नकल! इस संस्कृति के जाने-माने प्रतिनिधि थे लॉर्ड मैकाले, कर्जन, किपलिंग जैसे लोग। यदि आप मैकाले का शिक्षा-सम्बन्धी निबन्ध उठाकर पढ़ें तो आपको यह देखकर आश्चर्य होगा कि जो बातें हम आये-दिन भाषा-विवाद के सिलसिले में सुना करते हैं, इन्हें विद्वान मैकाले सवा सौ वर्ष पहले ही लिख गया था। मैकाले कम-से-कम मौलिकता का दावा कर सकता था, पर उसके राग की प्रतिध्वनि जिन डफलियों में गूँजती है, वे यह दावा भी कर सकने की स्थिति में नहीं हैं।

मैकाले के शब्दों को फिर से याद करना शिक्षाप्रद होगा। 1835 में उसने लिखा था : "सब लोग इस बात से सहमत हैं कि भारत के इस भाग में नेटिव जो बोलियाँ बोलते हैं, उनमें साहित्यिक और वैज्ञानिक जानकारी की बातें नहीं हैं। इसके अलावा वे इतनी दरिद्र और अनगढ़ हैं कि जब तक उन्हें किसी और दिशा से समृद्ध न किया जाए, उनमें किसी महत्त्वपूर्ण ग्रंथ का अनुवाद करना भी सम्भव न होगा। सभी लोग इस बात से सहमत मालूम होते हैं कि जो लोग उच्च शिक्षा पा सकने की स्थिति में हैं, उनका बौद्धिक विकास किसी ऐसी भाषा द्वारा ही सम्भव है जो उनमें बोली न जाती हो।" आज भी तर्क यह दिया जाता है कि सभी भारतीय भाषाएँ अंग्रेज़ी की तुलना में हेठी हैं; इसलिए सांस्कृतिक स्तर ऊँचा करने के लिए उच्च शिक्षा का माध्यम कोई अभारतीय भाषा ही होनी चाहिए। मैकाले के जमाने में भी अंग्रेज़ी विश्व-संस्कृति की भाषा थी। लॉर्ड महोदय का विचार था कि "इसमें अत्युक्ति नहीं है कि संस्कृत भाषा में लिखे हुए तमाम ग्रंथों से जो ऐतिहासिक ज्ञान प्राप्त हो सकता है, वह उस जानकारी से कम मूल्यवान है जो छोटे दर्जों की मामूली पाठ्य-पुस्तकों में मिल जाता है।" अरबी और सभी भारतीय भाषाओं को भी एक पलड़े में चढ़ा दीजिए। "प्राच्य विद्या-विशारदों में मुझे कोई ऐसा नहीं मिला जो यह न मानता हो कि किसी अच्छे यूरोपीय पुस्तकालय की एक अलमारी में अरबी और भारत के समूचे साहित्य से ज्यादा महत्त्वपूर्ण सामग्री आ जाएगी।" इससे आप यह न समझें कि यूरोप की दूसरी भाषाएँ अंग्रेज़ी के मुकाबले में कहीं ठहर भी सकती हैं। "यह विश्वास के साथ कहा जा सकता है कि उस भाषा (अंग्रेज़ी) में जो साहित्य सुलभ है, वह संसार के समूचे साहित्य से अधिक मूल्यवान् है।" यह हुई अंग्रेज़ी के विश्व संस्कृतिवाहन होने की बात। मैकाले यह भी

मानता था कि भारत में हर किसी को अंग्रेज़ी नहीं पढ़ाई जा सकती। "अधिक-से-अधिक यह किया जा सकता है कि हम एक ऐसा वर्ग बनाएँ जो हमारे और करोड़ों शासित लोगों के बीच दुभाषिये का काम करे, यह वर्ग ऐसे लोगों का होगा जो खून और रंग में तो हिन्दुस्तानी होंगे लेकिन उनके शौक, उनके विचार, उनका नैतिक आचरण और बुद्धि—सब अंग्रेज़ी होंगे।" मैकाले ने बात साफ-साफ कही थी, इसलिए बेचारा बदनाम हो गया। उसके अनुयायी भी वही बात कहते हैं, लेकिन उतना साफ कहने की हिम्मत उन्हें नहीं होती। आम जनता को राजकाज, शिक्षा और संस्कृति से क्या लेना-देना है? सारे उच्चस्तरीय काम आधे फीसदी अंग्रेज़ी-दां लोग सँभालेंगे! और आप यह न समझें कि मैकाले को भारतीय भाषाओं के पुनर्जीवन की चिन्ता न थी। पुनर्जीवित करने का यह काम उसने इन्हीं मन के अंग्रेज़ और तन के हिन्दुस्तानियों को सौंपा था। "उस वर्ग पर हम यह भार छोड़ सकते हैं कि वह देश की बोलियों को परिष्कृत करे, पश्चिमी शब्दावली से विज्ञान के पारिभाषिक शब्द उधार लेकर इन बोलियों को समृद्ध करे और धीरे-धीरे उन्हें जनता तक ज्ञान पहुँचाने का योग्य साधन बनाए।" सवा सौ साल से मैकाले और उसके अनुयायी भारतीय भाषाओं को समृद्ध बनाने में लगे हैं लेकिन उनका यह काम अभी भी समाप्त नहीं हुआ। अंग्रेज़ों के चले जाने के तेरह साल बाद भी उनकी माँग है कि यहाँ अनन्त काल तक पहले की ही तरह अंग्रेज़ी का राज बना रहे! इस प्रसंग में वे मैकाले के तर्क दोहराते हैं लेकिन अपने गुरु का नाम भी नहीं लेते, यह उनकी परम कृतघ्नता है!

भारत के नवीन सांस्कृतिक जागरण में अंग्रेज़ी के महत्त्व को बहुत बढ़ा-चढ़ाकर आँका जाता है। अंग्रेज़ी के माध्यम से प्राप्त विचारधारा इस जागरण की प्रमुख धारा नहीं रही। प्रमुख धारा के तत्त्व भारतीय ही रहे हैं। यहाँ के कवियों और विचारकों पर शेली और ब्राउनिंग से अधिक प्रभाव उपनिषदों, रामायण, महाभारत, कालिदास, कबीर, चंडिदास, विद्यापति आदि का रहा है। इस प्रभाव के अलावा उन्होंने जातीय जीवन से साहित्य के लिए नये उपकरण प्राप्त किये हैं। रवीन्द्रनाथ ठाकुर का उदाहरण लीजिए। बचपन में वे कृत्तिवास की 'रामायण', काशीराम की 'महाभारत', मधु कान के पद सुना करते थे। इससे उनकी रसवृत्ति जाग्रत हुई। कुछ बड़े होने पर उन्होंने कालिदास का 'मेघदूत' सुना और उसका प्रभाव उन पर आजीवन रहा। वाल्मीकि के काव्य पर 'भाषा औ छंद' नाम की उनकी रचना, 'मेघदूत' तथा कालिदास सम्बन्धी उनकी अनेक भावपूर्ण कविताएँ, वैष्णव कवियों का अनुकरण (भानुसिंहेर पदावली) और उन पर कविता यह स्पष्ट करती हैं कि भारतीय साहित्य की किन धाराओं ने उनके कवि-हृदय को सींचा था। देवेन्द्रकुमार ठाकुर उपनिषदों के परम भक्त थे। इस घरेलू प्रभाव के कारण रवीन्द्रनाथ आजीवन भारत और यूरोप के लिए भारतीय संस्कृति के सन्देशवाहक रहे। उन्होंने अंग्रेज़ कवियों से मूर्ति-विधान, काव्य-रूपों आदि के बारे में प्रेरणा पाई लेकिन उनकी भावधारा का मूल उत्स इस देश की धरती में था। वह शेली से अधिक लालन फकीर जैसे बाउल गायकों से प्रभावित हुए थे। इसके अलावा "उत्तर-पश्चिम के रहस्यवादी कवियों, कबीर, मीरा, दादू, ज्ञानदास आदि की रचनाओं से रवीन्द्रनाथ का परिचय हुआ।"[1] भारतीय संस्कृति की इन तमाम अन्तरधाराओं को समेटकर और उनमें अपनी मौलिक प्रतिभा का योग देकर उन्होंने बंगला और भारतीय काव्य को समृद्ध किया।

अंग्रेज़ी भाषा अपने में न प्रगतिशील है, न प्रतिक्रियावादी। उसमें भारत के पूँजीवादी अखबार भी निकलते हैं, कम्यूनिस्ट पार्टी के और साम्प्रदायिक दलों के पत्र भी निकलते हैं।

1. डॉ. सुकुमार सेन, 'हिस्ट्री ऑव बेंगाली लिटरेचर', पृ. 295

यदि अंग्रेज़ी में कोई सांस्कृतिक एकता का जादू हो तो ये सब मिल जाएँ और एक-दूसरे की आलोचना करना छोड़ दें। रूसी भाषा का प्रयोग ज़ार और पूँजीपति करते थे, उसी का प्रयोग लेनिन और बोल्शेविकों ने भी किया। संस्कृत में वात्स्यायन का 'कामसूत्र' भी है और अध्यात्म रामायण भी। किसी भाषा को सीखने मात्र से मुक्ति नहीं मिल जाती। इसलिए यह समझना कि अंग्रेज़ी सीखने से—यानी टूटी-फूटी अंग्रेज़ी में कुछ लिख लेने से—हम ज्यादा प्रगतिशील हो जाएँगे, अपने को धोखा देना है। देश में जो संकट और ह्रास के लक्षण दिखाई देते हैं, उनका कारण सामाजिक परिस्थितियाँ हैं। अन्य देशों में भी ऐसे ही लक्षण दिखाई पड़ चुके हैं यद्यपि वहाँ अंग्रेज़ी शिक्षा में ढिलाई का सवाल न था। किसी समय रूस का अभिजात वर्ग रूसी भाषा से घृणा करता था और फ्रांसीसी को सांस्कृतिक भाषा की तरह इस्तेमाल करता था। यह वर्ग जनता से दूर जा पड़ा था और अन्त में वह मिट गया। अंग्रेज़ी सीखना और बात है; उसे सीखकर लाभ उठाया जा सकता है; उसके साथ और उसके अलावा यूरोप की अन्य भाषाएँ सीखकर और भी ज्यादा लाभ उठाया जा सकता है। लेकिन उसे सभी भारतीय भाषाओं के ऊपर केन्द्रीय और सांस्कृतिक भाषा बनाने से ऐसे वर्ग का ही सृजन होगा जो जनता से दूर होगा, जो अपने अंग्रेज़ी ज्ञान के बल पर—न कि ईमानदारी, देशभक्ति, कार्य-क्षमता के बल पर—शासन-कार्य चलाएगा। इससे देश को अपार क्षति होगी और हो रही है। इस प्रसंग में रूस और चीन की मिसाल देकर अंग्रेज़ी का महत्त्व सिद्ध करना कमाल है। रूसियों और चीनियों ने क्या अंग्रेज़ी को अपनी राजभाषा बनाया है? क्या अंग्रेज़ी उनके विश्वविद्यालयों में शिक्षा का माध्यम है? क्या वे अपना वैज्ञानिक कार्य अंग्रेज़ी में करते हैं? रूस और चीन की मिसाल से बिलकुल उल्टा निष्कर्ष निकलता है। शिक्षा, राजकाज, संस्कृति—सभी क्षेत्रों में जनता की भाषा का व्यवहार होना चाहिए, न कि अंग्रेज़ी का। रूस और चीन में अंग्रेज़ी जिस ढंग और उद्देश्य से सीखी जाती है, यदि उसी ढंग और उद्देश्य से यहाँ उसे लोग सीखें तो किसे आपत्ति होगी?

तात्पर्य यह कि बाहर की हवा और रोशनी के लिए और खिड़कियाँ-दरवाजे भी हैं। आपके घर में भी कुछ रोशनी और हवा है जिससे आप बाहर भी उजाला कर सकते हैं। चारों तरफ घुटन और अँधेरा ही नहीं है। आध्यात्मिक भोजन के लिए भी भारत के लोग जिस दिन अंग्रेज़ी का मुँह देखेंगे, उस दिन उनके डूब मरने के लिए चुल्लू भर पानी काफी होगा। अंग्रेज़ी सीखिए-सिखाइए, लेकिन उसे विश्वविद्यालयों में शिक्षा का माध्यम क्यों बनाते हैं? विश्वविद्यालयों के बारे में अनेक विशेषज्ञ समितियाँ वर्षों से यह सिफारिश करती आ रही हैं कि शिक्षा का माध्यम प्रादेशिक भाषाएँ होनी चाहिए। वे दिन गए जब किसी देश के आधे फीसदी लोग बाकी जनता पर हुकूमत किया करते थे। अब जनता संगठित होकर अपना भाग्य-निर्माण खुद कर रही है। वह अपना राजकाज अपनी भाषाओं में चलाएगी। जनता का उन्नयन उन लोगों ने किया है जो देशी-विदेशी भाषाओं से विद्या न सीखकर जनता में घुलमिल गए हैं। अंग्रेजी से बहुत-से लेखकों को प्रेरणा मिली है; यह प्रेरणा गलत ढंग की भी रही है; प्रेरणा का व्यापार एकतरफा नहीं रहा। कुछ यूरोप ने भी यहाँ से पाया है। उच्च संस्कृति जनता का विभाजन नहीं करती, उसे संगठित और समर्थ बनाती है। अब विश्व मानवता के विकास की दिशा सामन्तवाद या पूँजीवाद नहीं है। विकास की दिशा है—समाजवाद। अब यह नियम नहीं चल सकता कि मुट्ठी भर पढ़े-लिखे लोग संस्कृति के ठेकेदार बने रहें और बाकी जनता निरक्षरता और अज्ञान के गर्त में पड़ी हुई उनकी सेवा करती रहे। और यह कौन-सा तर्क हुआ कि उच्च संस्कृति थोड़े-से लोगों में ही सीमित रहेगी? यह वर्ग जनता से अलग होगा, जैसे

संस्कृत के कुछ विद्वान अपने को जनता से अलग समझते हैं। यह उच्च संस्कृति अंग्रेज़ी से प्राप्त होगी, फिर भी अंग्रेज़ी पढ़े-लिखे लोग आम जनता से दूर न रहेंगे? एक तरफ अंग्रेज़ी जनतंत्र का पाठ पढ़ाती है, दूसरी तरफ हमें उच्च संस्कृति देकर जनता से अलग करती है! असली बात यह है कि अंग्रेज़ी के सहारे आप एक विशेषाधिकारी वर्ग बनाना चाहते हैं जो जनता पर हुकूमत करे लेकिन लोगों की आँखों में धूल झोंकने के लिए आप जनतंत्र की दुहाई भी देते जाते हैं। यदि भारत में राज्यशक्ति किसी सीमित-संकुचित वर्ग के हाथ में न रहकर आम जनता के हाथ में आती है, तो हिन्दी पढ़े-लिखे लोगों में यह भावना पैदा न होगी कि वे औरों से श्रेष्ठ हैं? हर प्रदेश का कारोबार वहाँ की भाषा में चलेगा; केन्द्रीय और परस्पर सम्पर्क का कार्य ही हिन्दी के माध्यम से होगा। किसी जमाने में यहाँ के अल्पसंख्यक समुदायों के नेता अंग्रेज़ों के विशेष कृपापात्र होते थे। कारण यह था कि वे हमेशा यह भय दिखाते थे कि अंग्रेज़ों के विदा होने पर बहुसंख्यक उन्हें खा जाएँगे। उसी तरह अब यह तर्क दिया जाता है—हिन्दी वाले हमें खा जाएँगे, इसलिए अंग्रेज़ी बनी रहे! नौकरियों में हिन्दी-भाषियों को विशेष सुविधा न मिले, इसका बहुत-सीधा उपाय है। 'थ्री लैंग्वेज़ फॉर्मूला' पहले से विद्यमान है। नौकरी के लिए जो परीक्षाएँ हों, उनमें परीक्षार्थी के लिए दो भारतीय भाषाओं और एक यूरोपीय भाषा का ज्ञान अनिवार्य कर दीजिए। रूस में यह नहीं होता लेकिन भारत में होना चाहिए। यह लज्जा की बात भी है कि भारत के शिक्षित जन मातृभाषा के अलावा देश की अन्य कोई भाषा न जाने।

कहा जाता है कि अंग्रेज़ी के द्वारा देश की राजनीतिक और सांस्कृतिक एकता कायम है। अंग्रेज़ी बोलनेवाले अंग्रेज़ों ने ही भारत का बँटवारा किया था न? अंग्रेज़ी पढ़े-लिखे लोगों ने ही उसे स्वीकार किया था? फिर कहाँ रही राजनीतिक एकता? दिन-पर-दिन यह अंग्रेज़ी पढ़ा-लिखा शासक वर्ग जनता और उसकी संस्कृति से दूर होता जा रहा है और भीतर से टूट रहा है। अहिन्दी क्षेत्रों के जो लोग अंग्रेज़ी से चिपके रहना चाहते हैं, वे मातृभाषाओं की सेवा नहीं करते। उन्हें हर बात में अंग्रेज़ी अपनी मातृभाषाओं से श्रेष्ठ लगती है। इसलिए उसे वे केन्द्र में ही नहीं, अपने यहाँ भी सबसे ऊँचे आसन पर बिठाए रखना चाहते हैं। आई.सी.एस. के अलावा पी.सी.एस. के लिए भी अंग्रेज़ी चलती थी न? इसीलिए यह दावा है कि अंग्रेज़ी हर भारतीय भाषा से बढ़कर है, उससे वैज्ञानिक और आध्यात्मिक भोजन मिलता है, उसे विश्वविद्यालयों से कभी न हटाना चाहिए। इस तरह वे केन्द्र में ही नहीं, अपने प्रदेश में भी अंग्रेज़ी का एकच्छत्र शासन चाहते हैं। अंग्रेज़ी के ये हिमायती हिन्दी से अधिक अपनी मातृभाषाओं का अहित कर रहे हैं। यदि वे अपने प्रदेशों के विद्यालयों आदि में अंग्रेज़ी के विशेषाधिकार रद्द कर दें, मातृभाषाओं को उचित स्वत्व दें, तो आम जनता उनको यह बहुत जल्दी सिखा दे कि अन्तरजातीय सम्पर्क के लिए अंग्रेज़ी की अपेक्षा हिन्दी का व्यवहार श्रेयस्कर है। मातृभाषाओं की दुहाई देकर अंग्रेज़ी का प्रभुत्व स्वीकार नहीं किया जा सकता। सबसे लचर दलील यह है कि अंग्रेज़ी भारतीय भाषाओं से अधिक समृद्ध है, इसलिए उसे स्वीकार करना चाहिए। बात इतनी आसान हो तो राष्ट्रसंघ भाषाविदों की एक समिति बना दे जो इस बात का फैसला करे कि विश्व की समृद्धतम भाषा कौन-सी है। बस, वही सब देशों की केन्द्रीय भाषा हो जाए। विश्व की एकता और दृढ़ हो जाए। मुश्किल यह है कि भाषा की समृद्धि भी परिवर्तनशील है। परसों तक जर्मनी के वैज्ञानिक सर्वश्रेष्ठ गिने जाते थे। आइंस्टाइन की भाषा जर्मन ही थी। कल अंग्रेज़ी-भाषी अमरीकी विज्ञान में नम्बर एक होने का दावा करने लगे। आज सोवियत संघ ने सबको पीछे छोड़ दिया है। इसलिए दस-दस साल

में आप केन्द्रीय भाषा भी बदलते रहिए! इनसान की बोली की नकल तोता भी कर लेता है लेकिन उसका ज्ञान तोतारटंत ही कहलाता है। अंग्रेज़ी बोलने से दिल जरूर अंग्रेज़ हो जाता है लेकिन दिमाग जहाँ का तहाँ बना रहता है। फिर भारत जैसे देश की गरीबी-भुखमरी दूर करने, बाढ़ की समस्याओं का सामना करने, उद्योग-धन्धों का निर्माण करने, साझा खेती-आन्दोलन चलाने आदि के लिए हिन्दी तथा अन्य भाषाओं में जितनी समृद्धि की आवश्यकता है, उतनी उनमें खूब है। अणुशक्ति की प्रयोगशाला में आप कुछ दिन तक अंग्रेज़ी और चलाते रहें, कोई कुछ न कहेगा। और हम काले आदमी चाहे जितनी अंग्रेज़ी सीखें, अंग्रेज़ों की बराबरी तो कर नहीं सकते। तब समृद्धतम भाषा को विशुद्धतम ढंग से बोलनेवाले अंग्रेज़ों को ही अपने ऊपर शासन करने के लिए फिर से क्यों न बुला लिया जाए?

अन्तिम बात है खड़ी बोली के विकास के सम्बन्ध में। 1850 के पहले खड़ी बोली का अस्तित्व न था, तो क्या भारत के पराधीन होते ही वह आसमान से टपक पड़ी? उर्दू के आधार पर हिन्दी रची भी गई हो तो इसमें बेजा क्या है? उर्दू क्या खड़ी बोली से कोई भिन्न भाषा है? हिन्दी-उर्दू एक ही खड़ी बोली की दो साहित्यिक शैलियाँ हैं; वे एक-दूसरे को प्रभावित न करें तो आश्चर्य की बात होगी। लेकिन हिन्दी गद्य का विकास उर्दू के आधार पर हुआ है या नहीं, यह लल्लूजीलाल और मीर अम्मन के गद्य का अन्तर देखकर समझ लीजिए। जहाँ तक बंगला से संस्कृत शब्द उधार लेने का सवाल है, यह सच भी हो तो इसमें दोष नहीं है। संस्कृत हमारे प्रदेश की ही भाषा थी, आपने उससे शब्द लिये, हमने उन्हें वापस लिया, हिन्दी-बंगला एक-दूसरे के निकट आईं, इससे तो परस्पर प्रेम बढ़ना चाहिए, न कि हिन्दी को अनगढ़ और खेमाबरदार कहकर परस्पर द्वेष बढ़ाना चाहिए। हिन्दी ने चार-पाँच ज़बानों की सम्पदा हथिया ली, यह काम बेजा किया। शायद 'रामचरितमानस', 'सूरसागर', मीरा, कबीर और विद्यापति के पदों का हिन्दी में अनुवाद किया जाता तो ज्यादा अच्छा होता। लेकिन 1850 से बहुत पहले सूर, मीरा, तुलसी आदि की रचनाएँ ब्रज, अवध, मिथिला आदि जनपदों में लोकप्रिय हो गई थीं। अवधी की रचनाएँ अवध तक और ब्रज की रचनाएँ ब्रज तक सीमित नहीं रहीं, इसका एक कारण यह भी था कि इन जनपदों की बोलियों में शब्द-भंडार की बहुत बड़ी समानता थी। व्याकरण का भेद था और व्याकरण की समानता भी थी। व्याकरण और शब्द-भंडार की दृष्टि से इनमें प्रत्येक बोली बंगला, मराठी, सिन्धी आदि की तुलना में खड़ी बोली के ज्यादा निकट थी। शब्द-भंडार की समानता और आर्थिक विकास के केन्द्र उत्तर-पश्चिम में होने के कारण अन्य जनपदों ने खड़ी बोली को अपना लिया। हिन्दी की विशेष सेवा खड़ी बोली के मूल क्षेत्र से भिन्न बुन्देलखंड, ब्रज, अवध, भोजपुरी प्रदेश और मिथिला के जनपदों ने की है। इसका कारण इन जनपदवासियों में जातीय चेतना का अभाव न था, न स्कूली भाषा के रूप में खड़ी बोली का प्रसार था। ब्रजभाषा कब स्कूलों की भाषा रही है? बनारस के हरिश्चन्द्र और अवध के रत्नाकर उसमें क्यों कविता करते थे? तुलसीदास ने किस स्कूल में अवधी या ब्रज पढ़ी थी कि एक ग्रंथ अवधी में, दूसरा ब्रज में लिखा था? इसके अलावा हिन्दी के अनेक संस्थापकों, महाकवियों आदि को स्कूल में उतने दिन भी शिक्षा पाने का सौभाग्य नहीं मिला जितने दिन महाकवि रवीन्द्रनाथ को मिला था। कौन भाषा है, कौन उसकी बोली है, यह फैसला करने में हिन्दी वाले चूक गए हो तो आश्चर्य नहीं।

बड़े-बड़े भाषाविद् इस सम्बन्ध में एक ही पृष्ठ पर विरोधी वक्तव्य दे जाते हैं। पहले कहा कि ब्रजभाषा बोलनेवालों ने खड़ी बोली को स्वीकार किया तो यह स्वाभाविक था क्योंकि

वह पश्चिम की बोली थी। आगे चलकर अवधी, भोजपुरी के साथ ब्रज को स्वतंत्र भाषा मान लिया। डॉ. जयकान्त मिश्र की मैथिली साहित्य वाली पुस्तक की भूमिका में मैथिली को भाषा और भोजपुरी को उसकी बोली बताया। ऑफ़िशियल लैंग्वेज़ कमीशन की रिपोर्ट की असहमति-टिप्पणी में दोनों को समान अधिकार वाली स्वतंत्र भाषाएँ कहा। 'भारतीय आर्य भाषा और हिन्दी' में लिखा "आधुनिक खड़ी बोली (नागरी-हिन्दी) में अत्यन्त उच्चकोटि के कवियों की संख्या उत्तरोत्तर बढ़ती ही गई है; उनमें से कुछ तो वास्तव में विलक्षण प्रतिभासम्पन्न हैं। [साधुवाद! साधुवाद!!] अब भी ब्रज और अवधी के पूजक 'हिन्दी' कविता लिखनेवाले सज्जन निकल अवश्य आते हैं, परन्तु इन बोलियों का [ध्यान दीजिए, बोलियों का] साहित्यिक जीवन एक प्रकार से शेष हो चुका है। जिनके घर की ये भाषाएँ हैं, वे उस रूप में इनका थोड़ा-बहुत व्यवहार भले ही करते हैं।" अर्थात् जनपदीय बोलियों के रूप में इनका उपयोग हो सकता है, साहित्य का माध्यम अब वे नहीं हैं। अब देखिए, हिन्दी ने दूसरों की सम्पदा छीनी है या इन भाषाओं ने स्वयं हिन्दी को वह सम्पदा सौंपी है? उपर्युक्त वाक्य के आगे लिखा है : "पंजाबी बोलनेवालों ने (सिक्खों को छोड़कर, जोकि अपनी वंशज पंजाबी भाषा एवं गुरुमुखी लिपि को बराबर पकड़े हुए हैं), ब्रजभाषा, कनौजी, पूर्वी हिन्दी, बिहारी, राजस्थानी तथा अन्य कई भाषाएँ एवं बोलियाँ बोलनेवालों ने धीरे-धीरे शिक्षण के लिए एवं सार्वजनिक जीवन में अपनी मातृभाषाओं की जगह नागरी-हिन्दी या उर्दू को अपना लिया है।" हम उनसे क्या कहें, मत अपनाओ? हिन्दी-भाषियों के जातीय प्रदेश का नाम रहा है हिन्दुस्तान। बिहार और उत्तर प्रदेश के लोग हिन्दुस्तानी हैं अर्थात् एक जाति के हैं, इसे हमसें ज्यादा बंगाली जानते हैं। इनकी भाषा एक, प्रदेश एक—इस तथ्य को जिस खूबसूरती और सफाई से डॉ. चाटुर्ज्या ने पेश किया है उससे जी करता है कि उनके वाक्यों को फिर उद्धृत कर दें। लिखा है : "हिन्दुस्तानी शब्द का अर्थ होता हैं 'हिन्दुस्तान की (भाषा)'; और 'हिन्दुस्तान', यह शब्द, मुस्लिम काल में, अपने सीमित अर्थ में पंजाब तथा बंगाल के बीच के उत्तर-भारतीय मैदान के लिए प्रयुक्त होता था। पूरबी हिन्दी तथा बिहारी बोलनेवाला पूर्वी उत्तर प्रदेश तथा बिहार का भाग, जो 'पूरब' कहलाता है, भी इसी 'हिन्दुस्तान या हिन्दुस्थान' का ही एक हिस्सा है। बंगाल में बंगला न बोलनेवाले तथा बिहार या उत्तर प्रदेश के लोगों को 'हिन्दुस्थानी' अथवा 'पश्चिमा' कहा जाता है। परन्तु 'पंजाबी' या राजस्थान के निवासी 'मारवाड़ी' इन हिन्दुस्तानियों (या हिन्दुस्थानियों) से भिन्न गिने जाते हैं।" हम बंगाली बंधुओं से बिलकुल सहमत हैं। राजस्थान और पंजाब के लोग हिन्दी जाति के बाहर हैं; पूरब बिहार से लेकर ब्रज तक के लोग इस जाति के अंग हैं। यह जाति-निर्माण-प्रक्रिया मुगलकाल से चली आ रही है। इस जातीय प्रदेश की सभी बोलियों के साहित्य को हम अपना जातीय साहित्य मानते हैं। उसे हिन्दी साहित्य कहते हैं तो यह उचित ही है।

असहमति-टिप्पणी में हमारी जातीय भाषा हिन्दुस्तानी (हिन्दी या खड़ी बोली) के लिए लिखा है कि 1850 से पहले उसका अस्तित्व न था। लेकिन 'भारतीय आर्य भाषा और हिन्दी' में तज़किरा कुछ दूसरा है। खुसरो "इस भाषा को बहुत अच्छी तरह जानते थे" और वह "हिन्दवी हिन्दी को अरबी एवं फ़ारसी तक की समकक्ष मानते थे।" उनके पद्य "14वीं शताब्दी के रचे हुए हैं, और इस दृष्टि से हिन्दी के कुछ प्राचीनतम नमूनों में से हैं।" यह तो हुई अस्तित्व की बात। अब साहित्य में उसके प्रयोग की बात देखिए। मुसलमानों को छोड़ दीजिए; "हिन्दू लोगों ने भी राजधानी एवं राज-दरबार में बढ़ती हुई बोली की उपेक्षा नहीं की। 15वीं शती में ही नवोदित हिन्दी ने काफी उन्नति कर ली थी और इसका प्रभाव अन्य प्रतिष्ठित उत्तर

भारतीय साहित्यिक बोलियों पर पड़ चुका था।" उदाहरण के लिए, कबीर की भाषा "हिन्दी (हिन्दुस्थानी) तथा ब्रज का एक मिश्रित रूप है।" (इस मिश्रण के लिए क्या हम कबीर को दोष दें कि उन्होंने भोजपुरी जातीय चेतना का उचित परिचय न दिया और अपनी भाषा के रूपों को दूसरी भाषा के रूपों में घुलाने-मिलाने लगे?) पंजाब के कवियों और कबीर में इस तरह के मिश्रण से डॉ. चाटुर्ज्या ने यह निष्कर्ष निकाला है कि "हिन्दुस्थानी का साहित्य के लिए उपयोग पूर्णतया निश्चित हो चुका था।"

असहमति-टिप्पणी में डॉ. चाटुर्ज्या ने राजस्थानी को स्वतंत्र भाषा माना है लेकिन 'राजस्थानी भाषा' में लिखा है : "राजस्थानी की चर्चा चले, इसका अध्ययन अध्यापन राजस्थानियों में पुन: स्थपित होवे, यह सबों का काम्य है। पर हिन्दी के स्थान पर यदि राजस्थानी शिक्षा की भाषा बना दी जाए तो मेरे विचार में ठीक नहीं होगा।" और भी : "हिन्दी से मुक्त होकर पूर्ण रूप से स्वाधीन भाषा बनाना, मारवाड़ प्रान्त की एकमात्र साहित्यिक भाषा बनाना, इसके लिए अब असम्भव है।"

अवधी और मैथिली का प्राचीन साहित्य समृद्ध है, इसलिए उन्हें स्वतंत्र भाषाएँ होनी ही चाहिए, इस तर्क का खंडन करते हुए उन्होंने लिखा है : "विस्तृत पुराना साहित्य रहने से भी कभी-कभी भाषाएँ खड़ी हो नहीं पातीं! ऐसे दृष्टान्त भारत के बाहर भी नजर आते हैं। फ्रांस के दक्षिण में जो भाषा बोली जाती है, वह प्रवाँसाल भाषा व्याकरण की दृष्टि से उत्तर फ्रांस की फ्रेंच या फ्रांसीसी भाषा से पृथक् है। प्रवाँसाल में एक बड़ा प्राचीन साहित्य था।" प्रवाँसाल के कवि मिस्त्राल (1830-1914) को नोबेल पुरस्कार भी मिला : "पर इतना साहित्य गौरव रहते ही (भी) प्रवाँसाल आज फ्रेंच के काबू में आ गई है; प्रवाँसाल बोलनेवाले घर में अपनी बोली बोल लेते हैं, कभी कुछ-कुछ इसमें लिखते भी हैं, अपना प्राचीन साहित्य इनके शिक्षित लोग पढ़ते भी हैं, पर इनकी शिक्षा की भाषा, बाहरी जीवन की भाषा फ्रेंच हो चुकी है।" इसी प्रकार अवधी में तुलसीदास ने साहित्य रचा, मैथिली में विद्यापति ने रचा : "पर अपना पुराना इतिहास इतना गौरवमय होते हुए भी ये दो भाषाएँ अपनी गिरी हुई अवस्था सोचकर एक साथ गा रही हैं : 'ते हि नो दिवसा गता:'—मानो कि वे दिवस नहीं लौटने के!" 'नहीं लौटने के', तो इसके लिए क्या हिन्दी-भाषियों पर दूसरों की सम्पदा हड़पने का आरोप लगाना उचित है?

हम डॉ. चाटुर्ज्या का यह मत पहले उद्धृत कर चुके हैं कि राढ़, वरेन्द्र और बंग, तीन बंगाल थे जो संस्कृति ही नहीं, भाषा की दृष्टि से भी एक-दूसरे से उतने ही भिन्न थे जितने असम और उड़ीसा हैं। लेकिन डॉ. चाटुर्ज्या ने ठीक ही लिखा है कि बोलियों के इस भेद के बावजूद राजनीतिक और सामाजिक कारणों से बंगाल में भाषागत एकता उत्पन्न हुई। इन बोलियों की अपनी साहित्य-सम्पदा थी और आधुनिक बंगला से उतनी ही भिन्न थी जितनी उड़िया और असमिया की साहित्य- सम्पदा। दिनेशचन्द्र सेन के शब्दों में : "चटगाँव, टिपरा और सिलहट की जनता का भी अपना प्राचीन साहित्य है जिस पर उसकी देहाती बोलियों की छाप है। वह अब हमारे साहित्य का मूल्यवान अंश है किन्तु वह शैली और रूप में बर्दवान और बाँकुरा के प्राचीन साहित्य से उसी प्रकार नहीं मिलता जिस प्रकार असमिया और उड़िया साहित्य नहीं मिलते।"[1] बर्दवान और चटगाँव के पुराने साहित्य को बंगला साहित्य के अन्तर्गत लेना दूसरे की सम्पदा हथियाना नहीं है। कोई विद्यापति को बंगला कवि कहे तो अवश्य अनुचित होगा। इसी तरह हम सूर, मीरा, तुलसी को हिन्दी कवि कहते हैं,

1. दिनेशचन्द्र सेन, 'हिस्ट्री ऑव बेंगाली लिटरेचर', पृ. 112

वारिसशाह को हिन्दी कवि कहें तो अनुचित होगा। प्रत्येक बड़ी जाति के समान बंगाली जाति का निर्माण भी संस्कृति और बोली में यथेष्ट भिन्नता रखनेवाले कबीलों और लघुजातियों के विलयन से हुआ है। विजयचन्द्र मजूमदार के ये शब्द ध्यान देने योग्य हैं : "बंगला का विकास कैसे हुआ, अस्सी हजार वर्ग मीलों के विशाल प्रदेश में अलग रहकर अपनी इकाइयाँ बनाए रखने को उत्सुक कबीलों और जातियों में बंगला कैसे प्रमुख भाषा बनी, इसका इतिहास रोचक है।"[1] उस रोचक इतिहास को हिन्दी के सिलसिले में भी याद रखना चाहिए।

हिन्दी जनपदों के लोग एक-दूसरे की बातें आसानी से समझ लेते हैं। सूर-तुलसी ब्रज और अवध के बाहर लोकप्रिय रहे। ब्रिटेन में बर्न्स इस प्रकार स्कॉटलैंड के बाहर लोकप्रिय नहीं रहा; अंग्रेज़ काव्य-प्रेमी गेलिक शब्दकोश या पाद-टिप्पणियों के बिना उसकी भाषा नहीं समझ सकते। वेल्श के साहित्य को अंग्रेज़ विशेषज्ञ ही समझते हैं। वेल्श और अंग्रेज़ी, दो भिन्न प्रकृति और कुलों की भाषाएँ हैं। ब्रिटेन में जहाँ-जहाँ अंग्रेज़ी का प्रसार हुआ है, वहाँ बोलियों और भाषाओं का यह भेद अंग्रेज़ी-प्रेमियों को क्यों नहीं दिखाई देता? संयुक्त राष्ट्र अमरीका के लिए यह गलत दावा किया जाता है कि वहाँ सबकी मातृभाषा अंग्रेज़ी है। "उत्तरी और दक्खिनी अमरीका में लाखों जर्मन जाकर बस गए हैं; इसलिए यूनाइटेड स्टेट्स, अर्जेन्टीना, ब्राजील और चिली के बहुत-से समाजों में परम्परागत भाषा जर्मन का प्रयोग होता रहा है।"[2] लेकिन जर्मन को राज्य में कोई वैधानिक अधिकार प्राप्त नहीं है। अमरीका में इतालवी, स्पेनी, फ्रांसीसी भाषाएँ बोलनेवाले लाखों की संख्या में हैं। इन सबकी राज्यभाषा अंग्रेज़ी है! यदि ब्रज और अवधी को हम हिन्दी की बोली कहते हैं, तो यह स्वतंत्र भाषाओं का दमन हुआ और अमरीका में जर्मन, स्पेनी, फ्रांसीसी, इतालवी जैसी भाषाएँ अंग्रेज़ी के समुद्र में डूब जाएँ तो यह जनतंत्र का उद्धार हुआ! न्यूजीलैंड, ऑस्ट्रेलिया, अफ्रीका में तो पिछड़ी हुई जातियों की भाषाओं को सदा दबाया गया है और अनेक जातियों का नाश ही कर डाला गया है जिससे उनकी भाषाओं के बचे रहने का सवाल नहीं उठता।

ब्लूमफील्ड ने लिखा है कि यॉर्कशायर (इंग्लैंड) के आदमी की अंग्रेज़ी को अमरीकी न समझेगा।[3] अंग्रेज़ी के भारतीय प्रोफेसरों को हॉलीवुड की फिल्म दिखाइए और उनसे पूछिए, वे कितना समझे। अंग्रेज़ी बोलने के इतने भिन्न-भिन्न ढंग हैं कि परिष्कृत उच्चारण से अंग्रेज़ी बोलनेवाले भिन्न देशीय जन ही एक-दूसरे की बात आसानी से समझते हैं। इसके विपरीत, हिन्दी की सुबोधता को हर किसी ने माना है। भारत के अन्दर और बाहर जहाँ भी लोग हिन्दी समझते हैं, वे भिन्न प्रदेशों से आनेवालों की हिन्दी भी समझ लेते हैं। हिन्दी अपनी बोलियों के क्षेत्र में तो समझी ही जाती है; गुजरात, महाराष्ट्र, आदि निकटवर्ती प्रदेशों में भी उसे समझनेवाले करोड़ों लोग हैं। यूरोप में यह स्थिति अंग्रेज़ी की नहीं है। फ्रांस में अंग्रेज़ी-दाँ भारतवासी अंग्रेज़ी बोलते हैं और फ्रांसीसी लोग उनका मुँह देखते हैं या कन्धे उचकाकर जाहिर करते हैं कि कुछ नहीं समझे।[4] यूरोप में जर्मन और फ्रांसीसी अंग्रेज़ी की अपेक्षा अधिक सहायक होती हैं। जर्मनी और आस्ट्रिया की भाषा जर्मन है। स्विट्जरलैंड के 70 फीसदी लोगों की मातृभाषा जर्मन है। नॉर्वे, स्वीडेन, डेनमार्क, हॉलैंड आदि की भाषाएँ जर्मन के बहुत निकट हैं। चेकोस्लोवाकिया,

1. विजयचन्द्र मजूमदार, 'द हिस्ट्री ऑव द बेंगाली लैंग्वेज़', पृ. 9
2. मारिओ येइ, पृ. 37
3. ब्लूमफील्ड, पृ. 52
4. इस सम्बन्ध में आगरे के प्रोफेसर जे.वी. दोराब ने पिछले महीने (सितम्बर, 1960) यूरोप से लौटकर ये बातें अपने भाषणों में बताईं।

हंगरी, यूगोस्लाविया और पोलैंड, जर्मन (या आस्ट्रियन) आधिपत्य में रहे हैं, इसलिए वहाँ के काफी लोग जर्मन समझते हैं। रूस के अनेक प्रदेशों में जर्मनों की बड़ी-बड़ी बस्तियाँ हैं। फ्रांसीसी के समान रूसी अभिजात वर्ग में कभी जर्मन का भी बड़ा मान रहा था। इसलिए जर्मन समझनेवाले बहुत-से लोग रूस में भी हैं। अंग्रेज़ी सीखना वहाँ विशेषज्ञों का काम है; इसके विपरीत जर्मन या फ्रांसीसी जानना साधारण सांस्कृतिक विकास के लिए भी आवश्यक समझा जाता है। यूरोप के देशों में प्रतिशत अंग्रेज़ी जाननेवाले लोग जितने मिलेंगे, उनसे बहुत ज्यादा संख्या में प्रतिशत हिन्दी समझनेवाले लोग भारत के अहिन्दी प्रदेशों में मिलेंगे। इसी कारण हमारी धारणा है कि संसार की कुल आबादी में अंग्रेज़ी समझनेवाले पच्चीस करोड़ होंगे तो हिन्दी समझनेवाले कम-से-कम पैंतीस करोड़ होंगे। यदि यह धारणा सही हो—आँकड़े देकर सिद्ध करना शायद अगली जनगणना के बाद सम्भव हो—तो अन्तरजातीय सम्पर्क के लिए हिन्दी संसार की अन्यतम भाषा ठहरती है। अंग्रेज़ी जाननेवालों का भौगोलिक विस्तार बड़ा है; हिन्दी-भाषी इस देश के बाहर भी हैं, लेकिन उतने बड़े भूभाग में नहीं हैं। किन्तु अंग्रेज़ी से हिन्दी समझनेवालों की संख्या ज्यादा है। जिन जातियों की मातृभाषा अंग्रेज़ी नहीं है, उनमें उच्च वर्गों के या शिक्षित जन ही अंग्रेज़ी समझते हैं। इसके विपरीत भारत के अपढ़ और अशिक्षित अहिन्दी-भाषी भी काफ़ी बड़ी संख्या में हिन्दी समझ लेते हैं।

संसार में जिस भाषा के बोलनेवालों की संख्या सबसे ज्यादा है, वह है चीनी। इसके बोलने-समझनेवाले पचास-साठ करोड़ बताए जाते हैं। चीन भी भारत की तरह बहुजातीय देश है किन्तु वहाँ इस देश की अहिन्दी जातियों की तरह बड़ी-बड़ी ग़ैर-चीनी (या ग़ैर-हान) जातियाँ नहीं हैं। इसलिए वहाँ चीनी को बड़े पैमाने पर देश की अन्तरजातीय भाषा बनाने का सवाल नहीं उठता। दूसरे शब्दों में चीनी के ग़ैर-चीनी बोलनेवाले हिन्दी के ग़ैर-हिन्दी बोलनेवालों की तुलना में बहुत कम हैं। अन्तरजातीय भाषा के रूप में चीनी का व्यवहार हिन्दी की अपेक्षा सीमित है। इस दृष्टि से हिन्दी की स्थिति रूसी से अधिक मिलती है। हिन्दी जैसे राजस्थानी, पंजाबी बोलनेवालों के लिए सुगम है, वैसे ही रूसी अन्य स्लाव भाषाएँ बोलनेवालों के लिए सुगम है। रूसी एक विशाल बहुजातीय देश की सामान्य भाषा है, वैसे ही हिन्दी इस देश की अन्तरजातीय भाषा है। किन्तु चीनी के साथ एक समस्या और है। समस्त चीनी-भाषी प्रदेश में परिनिष्ठित चीनी समझी नहीं जाती। इसका कारण यही नहीं है कि परिनिष्ठित चीनी की अनेक बोलियाँ हैं, वरन् यह भी है कि इन बोलियों के शब्द-भंडार में वैसी भिन्नता है, जैसी स्वतंत्र भाषाओं के शब्द-भंडार में मिलती है। हिन्दी की बोलियों के मूल शब्द-भंडार में बहुत बड़ी समानता है। इसके विपरीत चीनी की बोलियों के शब्द-भंडार में उतनी भिन्नता है जितनी मराठी और हिन्दी के शब्द-भंडार में होगी। इसी कारण कुछ लोग यह मानते हैं कि ये बोलियाँ नहीं, स्वतंत्र भाषाएँ हैं। हान जाति एक जाति नहीं, अनेक जातियों का समूह है। मारिओ पेइ ने लिखा है कि "चीन जैसे देशों में बोलियाँ एक-दूसरे से इतनी भिन्न हैं कि व्यवहार में परस्पर बोधगम्य न होने से वे स्वतंत्र भाषाएँ ही हैं।"[1] ब्लूमफील्ड ने लिखा है कि चीनी भाषा का अर्थ है परस्पर दुर्बोध भाषाओं का परिवार; अन्य भाषाओं से उत्तरी चीनी के बोलनेवाले ज्यादा हैं लेकिन उनकी संख्या का ठीक-ठीक पता नहीं।[2] जो लोग भोजपुरी, मैथिली आदि को हिन्दी की बोली नहीं मानते, वे केवल व्याकरण-

1. मारिओ पेइ, पृ. 54
2. ब्लूमफील्ड, पृ. 44

भेद और ध्वनि-भेद की चर्चा करते हैं। मूल शब्द-भंडार की समस्या का उल्लेख वे नहीं करते। उत्तरी और दक्खिनी (पेकिंग और कैन्तन की) चीनी के शब्द-भंडार पर ध्यान दें तो स्पष्ट हो जाएगा कि इनका वही सम्बन्ध नहीं है जो हिन्दी या उसकी बोलियों का है। कुछ उदाहरण नीचे दिये जाते हैं :

हिन्दी	**उत्तरी (पेकिंग) चीनी**	**दक्खिनी (कैन्तन) चीनी**
हवा	कुंग ची	ते हे; हुंग चुंग
पशु	छु शेङ	कुन-शा
पूछना	वेन	मन
भाई	को-को; शिउङ्-ति	हिङ-तेइ
बच्चा	हाइ-त्सुइ	सेइ मन त्सेइ
गाय	मु निउ	गाव्
फसल	च्वाङ-चिआ	त्सोव्
दिन	द्येन	यत् त्से
परिवार	चिआ	का कुने
आग	हुओ	फो
संध्या	वान शाङ	अइ मान
आँखें	येन चिङ	गन त्सेङ
फूल	हुआ	फा
पैर	चिआओ	कि ओक
बाल	माओ	ताव् फत
सिर	नाओ ताइ	ताव् शाव्
घर	चिआ	का
चावल	ताओ त्सु	मेइ
मैं	वो	गो
पूछना	वेन	मन
उत्तर देना	ता-पिएन	उइ-ताप्-सुन
पीना	हो	यम
खाना	चिह्	शिक
खिलाना	वेइ	याओङ हाव्
लाना	ते	लो
देना	केइ, सुङ	पे
देखना	चिआओ	केन
सोना	शुइ	फुन[1]

उत्तरी दक्खिनी चीनी के शब्द-भंडार में समानता भी है लेकिन वह इतनी ज्यादा नहीं है कि उत्तरी चीनी को सीखे बिना दक्खिन का आदमी उसे समझ ले। सभी हान-लोग चीनी जाति

1. ए.एन. जे. ह्वाइमैंट, कोलीकिअल चाइनीज़

के हों, चाहे वे एक से अधिक जातियों के हों, एक बात निश्चित है कि चीनी भाषा अपने प्रदेश में उसी तरह बोली और समझी नहीं जाती, जैसे हिन्दी अपने प्रदेश में बोली और समझी जाती है। माओ-त्से-तुंग ने छन छाङ फङ से जो बात कही थी, उसे यहाँ दोहरा दें : "तुम च्याङशी के लोग हो और मैं हुनान का हूँ। तुम मेरी बोली नहीं समझ सकते, तो फिर ई लोग जो बोलते हैं, वह भला तुम कैसे समझ सकते हो?" आगे चलकर चीनी बोलने-समझनेवाले संसार में सबसे ज्यादा होंगे, यह बिलकुल सम्भव है। किन्तु अभी परिनिष्ठित चीनी को समझनेवाले पचास-साठ करोड़ के आधे ही होंगे। इस प्रकार जितने लोग हिन्दी के समझने-बोलनेवाले और अन्तरजातीय सम्पर्क के लिए उसका व्यवहार करनेवाले हैं, उतने चीनी के नहीं हैं। वास्तव में संसार की सभी भाषाओं में हिन्दी का व्यवहार करनेवालों की संख्या सबसे ज्यादा है। पर यह बात अनुमान पर आधारित है। चीन में इस बात की गणना नहीं हुई कि हान जाति में कितने लोग उत्तरी चीनी नहीं समझते। न भारत और पाकिस्तान में उन लोगों की गिनती हुई है जो हिन्दी-उर्दू समझ लेते हैं। न संयुक्त राज्य अमरीका में उनकी गिनती हुई है जिनकी भाषा अंग्रेज़ी नहीं है। इसलिए संसार में किस भाषा के बोलनेवालों की संख्या सबसे बड़ी है, यह अनुमान से ही कहा जा सकता है। अपने अनुमान का आधार हमने ऊपर बता दिया है। हिन्दी संसार की जातीय भाषाओं से सर्वप्रथम है, उसके बोलने-समझनेवालों की संख्या सबसे अधिक है—यह स्थापना प्रमाणसिद्ध न होने पर भी विचारणीय है, इतना तो मानना ही होगा। बोलनेवालों की संख्या की दृष्टि से संसार की भाषाओं में उसका नम्बर तीसरा है, इसे तो हर कोई स्वीकार करता है।

उत्तर भारत में तुर्क और मुगल राज्यों के केन्द्र रहने और फ़ारसी के राजभाषा बने रहने से हिन्दी (खड़ी बोली) का विकास अवरुद्ध रहा। दक्खिन में वह फूली-फली और उसमें महत्त्वपूर्ण साहित्य रचा गया। जातीय भाषा के रूप में उसका विकास बराबर होता रहा और पिछले सौ वर्षों में उसके साहित्य ने अदम्य वेग से प्रगति की है। हम अवधी, ब्रज और मैथिली के साहित्य को ही हिन्दी साहित्य नहीं मानते, उर्दू साहित्य की सम्पदा पर भी अधिकार जमाना उचित समझते हैं और उतने ही प्रेम से हिन्दी की सम्पदा उर्दू वालों को भेंट करते हैं। हम उर्दू को हिन्दी की एक शैली कहते हैं। हिन्दी-उर्दू की क्रियाएँ, मूल व्याकरण रूप आदि एक हैं; साधारण जनों की बोलचाल में हिन्दी-उर्दू का भेद नहीं होता। विजयचन्द्र मजूमदार ने हिन्दी-उर्दू को एक भाषा मानते हुए बहुत पहले लिखा था : "इस तथाकथित उर्दू भाषा का सारा ढाँचा हिन्दी का है, हिन्दी नियमों के अनुसार क्रियाओं के रूप सभी कालों में सर्वनामों को जोड़कर बनाए जाते हैं। लोग यह भूल जाते हैं कि शब्द उधार लेने से कोई भाषा अपना रूप बदलकर दूसरी नहीं हो जाती। फिर भी वे उर्दू को दूसरी भाषा मान बैठते हैं।"[1]

आप कन्याकुमारी के समुद्र तट पर खड़े हों तो हिन्द महासागर की सुनील जलराशि अरब और बंगाल सागरों के श्वेत हरिताभ जलों को अपने में समेटती दिखाई देगी। दूर-दूर से आनेवाली विभिन्न रंगों की अन्तर्धाराएँ विराट् महासमुद्र में मिलकर एक हो जाती हैं। हिन्दी-भाषियों की जातीय संस्कृति भी ऐसी ही है। उसमें ब्रज, अवधी और मैथिली का समृद्ध प्राचीन साहित्य है। उसमें दकनी और समूचे उर्दू साहित्य की धारा आकर मिल जाती है। उसमें भारतेन्दु, प्रेमचन्द, प्रसाद, निराला आदि आधुनिक युग के साहित्यसर्जकों की प्रखर सरस्वती भी आकर मिली है। यह संगम प्रयाग और कन्याकुमारी से कम पवित्र नहीं है। इसकी विविधता और समृद्धि सर्वत्र सुलभ नहीं है। इससे अपरिचित रहने का अर्थ है, देश के

1. 'हिस्ट्री ऑव द बेंगाली लैंग्वेज़', पृ. 15

कम-से-कम एक-तिहाई जनों को संस्कृति से अनभिज्ञ रहना। इसके प्रति विद्वेष फैलाना देश के लिए घातक होगा। देश की सभी अहिन्दी भाषाओं को अपने-अपने प्रदेशों में पूर्ण स्वत्व प्राप्त होने चाहिए। अहिन्दी जातियों के सन्तोष और समृद्धि के वातावरण में ही हिन्दी-भाषी जाति अपने साहित्य और संस्कृति की पूर्ण उन्नति कर सकती है।

किसी भी बहुजातीय देश में केन्द्रीय भाषा के लिए या तो कोई एक भाषा चुनी जाएगी या शिक्षित जनों को वे सभी भाषाएँ सीखनी होंगी जिनमें केन्द्रीय राज-काज होगा। छोटे देशों में एक से अधिक राज्य भाषाएँ रखना सम्भव है; भारत जैसे बहुजातीय देश में यह सम्भव नहीं है। हिन्दी विभिन्न प्रदेशों के बीच कई शताब्दियों से परस्पर सम्पर्क का माध्यम बनी हुई है। उस प्रक्रिया को आगे बढ़ाना चाहिए। भारतीय भाषाएँ समृद्ध नहीं हैं, इसलिए उनके स्थान पर अंग्रेज़ी ही बनी रहनी चाहिए—यह तर्क साम्राज्यवादियों की इस दलील से मिलता है कि उपनिवेशों की जनता आजादी के लिए तैयार नहीं है, इसलिए उसे समुन्नत और विकसित होने का अवसर देने के लिए वे उस पर शासन कर रहे हैं। सवा सौ साल पहले मैकाले ने अंग्रेज़ी पढ़कर यहाँ की भाषाओं को समृद्ध करने की बात कही थी; सवा सौ साल तक उन्हें और समृद्ध किया जाए तो भी अंग्रेज़ी-प्रेमी यही कहेंगे कि अभी अंग्रेज़ी की तुलना में ये भाषाएँ कम समृद्ध हैं। इस अन्याय का अन्त होना चाहिए।

यह धारणा गलत है कि आधुनिक साहित्य का उत्थान मूलत: अंग्रेज़ी की प्रेरणा से हुआ है। आधुनिक साहित्य के मूल रचनात्मक तत्त्व हमारे जीवन से उत्पन्न हुए हैं और भारतीय हैं। भाषा सीखने से ही कोई उसके साहित्य का स्वामी नहीं हो जाता। सामाजिक प्रगति अंग्रेज़ी के ज्ञान-अज्ञान पर निर्भर नहीं है; उसका आधार जनता की राजनीतिक चेतना, उसका संगठन और नेतृत्व है। हर भाषा की अपनी विशेषता होती है; कुछ बातों में भारतीय भाषाएँ अंग्रेज़ी से अधिक समृद्ध हैं। यह कहना गलत है कि हमारी भाषाएँ केवल उधार लेती हैं, रचती कुछ नहीं हैं। इन भाषाओं के व्यवहार द्वारा देश की विशाल जनता नये समाज का निर्माण करेगी। आधे फीसदी अंग्रेज़ी पढ़े लोग देश के भाग्यविधाता नहीं बने रह सकते। बोलनेवालों की संख्या के विचार से हिन्दी संसार की तीन सबसे बड़ी भाषाओं में है। केन्द्रीय राजकाज और अन्तरजातीय आदान-प्रदान के लिए उसका व्यवहार उचित है।

डॉ. सुनीति कुमार चाटुर्ज्या ने 'राजस्थानी भाषा' के प्रसंग में ये स्मरणीय शब्द लिखे थे : "समग्र भारत के सांस्कृतिक एके का प्रतीक हिन्दी ही है।...व्यवहार करनेवालों और बोलनेवालों की संख्या के क्रम के अनुसार उत्तरी चीनी और अंग्रेज़ी, इन दोनों के बाद हिन्दी आती है। हिन्दी के पीछे आती हैं रूसी, जर्मन, जापानी, हिस्पानी, बंगला, फ्रेंच। पन्द्रह करोड़ मानवों की शिक्षा और संस्कृति की भाषा हिन्दी है, चाहे अपने शुद्ध रूप में, चाहे अपने मुसलमानी रूप उर्दू में; जगत की जनता के एक पाँचवें अंश की राष्ट्रभाषा हिन्दी ही है। मैं अपनी ओर से चाहता हूँ कि मेरे बंग-भाषी भाई और बहन अपनी माँ बंग भाषा की सेवा करते हुए हिन्दी की सेवा में भी कुछ भाग लें और अखिल भारत की एकता को सुदृढ़ करने में सहायता दें।"

बुद्धिमत्ता का मार्ग यही है।

सोलहवाँ अध्याय

सामाजिक अन्तर्विरोध और भाषा का विकास

भाषा संस्कृति के निर्माण में सहायक होती है। भाषा द्वारा हम अपनी संस्कृति व्यक्त करते हैं, भाषा स्वयं भी संस्कृति का महत्त्वपूर्ण अंग है। संस्कृति है क्या? उसका जन्म कैसे होता है? मनुष्य ने अपने सामाजिक विकास-क्रम में प्रकृति को अपने अनुकूल बनाने, उससे जीवन-यापन की सामग्री पाने, परिवेश पर हावी होने अथवा स्वयं को परिस्थितियों के अनुकूल ढालने के लिए अनेक भौतिक उपकरण जुटाए हैं, उसने अनेक अस्त्रों और आयुधों का आविष्कार किया है, जीवन-रक्षा के लिए उनका व्यवहार किया है। इन सब उपकरणों को हम भौतिक संस्कृति मानते हैं। इस प्रकार की भौतिक संस्कृति के बिना मनुष्य सामाजिक प्राणी नहीं बन सकता, वह उत्पादन और वितरण की नई व्यवस्थाओं से गुजरता हुआ विकास की नई मंजिलें पार नहीं कर सकता। संस्कृति सामाजिक और प्राकृतिक परिवेश पर विजय पाने का एक साधन है। उसमें मनुष्य के भाव, विचार, संस्कार, संवेदनाएँ—सभी शामिल हैं। भाषा भी ऐसी ही संस्कृति है। वह पत्थर, लकड़ी या धातुओं के बने हुए आयुधों जैसी स्थूल नहीं है, उसका स्तर अधिक सूक्ष्म है किन्तु वह कोई अतीन्द्रिय व्यापार नहीं है। भाषा बोली जाती है, सुनी जाती है, लिखी जाती है, वह मन और इन्द्रियों का व्यापार है। उसके अर्थ का आधार यह भौतिक जगत् है, मनुष्य की काल-सापेक्ष और देश-सापेक्ष चेतना है, मनुष्य का दूसरे मनुष्यों से, बाह्य जगत् से, सम्बन्ध है।

भौतिकवादी विचारधारा की एक स्थापना यह है कि किसी भी सामाजिक व्यवस्था का अर्थतंत्र उसका आधार है और संस्कृति उसका मानसिक प्रतिबिम्ब है, वह अर्थतंत्र के आधार पर बनी हुई ऊपरी इमारत है। जब आधार बदलता है, तब यह ऊपर की इमारत भी बदल जाती है। यदि भाषा संस्कृति का अंग हो तो आर्थिक व्यवस्था के बदलने पर वह भी बदल जाए। ऐसा होता नहीं है। रूस में पूँजीवादी व्यवस्था थी, तब भी रूसी बोली जाती थी, अब समाजवादी व्यवस्था है, तब भी रूसी बोली जाती है। दोनों युगों की भाषा मूलत: एक है यद्यपि संस्कृति में आमूल परिवर्तन हो गया है। इसलिए भाषा को ऐसी प्रक्रिया मानना चाहिए जो न आधार हो, न संस्कृति हो वरन् दोनों के बीच की वस्तु हो।

इस सम्बन्ध में हमारा वक्तव्य यह है। पूँजीवादी सभ्यता ने मशीनें बनाईं, रेल और हवाई जहाज बनाए। रूस में समाजवादी क्रान्ति होने के बाद पुराने कारखानों, रेलों और जहाजों का नाश नहीं कर दिया गया; नई व्यवस्था के अनुसार सभ्यता के इन भौतिक उपकरणों को जनता के लाभ के लिए—न कि पूँजीपतियों के मुनाफे के लिए—नये ढंग से इस्तेमाल किया गया। अणुबम अमरीका ने बनाया, रूस ने भी बनाया; आधुनिक सभ्यता का यह महान् प्रतीक

दोनों देशों के पास है। उसके प्रयोग के बारे में दोनों देशों का दृष्टिकोण जुदा-जुदा हैं। इसी प्रकार रूसी भाषा ज़ार और करेंस्की के पास भी थी, लेनिन और गोर्की के पास भी थी। जिस तरह रेल, तार और अणु-बम संस्कृति के भौतिक उपकरण हैं, उसी तरह भाषा भी मानव संस्कृति का एक उपकरण है।

मान लीजिए, संस्कृति का अर्थ केवल विचारधारा है। विचारधारा के क्षेत्र में आर्थिक व्यवस्था बदलने पर बहुत बड़ा परिवर्तन दिखाई देता है किन्तु क्या नई विचारधारा में पुरानी विरासत के अंश नहीं होते? किसी कारखाने के मालिक पहले पूँजीपति थे, अब मजदूर हो गए—यह तो पुरातन सम्बन्धों से पूर्ण विच्छेद हुआ। लेकिन संस्कृति में यह पूर्ण विच्छेद नहीं दिखाई देता। अर्थतंत्र बदलने पर संस्कृति के सभी स्तरों पर एक साथ परिवर्तन नहीं होता, कहीं उसकी गति धीमी होती है, कहीं अधिक तीव्र होती है। नई विचारधारा पुरानी व्यवस्थाओं में पनपी हुई संस्कृति के अनेक तत्त्व समेटकर आगे बढ़ती है। स्वामित्व-परिवर्तन की अपेक्षाकृत सरल प्रक्रिया के मुकाबले में यह सांस्कृतिक परिवर्तन की प्रक्रिया अधिक पेचीदा और उलझी हुई होती है।

फिर संस्कृति केवल विचारधारा नहीं है। उसमें मनुष्य की भावधारा, संवेदनाएँ आदि भी सम्मिलित हैं। ताजमहल विचारधारा नहीं है। उसका सम्बन्ध भावों और संवेदनाओं से है। 'ताजमहल', 'शाकुन्तलम्', 'इलियड', 'हैमलेट' आदि कलाकृतियाँ मानव-संस्कृति की अन्यतम उपलब्धियाँ हैं। उनका मूल्य भूमि या कारखानों के स्वामित्व-परिवर्तन के साथ नहीं बदल गया।

इसलिए यह धारणा भ्रान्त सिद्ध होती है कि समस्त संस्कृति अर्थतंत्र के आधार पर बनी हुई ऊपरी इमारत है जो आधार के बदलने पर मूलत: बदल जाती है। उसके कुछ तत्त्व तेजी से बदलते हैं, जैसे लोगों का राजनीतिक दृष्टिकोण। कुछ तत्त्व बहुत धीरे या कम बदलते हैं, जैसे मनुष्य का सौन्दर्य-बोध। इसलिए व्यवस्था के बदलने पर भाषा में आमूल परिवर्तन न हो तो कोई आश्चर्य नहीं। संस्कृति के और बहुत-से तत्त्वों में भी परिवर्तन नहीं होता।

यह कहा जा सकता है कि भाषा स्वयं संस्कृति नहीं है, वह संस्कृति का वाहन मात्र है। हम देख चुके हैं कि प्रत्येक भाषा की अपनी ध्वनि-प्रकृति होती है। क्या यह संस्कृति नहीं है? हमारे स्वर-यंत्र किन्हीं विशेष ध्वनियों या ध्वनि-समूहों के आदी हो जाते हैं। यह भी एक प्रकार की संस्कृति है। प् फेर्ड जैसे शब्द की कल्पना भी हिन्दी में नहीं की जा सकती यद्यपि प् और फ्, दोनों ध्वनियाँ हिन्दी में हैं। प् फेर्ड, प् फाके जैसे शब्द जर्मन ध्वनि-प्रकृति की विशेषता है। जिसे हमने पहले भाषाओं की ध्वनि-प्रकृति कहा है, वह एक तरह से उनके बोलनेवालों की स्थूल शारीरिक संस्कृति (फिजिकल कल्चर) प्रकट करती है। जब किसी भाषा की ध्वनियों के प्रयोग में हम कुछ विशेषताःएँ पाते हैं, तो उन्हें हम ध्वनि-प्रकृति कहते हैं। जब ध्वनि-प्रतीकों—शब्दों—के वाक्य में प्रयोग की विशेषताएँ हमें दिखाई देती हैं, तो हम उन्हें भाव-प्रकृति कहते हैं। ये दोनों ही किसी समाज की सांस्कृतिक विशेषताएँ समझी जानी चाहिए। ये विशेषताएँ ऐसी बद्धमूल होती हैं कि हजारों साल तक कायम रहती हैं और कभी-कभी हर तरह के विरोधी प्रभावों के मुकाबले में कायम रहती हैं। इन्हीं सांस्कृतिक विशेषताओं के भेद के कारण भाषाओं में इतना अधिक भेद हमें दिखाई देता है।

कुछ लोग भाषाओं में परस्पर भेद और उनके विकास का कारण व्यक्तियों का रुचिभेद मानते हैं। व्यक्तियों में रुचिभेद होता है, हर व्यक्ति की आवाज की विशेषता होती है जिससे

वह पहचाना जाता है। किन्तु भाषा व्यक्तिगत इकाई नहीं है। न किसी व्यक्ति ने अकेले भाषा रची है, न केवल अपने लिए वह भाषा का प्रयोग करता है। मनुष्य एक सामाजिक प्राणी है, यह सत्य सबसे ज्यादा स्पष्ट भाषा के क्षेत्र में दिखाई देता है। भाषा समाज के सभी सदस्यों के रुचिभेद, ध्वनि-भेद को समेटकर एक व्यापक स्तर पर समन्वय उपस्थित करती है। इस समन्वय के बिना मनुष्य आपस में विचारों का आदान-प्रदान नहीं कर सकते, एक-दूसरे की बात समझे बिना मिलकर श्रम नहीं कर सकते, वे एक समाज के सदस्य नहीं हो सकते। महत्त्वपूर्ण बात यह नहीं है कि कोई व्यक्ति मोटी आवाज में बोलता है या बारीक आवाज में, उसकी आवाज मन्द्र सप्तक के धैवत तक पहुँचती है या तार सप्तक के पंचम तक। ये सब बातें गौण हैं। मुख्य बात यह है कि उसकी बात दूसरे लोग समझते हैं या नहीं। यदि समझते हैं तो वह ध्वनि-क्रिया के किन्हीं स्थूल सामाजिक मानदंडों के अनुकूल बोलता है; उन मानदंडों से आवाज का भेद उसके श्रोताओं के लिए नगण्य है। शब्दों के चयन, उनकी सजावट और व्यवहार में मनुष्य अपनी व्यक्तिगत रुचि का परिचय देता है लेकिन इससे वह नई भाषा का सृजन नहीं करता। बहुत-से-बहुत अपने प्रयत्न से वह दस-पाँच नये शब्द भाषा को दे जाएगा; ये शब्द भी भाषा की उस ध्वनि-प्रकृति के अनुकूल होंगे जिसकी सृष्टि उसने स्वयं नहीं की।

भाषाओं में परिवर्तन और विकास के कारणों का पता व्यक्ति के रुचिभेद के अध्ययन से नहीं लग सकता। उसके कारण सामाजिक होते हैं और सामाजिक विकास के अध्ययन से ही उनका पता लगेगा। कहा जाता है कि भाषा के परिवर्तन और विकास के अपने नियम हैं। ये नियम समाज-निरपेक्ष नहीं हैं। कौन-सी ध्वनियाँ कहाँ से, किस तरह के प्रयत्न से निकलती हैं, यह शरीर-विज्ञान का विषय है। भाषा की भाव-प्रकृति का सम्बन्ध मनुष्य की चिन्तन-प्रक्रिया से है, इसलिए वह दर्शन या मनोविज्ञान का विषय है। इसी प्रकार अर्थ-विचार आदि विषय भी विशुद्ध भाषाविज्ञान के विषय नहीं हैं। तात्पर्य यह नहीं है कि भाषाविज्ञान नाम का अलग विज्ञान नहीं है या हो नहीं सकता। जोर इस बात पर देना है कि भाषा के विभिन्न तत्त्वों का अध्ययन सामाजिक विकास के सन्दर्भ में ही हो सकता है।

भाषा-विकास के मूल कारणों में प्रयत्न-लाघव एक कारण बताया जाता है। सिद्धान्त यह है कि कम-से-कम शक्ति खर्च करके अपना काम निकाला जाए। राजनीतिक नेताओं के व्याख्यान सुनिए। 'निज कबित्त केहि लाग न नीका' के नियम को वे गद्य पर लागू करते हैं। जो बात पाँच मिनट में कही जा सकती है, उसके लिए पचास मिनट तक स्वर-यंत्र का संचालन करते हैं। बोलना भी एक तरह का व्यायाम है। कुछ स्त्रियाँ जब तक दो-तीन घंटे इस तरह का दैनिक व्यायाम नहीं कर लेतीं तब तक उनका भोजन नहीं पचता। प्रयत्न-लाघव के बदले प्रयत्न की दीर्घता ही उन्हें प्रिय होती है। माना कि कुछ लोग मास्टर साहब को मास्साब या माट्-साब कहते हैं। यह व्यक्तिगत प्रयत्न-लाघव का प्रश्न नहीं है। हिन्दी के पछाहीं क्षेत्रों में शब्द के बीच में आनेवाले ह् का उच्चारण बहुत हल्का होता है या उसका लोप हो जाता है। झाँसी-आगरे में 'क्या कहने हैं' लगभग 'क्या कैने ऐं' के रूप में सुनाई देता है। उधर पूरब में ह् पूरी तरह उच्चरित होता है। उधर आम तौर से आप 'मास्टर साहेब' सुनेंगे। इसी तरह बंगाल में धीरेन्द्र का धीरेन् हो जाता है तो पंजाब में धीरेन्दर भी सुनाई देगा। यह भेद समझ में आएगा दोनों प्रदेशों की भाषाओं की ध्वनि-प्रकृति का भेद जानने से। यदि प्रयत्न-लाघव का ही सवाल होता तो पंजाब और बंगाल, दोनों जगह धीरेन् ही सुनाई देता।

इसी प्रयत्न-लाघव के सिद्धान्त को आधार मानकर कुछ लोगों ने यह कल्पना की है कि आरम्भ में शब्द बड़े होते थे, पीछे घिसकर छोटे हो गए। प्रसिद्ध भाषाविद् यस्पर्सन भाषा के उद्‌भव के लिए श्रम से अधिक क्रीड़ा को महत्त्व देते हैं। उनके अनुसार, क्रीड़ा-वृत्ति से भाषा का जन्म हुआ। मनुष्य अपने फालतू समय में गाता था। काम-वृत्ति के कारण जैसे पक्षी रंगीन परों का प्रदर्शन करते हैं, वैसे ही मनुष्य स्वर-प्रदर्शन करता था। "आदिम भाषा में मुझे उल्लास के स्वर सुनाई देते हैं जब युवक-युवतियाँ एक-दूसरे को आकृष्ट करने के लिए एक-दूसरे से होड़ करते थे। हर कोई डटकर गाता था और जमकर नाचता था जिससे दो सुन्दर आँखें टुक उसकी ओर भी निहारें। भाषा मानव-जाति की कामक्रीड़ा के युग में उत्पन्न हुई। मैं कल्पना करता हूँ कि मानव की आरम्भिक वाणी खपरैल पर बैठी बिल्ली के नैश-गायन और बुलबुल की मधुर कामगीति के बीच की चीज होगी।"[1] भाषाविज्ञान कितना सरस हो सकता है! आदिम मानव भावुक अधिक था, इसलिए उसकी भाषा संगीतमय अधिक होती थी। "एक समय ऐसा था, जब भाषा गायन थी अथवा भाषा और संगीत में भेद न हुआ था।" इसके प्रमाणस्वरूप यस्पर्सन ने संस्कृत और भारत-यूरोपीय परिवार की अन्य भाषाओं का उल्लेख किया है जिनमें लम्बे शब्द मिलते हैं। इसके लिए उन्होंने धर्म का प्रमाण दिया है। पहले बहुदेवोपासना होती थी, आगे चलकर एकेश्वरवाद चला, इसी प्रकार भाषा पहले बहुवर्णी थी, आगे चलकर एकवर्णी बनती गई। "आधुनिक शब्दों की तुलना में प्राचीन शब्द वैसे ही थे, जैसे आज के सरीसृपों की तुलना में प्राचीन महाकाय पर्वताकार पशु थे।"[2]

चीनी भाषा में एकवर्णी शब्दावली की प्रधानता प्रसिद्ध है। संस्कृत और अरबी की मूल धातुएँ एक-स्वरिक हैं, यह हम पहले देख चुके हैं। यदि पठामि में आमि सर्वनाम हो तो उससे सिद्ध यह होगा कि पठ् और आमि दो स्वतंत्र शब्द थे और उनसे मिलकर बड़ा शब्द पठामि बना है। मनुष्य ने उद्वेगजनित ध्वनियों को वस्तु- व्यापारों से सम्बद्ध किया—इस स्थापना के अनुसार सम्भावना इस बात की अधिक है कि भाषा के उत्पत्ति-काल में लघु ध्वनियों से काम लिया जाता था। जो भी हो, वैज्ञानिक शब्दावली में दो-दो, तीन-तीन इंच लम्बे शब्द देखकर कोई नहीं कह सकता कि आधुनिक मानव लघु शब्दों का विशेष प्रेमी है। संस्कृत के बहुत-से शब्द हिन्दी की ध्वनि-प्रकृति के अनुकूल नहीं हैं। उनका परिवर्तित रूप देखकर लोगों को यह भ्रम हो जाता है कि संस्कृत बोलनेवाले अधिक समर्थ स्वर-यंत्र वाले थे, इसलिए कठिन शब्द बोल लेते थे, हमने प्रयत्न-लाघव से उन्हें छोटा कर लिया है। वास्तव में स्वर-यंत्र के समर्थ-असमर्थ होने का प्रश्न नहीं है। संस्कृत-भाषियों ने भी स्पश्, श्चन्द्र जैसे शब्दों से स्, श् का लोप कर दिया था। उनकी वर्णमाला में लृ की ध्वनि थी, प्रचलित शब्दों में उसका प्राय: अभाव था। इसे शायद कुछ लोग अनार्य प्रभाव का कल कहें किन्तु संस्कृत-भाषियों को महाप्राण सघोष ध्वनियों से काफी प्रेम था, द्रविड़ भाषाओं में अल्पप्राण अघोष ध्वनियों का महत्त्व अधिक है। इसका प्रभाव आर्यों पर क्यों न पड़ा? यदि वैदिक ऋषियों को आज की ब्रजभाषा बोलनी पड़ती तो निस्सन्देह उनके कंठ और तालू को काफी कष्ट होता। विश्वास न हो तो किसी दक्षिण-देशीय संस्कृतज्ञ को ब्रज के गाँव में ले जाकर वहाँ की ध्वनियों का अनुकरण कराके देखिए। स्वयं संस्कृत में पथ भी है, पंथ भी है, करोति है, कृणोति भी है। प्रयत्न-लाघव किस रूप में है? प्रयत्न-लाघव के सिद्धान्त से हम इस तरह के भेदों की

1. ओटो यस्पर्सन, 'लैंग्वेज़, इट्स नेचर, डिवेलेपमेंट एंड ऑरिजिन'; 1934, पृ. 434

2. उप., पृ. 421

व्याख्या नहीं कर सकते। पंथ उस ध्वनि-प्रकृति की विरासत है जिसके अनुसार पंच, विंश, केन्तुम, समुन्दर जैसे रूप प्राचीन काल से आज तक बनते आए हैं; अर्थात् संस्कृत में भिन्न ध्वनि-प्रकृति वाली दो भाषाओं का मिश्रण हुआ है, इसलिए पथ और पंथ, दोनों रूप मिलते हैं। भेद का कारण प्रयत्न-लाघव नहीं है। हिन्दी के पूर्वी क्षेत्रों में नदी, बहू, लोटा के लिए नदिया, बहुरिया (या बहुरेवा), लोटवा जैसे रूप व्यवहृत होते हैं। इसमें प्रयत्न-लाघव की कौन-सी बात हुई? स्वसा का समकक्ष फ्रांसीसी शब्द है सॅर; इतालवी शब्द हैं सोरेल्ला। फ्रांसीसी में साधारणत: शब्द के अन्तिम व्यंजन का लोप हो जाता है जबकि स्पेनी में वह पूर्ण उच्चारित होता है। इससे क्या यह सिद्ध होगा कि स्पेन के लोग अधिक प्राणशक्ति खरचने में विश्वास करते हैं और फ्रांस के लोग ज्यादा कृपण हैं? यदि नदी का नद्दी या नदिया रूप भी प्रयत्न-लाघव का उदाहरण है, तो इसका अर्थ यह हुआ कि शब्द चाहे बढ़े चाहे घटे, है वह प्रयत्न-लाघव ही! लेकिन एक ही भाषा के बोलनेवाले पूरब में नदिया कहें और पच्छिम में नदी तो प्रयत्न-लाघव का निर्णय किस आधार पर होगा?

कहा गया है कि कॉपी-बुक, ब्लाटिंग-पेपर, मोटरकार की जगह केवल कॉपी, ब्लाटिंग और मोटर का प्रयोग प्रयत्न-लाघव के कारण है। इससे भाषा में परिवर्तन नहीं हो जाता। जो ब्लाटिंग पेपर का अर्थ समझते हैं, वे ब्लाटिंग का अर्थ समझ लेते हैं। फिर यह भाषा का कोई व्यापक नियम नहीं है जो हर भाषा में हर स्थान पर लागू हो। भाषाविज्ञान, अन्तरराष्ट्रीय, पृष्ठभूमि, पारिभाषिक शब्दावली को कोई भाषा, अन्तर, पृष्ठ, पारि नहीं कहता। विदेशी शब्दों का उच्चारण करने में अपनी ध्वनि-प्रकृति के अनुकूल हम एक-आधा स्वर-व्यंजन अपनी ओर से भी जोड़ देते हैं, यथा—स्कूल, स्टेशन को इस्कूल, इस्टेशन आदि कहते हैं। पंजाब के लोगों को स्टूल, स्कूल बोलने में कष्ट होता है, इसलिए वे उन्हें सटूल और सकूल कर देते हैं। नियम यह हुआ कि भाषा अपनी ध्वनि-प्रकृति के अनुकूल दूसरों की ध्वनियों में संशोधन कर लेती है। अरबी के थ्वाद की ध्वनि भारतीय ध्वनियों से इतनी भिन्न थी कि वह उर्दू में भी स्वाद हो गई। अंग्रेज़ी के थिंक में थ की ध्वनि भारतवासियों के लिए कठिन पड़ती है; इसलिए अधिकांश अंग्रेजी-शिक्षित जन उसे थ् ही कहते हैं। बंगला में शकार किन्तु हिन्दी क्षेत्र में सकार, ब्रज-अवधी में नकार किन्तु पंजाबी-राजस्थानी में णकार की भरमार इसी कारण है। सवाल प्रयत्न की लघुता और दीर्घता का न होकर अभ्यास और स्वभाव का है। संस्कृति के अन्य तत्त्व भी उच्चारण को प्रभावित करते हैं। बंगाल में दन्त्य स वाले संस्कृत-फ़ारसी शब्दों का शकारमय उच्चारण असंस्कृत नहीं माना जाता; हिन्दी क्षेत्रों में संस्कृत-फ़ारसी के शकारमय शब्दों का सकारोच्चार असंस्कृत माना जाता है। इसलिए पढ़े-लिखे लोगों को श-स, क्ष-छ, य-ज, ण-न आदि का भेद करना सिखाया जाता है। दूसरी ओर अकारान्त वर्णों का उच्चारण हम इस तरह करते हैं मानो वे हलन्त हों! हमारे प्रदेश में यह असंस्कृत होने का लक्षण नहीं माना जाता; दक्षिण में इस तरह का उच्चारण भ्रष्ट माना जाएगा। सांस्कृतिक कारणों से इस तरह का उच्चारण-भेद होता है। प्रयत्न-लाघव से इसका वास्ता नहीं है।

एक सिद्धान्त वर्ण-विपर्यय का माना गया है। अवध के गाँवों के कुछ लोग मतलब को मतबल कहते हैं। यहाँ अनुसन्धान यह करना चाहिए कि 'लब' के बदले अवध का किसान 'बल' क्यों कहने लगता है? अवध का किसान अपने दैनिक जीवन में इस तरह के शब्दों का बराबर व्यवहार करता है : पानी, पूसु, पहिती (दाल), प्यारब (पेरना), ब्यार, बैल, बिगही, पगही, माह, फागु, भातु, भादों आदि। अवधी किसान की सहज वृत्ति यह है कि वह ओठों

की क्रिया पहले सम्पन्न करना चाहता है; जिह्वा, तालू अपना काम बाद में करते हैं। संस्कृत के माता, पिता जैसे नित्य-व्यवहार के शब्द लीजिए। आरम्भ के व्यंजन ओष्ठ्य हैं। किसी हिन्दी-भाषी से कहिए कि वह जल्दी-जल्दी तप्-तप्-तप् कहे; फिर उससे पत्-पत् कहलाइए। आप देखेंगे कि उसे पत्-पत् कहने में सरलता होती है। किसी के भागने की आवाज अवध के किसान को भद्-भद् सुनाई देती है; दभ्-दभ् कहने में उसे महान् कष्ट होगा। जो बच्चे जलेबी की जबेली कहते हैं, वे उसी मतबल वाली ध्वनि-प्रकृति का अनुसरण करते हैं। यदि यह ध्वनि-प्रकृति का सवाल न होता तो मतलब को तमलब भी कहा जा सकता था। वर्ण-विपर्यय का कोई सामान्य नियम हो तो भाषा में अराजकता फैल जाए। जिसका मन चाहे, वह वर्णों का हेरफेर करता रहे। लेकिन सैकड़ों शब्दों में यह वर्ण-विपर्यय नहीं होता; इसका कारण क्या है? कारण यह है कि वे शब्द भाषा विशेष की ध्वनि-प्रकृति के अनुकूल पड़ते हैं अथवा असंस्कृत समझे जाने के भय से जिह्वा प्रतिकूल दिशा में भी घूमने का कष्ट करती है। नहाने को अवध में हनान या हनाब कहते हैं। स्नान में स के ह-रूप धारण करने पर हनान शब्द ही बनेगा। पूरब में महाप्राण ह के उच्चारण में लोगों को कोई कठिनाई नहीं होती। पश्चिम में ह को अल्प-प्राण करने या उसका लोप करने की प्रवृत्ति है। ह को शब्द के बीच में डालकर उसे अल्प-उच्चारित करने में सुविधा होती है। सम्भवत: हनाना में ना-ना की आवृत्ति भी कानों को अच्छी न लगती थी; इन वर्णों को ज़रा दूरी पर रखने के लिए बीच में ह रख दिया गया। अवधी के क्रियारूपों में 'न' का व्यवहार नहीं होता; संज्ञा हनान छोड़कर क्रियारूपों में 'न' की आवृत्ति का प्रश्न न था। अब खड़ी बोली हिन्दी के सांस्कृतिक प्रभाव के कारण नहाय जैसा रूप अवध में भी प्रचलित हो गया है। संस्कृत चिह्न, ब्राह्मण को हिन्दी-भाषी चिन्ह, ब्राम्हण बोलते हैं क्योंकि ह्न, ह्म जैसे ध्वनि-रूप हमारी भाषा में नहीं हैं। इसी प्रकार यास्क, वयस्क, कनिष्क, शुष्क जैसे रूप हिन्दी नें नहीं हैं। फलत: फ़ारसी में शुष्क ख़ुष्क हुआ और हिन्दी में हुआ सूखा। अंग्रेज़ी का डेस्क हिन्दी-भाषी बच्चों के उच्चारण में डेक्स हो जाता है, स्क जैसा ध्वनि-रूप उन्हें अपनी भाषा की प्रकृति के विपरीत लगता है।

ध्वनि-लोप का नियम यह है कि "जब दो ध्वनियाँ या समान अक्षर पास ही पास आते हैं तब प्रयत्न-लाघव में अनजान में ही उनमें से एक का लोप हो जाता है।"[1] हिन्दी में काका, मामा, दादा, चाचा जैसे शब्द खूब प्रचलित हैं। संस्कृत में शुश्रूषा, श्वशुर, ककुद, पिपीलिका जैसे शब्दों में; पपात, लुलुभे जैसे क्रिया-रूपों में; तात, पाप, नाना, लाल, शश जैसे द्विवर्ण शब्दों में हम एक वर्ण की आवृत्ति देख सकते हैं। खड़ी बोली के ठठेरा, ससुराल, कोशिश, पपीता, चचेरा, करार जैसे शब्दों में—जहाँ दो से अधिक वर्ण हैं—हम उसी तरह की आवृत्ति देखते हैं। लेकिन हिन्दी में दो णकार एक साथ न आएँगे; क्वणण जैसा रूप हिन्दी की ध्वनि-प्रकृति को असह्य होगा। इसी प्रकार ज्ञ, क्ष, ञ, ङ जैसे वर्णों की आवृत्ति भी हिन्दी में न मिलेगी। भाषा के स्वीकृत-अस्वीकृत ध्वनि-रूपों का अध्ययन किये बिना ध्वनि-लोप के सिद्धान्त से कोई सहायता नहीं मिलती।

समीकरण-सिद्धान्त यह है कि "जब दो किंचित् विभिन्न ध्वनियाँ पास-पास आती हैं तो प्रयत्न-लाघव से वे दोनों सम हो जाती हैं।"[2] लग्न से लग्ग बना; अन्तिम 'न' पुरोगमन करके ग-रूप हो गया। यह पुरोगामी समीकरण दुआ। भक्त से भत्त बना; यहाँ अन्त्य वर्ण त ने 'क'

1. बाबूराम सक्सेना, 'सामान्य भाषाविज्ञान', पृ. 36
2. उप., पृ. 37

को अपनी ओर खींचा और वह त-रूप हो गया। यह पश्चगामी समीकरण हुआ। संस्कृत में यत्न, विघ्न, चक्र जैसे शब्दों में समीकरण क्यों नहीं होता? बोलचाल की हिन्दी में ये जतन, बिघन, चक्कर रूप क्यों धारण करते हैं? हिन्दी में लप्सी, मुग्दर, खम्भा, चन्दा, चल्ते, मल्ते जैसे रूपों में समीकरण क्यों नहीं होता? लट्ठा, इच्छा, बग्घी, पत्थर जैसे शब्दों पर ध्यान दें तो मालूम होगा कि दो महाप्राण अक्षरों के निकट आने की सम्भावना होने पर पहले को अल्पप्राण रूप में ही दूसरे महाप्राण के साथ संयुक्त करेंगे। समीकरण द्वारा पथ्थर, इछ्छा, बघ् घी जैसे रूप हिन्दी प्रकृति के अनुकूल नहीं होते। डॉ. बाबूराम सक्सेना ने समीकरण की एक मिसाल दी है—दश् और तम् से दष्टम्। यहाँ श तालव्य ध्वनि है और त दन्त्य है। यहाँ न श त बना, न त श बना। फिर यह समीकरण कैसे हुआ? वास्तव में यहाँ हमारे पूर्वजों की मूर्धन्यीकरण की वृत्ति ने श और त, दोनों को बदलकर ष्ट कर दिया। समीकरण से इस परिवर्तन का कोई सम्बन्ध नहीं है।

विषमीकरण नियम के अनुसार "कभी-कभी पार्श्ववर्ती सम ध्वनियों के उच्चारण में असुविधा जान पड़ती है तब प्रयत्न-लाघव के लिए उनको विषम (परस्पर विभिन्न) कर लेते हैं, यथा—सं. पक्व > प्रा. पिक्क, सं. मुकुट > प्रा. मउट्ठ, हिं. मौर सं. मुकुट > प्रा. मउल > बौर; श्रथ् धातु से सं. शब्द श्रिथिर बनना चाहिए पर उससे श्रिथिल के द्वारा शिथिल हुआ; सं. अष्टमी > हिं. अट्टिमी।" बात स्पष्ट नहीं हुई। पक्व में कौन-सी समध्वनियाँ पार्श्ववर्ती हैं? क्व में क कंठ्य ध्वनि है, व दन्त्योष्ठ्य है। यदि पिक्क से पक्व बनता तो बात भी थी। मुकुट में भी दो समध्वनियाँ पास-पास नहीं हैं। यदि मु और कु के उ स्वरों को पार्श्ववर्ती मानें तो दोनों के बीच में क् तो आ जाता है। मुकुट के समान कुटुम्ब, पुरुष, कुसुम, मुकुर, कुमुद जैसे शब्द हैं। ये शब्द उस नियम के अपवाद क्यों हैं? श्रिथिर के दो रकारों के बीच स्वरयुक्त थ वर्ण बैठा है। विषमीकरण के नियम से श्रिथिर का श्रिथिल या श्लिथिर होना चाहिए था लेकिन पहला 'र' गायब ही हो गया और दूसरे र के स्थान पर ल आ गया। ऐसी मिसालें हजारों हैं जहाँ समध्वनियों का पास-पास प्रयोग होता है। विषमीकरण को भाषा-परिवर्तन का नियम नहीं माना जा सकता।

इसी तरह और 'नियम' हैं। "संयुक्ताक्षरों के बोलने में विशेष प्रयत्नशील रहने की जरूरत होती है। इस असुविधा को हटाने के लिए मन अपने-आप उस संयोग को, बीच में और कोई ध्वनि लाकर, दूर कर देता है और दो व्यंजनों के संयोग को दूर करने के लिए एक छोटा-सा स्वर ला देता है।"[1] उदाहरण दिये हैं : संस्कृत रत्न से प्राकृत रदण, संस्कृत कृष्णा से प्राकृत कसण; भक्त से भगत, इन्द्र से इन्दर, प्रसाद से परसाद। संयुक्ताक्षरों का उच्चारण सहज है या श्रमसाध्य, इसका कोई अटल नियम नहीं है। अंग्रेज़ी में सैकड़ों शब्द संयुक्ताक्षर वाले हैं, हिन्दी-भाषी इस प्रवृत्ति की विपरीत दिशा में चलते हैं। भक्त से भगत रूप बनता है। प्रकट का प्रगट रूप भी प्रचलित है यद्यपि क्त की तरह ग-ट संयुक्त नहीं है। दो व्यंजनों के बीच स्वरागम की बात सामान्य नियम नहीं है। तैरना को यदि कुछ लोग तहेरना कहते हैं, तो यह ह-प्रेम के कारण। दर्शन का दस्सन पूरब में न सुनाई देगा; ब्रज में मध्यवर्ती र के लोप की प्रवृत्ति है। इसीलिए 'का कल्लओ' (का कर लओ) जैसे वाक्य सुनने को मिलते हैं। आरम्भ में ध्वनि लगाना—जैसे स्नान, स्कूल आदि के पहले—यह भी भाषा की प्रकृति पर निर्भर है। स्टेशन को लोग टेसन भी कहते हैं। पंजाब में स्वरहीन स को सस्वर कर देते हैं। इस

1. बाबूराम सक्सेना, 'सामान्य भाषाविज्ञान', पृ. 38

'अग्रागम' नियम के उदाहरणस्वरूप सकूल, सटेशन शब्द भी दिये गए हैं। किन्तु यहाँ मूल शब्द के पहले क्या जोड़ा गया? अ स्वर आया प्रथम व्यंजन के बाद। अन्य अनेक उदाहरणों के समान यह भी गलत है। एक अन्य नियम यह है कि "बोलते समय एक ही विचार के वाचक दो शब्द कभी-कभी एक साथ मस्तिष्क में उद्‌बोधित हो जाते हैं और परिणामस्वरूप दोनों के सम्मिश्रण से (जिसमें एक का अग्रांश और दूसरे का अन्तिमांश होता है) एक नया ही शब्द बन जाता है।" उदाहरण दिया है 'देक्ख' शब्द का, जो दिस्सई तथा पेक्खइ के मेल से बना बताया गया है। देख् और दिस् दो अलग धातुएँ हैं। उन्हें जबर्दस्ती मिलाया गया है। हिन्दी से एक मिसाल दी है : फिर और पुनि के मेल से शब्द बना फिन। श्री भोलानाथ तिवारी ने लिखा है कि (पूरब में) बच्चे कभी-कभी रुपया को नुपया कहते हैं। फिर का फिन रूप भी उसी प्रवृत्ति के कारण है। एकार्थवाची दो शब्दों का साथ-साथ प्रयोग तो हिन्दी प्रवृत्ति के अनुकूल है। शादी-ब्याह, मान-मर्यादा, लड़ाई-झगड़ा, बोली-बानी, धरम-ईमान, पेड़-पौधे, बाजार-हाट, काम-काज—ये जोड़े साबित करते हैं कि समानार्थी शब्दों के दिमाग में आने पर यहाँ का सभ्य नागरिक प्रयत्नदीर्घता की चिन्ता न करके उन दोनों को शान्तिपूर्ण सह-अस्तित्व की अनुमति दे देता है।

भाषा के विकास का एक कारण वाक्-यंत्र की विभिन्नता बताई गई है। "किसी भी दो व्यक्ति का वाक्-यंत्र ठीक-ठीक एक ही प्रकार का नहीं होता, इस कारण किसी एक ध्वनि का उच्चारण भी दो व्यक्ति एक तरह नहीं कर सकते। एक से दूसरे में और दूसरे से तीसरे में कुछ-न-कुछ अन्तर अवश्य पड़ेगा। ये ही छोटे-छोटे अन्तर कुछ दिन में जब बड़े हो जाते हैं तो स्पष्ट हो जाते हैं। यह ठीक उसी प्रकार हैं, जैसे कोई बच्चा कल से आज कितना बड़ा हो गया या बढ़ गया, इसका अनुमान हम नहीं लगा सकते, पर एक-दो वर्ष बाद उस थोड़े-थोड़े बढ़ने का अनुभव हम कर लेते हैं।"[1] वाक्-यंत्र की विभिन्नता के कारण हम व्यक्ति विशेष की आवाज पहचान लेते हैं और दूसरे की आवाज से वह भिन्न है, यह भी समझ लेते हैं। किन्तु एक ही जाति के लोग लाखों प्रकार के भिन्न स्वर-यंत्र रखते हुए भी एक-दूसरे की बात समझ लेते हैं। बूढ़े और बच्चे एक-दूसरे की बात समझते हैं, विभिन्न प्रदेशों के लोग एक-दूसरे की बात समझते हैं। यदि शारीरिक गठन से भाषा में भिन्नता उत्पन्न हो तो समाज में अराजकता छा जाए, कोई किसी की बात न समझे या फिर समाज का गठन स्वर-यंत्रों के हिसाब से हो, लोग ऐसा साथी ढूँढ़ें जिसका स्वर-यंत्र उन्हीं के अनुकूल झंकृत होता हो। स्वर-यंत्रों की यह विभिन्नता सदा रही है किन्तु मानव जाति छोटे समूहों से वृहत्तर संगठनों की ओर बढ़ती रही है, स्वर-यंत्रों की भिन्नता इसमें बाधक नहीं हुई। जिस स्वर-यंत्र से अंग्रेज़ी बोली जा सकती है, उसी से हिन्दी-संस्कृत भी बोली जा सकती हैं। किन स्वर-यंत्रों से कौन-सी भाषा के बोल फूटते हैं, यह स्वर-यंत्रों के गठन पर नहीं, मनुष्य के सामाजिक परिवेश पर निर्भर होता है। यदि किसी समाज में न कोई आन्तरिक परिवर्तन हो, न कोई बाह्य प्रभाव पड़े, तो उसकी भाषा ज्यों-की-त्यों बनी रहे। जैसे अन्तरिक्ष में जानेवाला मानव बूढ़ा नहीं होता, वैसे ही धरती के आकर्षण से मुक्त भाषा भी कभी न बदले। भाषा बदलती है तो सामाजिक कारणों से, न कि इसलिए कि स्वर-यंत्रों में भिन्नता है। जिन पंडितों के पूर्वजों ने ग़ैन-ग़ाफ की ध्वनियाँ स्वप्न में भी न सुनी थीं, वे मुगल-काल में सांस्कृतिक कारणों से उनके उच्चारणों में अरबों और ईरानियों के कान काटने लगे थे। इसी प्रकार अंग्रेज़ी की अनेक ध्वनियों को सही निकाल लेने

1. भोलानाथ तिवारी, 'भाषाविज्ञान', 1951, पृ. 187

पर कुछ शिक्षाशास्त्री परम प्रसन्न होते हैं, इसलिए नहीं कि उनका स्वर-यंत्र अभारतीय बन जाता है बल्कि इसलिए कि सामाजिक-सांस्कृतिक कारणों से ऐसी ध्वनियों का उच्चारण उन्हें श्रेष्ठता प्रदान करता है। उदाहरण-रूप में बताया गया है कि "ऋ और री तथा श और ष के उच्चारण इसी प्रकार धीरे-धीरे एक हुए होंगे।" लेकिन बंगाल के शकार-प्रेम और बिहार के सकारवाद का भेद क्या इसलिए है कि दोनों प्रदेशों के निवासियों के स्वर-यंत्र भिन्न हैं? यदि ऐसा होता तो बंगाली कभी हिन्दी न बोल पाते, न बिहारी कभी बंगला का सही उच्चारण कर पाते। कहा गया है कि "वाक्-यंत्र की भाँति श्रवणेन्द्रिय की विभिन्नता भी धीरे-धीरे ध्वनि-परिवर्तन में सहायक होती है।"[1] वाक्-यंत्र सम्बन्धी स्थापना के समान यह भी निराधार है।

भाषा सुनकर सीखी जाती है। ठीक सुनाई न दिया, जो सुनाई दिया उसका सही उच्चारण न बन पड़ा : "इसका परिणाम यह होता है, हम ठीक उसी प्रकार नहीं बोलते, जैसे दूसरा बोलता है जिसका अनुकरण हम करते हैं।"[2] बच्चे रोटी को लोटी कहते हैं, या रुपया को नुपया कहते हैं तो इससे बच्चों की कोई नई भाषा नहीं बन जाती। बड़े होने पर वे रोटी और रुपये का सही उच्चारण सीख लेते हैं। अनुकरण की अपूर्णता को दूर करने के लिए समाज के वे तमाम लोग हैं जिनका अनुकरण करके कोई भाषा सीखता है।

"अज्ञान के कारण भी कभी-कभी ध्वनियों में परिवर्तन हो जाता है।"[3] यह अज्ञान शिक्षा द्वारा दूर किया जा सकता है। अंग्रेज़ी काफी कठिन भाषा है। उसकी ध्वनियाँ अन्य भाषाएँ बोलनेवालों के लिए सरल नहीं हैं। 'गलत' अंग्रेजी बोलनेवाले बहुसंख्यक हैं; सही अंग्रेज़ी बोलनेवाले इंग्लैंड में भी अल्प-संख्यक हैं, अमरीका की तो बात ही क्या, जहाँ अंग्रेज़ी की सही ध्वनियाँ क्या हैं, यही विवाद का विषय है। फिर भी अंग्रेज़ी भाषा बदल नहीं गई।

भ्रमपूर्ण व्युत्पति से भी नई भाषा नहीं बन जाती। लाइब्रेरी को रायबरेली या चेम्सफोर्ड को चिलमफोड़ कहने से न नई हिन्दी बनी, न अंग्रेज़ी का नाश हुआ। तर्क दिया गया है कि 'बोलने में शीघ्रता' के कारण शब्द बदल जाते हैं, पंडितजी का 'पंडीजी' हो जाता है। पहले तो शीघ्रता में सभी लोग पंडीजी नहीं कहते; अपने प्रदेश की बोली की ध्वनि-प्रकृति के अनुकूल वे पंडिज्जी, पंडतजी आदि भी कहते हैं। इसके सिवा जब तक श्रोता यह समझता है कि पंडित-पंडी एक हैं, तब तक भाषा भी एक ही रहती है।

"मुख को सुख देने के प्रयास में यथास्थान कभी हम किसी ध्वनि का कठिन होने के कारण शब्द विशेष में उच्चारण करना ही छोड़ देते हैं।"[4] कठिनाई यह है कि एक जाति के लिए जो मुख-सुख है, वही दूसरी जाति के लिए मुख-दुख हो सकता है। मुख-सुख का कोई निरपेक्ष नियम नहीं है।

"भावुकता में भी कभी-कभी हम शब्दों को बिगाड़कर बोलते हैं।" बेटी का बिट्टी, चाची का चच्ची होने से भाषा नहीं बदलती। बिट्टी-चच्ची कहनेवाले बेटी-चाची भी बोलते हैं। "शीला का सिल्लो और कुमारी का कम्मो प्यार के ही प्रसाद हैं।" सौभाग्य से भाषाविज्ञान के प्रेमी प्यार के आवेश में भाषा को भस्सो और विज्ञान को बिग्गो नहीं कहते! कुछ लोग अपने को फुर्तीला दिखाने के प्रयास में 'केना (कहना), रेना (रहना)' आदि बोलते हैं। इस

1. भोलानाथ तिवारी, 'भाषाविज्ञान'
2. उप.
3. उप.
4. उप.

ध्वनि-भेद का कारण फुर्तीलापन नहीं है। हिन्दी-भाषी क्षेत्र में पछाँह के लोग हकार का अल्प उच्चारण करते हैं और पूरब के लोग उस पर यथेष्ट जोर देते हैं जिससे यह सिद्ध नहीं होता कि उनकी मनोवृत्तियाँ दूसरे ढंग की हैं।

"एक राष्ट्र जाति या संघ एक दूसरे के सम्पर्क में आता है तो विचार-विनिमय के साथ ध्वनि-विनिमय भी होता है।"[1] यह बात सही है लेकिन विनिमय किस ढंग का होता है, होता है या नहीं होता, यह सब सामाजिक परिस्थितियों पर निर्भर है। अमरीका में जो नीग्रो बसे हुए हैं, उनकी कितनी ध्वनियों ने अंग्रेज़ी में प्रवेश पाया है?

भाषा-विकास के जो भौगोलिक कारण बताए गए हैं, वे सर्वाधिक मनोरंजक हैं। "यदि कोई जाति किसी स्थान से हटकर अधिक ठंडे स्थान पर बस जाती है तो उसमें विवृत ध्वनियों का विकास नहीं होता और जो विवृत रहती हैं, उनका भी संवृत की ओर झुकाव होने लगता है। गर्म देश में जाने पर ठीक इसके उलटा घटित होता है।"[2] सर्दी के मारे शायद मुँह खुलता नहीं है, इसलिए झुकाव संवृत ध्वनियों की ओर होता है। गर्म देशों के लोग मुँह बाये घूमते हैं, इसलिए विवृत ध्वनियाँ निकालने में उनके मुख-विवर को विशेष कष्ट नहीं होता। भारत में सौभाग्य से हिमालय की चोटियाँ भी हैं और लू के झोंकों से झुलसे हुए मैदान भी। यदि भौगोलिक कारणों से ध्वनि-भेद निश्चित होते तो पहाड़ों के लोग 'ई-ई, ऊ-ऊ' करते और मैदानों के लोग 'आ-आ' करते। हिन्दी का उ स्वर संवृत है या विवृत? डॉ. धीरेन्द्र वर्मा के अनुसार : "यह संवृत ह्रस्व पश्च स्वर है। ऊ—यह संवृत दीर्घ पश्च स्वर है। ई—यह संवृत दीर्घ अग्र स्वर है। इ—यह संवृत ह्रस्व अग्र स्वर है।" मैदानी भाषा हिन्दी में संवृत स्वरों की कमी तो नहीं मालूम होती। भाषाओं के वर्गीकरण पर ध्यान देने से भी यह सिद्ध होता है कि भौगोलिक परिस्थितियों के अनुकूल यह विभाजन नहीं हुआ। फिनलैंड, नार्वे, उत्तरी रूस और साइबेरिया में बर्फ पड़ती है लेकिन भाषाएँ भिन्न परिवारों की हैं। 'आर्य' भाषा-परिवार यूरोप से एशिया तक फैला हुआ है। भारत का ही द्रविड़ परिवार उत्तरी आर्य-परिवार से काफी भिन्न है। भाषा के शब्द-भंडार आदि पर भौगोलिक परिस्थितियों का प्रभाव अवश्य पड़ता है किन्तु सर्दी-गर्मी से ध्वनियों का विभाजन हो तो भाषाओं का ध्वनिगत वर्गीकरण बड़ी सरलता से प्राकृतिक परिस्थितियों के अनुकूल किया जा सके।

संवृत-विवृत स्वरों के लिए प्राकृतिक ही नहीं, मनोवैज्ञानिक परिस्थितियाँ भी जिम्मेदार जान पड़ती हैं। "यदि किसी कमी के कारण अप्रसन्नता और दुःखपूर्ण वातावरण रहा तो सामान्यतः लोग धीरे से बोलते हैं। ऐसी दशा में भी संवृत की ओर झुकाव रहता है।" यों भी कह सकते हैं कि ठंडे देशों के लोग गर्मी के लिए तरसते रहते हैं, इसलिए प्राकृतिक और मनोवैज्ञानिक कारणों के समन्वय से वे संवृत ध्वनियाँ ही करते हैं! "इसी प्रकार यदि समाज में युद्ध का वातावरण रहा तो बोलने की गति बढ़ जाती है। अधिकतर शब्दों के कुछ ही भाग पर जोर दिया जाता है। कुछ लोगों का कहना है कि युद्ध के समय भाषा के परिवर्तन की गति बहुत अधिक हो जाती है।" यूरोप में दो महायुद्ध हुए, फिर भी अंग्रेज़ी, जर्मन या रूसी में कोई मौलिक परिवर्तन हो गए हों, ऐसा देखने-सुनने में नहीं आया।

लिखने में गड़बड़ी होने से भी शायद भाषा में परिवर्तन हो जाता है। "मध्य युग में ख में 'र' 'व' का सन्देह होने से उसके स्थान पर ष का प्रयोग चला। कुछ दिन में ऐसा हुआ

1. भोलानाथ तिवारी, 'भाषाविज्ञान', पृ. 191
2. उप., पृ. 191-92

कि प का उच्चारण ही ख हो गया।" माना कि इस ष-लेखन के प्रभाव से वर्षा, भाषा, पाषंड आदि बरखा, भाखा, पाखंड बन गए लेकिन फ़ारसी में शुष्क का खुश्क कैसे हो गया? जो लोग वर्षा को बरखा कहते हैं, वे साधारणत: ऐसे हैं जिन्होंने पोथी में न ही ख के दर्शन किये हैं और न ही ष के। इस तरह के ध्वनि-परिवर्तनों के लिए कोई और सबल कारण खोजना चाहिए। होता अधिकतर यह है कि लिखावट एक होने पर भी लोग उसका उच्चारण अपनी भाषा या बोली की ध्वनि-प्रकृति के अनुसार करते हैं। हिन्दी कहना, रहना, पहले आदि का पूर्वी-पछाही उच्चारण-भेद—पढ़े-लिखे जनों में भी—इसी कारण है। विभिन्न प्रदेशों के संस्कृत-पंडितों का उच्चारण-भेद भी प्रसिद्ध है।

'शब्दों की असाधारण लम्बाई' भी परिवर्तन का एक कारण है। " 'उपाध्याय', 'झा' का रूप धारण करने को अपनी लम्बाई के कारण ही बाध्य हुए हैं। [और तिवारी?] जयरामजी की का, जैराम हो गया है। स्टेशनों पर चाय वाले 'चाय गरम' को 'चारम' कहते हैं। इसी कारण संक्षिप्त रूप भी चल पड़ते हैं।" उपाध्याय को संक्षिप्त करने के लिए अन्य ध्वनि झा की ओर जाने की जरूरत क्या थी? अध्याय, ध्याय, आय जैसे रूपों से भी काम चल सकता था। मध्य से माँझ जैसे रूप बने, यह भी देखिए। जहाँ तक चाय वालों का सम्बन्ध है, भाषा पर अभी उनका इतना प्रभाव नहीं पड़ा कि हिन्दी से गरम और चाय का लोप हो जाए और लोग चा के साथ रम पीने लगें। इसके अलावा चाय वालों की बिरादरी में काफी एका न होने से पछाँह में तो सघोष ग लुप्त-सा हो जाता है, किन्तु पूर्वी स्टेशनों पर 'चाह गरम' भी सुना जा सकता है। लेकिन यह मिसाल कुछ मौजूँ नहीं है। 'असाधारण लम्बाई' न चाय में है, न गरम में!

एक ही शब्द में कुछ व्यंजन बली माने जाते हैं, अन्य बलहीन। 'पंच वर्गों के प्रथम चार स्पर्श व्यंजन' बली हैं। 'पाँच अनुनासिक अन्तस्थ और ऊष्म' बलहीन हैं। "जिन शब्दों में बलहीन व्यंजन अधिक हों, उनमें ध्वनि-परिवर्तन अधिक शीघ्रता से होता है। फ्रांसीसी विद्वान वेन्द्रिये के अनुसार तो शब्द विशेष में अपने स्थान विशेष के कारण कुछ ध्वनियाँ बलहीन हो जाती हैं। बली से उनका युद्ध आरम्भ होता है और अन्त में बली ध्वनि परास्त करके बलहीन को निकाल देती है। इसका कारण कदाचित् यह है कि बलहीन व्यंजनों का उच्चारण अधिक अनिश्चित होता है।"[1] डार्विन का जीवन-संघर्ष और समर्थ की विजय का सिद्धान्त इतना व्यापक है कि शब्द-शब्द में हम उसे घटित होते देख सकते हैं। जहाँ तक हिन्दी का सम्बन्ध है—य, र, ल, व अन्तस्थ ध्वनियाँ कहलाती हैं। म, न आदि अनुनासिक व्यंजन हैं। ऊष्म ध्वनियों में प्रसिद्ध हकार है। कितनी ध्वनियों ने परिवर्तित होकर ह रूप लिया है, यह हम पहले देख चुके हैं। श्री किशोरीदास बाजपेयी के शब्दों को फिर दोहरा दें : "भाषा के विकास में ह वर्ण का जो स्थान है, अन्य किसी वर्ण का नहीं।" ललकारना, ललचाना, ललात-बिललात (तुलसीदास), रुलाना, तमतमाना, मनाना, मनमाना, मामला, लहलहाना, बहलाना, उलाहना आदि सैकड़ों मिसालें दी जा सकती हैं जिनसे मालूम होता है कि ये तथाकथित बलहीन ध्वनियाँ अपने समर्थ पड़ोसियों की ज़रा भी परवाह न करके बड़ी आनबान से हिन्दी शब्दों में शताब्दियों से जमी हुई हैं। भाषाओं की अपनी-अपनी ध्वनि-प्रकृति होती है, इसलिए बलहीन व्यंजनों के घिसने और अन्तर्धान होने का कोई निरपेक्ष नियम नहीं है। जैसे ध्वनियों में बलहीन की पराजय का कोई नियम नहीं है, वैसे ही ध्वनियों के अपने-आप घिसने का कोई नियम नहीं है। यह कहना सही नहीं है कि "प्रयोग में आने पर जिस प्रकार प्रत्येक वस्तु घिसती है, उसी

1. भोलानाथ तिवारी, 'भाषाविज्ञान', पृ. 193

प्रकार शब्द भी।" इसका क्या कारण है कि ऋग्वेद के बहुत-से शब्द अब तक ज्यों-के-त्यों चले आते हैं जबकि अन्य बहुत-से शब्द बदल गए हैं या अब हम उनका सही उच्चारण भी नहीं कर सकते। ऋक् ऐसा ही शब्द है जिसकी आरम्भिक ऋ ध्वनि हमारी बोलियों में ग्रहण नहीं की गई। दूसरी ओर जन, रथ, पथ, देवी, वीर, इन्द्र, राजा, उषा, रक्षा, पुरोहित, नूतन, कवि, पिता, पुत्र, नर, मित्र, समुद्र, पशु, प्रजा, विश्व, स्वयं, द्वार, चन्द्र, सूर्य आदि सैकड़ों शब्द वैदिक काल—और उससे पहले—से अब तक हिन्दी तथा अन्य भारतीय भाषाओं में व्यवहृत होते चले आ रहे हैं। कहा जा सकता है कि सूर्य सूरज हो गया है। लेकिन सूर्य का प्रयोग वर्जित तो नहीं है। स्वयं, द्वार, सूर्य, आदि को शिक्षित जनों की भाषा का अंग मानें तो भी राजा, कवि, पिता, रथ आदि तो आम जनता के शब्द हैं। इनके न घिसे जाने का कारण क्या है? प्रत्येक भाषा में अनेक प्रकार की ध्वनि-प्रकृतियों के मिश्रण के चिह्न हम पहले देख चुके हैं। इनका विश्लेषण करना दुस्साध्य है। सरल समाधान है घिसाई का सिद्धान्त। घिसाई के बदले जो शब्द और भी वृहदाकार धारण करते हैं, उनकी बात अलग है।

भाषा-विकास का एक कारण यह बताया गया है कि 'कविता में मात्रा या तुक के लिए' कवि लोग मनमाना ध्वनि-परिवर्तन कर देते हैं। ये परिवर्तन भाषा की ध्वनि-प्रकृति द्वारा नियंत्रित रहते हैं। ऐसा न हो तो पुरानी कविता 'नई कविता' बन जाए, साधारण लोगों की समझ में न आए। तुलसीदास ने रघुनाथ, परिनामा, अवलम्बा, चोरा, संसारू, समाजू, पहारू जैसे रूपों का प्रयोग किया है। इससे बोलचाल की भाषा में उनका चलन नहीं हो गया। सादृश्य वाला सिद्धान्त यह है। "कुछ शब्द किसी दूसरे के सादृश्य के कारण अपनी ध्वनियों का परिवर्तन कर लेते हैं। पैंतीस के सादृश्य पर सैंतीस में अनुनासिकता आ गई है। संस्कृत में द्वादश के सादृश्य पर एकदश भी एकादश हो गया।" विंश के अनुकरण पर दश का दंश नहीं हुआ। सैंतीस के समान सैकड़ा ने अपना रूप नहीं बदला। द्वादश और एकादश के सादृश्य का एक कारण बलाघात की आवश्यकता है। इसी आवश्यकता से विश्वामित्र रूप प्रचलित हुआ था। आदि, मध्य, अन्त्य स्वरों और व्यंजनों के लोप का भी कोई सामान्य नियम नहीं है। अनेक भाषाओं में इस तरह के लोप का कोई सामान्य नियम मिलना तो कठिन है ही, एक ही भाषा में इस तरह के सर्वव्यापी नियम नहीं मिलते। इसका कारण यह है कि विभिन्न ध्वनि-प्रकृति वाली बोलियों ने एक-दूसरे को इतना अधिक प्रभावित किया है, उनका इतना अधिक सम्मिश्रण हुआ है कि एक ही भाषा में विरोधी ध्वनि-प्रकृतियों के तत्त्व शान्तिपूर्ण सद्-अस्तित्व में पाए जाते हैं। जैसे ध्वनि-लोप के कोई निश्चित नियम नहीं हैं, वैसे ही ध्वनियों के आगम के भी निश्चित नियम नहीं हैं। वर्ण-विपर्यय, समीकरण, विषमीकरण जैसे 'नियम' किसी भाषा-विशेष की ध्वनियों का वर्णन करने में सहायक भर होते हैं, वे भाषा-विकास के सिद्धान्त नहीं हैं।

अर्थ-विचार के प्रसंग में अर्थ का विकास तीन दिशाओं में बताया गया है : अर्थ-विस्तार, अर्थ-संकोच और अर्थादेश। तैल का अर्थ था तिल का सार, अब सरसों से लेकर मिट्टी के तेल तक उसका प्रयोग होता है।[1] अंग्रेज़ी के ओयल का सम्बन्ध ओलेआ (ओलिव) वृक्ष से है। अब हर तरह का तेल आयल है। स्याही शब्द स्याह से बना है। लोग अब लाल स्याही भी कहते हैं। शिक्षित उर्दू-भाषी लाल रोशनाई कहेंगे। कल्य शब्द आनेवाले कल के लिए था; हिन्दी में वह बीते हुए कल के लिए भी आता है। मराठी में हिन्दी कल के लिए संस्कृत के समान दो शब्द हैं—उद्यां और काल। अर्थ-विकास का यह नियम मराठी काल पर क्यों नहीं

1. बाबूराम सक्सेना, 'सामान्य भाषाविज्ञान', पृ. 101

लागू हुआ, हिन्दी कल पर ही उसने अपना प्रभाव क्यों दिखाया? अर्थ-विस्तार जैसा कोई नियम नहीं है; भाषा के शब्द-भंडार और सामाजिक आवश्यकताओं पर निर्भर है कि अर्थ-विस्तार होता है या नहीं। अर्थ संकोच का उदाहरण है सर्प, जिसका अर्थ है रेंगनेवाला। इसी प्रकार मृग का अर्थ पशु विशेष हो गया है; मलयालम में उसका मूल अर्थ पशु बना हुआ है। तमिल में पशु का अर्थ है गाय जबकि हिन्दी में उसका अर्थ व्यापक है। मलयालम के समान तमिल में भी पशु के लिए मिरुहम् (मृगम्) प्रचलित है। "अर्थादेश से मतलब अर्थ में इतना अधिक अन्तर होने से है कि मौलिक अर्थ खत्म हो जाए और दूसरा अर्थ उसकी जगह आ जाए।"[1] उदाहरण दिया है : मुनि से बना मौन—मुनियों का आचरण। हिन्दी में अर्थ है चुप रहना। एक बार श्री हरिशंकर शर्मा आगरे से हरदुआगंज जा रहे थे। खद्दर की टोपी लगाए थे। बस पर चढ़े तो एक किसान ने उन्हें कांग्रेसी नेता समझकर कहा—आओ पंत जी (त का पूर्ण उच्चारण कीजिए)। यहाँ 'पंत जी' शब्दों में अर्थादेश हुआ। उसने 'आओ चन्द्रभानु गुप्त जी' नहीं कहा; इसलिए दूसरे नाम में अर्थादेश नहीं हुआ। अर्थ-विस्तार की तरह अर्थ-संकोच और अर्थ-विस्तार का कोई नियम नहीं है। परिस्थिति, भाषा का शब्द-भंडार, सामाजिक आवश्यकताएँ—इन पर उपर्युक्त नियमों का लागू होना निर्भर है।

अर्थ-परिवर्तन का एक कारण बताया गया है : 'बल का अपसरण'। बलहीन ध्वनियों के दबाये जाने और लुप्त होने के समान "किसी शब्द के अर्थ के प्रधान पक्ष से हटकर बल यदि दूसरे पर आ जाता है तो धीरे-धीरे वही अर्थ प्रधान हो जाता है और प्रधान अर्थ बिलकुल लुप्त हो जाता है।"[2] उदाहरण दिया है गोस्वामी शब्द का। गो-स्वामी—बहुत-सी गायों का स्वामी—धनी और माननीय—अन्त में, माननीय धार्मिक व्यक्ति, गोस्वामी इस अर्थ का वाचक हुआ। इस अन्तिम अर्थ में न गो पर बल है, न स्वामित्व पर। प्रधान पक्ष छोड़कर अर्थ गौण पक्ष से सम्बद्ध नहीं हुआ। उसने एक नया अर्थ देना आरम्भ किया। स्वामित्व के जब नये रूप प्रकट हुए और गोस्वामित्व का विशेष महत्त्व न रह गया, तब गोस्वामी के मूल अर्थ से बिलकुल भिन्न अर्थ जनता की आवश्यकतानुसार उस पर आरोपित कर दिया गया। नवीन अर्थ एक संसर्ग-क्रम का ही परिणाम था—गायों का स्वामी, इसलिए धनी, फिर माननीय और धार्मिक (ईश्वर के लिए भी प्रयुक्त); स्वामित्व और ऐश्वर्य से उसका संसर्ग नहीं छूटा। सामाजिक कारणों से स्वामित्व के रूप बदले, शब्द का अर्थ भी बदला। दूसरा उदाहरण 'जुगुप्सा' शब्द का दिया गया है। गुप्-गाय का पालन करना—आगे चलकर केवल पालने के लिए उसका प्रयोग होने लगा; "पालन छिपाकर किया जाता है, अत: इसमें छिपाने का भाव आने लगा।" यह बात स्पष्ट नहीं है कि किस युग और प्रदेश में पालने की क्रिया गोपनीय समझी जाती थी जिससे गुप् में तो छिपाने और अन्त में घृणा का भाव उत्पन्न हुआ किन्तु लालन-पालन, पालनहार आदि से यह भाव बहुत दूर रहा।

अब 'पीढ़ी-परिवर्तन' से अर्थ का परिवर्तित होना देखिए। "पीढ़ी-परिवर्तन के समय जब पुरानी पीढ़ी चिता की ओर चल पड़ती है और नई पीढ़ी मुकुलित होने लगती है तो प्रत्येक क्षेत्र में परिवर्तन होने लगता है।" दुर्भाग्य से नई पीढ़ी के अवतरण का कोई दिन निश्चित नहीं है, न पुरानी पीढ़ी के चितारोहण का ही मुहूर्त निश्चित है। मरने-जीने का क्रम नित्य ही चलता रहता है। नई-पुरानी पीढ़ियों में इस तरह की सीमा-रेखा नहीं बन पाती कि भाषा में परिवर्तन

1. बाबूराम सक्सेना, 'सामान्य भाषाविज्ञान', पृ. 102
2. भोलानाथ तिवारी, 'भाषाविज्ञान', पृ. 234

की नौबत आ जाए। "आवश्यक नहीं है कि नई पीढ़ी प्रत्येक शब्द को उतनी गहराई तक समझे। इसी न समझने में नया अर्थ विकसित हो जाता है।" समझ और नासमझी मनुष्य की सामाजिक स्थिति और उसकी संस्कृति पर भी निर्भर है। यदि बुढ़ापे और जवानी के हिसाब से अर्थ-परिवर्तन हो तो कुछ दिनों में भाषा बिलकुल ही बदल जाए और एक शताब्दी के लोग दूसरी शताब्दी के लोगों की भाषा कभी समझ ही न पाएँ।

दूसरी भाषाओं से शब्द ग्रहण करने पर उनमें अर्थ-परिवर्तन होता है, नहीं भी होता। एक ही भाषा के बोलनेवाले बिखर जाए तो उनकी शब्दावली अपना अर्थ कभी बदलती है, कभी नहीं भी बदलती। भौगोलिक और सामाजिक वातावरण बदलने पर कुछ शब्दों के अर्थ बदल जाते हैं, बहुतों के नहीं भी बदलते। इसी प्रकार प्रथाएँ बदलने, नई वस्तुओं का निर्माण होने से अर्थ-परिवर्तन हो सकता है, साथ ही नये शब्द भी गढ़े जा सकते हैं। नम्रता-प्रदर्शन, अशोभन के लिए शोभन भाषा के प्रयोग आदि से शैलीगत भेद उत्पन्न होते हैं, भाषा नहीं बदल जाती।

ध्वनि और अर्थ के नियमों से मिलते-जुलते सिद्धान्त रूप-परिवर्तन के सम्बन्ध में स्थिर किये गए हैं। एक सिद्धान्त यह माना गया है कि सादृश्य और सरलता के लिए हम एक रूप छोड़कर दूसरा अपना लेते हैं। पौरस्त्य के बदले पौर्वात्य बनाया गया जो पाश्चात्य से मिलता-जुलता है।[1] (अभी उत्तर से औत्तरात्य नहीं बना!) 'भूल या स्मरणशक्ति की कमजोरी के कारण' रूप बदल जाते हैं। "अज्ञान भी इसका एक प्रधान कारण है।" जैसे : "यहाँ के अंग्रेज़ी पढ़नेवाले आरम्भ में ox का oxes बना लेते हैं पर बाद में सुधार कर oxen का प्रयोग करने लगते हैं। हिन्दी में 'करा' और 'किया' की अशुद्धि भी इसी प्रकार की है।" अज्ञान से 'विकास' हुआ, ज्ञान ने उसे रोक दिया!

वाक्य-रचना के परिवर्तन में शायद वास्तविक विकास के दर्शन होते हैं। श्री भोलानाथ तिवारी ने भोजपुरी के तीन वाक्य दिये हैं और लिखा है कि "समुन्नत भाषाओं में अब यह प्रवृत्ति नहीं है। हमारा मस्तिष्क इतना संस्कृत हो गया है कि इस सम्बन्ध को स्पष्ट करने की आवश्यकता नहीं पड़ती।"[2] भोजपुरी-प्रेमी इस बाता को नोट कर लें कि उनकी भाषा समुन्नत भाषाओं में नहीं गिनी गई और उनका मस्तिष्क भी असंस्कृत माना गया है। हमारा मत इसके एकदम विपरीत है। भोजपुरी अत्यन्त सरस बोली है और उसके बोलनेवालों का मस्तिष्क उतना ही संस्कृत है जितना किसी अन्य भाषा के बोलनेवालों का। वे वाक्य इस प्रकार हैं : "हमके खाए जाए के रहल। जाए में देरी हो गइल। देरी हो गइला से ओइजों के ख्यकवे खतम हो गयल।" जाएके रहल, जाए में देरी; देरी हो गइल, देरी हो गइला से--इस प्रकार पदों की आवृत्ति की गई है। अब देखिए, खड़ी बोली में इसी प्रकार पदों की आवृत्ति कैसे की जा सकती है। हिन्दी में राम, धाम आदि का उच्चारण राम्, धाम् हो गया है, इसकी चर्चा करते हुए श्री भोलानाथ तिवारी ने लिखा है : "पर यदि भाषा में आज राम्, धाम्, आम् आदि लिखा जाए तो वैयाकरण लोग नाक-भौं सिकोड़ेंगे। हाँ, कुछ दिनों बाद अवश्य ही नाक-भौं सिकोड़ने का कोई काम नहीं रह जाएगा।"[3] प्रथम वाक्य में नाक सिकोड़ने की क्रिया दूसरे वाक्य के आरम्भिक अंश में दोहराई गई। इस प्रकार की आवृत्ति का सम्बन्ध चाहे संस्कृत होने से हो, चाहे असंस्कृत होने से, एक बात स्पष्ट है कि इस तरह के भेद से भाषा परिवर्तित

1. भोलानाथ तिवारी, 'भाषाविज्ञान', पृ. 155
2. उप., पृ. 141
3. उप., पृ. 5

नहीं होती। दूसरी भाषाओं के प्रभाव से वाक्य-रचना प्रभावित होती है, यह ठीक है। यह भी सम्भव है कि वह बिलकुल प्रभावित न हो। 'बल का प्रदर्शन' करने के लिए शायद ही कोई 'जाता हूँ मैं घर' कहता हो। हो सकता है कि उदाहरण गलत हो, सिद्धान्त सही हो। किन्तु इस तरह का हेरफेर शैलीगत भेद ही कहलाएगा, उससे भाषा का ढाँचा न बदलेगा। 'बोलनेवालों की मानसिक स्थिति में परिवर्तन' से वाक्य-रचना में भेद हो सकता है। किन्तु जब तक सारे समाज की ऐसी मनोदशा न हो जाए कि पुरानी वाक्य-रचना पद्धति से काम ही न चले, तब तक भाषा में परिवर्तन न होगा। यह कहना तो बिलकुल गलत है कि "युद्धकालीन व्याख्यानों में वाक्य घुमे-फिरे न होकर सीधे अधिक होते हैं।" सीधे वाक्य बोलनेवाले लोग अक्सर शान्ति-प्रेमी होते हैं। लच्छेदार वाक्यों से जनता को ठगने का काम जैसा युद्धकाल में होता है, वैसा दूसरे समय कम होता है। फिर सभी युद्ध एक-से नहीं होते; स्वाधीनता के लिए लड़नेवालों की वही मनोवृत्ति नहीं होती जो दूसरों को गुलाम बनानेवालों की होती है। पुन: प्रश्न यह है कि यूरोप के महायुद्धों से क्या वहाँ की भाषाओं ने अपनी वाक्य-रचना पद्धति बदल दी है?

अभी तक चर्चा हुई भाषा के विकास के कारणों की। इस विकास में बाधक कारणों पर भी दृष्टिपात कर लें। कहा गया है कि भौगोलिक कारणों से यदि किसी भाषा के बोलनेवालों तक बाहर के लोग पहुँच न सकें तो उसमें परिवर्तन कम होगा। यह नियम सही है किन्तु संसार की कोई भी भाषा नितान्त अकेलेपन में नहीं पनपी, इसलिए यह नियम अनावश्यक है। उदाहरण रूप में कहा गया है : "भारतीय परिवार की आइसलैंडिक भाषा इसी कारण अन्यों की अपेक्षा कम विकसित हुई है।"[1] आइसलैंडिक भाषा के लेखक को नोबेल पुरस्कार मिल चुका है। ऐसी भाषा के कम विकसित होने का कोई प्रमाण नहीं दिया गया। भाषा के विकास को रोकने का एक कारण खाद्याभाव बताया गया है जिससे "लोगों का अधिक समय भोजन के पीछे चला जाता है, अत: अन्य समस्याओं पर विचार करने का समय नहीं रहता।" मानो फुर्सत में सूत कातने की तरह लोग शब्द गढ़ते रहते हों! कामकाज बहुत रहता है तो उन्हें इसकी फुर्सत नहीं मिलती। भाषा में अटपटापन न आए, इसलिए लोग उसके सर्व-स्वीकृत रूप को ही अपनाते है। "यह भावना सभी भाषाओं के विकास में बाधक होती है।" मानो भाषा में यह सामाजिक नियंत्रण सदा अवांछनीय हो! यदि स्वीकृत रूपों को न माना जाए तो हरेक की डफली पर उसका अपना राग ही सुनाई दे! इसी प्रकार अशुद्ध प्रयोगों पर "समाज के हँसने के भय से भी लोग यथासाध्य भाषा के प्रचलित रूप पर ही चलने का प्रयास करते हैं, और इस प्रकार भाषा का विकास रुकता है।" भारतेन्दु हरिश्चन्द्र ने हिन्दी गद्य को व्यवस्थित किया। इससे हिन्दी का विकास हुआ या विकास रुक गया? यदि हिन्दी में जावे—जाय, करा—किया, वह—वे—वो आदि के रूपों में (बोलने और लिखने में) स्थिरता आ जाए, कुछ रूप शुद्ध और अन्य अशुद्ध मान लिये जाएँ तो इससे विकास रुकेगा नहीं, भाषा की उपयोगिता और बढ़ जाएगी।

भाषा का विकास क्यों होता है, यह जानने से पहले इस बात पर मत स्थिर करना चाहिए कि विकास होता भी है या नहीं। भाषा में परिवर्तन होता है, इस बात से सभी विद्वान सहमत हैं किन्तु इस परिवर्तन की कोई दिशा भी है या नहीं, इस बारे में मतभेद है। डॉ. बाबूराम सक्सेना ने यह दार्शनिक युक्ति दी है : "प्रति क्षण प्रति ऐहिक वस्तु में परिवर्तन होता रहता है, कोई चीज स्थिर नहीं है। यही भारतीय क्षणिकवाद का अटल सिद्धान्त है जो 'इदं सर्वं यत्किंच जगत्यां

1. भोलानाथ तिवारी, 'भाषाविज्ञान', पृ. 34

जगत्' द्वारा प्रकट है।" क्षणिकवाद भारतीय दर्शन की एक धारा है, एकमात्र धारा नहीं है। भारतीय विचारकों ने अनेकान्तवाद जैसे द्वन्द्वात्मक चिन्तन के भी अनेक तत्त्व दिये हैं। संसार स्थिर है, परिवर्तनशील भी। संसार को एक ही दृष्टिकोण से देखना गलत है। यदि संसार में कोई चीज स्थिर न हो तो समाज के सदस्य एक-दूसरे की बात न समझें, बाप-बेटे में बातचीत होना कठिन हो जाए। लेकिन कुछ शताब्दियों के बाद यद सम्भव है कि नवसन्तति अपने बाप-दादों की बात न समझे। संसार की अन्य प्रक्रियाओं की तरह भाषा को भी संश्लिष्ट प्रवाह के रूप में देखना चाहिए, उसकी सापेक्ष स्थिरता और प्रवहमानता के कारणों का पता लगाने का प्रयत्न करना चाहिए। डॉ. सक्सेना का मत है कि भाषा में परिवर्तन ही नहीं, विकास भी होता है किन्तु विकास को वे उन्नति-अवनति से परे मानते हैं। उनके अनुसार, भाषा के परिवर्तन को "कोई उन्नति, कोई अवनति के नाम से पुकारते हैं, कोई कहते हैं कि फलाँ रूप घिसकर ऐसा हो गया। कोई कहते हैं कि अमुक रूप ने बढ़कर ऐसी शक्ल ग्रहण कर ली। इन सारे परिवर्तनों को विकास कहना चाहिए—आदित्यवार विकसित होकर इतवार हुआ और एकादश ग्यारह। इसी प्रकार अलाबु से आल और लौकी का तथा भक्त से भगत का विकास हुआ। विकास में उन्नति और अवनति का सवाल नहीं उठता, वह अवश्यम्भाविता का परिचायक है।" यदि आदित्यवार की तुलना में इतवार हिन्दी की ध्वनि-प्रकृति के अधिक अनुकूल है, जनता के लिए अधिक सुबोध है या उसकी अर्थ-व्यंजकता पूर्ण रूप से बढ़ गई है तो भाषा के लिए यह परिवर्तन उन्नति का सूचक हुआ। भाषा भावों और विचारों के आदान-प्रदान का सामाजिक माध्यम है, इसलिए परिवर्तनों से उसकी माध्यमवाली क्षमता बढ़ती है या घटती है, यह जानकर हम निश्चय करते हैं कि उसका विकास हो रहा है या ह्रास अथवा विकास और ह्रास की संलग्न क्रियाओं में कुल मिलाकर विकास अधिक हो रहा है या ह्रास। किसी समय संस्कृत और लैटिन को विचार-वाहन का बहुत समर्थ माध्यम बनाया गया किन्तु उच्च वर्गों के हाथ में संस्कृति की निधि होने से इस माध्यम से आम जनता लाभ न उठा सकी। भारत और यूरोप में जब नवीन भाषाएँ साहित्य का माध्यम बनीं, तब संस्कृति को नया और अधिक व्यापक सामाजिक आधार मिला; साहित्य की भाषा पहले से अधिक विशाल मानव-समुदाय को सांस्कृतिक भोजन देने का माध्यम बनी। किन्तु उसमें चिन्तन की बारीकियों को अभिव्यक्त करने की वैसी ही क्षमता न थी, जैसी संस्कृत या लैटिन में थी। आगे चलकर उसने यह क्षमता भी प्राप्त की। इस तरह उन्नति और अवनति को संलग्न क्रियाएँ मानकर भिन्न कोणों से भाषा-प्रक्रिया का अध्ययन करना चाहिए जिससे हम प्रवाह की संश्लिष्ट समग्रता से परिचित हो सकें। ऐसा परिवर्तन जो उन्नति और अवनति से परे हो, विकास नहीं कहा जा सकता। डॉ. सक्सेना ने आगे लिखा है : "भाषाविज्ञानी यह मानने को तैयार नहीं कि आज जो भाषा एक समुदाय बोलता है, वह दो पीढ़ी पूर्व या उपरान्त बोली जानेवाली भाषा से अच्छी या बुरी है। अपने-अपने समय के लिए सभी अच्छी हैं।" यह सिद्धान्त बुरा नहीं है। भाषाओं की श्रेष्ठता या हीनता का विचार करने में समय का अपव्यय ही होता है। किन्तु 'कालो ह्ययं निरवधिविर्पुला च पृथ्वी'। देश-काल की छोटी इकाइयों में बँधा हुआ मनुष्य जीवन-यापन क्रम में प्रकृति को अधिकाधिक जानने, उसकी शक्ति का उपयोग अपने हित में करने के लिए प्रयत्नशील रहता है। मानव और प्रकृति का यह शाश्वत अन्तर्विरोध है। मानव प्रकृति का ही अंश है, उससे बँधा हुआ है, साथ ही निरन्तर उस पर विजय पाने का प्रयत्न भी करता है। यह अन्तर्विरोध सामाजिक विकास का एक कारण है। सामाजिक विकास से भाषा सम्बद्ध है,

भाषा द्वारा ही मनुष्य अपने प्रयत्न संगठित करता है, अपने ज्ञान को एक पीढ़ी से दूसरी तक पहुँचाता है, इसलिए मानव और प्रकृति का अन्तर्विरोध भाषा के विकास का भी कारण है। प्रकृति के अलावा मनुष्य सामाजिक सम्बन्ध कायम करता है और स्वयं उनके फंदे में फँस जाता है। जब उत्पादन बिलकुल पिछड़ा हुआ था, तब समाज के अपने अन्तर्विरोध नगण्य थे। सम्पत्ति थी ही नहीं, झगड़ा किसके लिए होता? उस समय बाह्य अन्तर्विरोध मुख्य थे। आखेट-भूमि, जलाशय, कन्दमूल आदि के प्राप्ति-स्थानों, वन-उपवन आदि के लिए विभिन्न मानव-समुदायों में संघर्ष होता था। श्रम द्वारा जब मनुष्य ने सम्पत्ति अर्जित की, तब छोटे-बड़े का भेद उत्पन्न हुआ। समस्त समाज के सामूहिक श्रम के बदले वर्ग-विशेष ने श्रम का भार सँभाला, एक वर्ग इस श्रम का फल भोगने लगा। इस प्रकार सामाजिक अन्तर्विरोध उत्पन्न हुए। यह विकास का दूसरा कारण हुआ। इस आन्तरिक संघर्ष से बाह्य अन्तर्विरोध खत्म नहीं हुए, वरन् और तीव्र हो गए। सम्पत्तिशाली वर्ग दूसरी जातियों का श्रमफल लूटने के लिए युद्ध करने लगे और वह क्रिया आज तक जारी है। भीतर और बाहर—दोनों तरह—के अन्तर्विरोधों का प्रभाव समाज के विकास पर पड़ता है। भाषा का विकास भी इन दोनों तरह के अन्तर्विरोधों को सामने रखकर समझा जा सकता है।

मनुष्य की आर्थिक-राजनीतिक-सांस्कृतिक आवश्यकताएँ बदलती रहती हैं, इसलिए यह बिलकुल सम्भव है किसी काल विशेष में कोई भाषा उनकी पूर्ति का माध्यम न बन सके। शिष्ट शब्दावली के लिए—उच्चस्तरीय संस्कृति के माध्यम के लिए—ब्रिटिश अभिजात-वर्ग फ्रांस का मुखापेक्षी रहा है। रूस में भी अभिजात वर्ग था। यह वर्ग अपने समय के लिए रूसी को अच्छी भाषा न मानकर अक्सर फ्रांसीसी भाषा का व्यवहार करता था। कुछ समाजशास्त्रियों का मत है कि "जिन जातियों का उत्पादन कौशल बिलकुल पिछड़ा हुआ है और लोग अशिक्षित हैं, उनकी भाषाएँ भी तथाकथित सभ्य जनों की भाषा से देखने में कम विकसित या ज्यादा पिछड़ी हुई नहीं मालूम होतीं।"[1] किसी जाति को दबाकर रखा जाए, उसे सामाजिक प्रगति का मौका न दिया जाए, तो इसका प्रभाव भाषा पर अवश्य पड़ेगा। सामाजिक दमन और बाधाओं का विरोध करते हुए प्रतिकूल परिस्थितियों में भी कोई जाति अपनी भाषा का विकास कर ले, यह बात दूसरी है।

भाषा सामाजिक विकास का एक साधन है, समाज के साथ भाषा भी विकसित होती है किन्तु उसके सभी तत्त्वों में बराबर परिवर्तन होता चले, यह आवश्यक नहीं है। भ्राता, ब्रात, भाई, ब्रदर, बिरादर—ये अनेक ध्वनि-प्रतीक एक-दूसरे में मिलते-जुलते हैं। इनमें कौन रूप अधिक विकसित है, कौन कम, इसकी कोई निरपेक्ष कसौटी नहीं है। अधिक-से-अधिक हम यह कह सकते हैं कि अमुक रूप-भाषा की ध्वनि प्रकृति के अनुकूल है या प्रतिकूल। ध्वनि के अलावा व्याकरण-रूप हैं। हम पहले देख चुके हैं कि व्याकरण-रूपों का भी विकास हुआ है। कुछ भाषाविज्ञानी मानते हैं कि भाषाएँ पहले संश्लिष्ट थीं, उनका विकास विश्लेषणात्मक रूपों की ओर हुआ है। इस विश्वास का कोई प्रामाणिक आधार नहीं है। न यह कहा जा सकता है कि विश्लेषणात्मक भाषाएँ अपनी अभिव्यंजना शक्ति में संश्लिष्ट भाषाओं से आगे बढ़ी हुई हैं। व्याकरण-रूपों में कौन पद्धति अधिक विकसित है, कौन कम, यह कहना कठिन है। किन्तु कुछ भाषाओं में अपने धातु प्रत्ययों से नये शब्द गढ़ने की क्षमता होती है, कुछ में नहीं होती, या कम होती है। फ्रान्ज बोआस ने ठीक लिखा है : "साफ-सुथरे व्युत्पत्ति-शास्त्र

---

1. बील्स और होइयर, 'ॲन इंट्रोडक्शन टू ॲन्थ्रोपोलॉजी', पृ. 508

वाली भाषाएँ, जो आसानी से नये समास-पद बना सकती हों, शब्द उधार लेने नहीं दौड़तीं क्योंकि वे सरलता से व्याख्यात्मक शब्द बना लेती हैं।"[1] यह एक महत्त्वपूर्ण भेद है। इससे भाषा परमुखापेक्षी नहीं रहती। इस बारे में भी कुछ लोग तर्क कर सकते हैं कि उधार से काम चले तो धातु-प्रत्ययों की चिन्ता क्यों की जाए? उधार से काम चलाइए बशर्ते कि दूसरों के माल को अपना कहकर आप दूसरों पर रोब न जमाएँ।

व्याकरण-रूपों के विकसित होने में समय लगता है। सभी भाषाएँ अपने समस्त व्याकरण-रूप लेकर तुरन्त प्रकट नहीं हो गईं। बोआस का यह मत ठीक नहीं मालूम होता कि "व्याकरण-सम्बन्धी गठन के मूल तत्त्व सब भाषाओं में मिलते हैं। वक्ता, श्रोता और अन्य पुरुष के भेद तथा देश, काल और रूप की धारणाएँ सभी भाषाओं में मिलती हैं।"[2] वर्तमान काल में भाषाएँ देखकर ऐसा लगता है कि व्याकरण के मूल रूप सनातन और सर्वव्यापी हैं। मूल व्याकरण रूपों की आधुनिक व्याप्ति का कारण जातियों का परस्पर सम्पर्क और संस्कृति का प्रसार है। भविष्यकाल के लिए अस् धातु का कोई रूप नहीं होता। भू के रूपों से काम चलाया जाता है। अस् धातु का प्रयोग, और भिन्न मानव समूहों में उसका प्रसार उस समय हुआ जब भविष्य काल की धारणा मानव-मस्तिष्क में उत्पन्न न हुई थी। भारत और यूरोप की जो भाषाएँ आपस में मिलती-जुलती हैं, उनमें वर्तमान काल के रूपों की समानता सबसे ज्यादा है, भूत-काल की उससे कम है, भविष्य काल की सबसे कम है। इसके उदाहरण पहले दिये जा चुके हैं। बोआस ने ही लिखा है : "आदिम समाज का मनुष्य अपने साथियों से बातचीत करते समय सूक्ष्म विचारों को लेकर वार्तालाप करने का आदी नहीं होता।"[3] काल-सम्बन्धी धारणाएँ काफी सूक्ष्म होती हैं, इसलिए उनसे सम्बन्धित व्याकरण-रूपों का विकास भी मनुष्य की चिन्तन-क्षमता के विकास के साथ क्रमश: हुआ होगा, यह सहज ही अनुमेय है। ध्वनि-रूपों के परिवर्तन की तुलना में यह व्याकरण-रूपों का विकास अधिक महत्त्वपूर्ण है। फिर भी व्याकरण-रूपों का विकास इतना पहले हो चुकता है कि सभ्यता के इतिहास में, लगता है, नये व्याकरण-रूप रचे ही नहीं गए। भाषा में ज्ञात परिवर्तन सबसे अधिक दिखाई देता है—शब्दावली के क्षेत्र में।

संसार की वस्तुएँ एक-दूसरे से नितान्त अलगाव की दशा में नहीं हैं। इनमें परस्पर सहयोग है और संघर्ष भी। सामाजिक विकास की आरम्भिक मंजिलों में मानव समूह अपने अथवा पालतू पशुओं के आहार की खोज में दूर-दूर तक घूमते रहे हैं। एशिया और यूरोप की भाषाओं में जिन अनेक समानताओं के दर्शन हम पहले कर चुके हैं, वे सम्भवत: इस अवस्था के सम्पर्क का फल है। एंगेल्स ने ऐसे कबीले की चर्चा की थी जिसमें दो भाषाएँ बोली जाती थीं। भारत में जो गणसंघ बने थे, उनमें अवश्य ही अनेक बोलियों का मिश्रण हुआ होगा। सहयोग के अलावा कबीले आपस में लड़ते भी थे। दूसरों को गुलाम बनाकर बेचते थे, शत्रु की आखेट भूमि पर अधिकार कर लेते थे, स्त्रियों का अपहरण करते थे, अपनी शक्ति क्षीण होने पर दूसरे कबीले के लोगों को अपना भाई बना लेते थे। भारतीय गणों ने मध्यपूर्व और कॉकेशस की ओर अभियान किये। उधर के लोग भी इस ओर आए। इससे अनेक महत्त्वपूर्ण सामाजिक परिवर्तन हुए। इनमें एक महत्त्वपूर्ण परिवर्तन यह था कि यूनान

1. बोआस, 'जेनेरल ॲन्थ्रोपॉलोजी', पृ. 136
2. बोआस, 'दि माइंड ऑव प्रिमिटिव मैन', पृ. 165
3. उप., पृ. 216

आदि देशों में पितृसत्ताक व्यवस्था कायम हुई। उस परिवर्तन के सूचक अनेक भारतीय शब्द वहाँ की भाषाओं में अब भी बने हुए हैं। यूरोपीय भाषाओं और संस्कृत की ध्वनि-प्रकृति और व्याकरण में महत्त्वपूर्ण अन्तर है। संस्कृत के समानान्तर बोली जानेवाली उसी के परिवार की भाषाओं के प्रभाव से ग्रीक या लैटिन की वाक्य-रचना, रूप-विकार आदि पूरी तरह बदल नहीं गए। यदि आप मानते हों, कि यूरोप से आनेवाले आर्यों का प्रभाव भारतीय भाषाओं पर पड़ा, तो भी स्वीकार करना होगा कि इस प्रभाव से भारतीय भाषाओं की भाव-प्रकृति बदल नहीं गई। ज्यादा-से-ज्यादा कुछ शब्द ही हमारी भाषाओं में आ मिले होंगे। इस प्रकार हम देखते हैं कि बाह्य अन्तर्विरोधों से भाषा के सभी तत्त्व समान गति से नहीं बदलते, सबसे ज्यादा परिवर्तन शब्द-भंडार में होता है।

भाषा का कोई भी तत्त्व अपरिवर्तनशील नहीं है। भाषा परिवर्तित ही नहीं, पूरी तरह नष्ट भी हो सकती है। अमरीका के अधिकांश नीग्रो इसका प्रमाण हैं। उनमें से कुछ अब भी अपने थोड़े-से प्राचीन शब्द बचाए हैं और उन्हें अंग्रेज़ी में मिलाकर बोलते हैं लेकिन ये अपवाद हैं। किसी समाज की भाषा में बाह्य प्रभावों से कितना परिवर्तन होता है, यह उस प्रभाव की शक्ति पर निर्भर है, साथ ही समाज के गठन, उसके प्रतिरोध, उसके सदस्यों के भाषा-प्रेम पर भी निर्भर है। स्वाधीनता-प्रेमी समर्थ जातियाँ पराधीन होने पर भी संघर्ष करती रहती हैं और अपनी भाषा की रक्षा करती हैं। संसार की जातियाँ एक-दूसरे की संस्कृति से लाभ उठाएँ, इससे अच्छा और क्या होगा? इसी तरह उनकी भाषाओं में सम्पर्क बढ़े, शब्दों का आदान-प्रदान हो, वे उन्नत और समृद्ध हों, यह वांछनीय है। किन्तु सामन्तवाद और पूँजीवाद के अन्तर्गत जातियों में समानता और भाईचारा कम रहता है, दूसरों को गुलाम बनाने और उन पर शासन करने की प्रवृत्ति अधिक रहती है। ऐसी स्थिति में भाषाओं का आदान-प्रदान समानता और सहयोग के आधार पर नहीं होता; उसका आधार होता है शोषण, दमन और पराजय। इस तरह का सम्पर्क अवांछनीय है और उससे भाषा को समृद्ध न होने देना ही अच्छा है। कहा जाता है कि ब्रिटेन के आदि निवासी केल्ट थे। इन पर जर्मन-भाषी ऐंगल और सैक्सन जनों ने विजय पाई। अब अंग्रेज़ी में इन आदिवासियों के केवल एक दर्जन के लगभग शब्द मिलते हैं। इनमें गधे का पर्यायवाची 'ऐस' शब्द है जो अपने स्थान से टस से मस नहीं हुआ। भाषाविद् यस्पर्सन के अनुसार : "ब्रिटेन जनों (आदिवासियों) का समूल नाश नहीं किया गया वरन् वे सैक्सन विजेताओं में घुल गए। उनकी सभ्यता और भाषा गायब हो गई लेकिन नस्ल बनी रही।"[1] यस्पर्सन का मत है कि विजित जाति प्रयत्न करती थी कि विजेताओं की भाषा ही बोले। इसलिए उसने अंग्रेज़ी अपनाई और अपने शब्द छोड़ दिये। आगे चलकर डेनमार्क के लोगों ने इंग्लैंड पर आधिपत्य जमाया। उनकी कृपा से बहुत-से न्याय-सम्बन्धी शब्द अंग्रेज़ी में प्रचलित हुए। तत्पश्चात् फ्रांसवासियों ने इंग्लैंड पर राज्य किया। "भाषा से ये डेनिश शब्द गायब हो गए हैं। इसका सीधा कारण यह है कि नॉर्मन विजेताओं ने न्यायालय और आम तौर से सारा कानूनी काम अपने हाथ में ले लिया।[2] फ्रांसीसियों के पास 'उच्चतर संस्कृति' थी। फ्रांसीसी भाषा के जो शब्द अंग्रेज़ी में आए, वे 'अभिजात-वर्गीय' थे। किंग और क्वीन तो बच गए लेकिन शासन-व्यवस्था के प्राय: सभी शब्द फ्रांस की देन हैं : स्टेट, गवर्नमेंट, कंट्री, पावर, मिनिस्टर, कौंसिल पार्लमेंट, पीपुल, नेशन, आदि। फ्रांसीसियों के हाथ में राज्यसत्ता थी।

1. यस्पर्सन, 'ग्रोथ एंड स्ट्रक्चर ऑव दि इंग्लिश लैंग्वेज़', 1945, पृ. 35
2. उप., पृ. 68

अभिजात वर्ग शासन करता था। कुछ अंग्रेज़ भी शासक वर्ग में शामिल थे। लॉर्ड और लेडी अंग्रेज़ी के शब्दों में बच रहे। लेकिन प्रिंस, ड्यूक, काउंट, नोबल आदि फ्रांस की देन हैं। युद्ध के शब्द—वार, पीस, बैटल, आर्मर, लांस, ॲसॉल्ट, सीज, लेफ्टिनेंट, सार्जेंट, सोल्जर, नेवी; कानून के शब्द—जज, जूरी, कोर्ट, क्राइम, प्रॉपर्टी; धर्म-सम्बन्धी शब्द—रिलीजन, वर्जिन, एंजेल, सेंट, क्लर्जी; नैतिक शब्दावली—वर्चू, वाइस, ड्यूटी, पिटी, मर्सी आदि; इसी प्रकार आखेट, खेल-कूद, आमोद-प्रमोद, फैशन, कला आदि के शब्द भी अंग्रेज़ी में फ्रांसीसी भाषा से आए हैं। यह आदान-प्रदान समानता और सहयोग के धरातल पर न हो रहा था; उसका आधार था, शासक और शासित का सम्बन्ध। बारहवीं सदी के एक लेखक जॉन ऑव साल्सबरी ने लिखा था कि अपनी भाषा में अधिकाधिक फ्रांसीसी शब्द भरना उस समय का फैशन था। इसी कारण फ्रांसीसी से ढेरों गैर-पारिभाषिक शब्द लिये गए—एयर, एज, बीस्ट, चेंज, क्राइ, लार्ज, प्लेस, ज्वाइंट, प्राइस, रीजन आदि। इंग्लैंड राजनीतिक रूप से ही पराधीन न था, उसका उच्च वर्ग मानसिक रूप से फ्रांस का गुलाम था। यस्पर्सन ने लिखा है : "यदि अपने से 'बड़ों' की हर तरह से नकल करना फैशन था, जिससे अंग्रेज़ी में इतने ज्यादा फ्रांसीसी शब्द आ गए, तो गैर-पारिभाषिक शब्दों की इस आमद का सम्बन्ध अंग्रेज़ों के चरित्र की एक विशेषता से जोड़ा जा सकता है, जिसके अतिरंजित रूप को वर्तमान काल में स्नॉबिज़्म या टोडीइज़्म कहा गया है। इस विशेषता के कारण अंग्रेज़ों में कुछ लोग ड्यूक और मार्क्विस परिवारों में किसी के जन्म, मरण, खास कर शादी-ब्याह में जितना रस लेते हैं, उतना अपने छोटे-से घरेलू दायरे के बाहर और किसी चीज में नहीं लेते।"[1] शब्दों का आदान-प्रदान कोई विशुद्ध भाषागत हवाई चीज नहीं है। उसमें सांस्कृतिक मूल्य निहित होते हैं। आदान-प्रदान दोनों पक्षों के सामाजिक सम्बन्धों पर निर्भर होता है। कोई अंग्रेज़ इस बात पर गर्व नहीं कर सकता कि पशुओं के नाम—ऑक्स, काउ, काफ, शीप, स्वाइन, बोर, डीअर—तो अंग्रेज़ी हैं लेकिन उनके मांस के नाम—बीफ, वील, मटन, पोर्क, बेकन, ब्रॉन, वेनीसन—फ्रांसीसी हैं। इसका कारण यह हो सकता है कि गाय-बैल चराने का काम अंग्रेज़ करते थे, उनका मांस भक्षण करते थे फ्रांसीसी अथवा यह कि फ्रांस के लोग पाकशास्त्र में अधिक निपुण थे, इसलिए डिनर और सपर की तरह खाद्य-पदार्थों के नाम भी फ्रांसीसी रखे गए। जो भी कारण हो, इन शब्दों का व्यवहार अंग्रेज़ों की सांस्कृतिक पराधीनता ही सिद्ध करता है। यदि इसी तरह के अंग्रेज़ी शब्द भी फ्रांस पहुँच गए होते तो इस आदान-प्रदान को सराहनीय कहा जाता।

इस पराधीनता के लिए इंग्लैंड के सभी लोग जिम्मेदार न थे। शासन की बागडोर सामन्तों के हाथ में थी। ये लोग जनसाधारण से अपने को ऊँचा साबित करने के लिए फ्रांसीसी शब्दों का अन्धाधुन्ध प्रयोग करते थे। "लेकिन निम्न वर्ग अंग्रेज़ी और अपनी भाषा को मजबूती से पकड़े हुए हैं।"[2] अंग्रेज़ी भाषा के जो पुराने तत्त्व अब तक सुरक्षित हैं, उनके लिए श्रेय मिलना चाहिए इंग्लैंड की गरीब अशिक्षित जनता को। भद्र जन फ्रांसीसी शब्दों के साथ उनके विदेशी उच्चारण की भी नकल करते थे। साधारण अंग्रेज़ जनता ने इन शब्दों का रूप बदल डाला। आज भी शिक्षित लोग मोटर रखने के स्थान को—फ्रांसीसी उच्चारण की नकल करते हुए—गराज़ कहते हैं; मोटर ड्राइवरों ने उसे गैरिज कर दिया है लेकिन जहाँ तक सम्पत्तिशाली

1. यस्पर्सन, 'ग्रोथ एंड स्ट्रक्चर ऑव दि इंग्लिश लैंग्वेज़', पृ. 85
2. तेरहवीं-चौदहवीं सदी के लेखक राबर्ट ऑव ग्लॉस्टर के शब्द, यस्पर्सन द्वारा उद्धृत, पृ. 87

वर्गों का सम्बन्ध है; उन्होंने अंग्रेज़ी भाषा के तन और मन, दोनों को फ्रांसीसी बनाने में, कुछ भी उठा नहीं रखा। जर्मनी फ्रांस का पड़ोसी है किन्तु जर्मन भाषा में इतने फ्रांसीसी शब्द क्यों नहीं आए? इसलिए कि जर्मन शासक वर्ग इतना जातीयता-भ्रष्ट और चरित्रहीन नहीं था जितना अंग्रेज़ शासक वर्ग। वैसे वहाँ के राजा भी फ्रांसीसी बोलने में कभी गर्व का अनुभव करते थे किन्तु जर्मन जनता ने फ्रांसीसी शब्दों को भीतर घुस-पैठने की पूरी छूट न दी थी। जर्मन में जो फ्रांसीसी शब्द आए, उनका अनुपात अंग्रेज़ी में आए हुए फ्रांसीसी शब्दों से बहुत कम है। इस प्रकार किसी भाषा का शब्द-भंडार उसे बोलनेवालों के जातीय चरित्र का द्योतक होता है।

दांते और चौसर के युग में यूरोपीय नवजागरण आरम्भ हुआ। नई जातियाँ, नई भाषाएँ रंगमंच पर आईं। इस समय लैटिन शब्द उधार लेने में अंग्रेज़ी ने यूरोप की सभी भाषाओं को मात कर दिया। इतालवी और फ्रांसीसी लैटिन की पुत्रियाँ कहलाती हैं। लैटिन से शब्द लेना उनके लिए स्वाभाविक था किन्तु अंग्रेज़ी इनसे पीछे रहने के लिए तैयार न थी। इस समय इंग्लैंड राजनीतिक रूप से पराधीन न था। फिर भी उसकी सांस्कृतिक पराधीनता खत्म न हुई थी। अंग्रेज़ी के अपने शब्दों, शब्द-निर्माण करनेवाले तत्त्वों को धता बताई गई। फ्रांसीसी से प्रत्यय तक उधार लिये गए। कुछ मूल शब्दों के तो इतने नये-नये रूप इंग्लैंड में गढ़े गए जितने फ्रांस में भी प्रचलित न थे। इसी मनोवृत्ति के कारण अंग्रेज़ियत कम करके भाषा को लैटिनियत के साँचे में ढाला गया। इसका कारण यह न था कि यूरोप की अन्य जातियों की तुलना में अंग्रेज़ों को लैटिन साहित्य से विशेष प्रेम था। कारण था जातीय आत्म-सम्मान का अभाव, भाषा-प्रेम की कमी। यस्पर्सन ने साफ लिखा है : "कारण यह मालूम होता है कि जर्मन कुल की भाषाओं में विदेशी शब्दों का विरोध करने की जो सहज शक्ति है, वह फ्रांसीसी शब्दों की थोक-आमद से पहले ही अंग्रेज़ी में खत्म हो गई थी। फ्रांसीसी शब्दों ने लैटिन शब्दों की आमद के लिए रास्ता साफ कर दिया था। लैटिन शब्द फ्रांसीसी शब्दों से अनेक बातों में मिलते-जुलते थे, अंग्रेज़ों के मन में विदेशी शब्दों के प्रति एक मोह पैदा हो गया था। इस कारण देशी तत्त्वों से नये शब्द गढ़ने में लोग जान-बूझकर संकोच करते थे। यदि अंग्रेज़ी शब्दों की तुलना में फ्रांसीसी शब्द अधिक 'सुसंस्कृत' थे, तो लैटिन शब्द और भी 'सुसंस्कृत' थे। फ्रांसीसियों ने भी अपना भंडार लैटिन से ही भरा था न?"[1]

अंग्रेज़ी के अन्ध प्रशंसकों को ये शब्द ध्यान से पढ़ने चाहिए। जब हिन्दी-भाषी जनता अंग्रेज़ी या अरबी से आँखें मूँदकर शब्द उधार लेने का विरोध करती हैं, तब वे अंग्रेज़ी की मिसाल देते हैं और कहते हैं—देखिए, अंग्रेज़ी कितनी समृद्ध भाषा है, और उसने हर तरफ से शब्द उधार लिये हैं! यदि अंग्रेज़ी अपने तत्त्वों से शब्द बनाती तो वह दरिद्र न हो जाती? हम पूछ सकते हैं, क्या जर्मन भाषा अंग्रेज़ी से कम समृद्ध है? उसमें भी फ्रांसीसी के शब्द आए हैं लेकिन अंग्रेज़ी की तरह भाषा की जातीय मर्यादा तोड़कर भीतर नहीं घुस आए। अंग्रेज़ कहते हैं कि उनके कोश में जर्मन और फ्रांसीसी भाषाओं से ज्यादा शब्द हैं, इसलिए वह सबसे समृद्ध भाषा है। इस पर यूरोप के विद्वान हँसते हैं। यस्पर्सन ने अंग्रेज़ लेखक सेल्डन की यह उक्ति उद्धृत की है : "हमारे पास जितने शब्द हैं, उतने विचार नहीं हैं। एक ही बात के लिए आधे दर्जन शब्द हैं।" यस्पर्सन की टिप्पणी है : "शब्द ऐसी भौतिक वस्तु नहीं हैं जिनका अन्न, वस्त्र या रुपये-पैसों की तरह ढेर लगा दिया जाए और जब जरूरत पड़े तब उसमें से माल निकाल लिया जाए। शब्द को अपना बनाने के लिए उसे सीखना होता है; अपना

1. यस्पर्सन, 'ग्रोथ एंड स्ट्रक्चर ऑव दि इंग्लिश लैंग्वेज़', पृ. 107

बनाने का अर्थ है उसका व्यवहार कर सकना। उसे सीखने और उसका व्यवहार करने में मेहनत पड़ती है। कुछ शब्दों का व्यवहार सरल होता है, कुछ का कठिन होता है। इसलिए महत्त्व इसी बात का नहीं है कि तुम्हारी भाषा में शब्दों की संख्या कितनी है। उनके गुणों पर भी विचार करना चाहिए, विशेष कर इस बात पर ध्यान देना चाहिए कि वे जिन विचारों के प्रतीक हैं, उन्हें वे सरलता से व्यक्त कर सकते हैं या नहीं और दूसरे शब्दों से उनकी पटरी बैठती है या नहीं। इस दृष्टि से विचार करने पर बहुत-से लैटिन शब्दों में खामियाँ दिखाई देती हैं। इससे अंग्रेज़ी-भाषियों के सामने अन्य असुविधाएँ भी आती हैं, जैसाकि आगे हम देखेंगे। क्लासिकल भाषाओं के पक्ष में यह दलील दी जा सकती है कि उनसे देशी भाषाओं के शब्द-भंडार की दरारें भरी जाती हैं। उनके बिना कुछ विचार प्रकट ही नहीं किये जा सकते। इसके विरोध में यह कहा जा सकता है कि मूल भाषा की अपनी रचना-क्षमता को कम करके न आँकना चाहिए। बाहर से आए हुए अधिकांश, शायद सभी, शब्दों के लिए देशी भाषा में उचित पर्यायवाची मिल जाते या नये शब्द गढ़ लिये जाते। प्राचीन अंग्रेज़ी में मितव्ययिता का रुझान था; नये विचारों के लिए देशी भाषा-तत्त्वों के आधार पर कितनी आसानी से नये शब्द गढ़ लिये जाते थे, यह हम देख चुके हैं। लेकिन धीरे-धीरे अंग्रेज़ी-भाषियों की यह आदत ही छूट गई कि पहले अपनी भाषा की तरफ देखें और नये शब्दों की खोज में विदेश-यात्रा करने से पहले भरसक अपनी भाषा का उपयोग करें। जिन लोगों को सारी शिक्षा लैटिन के माध्यम से मिली थी और जिनका चिन्तन-मनन इतना अधिक लैटिन में होता था कि आज हम उसकी कल्पना भी नहीं कर सकते, उन्हें विद्वत्तापूर्ण या सूक्ष्म विषयों पर अपनी भाषा की अपेक्षा लैटिन में लिखना सरल मालूम होता था। जब वे इन्हीं विषयों पर अंग्रेज़ी में लिखने की कोशिश करते थे, तब सबसे पहले लैटिन शब्द ही उनके दिमाग में आते थे। मानसिक आलस्य और अपनी क्षणिक सुविधा के विचार से वे लैटिन शब्दों को बनाए रखते थे, केवल उनका रूप-विकार अंग्रेज़ी के ढंग पर कर देते थे। उन्हें न अपने पाठकों की सुविधा का ध्यान था, जो क्लासिक भाषाओं से अपरिचित थे, न आनेवाली पीढ़ियों की चिन्ता थी, जिन्हें अपनी भाषा का निरादर करके उन्होंने विदेशी शब्द और मुहावरे रटने के लिए बाध्य किया। वे भाषा के सहज स्रोतों को भले ही न सुखा पाए हों—वे स्रोत सदा की तरह आज भी सजल-तरल हैं—फिर भी एक डेनिश कहावत के अनुसार उन्होंने अपने देशवासियों को पानी की तलाश में नदी पार करना सिखा दिया।"[1]

यही सीख हमें दी जाती है। अपनी नदी का पानी न पियो, विदेश जाकर पानी लाओ। जिस तरह कभी इंग्लैंड के भद्रजन लैटिन में चिन्तन-मनन करते थे, उसी तरह भारत के बहुत-से भद्रजन आज अंग्रेज़ी में चिन्तन-मनन के आदी हो गए हैं। इंग्लैंड के भद्रजन लैटिन शब्दों को मिलाकर अंग्रेज़ी लिखते थे, ये भारतीय भद्रजन ज्यादातर लिखने का काम अंग्रेज़ी में ही करते हैं। बोलने में अवश्य अंग्रेज़ी शब्दावली को हिन्दी पैमाने में ढालते रहते हैं। कुछ दिन बाद इस देश के लोगों को भी आश्चर्य होगा कि उनके कुछ लायक पुरखे सोचने-विचारने का इतना काम अंग्रेज़ी में कर लेते थे। भारत के इन अंग्रेज़ी-प्रेमियों को न अपने पाठकों की सुविधा की चिन्ता है, न आनेवाली पीढ़ियों का ध्यान है। उनका बस चले तो देशी भाषाओं के स्रोत सदा के लिए बन्द कर दें। लेकिन ये स्रोत काफी शक्तिशाली हैं। भद्रजनों को अपनी चिन्ता करनी चाहिए; इस प्रवाह में डूबकर कहीं वे स्वयं रसातल न पहुँच जाएँ।

---

1. यस्पर्सन, 'ग्रोथ एंड स्ट्रक्चर ऑव दि इंग्लिश लैंग्वेज़', पृ. 121-22

अंग्रेज़ी के जिन पारिभाषिक शब्दों को हिन्दी में ज्यों-का-त्यों उतार लेने की बात कही जाती है, उनसे स्वयं अंग्रेज़ी को बहुत लाभ पहुँचा हो, ऐसा नहीं मालूम होता। "विद्वत्तापूर्ण शब्दों की भरमार से भाषा अप्राकृतिक हो गई है। इसका एक प्रमाण यह भी है कि इनमें अधिकांश का कोई स्थिर उच्चारण नहीं है। ये शब्द देखने भर के हैं, दरअसल भाषा में उनका अस्तित्व नहीं है। शिक्षित-जन उन्हें खूब लिखते हैं और लिखा देखकर उन्हें खूब समझ भी लेते हैं लेकिन जब उन्हें बोलना पड़ता है, तो जरा परेशान हो जाते हैं। डॉ. मरे (कोशकार) ने लिखा है कि उन्होंने एक विद्वत्-समाज में देखा कि विवाद-प्रसंग में उच्चकोटि के छह भौतिकशास्त्रियों ने गैसियस शब्द का उच्चारण छह अलग-अलग ढंगों से किया। मरे और सेंचुरी डिक्शनरी के अनुसार डायट्राइ-बिस्ट शब्द में बलाघात पहले वर्ण पर है, वेब्स्टर के अनुसार दूसरे वर्ण पर है। यही उलझन फोनोटाइपी और फोटोक्रॉमी शब्दों में देखी जाती है। लेकिन हिजीमनी और थाइसिस जैसे दो प्रचलित शब्दों ने सबको मात दे दी है; इनमें प्रत्येक के लिए कोशकारों ने कम-से-कम नौ उच्चारण दिये हैं और फिर भी यह नहीं बताया कि इनमें ज्यादा प्रचलित कौन-सा है या किसे सही माना जाए! मैं समझता हूँ कि शायद ही किसी दूसरी भाषा में इस तरह की उलझन दिखाई देगी।"[1]

आपकी इच्छा हो तो इन सारी उलझनों को हिन्दी में उतार लीजिए और उनसे भाषा को समृद्ध कर डालिए।

यस्पर्सन ने इस तरह के शब्दों के प्रयोग को जनतंत्र-विरोधी कहा है। भाषा- शास्त्री को मजबूर होकर राजनीतिक शब्दावली का सहारा लेना पड़ा है। लिखा है : "जिन शब्दों की हम चर्चा कर रहे हैं, उनके बारे में सबसे खराब बात यह कही जा सकती है कि वे कठिन हैं। इस कठिनता से उनकी जनतंत्र-विरोधी विशेषता उत्पन्न होती है। इनमें बहुत-से शब्द न व्यवहार में आएँगे, न समझे जाएँगे; उनका व्यवहार करेंगे तो वही लोग जिन्हें क्लासिक भाषाओं की शिक्षा मिली है। (यहाँ पाद-टिप्पणी में लिखा है : 'कभी-कभी विद्वान स्वयं उनका अर्थ नहीं समझते।' उदाहरण के लिए कुछ शब्द दिये हैं जिनका अर्थ कोशों में गलत दिया हुआ है।) साधारण शब्द-भंडार और इन शब्दों में आम तौर में कोई विचार-संसर्ग नहीं रहता, न स्मृति की सहायता करने के लिए धातु-प्रत्ययों आदि में कोई समानता होती है। यहाँ वे अदृश्य मूल नहीं हैं जिनसे विभिन्न शब्द मानव-मन में गूँथ दिये जाते हैं। भाषा में इन शब्दों की बड़ी संख्या होने से वर्ग-भेद उत्पन्न होते हैं, अथवा कहना चाहिए कि और बढ़ जाते हैं जिससे कि मनुष्य की संस्कृति का मूल्यांकन बहुत कुछ इस मानदंड के अनुसार होता है कि वह भाषण-लेखन में कहाँ तक इन कठिन शब्दों का सही प्रयोग कर सकता है। अवश्य ही मनुष्य का मूल्य आँकने के लिए यही वह सर्वोच्च मानदंड नहीं है जिसकी हम कल्पना कर सकें। संसार की किसी भाषा के साहित्य में हास्य के इतने ज्यादा आलम्बन केवल इस कारण नहीं रचे गए कि वे 'बड़े' शब्दों का ग़लत प्रयोग करते हैं या उनका उच्चारण ग़लत करते हैं जितने अंग्रेज़ी में रचे गए हैं। शेक्सपियर के डॉगबेरी और मिसेज क्विकली, फील्डिंग की मिसेज स्लिपस्लॉप, स्मोलेट की विनिफ्रेड जेन्किन्स, शेरिडन की मिसेज मैलाप्रॉप, डिकेन्स का वेलर (बड़ावाला), शिलाबेर की मिसेज पार्टिंगटन, और तमाम चाकर-मजदूर वगैरह, जिनका उपन्यासों और नाटकों में मजाक उड़ाया गया है, मुकदमे में गवाह बनकर मुद्दई की तरफ से अदालत के सामने यह कह सकते हैं कि इंग्लैंड के

---

1. यस्पर्सन, 'ग्रोथ एंड स्ट्रक्चर ऑव दि इंग्लिश लैंग्वेज़', पृ. 133

शिक्षित-वर्ग ने भाषा को जरूरत से ज्यादा उलझा दिया है और इस प्रकार जनता के सभी वर्गों में उसने शिक्षा-प्रसार को रोका है।"[1]

समाज में वर्ग पहले से ही होते हैं। भाषा में कठिन और अस्वाभाविक शब्दों के प्रयोग से वे नहीं बनते किन्तु इन शब्दों को गढ़ने और उनका व्यवहार करने के बारे में वर्गों की अपनी नीति होती है। इंग्लैंड के उच्च वर्ग पर-मुखापेक्षी रहे। अपनी जातीय सम्पत्ति को ठुकराकर मँगनी के रंग-रोगन से घर सजाते रहे। इस प्रवृत्ति को जनतंत्र-विरोधी कहना बिलकुल सही है। यह आदान-प्रदान अस्वाभाविक और हानिकारक है; दरअसल उसमें आदान ही अधिक है, प्रदान कम है। कोई आश्चर्य नहीं कि मिल्टन के शिक्षक को कहना पड़ा था कि क्लासिक भाषाओं (ग्रीक और लैटिन, विशेष कर लैटिन) की शिक्षा ने अंग्रेज़ी का जितना अहित किया है, उतना डेन और नॉर्मन आक्रमणकारियों के ध्वंस और क्रूरता ने भी न किया था।[2]

अंग्रेज़ी ने लैटिन और ग्रीक से जो शब्द लिये, उन्हें सम्मानप्रद आसन दिया। 'हाउस' अगर मामूली घर है तो 'मैन्शन' प्रासाद है। किन्तु अपने उपनिवेशों से उसने जो शब्द लिये, वे अधिकतर निम्न स्थान के हकदार हुए। इनमें एक है पंडित। जब कोई विद्वत्ता के नाम पर मूर्खता का प्रदर्शन करता है, तभी इस शब्द का प्रयोग होता है। बाबू शब्द इतना लोकप्रिय हुआ कि भोंडी, ग़ैर-मुहावरेदार अंग्रेज़ी का नाम ही बाबू इंग्लिश पड़ गया। 'ठग' ने भी यथेष्ट प्रसिद्धि पाई। मूल शब्द ही निम्नस्तर का था; अंग्रेज़ी में पहुँचकर उससे भी नीचे गिर गया। अंग्रेजी ठगों का मुकाबला हिन्दुस्तानी ठग भला कब कर सकते हैं? पक्का, कुली, दरबार, महाराजा, पर्दा, जनाना, आदि शब्द जो भारत से अंग्रेज़ी में गए हैं, वे अक्सर उपनिवेशों के सन्दर्भ में ही प्रयुक्त होते हैं। ब्रिटेन की महारानी के 'दरबार' के लिए इस शब्द का प्रयोग न होगा, न ब्रिटेन के सम्राट् को कोई 'महाराजा' कहेगा। लेकिन फ्रांसीसी शब्द सौवरेन का प्रयोग करके अंग्रेज़ी-भाषी जन गौरव का अनुभव करेंगे। उपनिवेशों की जनता और उसकी भाषा को अंग्रेज़ हेठी निगाह से देखते थे, यह उधार लिये हुए शब्दों का प्रयोग सूचित करता है। इस प्रकार सामाजिक सम्बन्ध शब्दों के आदान-प्रदान पर, गौरव या घृणा के सन्दर्भ में उनके प्रयोग पर असर डालते हैं।

किसी समाज के बाह्य अन्तर्विरोध भाषा की स्थिति पर किस तरह का प्रभाव डालते हैं, यह उस समाज की आन्तरिक स्थिति पर निर्भर है। यदि ब्रिटेन का सामन्त-वर्ग अधिक दृढ़ता से नॉर्मन आक्रमणकारियों का सामना करता या उसे अपनी जातीय संस्कृति और भाषा से अधिक प्रेम होता, तो वह इस आत्मघाती ढंग से अंग्रेज़ी का फ्रांसीसीकरण न होने देता। यदि भारत का सामन्त वर्ग अधिक संगठित होता और आपस में न लड़कर सारी शक्ति तुर्क-आक्रमणकारियों का विरोध करनें में लगाता, तो यहाँ फ़ारसी राजभाषा न बनती और सम्भवत: साहित्यिक हिन्दी के विकास में उतनी बाधाएँ न पड़तीं। इंग्लैंड पर नॉर्मन प्रभुत्व एक शताब्दी से भी कम समय तक रहा। यहाँ फ़ारसी लगभग छह सौ साल तक राजभाषा रही; उसके बाद अंग्रेज़ी आ धमकी। फिर भी अंग्रेज़ी या फ़ारसी के शब्द उस तरह हिन्दी में नहीं घुस आए जिस तरह अंग्रेज़ी में फ्रांसीसी शब्द भर गए थे। इसका कारण यह है कि जातीय या सांस्कृतिक उत्पीड़न के खिलाफ यहाँ की जनता ज्यादा जम कर लड़ी और उसमें अपनी जातीय संस्कृति के लिए प्रबल अभिमान था। तुर्की में एक प्रत्यय है 'ची'। इससे

1. यस्पर्सन, 'ग्रोथ एंड स्ट्रक्चर ऑव दि इंग्लिश लैंग्वेज़', पृ. 133-34
2. उप., पृ. 139

मशालची, अफ़ीमची जैसे शब्द बने हैं। किसी सम्मानसूचक सन्दर्भ में इस प्रत्यय का उपयोग नहीं होता। तुर्की भाषा का शब्द 'उर्दू' हमारे यहाँ एक भाषा के लिए प्रयुक्त होने लगा। इस नये रूप में वह अलगाव का सूचक रहा। तुर्क हिन्दुस्तानियों में घुल-मिलकर एक हो गए। यहाँ की राजभाषा फ़ारसी रही। भारतीय भाषाओं पर विशेष प्रभाव पड़ा फ़ारसी का। फ़ारसी के माध्यम से बहुत-से अरबी शब्द आए। आगे चलकर अरबी के भाषा-तत्त्वों से उर्दू में नये शब्द भी रचे जाने लगे। फ़ारसी से ऐसे शब्द भी आए जो संस्कृत के थे; वे अपने फ़ारसी रूप में प्रचलित हुए। चौसर और शेक्सपियर की अंग्रेज़ी में लैटिन और फ्रांसीसी स्रोतों से आए हुए शब्दों की तुलना में सूर, तुलसी, कबीर और जायसी की रचनाओं में फ़ारसी-अरबी शब्दों की संख्या बहुत ही कम है।

हिन्दी में अरबी-फ़ारसी की ध्वनियाँ बदल गई हैं। थ्वाद का उच्चारण स-रूप में होता है। अलिफ और ऐन की ध्वनियों में भेद नहीं किया जाता। ग़ैन, ग़ाफ, क़ाफ आदि की ध्वनियाँ हिन्दी में प्रचलित नहीं हुईं। ज़ और ख़ की ध्वनियाँ पढ़े-लिखे लोगों की भाषा में सुनाई देती हैं, जनपदीय बोलियों में कहीं उनका अस्तित्व नहीं है। इसका अर्थ यह हुआ कि फ़ारसी-अरबी के ध्वनि-तंत्र का प्रभाव जनसाधारण की बोलचाल पर प्राय: नहीं पड़ा। जहाँ तक शब्द-रचना का सम्बन्ध है, दार, ख़ाना, बाज़ आदि कुछ तत्त्व हिन्दी में प्रयुक्त होते हैं। इनमें बाज़ के साथ घृणा-सूचक भाव जुड़ गया है—पतंगबाज़, जंगबाज़, रंडीबाज़ इत्यादि। सम्मानसूचक शब्दों के साथ फ़ारसी प्रत्ययों का व्यवहार कम होता है। शब्द-निर्माण के लिए हिन्दी अपने और संस्कृत के तत्त्वों का सहारा अधिक लेती है। वाक्य-रचना में उर्दू लेखक कहीं-कहीं फ़ारसी-पद्धति का अनुसरण करते हैं। हिन्दी पर वह प्रभाव बिलकुल नहीं है। इसके विपरीत अंग्रेज़ी भाषा समय-समय पर लैटिन वाक्य-विन्यास से काफी प्रभावित होती रही है। अंग्रेज़ी शब्दों के अक्षर-विन्यास (स्पेलिंग) में जो अराजकता दिखाई देती है, उसका बहुत कुछ श्रेय फ्रांसीसी प्रभाव को है। यूरोप की किसी भाषा में ऐसी अराजकता नहीं है। हिन्दी में स्थिति बिलकुल उल्टी है। जो लिखा जाता है, वही—या लगभग वैसा ही—पढ़ा जाता है। जिन लोगों ने फ़ारसी लिपि अपनाई है, वे भारतीय शब्दों को सही लिख नहीं पाते और इस तरह अपने को एक बहुत बड़ी विरासत से अलग कर लेते हैं। पद्मसिंह शर्मा ने फ़ारसी लिपि की कठिनाइयों के अनेक उदाहरण दिये हैं। वली की रचना में दाड़िम शब्द को 'वाड़म' पढ़कर एक सम्पादक ने लिखा था : "ग़ालिबन दकनी ज़बान में अनार को कहते हैं।" वाड़म का सम्बन्ध बौड़म से हो सकता है; दाड़िम की बात दूसरी है। मौलाना शिबली उन संस्कृत ग्रंथों की सूची बना रहे थे जिनका अनुवाद दूसरी भाषाओं में हुआ है लेकिन संस्कृत नामों को उर्दू लिपि में न लिख पाने के कारण उन्होंने सूची अधूरी छोड़ दी। शेख मुहम्मद इस्माइल ने अरबी-फ़ारसी में अनुवादित संस्कृत ग्रंथों की सूची बनाई जिसमें सांख्य का संखिया, बृहत् संहिता का बरी हम हत्या जैसे रूप मिलते हैं। 'उर्दू' नामक पत्रिका में प्रकाशित एक लेख में कुछ भारतीय शब्दों के जो विचित्र रूप बन गए थे, उनके नमूने पद्मसिंह शर्मा ने ये दिये हैं : सवारसोता, इतकाला, अथालीका, सरावती देवी, चतनिया, दनियादेव आदि, जिनके मूल रूप क्रमश: इस प्रकार हैं : सारस्वत, उत्कल, अट्टालिका, सावित्री देवी, चैतन्य, ज्ञानदेव। अंग्रेज़ी ने रोमन लिपि अपना ली, बहुत अच्छा किया। हिन्दी-भाषियों ने उर्दू लिपि नहीं अपनाई। एक छोटी जमात ने उसे अपनाया और बहुसंख्यक जनता से अलगाव की दशा में रहने लगी। यदि सूर, तुलसी, भारतेन्दु, प्रसाद ने फ़ारसी लिपि को अपनाया होता तो

उसका व्यापक प्रभाव उनके शब्द-चयन पर भी पड़ता। सारस्वत और चैतन्य जैसे शब्दों को लिखने से उनका जी भी ऊब उठता। अंग्रेज़ी में छन्द-रचना की मूल पद्धति ही खत्म हो गई; उसके स्थान पर फ्रांसीसी प्रभाव से नई छन्द-रचना का चलन हुआ। हिन्दी के अपने छन्द सुरक्षित हैं। उसकी छन्द-रचना में कोई मौलिक परिवर्तन नहीं हुआ। उर्दू कवियों ने फ़ारसी की बहरें अपनाईं, गीत हिन्दी छन्दों के अनुरूप लिखे। कुछ हिन्दी कवियों ने भी फ़ारसी छन्दों में रचना की। इतना आदान-प्रदान बुरा नहीं है क्योंकि हमारी मूल सम्पत्ति सुरक्षित है। बाह्य अन्तर्विरोधों के प्रति अंग्रेज़ी और हिन्दी भाषाओं की नीति दो जातियों के सांस्कृतिक स्तरों की और जातीय चरित्र की भिन्नता सूचित करती है। यहाँ जो आक्रमणकारी आए, वे यहाँ के होकर रहे या बाहर निकाल दिये गए। इसके विपरीत, इंग्लैंड में जो आक्रमणकारी आए, उन्होंने मूल निवासियों को अपने साँचे में ढाला और जब आक्रमणकारी न भी रहे, तब भी उच्च वर्ग दूसरों की नकल करने, अपनी भाषा के शब्दों को ठुकराने और दूसरी भाषाओं के शब्दों को अपनाने में गर्व का अनुभव करते रहे। सांस्कृतिक विरासत पर गर्व, जातीयता का भाव, अपनी भाषा से प्रेम ब्रिटेन की तुलना में यहाँ ज्यादा था, इसीलिए दो तरह की नीतियाँ और उनके दो तरह के परिणाम दिखाई देते हैं।

फ़ारसी का अधिक प्रभाव पड़ा है हमारे शब्द-भंडार पर। फ़ारसी स्वयं अरबी से बहुत प्रभावित थी। इस कारण अरबी के बहुत-से शब्द हिन्दी में प्रचलित हो गए हैं। इनमें संज्ञा, विशेषण, क्रिया-विशेषण, सभी तरह के शब्द हैं। सबसे कम हैं क्रियाएँ जो उँगलियों पर गिनी जा सकती हैं। सर्वनाम यहीं के रहे। फिर भी अरबी और फ़ारसी के सैकड़ों शब्द हमारे मूल शब्द-भंडार का अंग बन गए हैं। आदमी, जानवर, इशारा, आसान, लेकिन, बिलकुल, अगर, अलबत्ता, असल, बाद, इजारा, आसामी, अस्तबल, अदालत, बालिग, कतल, फिदा, गजब, गुलाम, गल्ला, सलाह, तरह, तरीका, कफन, लायक जैसे काफी शब्द हिन्दी और उसकी बोलियों में प्रचलित हैं। इनमें कुछ शब्द ऐसे हैं जिनके हिन्दी पर्यायवाची नहीं हैं या हैं तो उनका व्यवहार नहीं होता। कुछ शब्द ऐसे हैं जिनका व्यवहार शहरों में होता है, गाँवों में नहीं होता। अधिकांश फ़ारसी के शब्द ऐसे हैं जिनके पर्यायवाची हिन्दी शब्द भी हैं। कहीं-कहीं अब भी यह होड़ देखी जाती है कि फ़ारसी का शब्द अधिक प्रचलित होगा या उसका समकक्ष हिन्दी शब्द। हिन्दी की विशेषता यह है कि उसके अपने शब्द बहुत कम अपदस्थ हुए हैं। साधारणत: उसके अपने शब्द फ़ारसी बिरादरान से कम गौरवपूर्ण नहीं हैं। धरती, आकाश, मनुष्य, देश, भाषा, सम्राट् जैसे शब्द जमीन, आसमान, इनसान, मुल्क, जबान, बादशाह से कम गौरवास्पद नहीं हैं। उर्दू के वे लेखक जो हिन्दी शब्दों से घृणा करते थे, उनके व्यवहार को देहातीपन की निशानी समझते थे; स्वयं एक संकुचित दायरे में बन्द होकर रह गए। वे हिन्दी भाषा के मूल प्रवाह को रोकने या बदलने में बिलकुल असमर्थ रहे। बहुत कम ऐसे शब्द हैं जो फ़ारसी से आए हैं और यहाँ के शब्दों से अधिक सम्मानप्रद आसन पा गए हैं। फिर भी ऐसे शब्द हैं और वे यहाँ फ़ारसी के पूर्व आधिपत्य की सूचना देते हैं। दिल्ली 'शहर' है; 'नगर' उसके मुहल्लों के नाम के साथ लगता है। 'घर' तो गरीब का भी होता है, 'मकान' खाते-पीते लोगों के ही होते हैं। इसी तरह हुजूर और साहब को अतिशय सम्मान मिला है। अंग्रेज़ों के जाने के बाद हुजूर का रिवाज कम होता जा रहा है। साहब की जगह संक्षिप्त 'जी'—मास्टर जी, सरदार जी—अधिक सुनने में आता है। इसका कारण प्रयत्न-लाघव नहीं, बदले हुए सामाजिक सम्बन्ध हैं।

हमारे यहाँ अंग्रेज़ी के बहुत-से शब्द आए हैं। इनमें अधिकतर शब्द ऐसे हैं जिनके लिए यहाँ शब्द न थे—स्टेशन, रेल, मोटर, फुट, इंच, मील (पहले अंग्रेज़ भी यहाँ आकर कोस ही लिखते थे लेकिन अब यह नाप गाँवों में ही रह गई है। इसलिए मील का प्रचार है। अब उसे किलोमीटर हटा दे तो दूसरी बात है।) कॉपी, कॉलेज, जज, कलट्टर इत्यादि। इनमें भी कुछ के लिए हिन्दी शब्दों का व्यवहार होता है, जैसे कॉलेज—विद्यालय, क्लास—कक्षा। अंग्रेज़ी पढ़े-लिखे लोगों में यह प्रवृत्ति जरूर देखी जाती है कि वे हिन्दी वाक्यों में अंग्रेज़ी शब्द डालकर अपनी विद्वत्ता प्रदर्शित करते हैं। लेकिन इस प्रवृत्ति को प्रशंसनीय नहीं माना जाता। हिन्दी लेखक अपने को इस प्रवृत्ति से बचाते हैं। हिन्दी ने अपने मूल शब्द-भंडार की जिस तरह रक्षा की है, उसे देखते हुए इस बात पर आश्चर्य न होना चाहिए कि निकट पारिभाषिक शब्दावली के लिए अंग्रेज़ी की शरण में न जाकर अपने ही (या संस्कृत के) भाषा-तत्त्वों से उसका निर्माण कर रही है।

स्तालिन ने लिखा है कि जब दो भाषाओं की टक्कर होती है, तो उनसे एक तीसरी नई भाषा नहीं बनती : "वास्तव में आम तौर से कोई एक भाषा इस टक्कर में जीत जाती है, अपनी व्याकरण-व्यवस्था और मूल शब्द-भंडार सुरक्षित रखती है और उन्हें अपने आन्तरिक विकास के नियमों के अनुकूल संवर्धित करती रहती है तथा दूसरी भाषा क्रमश: अपना मूल्य खो देती है और धीरे-धीरे मर जाती है।" यदि यह नियम सही है तो बाह्य कारणों से किसी भाषा के व्यवहार और मूल शब्द-भंडार में कोई भी मौलिक परिवर्तन न होगा। लेकिन अंग्रेज़ी में क्या हुआ है? साधारण शब्द भी फ्रांसीसी से आ गए हैं। प्रत्यय-उपसर्ग आदि की काफी सामग्री भी बाहर से आई है। परिणाम यह हुआ है कि अंग्रेज़ी भाषा कुल मिलाकर जर्मन से अधिक लैटिन कुल के निकट हैं। प्राचीन काल में गणों के मिश्रण से अनेक भाषाओं के व्याकरण-तत्त्व भी आपस में घुलमिल गए थे। रूसी भाषा में विभक्ति-चिह्न मूल शब्द के अन्त में लगते हैं; यह संस्कृत-परिवार की भाव-प्रकृति है। साथ ही अन्य यूरोपीय भाषाओं के समान सम्बन्धवाचक शब्द प्रकृति के पहले आते हैं। यह यूरोपीय भाषाओं की व्याकरण-व्यवस्था है। प्रत्येक भाषा में इसी प्रकार की ध्वनि-प्रकृतियों, भाव-प्रकृतियों के दर्शन होते हैं कि हमें मानना पड़ता है कि उनमें—अर्थात् उनके बुनियादी तत्त्वों में—अनेक भाषाओं के उपकरण घुलमिल गए हैं। भाषा जड़ इकाई न होकर प्रवहमान धारा है जो अपने विकास-नियमों का पालन करने के अलावा बाह्य अन्तर्विरोधों को भी प्रतिबिम्बित करती है। दो भाषाओं का युद्ध हो और उनमें एक जीते या हारे, यह अनिवार्य नहीं है। यदि दो गण मिलकर एक संघ बनाएँ तो दोनों की भाषाएँ एक-दूसरे को प्रभावित करेंगी, उनमें हार-जीत का प्रश्न न उठेगा। अवधी में मो सर्वनाम नहीं है, लेकिन मोर या म्वार रूप बना हुआ है। ब्रज में मो सर्वनाम है लेकिन मोर का अभाव है। यह पड़ोसी बोलियों के मूल तत्त्वों के आदान-प्रदान (न कि हार-जीत) का प्रमाण है।

व्यक्तिगत सम्पत्ति और वर्ग-भेद के जन्म के बाद जातियों और उनकी भाषाओं में परस्पर संघर्ष होना साधारण नियम-सा रहा है। अंग्रेज़ी ने उत्तरी अमरीका पर अधिकार किया, वहाँ के आदिवासियों से उनकी भूमि छीनी। आदिवासियों की भाषाओं से उन्होंने कुछ वृक्षों, झाड़ियों, सागपात, भोजन आदि के नाम ग्रहण किये। सबसे अधिक आदिवासी भाषाओं के चिह्न रह गए हैं स्थानों के नाम पर, जो यह सूचित करते हैं कि उनके असली मालिक कौन थे। अमरीकी आदिवासी विजित थे; उनकी भाषाओं का प्रभाव भी अमरीकी अंग्रेज़ी पर कम पड़ा। टॉमस

पाइल्स नामक लेखक ने अमरीकी अंग्रेज़ी पर आदिवासी प्रभाव का उल्लेख करते हुए लिखा है : "यदि हम इस बात पर ध्यान दें कि अन्त में अमरीकन इंडियनों की स्थिति एक विजित जाति की हो गई तो हमें आश्चर्य न होना चाहिए कि अमरीकी अंग्रेज़ी में इंडियन शब्द इससे अधिक नहीं हैं। यदि हम स्थानों के नाम छोड़ दें—जिनकी संख्या बहुत ज्यादा है, संयुक्त राज्य के आधे से ज्यादा राज्यों के नाम इंडियन हैं और नदियों, झीलों, पहाड़ों, शहरों और नगरों में भी एक बहुत बड़ी संख्या के नाम इंडियन हैं—तो हमारे शब्द-भंडार पर इंडियन प्रभाव बहुत क्षुद्र माना जाएगा।"[1] इस प्रक्रिया के विपरीत ग्रीक, लैटिन, संस्कृत, रूसी आदि में हमें काफी समानता और उससे भी अधिक भिन्नता दिखाई देती है जिससे सिद्ध होता है कि इन भाषाओं में कभी बड़े पैमाने पर मिश्रण हुआ था।

अमरीका के गौरांग आक्रामक अफ्रीका से गुलाम लाए या उन्होंने ऐसे गुलाम खरीदे। इन दासों की भाषाएँ खत्म हो गईं; उन्होंने दस्युओं की भाषा सीखी। भाषा के आन्तरिक विकास के नियमों का क्या हुआ? भाषा के बोलनेवालों का समाज छिन्न-भिन्न हो गया, तब भाषा भी खत्म हो गई। विभिन्न कबीलों के नीग्रो आपस में किसी एक सामान्य भाषा का विकास न कर सके जो उन्हें मिलाती और गौरांग प्रभुओं की भाषा के मुकाबले में उनकी जातीय एकता का प्रतीक बनती। पाइल्स के अनुसार, जॉर्जिया और दक्खिनी कैरोलीना के समुद्रतटवासी नीग्रो ऐसी अंग्रेज़ी बोलते हैं जो मूल अफ्रीकी भाषाओं से इतनी ज्यादा प्रभावित है कि अमरीका के अन्य भागों के काले या गोरे उनकी भाषा समझ ही नहीं पाते। इसका कारण यह है कि वे यातायात के साधनों से दूर भौगोलिक अलगाव की दशा में रहते आए हैं। "उनमें से अधिकांश का गौरांग जनों से कोई सम्पर्क नहीं रहा; उनमें से कुछ ने गोरों की शक्ल भी जब-तब ही देखी है।"[2] इनकी भाषा की ध्वनियाँ अमरीकी अंग्रेज़ी की ध्वनियों से भिन्न हैं। उसकी वाक्य-रचना, रूप-विकार, शब्द-भंडार, शब्द-निर्माण-प्रक्रिया—सब अंग्रेज़ी से भिन्न हैं। अमरीका के काले-गोरे लोग इस भाषा (गल्ला या गीची) को समझ नहीं पाते, इसलिए उसे दो भाषाओं के मिलने से बनी हुई तीसरी भाषा ही मानना चाहिए। गोरी बस्तियों से दूर रहने के कारण कुछ हजार शब्द गीची भाषा में बच रहे। इसके बोलनेवाले ढाई लाख बताए गए हैं। (इनकी भाषा को अमरीकी गोरे-काले समझ नहीं पाते, फिर भी पूरा संयुक्त राज्य अमरीका अंग्रेज़ी-भाषी ही है!) यदि भारत के लोग अंग्रेज़ी शासन का प्रतिरोध न करते, तो वे भी या तो अधिकांश नीग्रोजनों की तरह अपनी भाषा खो बैठते या अंग्रेज़ी से प्रभावित कोई गीची भाषा बोलते होते।

यदि दूसरी भाषाओं से हम उचित मात्रा में शब्द लें, उनका रूप-विकार अपने नियमों के अनुसार करें, उन्हें अपने मूल शब्दों का स्थान न लेने दें तो इससे भाषा समृद्ध होती है। हिन्दी में 'पवन चलै पुरवाई', 'शीतल मन्द समीर', 'हवा खाने चलें' जैसे टुकड़ों में पवन, समीर और हवा का प्रयोग निश्चित-सा हो गया है। कोई पवन या वायु खाने नहीं चलता। हम 'धरती माता' की जै बोलते हैं, शोर से 'जमीन-आसमान' एक कर देते हैं। शादी-ब्याह, हँसी-खुशी, धरम-ईमान जैसे जोड़ों से हम अपनी एक विशेष रागवृत्ति तुष्ट करते हैं। इस तरह का आदान-प्रदान भाषा को समृद्ध करता है। इस युग में पुराने सामाजिक सम्बन्ध नष्ट हो रहे हैं। उत्पीड़न और संघर्ष के बदले सहयोग और भाईचारे के सम्बन्ध कायम हो रहे हैं। भाषाओं

1. टामस पाइल्स, 'वर्ड्स एंड वेज़ ऑव अमेरिकन इंग्लिश', पृ. 37
2. उप., पृ. 39

का सम्पर्क और परस्पर सहयोग दूसरे धरातल पर सम्पन्न होगा। किन्तु जब तक यह नहीं होता, तब तक किसी भी स्वाभिमानी जाति के लिए यह सम्भव न होगा कि वह दूसरों से उधार माल लेकर ठसक दिखाए और कहे कि हम बहुत समृद्ध हैं। अपनी सम्पत्ति को ठुकराना, दूसरों की जूठन बटोरना—यह कभी भी उचित नहीं है—न पूँजीवाद में, न समाजवाद में। आदान-प्रदान बराबरी के स्तर पर ही ठीक है; एकतरफा आमद हानिकर होती है।

भाषा-विकास का अध्ययन करने के लिए बाह्य अन्तर्विरोध नगण्य नहीं हैं। न सामाजिक विकास के लिए नगण्य हैं, न भाषा-विकास के लिए। इनका प्रभाव मुख्यत: भाषा के रूप पर पड़ता है—उसकी शब्दावली और व्याकरण-व्यवस्था आदि के तत्त्व इस भाव से बदल सकते हैं या समृद्ध हो सकते हैं। यह सम्भव है कि बाह्य अन्तर्विरोध इतने तीव्र हों कि कोई भाषा निर्मूल ही हो जाए, या दूसरी भाषा से बहुत अधिक प्रभावित हो या दोनों के मिश्रण से एक नये ढंग की भाषा का निर्माण हो। शब्द-भंडार में बहुत बड़े परिवर्तन, अक्सर इन बाह्य अन्तर्विरोधों के कारण होते हैं। दो भाषाओं में परस्पर आदान-प्रदान उन्हें बोलनेवालों के सामाजिक सम्बन्धों पर निर्भर रहता है। ये बाह्य अन्तर्विरोध अनेक पेचीदा सामाजिक कारणों के परिणाम होते हैं। तुर्क या अंग्रेज़ अकारण भारत नहीं आए। किन्तु सामाजिक विकास के किसी नियम से यह सिद्ध नहीं किया जा सकता कि उनका यहाँ आना अनिवार्य था। अंग्रेज़ी पर लैटिन और फ्रांसीसी का असर पड़े, हिन्दी पर अरबी-फ़ारसी का असर पड़े, यह भी अनिवार्य नहीं था। किन्तु सामन्ती समाज की भाषा—चाहे वह शुद्ध हो, चाहे मिश्रित और प्रभावित हो—उस व्यवस्था की सीमाओं के भीतर ही किसी संस्कृति का वाहन होगी, यह नियम निश्चित है।

आदिम साम्यवादी व्यवस्था में सामूहिक श्रम की प्रथा के अनुकूल श्रमफल का स्वामित्व भी सामूहिक होता है। ऐसी स्थिति में समाज का मुख्य अन्तर्विरोध प्रकृति से होता है या अन्य मानव-समूहों से। उत्पादन का तरीका विकसित न होने से समाज के आन्तरिक संघर्ष के लिए व्यक्तिगत सम्पत्ति के रूप में कोई विशेष सामग्री नहीं होती। किन्तु सामूहिक श्रम के लिए सामाजिक संगठन आवश्यक होता है; आहार-प्राप्ति, रक्षा, सन्तानोत्पत्ति आदि के आवश्यक कार्यों के लिए मनुष्य ध्वनि-प्रतीकों का उपयोग करता है। इससे दो परिणाम निकलते हैं : पहला यह कि मनुष्य का आपसी संघर्ष विकास के लिए अनिवार्य नहीं है। कम-से-कम एक ही आदिम समाज में यह आन्तरिक संघर्ष नहीं होता, दो आदिम समाजों में हो तो हो। समाज का जन्म सहयोग से हुआ है, न कि संघर्ष से। साथ ही यदि प्रकृति से मानव का संघर्ष न होता तो परस्पर सहयोग भी अनिवार्य न होता। इस प्रकार सहयोग और संघर्ष, इन दो विरोधी और परस्पर सम्बद्ध ध्रुवों के सहारे सामाजिक विकास होता है। वर्गयुक्त समाज का इतिहास जितना वर्गों के संघर्ष का इतिहास है, उतना ही उनके सहयोग का इतिहास भी है। भले ही यह सहयोग जोर-जबर्दस्ती से प्राप्त किया गया हो, लेकिन इसी सहयोग के बल पर सम्पत्तिशाली वर्ग सभ्यता का निर्माण करते हैं। इस समूचे विकास-क्रम में प्रकृति से मानव का अन्तर्विरोध कम नहीं होता वरन् सामाजिक अन्तर्विरोधों को हल करने के लिए वह इस प्रकृति पर और भी विजय पाने के लिए प्रयत्नशील होता है। तीर-कमान और तलवार से काम चलते न देखकर वह बारूद का नुस्खा ढूँढ़ निकालता है और जब बारूद से आतिशबाजी का लुत्फ उठा लेता है, तब अणु को विच्छिन्न करके उसमें निहित शक्ति को निकाल लाता है। दो समाजों के अन्तर्विरोधों को हल करने के लिए वह इस शक्ति को काम में ला चुका है

और फिर उसे काम में लाने की तैयारी में है। इस प्रकार बाह्य अन्तर्विरोध दो तरह के हुए : पहला प्रकृति से अन्तर्विरोध; दूसरा, दो समाजों का अन्तर्विरोध। ये दोनों ही भाषा के विकास को अब तक प्रभावित करते रहे हैं।

व्यक्तिगत सम्पत्ति और वर्ग-व्यवस्था के अभ्युदय से पहले ही मनुष्य ने भाषा के मूल तत्त्वों की सृष्टि कर ली थी। सभ्यता से पहले के सामाजिक विकास की यह अवधि बहुत लम्बी रही है। सभ्यता का इतिहास यदि कुछ हजार वर्षों का है तो प्राक्-सभ्य समाज का इतिहास लाखों वर्ष का है। सभ्यता के इतिहास में मनुष्य ने जितनी भी भाषा-सम्पत्ति अर्जित की है, उससे कहीं अधिक चमत्कारी वह भाषा-सम्पत्ति है जो उसने सभ्यता के पूर्व अर्जित की थी। आदिम समाज की विभिन्न अवस्थाओं में भाषा-रचना का वही महत्त्व है जो मानव-विकास के लिए अग्नि के आविष्कार या धातुओं के आयुध-निर्माण का है। अग्नि के आविष्कार से ही अणुशक्ति का प्रयोग सम्भव हुआ है। क्या अग्नि की तुलना में अणु शक्ति का प्रयोग अधिक चमत्कारी है या वह समाज के लिए अधिक कल्याणकारी सिद्ध हुआ है? सभ्य समाज के साहित्यकारों, दार्शनिकों और वैज्ञानिकों का चिन्तन भाषा के उसी मूलाधार पर टिका है जिसका निर्माण प्रकृति से निरन्तर युद्ध करते हुए आदिम समाज-व्यवस्था के मानव ने किया था। सभ्यता के युग में मनुष्य ने शब्द-रचना की, पुराने तत्त्वों के आधार पर नये शब्द गढ़े, बाहर से शब्द उधार लिये, अपने पुराने शब्दों को नया अर्थ दिया किन्तु उसने भाषा की सृष्टि नहीं की। आदिम मानव-समाज ने भाषा की सृष्टि की, पशु-जगत् से भिन्न नये प्राकृतिक और सामाजिक सन्दर्भों में ध्वनि-संकेतों का प्रयोग करना सीखा। उसने जिन मुख्य ध्वनियों का उच्चारण करना सीखा था, वे आज तक चली आ रही हैं। उसने भाव-प्रकृति के जो साँचे गढ़े थे, उनमें भाषा आज भी ढाली जा रही है। यदि किसी देश या समाज के लोग कर्ता पहले, क्रिया बाद में; मूल शब्द पहले, सम्बन्धसूचक चिह्न बाद में; विशेषण पहले, विशेष्य बाद में रखने की राह पर चलते थे तो वह राह उस समाज के उत्तराधिकारी मानवों के उपचेतन में आज भी बनी हुई है। भाषा के इन स्थायी सनातन तत्त्वों के आगे पारिभाषिक शब्दावली का निर्माण क्या कोई ऐतिहासिक कार्य है? आदिम समाज-व्यवस्था में ही मनुष्य ने धरती और आकाश के सैकड़ों पदार्थों का नामकरण किया, प्रकृति के रूपों से परिचय बढ़ाते हुए उनका नाम रखकर उसने ज्ञान को जन्म दिया, अनेक मानव-सम्बन्धों के लिए उसने ध्वनि-संकेत निश्चित किये, पशु और मनुष्य के कार्यों के लिए, अवस्थाओं और परिस्थितियों के लिए, आहार-रक्षा-प्रजनन के लिए, श्रम, उसके संगठन, आयुध-निर्माण, उनके व्यवहार, श्रमफल-विभाजन, तन ढँकने, वर्षा-शीत आदि से रक्षार्थ गृह-निर्माण के लिए उसने हजारों ध्वनि-संकेत निश्चित किये, भिन्न समाजों के सम्पर्क और संघर्ष से ये ध्वनि-संकेत एक प्रदेश से दूसरे प्रदेश तक फैले, प्रत्येक समाज ने अपनी आन्तरिक क्षमता में उत्पन्न किये हुए शब्दों के अलावा दूसरों से प्राप्त या सीखे हुए ध्वनि-संकेतों का बराबर व्यवहार किया और इस तरह सभ्यता के आगमन के पहले उसने ध्वनि, व्याकरण और शब्द-भंडार की दृष्टि से इतनी समृद्ध भाषा-सम्पत्ति अर्जित कर ली थी कि उसके बाद का सारा भाषा-विकास चमत्कार-शून्य और एक अति साधारण मानव-क्रिया जैसा लगता है।

हम पिछले अध्यायों में देख चुके हैं कि मनुष्य जो भी ध्वनि करता है, उसकी सभी विशेषताएँ महत्त्वपूर्ण नहीं होतीं। ब्लूमफ़ील्ड ने निपीव् शब्द की मिसाल दी थी जिममें प का उच्चारण ब-वत् हो जाता था किन्तु इस शब्द का व्यवहार करनेवाले अमरीकी आदिवासियों के

लिए ब-प का भेद गौण था; मुख्य बात थी ओठों के बन्द होने और खुलने की क्रिया। जर्मन कवि गेटे ने अभिनेताओं की आलोचना की थी कि वे कुछ अघोष और सघोष ध्वनियों का भेद न कर पाते थे। आज भी प्रत्येक सभ्य देश में ध्वनि की गौण विशेषताएँ खत्म नहीं हुईं। इन गौण विशेषताओं में बड़ी तरलता है। ध्वनि की जो विशेषता महत्त्वपूर्ण नहीं है, उसका चाहे जैसे प्रयोग कीजिए, भाषा के व्यवहार में कोई रुकावट नहीं पड़ती। किन्तु ध्वनि की मुख्य विशेषताएँ स्पष्ट और निश्चित होनी चाहिए। छोटे-छोटे समूहों में जब तक मानव विभक्त रहा, वह ध्वनि-विशेषताओं में कोई मानदंड स्थिर न कर सका। लेकिन जब वह गणों, गणसंघों, लघुजातियों और महाजातियों में संगठित हुआ, तब उसे परिनिष्ठित भाषा की आवश्यकता पड़ी और वह ध्वनियों के स्पष्ट और निश्चित रूपों की ओर बढ़ा। अनिश्चित या भिन्न रूप खत्म नहीं हो गए लेकिन विकास की एक दिशा दिखाई देने लगी। ध्वनियों के उच्चारण में मनुष्य अव्यक्त से व्यक्त, अस्पष्ट से स्पष्ट, अनिश्चित से निश्चित रूपों की ओर बढ़ा है। इसे भाषा-विकास का व्यापक सिद्धान्त मानना चाहिए। यह विकास है, परिवर्तन मात्र नहीं।

ध्वनि की तरलता के समान हम अनेक शब्दों में अर्थ की तरलता भी पाते हैं। तात का अर्थ क्या है? पिता और पुत्र, दोनों। तात की तुलना में पिता और पुत्र शब्दों के अर्थ निश्चित हैं। गंगा शब्द नदीवाचक है। कश्मीर से लेकर बंगाल तक और चीन से लेकर दक्खिन एशियाई देशों तक यह शब्द मिलता है। उत्तर भारत में गंगा कहने से एक नदी विशेष का ज्ञान होता है। सिन्धु शब्द नदियों के लिए प्रयुक्त होता था, समुद्र के लिए भी। अब वह एक नदी विशेष के लिए ही—तथा सामान्य अर्थ में समुद्र मात्र के लिए—प्रयुक्त होता है। पशु किसी भी जानवर को कह सकते हैं। तमिल में उसका विशेष अर्थ है गाय। मृग का मूल अर्थ था पशु, जो मलयालम में सुरक्षित है; हिन्दी और संस्कृत में उसका अर्थ है पशु विशेष। बाइबल का अर्थ है पुस्तक। आगे चलकर कुछ भाषाओं में वह पुस्तक विशेष के लिए सीमित हो गया। देव, देवी, देवता शब्द सभी प्रकाशमान जीवों-पदार्थों के लिए प्रयुक्त न होकर अमरों के लिए प्रयुक्त होने लगे। ईश्वर प्रत्येक ऐश्वर्यशाली के लिए प्रयुक्त न होकर परम पिता के लिए सीमित हुआ। सामान्य से विशेष अर्थ की ओर, अनिश्चित और व्यापक अर्थ से निश्चित और सीमित अर्थ की ओर प्रगति—इसे हम भाषा-विकास का दूसरा नियम कह सकते हैं।

हम यह भी देखते हैं कि विशेष वस्तु का नाम सामान्य अर्थ में प्रयुक्त होने लगता है। मीरजाफ़र, क्विज़लिंग आदि शब्द विश्वासघाती के लिए प्रयुक्त होते हैं। मनुष्य सादृश्य खोजता है, उपमा और रूपक के बिना उसका काम नहीं चलता। अपने साथी मानवों के गुणों का वर्णन करने के लिए वह उल्लू, गधा जैसे पशु-पक्षियों के नाम भी लेता है। वास्तव में यहाँ अर्थ की तरलता नहीं है। अर्थ निश्चित है। गधे के गुण या मीरजाफ़र और क्विज़लिंग के गुणों को अन्य व्यक्तियों में देखकर उन्हें भी उन नामों से अभिहित किया गया है। प्रसार वस्तुओं में हुआ—उनकी संख्या बढ़ी—न कि अर्थ में। इसके विपरीत पशु, मृग, गंगा आदि शब्द के अर्थ में ही परिवर्तन हुआ है। इसलिए हम कह सकते हैं कि सामान्य की तुलना में विशेष के लिए अर्थ का सीमित होना भाषा-विकास का एक नियम है।

मनुष्य ज्ञानी है, चिन्तनशील है, बुद्धिमान है। उसके ज्ञान, बुद्धि और चिन्तन का ठोस आधार है इन्द्रिय-बोध। चिन्तन की मंजिल आगे की है, उसके पहले अनिवार्य रूप से आवश्यक है इन्द्रिय-बोध। दर्शन क्या है? देखने की क्रिया। वही सूक्ष्म अर्थ-बोधक शब्द भी बना। अंग्रेज़ी 'फिलॉसफी' के विपरीत भारतीय दर्शन में स्थूल और सूक्ष्म अर्थ, दोनों निहित हैं।

अनेक भाषाओं में जीभ के लिए जो शब्द है, वह भाषा के लिए भी व्यवहृत होता है। ज़बान या टंग बोलने के काम आती है; इस स्थूल वस्तु के संसर्ग से उत्पन्न वस्तु भाषा भी उसी नाम से पुकारी जाने लगी। 'शब्द' का अर्थ है आवाज; अब वह वाक्य की न्यूनतम इकाई भी है। 'विचार' का सम्बन्ध मूलत: चलने से है। कुल का मूल अर्थ वृक्ष कश्मीरी में सुरक्षित है। वंश में स्थूल-सूक्ष्म अर्थ, दोनों निहित हैं। यह असम्भव नहीं है कि अमूर्त अर्थ के बोधक शब्द मूर्त पदार्थों के लिए व्यवहृत हों किन्तु भाषा का यह सामान्य नियम नहीं है। भाषा-विकास का सामान्य नियम है मूर्त पदार्थों और व्यापारों के बोधक शब्दों का अमूर्त धारणाओं के लिए प्रयोग। मानव-चिन्तन इन्द्रिय-बोध के आधार पर विकसित हुआ है। इसलिए भाषा के विकास में भी मूर्त से अमूर्त की ओर यह प्रगति देखी जा सकती है। अनेक आदिम या पिछड़े हुए समाजों के बारे में यह मत प्रकट किया गया है कि उनके यहाँ गुणवाचक संज्ञाओं की कमी होती है। वे वस्तु से अलग उसके गुण की कल्पना नहीं कर पाते। यह बात सही है। अनेक वस्तुओं में उनकी सामान्य विशेषता देखकर उसके लिए गुणवाचक संज्ञा का निर्माण मूर्त से अमूर्त की ओर उसी प्रगति द्वारा सम्भव होता है।

हम देखते हैं कि भाषा में कुछ शब्द एक ही अर्थ के वाचक हैं, जैसे—आँख, नयन, नेत्र, चक्षु; कुछ शब्द एक से अधिक अर्थों के बोधक हैं, जैसे—दर्शन, वंश, ज़बान। कुछ शब्द अपना मूल अर्थ खो देते हैं और नया अर्थ ग्रहण कर लेते हैं, जैसे कुल। इसका कारण क्या है? भाषा सीमित है। ध्वनि-संकेतों की संख्या असीम नहीं है। मनुष्य की तुलना में संसार असीम है। किसी भी अवस्था के मानवीय ज्ञान की तुलना में भावी अर्जनीय ज्ञान का विस्तार अधिक होता है। इस प्रकार हम भाषा को ज्ञात और ज्ञातव्य के सतत अन्तर्विरोध की स्थिति में पाते हैं। भाषा की प्रगति का यह चिरन्तन कारण है। यदि मनुष्य को पूर्ण ज्ञान प्राप्त हो जाए, वह अपने अन्तर्जगत् और बाह्य जगत का पूर्ण स्वामी बन जाए, वह यह कहने की स्थिति में हो जाए कि 'पाकर तुम्हें फिर और कुछ पाना न रहता शेष है', तो फिर भाषा का विकास भी रुक जाए। समाधिलीन योगियों को भाषा की आवश्यकता नहीं होती। आवश्यकता होती है साधारण श्रमरत मानवों को। उनकी आवश्यकताएँ बदलती हैं, उनका ज्ञानक्षेत्र विस्तृत होता है, इसलिए भाषा में भी विकास होता है।

विकास-प्रक्रिया किसी भी क्षेत्र में सीधी और अविच्छिन्न नहीं होती। भाषा-क्षेत्र में भी विकास का मार्ग विषम होता है। पूर्वकाल के बहुत-से अच्छे गुण छूट जाते हैं। जो नये गुण उत्पन्न होते हैं, वे सभी लाभकारी नहीं होते। अनेक युगों में भाषा के परिवर्तन देखकर ही हम उन्हें विकास का नाम देते हैं। विकास का अर्थ यह न लगाना चाहिए कि भाषा में प्रत्येक परिवर्तन हर अवस्था में प्रगति का बोधक होता है। नितान्त ह्रासशून्य विशुद्ध विकास किसी क्षेत्र में नहीं होता, भाषा के क्षेत्र में भी नहीं होता।

एक ही शब्द अनेक अर्थों का बोधक इसलिए होता है कि कहने को बहुत है, शब्द कम हैं। आप दर्शन के पंडित हैं; आपके दर्शन से चित्त प्रसन्न होता है। दोनों वाक्यों में दर्शन का अर्थ वाक्य के सन्दर्भ से मालूम होता है। शब्द और अर्थ का सम्बन्ध जड़ और अपरिवर्तनशील होता तो एक शब्द के दो अर्थ न होते। वाक्य से अलग शब्द का अर्थ पूर्ण रूप से निश्चित नहीं होता। वाक्य के सन्दर्भ में वह सूक्ष्म अर्थ-भेद का द्योतक होता है। शब्द की सार्थकता वाक्य में ही है। जिसे हम शब्द कहते हैं, चीनी भाषा में उसके दो, तीन, चार अर्थ तक स्वर-भेद से किये जा सकते हैं। धैवत में बोले तो एक अर्थ, पंचम में बोले तो दूसरा

अर्थ। इस पद्धति से ध्वनि-संकेतों में किफायत होती है। परिस्थितियाँ बदलने पर जो शब्द अनावश्यक हो जाते हैं, उन्हें हम नया अर्थ प्रदान करते हैं। एक ही अर्थ के वाचक दो शब्द मिल गए तो उनमें हम अर्थ-भेद कर देते हैं। आँख, नयन, नेत्र का अर्थ एक है; इनका प्रयोग भिन्न सन्दर्भों में होता है। नेत्र-चिकित्सक, गिरा अनैन नैन बिनु बानी, आँखें चार होना—ये भिन्न सन्दर्भों की मिसालें हैं। मनुष्य शब्द को प्रतिमा बनाकर उसे पूजता नहीं है। पहले किसी शब्द का अर्थ क्या था, इसकी चिन्ता न करके आवश्यकता पड़ने पर वह उसे नये अर्थ से जोड़ देता है। ये अर्थ परिवर्तनशील बाह्य जगत् और मनुष्य के अन्तर्जगत् से उत्पन्न होते हैं। हम समझते हैं कि अर्थ शब्द से उत्पन्न होता है। वास्तव में अर्थ की सत्ता है जीवन में, जीवन के परिवेश में; उससे हम शब्द—ध्वनि-संकेत विशेष—का सम्बन्ध स्थापित किया करते हैं। यह सम्बन्ध परिवर्तनशील है। भाषा का अर्थ-बोध निरन्तर बढ़ता रहता है क्योंकि मनुष्य का ज्ञान-क्षेत्र विस्तृत होता जाता है, उसकी सामाजिक और सांस्कृतिक आवश्यकताएँ बदलती और बढ़ती हैं। अमरीकी भाषाविद् एडवर्ड सपीर ने यह मत प्रकट किया है कि भाषा के साँचे हमारे देखने-समझने और व्यवहार करने के तरीके पहले से निश्चित कर देते हैं।[1] मनुष्य अपने देखने-समझने का ढंग एक ही रखे तो इस परिवर्तनशील संसार में वह मिट जाए। उसे मजबूर होकर अपने व्यवहार के तरीके बदलने पड़ते हैं, अपने देखने-समझने का ढंग बदलना पड़ता है। इस मजबूरी का असर उसकी भाषा के साँचों पर भी पड़ता है। उसे वे साँचे बदलने पड़ते हैं। भाषा-विकास का यह एक सनातन और अटल कारण है।

आदिम समाज-व्यवस्था के मानव के लिए जितना महत्त्व चन्द्रमा का था, उतना सूर्य का नहीं। मनुष्य का जन्म कैसे होता है, मनुष्य और वनस्पतियों के जीवन का स्रोत क्या है, इन प्रश्नों का उत्तर देने में चन्द्रमा मुख्य सूत्र बना। शुक्ल और कृष्ण पक्षों में चन्द्रमा के घटने-बढ़ने की क्रिया अट्ठाइस दिन में समाप्त होती है। टॉमसन ने इस बात की ओर ध्यान दिलाया है कि लगभग इसी अवधि में स्त्रियों के मासिक धर्म का समय भी आता है। आदिम व्यवस्था का मानव रक्तस्राव को जीवनीशक्ति का चिह्न मानता था। अनेक देशों में यह प्रथा रही है कि कीड़े-मकोड़ों से खेती की रक्षा करने के लिए नग्न रजस्वलाएँ खेतों को पार करें। मासिक धर्म की अवधि से सम्बद्ध होने के कारण चन्द्रमा प्रजनन-क्रिया का देवता भी बना। टॉमसन ने लिखा है कि आदिम समाज-व्यवस्था में बोली जानेवाली भाषाओं में चन्द्रमा साधारणत: पुल्लिंग होता है; स्लाव और जर्मन भाषाओं और एक समय लैटिन तथा ग्रीक में वह पुल्लिंग था। संस्कृत में वह नपुंसक लिंग है। सम्भव है, पितृसत्ताक व्यवस्था कायम होने के समय इस प्रतिद्वन्द्वी के प्रति ईर्ष्या-भाव से पितरों ने उसे क्षयग्रस्त होने का शाप दे दिया हो! चन्द्रमा औषधियों का स्वामी है; वह प्राणि-जगत् में पुनर्जीवन का प्रतीक है। "सभी आदिम समाजों में मृत्यु के बाद पुनर्जीवन के विश्वास के साथ चन्द्रमा जुड़ा हुआ है। इस प्रकार उसका संसर्ग इसी कोटि के अन्य प्रतीकों—जैसे सर्प—के साथ होता है!"[2] नाग लिंगोपासना से सम्बद्ध होता है। उसने पैराडाइज़ में ईव को बहकाया; अनेक प्रजनन-सम्बन्धी लोक-रीतियों में उसकी उपासना की जाती है। जल भी प्रजनन से सम्बद्ध किया गया है। मैंने सुना है कि ब्रज में अनेक ऐसे पोखर हैं जिनके बारे में यह प्रचार है कि उनमें स्नान करने

1. 'सेलेक्टेड राइटिंग्स ऑव एडवर्ड सपीर इन लैंग्वेज, कल्चर एंड पर्सनैलिटी'; डैविड जी. मैंडेल बॉम द्वारा सम्पादित, पृ. 10
2. टॉमसन, 'स्टडीज इन एंशेन्ट ग्रीक सोसाइटी', पृ. 213

से गर्भ रह जाता है और यहाँ गर्भ रहने के लिए 'पानी रहना'—इस मुहावरे का इस्तेमाल भी किया जाता है। टॉमसन का कहना है कि नाग अक्सर पोखरों और झरनों के पास पाए जाते हैं, इसलिए वे झरनों से सम्बद्ध हो गए हैं। हमारे यहाँ शेषनाग सहस्त्र फनों पर पृथ्वी को धारण किये हैं। अब जरा कश्मीर के वेरीनाग जैसे स्थानों का स्मरण कीजिए। नाग शब्द झरनों के लिए प्रयुक्त होता था; जल से सर्पों का सम्बन्ध कायम हुआ। चन्द्रमा, सर्प, जल—तीनों का सम्बन्ध जुड़ा प्रजनन-क्रिया से। स्वभावत: शिव जी के मस्तक पर चन्द्रमा है, जटाओं में गंगा और गले में सर्प हैं! वे लिंग रूप में पूजे जाते हैं!

सामाजिक परिस्थितियाँ चिन्तन की सीमाएँ निश्चित करती हैं, लेकिन चिन्तन स्वयं प्रत्येक अवस्था में सामाजिक परिस्थितियों का प्रतिबिम्ब नहीं होता। कौशल और विज्ञान में पिछड़े होने से मनुष्य ने चन्द्रमा से प्रजनन का सम्बन्ध जोड़ा। सामाजिक परिस्थितियों के प्रभाव से मनुष्य, अपने चिन्तन की सीमाओं में, भाषा कैसे रचता है, इसके उदाहरण चन्द्रमा से सम्बन्धित शब्द हैं। सपीर का कहना था कि भाषा के साँचे हमारे देखने-समझने और व्यवहार करने के तरीके पहले से निश्चित कर देते हैं। ऊपर के उदाहरणों में हम इससे ठीक उल्टी क्रिया होते देखते हैं—हमारे देखने-समझने और व्यवहार करने के तरीके ही भाषा के साँचों को बनाते-बिगाड़ते और बदलते हैं। प्रजनन-सम्बन्धी धारणाओं से मास, मेन्सिस, मंथ आदि शब्दों का निर्माण हुआ। ये शब्द मनुष्य के चिन्तन के लिए बेड़ियाँ नहीं बन गए। ऐसा होता तो वह सौर मास की कल्पना ही न कर पाता। मनुष्य ने समय विभाजन के लिए नये तरीके अपनाए। इसके लिए उसने नये ध्वनि-संकेत गढ़ना अनावश्यक समझा। पुराने साँचों में नई सामग्री ढालकर शब्द को नया अर्थ दे दिया।

जन शब्द रक्त-सम्बन्ध पर आधारित कबीले के लिए प्रयुक्त होता था। अब वह रक्त-सम्बन्ध से बहुत दूर नये आर्थिक सम्बन्धों द्वारा संगठित जनता के लिए प्रयुक्त होता है। उसके सहोदर गण का उपयोग बहुवचन बनाने के लिए होता रहा। आधुनिक युग में जनतंत्र और गणतंत्र जैसे शब्दों में जन और गण को एक नई व्यंजना प्रदान की गई। मातृसत्ताक व्यवस्था से पितृसत्ताक व्यवस्था की ओर संक्रमण करते समय संस्कृति के नये मानदंडों के अनुकूल नये शब्द बनते हैं या पुराने शब्दों के अर्थ में परिवर्तन होता है। पितृसत्ताक से सामन्ती व्यवस्था की ओर संक्रमण करने में, सामन्ती व्यवस्था की ओर बढ़ने में इसी तरह की प्रक्रिया दोहराई जाती है। समाज की प्रत्येक अवस्था में भाषा उसकी संस्कृति को प्रतिबिम्बित करती है। संस्कृति में परिवर्तन के साथ भाषा में भी परिवर्तन होता है क्योंकि वह संस्कृति का अंग है। भाषा के कुछ तत्त्व बदलते हैं, उसमें आमूल परिवर्तन नहीं होता—जैसे संस्कृति के भी कुछ ही तत्त्व बदलते हैं, उसमें आमूल परिवर्तन नहीं होता। भाषा किस स्तर की संस्कृति को प्रतिबिम्बित करती है, यह उसके बोलनेवालों की समाज-व्यवस्था पर निर्भर होता है।

भाषा में परिवर्तन धीरे-धीरे होता है, इस बात को सभी स्वीकार करते हैं। इस परिवर्तन की गति सदा एक-सी नहीं रहती। बाह्य अन्तर्विरोध के कारण उत्तर भारत में तुर्क छा गए। उनके शासन की भाषा फ़ारसी थी। इससे बहुत-से शब्द हिन्दी में आए। इंग्लैंड पर नॉर्मन प्रभुत्व हुआ। बाह्य अन्तर्विरोध से अंग्रेज़ी भाषा में फ्रांसीसी शब्दों की बाढ़ आ गई। बाहरी भाषाओं से शब्दों के आने की रफ्तार का कोई नियम नहीं था; आक्रमण और पराजय की विशेष परिस्थितियों में यह रफ्तार तेज हो गई। यूरोपीय नवजागरण के युग में लैटिन के अध्ययन पर बहुत बल दिया गया। अंग्रेज़ी में लैटिन शब्दों के आने की रफ्तार बढ़ी। इस

तेज रफ्तार का कारण किसी बाहरी शक्ति का आक्रमण—अर्थात् बाह्य अन्तर्विरोध—न था। उन्नीसवीं-बीसवीं सदी में नई सामाजिक-सांस्कृतिक आवश्यकताओं के कारण हमारी भाषाओं में बहुत-से नये तत्सम शब्दों का व्यवहार होने लगा। इतने नये शब्दों का व्यवहार पिछले दो-चार सौ वर्षों में न हुआ था। इस प्रकार आन्तरिक और बाह्य, दोनों ही तरह के कारणों से भाषा में परिवर्तन की गति तीव्र हो सकती है। जब न किसी बाहर के देश से निकट सम्पर्क हो, न समाज की आन्तरिक स्थिति में कोई विशेष परिवर्तन हो, तब भाषा में भी परिवर्तन की गति अत्यन्त धीमी होगी।

आदिम समाज-व्यवस्था में अपनी चेतना के अनुरूप मनुष्य ने संसार को जैसा समझा, उसकी छाया उसकी भाषा पर पड़ी। वह इन्द्रिय-बोध के स्तर से क्रमश: सूक्ष्म चिन्तन की ओर आया। जब रक्त-सम्बन्धों का बहुत महत्त्व था, तब नाते-रिश्तेदारी के शब्दों की संख्या बहुत बड़ी थी। व्यवस्था बदलने पर इनकी संख्या कम हो गई या उनमें बहुतों के अर्थ बदले गए। जब व्यवस्था के अन्दर व्यक्तिगत सम्पत्ति, राज्यसत्ता, भूस्वामी वर्ग आदि का उद्भव और विकास हुआ, तब इन सामन्ती सम्बन्धों के साथ पनपनेवाली भाषा सूक्ष्म चिन्तन के लिए अधिक सबल माध्यम बनी। समाज में यह रीति कायम हुई कि बेटा बाप का धन्धा अपनाए; विद्वानों का एक विशेष वर्ग बन गया। विशेष योग्यता के इस युग में हर पेशे के लोगों ने कुछ अपनी शब्दावली गढ़ी जिसका प्रयोग अन्य वर्ग न करते थे। दार्शनिकों और वैयाकरणों ने भाषा का व्यवहार चिन्तन के ऐसे क्षेत्रों में किया जिसकी कल्पना भी पहले सम्भव न थी। पूँजीवादी सम्बन्धों के साथ साहित्य, कला और विशेष कर विज्ञान के क्षेत्रों में नई प्रगति का मार्ग खुला। इस सांस्कृतिक प्रगति के अनुरूप भाषा की अभिव्यंजना-क्षमता को भी विकसित करना आवश्यक हुआ। इस प्रकार व्यवस्था के बदलने के साथ भाषा का अन्तस भी बदलता है। सारा विकास-क्रम विलम्बित और तीव्र, विच्छिन्न और अविच्छिन्न, दोनों प्रकार से होता है।

प्रसिद्ध है कि किसी भी विशाल देश में आप एक सिरे से दूसरे छोर तक चलें तो हर दस या बारह कोस पर बोली बदलती जाएगी। यह पता न चलेगा कि कहाँ एक भाषा खत्म हुई और दूसरी आरम्भ हुई। भौगोलिक दूरी तै करने पर ही ऐसा नहीं लगता; इतिहास की दूरी तै करने पर भी ऐसा ही लगे, यदि भाषाओं का सही इतिहास हमारे सामने हो। संस्कृत-प्राकृत-अपभ्रंश-हिन्दी—भाषा का इतिहास इन कल्पित और भ्रान्त मंजिलों से नहीं जाना जा सकता। हिन्दी प्राचीन संस्कृत का आधुनिक रूप नहीं है, न फ्रांसीसी लैटिन का आधुनिक रूप है। लेकिन ग्रीक, लैटिन, रूसी, कश्मीरी, संस्कृत और हिन्दी के तुलनात्मक अध्ययन से यह पता चल जाता है कि आधुनिक भाषाओं के मूल तत्त्व कितने पुराने हैं। बरसाती पानी की तरह ये तत्त्व अनेक सर-सरिताओं में भर जाते हैं; जब कोई महाजाति संगठित होती है, तब एक विशाल नद के समान उसकी भाषा में ये बहुत-से तत्त्व सिमट आते हैं। यदि बाह्य अन्तर्विरोधों से अछूता किसी भाषा का इतिहास मिल सके तो हम देखें कि सामाजिक सम्बन्धों के बदले बिना उसमें कोई भी मौलिक परिवर्तन नहीं होता। ऐसा इतिहास न किसी भाषा का है, न मिल सकता है। कारण यह है कि भाषा के विकास की प्रक्रिया ही अनेक भाषाओं के तत्त्वों के मिश्रण से सम्पन्न होती है।

भाषा का विकास दो स्तरों पर होता है। एक स्तर पर अन्य भाषाओं के तत्त्व मिलते हैं, शब्द-भंडार घटता-बढ़ता है, भाषा के प्रयोग की परिधि विस्तृत होती है। इसे हम भाषा का रूप-सम्बन्धी विकास कह सकते हैं। दूसरी ओर सामाजिक-सांस्कृतिक आवश्यकताओं के

अनुरूप उसकी अभिव्यंजना-क्षमता बदलती है, वह एक नये स्तर की संस्कृति को प्रतिबिम्बित करती है। इसे हम भाषा का विषयवस्तु सम्बन्धी विकास कह सकते हैं। दोनों ही तरह का विकास सामाजिक कारणों से होता है। बाह्य अन्तर्विरोधों से साधारणत: रूप-सम्बन्धी परिवर्तन होते हैं। समाज के अपने अन्तर्विरोधों से विषयवस्तु सम्बन्धी परिवर्तन होते हैं। ये दोनों तरह के अन्तर्विरोध परस्पर सम्बद्ध हैं, इसलिए भाषा का रूप-सम्बन्धी परिवर्तन उसकी अभिव्यंजना क्षमता से विलग नहीं होता। विकास की दोनों धाराएँ कभी विच्छिन्न और कभी मिली हुई प्रवाहित होती हैं।

क्या भाषा के विकास की मंजिलें निश्चित की जा सकती हैं? यदि हम यह समझ लें कि भाषा जड़ इकाई न होकर तरल प्रवाह है, तो उसके विकास की मंजिलें हम निश्चित कर सकते हैं। ये मंजिलें देश-काल की दृष्टि से एकदम नपी-तुली न होकर नदी की बाढ़ की तरह होंगी जिसमें नदी तो दिखाई देती है लेकिन उसके किनारे पानी में डूबे रहते हैं। हम कह सकते हैं कि उत्तर भारत में लगभग छह हजार साल पहले संस्कृत से मिलती-जुलती भाषाएँ बोली जाती थीं। इनके अलावा अन्य कुलों की भाषाएँ यहाँ बोली जाती थीं, यह भी निश्चयपूर्वक कहा जा सकता है। ईसा के जन्म से लगभग ढाई हजार वर्ष पहले गणों का विघटन और सामन्ती सम्बन्धों का निर्माण आरम्भ हुआ। गौतम बुद्ध के समय यहाँ अनेक गण थे, उनकी भाषाएँ थीं, उनमें परस्पर व्यवहार के लिए संस्कृत का उपयोग होता था। मगध-सम्राटों के समय ब्रज प्रदेश आदि में लघुजातियों का निर्माण आरम्भ हो गया था। गुप्त-सम्राटों के युग में भारतीय सामन्तवाद अपने पूर्ण उत्कर्ष पर था। उस समय सामाजिक संगठन का मुख्य रूप थीं लघुजातियाँ। चौदहवीं-पन्द्रहवीं सदी में सामन्ती व्यवस्था का ह्रास और पूँजीवादी सम्बन्धों का निर्माण होता है। इस दीर्घ प्रक्रिया में अवधी और ब्रज, दोनों ही वर्तमान हिन्दी क्षेत्र के जनपदों को एक-दूसरे के निकट लाती हैं। अठारहवीं सदी तक खड़ी बोली हिन्दी अपने क्षेत्र से बाहर निकलकर हमारे जातीय प्रदेश की भाषा बन चुकती है। उन्नीसवीं-बीसवीं सदी में पूँजीवादी विकास के साथ उसका रूप परिष्कृत होता है और शब्द-भंडार समृद्ध होता है। विकास की यह बहुत मोटी रूपरेखा है। इससे अधिक निश्चित रेखाएँ खींचकर आदि, मध्यम और आधुनिक काल निश्चित करना खतरनाक है।

भाषा समूचे समाज की सम्पत्ति है। स्तालिन ने भाषा का वर्ग-आधार माननेवालों, वर्ग-प्रभुत्व बदलने के साथ भाषा में आमूल परिवर्तन माननेवालों का सही खंडन किया था। इसका यह अर्थ नहीं है कि भाषा के विकास में वर्गों की महत्त्वपूर्ण भूमिका नहीं होती। सामन्तों, व्यापारियों, विद्वानों की सामाजिक-सांस्कृतिक आवश्यकताओं के कारण ही संस्कृत और लैटिन का परिनिष्ठित रूप सम्भव हुआ था और इन भाषाओं का अखिल भारतीय और अखिल यूरोपीय व्यवहार होता था। सामन्ती व्यवस्था के ह्रास और व्यापारियों द्वारा नये पूँजीवादी सम्बन्धों के प्रसार के साथ मॉस्को, लन्दन, पेरिस और दिल्ली की बोलियों के आधार पर रूसी, अंग्रेजी, फ्रांसीसी और हिन्दी भाषाओं का जातीय भाषाओं के रूप में गठन और प्रसार हुआ था। इस प्रक्रिया में पूँजीपति वर्ग की भूमिका महत्त्वपूर्ण होती है। साथ ही मजदूर वर्ग, मध्य वर्ग और शहरों के सम्पर्क में आनेवाले किसान भी इस जातीय भाषा को अपनी बोलियों के साथ काम में लाकर उसके प्रसार में सहायता करते हैं और बहुधा अपनी बोलियों के तत्त्व मिलाकर उसे समृद्ध करते हैं। कहाँ की बोली को परिनिष्ठित माना जाए, किस प्रदेश के लोगों का उच्चारण आदर्श है, यह सब किसी विशुद्ध भाषागत कसौटी से निश्चित नहीं होता।

हिन्दी क्षेत्र में पश्चिम के नगर व्यापार के केन्द्र थे; इसलिए उनकी भाषा और प्रयोगों को आदर्श माना गया। हिन्दी के अधिकांश साहित्यकार भले ही लखनऊ, इलाहाबाद और बनारस के रहे हों, उन्हें भाषा-सम्बन्धी आदर्श के लिए पछाँह के नगरों का ही मुँह देखना पड़ा है। पारिभाषिक शब्दों के निर्माण में पूँजीवादी वर्ग जनता की सुविधा का ध्यान कम रखता है; वह कठिन और अस्वाभाविक शब्दावली भी गढ़ डालता है। देश की जनता के हितों का ध्यान रखनेवाले विचारक इससे भिन्न नीति पर चलते हैं। बाह्य विरोध का सामना होने पर समाज के उच्च वर्ग जल्दी कन्धा डाल देते हैं; अपनी जातीय सम्पत्ति की रक्षा करती हैं स्त्रियाँ और निम्न वर्ग। बहुजातीय देश में राजकाज की भाषा की समस्या उठने पर विभिन्न प्रदेशों के पूँजीपति और सामन्ती विचारधारा के लोग आपस में झगड़े करते हैं, भाषा और जातीयता के अहंकार में चूर होकर गरीबों का गला कटवा देते हैं। मजदूर वर्ग और जनसाधारण के अन्य वर्ग समानता, सहयोग और परस्पर सम्मान की नीति का अनुसरण करते हुए यह समस्या हल करते हैं। इस प्रकार भाषा के विकास में और भाषा-सम्बन्धी समस्याओं का समाधान प्रस्तुत करने में भिन्न-भिन्न जन अपनी सामाजिक स्थिति के अनुसार वर्ग-नीति अपनाते हैं।

सारांश यह कि भाषा संस्कृति का वाहन है और उसका अंग भी। संस्कृति के लिए आवश्यक नहीं है कि आर्थिक व्यवस्था बदलने पर उसमें आमूल परिवर्तन हो जाएँ। प्रत्येक भाषा की अपनी ध्वनि-प्रकृति और भाव-प्रकृति होती है। इन्हें उसकी सांस्कृतिक विशेषताएँ मानना चाहिए। समीकरण, वर्ण-विपर्यय, ध्वनि-लोप, अर्थादेश, अर्थ-संकोच आदि भाषा-विकास के नियम नहीं हैं; भाषा में होनेवाले परिवर्तनों के वे नाम मात्र हैं। परिवर्तनों के कारण मूलत: सामाजिक होते हैं। भाषा में विकास ही होता है, परिवर्तन नहीं। इसके दो कारण हैं : बाह्य अन्तर्विरोध और समाज की आन्तरिक स्थिति। ये दो कारण अलग भी हैं, सम्बद्ध भी। वैसे ही उनका प्रभाव मिला-जुला और अलग भी होता है। बाह्य अन्तर्विरोध से अधिकतर भाषा में रूप-सम्बन्धी परिवर्तन होता है। जब कोई विजित जाति अपनी भाषा के शब्दों को ठुकराए और विजेता की भाषा के व्यवहार पर गर्व करे, तो इसे गुलामी का चिह्न मानना चाहिए। सहज आदान-प्रदान समानता के आधार पर होना चाहिए। भाषा स्थूल अर्थबोधक शब्दों से सूक्ष्म अर्थबोधक शब्दों की ओर प्रगति करती है। वह सामान्य और व्यापक अर्थवाले शब्दों से निश्चित और विशेष अर्थवाले शब्दों की ओर बढ़ती है। उसका अन्तस आन्तरिक समाज-व्यवस्था के परिवर्तित होने पर बदलता है। भाषा समग्र समाज की वस्तु है किन्तु उसके गठन और विकास में वर्गों की महत्त्वपूर्ण भूमिका होती है। विकास-प्रक्रिया सामाजिक परिवर्तनों के अनुसार कभी द्रुत होती है, कभी धीमी। भाषा-विकास की मंजिलें मोटे रूप से निश्चित की जा सकती हैं। गण, लघुजाति और महाजाति के निर्माण के साथ भाषा-क्षेत्र में भी महत्त्वपूर्ण परिवर्तन होते हैं।

परिशिष्ट

बंगाल में हिन्दी

डॉ. सुनीति कुमार चाटुर्ज्या का विवेचन

बहुत समय हुआ, डॉ. सुनीति कुमार चाटुर्ज्या ने 'इंडियन लिंग्विस्टिक्स' (1931, खंड 1, भाग 2-4) में कलकत्ते की हिन्दुस्तानी पर एक लेख लिखा था : 'कैलकटा हिन्दुस्तानी—ए स्टडी ऑफ़ ए जार्गन डायलेक्ट'। लेख के अन्त में उसका लेखनकाल दिसम्बर, 1928 दिया हुआ है। लेख कलकत्ते की हिन्दुस्तानी पर है किन्तु इसमें ऐतिहासिक दृष्टि से अखिल भारतीय सन्दर्भ में हिन्दी भाषा के प्रसार पर विचार किया गया है। जिसे आजकल समाजी भाषाविज्ञान (सोशियोलिंग्विस्टिक्स) कहा जाता है, उसका यह बहुत अच्छा उदाहरण है। विशेषता यह है कि समाजी भाषाविज्ञान की समस्या पर ऐतिहासिक दृष्टि से विचार किया गया है। भारत सरकार ने जो भाषा-सम्बन्धी समिति बनाई थी, उसका ऐतिहासिक महत्त्व यह है कि उसके एक समिति के सदस्य डॉ. चाटुर्ज्या ने अपनी पुरानी मान्यताओं को एकदम उलट दिया था। उसके गठन से पहले उन्होंने भारत की भाषा-समस्या पर सामाजिक-ऐतिहासिक दृष्टि से जो विचार प्रकट किये थे, उनका महत्त्व निर्विवाद है और उन पर ध्यान देना भाषा-समस्या पर विचार करनेवालों का कर्तव्य है।

डॉ. सुनीति कुमार चाटुर्ज्या जब स्कूल में पढ़ते थे, तब नागरी लिपि भली भाँति सीखे बिना, उन्होंने काफी हिन्दुस्तानी सीख ली थी। लेख के आरम्भ में उन्होंने बताया है कि कलकत्ते का हर लड़का—यानी बंगला-भाषी लड़का—इतनी हिन्दुस्तानी जानता है कि शहर में काम चला सके। उसी तरह बिना किसी से सीखे हुए कलकत्ते में रहने के कारण ही डॉ. चाटुर्ज्या ने काफी हिन्दुस्तानी सीख ली थी। एक दिन उन्होंने देखा कि कुछ बिहारी और पछाँही मजदूर पाइप डालने के लिए सड़क खोद रहे हैं और दो साहब उनसे हिन्दुस्तानी में बातें कर रहे हैं। इनमें एक लाल मुँह का अंग्रेज़ था और दूसरा अधगोरा था (यह बात बीसवीं सदी के प्रथम दशक की है)। जब डॉ. चाटुर्ज्या को हिन्दुस्तानी भाषा का व्याकरण पढ़ने को मिला, तब उन्होंने—उन्हीं लड़कपन के दिनों में—अनुभव किया कि बाजार में जो हिन्दुस्तानी बोली जाती है, वह शुद्ध भाषा नहीं है, किन्तु वह कलकत्ते के गली-कूचों में भद्र लोगों, साहबों और मजदूरों की भाषा है, हर आदमी उसका व्यवहार करता है, और वह बड़ी सजीव भाषा है।

इसके बाद, भाषाविज्ञान का यथेष्ट अध्ययन करने के बाद, डॉ. चाटुर्ज्या ने कलकत्ते से बाहर की स्थिति पर विचार करते हुए यह मत प्रकट किया कि गली-कूचों और बाजारों की हिन्दुस्तानी बड़ी जीवन्त भाषा है और अधिकांश आर्य भारत में जीवन का बहुत-सा कामकाज इसी भाषा के माध्यम से किया जाता है। यहाँ डॉ. चाटुर्ज्या ने आर्य भारत को आर्येतर से अलग करके देखा है। फिर इस हिन्दुस्तानी को आर्येतर मुगलों की देन माना है। फ़ारसी-अरबी से लदी

हुई उर्दू को अलग रखते हुए उन्होंने हिन्दुस्तानी को देश में एकता कायम करनेवाला अपूर्व माध्यम कहा है, उसे जनसाधारण के काम-काज की भाषा कहा है। इस भाषा का विकास उन्होंने तेरहवीं शताब्दी से माना है। उत्तर भारत की विभिन्न जनपदीय उपभाषाओं से इसका जो सम्बन्ध रहा है, उसके बारे में उन्होंने रोचक बातें कही हैं। उनके अनुसार हिन्दुस्तानी का आधार पंजाबी और पछाँही हिन्दी हैं। (पछाँही हिन्दी में अनेक बोलियाँ आ जाती हैं।) राजधानी दिल्ली में अनेक बोलियाँ बोलनेवाले लोग एकत्र होते थे और उनकी बोलियों के शब्द इस भाषा में आ गए हैं। इसका निर्माण करनेवालों में बाँगरू (हरियाणा की बोली!) बोलनेवाले लोग थे; पश्चिमी, पूर्वी और मध्य पंजाब के लोग थे; ऐसे लोग थे, जो सम्बन्धकारक चिह्न 'का' के बदले 'दा' कहते थे। संयुक्त प्रान्त (उत्तर प्रदेश) और सेंट्रल इंडिया एजेंसी (मध्य प्रदेश) के लोग थे जो ब्रजभाषा, कनौजी और बुन्देलखंडी बोलते थे। उनमें राजस्थानी समुदाय की अनेक बोलियाँ—यथा जयपुरी और मारवाड़ी—बोलनेवाले मेवाती और राजपूत थे, और इनके अतिरिक्त कुछ पुरबिये भी थे जो अवधी, बघेली और भोजपुरी बोलते थे।

हिन्दुस्तानी को मुगलों ने जन्म दिया या नहीं दिया, यह अलग प्रश्न है। विभिन्न बोलियाँ बोलनेवाले लोगों ने ब्रजभाषा के प्रभाव से हिन्दुस्तानी का विकास आगरे में किया या दिल्ली में, यह भी अलग प्रश्न है। डॉ. चाटुर्ज्या के विवरण में तत्त्व की बात यह है कि विभिन्न बोलियाँ बोलनेवालों के परस्पर सम्मिलन से हिन्दुस्तानी का विकास हुआ; इसका मुख्य आधार बाँगरू थी, पर जिन बोलियों से अनेक तत्त्व इसमें आए और जिनके बीच यह सम्पर्क भाषा बनी, वे बोलियाँ पंजाब, राजस्थान, बिहार, मध्य प्रदेश और उत्तर प्रदेश में बोली जाती थीं। इन बोलियों में पछाँही समुदाय की बोलियाँ और पूर्वी समुदाय की बोलियाँ भी थीं। विभिन्न जनपदों के बीच सम्पर्क की सामाजिक आवश्यकता को इस भाषा ने पूरा किया। क्या यह कहा जा सकता है कि यह हिन्दुस्तानी भाषा ब्रज, अवधी, भोजपुरी, मारवाड़ी आदि उप-भाषाओं पर लादी गई थी? जो लोग ऐसा कहें, उन्हें 1928 में डॉ. सुनीति कुमार चाटुर्ज्या का दिया हुआ उक्त ऐतिहासिक वृत्तान्त, ईर्ष्या-द्वेष भुलाकर, ध्यानपूर्वक पढ़ना और घोखना चाहिए।

डॉ. चाटुर्ज्या आगे कहते हैं कि तुर्क और पठान शासन की प्रारम्भिक शताब्दियों में हिन्दुस्तानी का रूप काफी अस्थिर था किन्तु पन्द्रहवीं शताब्दी में उत्तर भारत में उसका रूप काफी निश्चित हो गया। कहते हैं कि चौदहवीं शताब्दी में ही अपने पुराने रूप में, ब्रजभाषा और अवधी के साथ-साथ, पंजाब से लेकर बिहार तक वह साहित्य में प्रयुक्त होने लगी थी। कबीर की भाषा पुरानी हिन्दुस्तानी है और कुल मिलाकर यही आदिग्रंथ की भाषा है। डॉ. चाटुर्ज्या कहते हैं कि उत्तर भारत के सिपाही दक्षिण भारत जाते थे और वहाँ वे स्वयं को एक अजनबी प्रदेश में पाते थे जहाँ मराठी, तेलगू, कन्नड़ और तमिल भाषाएँ बोली जाती थीं। जो लोग उत्तर से जाकर दक्खिन में बस गए, उन्होंने सोलहवीं सदी के मुसलमान-प्रेरित हिन्दुस्तानी साहित्य की नींव डाली। गोलकुंडा के सुल्तान कुतुबशाह आदि ने उर्दू साहित्य को जन्म दिया, और दिल्ली के अमीर ख़ुसरो की अपेक्षा, ये लोग उर्दू के वास्तविक आदि-निर्माता थे। दकनी कवियों ने पहली बार हिन्दी के माध्यम से फ़ारसी के भाव व्यक्त किये। यह दकनी बाद की हिन्दुस्तानी नहीं है। यह दिन्दुस्तानी से मिलती-जुलती बोली है। उसका झुकाव कहीं-कहीं पंजाबी की तरफ है, और उस पर देशी या हिन्दी प्रभाव, विशेष कर शब्दावली पर, यथेष्ट प्रबल है।

उत्तर और दक्षिण भारत का आपसी सम्पर्क कितना पुराना है और इस सम्पर्क का माध्यम कौन-सी भाषा या भाषाएँ थीं, यह प्रश्न पुनः अलग रखना चाहिए। डॉ. चाटुर्ज्या मुगलकाल

में उत्तर-दक्षिण भारत के आपसी सम्पर्क और हिन्दुस्तानी के प्रसार के बारे में आगे कहते हैं कि सत्रहवीं सदी में, खास तौर से औरंगज़ेब के सैनिक अभियानों के समय, उत्तर-दक्षिण भारत में घनिष्ठ सम्पर्क कायम हुआ। कुतुबशाह की पंजाबी-प्रभावित भाषा के बदले वली की टकसाली भाषा का व्यवहार होने लगा। वली की रेख़्ता, दिल्ली दरबार की भाषा को औरंगज़ेब के सिपाहियों और सरदारों ने दक्खिन में नये सिरे से कायम किया। दक्खिन में जो बोलियाँ (यानी हिन्दी या उसके अनेक रूप) उत्तर भारतीयों के उपनिवेशों में पहले से चालू थीं और फल-फूल रही थीं, उनसे राजधानी, दरबार और शाही फौज की भाषा ने लाभ उठाया। मुगल राजधानी की भाषा के दक्खिन पहुँचने से पहले जो बोलियाँ वहाँ बोली जाने लगी थीं, वे हैदराबाद, उत्तरी कर्णाटक, सावन्तवाड़ी में अब भी हिन्दुस्तानी के दकनी रूपों में बोली जाती हैं। वे तेलगू और तमिल जिलों में भी बोली जाती हैं और उनके पंजाबी से मिलते-जुलते रूप पर पुरानेपन की छाप है। उर्दू-ए-मुअल्ला नाम का व्यवहार, सम्भव है, पहले दक्खिन में हुआ हो! शाही ज़बान को दकनी बोलियों से अलग दिखाने के लिए उसका व्यवहार किया गया हो! उत्तर भारत में इस भाषा को हिन्दी या हिन्दवी कहते थे।

डॉ. चाटुर्ज्या ने अपने लेख में इस हिन्दी या हिन्दवी शब्द का प्रयोग न करके हिन्दुस्तानी शब्द का प्रयोग किया है। हिन्दुस्तानी शब्द का प्रयोग कब से और क्यों किया जाने लगा, यह प्रश्न फिर अलग कर देना चाहिए। मुख्य बात यह है कि हिन्दुओं और मुसलमानों की दो अलग भाषाएँ नहीं थीं, यह हिन्दी या हिन्दवी भाषा एक ओर जहाँ उत्तर भारतीय जनपदों को एक-दूसरे से मिला रही थी, अर्थात् जातीय भाषा के रूप में विकसित हो रही थी, वहाँ दूसरी ओर वह उत्तर-दक्षिण भारत के सम्पर्क को सुदृढ़ बना रही थी, अर्थात् राष्ट्रभाषा के रूप में उसका प्रसार हो रहा था।

डॉ. चाटुर्ज्या आगे कहते हैं : मध्य एशिया और अफ़गानिस्तान से आनेवाले तुर्क, पठान, ईरानी और मुगल लोगों ने भारत में जब पहले अपनी छावनियाँ कायम की थीं, उस समय को बीते बहुत दिन हो गए थे। कुछ शताब्दियों से मध्यकालीन हिन्दुस्तान की मुसलमान-संस्कृति का केन्द्र विदेशी हमलावर की छावनी नहीं थी वरन् इस देश में कायम किया हुआ मुसलमान बादशाह का स्थायी दरबार था। हिन्दुस्तानी का प्रसार वास्तव में सत्रहवीं सदी के अन्त में हुआ, ऐसा जान पड़ता है।

डॉ. चाटुर्ज्या जिसे मुसलमान-संस्कृति कहते हैं, वह किसी जाति विशेष की संस्कृति है या दुनिया में कहीं के भी मुसलमान हों, उन सबकी संस्कृति है, यह प्रश्न अलग रखें। मूल बात यह है कि तुर्कों, पठानों, ईरानियों की अपनी-अपनी भाषाएँ थीं। भारत में इनमें से किसी भी भाषा का चलन नहीं हुआ। इन विभिन्न जातियों के मुसलमानों ने दिल्ली में उसी भाषा को अपनाया जिसे यहाँ के विभिन्न जनपदों के हिन्दू अपने काम-काज के लिए अपना रहे थे। इस तरह अनेक भाषाएँ बोलनेवाले जो मुसलमान हिन्दी प्रदेश में बस गए, वे हिन्दी जाति के अंग बने। मुगल बादशाह का दरबार विदेशी हमलावरों का दरबार नहीं था, वह इस देश में बस जानेवाले, हिन्दी जाति का अंग बन जानेवाले मुसलमानों, हिन्दू सामन्तों और व्यापारियों का दरबार था। ऐसे दरबार में विदेशी आक्रमणकारियों और देशी प्रजा को मिलानेवाली उर्दू नाम की किसी सम्पर्क भाषा का जन्म नहीं हुआ क्योंकि विदेशी आक्रमणकारियों को भारत में आए सैकड़ों साल बीत चुके थे। इन सैकड़ों सालों में वे विदेशी आक्रमणकारी कुछ गूँगे-बहरे नहीं थे कि सम्पर्क भाषा के बिना ही अपना राजकाज चलाते रहते। जब फ़ारसी राजभाषा बनाई गई,

तब इसका कारण यह नहीं था कि भारत पर ईरानियों ने हमला किया है और दिल्ली के सिंहासन पर ईरानियों के वंशज बैठे हुए हैं। हिन्दी को हटाकर उसका स्थान फ़ारसी को दिया गया।

डॉ. चाटुर्ज्या सत्रहवीं सदी में हिन्दुस्तानी भाषा के माध्यम से कायम की जानेवाली एकता के बारे में कहते हैं : "मुगलों के अतिकेन्द्रित शासनकाल में, विशेषत: औरंगज़ेब के शासन में, लगभग सारे भारत में, एक प्रकार की एकता कायम हो गई। उत्तर भारत में इस भाषा की प्रतिद्वन्द्वी कोई दूसरी बोली न थी जिसे वही रुतबा हासिल होता जो दरबार की ज़बान को हासिल था, जिसे राजधानी के अधिकारी सर्वत्र पहुँचा रहे थे। टोडरमल ने हिन्दी के स्थान पर शासन के सभी विभागों में जब से फ़ारसी चलाई, तब से सरकारी काग़ज़ात, हुक्मनामों, रिपोर्टों, अदालत की कार्रवाई और आम कानूनी दस्तावेजों की भाषा फ़ारसी हुई; औपचारिक रूप से वही राज्यभाषा थी। इसके अलावा मुसलमान उच्च वर्गों, हिन्दू अधिकारियों और फ़ारसी में दीक्षित अन्य जनों की वह भाषा थी। किन्तु आये-दिन के व्यवहार के लिए फ़ारसी के प्रयोग की ज्यादा गुंजाइश न थी, क्योंकि वह थी तो आखिर विदेशी भाषा। अन्य बोलियों का व्यवहार स्थानीय था, केवल ब्रजभाषा, अवधी और डिंगल (मारवाड़ी) जैसी कुछ बोलियों को साहित्यिक महत्त्व प्राप्त हुआ था। किन्तु ये सब हिन्दू साहित्य का माध्यम थीं और मुसलमानों के लिए अजनबी बोलियाँ भी थीं, इसलिए दिल्ली दरबार के मुसलमानों को उनसे दिलचस्पी न थी, सिवा इसके कि कभी कोई शहजादा या सरदार हिन्दू साहित्य पर मुग्ध होकर उन बोलियों में लिखता था या उनमें लिखनेवालों को प्रोत्साहन देता था।"

डॉ. चाटर्ज्या भाषा-समस्या को हिन्दुओं और मुसलमानों की समस्या बना देते हैं। किसी भाषा को बोलनेवाला पूरा समुदाय, जिसे हम जाति कहते हैं, उनके सामने कम रहता है। सिन्ध और कश्मीर की भाषाएँ अलग-अलग हैं। दोनों जगह मुसलमान बहुसंख्यक हैं। इस तथ्य की व्याख्या कैसे की जाएगी? दरबारी सरदार और शहजादे भले ही दो-चार कवियों को प्रोत्साहन देते रहे हों, मलिक मोहम्मद जायसी ने किस दरबार के प्रोत्साहन से 'पद्मावत' लिखा था? दरबारों में और दरबारों के बाहर संगीत की बन्दिशें ब्रजभाषा में थीं और उन्हें समझनेवालों की संख्या हजारों में थी। उनमें हिन्दू और मुसलमान, दोनों थे। उनके लिए ब्रजभाषा अजनबी बोली कैसे हो सकती थी?

आधुनिक भाषाओं का विकास अपभ्रंश से मानने के कारण डॉ. चाटुर्ज्या विश्वास करते हैं कि मध्य देश की भाषा, शौरसेनी अपभ्रंश, जो अब पछाँही हिन्दी है, तुर्क-अभियान से पहले उत्तर भारत के लोगों की एकता का माध्यम थी। इसके आधार पर साहित्यिक भाषाएँ गढ़ी गईं जो कृत्रिम थीं। इनके समानान्तर नई बोलियाँ विकसित हो रही थीं। ब्रजभाषा, कनौजी, बुन्देली और कुछ राजस्थानी बोलियाँ—ये सब शौरसेनी प्राकृत से उत्पन्न हुई थीं। इनमें किसी को भी शौरसेनी अपभ्रंश का महत्त्व प्राप्त न हुआ। (यहाँ डॉ. चाटुर्ज्या ने ब्रजभाषा की भूमिका को आँखों से ओझल हो जाने दिया है।) दिल्ली की बोली, अनेक मिलती-जुलती बोलियों के आधार पर विकसित हुई और उसका महत्त्व निरन्तर बढ़ता गया। वह हिन्दुस्तान की—अर्थात् हिन्दी-भाषी प्रदेश की—प्रमुख भाषा बन गई। उसे देशी और विदेशी, दोनों तरह के मुसलमान बोलते थे। सोलहवीं सदी के बाद से गुरु नानक और सिख गुरुओं की भाषा को इसने अधिकाधिक प्रभावित किया। (सिख गुरुओं की भाषा अधिकतर ब्रजभाषा है।) सत्रहवीं और अठारहवीं सदियों में राज्य कर्मचारी और फौजी सरदार पंजाब में अपने साथ दिल्ली की बोली ले गए। लाहौर, लखनऊ, बनारस, पटना, अहमदाबाद, दौलताबाद, मुर्शिदाबाद,

ढाका—हर जगह दिल्ली की बोली बोलना फैशन हो गया। दौलताबाद और गोलकुंडा की दकनी बोलियों ने दिल्ली की रेख़्ता की श्रेष्ठता स्वीकार की। अठारहवीं सदी में बहुत-से मुगल सूबे जब दिल्ली के मातहत न रहे, तब भी अनेक मुसलमान दरबारों में—अवध, हैदराबाद, पटना और बंगाल में—दिल्ली की भाषा का व्यवहार होता रहा।

हिन्दुस्तानी के प्रसार में डॉ. चाटुर्ज्या ने मुसलमान दरबारों, मुसलमान राज्य-कर्मचारियों की भूमिका को बढ़ा-बढ़ाकर दिखाया है। इसका कारण यह है कि जिन सामाजिक परिवर्तनों के कारण जातीय भाषा का विकास होता है, वे उनके सामने अस्पष्ट है। सबसे अधिक भ्रम की बात उन्होंने बंगाल के ही बारे में कही है। बंगाल के मुसलमान शासकों ने बंगला साहित्य के विकास को उल्लेखनीय प्रोत्साहन दिया। उनकी भाषा बंगला थी, न कि हिन्दुस्तानी। वे हिन्दुस्तानी भी जानते थे, वैसे ही, जैसे बंगाल के बहुत-से अन्य लोग, विशेष कर व्यापारी, उसे जानते थे। बंगाल की जातीय भाषा बंगला थी। बंगाली जाति लगभग आधी हिन्दू, आधी मुसलमान थी और है। इस कारण यह नहीं हुआ कि एक भाग की भाषा बंगला हो और दूसरे भाग की भाषा हिन्दुस्तानी हो। बंगाल में हिन्दुस्तानी भाषा सम्पर्क-भाषा के रूप में फैली, अंग्रेज़ी राज कायम होने से पहले फैली, अंग्रेज़ी राज कायम होने पर यह प्रक्रिया जारी रही। बंगाल को शेष भारत से मिलानेवाली भाषा अंग्रेज़ी नहीं थी, हिन्दुस्तानी थी, यह तथ्य निर्विवाद है। कारणों के बारे में मतभेद हो, वह अलग बात है।

बंगाल में हिन्दुस्तानी भाषा के प्रसार के बारे में डॉ. चाटुर्ज्या कहते हैं : दरबारों से यह भाषा साधारण लोगों में फैली, जो सरकार के सम्पर्क में आते थे। इस तरह बंगाल जैसे सूबे में इस भाषा को पैर जमाने का मौका मिला। जो बंगाली जन सरकारी नौकरी करना चाहते थे, उन्हें सबसे पहले फ़ारसी सीखनी होती थी। उन्हें हिन्दुस्तानी भी सीखनी होती थी, खास तौर से अठारहवीं सदी में। फ़ारसी भाषा मुंशी सिखाता था पर हिन्दुस्तानी आसपास के बोलनेवालों से सीखी जाती थी। राजनीति में अंग्रेज़ हिस्सा ले रहे थे; आखिर अठारहवीं सदी में वे बंगाल के शासक बन गए। बंगाल की जनता और सरकार से व्यवहार करने में, फ़ारसी और बंगला के अलावा, उन्हें हिन्दुस्तानी का ध्यान रखना होता था। बंगाल के मुसलमान अफ़सर उत्तर भारत की यही भाषा बोलते थे।

इसके बाद आर्थिक सम्बन्धों की महत्त्वपूर्ण भूमिका पर ध्यान देते हुए डॉ. चाटुर्ज्या ने जो कुछ कहा है, उससे उनकी पूर्व मान्यताएँ यदि पूरी तरह खंडित नहीं हो जातीं, तो उनमें काफी परिवर्तन अवश्य हो जाता है। कहते हैं कि बंगाल की राजधानी मुर्शिदाबाद में व्यापारियों की बड़ी-बड़ी कोठियाँ थीं। इनका सम्बन्ध उत्तर-भारत से था और बंगाल की बैंक-व्यवस्था पर उनका नियंत्रण था। इन कोठियों के मालिक पंजाब, राजपूताना और दूसरी जगहों के लोग थे जो प्राय: सभी हिन्दुस्तानी बोलते थे। बंगाल में बहुत-से हिन्दू कर्मचारी उत्तर भारत से आकर बस गए थे और वे अभी बंगाली न बने थे। इस प्रकार अनेक कारणों से बंगाल में हिन्दुस्तानी को जगह मिल गई थी। यह हिन्दुस्तानी कौन-सी जनपदीय उपभाषाएँ बोलनेवालों को एक-दूसरे से मिला रही थी, इस बारे में डॉ. चाटुर्ज्या ने लिखा है : "उत्तर भारत के जो लोग घर में लहँदी, पंजाबी, राजस्थानी, ब्रजभाखा, कनौजी, बुन्देली, अवधी, भोजपुरी और मगही बोलते थे, उन्हें हिन्दुस्तानी एक सम्पर्क भाषा के रूप में प्राप्त हो चुकी थी और उसे वे स्वीकार करते थे।"

इस प्रकार सामाजिक आवश्यकताओं के कारण ब्रज, अवधी, बुन्देली आदि उपभाषाएँ बोलनेवालों ने हिन्दी भाषा को अपनी जातीय भाषा के रूप में स्वीकार किया था। उन पर हिन्दी

भाषा कहीं बाहर से लाकर लादी न गई थी। व्यापारियों के अलावा और बहुत-से साधारण लोग उत्तर भारत से जाकर बंगाल में बस गए थे। इस बारे में डॉ. चाटुर्ज्या ने लिखा है कि उत्तर भारत से छोटे-मोटे व्यापारी, सिपाही, दरबान, नौकर-चाकर, साधू-संन्यासी उत्तर भारत से निरन्तर बंगाल आते रहे थे। इन लोगों ने बंगाल में हिन्दुस्तानी की स्थिति को मजबूत किया। यही कारण है कि सन् 1800 में अंग्रेज़ों ने जब कलकत्ते में फोर्ट विलियम कॉलेज की स्थापना की, तो बंगाल के लिए हिन्दुस्तानी को अनिवार्य भाषा मानकर, उन्होंने हिन्दुस्तानी का प्रोफेसर नियुक्त करने की व्यवस्था की। इससे पहले अन्य यूरोपियन लोग इस भाषा का महत्त्व समझ चुके थे और उन्होंने उसके व्याकरण लिखे थे। डॉ. चाटुर्ज्या के अनुसार, केटलेर ने अपना हिन्दुस्तानी व्याकरण सन् 1715 में लिखा और वह 1743 में प्रकाशित हुआ। इसमें उन्होंने उस हिन्दुस्तानी को आधार बनाया जो सूरत में तथा मुगल-साम्राज्य के भीतरी नगरों में बोली जाती थी। केटलेर के बाद अंग्रेज़ हेडले ने 1772 में हिन्दुस्तानी पर अपनी पुस्तक प्रकाशित की। 1779 में फर्गुसन ने हिन्दुस्तानी का व्याकरण और कोश प्रकाशित किया।

हिन्दुस्तानी के प्रसार के बारे में डॉ. चाटुर्ज्या ने आगे लिखा है कि राजपूताना, पंजाब और दोआब से लोग बंगाल में बराबर आते रहे। जब रेल चालू हुई, तब इनकी संख्या और भी बढ़ी। इन हिन्दुस्तानी बोलनेवालों में मजदूर थे और छोटे व्यापारी थे, इसलिए बंगाल के बड़े शहरों में, खास तौर से कलकत्ते में, बंगालियों को हिन्दुस्तानी से परिचित होना ही पड़ता था। दिल्ली की ज़बान को बिहारी, पुरबिये, मारवाड़ी अपने-अपने ढंग से बोलते थे; जब उसे बंगाली बोलते थे, तब उस पर अपना अलग रंग चढ़ाते थे। जो हिन्दुस्तानी बोलनेवाले बंगला भाषा से परिचित हो गए थे, वे बंगला का वह रंग अपनी हिन्दुस्तानी पर चढ़ाते थे। इस तरह का हिन्दुस्तानी का एक बंगाली संस्करण चालू हुआ।

1921 की जनगणना के आधार पर डॉ. चाटुर्ज्या ने लिखा है कि पौने पाँच करोड़ की आबादी में बंगला-भाषी जन चार करोड़ सैंतीस लाख से कुछ ऊपर थे। हिन्दी-उर्दू बोलनेवाले बीस लाख थे। इनके अलावा पैंतीस हजार राजस्थानी, गुजराती, मराठी और पंजाबी बोलनेवाले थे, और ये प्राय: सभी हिन्दुस्तानी का व्यवहार करते थे। पूरे बंगाल को देखते हुए बंगला भाषा के समुद्र में हिन्दुस्तानी एक टापू जैसी थी किन्तु कलकत्ते में बंगला भाषा बोलनेवाले केवल 53.3 फीसदी थे। बंगाल के आर्थिक और सांस्कृतिक जीवन की धुरी है कलकत्ता। इसकी आधी आबादी गैर-बंगाली थी। इन गैर-बंगालियों में 37.2 फीसदी लोग बिहार और संयुक्त प्रान्त के थे। डॉ. चाटुर्ज्या ने कलकत्ते को द्विभाषी नगर कहा है, जिसकी दो मुख्य देशी भाषाएँ बंगला और हिन्दुस्तानी हैं। दरबानों, मजदूरों आदि के मुँह से काफी भोजपुरी भी सुनने को मिलती है किन्तु प्रधान भाषाएँ वही हैं। डॉ. चाटुर्ज्या कहते हैं : "शहर के बहुत-से भागों में, उसके गढ़ में, व्यापार-व्यवसाय के मोहल्लों में, हाट-बाजारों में (बंगाली दुकानें छोड़कर) बंगला की अपेक्षा हिन्दुस्तानी ही ज्यादा चलती है। उत्तर भारत से आनेवाले बहुत-से लोग बंगला बोल नहीं पाते, समझ उसे चाहे लें, किन्तु शहर में रहनेवाले प्राय: सभी बंगाली थोड़ी-बहुत बाज़ार-हिन्दुस्तानी जानते हैं।

इस तरह सामाजिक कारणों से कलकत्ते में हिन्दी को जगह मिली। व्यापार- व्यवसाय में बंगला की अपेक्षा उसका अधिक व्यवहार होने से स्वभावत: सारे बंगाल का सामाजिक जीवन उससे प्रभावित हुआ।

अब मगही-मैथिली बोलनेवालों का व्यवहार देखिए। बंगला और उड़िया बोलनेवाले मिलेंगे तो बंगला बोलेंगे : "किन्तु जब कोई बंगला बोलनेवाला मगही या मैथिली बोलनेवाले

से मिलेगा, तो आम तौर से बाज़ार-हिन्दुस्तानी में बोलेगा। दिल्ली की भाषा ही कलकत्ते के लोगों तथा भागलपुर, गया, पटना, दरभंगा और बनारस के लोगों के बीच सम्पर्क-भाषा बनेगी, और इस तथ्य के बावजूद बनेगी कि बंगाली और बिहारी बोलियाँ, संरचना की दृष्टि से, एक-दूसरे से अधिक मिलती हैं, हिन्दुस्तानी से कम मिलती हैं, वे ऐसी शाखा या भाषा-समुदाय से सम्बद्ध हैं जिससे हिन्दुस्तानी अलग है।" संरचना की दृष्टि से कौन किससे ज्यादा मिलती है, यह बात यहाँ छोड़ दें। निर्विवाद सामाजिक तथ्य यह है कि न केवल भोजपुरी बोलने वालों, वरन् मगही और मैथिली बोलनेवालों के लिए भी बंगला की अपेक्षा हिन्दी सुगम पड़ती है। स्वभावत: वे बंगालियों में ही हिन्दी नहीं बोलते, आपस में भी हिन्दी बोलते हैं। सामाजिक विकास की यह सारी प्रक्रिया उलटकर अब डॉ. चाटुर्ज्या जैसे विद्वान मैथिली, मगही, भोजपुरी आदि को हिन्दी से भिन्न स्वतंत्र भाषाएँ बनाने पर तुले हुए हैं; इसके साथ यह घोपणा करते हैं कि बंगाल तथा भारत की सम्पर्क-भाषा अब अंग्रेज़ी ही हो सकती है। इस नीति का एक परिणाम यह होता है कि स्वयं बंगाल में बंगला के सिंहासन पर अंग्रेज़ी विराजमान रहती है। जातीय विघटन और राष्ट्रीय विघटन, दोनों की आधारभूत नीति एक है।

पराधीन भारत में स्थिति दूसरी थी। डॉ. चाटुर्ज्या के अनुसार : समृद्ध बंगाली परिवार में कर्ता महाशय कलकत्ते की बंगला बोलेंगे। उनका मैनेजर और क्लर्क पूर्वी बंगाल के होंगे, दासियाँ मिदनापुर या बाँकुरा जिले की होंगी, नौकर बिहारी या उड़िया होंगे, रसोइया मैथिल हो सकता है; सईस, कोचवान बिहार या पूर्वी संयुक्त प्रान्त के हो सकते हैं; ड्राइवर बंगाली हिन्दू या सिख होगा, और दरबान, चौकीदार भोजपुरिये, सिख या गुरखे होंगे। बंगला और उड़िया बोलनेवालों को छोड़कर ये सभी लोग हिन्दुस्तानी बोलेंगे। और सुनिए। देशी लोगों के अलावा "विदेशियों को कलकत्ते में बाजार की हिन्दुस्तानी सीखनी ही होती है और वे उसे सहज आवश्यकता मानकर सीख लेते हैं। बंगाली, गुजराती, सिख, पठान, चीनी, तमिल, आर्मीनियन, बगदाद का यहूदी, एंग्लो-इंडियन—ये सब लोग फुटबॉल या घुड़दौड़ के मैदान में, ट्राम और बस में, कलकत्ते की भीड़भाड़ में एक दूसरे से मिलेंगे और तब वे आपस में बाजार की हिन्दुस्तानी बोलेंगे, उसी में मजाक करेंगे और झगड़ा करेंगे।"

विशुद्ध हिन्दी या उर्दू के विचार से हाट-बाजार की इस हिन्दुस्तानी में व्याकरण और उच्चारण की अशुद्धियाँ थीं। इसमें कोई आश्चर्य की बात नहीं क्योंकि जिस अंग्रेज़ी को मानक रूप में चलाने का ठेका ब्रिटिश साम्राज्य के शिक्षा-विशारदों ने ले रखा था, वह अनेक स्थानीय रूपों में, खास इंग्लैंड में ही बोली जाती थी। इंग्लैंड के बाहर तो उसके रूपों का ठिकाना न था। हिन्दुस्तानी भाषा का व्यवहार भारत के लोग ही न करते थे, अंग्रेज़ तथा अन्य यूरोपियन लोग भी उससे काम लेते थे। तब ऐसी 'अशुद्धियाँ' होना स्वाभाविक था। डॉ. चाटुर्ज्या ने लिखा है कि जो यूरोपियन शहरों में रहते हैं, वे बंगाल में कहीं भी थोड़ी-सी बोलचाल की हिन्दुस्तानी से अपना काम चला सकते हैं। उनके नौकर बंगाली मुसलमान, अराकान या चटगाँव के बौद्ध, उड़िया या पछाँही लोग—सभी बाजार की हिन्दुस्तानी समझते और बोलते हैं; केवल मद्रास के नौकर अपने मालिकों से अंग्रेज़ी बोलते हैं, पर वे भी बाजार की हिन्दुस्तानी बहुत जल्दी सीख लेते हैं।

अंग्रेज़ों ने, हिन्दी-भाषी प्रदेश से पहले, बंगाल पर विजय प्राप्त की। बंगाल में जिस देशी भाषा से वे काम लेते थे, वह बंगला नहीं थी, हिन्दुस्तानी थी। इसका कारण यह था कि अंग्रेज़ी राज कायम होने से पहले, बंगाल तथा भारत के अन्य प्रदेशों में, हिन्दी सम्पर्क भाषा के रूप में बहुत बड़े पैमाने पर फैल चुकी थी।

अब इस हिन्दुस्तानी भाषा के अन्तरराष्ट्रीय व्यवहार पर विचार कीजिए। डॉ. चाटुर्ज्या कहते हैं : "यह भाषा भाँति-भाँति के स्थानों में बोली जाती है—जहाँ भी ऐसे लोग हों जिनका भारत से कुछ भी सम्बन्ध रहा हो। एक बार पेनांग में स्टीमर पर कैन्तन और शांघाई के दो चीनी थे। एक अंग्रेज़ी जानता था, दूसरा थोड़ी-सी हिन्दुस्तानी। मुझे इनके बीच दुभाषिये का काम करना पड़ा।" कैन्तन और शांघाई की चीनी बोलियाँ इतनी भिन्न रही होंगी कि वे दोनों चीनी एक-दूसरे की बात समझ न पाते होंगे। उनमें एक को तो विश्व-भाषा अंग्रेज़ी आती थी पर दूसरे को केवल हिन्दुस्तानी आती थी। जैसाकि भारत में होता है, उच्च वर्गों के तमिल-तेलगू-भाषी जन आपस में एक-दूसरे से तमिल या तेलगू में वार्तालाप नहीं करते, वे अंग्रेज़ी का सहारा लेंगे, पर इन भाषाओं के बोलनेवाले साधारण जन हिन्दुस्तानी का व्यवहार करेंगे, वैसे ही यह दूसरा चीनी व्यक्ति अंग्रेज़ी की जगह हिन्दुस्तानी से काम चलाता था। अपने अनुभवों के बारे में डॉ. चाटुर्ज्या आगे कहते हैं : "लन्दन की सड़कों में एक ब्रिटिश सैनिक और एक मलय नाविक, स्कॉटलैंड के पहाड़ी में ओबान स्थान पर एक स्कॉट ओवरसियर, स्वयं यूनान में कुछ यूनानी जो कलकत्ते की राली ब्रदर्स नामक फर्म में काम कर चुके थे, मुझसे हिन्दुस्तानी में बोले। भारत के बाहर जहाँ भी मुझे कोई भारतीय मिला, मैंने उससे पूछा, क्या भाई, हिन्दुस्तानी हो? यदि वह उत्तर भारत का हुआ तो जवाब हमेशा हिन्दुस्तानी में मिला। कभी-कभी दक्षिण भारतीय भी हिन्दुस्तानी में जवाब देगा किन्तु साधारणत: दक्षिण भारतीय अथवा भारतीय-सा लगनेवाला श्रीलंका का निवासी, उस भाषा को न बोल पाने के लिए क्षमा-याचना करेगा।"

जो लोग व्यापार, उच्च शिक्षा आदि के कामों में लगे हुए हैं, उनमें हिन्दी का व्यवहार अपेक्षाकृत कम होगा किन्तु गरीबों की सम्पर्क भाषा, और कभी-कभी उनकी एक मात्र भाषा हिन्दी है—केवल हिन्दी प्रदेश में नहीं, उसके बाहर भी है। केवल भारत में नहीं, भारत के बाहर भी है। इस सन्दर्भ में डॉ. चाटुर्ज्या का बयान इस प्रकार है : "कलकत्ते की झुग्गी-झोंपड़ी वाली बस्तियों में, पटसन मिलों के मजदूर-मोहल्लों में, रेल-मजदूरों के अहातों में, अंडमान द्वीपों के कैदियों के आवासों में, फिजी, ट्रिनिडाड, ब्रिटिश, गियाना तथा अन्यत्र के भारतीय प्रवासियों में ऐसे मानव-समुदाय बढ़ रहे हैं जिनकी घर की भाषा और कभी-कभी जिनकी एकमात्र भाषा यह बाजार-हिन्दुस्तानी है।" पिछले दिनों हिन्दी को विश्व-भाषा बनाने की बात काफी जोरों से कही जाती रही है। पचास वर्ष पहले हिन्दी विश्व-भाषा बन चुकी थी, यह डॉ. चाटुर्ज्या के उक्त विवरण से स्पष्ट है। उसे विश्व-भाषा कुछ थोड़े-से नेताओं और भाषाशास्त्रियों ने नहीं बनाया। उसे मुख्यत: कुलियों और मजदूरों ने अन्तरराष्ट्रीय व्यवहार की भाषा बनाया है। नेताओं और भाषाशास्त्रियों को दिशा-निर्देश नहीं करना है—मेहनत से रोटी-रोजी कमानेवाले लोग जो पहले से कर चुके हैं, उसे समझना है। इन लोगों का अनुसरण करना है। वह बात अन्तरराष्ट्रीय स्तर पर ही नहीं, राष्ट्रीय स्तर पर भी लागू होती है।

राष्ट्रीय स्तर पर हिन्दी का प्रसार अनेक कारणों से हुआ है। डॉ. चाटुर्ज्या ने लिखा है कि मेसोपोटामिया के यहूदी और आर्मीनिया के प्रवासी, कलकत्ते में बस जाने पर, दूसरी-तीसरी पीढ़ी में हिन्दुस्तानी बोलने के आदी हो जाते हैं। बिहार या पूर्वी हिन्दी प्रदेश से मूलत: आए हुए कुछ मुसलमान मजदूरों की आम बोलचाल की भाषा हिन्दुस्तानी हो जाती है। (ऐसा बंगाल में ही नहीं होता, हिन्दी प्रदेश के औद्योगिक केन्द्रों में भी होता है। डॉ. चाटुर्ज्या ने जातीय भाषा के प्रसार की प्रक्रिया का ही वर्णन करते हुए लिखा है : "दरअसल पछाँह से आनेवाले हिन्दू

और मुसलमान, दोनों को ही जब अपनी बोली छोड़नी पड़ती है, तब वे सहज भाव से इस बाजार-हिन्दुस्तानी को ही अपनाते हैं।"

हिन्दुओं और मुसलमानों की बोलचाल की भाषा एक है। औद्योगिक केन्द्रों में हिन्दू और मुसलमान मजदूर, उनकी बोली कोई भी रही हो, हिन्दुस्तानी भाषा अपनाते हैं। ऐसा करना उनके लिए स्वाभाविक इसलिए होता है कि उनकी बोलियाँ हिन्दी से ज्यादा मिलती-जुलती हैं, किसी अन्य भाषा से नहीं, और इस हिन्दी का प्रसार शताब्दियों से होता चला आ रहा है। डॉ. चाटुर्ज्या ने लिखा है कि कलकत्ते के बंगाली मुसलमान अपने देहाती परिवेश से अलग-थलग जा पड़े हैं। वे बंगला भाषा छोड़कर यह हिन्दुस्तानी बोली बोलते हैं : "और अब वे एक निरन्तर बढ़ता हुआ शहरी सर्वहारा वर्ग निर्मित कर रहे हैं जो संस्कृतिविहीन है और जो अक्सर झगड़ा-फसाद करनेवाला होता है।"

मजदूर जहाँ भी अपनी माँगों के लिए संघर्ष करते हैं, वे उच्चवर्गों को असंस्कृत और दंगा-फसाद करनेवाले प्रतीत होते हैं। कलकत्ते का मजदूर वर्ग मुख्यत: हिन्दी-भाषी है। बंगाल के बहुत-से वामपक्षी नेता भी बहुधा इस तथ्य को पूरी तरह समझ नहीं पाते, उसके अनुसार अपनी भाषा-नीति स्थिर नहीं कर पाते। कलकत्ते के मजदूरों का संगठन हिन्दी भाषा के व्यवहार के बिना असम्भव है। यह स्थिति केवल कलकत्ते में नहीं है। बम्बई भारत का दूसरा बड़ा औद्योगिक केन्द्र है। वहाँ के मजदूर मराठी या गुजराती के मुकाबले हिन्दी का व्यवहार वैसे ही ज्यादा करते हैं, जैसे कलकत्ते के मजदूर; केवल बंगला-भाषी मजदूरों से मराठी-भाषी मजदूरों का अनुपात अधिक होगा। यदि सारे भारत के मजदूर वर्ग को लिया जाए तो यह तथ्य उजागर होगा कि भारत के बहुसंख्यक मजदूर हिन्दी भाषा का व्यवहार करते हैं; जिनकी मातृभाषा बंगला, मराठी, तेलगू आदि कोई अन्य भाषा है, जो अंग्रेज़ी नहीं जानते, वे सम्पर्क भाषा के रूप में हिन्दी का ही व्यवहार करते हैं। इससे सिद्ध हुआ कि मजदूर नेता जब तक अखिल भारतीय कामकाज में अंग्रेज़ी नहीं छोड़ते, तब तक मजदूर-आन्दोलन पूरी शक्ति से प्रगति नहीं कर सकता, न स्वयं मजदूर इस आन्दोलन की, और अपने संगठनों की, बागडोर अपने हाथ में ले सकते हैं।

अक्सर यह कहा जाता है कि साधारण लोग जो हिन्दी बोलते हैं, वह साहित्यिक हिन्दी नहीं है। सही बात है, पर साधारण लोग जो भाषा बोलते हैं, वह साहित्यिक उर्दू कब है? किन्तु अनेक वामपक्षी नेता उर्दू की सुरक्षा के लिए बहुत चिन्तित दिखाई देते हैं। पुराने जमाने में, यानी जब भारत पराधीन था, तब ये नेता कहते थे कि साहित्यिक उर्दू बोलचाल की भाषा से बहुत दूर जा पड़ी है। पिछले पच्चीस वर्षों में उनका यह आलोचनात्मक स्वर मंद ही नहीं, बन्द हो गया है। कारण यह है कि वे अंग्रेज़ी छोड़ नहीं सकते और अंग्रेज़ी को मुख्य चुनौती हिन्दी दे रही है, न कि उर्दू। इसीलिए हिन्दी कृत्रिम भाषा है, जनसाधारण की बोलचाल से दूर है, यह कहने में लाभ है।

कोई भी भाषा बड़े पैमाने पर व्यवहार में आएगी तो उसके अनेक स्थानीय भेद होंगे ही। डॉ. चाटुर्ज्या ने बाजार-हिन्दुस्तानी के नाम पर केवल कलकत्ते की हिन्दुस्तानी को सामने रखा है। कलकतिया हिन्दी की तरह एक बम्बइया हिन्दी है। हर शहर में एक ही बाजार-हिन्दुस्तानी नहीं है। बहुत-से शहर हैं, बहुत-से बाजार हैं, उनमें बहुत तरह की हिन्दी बोली जाती है। हिन्दी का विरोध करनेवाले लोग एक तर्क यह भी देते हैं कि हिन्दी का कोई सर्वमान्य रूप स्थिर नहीं हुआ। यदि स्थिर रूपवाली मानक हिन्दी की बात कीजिए तो कहेंगे, यह भाषा नकली है, बोलचाल की भाषा से दूर है। यदि बोलचाल की हिन्दी के अनेक रूप दिखाइए तो कहेंगे, यह भाषा स्थिर नहीं है। इसका कोई मानक रूप नहीं है। मतलब यह कि हर हालत में उन्हें

अंग्रेज़ी कायम रखनी है। वह भाषा भारत के लिए बिलकुल कृत्रिम नहीं है, मजदूरों के संगठन और समाजवादी भारत के निर्माण का अनिवार्य माध्यम अंग्रेज़ी है।

इस तरह की समस्याओं पर किसी समय बहुत ही सुलझे हुए विचार डॉ. चाटुर्ज्या ने व्यक्त किये थे। उन्होंने अपने उक्त लेख में कहा था : "जब कोई भाषा दरअसल आम जनता की भाषा होती है, गली-कूचों और हाट-बाज़ार की बोली होती है, जो अपनी जनतांत्रिक प्रकृति के कारण विशुद्ध संस्कृति का आग्रह नहीं करती और जो कम-से-कम दो शताब्दियों से प्रचलित रही है, ऐसी भाषा से यह अपेक्षा नहीं की जा सकती कि वह उच्चारण में, रूपों में, शब्दावली में, या मुहावरों में एकरूपता अथवा मानक रूप दिखाए। उनमें केवल यह गुण होना चाहिए कि मूल भाषा से अपना सम्बन्ध बनाए रहे। तत्त्व की बात यही है। कलकत्ते की बाजार-हिन्दुस्तानी बहुत कुछ बंगला की पृष्ठभूमि पर जीवित रही है। कभी-कभी उसके लिए कहा जा सकता है कि वह बंगला और हिन्दुस्तानी के बीच एक समझौते की भाषा है। बात यों शुरू होती है कि वह बिहार और पूर्वी उत्तर प्रदेश से आनेवाले, अधिकतर अशिक्षित, जनसाधारण की व्याकरणविहीन भाषा है, जिस पर पूर्वी हिन्दी और बिहारी का रंग पहले से ही चढ़ा है, और जिस पर, इसके बाद, बंगला शब्दावली और मुहावरों के प्रभाव से एक नया रंग और चढ़ा है। पूर्वी हिन्दी और बिहारी के तत्त्व अधिकतर रूप-तंत्र और शब्द-भंडार में पाए जाते हैं, बंगला का प्रभाव शब्द-भंडार पर अधिक है। बाज़ार-हिन्दुस्तानी मानक भाषा से किस रूप में और कितना हट गई है, वह इस पर निर्भर है कि उसके बोलनेवालों की मातृभाषा या बोली कौन-सी है और उसमें [हिन्दुस्तानी में] उन्हें कितनी योग्यता प्राप्त है। बंगाली, अंग्रेज़, चीनी, तमिल—हरेक इस आम बोली पर अपने ढंग से रंग चढ़ाता है। किन्तु एक सूत्र ऐसा है जिससे इस भाषा का व्यवहार करते समय ये सभी बँधे रहते हैं, इसी से वे एक दूसरे की बात समझते हैं; वह सूत्र सभी के लिए एक सामान्य आधार है, इस कारण ऐसे चरम-पंथी रूपों का व्यवहार नहीं किया जाता कि भाषा के प्रयोग का उद्देश्य ही नष्ट हो जाए। यह सूत्र अथवा एकता का बन्धन है : व्याकरण-रूपों का नितान्त अल्पतम अस्तित्व, गैर-पारिभाषिक कोटि के साधारण स्तरवाले शब्दों, मुहावरों और शब्द-बन्धों की नितान्त अल्पतम संख्या का अस्तित्व।"

डॉ. चाटुर्ज्या के लेख में एकता के सूत्र का उक्त लक्षण खूब मोटे-मोटे अक्षरों में छापा गया है। उस पर जोर देना उचित है। तथाकथित बाजार-हिन्दुस्तानी हिन्दी का ही एक रूप है। कारण यह कि सामान्य शब्दावली और व्याकरण की मूल विशेषताएँ दोनों की एक हैं। जो बात हिन्दी-उर्दू को मिलाती है, वही हिन्दी को उसके स्थानीय रूपों से मिलाती है। डॉ. चाटुर्ज्या का यह कहना सही है कि हिन्दुस्तानी भाषा का एक सरल पूर्वी मानक रूप विद्यमान है। यद्यपि इस तरह की भाषा लिखना उनके अनुसार शुद्ध हिन्दी-उर्दू के प्रति अपराध होगा, फिर भी बिहार और पूर्वी संयुक्त प्रान्त के शिक्षित जन इस भाषा का व्यवहार करते हैं। इस भाषा में गम्भीर साहित्य नहीं लिखा गया, जहाँ-तहाँ गद्य और पद्य में उसका उपयोग किया गया है।

इस सम्बन्ध में मेरा निवेदन है कि स्थानीय भेदों वाली हिन्दी का सबसे अधिक प्रयोग 1800 से पहले किया गया है। 1800 से पहले लिखा हुआ गद्य और पद्य—लिपि चाहे फ़ारसी हो, चाहे नागरी—ब्रजभाषा से प्रभावित है। दकनी की अपनी विशेषताएँ हैं यद्यपि इस भाषा पर भी ब्रजभाषा का प्रभाव दिखाई देता है। 1800 के बाद मानक हिन्दी-उर्दू, साहित्य में, केवल दकनी को विस्थापित नहीं करतीं, वे ब्रजभाषा-प्रभावित पुरानी हिन्दी को भी विस्थापित करती हैं। परिनिष्ठित भाषा के प्रसार का यह अनिवार्य परिणाम था। पिछले तीस वर्षों में स्थानीय रंग वाली हिन्दी का

यथेष्ट प्रयोग कथा-साहित्य में हुआ है। जब जातीय भाषा का मानक रूप सुनिश्चित हो जाता है, तब स्थानीय रंग वाली भाषा साहित्य और सामाजिक कार्यवाही का मुख्य माध्यम नहीं रहती। यही बात बंगला के साथ हुई है, भारत के बाहर अंग्रेज़ी भाषा के साथ हुई है। इसलिए पुरबिया रूप में हिन्दुस्तानी भाषा साहित्य का माध्यम नहीं बनी, तो इसमें कोई आश्चर्य की बात नहीं है।

जो लोग समझते हैं कि अनेक बोलियों का होना हिन्दी प्रदेश की विशेषता है, वे बंगाल की बोलियों पर भी ध्यान दें। बोलियों को भाषा से अलग करके उन्हें स्वतंत्र भाषा घोषित करके, किसी जाति के सामाजिक-सांस्कृतिक जीवन को भीतर से छिन्न-भिन्न करना उतना ही बड़ा अपराध है जितना दूसरे की भाषा का दमन करके उस पर अपनी भाषा लादना। बंगला साहित्य में बंगाल की बोलियों का वैसे ही उपयोग होता रहा है, जैसे हिन्दी साहित्य में हिन्दी प्रदेश की बोलियों का। जातीय अहंकार से ग्रस्त और हिन्दी की प्रगति से क्षुब्ध होकर कुछ बुद्धिजीवी हिन्दी प्रदेश के लिए एक नियम बनाते हैं, अन्य प्रदेशों के लिए दूसरा नियम।

बंगाल में वहाँ की बोलियों के अलावा हिन्दी का भी व्यवहार व्यापक रूप से होता था। अत: बंगला साहित्य में उन बोलियों के साथ हिन्दी का व्यवहार भी अनिवार्य था। डॉ. चाटुर्ज्या ने इस सन्दर्भ में बताया है कि बंगला नाटकों में कलकत्ते की बोलचाल की मानक बंगला के अलावा राढ अथवा पश्चिमी बंगाल की बोली, पूर्वी बंगला, उड़िया और हिन्दुस्तानी का व्यवहार आम बात है। ढाका की बोली के अनुकरण के प्रयत्न से एक तरह से रंगमंच की पूर्वी बंगला का विकास हो चुका है [जैसे हरियाणा, पंजाब, राजस्थान आदि प्रदेशों के निवासियों के उच्चारण की नकल करने के प्रयत्न से संस्कृत नाटकों की प्राकृतों का निर्माण हुआ था।] छोटानागपुर के आदिवासी मूल के मजदूर, मेहतर आदि हिन्दी, बंगला और बिहार की बोलियाँ मिलाकर अपना काम चलाते हैं। उसके आधार पर बंगला नाटकों में जंगली कबीलों का चित्रण करते समय इस भाषा का व्यवहार किया जाता है। डॉ. चाटुर्ज्या कहते हैं कि बंगला लेखक बाजार की हिन्दुस्तानी से परिचित होते हैं। नाटकों में वे उसका उपयोग करते हैं और उन्हें इसका ज्ञान नहीं होता कि इसका शुद्ध रूप और कहीं प्रचलित है। हास्य रस के लोकप्रिय बंगला नाटकों में गीत, और कभी-कभी पूरे दृश्य, इस बोली में लिखे जाते हैं, अथवा बंगला और हिन्दुस्तानी के एक कृत्रिम मिश्रण में लिखे जाते हैं। बंगाल के प्रसिद्ध नाटककारों—गिरीशचन्द्र घोष और अमृतलाल बोस—ने ऐसे अनेक दृश्य लिखे थे। किन्तु इस परम्परा की शुरुआत इन नाटककारों से नहीं होती।

यह बात बहुत महत्त्वपूर्ण है कि उच्च साहित्य से भिन्न लोक-साहित्य में यह परम्परा बहुत पहले से विद्यमान थी। डॉ. चाटुर्ज्या ने बताया है कि आधुनिक बंगला नाटकों में इस तरह के दृश्य लिखने की प्रथा लोकप्रिय यात्रा-नाटकों से आई। इन नाटकों में स्वांग, तमाशे होते थे जिनमें कुछ पात्र हिन्दुस्तानी भाषा का व्यवहार करते थे। रामायण, महाभारत या पुराणों के आधार पर रचे हुए नाटकों में बहुधा एक दृश्य प्रस्तावना का होता था। उसमें झाड़ू लगानेवाले कलुआ और भुलुआ, दो पात्र राज-कर्मचारियों से हँसी-मज़ाक करते थे, नाच-गाना होता था, और संवाद हिन्दुस्तानी तथा बंगला में होते थे।

बंगला साहित्य में हिन्दी का प्रयोग मजदूरों, दरबानों, मेहतरों आदि से कराया जाता रहा है। इस कारण बंगाली भद्र जन स्वयं को द्विज और हिन्दी-भाषियों को शूद्र समझने लगे हों, तो आश्चर्य नहीं। किन्तु इस स्थिति का एक दूसरा पक्ष है। हिन्दी-भाषी द्विजों ने बंगाली भद्रजनों को शूद्र बनाकर उन पर हिन्दी भाषा लादी नहीं है। वह बंगाल में श्रमिक जनता के एक भाग की भाषा रही है। एक दिन यह श्रमिक जनता सम्मानित होगी, मानवोचित जीवन बिताएगी,

तब उसकी भाषा भी सम्मानित होगी। जो भाषा श्रमिक जनता के एक बहुत बड़े भाग में जड़ जमाये हुए है, उसके विरुद्ध भद्रजन चाहे जितना हल्ला मचाएँ, वे उसे उखाड़ नहीं सकते। यात्रा-नाटकों में कलुआ और भुलुआ हिन्दी बोलें, यह आदेश उन्हें या नाटककारों को मुसलमान बादशाहों या नवाबों से प्राप्त न हुआ था। यह भारत राष्ट्र के विकास का अनिवार्य परिणाम है।

डॉ. चाटुर्ज्या ने बताया है कि कलकत्ते के ठठेरे, साल में एक बार, स्वाँग करते थे। यह प्रथा बन्द कर दी गई, पर सन् '20 के आस-पास मछेरों ने उसे फिर चालू किया। बंगला वर्ष के अन्तिम दिन ये लोग जुलूस निकालते हैं, साल की घटनाओं पर व्यंग्यपूर्ण पद्य, कलकत्ते के सामाजिक जीवन के विभिन्न पहलुओं पर अपनी रचनाएँ सुनाते हैं। पछाँही मोची, मारवाड़ी व्यापारी, धोबी, काबुली सूदखोर आदि इन स्वाँगों में खुलकर हिन्दुस्तानी भाषा का प्रयोग करते हैं। इससे पता चलेगा कि हिन्दी की जड़ें बंगाल के जीवन में कितने गहरे पैठी हुई हैं। भारत के दूसरे छोर पर महाराष्ट्र में जो नाटक खेले जाते रहे हैं, उनमें हिन्दी के व्यवहार की स्थिति इससे मिलती-जुलती है। अन्तर यह है कि मराठी नाटकों में हिन्दी का व्यवहार केवल हँसी-मज़ाक के लिए या उसे बोलनेवालों को असंस्कृत दिखाने के लिए न होता था।

डॉ. चाटुर्ज्या ने लिखा है कि बाजार-हिन्दुस्तानी को सम्पर्क भाषा के रूप में स्वीकार किया जाए। राष्ट्रीय हित के विचार से हिन्दी-भाषियों को थोड़ा त्याग करना चाहिए अर्थात् मानक हिन्दी में साहित्य रचने का हठ न करना चाहिए। उनकी इस नेक सलाह पर किसी ने ध्यान नहीं दिया। पूर्वी और पश्चिमी बंगाल को संयुक्त रखने का अथवा पुन: संयुक्त करने का एक तरीका यह हो सकता था कि बंगला लेखक मानक भाषा छोड़कर उस पूर्वी बंगला में साहित्य रचते जो ढाका की बोली के अनुकरण के प्रयत्न में पश्चिमी बंगाल के नाटकों में प्रयुक्त होती थी। भारत को ब्रिटिश-साम्राज्य में मिलाए रखने का एक बहुत अच्छा तरीका यह हो सकता था कि इंग्लैंड के साहित्यकार अपनी मानक भाषा छोड़कर हिन्दुस्तानी की बाबू-अंग्रेज़ी या इंडियन-इंग्लिश में अपना साहित्य रचते। अमरीकी उपन्यासों में साधारण नीग्रो लोग एक खास ढंग की अंग्रेज़ी बोलते हैं। काले-गोरे का भेद मिटाकर संयुक्त राज्य को अधिक संयुक्त करने का एक तरीका यह हो सकता है कि वहाँ के साहित्यकार थोड़ा त्याग करें, मानक भाषा छोड़कर नीग्रो-अंग्रेज़ी का व्यवहार करें। अंग्रेज़ी विश्व-भाषा है। विश्व में काले-पीले आदमी ज्यादा हैं, गोरे कम हैं। ये काले-पीले आदमी बाजार-अंग्रेज़ी का व्यवहार करते हैं। उचित है कि भारत में विश्व-भाषा के समर्थक इस बाजार-अंग्रेज़ी का समर्थन करें, यानी भाषाविज्ञान पर अपने निबन्ध इस बाजार-अंग्रेज़ी में लिखें। पर अंग्रेज़ी और बंगला के लिए एक कानून है, हिन्दी के लिए दूसरा कानून है। ऐसे कानून की परवाह न करके हिन्दी अपनी राह पर आगे बढ़ रही है। मानक भाषा में लिखा जानेवाला साहित्य तेज़ी से प्रगति कर रहा है। बोलचाल के स्तर पर अनेक स्थानीय प्रभाव ग्रहण करती हुई हमारी भाषा राष्ट्रीय और अन्तरराष्ट्रीय स्तरों पर अधिकाधिक मानव समुदायों की सम्पर्क-भाषा बनती जा रही है। यह प्रक्रिया अंग्रेज़ी राज कायम होने से पहले शुरू हुई थी। उस राज्य के दौरान वह चालू रही, और उस राज्य के खत्म होने पर वह अब भी चालू है। साम्राज्यवाद के अवशेषों में अंग्रेज़ी की वर्तमान स्थिति भी है। उन अवशेषों के खत्म होने पर यह स्थिति भी समाप्त हो जाएगी।

संक्षिप्त पुस्तक-सूची

अग्रवाल, वासुदेवशरण; पाणिनि-कालीन भारतवर्ष (बनारस)
अग्रवाल, सरयूप्रसाद; प्राकृत विमर्श (लखनऊ)
आज का भारतीय साहित्य (दिल्ली)
अस्करी, सैयद हसन; सम डॉक्यूमेंट्स रिलेटिंग टु द मॉसोलियम ऑफ़ मामू-भांजा ऐट जदुआ; बेंगाल पास्ट एंड प्रेजेंट (कलकत्ता, 1946-47)
उपाध्याय, भरतसिंह; पालि साहित्य का इतिहास (प्रयाग)
एहतिशाम हुसेन, सैयद; उर्दू साहित्य का इतिहास (अलीगढ़, 1954)
एडकिन्स, जोज़फ; चायनाज़ प्लेस इन फिलोलॉजी (1871)
काल्डवेल, रॉबर्ट; ए कम्परेटिव ग्रामर ऑफ़ द द्रैवीडियन् ऑर साउथ इंडियन फैमिली ऑव लैंग्वेज़ेज़ (1913)
कुलकर्णी, कृष्णाजी पांडुरंग; मराठी भाषा : उद्गम व विकास (1950)
कोस्मिंस्की; दि फॉर्मेशन ऑव दि इंग्लिश नेशन (एंग्लो-सोवियत जर्नल, ग्रीष्म, 1952)
ग्रियर्सन; लिंग्विस्टिक सर्वे ऑफ़ इंडिया
ग्रोटे; (ए हिस्ट्री ऑफ़ ग्रीस
गिलक्राइस्ट, जॉन; द ओरिएंटल लिंग्विस्ट (कलकत्ता, 1798)
"—ए. वोकैबुलरी, हिन्दुस्तानी एंड इंग्लिश, इंग्लिश एंड हिन्दुस्तानी (एडिनबरा)
गांगुली, श्यामाचरन; एसेज़ एंड क्रिटिसिज़्म (लन्दन, 1927)
गुणे, पांडुरंग वामन; एन इंट्रोडक्शन टु कम्पैरेटिव फिलोलॉजी (1950)
गुलेरी, चन्द्रधर शर्मा; पुरानी हिन्दी (काशी)
चाइल्ड; एर्यन्स (1926)
चाटुर्ज्या, सु. कु.; भारतीय आर्य भाषा और हिन्दी (दिल्ली)
,, ऑरिज़िन एंड डिवेलपमेंट ऑफ़ बेंगाली लैंग्वेज़
,, राजस्थानी भाषा (उदयपुर)
चेर्निख, पः य.; इस्तोरिचेस्काया ग्रामातीका रूस्कोवो याज़ीका (मास्को, 1952)
जायसवाल, काशीप्रसाद; हिन्दू पॉलिटी (1943)
जेकब्स और स्टर्न; जेनरल ऐंथ्रोपोलॉजी (न्यूयॉर्क, 1952)
टॉमसन, जार्ज; द फर्स्ट फिलॉसफर्स (लन्दन, 1955)
,, —स्टडीज इन एंशेन्ट ग्रीक सोसाइटी

तिवारी, उदयनारायण; भोजपुरी भाषा और साहित्य (पटना)
तिवारी, भोलानाथ; भाषाविज्ञान (इलाहाबाद, 1951)
द क्लासिकल एज (बम्बई)
द एज ऑव इम्पीरियल यूनिटी (बम्बई)
द वेदिक एज (बम्बई)
द ग्रैमेटिकल स्ट्रक्चर ऑफ़ द्रैविडियन लैंग्वेज़ेज़
दिवाटिया, एन.बी.; गुजराती लैंग्वेज़ एंड लिटरेचर (बम्बई, 1932)
निराला; प्रबन्ध पद्य (लखनऊ, सं. 1991)
नीगस; वी.ई; द कम्पैरेटिव अनैटोमी एंड फिज़ियोलॉजी ऑफ़ द लैरिन्क्स (लन्दन, 1949)
प्रेमचन्द; कुछ विचार (1939)
पावलोव; सेलेक्टेड वर्क्स
पेनफील्ड और रास्समुसेन; द सेरेब्रल कोर्टेक्स ऑफ़ मैन (1955)
पेइ, मारिओ; लैंग्वेज़ फॉर एवरी बॉडी (1958)
पाइल्स, टॉमस; वर्ड्स एंड वेज़ ऑफ़ अमरीकन इंग्लिश (न्यूयॉर्क, 1952)
गुप्त, बालमुकुन्द; निबन्धावली
ब्लूमफ़ील्ड; लैंग्वेज़ (1955)
बायकोव; टेक्स्ट बुक ऑफ़ फिज़ियोलॉजी (1958)
बरो, टी; द संस्कृत लैंग्वेज़ (लन्दन)
बील्स और होइयर; एन इंट्रोडक्शन टु ऐंथ्रोपोलॉजी (न्यूयॉर्क, 1957)
बोआस, फ्रान्ज़; रेस, लैंग्वेज़ एंड कल्चर (1948)
ब्रैडले, हेनरी; द मेकिंग ऑफ़ इंग्लिश (1925)
ब्लॉख, ज़्युल; ला फार्मासिओ द ला लांग मराठ (पेरिस, 1920)
बोआस; जनरल ऐंथ्रोपोलॉजी
,, —दि माइंड ऑव प्रिमिटिव मैन
मैकडनल; एर वेदिक ग्रामर फॉर स्टुडेंट्स
मजूमदार, विजयचन्द्र; द हिस्ट्री ऑफ़ द बेंगाली लैंग्वेज़
मॉडर्न चाइनीज रीडर (1958)
मामसेन; द हिस्ट्री ऑफ़ रोम (1868)
मोतीचन्द; सार्थवाह (पटना)
यर्क्स और लर्नेड; चिम्पाञ्जी इंटेलिजेंस एंड इट्स वोकल एक्सप्रेशंस (बाल्टिमोर, 1925)
यस्पर्सन; लैंग्वेज़, इट्स नेचर, डिवेलेपमेंट एंड ऑरिजिन (1934)
,, —ग्रोथ एंड स्ट्रक्चर ऑफ़ द इंग्लिश लैंग्वेज़ (1945)
रिपोर्ट ऑफ़ द ऑफिशियल लैंग्वेज़ कमीशन
रेनॉ; इस्त्वार जेनेराल ए सिस्तेम कोम्पारे दे लांग सेमीतीक (1855)
रैन्सन और क्लार्क; अनैटोमी ऑफ़ द नर्वस सिस्टम (1957)
लॉ, बिमलाचरन; ट्राइब्स इन एंशेन्ट इंडिया (1943)
वर्मा, धीरेन्द्र; मध्यदेश (पटना)
वाजपेयी, किशोरीदास; हिन्दी शब्दानुशासन (वाराणसी)

वाजपेयी, कृष्णदत्त; ब्रज का इतिहास (मथुरा)
वाइल्ड; द हिस्टॉरिकल स्टडी ऑव दि मदर टंग (1906)
शर्मा, श्रीराम; दक्खिनी का गद्य और पद्य (हैदराबाद)
शर्मा, पद्मसिंह; हिन्दी, उर्दू और हिन्दुस्तानी (1933)
शुक्ल, रामचन्द्र; हिन्दी साहित्य का इतिहास (सं. 1997)
सक्सेना, बाबूराम; सामान्य भाषाविज्ञान
सपीर; सेलेक्टेड राइटिंग्स ऑफ़ एडवर्ड सपीर इन लैंग्वेज़, कल्चर एंड पर्सनैलिटी।
सिंह, नामवर; हिन्दी के विकास में अपभ्रंश का योग (इलाहाबाद, 1954)
स्तालिन; मार्क्सिज़्म एंड दि नेशनल एंड कोलोनियल क्वेश्चन
सेन, सुकुमार; हिस्ट्री ऑफ़ बेंगाली लिटरेचर (दिल्ली, 1960)
सेन, दिनेशचन्द्र; हिस्ट्री ऑफ़ बेंगाली लैंग्वेज़ एंड लिटरेचर (कलकत्ता, 1911)
सिंह, शिवप्रसाद; सूरपूर्व ब्रजभाषा और उसका साहित्य (वाराणसी)
हार्नले; ए ग्रामर ऑफ़ द ईस्टर्न हिन्दी (1880)